**Don Graydon (Hrsg.) · Perfekt Bergsteigen**

# Perfekt Bergsteigen

Don Graydon

## Die Hohe Schule des Alpinismus

pietsch

Die Originalausgabe ist erschienen unter dem Titel: **Mountaineering: The Freedom of the Hills / Editor: Don Graydon. – 5th Edition**.
ISBN 0-89886-309-0
Illustrations by Bob Cram, Nick Gregoric, Ross Prather, Romana Hammerly.

Deutsche Fassung: **Thomas Küpper**.

Einbandgestaltung: Anita Ament.

Titelbild: Leo Baumgartner, Alpinschule Osttirol, A-9900 Gaimberg.



ISBN 3-613-50276-3


1. Auflage 1997



Lektor: Oliver Schwarz
Innengestaltung: IPa, Vaihingen/Enz
Druck: Maisch & Queck, Gerlingen
Bindung: Dieringer, Gerlingen
Printed in Germany

# Inhalt

# Vorwort

Dieses Buch enthält sowohl für den Anfänger als auch für den Fortgeschrittenen einen umfangreichen Informationsschatz über alle Aspekte des Bergsportes. Es ist die überarbeitete und übersetzte Fassung der 4. Auflage des englischen Originaltitels »Mountaineering: the Freedom of the Hills«, welcher das führende englischsprachige Buch zu diesem Thema ist.

Jedes Kapitel der 4. Auflage wurde sorgfältig überarbeitet und mit aktuellen Informationen ergänzt. Diese Überarbeitung war aufgrund der schnellen Veränderungen vieler Bereiche des Bergsteigens notwendig geworden; sie berücksichtigt die zunehmende Popularität des Sportes, die Entwicklung neuer Techniken und die Entwicklung und Verbesserung der Ausrüstung. Diese Überarbeitungen betreffen schwerpunktmäßig folgende Kapitel: Die ersten Schritte, Vorstieg und Zwischensicherung, technisches Klettern, Felsklettertechnik und Sicherungstechnik. Vollständig neu hinzugefügt wurde das Kapitel über Winter- und Expeditionsbergsteigen.

Zahlreiche formale Verbesserungen machen die vorliegende Ausgabe für den Leser noch interessanter und erleichtern ihm den Zugang zur Materie. Die Beiträge aller Co-Autoren wurden von Fachleuten gewissenhaft geprüft. Auch die Illustrationen wurden teilweise komplett neu bearbeitet, um eine optimale Visualisierung des Textes zu gewährleisten. Dabei wurden die Liniengrafiken aus Fotografien von gestellten Situationen erstellt, um eine möglichst realitätsgetreue Darstellung zu erzielen.

## *Ziele des Buches*

Die Autoren dieses Buches geben eine klare und übersichtliche Beschreibung der Techniken und sonstiger Vorgänge des Bergsteigens. Spezielle Punkte wie z. B. Felsklettertechniken oder technisches Klettern sind darüber hinaus so detailliert beschrieben, um auch Lesern mit weitergehenden Interessen zusätzliche Fachinformationen zu bieten. Das Buch gewährleistet ein fundamentales Verständnis aller Einzelthemen, wobei es nicht den Anspruch erhebt, enzyklopädische Ausmaße zu haben. Auch Anfänger können mit Hilfe dieses Buches, in dem zahlreiche erfahrene Bergsteiger zu Wort kommen, ihr Wissen beträchtlich erweitern.

Nun kann Bergsteigen nicht professionell dadurch gelernt werden, daß ein Buch gelesen wird. *Freedom* wurde ursprünglich als Buch für Teilnehmer und Lehrer von organisierten Bergsportkursen geschrieben. Richtiges Erlernen des Bergsteigens ist aber nur dann gewährleistet, wenn man kompetente Lehrer hat, die ihr jahrelanges Erfahrungswissen weitergeben – unabhängig davon, ob es individuell oder in Gruppen geschieht.

Traditionellerweise gilt Bergsteigen als eine Individualsportart. Der einzelne Bergsteiger sowie auch Teams profitieren von Fachkenntnissen, Ausrüstung und Erfahrung. Im Idealfall sollten Sie als Leser in der Lage sein, für jedes im Gelände auftretende Problem selbständig eine geeignete Lösung zu finden. In der vorliegenden 5. Auflage werden in *Freedom* verbreitete und bewährte Techniken und Praktiken beschrieben, wobei neben ihren Vorteilen auch ihre Grenzen dargestellt werden. Die Techniken werden dabei nicht als Dogma dargestellt, sondern als die Basis für eigene Entscheidungen. Dieser Ansatz des problemlösenden Denkens ist besonders wichtig, um beim Bergsteigen den potentiell lauernden Gefahren adäquat zu begegnen. Solche Gefahren werden durch rauhe äußere Bedingungen, inadäquate Ausrüstung, fehlende Erfahrung oder auch unzureichendes Beurteilungsvermögen durch den Bergsteiger unberechenbar vergrößert.

Charakteristischerweise beschreibt dieses Buch nicht nur Bergsteigen, sondern »wilderness mountaineering« im Sinne eines Aufenthaltes im unwirtlichen Hochgebirge. Jeder, der in einem solchen Gelände unterwegs ist, hat eine große Verantwortung, die umgebende Natur zu schützen und zu erhalten, um zukünftigen Bergsteiger-Generationen ähnliche Erlebnisse zu ermöglichen.

## Zur Entstehung des Buches

Ursprünglich wurde dieses Buch geschrieben, um die Entwicklung des Bergsteigens im Nordwesten des amerikanischen Kontinentes zu fördern. Der wilde und komplizierte Charakter der Berge dieser Region mit ihren zahlreichen Gletschern förderte die bergsteigerische Herausforderung. Der Zugang war unterschiedlich schwierig. Es gab nur einige wenige Straßen, und die ersten Erkundungen waren geradezu Expeditionen, die von einheimischen Führern durchgeführt wurden.

Als 1906 *The Mountaineerers* gegründet wurden, war eines der Hauptziele, die Berge, Wälder und Wasserwege des Nordwestens Amerikas zu erkunden. Die Reise zu den Berggipfeln war lang und schwierig und benötigte eine Vielfalt an Fertigkeiten. Mit der Kenntnis dieser Fertigkeiten, der Erfahrung und Kompetenz durch ihre Anwendung und die Erfahrung, welche durch das Bergsteigen zusehends gesammelt wurde, kamen mehr und mehr Alpinisten in den Genuß dieser phantastischen Naturerlebnisse.

Genauso wie das Interesse am Bergsteigen in der Region zunahm, so verbesserte sich auch die allgemeine Sicherheit. Zunehmend wurden Anfänger durch erfahrene Bergsteiger unter ihre Fittiche genommen, um ihre Erfahrungen und Fertigkeiten zu erlernen. The Mountaineerers förderten diesen Wissensaustausch durch die Organisation zahlreicher Lehrgänge. Das vorliegende Buch ist das Ergebnis aus sechs Jahrzehnten Bergsportunterricht und aus Erfahrungen zahlreicher Bergtouren im Nordwesten Amerikas sowie der ganzen Welt.

## Zur Intention der 5. Auflage

Isaac Newton sagte einst: »Wenn ich weiter sehen kann als andere, dann nur deshalb, weil ich auf der Schulter von Giganten stand«. Die verschiedenen Auflagen von *Freedom* verkörpern eine Tradition, welche die Gedanken, Kenntnisse, Techniken, Meinungen und Hinweise einer großen Zahl aktiver Kletterer darstellen. Ausübende und Lernende waren hierfür eine besonders ergiebige Informationsquelle.

Die 1. Auflage aus dem Jahre 1960 basierte vor allem auf europäischen Publikationen. Diese berücksichtigten zum Teil nicht die einzigartigen, speziell für den amerikanischen Raum typischen Aspekte des Bergsteigens. Um diese Lücke zu füllen, wurden zunächst Liniengrafiken und Zeichnungen hergestellt, welche additiv an Anfänger ausgeteilt wurden. Mitte der fünfziger Jahre jedoch schon hatten sich die Techniken so drastisch geändert und die Kletterkurse waren deutlich komplexer geworden, so daß ein neues übersichtliches Buch notwendig wurde.

Die Herausgeber der 1. Ausgabe waren: Harvey Manning als Vorsitzender; John R. Hazle; Carl Henrikson; Nancy Bickford Miller; Thomas Miller; Franz Mohling; Rowland Tabor und Lesley Stark Tabor. Insgesamt war der überwiegende

Teil der damals relativ kleinen Puget Sound Climbing Community beteiligt – insgesamt ca. 75 Personen als Autoren, Lektoren, Zeichner, Finanziers, Promotoren, Sponsoren und Verkäufer. Es gab damals kaum Bergsteiger in der Region, die nicht daran beteiligt waren, dieses Buch zu verbreiten.

Die Fortschritte, die zu der Veröffentlichung der 2. Auflage im Jahre 1967 führten, begannen 1964. Die Redaktionsmitglieder der 2. Auflage waren: John N. Davis als Vorsitzender; Tom Hallstaff; Max Hollenbeck; Jim Mitchell; Rodger Neubauer und Howard Stansbury. Auch wenn sich im Vergleich zur 1. Auflage vieles geändert hatte, war die Zahl an Helfern wieder beeindruckend. Mitglieder des Herausgabekomitees der 1. Auflage, insbesondere John. R. Hazle, Tom Miller und Harvey Manning, gewährleisteten die Kontinuität des Erfolges. Hierbei überarbeitete Harvey Manning wiederum den Gesamttext und überwachte die Produktion.

Die Herausgeber der 3. Auflage formierten sich 1971 unter dem Vorsitz von Sam Fry. Zunächst wurde durch ein Planungskomitee die vorherige Auflage analysiert und die Eckpfeiler für die Überarbeitung festgelegt. Ein Koordinationskomitee, bestehend aus Jim Sanford, Fred Hart, Sean Rice, Howard Stansbury und Sam Fry, überwachte die Überarbeitung und hatte die Gesamtverantwortung für den Text. Eine große Zahl an Bergsteigern arbeitete an den einzelnen Kapiteln mit, indem sie diese überarbeiteten und ergänzten. Peggy Ferber überarbeitete den Gesamttext, welcher 1974 veröffentlicht wurde.

Die 4. Auflage wurde sorgfältig überarbeitet, wobei viele Kapitel komplett neu gestaltet wurden – vor allem aus dem Bereich des Schnee- und Eisgehens. Ein Gesamtteam von 100 Mitarbeitern wurde von den Herausgebern geleitet: Ed Peters als Vorsitzendem; Rodger Andersen; Dave Enfield; Lee Helser; John Jung; Dave Anthony und Robert Swanson. Eine große Anzahl an Bergsteigern übersandte Beiträge und Kommentare an das Komitee. Kleine Autorengruppen bereiteten ganze Serien von Zeichnungen vor, die durch die technische Kommission begutachtet und überarbeitet wurden. Zusätzlich zu dem wichtigen Beitrag dieser Autoren gab es von vielen Seiten wertvolle Hilfe und Sachkritik zu den aktuellen und endgültigen Vorlagen, welche sich nicht nur auf technische Genauigkeit und Einheitlichkeit beschränkte, sondern auch die Lesbarkeit und das Verständnis des Textes berücksichtigte.

## Die 5. Auflage

Ende 1987 wurde unter dem Vorsitzenden Ken Small eine Neuauflage initiiert. Ein sogenanntes Freedom Ad Hoc Study Committee wurde gegründet, um innerhalb des Clubs The Mountaineerers engagierte Mitarbeiter zu finden. Die Gruppe beschloß die Notwendigkeit der Überarbeitung vieler technischer Kapitel, der Gesamtverbesserung des Textes und die Änderung des Formates. Es wurde außerdem festgestellt, daß diese Überarbeitung in Fortsetzung der Tradition durch eine Gruppe von Freiwilligen erfolgen sollte. Unter dem Vorsitz von Paul Gauthier waren die folgenden Personen die Mitglieder der Arbeitsgruppe: Ben Arp; Steve Costie; Nancy Jackson; Tom Merritt und Susan Price. Die Gruppe bat sowohl innerhalb des Mountaineerer Clubs als auch außerhalb bekannte Bergsteiger um Anregungen für Verbesserungen. Das Komitee ist dankbar für die konstruktive Kritik und die umfangreichen Anregungen, insbesondere von Greg Chiled, Randall Green, Michael Loughman, Eric Perlman, Doug Robinson und Gary Speer. Viele ihrer Vorschläge wurden in die neueste Auflage des Buches aufgenommen.

Die Herausgebergruppe bestimmte Paul Gauthier als Verantwortlichen für eine grundlegende Überarbeitung der 4. Auflage. Das Komitee wurde aufgeteilt in eine Koordinationsgruppe, welche die Verantwortung für die Gesamtleitung übernahm, und in Subkomitees für einzelne Fachgebiete. Die einzelnen Subkomitees arbeiteten nach verschiedenen Methoden, um detaillierte Grafiken und Texte zu erstellen. Diese wurden von der Koordinationsgruppe überarbeitet und verändert, wobei ein umfangreiches Maß an Sachkritik durch das Gesamtkomitee mit berücksichtigt wurde. Don Graydon schrieb die Entwürfe dieser Erstvorlagen, welche wiederum durch das Komitee überarbeitet und ergänzt wurden. Graydon offenbarte dabei außerordentlich viel Erfahrung und Feinfühligkeit sowohl in der Zusammenarbeit mit den diversen Komitees als auch mit der Gruppe der Textschreiber, um eine Einheitlichkeit des Stiles zu erzielen.

Die Koordinationsgruppe bestand aus Paul Gauthier als Vorsitzendem, Ben Arp als Koordinator der Herausgabe, Marty Lentz als Koordinator des Kapitels Sicherheit und Rettung, Margaret Miller als Verantwortliche für die Felstechniken, Judy Ramberg für die einführenden Kapitel und Craig Rowley für die Kapitel zum Schnee- und Eisgelände. Im Jahre 1990 zog Paul Gauthier nach England um und das Komitee wurde seitdem durch Myrna Plum geleitet.

Das Subkomitee für das Einführungskapitel entwickelte fünf Abschnitte, welche folgendermaßen überschrieben wurden: »Die ersten Schritte« durch B. Deter und Judi Maxwell, »Kleidung und Ausrüstung« durch Judy Ramberg, »Übernachtung und Ernährung« durch Judy Ramberg und Judi Maxwell, »Routenfindung und Orientierung« durch Bob Burns mit Unterstützung im Abschnitt Landkarten durch Stewart M. Wright, und zuletzt das Kapitel »Reisen in der Wildnis« durch Judi Maxwell, Bill Deters und Judy Ramberg.

Die Arbeitsgruppe Felsklettern überarbeitete die Kapitel mit folgenden Überschriften: »Seile, Knoten und Karabiner« unter Federführung von Jack E. Bennett und Lary Longley, »Sicherung« durch Ellen Frees und Allen, »Abseilen« durch Ken Small, »Felsklettertechnik« durch Susan Price, »Gruppenführung und Sicherheit« durch Dan Baen, »Technisches Klettern« durch Jeff Johnson und »Schwierigkeitsbewertungssysteme« im Anhang durch Jan Green. Cal Magnusson überarbeitete das Kapitel »Sicherung».

Die Arbeitsgruppe Schnee- und Eisklettern unterteilte ihr Thema in folgende Abschnitte: »Unterwegs in Schnee- und Eisgelände« (Kurt Hanson, Jim Cade und Don Heck); »Eisklettern« (Don Heck), »Gletscherbegehung und Spaltenrettung« (Crag Rowley und Nancy Jackson) sowie »Winter- und Expeditionsbergsteigen« (Kurt Hanson, Nancy Jackson und Jim Cade).

Die Abschnitte Sicherheit und Rettung wurden durch Beiträge von Paul Gauthier und Ben Arp ergänzt und überarbeitet; der Bereich »Sicherheit und Gruppenführung« wurde von Marty Lentz aktualisiert und das Kapitel über »Bergrettung« von Pete A. Bustanoby bearbeitet.

Als der Text die endgültige Form erhielt, wurde die Überarbeitung der Abbildungen und Grafiken zentral organisiert und koordiniert. Dies geschah unter der Leitung von Marilyn O'Callaghan. Das professionelle Design und Layout erhielt das Manuskript durch Marge Mueller.

The Mountaineerers ist ein im Jahre 1906 gegründeter eingetragener Verein mit dem Ziel, die natürliche Schönheit der Wildnis zu erkunden, zu erhalten und zu genießen; Hauptsitz ist Seattle, Washington/USA. Der Club ist die drittgrößte Organisation ihrer Art in den Vereinigten Staaten mit 12.000 Mitgliedern und vier Sektionen außerhalb des Bundesstaates Washington.

The Mountaineerers unterstützen sportliche Aktivitäten im Gelände des Nordwestens der Vereinigten Staaten, insbesondere Wandern, Bergsteigen, Skitouren, Schneeschuhwandern, Radfahren und Mountainbyking, Camping, Kajak- und Kanufahren, Segeln, naturkundliche

Studien und Abenteuerreisen. Die Naturschutzgruppierung des Clubs unterstützt außerdem Umweltschutzmaßnahmen sowohl durch Ausbildungen als auch durch Sponsoring sowie die Durchführung von Informationsprogrammen und -veranstaltungen. Alle Clubaktivitäten werden durch erfahrene Freiwillige geleitet, welche darin unterwiesen sind, ein sicheres und verantwortungsbewußtes Genießen und Erhalten der Bergwelt zu fördern.

The Mountaineerers Books, ein nicht profitorientierter Verlag des Clubs, publiziert Führerbücher, Fachliteratur zu Unterrichtszwecken sowie historische Führer und Broschüren zu diversen Umweltschutzthemen.

Wenn Sie an den Aktivitäten des Clubs teilhaben oder Mitglied werden möchten, schreiben Sie an »The Mountaineerers», Club Headquarters, 300 Third Avenue West, Seattle, Washington 98119 oder Telefon (206) 284-6310.

*Danksagung des Übersetzers:*
*Der Übersetzer dankt neben seiner Frau auch ganz besonders Frau Dannowski, Mettmann, ohne deren engagierte Mitarbeit die Übersetzung kaum möglich gewesen wäre.*

# Teil 1

# Leben im Gelände

# Kapitel 1
# Die ersten Schritte

Bergsteigen ist mehr als nur Klettern, das Genießen herrlicher Panoramablicke und die Erfahrung von unberührter Wildnis. Es ist auch eine Herausforderung, es beinhaltet es gewisses Risiko und es erfordert zweifellos eine gewisse körperliche Härte. Daher ist es nicht für jeden geeignet. Diejenigen, die sich von den Bergen angezogen fühlen, empfinden diese meist als anregend und unwiderstehlich. Es gibt zahlreiche Aspekte des Bergsteigens, die uns inspirieren und in uns eine Begeisterung erwecken, die bedeutend mehr sind als ein bloßer Zeitvertreib – und auch mehr als nur ein Sport, nämlich eine Passion, vielleicht manchmal auch ein Zwang.

»Was war eigentlich die Kraft, die mich antrieb?«, fragt der amerikanische Bergsteiger Fred Beckey. »Irgend etwas komplexes und undefinierbares, die Attraktion des Ungewissen.« Der britische Kletterer George Leigh Mallory gab Jahre zuvor eine andere Version der Attraktivität des Bergsteigens: »Was wir von diesem Abenteuer haben», sagte er, »ist vor allem Spaß.« Distanziertere Betrachter der Berge mögen von Abenteuer sprechen, aber häufiger sprechen sie eher von den Anforderungen und Risiken, die einen dort erwarten. Wenn man in den Bergen unterwegs sein will, muß man vor allen Dingen auf die Natur in all ihren Facetten und Erscheinungsformen vorbereitet sein – Stürme sowohl wie sanfte Brisen, wirres Gestrüpp genauso wie Bergblumen, beißende Insekten wie auch singende Vögel. Bergsteigen ist ein harter Weg, die knappe Freizeit zu verbringen; und jeder, der dies tut, weiß, was der polnische Bergsteiger Woytek Skurtyka meinte, als er sagte: »Alpinismus ist die Kunst des Leidens.« Bergsteigen findet in einer Umgebung statt, welche gegenüber menschlichen Bedürfnissen unabhängig und neutral ist, und längst nicht jeder ist bereit, den Preis der Entbehrungen für diese physischen und psychischen Erlebnisse zu zahlen.

## Die Freiheit der Berge

Dieses Buch folgt einem Konzept, welches den Spaß, sich mit der nötigen Ausrüstung und Erfahrung in den Bergen aufzuhalten, mit der Erfahrung verbindet, dorthin zu reisen, wohin man will, ohne sich selbst, andere oder die Umgebung zu gefährden.

In diesem Buch, welches in den Bergen des pazifischen Nordwestens entstanden ist, sind Informationen für Bergsteiger jeden Niveaus enthalten – vom Neuling bis zum Fortgeschrittenen. Es beinhaltet das komprimierte Wissen vieler erfahrener Kletterer, welche die meisten großen Bergregionen der Erde bereist haben. Dies alles macht es nicht zu einem Evangelium. Obwohl das Lernen von der Erfahrung anderer wertvoll und notwendig ist, wird die Zeit kommen, in der der Lernende zurückkehrt und seinem Lehrer berichtet.

Während Sie lesen, bedenken Sie bitte, daß neue Techniken und Fortschritte in Technologien so zügig voranschreiten, daß jeder Versuch, »the state of the art« zu dokumentieren, schnell überholt sein kann. Mit dieser Einschränkung kann das vorliegende Buch als genereller Zugang zu einem genußvollen Aufenthalt in den Bergen dienen.

## Schützt die Wildnis!

Die Schönheit der Wildnis könnte gleichzeitig ihr Untergang sein – nämlich weil sie uns anzieht. Durch unsere Berührung hinterlassen wir meist Spuren, die sie vielleicht beträchtlich verändert. Wenn wir die naturgegebene Wildnis in einem Übermaß konsumieren, schädigen wir sie ohne Frage unausweichlich.

Auch wenn wir uns manchmal anders verhalten – die Berge existieren nicht nur zu unserem Spaß. Sie sind uns nichts schuldig und sie erwarten nichts von uns. Hudson Stuck schrieb, daß er und die anderen Mitglieder der ersten Gruppe, die den Mount McKinley bestieg, empfanden, daß sie das besondere Privileg der Einigkeit mit einem der hohen Plätze unserer Erde genossen haben. Wenn Bergsteiger in die Wildnis gehen, ist der minimale Preis, den sie für dieses Privileg zu zahlen haben, die Wildnis so zu hinterlassen, wie sie sie vorgefunden haben, also ohne ein Zeichen ihrer Anwesenheit zu hinterlassen. Wir müssen die Regionen kennenlernen, welche wir besuchen, und sensibel werden für ihre Verletzlichkeit – dann erst können wir bei einem Minimum an Eingriffen in die Natur klettern und biwakieren.

Die Privilegien, über die wir uns in den Bergen freuen, beinhalten aber auch Verantwortung. Daher ergeben sich für die heutige Art der Bergsportausübung automatisch Begrenzungen – und zwar hinsichtlich des Straßenzuganges, gewisse zeitliche oder auch ganzjährige Gebietssperrungen, Umweltschutzprojekte, Wachsamkeit des Gesetzgebers sowie ein Interessenkonflikt zwischen verschiedenen Gruppen. Wenn wir uns vorsichtig und zurückhaltend im Gebirge verhalten, dann sollten wir trotzdem nach Rückkehr in die Zivilisation lautstark für den Schutz der Wildnis eintreten. Wir alle wünschen, daß unsere Kinder später auch noch die Bergwelt genießen können. Also verhalten wir uns entsprechend!

## Kenntnisse und Fertigkeiten

Als Grundvoraussetzung zum Bergsteigen brauchen wir solche Kenntnisse und Fertigkeiten, welche uns ein gesichertes Verweilen in den Bergen ermöglichen. Um unseretwillen und für alle anderen, mit denen zusammen wir klettern, sollten wir nach Möglichkeit perfekt lernen, mit den Ausrüstungen und Techniken des Campings nahezu blind umzugehen; ferner, uns im Gelände zu orientieren, Sicherungstechniken, das korrekte Abseilen, die Fortbewegung auf Gletschern, Rettungsmaßnahmen und sicheres Klettern im Fels-, Schnee- und Eisgelände. Das vorliegende Buch ist eine Möglichkeit, um sich mit all diesen Dingen zumindest in der Theorie vertraut zu machen.

## Körperliches Training

Bergsteigen ist eine Aktivität, die sowohl physisch als auch geistig herausfordert. Zum Beispiel ist das Felsklettern zunehmend athletisch geworden, speziell in den höheren Schwierigkeitsgraden. Heutzutage bewältigen Kletterer Schwierigkeitsgrade, welche noch vor wenigen Jahren als unmöglich galten. Viele engagierte Felskletterer trainieren unter ganz speziellen Bedingungen und führen zum Teil internationale Kletterwettbewerbe durch. Beim alpinen Bergsteigen sind inzwischen auch die höchsten Berge ohne Zusatzsauerstoff bestiegen worden, zum Teil wurden Rekordzeiten aufgestellt; hinzu kommt, daß die Routen immer schwieriger wurden. Allerdings betrachten die meisten von uns solche Weltklasseleistungen als Außenstehende. Es ist bestimmt nicht notwendig, das eigene Leben vollständig dem Bergsteigen zu unterwerfen, nur um die Aktivität im Gelände auf ein Niveau zu treiben, welches anders nicht realisierbar ist.

Das Leistungsniveau steigt seit einiger Zeit auch bei Freizeitkletterern und -bergsteigern. Gute körperliche Voraussetzungen sind hier unverzichtbar und können darüber entscheiden, ob die Tour ein Genuß oder eine Qual wird. Besonders wichtig ist die Erkenntnis, daß die Sicherheit der gesamten Gruppe von der persönlichen Leistungsfähigkeit und Härte oder auch der Schwäche eines einzelnen Mitgliedes abhängen kann.

Die meisten Bergsteiger trainieren regelmäßig. Aerobes Ausdauertraining wie Laufen, Radfahren, Schwimmen, Skilanglauf, Schneeschuhwandern und Wandern mit Zusatzlasten (z. B. ein schwerer Rucksack) sind verbreitete Trainingsmethoden. Viele Kletterer führen zusätzlich ein Krafttraining sowie Stretchingübungen durch, um die allgemeine Beweglichkeit zu erhöhen. Spezielles Bergsteiger-Trockentraining, möglichst eines, welches den natürlichen Kletterbedingungen nahekommt, ist logischerweise am wichtigsten. Körperliche Fitneß ist die basale Grundlage für alle anstrengenderen Tätigkeiten des Bergsteigens.

## Mentales Training

Genauso wichtig wie körperliches Training sind die mentalen Faktoren; sie entscheiden oft über Erfolg oder Mißerfolg. Wenn die körperlichen Voraussetzungen stimmen, sind die »Gedanken«, welche wir mit uns herumtragen, die entscheidenden Faktoren, die dafür ausschlaggebend sind, ob wir eine schwierige Stelle bewältigen oder nicht.

Viele erfahrene Bergsteiger sagen, daß die größten Herausforderungen psychischer Natur sind. Vielleicht ist dies eine der großen Anziehungskräfte des Bergsteigens: Während wir die Ruhe der Natur um uns herum betrachten, müssen wir zwangsweise auch über uns selbst nachdenken.

Die Grundvoraussetzung ist eine positive, jedoch realistische und mit uns selbst ehrliche Einstellung zum jeweiligen Problem; innere Ausgeglichenheit ist dabei ein absolutes Muß. Eine »wird schon gut gehen»-Einstellung kann in unverantwortliche gefährliche Wagnisse münden, wenn sie nicht mit einer realistischen Selbsteinschätzung gekoppelt ist.

## Beurteilungsfähigkeit und Erfahrung

Dieses Buch beschreibt unter anderem die Voraussetzungen und Grundlagen der Ausrüstung und Techniken; es beschreibt außerdem, wie man sie in der Praxis lernen kann. Beurteilungsfähigkeit, die allerwichtigste mentale Voraussetzung beim Bergsteigen, entwickelt sich jedoch nur dadurch, indem wir unsere Kenntnis und Erfahrung in der Praxis einsetzen und kritisch hinterfragen.

Was wir am meisten brauchen, ist die Übernahme von Erfahrungen – die Fähigkeit, mit schlechtem Wetter, langen Wegen, Dickicht, Höhenexposition usw. fertig zu werden. Je besser wir mit diesen Situationen fertig werden, desto besser werden wir in unserer Entscheidungsfindung; und die Erfahrungen, welche wir erwerben, sind nützlich, wenn wir sie in einer zukünftigen Situation als Vergleich für eine Entscheidung nutzen wollen.

Neue Situationen, auf die wir nicht vorbereitet sind, werden in jedem Fall auftreten. Wir werden niemals in der Lage sein, eine immer zutreffende Antwort zu finden. Daher müssen wir darauf achten, eine vorsichtige Beurteilung durchzuführen. In dieser Ungewißheit liegt der große Reiz und die Herausforderung des Bergsteigens, aber auch die potentielle Möglichkeit von Tragödien.

Vor vielen Jahren hat der Mountaineerers Club of Washington bereits erstmalig Erfahrungen zusammengetragen, welche Interessenten helfen sollten, sich sicher in den Bergen zu bewegen. Auf der Grundlage intensiver Beobachtungen, wie sich erfahrene Bergsteiger im Gelände verhalten, sowie auf der Basis detaillierter Unfallanalysen, werden Richtlinien nicht nur für Kletterer, sondern mit geringen Anpassungen für alle Aktivitäten in der Wildnis erarbeitet. Hierbei handelt es sich nicht um eine völlig unflexible Doktrin, doch haben sich die Hinweise als Richtlinie für die Praxis bewährt, um das Risiko zu begrenzen.

## *Ein Kodex zum Bergsteigen*

1. Eine Gruppe von drei Personen ist als Minimum für das Hochgebirge zu betrachten, unabhängig davon, ob weitere Unterstützung in Notfällen zu erwarten ist. Auf Gletschern sollten darüber hinaus mindestens zwei Teams in Sichtweite unterwegs sein.
2. Auf allen exponierten Routen sowie auf allen Gletschertouren sollte mit Seil gegangen werden. Alle Sicherungen sollten an verläßlichen Fixpunkten durchgeführten werden.
3. Die Gruppe sollte zusammenbleiben und der Meinung des Gruppenleiters oder der Mehrheitsmeinung folgen.
4. Klettere niemals jenseits deiner Fähigkeiten und Kenntnisse!
5. Entscheide niemals entgegen vernünftige Einschätzungen, insbesondere dann nicht, wenn es um die Routenwahl geht oder um die Entscheidung zur Umkehr bei Einbruch von Schlechtwetter.
6. Nehme immer alle notwendige Kleidung, Essen und Ausrüstung mit.
7. Hinterlasse Route, Tourenziel und geplanten Zeitpunkt der Rückkehr bei einer Vertrauensperson.
8. Verfolge die Weiterentwicklung des Bergsteigens in entsprechend fundierten Zeitschriften und Büchern.

Diese Statements sind keine Schritt-für-Schritt-Anweisung, um Gipfel zu erreichen, sondern vielmehr eine Leitlinie für sicheres und vernünftiges Bergsteigen. Manchmal stellen Bergsteiger die Notwendigkeit solcher Standards in Frage, vor allem, weil der besondere Reiz am Bergsteigen im Fehlen formeller Regeln liegt. Aber viele schwere Unfälle hätten vermieden werden können oder ihre Auswirkungen hätten verringert werden können, wenn diese wenigen Prinzipien befolgt worden wären. Diese Kletterregeln wurden unter der Prämisse erstellt, daß Bergsteiger ein möglichst hohes Maß an Sicherheit, gleichzeitig aber auch Erfolg haben möchten, vor allem auch in risikoreichen oder zweifelhaften Situationen, und daß sie Rettungsmöglichkeiten haben möchten, falls sie sich verschätzt haben.

Erfahrene Bergsteiger modifizieren diesen Code in der Praxis des öfteren, wobei sie einen eigenen Weg bezüglich der Risikoeinschätzung und des Vorgehens, das Risiko zu kontrollieren, einschlagen. Die beschriebenen Regeln sind insbesondere für Anfänger verbindlich, die noch nicht die Beurteilungsfähigkeit auf der Basis jahrelanger Erfahrung entwickelt haben. Aber auch hier sind sie absolut unverzichtbar.

Wenn wir ein sicheres Klettern lernen, was bedeutet, daß unsere innere Einstellung mit den äußeren Bedingungen der Natur in Einklang steht, werden wir in der Lage sein, die äußeren Bedingungen als unabänderlich zu akzeptieren und sie so in unser Unternehmen einzuplanen.

John Muir sagte vor Jahren: »Besteige die Berge und empfange ihre guten Botschaften. Der Frieden der Natur wird in dich strömen wie der Sonnenschein durch Bäume. Der Wind wird dir seine Frische einblasen und die Stürme ihre Energie, während die Sorgen von dir abfallen werden wie die Blätter im Herbst von den Bäumen.«

# Kapitel 2
# Kleidung und Ausrüstung

Bei der Vorbereitung einer Bergtour geht es zunächst darum, welche Ausrüstung mitgenommen werden soll. Die Grundregel hierfür lautet: Nur das mitnehmen, was gebraucht wird; alles andere zuhause lassen. In Anbetracht der Tatsache, daß der Handel Tausende von Gegenständen für den Bereich Outdoor und Equipment anbietet, dürfte es kein Problem sein, das zu finden, was man braucht. Vielmehr besteht die Schwierigkeit darin, durch Weglassen von Ausrüstung die Last zu begrenzen und zum Beispiel bezüglich der Kleidung lediglich das mitzunehmen, was für die Sicherheit notwendig ist bzw. was einen warm und trocken hält.

Um ein möglichst gutes Gleichgewicht zwischen »zuviel« und »zuwenig« zu erreichen, sollte man sehr spitzfindig darauf achten, was man mitnimmt. Nach jedem Unternehmen sollte man kritisch feststellen, was überhaupt benutzt wurde, was lediglich als nebensächlicher Ausrüstungsgegenstand eine Rolle spielte und somit zukünftig verzichtbar wäre und insbesondere auch was nicht benutzt wurde. Wenn man eine Ausrüstung kauft, sollte man in jedem Fall auf das Gewicht achten, jedenfalls dann, wenn die Gewichtsreduktion nicht die Sicherheit und Gebrauchsfähigkeit sowie die Haltbarkeit des Gegenstandes beeinträchtigt. Wenn immer möglich, sollte man darauf achten, daß die Ausrüstung vielseitig verwendbar ist.

Wenn man neu mit dem Bergsteigen beginnt, hat man noch keinerlei Erfahrung, welche Ausrüstung für den persönlichen Bedarf die beste ist. Also sollte man besser nicht die gesamte Ausrüstung sofort kaufen; vielmehr sollte die Ausrüstung entsprechend der eigenen Erfahrung nach und nach ergänzt werden. Unabhängig davon, ob es sich um Schuhe, Rucksäcke oder Schlafsäcke handelt, sollte man unbedingt warten, bis man die nötige Erfahrung hat, um vernünftige Entscheidungen zu treffen, bevor das eigene Geld ausgegeben wird. Bis dahin kann man durch Improvisation oder Leihen die Ausrüstung zusammenstellen, welche für die ersten einfachen Unternehmungen notwendig ist. Hinweise, welche man im Gespräch mit erfahrenen Wanderern und Kletterern erhält, ergänzen das eigene Wissen ebenso wie das Herumstöbern in Fachgeschäften sowie das Lesen entsprechender Literatur.

Das folgende Kapitel ist eine gute Möglichkeit, um die grundlegenden Kenntnisse in Outdoor und für die Ausrüstung zu erhalten; darüber hinaus werden Richtlinien gegeben, woran eine gute Ausrüstung zu erkennen ist.

## Schuhwerk

### Bergstiefel

Vor nicht allzuvielen Jahren waren noch alle Bergschuhe aus Leder gefertigt. Verschiedene moderne Materialien haben jedoch einige entscheidende Anwendungsvorteile. Plastikbergschuhe und leichte Wanderschuhe haben inzwischen den klassischen Lederbergschuh als häufigste Fußbekleidung im Gelände verdrängt,

(2-1) Ein klassischer Lederbergschuh.

auch wenn Leder nach wie vor als das Material erster Wahl für das Universalbergsteigen gilt.

## Lederstiefel

Ein universeller Bergschuh ist ein Kompromiß zwischen verschiedenen sich widersprechenden Anforderungen. Er sollte fest genug sein, um scharfen Steinkanten Widerstand zu bieten; er sollte steif genug sein, um Stufen in hartem Schnee zu treten; und darüber hinaus sollte er bequem sein. Wichtig außerdem: An einem einzelnen Klettertag müssen die Schuhe unter Umständen Wasser, Schlamm, Blockwerk, Gestrüpp, Schutt, harten Schnee und steilen Fels aushalten.

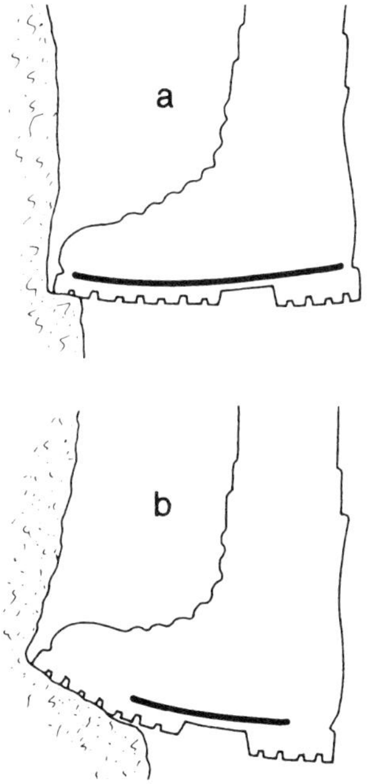


(2-2) Die Länge der Sohlenversteifung bestimmt die Flexibilität der Stiefelsohle: a) auf gesamter Sohlenlänge versteifter Stiefel; b) auf halber Länge versteifter Stiefel

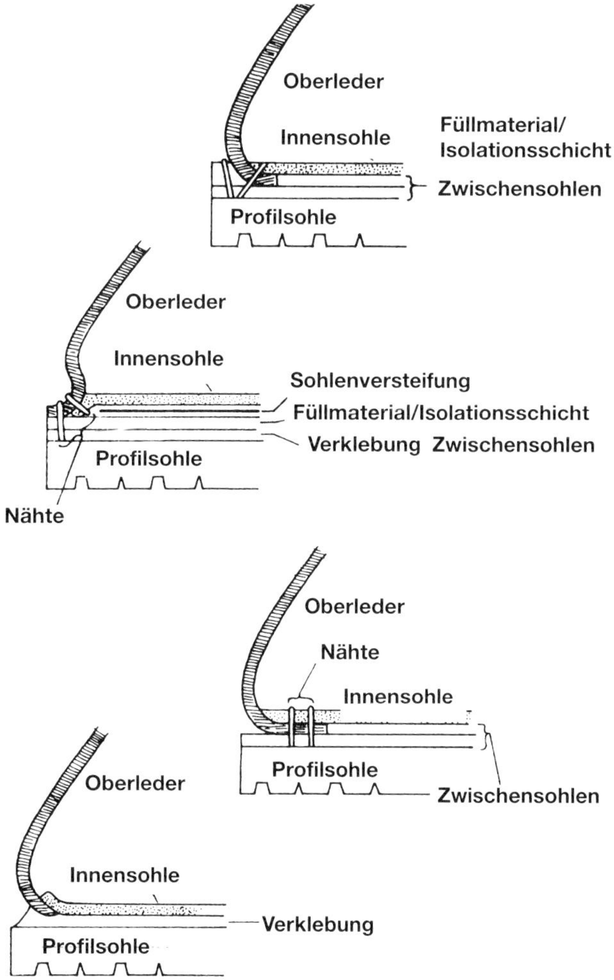


(2-3) Vier verbreitete Methoden der Stiefelkonstruktion: a) Verbindung von Sohle und Oberleder nach der Goodyear-Methode; b) Norwegische Methode; c) Kurznaht; d) Verklebung

Der klassische Lederbergschuh (Abb. 2-1) muß die folgenden Eigenschaften aufweisen: hoher Schaft zum Schutz der Knöchel in unwegsamem Gelände; Vibramsohle, welche auch eine gute Haftung auf rutschigem Gelände, Gras, Schlamm und Schnee gewährleistet; Zwischensohle zur Wärmeisolation und Verringerung von Stößen sowie eine mittlere Sohlensteifigkeit.

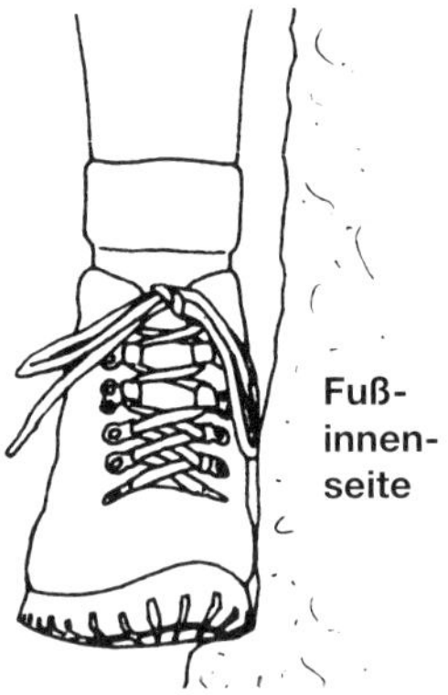


**(2-4)**
**Ein schmalrandiger Stiefel hat besonders gute Eigenschaften beim Stand auf kleinen Tritten.**

Die Länge der Festigkeit einer Sohlenversteifung (Abb. 2-2) ist ein heftig diskutierter Punkt. Die ideale Länge hängt davon ab, wozu der Stiefel benutzt werden soll. Zum Wandern, für leichte Schnee- und leichte Felstouren sollte ein Schuh mit einer über die halbe Sohlenlänge reichende Versteifung gewählt werden, welche die Sohle einigermaßen flexibel hält. Schuhe, welche vor allem für schweres Eisklettern oder schwere Hochtouren benutzt werden, weisen vorteilhafterweise eine Versteifung über die gesamte Sohlenlänge sowie eine Plastikaußenschale auf. Die starre Plastikschale beeinträchtigt zwar die Gehbewegung, aber sie vermindert die Müdigkeit in den Beinen, wenn man auf den Fußspitzen oder auf den Frontalzacken von Steigeisen steht.

Die Schuhsohle sollte mit dem Oberteil mittels einer möglichst strapazierfähigen Technik verbunden werden, die zwiegenähte Methode gilt für Lederschuhe als die haltbarste (Abb. 2-3). Der Schuhrand sollte schmal sein (Abb. 2-4), damit er sich nicht auf schmalen Tritten unnötig verformt.

Darüber hinaus sollten Bergschuhe folgende Eigenschaften aufweisen:

1. Sie sollten weit zu öffnen sein, damit man sie auch dann, wenn sie naß oder gar gefroren sind, leicht an- oder ausziehen kann.
2. Die Anzahl der Nähte sollte möglichst gering sein, damit es möglichst wenig Stellen gibt, an denen Wasser eindringen kann.
3. Die Zunge sollte allseitig fixiert sein, um das Eindringen von Wasser in den Schuh zu verhindern.
4. An Stellen besonders hoher Belastung sollte das Leder gedoppelt sein.
5. Das Oberleder sollte relativ stabil sein, um den Fuß gegen den Druck von der Steigeisenbindung zu schützen sowie das Eintreten in harten Schnee zu erleichtern.
6. Der Fersenbereich sollte versteift sein, damit die Stabilität des Fußes erhöht und das Eintreten in harten Schnee beim Bergabgehen erleichtert wird.

## *Leichtbergschuhe*

Die Verbesserungen in der Schuhtechnologie haben zu einer Weiterentwicklung der Schuhe hin zu Leichtbergschuhen geführt (Abb. 2-5). Aus Leder und Nylon gefertigt, wiegen diese Schuhe etwa die Hälfte oder gar nur ein Drittel dessen, was ein traditioneller Bergschuh wiegt. Darüberhinaus sind sie belastbar genug, um während Frühjahr, Sommer und Herbst in mittelschwerem Gelände genutzt zu werden. Das Oberteil dieser Schuhe ist typischerweise mit der Sohle verschweißt, somit entfällt die Notwendigkeit einer Naht. Vor dem Kauf sollte man überprüfen, ob die Schuhe hoch genug gefertigt sind, um die Knöchel zu schützen. Auch sollte eine Schutzversteifung im Bereich von Ferse und Zehen vorhanden sein. Darüberhinaus sollten besonders

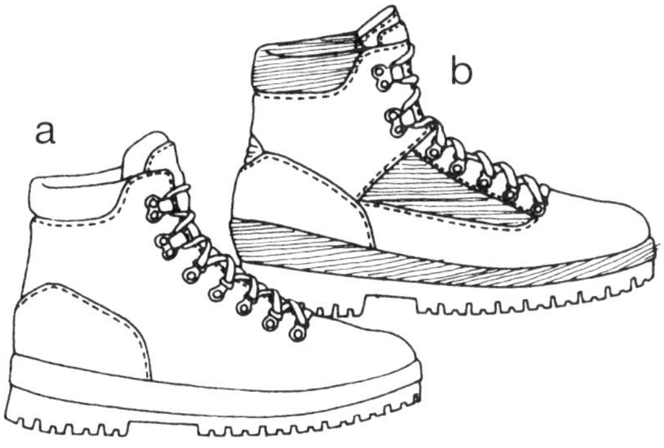


**(2-5)**
**Leichtgewichtswanderschuhe: a) Aus Leder; b) Aus Synthetikmaterial.**

belastete Schuhbereiche verstärkt sein.

Die Vorteile von Leichtbergschuhen sind neben dem günstigeren Preis die gesteigerte Atmungsaktivität, der größere Tragekomfort und ihr schnelleres Trocknen.

Trotz dieser Vorzüge können solche Schuhe nicht so dauerbelastbar und wasserdicht sein wie schwere Lederbergschuhe. Ihnen fehlt die Steifigkeit sowie die Masse, um Stufen in harten Schnee zu treten. In schwierigem weglosen Gelände oder auf Schnee werden schwere Lederbergschuhe zumeist nach wie vor bevorzugt.

## *Plastikbergschuhe*

Plastikbergschuhe (Abb. 2-6) wurden ursprünglich für schwere Eisklettereien entwickelt, sie haben aber inzwischen einen wesentlich breiteren Anwendungsbereich bei Universalbergsteigern für das Schnee- und Winterbergsteigen gefunden. Der Plastikschuh ist wasserdicht, so daß der innere isolierende Schuh trocken bleibt und die Füße warmhält. Dieser innere Schuh kann herausgenommen werden, was einen wesentlichen Vorteil beim Trocknen bedeutet.

Plastikschuhe müssen von Anfang an sehr gut am Fuß sitzen, da sich ihre feste Schale nicht im Laufe der Zeit dem Fuß anpassen kann. Die relative Steifigkeit des Schuhes und seine große

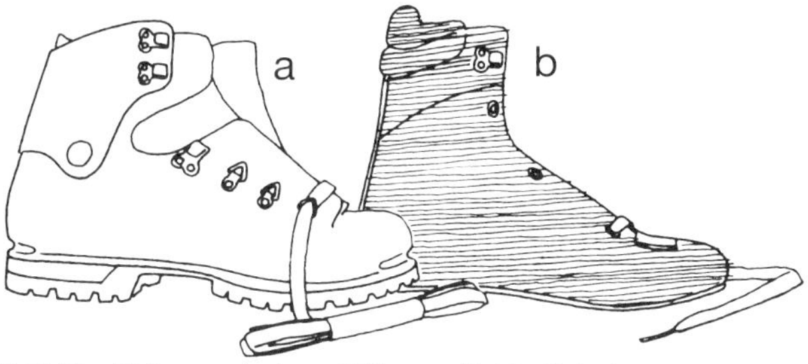


**(2-6) Plastikbergschuhe: a) Wasserdichte Schale; b) Isolierender Innenstiefel.**

Wärme machen ihn für reines Wandern weniger geeignet. Wenn man Plastikschuhe anzieht, muß man darauf achten, daß sie nicht den Fuß einschnüren. Die Füße schwellen in großer Höhe ein wenig an, und gerade für Unternehmungen in großen Höhen wird dieser Schuhtyp besonders häufig bevorzugt.

## *Der Schuhkauf*

Wenn man sich nach Leder, Plastik oder Leichtgewichtsschuhen umschaut, ist der exakte Sitz ein besonderes Kriterium. Man sollte bei der Anschaffung etliche Marken und Typen probieren, wobei die gleichen Strümpfe getragen werden sollten, mit denen man später unterwegs ist. Unbedingt sollte man – falls nötig – sämtliche orthopädischen Hilfen wie z.B. Einlegesohlen mit anprobieren. Im Laden sollten die Schuhe einige Zeit getragen werden, um den exakten Sitz des Schuhs ausreichend zu überprüfen. Man sollte dann überlegen, ob die Schuhe irgendwelche drückenden Nähte oder Falten aufweisen und ob irgendwo unbequeme Druckstellen am Fuß oder an der Achillessehne spürbar sind. Bei optimal passenden Schuhen wird man das Gefühl haben, daß die Fersen beim Gehen gut fixiert sind und die Zehen reichlich Platz haben, um sich zu bewegen und nicht vorne anstoßen, wenn man bergab geht. Schuhe, welche zu eng sind, beeinträchtigen die Durchblutung, verursachen kalte Füße und erhöhen das Risiko von Kälteschaden und Erfrierungen. Auf der anderen Seite verursachen zu locker sitzende Schuhe Blasen.

Die Füße der meisten Menschen schwellen im Verlaufe des Tages ein wenig an. Konsequenterweise sollte man daher seine Bergschuhe am späten Nachmittag oder in den frühen Abendstunden kaufen. Sollte sich die Alternative zwischen einem Paar Schuhe, welche minimal zu groß sind und solchen, welche minimal zu klein sind, ergeben, wähle man besser das größere Paar. Man kann die Differenz mit etwas dickeren Socken ausgleichen, darüberhinaus werden die meisten Lederschuhe im Verlaufe der Zeit ein wenig schrumpfen.

## Schuhpflege

Bei guter Pflege können hochwertige Bergschuhe jahrelang halten. Die Verschmutzung sollte in Grenzen gehalten werden, indem man die Schuhe des öfteren wäscht. Nach dem Waschen sollten sie mit einem Schuhspanner oder Zeitungspapier ausgestopft und dann in warmer (nicht heißer) gut gelüfteter Umgebung getrocknet werden. Hitze kann das Material und insbesondere auch den Klebstoff, welcher zur Sohlenbefestigung genutzt wird, schädigen. Somit sollte unbedingt vermieden werden, daß die Schuhe bei hohen Temperaturen getrocknet oder gelagert werden: Schuhe, welche über einem Lagerfeuer getrocknet wurden, können beim nächsten Unternehmen schlicht auseinanderfallen. Die Schuhsohlen sind gewöhnlicherweise wesentlich schneller verschlissen als die Oberteile der Schuhe. Qualitativ hochwertige Schuhe können wieder besohlt werden, auch wenn dies die Originalpaßform etwas verändern kann.

Während eines Unternehmens kann Wasser von oben in die Schuhe gelangen. Das Tragen von Gamaschen kann dies in gewissen Grenzen verhindern. Abdichtende Schuhpflegemittel können das Leder vor eindringendem Wasser schützen.

Bei neuen Schuhen sollten zunächst die Nähte mit einem abdichtenden Pflegeprodukt behandelt werden. Dieser Vorgang sollte regelmäßig wiederholt werden. Dazu müssen die Schuhe trocken und sauber sein, die Oberfläche darf keine frische Schuhcreme aufweisen. Das abdichtende Material sollte direkt auf die Nähte aufgebracht werden. Bevor der übrige Schuh mit abdichtendem Material behandelt wird, sollten die Nähte wieder trocken sein. Einige Schuhhersteller haben wasserdichte Gummiränder entwickelt, welche den Schuhrand abdichten. Dies ist eine sinnvolle Möglichkeit, durch welche die Schuhpflege im Hinblick auf die Wasserdichtigkeit wesentlich verbessert wird, so daß die Füße trockener bleiben.

Die Schuhpflege sollte ein bis zwei Tage vor der Tour durchgeführt werden, damit die abdichtenden Stoffe Zeit genug haben, um in das Leder einzuziehen. Das Nylonmaterial der meisten Leichtbergschuhe ist schwierig komplett zu versiegeln. Es ist aber möglich, es ebenfalls wasserabweisender zu machen, indem Sprays auf Silikonbasis benutzt werden. Was auch immer zur Schuhpflege benutzt wird – es sollte oft angewendet werden, wenn man darauf Wert legt, trockene Füße zu behalten.

Nach dem Tragen von Plastikbergschuhen sollten die Innenschuhe herausgenommen und mit milder Seife und Wasser gereinigt werden. Jegliche Verunreinigung sollte aus dem Inneren der Plastikschale entfernt werden, um einen Materialabrieb sowie eine gesteigerte Reibung zwischen Außen- und Innenschuh zu vermeiden.

## Spezialschuhe

Ein professioneller Bergsteiger trägt oftmals ein Schuhpaar für den Aufstieg, ein anderes im Lager und ein drittes beim Klettern. Wenn man sich zusätzliche Schuhe leisten möchte und darüberhinaus bereit ist, diese Zusatzlast mitzuführen, sollten die folgenden Punkte Beachtung finden:

1. Leichtbergschuhe finden Anwendung auf langen Wegen, leichten Zustiegen, bei Flußüberquerungen und als Schuhwerk im Lager. Sie erzeugen weniger leicht Blasen und ermüden weniger beim Tragen. Als Faustregel kann man annehmen, daß 500 g an den Füßen den Organismus ebenso belasten wie 2 1/2 kg auf dem Rücken. Trotz aller Vorteile sollte jedoch beachtet werden, daß Leichtbergschuhe oft nicht die notwendige Stabilität bieten, wenn schwere Rücksacklasten getragen werden.
2. Beim Lagern sollten leichte Schuhe wie Lauf- oder Tennisschuhe, eventuell auch Sandalen getragen werden. Abgesehen vom eigenen Komfort, ergibt sich so für die Bergschuhe die Möglichkeit zu trocknen.
3. Leichte Socken aus Nylon-Mischgewebe werden im Lager oder auch bei Flußüberquerungen getragen. Sie sind sehr leicht, haben aufgerauhte und somit rutschfeste Sohlen und trocknen schnell.
4. Spezielle Felskletterschuhe für schwere Felstouren (Details siehe Kapitel 9).
5. Schwere Bergschuhe für Touren mit Steigeisen oder zum Eisklettern.

## Strümpfe

Strümpfe polstern und isolieren die Füße, absorbieren den Schweiß und vermindern die Reibung zwischen Schuhen und Füßen. Strümpfe, welche aus Wolle oder synthetischem Material hergestellt wurden, können alle diese Funktionen erfüllen. Dies ist jedoch nicht möglich, wenn die Strümpfe aus Baumwolle hergestellt wurden. Baumwolle absorbiert zu viel Wasser, wodurch die Isoliereigenschaften vermindert und die Reibung zwischen Schuh und Fuß erhöht wird.

Die meisten Bergsteiger tragen zwei Paar Strümpfe. Auf der Haut transportiert ein weicher Strumpf aus Polyester oder Polypropylen den Schweiß vom Fuß zum äußeren Socken. Dieser besteht aus einem schwereren Material wie z. B. Wolle oder Synthetik.

Natürlich gibt es hier viele Ausnahmen. Ein Felskletterer möchte einen biegsamen Schuh, welcher wie ein Handschuh hauteng sitzt, und so trägt er gewöhnlicherweise maximal ein Paar dünne Socken. Ein Wanderer, welcher Leichtbergschuhe auf einem normalem Pfad benutzt, wird seine Füße kühler halten, wenn er lediglich ein einzelnes Paar Socken trägt. Dagegen werden während einer Tour im Winter von vielen gleich mehrere Paar Socken in einem übergroßen Stiefel getragen. In jedem Fall sollten die Zehen frei genug bleiben, um sich bewegen zu können. Drei Paar Strümpfe übereinander geben weniger Kälteschutz als zwei, wenn das letzte Paar die Durchblutung beeinträchtigt.

Bevor die Socken angezogen werden, sollte überlegt werden, ob Tape oder eine polsternde Auflage an den Stellen aufgebracht wird, welche besonders häufig an Blasen leiden. Dies gilt insbesondere für die Rückseite der Ferse. Polsternde Auflagen sind von besonderem Wert, wenn neue Schuhe getragen werden oder zu Beginn der Klettersaison, wenn die Füße sich an die hohe Belastung noch nicht gewöhnt haben. Eine andere gute Methode, die Blasenbildung zu bekämpfen, ist das Einpudern von Füßen und Socken mit einem handelsüblichen Fußpuder.

Bei Expeditionen oder sehr kaltem Wetter kann zusätzlich ein wasserdampfdichter Zwischensocken zwischen den beiden Schichten getragen werden. Der Sinn dieser Zwischensocken ist, daß das Feuchtwerden der äußeren Isolationsschicht durch den Fußschweiß verhindert wird. Darüberhinaus halten sie den Fuß etwas wärmer, indem die Verdunstung des Schweißes verhindert wird. Bei Temperaturen unter dem Nullpunkt vermindern diese Socken die Gefahr der Erfrierungen. Aber es sollte hierbei beachtet werden, daß im Laufe der Zeit »Schützengrabenfüße« (Fußbrand) entstehen können. Wenn man wasserdampfdichte

Socken trägt, sollten die Füße unbedingt mindestens einmal am Tag sorgfältig getrocknet werden.

Einlegesohlen, welche in die Schuhe eingelegt werden, gewährleisten eine zusätzliche Isolation und Polsterung. Synthetische Einlegesohlen absorbieren Feuchtigkeit nicht, verlieren ihre Isolationsfähigkeit bei Feuchtigkeit nicht und haben eine lockere Materialstruktur, wodurch die Belüftung des Fußes gefördert wird. Einlegesohlen aus Filz, Leder oder Lammfell absorbieren Feuchtigkeit und müssen beim Trocknen der Schuhe herausgenommen werden. Wenn neue Schuhe anprobiert werden, sollten hierzu unbedingt die Einlegesohlen, welche später getragen werden sollen, benutzt werden.

Menschen benötigen eine stabile Körpertemperatur, welche dadurch erhalten wird, indem ein Mikroklima aus warmer Luft in unmittelbarer Nähe der Haut erhalten wird. Die Kombination von niedrigen Temperaturen, Regen und Wind zerstört diese dünne Schicht warmer Luft und kann dadurch eine gefährliche Verminderung der Körpertemperatur verursachen. Wenn diese Situation, bekannt als Unterkühlung, nicht erkannt wird, führt sie über unkontrolliertes Zittern und einem Verlust des Beurteilungsvermögens im schlimmsten Fall zum Tode.

# Kleidung

Die Kleidung schützt vor der Kälte, vor Wind und Nässe; sie erhält zudem eine physiologisch angenehme Umgebung in unmittelbarer Nähe der Haut. Die Kleidung muß aber auch in der Lage sein, den Körper abzukühlen, wenn die äußere Umgebung zu warm wird. Überanstrengung oder zu hohe Außentemperaturen können dafür sorgen, daß ein nicht angemessen bekleideter Mensch einen Hitzschlag erleidet – eine Erkrankung, welche ebenso tödlich sein kann wie die Unterkühlung.

## Das Schichtprinzip

Die Kleidung erhält das Mikroklima des Körpers am besten, wenn sie in mehreren Schichten getragen wird. Hierdurch kann man sich leicht an die wechselnden Temperaturen in den Bergen anpassen. Um sich den wechselnden äußeren Bedingungen anzupassen, wird eine Kleidungsschicht hinzugefügt oder ausgezogen. Drei Schichten bilden die Basis eines solchen Kleidungssystems: die Unterwäsche, die Isolationsschicht und die äußere Schutzschicht.

Die **Unterwäsche** ermöglicht die Hautatmung, so daß der Körper sich abkühlen kann. Während der wärmeren Zeiten eines Tages tragen einige Kletterer unter Umständen lediglich Unterwäsche und Shorts. Bei kälteren Temperaturen wird zur Steigerung der Isolation zusätzliche Kleidung angelegt. Diese zweite Isolationsschicht transportiert den Schweiß von der Haut weg, ohne selbst Feuchtigkeit aufzunehmen. Feuchte Gewebe, welche die Haut direkt berühren, führen 25 mal mehr Wärme vom Körper ab als trockene.

Die **Isolationsschicht** hält warme Luft in unmittelbarer Körpernähe. Je dicker diese Schicht von gefesselter Luft ist, desto wärmer wird einem sein. Prinzipiell sind mehrere leichte lockere Schichten wärmer als ein dickes Kleidungsstück. Sie sind darüberhinaus flexibler, weil die einzelnen Teile in den verschiedenen Kombinationen abhängig von der äußeren Temperatur und der eigenen Körperaktivität getragen werden können.

Die **äußere Schutzschicht** ist notwendig, um den Wärmeverlust durch Wind und Regen zu minimieren. Ansonsten würde der Wind die warme Luftschicht nahe am Körper zerstören und wegblasen – ein Vorgang, welcher als Konvektion bekannt ist. Je stärker der Wind, desto schneller wird die Körperwärme davongeblasen. Durch diesen sogenannten Wind-Chill-Effekt fühlt man sich wesentlich kälter als bei gleicher Temperatur in ruhiger Luft. Wenn die Lufttemperatur bei-

| Windgeschwindigkeit (m/s) | Lufttemperatur (°C) | | | | | | | | | |
|---|---|---|---|---|---|---|---|---|---|---|
| | -1 | -7 | -12 | -18 | -23 | -29 | -34 | -40 | -46 | |
| | Equivalente Chill-Temperatur (°C) | | | | | | | | | |
| 0,3-1,7 | 1 | -4 | -9 | -15 | -21 | -26 | -32 | -37 | -43 | 48 |
| 1,7-3,0 | 2 | -9 | -15 | -23 | -29 | -37 | -43 | -51 | -57 | -65 |
| 3,0-5,3 | 3 | -12 | -21 | -29 | -34 | -43 | -51 | -57 | -65 | -73 |
| 5,3-7,8 | 4 | -15 | -23 | -32 | -40 | -48 | -54 | -62 | -71 | -79 |
| 7,8-10 | 5 | -18 | -26 | -34 | -43 | -51 | -59 | -68 | -76 | -84 |
| 10-13,6 | 6 | -18 | -29 | -37 | -46 | -54 | -62 | -71 | -79 | -87 |
| >13,6 | >6 | -21 | -29 | -37 | -46 | -54 | -62 | -73 | -82 | -90 |
| Erfrierungsgefahr exponierter Haut, wenn die Person trocken und angemessen gekleidet ist: | mäßige Gefahr | | | große Gefahr | | | | extreme Gefahr | | |

Um diese Tabelle, die den enormen Auskühleffekt des Windes veranschaulicht, zu nutzen, sucht man die Windgeschwindigkeit in der linken Spalte und die Lufttemperatur in der oberen Zeile. Der Schnittpunkt der jeweiligen Spalte mit der jeweiligen Zeile gibt die äquivalente Chill-Temperatur an. Zum Beispiel hat die Luft bei -12°C und einer Windgeschwindigkeit von 4 m/s einen Auskühleffekt wie -29°C kalte Luft bei Windstille. Entsprechende Vorsichtsmassnahmen sind ratsam, um unbedeckte Haut vor Frostschäden zu schützen. Die markierten Bereiche der Tabelle zeigen die Erfrierungsgefahr unbedeckter Hautbereiche einer gesunden, angemessen gekleideten Durchschnittsperson. Wenn die äquivalente Chill-Temperatur unter -30°C liegt, sollte man unbedingt vermeiden, daß ungeschützte Hautareale dem Wind ausgesetzt werden.

**(2-7) Windchilltabelle**

spielsweise -12° C beträgt, kühlt ein Wind der Stärke 3 (Windgeschwindigkeit 16 km/Stunde) den Körper so aus, als würden -24° C herrschen (Abb. 2-7). Regen vermindert zusätzlich die Isolationsstärke der Kleidung und nasse Kleidung leitet die Wärme wesentlich besser vom Körper weg. Eine wasserdichte Hülle über der Isolationsschicht verhindert den Wärmeverlust durch Konduktion und Konvektion. Wind kann nicht durch die dichte Schicht hindurchgelangen, daher bleibt die warme Luft in unmittelbarer Körpernähe erhalten. Außerdem hält die dichte Außenschicht die Isolationsschicht trockener, so daß die Körperwärme nicht durch Konduktion fortgeleitet wird.

## Gewebe

Kleidung für das Gelände wird aus vielen verschiedenen Geweben gemacht, jedes hat Vor- und Nachteile.

**Baumwolle** trägt sich komfortabel, solange sie trocken ist, aber sie nimmt ein Vielfaches ihres Eigengewichtes an Wasser auf und verliert bei Feuchtigkeit ihre Isolationsfähigkeit. Weil sie soviel Wasser aufnimmt, dauert es eine lange Zeit, bis das Gewebe wieder trocken ist. Bei heißem Wetter gewährleistet Baumwolle jedoch eine gute Hautbelüftung und fördert so das Kühlen des Körpers. An einem heißen Tag kann Baumwollkleidung naß gemacht werden und das verdunstende Wasser wird einen kühlen.

**Seide** absorbiert auch Wasser, aber nicht so viel wie Baumwolle, und Seide trocknet schneller. Seide ist also auch bei heißem Wetter nützlich. Angefeuchtet hilft Seide den Körper durch Verdunstung zu kühlen.

**Wolle** nimmt wesentlich weniger Wasser auf als Baumwolle, dadurch ist sie deutlich schneller trocken. Konsequenterweise leitet Wolle nicht so viel Wärme. Wolle ist darüberhinaus wärmer, wenn sie feucht ist; außerdem verliert sie weniger von ihrem isolierenden Luftvolumen.

**Synthetikfasern** nehmen keinerlei Wasser auf. Ein Teil der Feuchtigkeit verbleibt bei Nässe in den Fasern, aber ein Großteil des Wassers kann ausgewrungen werden. Kleidung, welche aus synthetischen Geweben hergestellt wird, ist auch bei Nässe vergleichsweise warm und trocknet schnell. Darüberhinaus ist das Gewebe sehr leicht und flauschig, so daß relativ zum Eigengewicht mehr Luftvolumen im Gewebe gehalten wird als von natürlichen Fasern wie Wolle. Alle diese Vorteile machen die Fasern zu einem effektiven Isolationsmaterial.

**Polyester, Acrylfaser und Polypropylen** werden für viele Produkte in Form von langer Unterwäsche oder auch Isolationskleidung benutzt. Die synthetischen Fasern dieser Fabrikate sind von geringem Gewicht, lagern kein Wasser ein und trocknen schnell. Einige dieser Fasern weisen darüberhinaus gute Transporteigenschaften für Körperschweiß auf, so daß sie für die Kleidungsschicht, welche unmittelbar der Haut aufliegt, besonders geeignet sind. Mehr und mehr Fabrikate werden von vorneherein unter diesem Aspekt konstruiert und sie haben ähnliche Produkte aus Wolle oder Seide weitgehend vom Markt verdrängt.

**Daune** ist nach wie vor das wärmste Isolationsmaterial überhaupt. Sie ist darüberhinaus das kompressionsfähigste Material, so daß das Packvolumen sehr klein ist und trotzdem nach dem Auspacken sehr schnell der natürliche Loft entwickelt wird. Diese Vorteile machen Daune zu einem ganz hervorragenden Isolationsmaterial bei kaltem Wetter. Unglücklicherweise verliert Daune alle ihre Isolationseigenschaften, wenn sie naß ist und es ist nahezu unmöglich, sie in den Bergen wieder zu trocknen. Dadurch wird Daune zu einem schlecht einsatzbaren Material in feuchtem Klima.

**Versponnene Synthetikfasern** kollabieren nicht unter Nässe wie Daune. Daher stellen sie ein gutes Isolationsmaterial für Jacken und Schlafsäcke dar, welche in feuchtem Klima genutzt werden. Obwohl sie billiger und leichter zu reinigen sind als Daune, sind sie nicht so warm, wiegen mehr und sind weniger komprimierbar. Die Lebensdauer solcher Synthetikmaterialien ist darüberhinaus deutlich kürzer als die von Daune.

**Nylon-Überzüge,** welche über die Isolationsschicht getragen werden, schützen gut vor Wind, aber sie sind nicht wasserdicht, wenn das Nylon nicht beschichtet ist. Typischerweise werden Polyurethanbeschichtungen bei wasserdichtem Nylon benutzt. Die Dicke der Beschichtung wird durch ihr Gewicht pro Fläche angegeben: je höher dieses ist, desto besser ist die Qualität. Polyurethanbeschichtungen sind leicht und bequem zu tragen, aber sie sind nicht sehr widerstandsfähig gegenüber Reibung oder Verschmutzung. Daher bevorzugen einige Bergsteiger Beschichtungen aus anderen Kunststoffen. Diese Materialien sind haltbarer, aber die meisten kunststoffbeschichteten Regenkleidungen sind zu schwer, um beim Bergsteigen Anwendung zu finden.

Auch wenn die meisten dieser Kleidungsstücke den Regen abschirmen, halten sie genauso den Schweiß zurück. Bei größerer körperlicher Aktivität kann die Isolationsschicht durch den Schweiß ihre Eigenschaften verlieren. Mikroporöse Schichten wurden hergestellt, um dieses Problem in den Griff zu bekommen. Diese Beschichtungen haben Millionen mikroskopisch kleiner Löcher pro Quadratzentimeter. Verdampfter Schweiß hat nahe der Haut viel kleinere Molekülgrößen als flüssiges Wasser. Die Löcher in der Beschichtung sind groß genug, um verdampftes Wasser hindurchzulassen, sie sind jedoch zu klein als daß flüssiges Wasser hindurchgelangen könnte. Dadurch werden die Beschichtungen atmungsaktiv, bleiben aber trotzdem wasserdicht. Goretex war das erste atmungsaktive wasserdichte Material auf dem Markt. Es funktioniert nach demselben Prinzip: Ein Teflonfilm mit mikroskopisch kleinen Löchern wird als Laminat in ein Nylongewebe eingearbeitet.

Viele Bergsteiger sehen in der Entwicklung atmungsaktiver wasserdichter Kleidung einen Fortschritt gegenüber traditioneller Nylonbekleidung, aber auch die neuen Materialien sind nicht perfekt. Bei großer körperlicher Aktivität wird man die Transportkapazität des Materials für Wasserdampf überschreiten und der Schweiß wird innerhalb der Schicht kondensieren. Einmal in flüssiger Form kann der Schweiß nicht länger durch das Gewebe hindurchdringen. Eine Belüftung der Kleidung verhindert eine Überhitzung und übermäßige Schweißbildung unterhalb der atmungsaktiven Isolationsschicht. Die meisten atmungsaktiven wasserdichten Materialien benötigen entsprechende Pflege. Wenn Wasser nicht mehr von der Oberfläche abtropft, sollte das Material gewaschen und getrocknet werden und danach mit Silikon oder einem anderen wasserabdichtenden Spray behandelt werden. Dieser Spray sollte generell dreimal an drei aufeinanderfolgenden Tagen aufgetragen werden.

### Kopfbekleidung

Wenn der übrige Teil des Körpers von Kleidung bedeckt ist, wirkt ein ungeschützter Kopf wie ein Wärmestrahler, der für mehr als die Hälfte des Wärmeverlustes des Körpers verantwortlich ist. Der Kopf ist der Teil des Körpers, welcher zuerst entkleidet werden sollte, wenn man schwitzt, aber er sollte auch der erste Teil des Körpers sein, der zusätzlich geschützt wird, wenn man friert. Eine alte Regel sagt: »Wenn deine Füße kalt sind, ziehe eine Mütze auf!« Es steckt einiges an Wahrheit in dieser Regel: Wenn der Kopf und die Gliedmaßen kalt werden, vermindert der Körper den Blutstrom in den Armen und den Beinen bei dem Versuch die Wärme im lebenswichtigen Körperzentrum zu erhalten. Wenn man den Blutstrom in den Armen und Beinen wieder anregen will, sollte man den Kopf und den Körper wärmen.

Gewöhnlicherweise tragen Bergsteiger die unterschiedlichsten Sorten von Mützen. Baumwollmützen und Baseballkappen sind als Sonnenschutz besonders populär. Eine Hutkrempe erfüllt einen nützlichen Zweck, indem sie Strahlung von Stirn, Nacken, Ohren und Gesicht abhält; außerdem kann sie mit Wasser befeuchtet werden, um so an einem heißen Tag den Kopf zu kühlen. Eine leichte Regenmütze ist bei warmen Wetter im Regen recht nützlich, weil sie den Kopf trocken hält, während die Hals-/Nackenregion wesentlich besser belüftet ist als unter der Kapuze eines Parkas.

Warme isolierende Wollmützen oder Mützen aus Polypropylen sind Standard bei kaltem Wetter. Man sollte sich überlegen, ob man zwei Mützen mitführt, da eine zusätzliche Mütze nahezu soviel Wärme im Körper erhält wie eine zusätzliche Jacke, aber wesentlich weniger wiegt. Warme Mützen sollten auch immer ein Teil der sommerlichen Ausrüstung sein, falls man zu einem Biwak gezwungen ist. Sturmhauben bilden einen zusätzlichen Schutz für Gesicht, Nase und Ohren bei minimalem Gewicht.

## Der Oberkörper

#### Unterwäsche

Der Schutz des Körpers beginnt mit vernünftiger Unterwäsche. Synthetische Fasern wie Polypropylen und Polyester sind derzeit die besten Materialen zu diesem Zweck. Sie sind weich, dehnbar, atmungsaktiv und führen die Feuchtigkeit von der Haut ab. Die Unterwäsche ist in einer Vielfalt von Gewebestärken erhältlich; man wähle diejenige aus, welche dem persönlichen Wohlbefinden am meisten entspricht.

Es ist wenig sinnvoll, helle lange Unterwäsche zu kaufen. Helle Farben absorbieren Hitze weniger langsam, strahlen sie jedoch ebenfalls weniger langsam wieder ab. Wenn es warm genug ist, um lediglich in langer Unterwäsche und Shorts zu wandern, wird man die Vorteile von dunklen Fasern, welche der Sonne ausgesetzt sind, schnell merken.

Bei warmem Wetter wird ein dünnes Baumwollhemd auf der Haut angenehm sein und es wird auch gut gegen Sonnenbrand schützen. Helle Farben sollten bevorzugt werden. Bei kaltem Wetter wird man mehrere Isolationsschichten über dem Körper tragen. Diese sollten aus Wolle oder Synthetik wie z. B. Fleece-Materialien hergestellt sein. Diese Materialien behalten ihre Isolationsfähigkeit auch dann, wenn sie feucht werden. Baumwollwäsche wird nutzlos, wenn sie einmal naß ist, daher sollte sie prinzipiell vermieden werden.

Die Hemden sollten lang genug sein, so daß sie tief genug in die Hosen gesteckt werden können, um nicht beim Bücken herauszurutschen. Lücken zwischen den Hosen und dem Isolationsschutz des Oberkörpers läßt kostbare Wärme entweichen. Auf ähnliche Weise verhindern hoch geschnittene Rückenpartien von Hosen das Entweichen der Wärme. Untersuchungen haben gezeigt, daß allein durch das Beachten dieser Tatsache der Komfortbereich der Kleidung um fünf bis zehn Grad Celsius erhöht werden kann.

Jacken, welche mit Daune oder synthetischen Materialien isoliert sind, werden normalerweise bei Sommerunternehmungen nicht unbedingt benötigt, sind jedoch nützlich im kalten Klima oder bei Winterreisen. Diese Jacken wiegen zwischen 800 und 1200 Gramm, werden selten während des Kletterns getragen, jedoch bei Notfällen, Biwak und während der kalten Stunden im Camp benötigt.

**Regen- und Windschutz**

Als äußerste Schicht einer beliebigen Kleidung wird bei entsprechendem Wetter eine Überkleidung aus Nylon oder anderem synthetischen Material als Wind- und Regenschutz getragen. Das ideale Obermaterial hierzu ist nicht isoliert, winddicht, wasserdicht und atmungsaktiv. Ein anderer Aspekt ist das geringe Gewicht, z. B. in Form eines Nylonüberzuges oder eines beschichteten Regenparkas. Der atmungsaktive Windüberzug (welcher natürlich nicht absolut winddicht sein kann) wird den Wärmeverlust, welcher durch den Wind verursacht wird, vermindern, er wird aber auch den Schweiß aus der Kleidung entweichen lassen. Trotzdem wird auch bei hoher Feuchtigkeit ein Regenschutz gegeben sein.

Möglichst viele dieser Faktoren sollten von einer guten Regenjacke (Abb. 2-8) gewährleistet sein, unabhängig davon, ob sie aus atmungsaktivem Material gefertigt ist oder nicht.

1. Die Größe sollte groß genug sein, um zusätzliche Kleidung darunter zu tragen, ohne daß die Isolationsschicht zusammengedrückt oder die Bewegungsfähigkeit beeinträchtigt wird.
2. Die Kapuze sollte groß genug sein, um den kompletten Kopf vor Tropfwasser vor dem Gesicht zu schützen. Darüber hinaus sollte die Kapuze groß genug sein, daß darunter eine Mütze oder ein Helm getragen werden kann; sie sollte auch nicht die Sicht beeinträchtigen, wenn man seitwärts schauen muß.
3. Die Nähte sollten bereits seitens des Herstellers abgedichtet sein. Man sollte überprüfen, daß das Tape gut mit dem Material verarbeitet ist. Alle Nähte müssen entsprechend be-

schichtet sein, um das Eintreten von Feuchtigkeit zu verhindern, und es ist vorteilhaft, wenn dieses bereits von seiten des Herstellers geschehen ist. Eine vergleichbare Dichtigkeit ist durch eigenständiges Abdichten seitens des Bergsteigers nachträglich kaum zu erreichen.

4. Die Reißverschlüsse sollten große, belastbare Zähne und große Abdeckungen aufweisen, welche den Reißverschluß trocken halten.
5. Die Taschen müssen leicht zugänglich sein, auch mit Handschuhen. Darüber hinaus benötigen die Taschen ebenfalls ausreichend große Regenabdeckungen, um das Wasser vom Jackeninneren abzuhalten.
6. Die Länge der Jacke sollte so bemessen sein, daß sie über die Hüfte reicht. Zusätzlich sollte am unteren Ende ein Schnurzug eingearbeitet sein. Die Ärmel sollten die Handgelenke bedecken. Mittels Druckknöpfen, Gummi- oder Klettverschlüssen sollten die Ärmel in Handgelenksnähe so zu verengen sein, daß sie dort fixiert sind und nicht am Unterarm heraufrutschen.
7. Atmungsaktivität: Verschließbare Öffnungen sollten sich an der Vorderseite im Bereich der Handgelenke sowie an den Seiten der Regenjacke befinden. Diese können zur Steigerung der Belüftung geöffnet werden, sollten aber ebenso verschließbar sein, um warme Luft in Körpernähe zu erhalten.

Einige Bergsteiger bevorzugen als Standardregenschutz Anoraks, andere eine pulloverähnliche Jacke ohne vorderen Reißverschluß. Der Reißverschluß auf der Vorderseite eines normalen Anoraks fördert die Lüftung, kann aber auch undicht sein oder reißen. Knielange Anoraks sind dagegen eine Möglichkeit, die nur von wenigen Bergsteigern bevorzugt wird. Ponchos, welche von vielen Wanderern benutzt werden, sind bei Wind nahezu nutzlos und nicht als Regenschutz im Hochgebirge einsetzbar.

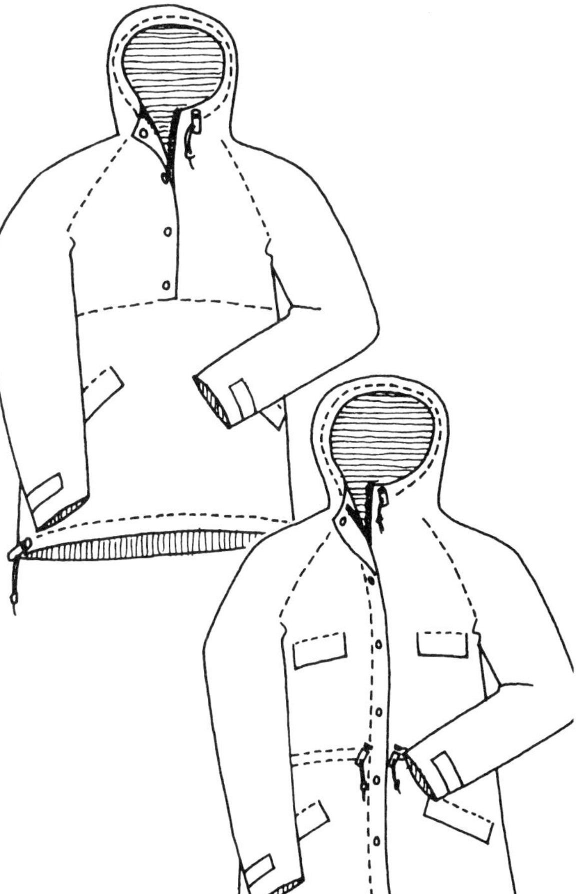

**(2-8) Regenparka: a) Anorak;**
**b) Standardversion mit Reißverschluß an der Vorderseite.**

## Der Unterkörper

### Lange Unterwäsche

Bei Winterunternehmungen und kalten alpinen Bedingungen ist lange Unterwäsche aus Polypropylen, anderen synthetischen Materialien oder Wolle sinnvoll. Bei diesen Bedingungen ist lange Unterwäsche nicht nur ein optionales Kleidungsstück, sondern ein integraler Bestandteil des mehrschichtigen Bekleidungsprinzips. Die Vorteile und Vielfältigkeit des Mehrschichtprinzips sind ad absurdum geführt, wenn ein Bergsteiger sich bei einem plötzlich hereinbrechenden Sturm erst entkleiden muß, um seine lange Unterwäsche nachträglich anzuziehen. Ähnlich wie auch beim Oberkörper wird die lange Unterwäsche zuerst an- und zuletzt ausgezogen. Es sollte nämlich die dickere Isolationsschicht gewechselt werden, falls die äußeren Temperaturen dies erforderlich machen. Daune oder synthetische Fasern können auch getragen werden, insbesondere während eines Biwaks. Synthetische Gewebe sind immer eine vorteilhafte Alternative zur Baumwolle.

### Hosen

Die wärmeisolierenden Hosen sollten locker sein, um die Bewegungsfähigkeit nicht zu beeinträchtigen. Sie sollten aus einem dicht gewebten Material hergestellt sein, so daß sie gegen Wind und Abrieb ausreichend widerstehen können. Wolle und Wolle/Polyester-Gewebe sind hierzu besonders geeignet. In kaltem nassen Klima sind synthetische Gewebe von Vorteil, weil sie weniger Feuchtigkeit einlagern und weniger Isolationsfähigkeit bei Feuchtigkeit verlieren. Fleecematerialien sind nicht winddicht, aber eine Nylonschicht, welche in die Gewebe eingearbeitet wurde oder darüber getragen wird, kann das Problem lösen.

Vorteilhaft beim An- und Ausziehen sind Hosen mit Reißverschlüssen, welche beidseits über die ganze Länge gehen, so daß man die Hosen anziehen kann, ohne die Bergstiefel auszuziehen. Die Lebensdauer der Hosen kann deutlich vergrößert werden, wenn man die Knie und den Sitzbereich mit Stücken aus Nylongewebe verstärkt.

Einige Bergsteiger bevorzugen Kniebundhosen, welche eine größere Bewegungsfreiheit gewährleisten. Wenn man die Schnüre im Kniebereich lockert und die Strümpfe herunterschiebt, kann man eine deutlich bessere Belüftung der Haut erzielen als bei normalen Hosen. Shorts sind beim Wandern im Regen oder beim Überqueren von Flüssen besonders bequem, da die Möglichkeit besteht, die langen Hosen im Rucksack trocken zu halten. Nylonshorts oder Gymnastikhosen, welche über lange Unterwäsche getragen werden, stellen eine gute Kleidungskombination in der Sommerzeit dar, wenn Shorts alleine keinen ausreichenden Schutz gegenüber Wind oder kühleren Temperaturen bieten.

### Wind- und Regenschutz

Wind- und Regenhosen sollten vergleichbare Bedingungen erfüllen wie die Regenbekleidung des Oberkörpers. Eine wasserdichte atmungsaktive Hose ist eine mögliche Lösung. Auch hier gilt, daß Reißverschlüsse über die gesamte Hosenlänge das Anziehen deutlich erleichtern. Darüber hinaus erleichtern die Reißverschlüsse die Belüftung der Kleidung. Eine Alternative zu wasserdichten atmungsaktiven Materialien ist das Mitführen sowohl von leichten Nylonhosen und von beschichteten nicht atmungsaktiven Regenhosen. In diesem Fall trägt man die Windhosen bei entsprechender Luftbewegung und die schwereren Regenhosen bei heftigem Regen.

Einige Bergsteiger bevorzugen Latzhosen, welche mit Hosenträgern gehalten werden. Latzhosen sind für Winterunternehmungen sowie Unternehmungen in Schnee und Eis, Skitouren und Expeditionen in kalte Klimaregionen besonders geeignet. Sie sind wesentlich wärmer als

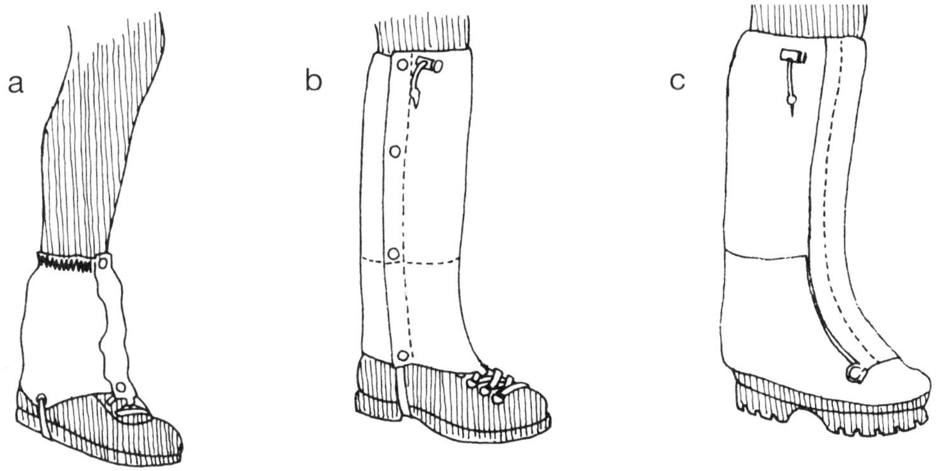


**(2-9) Gamaschen: a) Kurzgamasche; b) normallange Alpingamasche; c) isolierende Übergamasche.**

normale Regenhosen, da sie auch ganze Teile des Oberkörpers mit bedecken und außerdem schmelzenden Schnee vom Hüftbereich fernhalten. Allerdings sind Latzhosen für die meisten Sommertouren deutlich zu warm.

## Gamaschen

Der Übergang zwischen den Hosenbeinen und den Schuhen wird durch Gamaschen (Abb. 2-9) geschlossen. Bergsteiger tragen Gamaschen oft sowohl im Sommer als auch im Winter, um nasses Gebüsch, Schlamm oder Schnee davon abzuhalten, die Hosen, Socken oder Schuhe zu durchnässen. Gamaschen sind gewöhnlich aus Nylon gefertigt und mit Druckknöpfen, Reißverschlüssen und/oder Klettverschlüssen befestigt. Eine Schnur, welche unter der Schuhsohle entlangläuft, sorgt dafür, daß die Gamasche am Fuß befestigt bleibt, während ein Schnurzug am Oberteil der Gamasche sie vom Herunterrutschen abhält. Ein guter Sitz rundherum um den Stiefel ist absolut notwendig, um dort das Eindringen von Schnee zu verhindern. Außerdem sorgt ein guter Sitz in diesem Bereich dafür, daß das Verfangen von Steigeisenzacken in den Gamaschen weitgehend vermieden wird. Kurze Gamaschen können genutzt werden, um körnigen Schnee oder Steine im Sommer aus den Schuhen fernzuhalten. Der tiefe Winterschnee erfordert gewöhnlich jedoch Gamaschen, welche bis zum Knie heraufreichen.

Der Bereich der Gamaschen, welcher die Stiefel schützt, sollte aus beschichtetem Nylon gefertigt sein. Der obere Bereich entlang des Unterschenkels sollte aus atmungsaktivem wasserdichten Material oder einem unbeschichteten Nylon hergestellt sein, so daß bei warmem Wetter Atmungsaktivität im Bereich der Beine besteht. Die Reißverschlüsse sind der schwächste Teil einer Gamasche. Man sollte unbedingt darauf achten, daß sie massive große Zähne aufweisen. Eine Abdeckung, welche mittels Klettverschluß verschlossen werden kann, schützt den Reißverschluß vor Beschädigungen und hält darüberhinaus die Gamasche geschlossen und auch dann nutzbar, wenn der Reißverschluß beschädigt sein sollte.

Die Schnur unter der Schuhsohle wird im Verlaufe der Benutzung leiden. Neoprenschnüre sind im Schneegelände gut geeignet, jedoch werden sie sehr schnell in Fels- und Schuttgelände zerstört. Demgegenüber ist ein Stahlkabel im Felsgelände wesentlich stabiler. Was auch immer benutzt wird, auf eines sollte man achten: Das Band, welches unter dem Fuß entlangführt, sollte leicht ersetzbar sein.

Übergamaschen bedecken den gesamten Fuß komplett von der Spitze an, lassen jedoch die Schuhsohlen frei, um eine gute Haftung am Boden zu gewährleisten. Die in diese Gamaschen eingebaute Isolationsschicht vermindert das Risiko von Erfrierungen, insbesondere bei Unternehmungen unter sehr kalten Bedingungen.

**Handschuhe**

Fausthandschuhe sind generell wärmer als Fingerhandschuhe, da sie es den Fingern erlauben, sich aneinanderzuschmiegen und gemeinsam die Wärme zu halten. Handschuhe aus synthetischen Fasern oder dicke Wollfäustlinge, welche unter wasserdichten Überhandschuhen getragen werden, sind eine gute Kombination für die meisten technisch nicht allzu anspruchsvollen Unternehmungen. Fäustlinge aus Kunstfasern können ausgewrungen werden, falls sie Wasser gesogen haben und behalten auch den Großteil ihrer Isolationsfähigkeit bei Feuchtigkeit. Die Isolationsfähigkeit von Wolle sinkt dagegen bei Feuchtigkeit, so daß es dringend zu empfehlen ist, ein zusätzliches Paar dünne Handschuhe innerhalb der Wollfäustlinge zu tragen – notfalls läßt sich dies auch mit ein Paar Socken improvisieren. Die inneren Handschuhe sollten das Handgelenk ebenfalls bedecken.

Überhandschuhe können aus wasserdichtem oder atmungsaktivem Material auf der Handinnenseite hergestellt sein. Eine zunehmende Zahl an Herstellern benutzt ein rutschfestes Material auf der Handinnenseite um den sicheren Griff am Eisgerät zu erhöhen. Die Handrückseite sollte ihre Atmungsaktivität voll entfalten können, so daß ein zwar wasserdichtes aber atmungsaktives Material bevorzugt werden sollte. Der Überhandschuh sollte den Anorakärmel um mindestens 10 cm überlappen. Ein Gummizug oder aber Klettverschlüsse schließen den Handschuhschaft am Unterarm.

Um den Verlust von Handschuhen oder Überhandschuhen zu vermeiden, kann man sie mit Fangschnüren am Handgelenk sichern. Dieses leicht nachrüstbare Hilfsmittel zeigt seinen besonderen Vorteil dann, wenn zwischenzeitlich im kombinierten Gelände ohne Handschuh geklettert werden muß, welche für diese Zeit dann lose am Handgelenk griffbereit baumeln können.

Viele Bergsteiger tragen dünne Polypropylen-Handschuhe oder ein dünnes Paar fingerlose Handschuhe unter den Fäustlingen. Beide gewährleisten gute Bewegungsfreiheit der Finger bei schwierigen Kletterstellen. Bei sehr kalten Temperaturen (unter ca. -15° C) sind die Polypropylen-Handschuhe vorteilhaft, da sie keine Hautpartien ungeschützt der Umgebung aussetzen und insbesondere dem Anfrieren an Metallgegenständen wirksam entgegenwirken. Die fingerlosen Handschuhe geben dagegen eine minimal bessere Bewegungsfreiheit der Hände und werden vor allem bei schwierigen Felsklettereien im kalten Gelände bevorzugt, wenn man eine zusätzliche Schicht zwischen Finger und Fels vermeiden will. Fingerlose Handschuhe können gekauft werden, jedoch kann man sie auch durch Abschneiden der Finger üblicher Handschuhe leicht selbst herstellen.

Lederhandschuhe sind für die Sicherheit beim Abseilen oder bei der Standplatzsicherung wichtig, da sie Verbrennungen durch das Seil im Falle des Bremsens eines Sturzes verhüten. Diese Handschuhe sind gegenüber Feuchtigkeit recht empfindlich. Sie saugen erhebliche Wassermengen auf und wärmen dann kaum noch.

## Rucksäcke

Bergesteiger benutzen normalerweise zwei Rucksäcke: Einen Rucksack, welcher groß genug für Tagesunternehmen ist, und einen Hochtourenrucksack, welcher für mehrtägige Unternehmungen ein ausreichendes Volumen aufweist. Alle Rucksäcke sollten so geschnitten sein, daß die Last nahe am Körper transportiert wird und der Masseschwerpunkt senkrecht oberhalb der Hüften liegt.

### Innen- und Außenrahmen

Weiche Rucksackkonstruktionen mit einem Innenrahmen, welcher einerseits die Rucksackform stabilisiert und andererseits die Last auf den Beckengurt überträgt, sind bei weitem die verbreitetsten Konstruktionen bei Kletterern und Skibergsteigern. Diese Rucksackkonstruktionen erlauben einen direkten Körperkontakt, wodurch ein plötzliches Verrutschen der Rückenlast beim Klettern oder Skifahren, welches den Verlust des Gleichgewichtes zur Folge haben kann, vermieden wird. Das Verrutschen der Last auf dem Rücken ist nämlich der entscheidende Nachteil aller Außenrahmenkonstruktionen.

Das Volumen der meisten Rucksäcke mit Innenrahmen kann leicht dem Bedarf angepaßt werden. Die meisten haben Kompressionszüge, so daß auch ein großer Tourenrucksack, welcher normalerweise als Anmarschrucksack benutzt wird, in einen kompakten Tagesrucksack umgewandelt werden kann. Die geradlinige, zum Teil kiepenförmige Form ermöglicht es, Innenrahmenrucksäcke auch über Felsgelände aufzuziehen, was mit Außenrahmenrucksäcken nahezu unmöglich ist.

Außenrahmenrucksäcke (Abb. 2-10) besitzen einen langgestreckten starren Aluminiumrahmen, welcher vom Rücken durch querverlaufende Nylonbänder ferngehalten wird. Diese Rucksäcke gewährleisten eine sehr gute Lastverteilung, da es möglich ist, die Last relativ hoch über den Hüften zu tragen. Die Konstruktion erlaubt es, einen Großteil der Last auf die Hüften zu

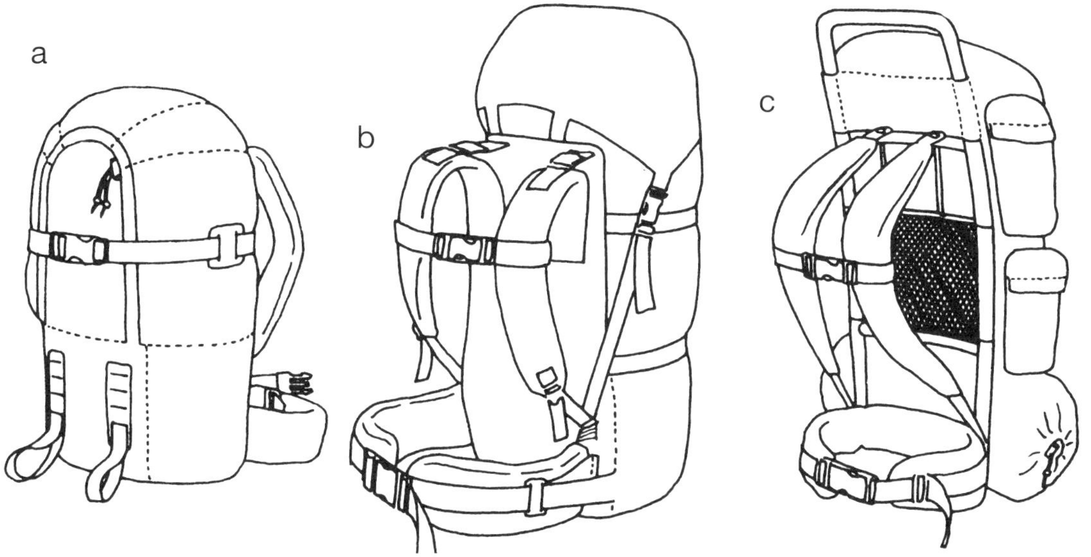


**(2-10) Rucksäcke: a) kleiner Tagesrucksack mit Innenrahmen; b) großer Rucksack mit Innenrahmenkonstruktion und gepolstertem Hüftgurt; c) Außenrahmenkonstruktion mit gepolstertem Hüftgurt.**

verlagern und somit Schultern und Rücken zu entlasten. Da der Rahmen vom Rücken ferngehalten wird, schwitzt man unter solchen Rucksäcken weniger. Außenrahmenrucksäcke werden vor allem auf Wanderwegen benutzt und sind hier im Vergleich zu den meisten Innenrahmenkonstruktionen von Vorteil. Einige Bergsteiger benutzen sie auch für lange leichte Aufstiege und führen ein kleines Daypack für den eigentlichen Gipfelanstieg mit.

**Der Kauf eines Innenrahmenrucksackes**

Beim Kauf ist vor allem ist eines zu beachten: Man sollte nur einen Rucksack kaufen, der bestens paßt. Das Tragesystem muß bequem auf dem Rücken sitzen. Dabei sollte die Last bei geradem Rücken direkt auf den Schultern aufliegen. Einige Konstruktionen sind über einen weiten Größenbereich einstellbar, aber nicht alle.

Bevor ein Rucksack gekauft wird, sollten alle Gurte gelockert und der Rucksack voll beladen werden. Ohne eine typische Ladung kann man sich kein Urteil darüber bilden, wie der Rucksack am Rücken anliegt oder ob die Rucksackgurte passen. Danach wird der Rucksack aufgesetzt. Der Rahmen sollte den Krümmungen des Rückens folgen. Falls dies nicht der Falle ist, stellt sich die Frage, ob der Rahmen angepaßt werden kann. Der Aufhängepunkt der Schulterriemen sollte etwa 5 cm unterhalb der Oberkante der Schultern liegen. Zwischen Rucksack und oberer Schulterpartie sollte keine Distanz sein. Unbedingt sollte überprüft werden, ob die Schulterriemen gut anliegen und sich adäquat verstellen lassen. Durch diese Verstellung kann die Last über Schulter und Hüfte verteilt werden, so daß unterschiedliche Muskelgruppen sich die Tragearbeit teilen können.

Wenn der Rucksack auf die eigenen Körperproportionen angepaßt ist, sollte die Kopffreiheit überprüft werden. Kann man nach oben schauen, ohne daß der Kopf am Rahmen oder Rucksackoberrand anschlägt? Kann man dies auch, wenn man einen Helm trägt? Als nächstes sollte überprüft werden, ob der Rucksack an allen Stellen, welche dem Körper aufliegen, gut gepolstert ist. Besonders beachtet werden sollte die Dicke und die Qualität des Rucksackmaterials im Bereich der Schulterriemen und des Hüftgurtes. Die Polsterung des Hüftgurtes sollte im Bereich des Hüftknochens besonders dick sein. Der Hüftgurt sollte den oberen Teil der Hüfte umfassen und nicht in der Taille sitzen, da die Hüftknochen die Last aufnehmen sollen.

Stets sollte man gut überlegen, welches Rucksackvolumen für die geplanten Unternehmungen das richtige ist! Ein Tagesrucksack oder ein Rucksack für kurze Mehrtagestrips sollte überlicherweise ein Volumen von 20 bis 35 Liter haben. Größere Unternehmungen und Winterbergsteigen erfordern Rucksackvolumina von 50 bis 65 Liter.

Einige weitere Fragen, welche beim Kauf eines Rucksackes berücksichtigt werden sollten:

1. Ist der Bodenbereich gedoppelt? Dieser Vorteil wird die Lebensdauer des Rucksackes wesentlich erhöhten.
2. Hat der Rucksack zusätzliche Materialschlaufen und insbesondere auch Schlaufen für Eispickel/Eisbeile?
3. Gibt es Möglichkeiten das Packvolumen für größere Unternehmungen zu vergrößern, wie z. B. Seitentaschen oder eine höhenverstellbare Deckeltasche?
4. Sind seitlich Kompressionsriemen angebracht, um das Packvolumen zu verringern und um ein Verrutschen der Last während der Tour zu vermeiden?
5. Ermöglicht die Rucksackkonstruktion eine praktische Form des Transportes von Steigeisen, Skiern, Schneeschuhen und anderen Ausrüstungsgegenständen?
6. Sind abnehmbare Seitentaschen erhältlich? Durch diese Ergänzung kann aus einem Day-

pack ein Rucksack für kleinere Wochenendunternehmungen gemacht werden.

7. Weist die Konstruktion ein Brustriemchen auf, welches dafür sorgt, daß die Last in schwierigem Gelände nicht von den Schultern rutschen kann?
8. Falls der Rucksack bei technisch schweren Unternehmungen oder im Gestrüpp eingesetzt werden soll: Verfügt er über ein glattes, nachgiebiges Außenprofil, so daß er sich nicht verfängt?
9. Ist das Material für die geplanten Unternehmungen haltbar genug?
10. Wie wasserdicht ist der Rucksack?
11. Weist die Konstruktion hochbelastbare (Industrie-)Reißverschlüsse auf? Kann man den Rucksack noch benutzen, wenn diese reißen sollten?

### Ratschläge zum Rucksackpacken

Rucksäcke, welche aus wasserdichtem Material hergestellt sind, sind nicht unbedingt wirklich wasserdicht. Sie können an Taschen, Reißverschlüssen, Nähten, an der oberen Öffnung und an Stellen, an denen die Beschichtung abgerieben worden ist, lecken. Plastiktüten oder gute Materialsäcke können für den Inhalt einen guten Wasserschutz bedeuten. Man kann dabei einen großen Plastiksack als Rucksackinnensack benutzen, wobei die zu schützenden Ausrüstungsteile in den Plastiksack gesteckt werden, während naßgewordene Kleidungsstücke außerhalb des Plastiksackes im Rucksack verstaut werden sollten.

Ein Kletterrucksack sollte so geschnitten sein, daß die Last mehr im Bereich der Lendenwirbelsäule liegt, welche die Drehachse der Körpermitte darstellt. Hierdurch wird verhindert, daß die Last von den Schultern rutscht. Demgegenüber sollte die Last bei Wanderungen möglichst hoch und nahe am Genick getragen werden.

## Wichtige Ausrüstungsteile

Einige kleine, aber wichtige Ausrüstungsteile sollten in keinem Rucksack fehlen. Man wird sie nicht jeden Tag oder bei jeder Tour benötigen, aber sie können im Notfall lebensrettend sein. Sie sind sozusagen eine Versicherung gegen Unerwartetes.

Welches Ausmaß diese »Versicherung« annimmt, ist nach wie vor Gegenstand zahlreicher Diskussionen. Einige bekannte Minimalisten vertreten die Meinung, daß die zusätzliche Rucksacklast durch solche Gegenstände dafür sorgt, daß langsamer geklettert wird, wodurch das Risiko steigt, von Unwetter und hereinbrechender Dunkelheit überrascht zu werden und so biwakieren zu müssen. Ihre Devise lautet: »Nimm niemals Biwakausrüstung mit, wenn du nicht auch biwakieren möchtest«.

Die Mehrheit der Kletterer nehmen dagegen eine sorgfältig ausgewählte Minimalausrüstung für den Fall eines Notfalles mit. Sie opfern dadurch einige Zeit, aber sie gehen davon aus, daß sie jederzeit auch am nächsten Tag noch in der Lage sein werden, das zu erreichen, was sie am Vortage vielleicht nicht geschafft haben.

Die grundlegenden Ausrüstungsgegenstände, von denen die meisten Bergsteiger sagen, daß sie immer mitgeführt werden sollten, sind bekannt geworden unter dem Schlagwort »**Ten Essentials**«. Es handelt sich um:

1. Karte
2. Kompaß
3. Stirnlampe mit Ersatzbirne und Ersatzbatterien
4. Notverpflegung
5. Zusätzliche Kleidung
6. Sonnenbrille
7. Erste-Hilfe-Ausrüstung
8. Taschenmesser

9. Streichhölzer in wasserdichter Verpackung
10. Hilfsmittel zum Feueranzünden.

Diese Grundausrüstung wird abhängig vom jeweiligen Unternehmen entsprechend erweitert. Im folgenden werden wir die zehn genannten Ausrüstungsteile gesondert besprechen und später auf einige ergänzende Ausrüstungsteile eingehen.

## *Die »Ten Essentials«*

### 1. Karte

Man sollte immer eine detaillierte Karte des Gebietes, in dem man unterwegs ist, mitführen. Sie sollte in einer Schutzhülle oder einem Plastikkartenumschlag aufbewahrt werden. In Kapitel 4 werden Details zum Thema Karten besprochen, insbesondere auch, wie die Informationen einer topographischen Karte zu interpretieren sind.

### 2. Kompaß

Ein Kompaß ist ein absolut notwendiges Ausrüstungsstück zur Orientierung und zur Wegfindung. In Kapitel 4 wird die Arbeitsweise eines Kompasses beschrieben und außerdem seine Anwendung besprochen.

### 3. Taschenlampe/Stirnlampe

Stirnlampen (Abb. 2-11) und Taschenlampen sind wichtig genug, um ausschließlich Qualitätsprodukte mitzuführen. Wasserdichte Lampen sind ihren Zusatzpreis wert. Sie funktionieren sicher bei jedem Wetter und die Kontakte oder Batterien korrodieren nicht, wenn sie in feuchtkalter Umgebung monatelang gelagert werden.

Nur wenige Stirnlampen sind wasserdicht, und einige sind widerstandsfähiger als andere. Wenn man davon ausgeht, daß eine absolut wasserdichte Stirnlampe notwendig ist, sollte man zunächst eine kleine wasserdichte Taschenlampe kaufen. Hierzu kann man sich dann aus einem breiten Gummiband ein Stirnband nähen, auf welches man mehrere schmalere Gummibandringe aufnäht. Hierdurch kann die Taschenlampe wie eine Stirnlampe getragen werden. Die Taschenlampe liegt dabei seitwärts dem Kopfe an, ähnlich wie ein Bleistift, den man hinter das Ohr steckt.

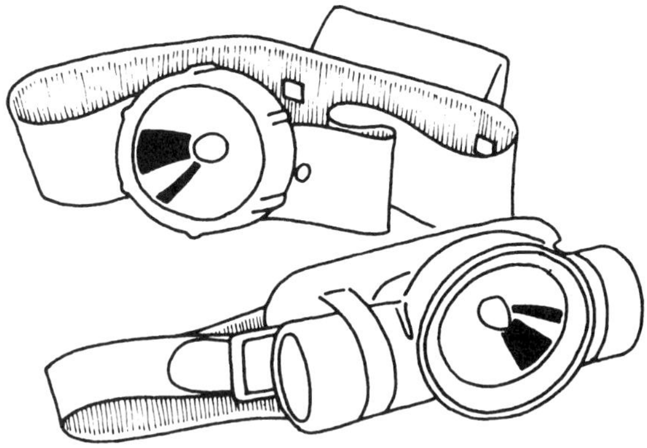

**(2-11) Beispiele für Stirnlampen.**

Alle Lampen benötigen haltbare Schalter, welche nicht versehentlich im Rucksack angeschaltet werden können, ein häufiges und möglicherweise gefährliches Problem. Besonders gut sind Schalter, welche in einer Vertiefung angebracht sind. Ähnlich sicher sind Drehschalter, bei denen ein Teil des Lampengehäuses zum Anschalten eine halbe Umdrehung gedreht werden muß. Wenn es den Anschein hat, daß ihr Licht versehentlich eingeschaltet werden könnte, sollte man dieser Gefahr vorbeugen, indem der Schalter mittels Klebeband arretiert wird. Alternativen sind das Herausnehmen von Birne oder Batterien.

Ein verstellbarer Focus ist ein zusätzlicher Vorteil einiger Lampentypen. Dabei ist der Reflektor drehbar, so daß man breitgefächertes Licht in der Nähe einstellen kann, andererseits kann das Licht gebündelt werden, um fernerliegende Objektive zu betrachten. Ein solcher verstellbarer Focus bedeutet eine vielfältige Anwendung der Lampe, insbesondere bieten sich erhebliche Vorteile bei der Fernsicht.

**Taschenlampenbirnen** haben eine begrenzte Lebensdauer, so daß unbedingt Ersatzbirnen mitgeführt werden sollten. Dies gilt ebenfalls für Batterien. Dabei muß man nicht unbedingt weiterhin die Birne benutzen, mit welcher die Lampe geliefert wird. Wenn man das normale Glühbirnchen durch eine Halogenbirne ersetzt, kann man einen deutlich helleren Lichtstrahl erreichen. Diese Gase leuchten deutlich heller als die Brennfäden in Vakuumbirnen. Sie geben zwar mehr Licht, verkürzen bei leicht höherem Stromverbrauch allerdings auch die Lebenszeit der Batterien.

Die meisten Birnchen tragen einen Vermerk über die benötigte Spannung und Ampérezahl. Einen ungefähren Überblick über die Lebensdauer der Batterie erhält man, indem man die auf ihr angegebenen Ampérestunden durch die Ampérezahl der Birne teilt. Zum Beispiel wird eine Batterie, welche mit vier Ampérestunden angegeben ist, bei einem Lampenbedarf von 0,5 Ampére etwa 8 Stunden brennen. Dies gilt allerdings nicht bei sehr tiefen Temperaturen, welche die Lebenszeit deutlich verkürzen.

Vorteilhafterweise führt man einige Birnchen unterschiedlicher Stärke mit. So ist es möglich, kostbaren Batteriestrom bei Tätigkeiten im Lager zu sparen. Für den Fall, daß für Geländebeobachtungen Fernlicht gebraucht wird, kann dann ein starkes Birnchen eingesetzt werden.

**Alkalibatterien** haben sich beim Geländeeinsatz besonders bewährt und sind üblicherweise auch in Großmärkten erhältlich. Darüberhinaus speichern sie mehr Energie als die billigeren Blei-Zink-Batterien. Das Hauptproblem dieses Batterietyps ist jedoch, daß die Spannung deutlich absinkt, wenn sie entladen werden und sie können nicht wieder aufgeladen werden. Ihre Lebensdauer wird durch kalte Temperaturen drastisch verringert. Man kann davon ausgehen, daß sie bei -15° C nur 10 bis 20 % ihrer Ausgangsleistung haben. Heimwerker tragen vorteilhafterweise bei kalten Bedingungen den Batterieblock mit Verlängerungskabel unter der Jacke.

**Nickelcadmiumbatterien** können etwa tausendmal wieder aufgeladen werden, sie behalten ihre Spannung und Leistung während des größten Teils ihrer Entladungszeit und sie arbeiten auch recht gut bei kalten Bedingungen (etwa 70 % Leistung bei -15° C). Allerdings speichern sie nicht so viel Energie wie Alkalibatterien. Für Bergtouren sollte man Nickelcadmiumbatterien wählen, welche mindestens zwei- bis dreimal so viel Energie laden können wie Standard-Nickelcadmiumbatterien – sie sind ihren Mehrpreis wert.

**Lithiumbatterien** haben eine doppelt so hohe Spannung wie normale Batterien. Bei ihrer Verwendung ist es unvermeidlich, die herkömmlichen Lampen umzubauen. Aber eine Liziumzelle kann mehr als doppelt soviel Ampérestunden speichern als zwei Alkalibatterien. Die Spannung bleibt nahezu konstant während der gesamten Lebensdauer und die Leistungsfähigkeit ist bei großer Kälte nahezu so groß wie bei Raumtemperatur. Allerdings sind Lithiumbatterien teurer.

### 4. Notverpflegung

Eine Tagesration zusätzlicher Verpflegung ist eine vernünftige Notfallausrüstung für den Fall, daß man durch Schlechtwetter, Abkommen vom Weg, Verletzung oder andere Zwischenfälle an der Rückkehr gehindert wird. Die Notverpflegung sollte eßbar sein, ohne daß sie gekocht werden muß, wenig wiegen und leicht verdaulich sein. Darüber hinaus sollte sie über lange Zeiträume lagerbar sein. Eine Kombination aus Nüssen, Süßigkeiten und Trockenfrüchten eignet sich gut. Einige Bergsteiger führen außerdem zusätzlich Kakao, Trockensuppen und Tee mit, falls eine Wärmequelle vorhanden ist.

### 5. Zusatzkleidung

Wieviel Zusatzisolation ist in einem Notfall notwendig? Die Kleidung, die während des aktiven

Teils des Unternehmens benutzt wurde, ist die Basisausrüstung: Innen- und Außensocken, Stiefel, Unterwäsche, Hose, Hemd, Jacke, Mütze, Handschuhe und Regenkleidung. Diese Kleidungsstücke reichen für einen großen Temperatur- und Wetterbereich aus, wenn der Bergsteiger aktiv ist. Zusatzkleidung für unvorhergesehene Biwaks sollten zu dieser Grundausrüstung abhängig von der Saison zugefügt werden. Man sollte sich folgendes fragen: Was benötige ich, um die schlechtesten Bedingungen, welche realistischerweise eintreten könnten, zu überleben?

Zusätzliche Unterwäsche ist eine vernünftige Ergänzung und wiegt wenig. Während einer anstrengenden Tour kann der Schweiß die Unterwäsche völlig durchnässen und so Wärme vom Körper ableiten. Es ist wichtig, daß die dem Körper unmittelbar anliegende Kleidung trocken ist, bevor dickere Isolationsschichten wie Daune oder Jacken aus Synthetikfasern und Windschutz hinzugefügt werden. Eine zusätzliche dicke Mütze wirkt bezüglich des Wärmeverlustes genauso gut wie eine zusätzliche Jacke. Für die Füße sollte ein zusätzliches Paar warmer Socken mitgeführt werden, für die Hände ein zusätzliches Paar Polyesterhandschuhe.

Bei Winter- und Expeditionsbergsteigen unter schwierigen Bedingungen wird man mehr Isolation sowohl für den Körper als auch für die Extremitäten brauchen. Zusätzlich zur Regenhülle sollte irgendeine Form eines zusätzlichen Wind- und Regenschutzes mitgeführt werden, wie z. B. eine Rettungsfolie, welche in einem Biwaksack hineingesteckt wird. Außerdem sollte man ein Sitzpolster mitführen, um den Wärmeverlust direkt zum Boden zu vermindern. Bei einigen Rucksäcken kann zu diesem Zwecke die Rückwandpolsterung herausgenommen werden.

Einige Bergsteiger führen anstatt zusätzlicher Kleidung auch einen Biwaksack mit, welcher ungefähr 500 g wiegt. Dies ist eine durchaus diskussionsfähige Strategie. In Kapitel 3 werden Details zu Biwaksäcken und zum Biwakieren beschrieben. Der Sack schützt bei schlechtem Wetter, indem er den Effekt der Luftkonvektion vermindert; er hält außerdem sehr viel Wärme am Körper zurück.

### 6. Sonnenbrille

Die Augen sind besonders empfindlich gegenüber dem hellen Licht in den Bergen, sowohl gegenüber dem sichtbaren Licht, das vom Schnee reflektiert wird, als auch gegenüber dem unsichtbaren ultravioletten Licht. Beide sind im Vergleich zur Meereshöhe in 3000 m Höhe ungefähr 50 % intensiver. Die Regenbogenhaut ungeschützter Augen wird leicht durch Verbrennung verletzt – hierdurch entsteht die extrem schmerzhafte Schneeblindheit.

Da diese Augenschädigung einsetzt, bevor der Betreffende irgend etwas davon spürt, ist es dringend notwendig, Sonnenbrillen zu tragen, um sowohl die sichtbare als auch die unsichtbare ultraviolette Lichteinstrahlung zu vermindern. Insbesondere sollte man sich nicht bei wolkigem oder nebligem Wetter dazu verleiten lassen, die Augen nicht zu schützen. Ultraviolettes Licht durchdringt die Wolken, und das Flimmern des reflektierten Lichtes kann Kopfschmerzen erzeugen. Sonnenbrillen sollten 95 bis 100 % des ultravioletten Lichtes herausfiltern. Sie sollten außerdem gefärbt sein, so daß nur ein Teil des sichtbaren Lichtes das Auge erreichen kann. Im Schnee- und Gletschergelände ist eine Lichttransmission von 5 bis 10 % optimal. Für universelleren Gebrauch sollte die Transmissionsrate allerdings 20 % betragen. Die Transmissionsrate ist leicht zu kontrollieren: Wenn man beim Blick in den Spiegel leicht die eigenen Augen sehen kann, sind die Gläser für Gletscher- und Schneegelände zu hell. Die Färbung der Gläser sollte grau oder grün sein, wenn man möglichst natürliche Farben sehen möchte. Eine gelbe Tönung erzeugt ein besseres Kontrastsehen bei Bewölkung oder im Nebel.

Es gibt zwar keinerlei Hinweise darauf, daß Infrarotlicht (Wärmestrahlung) die Augen schädigt, wenn man nicht direkt in die Sonne schaut. Aber eine Brille, die zusätzlich einen möglichst hohen Infrarotanteil herausfiltert, bedeutet für das Auge zusätzliche Sicherheit.

Der Rahmen der Sonnenbrille sollten einen Seitenblendschutz aufweisen, welcher ebenfalls das Licht, welches das Auge erreicht, vermindert. Selbstverständlich sollte die Belüftung der Brille ausreichend sein, um ein Beschlagen zu verhindern. Kondensfeuchtigkeit auf der Brille kann ebenfalls vermindert werden, wenn eines der vielen Antibeschlagprodukte angewendet wird, welche bei Optikern zu erhalten sind.

Eine Gruppe sollte mindestens eine Ersatzbrille mitführen, falls eine Brille verlorengeht, kaputtgeht oder irgendwo vergessen wird. Man kann einen Augenschutz auch improvisieren, indem schmale Schlitze in eine Pappe oder ein Stoffstück geschnitten werden, welches über den Augen befestigt wird.

Ein Bergsteiger, der korrigierende Augengläser benötigt, sollte unbedingt eine Ersatzbrille mitnehmen. Normale Brillengläser mit aufsteckbaren Sonnengläsern können als normale Brille für das Gelände benutzt werden, zusätzliche Augengläser mit dunkler Tönung sollten für große Höhen oder sehr helle Bedingungen mitgeführt werden. Als Alternative bietet sich die Kombination aus einer normalen Brille und einer gut belüfteten Skibrille, welche eine dunkle Tönung aufweist.

Viele Bergsteiger, welche eine Korrekturbrille benötigen, bevorzugen Kontaktlinsen. Kontaktlinsen verbessern den Blickwinkel, rutschen nicht an der Nase herunter, bekommen im Regen keine Wassertropfen und ermöglichen das Benutzen normaler Sonnenbrillen. Natürlich haben auch Kontaktlinsen einige Probleme. Starke Sonne und starker Staub, welcher vom Wind eingeblasen wird, kann die Augen irritieren, so daß bei der benutzten Sonnenbrille vor allem auch auf einen guten Seitenschutz geachtet werden sollte. Darüberhinaus sind die Möglichkeiten die Kontaktlinsen zu pflegen im Gelände natürlich eingeschränkt.

### 7. Erste-Hilfe-Ausrüstung

Durch Erste-Hilfe-Ausrüstung sollte man sich niemals dazu verleiten lassen, ein falsches Gefühl der Sicherheit zu entwickeln. Ein Erste-Hilfe-Kit kann nur in wenigen Fällen wirklich helfen. Auch Ärzte sagen, daß sie unter Geländebedingungen bei schweren Verletzungen oder Erkrankungen nur relativ wenig tun können, außer grundlegenden stabilisierenden Maßnahmen und Patiententransport. Am besten vermeidet man prinzipiell Verletzungen oder Erkrankungen im Gelände. Davon unabhängig sollte man selbstverständlich für unerwartete Notfälle vorbereitet sein.

Das Erste-Hilfe-Kit sollte klein, kompakt und robust sein, der Inhalt sollte wasserdicht verpackt sein. Der Handel bietet zahlreiche Kits an, allerdings sind die meisten im Gelände ungeeignet.

Die folgende Erste-Hilfe-Ausrüstung sollte bei allen Unternehmungen mitgeführt werden: Elastische Binde / Mullbinde, Pflaster / Tape, Schere, Dreieckstuch und sterile Wundauflagen in mehreren Größen. Es sollten genügend Bandagen und Wundauflagen mitgeführt werden, um auch größere Blutungen beherrschen zu können. Stark blutende Wunden sind häufige Verletzungen im Gelände, und steriles Wundmaterial kann unterwegs nicht vernünftig improvisiert werden.

Zusätzlich zu der Grundausrüstung sollte über die Länge und Art des Unternehmens nachgedacht werden. Wenn man z. B. auf einem Gletscher unterwegs ist, wird man keine Äste zum improvisierten Fixieren von Knochenbrüchen zur Verfügung haben, so daß eine Kramerschiene außerordentlich nützlich sein kann. Beim Expeditionsbergsteigen braucht man unbedingt detaillierten Rat durch entsprechend spezialisierte Ärzte.

### 8. Taschenmesser

Messer sind notwendig für die Essenszubereitung, zum Feuermachen, zur Ersten Hilfe und vielem anderen, so daß jeder Bergsteiger ein Messer mitführen muß. Das Messer sollte zwei klappbare Klingen aufweisen, zusätzlich einen Flaschenöffner, einen Schraubenzieher, eine Ahle und möglichst eine Schere; es sollte aus rostfreiem Stahl hergestellt sein. Auch wenn man eventuell einige zusätzliche Werkzeuge mitführt, ist ein solches Messer die absolute Basisausrüstung. Durch eine Schnur wird das Messer am Gürtel gesichert und ein Verlust vermieden.

### 9. Streichhölzer

Das Mitführen von Streichhölzern für Notfälle sollte zur Routine werden, unabhängig davon, ob zusätzlich ein Kocher mitgeführt wird oder nicht. Die Streichhölzer sollten wasserdicht verpackt sein.

### 10. Feueranzünder

Feueranzünder sind sinnvoll und notwendig beim Anzünden nassen Holzes oder falls in Notfällen ein Feuer schnell entfacht werden soll. Notfalls können sie außerdem dazu benutzt werden, eine Tasse Wasser oder Suppe zu erwärmen, falls man eine Metalltasse dabei hat. Die verbreitetsten Feueranzünder sind Kerzen oder Festbrennstoffe in Tabletten- bzw. Barrenform.

## *Andere wichtige Ausrüstungsteile*

### Wasser und Wasserflaschen

Hohe Berge sind oft knochentrocken oder fest gefroren, so daß man gewöhnlich das Wasser mitführen muß, welches über Tag benötigt wird, um Austrocknungen zu vermeiden und die Leistungsfähigkeit zu erhalten. Eine normale 1 l-Flasche reicht normalerweise aus, aber wenn es heiß ist und man stark schwitzt, kann es notwendig werden, zwei mitzuführen. Polyethylenflaschen mit weiter Öffnung sind besonders beliebt, da sie leicht mit Schnee oder Wasser wieder befüllt werden können; sie fügen im Unterschied zu Aluminium dem Trinkwasser keinen unangenehmen Nachgeschmack hinzu. Wenn man eine Aluminiumflasche nutzt, sollte man aufpassen, daß man nicht die Trinkflasche mit der Flasche verwechselt, in der der Brennstoff für den Kocher transportiert wird – das könnte unangenehm werden.

Giardiasis, eine durch Wasser übertragene Infektionserkrankung, ist ein in vielen Regionen ein verbreitetes Gesundheitsproblem. Die Zysten haben viele Wasserquellen in der Wildnis verseucht, und man muß nur wenig Wasser trinken, um zu erkranken. Die Erkrankung dauert 6 bis 20 Tage und heilt normalerweise von allein aus. Die Symptome sind Übelkeit, Flatulenz, Diarrhoe, Krämpfe, Rülpsen, Fieber und Dehydratation.

Mit verschiedenen Methoden kann man Wasser trinkbar machen, indem die bereits erwähnte Giardia lamblia oder andere Keime herausgefiltert oder getötet werden; eine chemische Behandlung mit Jodtabletten oder anderen Wirkstoffen ist daher zu empfehlen. Die Anwendungshinweise sollten unbedingt befolgt werden. Die nötige Einwirkungszeit der Mittel nimmt bei kaltem Wasser massiv zu. Wenn man seine Trinkflasche an einem Gletscherbach füllt, kann es notwendig sein, die Flasche in die Sonne zu legen oder unter die Jacke zu stecken, um die Wassertemperatur zu erhöhen.

Wenn man Wasser kocht, werden Giardia-Zysten abgetötet, andere krankheitserregende Bakterien und Viren werden zum Teil aber überleben, auch wenn das Wasser etwa 20 Minuten gekocht wird. Die Kombination einer chemischen Behandlung mit einem kurzen Aufkochen macht Wasser dagegen sicher.

Eine andere Möglichkeit sind Wasserfilter. Filter mit einer Pumpe können einen halben Liter Wasser in wenigen Minuten erzeugen und verändern den Geschmack des Trinkwassers nicht negativ. Ein gutes Filtersystem bietet die Möglichkeit, den Filter zu reinigen; dieser kann aber auch ersetzt werden. Achtung: Nur Filter mit einer Porengröße unter 0,4 µm gewährleisten sicher, daß Krankheitserreger herausgefiltert werden.

## *Vorbeugung gegen Sonnenbrand*

Die Gefahr, durch Sonnenlicht Verbrennungen zu erleiden, ist in großen Höhen um ein Vielfaches größer als auf Seehöhe. Ebenso groß ist das Risiko, durch Sonnenlicht sowohl Wohlbefinden als auch Gesundheit einzubüßen. Bergsteiger können es nicht vermeiden, sich lange der Sonne auszusetzen, daher müssen sie dafür Sorge tragen, daß die verbrennenden Ultraviolettstrahlen, welche den Körper erreichen, vermindert werden, indem die Haut mit Kleidung bedeckt wird oder Sonnenschutzcremes vergewendet werden. Von Mensch zu Mensch gibt es große Unterschiede in der Hauttönung und der Widerstandsfähigkeit der Haut gegenüber Licht. Es gibt hier lediglich eine grundsätzliche Regel: Wenn der Grad des notwendigen Schutzes unterschätzt wird, sind die Folgen so schwerwiegend, daß man seine Haut grundsätzlich bestmöglich schützen sollte. Bekleidung ist bei weitem der beste Sonnenschutz und die Einschränkung des Komforts an einem heißen Tag durchaus wert. Unbedeckte Haut sollte mit einem Sonnenschutzmittel behandelt werden. Die meisten Sonnenschutzmittel benutzen Paraminobenzoesäure (PABA), aber wenn die Haut überempfindlich oder allergisch gegenüber PABA reagiert, gibt es andere Substanzen, die denselben Zweck erfüllen.

Bei Gletschertouren oder Unternehmungen im Schneegelände sollte ein Sonnenschutzmittel mit einem Lichtschutzfaktor von 15 oder darüber verwendet werden. Dabei sollte die gesamte dem Licht ausgesetzte Haut eingerieben werden, auch dann, wenn sie im Schatten liegt, da reflektiertes Licht auch die Unterseite des Kinns und der Nase sowie die Innenseite der Ohren verbrennen kann. Einige Sonnencremes werden als wasserfest angepriesen und schützen länger als übliche Produkte, wenn man heftig schwitzt. Unabhängig davon, welche Sonnencreme benutzt wird, sollte sie gelegentlich erneut aufgetragen werden, wenn man schwitzt.

Zinkoxydsalben bedeuten einen kompletten Schutz, und die Salbenbasis schützt vor vorzeitigen Verlust z. B. beim Schwitzen. Eine einmalige Anwendung reicht für die aktuelle Tour aus, ausgenommen dann, wenn Finger oder Ausrüstung an der behandelten Haut reibt. Der Nachteil dieser Cremes ist, daß sie fürchterlich aussehen und so schwierig zu entfernen sind, daß man ein entsprechendes Reinigungsmittel benötigt.

Der Bereich rund um den Mund ist besonders empfindlich gegenüber Blasenbildung durch Sonnenstrahlen. Die Lippen sollten mit einer vollständig blockenden Creme bedeckt werden, welche gegenüber Feuchtigkeit und Schwitzen widerstandsfähig ist. Sowohl Zinkoxydprodukte als auch Lippenbalsams, die PABA enthalten, sind gut wirksam. Der Lippenschutz sollte häufig angewendet werden.

### Insektenabwehr

Die Wildnis ist ein gelegentlicher Aufenthaltsort für Menschen, aber der ständige Wohnsitz von Insekten. Einige von ihnen, wie Moskitos, Fliegen, Stechmücken und Zecken, möchten ihr Festmahl auf dem Körper des Wanderers einnehmen. Dieser kann sich und sein Blut mit dichter Kleidung einschließlich Handschuhen und Kopfnetzen in stark verseuchten Gegenden schützen.

Bei sehr heißem Wetter kann das Tragen fester Kleidung unmöglich werden; hier sind Insektenrepellents eine gute Alternative. Repellents mit N,N-Diethyl-Metatoluamid (DEET) haben sich als effektiv gegen alle diese Insekten erwiesen, besonders wirksam sind sie bei der Abwehr von Moskitos. Eine einzige Anwendung des Repellents, welches eine hohe Konzentration DEET enthält, wird Moskitos für mehrere Stunden vom Beißen abhalten, auch wenn sie über die Haut fliegen. Repellents werden unter vielen Namen verkauft, haben unterschiedliche Wirksamkeit und sind in flüssiger Form – als Creme, Spray und Stift – erhältlich. Aufpassen sollte man insofern, als das DEET Plastik entfärben oder auflösen kann; dies gilt auch für synthetische Fasern.

Entgegen den Behauptungen vieler Hersteller ist DEET nicht sehr effektiv bei der Abwehr blutsaugender Fliegen. Hier sind Produkte mit Ethylhexandiol und Dimethylphthlat wesentlich effektiver, insbesondere bei Blackflies und anderen. Unglücklicherweise ist die Abwehr von Fliegen nicht so effektiv wie die von Moskitos.

Zecken bedeuten eine potentielle Gesundheitsgefahr, da sie verschiedene Krankheiten übertragen können, wie z. B. die Lymekrankheit, das Rocky Mountains-Fleckfieber und die Frühsommer-Meningoenzephalitis (FSME). Im Zeckengebiet sollte die Kleidung und das Haar über Tag des öfteren kontrolliert werden. Zum Abend werden Kleidung und Körper ebenfalls gründlich nach Zecken untersucht. Wenn man eine Zecke auf der Haut findet, sollte man von Hausmitteln wie der Anwendung von Öl oder Klebstoff absehen und statt dessen die Zecke mit einer spitzen Pinzette direkt über der Haut fassen und komplett entfernen.

**Reparaturmaterial**

Es ist sehr nützlich, wenn man für Notfälle ein Minimum an Reperaturmaterial für die Ausrüstung mitführt. Hierbei sollte man vor allem an etwas Draht, Klebeband, Sicherheitsnadeln, Nähnadeln, Garn, Schnur, Flicken und eine kleine Zange denken. Dieses Sortiment kann man später immer noch erweitern, falls man bei einem früheren Unternehmen wichtige Utensilien vermißt hat.

**Eispickel**

Eispickel bzw. Eisbeil sind auf Schneefeldern und Gletschern sowie auf schneebedeckten alpinen Routen im Frühjahr und Sommer unverzichtbar. Ein Pickel ist außerdem sehr nützlich beim überqueren von Heideflächen, Geröll, Gestrüpp, beim Überqueren von Flüssen und nicht zuletzt auch beim Graben von Löchern für das sogenannte »große Geschäft». Allerdings ist ein Pickel in den Händen eines Ungeübten eher ein gefährlicher als ein nützlicher Gegenstand. In den Kapiteln 5 und 12 werden Details zur Anwendung besprochen.

## Checkliste für die Ausrüstung

Unabhängig davon, ob man ein erfahrener Bergsteiger ist oder nicht – einen wichtigen Gegenstand zu vergessen, während man eilig zu einem Unternehmen aufbricht, kann jedem passieren. Der einzig sichere Weg, die Übersicht zu behalten, ist eine Checkliste. Die folgende Liste ist eine gute Grundlage zum Aufstellen einer eigenen persönlichen Checkliste. Fügen Sie zu dieser Liste hinzu was Sie mögen, oder lassen Sie Teile weg. Gegenstände in Klammern sind zusätzliche Vorschläge, welche abhängig von der persönlichen Einstellung der Art des Unternehmens mitgeführt werden sollten. Gegenstände, welche mit einem Stern markiert sind, gelten für die gesamte Gruppe.

## Für alle Unternehmungen

**Die »Ten Essentials«**

1. Karte
2. Kompaß
3. Stirnlampe mit Ersatzbatterien und Ersatzbirnchen
4. Reservenahrung
5. Reservekleidung
6. Sonnenbrille
7. Erste Hilfe-Ausrüstung
8. Taschenmesser
9. Streichhölzer, wasserdicht verpackt
10. Feueranzünder

**Kleidung**

Stiefel
Socken
Lange Unterwäsche
Hosen
Sweater oder Hemd
Anorak
Mütze
Handschuhe/Fausthandschuhe
Gamaschen
Regenhose
Warme Kleidung
(Shorts)
(T-Shirts)

**Sonstiges**

Rucksack
Eispickel/Eisbeil
Notzelt oder Biwaksack
Wasserflasche
Wasserdesinfektionstabletten
Nahrungsmittel
Sonnenschutz und Lippenschutz
Toilettenpapier
Pfeife
(Tasse)
(Insektenrepellent)
(Faserpelz)
(Höhenmesser)
(Uhr)
(Kamera und Film)
(Fernglas)
(Isolierende Sitzunterlage)

**Zusätzliche Ausrüstungsteile bei mehrtägigen Unternehmungen**

Rucksack mit Innen- oder Außenrahmen
Schlafsack mit Packsack
Liegematte
Löffel
* Zelt
* Essen
* Wassersack
* Reperaturausrüstung
* Kocher, Brennstoff und Zubehör
* Töpfe und Reinigungsmittel
(Gabeln)
(Waschzeug)
(Ersatzkleidung)
(Schuhe für das Lager)

**Zusätzliche Ausrüstung für Gletscher- oder Winterunternehmungen**

Steigeisen
Karabiner
Schlingen/Prusikschlingen
Sitzgurt
Zusätzliche warme Kleidung
Ersatzbrille
(Helm)
(Übergamaschen)
(Schneeschuhe oder Ski)
(Kerzen)
(Verschütteten-Suchgerät)
* Seil
* Seilrolle
* Schneeschaufeln
* Erste Hilfe-Material für Gruppen

* Wecker
* (Eisschrauben)
* (Markierungsstäbe)
* (Schneesäge)

**Zusätzliche Ausrüstung für Felsentouren**

Helm
Karabiner
Sicherungshandschuh
Schlingen
Sitzgurt
Prusikschlinge
* Bergseil
* Klemmkeile
* Haken zum Entfernen der Klemmkeile
(Weiteres Sicherungs- bzw. Rückzugsmaterial)

---

* = Ausrüstung, welche von der gesamten Gruppe genutzt wird.
() = Ausrüstungsgegenstände nach Bedarf

# Kapitel 3 Camping und Ernährung

Camping ist wie auch das Bergsteigen teils Genuß, teils Plackerei. Man kann sich sein Leben als Camper erleichtern, indem man die Kunst des Campings und des Kochens im Gelände systematisch erlernt. Vor allem das Aufstellen eines Lagers in der Wildnis sollte zügig gehen; hier ist unter Umständen einige Übung vonnöten.

Es gibt eine weitere kritische Komponente beim Bergcamping: der Respekt vor der Natur, der stets im Vordergrund stehen sollte. Mit anderen Worten: Unser eigener Komfort muß hinter dem Erhalt der Bergwelt zurückstehen. Die Berge sind nicht für uns da, sie sind lediglich da, und es sollte selbstverständlich sein, daß wir den Ort, welcher uns soviel Freude bereitet, respektieren und schützen. Deshalb enthält dieses Kapitel eine Menge Tips über sauberes Campieren im Gelände.

## Das sanfte Campieren

### Das Lager

Bergsteiger stellen ihr Lager nicht immer an den komfortabelsten Plätzen auf. Sie wandern zum Teil an einem idyllischen Platz im Wald vorbei und bevorzugen einen windigen Bergrücken, da dieser näher am Gipfel liegt. Welche Gründe mögen darüber hinaus bei der Auswahl eines Lagerplatzes eine Rolle spielen? Komfort? Die Aussicht? Die Geräusche der Umgebung? Manchmal kann man alles gleichzeitig haben, aber gelegentlich muß man sich eben Mühe geben, um die Wildnis als solche zu erhalten.

Lassen Sie uns das Auswählen von Lagerplätzen einmal unter dem Aspekt des Erhaltes der Wildnis betrachten, um zu sehen, welche Plätze die Umgebung am wenigsten schädigen – von den besten hin zu den schlechtesten:

**Schnee:** Der Schnee wird schmelzen und kein Zeichen der Anwesenheit wird übrigbleiben.

**Fels:** Massiver Fels setzt dem Lageraufenthalt einen hohen Widerstand entgegen.

**Flächen aus Sand, Erde oder Geröll:** Hier handelt es sich um die Plätze der nächstbesten Wahl.

**Offene, spärlich bewachsene Flächen im Wald:** Dieser Platz ist weniger ideal als die ersten drei.

**Grasflächen oberhalb der Baumgrenze:** Grasflächen oberhalb der Baumgrenzen haben eine kurze Saison und sind die empfindlichsten Teile des Ökosystems der Berge. Ein Zelt, welches auf einer Almwiese eine Woche lang aufgestellt ist, kann eine Wachstumssaison für die bedeckte Fläche komplett zerstören. Eine Möglichkeit, derartige Schäden zu vermindern, besteht darin, ein mehrtägiges Lager alle paar Tage zu verschieben.

**Pflanzenbewachsene Flächen oberhalb der Baumgrenze:** Alpine Pflanzen wachsen sehr langsam. Heidekraut hat z. B. nur einige wenige Monate, um zu blühen und ein paar Zentimeter zu wachsen. Diese Pflanzen brauchen Jahre, um sich von eventuellen Schäden zu erholen.

**Uferbereiche:** Das Pflanzenleben im Uferbereich ist besonders empfindlich und die Verunreinigung von Wasser ist ein zunehmendes Problem, seitdem mehr und mehr Personen im unwegsamen Gelände unterwegs sind. Ein großer Anteil seit langem bekannter Lagerplätze in den Bergen Nordamerikas liegt an den Ufern von Seen und Flüssen, aber in vielen Gebieten ist Camping in der unmittelbaren Umgebung dieser Regionen verboten.

Generell sollte man darauf achten, daß der am Lagerplatz zurückbleibende Schaden so gering wie möglich bleibt. Der Lagerplatz sollte etwas abseits vom Uferbereich liegen, empfindliche Flächen, Wege und andere Camps sollten möglichst gemieden werden. Man sollte nach einem möglichst unverwüstlichen, bereits natürlich offenen (unbewachsenen) Platz suchen. Man sollte sich Mühe geben, einen Platz zu finden, der natürlicherseits die richtige Neigung hat, so daß man auf Einebnen oder Drainierungsarbeiten verzichten kann. Falls man einen bereits eingerichteten brauchbaren Biwakplatz findet, sollte man ihn nutzen.

Unter dem Aspekt des Komforts ist der Wind von besonderer Bedeutung bei der Entscheidung über einen Lagerplatz. Man wird feststellen, daß alpine Winde unberechenbar sind. Eine harmlose Nachmittagsbrise kann über Nacht zu einem eisigen Wind werden, welcher von den Schneefeldern herunterkommt. Kalte Luft fließt deutlich mehr als warme Luft bei ruhigem Wetter talwärts, dabei folgt sie den Tälern. Daher findet man des öfteren eine Brise, welche einem Bachlauf oder einem Trockental folgt. Die Nachtluft ist in der nähe eines Flusses oder Sees oft diverse Grade kälter als auf den danebengelegenen Hügeln.

*Wichtig:* Man sollte sich stets über die Windrichtung im klaren sein, bevor man ein Zelt aufbaut. Es kann eine gute Idee sein, die Zeltöffnung so in den Wind zu stellen, daß dieser das Zelt ein wenig aufbläst und durch den Ausgleich von Innen- und Außendruck das Flattern der Zeltwände minimiert. Aber alpine Winde können ihre Richtung ohne Vorwarnung wechseln. Einer der wenigen Vorteile von schlechtem Wetter ist es jedoch, daß Wind und Sturm normalerweise ihre Richtung beibehalten.

## Lagerfeuer

Die romantischen Zeiten mit dem Kochen am offenen Lagerfeuer und dem Lagern um dieses Feuer herum sollten besser der Vergangenheit angehören. Der ökologische Preis, der dafür zu zahlen ist, ist einfach zu hoch, insbesondere durch den Holzverbrauch in größeren Höhen. Unabhängig davon, wo sie errichtet werden, sind Lagerfeuer heutzutage überflüssig. Bergsteiger kochen nahezu ausschließlich mit Leichtgewichtkochern, welche sie mit sich tragen; dieses Vorgehen bedeutet einen großen Schritt im schonenden, keine Spuren hinterlassenden Campen.

Einige wenige Regeln sollten beachtet werden, falls man ein Lagerfeuer anzünden muß:

1. Halte es klein mit ringförmig eingelegtem Holz und zünde es ausschließlich dort an, wo es sicher genug und darüberhinaus erlaubt ist.
2. Bewache das Feuer, bis es gelöscht und die Asche kalt ist.
3. Als Feuerholz sollte ausschließlich totes Geäst oder Holz von außerhalb genutzt werden.
4. Niemals sollte ein im Lagerbereich stehender Baum oder Busch beschnitten werden.
5. Überlege, einen Kocher zu benutzen, auch wenn Lagerfeuer nicht verboten sind, da der

Kocher die Landschaft weniger schädigt und man sich den Aufwand spart, Feuerholz zu sammeln.

## Waschen

Man kann Teller ziemlich gut reinigen, ohne Seife zu benutzen. Wenn man die Töpfe direkt nach jedem Benutzen mit heißem Wasser reinigt, werden alle Mitglieder der Gruppe gesund bleiben, auch bei wochenlangen Unternehmungen, auch wenn weder Seife noch sonstige Detergenzien benutzt werden. Man füllt die Töpfe mit Wasser, sobald sie leer sind, und reinigt sie sofort oder läßt die Nahrungsreste einweichen. Achte darauf, daß das Reinigen von Töpfen weit genug von Wasserquellen entfernt ist, und falls du Seife benutzt, sollte ein biologisch abbaubares Produkt verwendet und dieses nicht über Pflanzen ausgeschüttet werden. Bei Wochenendunternehmungen ist die einfachste Lösung, die Teller und Töpfe schmutzig mit nach Hause zu nehmen.

Plastik- oder Metallausrüstung sind gut zu nutzen und wiegen sehr wenig. Teflonbeschichtete Töpfe sind gut zu reinigen. Aber natürlich werden sie auch leicht beschädigt, wenn man Metallbesteck oder Scheuermittel (Sand) nutzt. Wenn man beim Reinigen Sand, feine Steine oder Gras verwendet, kann man die Töpfe so reinigen, daß sie für Fliegen oder Nagetiere unattraktiv werden. Essensreste sollten mitgeführt werden, und darüberhinaus sollte man sich Gedanken machen, das nächste Essen besser zu planen. Als Teil der Kochroutine ist es nützlich, einen größeren Wasserbehälter mitzuführen. Hierdurch vermeidet man viele Wege zur nächsten Quelle. Wenn man sich selbst oder seine Kleider waschen will, sollte man dies mindestens 50 m vom Ufer entfernt tun und dabei keine Seife, sondern biologisch abbaubare Detergenzien in möglichst geringer Menge benutzen.

## Allgemeine Hygiene

Plastiksäcke sind nahezu unverzichtbar. Bergsteiger nutzen sie, um Nahrung zu verpacken, als Notminizelte und manchmal auch einfach nur, um die Füße in den Stiefeln trocken zu halten. Immer sollte man einen sehr festen Plastiksack mitführen, um den Abfall zu entsorgen. Eine alte Regel sagt, daß man alles, was man voll in die Wildnis mitnehmen kann, auch wieder leer mit zurücknehmen kann. Bergsteiger achten streng darauf, daß sie jedes Teil ihres Abfalles wieder mitführen, und häufig nehmen sie auch Teile mit, welche sie im Lagerbereich oder auf dem Weg finden – unabhängig davon, wer sie fortgeworfen hat. Niemals sollte man Abfall vergraben oder in Latrinen versenken. Die goldene Regel des Campens: Verlasse den Lagerplatz sauberer, als du ihn vorgefunden hat.

Häufig benutzte Lagerplätze haben gewöhnlich sanitäre Anlagen (Plumpsklo), welche weit von den Wasserquellen entfernt eingerichtet sind. Falls ein solches nicht angetroffen wird, sollte man mindestens 60 m von jedem offenen Wasser entfernt ein ca. 20 cm tiefes Loch graben, welches nach Benutzen auch wieder verschlossen wird. Beim Verschließen sollte man die Pflanzendecke wieder ordnungsgemäß einsetzen. Nicht biologisch abbaubare Gegenstände der persönlichen Hygiene, wie Binden oder ähnliches, sollten in dichtschließenden Containern wieder mitgenommen werden. In schneebedecktem Gelände sollte man einen windgeschützten Ort als Toilette verabreden, hier kommen z. B. Baumgruppen, welche abseits des Lagers stehen, in Betracht. Wenn immer möglich, sollte zumindest das Toilettenpapier verbrannt werden. Jeglicher Abfall sollte aufgehoben und entsorgt werden, bevor er von Neuschnee bedeckt wird, da er ansonsten am Ort liegenbleibt, bis im Frühjahr die Schneeschmelze einsetzt.

### *Tiere und Nahrungsmittel*

Bären und Nagetiere beißen gelegentlich Plastiksäcke, Rucksäcke und auch Zelte auf der Suche nach Nahrung durch. Ein Sack für die Nahrungsmittel, welcher an einem Ast aufgehängt wird, muß im entsprechenden Gelände höher aufgehängt sein und weiter vom Stamm entfernt sein als ein Bär (oder andere in der jeweiligen Region vorkommenden Tiere) hinüberreichen kann. Besonders aufpassen sollte man auch auf Mäuse, da diese auch an einer schmalen Schnur entlangkrabbeln und so die Nahrung von oben erreichen können. Wenn man den Nahrungsmittelsack etwa eineinhalb Meter vom Stamm entfernt in etwa zweieinhalb Meter Höhe aufhängt, wird man den Kampf gegen die Tierwelt nahezu weltweit gewinnen.

Hier noch einige weitere Tips: Der Kochplatz und die Nahrungsmittel sollten in deutlicher Distanz von dem Ort sein, wo man schlafen wird. Wenn man die Nahrung in Plastikdosen packt, welche sehr dicht schließen, wird man den Geruch der Nahrung deutlich vermindern und so die Tierwelt weniger anlocken. Insbesondere sollte man die Tiere nicht füttern.

Größere Eingriffe, nur um ein Nahrungsmittellager für die Gruppe einzurichten, sind in der Wildnis inakzeptabel. Darüber hinaus werden Tiere in ein nicht ausreichend geschütztes Nahrungsmittellager einbrechen und ein großes Chaos hinterlassen – in der Folge werden immer mehr Tiere angelockt.

## Zelte

Wenn an eine Nacht in den Bergen verbringen will, wird man in einem Zelt, einem Biwaksack, unter einer Plane, in einer Schneehöhle oder einer Hütte übernachten. Im folgenden werden wir die verschiedenen Bauarten von Zelten, welche man mitführen oder aus Schnee bauen kann, besprechen. In Kapitel 5 werden dann Zelte, Schneezelte, Kocher und Schlafsäcke besprochen, die beim Winterbergsteigen und Expeditionsbergsteigen genutzt werden.

Zelte werden besonders häufig benutzt, da sie verschiedene Vorteile aufweisen. Sie sind recht schnell und leicht aufzustellen; sie sind wasserdicht, bieten Privatsphäre, sind nahezu überall einsetzbar, bieten Schutz vor Wind oder Sonne und sind häufig groß genug für den Bergsteiger und seine Ausrüstung. Allerdings sind sie auch schwer und teuer. Zelte bieten normalerweise den besten Schutz oberhalb der Baumgrenze und bei Übernachtungen auf Gletschern, beim Wintercampen, bei starkem Wind und in mückenverseuchten Gegenden. Alpine Unternehmungen können auch mit einem leichten Biwaksack durchgeführt werden, obwohl der Sack nicht so viel Schutz bietet, falls es heftig regnet. Außerdem ist er zu klein, um auch die Ausrüstung zu schützen. Eine Plane, welche mit dem Biwaksack kombiniert wird, verbessert den Schutz gegenüber den Naturgewalten. Ein Schneezelt (Iglu) ist ein sicherer Schutz bei Wind und Sturm, aber das Errichten ist Schwerarbeit und kostet viel Zeit.

Kurioserweise ist ein entsprechender Schutz wie ein Zelt gerade bei klaren Nächten häufig notwendiger als in bewölkten Nächten. Wenn zwei gegenüberliegende Oberflächen Temperaturunterschiede aufweisen, strahlt die wärmere Oberfläche ihre Hitze in Richtung der kälteren ab. Da der menschliche Körper normalerweise wärmer ist als der Nachthimmel, strahlen unbedeckte Körperteile, aber auch der gesamte Schlafsack ihre Hitze nach außen ab und werden kälter. Jegliche weitere Abdeckung, z. B. auch ein Zelt, wirkt als zusätzliche Isolationsschicht. Wolken reflektieren oft Wärmestrahlung zurück zur Erde, und so haben sie den Effekt wie eine riesige Decke zwischen dem Camper und dem Nachthimmel. Die klaren Nächte sind die kältesten Nächte.

Die Auswahl für ein bestimmtes Zelt hängt davon ab, was man mag und wozu man es benutzen möchte. Wird es nur während des Sommers benutzt oder während dreier oder aller vier Jahreszeiten? Oberhalb oder unterhalb der Baumgrenze? Für sich selbst allein, für zwei, für drei oder vier Personen? Steht einem der Sinn nach luxuriösem Platz oder gerade eben nach dem Minimum? Wieviel Gewicht will man tragen? Wieviel Geld kann man ausgeben? Die Hersteller bieten nahezu jede Kombination von Größe, Gewicht und Design an. Vor dem Kauf sollte man unbedingt Freunde und andere erfahrene Camper befragen.

**Wasserfestigkeit**

Zelte werden entweder mit einfachen oder gedoppelten Wänden gebaut, entweder aus wasserdichtem oder atmungsaktiven Material. Eine vollständig dichte Zelteinheit muß gut belüftet werden und sollte vorzugsweise atmungsaktiv sein. Wenn das Zelt wasserdicht ist, wird die Feuchtigkeit, welche man ausatmet, an den kalten Wänden kondensieren und herunterrinnen. Es werden sich Pfützen auf dem Boden sammeln. Während einer einzigen Nacht kann man selbst und der Partner genügend Feuchtigkeit abgeben, um die Schlafsäcke klamm zu machen. Besondere Vorsicht sollte man bei billigen Zelten mit nicht gedoppelter Wand aus atmungsinaktivem wasserdichtem Material walten lassen. Sie sind ausschließlich für sehr milde Bedingungen unterhalb der Baumgrenze verwendbar, weil nur hier Eingang und Entlüftung zwecks Ventilation offen gelassen werden können. Aber auch dann muß mit Feuchtigkeit an den Zeltwänden gerechnet werden. Einzelne Nylonzelte mit einfacher Wand sind so gebaut, daß die Feuchtigkeit seitwärts über die Zeltwand abgeleitet wird; aber damit sie effektiv funktionieren, müssen sie gut belüftet sein.

Das Dilemma eines wasserdichten, aber trotzdem atmungsaktiven Zeltes wird nur durch Doppelwandzelte gelöst. Die innere Wand ist atmungsaktiv: Da sie nicht wasserdicht ist, erlaubt sie der Atmungsfeuchtigkeit den Durchtritt nach

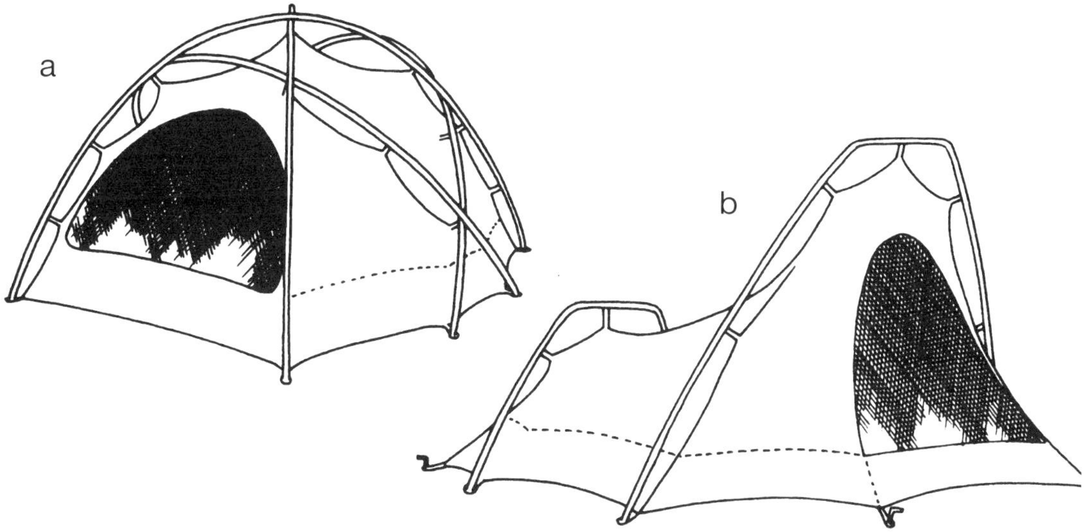


**(3-1) Konstruktionsformen von Alpinzelten: a) Kuppelkonstruktion; b) Tunnelform.**

außen. Die äußere Zeltwand ist wasserdicht und normalerweise von der Innenwand trennbar. Sie hält den Regen von der inneren Zeltwand fern, außerdem kondensiert hier die Feuchtigkeit aus dem Zeltinneren. Das Außenzelt darf nicht die innere Zeltwand berühren, denn dort, wo sie diese berührt, wird das Wasser innen kondensieren. Darüber hinaus sollte die äußere Zeltwand ziemlich nah bis zum Boden heruntergezogen sein, so daß das Zelt und der Zelteingang gut geschützt sind und der Regen auch bei Wind abgehalten wird. Aber auch bei Doppelwandzelten können Schlafsäcke feucht werden, da im Bereich des Bodens und der unteren Seitenwände Kondensation eintreten kann.

Ein wichtiger Faktor bezüglich der Trockenheit eines Zeltes ist das Abdichten der Nähte. Dieses sollte geschehen, bevor das Zelt zum erstenmal benutzt wird. Einige Zelte werden bereits werkseitig mit gedichteten Nähten ausgeliefert. Bei anderen ist es jedem selbst überlassen, aber es sollte besser nicht versäumt werden. Im Camp legt man am besten eine Plastik- oder Nylonplane unter den Zeltboden, um die Bodenfeuchtigkeit abzuhalten und den Zeltboden sauber zu halten bzw. vor Schäden zu schützen.

### Stabilität

Für viele Zelte wird ein Faktor relativer Festigkeit angegeben, bei dem es sich um die Windgeschwindigkeit handelt, welcher ein Zelt widerstehen kann, ohne Schaden zu nehmen. Wenn man in Wind- und Schneegelände aufbrechen möchte, ist dies eine beachtenswerte Information. Das Zelt sollte auch bei starkem Wind sicher stehen und Schneelasten ohne Schäden überstehen.

### Gewicht

Meistens steht man vor der Frage: Entweder Leichtgewicht oder mehr Komfort und Dauerhaftigkeit? Leichtgewichtzelte sind oft nicht groß genug. Daher folgender Tip: Man sollte schlicht nach dem leichtesten Zelt schauen, welches den eigenen Bedürfnissen bezüglich der Zahl der Benutzer, der Kopffreiheit, des Platzes zum Schlafen und für das Material, der Stärke des Klimas und der zu erwartenden Wetterbedingungen entspricht. Ein Zweipersonenzelt für das Übernachten im Sommer kann sehr leicht sein, während ein Dreipersonenzelt für alle Jahreszeiten und Expeditionen durchaus das doppelte wiegen und zwei- bis dreimal so teuer sein kann.

### Zeltform

Die Entwicklung der Zeltformen führte zu Tunnel- und Kuppelzelten (Abb. 3/1). Diese Formen haben eine besonders gute Raumausnutzung und minimieren die Zahl der Zeltstangen und Zeltschnüre. Das freistehende Kuppelzelt benötigt sogar überhaupt keine Schnüre und kann, nachdem es aufgebaut ist, als Einheit getragen werden. Allerdings muß es irgendwie befestigt oder belastet werden, sonst wird es vom Wind weggeblasen. Tunnelzelte stehen normalerweise nicht frei, sie bieten aber ein optimales Raumangebot und haben sehr windstabile Eigenschaften. Die traditionellen A-förmigen Zelte bieten nicht so viel nutzbaren Platz, allerdings handelt es sich hier um ein einfaches, bewährtes Design.

### Größe

Das Zweipersonenzelt ist vermutlich die populärste Größte und bietet die größte Flexibilität bezüglich des Gewichtes sowie in der Wahl der Lagerplätze. Bei Gruppen ist es generell besser, wenn man z. B. zwei Zweipersonenzelte anstatt eines Vierpersonenzeltes benutzt. Viele Zweipersonenzelte können notfalls auch drei Personen Unterkunft bieten, daneben sind sie leicht genug, um auch von einer Person getragen zu werden. Einige Drei- und Vierpersonenzelte sind leicht genug, um von zwei Personen transportiert zu werden, wenn diese ein luxuriöses Leben bevorzugen. Größere Zelte, insbesondere wenn sie groß genug sind, um darin zu stehen, sind für die Moral einer Gruppe während einer längeren Expedition oder während eines längeren Sturmes außerordentlich wichtig. Zum Transport sollte das Gewicht auf die Gruppe verteilt werden, indem das Zelt in entsprechende Teile aufgeteilt wird.

### Farbe

Warme Zeltfarben wie gelb, orange und rot sind netter, wenn man sich innen aufhält und erleichtern obendrein das Auffinden des Lagerplatzes auf dem Rückweg. Auf der anderen Seite fügen sich bedecktere Farben besser in die Landschaft ein. Dem einen mögen sie ein Dorn im Auge sein, ein anderer mag aber in Schwierigkeiten kommen, sein Lager zu finden, falls die Tarnung zu gut ist.

### Weitere Eigenschaften

Bei der Gestaltung des Eingangs gibt es Reißverschlußöffnungen, Tunnel, Vordächer und Vorzelte. Man sollte die Ausführungen daraufhin untersuchen, welche besonders gut Regen und Schnee abhalten, während man heraus- oder hineingeht. Vorzelte eignen sich besonders gut zum Schutz des Eingangs und bieten außerdem mehr Platz für Ausrüstung, zum Kochen und gelegentlich auch zum Anziehen. Es gibt hier vielfältigste Möglichkeiten von Ausführungen und verschiedenste Arten der Belüftung, z. B. in Form von Löchern oder Fenstern. Ein Moskitonetz beispielsweise sorgt dafür, daß nicht nur Fliegen und Mücken, sondern auch Nagetiere außen vor bleiben.

### Das Kochen im Zelt

Das Kochen im Zelt sollte unbedingt vermieden werden, insbesondere mit Gaskochern. Verschütttete Brennstoff und Stichflammen bedeuten eine große Feuergefahr. Speziell bei verschlossenem Zelt, insbesondere wenn sich Ver-

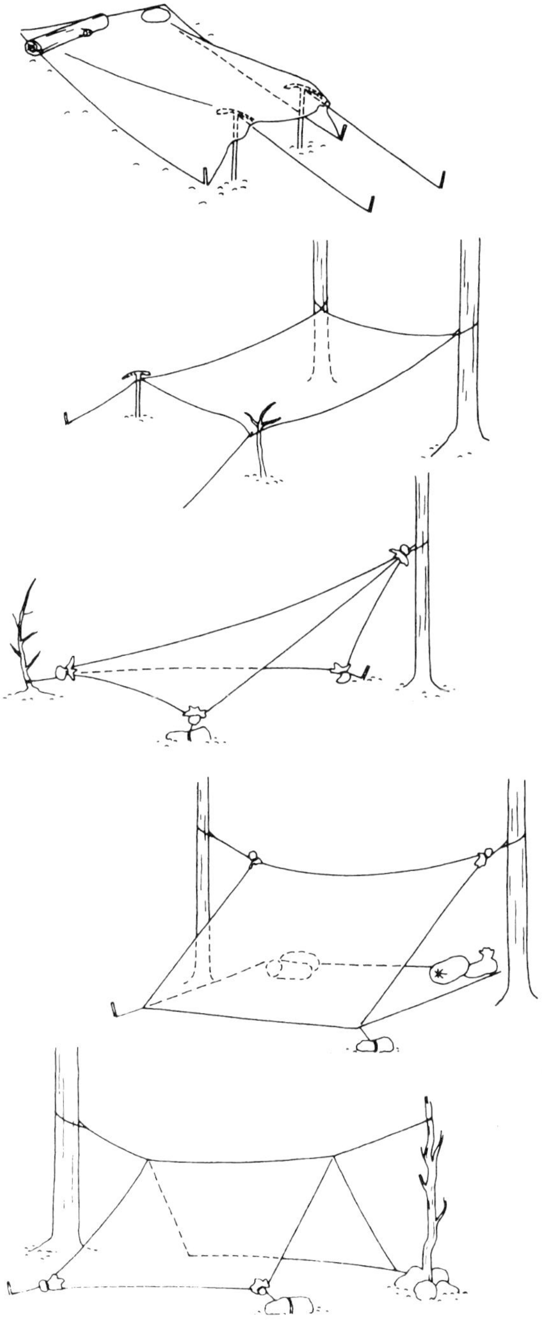

**(3-2) Improvisation eines Zeltes mit Plane oder Biwaksack.**

brennungsgase unterhalb von wasserdicht beschichtetem Nylon ansammeln, besteht Vergiftungsgefahr. Darüber hinaus steigert das Kochen innerhalb des Zeltes massiv die Kondensationsfeuchtigkeit.

Falls man innerhalb des Zeltes kochen muß, sollte man es innerhalb des Vorzeltes tun. Gute Belüftung kann die Gefahr vermindern. Immer jedoch sollte der Kocher außerhalb des Zeltes angezündet werden, und innerhalb des Zeltes muß eine isolierende Fläche unter den Kocher gelegt werden.

**Reinigung**

Das Zelt wird viel länger benutzbar bleiben, wenn man es am Ende der Tour erst nach sorgfältigem Trocknen verpackt. Um ein Zelt zu reinigen kann man es mit Wasser abspritzen oder mit einer milden Seife und Wasser waschen. Festerer Schmutz kann mit einer Bürste entfernt werden. Ein Zelt sollte nicht in einer Waschmaschine gereinigt oder in einem Trockner getrocknet werden. Hohe Temperaturen oder das Lagern in der Sonne kann das Zeltmaterial unnötig schädigen.

**Planen**

Eine Plane ist sehr leicht und billig und kann einen Wetterschutz bieten (Abb. 3-2), allerdings nicht bei extremen Wetterbedingungen. Sie schützt schlechter als ein Zelt gegenüber Kälte und Wind, überhaupt nicht vor Insekten oder Nagetieren und bedarf gewisser äußeren Bedingungen, um überhaupt richtig aufgebaut werden zu können (z. B. Windstille).

Plastikplanen halten obendrein nicht sehr gut; allerdings sind sie recht billig, so daß man sie öfters ersetzen kann. Beschichtete Nylonplanen sind mit verstärkten Ringen an den Seiten und Ecken erhältlich, um sie leichter aufzuhängen. Falls die Plane keine Ringe hat, sollte man Schlaufen aus Bandmaterial annähen, bevor man sich damit in das Gelände wagt.

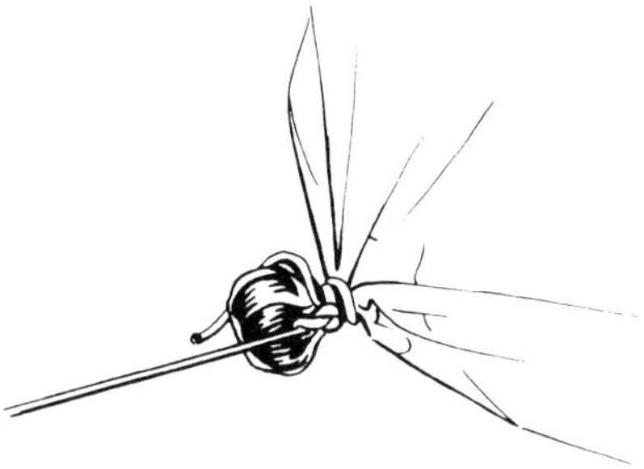

**(3-3) Festbinden einer Plane ohne Ösen.**

Als Alternative kann man jede Ecke festbinden (Abb. 3-3), indem ein kleiner Stein untergelegt wird. Unbedingt sollte man etwas Schnur mitführen, um die Plane mit einigen Stöckchen aufstellen zu können. Die sinnvollste Größe ist drei mal vier Meter, dies bedeutet genügend Platz für zwei Personen und ihre Ausrüstung, notfalls können auch drei oder vier Personen darunter übernachten. Dreieinhalb mal fünf Meter sind groß genug, um auch vier Personen komfortable Unterkunft zu bieten. Da die Außenbereiche eines planengedeckten Lagerplatzes nur spärlich geschützt sind, ist der gut nutzbare Platz nicht ausreichend, falls die Plane kleiner als die obengenannten Maße ist. Als Unterlage sollte eine wasserdichte Plane oder Folie benutzt werden, allerdings sollte man darauf gefaßt sein, das Lager zügig aufheben zu können, falls bei massivem Regen der Boden morastig wird. Eine Plane ist nicht dazu gedacht, als Bettdecke benutzt zu werden, da die Feuchtigkeit auf der Innenseite kondensieren wird und so zu einer Durchfeuchtung des Schlafsackes führt.

## ***Biwaksack***

Bei alpinen Touren übernimmt der Biwaksack die Funktion des Zeltes als Wetterschutz. Der Sack ist eine große Hülle, bestehend aus einem fest gewebtem Material mit einem mittels Zipper verschließbaren Eingang an einem Ende. Die Unterseite, die normalerweise aus wasserdicht beschichtetem Nylon besteht, kommt auf einer isolierenden Unterlage zu liegen. Die Oberseite, bestehend aus einem atmungsaktiven wasserdichtem Material, z. B. Goretex, ermöglicht es der Feuchtigkeit hindurchzutreten. Der Biwaksack wird normalerweise von einer, in Notfällen auch von zwei Personen benutzt. Er benötigt keine Pflöcke oder Stäbe, besitzt aber normalerweise belastbare Oesen zur Verankerung und kann allein oder als wärmender Zusatz zu einem Schlafsack benutzt werden.

## Biwak im Schnee

Neulinge des Schneebiwaks sind immer wieder überrascht, wie schön ein solches Erlebnis sein kann. Damit es funktioniert und man nicht friert, sind ein guter Wetterschutz und eine gute Isolation notwendig. Natürlich benötigt der Reisende im Schnee die Ausrüstung und die Erfahrung, um eine Nacht im Schnee zu überleben.

### Zelten im Schnee

Die luxuriöseste Übernachtungsform im Schnee ist ein Zelt, welches auf einer flachgetretenen Schneefläche aufgestellt wird. Diese Plattform sollte etwas größer sein als der Zeltboden. Eine solche Übernachtungsmöglichkeit ist schnell aufgebaut und schützt gut vor den Naturelementen. Wenn die Wetterbedingungen sehr hart sind, kann ein Zelt auch die doppelte oder gar dreifache Personenzahl wie üblich aufnehmen.

Es gibt einige Tricks, um ein Zelt im Schnee zu verankern, da Metall- oder Plastikstäbe im Tagesverlauf ausschmelzen können: Die Stäbe sollten in Form des sogenannten »Toten Mannes« verankert werden (Abb. 3-4). Gleichermaßen geht man mit Steinen, einer Tasche oder einem mit Schnee gefüllten Packsack als Anker vor. Eine Leine oder Schlinge wird an dem Anker befestigt, der Anker wird im Schnee vergraben und mit festgestampftem Schnee bedeckt. Danach wird die Zeltleine an der Ankerschlinge befestigt. Stöcke aller Art können auch als »Toter Mann« benutzt werden, indem sie horizontal in einen Schneegraben eingegraben werden. Sie liegen dann quer zur Zugleine. Bei einem geplanten Biwak kann man Schneeanker vorbereiten, indem man Löcher in eine Kunststoff- oder Metallplatte bohrt und dort bereits eine kurze Schlinge befestigt, in welche die Zugleine später eingehängt werden kann. Schneeschuhe, Pickel und Eisbeile können auch als solide Anker benutzt werden, aber hierbei sollte berücksichtigt werden, daß sie dann für eine weitere Benutzung nicht zur Verfügung stehen, solange sie das Zelt halten.

Beim Campen im Schnee muß man darauf achten, daß sich schwerer nasser Schnee nicht auf dem Zelt anhäuft, da sein großes Gewicht das Zelt zum Einsturz bringen oder zumindest die Zeltkonstruktion beschädigen kann. Eine schwere Schneefracht kann ein Zelt und die In-

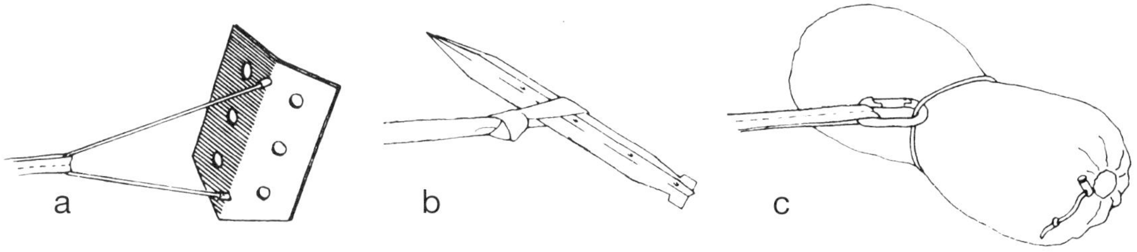


**(3-4) Anker für den »Toten Mann«: a) Metallplatte; b) Zeltpflock; c) Nylonpacksack.**

sassen über Nacht durchaus auch begraben, wobei für die Insassen die Gefahr des Erstickens bestehen kann. Die Wände sollten bei heftigem Schneefall oder bei Windtransport von Schnee des öfteren geschüttelt werden. Auch sollte die unmittelbare Zeltumgebung so oft wie nötig freigeschaufelt werden, um größere Schneeansammlungen zu vermeiden. Ein Schneewall, welcher um das Zelt herum geschaufelt wird, schützt außerdem vor Wind und windverblasenem Schnee.

### Schneehöhlen

Eine Schneehöhle (Abb. 3-5) gewährleistet mehr Schutz, Komfort und Isolation vor Sturm als ein flatterndes windbewegtes Zelt und darüber hinaus ist eine Schneehöhle eine Notunterkunft, wenn man kein Zelt mitführt. Das Wissen, wie eine Schneehöhle angelegt wird, ist eine essentielle Grundlage alpinistischen Könnens. Man sollte sich von vornherein darüber im klaren sein, daß es sich hierbei um eine zeitaufwendige Tätigkeit handelt.

Eine Notunterkunft kann man im Schnee graben, indem man einen Topf, einen stabilen Hut oder Helm oder irgendein anderes Ausrüstungsteil nutzt, aber eine leichte Schneeschaufel ist hierfür das beste Ausrüstungsstück. Eine solche Schneeschaufel ist eine sehr breite, leichte, zumeist aus Aluminium oder Kunststoff hergestellte Schaufel mit erhöhtem Rand. Mit ihr können große Mengen Schnee bewegt werden. Man kann in die Schneeschaufel auch Löcher bohren, um das Gewicht zu verringern. Hierbei wird die Effektivität beim Schneeschaufeln nicht wesentlich beeinträchtigt. Aber auch mit zwei Schaufeln pro Mannschaft kann es schon mal zwei bis drei Stunden dauern, bis eine Schneehöhle für vier Personen gegraben ist. Beim Graben einer Schneehöhle geht man folgendermaßen vor:

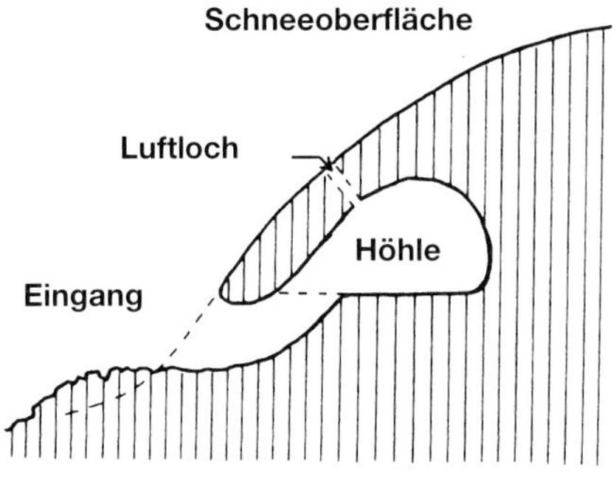


(3-5) Querschnitt durch eine Schneehöhle.

**Die Suche nach einen geeigneten Ort:** Zunächst beachte man mögliche äußere Gefahren. Befindet man sich vielleicht auf einer möglichen Lawinenbahn? Könnte Wind Schnee über den Eingang blasen, während man innen schläft? Ist der Schnee am Ort mindestens zwei Meter tief? An einem kurzen Steilstück ist die Schneehöhle wesentlich leichter anzulegen als im Flachland.

**Der Beginn der Arbeit:** Die Kleidung muß trocken bleiben. Man sollte unbedingt langsam arbeiten, um starkes Schwitzen zu vermeiden. Man gräbt einen **Zugang** tief genug in den Schnee, um dann mit einem Tunnel fortzusetzen. Dieser sollte zunächst mindestens einen Meter gerade in den Schnee hineingegraben werden. Dann sollte man schrägaufwärts graben, um den Aufenthaltsraum auszuhöhlen. Man sollte darauf achten, daß die Schneedecke oberhalb der Höhle mindestens 30 bis 50 cm dick bleibt. Nur so ist man sicher, daß man keinen Einsturz der Decke befürchten muß.

Zuerst ebnet man den **Höhlenboden** oberhalb der Höhe des Eingangstunnels, damit die warme Luft innen bleibt. Die Decke sollte geglättet werden und keine Vorwölbungen aufweisen, damit schmelzender Schnee die Wände herunterlaufen kann und nicht über die vorstehenden Bereiche abtropft. Danach legt man eine Unterlage auf den Höhlenboden, damit die weitere Ausrüstung und die Personen trocken bleiben.

Ein Verschluß des Einganges sorgt dafür, daß das Wetter draußen bleibt. Dann stößt man ein **Luftloch** durch die Decke; anschließend kann man es vergrößern, falls es in der Höhle zu warm werden sollte.

Es gibt auch Möglichkeiten, eine Notunterkunft in Pulverschnee zu bauen (Abb. 3-6). Man benötigt mindestens 30 cm tiefen Schnee und etwa drei Stunden Zeit. Schritt für Schritt wird folgendermaßen vorgegangen: Ein 1,80 m langer Stock wird senkrecht in den Schnee gesteckt. Mit einem zweiten Stab wird ein Kreis mit einem Durchmesser von drei bis vier Metern abgesteckt. Der zweite Stab wird so auf den Schnee gelegt, daß ein Ende den senkrechten Stab berührt. Hierdurch erhält man eine Führung, um den senkrechten Stab wiederzufinden. Daraufhin schaufelt man Schnee zu einem großen Haufen innerhalb des Kreises zusammen und drückt ihn fest.Der Haufen sollte insgesamt etwa 30 cm höher sein als der senkrecht eingesteckte Stab. Danach wartet man einige Zeit, bis der Schnee sich unter der eigenen Last auch im Inneren etwas gefestigt hat, und gräbt dann einen Tunnel in Richtung auf den senkrechten Stab, indem man entlang des zuvor auf den Boden gelegten horizontalen Stabes vorgeht. Innen höhlt man die Höhle soweit aus, daß man einen kleinen Raum für zwei oder auch drei Personen erhält, die Wanddicke wird ungefähr 50 bis 70 cm betragen. Abschließend wird der senkrechte Stab entfernt.

**(3-6) Schneehöhle, die bei einer Schneetiefe von weniger als 20 cm gebaut wurde.**

### Improvisierte Schneebiwaks

Mit etwas Improvisationstalent kann die Natur benutzt werden, um Wetterschutz in Notfällen zu erhalten. Solche Möglichkeiten bieten sich unter kleineren Schneewächten an steileren Flußufern oder auch in Höhlen, auch wenn Schnee unter größeren Bäumen geschmolzen ist. Um eine recht geräumige Notunterkunft zu erhalten, kann man die natürlicherweise um Baumstämme oft vorhandene Schneehöhle erweitern und mit einem beliebigen Gegenstand abdecken, wie z. B. Eisblöcke, Äste, Planen o. ä. Äste und Rinde können ebenso wie Tannennadeln eine gute Isolationsschicht darstellen. Aber man sollte niemals lebende Äste hierzu abschneiden, es sei denn, es handelt sich um eine Situation mit akuter Lebensgefahr.

### Schneezelte

Wenn es dunkel wird oder das Wetter ganz besonders schlecht ist, kann ein Windschutz aus Schneeblöcken die richtige Maßnahme darstellen. Ein igluähnliches Zelt (Abb. 3-7), entweder am Hang oder in der Ebene gebaut, ist ein schnell errichtetes Notzelt für ein oder zwei Personen. Man gräbt einen Graben und überdacht ihn später A-förmig mit Schneeblöcken. Die Blöcke können bereits beim Herstellen des Grabens durch Ausstechen mit der Schneeschaufel erzeugt werden. Falls dies nicht möglich ist, können sie selbstverständlich auch nachträglich seitwärts herangeschafft werden. Nach Fertigstellen des Daches wird die Innenseite erweitert und der Eingang bis auf ein Belüftungsloch geschlossen. Die Innenfläche des Daches sollte dabei sorgfältig geglättet werden, so daß auftretende Kondensationswasser entlang des Daches seitwärts herunterrinnen und nicht auf die Insassen herabtropfen kann. Dieses Zelt ist nicht so schnell gebaut, wie es aussieht – daher ist es dringend ratsam, bei gutem Wetter zu üben. Ein noch einfacheres Notzelt kann im Schnee hergestellt werden, indem ein ca. 1,5 m tiefer Graben, der groß genug ist für die Gruppe, ausgehoben und dann ein Biwaksack als Abdeckung verankert wird. Dies funktioniert recht gut bei Wind oder Regen, aber ein heftiger Schneefall kann dafür sorgen, daß das Dach einstürzt, weil sich bei der relativ flachen Konstruktion recht große Schneemengen hierauf sammeln. Je kleiner ein Schneebiwak ist, desto leichter kann es warmgehalten werden. Auch bei dieser Form muß darauf geachtet werden, daß die Lüftung sichergestellt ist.

## Iglus

Iglus sind bezüglich des Schutzes vergleichbar mit Schneehöhlen. Allerdings handelt es sich hierbei um eine Konstruktion aus spiralförmig angeordneten Schneeblöcken (Abb. 3-8). Der Bau eines Iglus ist nur möglich, wenn die Schneefestigkeit ausreichend ist und der Erbauer das nötige Maß an Erfahrung hat. Nasser, gut verfestigter Schnee ermöglicht das Herstellen von Blöcken, welche fest genug und gut aufeinan-

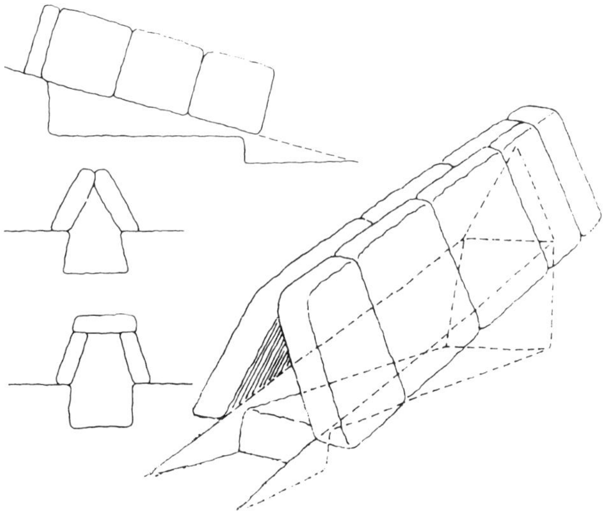

(3-7) Zeltförmige Iglukonstruktionen.

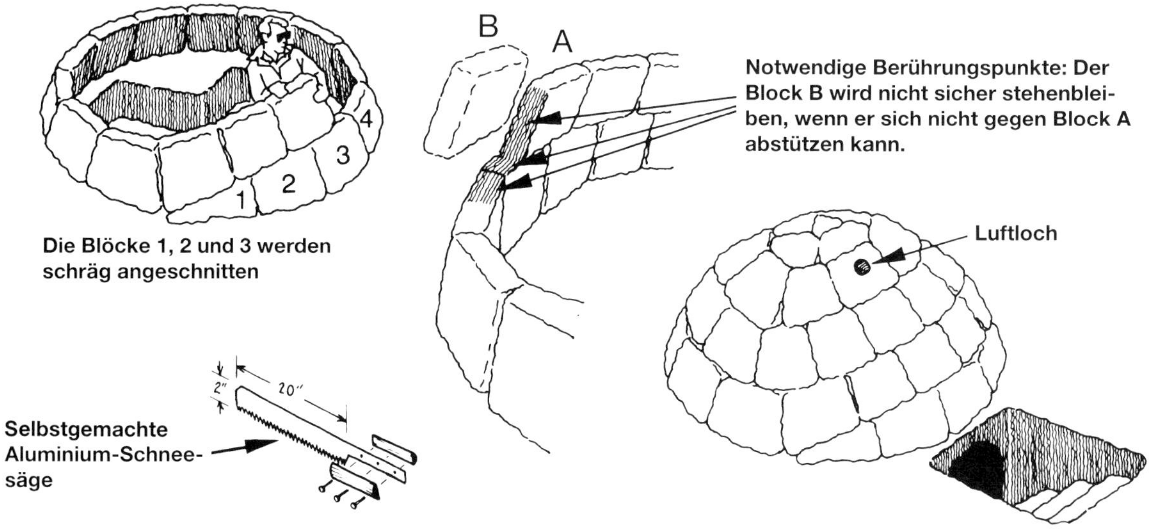


(3-8) Traditioneller Iglu.

derzustellen sind – aber sie sind schwierig zu handhaben. Windgepackter Schnee eignet sich besonders gut zum Iglubau. Wenn der Schnee weich ist, kann er festgetreten werden und wird sich im Verlauf einiger Minuten soweit verfestigen, daß es möglich wird, Schneeblöcke mit einer Schneesäge oder Schaufel auszustechen. Jeder Block sollte ungefähr 50 x 40 x 20 cm groß sein. Die Unterseite eines jeden Blockes sollte leicht schräg sein, so daß die entstehende Wand einwärts geneigt ist. Jeder Block muß festgehalten werden, bis er gut verankert ist und die verbleibenden Spalten mit Schnee verstopft sind. Der Eingang des Iglus sollte unterhalb der Schneeoberfläche sein, so daß die warme Luft innerhalb des Iglus bleibt.

## Schlafsäcke

Der Schlafsack sollte leicht, warm, komfortabel, gut zusammenpreßbar und mit Kapuze ausgestattet sein. Darüberhinaus muß er natürlich generell für das Klima geeignet sein, in dem er angewendet werden soll.

### Die Isolationsfähigkeit des Schlafsackes

Die Wärme eines Schlafsackes wird durch das Isolationsmaterial, welches Luft beinhaltet, gewährleistet. Wie warm ein bestimmter Schlafsack ist, hängt vom Typ und der Menge des eingefüllten Isolationsmaterials, der Dicke (Loft), der Füllung sowie von der Schlafsackgröße, seiner Form und der Konstruktion ab.

Schlafsäcke werden generell eingeteilt in Sommerschlafsäcke, Schlafsäcke für drei Jahreszeiten und Winter-/Expeditionsschlafsäcke. Tips zu Schlafsäcken für Winterunternehmungen werden in Kapitel 15 gegeben. Die Herstellerfirmen geben für ihre Schlafsäcke sogenannte Komfortwerte an, welche die niedrigste Temperatur angeben, bei der der Schlafsack noch als komfortabel warm empfunden wird. Diese Angaben variieren von Hersteller zu Hersteller, daher geben sie lediglich einen ungefähren Anhaltspunkt, was der Schlafsack zu leisten vermag. Die Hochgebirgsschlafsäcke sind meistens für Temperaturbereiche zwischen +5° C und -30° C ausgelegt.

Wie man persönlich die Klassifizierung eines Schlafsackes empfindet, hängt auch davon ab, bei welchem Wetter man unterwegs ist, ob man in einem Zelt schläft oder nicht, welche Kleidung man trägt, welche Bodenisolation angewendet wird, aber auch von anderen Faktoren wie der Körpergröße, der Stoffwechselaktivität und der Nahrungsaufnahme. Man sollte beim Kauf darauf achten, daß der Komfortbereich die persönlichen Gegebenheiten berücksichtigt. Wenn man schwerpunktmäßig im Sommer unterwegs ist, wird ein Schlafsack, welcher für bis -30° C ausgelegt ist, zu warm sein!

Die wärmste und leichteste Schlafsackkonstruktion ist die Mumienform, welche zu den Füßen hin schmaler wird und eine Kapuze einschließt, die das Gesicht frei läßt. Diese kann mit Zugschnüren weiter verkleinert werden. Wie das Design auch immer aussieht, sollte ein Schlafsack eine Kapuze oder eine ähnliche Konstruktion haben, damit der Kopf warm bleibt. Einige Schlafsäcke besitzen zusätzlich einen Wärmeisolationskragen, welcher zusätzlich für Wärme im Schulterbereich sorgt, auch gibt es Konstruktionen, welche an kritischen Regionen wie Brust oder Füßen besonders isoliert sind. Man kann einen dünnen Überschlafsack hinzufügen,

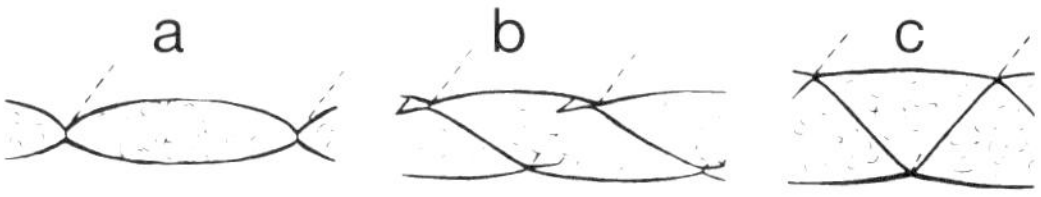


**(3-9) Konstruktionsmerkmale von Daunenschlafsäcken: a) durchgenäht; b) Schrägkammersystem; c) V-Kammersystem.**

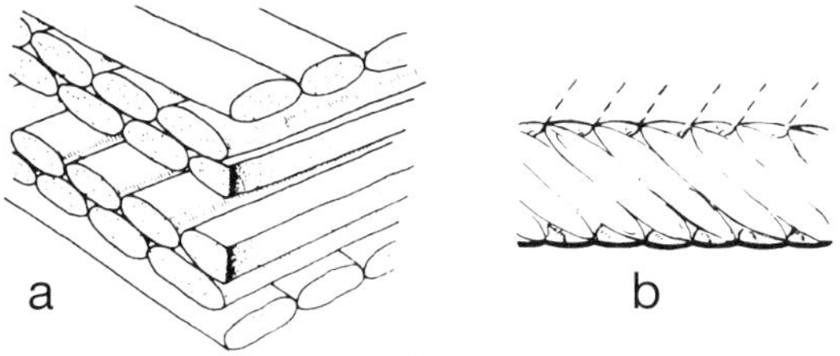


**(3-10) Synthetikschlafsäcke: a) Mehrlagenkonstruktion; b) Schrägkammersystem.**

welcher bei kaltem Wetter die Wärmeleistungsfähigkeit des Schlafsackes verbessert. Auch gibt es relativ dicht schließende Innenschlafsäcke, welche die Komforttemperatur um etwa 10°C verbessern können. Allerdings sollte man berücksichtigen, daß jegliche Kleidung, die man innerhalb solcher Schlafsäcke anzieht, durch die Körperfeuchtigkeit klamm wird. Solche Innenschlafsäcke sollten also nur bei Temperaturen unterhalb des Gefrierpunktes benutzt werden.

Es gibt einige grundlegende Tricks, wie man wärmer schläft – unabhängig davon, welchen Schlafsack man benutzt: Zunächst sollte man innerhalb des Schlafsackes nur minimal bekleidet sein. Eine Wollmütze und trockene Socken fördern den Komfort. Im Hals- bzw. Gesichtsbereich sollte der Schlafsack dicht geschlossen werden. Zusätzlich kann man durch ein Tuch atmen, um den Wärmeverlust durch Ausatmen zu begrenzen. Man kann auch seinen Kopf in den Schlafsack ganz hineinstecken, aber dann wird die Atemfeuchtigkeit dafür sorgen, daß es innen deutlich klammer wird.

Der Schlafsack gibt auch die Möglichkeit, nicht nur sich selbst zu wärmen, sondern auch einige seiner Ausrüstungsgegenstände. Kleine Gegenstände wie Handschuhe oder Socken können in dem Schlafsack auch getrocknet werden. Allerdings sollte man nicht versuchen, größere Kleidungsstücke zu trocknen, indem man sie während des Schlafens trägt, da sie lediglich einen selbst abkühlen werden und darüberhinaus den Schlafsack feucht werden lassen.

Bei sehr kalten Bedingungen kann man die Schuhe mit in den Schlafsack nehmen, sie sollten dann allerdings in Plastik eingehüllt werden. Es kann notwendig sein, die Trinkflasche mit ins Bett zu nehmen, um ein Einfrieren zu verhindern.

**Verschiedene Isolationsmaterialien**

Die Wärme, das Gewicht und der Preis eines Schlafsacks hängen maßgeblich von Art und Menge des Isolationsmaterials ab, bei welchem es sich entweder um Gänsedaune oder um ein Synthetikmaterial handelt.

**Gänsedaune** ist nach wie vor das effektivste Isolationsmaterial, bezogen auf sein Gewicht. Daunenschlafsäcke können stark komprimiert werden und entwickeln einen guten Loft, außerdem sind sie sehr dauerhaft. Die Nachteile: hohe Kosten und die Wasserbindungsfähigkeit. Ein nasser Daunenschlafsack verliert den Großteil seines Lofts und seine Isolationsfähigkeit, wobei er nahezu wertlos wird, bis er getrocknet werden kann. Ein Daunenschlafsack braucht enorm lange, um zu trocknen (mehr als einen Tag unter optimalen Bedingungen), so daß er während nasser Wetterperioden in den Bergen praktisch nicht trockenbar ist. Diese Nachteile machen Daune zu einem Material zweiter Wahl in nassem Klima, falls man nicht dafür Sorge tragen kann, daß sie wirklich trocken bleibt.

**Synthetische Isolationsmaterialien** sind widerstandsfähig gegen Feuchtigkeit und behalten den Großteil ihres Lofts, wenn sie naß sind. Darüberhinaus trocknen sie recht schnell. Schlafsäcke mit synthetischen Isolationsmaterialien sind billiger als Daunenschlafsäcke. Diese Schlafsäcke sind nach wie vor etwas schwerer als vergleichbare Daunenschlafsäcke und bei weitem nicht so leicht zu komprimieren, so daß sie im Rucksack schwerer und größer sind. Synthetische Isolationsmaterialien sind nicht so dauerhaft wie Daune, da sie im Laufe der Zeit beträchtlich an Loft verlieren.

**Schlafsackkonstruktionen**

**Daunenschlafsäcke** werden nach einer von drei möglichen Konstruktionsarten hergestellt (Abb. 3-9), um zu gewährleisten, daß die Füllung gleichmäßig verteilt bleibt. Bei der Konstruktion mit Zwischennähten ist die innere Schicht direkt mit der äußeren Schicht vernäht, so daß bei dieser einfachen und preiswerten Methode beträchtliche Wärmebrücken entstehen. Die meisten Daunenschlafsäcke sind jedoch im Schrägkammersystem gebaut, wodurch die Kältepunkte an den Nähten vermieden werden. Die effizienteste Konstruktionsart ist allerdings das V-Kammer-Prinzip, welches allerdings nur bei den aufwendigeren Expeditionsschlafsäcken angewendet wird. Zusätzlich sind in viele Schlafsäcke weitere Zwischenwände eingebaut, um die Daune vor dem Verrutschen zu sichern.

**Kunstfaserschlafsäcke** werden auf vielfältige Art und Weise hergestellt. Dabei gibt es zwei grundlegende Füllstoffe. Häufig wird eine lange relativ starre Polyesterfaser verwendet, wobei die Pakete der Faser innerhalb der Schlafsackwände so angeordnet sind, daß sie sich ähnlich wie Dachpfannen überlappen und so das Entstehen von Wärmebrücken vermeiden. Beim zweiten Konstruktionstyp handelt es sich um eine kurze, relativ starre Polyesterfaser, welche in feineren Strängen gesteppt oder geheftet ist, um so ein Verrutschen zu vermeiden. Um Wärmebrücken zu verhindern, müssen die Stränge in zwei oder drei Lagen kreuzweise gelegt werden (Abb. 3-10).

**Reißverschlüsse** werden mit Abstand am häufigsten genutzt, um den Schlafsack zu verschließen, auch wenn sie manchmal das Schlafsackgewebe einklemmen oder der Verschluß aus der Zahnreihe des Reißverschlusses herausrutscht. Sie werden durch einen Wulst aus Isolationsmaterial abgedeckt, um den Wärmeverlust über den Reißverschluß zu vermindern. Lange Reißverschlüsse machen das Ein- und Aussteigen in den Schlafsack leichter und sind auch eine große Hilfe den Fußbereich des Schlafsackes zu belüften. Falls man zwei Schlafsäcke zusammenfügen möchte, muß darauf geachtet werden, daß ein Reißverschluß auf der rechten und der Reißverschluß des anderen Schlafsackes auf der linken Seite angebracht ist.

**Der Effekt der Feuchtigkeit**

Zum eigenen Vorteil sollte der Schlafsack sorgfältig trocken gehalten werden, insbesondere dann, wenn er mit Daune gefüllt ist. Im Vergleich zu Daunenschlafsäcken sind Kunstfaserschlafsäcke wesentlich resistenter bezüglich ihrer Wärmehaltung bei Feuchtigkeit; darüberhinaus sind sie leichter zu trockenen. Aber auch ein nasser Polyestersack ist und bleibt ein nasser Schlafsack und ist kälter als ein trockener. Man kann natürlich auch einen Goretex-Überschlafsack verwenden, welcher die Körperfeuchtigkeit entweichen läßt, während der Schlafsack von Kondensationsfeuchtigkeit innerhalb des Zeltes oder vor herabtropfenden Wasser einer Schneehöhle geschützt wird. Vorteilhafterweise wird bei feuchtem Wetter der Schlafsack in eine Plastikhülle gepackt, bevor er im Rucksack verstaut wird, da die meisten Packsäcke nicht wasserdicht sind.

**Pflege und Reinigung**

Schmutz vermindert erheblich die Isolationsfähigkeit eines Schlafsackes. Kleine Verschmutzungen speziell im Kopfbereich können einfach gereinigt werden, ohne gleich den gesamten Schlafsack zu waschen. Ein herausnehmbarer Innenschlafsack oder ein atmungsaktiver Überschlafsack ermöglichen einen erheblichen Schutz vor Verschmutzung oder Beschädigung. Sowohl Daunen- als auch Polyesterschlafsäcke können mit einer milden Seife oder mit einer guten Daunenseife von Hand gewaschen werden. Beide Materialien können gut in der Waschmaschine gewaschen werden, jedoch dürfen sie nicht geschleudert werden.

Das Wasser kann von Hand ausgewrungen werden, danach werden die Schlafsäcke an der Luft zum Trocknen aufgehängt. Weder Daune noch Polyester sollte in einem Trockner getrocknet werden. Ein Daunenschlafsack benötigt mehrere Tage zum Trocknen –. Während dieser Zeit sollte er des öfteren aufgeschüttelt werden, um ein Verklumpen der nassen Daune zu vermeiden. Sowohl Polyester- als auch Daunenschlafsäcke können, wenn sie bereits fast trocken sind, noch kurz in den Trockner gesteckt werden. Hierbei sollte allerdings keine Hitzeanwendung erfolgen, sondern lediglich ein Durchbewegen und Durchblasen erfolgen. Ein sauberer Tennisschuh kann mit in den Trockner gegeben werden, hierdurch wird eventuell verklumpte Daune gelockert.

Ein Polyester- oder Daunenschlafsack kann auch chemisch gereinigt werden, dies sollte jedoch ausschließlich professionell erfolgen, damit das Material korrekt behandelt wird und außerdem sämtliche Reste möglicherweise giftiger Stoffe des Reinigungsprozesses entfernt werden. Grundsätzlich sollten bei jeglicher Reinigung die Hinweise des Herstellers befolgt werden.

**Isolation gegen Bodenkälte**

Der Garant für eine im wahrsten Sinne des Wortes komfortablen Nacht im Gelände ist zu einem ganz wesentlichen Teil die Isolationsschicht unter dem Schlafsack. Unabhängig davon, ob man im Sommer oder im Winter biwakiert, in einem Zelt oder außerhalb, sorgt die Unterlage für ein weicheres und wärmeres Lager. Bei nassem Boden oder Schnee ist sie dagegen absolut unerläßlich.

Eine dünne Matte eines geschlossenzelligen Schaummaterials gewährleistet eine gute Isolation. Gute Matten sorgen für eine weichere Schlafunterlage, haben ein geringes Gewicht und eine verbesserte Fähigkeit die Luft zu halten, wodurch eine größere Isolationsfähigkeit erreicht wird. Andere Matten bestehen aus offenzelligem Schaum von etwa 3 bis 5 cm Dicke. Hierdurch entsteht allerdings eine sehr voluminöse Rolle, welche zudem auch gegen eindringende Feuchtigkeit geschützt werden muß.

Eine Luftmatratze ist sehr weich, aber relativ wenig isolationsfähig. Erfahrungsgemäß sorgt die Luft innerhalb der Matratze für eine deutliche Auskühlung des Rückens. Spezielle Konstruktionstypen wie die Therm-a-Rest-Matte kombiniert die Isolationsfähigkeit eines offenzelligem Schaums mit der Weichheit einer Luftmatratze. Diese Konstruktion ist sehr populär und effektiv. Isolationsmatten werden in vielfältigen Größen hergestellt, aber für die meisten Fälle reicht eine Matte von nur 1,20 m bis 1,50 m Länge leicht aus, da man zur Isolation von Füßen und Unterschenkeln diverse andere Ausrüstungsteile verwenden kann. Falls man biwakieren muß, ohne eine Matte mitzuführen, kann man Ersatzkleidung, den Rucksack, das Seil oder auch die Schuhe zur Bodenisolation nutzen.

## Biwak

Ein Biwak ist eine besonders kärgliche Übernachtungsart, manchmal geplant, manchmal auch nicht. Kletterer planen spartanische Biwaks, damit sie schnell und ohne größere Materiallast vorwärts kommen und bereits frühmorgens in großer Höhe ihr Unternehmen starten können. Ungeplante Biwaks werden manchmal zu einer bösen Überraschung – vor allem nach Verletzungen, bei Schlechtwetter oder bei Orientierungsverlust. Bergsteiger, welche ein Biwak planen, sorgen dafür, daß sie die notwendige Ausrüstung haben, um eine Nacht, wenn schon nicht komfortabel, so doch akzeptabel, zu überstehen. Hierzu gehört ein Biwaksack oder eine Plane, etwas Eßbares und ausreichend Kleidung.

Bergsteiger führen für ein ungeplantes Biwak ebenfalls alles mit, was zum Überleben unbedingt notwendig ist, insbesondere die bereits genannten 10 Ausrüstungsteile («Ten Essentials») und im Idealfall noch weitere Dinge. Man kann Vorsorge treffen, ein ungeplantes Biwak durch das Mitführen eines Notzeltes im Tagesrucksack komfortabler zu machen, indem man einen Biwaksack oder eine Rettungsfolie mitnimmt; notfalls reichen auch ein paar sehr große Plastiktüten (Müllsäcke). Eine andere Alternative für den Schutz vor Wind und Regen bietet der eigene Rucksack. Wenn man gezwungen ist, eine Biwaknacht zu überstehen, steckt man die Füße in den leeren Rucksack und zieht den Rucksack so weit wie möglich über die Beine herauf. Ein wasserdichter Anorak oder Poncho schützt den Rest des Körpers.

In niedriger Höhe kann ein Biwak eine recht angenehme Sache sein, wenn man sich durch etwas zusätzliche Kleidung und durch das Sitzen auf einer isolierenden Unterlage neben einem Feuer gut warmhalten und einen warmen Tee genießen kann. Die meisten Biwaks sind allerdings nicht so angenehm. Beim Biwakieren auf einer Kletteroute kann es auch nötig werden, sich selbst und die eigene Ausrüstung gegen Absturz während der Nacht zu sichern. Immer sollte man dafür sorgen, daß der Wärmeverlust des Körpers gering bleibt, indem man nasse Schuhe auszieht, trockene Socken und andere trockene Kleidung überzieht, den Schnee von der Kleidung entfernt, enge Schnüre und Gürtel lockert, um den Blutkreislauf nicht zu behindern. Darüber hinaus kann man auf den Biwakmatten so nahe wie möglich zusammenrutschen, um den Wärmeverlust weiter zu vermindern.

Wieviel Kleidung sollte mitgeführt werden, um zu gewährleisten, daß man ein Biwak überlebt? Die Antwort ist abhängig von einer Vielzahl von Faktoren, z. B. von der eigenen Erfahrung, der individuellen Belastbarkeit, den äußeren Bedingungen und auch von der psychischen Stabilität. Ein Spitzenbergsteiger, welcher ganzjährig unterwegs ist und eine positive Einstellung hat, wird eine größere Anzahl geplanter Biwaks und möglicherweise einzelner Notbiwaks pro Jahr ohne größere Schwierigkeiten überstehen. Die Erfahrung hat diesem Bergsteiger gezeigt, was in Notfällen alles möglich ist – insbesondere weiß er für sich selbst am besten zu entscheiden, welche Ausrüstungsteile unbedingt notwendig und welche aus Gewichtsgründen verzichtbar sind.

## Nahrung

Die Kunst des Übernachtens im Gelände besteht nicht nur darin, zu wissen, wie man ein Lager komfortabel errichtet, sondern auch darin, zu wissen, wie man sich nährstoffreich, kalorienreich und womöglich noch schmackhaft ernährt. Da Bergsteigen eine so anstrengende Tätigkeit ist, benötigt der Körper Wasser und eine größere Menge Nahrungsmittel, um einen ausreichenden Ersatz an Kohlehydraten, Eiweißen und Fetten zu gewährleisten. Wenn man gut plant, ist es nicht schwer, Nahrungsmittel zu finden, die haltbar sind, wenig wiegen und den persönlichen Ansprüchen genügen. Dabei sollte man nicht vergessen, daß die Nährstoffe auch gut schmecken sollten, da man sie ansonsten kaum essen wird. Also: Der Ersatz verlorengegangener Brennstoffe ist im Gebirge zwar das Hauptziel der Ernährung, unmittelbar danach kommt als zweites Ziel jedoch auch die Schmackhaftigkeit und die Freude am Essen.

### Zusammensetzung der Nahrung

Jeder der drei Grundnährstoffe – Kohlenhydrate, Eiweiße und Fette – gibt Energie ab, und jeder muß in ausreichender Menge zugeführt werden, um Geist und Körper gesund zu erhalten. Die Gesamtkalorienmenge eines Bergsteigers kann bis zu 6000 Kilokalorien pro Tag betragen, möglicherweise bei großen Unternehmungen noch mehr. Man wird sich entscheiden müssen, was für die persönlichen Bedürfnisse das beste ist und welche Erfordernisse der Körper aufgrund von Größe, Gewicht, Stoffwechsel und dem Konditionsniveau stellt.

**Kohlenhydrate** sind für den Körper besonders leicht zu verwerten, so daß sie einen Großteil der Ernährung ausmachen sollten. Die meisten Nährstoffe mit einem hohen Kohledydratanteil enthalten darüberhinaus Vitamine, Mineralstoffe, etwas Eiweiß, Wasser und einige Fette. Gute Nahrungsmittel mit hohem Kohledydratanteil sind Körner (Müsli), Reis, Kartoffeln, Nudelgerichte, Brot, Kräcker und Müsliriegel. Man sollte nur mäßige Mengen essen, jedoch des öfteren, um einen gleichmäßigen Ersatz verlorengegangener Kalorien zu gewährleisten.

**Eiweiß** ist ein wichtiger Bestandteil der Ernährung, wobei der tägliche Bedarf unabhängig von der körperlichen Aktivität relativ konstant ist. Der Körper kann keinerlei Eiweiß speichern, so daß – falls der Bedarf überschritten wird – die überflüssige Menge entweder in Energie umgesetzt oder als Fett gespeichert wird. Einen hohen Proteinanteil besitzen Käse, Nüsse, Trockenfleisch, Fleischkonserven und Fisch, Milchpulver und Eier sowie Fertiggerichte mit Fleisch oder Käse.

**Fette** sind ebenfalls eine sehr wichtige Energiequelle, insbesondere bei langfristiger Belastung. Während mäßiger Anstrengungen wird die Energie bei zunehmender Belastungsdauer mehr und mehr von den Fettdepots des Körpers bereitgestellt, so daß die Kohlehydratvorräte geschont werden. Fette kommen in geringer Menge in Gemüse, Körnern und Bohnen vor, und wenn diese mit Fisch, Fleisch oder Geflügel kombiniert werden, ist es leicht, die nötige Menge dem Körper zuzuführen. Einen sehr hohen Fettanteil haben Butter, Margarine, Erdnußbutter, Nüsse, Salami, Sardinen, Öl, Käse und andere. Die Fettanteile der Ernährung sichern außer der Energiezufuhr weitere Körperfunktionen. Die Körperfettdepots sorgen auch dafür, daß der Wärmeverlust des Körpers bei kalten Außenbedingungen begrenzt wird.

**Essen zum Erhalt der Leistungsfähigkeit**

Wie effizient der Körper bezüglich des Energieumsatzes ist, hängt sehr eng mit der Kondition, der Ernährung und den Ruhepausen zusammen. Je besser die Kondition ist, desto effektiver arbeitet der Körper bezüglich des Energieumsatzes und wird sich Reserven für große Anstrengen bewahren. Ein ausgeruhter, gut ernährter Kletterer wird logischerweise weniger Schwierigkeiten mit größeren Anstrengungen, Hitze, Kälte und auch Krankheiten haben.

## *Wasser*

Wasser ist genau so lebensnotwendig wie Sauerstoff. Man braucht es für den Energiestoffwechsel, zum Erhalt der Körpertemperatur und auch um Stoffwechselprodukte auszuscheiden. Bei großer Anstrengung, insbesondere in großen Höhen, beträgt die Menge des Flüssigkeitsverlustes durch Schweiß und Atmung unter Umständen mehr als fünf bis sechs Liter pro Tag. Wenn eine größere Menge Flüssigkeit verlorengegangen und nicht ersetzt worden ist, ist das innere Gleichgewicht des Körpers gestört und der Organismus anfälliger. Der Mensch kann eine recht lange Zeit ohne Nahrung überleben, jedoch nicht ohne Wasser. Nach schwerer Anstrengung sollte Flüssigkeit (und auch Kohlehydrate) so bald wie möglich ersetzt werden. Danach sollte die Rehydratation während des gesamten abends parallel zur Vorbereitung des nächsten Tages fortgesetzt werden.

Die Flüssigkeitsaufnahme sollte während eines 12-Stunden-Tages mittlerer Aktivität und mäßigen Klimas mindestens zwei Liter betragen.

Bei einem längeren Unternehmen oder während mehrerer Tage braucht man zwei bis fünf Liter pro Tag.

Normalerweise stellt beim Bergsteigen der Salzverlust durch heftiges Schwitzen kein Problem dar, da die meisten Salze bei einer einigermaßen normalen Ernährung problemlos ersetzt werden. Falls man Zweifel am ausreichenden Ersatz an Salzen hat, kann man entsprechende Sportgetränke zu sich nehmen, wobei gleichzeitig für einen entsprechenden Flüssigkeitsersatz gesorgt wird und zusätzlich Zucker, Kalorien und Mineralstoffe aufgenommen werden.

### Die Wasserbeschaffung

Wasser ist überlebensnotwendig. Während eines eintägigen Trips kann man es von zu Hause mitnehmen. Bei längeren Unternehmungen wird man auf Quellen, Seen, Flüsse und Schnee zurückgreifen müssen.

Auf Gletschern kann man Schnee schmelzen, indem man ihn in eine Wasserflasche stopft. Hierbei sollte darauf geachtet werden, daß zu Beginn bereits etwas Wasser in der Flasche ist, da hierdurch die Schmelzzeit verkürzt wird. Falls man Sonne und genügend Zeit hat, kann man auch Töpfe zum Schneeschmelzen aufstellen. Als Alternative kann man eine Schneezunge suchen, von welcher das schmelzende Wasser in die Mulde unterhalb abtropft. Das abtropfende Wasser kann entweder durch einen kleinen Kanal in einen Topf geleitet werden, auch kann man die fallenden Tropfen durch Unterstellen des Topfes oder der Trinkflasche auffangen. Der schnellste Weg, Trinkwasser im Schneegelände zu bekommen, ist das Schmelzen von Schnee auf dem Kocher, aber auch das braucht Zeit und benötigt relativ viel Brennstoff.

### Die Wasserreinigung

Klares kaltes Wasser schaut sauber aus, kann aber trotzdem mit gefährlichen Bakterien, Giardia lamblia oder anderen Parasiten verunreinigt sein. Zum persönlichen Schutz sollte man Wasser prinzipiell reinigen. Eine geläufige Reinigungsmethode ist das Hinzufügen von Jod, Salzen sowie das Aufkochen (mindestens eine Minute in Meereshöhe oder mindestens fünf Minuten in 3000 m Höhe töten die meisten Bakterien und Parasiten ab!), auch kann man einen Filter zur Wasserreinigung benutzen.

## *Der Speiseplan*

Wenn man sich die nötige Ruhe zur Planung des Unternehmens nimmt, sollte man keine größeren Schwierigkeiten haben, eine optimale Ernährung zusammenzustellen – unabhängig davon, ob man einen Tag oder eine Woche unterwegs ist. Als grobe Richtlinie muß man bezüglich des Gewichtes etwa 750 g pro Person und Tag einplanen.

Bei sehr kurzen Touren kann man einige Sandwiches, Früchte und irgend etwas anderes, was man gerne ißt, mitnehmen. Bei mehrtägigen Touren oder bei längeren Touren von einem Basecamp aus, welches nahe einer Straße liegt, kann man eine nahezu beliebige Nahrungskombination zusammenstellen. Die entsprechend abgepackten Teile können im Topf gekocht und dann mit Brot, einem heißen Getränk oder einem Dessert kombiniert werden.

Wenn man alleine unterwegs ist, kann man die Nahrung in einer großen Tasse anrichten, indem mit einem Topf heißen Wassers jeder Teil des Menüs aus Instantmaterial in der Tasse mit heißem Wasser hergestellt wird.

Bei längeren oder komplizierteren Unternehmungen wird das Gewicht und die Verpackung schwieriger. Hier sind gefriergetrocknete Nahrungsmittel eine leicht zu nutzende und obendrein wenig wiegende Alternative. In Spezialgeschäften kann man eine Vielzahl dieser vorgefertigten Mahlzeiten und Snacks erhalten; die Vielzahl und Qualität der Produkte nimmt stetig zu. Sie sind teuer, aber außerordentlich nützlich. Einige von ihnen müssen nur wenig oder gar nicht gekocht werden, es reicht aus, lediglich heißes Wasser hinzuzufügen, eine Weile zu rühren und dann kann bereits aus der Packung gegessen werden. Andere sind wiederum weniger leicht rehydrierbar und müssen in einem Topf gekocht werden. Gefriergetrocknete Mahlzeiten enthalten nahezu einen kompletten Speiseplan: Hauptgericht, Kartoffeln, Gemüse, Suppen, Frühstück und Desserts. Personen, welche einen Nahrungsmitteldehydrator besitzen oder nutzen können, können sich auf recht einfache Art reichhaltige Snacks und Nährstoffe aus Früchten, Gemüse und auch Fleisch herstellen.

### Die Planung für eine Gruppenreise

Da es sich beim Essen auch um eine soziale Angelegenheit handelt, planen kleinere Gruppen ihren Speiseplan oft zusammen. Ein gemeinsam und sorgfältig geplantes Menü sorgt darüberhinaus dafür, daß das Gesamtgewicht, welches jede Person zu tragen hat, vermindert wird. Ein anderes häufiges Vorgehen in Gruppen ist, daß den einzelnen Mitgliedern die Gestaltung des Frühstücks und des Mittagessens selbst überlassen und daß lediglich das Abendessen als aufwendigste Mahlzeit des Tages von der Gruppe gemeinsam gestaltet wird.

Die Anzahl an Personen, welche gemeinsam im Gelände kochen, sollte die Zahl vier möglichst nicht überschreiten. Darüberhinaus wird die Effektivität des gemeinsamen Mahls durch die Komplexizität der Planung durch große Töpfe auf kleinen Kochern und langen Kochzeiten stark eingeschränkt. Die ideale Zahl beträgt zwei bis drei Personen pro Kocher. Auf längeren Unternehmungen ist ein zusätzlicher Kocher ein praktischer Ausrüstungsgegenstand, falls ein Kocher kaputtgehen sollte.

### Die Auswahl des Essens

Für größere Unternehmungen sind detaillierte Planungen nötig. Dabei muß man gut aufpassen, einen Kompromiß zwischen einem tragbaren Rucksackgewicht sowie der Menge der Nahrungsmittel und der notwendigen Nährstoffe zu finden. Man möchte überflüssiges Gewicht vermeiden, aber gleichzeitig sollte ausreichend Nahrung für alle am Unternehmen beteiligten Personen vorhanden sein. Auch die Zusammenstellung der Nährstoffe muß stimmen.

Die Einzelmahlzeiten können sowohl von der gesamten Gruppe als auch von einem einzelnen Gruppenmitglied geplant werden. In beiden Fällen ist es unverzichtbar, zuerst einen Ernährungsplan in der Gruppe durchzudiskutieren und aufzuschreiben, dann eine Liste der Nahrungsmittel aufzustellen und erst danach einkaufen zu gehen.

### Die Verpackung

Die üblichen Verpackungen kommerziell erhältlicher Nährstoffe sind in der Regel zu voluminös und zu schwer, um mit ins Gelände genommen zu werden. Daher sollten die Nahrungsmittel in Plastiktüten umgepackt werden. Als nützlich hat es sich erwiesen, einen Aufkleber mit den einzelnen Informationen über Inhalt und zur Zubereitung des Tüteninhaltes anzubringen. Mehrere kleinere Tütchen können zusammen in eine größere gepackt werden, hierbei ist es sinnvoll, Nahrungskategorien zusammenzufassen, z. B. »Frühstück«, »Abendessen«, »Getränke«.

Zur exakten Planung und zum Packen sollte eine kleine Küchenliste erstellt werden. Nahrungsbestandteile wie Marmelade, Butter und Honig sind am besten in Tuben oder in kleinen luftdicht schließenden Plastikdosen zu transportieren.

## Menüvorschläge

### Frühstück

Auch wenn man eilig aufbrechen muß, ist das Frühstück mehr als nur die erste Rate des Mittagessens. Um schnell aufbrechen zu können, sollte man ein kleines Standardfrühstück einnehmen, wobei ein Müsli mit einigen Trockenfrüchten und Milchpulver vermischt werden kann. Hier braucht lediglich Wasser hinzugefügt zu werden – kaltes Wasser für ein kaltes Frühstück, heißes Wasser für ein heißes –, und das Frühstück ist fertig.

Ein warmes Getränk ist zusätzlich zu einem kalten Frühstück recht angenehm. Hier bieten sich Kakao, Kaffee, Milch, Mocca, Tee und Instantgetränke an.

Andere Möglichkeiten sind Trockenfrüchte, Nüsse oder Fruchtriegel, Gebäck und ähnliches. Falls man Zeit hat, kann man auch ein normales Frühstück vorbereiten, einschließlich Eier mit Schinken, Pfannkuchen mit Sirup und allem weiteren, was die Phantasie so hergibt.

### Mittagessen und Snacks

Sobald das Frühstück vorbei ist, beginnt das Mittagessen, und dieses wird bei längeren Touren am besten immer zum gleichen Zeitpunkt eingenommen, weil der Körper sich daran gewöhnt. Noch besser ist es, des öfteren kleine Mengen zu essen. Die Hälfte der gesamten Tagesnahrung wird dazu in Form von Snacks als langgestrecktes Mittagessen eingeplant.

Ein gutes bedächtig zu kauendes Erzeugnis ist Studentenfutter, eine Mischung von Nüssen, Zucker, Rosinen und anderen getrockneten Früchten. Eine Handvoll entspricht einem Snack, mehrere Händevoll sind eine Mahlzeit. Genauso gut ist Granola, eine Mischung aus Körnern, Honig oder Zucker, gegebenenfalls ergänzt mit einigen Fruchtanteilen und Nüssen. Beide Nahrungsmittel sind in vielen Nahrungsmittelläden erhältlich. Andere Snack-Möglichkeiten sind Früchteriegel aus dem Reformhaus.

Das Mittagessen sollte möglichst folgende Bestandteile enthalten:

**Eiweiße:** Fisch und Fleischkonserven, getrocknete Fleischstreifen, Würstchen, Käse, Nüsse und Sonnenblumenkerne.

**Stärke:** Vollkornbrot, Granola und andere Körnerprodukte, Kräcker, Chips oder Brezel und Müsliriegel.

**Zucker:** Plätzchen, Schokolade, Süßigkeiten, Bäckereiprodukte und Honig.

**Früchte**: Frische Früchte, Fruchtriegel, Marmelade und Trockenfrüchte wie Rosinen, Pfirsiche und Äpfel.

**Gemüse:** Frische Karotten oder Streifen von Sellerie, Gurken usw.

### Abendessen

Das Abendessen bildet den Höhepunkt des Tages. Es sollte sowohl nährstoffreich als auch wohlschmeckend sein, darüberhinaus sollte es leicht und schnell vorbereitet werden können. Um den Flüssigkeitsbedarf zu ergänzen, sollte das Abendessen Bestandteile enthalten, die einen hohen Wasseranteil haben, vor allem Suppe. Eine Tasse Suppe ist eine schnelle und gute Vorspeise, während das Hauptgericht vorbereitet wird.

Eintopfgerichte mit Kohlenhydraten in Form von Nudeln, Makkaroni, Reis, Bohnen oder Kartoffeln sind leicht und nahrhaft. Um angemessenen Proteingehalt, Fett und Geschmack zu gewährleisten, kann man weitere Nahrungsbestandteile wie getrocknete oder konservierte Geflügelteile, Fleisch oder Fisch, Würstchen, gefriergetrocknete Gemüse oder Früchte, Butter oder Margarine und dehydrierte Suppe oder Soßengemische hinzufügen. Auch ein schmackhaftes, dem indianischen Pemmikan nachempfundenes Gericht namens Cathay ist auf dem europäischen Markt seit einiger Zeit zu haben.

Die Fertiggerichte aus entsprechenden Läden sind relativ leicht und schnell herzustellen – hierbei handelt es sich zumeist um Gerichte mit Spaghetti, Makkaroni, Reisgerichte und zum Teil sogar Instant-Salaten. Es gibt auch Mahlzeiten, welche in Styroporverpackungen erhältlich sind: Lediglich das Hinzufügen von kochendem Wasser, das Abdecken und Ziehenlassen für einige Minuten sind notwendig – und das Essen ist fertig.

Gefriergetrocknete Mahlzeiten bieten eine reiche Palette an Alternativen: Hühnchen, Chili, Truthahn, Beef Stroganoff und viele andere. Eine herzhafte Suppe kann auch als Hauptgericht dienen. Bewährt haben sich hier Minestrone, Bohnensuppe, eine Fleischgraupensuppe oder Hühnchensuppe. Hinzugefügt werden sollten Instantkartoffeln, Reis, Käse oder Brot. Bouillon ist ein altbewährter Favorit, welcher zwar nur einen geringen Nährwert hat, aber kaum etwas wiegt und sich bestens für den Ersatz von Wasser und Flüssigkeit eignet.

Zusätzliche gefriergetrocknete Gemüse ergänzen das Essen bezüglich Vielfalt und Nährwert. Sie können zur Suppe ebenso hinzugefügt werden wie Instantreis oder Kartoffeln. Vorgekochte Bohnen sind vorzügliche billige Proteinlieferanten. Für diejenigen, die am Thema gesunde Ernährung interessiert sind, gibt es zahlreiche Möglichkeiten, sich in spezialisierten Läden auszurüsten.

### Grundnahrung und Gewürze

Die Art des Zuckers ist eine Frage des persönlichen Vorzugs. Brauner Zucker ist aufgrund seines Wassergehaltes etwa ein Drittel schwerer als weißer, er wird jedoch oft aufgrund seines Geschmackes bevorzugt. Getrocknetes Milchpulver ist ein guter Eiweißträger und kann zu vielen Gerichten hinzugefügt werden. Margarine ist bei langen Unternehmungen besser haltbar als Butter und verbessert den Geschmack vieler Nährstoffe, welche in flüssiger oder fester Form gegessen werden. Übrigens kann man auch getrocknete Butter kaufen, aber diese enthält nicht die Fettmenge, die das Originalprodukt hat. An Gewürzen sollten Salz, Pfeffer, Kräuter, Knoblauch und Chilipulver, Schinkenwürfelchen, getrocknete Zwiebeln, Parmesankäse oder etwas Sojasoße mitgenommen werden.

### Getränke und Desserts

Kalte Getränke sind an einem heißen Tag in den Bergen sinnvoll und bereiten einen besonderen Genuß. Limonade, Orangen oder Grapefruitsaft, zuckerfreie Getränke und viele andere Variationen sind in Form von Getränkepulvern erhältlich. Es muß lediglich Wasser hinzugefügt werden. Heiße Getränke wie Kakao, Tee oder Mokka schmecken speziell nach dem Abendessen sehr gut.

Gelegentlich sind sogar vollwertige Desserts möglich, falls man das Essen sorgfältig geplant ha. Sie können aus Plätzchen, Süßigkeiten, getrockneten Früchten und vielen anderen Leckereien bestehen. Gefriergetrocknete Desserts sind erhältlich in Form von Kuchen, Eiscreme und Beerengerichten.

## *Ernährung in großer Höhe*

Das Kochen ist in großer Höhe ziemlich schwierig, da die Kochzeiten länger sind und die äußeren Bedingungen für den Koch eine besondere Herausforderung darstellen können. Gerichte, welche gekocht werden müssen, werden dann zu einem Problem. Je höher man steigt, desto mehr nimmt der Luftdruck ab. Daher wird mehr Zeit benötigt, um Nährstoffe zu kochen. Für jeweils 5° C, welche das Wasser niedriger kocht, muß die Kochzeit etwa verdoppelt werden (Abb. 3-11). Die nützlichsten Nahrungsmittel unter solchen Bedingungen sind solche, die nur erwärmt, aber nicht gekocht werden müssen. Außerdem ist das Gewicht des Brennstoffes, der mitgeführt werden muß, ein weiteres Argument für einfach zuzubereitende Gerichte.

Die Erfordernisse kürzerer Aufenthalte in größeren Höhen verlangen eine besondere Aufmerksamkeit bei der Ernährung. Ein Kurzaufenthalt in großer Höhe ist z. B. der Wochenendaufstieg auf einen der Viertausender der Westalpen, wobei die Bergsteiger normalerweise freitagabends auf die Hütte aufsteigen, die Nacht bei etwa 3000 m Höhe verbringen und möglicherweise weniger als 20 Stunden nach dem Verlassen des Flachlandes bereits im Bereich der 4000 m-Grenze unterwegs sind. Nicht wenige Bergsteiger leiden an den Symptomen der akuten Bergkrankheit, welche von leichter Übelkeit über Erbrechen bis hin zu schwerem Kopfschmerz reicht. Der schnelle Aufstieg erlaubt es dem Körper nicht, sich zu akklimatisieren. Unter diesen Bedingungen ist es sehr schwierig, größere Mahlzeiten zu sich zu nehmen, da Magen und Lunge um das Blutvolumen konkurrieren müssen.

*Fassen wir zusammen:* Man esse leicht und oft und bevorzuge Kohlehydrate, welche besonders leicht zu verdauen sind. Man sollte Nahrung mitführen, welche sich in großer Höhe bewährt hat und welche einem persönlich gut schmeckt, da Bergsteiger oft an Appetitlosigkeit leiden. Die Erfahrung lehrt jedem einzelnem, welche Nahrung der Körper in großer Höhe besonders gerne zu sich nimmt. Man muß fortgesetzt essen und trinken, unabhängig vom subjektiv verspürten Effekt, damit der Energieverlust durch das Defizit an Nahrung und Wasser in Grenzen gehalten wird. Hierdurch wird auch der Schwächeeffekt des verminderten Luftdruckes reduziert.

## Gegenstände zum Kochen und Essen

Die einfachsten Utensilien zum Essen sind ein Löffel und eine große Tasse oder ein kleiner Topf. Manche Bergsteiger führen einen Napf mit. Diese Näpfe sind in Plastik, rostfreiem Stahl, Metall und verschiedenen Kunststoffen erhältlich. Kochsets (Abb. 3-12) sollten haltbar und leichtgewichtig sein, außerdem sollten sie – der besseren Transportierbarkeit halber – ineinander verschachtelbar sein. Die Kochsets gibt es in Aluminium, rostfreiem Stahl und speziell beschichtetem PVC-Material zur besseren Reinigung. Die Größe des Sets sollte abhängig vom Unternehmen schwanken, aber normalerweise braucht man mindestens zwei Töpfe: einen für die Mahlzeit und einen für Wasser. Man kann den Bedarf reduzieren, indem man nur gefriergetrocknete Mahlzeiten mitführt, welche in ihrer eigenen Packung rehydriert werden. Man sollte in jedem Fall darauf achten, daß die Töpfe Griffe und gut schließende Deckel haben, um die Hitze drinnen zu halten.

## Kocher

Kocher sind eine absolute Notwendigkeit, wenn man sich im Gelände aufhält, da viele Camping-

| Höhe ft | Höhe m | Temperatur °C | Temperatur °F | Kochzeit (Meereshöhe=1) |
|---|---|---|---|---|
| Meereshöhe | | 100° | 212° | 1.0 |
| 5000 | 1525 | 95° | 203° | 1.9 |
| 10000 | 3050 | 90° | 194° | 3.8 |
| 15000 | 4575 | 85° | 185° | 7.2 |
| 20000 | 7000 | 80° | 176° | 13.0 |

**(3-11) Siedepunkt des Wassers.**

**(3-12) Kochzubehör: Töpfe und Pfännchen, Windschutz, Besteck und Tasse.**

plätze keine ausreichende Versorgung mit Feuerholz oder Kochgelegenheiten haben und oftmals ein freies Feuer verboten ist. Außerdem stellen Kocher nur einen minimalen Eingriff in die Natur dar und können unter fast beliebigen Bedingungen benutzt werden.

Bei der Auswahl eines Kochers muß eine Reihe von Faktoren berücksichtigt werden, wie z. B. das Gewicht, die Höhe und die Lufttemperatur, bei der er benutzt werden wird; ferner die Möglichkeit des Brennstoffersatzes und die Erfahrungswerte über seine Anwendbarkeit. Welchen

**(3-13) Verschiedene Konstruktionstypen von Campingkochern.**

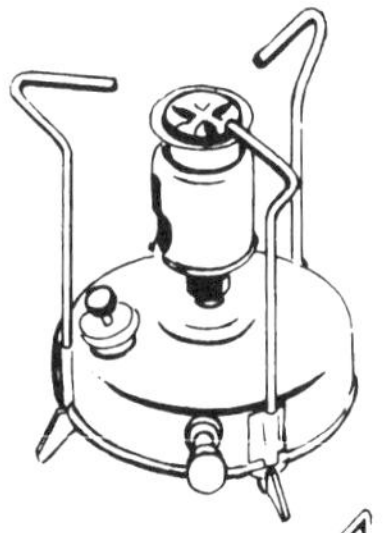

**Kerosinkocher: Hohe Wärmeleistung; benötigen Benzin, Alkohol oder Brennpaste zum Starten**

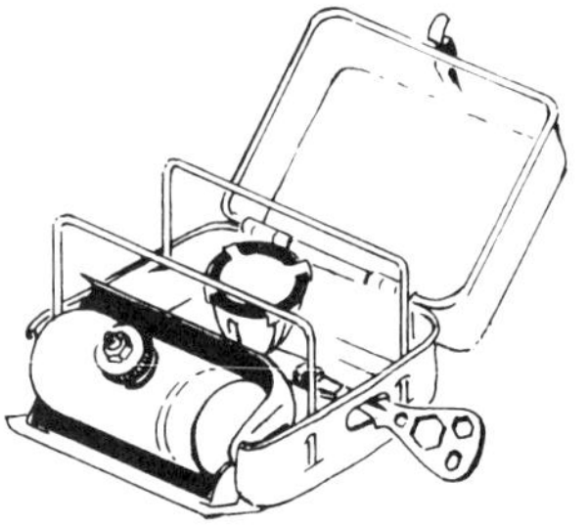

**Benzinkocher mit Gehäuse: Kompakte Transportform, ermöglicht sicheres und bequemes Verstauen des Kochers**

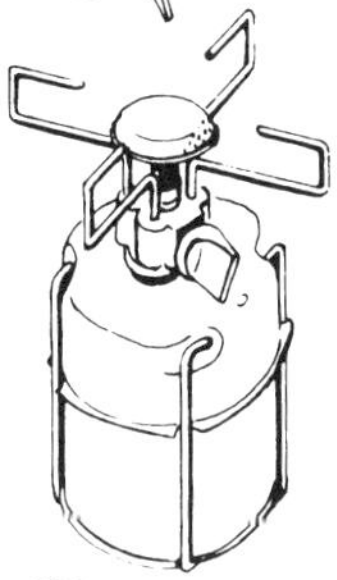

**Butan/Propan-Kartuschenkocher verbrennen ein Gemisch aus 80 % Butan und 20 % Propan und bieten dadurch eine bessere Wärmeleistung bei kaltem Wetter; Kartuschen mit Verschlußventil können jederzeit ersetzt werden.**

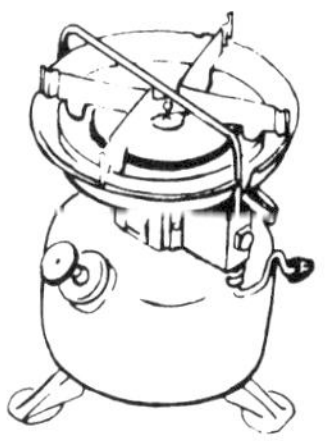

**Benzinkocher: Brennt heißer und bringt Wasser somit schneller zum Kochen als alle anderen Brennstoffe.**

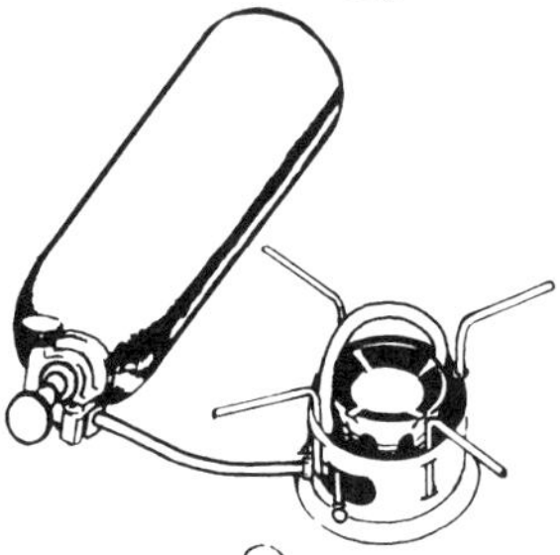

**Multi-Fuel-Kocher: Verbrennt die meisten Stoffe wie Waschbenzin, bleihaltiges oder bleifreies Autobenzin, Treibstoffe der Luftfahrt, Kerosin, Diesel usw.; der Kocher ist leicht zu reinigen und insbesondere dann ideal, wenn gereinigte Brennstoffe nicht zu erhalten sind.**

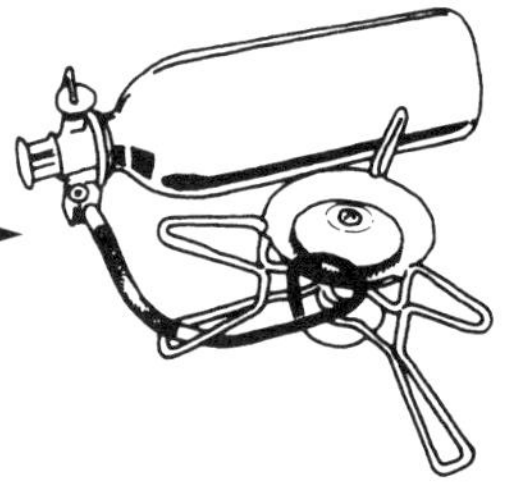

**Benzin-/Kerosinkocher: Verbrennt beide Brennstoffe; für den internationalen Gebrauch bei Fernreisen gut geeignet.**

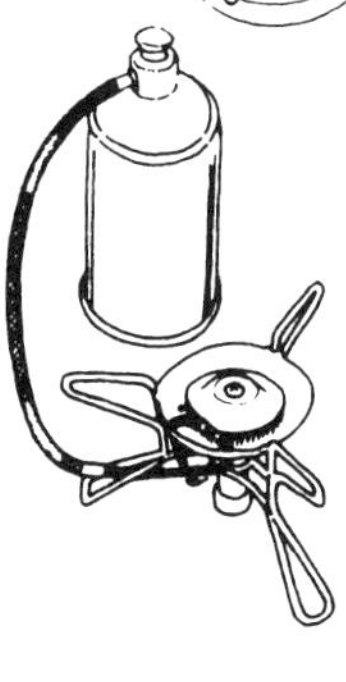

**Isobutankocher: Benutzt Isobutan und eignet sich besonders gut bei sehr kaltem Wetter.**

Kocher man auch immer auswählt, er sollte leicht zu zünden sein, gut arbeiten und auch unter kalten, nassen oder windigen Umgebungsbedingungen verläßlich heizen. Unbedingt sollte man einen neuen Kocher zu Hause ausprobieren, bevor man ihn für ein Unternehmen einsetzt. Nur so kann man sicher sein, daß er korrekt arbeitet und man mit dem Umgang vertraut ist. Ein gut gepflegter Kocher hält jahrelang. Er sollte des öfteren auf Verschmutzung kontrolliert werden; insbesondere die Rußablagerungen müssen entfernt werden. Bei Kochern mit Pumpen müssen gelegentlich die Dichtungen der Pumpen ersetzt werden. Bergsteigerkocher wiegen typischerweise 400 bis 700 g und brennen mit einem Liter Brennstoff etwa eine Stunde.

Besonders effektiv funktioniert der Kocher dann, wenn man darauf achtet, daß ein Windschutz für die Flamme vorhanden ist. Falls im Kocher kein Windschutz integriert ist, kann man diesen vor Ort mit beliebigen Ausrüstungsteilen improvisieren. Die meisten Bergsteigerkocher sind in der Lage, auf Meereshöhe etwa ein Liter Wasser in vier bis acht Minuten zum Kochen zu bringen. Durch Wind kann diese Zeit bis auf 25 Minuten erhöht werden, unter entsprechenden Außenbedingungen kann Wind das Kochen auch vollständig verhindern.

Einige vorsorgliche Maßnahmen tragen dazu bei, daß der Topf nicht von dem Kocher auf den Boden fällt. Hierzu sollte vor allen Dingen die Stabilität des Gestells überprüft werden, welches den Topf oberhalb des Kochers hält. Auch sollte darauf geachtet werden, daß der Kocher solide auf dem Boden steht. Im Schnee sollte eine kleinere Unterlage aus einem isolierenden hitzefestem Material untergelegt werden.

Die Flamme sollte direkt in der Mitte unter dem Topf brennen, um das Wasser schneller zum Kochen oder den Schnee zum Schmelzen zu bringen. Um Nahrung zu erwärmen, sollte man überlegen, ob es Sinn macht, die direkte Flamme gleichmäßiger zu verteilen. Dies ist z. B. durch Zwischenlegen einer Metallplatte möglich. Diese wird auf den Kocher aufgelegt, danach wird der Topf auf diese Platte gestellt. Einige Kocher haben ein Regelventil, welches ebenfalls die Möglichkeit hat, die Hitze des Kochers zu kontrollieren und das Verbrennen und das Verschütten von Brennstoff zu vermeiden.

Es gibt eine große Auswahl von Kochern (Abb. 3-13) im Handel, angefangen von Gas- über Kerosin- bis hin zu Benzinkochern. Alle Kocher benötigen ein Minimum an Druck, um den Brennstoff in den Brenner zu pressen. Dies wird gewöhnlich durch eine kleine Handpumpe bei Benzin- und Kerosinkochern oder durch eine Druckgaskartusche bei Gaskochern realisiert. Alle Kocher müssen auch den flüssigen Brennstoff verdampfen, bevor er verbrannt wird. Bei Benzin- und Kerosinkochern ist die übliche Methode, den Brennstoff entsprechend vorzuheizen, indem ein kleiner Anteil Brennstoff zunächst verbrannt wird, um die Verdampfung zu starten. Bei Gaskochern verdampft das Gas innerhalb der Druckkartusche.

Eine Pumpe am Kocher ermöglicht es, den Druck im Brennstofftank zu erhöhen. Hierdurch verbrennt der Brennstoff schneller und heißer und bringt Wasser schneller zum Kochen. Die Kocher, die Wasser am schnellsten zum Sieden bringen, eignen sich oft nicht sehr gut zum Schmoren und Brodeln, da Kocher mit einer geringeren Wärmeproduktion eine bessere Kontrolle über die Kochtemperatur ermöglichen.

### Brennstoffe

**Benzin** ist vermutlich der am häufigsten verwendete Brennstoff. Es verbrennt heißer als Butan und anderes Gas und ist sehr gut geeignet, um große Mengen von Schnee zu schmelzen, Wasser zu kochen oder Nahrung schnell zu erwärmen. Im Unterschied zu Kerosin kann Benzin auch benutzt werden, um zu Beginn des Kochens sich selbst zu starten (vgl. Vorheizen, siehe oben!). Es sollte ausschließlich gereinigtes Benzin oder – noch besser – Wundbenzin benutzt werden. Möglichst sollte normales Autobenzin inklusive bleifreiem Benzin nicht verwendet werden. Bei gereinigtem Benzin wird man weniger Probleme mit verstopften Brenndüsen, notwendigen hohen Betriebstemperaturen oder dem Austreten giftiger Dämpfe haben. Allerdings muß beachtet werden, daß gereinigtes Benzin stark verdampft, ohne einen intensiven warnenden Geruch zu erzeugen; ferner ist es sehr leicht entflammbar.

**Kerosin** ist nicht so leicht zu verdampfen wie Benzin und daher sicherer zu transportieren bzw. zu lagern. Kerosinkocher müssen unter Druck gesetzt werden und außerdem mit Benzin, Alkohol oder einer Zündflüssigkeit gestartet werden. Dies liegt daran, daß Kerosin nicht heiß genug verbrennt, um den Brenner zu starten. Wenn der Kocher nicht ausreichend vorgeheizt wurde, wird er mit einer rauchenden gelben Flamme brennen und große Mengen Ruß produzieren. Wenn er allerdings gut brennt, hat ein Kerosinkocher eine große Wärmeleistung, welche mindestens der von Benzin entspricht.

**Butangaskocher** sind aufgrund ihrer Vorteile sehr verbreitet: Sie sind leicht zu entzünden, die Flamme ist gut zu kontrollieren, sie haben eine mittlere Wärmeleistung und der Brennstoff kann nicht verschüttet werden. Da der Brennstoff unter Druck austritt, sobald das Ventil geöffnet wurde, fällt sowohl Pumpen und auch Vorheizen weg. Die meisten Butankocher sind nicht für die Anwendung unterhalb des Gefrierpunktes geeignet, wenn der Brennstoff nicht angewärmt wird. Eine Ausnahme bilden Kocher mit Isobutan, welches auch in großer Höhe unter kalten und nassen Bedingungen mit Erfolg angewendet werden kann. Wenn der Wind abgeschirmt und die Hitze gut gehalten wird, haben sich diese Kocherkonstruktionen auch bei Wind bewährt.

Entleerte Butankartuschen können nicht wieder befüllt werden. Man muß sich daher überlegen, eine Kartusche, die nur halb gefüllt ist, zu Hause zu lassen. Die Kartuschen sind relativ voluminös, und allzu häufig findet man sie als Abfall im Gelände. (Man sollte sie unbedingt wieder mit nach Hause nehmen.) Ein anderer Nachteil ist, daß die Wärmeleistungsfähigkeit abnimmt, wenn der Brennstoff zur Neige geht und der Druck in der Kartusche entsprechend absinkt. Dieses Problem wird durch den geringeren Luftdruck in größeren Höhen teilweise kompensiert. Einige Kartuschenkonstruktionen können nicht ausgewechselt werden, es sei denn, die Kartusche ist vollständig leer. In jedem Fall sollte ein Kartuschenwechsel außerhalb des Zeltes erfolgen, da Brennstoffreste in gebrauchten Kartuschen eine erhebliche Feuergefahr darstellen.

**Feste Brennstoffe** wie Kerzen und Trockenspiritus werden schwerpunktmäßig zum Starten von Brennern benutzt. Sie wiegen nicht viel und sind billig, produzieren allerdings nur begrenzt Hitze. Zumeist werden sie ausschließlich für den Notfall mitgeführt, um in einer Metalltasse kleinere Mengen Wasser zu erhitzen.

### Fernreisen

Bei Fernreisen können Brennstoffilter notwendig sein, da qualitativ hochwertiger Brennstoff unter Umständen nur schwierig zu finden ist. Man sollte sich vorher erkundigen, welche Brennstoffe erhältlich sind, und den passenden Kocher mitführen. Kerosin kann man eigentlich weltweit erhalten, während gereinigtes Benzin bei weitem nicht überall zu erwerben ist. Darüberhinaus sollte man die Reglementierungen der Luftfahrtgesellschaften über den Transport von Brennstoffen zu Rate ziehen. Die meisten Luftfahrgesellschaften erlauben das Mitführen von Brennstoff nicht.

### Brennstofflagerung

Immer sollte man Ersatzbrennstoff in einem gut schließenden Metallgefäß mitführen, welches durch einen Schraubverschluß geschlossen werden kann. Plastik-Container eignen sich nicht so gut, da der Brennstoff teilweise durch das Material hindurchdiffundieren kann. Der Brennstoffcontainer sollte gut sichtbar markiert und so verstaut werden, daß Nahrungsmittel nicht mit Brennstoff verunreinigt werden können. Einige Kocher haben ihre Brennstoff-Flasche in das System direkt integriert, während andere einen Schlauch oder ein Röhrchen benötigen, um Brennstoff vom Container in den Brennstofftank umzufüllen.

Wieviel Brennstoff sollte mitgeführt werden? Nun, das hängt von den Umgebungsbedingungen der Reise und dem Essen, welches gekocht werden soll, ab. Wird man Schnee schmelzen müssen, um Wasser zu erhalten? Wird man die Adendessen kochen oder lediglich Wasser erwärmen müssen? Die eigene Erfahrung wird einem unter Umständen weiterhelfen, wieviel Brennstoff gebraucht werden wird, aber für den Anfang kann man als Richtwert annehmen, daß 1,5 bis 2 Liter von zwei Personen innerhalb einer Woche benötigt werden.

**Sicherheit im Umgang mit Brennstoff**

Es hat schon häufig Explosionen in Zelten gegeben. Die Ausrüstung verbrannte und Personen wurden verletzt, nur weil unvorsichtig mit Kochern umgegangen wurde. Einige Regeln der Sicherheit sollten deshalb unbedingt beachtet werden: Zunächst sollte man einen Kocher niemals innerhalb eines Zeltes verwenden, es sei denn, es ist absolut notwendig. Falls man in einem Zelt kochen muß, muß auf eine umfangreiche Belüftung geachtet werden, damit nicht die Gefahr besteht, daß Brennstoffdämpfe oder Verbrennungsgase die Zeltinsassen vergiften. Und immer müssen unter Druck stehende Brennstoffkartuschen außerhalb des Zeltes ausgetauscht werden. Dies gilt auch für das Füllen und Anzünden von Flüssigbrennstoffkochern.

# Kapitel 4
# Routenfindung und Orientierung im Gelände

Wo bin ich? Wie kann ich meinen Weg von hier nach dort finden? Bin ich auf dem richtigen Weg? Dies sind drei der häufigsten Fragen beim Bergsteigen, und das folgende Kapitel zeigt, wie man die Antworten mittels Routenfindung, Orientierung und Navigation findet.

Wenn man das Kapitel durchgearbeitet hat, wird man die theoretischen Grundlagenkenntnisse haben, um die Navigationstechnik durchzuführen zu können. Man wird wissen, wie man richtig in unwegsames Gelände vordringt, wie man den den besten Weg in den Bergen und auch wieder den Weg nach Hause findet. Die beschriebenen Techniken sind einfach, aber genau. Man sollte sie vorsichtig durcharbeiten, damit die eigenen Bergabenteuer erfolgreich und sicher verlaufen. Bevor man sich in das folgende Kapitel vertieft, sollte man sich zwei Dinge klar gemacht haben. Erstens: Navigation ist leicht. Zweitens: Navigation macht Spaß. Eine positive Einstellung während der Lernphase und bei der Anwendung im Gelände, möglicherweise unter Streß, wird einem wesentlich zum Erfolg verhelfen.

Zunächst einige Definitionen:

**Orientierung** bezeichnet man als die Fähigkeit, seine exakte Position auf der Erde zu bestimmen. Hierzu benötigt man die Fähigkeiten, Karte und Kompaß richtig anzuwenden. Alle Personen, die ausreichend Zeit und Mühe darauf verwenden, diese Techniken zu erlernen, werden diese Kunst erlernen, auch wenn sie nur wenig Mathematikkenntnisse mitbringen und sich kaum oder gar nicht für Naturwissenschaften interessieren.

**Navigation** ist die Fähigkeit, den Ort des eigenen Ziels und den Weg dorthin zu finden – beginnend am Ausgangspunkt. Ähnlich wie die Orientierung werden Karte und Kompaß benötigt; es handelt sich um eine grundlegende Fähigkeit, welche für alle Reisen im unwegsamen Gelände notwendig ist.

**Die Routenfindung** ist die Kunst, eine Route, welche aufgrund der Ausrüstung und der Fähigkeiten des Teams möglich ist, zu finden und zu verfolgen. Man benötigt viel Erfahrung, um ein guter Routenfinder zu werden: man muß einen 6. Sinn für das Gelände entwickeln, für Entfernungen und Richtungen; dazu gehört eine gute Kombination von Beurteilungsvermögen, Erfahrung und Instinkt ebenso wie eine solide Basis bezüglich aller technischer Aspekte der Orientierung und Navigation. Wie auch bei anderen Künsten läßt sich das Finden von Routen nur durch viel Praxis erlernen, unabhängig vom technischen Basiswissen.

Eine nahe verwandte sportliche Aktivität ist der Orientierungslauf – ein Sport, bei dem die Teilnehmer mit Uhr, Kompaß und Karte eine organisierte Route ablaufen. Bei dieser Sportart handelt es sich nicht um eine Variante des Bergsteigens, aber Bergsteiger können von den Läufern, die diese Sportart durchführen, einiges lernen. Es ist kein

Zufall, daß viele der besten Routenfinder Personen sind, welche vorher Orientierungsläufer waren bzw. noch diesbezüglich aktiv sind.

## Vorbereitung

Es mag zwar seltsam klingen, aber die Routenfindung beginnt bereits zu Hause. Bevor man die Haustür verläßt, sollte man nicht nur den Namen des Ziels wissen, sondern auch möglichst viel darüber, wie man am besten dorthin gelangt. Möglichkeiten zur Routenplanung bieten Führerbücher und Karten, welche von Leuten verfasst sind, die bereits dort waren.

Es gilt folgender Grundsatz: Man sollte jeden Trip so vorbereiten, als wenn man der Leiter der Gruppe sei, auch wenn man es nicht wirklich ist. Jede Person einer Bergsteigergruppe muß wissen, wie man sich in der Wildnis orientiert bzw. welchen Routenverlauf die Gruppe genommen hat, wo sie ist und wo sie hin will. Im Fall eines Zwischenfalles muß jeder Bergsteiger in der Lage sein, notfalls auch alleine zurückzukehren.

Führerbücher geben eine Vielzahl wichtiger Informationen wie die Routenbeschreibung, die vermutlich notwendige Zeit, die Höhe, die Entfernung usw. Bergsteiger, die die Tour bereits gemacht haben, berichten über Orientierungspunkte, über äußere Gefahren und über Schwierigkeiten der Routenfindung. Nützliche Details sind allen Arten von Landkarten zu entnehmen: Wanderkarten, Straßenkarten, Luftkarten, fotografischen Karten und topographischen Karten. Bei einem Trip in Bereiche, die besonders unwegsam sind, ist eine umso umfangreichere Vorbereitung notwendig. Dies schließt ein Auskundschaften des Gebietes ebenso ein wie exakte Beobachtungen von Aussichtspunkten aus oder auch das Studium von Luftaufnahmen.

Wenn die Route in einem Führerbuch oder einer Beschreibung eines anderen Bergsteigers beschrieben ist, sollte man sie auf einer topographischen Karte, die man mitführt, nachverfolgen und dabei wichtige Punkte farblich markieren. Es kann nützlich sein, die Route mit einem Leuchtstift zu markieren, wenn dadurch nicht andere wichtige Kartenmerkmale überdeckt werden. Falls erhältlich, sollten weitere Karten oder Routenbeschreibungen eingesehen werden – Hier kann man sich Notizen oder aktuelle Informationen im eigenen Routenbuch ergänzen. Bei der Auswahl der Route sollten zahlreiche Faktoren berücksichtigt werden, insbesondere die Jahreszeit, die Wetterbedingungen, die Fähigkeiten der Gruppenmitglieder und die vorhandene Ausrüstung.

Bevor man seinen Rucksack schultert, sollte man eine geistige Vorstellung von der Route entwickelt haben. Dieses geschieht auf der Basis der eigenen Erfahrungen und durch Verwertung aller Informationsquellen über die Tour. Um dichtes Gestrüpp zu meiden, sollte man nicht Wasserrinnen oder Bächen folgen. Als vorteilhaft haben sich Bergrücken, Hände oder Schluchten erwiesen. Kahlschläge sind ebenfalls oft von Gestrüpp und dicht nebeneinanderstehenden Jungbäumen überwuchert. Ein Routenverlauf im alten Hochwald ist besser.

Schutthänge können eine leichte, vorteilhafte Route bedeuten, allerdings sollte man hier auf Steinschlag achten. Ein Problem bei der Routenplanung bleibt jedoch: eine Sandreiße oder ein Schutthang kann auf der Karte genauso aussehen wie eine Lawinenzone, welche im Winter und im Frühjahr eine erhebliche Lawinengefahr bedeutet und im Sommer und Herbst mit hinderlichem Buschwerk bewachsen ist. Falls die eigenen Informationsquellen nicht ausreichen, kann nur eine Erkundung vor Ort weiterhelfen.

Zumeist wird über die Zustiegsroute auch wieder zurückgekehrt. Falls man auf einem anderen Wege zurückkehren möchte, muß diese Route ebenfalls entsprechend vorbereitet werden.

*Wichtig:* Achte darauf, daß nicht eventuell veraltete Informationen das Unternehmen zum Scheitern verurteilen! Man sollte rechtzeitig bei entsprechenden Stellen anfragen, ob Straßen- und Zugangswege begehbar sind, insbesondere ob saisonal bedingte Schließungen existieren, auch sollte man bezüglich der Kletterrouten um Reglementierungen, Permits und Campingregulationen anfragen.

## Die Karte

Eine Karte ist ein symbolisches Bild der Landschaft. In einfacher Weise enthält sie eine phänomenale Ansammlung von Informationen, welche einfach zu erfassen, zu verstehen und mitzuführen sind. Ein Bergsteiger sollte nie ohne entsprechende Karte unterwegs sein oder ohne die geistige Fähigkeit, die Detailinformationen der Karte zu interpretieren und auf die Route zu übertragen. Man beachte unbedingt das Publikationsdatum der Karte, da Straßenwege und andere Eintragungen inzwischen womöglich verändert wurden. Man sollte immer versuchen, die neuestmögliche Auflage bzw. Information zu haben.

**Reliefkarten** sind solche Karten, die einen dreidimensionalen Eindruck des Geländes zu vermitteln versuchen, indem in Grün-, Grau- und Brauntönen schattiert wird und das Gelände, vor allem erhöhte Punkte, entsprechend skizziert werden. Diese Karten helfen einem, eine Vorstellung über Höhen und Tiefen der Landschaft zu entwickeln; sie sind bei der Planung durchaus von einigem Wert.

**Einfache Übersichtskarten** werden häufig aktualisiert und sind daher bezüglich aktueller Details von Routenwegen, Rangerposten und anderen menschlichen Eingriffen in die Natur nützlich. Normalerweise zeigen sie lediglich die relative Lage der einzelnen Objekte zueinander, ohne nähere Informationen darüber zu geben, welche Form die Landschaft hat.

**Kletterskizzen** (Topos) sind häufig einfach skizziert und weisen spezielle Routendetails auf. Diese rohen Entwürfe können als Ergänzung anderer Landkarten und Informationen aus Führerbüchern hilfreich rein.

**Karten aus Führerbüchern** sind bezüglich ihrer Qualität sehr variabel. Bei einigen handelt es sich lediglich um Skizzen, während andere eine detailgetreue Modifikation topographischer Karten darstellen. Immer enthalten sie jedoch nützliche Details zu Straßen, Wegen und häufig auch zu Kletterrouten.

**Topographische Karten** sind für Bergsteiger die beste Kartenart. Sie zeigen detailgetreu die Form der Erdoberfläche, indem Konturlinien, also Punkte gleicher Höhe über Meeresniveau, eingezeichnet sind. Diese Karten sind die absolute Voraussetzung für den Aufenthalt im unwegsamen Gelände und werden in sehr vielen Ländern herausgegeben. Bergsteiger sollten für die Orientierung den Maßstab 1:25.000 bevorzugen, 1:50.000 ist eine mögliche Notlösung.

### Das Lesen einer topographischen Karte

Im folgenden erhalten Sie eine kleine Sprachlektion – aber in einer Sprache, die recht leicht zu lernen ist und die sich für jeden Reisenden in unwegsamen Gelände unbedingt lohnt. Einige Anteile dieser Sprache bestehen aus Worten, aber die meisten sind Symbole, welche auf der Karte verzeichnet sind. Der sicherste Weg, die Lektionen zu studieren, ist die intensive Betrachtung einer aktuellen topographischen Karte – ganz egal welcher.

Jede Karte ist rechteckig oder quadratisch und stellt ein Gebiet dar, welches im Norden und Süden durch Breitengrade begrenzt wird, deren Zahl abhängig ist von dem Kartenmaßstab. Dies gilt auch für die Längengrade im Osten und Westen. Jedes Rechteck derartiger internationaler Kartensysteme wird nach dem Namen eines besonders markanten Geländepunktes benannt.

### Die Bedeutung der Farben

Die Farben auf topographischen Karten haben sehr klare Bedeutungen. Im folgenden sind diese näher erklärt. (Anmerkung des Übersetzers: Grundlage zu den folgenden Angaben sind die topographische Karten des U. S. Geological Survey, die Farben werden in Europa nahezu identisch verwendet):

**Rot:** Größere Straßen und Überblickinformationen.

**Blau:** Flüsse, Seen, Quellen, Wasserfälle und andere Wasserobjekte. Die Konturlinien auf Gletschern und permantenten Schneefeldern werden in durchgezogenen blauen Linien gezeigt.

**Schwarz:** Straßen, Wege, Eisenbahnlinien, Gebäude und andere Gegenstände, die nicht Teil der natürlichen Umgebung sind.

**Grün:** Gebiete mit nennenswerter Vegetation. Ein dunkles Grün kennzeichnet ein Waldgebiet, während gesprenkeltes Grün eine Buschvegetation anzeigt. Das Fehlen von grüner Farbe zeigt nicht unbedingt, daß es in dem Gebiet keine Vegetation gibt. Es sagt lediglich aus, daß diese zu klein oder zu dürftig verteilt ist, um auf der Karte gekennzeichnet zu werden. Man darf nicht überrascht sein, wenn sich eine schmale Schlucht ohne grüne Farbe auf der Karte als Schlucht mit einigen Erlen- oder Ahornbäumchen entpuppt.

**Braun:** Konturlinien und Höhenangaben.

**Purpur:** Teilweise Überarbeitung einer bereits existierenden Karte.

### Interpretation der Konturlinien

Das Kernstück einer topographischen Karte ist das Netz von Konturlinien, wobei jede Linie Punkte gleicher Höhenangabe miteinander verbindet. Somit folgt jede Linie der äußeren Form der Landschaft. Das Konturintervall der Karte ist die Höhendifferenz zweier benachbarter Konturlinien (in der 1:25.000-er Karte gewöhnlich 20 m). Jede 5. Konturlinie ist dunkler bzw. dicker gedruckt als die anderen Linien und wird in gewissen Abständen mit der dazugehörigen Höhenangabe versehen.

Eine der besonders wichtigen Informationsangaben einer topographischen Karte ist, ob man bergauf oder bergab unterwegs ist. Wenn die Route Linien zunehmender Höhe überquert, wird man aufsteigen. Wenn sie dagegen Linien abnehmender Höhe kreuzt, wird man absteigen. Flaches Steigen entlang eines Hanges erkannt man daran, daß die geplante Route durch keine oder wenige Linien gekreuzt wird, stattdessen folgt sie weitgehend einer Konturlinie.

Bei dieser Interpretation handelt es sich nur um die absoluten Grundlagen dessen, was Konturlinien über die geplante Route im Gelände aussagen können. Sie zeigen auch Klippen, Pässe, Gipfel und vieles andere (Abb. 4-1). Man wird bei der Interpretation dieser Linien besser und besser werden, indem man die aktuelle Umgebung mit den Angaben der Karte vergleicht (4-2). Das Ziel ist, daß man irgendwann eine topographische Karte betrachten kann und ein sehr klares geistiges Bild über die Landschaft allein aus der Karte heraus entwickeln kann. Die folgende Auflistung faßt die wesentlichen Punkte, die den Konturlinien entnommen werden können, zusammen.

**Flache Gebiete:** Keine Konturlinien in der näheren Umgebung.

**Mäßig steile Hänge:** Weit auseinanderliegende Konturlinien.

**Steile Hänge:** Nahe beieinanderliegende Konturlinien.

**Klippen:** Die Konturlinien liegen extrem nahe beieinander oder berühren sich sogar.

**Täler, Rinnen, Schluchten und Couloirs:** Die Konturlinien zeigen einen U-förmigen Verlauf, wobei der Bogen des U's in die Richtung der größeren Höhe weist. Falls die Rinne oder das Tal

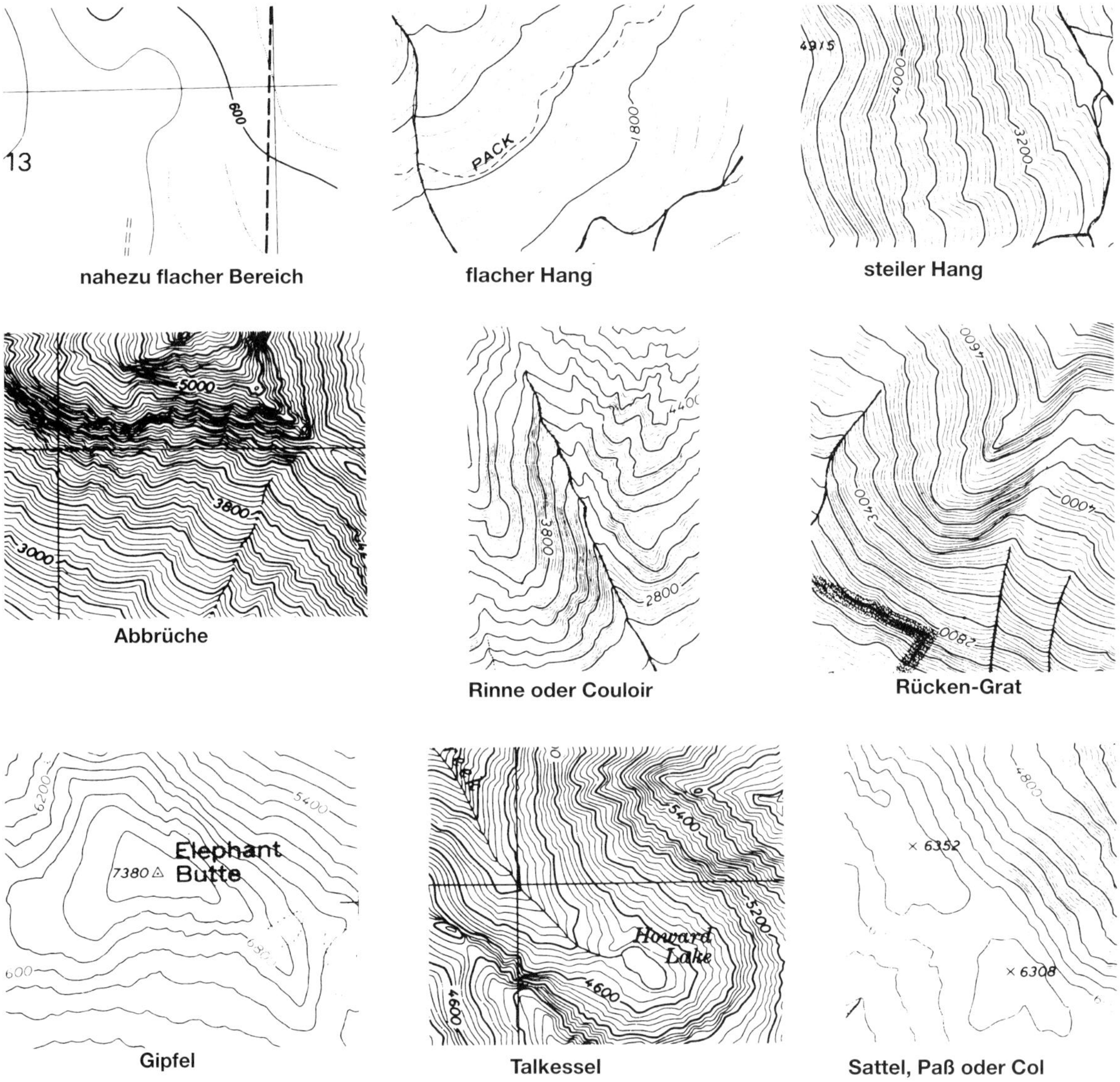


**(4-1) Geländeinterpretation mit einer Landkarte.**

sehr steile Wände aufweist, zeigen die Konturlinien einen entsprechenden V-förmigen Verlauf.

**Rücken, Kämme, Sporne:** Die Konturlinien sind U- oder V-förmig (in Abhängigkeit von der Steilheit der Flanken) und zeigen talwärts.

**Sättel, Pässe, Cols:** Eine Erniedrigung auf einem Rücken mit höheren Konturlinien auf beiden Seiten, welche oft einen uhrglasförmigen Verlauf nehmen.

**Hochtäler:** Die Konturlinien verlaufen kreisförmig oder annähernd kreisförmig mit dem tiefsten Punkt in der Mitte und zunehmender Höhe zum

(4-2) Fotographie einer Gebirgsregion; die mit Nummern versehenen Geländepunkte verweisen auf die entsprechenden Markierungen der topographischen Karte.

eschreibung

1. Bassin: Mäßige Hangneigung mit vielen Lagermöglichkeiten
2. Schneegrenze: Die punktierte Linie endet im Bereich von Steilabbrüchen oder Felsen
3. Pfeiler: Der Wechsel in einer Wandstruktur kann unter Umständen einen guten Zustieg zum Grat bedeuten
4. Doppelgipfel: Welcher ist höher?
5. Gendarme, Aiguilles oder Grattürme
6. Schlucht oder Couloir
7. Sattel, Paß oder Col
8. Felswand
9. Gipfel: Höchster Punkt auf der Karte

0 Grat

1. Osthang: Beachte den Schattenwurf und die Eisansammlung
2. Begrenzung des Talkessels: Ein Gletscher füllt diesen Talkessel vollständig aus
3. Randkluft
4. Gletscherspalten: Sie werden an Unregelmäßigkeiten der Gletscheroberfläche erkannt
5. Bergschrund: Der Bergschrund kann auf der Karte nicht erkannt werden, er muß aber dann einkalkuliert werden, wenn Fels und Schnee steil sind

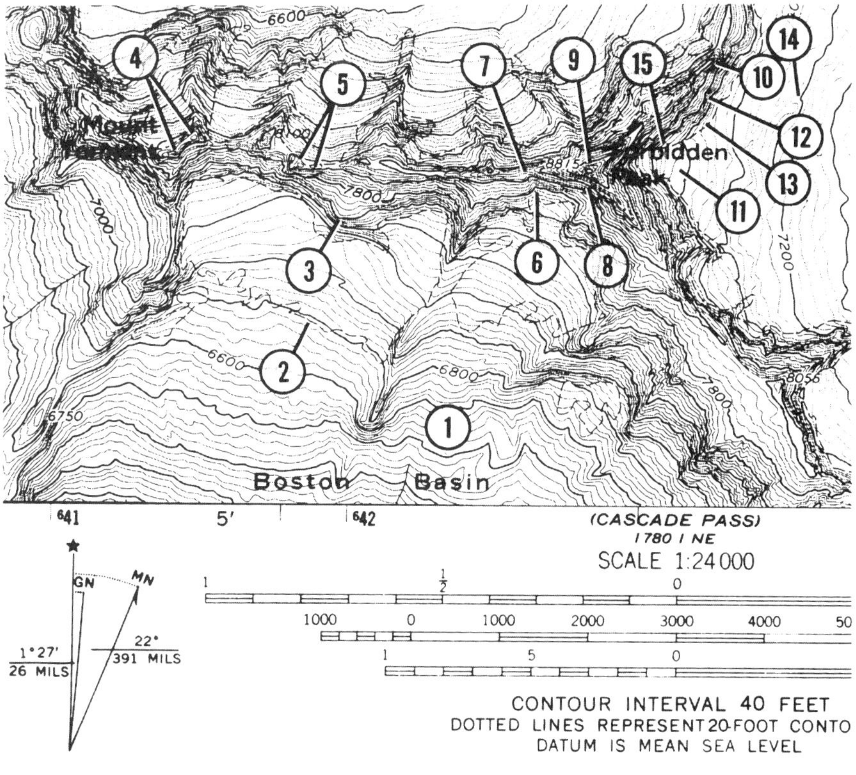

Rand des Amphitheaters am Ende des Tales.

**Gipfel:** Ein konzentrischer Verlauf der Konturlinien mit dem Gipfel in der Mittel als höchstem Punkt. Die Gipfel sind auch oft mit kleinen Kreuzen der Höhenangabepunkten oder auch mit einem Dreiecksymbol gekennzeichnet.

Auf dem Rand jeder Karte sind wichtige Informationen verzeichnet, z. B. das Datum der Herausgabe sowie der letzten Überarbeitung, die Namen der benachbarten Kartenblätter, der Kartenmaßstab sowie die Distanz zwischen den Höhenlinien. Darüberhinaus ist auf dem Kartenrand ein Diagramm eingetragen, welches die Mißweisung angibt. Hierbei handelt es sich um die Richtungsdifferenz zwischen der wahren Nordrichtung und der magnetischen Nordrichtung.

Bei der Betrachtung einer topographischen Karte sollte man sich darüber bewußt sein, daß diese bezüglich Detailtreue ihre Grenzen hat. Die Karte wird nicht alle Details des Geländes, in welchem man sich aktuell befindet, zeigen können, da naturgegeben der Platz auf dem Kartenblatt, welcher für die Einzeichnung von Details zur Verfügung steht, begrenzt ist und es vermieden werden muß, daß die Karte durch zu viele Details unlesbar wird. Falls irgendein Detail deutlich kleiner ist als die Höhendifferenz zwischen zwei Konturenlinien, kann es sein, daß es nicht eingezeichnet ist. So kann es dazu kommen, daß ein 10 m hoher Steilabfall in einer Karte üblichen Maßstabes nicht verzeichnet ist und so für Überraschungen sorgen kann. Man sollte sich unbedingt über das Datum der Karte informieren, da topographische Karten nur ab und zu aktualisiert werden und daher die Detailinformation über Waldverläufe, Gletscherränder, Straßenverläufe und andere Details überholt sein können. So kann es sein, daß seit der letzten Aktualisierung ein Wald einem Kahlschlag zum Opfer gefallen ist oder eine Straße ausgebaut, umgebaut oder gar geschlossen worden ist. Auch wenn topographische Karten beim Aufenthalt in unwegsamem Gelände absolut unerläßlich sind müssen sie mit Informationen ergänzt werden, die man von anderen, welche sich im Gelände aufgehalten haben, erhalten kann, ebenso auch aus Führerbüchern oder von anderen Karten. Falls man wichtige Detailinformationen aus anderen Quellen erhält, sollte man diese, wenn möglich, auf der Karte nachtragen. Gegebenenfalls kann die Kartenrückseite zum Festhalten der Information genutzt werden.

Manchmal führt eine Route durch Teile von zwei oder mehreren Karten. Die benachbarten Karten faltet man so, daß man sie nebeneinander halten kann. Auch kann man eine für den Routenverlauf übersichtliche Karte herstellen, indem man benachbarte Kartenteile zusammenschneidet oder zusammenkopiert. Dabei sollte man darauf achten, daß man ausreichend Gelände in seinem persönlichen Kartenausschnitt mit einbezieht, so daß man unterwegs einen guten Überblick auch über die weitere Umgebung hat. Der Nachteil von zusammengesetzten Fotokopien ist, daß übliche Fotokopien keine Farben zeigen, in diesem Falle sollte man unbedingt die Originalkartenblätter zusätzlich mitführen.

Da es sich bei der Landkarte um einen im Gelände sehr wertvollen Gegenstand handelt, sollte sie mit entsprechender Vorsicht behandelt werden. Man kann die Karte in einer Plastikhülle gut schützen. Auch ist es möglich, die Karte mit Kunststoff zu beschichten, wie auch das Versiegeln durch entsprechende abdichtende Flüssigkeiten. Letzteres ist allerdings relativ schwierig und verlangt eine gewisse Übung. Unterwegs sollte die Karte in einer Jackentasche oder in einem ähnlichen leicht zugänglichen Ausrüstungsteil befördert werden, so daß man nicht für jeden Blick auf die Karte den Rucksack absetzen muß.

## Ausrichtung der Karte

Unterwegs ist es des öfteren hilfreich, die Karte so zu halten, daß der Norden der Landkarte der aktuellen Nordrichtung entspricht. Dies ist bekannt als Einnorden der Karte. Dabei handelt es sich um eine gute Technik, um ein Gefühl für die Gemeinsamkeiten und auch Unterschiede zwischen der Karteninformation und der Umgebung zu entwickeln.

Beim Einnorden handelt es sich um eine einfache Prozedur (Abb. 4-3). Man legt seinen Kompaß auf die Karte, möglichst in die Nähe des Mißweisungsdiagramms. Dann dreht man Karte und Kompaß so lange, bis der Winkel zwischen Kompaß Nord und der Anzeige der Kompaßnadel genau dem Winkel des Mißweisungsdiagrammes entspricht. Die Karte ist dann so ausgerichtet, daß sie die Umgebung unmittelbar wiedergeben kann. Diese Methode kann einem einen generellen Überblick über die Umgebung sowie eine Groborientierung bieten, sie kann aber nicht präzise Orientierungsmethoden und Navigationsmethoden ersetzen.

## *Routenfindung anhand der Karte*

### Vor dem Aufbruch

Die überwiegende Orientierung, Navigation und Routenfindung geschieht durch einfaches Betrachten der Umgebung und durch Vergleich von Umgebung und Kartenangaben.

Eine recht nützliche Technik ist es, sich Richtpunkte zu merken, welche der Karte zu entnehmen sind bzw. die in direkter oder ungefährer Richtung des eigenen Routenverlaufes liegen. Das eigene Vorwärtskommen und die richtige Orientierung sollte bei dieser Methode durch häufigen Vergleich von Routenverlauf und Karte überprüft werden. Bei den genannten Richtpunkten kann es sich um Straßenwege, Hochspannungsleitungen, Zäune, Geländegrenzen, Täler, Flüsse, Bergrücken, Seeufer und um andere Geländemerkmale handeln.

Das Verfolgen von Richtpunkten hilft einem dabei, auf der richtigen Route zu bleiben. Eine

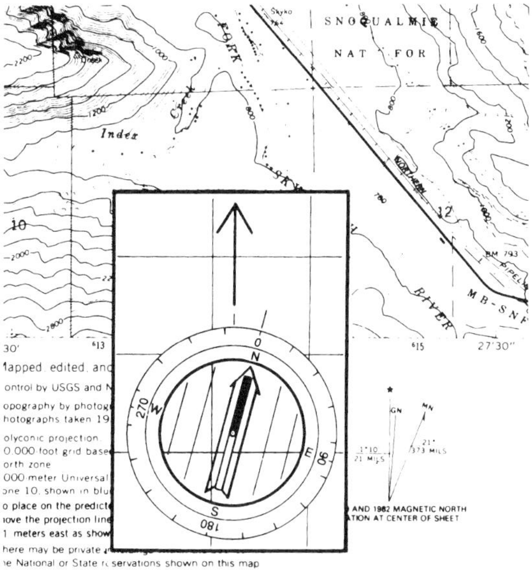


**(4-3) Das Einnorden der Karte mittels Kompaß.**

andere Technik im Umgang mit der Karte kann einem helfen, den richtigen Weg oder auch zurückzufinden, falls man seine Route verloren hat. Hierbei handelt es sich um eine nicht zu verfehlende Linie größerer Länge, welche immer auf der selben Seite von einem liegen sollte – unabhängig davon, wo man sich während seines aktuellen Unternehmens befindet. Diese Linie sollte während der Tourenplanung gesucht werden. Hierbei muß es sich nicht um ein Geländemerkmal handeln, welches man unterwegs ständig sehen kann. Man muß lediglich wissen, daß die Linie in einer bestimmten Richtung von einem liegen wird. Bei der Linie kann es sich um eine Straße, das Ufer eines langen Sees, um einen Fluß, eine Eisenbahn, eine Hochspannungsleitung oder irgendein anderes Geländemerkmal handeln, welches sich längs des voraussichtlichen Aufenthaltsortes befindet. Wenn z. B. das Ufer eines Flusses immer westlich von einem liegen muß, kann man sicher sein, daß man bei Orientierungsverlust dieses Ufer finden wird, so lange man westlich geht. Bei dieser Methode handelt es sich selbstverständlich nicht um die schnellste Art, vorwärts zu kommen, sie ist aber die simpelste und sicherste Methode, um bei Orientierungsverlust einem vollständigen Verirren vorzubeugen.

Auch sollte man vor Beginn eines Unternehmens stets mögliche Probleme bei der Routenfindung ermitteln. Beispielsweise sollte man sich überlegen, wie man die Orientierung behält, wenn die Route über einen großen Gletscher führt, speziell falls das Wetter nicht absolut einwandfrei ist. Man sollte sich ferner darüber informieren, welche Rückzugsmöglichkeiten im Falle plötzlich hereinbrechenden Schlechtwetters oder anderer Notfälle bestehen.

**Unterwegs**

*Wichtig:* Verlasse die Zivilisation in das unwegsame Gelände lediglich dann, wenn du sicher bist, daß jeder der Gruppe über den Routenverlauf informiert ist. Hierzu versammle man die Gruppe um die Karte und nehme sich die notwendige Zeit, um den Routenverlauf zu diskutieren. Auch sollte besprochen werden, wie man sich verhält, falls die Gruppe durch äußere Umstände getrennt werden sollte. Beim Aufbruch in unwegsames Gelände sollte man anhand der Karte die wichtigsten Richtpunkte der Umgebung identifizieren und sich merken. Hierzu kann es sinnvoll sein, die Karte einzunorden. Zu diesem Zeitpunkt sollte sich jeder noch einmal Gedanken darüber machen, worin die Hauptprobleme des geplanten Unternehmens bestehen werden. Hierbei kann es sich sowohl um das Durchqueren von Wäldern, Bächen oder auch um Probleme bei der Routenfindung handeln.

Unterwegs sollte sich jeder Mühe geben, das Gelände mit dem Kartenbild zu vergleichen. Unaufmerksamkeit gegenüber dem umgebenden Gelände darf keinesfalls durch die Glückseligkeit von Tagträumern entstehen, welche dann unter Umständen den Anschluß an die Gruppe verlieren. Immer dann, wenn ein neuer markanter Geländepunkt sichtbar wird, sollte man ihn mit der Karte vergleichen. Bei jeder sich bietenden Gelegenheit, an einem Paß, auf einer Lichtung während eines Nebelloches oder bei ähnlichen Gelegenheiten, sollte man den genauen Aufenthaltsort der Gruppe feststellen. Wenn man dabei das eigene Vorwärtskommen mit abschätzt, wird man wertvolle Hinweise über den weiteren Verlauf des Unternehmens erhalten. Darüberhinaus wird man ein gutes Training beim Interpretieren der Karte erhalten, da man bemerkt, wie das aktuelle Tal oder der Bergrücken aussieht und wie er in der Karte verzeichnet ist.

**Schaue Dich oft um!**

Die eigene Route sieht auf dem Rückweg oft verblüffend anders aus, wenn man sie mit den Eindrücken des Aufstiegs vergleicht. Um Überraschungen und Verwirrungen nach der Umkehr zu vermeiden, sollte man beim Aufstieg des öfteren zurückblicken – so enthält man wesentliche Informationen für den Rückweg. Diese Rückblicke sollte man sich gut einprägen. Falls die Route zu lang ist, um alle diese Eindrücke im Gedächtnis zu behalten, sollte man sich auf jeden Fall die charakteristischsten Landmarken, Entfernungen und Höhen merken, notfalls aufschreiben. Bereits sehr kurze Stichworte wie »Grat bei 3200 m Höhe erreicht« können die entscheidenden Hinweise für einen sicheren Rückweg bedeuten: Solange die Gruppe beim Abstieg über den Grat nicht auf eine Höhe von 3200 m abgestiegen ist, besteht kein Anlaß, diesen zu verlassen und z.B. über Schneerinnen abzusteigen.

**Denke nach!**

Dein Gehirn ist das nützlichste und wichtigste Navigationsinstrument. Während die Gruppe aufsteigt, sollte man sich fortlaufend selbst Fragen stellen. Wie werden wir diesen wichtigen Geländepunkt auf dem Rückweg finden oder erkennen? Was werden wir machen, falls der Gruppenleiter verletzt sein sollte? Werden wir in der Lage sein, unseren Rückweg auch in White Out (das ist eine Situation mit dichtem Nebel im Schneegelände, so daß der Betroffene das Gefühl hat, er gehe ohne jeden Richtpunkt wie in einer weißen Kugel), oder falls Schnee unsere Spuren verwischt hat, auch noch wiederfinden? Macht es Sinn, Routenmerkmale wie Steinmännchen an dieser Stelle aufzurichten? Die Fragen sollte man sich selbstkritisch stellen und beantworten, die Wahl besteht zwischen regelmäßigem Nachdenken und bösen Überraschungen.

**Falls notwendig: Markiere die Route!**

Es gibt Situationen, in denen man sinnvollerweise die Route markieren sollte, damit man sie wiederfinden oder auf ihr zurückkehren kann. Eine solche Situation kann eintreten, falls man über längere Schneefelder oder Gletscher bei wechselhaftem Wetter geht, bei dichten Wäldern oder falls Nebel oder nächtliche Dunkelheit entferntere Richtpunkte unsichtbar machen sollten. Auf langen Schneefeldern nutzen Bergsteiger insbesondere beim Expeditionsbergsteigen Bambusstäbchen mit bunten Fähnchen an der Spitze, um den Weg zu markieren. Im Wald werden zumeist bunte Kreppbänder an Baumstämmen befestigt. Teilweise wird auch Plastikband benutzt.

Ein wichtiger Grundsatz gilt jedoch immer: Nimm alles wieder mit nach Hause! Bei zurückgelassenen Geländemarkierungen handelt es sich um Abfall, und Bergsteiger sollten niemals Abfall im Gelände hinterlassen. Falls die Möglichkeit besteht, daß man über eine andere Route absteigen muß und so nicht in der Lage ist, seine eigenen Markierungen wieder mit nach Hause zu nehmen, sollte man ganz besonders darauf achten, daß die Markierungen aus Kreppapier bestehen, welches spätestens während der nächsten Saison natürlich zerfallen wird.

Steinmännchen finden sich ab und zu als Markierungspunkte, sie sollen den Routenverlauf kennzeichnen, stellenweise sollen sie jedoch auch Änderungen in der Richtung markieren. Bei diesen Steinhaufen handelt es sich letztendlich um einen Eingriff in die Natur, und sie können außerdem für denjenigen, der sie nicht gebaut hat, für Verwirrung sorgen. Daher sollte man sie abseits wirklich viel begangener und gut zu findender Routen eher nicht bauen. Falls man sie zur Sicherung des eigenen Rückwegs aufstellt, sollte man sie während des Rückweges auch wieder zerlegen. Dies gilt jedoch nicht für vorgefundene Steinmännchen an viel begangenen Routen. Falls sie nicht von einem selbst gebaut sind, können sie den Rückweg eines anderen sichern.

**Beachte das Fortkommen!**

Unterwegs kann es sinnvoll sein, das eigene Fortkommen auf der Karte zu markieren. Es gibt Bergsteiger, die auf der Karte auch die Zeit notieren, zu der sie bestimmte Geländepunkte erreicht haben. Wenn man dafür Sorge trägt, den jeweils aktuellen Standpunkt zu wissen, wird man auch abseits der Wege jederzeit in der Lage sein, die aktuelle Position auf einige hundert Meter genau auf der Karte einzeichnen zu können.

Ein wesentlicher Teil der Navigation ist es, daß man ein Gefühl für die eigene Geschwindigkeit entwickelt. Werden wir unter Berücksichtigung aller möglicher Einflüsse eine Stunde benötigen, um drei Kilometer vorwärtszukommen, oder aber wird es drei Stunden dauern, um einen Kilometer zu schaffen? Diese Frage ist ganz besonders wichtig, wenn der Abend naht und das angestrebte Ziel noch relativ weit entfernt ist. Wenn man genügend Unternehmungen im unwegsamen Gelände gemacht hat, wird man die zu erwartenden Gehzeiten sehr gut schätzen lernen. Mit einer Uhr und einem Notizbuch oder einem guten Gedächtnis wird man bei jedem Unternehmen das eigene Vorwärtskommen registrieren können. Im folgenden sind einige typische Geschwindigkeiten für eine durchschnittlich trainierte Gruppe aufgeführt. Man beachte aber, daß die Variationsbreite groß ist:

1. Bei einem recht einfachen Weg mit einem Tagesrucksack wird man zwischen drei und fünf Kilometer pro Stunde schaffen.
2. Bei einem steilen Weg wird man mit einem Mehrtagesrucksack lediglich zwei bis vier Kilometer pro Stunde schaffen.
3. Wanderungen querfeldein in relativ leichtem Gelände mit einem Tagesrucksack: ca. 300 Höhenmeter pro Stunde.
4. Querfeldeinwanderungen in mäßig steilem Gelände mit schwerem Rucksack: ca. 200 bis 250 Höhenmeter pro Stunde.

In dichtem Gestrüpp kann die Geschwindigkeit auf ein Drittel oder ein Viertel dessen, was man kalkuliert hat, absinken.

### Unterwegs im schwierigen Gelände

Wenn der Routenverlauf technisch sehr anspruchsvoll ist, wird die Anstrengung und die allgemeine geistige und körperliche Anforderung dafür sorgen, daß die Navigation in Vergessenheit gerät, und man wird am nächsten Rastpunkt unter Umständen verwirrt, wenn nicht gar verirrt sein. Daher sollte man Karte und Routeninformationen griffbereit halten, um sie bei jeder sich bietenden Gelegenheit zu Rate ziehen zu können. Bei schwierigen Felsklettereien sollten die technischen Abläufe des Kletterns und Sicherns nicht dazu führen, daß man die Route verliert.

### Auf dem Gipfel

Der Gipfel ist eine ideale Gelegenheit zum Rasten, Ausruhen und zum Genießen, aber auch, um mehr über Gelände und Karte zu lernen, indem man den aktuellen Ausblick mit den Informationen der Karte vergleicht.

Auf dem Gipfel sollten die endgültigen Entscheidungen über den Abstieg fallen. Hierbei ist zu bedenken, daß beim Abstieg häufig die schwerwiegenderen Orientierungsfehler gemacht werden als beim Aufstieg. Hier sollte man erneut mit allen Gruppenmitgliedern den Abstiegsverlauf diskutieren und die wichtigsten Orientierungspunkte nennen. Gerade beim Abstieg sollte die Gruppe zusammenbleiben. Es kann eine erhebliche Gefahr bedeuten, wenn ein Teil der Bergsteiger auf dem Weg nach Hause davonrennt und andere im Gelände zurückbleiben.

### Während des Abstiegs

Während des Abstiegs sollte man besonders darauf achten, daß man inzwischen eventuell müde geworden ist und die Kräfte nachgelassen haben. Ähnlich wie beim Aufstieg sollte jeder die Route und die Umgebung beobachten und sie geistig mit den vorher besprochenen Karteninformationen vergleichen. Die Gruppe soll zusammenbleiben. Eine übertriebene Eile bedeutet eher Gefahr, und besondere Vorsicht sollte man walten lassen, falls man über eine andere Route absteigt als über die Aufstiegsroute.

Oder man stelle sich vor, daß die Gruppe nach einer 12-Stunden-Tour nahezu wieder ihr Auto erreicht hat. Man folgt einer Kompaßrichtung ziemlich direkt zur Straße, aber die Frage lautet: Ist das Auto nun rechts oder links, wenn man diese erreicht? Es ist arg lästig, wenn ein schöner Tag damit endet, daß man die Straße einige hundert Meter neben seinem Auto erreicht und man im Glauben, daß sich dieses rechts von einem befindet, nun der Straße in die falsche Richtung folgt. Die Situation kann noch übler werden, falls das Auto am Ende einer Straße geparkt ist und man an diesem Ende vorbeiläuft (Abb. 4-4 a). In letzterem Fall sollte man zunächst gezielt an der direkten Richtung zum Auto vorbeilaufen (Abb. 4-4 b). Wenn man

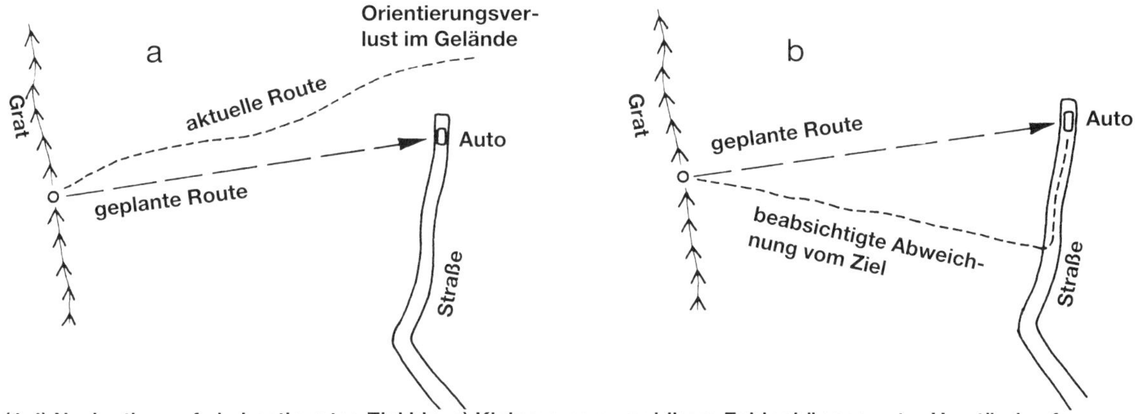


**(4-4) Navigation auf ein bestimmtes Ziel hin: a) Kleinere unvermeidbare Fehler können unter Umständen fatale Folgen haben; b) Um solche Probleme zu vermeiden, sollte man einer Linie folgen, die einer geplanten und kontrollierbaren Abweichung vom direkten Ziel folgt.**

dann die Straße erreicht, ist eindeutig klar, in welche Richtung man sich bewegen muß, um sein Ziel zu erreichen.

### Nach der Tour

Wenn man wieder zu Hause ist, sollte man es sich zur Gewohnheit machen, eine Routenbeschreibung zu verfassen und in sein Routentagebuch auch alle Probleme, Fehler und ungewöhnlichen Vorkommnisse einzutragen. Dies sollte man tun, solange die Erlebnisse noch präsent sind. Dabei fragt man sich idealerweise, was jemand wissen möchte, der die Tour zum allerersten Mal macht. So wird man automatisch die richtigen Antworten notieren, falls andere Bergsteiger einen um Informationen bitten. Insbesondere sollte man sich die Zeit nehmen, um dem Herausgeber aktuelle Informationen zu schreiben, falls ein Führerbuch verwirrend geschrieben oder gar falsch war.

## Der Kompaß

Der Kompaß ist ein relativ einfach funktionierendes Gerät, welches jedoch sehr wichtige Informationen geben kann. Er kann einem zu jedem Zeitpunkt und an jedem Ort anzeigen, in welche Richtung man geht. Während der Kompaß auf einer einfachen Tour bei gutem Wetter unter Umständen die ganze Zeit in der Jackentasche bleibt, kann er im Falle einer erheblichen Wetterverschlechterung unbezahlbar werden – insbesondere dann, wenn der Nebel so dicht hereinbricht, daß ein Orientieren an Hand von Geländepunkten unmöglich wird.

Ein Kompaß ist eigentlich nicht mehr als eine magnetisierte Nadel, welche sich am Magnetfeld der Erde ausrichtet. Die Hersteller haben lediglich ein paar Details ergänzt, damit er zuverlässig arbeitet und einfach abzulesen ist. Aber reduziert auf das Wesentliche, ist ein Kompaß lediglich eine durch den Erdmagnetismus ausgerichtete Nadel, an welcher wir jegliche Richtung auf der Erdoberfläche ablesen können. Es gibt einige besonders wichtige technische Details bei einem Bergsteigerkompaß (Abb. 4-5 a):

1. Die Nadel muß frei drehen können. Ein Ende ist anders gefärbt als das andere, so daß immer eindeutig klar ist, welches Ende nach Norden zeigt.

2. Das Gehäuse muß es ermöglichen, daß sich die Nadel rundum drehen kann. Es sollte mit einer Flüssigkeit gefüllt sein, welche die Schwingungen der Nadel vermindert, so daß das Ablesen genauer und einfacher wird.
3. Eine Gradeinteilung ist um das Gehäuse herum angebracht. Normalerweise handelt es sich um eine Einteilung von 0° bis 360°.
4. Ein Orientierungspfeil, welcher von mehreren parallelen Linien begleitet wird. Diese sind unterhalb der Nadel in einem durchsichtigen Gehäuseboden angebracht.
5. Eine Indexlinie, an der die Richtungen abgelesen werden.
6. Eine durchsichtige rechtwinklige Grundplatte. Hier sind Richtungslinien angebracht, welches das Anpeilen von Geländepunkten erleichtern. Je länger die Grundplatte ist, desto leichter kann sie zum Peilen benutzt werden. Durch die straffgehaltene Schnur kann die Peillinie wesentlich verlängert werden.

Bei den folgenden Details handelt es sich um nützliche, aber nicht unbedingt notwendige Zusätze (Abb. 4-5 b):

1. Eine einstellbare Mißweisungsskala. Dies ist ein recht wertvolles Detail, insbesondere in Gegenden mit hoher magnetischer Mißweisung.
2. Ein Spiegel. Dieser sichert auf einfache Weise das exakte Ablesen der Kompaßrose.
3. Maßstäbe. Diese können in Millimetern oder auch entsprechenden anderen Maßeinheiten eingetragen sein. Sie werden benutzt, um Entfernungen auf der Karte zu messen.
4. Ein Neigungsmesser. Dieser kann benutzt werden, um die Steilheit eines Hanges zu messen. Darüberhinaus kann er benutzt werden, um sich zu orientieren, falls man auf einem Doppelgipfel steht. Die Entscheidung fällt leicht, ob man auf dem höheren oder niedrigeren der beiden ist: Wenn man einen positiven Winkel zum anderen Gipfel mißt, ist dieser höher als der eigene.
5. Eine Lupe. Diese kann hilfreich sein, falls Konturlinien oder andere Details auf der Karte sehr eng aneinanderliegen und unübersichtlich sind.

Die kleinen runden Billigkompasse ohne Bodenplatte sind nicht präzise genug, um für das Bergsteigen benutzt zu werden, auch sind sie für

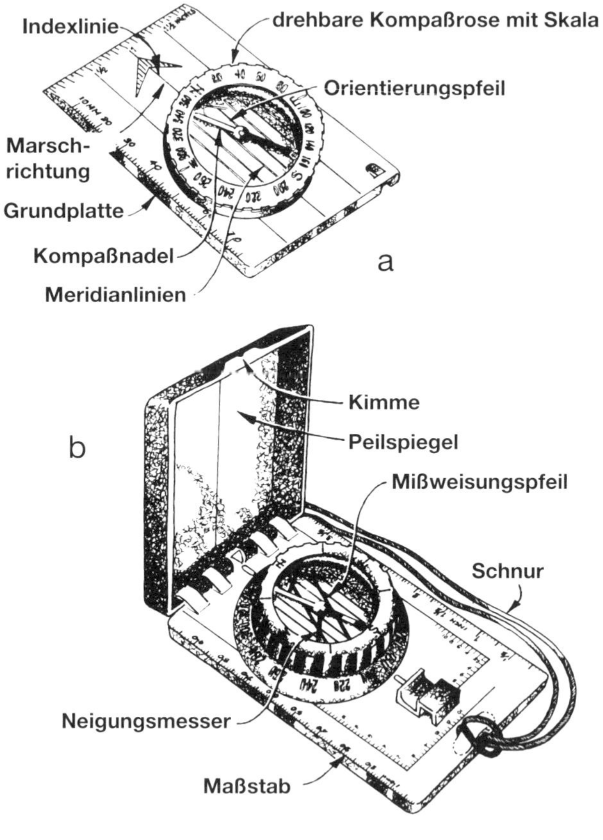


**(4-5) Merkmale eines Bergsteiger-Kompasses: a) Notwendige Teile; b) Nützliche Zusatzeinrichtungen.**

die Arbeit mit der Karte nicht genau genug. Zur Orientierung im Gelände muß der Kompaß mindestens auf ein bis zwei Grad genau ablesbar sein. Eine größere Fehlerbreite, wie z. B. 5 Grad Abweichung, würde dazu führen, daß die Gruppe bei einem Weg von 10 km Länge ihr Ziel um fast ein Kilometer seitwärts verfehlt.

## *Peilungen*

Eine Peilung ist das Feststellen der Richtung von einem Ort zu einem anderen, indem man den Winkel dieser Linie zu einer allgemein akzeptierten Referenzlinie mißt. Üblicherweise ist die Referenzlinie die wahre Nordrichtung.

Die runde Skala der Kompaßrose entspricht in ihrer Einteilung genau der Art, in der Kartographen die Erde in 360°-Richtungen einteilen. Die Gradangaben jeder der Hauptrichtungen folgen dabei im Uhrzeigersinn, beginnend im Norden: Nordrichtung 0° (entspricht 360°); Ostrichtung 90°; Südrichtung 180°; Westrichtung 270°. Der Kompaß wird bei Peilungen für zwei prinzipielle Ziele genutzt:

1. Der Kompaß wird benutzt, um Peilrichtungen zu messen. Eine Peilrichtung zu messen bedeutet, daß man die Richtung feststellt, in der ein Punkt entweder auf der Karte oder in der Natur von einem anderen aus gesehen liegt.
2. Der Kompaß kann benutzt werden, um Peilrichtungen zu verfolgen. Eine Peilrichtung zu verfolgen bedeutet, daß man eine bestimmte Richtung auf dem Kompaß vorgibt und diese beim Weitergehen einhält.

### Peilungen auf der Karte

Der Kompaß wird beim Umgang mit der Karte als Winkelmesser benutzt – und auch dazu, um Routenverläufe auf der Karte einzuzeichnen. Die magnetische Nordrichtung und die Mißweisung haben mit diesen Messungen und Berechnungen nichts zu tun. Daher sollte man die magnetische Nadel völlig ignorieren. Niemals sollte man die magnetische Nadel benutzen, um Peilungsrichtungen auf der Karte einzuzeichnen. Einzig zum Einnorden der Karte ist die Magnetnadel von Belang.

**Übertragen einer Peilung auf die Karte:** Man legt den Kompaß so auf die Karte, daß eine Langseite der Grundplatte direkt beide ausgesuchten Geländepunkte berührt. Wenn man eine Peilung von Punkt A nach Punkt B mißt, sollte man darauf achten, daß die Pfeilrichtung des Kompasses ebenfalls von A nach B weist. Dann dreht man die Kompaßskala so lange, bis die Meridianlinien parallel zu den Nord-Süd-Linien der Karte liegen. Dabei sollte darauf geachtet werden, daß der Pfeil der Meridianlinien auf das Kartennord zeigt, also die Oberseite der Karte. Falls man hierauf nicht achtet, könnte es passieren, daß man um 180° falsche Richtungen mißt.

Ist dies erfolgt, liest man die Richtungszahl an der Indexlinie ab. Diese Zahl entspricht der Peilrichtung von Punkt A nach Punkt B.

Bei dem Beispiel, welches in Abb. 4-6 gezeigt ist, ist die Peilung von Punkt A (Panic Peak) zu Punkt B (Deception Dome) 40°.

Falls die benutzte Karte keine Nord-Süd-Linien aufweist, kann man sich welche einzeichnen. Sie müssen parallel zu den Seitenbegrenzungen der Karte verlaufen und sollten im Abstand von 2 bis 3 cm eingezeichnet sein.

**Das Einzeichnen einer Peilung auf der Karte:** In diesem Falle beginnt man umgekehrt mit einer bereits bekannten Peilrichtung. Wo kommt diese Peilrichtung her? Nehmen wir ein hypothetisches Beispiel (Abb. 4-7): Ein Kamerad kehrt von einer Wanderung zurück und stellt fest, daß er seine Kamera an einem Rastplatz vergessen hat. Allerdings fällt ihm ein, daß er am selben Rastplatz den Mount Magnificent unter 135° gepeilt hat. Das ist alles, was man braucht, um zu wissen, wo die Kamera liegt. Man geht also folgendermaßen vor: Zunächst dreht man die Kompaßrose so,

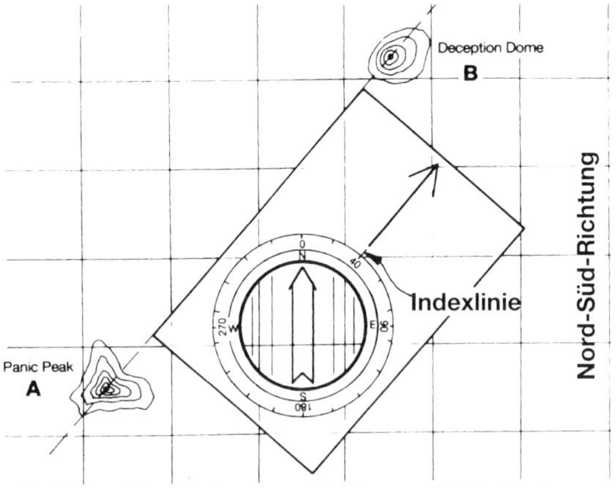


**(4-6) Das Ermitteln einer Richtung mittels Karte und Kompaß.**

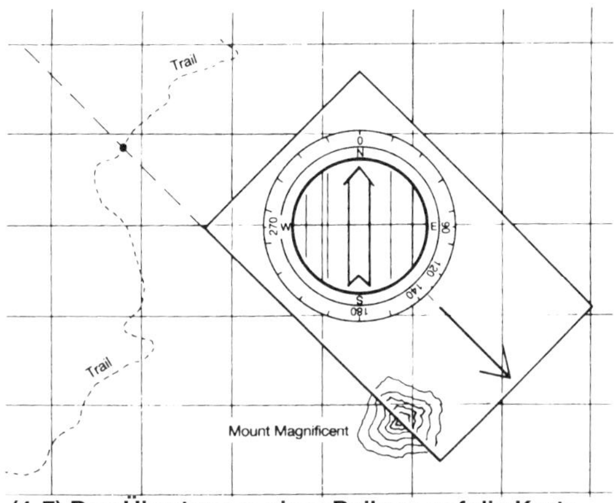


**(4-7) Das Übertragen einer Peilung auf die Karte.**

daß 135° an der Indexlinie angezeigt werden. Dann legt man den Kompaß so auf die Karte, daß eine lange Seite der Grundplatte auf den Gipfel des Mount Magnificent zu liegen kommt. Dabei sollte die Peilrichtung (Pfeil auf der Grundplatte) in Richtung des Gipfels weisen (Abb. 4-7). Jetzt wird der Kompaß so lange um den Gipfel gedreht, bis die Meridianlinien parallel zu den Nord-Süd-Linien der Karte liegen. Dann sollte kurz kontrolliert werden, ob die eine Langseite der Grundplatte nach wie vor über dem Gipfel des Berges liegt sowie ob die Pfeilrichtung der Meridianlinien zum Kartennord (Oberrand) zeigen. Verfolgt man die Kante der Grundkante nun vom Gipfel in Gegenrichtung der eingezeichneten Peilrichtung, wird man (unter Umständen durch entsprechende Verlängerung) den Weg an dem Punkt schneiden, an dem die Peilung erfolgt ist. Verfolgt man den Weg zurück, wird man hier die Kamera des Freundes finden.

## Peilungen im Gelände

Nun ist es Aufgabe der Magnetnadel, ihre Arbeit zu tun. Alle Peilungen im Gelände basieren auf der Richtung, in welche die Magnetnadel zeigt. Um darzustellen, wie einfach der Vorgang ist, werden wir zunächst den Effekt der Mißweisung ignorieren – wir kommen später hierauf zurück. Im folgenden Beispiel denken wir uns, daß wir in Ohio-USA (Mißweisung 0°) eine Peilung machen.

**Vorgehen beim Peilen im Gelände:** Man hält den Kompaß so vor sich, daß er genau in die Richtung auf das Objekt weist, dessen Richtung man feststellen will. Man dreht die Kompaßrose so lange, bis die Nordrichtung der Rose mit der Anzeige der Magnetnadel übereinstimmt. Nun liest man an der Indexlinie die Peilrichtung ab (Abb. 4-8). Dies ist bereits alles.

Falls der Kompaß keinen Peilspiegel hat, sollte man ihn auf Armlänge und etwa auf Schulterhöhe halten. Mit einem Peilspiegel hält man den Kompaß in Augenhöhe; man kann so optimal die Position halten und gleichzeitig die Kompaßrose ablesen. Dabei beobachtet man die Magnetna-

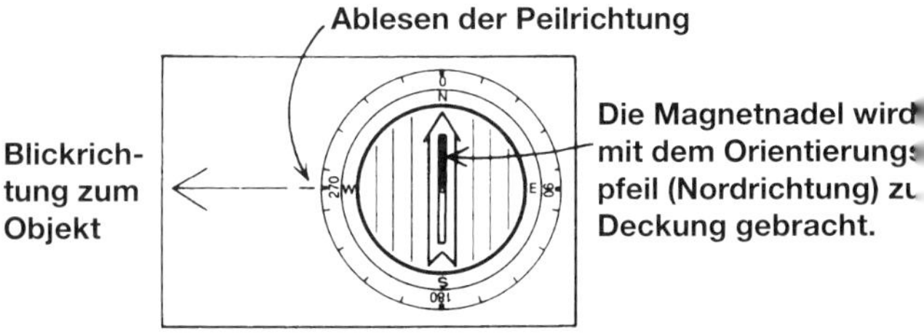


**(4-8) Peilen einer Richtung mit dem Kompaß in einem Bereich mit der Mißweisung von 0°.**

del und die Kompaßrose, während man über den Kompaß hinweg das Ziel anpeilt. In beiden Fällen muß der Kompaß horizontal gehalten werden – auch sollten Metallgegenstände, welche die Magnetnadel ablenken könnten, nicht in unmittelbarer Nähe sein.

**Das Übertragen einer Peilung in das Gelände:** Man führt den eben beschriebenen Peilprozeß schlichtweg rückwärts aus. Man beginnt, indem man die Kompaßrose dreht, bis man die beabsichtigte Peilrichtung am Indexstrich ablesen kann. Dann hält man den Kompaß vor sich und dreht seinen gesamten Körper, bis die Magnetnadel des Kompaß auf die Nordmarkierung der Kompaßrose zeigt. In Beispiel 4-8 wird so die Westrichtung als Marschrichtung im Gelände ermittelt.

## *Magnetische Mißweisung*

Eine Kompaßnadel wird in Richtung des magnetischen Nordpols angezogen, die meisten Karten sind dagegen auf den geographischen Nordpol (wahre Nordrichtung) ausgerichtet. Der Richtungsunterschied zwischen der wahren Nordrichtung und der magnetischen Nordrichtung wird magnetische Mißweisung genannt und in Winkelgraden angegeben. Eine einfache Vorrichtung am Kompaß ermöglicht es, die magnetische Mißweisung einzustellen.

In Gebieten westlich der Linie mit 0° Mißweisung zeigt die magnetische Nadel irgendwo ostwärts der wahren Nordrichtung (Abb. 4-9). Von diesen Gebieten sagt man, sie haben eine östliche Mißweisung. Auf der anderen Seite der Linie mit 0° Mißweisung gilt dies genau umgekehrt, hier zeigt die magnetische Nadel irgendwo weiter nach Wesen. Anders gesagt: Diese Gebiete haben eine westliche Mißweisung.

Man stelle sich einen Bergsteiger in Colorado vor. Hier beträgt die Mißweisung 14° Ost. Die wahre Peilung ist eine Messung des Winkels zwischen der wahren Nordlinie und der Peilrichtung. Die magnetische Nadel zeigt aber immer zum magnetischen und nicht zum geographischen Nordpol. So wird statt der wahren Nordrichtung der Winkel zwischen dem magnetischen Nordpol und der Peilrichtung gemessen. Diese mißweisende Peilung ist 14° geringer als die wahre Peilung. Um die wahre Peilrichtung zu erhalten, muß man 14° zur magnetischen Peilung hinzuaddieren.

Ähnlich wie der in Colorado beschriebene Bergsteiger müssen Alpinisten in allen Gebieten westlich der 0°-Abweichungslinie die Mißweisung zur Peilrichtung hinzuaddieren. So müssen in Kalifornien z. B. 18°, in Washington State 20° addiert werden.

Östlich der 0°-Mißweisungslinie muß die Mißweisung von der Peilrichtung subtrahiert werden. In Maine ist die magnetische Peilung z. B. 20° größer als die wahre Peilung. Das Subtrahieren der 20°-Mißweisung wird jemanden im Hinterland von Maine die wahre Peilung geben. Für alpine Regionen in Europa gilt ähnlich wie in Maine die Mißweisung West, die jeweiligen Winkelgrade sind den Karten zu entnehmen, wobei in verschiedenen alpinen Regionen aufgrund des Gesteinscharakters unter Umständen massive Abweichungen zu verzeichnen sind.

Bei allen beschriebenen Vorgängen handelt es sich theoretisch um ganz einfache Vorgehensweisen. In der Praxis kann aber immer wieder Verwirrung auftreten, und die Wildnis ist nicht der richtige Ort, um mathematisches Training durchzuführen, da hier unter Umständen Lebensgefahr drohen kann. Der sicherste Weg, Komplikationen mit der Mißweisung in den Griff zu bekommen, ist es, etwas mehr bei der Anschaffung des Kompasses zu investieren und eine einstellbare Mißweisung zu erhalten. Dann wird bei jeder Peilung automatisch die Mißweisung berücksichtigt, indem bei der Peilung die Richtung des Mißweisungspfeiles und nicht die Nadel an der Indexlinie abgelesen wird.

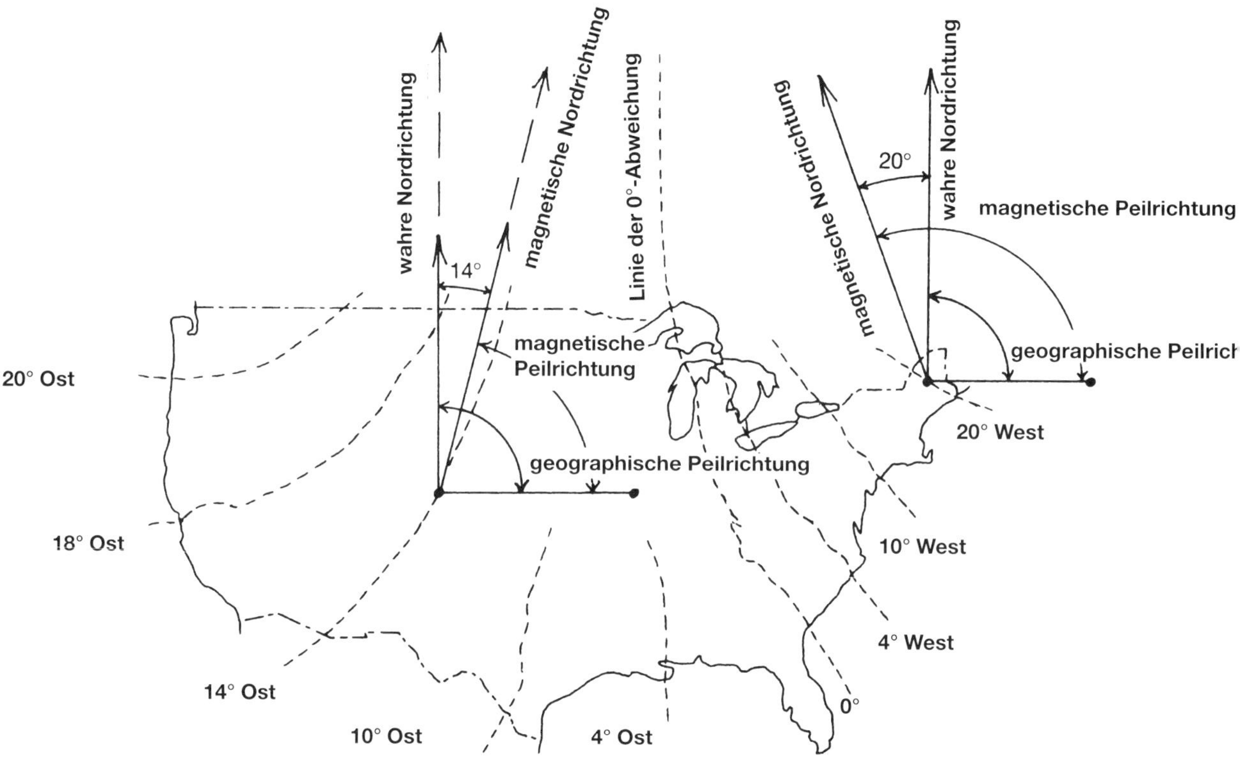


(4-9) Zusammenhang zwischen wahrer Nordrichtung (= geographischer Nordrichtung) und der magnetischen Nordrichtung am Beispiel der Vereinigten Staaten.

Bei Kompassen ohne einstellbare Mißweisungsskala kann man den selben Effekt dadurch erzielen, indem man einen schmalen Streifen Tape in einem der Mißweisung entsprechenden Winkel auf das Gehäuse aufklebt und so eine allerdings nicht nachstellbare Skala erhält. Ein Nachstellen ist bei begrenzten Unternehmungen auch nicht notwendig, so daß diese Improvisation durchaus hilfreich sein kann.

Bei dem einen Beispiel muß in Colorado der geklebte Streifen 14° östlich der Nordrichtung zeigen (Abb. 4-10 a). Bei dem anderen Beispiel aus Maine muß der Streifen dagegen 20° westlich (gegen den Uhrzeigersinn) der Nordrichtung

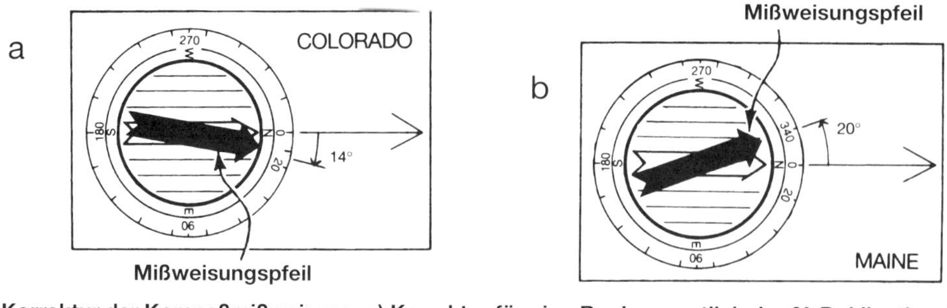


(4-10) Korrektur der Kompaßmißweisung: a) Korrektur für eine Region westlich der 0°-Deklination; b) Korrektur für Bereiche östlich der 0°-Deklination.

angebracht werden (Abb. 4-10 b).

Um eine Peilung im Gelände durchzuführen oder eine Peilrichtung zu verfolgen, sollte man nun genauso vorgehen wie in dem früher dargestellten Beispiel aus Ohio, wo die Deklination (Mißweisung) Null ist. Der einzige Unterschied ist nun, daß man die magnetische Nordnadel mit dem Pfeil der Mißweisung zur Deckung bringen muß und nicht mit dem Richtungspfeil des Kompaßgehäuses.

Im folgenden werden wir davon ausgehen, daß man einen Kompaß mit einem Mißweisungspfeil benutzt, unabhängig davon, ob er verstellbar oder aufgeklebt ist. Bei allen Peilungen im Gelände wird man die Nadel mit diesem Mißweisungspfeil zur Deckung bringen. Wenn nicht im Einzelfall anders beschrieben, werden alle Peilungen unter Bezug auf die wahre Nordrichtung und nicht auf die magnetische Nordrichtung angegeben.

## Der Umgang mit dem Kompaß

Bevor man den Kompaß im Gelände benutzt sollte er zuvor daheim ausprobiert werden. Am besten probiert man ihn dort aus, wo man bereits alle nötigen Informationen über z. B. Straßen- oder Richtungsverläufe hat.

Zunächst sollte man eine Peilung in einer Richtung vornehmen, von der man weiß, daß sie im Osten liegt. Wenn man den Mißweisungspfeil mit der magnetischen Kompaßnadel zur Deckung gebracht hat, sollte die Zahl der Skalierung an der Indexlinie 90° angeben oder zumindest nahe bei 90° liegen. Dieser Vorgang sollte in den anderen drei Hauptrichtungen wiederholt werden. Danach gehe man umgekehrt vor: Man denke sich, daß man nicht weiß, in welche Richtung Westen liegt. Sodann stellt man die Kompaßrose mit 270° an der Indexlinie ein und hält den Kompaß vor den Körper. Man dreht sich danach so lange, bis die Kompaßnadel mit dem Mißweisungspfeil zur Deckung gebracht worden ist. Die Gehrichtung bzw. Peilrichtung sollte nun genau auf die in diesem Fall bekannte Westrichtung zeigen. Tut sie es? Man wiederholt anschließend testweise die Prozedur für die anderen Hauptrichtungen! Diese einfache Übung wird dafür sorgen, daß man einen exakten, sicheren und schnellen Umgang mit dem Kompaß erhält. Auch ist es der einfachste Weg, die Genauigkeit des Kompasses zu überprüfen. Darüber hinaus: Falls man einen Fehler mit dem Kompaß macht, ist es halb so schlimm, man ist ja daheim.

*Wichtig:* Achte stets darauf, die erworbenen Kenntnisse im Gelände zu erproben! Ein besonders guter und sicherer Ort ist eine bekannte, genau lokalisierbare Stelle wie ein Gipfel oder ein Seeufer, von dem aus man bekannte Geländepunkte sehen kann. Man führe dann möglichst viele Peilungen durch, übertrage sie auf die Karte und prüfe, wie genau die Ergebnisse dem eigenen Aufenthaltsort entsprechen.

## Fehlermöglichkeiten beim Umgang mit dem Kompaß

Wie man hoffentlich inzwischen festgestellt hat, gibt es einen großen Unterschied, ob man mit dem Kompaß und der Karte arbeitet oder einen Kompaß zur Orientierung im Gelände nutzt. Falls man ausschließlich mit der Karte arbeitet, ignoriert man die Kompaßnadel. Es werden lediglich die Meridianlinien des Kompasses mit der Nord-Süd-Richtung der Karte in Einklang gebracht. Im Gelände dagegen muß man die Magnetnadel nutzen.

*Achtung:* Metall kann die Arbeit mit dem Kompaß erheblich stören. Eisenhaltige Gegenstände (Eisen, Stahl und andere Materialien mit magnetischen Eigenschaften) lenken die magnetische Nadel ab und verursachen so falsche Ablesungen an der Skala. Dies ist ebenfalls durch eine elektrische Uhr, die weniger als 20 cm vom Kompaß entfernt ist, möglich. Der Kompaß sollte möglichst weit von Gürtelschnallen, Pickeln,

Eisbeilen oder anderen Metallobjekten entfernt gehalten werden. Falls eine Kompaßrichtung keinerlei Sinn ergibt, sollte man zunächst prüfen, ob die Peilung durch Metallgegenstände gestört worden ist.

Konzentriere dich beim Umgang mit dem Kompaß, insbesondere achte auf die Peilrichtung und die Mißweisungspfeilrichtung! Falls einer von beiden nach hinten zeigen sollte, was leicht vorkommen kann, ist die Ablesung der Skala um 180° verkehrt. Dann wird bei einer Nordpeilung der Kompaß sagen, es sei die Südrichtung. Man soll daher stets darauf achten, daß das nach Norden zeigende Ende der magnetischen Nadel mit dem markierten Ende des Mißweisungspfeiles in Übereinstimmung gebracht werden muß. Auch muß die Peilrichtung von der Person weg auf das Objekt hin zeigen und nicht umgekehrt.

Es gibt auch noch eine andere Möglichkeit, einen 180°-Fehler beim Ablesen des Kompasses zu erzeugen – nämlich indem man die Meridianlinie des Kompasses zwar mit den Nord-Süd-Linien der Karte in Einklang bringt, aber der Mißweisungspfeil nach hinten zeigt. Einfach vermieden werden kann dieser Fehler, indem man darauf achtet, daß der Mißweisungspfeil mehr oder weniger nach Norden zeigt – jedenfalls mehr nach Norden als nach Süden. Diese Prüfung hat nichts damit zu tun, welche Mißweisung vorliegt.

Im Zweifelsfalle sollte man jedoch seinem Kompaß vertrauen. Ein Kompaß hat immer Recht, jedenfalls dann, wenn er richtig benutzt wird, auch dann, wenn die eigene Meinung ihm entgegenstehen sollte. Insbesondere gilt dies, wenn die eigene Kritikfähigkeit durch Müdigkeit, Hektik oder allgemeiner Panik eingeschränkt ist. Falls man eine schnelle Peilung machen muß, sollte man vor allem darauf achten, daß man keinen der oben beschriebenen 180°-Fehler macht. Falls dies gegeben ist und falls keine größeren Metallgegenstände in der unmittelbaren Umgebung sind, sollte man sein Ergebnis mit dem der anderen Gruppenmitglieder vergleichen. Falls diese zu ähnlichen Meßergebnissen kommen, sollte der Kompaß das entscheidende Argument gegenüber Intuition und blinden Vermutungen sein.

## *Karte und Kompaß: Eine Checkliste*

Na, alles verstanden? Im folgenden gehen wir die ganze Prozedur noch einmal kurz durch.

**Das Entnehmen einer Richtung von der Karte:**

1. Lege den Kompaß so auf die Karte, daß die Seiten der Grundplatte die beiden Punkte, welche von Bedeutung sind, berührt.
2. Drehe das Kompaßgehäuse so, daß die Meridianlinien mit der Nord-Süd-Richtung der Karte zur Deckung gebracht werden.
3. Peilrichtung am Markierungspfeil der Kompaßrose ablesen.

**Einzeichnen einer Peilung auf der Karte:**

1. Die Peilrichtung wird an der Markierung der Kompaßrose eingestellt.
2. Der Kompaß wird so auf die Karte gelegt, daß eine Ecke der Grundplatte den Punkt berührt, von dem aus die Peilung eingezeichnet werden soll.
3. Der gesamte Kompaß wird um den Punkt so weit gedreht, bis die Meridianlinien des Kompasses mit den Nord-Süd-Linien der Karte zur Deckung gebracht worden sind. Die Seitenkante der Bodenplatte entspricht nun der einzuzeichnenden Peillinie.

**Das Anpeilen eines Gegenstandes im Gelände:**

1. Man hält den Kompaß horizontal so vor sich, daß man über ihn hinweg das anzupeilende Objekt sehen kann.
2. Das Gehäuse wird so weit gedreht, bis die Markierung der Mißweisung mit der Kom-

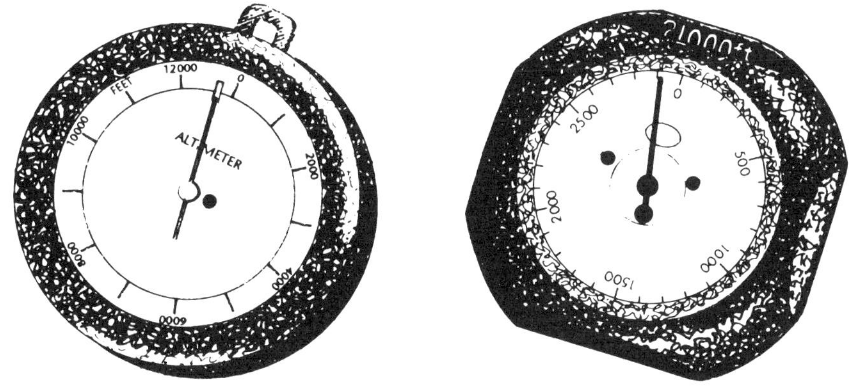


(4-11) Typische Höhenmesser

paßnadel zur Deckung gebracht worden ist.
3. Die Peilung wird an der Markierung an der Kompaßrose abgelesen.

**Das Übertragen einer Peilrichtung in das Gelände:**
1. Die geplante Peilrichtung wird an der Markierung der Kompaßrose eingestellt.
2. Der Kompaß wird in Augenhöhe gehalten, dann dreht man sich so lange, bis die Kompaßnadel mit der eingestellten Mißweisung in Deckung gebracht worden ist.
3. Man geht in die Richtung, in welche der Pfeil auf dem Kompaßgehäuseboden zeigt.

**Und nun als Zusammenfassung:**
1. Man benutzt für die beschriebenen Methoden niemals die Magnetnadel oder den Mißweisungspfeil, wenn man Richtungen auf der Karte mißt oder einzeichnet (außer man möchte überprüfen, ob der Mißweisungspfeil mehr oder weniger zum Karten-Nord und nicht zum Karten-Süd zeigt. Dieser Test dient dazu, um zu überprüfen, ob die Meridianlinien des Kompasses nicht falsch herum eingestellt sind).
2. Wenn man eine Peilung im Gelände vornimmt oder eine Peilrichtung ins Gelände überträgt, muß immer das markierte Ende des Mißweisungspfeiles mit dem nordseitigen Ende der Magnetnadel zur Deckung gebracht werden.

## Der Höhenmesser

Ein Höhenmesser (Abb. 4-11) ist ähnlich wie der Kompaß ein Gerät, welches eine einfache Information gibt, die als Basis für eine unglaubliche Menge von Detailinformationen dient. Der Kompaß zeigt mehr oder weniger in die Nordrichtung. Der Höhenmesser macht eine ziemlich genaue Angabe über die aktuelle Höhe. Durch Überwachung der Höhe und dem Höhenvergleich mit der topographischen Karte behält der Bergsteiger den Überblick über sein Vorwärtskommen und den aktuellen Aufenthaltsort; ferner kann er kritische Wegabzweigungen unterwegs leichter finden. Jede Gruppe von Bergsteigern sollte grundsätzlich mindestens einen Höhenmesser mitführen.

Ein Höhenmesser ist eigentlich nur ein modifiziertes Barometer. Ein Barometer mißt den Luftdruck (das Gewicht der Luft) und zeigt es auf einer Skala an, welche in mm Quecksilbersäule oder in Millibar (mbar), neuerdings auch Hektopascal (hPa), unterteilt ist. Da der Luftdruck mit zunehmender Höhe konstant abnimmt, kann ein

Barometer die Höhe messen – wenn es mit einer Skala versehen worden ist _, welche die Höhe in Metern anstatt in den oben genannten Druckeinheiten angibt.

Zum Ablesen sollte man das Gerät horizontal in der Hand halten. Man sollte gerade auf die Nadel herunterschauen, die Augen sollten dabei ungefähr 30 bis 40 cm von der Skala entfernt sein. Hierdurch werden Ablesefehler durch Schrägaufsicht vermieden. Man kann das Gehäuse einige Male leicht anklopfen, um so mögliches Verklemmen im Mechanismus zu lösen, hierbei springt die Nadel hin und her. Als Ableseergebnis nimmt man den Durchschnitt einiger Messungen. Die Höhenangaben, welche ein Höhenmesser angibt, sind nur Näherungswerte, da die meisten Instrumente durch Wetter- und Temperatureinflüsse mehr oder weniger stark gestört werden. Man sollte die Höhenmesseranzeige jedesmal kontrollieren, wenn man einen Punkt bekannter Höhe erreicht, gegebenenfalls muß die Skala nachgestellt werden.

## *Wie Höhenmesser dem Bergsteiger helfen*

Der Höhenmesser ist eine Hilfe bei der Entscheidung, ob man eine Bergtour fortsetzt oder lieber umkehrt, indem man die Aufstiegsgeschwindigkeit abschätzt. Angenommen, man hat stündlich Zeit und Höhe während der Tour kontrolliert. Bislang hat die Gruppe vier Stunden gebraucht, um 1000 m anzusteigen, entsprechend einem durchschnittlichen Höhengewinn von 250 m pro Stunde. Allerdings hat man festgestellt, daß der stündliche Höhengewinn von Stunde zu Stunde etwas nachgelassen hat. Tatsächlich hat die Gruppe in der letzten Stunde nur 200 Höhenmeter gemacht, deutlich weniger als in der ersten Stunde. Man weiß, daß der Gipfel 2550 m hoch ist und der Höhenmesser zeigt eine aktuelle Höhe von 2100 m an. Daraus kann man schließen, daß man bei der aktuellen Geschwindigkeit mehr als zwei Stunden benötigen werden, um den Gipfel zu erreichen. Verbindet man diese praktische Information des Höhenmessers mit einem Blick auf das aktuelle Wettergeschehen, der Tageszeit und der Kondition der Gruppe, dann wird man die notwendige Information haben, die man für die Entscheidung des Weitergehens oder Umkehrens benötigt.

Ein Höhenmesser kann einem auch helfen, exakt festzustellen, wo man sich befindet. Wenn man auf einem Grat unterwegs ist, welcher in der Karte verzeichnet ist, aber nicht exakt weiß, wo man sich auf diesem Grad befindet, kann man den Höhenmesser zu Rate ziehen. Dort, wo der Grat die Höhenlinie der Karte schneidet, die der Angabe des Höhenmessers entspricht, ist der ungefähre eigene Aufenthaltsort.

Eine andere Möglichkeit, den Höhenmesser zu befragen, wo man sich gerade befindet, ist, mit einer Kompaßpeilung eines nahegelegenen Gipfels oder eines anderen bekannten Punktes zu beginnen. Danach sucht man den Gipfel auf der Karte und trägt die Peillinie vom Gipfel rückwärts in Richtung auf den eigenen Aufenthaltsort ein. Man weiß nun, daß man sich irgendwo auf dieser eingezeichneten Linie befindet. Aber wo? Der Blick auf den Höhenmesser gibt die Informationen über die aktuelle Höhe. Dort, wo die Linie der Kompaßpeilung die Höhenlinie der Karte schneidet, ist ungefähr der eigene Aufenthaltsort. Dieses Verfahren kann natürlich zu mißverständlichen Ergebnissen führen, nämlich dann, wenn die Peillinie mehrere Höhenlinien der gleichen Höhe schneiden sollte. In diesem Falle benötigt man weitere Peilungen, logische Überlegung und/oder Intuition.

Navigation wird deutlich leichter mit Hilfe eines Höhenmessers. Falls man das Oberende eines gut begehbaren Couloirs z. B. in 3200 m Höhe erreichen sollte, um dort den Gipfelgrat anzugehen, sollte man sich die Höhe dieses Punktes merken. Auf dem Rückweg steigt man den

Grat zur genannten Höhe ab, dann wird man das Couloir leicht wiederfinden.

Die Beschreibungen in Führerbüchern nennen ab und zu Richtungsänderungen an Punkten bestimmter Höhe. Falls sich ein solcher Punkt auf einem großen Schneefeld oder einer bewaldeten Bergflanke befindet, ist es außerordentlich schwierig, die Richtungsänderung vorzunehmen, falls man keinen Höhenmesser mitführt. Auch kann es sich ergeben, daß die Route, welche man auf einer topographischen Karte eingezeichnet hat und begehen möchte, einige Richtungswechsel beinhaltet, die anhand bestimmter Höhenmarken nötig sind. Auch hier wird der Höhenmesser dafür sorgen, daß die Gruppe auf ihrem Weg bleibt. Zusätzlich hilft ein Höhenmesser beim Umgang mit der Karte – insbesondere dadurch, daß er Höhenangaben bestimmter Richtpunkte unterwegs kenntlich macht und so das Verfolgen der Route auf der eigenen Karte erleichtert.

Aber nicht zuletzt wird ein Höhenmesser einem auch Informationen darüber liefern, ob man wirklich auf dem Gipfel des geplanten Berges steht, falls die Sicht zu schlecht ist, um die Nachbarberge zu sehen.

## Wie man den Höhenmesser optimal nutzt

Nur durch Kenntnis aller Kniffe im Umgang mit dem Höhenmesser, seiner Vor- und seiner Nachteile, wird man ihn bestmöglich im Gelände nutzen können. Zuallererst sollte man berücksichtigen, daß sowohl Temperatur als auch Wetteränderungen Einfluß auf die korrekte Anzeige des Höhenmessers haben – letztere vor allem. Ein Hochdruckgebiet sorgt dafür, daß die Höhenangabe sinkt, ein Tiefdruckgebiet verursacht umgekehrt eine falsch hohe Ablesung. Dies liegt daran, daß wärmere Luft leichter ist als kältere Luft.

Es besteht überhaupt kein Anlaß zur Überraschung, wenn eine Höhe abends mit 1750 m und morgens beim Aufwachen mit 1770 m angezeigt wird – auch dann nicht, wenn das Zelt offensichtlich nach wie vor am selben Ort steht. Natürlich hat sich nicht die Höhe verändert, sondern das Wetter, und mit ihm auch der Luftdruck, welcher die Basis für die Höhenmessung ist. Dies ist eine typische Eigenschaft von Höhenmessern, die man am besten so akzeptiert. Der sicherste Weg, eine einigermaßen verläßliche Höhenangabe ablesen zu können, ist die häufige Kontrolle und gegebenenfalls das Nachstellen der Skala an jedem Punkt mit einer bekannten Höhe. Topographische Karten geben die exakten Höhen vieler Geländepunkte an, hierzu eignen sich sowohl charakteristische Wegabzweigungen wie auch Seen, Gipfel und viele andere Orientierungspunkte.

Man sollte versuchen, die Temperatur im Höhenmesser möglichst konstant zu halten, z. B. kann man ihn in der Brusttasche transportieren. Der Höhenmesser dehnt sich in Abhängigkeit von seiner Temperatur aus bzw. zieht sich zusammen. Hierdurch entstehen über die Mechanik Veränderungen der angezeigten Höhen. Ein Bimentallelement in temperaturkompensierten Höhenmessern kann diesen Effekt kompensieren, jedenfalls dann, wenn kein allzu kurzfristiger großer Wechsel der Höhe stattfindet. Dieses Bimentalelement gleicht die Ausdehnungseffekte der verschiedenen Instrumententeile gegeneinander aus. Wenn man recht schnell Höhe gewinnt oder absteigt, kann es sein, daß dieser Ausgleich nicht ausreicht. Hierdurch können auch bei temperaturkompensierten Höhenmessern Meßfehler entstehen.

Der Höhenmesser kann auch eine wertvolle Hilfe bei der Wettervorhersage sein. Die Höhenmesser- und Barometerskalen laufen in gegensätzliche Richtungen. Wenn die eine Skala einen höheren Wert anzeigt, zeigt die andere Skala automatisch einen niedrigeren Wert an. Wenn man eine Höhenmesserangabe erhält, die eine zunehmende Höhe angibt, ohne daß die aktuelle Höhe verändert wurde (z. B. im Camp bei Übernachtungen), bedeutet dies, daß das Barometer fällt. Hierdurch wird normalerweise eine Wetterverschlechterung angezeigt. Eine abnehmende Höhenangabe zeigt umgekehrt einen ansteigenden Luftdruck an, auf diesen folgt normalerweise eine Wetterverbesserung. Natürlich handelt es sich hier um eine grobe Vereinfachung, da zur Wettervorhersage auch die Berücksichtigung von Wind, lokalen Wetterbegebenheiten und die Größe der Luftdruckveränderungen gehört. Man sollte während der ganzen Tour aufmerksam bleiben, wenn man den Überblick über den Zusammenhang zwischen Wetterveränderungen und Höhenmesserangaben behalten will. Da auch die besten und teuersten Höhenmesser letztendlich vom Wetter beeinflußt werden, sollte man sich nicht verleiten lassen, ihnen eine größere Exaktheit zuzutrauen als überhaupt möglich ist. Es gibt Höhenmesserangaben, welche auf 5 m genau anzeigen, diese sind auch in der Lage, Höhenveränderungen von +/- 10 m anzugeben. Dies heißt aber nicht, daß diese Angaben in jedem Falle auch der Realität entsprechen! Man sollte durch häufigen Umgang und Kontrolle die Eigenschaften seines eigenen Höhenmeters austesten und sich merken, unter welchen Bedingungen Abweichungen in der Anzeige auftreten. Hierdurch wird man sehr bald wissen, welche Exaktheit man erwarten kann und lernt so viel besser mögliche Meßfehler in der Praxis im Gelände abzuschätzen.

# Orientierung mit Hilfsmitteln

Herauszufinden, wo exakt man sich gerade befindet, ist normalerweise relativ einfach. Normalerweise braucht man lediglich umherzuschauen und die Umgebung mit den Angaben der Karte vergleichen. Manchmal ist dies jedoch nicht genau genug oder man kann einfach nicht genug sehen, um den eigenen Aufenthaltsort auf der Karte wiederzufinden. Die übliche Lösung dieses Problems geht dann folgendermaßen vor sich: Man nimmt den Kompaß und mißt die Peilrichtungen einiger markanter Geländepunkte. Das Hauptziel der Orientierung ist es, festzustellen, an welchem Ort auf der Erdoberfläche man sich exakt befindet. Diese Position kann dann durch einen Punkt auf der Karte angegeben werden, den sogenannten Aufenthaltsort. Es gibt jedoch auch zwei gröbere Arten der Orientierung: Die eine wird Standlinie genannt. Der Reisende weiß hier, daß er sich irgendwo auf einer Linie befindet, die auf der Karte eingezeichnet ist. Dabei kann es sich um einen Fluß, einen Weg oder auch eine gepeilte Linie handeln. Allerdings weiß er nicht, wo er sich exakt auf dieser Linie befindet. Das niedrigste Orientierungsniveau ist der Aufenthaltsraum. Hier wissen die Reisenden lediglich ungefähr das Gebiet, wo sie sich befinden, aber das ist auch alles. Das Ziel sollte immer sein, möglichst herauszufinden, an welchem Punkt man sich exakt befindet.

### Der Aufenthaltsort

Wenn der Aufenthaltsort bekannt ist, ist die grundsätzliche Frage, wo man sich befindet, beantwortet. Man kann nun diese Erkenntnis nutzen, um mit Hilfe der Karte alle weiteren Objekte, welche trotz eingeschränkter Sicht erkennbar sind, zu identifizieren.

Zum Beispiel wissen die Bergsteiger auf dem Forbidden Peak (Abb. 4-2) genau, wo sie sich befinden. Sie sehen einen unbekannten Berg und möchten wissen, wie er heißt. Sie messen eine Peilrichtung von 275° zu diesem Gipfel. Daraufhin zeichnen sie, ausgehend vom Gipfel des Forbidden Peak, eine Linie mit 275° auf die Karte. Diese Linie schneidet den Mount Torment. Daraus schließen die Bergsteiger, daß der unbekannte Gipfel Mount Torment heißen muß.

Allerdings sollte man bei einer solchen Orientierung immer zunächst mit dem Blick in die Karte beginnen. Die Bergsteiger haben eine Peilrichtung von 275° gemessen. Ist die Karte nach Norden ausgerichtet, reicht es völlig, wenn der eine Bergsteiger die Karte in dieser Richtung festhält und der andere den Kompaß – ohne eine Einstellung zu verändern – mit einer Seitenkante am Gipfel anlegt und so lange dreht, bis die Kompaßnadel mit dem Mißweisungspfeil zur Deckung gebracht worden ist. Nun wird die Seitenkante des Kompasses auf den Mount Torment zeigen.

## Die Standlinie

Wenn man eine bekannte Standlinie hat, ist es das nächste Ziel, festzulegen, an welchem Punkt der Linie man sich befindet. Wenn man weiß, daß man sich auf einem Weg, einem Grat oder irgendeiner anderen genau zu identifizierenden Linie befindet, benötigt ein Bergteiger nur noch eine weitere Information. Zum Beispiel befindet man sich auf der Unsavory Ridge (Abb. 4-12), aber wo exakt? In der Entfernung befindet sich der Mount Majestic. Eine Peilung auf diesen Gipfel ergibt die Richtung von 220°. Eine Linie, welche in 220° anliegt aber rückwärts vom Gipfel gezeichnet wird, schneidet Unsavory Ridge dort, wo man sich befindet.

## Der Aufenthaltsbereich

Der Bergsteiger von Abb. 4-13 weiß ungefähr, in welchem Gebiet er sich befindet, z. B. ist er in der Umgebung der Fantastic Crags unterwegs. Er will nun feststellen, auf welcher Standlinie und danach an welchem Aufenthaltsort er sich befindet. Um von der Kenntnis des Aufenthaltsbereiches zum exakten Aufenthaltsort zu kommen, benötigt er zwei vertrauenswürdige Informationen.

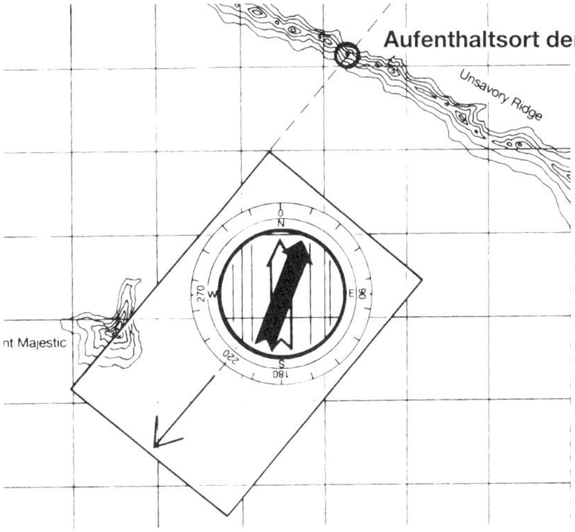


**(4-12) Orientierung mittels einer bekannten Standlinie.**

Eine Möglichkeit besteht darin, daß man die Peilrichtungen zu zwei Landmarken nutzt. Als Beispiel kann man den Mount Majestic anpeilen, hier wäre die Kompaßangabe 40° (Abb. 4-13). Diese Peilung wird auf die Karte übertragen. Nun weiß der Bergsteiger, daß er sich irgendwo auf dieser eingezeichneten Linie befindet, er hat also eine Standlinie erhalten. Als weitere Landmarke identifiziert er Unsavroy Spire (Abb. 4-13). Eine Peilung dieses Gipfels ergibt 130°. Auch diese Peilung wird auf die Karte übertragen. Die beiden Peilungen schneiden sich, dieser Schnittpunkt entspricht dem Aufenthaltsort. So einfach ist das im Prinzip!

Wenn man seinen Aufenthaltsbereich kennt und nur eine markante Landmarke sichtbar ist, welche angepeilt werden kann, kann der Kompaß nicht mehr leisten als die Information über die Standlinie. Das kann trotz allem eine große Hilfe sein. Wenn man z. B. weiß, daß man sich in der Nähe eines Flusses befindet, dann wird man sich in der Umgebung des Punktes befinden, an dem die Standlinie diesen Fluß schneidet. Ein detaillierterer Vergleich der sichtbaren Umgebung mit

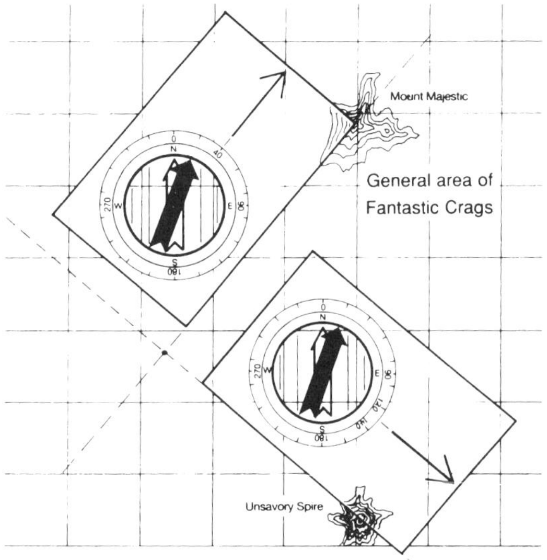


**(4-13) Orientierung bei bekanntem Aufenthaltsbereich.**

der Karte kann sogar dazu führen, daß eine exakte Feststellung des Aufenthaltsortes möglich ist. Auch ist es möglich, den Höhenmesser zu Rate zu ziehen und auf der Karte nachzuschauen, wo die entsprechende Höhenlinie die Standlinie schneidet. Je rechtwinkliger solche Schnittpunkte sind, desto genauer wird die Ortsangabe sein, die man durch das Zeichnen der Peillinien erhält.

Grundsätzlich sollte man jede auch noch so kleine Information in solchen Situationen nutzen, aber man sollte dabei auch stets überprüfen, ob die Schlußfolgerungen einen Gesamtsinn ergeben. Wenn im obigen Beispiel die Bergsteiger die Peilungen von Mount Majestic und Unsavroy Spire auf die Karte übertragen haben und nun feststellen, daß der Schnittpunkt in einem Fluß liegt, die Bergsteiger sich aber zweifellos auf einem hohen Punkt im flachen Land befinden, muß etwas falsch sein. Zunächst sollte man den ganzen Vorgang wiederholen. Vielleicht bietet sich zusätzlich die Möglichkeit, einen weiteren Geländepunkt anzupeilen und die Peilung auch in die Karte zu übertragen. Wenn die Linien sich an einem Kartenpunkt schneiden, der überhaupt keine Gemeinsamkeit mit dem sichtbaren Gelände hat, könnte es auch daran liegen, daß die Kompaßnadel durch das Gestein abgelenkt wird, auch könnte es sein, daß man eine ungenaue Karte hat (dies trifft allerdings nur für sehr abgelegene Gegenden zu). Außerdem – wer weiß? Es könnte auch sein, daß die sichtbaren Berge gar nicht Mount Majestic und Unsavroy Spire sind...

# Navigation mit Instrumenten

Um von einem Punkt zum anderen zu gelangen, muß man normalerweise nur die Augen offen halten und die Landschaft, durch die man geht, beobachten. Dies wird durch einen gelegentlichen Blick auf die Karte unterstützt. Allerdings ist es oft notwendig, den Kompaß zur Hand zu nehmen, eine Peilung durchzuführen und dann einer Richtung, welche zum Ziel führt, zu folgen. Das nennt man Navigation mit Instrumenten. Manchmal ist dies die einzige Methode, um einen ganz bestimmten Paß, das Camp oder was auch immer zu finden. Außerdem stellt diese Technik eine Ergänzung zu anderen Methoden dar; ferner handelt es sich um eine Möglichkeit, Bestätigung darüber zu erhalten, ob man sich noch auf dem richtigen Weg befindet oder nicht. Wiederum muß darauf aufmerksam gemacht werden, daß man in jedem Fall alle seine Sinne benutzen muß, um mögliche Fehler auszuschließen. Eine häufige Frage, die sich stellt, ist, ob man die richtige Richtung einschlägt oder ob die richtige Richtung exakt 180° entgegengesetzt liegen würde.

## Karte und Kompaß

Die häufigste Situation, welche eine Instrumentennavigation notwendig macht, ist die, wenn der weitere Routenverlauf aufgrund der Landschaftstopographie unklar ist oder wenn Richtpunkte im Gelände durch Nebel oder dichten Wald verdeckt werden. Man muß dann genau wissen, wo man ist und wohin man gehen möchte; dann stellt man beides, sowohl die aktuelle Position als auch die Richtung, auf der Karte fest. Dies geschieht einfach dadurch, indem die Richtung, ausgehend von der eigenen Position hin zum Ziel, auf der Karte festgestellt wird; schließlich folgt man dieser Peilrichtung. Angenommen, man erhält eine Peilrichtung von 285° (4-14 a). Man liest diese Peilrichtung an der Markierung der Kompaßrose ab und verstellt den Kompaß nicht (Abb. 4-14 b). Man hält den Kompaß vor sich und dreht sich so lange, bis die Nordrichtung der Nadel mit dem Mißweisungspfeil zur Deckung gebracht ist. Nun schaut man direkt in die Richtung, welche es einzuschlagen gilt (Abb. 4-14 c) – und schon kann es losgehen.

## Navigation nur mit dem Kompaß

Sowohl in der Luft als auch auf den Weltmeeren orientiert man sich oft ausschließlich nach der Instrumentennavigation – dies können Bergsteiger auch tun. Zum Beispiel, wenn man einem Paß entgegensteigt und Wolken diesen verhüllen, sollte man schnell eine Kompaßpeilung durchführen, solange man ihn noch sieht. Dann folgt man dieser Peilung. Dabei kann man den Kompaß, wenn man möchte, in der Hand behalten. Hierzu braucht man die exakte Peilrichtung gar nicht genau zu kennen. Es reicht völlig aus, wenn die magnetische Nadel und der Mißweisungspfeil auf Deckung bleiben. Ähnlich geht man vor, wenn man in ein Tal geht, in dem der Berg, welchen man besteigen möchte, durch Nebel oder Wald verdeckt wird. In diesem Falle peilt man den Gipfel an, bevor man ihn aus den Augen verliert (Abb. 4-15). Dann geht man nach Kompaß das Tal entlang. Diese Methode wird dann besonders effektiv, wenn mehrere Personen zusammen unterwegs sind und sich auf diese Weise gegenseitig kontrollieren können.

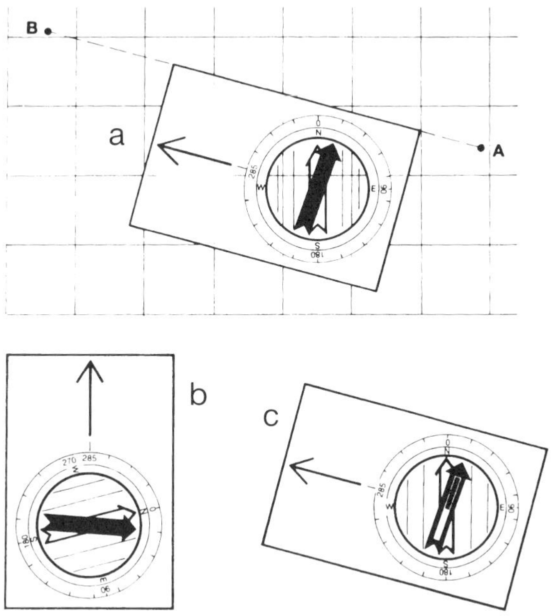


**(4-14) Navigation mit Karte und Kompaß:**
**a) Messen der Richtung von Punkt A nach Punkt B auf der Karte; b) Peilen mittels Indexlinie; c) Verfolgen der Peilrichtung.**

## Das Nutzen näherliegender Orientierungspunkte

Eine nützliche Technik steht für die Fälle zur Verfügung, in denen man versucht, auf einer geraden Route zu bleiben aber man immer wieder durch Hindernisse wie Felsabbrüche, dichtes Gestrüpp oder auch Gletscherspalten von der direkten Richtung abgedrängt wird. Hier sollte man nahegelegene Orientierungspunkte als Richtpunkte ausnutzen. Bevor man ein Hindernis umgeht, schaut man, ob sich dahinter ein Gegenstand genau der exakten Marschrichtung befindet (Abb. 4-16 a). Dann geht man, ohne weiter auf die Richtung zu achten, um das Hindernis herum und erreicht auf der leichtestmöglichen Route das soeben gesichtete Zielobjekt. Wenn man

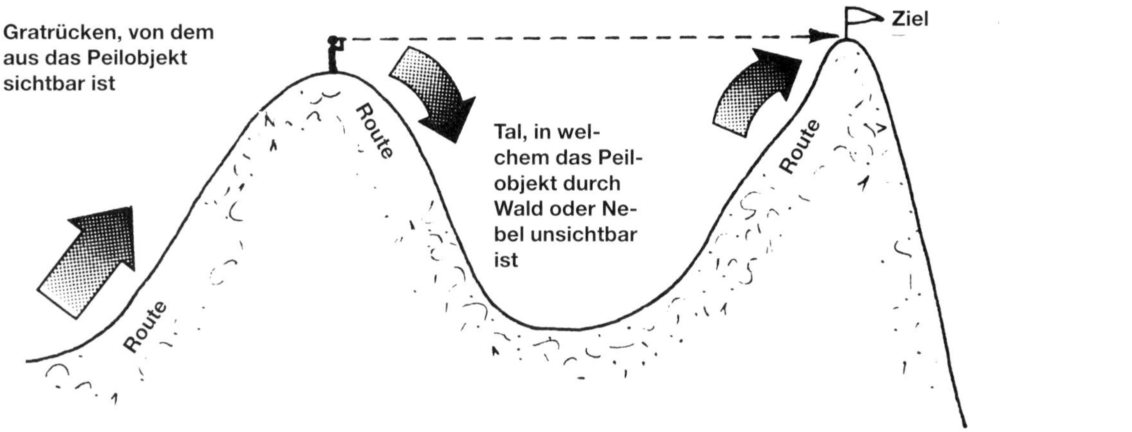


**(4-15) Verfolgen einer Kompaßpeilung, wenn die Sicht auf das gepeilte Objekt durch Wald oder Nebel verhindert wird.**

es erreicht, kann man sicher sein, daß man nach wie vor auf der richtigen Route ist. Diese Technik ist auch dann hilfreich, wenn kein direktes Geländehindernis vorliegt. Indem man sich von Richtpunkt bis Richtpunkt fortbewegt, fällt es leichter die Richtung beizubehalten, auch kann man für kürzere Zeit den Kompaß einstecken, um die Hände frei zu haben.

Allerdings kommt es ab und zu im Schnee oder Nebel vor, daß keinerlei nahegelegene Orientierungspunkte vorhanden sind, lediglich eine weiße, völlig einheitliche Umgebung. Dann dient

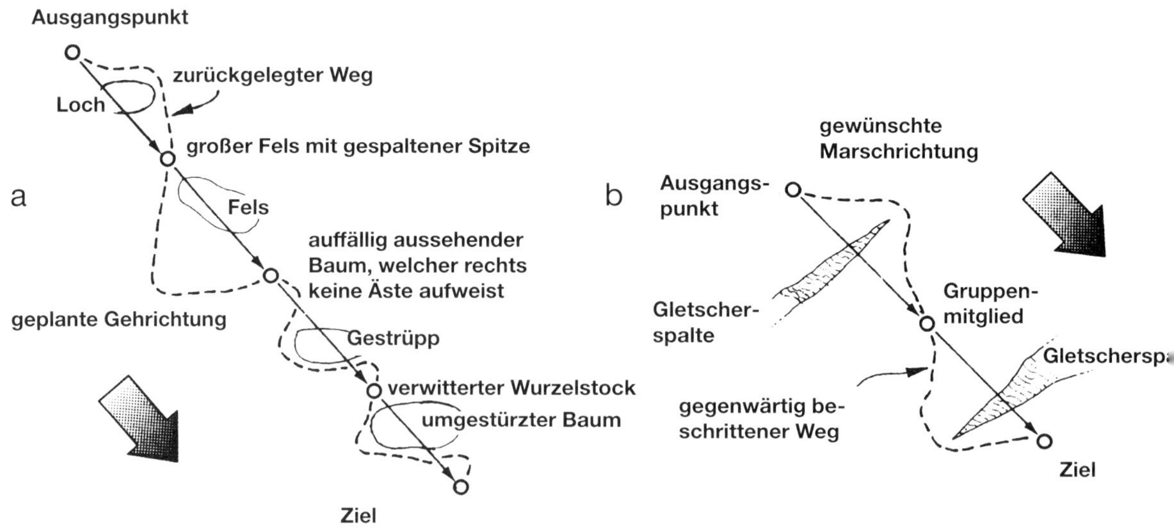


**(4-16) Der Nutzen von Hindernissen auf dem Weg: a) Im Wald; b) Auf einem Gletscher.**

ein Gruppenmitglied als Orientierungspunkt (Abb. 4-16 b). Man schickt diese Person so weit in die Marschrichtung voraus, daß man sie gerade noch sehen kann. Hierzu muß man sie in die richtige Richtung einweisen, da die Person selbst mangels Richtpunkten unter Umständen nicht exakt geradeaus gehen kann. Um absolut sicher zu sein, kann diese Person dann die Richtung überprüfen, indem sie rückwärts die Peilrichtung zur eigenen Gruppe feststellt. Hierzu braucht der Kompaß gar nicht verstellt zu werden, man schaut lediglich umgekehrt über die Kompaßrose hinweg. Durch die Kombination von Peilung und Gegenpeilung können in solchen Situationen mit schwieriger Orientierung Kompaßpeilfehler nahezu ausgeschlossen werden.

## Orientierungslos ...

Warum verlieren Personen die Orientierung? Dafür gibt es eine ganze Menge an Gründen. Einige sind ohne Karte unterwegs, da die Route scheinbar nicht zu verlieren ist. Andere vergessen darauf zu achten, ob sich in der Vergangenheit Wegänderungen ergeben haben. Einige besonders selbstbewußte Zeitgenossen trauen ihrer eigenen Inspiration offensichtlich mehr als dem Kompaß. Andere beschäftigen sich nicht bereits daheim mit eventuell langweiliger Kartenarbeit, wodurch sie es verpassen, ein recht detailgenaues geistiges Bild der Landschaft zu erhalten. Und wieder andere passen nicht genug auf, ob sie auf dem richtigen Weg bleiben und auch ob sie den Weg wieder zurückfinden. Und schließlich verlassen sich manche Bergsteiger auch völlig auf ihren Partner, welcher dieses seinerseits eventuell auch tut.

Warum verirren sich nun Personen? Die meisten nehmen sich nicht die Zeit, darüber nachzudenken, wohin sie eigentlich gehen, vielleicht weil sie in Eile sind. Sie verpassen dann womöglich Abzweigungen oder verirren sich auf Wildwechseln. Sie rennen kopflos vorwärts und ignorieren Wetter- und Sichtänderungen, Müdigkeit oder nachlassende Konzentration.

Gute Navigatoren verirren sich niemals hoffnungslos, haben sie doch im Verlaufe von Jahren die nötige Demut und Selbstkritikfähigkeit gelernt. Sie führen immer genügend Nahrung, Kleidung und Biwakausrüstung mit sich, welche ihnen dazu verhelfen, einige Stunden oder auch Tage des Orientierungsverlustes zu überbrücken.

### Wie verhält man sich, wenn man die Orientierung verloren hat?

Die wichtigste Regel ist, sofort anzuhalten. Man sollte unbedingt der Versuchung widerstehen, hoffnungsvoll weiterzugehen. Zunächst sollte man versuchen festzustellen, wo man sich befinden könnte. Falls dies nicht funktioniert, überlegt man, an welchem Punkt die Gruppe zuletzt an einem sicher bekannten Ort war. Falls dieser Ort relativ nahe ist (etwa eine Stunde entfernt), kann man versuchen, die eigenen Spuren zurückzuverfolgen, um so auf die richtige Route zurückzufinden. Falls dieser Punkt zu weit entfernt ist, kann man einen möglichst intelligenten Vorschlag machen, wo der aktuelle Aufenthaltsort sein könnte. Dann kann man weitergehen, man sollte jedoch unbedingt sehr vorsichtig sein und besonders auf charakteristische Landmarken achten. Wenn die Gruppe müde wird oder Dunkelheit einkehrt, bevor man die richtige Route wiedergefunden hat, sollte unbedingt für die Nacht biwakiert werden.

Gruppen von zwei oder mehr Mitgliedern geraten bei Orientierungsverlust nur sehr selten in gefährliche Situationen – auch dann nicht, wenn sie keine Wildniserfahrung haben. Besonders gefährlich ist es vor allen Dingen für Alleingänger, welche von der Gruppe getrennt wurden. Um diesem Fall vorzubeugen, sollte man darauf achten, daß die Gruppe zusammenbleibt.

### Wie verhalte ich mich, wenn ich alleine bin und die Orientierung verloren habe?

Auch hier ist die erste und wichtigste Regel: Sofort anhalten! Zunächst schaut man umher, um eventuell andere Gruppenmitglieder zu finden. Man ruft und horcht nach Antworten. Falls man nichts hört, setzt man sich hin und versucht zunächst, sich zu beruhigen. Panik muß unbedingt vermieden werden.

Wenn man ruhig genug ist, sollte man die notwendigen Dinge in der richtigen Reihenfolge angehen. Zunächst blickt man in die Karte, um zu versuchen, den Aufenthaltsort zu entdecken und einen Weg zu finden, welcher heimführen kann, falls man keinen Kontakt mit der Gruppe mehr herstellen kann. Der eigene Aufenthaltsort sollte unbedingt gut markiert werden, dann geht man versuchsweise in verschiedene Richtungen. Grundsätzlich muß man dafür Sorge tragen, daß man zur markierten Ausgangsposition zurückkehren kann. Rechtzeitig, bevor Dunkelheit einkehrt, sollte man sich auf die Nacht vorbereiten, indem man Wasser sucht und eventuell für Feuerholz und Wetterschutz sorgen. Die Situation aktiv gestalten wird einem helfen, die Lage auch psychisch zu überstehen. Ein Feuer wird bei einer eventuellen Suche den Hilfspersonen die Richtung weisen, auch kann man versuchen nachts zu singen oder andere Sachen zu tun, so daß man einerseits beschäftigt ist, Nervosität und Panik gering hält und außerdem die Chance wahrt, daß die Hilfspersonen einen hören können.

Man hat durchaus immer die Chance, daß man die Gruppe am nächsten Morgen wiedertrifft – falls nicht, muß eine eventuelle Panik bekämpft werden. Nach einer alleine verbrachten Nacht muß man darüber entscheiden, ob man zu der Ausgangsposition zurückkehrt, von der aus man das Unternehmen begonnen hat. Hier könnte es sich um einen Grat, eine Straße oder einen Fluß handeln. Falls das Gelände zu schwierig ist, um alleine zu wandern, kann es besser sein, sich darauf zu verlassen, daß man gefunden wird. Für Suchtrupps ist es wesentlich leichter, einen verirrten Kletterer zu finden, welcher an einem Ort bleibt, an dem er gut sichtbar ist, eventuell Feuer macht und gelegentlich ruft, als jemanden zu finden, der in hysterischer Hoffnung alleine durchzukommen, in gleichbleibendem Abstand vor dem Rettungstrupp hergeht.

## Die Freiheit der Berge

Die Wildnis offenbart sich demjenigen, der gelernt hat, seine Route zu finden und die Orientierung zu behalten. Das Routenfinden ist ein besonders wichtiger Teil des vorliegenden Buches, da es eine so absolut grundlegende Technik aller Unternehmen abseits gebahnter Wege ist.

Im Mittelalter war es die größte Ehre, wenn ein Neuankömmling die Stadtrechte und den Schutz einer Stadt erlangen konnte. Die Schlüsselübergabe war eine Art symbolischer Akt. Für den heutigen Bergsteiger ist die Routenfindung der Schlüssel zum Wandern durch Täler, Wiesen und Berge, über Gletscher und Gipfel. Er erhält dadurch die Rechte, Bestandteil eines magischen Landes zu sein, die Freiheit der Bergwelt zu genießen.

# Kapitel 5
# Unterwegs in der Wildnis

Klettern ist die eine Sache, der Weg vom Auto in die Berge die andere. Beim Reisen im Gelände besteht die besondere Kunst oft darin, über Flüsse, durch Busch, über Pfade und durch Schnee überhaupt dorthin zu gelangen.

Wenn Bergsteiger Wege verlassen, liegt oft sehr anspruchsvolles Gelände vor ihnen. Das Sich-Durchkämpfen durch dichtes Gestrüpp ist natürlich nicht so bezaubernd wie eine mittelschwere Felstour, aber so mancher Gipfeltraum endete bereits im dichten Gestrüpp. Die größten Hindernisse auf einer Bergtour liegen oft deutlich unterhalb der Schneegrenze. Wenn man die Anforderungen des weglosen Reisens zu akzeptieren und sich danach zu richten lernt, öffnet sich einem der Weg zu manch einsamen Gipfel.

## Routenfindung im Gelände

Routenfindung ist die Kunst, eine effiziente Route zu finden, welche für das gesamte Team zu bewältigen ist. Navigation ist das Können, im Umgang mit Karte und Kompaß sowie oft auch des Höhenmessers das Ziel zu finden und auf möglichst direktem Wege zu erreichen. Navigation gibt einem die Möglichkeit, den Weg zu erkennen, welchen man einschlagen möchte, aber sie macht die Erfahrung des Routenfindens keineswegs überflüssig. Intuition und Glück sind auch nötig, um eine optimale Route zu finden, aber es gibt einige Prinzipien, die gelernt werden sollten. Allerdings gibt es keinen Ersatz für Erfahrungen aus erster Hand. Man sollte mit erfahrenen Bergsteigern unterwegs sein, ihre Techniken beobachten und sie fragen. Die gute Routenfindung ist eine der befriedigendsten Erfolgserlebnisse eines fortgeschrittenen Bergsteigers. Jeder Gebirgszug hat seine speziellen Eigenheiten der Geologie und des Klimas, durch beide kann die Routenfindung beeinflußt werden. Bergsteiger, die aufgrund von Routen in den kanadischen Rocky Mountains erfahren sind, kennen sich in großen Tälern und offenen Wäldern aus. Sie müssen aber neue Regeln lernen, wenn sie im dicht bewaldeten Bereich mit engen Schluchten des Südens Britisch-Columbiens, besonders im Küstengebirge, unterwegs sein wollen. Der Bergsteiger im amerikanischen Nordwesten wird in der Fortbewegung im Schnee auf hohen Bergen, bei denen sich die Bedingungen sehr drastisch von denen in der High-Sierra unterscheiden, erfahren sein. Entsprechendes gilt für alle Bergregionen der Erde. Langfristiges Bergsteigen in einem einzelnen Gebiet wird einen zum Spezialisten in Routenfinden dieses Gebietes heranbilden, aber man muß sich darüber im klaren sein, daß man bei einem Gebietswechsel weitgehend neu anfangen muß zu lernen. Einige der wichtigsten Detailhinweise über Routen kann man in der Regel im Gespräch mit Lokalmatadoren erhalten. Man kann beispielsweise einheimische Geologen, Ranger, Bergsteiger usw. fragen. Im weglosen Gelände sind Informationen auch über interessante Routen wichtig, welche nicht in Karten oder Büchern verzeichnet sind, oder auch Informationen, wo ein Gletscherbach am besten zu überqueren ist. Insbesondere in weniger zivilisierten Regionen sollte man an Rangerstationen Halt machen und aktuelle Informationen über Wetter und Bedingungen am Berg einholen. Bei jeder Gelegenheit sollte man einige Minuten zum Gespräch mit anderen Bergsteigern investieren, welche im Gebiet unterwegs bzw. regional erfahren sind. Auch wenn man vor der Tour sorgfältig seine Hausaufgaben gemacht und alle möglichen Informationen zusammengetragen hat, wird man später im Gelände bei der Routenfindung weniger Enttäuschungen erleben.

## Beobachtungen während des Anmarsches

Man sollte den Berg unbedingt schon während des Anmarsches im Auge behalten und die sichtbare Seite in Hinblick auf Kletterrouten betrachten. Der Blick aus der Entfernung gibt einen guten Überblick über Grate, Steilabbrüche, Schneefelder und Gletscher, auch kann man eine Abschätzung der zu erwartenden Steilheit vornehmen. Wenn man näher herangekommen ist, werden Details wie kleinere Abbrüche oder Unterbrechungen von Felsbändern, auch von Gletscherspalten sichtbar. Übersichtseindrücke aus größerer Entfernung sollten bei Annäherung an das Ziel erneut untersucht werden. Rücken, welche aus größerer Entfernung unter Umständen schwierig aussehen, können sich als Spaziergänge mit vielen Bändern und kleinen Stufen entpuppen. Die größeren Richtpunkte werden bei Annäherung durch feinere detailliertere Geländemarken ergänzt.

Wenn der Zustieg um die Basis eines Berges herumführt, kann dieser aus mehreren Perspektiven betrachtet werden. Ein System von Bändern, welches vor dem Hintergrund von Steilabfällen kaum zu erkennen ist, kann aus einer anderen Richtung unter Umständen gut zu sehen sein. Der Lichtwechsel, welcher durch das Wandern der Sonne oder durch Wolken auftritt, kann in vielen Fällen gute Kontraste bilden und somit das Erkennen von Landschaftsdetails erleichtern. Wenn man beobachtet, wie sich die verschiedenen Schatten verlängern oder verkürzen, kann man hieraus auf die Steilheit von Abbrüchen oder auch ihre Höhe sowie die durchschnittliche Neigung von Rinnen schließen.

Das Vorhandensein von Schnee verspricht oft eine mäßige Hangneigung und ein relativ leichtes Vorwärtskommen, da Schnee normalerweise nicht in Rinnen, welche steiler als 50° sind, liegenbleibt. Allerdings sollte man vorsichtig sein, um sich nicht trügerischen Illusionen hinzugeben. Es gibt Rinnen, welche nahezu vertikal vereist sind, oder Steilabbrüche, welche zunächst aus der Ferne für Schnee gehalten werden. Tiefe, sehr steile Gullis enthalten oft ganzjährig Schnee oder Eis in ihrem Grund, insbesondere dann, wenn sie auf der Schattenseite liegen. Auch kann sich das, was aus der Ferne wie ein schönes schimmerndes Schneefeld aussieht, als Eis entpuppen.

Wenn man sich dem Berg nähert, sollte man sich für die bevorstehende Klettertour nach Richtpunkten umsehen. Hierbei kann es sich um Grate handeln, welche eine geringere Neigung aufweisen als die benachbarten Bergflanken. Auch können Risse, Bänder und Kamine einem den Weg durch Wände weisen. Schneefelder oder Gletscher sind häufig leichter zu bewältigen und vor allem auch besser einschätzbar.

Unbedingt sollte man darauf achten, Gefahrenstellen zu erkennen. Hierzu prüft man die Schneefelder und Eisabbrüche auf eventuelle Lawinengefahr sowie steile Felsabbrüche auf Zeichen von Steinschlag. Auf Schneefeldern erkennt man zurückliegenden Steinschlag an der schmutzigen Schneeoberfläche oder an dem Vorhandensein von steingefüllten Löchern. Wenn die Route durch lawinen- oder steinschlaggefährliches Gelände führt, sollte man diese Passagen möglichst während der kalten Nachtstunden passieren. Alternativ kann man am frühen Morgen unterwegs sein, bevor die Sonne das Eis, welches die Steine festhält, schmilzt.

Während des Anmarsches sollte man der alten Bergsteigerregel folgen und mit »den Augen klettern«. Man sollte fortwährend versuchen, mögliche Gefahren zu erkennen und Informationen über den weiteren Verlauf der Route zu erhalten. Falls die Routeninformation im Laufe der Zeit zu umfangreich werden, um sie im Kopf zu behalten, sollte man sich einige kurze Notizen während der Pausen machen. Diese Hilfen können während der Klettertour unbezahlbar werden, wenn ein Richtpunkt, möglicherweise die Schlüsselstelle, außer Sicht ist.

Während man unterwegs ist, sollte man außerdem auf mögliche Plätze eines Biwaks, auf Wasser, Feuerholz und weitere nützliche Sachen achten, die im Notfall wichtig werden können.

**(5-1) Der »Rastschritt«.**

# Marschieren

Die grundlegendste Technik des Bergsteigens ist eine einfache Tätigkeit, die wir jeden Tag tun: das Gehen. Aber genauso wie die Fähigkeit schreiben zu können, noch lange nicht bedeutet, daß man auch ein Autor ist, bedeutet die Fähigkeit zu gehen noch lange nicht, daß man geländegängig ist. Um kraftsparend im Gelände unterwegs sein zu können, muß man die verschiedenen Geländetypen berücksichtigen, das Gewicht des Rucksacks und die eigene Kondition.

## Gehtempo

Anfänger machen oft zwei Fehler: Sie gehen schneller als sie sollten oder sie gehen langsamer als sie könnten.

Der häufigste Fehler ist, zu schnell zu gehen, vielleicht aufgrund der Sorge um die lange bevorstehende Strecke oder aufgrund des (verständlichen) Wunsches, schneller als die Kameraden vorwärts zu kommen. Aber warum sollte man sich auf dem ersten Teil eines längeren Weges völlig verausgaben, wenn der ganze Tag für die Tour zur Verfügung steht? Deshalb sollte man die goldene Bergsteigerregel beherzigen: Sich Zeit lassen und den Tag genießen!

Der folgende einfache Test kann einem zeigen, ob das Gehtempo zu schnell ist. Wenn man das Tempo nicht mindestens eine Stunde lang durchhalten kann, geht man zu schnell.

Viele gehen jedoch gar nicht zu schnell, sondern sogar zu langsam. Der Körper beklagt sich dann, lange bevor er verletzt wird. Die Muskeln mögen vielleicht schmerzen, aber sie sind jederzeit in der Lage, 10 km weiter zu gehen, die Lungen mögen keuchen, aber sie können durchaus weitere drei Stunden keuchen. Ein gewisses Maß an Leidensfähigkeit ist unvermeidlich, wenn man jemals ein guter Geher werden möchte.

Die optimale Gehgeschwindigkeit variiert im Verlaufe des Tages. Beim Aufbruch sollte man den Körper vorbereiten, indem man Beine, Hüften, Rücken und Schultern dehnt. Zu Beginn sollte man langsam gehen, um den Körper aufzuwärmen und für die kommenden Leistungen vorzubereiten. Dann sollte man beschleunigen, um die erste Phase des Zwischentiefs nach ungefähr einer halben Stunde mit bewußter Willenskraft zu überwinden.

Physiologisch zeigt sich der aufgewärmte, aktivierte Körperzustand dadurch, daß das Herz schneller arbeitet, das Blut schneller fließt und die Muskeln gelockert sind. Psychisch fühlt sich der Wanderer zu diesem Zeitpunkt ausgeglichen und leistungsfähig.

In Abhängigkeit vom Weg sollte man die Geschwindigkeit variieren. So sollte man langsam und bedächtig steilere Berge aufsteigen. Wenn die Steilheit nachläßt, kann man das Tempo beschleunigen. Auch wird das Tempo im Verlaufe des Tages nachlassen, während die Müdigkeit zunimmt. Adrenalin kann für kurze Leistungssteigerungen sorgen, hierdurch sind allerdings keine dauerhaften Leistungsreserven mobilisierbar.

## Schrittechnik

Die wertvollste Technik beim Gehen im Gelände ist die Wahl des richtigen Tempos. Eine sehr effektive Technik das Tempo zu kontrollieren ist die richtige Schrittechnik (Abb. 5-1), wobei die folgende beschriebene Technik vor allem dann benutzt wird, wenn Beine oder Lungen etwas Erholung brauchen, also insbesondere beim Aufstieg in steilem Gelände. Wenn man die Technik einmal gelernt hat, wird man sie im Gelände oft benutzen.

Das Tempo ist langsam, da jeder Schritt eine kleine Pause bedeutet. Die Pause tritt ein, nachdem man einen Fuß nach vorne gebracht hat, um den nächsten Schritt einzuleiten. Währenddessen verlagert man das Körpergewicht auf das hintere Bein, während man die Muskeln des nach vorne gebrachten Beines bewußt entspannt. Wichtig ist, daß man das rückwärtige Bein gestreckt läßt und im Knie blockiert, so daß der Knochen und nicht die Muskeln das Gewicht tragen.

Die Atmung sollte mit dem Gehrhythmus synchronisiert werden. Ein typischer Ablauf wäre, indem man z. B. bei jedem Schritt mit dem rechten Fuß neu einatmet, aber die Zahl der Atemzüge pro Schritte sollte mehr oder weniger davon abhängig sein, wie stark die körperliche Beanspruchung ist und auch in welcher Höhe man sich befindet. Eingeatmet wird, wenn man den hinteren Fuß nach vorne setzt, ausgeatmet wird, während das nach vorne gebrachte Bein ausruht und das Körpergewicht vom gestreckten hinteren Bein getragen wird. Diese Sequenz sollte wiederholt werden. In sehr großer Höhe benötigen die Lungen aufgrund der dünnen Luft eine Extrapause, manchmal sogar drei bis vier Atemzüge pro Schritt. Hier hilft es, wenn man bewußt tief einatmet.

Die mentale Komponente ist bei dieser erholenden Schrittechnik wichtig. Die Monotonie des Tempos, speziell auf Gletschern und Schneefeldern, kann ansonsten die Moral unterwandern. Man muß darauf vertrauen, daß man mit dieser Schrittechnik langsam aber stetig die Strecke bewältigt, auch wenn es den Anschein hat, daß der Gipfel nicht näher rückt.

## Pausen

Auch der stärkste und erfahrenste Bergsteiger benötigt gelegentlich erholende Pausen. Während der ersten halben Stunde einer Tour sollte man eine kurze Pause machen, um Kleidung bei zunehmender Erwärmung abzulegen. Auch kann man die Schnürung von Schuhen lockern oder festigen, Rucksackriemen straffen usw.

Bei Gruppen sollte man daran denken, regelmäßig Toilettenpausen einzulegen, insbesondere aus Höflichkeit den Gruppenmitgliedern gegenüber, die sich vielleicht schämen, ihrerseits auf die Notwendigkeit hinzuweisen. Bei großen Gruppen sollte die erste dieser Pausen bereits vor dem Aufbruch bzw. vor dem Verlassen des zivilisierten Geländes stattfinden.

Während des Vormittages bzw. der frühen Morgenstunden, also wenn der Körper noch frisch und leistungsfähig ist, sollte man kurze Pausen in größeren Abständen machen. Die Pause sollte stehend oder leicht zurückgelehnt, z. B. Anlehnen an einem Baum, stattfinden, um so die Schultern vom Rucksackgewicht zu entlasten. Dabei wird tief geatmet, getrunken und ein klein wenig gegessen.

Später, wenn der Körper mehr Erholung braucht, kann die Gruppe eine größere Rast alle ein bis zwei Stunden machen, wobei auch die Rucksäcke abgelegt werden. Wenn die Zeit für eine Rast gekommen ist, ist es ratsam, rechtzeitig nach einem geeigneten Platz, der die Vorteile von Wasser, einem schönen Ausblick, Blumen oder anderer Annehmlichkeiten bietet, Ausschau zu halten. Allerdings sollte man solche netten Pausen nicht zu lang ausdehnen. Es ist recht quälend, wenn man einen Marsch fortsetzen muß, wenn die Muskeln erst einmal kalt und steif geworden sind. Aber bei jeder Pause sollte man eine kleine Menge Nahrung zu sich nehmen und vor allem auch trinken.

Eine Bergsteigergruppe, welche sich nach eigenem Gutdünken über den Weg verteilt weil jeder sein eigenes Tempo geht, wird nicht nennenswert schneller zu ihrem Ziel gelangen. Pausen sollten nur gemacht werden, wenn sie unbedingt nötig sind. Ansonsten sollte man in Bewegung bleiben – unabhängig davon, ob der Tag lang genug für eine luxuriöse Pause ist oder nicht.

## Abstieg und Hangquerungen

Der Abstieg ist weniger anstrengend als der Aufstieg, aber er hat auch einige Nachteile. Während des Abstieges fällt das Körpergewicht heftig und plötzlich auf die Beine und Füße. Die Zehen werden mit Wucht vorwärts gedrückt. Heftige Stöße sausen die Wirbelsäule hinauf und quälen Oberkörper und Kopf. Als Ergebnis können im harmlosesten Falle Blasen sowie im schweren Falle Knorpelschäden an den Knien, wunde Zehen und blutunterlaufene Nägel, Kopfschmerzen und Rückenschmerzen auftreten. Wanderer und Bergsteiger benutzen einige Tricks, um ihr Gewicht beim Abstieg zu erleichtern. Fest geschnallte Schuhe vermindern die Bewegung des Fußes im Schuh und verhindern so das Anstoßen der Zehen an der Schuhspitze. Darüberhinaus vermindert eine kontrollierte Geschwindigkeit die Wucht der Schwerkraft. Am besten beugt man die Knie ein wenig, um den Stoß jeden Schrittes abzufedern; man setzt die Füße kontrolliert und vorsichtig auf, so, als ob sie bereits wund wären. Dieses Vorgehen wird die Beinmuskulatur entspannen, und man wird feststellen, daß ein bewußt lockeres Gehen auch im Abstieg genauso wichtig ist wie im Aufstieg.

Auf- und Abstiege einer Tour sind einer Hangtraverse vorzuziehen. Eine Hangquerung setzt die Knöchel einer Biegebelastung aus, verdreht die Hüften und stört die Körperbalance. Wenn man eine Hangquerung vermeiden kann, sollte man es irgendwie tun, sei es z. B. durch Ausweichen auf einen Bergrücken, um über diesen abzusteigen. Es ist allemal wert, die zusätzliche Distanz in Kauf zu nehmen. Wenn man während einer Hangquerung derer überdrüssig geworden ist, sollte man eine Kehre einlegen und so die Belastung auf die andere Körperseite überwechseln. Man sollte in den Routenverlauf von vorneherein einige flachere Bereiche einplanen. Gute Möglichkeiten bieten sich hier in steinigeren Gebieten auf Wildwechseln oder im Bereich von grasigen Brücken oder im Heidekraut.

### Etikette

Das Bergsteigen zusammen mit anderen verlangt einige Höflichkeit und Rücksicht. Hierbei handelt es sich eigentlich um nicht mehr als übliche Zuvorkommenheit. Hier einige Grundregeln:

- Laufe nicht zu dicht auf. Anstatt seinem Kompagnon Schatten zu spenden, sollte man dem Vorgänger genügend Raum geben, indem man 7 oder 8 Schritte zurückbleibt.
- Vermeide es, zu weit entfernt zu folgen, so daß man nicht den Kontakt mit den anderen Wanderern verliert und sie zwingt, ständig auf einen zu warten.
- Wirf des öfteren einen Blick zurück, insbesondere dann, bevor du Äste losläßt, die du auf die Seite geschoben hat. Falls der Wanderer vor einem diese Regel verletzt, läuft man selbst Gefahr, von zurückschlagenden Ästen verletzt zu werden.
- Gehe ein Schritt zur Seite, wenn du anhältst, um einen Schuh festzubinden, den Rucksack zu justieren oder den Ausblick zu genießen. Tritt hierbei möglichst auf der Bergseite aus dem Weg.
- Frage um die Erlaubnis vorbeizugehen, anstatt dich mit Ellenbogen auf dem Weg nach vorne durchzusetzen.
- Gehe auf den Abstieg seitwärts, wenn eine Gruppe im Aufstieg entgegenkommt und setze deinen Weg fort, ohne das Gehtempo dieser Gruppe zu stören.
- Wähle die Geschwindigkeit so, daß jeder der Gruppe mithalten kann. Falls jemand das Tempo nicht halten kann, vermindere das Gruppentempo. Gib der zuletzt eintreffenden Person die Chance, sich auch noch ein wenig am Rastplatz zu erholen.

## Wege und Pfade

Der einfachste Zugang zum unwegsamen Gelände wird immer ein Weg oder Pfad sein. Diese gibt es in vielfältiger Form und Größe. Der eine Weg wird breit und gut markiert sein, während andere nicht viel mehr sind als eine magische Linie: Zeitweilig wird man die Spur sehen, zeitweilig nicht. Eine Hauptaufgabe für den Wanderer unterwegs ist es, die richtigen Wege zu finden und sinnvoll zu nutzen.

### Wegfindung

Nur einige wenige Pfade werden angelegt, damit Kletterer sie benutzen können. Bergleute bauten Pfade zu ihren Bergwerken, Fischer bauen sie heute noch zu hohen Seen, Jäger im Bereich der Täler, eventuell Pioniere über Pässe, sowie Tiere, um zu Futterplätzen zu gelangen bzw. zum Wetterschutz. Gruben, Seeufer oder Pässe können ein gutes Lager abgeben, und jeglicher Weg, der einen wenigstens ungefähr in die geplante Richtung bringt, ist prinzipiell besser nutzbar als ungebahntes Gelände.

Auch in sehr bekannten Gegenden mit vielen Wanderern und zahlreichen Wegzeichen sollte man aufmerksam sein, um den richtigen Pfad zu finden und auf ihm zu bleiben. Es passiert relativ leicht, daß man auf einem langen monotonen Weg abschaltet und dadurch die Abzweigung, an der zufällig ein Zeichen fehlt oder Waldarbeiten Teile des Weges zerstört haben, verpaßt.

Alte Kerben, welche in Baumstämme geschlagen worden sind oder Bänder, welche an Äste gebunden wurden, markieren in einigen Gebieten Pfade durch einen Wald. Steinmänner zeigen vielleicht den Weg oberhalb der Baumgrenze. Aber diese Markierungen halten nicht ewig, und vor allem sind sie nicht überall vorzufinden. Ein kleines Steinmännchen oder der Rest eines Plastikbandes kann auch nichts weiter sein als Abfall oder Orientierungspunkte eines Bergsteigers, der sich verlaufen hat.

Als Wegsuchender wird man zu einem Detektiv, der die Anhaltspunkte (eine Andeutung eines Pfades hier, eine Markierung an einem Baum dort) mit der Karte, dem Kompaß, dem Höhenmesser sowie mit Ratschlägen aus Führerbüchern und von Vorgängern kombiniert. Man erlangt die Fähigkeiten, auch einen Pfad wiederzufinden, von dem Kameraden gesagt haben, daß er nicht mehr existiert. Leicht kann man den Flachland-Sonntagswanderer mit der Bergsteiger-Definition des Wortes Pfad schockieren: jegliche sichtbare Route, egal wie wild, die einen dorthin bringt, wo man hingehen möchte, ohne daß man sich durch das Gestrüpp kämpfen muß.

Der eigentliche Trick ist es, solange auf dem Pfad zu bleiben, bis er endet oder bis es notwendig wird, den Pfad zu verlassen, um die geplante Richtung einzuhalten. Dann muß man sich seinen eigenen Pfad schaffen, indem man eine Route wählt, welche möglichst hindernisfrei gangbar ist.

### Praktische Tips für unterwegs

Einen gangbaren Pfad zu finden, ist nur die halbe Kunst. Ihn in einer rücksichtsvollen Weise zu nutzen, ist die andere Hälfte. Hier einige Ratschläge:

- Gehe hintereinander, um die Vegetation seitwärts zu schonen.
- Bleibe auf dem Pfad, auch wenn es schlammig oder schneebedeckt wird oder durch Fahrspuren geht.
- Hilf die Vegetation zu schützen und Erosion zu verhindern, indem du keine Abkürzungen benutzt.
- Wähle möglichst robuste Vegetationsbereiche zugunsten des Schutzes empfindlicher geschützter Pflanzen, wenn die Gruppe Pausen machen will.
- Schaue und fotografiere, anstatt zu pflücken oder zu sammeln.
- Achte darauf, daß du Flußufer nicht beschädigst oder verschmutzt.
- Wirf keinen Abfall in das Gelände.
- Errichte keine neuen Steinmännchen oder weitere Markierungen zusätzlich zu denen, die schon da sind.
- Überlasse anderen dasselbe Abenteuer der Routenfindung, das du selbst vorgefunden hast. Falls es notwendig wird, die Route zu markieren, entferne diese Markierungen beim Abstieg.

## Gestrüpp und Buschwerk

Gestrüpp kann der absolute Horror des Wanderns im Gelände sein, aber es gibt einige Möglichkeiten, nicht mitten durch Gestrüpp gehen zu müssen.

Wo Wasser den Hang herunterfließt oder Schnee liegt, gedeiht immer auch Buschwerk. Als klassisches Beispiel sei eine Rinne in mäßiger Höhe erwähnt, die im Winter von Lawinen angefüllt ist und im Sommer einen Bach enthält. Die äußeren Bedingungen sind absolut ideal für kleineres Buschwerk, welches im kurzen Sommer blüht und unter dem Schnee des Winters von den Lawinen unbehelligt bleibt. Im nächsten Frühjahr schlägt es zügig wieder aus.

An Flußufern bildet Gestrüpp oft ein wildes dichtes Dickicht. Ein Fluß, welcher häufig sein Flußbett verändert, verhindert, daß sich in seiner Umgebung größere Bäume halten können, aber es bietet sich die Möglichkeit für einen breiten Gestrüppgürtel. Auf subalpinen Höhen sorgt Lawinenschnee, welcher bis spät in den Sommer hinein liegt, dafür, daß sich Hochwald nicht entwickelt, aber Buschwerk durchaus nahezu undurchdringlich werden kann.

Bergsteiger bevorzugen daher den Hochwald zum Aufstieg. Der Wald sorgt dafür, daß Sonnenlicht abgehalten wird. Dadurch hält sich die Dichte des Unterholzes in Grenzen und der Wald bleibt passierbar. Jungwald bedeutet dagegen nur ein zusätzliches Problem zum Buschwerk. Das Sekundärwachstum, welches ziemlich schnell nach einem Waldbrand oder unter Windbruch einsetzt, ist besonders undurchdringlich, wenn es etwa 5 bis 6 m hoch ist. Die Ästchen füllen den Raum zwischen den Baumstämmen vollständig aus. Windbruchzonen, Lawinenkegel und die Regionen von Waldarbeiten können beim Passieren noch schwieriger sein. Das chaotische Durcheinander der Baumstämme kann das Vorwärtskommen zu einem mühsamen Kriechen werden lassen und Wanderer zu großräumigen Umwegen zwingen. Dichtes zähes Tannengestrüpp, welches sich an Felsklippen und Bänder klammert, bedeutet eine weitere Hürde.

Wenn ein Scharmützel mit Gestrüpp unausweichlich ist, gibt es einige Möglichkeiten, das Drama in Grenzen zu halten. Zunächst sollte man die kürzestmögliche Route durch das Buschgebiet suchen. Falls möglich, kann man umgestürzte Bäume als erhöhten Gehweg nutzen. Falls dies nicht möglich ist, schiebt man die Büsche beiseite. Manchmal ist dies möglich, indem man an den unteren Stammbereich tritt oder größere Zweige anhebt, um eine Passage freizumachen. In sehr steilem Gelände kann man größere Büsche zum festhalten benutzen.

Gebüsch kann auch recht gefährlich sein: Verschiedene Pflanzen können sehr rutschig sein, Buschwerk kann die Abbruchkante von Steilabbrüchen verdecken, auch können Steine und Löcher unsichtbar werden. Daneben kann sich auch ein Bergseil im Buschwerk verfangen. Die allerbeste Methode ist nach wie vor, das Gestrüpp prinzipiell zu meiden. Hier noch einige Tips:

- Nutze soweit wie irgendwie möglich ausgetretene Pfade. 6 oder 8 km Pfad können weniger Arbeit bedeuten als zwei 2 km Gestrüpp.
- Man sollte überlegen, ob nicht die Jahreszeit, in der Schnee das Buschwerk bedeckt, die geeignetere für das Unternehmen ist. Einige Täler sind leicht zu begehen, wenn im Mai noch der Weg über den Schnee möglich ist, andererseits kann dieselbe Passage im Juli ohne Schnee nahezu unmöglich gangbar sein.
- Vermeide Lawinenstriche. Die beste Route entlang eines Tales kann auf südlich oder westlich gelegenen Hängen liegen, auf denen Lawinen weniger häufig niedergehen als auf nördlichen und östlichen Händen. Wenn man auf einer Talseite aufsteigt, sollte man neben den Lawinenstrichen zwischen den Bäumen bleiben.
- Suche bereits von weitem die größten Bäume. Das Buschwerk ist unter den größten Bäumen besonders spärlich.
- Bewege dich über Schutt oder Geröll und Schneereste, vermeide das benachbarte Gestrüpp.
- Überlege, ob es nicht sinnvoller ist, über benachbarte Rücken und Grate zu gehen. Sie sind vermutlich trocken und frei von Gebüsch, während Rinnen mit Bächen sowie der Talgrund mit Vegetation dicht bedeckt sein dürften.
- Überlege, ob es sinnvoll ist, direkt zur Baumgrenze aufzusteigen und eine hochgelegene Route weit oberhalb des Buschwerkes zu nutzen. Das kann besonders dann sinnvoll sein, wenn der Talgrund unpassierbar erscheint und die Seitenhänge von zahlreichen Lawinenrinnen zerfurcht sind.
- Überlege, ob es Sinn macht, direkt durch das Flußbett zu gehen. Das Flußbett kann einen gut gangbaren Tunnel durch das Gestrüpp darstellen, auch wenn man ab und zu waten muß. Trockene Flußbetten sind dagegen manchmal geradezu ideal für den Aufstieg. In tiefen Schluchten kann es jedoch auch immer wieder vorkommen, daß die Flußbetten durch mitgerissene Bäume blockiert sind oder von Steilstufen mit Wasserfällen unterbrochen werden.

- Achte auf Wildwechsel. Tiere folgen prinzipiell dem Weg des geringsten Widerstandes.

## Schutt

Schuttbereiche können dem Bergsteiger sowohl helfen als auch ihn behindern. Die meisten ergeben einen praktischen gebüschfreien Weg in die Berge, aber einige sind sehr brüchig und gefährlich.

Die Gipfel verwittern permanent, dabei fallen Bruchstücke herunter, welche sich unten als Schutt und Geröll ansammeln. Der Großteil dieses Materials fällt über Rinnen hinunter und breitet sich unten fächerförmig aus, oft geht einer dieser Fächer in den nächsten über, so daß sich ein breites Band von Schutthalden zwischen dem grünen Talgrund und den Berggipfeln bildet. Ebenso häufig findet man abwechselnd Schutthalden und Wald. Schutthalden wachsen langsam im Laufe der Zeit. Auf den ältesten findet man Erde, welche die Lücken zwischen den Steinen auffüllt. Hierdurch bildet sich ein leicht begehbares Gelände. Allerdings können solche Schutthalden auch recht gefährlich sein, insbesondere bei Vulkanen oder brüchigen Bergen, bei dem die Felsen nur lose aufeinandergestapelt sind und weder Erde noch Vegetation die Zwischenräume gefüllt hat. Hier sollte man sich sehr vorsichtig bewegen, jederzeit bereit, sein Gewicht auszubalancieren oder abzuspringen, falls ein Stein unter dem Fuß wegrutscht. Unter Umständen kann es passieren, daß man einen Stein einer Gletschermoräne aus seiner Lage tritt und alleine hierdurch eine größere und unter Umständen gefährliche Steinlawine auslöst.

Bergsteiger müssen auf Schutthalden ganz besonders vorsichtig sein, da man mit ziemlicher Sicherheit irgendwann einen Stein oder gar mehrere lostreten wird. Wichtig ist es, daß man versucht, außerhalb der Fallinie anderer Bergsteiger zu bleiben. Falls man in einer engen Rinne geht, sollte man besonders vorsichtig sein, in sehr geringen Abständen gehen und gegebenenfalls sofort die anderen durch Zuruf warnen. Durch dichtes Aufschließen vermeidet man, daß ein wegrutschender Stein den nachfolgenden Bergsteiger gefährlich verletzt, da seine Wucht zu dem Zeitpunkt, wenn er den Partner trifft, noch gering ist. Eine andere Möglichkeit ist, so vorzugehen, daß lediglich ein Bergteiger sich zur Zeit bewegt, während die anderen an einem sicheren Punkt warten. Schutthalden mit besonders feinen Steinen sind stellenweise so lose wie Sand. Hierdurch wird der Aufstieg ein besonders mühsames Unterfangen, jedoch kann man beim Abstieg vorsichtig »abfahren». Hierbei werden die Füße in einer vorsichtigen Gleitbewegung in den Schutt gesetzt, wodurch kleinere Mengen Schutt mit zu Tal rutschen. Falls Vegetation auf dem Schuttkegel vorkommt, sollte man darauf achten, daß die eigene Talfahrt abseits der Pflanzen erfolgt.

## Schnee

Schnee kann eine phantastische Unterlage für Wildniswanderungen sein. Viele Berge sind besonders leicht in der Frühsaison zu besteigen, da Schutt, Buschwerk und umgestürzte Bäume mit einer dicken, festen Schneeschicht bedeckt sind und Schneebrücken eine leichte Möglichkeit der Flußüberquerung bieten. Allerdings gibt es auch Gefahren. Flüsse schmelzen leicht die Unterseite einer Schneebrücke an, so daß diese irgendwann nicht mehr in der Lage ist, das Körpergewicht zu tragen. Man kann dann durchbrechen, wodurch man nasse Füße bekommt oder, noch schlimmer, durch das Wasser unter den Schnee gespült wird. Um ein Tauchbad zu verhindern, muß man auf Senken in der Schneeoberfläche ebenso achten wie auf Änderungen in der Schneefarbe oder der

Textur; auch sollte man auf das Geräusch fließenden Wassers achten. Das Wasser, welches das Unterende eines Schneefeldes verläßt, gibt durch seine Menge ebenfalls Hinweise auf die mögliche Größe der Höhlung unter dem Schnee. Dünne Stellen sollten zunächst mit dem Eispickel auf ihre Festigkeit hin untersucht werden.

In der näheren Umgebung zu Baumstämmen und Steinen bedeckt der Schnee oft weiche tiefe Stellen oder Höhlungen, welche entstehen, wenn der Schnee um das Gestein oder das Holz herum schmilzt. Entweder testet man unregelmäßig strukturierte Oberflächen, besser ist es jedoch, Bereiche mit Holzstämmen und Felsen weiträumig zu umgehen. Wenn der Frühling in den Sommer übergeht, kann es sein, daß die beste Route entlang eines Talbodens etwas schwierig einzuschätzen ist. In diesem Fall sollte man die Vorteile eines jeden begehbaren Schneefeldes zum leichteren Vorwärtskommen nutzen.

Die Technik des Wanderns im Schnee ist dieselbe wie oben beschrieben – unabhängig davon, ob der Schnee hoch oben in den Bergen liegt oder in den Wäldern. An steilen Hängen kann es notwendig werden, Sicherheitsausrüstung wie Eispickel, ein Seil oder gar Steigeisen zu benutzen. Bei der nötigen Erfahrung wird man sowohl die Gefahren als auch die Vorteile des Schnees schnell einzuschätzen lernen; darüberhinaus lernt man, wie man sich selbst das Reisen im weglosen Gelände leichter und genußvoller macht.

## Flüsse

In einem Gelände ohne Pfade oder Brücken können Flüsse das größte Hindernis einer Tour werden. Zum Beispiel ist es durchaus üblich, daß Bergteiger in Alaska oder dem kanadischen Küstengebirge mehr Zeit benötigen die Wasserläufe zu überqueren als den eigentlichen Berg zu besteigen.

### Das Auffinden eines Übergangs

Wenn der Berg auf der anderen Seite eines größeren Flusses liegt, ist die richtige Auswahl der Flußüberquerung der wichtigste Teil der Routenwahl. Man sollte versuchen, aus entsprechender Entfernung einen Überblick über den Fluß zu bekommen. Hier bietet sich ein Gebirgsrücken seitwärts an, bevor man in das Flußtal hinabsteigt. Dieser Gesamtüberblick kann nützlicher sein als hundert Einzeleindrücke direkt vom Flußufer. Falls ein Gesamtüberblick aus der Ferne unmöglich oder nicht hilfreich ist, wird man gezwungen sein, dem Flußufer zu folgen und sich dort durchs Gestrüpp zu kämpfen, um irgendwann eine Möglichkeit der Flußüberquerung zu finden. Im Wald gibt es immer wieder gute Möglichkeiten Fluß- und Bachüberquerungen zu finden, indem man nach Stämmen sucht, die quer über das Wasser gestürzt sind. Weiter oben in den Bergen sind diese Möglichkeiten seltener, insbesondere deshalb, weil der Fluß öfter seinen Verlauf ändert und das Heranwachsen größerer Bäume in unmittelbarer Wassernähe verhindert.

Es kann möglich sein, daß der Fluß auch unpassierbar ist. Falls er hauptsächlich von Schmelzwasser gespeist wird, ist es sinnvoll, am frühen Morgen, während der Zeit geringster Strömung die Überquerung vorzunehmen. Hierzu kann es notwendig werden, daß die Gruppe am Flußufer übernachtet, um auf niedrigeres Wasser zu warten. Manchmal ist es notwendig, Stunden, eventuell sogar Tage zu wandern, um die Möglichkeit einer Flußüberquerung zu finden. Bei sehr großen und tiefen Flüssen müssen fernab der Zivilisation unter Umständen Flußüberquerungen mit Hilfe von improvisierten Flößen durchgeführt werden.

### Durchführung der Flußüberquerung

Nach dem Lösen des Brustriemens wird der Rucksack mit einem Gurt über der Schulter getragen. Hierdurch wird ermöglicht, daß man notfalls die Last schnell vom Rücken herunterbringt, falls man durch Stolpern gezwungen ist, zu schwimmen. Notfalls muß man in der Lage sein, den Rucksack sofort abzuwerfen, um nicht von dessen Gewicht nach unten gerissen zu werden.

Große Steine können eine optimale Möglichkeit der Überquerung bieten. Mit der zusätzlichen Stütze durch einen Eispickel, einem Stock oder aber auch über ausgestreckte Hände kann man sich eine Balancehilfe schaffen, auch wird die Überquerung sicherer, wenn der Stein rutschig oder seine Oberfläche deutlich geneigt ist. Notfalls kann man sich hinsetzen und sich vorsichtig hinüberschieben.

Eine Serie kleiner Steine bietet eine andere Möglichkeit – nämlich kontrolliert von Stein zu Stein zu balancieren. Dies sollte aber ausschließlich geschehen, nachdem man zuvor gedanklich die Schrittfolge überprüft hat. Eine sichere Überquerung ist nur möglich, wenn man langsam, kontrolliert, aber stetig diejenigen Steine überquert, die unter Umständen zu rutschig oder wakckelig sind, um auf ihnen stehen zu bleiben. Zusätzlich sollte man einen Pickel oder einen Stab zum Gleichgewicht benutzen.

Falls man hinüberwaten muß, sollte man besonders breite Bereiche des Flusses nutzen. Die Biegungen können einen als kürzeste Überquerung in die Irre führen. Sie sind nämlich auch die tiefsten Teile mit der stärksten Strömung und somit am gefährlichsten.

Wenn das Wasser ruhig ist und die Steine rundlich, packt man die Schuhe in den Rucksack, um sie trockenzuhalten, während man hinüberwatet. Bei härteren Bedingungen sollte man die Schuhe anbehalten, jedoch die Socken und eventuell auch Innenschuhe in den Rucksack packen. Man kann die Überschuhe auf der anderen Seite des Flusses trocknen, die Innenschuhe wieder einsetzen und danach trockene Socken anziehen. Bei tieferen Flußüberquerungen sollte man sich überlegen, ob man rechtzeitig die Hosen oder eventuell weitere Kleidung auszieht. Lockere Kleidung verstärkt die Sogwirkung des Wassers, allerdings vermindert Kleidung auch die Auskühlung und kann so eine längere Überquerung kälterer Gewässer ermöglichen.

Die Kraft strömenden Wassers wird leicht unterschätzt. Ein lediglich knietiefer relativ ruhig fließender Fluß brodelt schon deutlich um die Knie. Knietiefes Wasser kann bis zum Körper hochschäumen und einem das unvergeßliche Erlebnis einer Schwimmpartie im eiskalten Wildwasser bereiten. Immer wenn Wasser bis oberhalb der Knie schäumt, ist es potentiell gefährlich, und bereits ein falscher Schritt kann dafür sorgen, daß man im Wildwasser von Block zu Block gespült wird. Schäumendes Wasser, welches eine große Luftmenge enthält, ist durchaus naß genug, um ein Opfer zu ertränken, es kann aber nicht dicht genug sein, um den menschlichen Körper aus dem schäumenden Bereich herauszuspülen. Ströme, welche Gletschern entspringen, sind besonders schwierig zu überqueren, weil ihr Grund durch das milchige Gletscherwasser nicht sichtbar ist.

Wenn ein Fluß tief ist, aber nicht allzu schnell strömt, kann man ihn überqueren, indem man ihn mit der Strömung schräg abwärts überwindet. Aber auch in diesem Falle sollte man Gesicht und Oberkörper flußaufwärts gerichtet lassen, also schräg rückwärts gehen, um sich gegen die Strömung anstemmen zu können, auch sollte man einen Eispickel oder einen Stock als »drittes Bein« mitführen. Der vorausgehende Fuß testet vor dem Auftreten zunächst den Untergrund, dann folgt erst der zweite Fuß, zuletzt wird der Stock nachgeholt.

Zwei Reisende können zusammen einen Fluß überqueren, indem sie sich gegenseitig sichern. Jeweils eine Person geht zum nächsten guten Stand und sichert von dort aus den Nachkommenden. Die Flußüberquerung im Team, unterstützt durch einen langen Ast, ist eine weitere

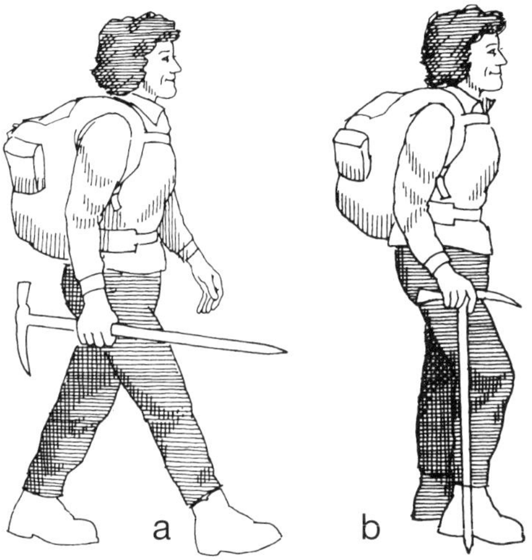


**(5-2) Mitführen des Eispickels: a) in der Hand im leichten Gelände; b) als Spazierstock.**

Möglichkeit. Die Gruppenmitglieder gehen in das Wasser, jeder faßt den Ast. Dieser wird parallel zur Flußströmung ausgerichtet. Derjenige, der am meisten flußaufwärts den Ast faßt, ist das Fundament des ganzen, der »Standmann«, welcher die Kraft der Strömung halten muß. Jeder, der ausrutschen sollte, hält sich an dem Ast fest, während die anderen ihrerseits den Ast in der Position halten.

Die Anwendung von Seilen bei Flußüberquerungen kann gefährlich sein und kann nicht generell empfohlen werden. Ein straffgezogenes Seil als Handlauf kann hilfreich sein, aber falls die Person unterwegs in Schwierigkeiten kommt, kann es passieren, daß sie bei Fixation am Seil durch die Strömung unter Wasser gerissen wird.

## Der Eispickel

Das Gerät wird zwar Eispickel genannt, aber in Wahrheit ist es ein Universalgerät, welches zur Anwendung kommt, noch lange bevor man die Schnee- oder Eisregion erreicht.

Der Eispickel hat eine Menge unerwarteter Nutzungsmöglichkeiten. Zunächst dient er als »drittes Bein« bei Flußüberquerungen. Er ist eine verläßliche Balancehilfe sowohl beim Gehen als auch beim Stehen. Darüberhinaus kann er bei Sprüngen für festen Halt sorgen. Ein Eispickel hilft die Balance auf steilen Wegen zu halten, indem er beim Aufstieg als belastbarer Gehstock und beim Abstieg als Bremse dient. Hält man den Eispickel diagonal vor dem Körper und drückt die Spitze in den Boden, wird man einen stabilen aufrechten Stand auch an sehr steilen Bergflanken erhalten. Der Pickelrettungsgriff wird als Technik für das Schneegelände gelehrt, aber viele Bergsteiger haben ihren Pickel auch auf steilen Wiesen, im Wald oder Heidegelände zum selben Zweck genutzt.

Auf offenen Wegen befestigen viele Bergsteiger ihren Eispickel auf dem Rucksack. Sie nehmen ihn in die Hand, wenn der Weg anspruchsvoller wird, oder wenn der Eispickel an Gebüsch oder Ästen hängenbleibt. In Wahrheit ist der Eispickel des Bergsteigers bester Freund, aber manchmal ist er auch einer der gefährlichsten Ausrüstungsteile beim Bergsteigen. Seine Haue ist ebenso wie seine Schaufel und auch die Spitze potentiell in der Lage, den Kletterer oder seine umstehenden Kameraden gefährlich zu verletzen. Leder- oder Gummischütze sollten benutzt werden, um die scharfen Enden zu bedecken, während der Pickel nicht benutzt wird. Allerdings sollte man aufpassen, weil diese Hilfsmittel im dichten Buschwerk des öfteren abgestreift werden. Sofort abstreifen bzw. den Pickel somit in Bereitschaft bringen sollte man diese Hilfsmittel, wenn man steiles, rutschiges Gelände betritt oder wenn es matschig wird, z. B. auf Hängen mit Tannennadeln, Gras oder Schnee. Das Mitführen eines Eispickels, ohne genau zu wissen, wie man mit ihm umgeht, bringt ein falsches Sicherheitsgefühl mit sich. Allzu oft rutschen Bergsteigen auf hartem Schnee aus und wissen nicht, wie der Pickelrettungsgriff durchgeführt wird, um den Absturz zu stoppen. Diese unverzichtbare Technik erlernt man durch Üben an Schneehängen mit flachem Auslauf (s. auch Kapitel 12).

Eine sichere Art, den Pickel zu tragen, während man auf einem einfachen Weg unterwegs ist (Abb. 5-2 a), ist, den Schaft im Bereich des Schwerpunktes zu fassen. Der Schaft liegt dabei parallel zum Boden. Die Spitze sollte nach vorne weisen und der Pickelkopf nach hinten und mit der Haue nach unten. Auf diese Art wird der Hintermann nicht gefährdet, und der Pickel wird einen nicht so leicht verletzen, falls man stolpert. Wenn man den Pickel als Gehstütze unterwegs benutzen möchte (Abb. 5-2 b), faßt man den Pickelkopf, die Haue zeigt dabei nach vorne. Dabei liegt die Handfläche bequem auf dem Pickelkopf bzw. auf der Schaufel.

## Bereit für die Wildnis

Der Aufenthalt im unwegsamen Gelände kann sich zu einem kompliziertes Unterfangen, ja zu einem regelrechten Abenteuer entwickeln, da es gilt, viele Variablen des Geländes, des Wetters, des Schnees, des Wassers und der Vegetation zu berücksichtigen. Wenn man versucht, die Information dieses Kapitels in die Praxis umzusetzen, wird man lernen, sicher und effizient in den meisten der schönsten Gebiete unserer Erde unterwegs sein zu können. Und wenn man diese Information mit den Hinweisen der weiterzurückliegenden Kapitel über Navigation, Camping, Ernährung, Kleidung und Ausrüstung kombiniert, wird man für den Aufenthalt abseits der Zivilisation richtig vorbereitet sein.

# Teil 2

# Grundlagen des Bergsteigens und Kletterns

# Kapitel 6 Seile, Knoten und Karabiner

Das Seil symbolisiert mehr als jeder andere Gegenstand der Kletterausrüstung die Abhängigkeit des Kletterers von einer anderen Person. Viele Bergsteiger verspüren dies beim Anseilen und bemerken dann ihre plötzliche Abhängigkeit vom Seil bzw. ihrem Partner oder von mehreren Partnern, die mit ihnen über diese Länge lebensrettendenden Materials verbunden sind.

Das Seil ist das »Sicherheitsnetz«, welches einen auffängt, falls man in Schwierigkeiten gerät und die Seillänge die eigenen Fähigkeiten übersteigt bzw. wenn etwas Unvorhergesehenes passiert, z. B. wenn ein Stand ausbricht, eine Schneebrücke einstürzt oder Steinschlag einen an einem exponierten Standpunkt niederschlägt. Darüber hinaus ist es auch ein fundamentaler Gegenstand zum Klettern, da das Seil, wenn es oben fixiert ist, zum schnellen Aufstieg des Seilzweiten oder auch zum Abseilen benutzt werden kann.

Das Seil alleine hat keine Schutzfunktion, aber es ein wichtiges Glied in der Sicherungskette. Andere Glieder dieser Kette sind die Knoten, welche es einem ermöglichen, das Seil für spezielle Zwecke zu nutzen, der Klettergurt, in welchem das Seil eingebunden ist, die Seilschlaufen, welche auch als Expreßschlingen bekannt sind und dazu dienen, das Seil an Sicherungspunkten in Fels oder Schnee anzubringen, und schließlich die Karabiner, welche die Verbindungsglieder zwischen den einzelnen Teilen darstellen. Alle diese Ausrüstungsgegenstände sind Thema des folgendes Kapitels.

## Das Bergseil

Während der Frühzeit des Bergsportes waren die Seile aus Naturfasern (Hanf und Sisal) hergestellt, aber diese Seile waren nicht in der Lage, mehrere Stürze zu halten. Die Entwicklung von Nylonseilen während des 2. Weltkrieges veränderte den Bergsport grundlegend. Plötzlich standen den Bergsteigern Leichtgewichtsseile zur Verfügung, die mehr als zwei Tonnen hielten. Die Nylonseile hatten außerdem eine bemerkenswerte Elastizität. Anstatt einen stürzenden Bergsteiger abrupt und hart abzubremsen, dehnen sich die Nylonseile und nehmen so einen großen Teil der Fallenergie auf.

Die ersten Nylonseile waren gedreht oder geflochten. Wie geflochtenes Haar bestanden diese Seile aus zahlreichen dünnen Nylonfilamenten, welche zu drei oder vier größeren Strängen zusammengefügt waren, die ihrerseits dann das Seil bildeten.

Die früheren Nylonseile waren deutlich besser als die zuvor bekannten Naturseile, aber sie waren in der Handhabung sehr steif und erzeugten eine erhebliche Reibung, wenn sie durch die Sicherungspunkte bzw. über den Fels glitten. Außerdem waren sie so elastisch, daß ein technisches Klettern mit ihnen schwierig war: sie dehnten sich zu sehr, wenn Personen am Seil aufstiegen.

Im Laufe der Zeit wurden gedrehte Nylonseile durch Kernmantelkonstruktionen ersetzt. Hierbei handelte es sich um Seile aus synthetischen

(6-1) Konstruktion eines Kernmantelseiles.

Fasern, die speziell für das Bergsteigen konstruiert wurden. Heutige Kernmantelseile (Abb. 6-1) werden aus einem Kern, bestehend aus geflochtenen oder parallelen Nylonfilamenten, sowie einem Mantel aus weichem geflochtenen Nylon hergestellt. Kernmantelseile besitzen die Vorteile des Nylons, aber bedeuten eine deutliche Verbesserung bezüglich der Probleme, die mit klassischen Nylonseilen unvermeidbar waren, wie Steifheit, Reibung und extreme Elastizität. Heutzutage werden ausschließlich Kernmantelseile zum Klettern benutzt und von der Union Internationale des Associations d'Alpinisme (UIAA), der international akzeptierten Autorität bezüglich Standards für Kletterausrüstungen, zugelassen.

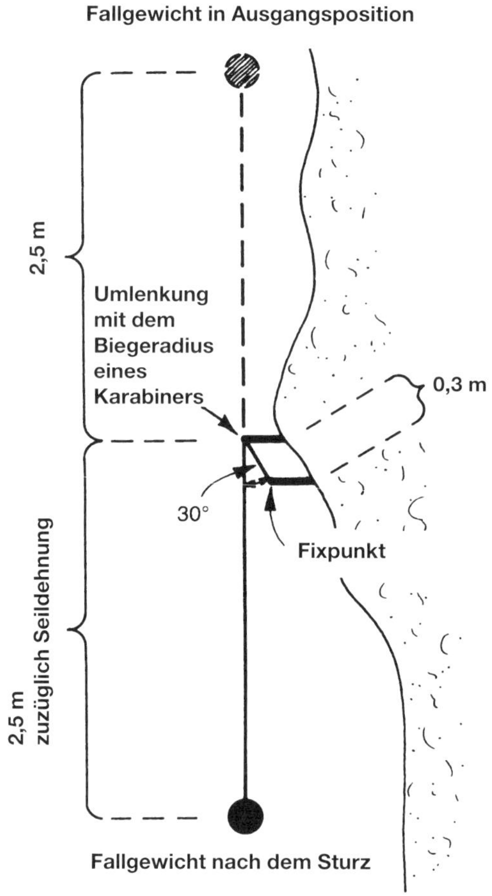


(6-2) Die UIAA Fallprüfung.

## *Der UIAA-Seiltest*

Die UIAA überprüft Ausrüstungen, um festzulegen, welche Gegenstände ihren Standards entsprechen. Bei einem Sport, bei dem ein Versagen der Ausrüstung fatale Folgen haben kann, ist es sinnvoll, beim Kauf eine Ausrüstung zu wählen, welche UIAA-geprüft ist.

Ein grundlegender UIAA-Test überprüft die Festigkeit eines Einfachseils, des von den meisten Kletterern am häufigsten benutzten Seiles. Diese Seile besitzen einen Durchmesser zwischen 9,8 und 12 mm. Bei dem Test hängt die UIAA ein 80 kg schweres Gewicht an das eine Ende eines 2,8 m langen Seilstückes. Das andere Ende ist an einen Sicherungspunkt fixiert, das Seil läuft dabei durch einen Karabiner, welcher 30 cm oberhalb des Fixpunktes angebracht ist. Das Gewicht wird so hoch wie möglich gezogen, es hängt 2,5 m oberhalb des Umlenkpunktes und wird dann im freien Fall 5 m Höhe heruntergestürzt (Abb. 6-2). Der Test simuliert einen schweren, statisch gesicherten Klettersturz. Um die UIAA-Prüfung zu bestehen, muß das Seil mindestens fünf dieser schweren Stürze halten. Der Test mißt darüberhinaus die Kraft, die im Seil auftritt, da diese einen Anhalt dafür gibt, welche Gewalt auf den Kletterer und die Sicherungspunkte einwirkt. Die UIAA-Standards erfordern, daß die Seilkraft 1200 kg (ca. 12 kN) beim ersten Sturz nicht übersteigt. Die UIAA testet ebenfalls

Doppelseile, das sind Seile, die zu speziellen Klettertechniken benutzt werden (s. Kapitel 10). Diese Seile haben gewöhnlich einen Durchmesser von 8 bis 9 mm. Der Test für die Einzelstränge, welche in Doppelseiltechnik genutzt werden, ist identisch zur Testanordnung für Einfachseile mit der einen Ausnahme, daß nur 55 kg Fallgewicht benutzt werden. Jedes Einzelseil muß ebenfalls 5 Stürze halten, und die maximal während des ersten Sturzes auftretende Kraft darf 800 kg (ca. 8 kN) nicht überschreiten.

Darüber hinaus fordert die UIAA statische Zugprüfungen für die Seile, um zu gewährleisten, daß die Seildehnung ein Maximum nicht überschreitet. Eine Last von 80 kg wird dabei an einen Seilstrang von 1 m Länge gehängt. Ein Einfachseil darf dabei nicht um mehr als 8 % verlängert werden. Ein dünneres Seil für die Doppelseiltechnik darf eine Dehnung von maximal 10 % aufweisen.

## Wasserabweisende Seile

Nasse Seile sind in der Handhabung sehr umständlich und weisen ein hohes Eigengewicht auf. Darüberhinaus können sie frieren und hierdurch noch schlechter in der Handhabung werden. Genauso wichtig ist die Erkenntnis, daß in Studien gezeigt werden konnte, daß ein nasses Seil etwa 30 % weniger Haltekraft besitzt als ein trockenes.

Die Seilhersteller bieten speziell behandelte Seile an, um sie gegenüber Wasser widerstandsfähiger zu machen. Hierdurch erhalten sie bessere Benutzungseigenschaften bei nassem Wetter. Die Mäntel und Kerne dieser imprägnierten Seile werden entweder mit einem Silikonmaterial behandelt oder aber mit teflonhaltigem Material beschichtet. Diese Behandlung verbessert darüberhinaus auch die Abriebfestigkeit einiger Seile und vermindert die Seilreibung in den Karabinern. Auf diese Art unbehandelte Seile kosten etwa 15 % mehr als behandelte Seile.

## Seilpflege

Wenn man berücksichtigt, daß ein Kletterseil schützt (nämlich das eigene Leben), ist es leicht verständlich, warum es eine gute Pflege verdient. Ein neues Seil ist extrem belastbar, aber falsche Behandlung kann es leicht schädigen oder gar zerstören. Das Darauftreten auf ein Seil ist eine sehr häufige Form des Mißbrauches, hierdurch werden scharfe Partikel in das Seil gedrückt, einige werden sogar durch den Mantel hindurchgedrückt. Im Laufe der Zeit wirken diese Partikel wie kleine Messer, welche die Nylonfilamente des Seiles durchschneiden. Der Tritt auf das Seil richtet noch mehr Schaden an, wenn dies mit einer scharfen Sohlenkante eines schweren Bergstiefels geschieht. Ganz besonders sollte man darauf achten, nicht auf das Seil zu treten, wenn man Steigeisen trägt. Die Metallzacken des Steigeisens können bei Bergseilen Zerstörungen anrichten, die leider nicht immer sichtbar sind. Steigeisen können den Kern eines Seils beschädigen, ohne eine nennenswerte Verletzung des Mantels zu erzeugen.

Dessen ungeachtet spiegelt der Mantel jedoch den Gesamtzustand des Seiles am besten wieder. Falls er durch ein Steigeisen beschädigt wurde oder falls massiver Abrieb vorliegt, Beschädigungen durch Steinschlag oder scharfe Felskanten gefunden werden, sollte die Seilstruktur intensiv untersucht werden. Häufig ist der beschädigte Teil des Mantels nahe an einem Seilende und das Problem ist somit einfach zu lösen, indem ein paar Meter vom Seil abgeschnitten werden. Allerdings wird es einem in vielen Fällen nicht erspart bleiben, das Seil auszusondern, falls die beschädigte Stelle relativ weit in Seilmitte liegt.

Falls keine nennenswerte Beschädigung des Seilmantels vorliegt ist es deutlich schwieriger zu entscheiden, ob das Seil weiterhin benutzbar ist oder ausgesondert werden muß. Der aktuelle Zustand des Seiles hängt von vielen Faktoren ab, wie z.B. der Häufigkeit der Benutzung, die Vorsicht, mit der es benutzt und gepflegt wurde, die Anzahl der Stürze, die es halten mußte, und auch sein Alter. Im folgenden sind einige generelle Regeln aufgeführt, die eine Hilfe bei dieser Einschätzung bieten können:

- Ein Bergseil, welches täglich benutzt wird, sollte nach einem Jahr ausgesondert werden.
- Ein Bergseil, welches an vielen Wochenenden benutzt wird, sollte etwa zwei Jahre halten.
- Ein Bergseil, welches nur gelegentlich benutzt wird, sollte nach vier Jahren aussortiert werden, da Nylon im Laufe der Jahre verwittert.
- Nach einem schweren Sturz ist es sinnvoll das Seil auch dann auszusortieren, wenn keine feststellbare mechanische Beschädigung vorliegt. Ein neues Seil hält gemäß Testung fünf schwere Stürze, aber wenn das eigene Seil nicht neu ist, sollte man daran denken, daß alle anderen genannten Faktoren die Seilhaltekraft negativ beeinflussen.

Diese Richtlinien setzen voraus, daß das Seil anständig gepflegt und gelagert wird. Ein Seil sollte relativ häufig mit lauwarmen Wasser und einem sanften Reinigungsmittel gewaschen werden. Man sollte es grundsätzlich von Hand und nicht in der Maschine waschen. Vor dem Trocknen sollte das Seil reichlich in klarem Wasser gespült werden, um danach im Schatten zu trocknen.

Bevor man ein Seil nach der Tour wegpackt, sollte man sicherstellen, daß es vollständig trocken ist. Alle Knoten sollten gelöst werden und das Seil in losen Schlingen aufgenommen werden. Die Lagerung erfolgt am besten in einem kühlen trockenen dunklen Raum, der keinerlei Batteriesäure oder andere schärferen Chemikalien enthalten sollte. Auch bei guter Lagerung sollte das Seil regelmäßig kontrolliert werden. Ist der Mantel sauber? Falls nicht, sollte das Seil gewaschen werden. Sind die Enden des Seiles akkurat verschweißt? Wenn nicht, tut man dies mit entsprechendem Werkzeug oder über einen offenen Flamme. Sind die Enden und die Seilmitte gut sichtbar markiert, um sie gegebenenfalls schnell finden zu können? Wenn nicht, markiert man sie unter Berücksichtigung der Hinweise des Herstellers.

## *Das Aufnehmen des Seiles*

Zum Transport oder zur Lagerung wird das Seil normalerweise in Schlingen aufgenommen. Die häufigsten Techniken sind entweder das klassische Aufnehmen als Seilring (Abb. 6-3) oder das Seilpüppchen (Abb. 6-4). Die meisten Kletterer bevorzugen eine der beiden Methoden. Es ist jedoch sinnvoll, beide Techniken zu kennen. Der Seilring hat bestimmte Vorteile, wenn das Seil

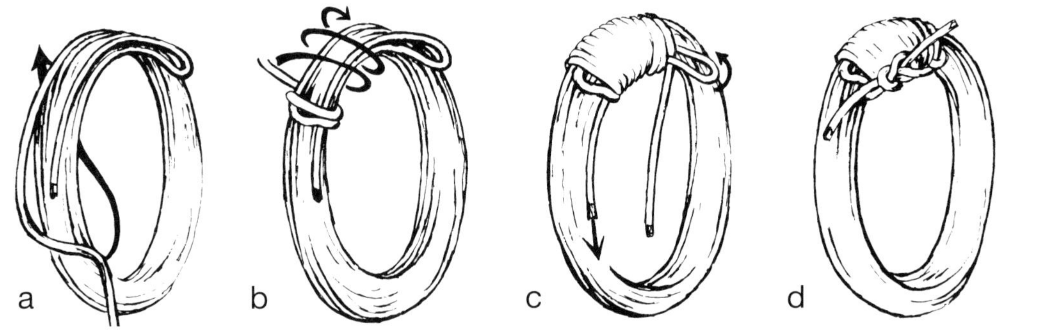

**(6-3) Winden eines Seilrings.**

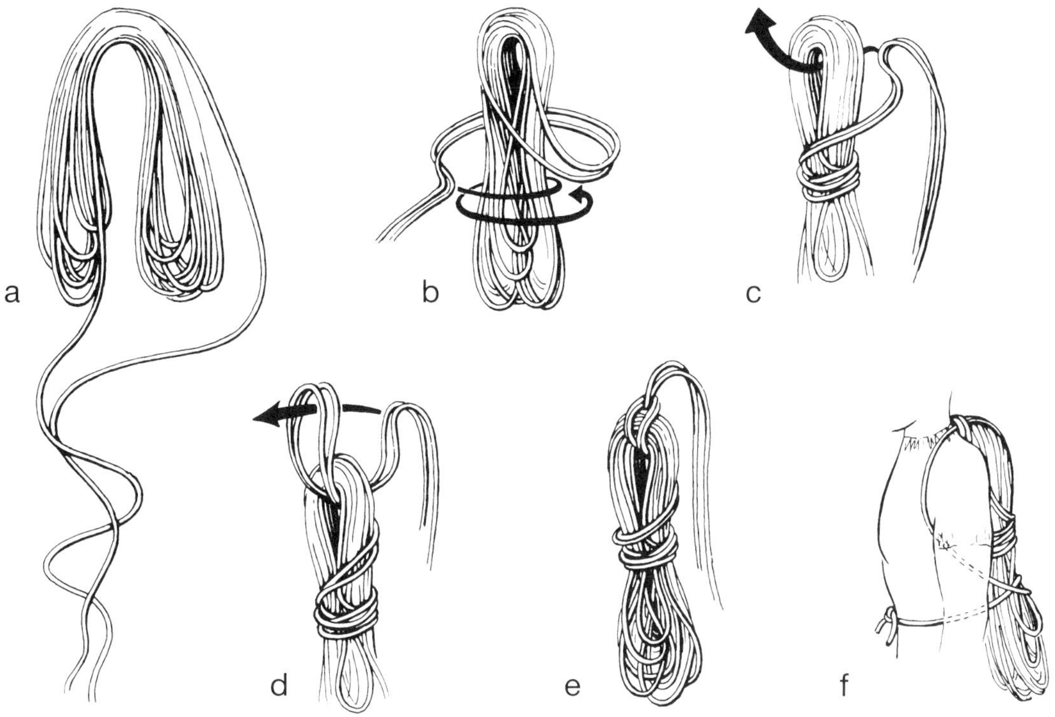


**(6-4) Knüpfen eines Seilpüppchens.**

über einen Rucksack gestreift transportiert wird. Das Aufnehmen als Seilpüppchen ist dagegen deutlich schneller, dreht keine Krangeln und läßt sich problemlos rucksackähnlich tragen, falls man keinen Rucksack mitführt.

Egal, welche Methode man bevorzugt – man sollte auf jeden Fall das Seil vorsichtig ablegen, bevor man es zum Klettern benutzt. Hierzu wird der Knoten des Bündels gelöst und dann das Seil Schlinge für Schlinge auf einen Haufen abgelegt. Falls man das Bündel lediglich hinwerfen würde, um dann an einem Seilende zu ziehen, erzeugt man leicht ein großes Seilchaos («Seilsalat»).

Seiltaschen bieten eine Alternative zum Aufnehmen des Seiles. Diese Taschen schützen das Seil, halten es sauber und trockener und vermindern das Risiko des Verwirrens. Seiltaschen haben eine Schlaufe aus Gewebeband auf dem Taschenboden innen angebracht. Ein Ende des Seiles wird durch die Schlaufe gezogen, bevor der Rest des Seiles in die Tasche gesteckt wird. Man sollte das Seil mit der Schlaufe nicht mittels Karabiner verbinden, da der Karabiner beschädigt werden könnte, falls die Tasche geworfen wird. Bevor man die Seiltasche z. B. zum Vorbereiten einer Abseilstelle abwirft, sollte man auf keinen Fall vergessen, das freie Ende des Seiles zu fixieren.

## Knoten

Knoten erlauben es einem das Seil für vielerlei Zwecke zu benutzen. Sie ermöglichen das Anseilen, die Selbstsicherung im Gelände, das Ver-

(6-7) Die Sackstichschlinge.

binden zweier Seile für lange Rückzugswege, sie ermöglichen das Benutzen von Schlingen um am Seil aufzusteigen und vieles mehr.

Bergsteiger verlassen sich gewöhnlich auf etwa ein Dutzend verschiedener bewährter Knoten (Abb. 6-6 bis 6-26). Diese Knoten unter allen möglichen Bedingungen durchzuführen, ist ein ganz besonderes Problem. Falls man das wirklich ausprobieren möchte, kann man versuchen, diese Knoten unter einer kalten dunklen Dusche zu machen, dies gibt eine ungefähre Vorstellung davon, unter welchen Bedingungen man im Gelände unter Umständen diese Techniken anwenden muß.

| | % | | % |
|---|---|---|---|
| ohne Knoten | 100 | dopp. Spierenstich | 65-70 |
| Boulinknoten | 70-75 | Bandschlingenknoten | 60-70 |
| Achterknoten | 75-80 | Mastwurf | 60-65 |
| Spierenstich | 60-65 | Sackstich | 60-65 |

(6-5) Relative Festigkeit von Knoten (Kernmantelseil, Einfachstrang)

In einigen Fällen kann es notwendig sein, daß mehr als ein Knoten gebraucht wird, um eine bestimmte Technik durchzuführen, auch gibt es Varianten, die es erlauben, einen Knoten zum Erreichen eines bestimmten Zieles zu nutzen. Einige Knoten werden zum Teil deshalb bevorzugt angewendet, weil sie eine höhere Bruchlast haben (Abb. 6-5). Andere werden ausgewählt, weil sie leichter zu lösen oder einfach praktischer zu benutzen sind.

Unabhängig von der Art des Knotens sollte er grundsätzlich korrekt geknüpft werden und frei von Seilverdrehungen sein. Jeder Knoten sollte festgezogen werden und lose Enden mit dem Überhandknoten (Abb. 6-6 a) gesichert werden.

### Der Überhandknoten

Der Überhandknoten (Abb. 6-6 a) wird besonders oft dazu benutzt, lose Seilenden zu sichern, wenn ein anderer Knoten geknüpft wurde. Zum Beispiel kann er benutzt werden, um die Seilenden eines Kreuzknotens (Abb. 6-6 b) oder eines Achterknotens (Abb. 6-6 c) zu sichern.

### Der Sackstich

Der Sackstich (Abb. 6-7) wird sehr häufig zum Herstellen von Schlaufen in Prusikschlingen oder anderem Seilmaterial benutzt.

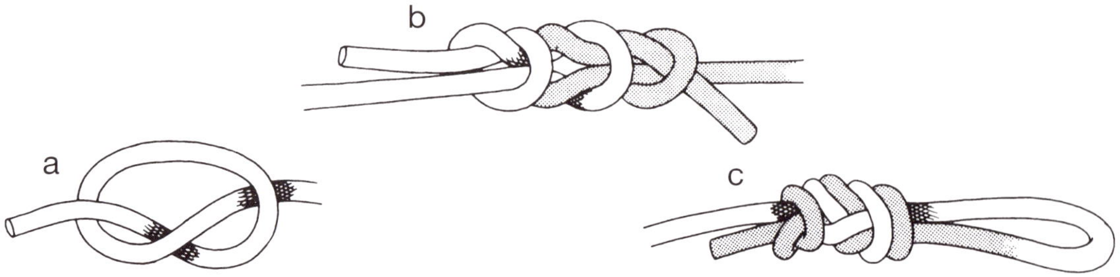


(6-6) Der Überhandknoten: a) und b) Einknüpfen eines Überhandknotens; c) Überhandknoten zur Absicherung einer Achterschlinge.

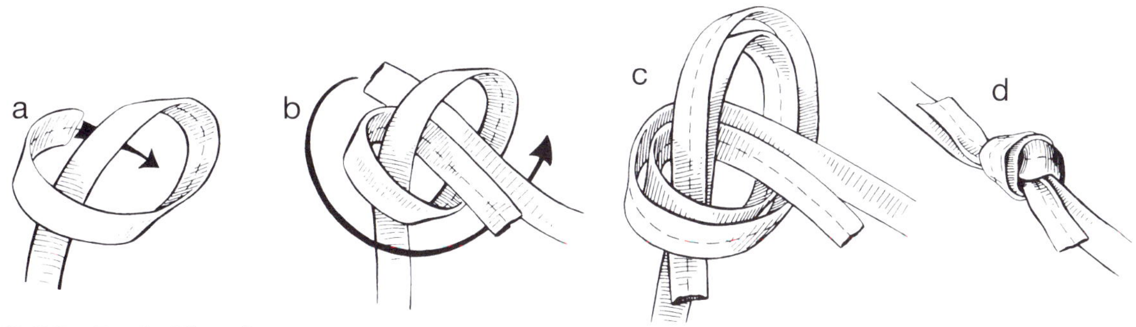


(6-8) Der Bandschlingenknoten

## Der Bandschlingenknoten

Der Bandschlingenknoten (Abb. 6-8) ist der einzige Knoten, welcher Bandschlingenmaterial zuverlässig verbindet. Dieser Knoten kann sich insbesondere bei steifem Bandmaterial durch den

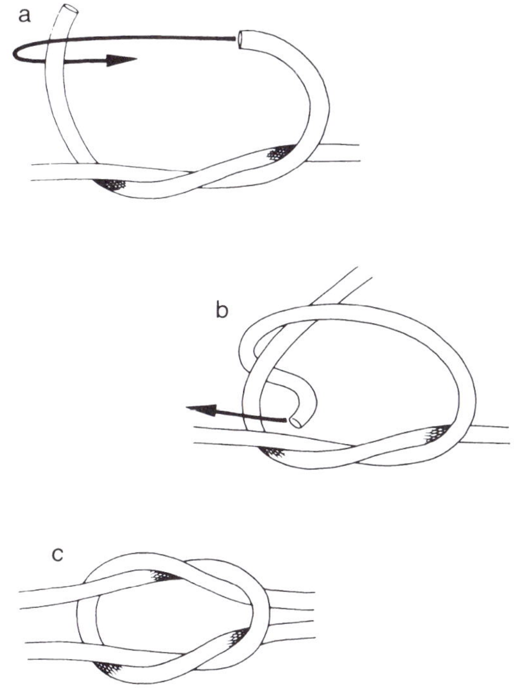


(6-9) Der Kreuzknoten.

(6-10) Der Spierenstich.

Gebrauch lockern, daher sollte man darauf achten, daß dieser Knoten sehr festgezogen wird und die losen Enden etwa 10 cm lang sind. Unabhängig davon sollte der Knoten des öfteren kontrolliert werden.

## Der Kreuzknoten

Der Kreuzknoten (Abb. 6-9) kann zu vielerlei Anwendungen, vor allem am Lager (Zubinden von Packsäcken usw.) genutzt werden. Darüber hinaus wird er oft benutzt, um ein aufgenommenes Seil abzubinden.

## Der Spierenstich

Der Spierenstich (Abb. 6-10) wird benutzt, um zwei Seile miteinander zu verbinden. Sehr häufig wird der einfache Spierenstich durch den doppelten Spierenstich ersetzt. Hier wird er vor allen

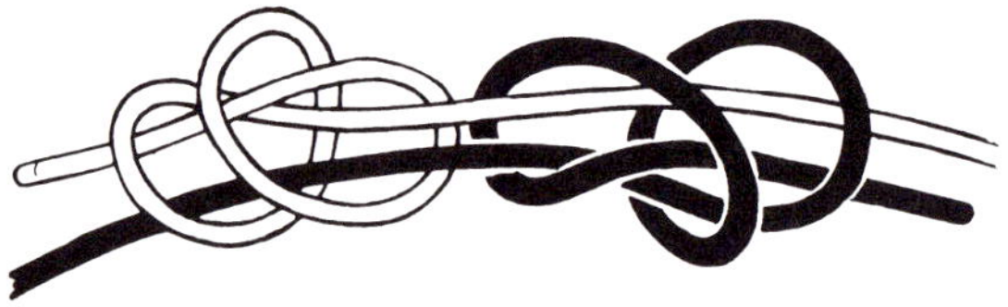

(6-11) Der doppelte Spierenstich.

Dingen deshalb aufgeführt um den Unterschied zum doppelten Spierenstich zu verdeutlichen.

### Der doppelte Spierenstich

Der doppelte Spierenstich (Abb. 6-11) ist der sicherste und festeste Knoten um zwei Seile z. B. zu Abseilzwecken miteinander zu verbinden.

### Die Achterschlinge

Die Achterschlinge (Abb. 6-12) ist ein hoch belastbarer Knoten und kann nach Belastung relativ gut gelöst werden.

### Der gesteckte Achterknoten

Der gesteckte Achterknoten (Abb. 6-13) ist ein exzellenter Knoten, um den Klettergurt mit dem Seil zu verbinden. Man kann ihn zusätzlich durch einen oder zwei Überhandknoten in dem losen Ende absichern. Darüber hinaus kann dieser Knoten benutzt werden, um ein Seil an einer Verankerung zu fixieren.

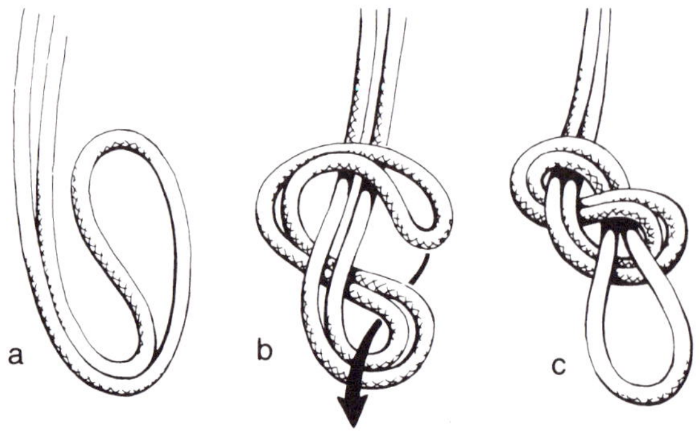


(6-12) Die Achterschlinge.

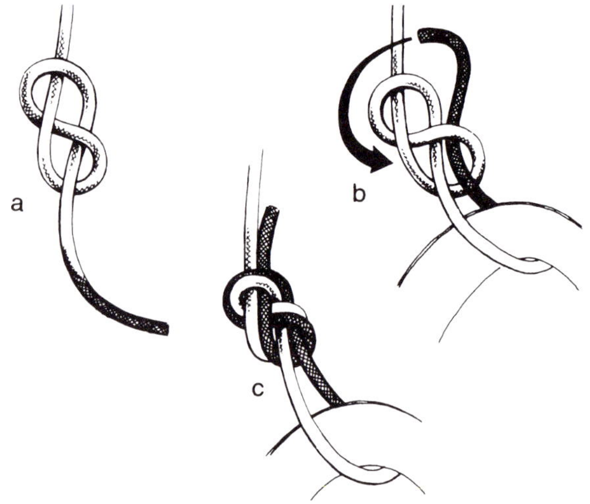


(6-13) Die gesteckte Achterschlinge.

### Der doppelte gesteckte Achterknoten

Der doppelte gesteckte Achterknoten (Abb. 6-14) wird benutzt, um den Mittelmann eines Dreierteams in das Seil einzubinden. Das lose Ende sollte mit einem Überhandknoten oder Karabiner gesichert werden.

### Der Bulinknoten (Palstek)

Der Bulinknoten (Abb. 6-15) erzeugt eine Schlinge am Ende eines Bergseiles, welche sich nicht zuzieht und wird klassischerweise benutzt, um ein Bergseil an einem Baum oder einer Verankerung zu fixieren. Das lose Ende sollte mit einem Überhandknoten gesichert werden. Dieses lose Ende sollte den Knoten übrigens auf der Innenseite der Schlinge verlassen, da der Knoten dann wesentlich belastbarer ist als wenn das lose Ende bei spiegelverkehrter Knüpfung des Knotens diesen auf der Außenseite verlassen würde.

### Der gesteckte Bulinknoten

Der gesteckte Bulinknoten (Abb. 6-16) ist ebenfalls ein sehr praktischer Knoten, um einen Klettergurt mit dem Seil zu verbinden. Er kann anstatt des Achterknotens benutzt werden. Wenn sich

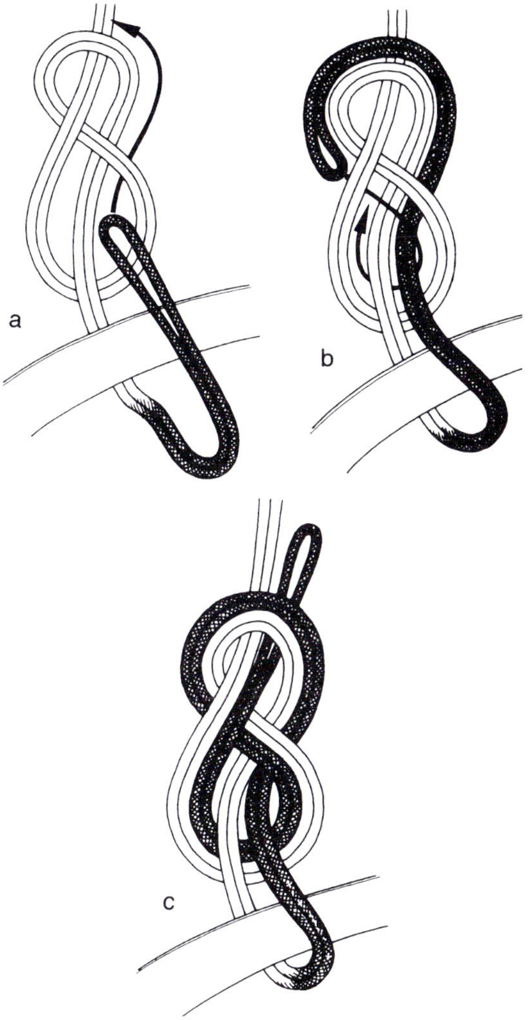


(6-14) Die doppelte gesteckte Achterschlinge.

im Verlaufe der Tour eine der beiden Schlingen lösen sollte, ist man trotzdem mit einem einfachen Bulinknoten angeseilt. (Anmerkung des Übersetzers: Da sich der Bulinknoten bei Ringbelastung lösen kann, wird im europäischen Raume von seiner Benutzung zum Zwecke des Anseilens dringend abgeraten! Bei der Anwendung um Baumstämme u.ä. muß die Schlinge großzügig bemessen werden, so daß die Seilstränge den Knoten so parallel wie möglich verlassen und eine Ringbelastung vermieden wird!)

**Der doppelte Bulinknoten**

Die mittlere Person eines Dreierteams kann sich mit einem doppelten Bulinknoten gemäß Abb. 6-17 anseilen. Das lose Ende sollte mit einem Überhandknoten oder wie in der Abbildung gezeigt mit einem Karabiner gesichert werden. (Anmerkung des Übersetzers: Bei dieser Knotenvariante besteht nach Absicherung durch den Karabiner nicht das oben erwähnte Problem des unverhofften Lösens bei Ringbelastung).

**Der Mastwurf**

Der Mastwurf (Abb. 6-18 und 6-22) ist ein schnell zu fertigender Knoten, um das Seil in einen Karabiner am Fixpunkt einzuhängen. Der Vorteil des Mastwurfes ist es, daß man ohne ihn zu lösen, die Länge des Seiles variieren kann.

**Der doppelte Bandknoten**

Der doppelte Bandknoten (Abb. 6-19) wird manchmal anstatt des Bandschlingenknotens verwendet, wenn es darum geht, einen improvisierten Sitzgurt aus Flachbandmaterial herzustellen. Sein Vorteil ist, daß die Stränge leichter in ihrer Länge zu verstellen sind. Allerdings neigt dieser Knoten dazu, sich zu lockern. Daher sollte man die losen Enden immer mit Überhandknoten absichern.

**Ankerstich**

Der Ankerstich (Abb. 6-20) ist ein einfacher Knoten, welcher vor allem dazu benutzt wird, nicht vollständig eingeschlagene Haken abzubinden. Gleichermaßen kann man bei Eisschrauben verfahren werden. Alternativ zum Ankerstich bietet sich eine Variante dieses Knotens gemäß Abb. 6-21 an, auch kann man Haken mittels Mastwurf gemäß Abb. 6-22 abbinden.

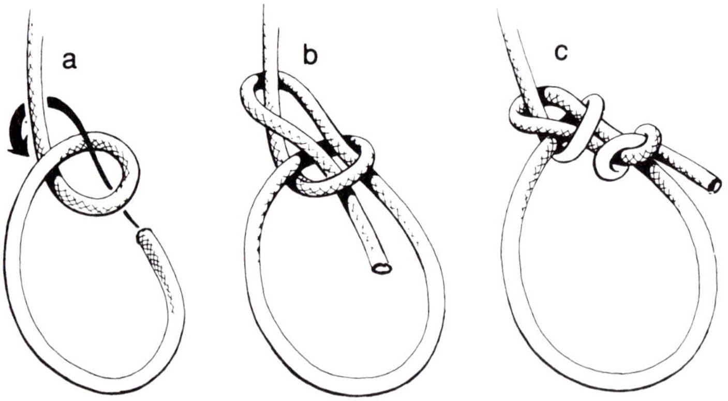


(6-15) Der Boulinknoten.

## Klemmknoten

Klemmknoten ermöglichen auf einfache Art und Weise den Aufstieg an einem Seil. Der Knoten klemmt am Seil, wenn er belastet wird, er ist aber nach Entlastung frei verschiebbar. Der wohl bekannteste Klemmknoten ist der Prusikknoten, aber andere wie der Karabinerklemmknoten oder der Prohaskaknoten sind genauso nützlich.

### Der Prusikknoten

Der Prusikknoten (Abb. 6-23) entsteht durch einige Schlingen einer dünnen Reepschnur, welche um das Bergseil herumgewunden wird und schon ist er fertig. Die Reepschnurschlinge hat normalerweise einen Durchmesser von 5 bis 7 mm und wird zwei- ggf. auch dreimal um das Seil gewickelt. Vereiste Seile oder hohe Belastungen benötigen mehr Umwicklungen als eine Situation mit geringer Last an trockenen Seilen. Die Prusikschlinge muß einen deutlich geringeren Durchmesser aufweisen als das Kletterseil: je größer dor Durchmesserunterschied ist, desto besser greift der Knoten. Flachband wird für Prusikknoten nicht verwendet, da ein auf diese Weise ge-

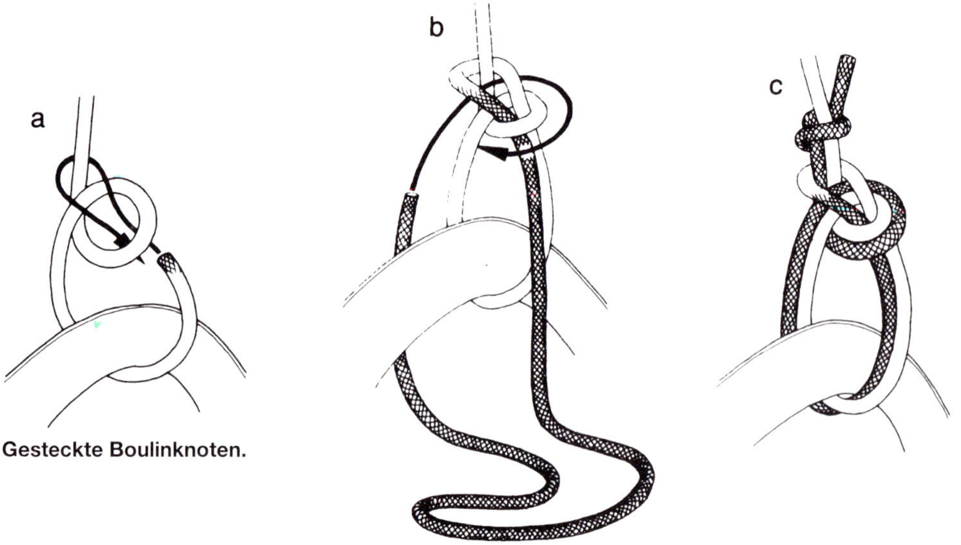


(6-16) Der Gesteckte Boulinknoten.

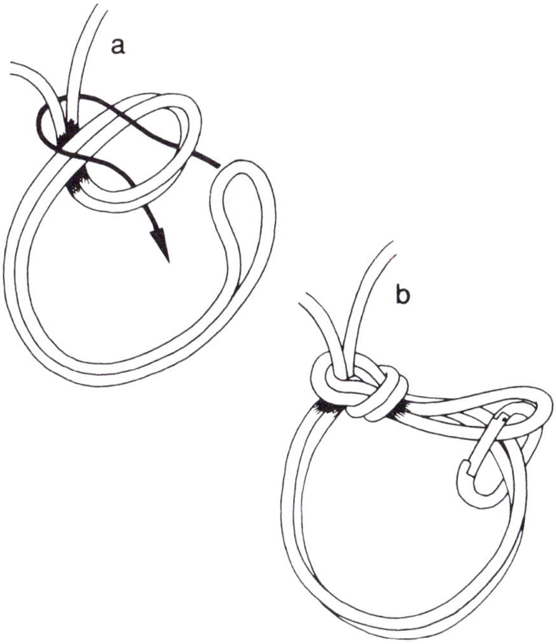


(6-17) Doppelter Boulinknoten.

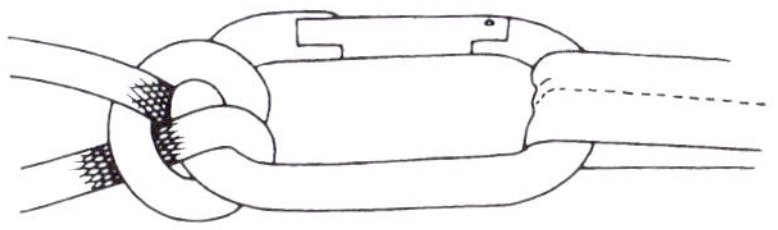

(6-18) Der Mastwurf.

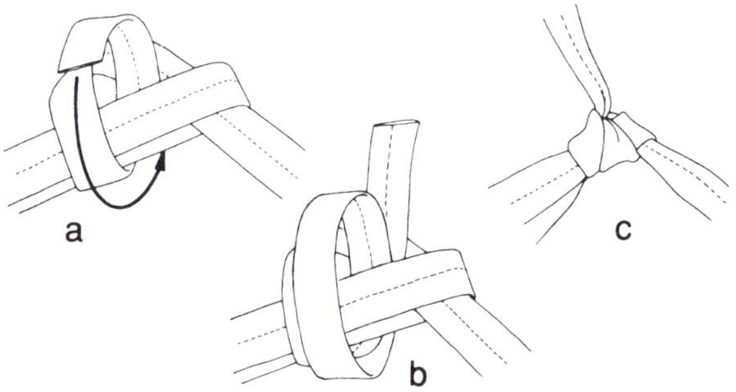


(6-19) Doppelter Bandschlingenknoten.

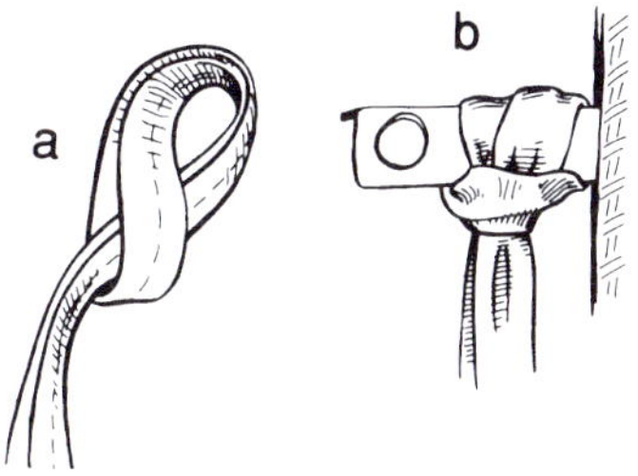


(6-20) Der Ankerstich.

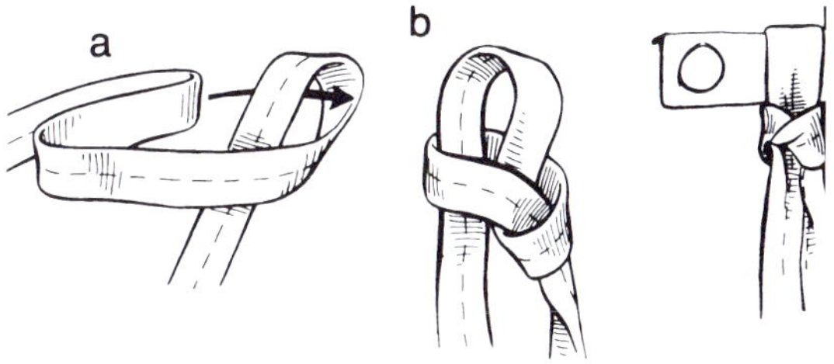


(6-21) Der Schleifknoten

knüpfter Knoten nicht hält.

Wenn man zwei Schlingen mittels Prusikknoten am Bergseil anbringt, kann man am Seil aufsteigen. Dies geschieht, indem man sich in eine Schlinge stellt und die andere Schlinge völlig entlastet. Nun kann man den entlasteten Knoten am Seil hinaufschieben. Danach tritt man in die nun höher geschobene Schlinge, entlastet die andere Schlinge und schiebt diese ebenfalls nach oben. Diesen Vorgang wiederholt man so oft wie nötig und wird zwar langsam aber stetig an Höhe gewinnen (s. auch Kapitel 13). Der Knoten wird darüber hinaus benutzt, um verschiedene Rettungstechniken abzusichern.

## Der Karabinerklemmknoten

Der Karabinerklemmknoten (Bachmannknoten) wird für dieselben Zwecke benutzt wie der Prusikknoten. Hier wird die Schlinge um einen Karabiner herumgewickelt. Auf diese Weise ist der Knoten wesentlich schneller hergestellt als der

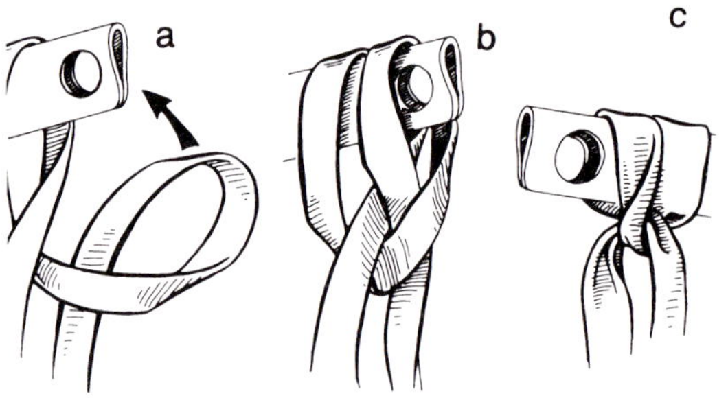


(6-22) Der Mastwurf.

## Der Klemmheistnoten

Der Klemmheistknoten (Abb. 6-25) stellt eine andere Alternative zum Prusikknoten dar. Sein Vorteil ist, daß er auch mit einer nicht allzu steifen Bandschlinge hergestellt werden kann. Die Schlinge wird um das Bergseil spiralförmig herumgewunden und dann durch die Schlinge am losen Ende hindurchgezogen. Die Variante gemäß Abb. 6-25 c ist eine verbesserte Version des Knotens, welche bei gleicher Haltbarkeit besser zu lösen und zu verschieben ist. Der Knoten kann ebenfalls um einen Karabiner herumgewickelt werden, hierdurch ergibt sich ein gutes Handling (Abb. 6-25 d).

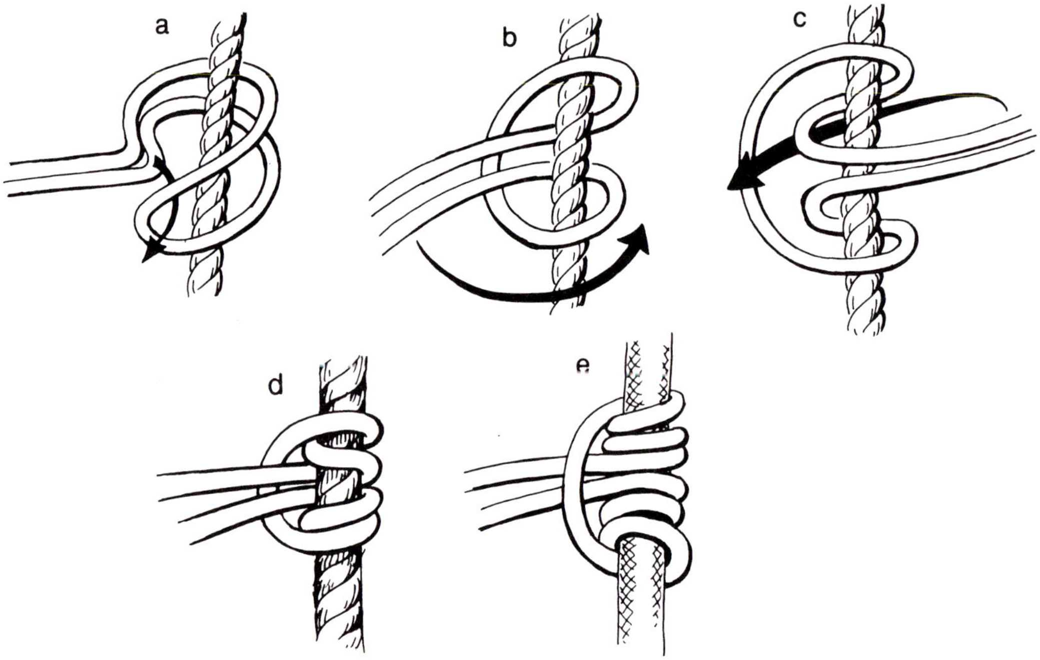


**(6-23) Prusikknoten: a)-c) Vorgehensweise beim Knüpfen des Prusikknotens; d) Normaler, zweifach geschlungener Prusikknoten; e) Dreifach geschlungener Prusikknoten.**

Prusikknoten. Der Karabinerklemmknoten hat den Vorteil, daß er sich nicht so festzieht wie ein Prusikknoten dies kann, somit ist er insbesondere für geschwächte und verletzte Personen leichter zu handhaben.

## Der HMS-Knoten

Der HMS-Knoten ist ein einfacher Knoten, welcher in den Karabiner gehängt wird und dazu

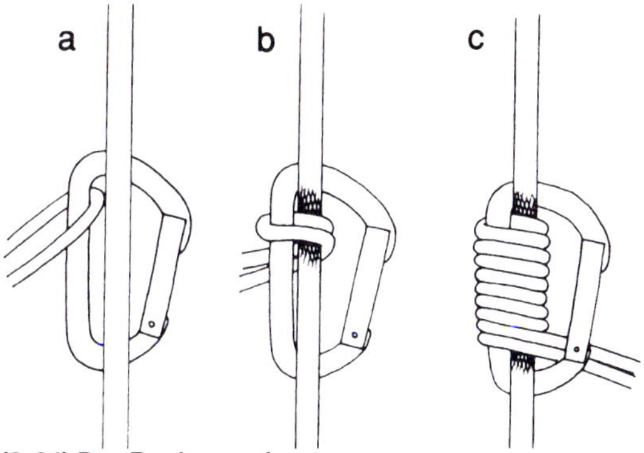


(6-24) Der Bachmannknoten (Karabinerklemmknoten)

dient, hohe Seilreibung zu erzeugen. Hierdurch ergibt sich eine exzellente Methode, einen Kletterer zu sichern oder auch einen Kletterer oder eine Last abzulassen, da dieser Knoten sich automatisch im Karabiner umkehrt. Darüber hinaus kann er auch die notwendige Seilreibung beim Abseilen erzeugen. Er verursacht aber erhebliche Seilkrangeln, viel mehr als andere Abseilmethoden. Der HMS-Knoten (Abb. 6-26) ist außerordentlich einfach zu machen und zu nutzen und das einzige zusätzliche Ausrüstungsteil, welches gebraucht wird, ist ein birnenförmiger Schraub-

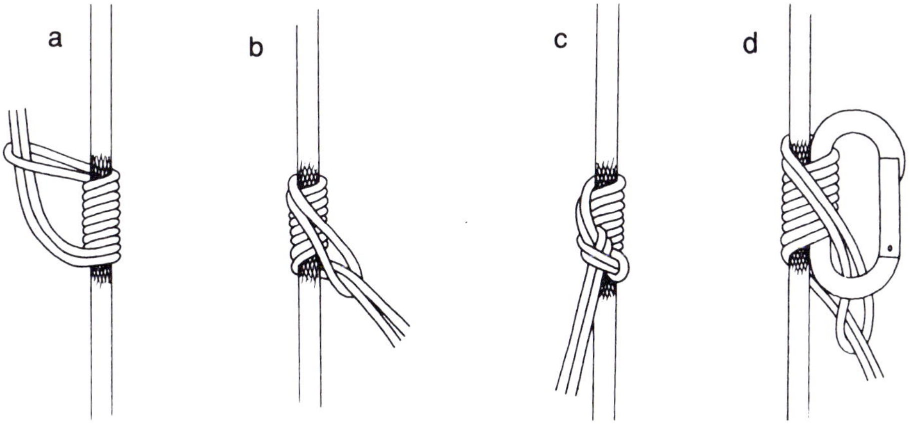


(6-25) Klemheistknoten: a) bis b) Knüpfen des Klemheistknotens; c) Abbinden des fertigen Knotens; d) Klemheistknoten mit Karabiner.

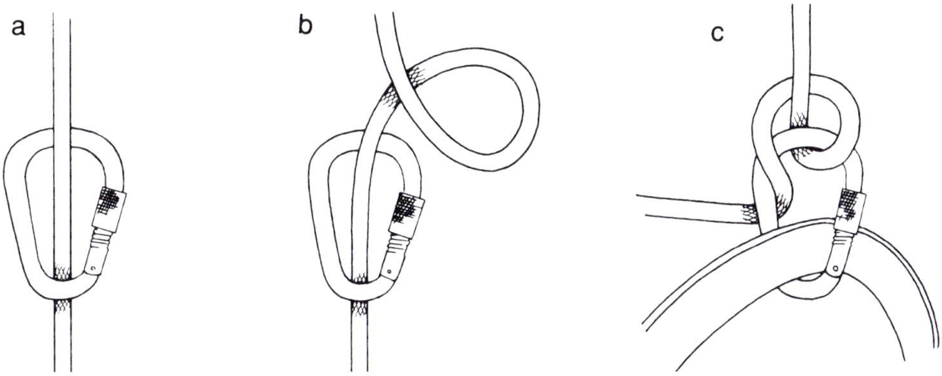


(6-26) Der Halbmastwurfknoten (HMS).

karabiner. Auch wenn man spezielle Sicherungsgeräte bevorzugt, sollte man unbedingt diesen Knoten für Notfälle kennen.

# Der Klettergurt

In früheren Zeiten banden sich Bergsteiger das Seil um die Brust und seilten sich mit einem Bulinknoten (Abb. 6-27) an. Von dieser Technik muß heutzutage dringend abgeraten werden, da bei größeren Stürzen eine erhebliche Verletzungsgefahr für Rücken und Rippen besteht. Falls man nach dem Sturz frei hängen sollte wie dies bei Stürzen in Gletscherspalten oder an Überhängen passieren kann, wird der Brustraum zusammengeschnürt, die Atmung behindert und ein Schockgeschehen setzt ein.

Heutzutage nutzen Kletterer, die ein wenig Gesundheitsbewußtsein haben, einen Klettergurt, welcher die Wucht des Sturzes über den Körper verteilt. Daher kann die Anseilmethode gemäß Abb. 6-27 lediglich als Notlösung in Betracht gezogen werden. Das Anseilen mit dem Klettergurt erfolgt mit dem Achterknoten oder tur den mittleren einer Dreiergruppe mit dem gesteckten doppelten Achterknoten (s. o.).

## Kommerziell erhältliche Anseilgurte

Bei gut angepaßten Beinschlingen sitzt ein Sitzgurt bequem an den Hüften und überträgt die Wucht eines Sturzes auf das Becken und die Oberschenkel. Darüber hinaus gewährleistet ein solcher Gurt ein bequemes Sitzen beim Abseilen.

Verschiedene Details sollten speziell bei einem im Gebirge benutzten Sitzgurt beachtet werden (Abb. 6-28). Einstellbare Beinschlaufen ermöglichen einen guten Tragekomfort, unabhändig davon, wieviel Kleidung man trägt. Außerdem können Beinschlaufen gelöst werden, um einem dringlichen menschlichen Bedürfnis nachzukommen, ohne daß man sich aus dem Gurt

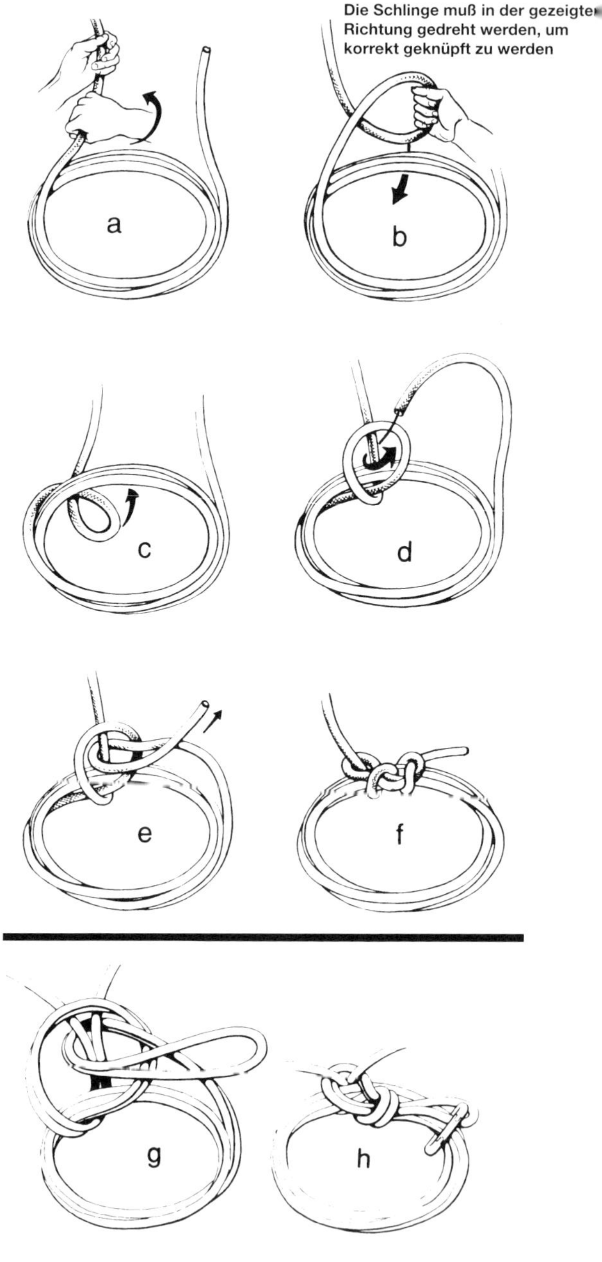


**(6-27) Improvisierter Anseilgurt mit Boulinknoten: a) bis f) für Kletterer am Seilende; g) bis h) Variante für eine Person in Seilmitte. Die gezeigte Anseilform ist ausschließlich für Notfälle gedacht!**

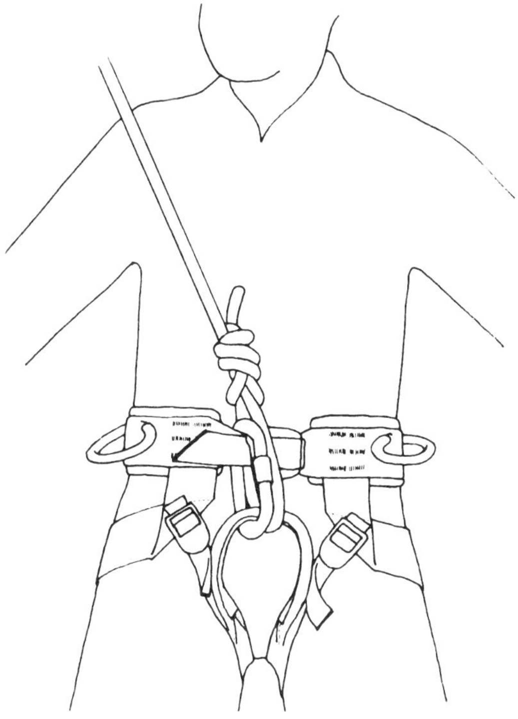

(6-28) Kommerzieller Sitzgurt mit den im Text näher beschriebenen Eigenschaften.

komplett ausbinden muß. Wenn der Taillenverschluß des Sitzgurtes leicht seitwärts angebracht ist, vermeidet man Schwierigkeiten beim Einklinken von Karabinern auf der Vorderseite des Gurtes, auch kann man die dort angebrachten Karabiner etwas zu beiden Seiten verschieben. Materialschlingen sollten beidseits angebracht sein, um Karabiner und weitere Kletterausrüstung griffbereit zu haben. Gepolsterte Hüft- und Beinschlingen erhöhen den Tragekomfort.

Man sollte unbedingt den Herstellerangaben folgen, wenn man den Sitzgurt anlegt. Bei den meisten Sitzgurten muß man den Hüftgurt schließen und danach das Band ein zweites Mal zurückführen, damit der Schlaufenverschluß sicher schließt. Sicherheitshalber sollte das lose Ende mindestens 5, besser 10 cm lang sein.

## *Improvisierte Sitzgurte*

Improvisierte Sitzgurte sind eine weitere Möglichkeit sich mit dem Seil zu verbinden. Sie können im einfachsten Fall aus etwa 7 m langem, ca. 2 - 2,5 cm breitem Flachband hergestellt werden. Etwa 1,5 m von einem Ende knüpft man mittels

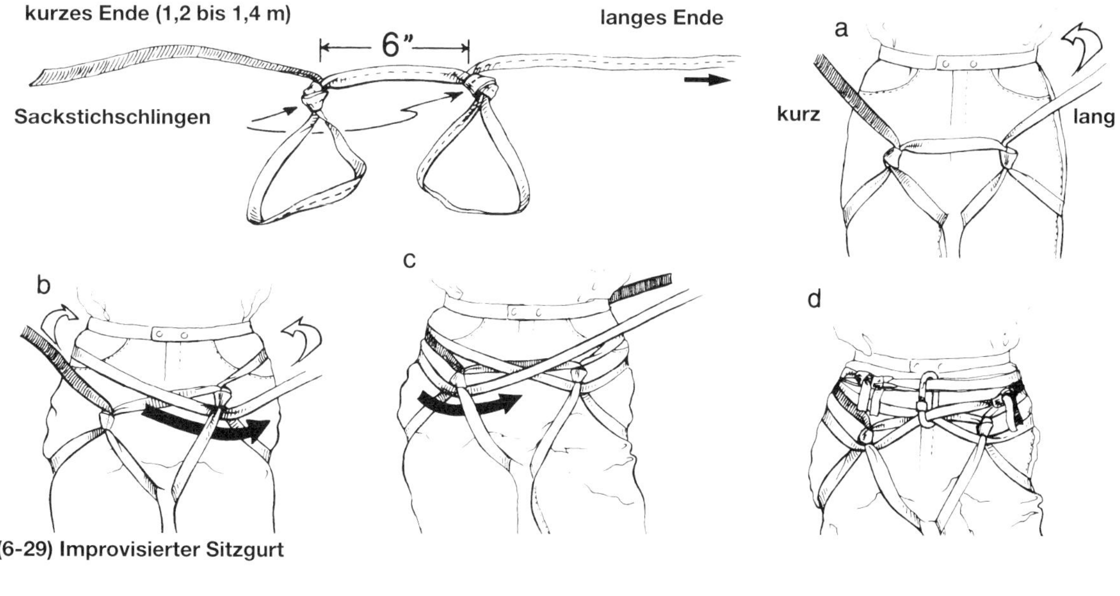


(6-29) Improvisierter Sitzgurt

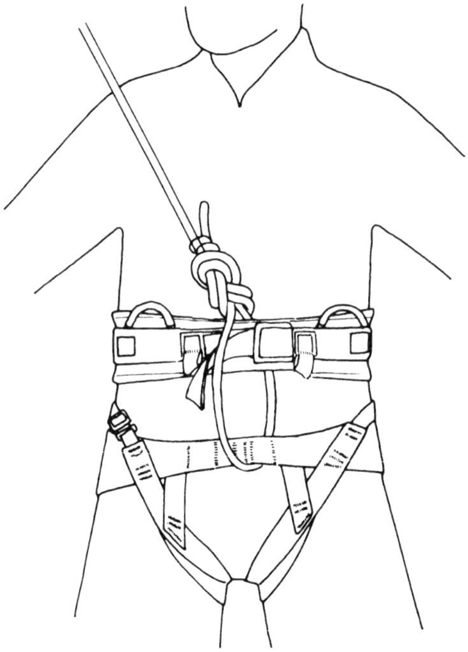

(6-30) Der Swamigurt.

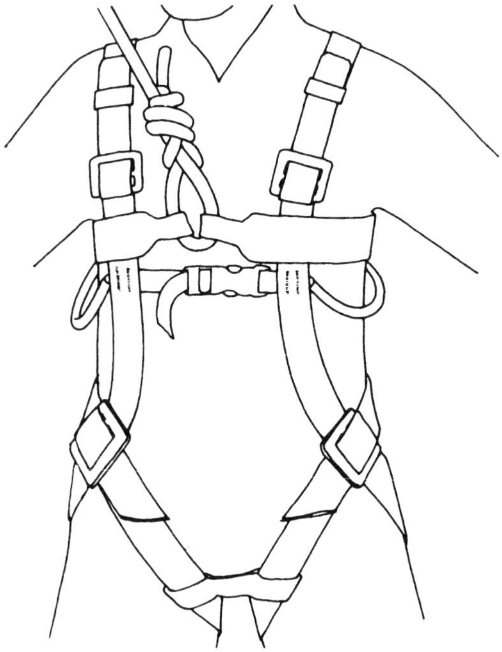

(6-31) Der Komplettgurt.

Sackstich zwei Schlingen (zwischen den Schlingen sollte eine Distanz ungefähr 20 cm liegen). Die Schlingen sollten gerade groß genug sein, um über die Oberschenkel gestreift werden zu können. Einmal übergezogen, sollten die Schlingen am Ort bleiben, und gemäß Abb. 6-29 der Gurt vollendet werden. Das Verbinden der beiden losen Enden erfolgt mit einem Kreuzknoten, welcher mit zwei Überhandknoten gesichert wird.

## Brustsitzgurte (Swamigurte)

Swamigurte (Abb. 6-30) sind eine in Europa weniger übliche Technik des Anseilens, sie werden von einigen wenigen Herstellern produziert und werden mit einem gesteckten Achterknoten mit dem Bergseil verbunden. Die Gurte sind groß genug, um im Brustraum einen einigermaßen guten Tragekomfort zu gewähren und verteilen die Sturzwucht auf den unteren Körperbereich. Allerdings schnüren sie die Atmung erheblich ein falls man frei hängt. Zusätzliche Beinschlaufen machen die ursprünglich lediglich um den Brustraum führende Konstruktion letztendlich zu einer Variante des Sitzgurtes.

## Komplettgurte

Da nur durch die Kombination eines Sitzgurtes mit einer Oberkörperfixation ein hohes Maß an Sicherheit bei Stürzen zu erreichen war, waren Komplettgurte früher die einzige Gurtkonstruktion, die seitens der UIAA als geprüft akzeptiert wurde (Abb. 6-31). Diese Gurtkonstruktionen haben einen relativ hoch liegenden Anseilpunkt. Hierdurch wird das Risiko des Überschlagens nach hinten während des Absturzes deutlich vermindert, insbesondere auch dann, wenn ein Rucksack einen kopflastig macht. Da ein Komplettgurt die Sturzwucht über den gesamten Körperstamm verteilt, ist das Risiko einer Verletzung der Lendenwirbelsäule geringer als bei den bisher beschriebenen

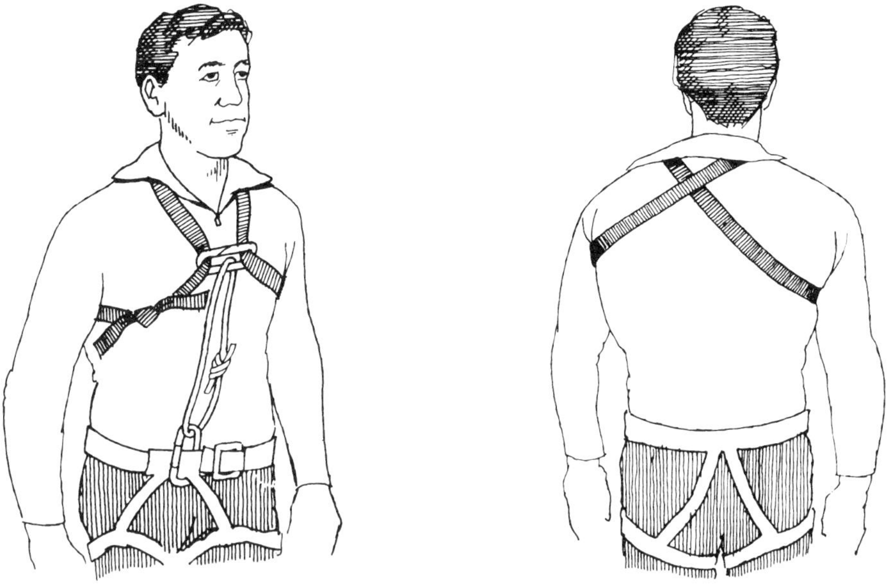

(6-32) Improvisation des Brustgurtes mit Schlinge und Karabiner

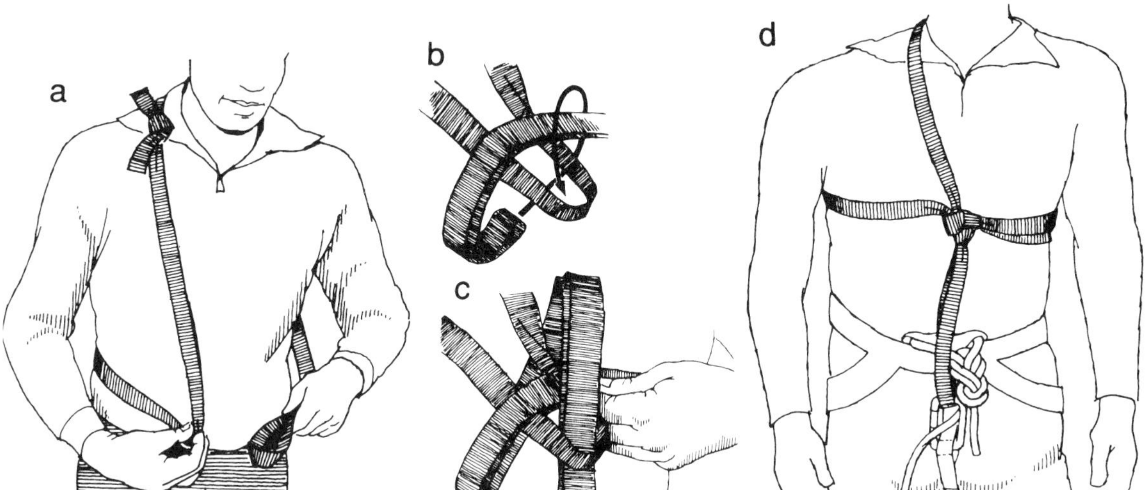


(6-33) Improvisierter Brustgurt aus geknüpftem Flachband.

Gurtkombinationen. Auch wenn sie zweifellos sicherer sind, werden sie von vielen Kletterern nicht gerne getragen. Abgesehen davon, daß sie teurer sind, behindern sie mehr und es ist aufwendiger mit mehr oder weniger Kleidung auf Klimaänderungen zu reagieren. Deshalb bevorzugen die meisten Kletterer nach wie vor Sitzgurte für die meisten Unternehmungen und improvisieren einen leichten Brustgurt, falls dies notwendig erscheint, z. B. bei Unternehmungen mit schwerem Rucksack bei Gletscherüberquerungen oder bei technischen Klettereien oder großen Überhängen. (Anmerkung des Übersetzers: Die Kombination eines modernen Sportklettergurtes mit einem leichten Brustgurt stellt gemäß UIAA-Auffassung derzeit den optimalen Kompromiß aus Gesundheitsschutz und Bewegungsfreiheit dar).

## Brustgurte

Ein Brustgurt kann durchaus auch mit einer langen Schlinge improvisiert werden. Relativ häufig wird dies getan, indem die Schlinge gemäß Abb. 6-32 über die Schulter gezogen und dann mit einem Schraubkarabiner geschlossen wird. Es ist natürlich ebenfalls möglich, die Enden mit einem Knoten zu verbinden.

**Brustgurt mit Karabiner:** Man nimmt eine lange Flachbandschlinge. Durch Drehen erhält man einen achtförmigen Verlauf. Man steckt durch jede Schlinge einen Arm, die Kreuzung der Acht kommt auf den Rücken. Da die Schlinge eng anliegen sollte, ist es hilfreich, zunächst beide Arme durch die Schlaufen zu stecken und dann die genannte Kreuzung der Schlingen über den Kopf zu heben. Beide Schlaufen werden vor der Brust mit einem Karabiner verbunden und mit einer weiteren Schlinge die Verbindung zum Sitzgurt hergestellt (Abb. 6-32). Durch diese Verbindung wird vermieden, daß der Brustgurt über die Schultern nach oben wegrutscht.

Abschließend wird der Brustgurt mit dem Klettergurt verbunden, so daß verhindert wird, daß man nach einem möglichen Sturz kopfüber hängt. Es gibt zwei Möglichkeiten, diese Verbindung vorzunehmen. Zum einen kann man einfach das Kletterseil, welches am Sitzgurt befestigt ist, durch den Karabiner am Brustgurt hindurchführen. Die andere Möglichkeit besteht darin, eine kurze Prusikschlinge am Kletterseil zu befestigen und im Karabiner am Brustgurt einzuklinken. Wenn man die Prusikschlinge benutzt, sollte man darauf achten, daß sie die richtige Länge aufweist, um den Oberkörper aufrecht zu halten, andererseits sollte sie lang genug sein, daß die Sturzwucht vom Sitzgurt und nicht vom Prusik aufgefangen wird.

**Der Brustgurt nach Baudrier:** Dieser Brustgurt wird ebenfalls mit einer langen Schlinge hergestellt, man benötigt allerdings etwas mehr Zeit als bei der vorher beschriebenen Variante. Zuerst steckt man einen Arm durch die Schlinge und hängt diese über eine Schulter. Das andere Ende wird um den Rücken herumgezogen und unter den gegenüberliegenden Arm hindurch quer über die Brust geführt. Nun wird dieses lose Ende verknotet (Abb. 6-33 b und c). Die lose Schlinge dieses Brustgurtes wird direkt mit einem Schraubkarabiner am sitzgurt befestigt (Abb. 6-33 d).

Dieser Anseilgurt wird mit dem Bergseil genauso verbunden wie der eben beschriebene improvisierte Brustgurt, nämlich entweder indem man das Bergseil mit einem Karabiner am Brustgurt entlangführt oder indem man eine kurze Prusikschlinge zwischen Bergseil und Brustgurt einbindet.

Unabhängig davon, welches Anseilsystem benutzt wird, sollte man im Auge behalten, daß Gurtmaterialien durch Gebrauch, Mißbrauch und Alterung leiden. Der Anseilgurt sollte etwa genauso oft erneuert werden wie das Bergseil.

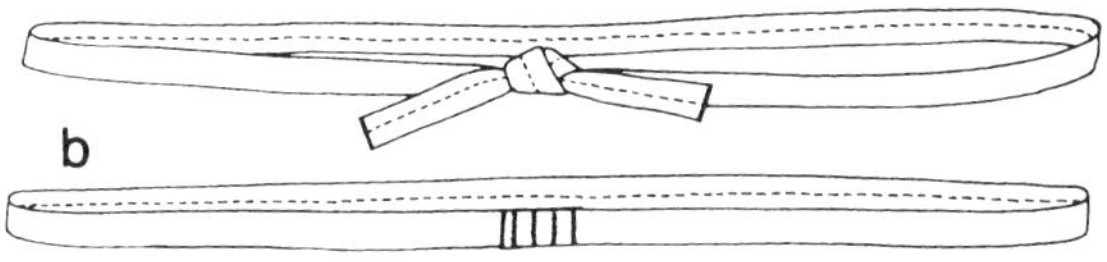


(6-34) Schlingen aus Flachbandmaterial: a) Geknotete Schlinge; b) Genähte Schlinge.

## Bandschlingen

Bandschlingen aus Schlauch- oder Flachband gehören zu den einfachsten und nützlichsten Ausrüstungsteilen beim Klettern. Man benutzt sie sehr häufig als besonders wichtiges Teil der Sicherungskette. Bandschlingen werden gewöhnlich aus 1,5 bis 2 cm breitem Perlonmaterial hergestellt. Selbstgemachte Schlingen sollten immer mit einem Bandschlingenknoten verbunden werden. Die Enden selbstgeschnittenen Bandmaterials sollten immer mit entsprechendem Werkzeug oder einer offenen Flamme verschmolzen werden, um ein Aufrebbeln des Materials zu verhindern.

Die Standardbandschlinge wird aus Flachband von ca. 1,80 m Länge geknüpft. Nützlich sind darüberhinaus einige Bandschlingen doppelter Länge. Um während des Kletterns so schnell wie möglich die unterschiedlichen Längen zu erkennen, sollte man jede Länge aus einem Flachband bestimmter Farbe herstellen. Auch sollte man die eigenen Initialien und das »Herstellungsdatum« auf die losen Enden schreiben. So weiß man immer, wem die Bandschlinge gehört und wann sie ersetzt werden sollte.

Geknüpfte Bandschlingen (Abb. 6-34 a) haben einige Vorteile im Vergleich zu kommerziell erhältlichen genähten Schlingen. Sie sind preiswerter herzustellen, können gelöst und dann um Bäume oder in Sanduhren gebunden werden, auch kann man sie nach Lösen mehrerer Bandschlingen aneinanderknüpfen, um eine extra lange Schlinge zu erhalten. Allerdings haben auch industriell genähte Schlingen (Abb. 6-34 b) einige Vorteile. Genähte Schlingen sind normalerweise fester, leichter und benötigen weniger Platz als geknotete Schlingen. Darüberhinaus besteht nicht das Risiko, daß sich der Knoten löst.

Genähte Schlingen gibt es überlicherweise in vier Längen, wobei insbesondere die kurzen Versionen mit zwei Karabinern als flexible schnelle Zwischensicherungen weit verbreitet sind. Bandschlingen, welche aus Spectra hergestellt sind, sind haltbarer und werden nicht so leicht durch Ultraviolettstrahlung beschädigt.

## Karabiner

Karabiner sind ein weiteres wichtiges, ja geradezu unverzichtbares Ausrüstungsteil beim Klettern. Diese genialen Metallschnappringe werden zum Sichern, zum Abseilen, zum Prusiken, zum Einhängen von Fixpunkten, zum Einhängen von Seilen an Sicherungspunkten und zu vielen anderen Gelegenheiten benutzt.

Karabiner, welche zum Klettern benutzt werden, werden aus Aluminium hergestellt und müssen gemäß UIAA eine Mindestbruchlast von 20 kN entlang der Längsachse und 4 kN entlang der Querachse aufweisen. Die von der UIAA geforderte Mindestbruchlast bei geöffnetem Schnapper beträgt 6 kN entlang der Längsachse.

Karabiner werden in vielen Größen und Formen produziert (Abb. 6-35). Ovale Formen (Abb. 6-35 a) sind recht verbreitet, da sie aufgrund ihrer Symmetrie gute Universalkarabiner sind. »D»-förmige Karabiner (Abb. 6-35 b) sind ebenfalls gute Universalkarabiner und noch höher belastbar als die Ovalformen, da die Last direkt über den Schenkel der Längsachse übertragen und der Schnapper wenig belastet wird. Eine Belastung des Schnappers stellt die Hauptursache

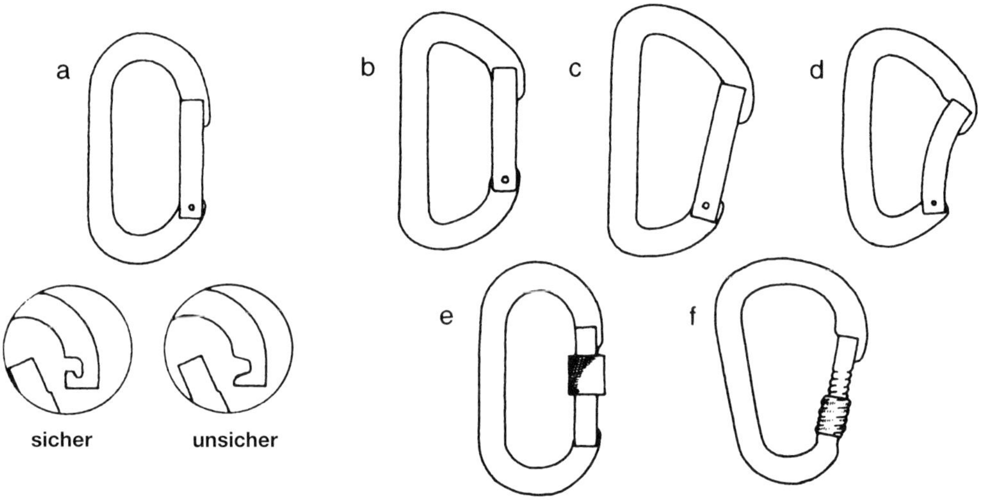


**(6-35) Karabinerformen: a) Ovalkarabiner mit sicherer und unsicherer Karabineröffnung (Detailzeichnungen); b) Standard D-form; c) asymmetrische D-Form; d) Karabiner mit gebogenem Schnapper; e) Standardverschlußkarabiner; f) Birnenförmiger Karabiner für die HMS-Sicherung.**

für Karabinerbrüche dar. Assymmetrische »D«-Karabiner (Abb. 6-35 c) haben den Kraftvorteil der Standard D-Form, aber die Öffnung besitzt einen größeren Radius, so daß sie leichter in schwierigen Situationen einzuhängen sind. Karabiner mit bogenförmigem Schnapper (Abb. 6-35 d) sind Spezialkarabiner, welche besonders bei technisch sehr anspruchsvollen Routen eingesetzt werden, in Situationen also, in denen es wichtig ist, daß Karabiner schnell ein- und ausgehängt werden können. Diese Karabiner sollten immer mit einer Schlinge benutzt werden, damit sie sich frei um ihre Achse drehen können.

Karabiner mit Verschlußsicherung (Abb. 6-35 e) in Form von Schraubkarabinern oder Schiebeverschlüssen verhindern ein unbeabsichtigtes Öffnen und sind so bei höherer Sicherheit für Abseiltechniken, zum Sichern oder als Zentralkarabiner an Fixpunkten ideal geeignet. Einige Verschlußkarabiner haben einen Mechanismus, welcher automatisch arretiert, wenn der Schnapper geschlossen wird. Bei solchen Konstruktionen kann es nicht passieren, daß man die Verschlußsicherung vergißt zu arretieren. Allerdings muß man diese grundsätzlich auch dann lösen, wenn man eine Verschlußsicherung eigentlich gar nicht benötigt. Birnenförmig geformte Karabiner (Abb. 6-35 f) haben eine relativ große Öffnung und sind speziell zur Anwendung der HMS-Sicherung konstruiert worden.

Einige wenige Grundlagen gelten bei der Anwendung aller Karabiner. Zunächst muß darauf geachtet werden, daß die Sturzkraft immer über die Längsachse des Karabiners übertragen wird. Insbesondere muß darauf geachtet werden, daß der Schnapper nicht durch die Sturzwucht belastet wird. Gelegentlich sollte der Schnapper auf Funktionsfähigkeit überprüft werden. Er sollte leicht zu öffnen sein, auch dann, wenn der Karabiner unter Last steht. Ein verschmutzter Verschlußmechanismus kann mit Wasser und Reinigungsmittel gereinigt werden. Dies muß so lange erfolgen, bis der Mechanismus funktioniert, ohne zu haken. Zuletzt sollte man beachten, daß ein Karabiner, der über einen Steilabbruch auf eine harte Oberfläche gefallen ist, möglicherweise Haarrisse aufweist und ersetzt werden sollte. Man sollte der Versuchung widerstehen, einen unter einer Steilwand gefundenen Karabiner weiterhin zum Klettern zu benutzen.

Darüber hinaus sollte man der Versuchung widerstehen, jegliche Ausrüstung, welche in diesem Kapitel besprochen wurde, zu benutzen, wenn man nicht seine Herkunft kennt. Seile, Klettergurte, Bandschlingen und Karabiner sind alle lebenswichtige Bestandteile der Sicherungskette. Second-Hand-Ausrüstung, welche entweder gefunden oder ohne genaue Information über den bisherigen Gebrauch weitergegeben wird, erhöht das Risiko einer Schwachstelle der Sicherungskette, auf die man sich ja schließlich im Sinne eines sicheren Kletterns auch verlassen muß.

# Kapitel 7 Sicherungstechniken

Sicherungstechnik ist die absolute Grundlage sicheren Kletterns. Dabei handelt es sich um eine überlebenswichtige Strategie, um einen Kletterer im Falle eines Sturzes mit dem Seil zu halten. Sicherungstechnik wirkt manchmal wie Zauberei, aber wie bei jedem guten Zaubertrick benötigt man eine Menge Übung, um ihn gut durchzuführen. Auch ist eine Menge an Hintergrundwissen über die der Sicherungstechnik zugrundeliegenden Prinzipien nötig.

Im einfachsten Fall besteht eine Sicherung gerade mal aus einem Seil, welches von einem Kletterer zur anderen Person, dem Sichernden, verläuft; letzterer sollte bereit sein, urplötzlich das Seil zu blockieren und damit einen Sturz zu halten. Drei Dinge machen eine gute Sicherungstechnik aus: eine geschickte Sicherungsperson, welche Seilreibung erzeugt; ein Standplatz oder eine Verankerung, welche die Sturzwucht aufnimmt; und eine zuverlässige Methode, welche die Reibung, welcher der Sichernde mit seinen Händen erzeugen kann, erhöht. Letzteres kann auf verschiedene Arten erfolgen, auch gibt es eine Vielfalt von Standplätzen und Verankerungsmöglichkeiten. Das folgende Kapitel führt in die grundlegenden Techniken und weiterführenden Möglichkeiten der Sicherung ein, so daß man für sich selbst aus den Methoden entsprechend der aktuellen Situation im Gelände die angemessene Technik auswählen kann. Zuletzt wird auch noch eine Einführung in die physikalischen Grundlagen der Sicherungstechnik gegeben. Man kann dieses Teilkapitel überblättern, falls man mit dem Thema bereits vertraut ist.

## Wie Sicherungen beim Klettern benutzt werden

Bevor wir auf Details wie Sicherungen und Sicherungstechniken eingehen werden, soll der Leser einen generellen Überblick bekommen, wie eine Sicherung beim Klettern erfolgt (Abb. 7-1). Zunächst reicht es, lediglich die charakteristischsten Merkmale einer Sicherungskette zur Kenntnis zu nehmen. Beispiel: Zwei Kletterer sind jeweils an einem Ende eines Bergseils eingebunden. Wenn einer klettert, sichert der andere. Der Sichernde ist mit einer Verankerung verbunden. Dies ist ein Sicherungspunkt, welcher feste Verbindung zum Schnee oder Fels hat. Der Sichernde gibt Seil aus oder holt Seil ein, je nachdem, wie der Kletterer vorwärts kommt. Auch ist er jederzeit bereit, einen möglicherweise eintretenden Sturz zu bremsen.

Standplätze werden möglichst auf dem Boden oder auf einem Band oder Podest, auf welchem man möglichst komfortabel steht oder sitzt, eingerichtet. Ein Kletterer übernimmt die Führung, während er von unten gesichert wird, und steigt die Route zum nächsten Standplatz auf. Der untere Bergsteiger nimmt dann das Material vom Standplatz mit und steigt auf, während er von oben gesichert wird. Die Distanz zwischen den Standplätzen heißt Seillänge. Gewöhnlicherweise wird überschlagend geklettert, so daß ein Kletterer jeweils eine Seillänge nach- und dann die nächste vorsteigt. Jeder Kletterer rich-

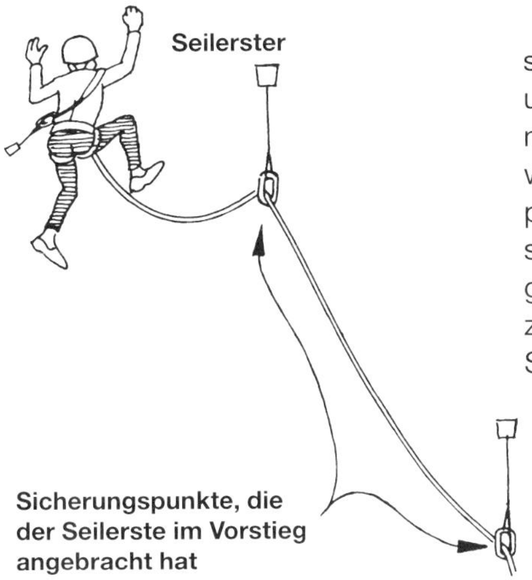


tet den Sicherungspunkt am Ende der Seillänge ein, die er geführt hat. Dieser Punkt sollte eine bequeme Rast erlauben, während die nächste Seillänge durchstiegen wird.

Der Kletterer, welcher von oben gesichert wird (Seilzweiter genannt), kann durchaus schnell klettern, da er weiß, daß jeder mögliche Sturz sofort von oben gehalten wird und nicht über große Distanzen führt. Normalerweise handelt es sich bei einem solchen Sturz nur um einen kurzen Rutscher, der lediglich das Seil strafft.

Im Gegensatz dazu ist es ein erheblicher Unterschied, wenn man als Seilerster von unten gesichert wird und eine größere Distanz stürzt, bevor das Seil einen auffängt. Um die Sturzhöhe im Falle eines möglichen Sturzes zu vermindern, bringt der Seilerste in regelmäßigen Abständen Zwischensicherungen an. Diese werden mit dem Karabiner und dem Seil in der Form verbunden, daß das Seil frei durch den Karabiner hindurchlaufen kann, wenn der Kletterer weiter aufsteigt. Nach einer solchen Zwischensicherung kann ein möglicher Sturz nicht mehr über die doppelte Distanz zwischen Sicherndem und Führendem (plus Seildehnung) geschehen.

Die Länge jeder Seillänge wird gewöhnlich durch den Ort eines bequemen Standplatzes bestimmt. Die Arbeit als Sichernder kann hart, mitunter auch langweilig sein; sie verlangt aber immer größte Aufmerksamkeit. Dies macht die Notwendigkeit eines sicheren und bequemen Standplatzes um so augenfälliger. Längere Seillängen sind effizienter, so daß man, sofern das Seil lang genug ist, von den zur Auswahl stehenden Plätzen den höchsten erreichbaren für den nächsten Standplatz auswählt. Die aktuellen Bedingungen

**(7-1) Das Sicherungssystem für zwei Seillängen einer Route.**

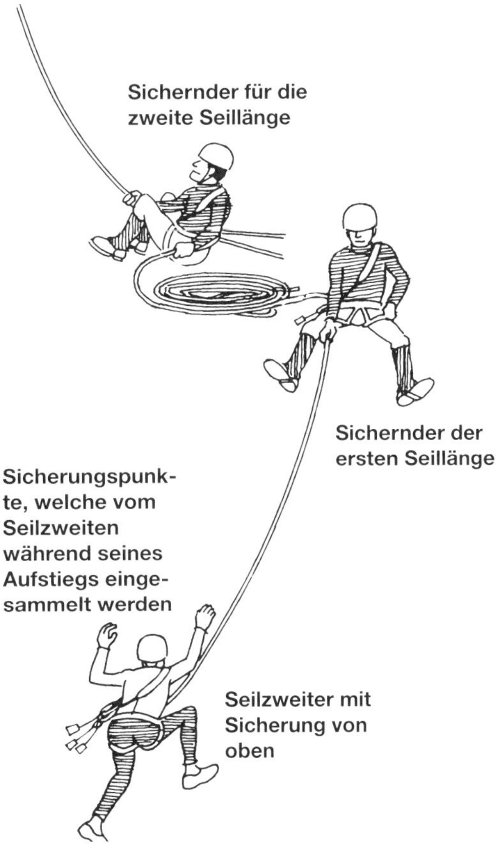

können diese allgemeine Regel außer Kraft setzen. Man kann z. B. aufgrund der Reibungskraft, welche das durch verschiedene Sicherungspunkte laufende Seil ausübt, dazu gezwungen sein, den nächsten Standplatz früher als theoretisch möglich einzurichten. Auch ist es wenig sinnvoll, einen Standplatz so hoch wie irgendmöglich anzubringen, wenn ein bequemes großes Band nur eineinhalb Seillängen entfernt ist, so daß in diesem Falle die zweite Seillänge lediglich ein paar Meter betragen würde. Die Mindestanforderungen an einen Sicherungsplatz sind folgende: Es muß gute Plazierungsmöglichkeiten für Verankerungen geben, darüberhinaus muß ein Minimum an Standkomfort herrschen. Der Sichernde versucht in einer Position zu bleiben, aus der heraus er den Partner, den er sichert, auch sehen kann. Darüber hinaus achtet der Sichernde auf Steinschlag, wenn sich der Kletterer über ihm befindet. Falls eine erhebliche Steinschlaggefahr besteht, kann es sinnvoll sein, geschützt unter einem Überhang zu sichern. Notfalls sollte man den Rucksack als Kopfschutz griffbereit haben. Immer jedoch sollte man einen Helm tragen.

## Grundlegende Techniken

Ein Kletterer, welcher gerade das Klettern und Sichern lernt, sollte zunächst mal nur eine Sicherungstechnik auswählen, aber diese durch Training zur Perfektion bringen; sie sollte weitgehend automatisch ablaufen. Erfahrene Kletterer legen Wert darauf, nach und nach auch andere Methoden zu lernen und zu benutzen, wenn die Gelegenheit dies als nützlich erscheinen läßt.

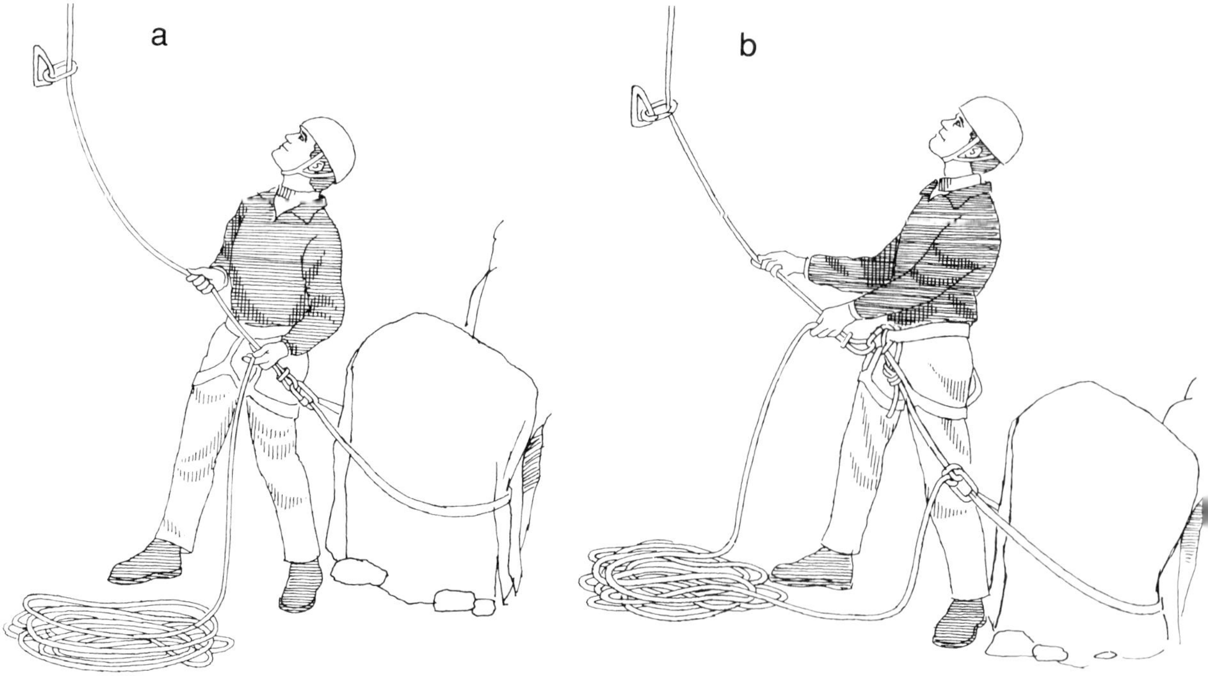


**(7-2) Standplatzsicherungen: a) Direkt über einen Fixpunkt; b) über den Klettergurt mit Selbstsicherung am Fixpunkt.**

Wenn man das Sichern lernt, wird man im Laufe der Zeit seine eigene bevorzugte Technik und Ausrüstung entwickeln. Wie auch immer – die Methoden sollten stets sicher gewährleisten, daß ein Sturz gehalten werden kann, indem die notwendige Seilreibung erzeugt wird.

## Die Vorbereitung für den Fall eines Sturzes

Es gibt zwei grundlegende Ansätze einer Sicherungstechnik – abhängig davon, ob die Sturzwucht zunächst auf den eigenen Körper oder direkt auf einen Fixpunkt übertragen wird.

**Sichern an einer Verankerung:** Das Sichern direkt über einen Fixpunkt (Abb. 7-2 a) benötigt mindestens einen, dann allerdings bombensicheren Fixpunkt. Das heißt, dieser Fixpunkt darf unter keinen Umständen bei jeder möglichen auftretenden Kraft brechen. Wenn man eines der vielen Ausrüstungsteile (Seilbremsen) nutzt, mit welchem Seilreibung erzeugt wird, muß man gewährleisten, daß man in Bremsposition ist, falls ein Sturz auftritt. Hierzu muß man sich in der Nähe des Fixpunktes aufhalten, und natürlich sollte man dort einigermaßen bequem stehen, um sich nicht an einen schlechten oder unter Umständen technisch schwierigen Sicherungsplatz in seiner Aufmerksamkeit ablenken zu lassen. Die Sicherungstechnik direkt an einem Fixpunkt ist die optimale Methode für die Anwendung des HMS-Knotens (siehe unten).

**Körpersicherung:** Die zweite Möglichkeit ist, daß die Sturzwucht zunächst direkt auf den Körper übertragen wird (Abb. 7-2 b). Hierzu sucht man sich als erstes einen guten Stand, bei dem man sich auch gegen den Fels abstützen kann; darüberhinaus ist es unverzichtbar, sich selbst an einem verläßlichen Fixpunkt zu sichern. Die Seilreibung wird über einen HMS-Knoten erzeugt, dessen Karabiner auf der Vorderseite des Sitzgurtes eingehängt ist. Eine andere Möglichkeit besteht darin, das Seil um die Hüften zu winden (Achtung: Diese Variante ist aufgrund der Sturzwucht ausschließlich zum Nachsichern des Seilzweiten geeignet!). Der eigene Körper wird, unterstützt durch die Körperhaltung, die erste Sturzwucht aufnehmen und so die Belastung, welche auf den Fixpunkt – die letzte Verteidigungslinie – einwirkt, reduzieren. Das unvermeidbare Anheben des Sichernden durch die Sturzwucht sorgt ebenfalls dafür, daß die einwirkenden Kräfte vermindert werden. Wenn die Konsequenzen eines Sturzes korrekt und rechtzeitig durchdacht worden sind, ist die Einwirkung auf den Sichernden normalerweise relativ gering. Man mag überrascht sein, wie relativ leicht auch ein kleiner Sichernder einen relativ großen Vorsteigenden halten kann. Grundsätzlich ist die Selbstsicherung am Fixpunkt absolut notwendig. Das Sichern auf einem Standplatz über den Körper sorgt außerdem dafür, daß man während des Sicherns in langwierigen Passagen aufmerksam bleibt und nicht geistig abschaltet.

Welche Sicherungsmethode man anwendet, hängt unter anderem von der lokalen Klettertradition und der Geologie des Gesteins ab. In einigen Gebirgen oder zum Teil auch in speziellen Routen findet man Standplätze, bei denen einem jeglicher Verankerungspunkt suspekt erscheint. In anderen Situationen wird man unter Umständen bombenfeste Fixpunkte, aber einen schlechten Stand vorfinden. Der Sichernde wird hier besonders sorgfältig den Standplatz einrichten, da er weiß, daß die volle Sturzwucht direkt die Fixpunkte belastet. Eine Sicherung direkt über den Fixpunkt sollte immer nur dann erfolgen, wenn dieser als bombenfest eingeschätzt wird.

Die Handgriffe beim Einrichten eines Standplatzes sowie bei der Seilhandhabung sind jedesmal dieselben – unabhängig davon, ob über den Körper oder direkt über den Fixpunkt gesichert wird. Die gesamte Sicherung basiert darauf, daß notfalls Seilreibung erzeugt werden kann. Von wenigen Ausnahmen abgesehen, wird für jede Sicherungstechnik eine Verankerung als Fixpunkt benutzt, unabhängig davon, ob sie direkte Sturzwucht aufnehmen soll oder bei Körpersicherung als zusätzliche Sicherheit dient.

## Der Fixpunkt

Als ultimative Sicherheit für jegliche Sicherungstechnik sollte der Fixpunkt in der Lage sein, den möglichen Sturz ebenso zu halten wie das komplette Gewicht beider Kletterer. Verankerungen werden im Fels, Schnee- und Eisgelände sowohl zum Sichern als auch zum Abseilen benötigt. Im folgenden finden Sie einige Tips, wie man verläßliche Verankerungspunkte zum Sichern findet, die Details werden später in den Kapiteln 10, 12 und 14 erläutert. Hier wird besonderer Wert auf die Beschreibung gelegt, wie man einen oder mehrere vorhandene Fixpunkte zum Sichern einrichtet.

Eine große Anzahl natürlicher Gegenstände bieten sich als ideale Anker an, z. B. Bäume oder Sanduhren. Dessen ungeachtet wird die Belastbarkeit großer Felsblöcke oft überschätzt – diese können sehr labil sein. Wichtiger als die Größe des Blockes ist die Form der Unterseite, die Art und die Neigung des Untergrundes. Darüberhinaus müssen auch Höhe und Dicke des Blockes in einem vernünftigen Verhältnis zueinander stehen. Man sollte überlegen, wo der Schwerpunkt des Blockes über seiner Grundfläche liegt und sich die Frage stellen, ob eine große einwirkende Kraft den Block eventuell umwerfen kann. Gegebenenfalls kann man dies auch testen. Hierbei sollte man jedoch vermeiden, daß man den Block zum Absturz bringt.

Insbesondere der Anfänger sollte nicht unbedingt die erstbesten Verankerungen, welche gut genug aussehen, akzeptieren, sondern möglichst nach soliden Sicherungspunkten weitersuchen. Beim Anbringen von Sicherungspunkten sollte man sich bücken, tief in Risse hineintasten und alle Möglichkeiten austesten, welche man

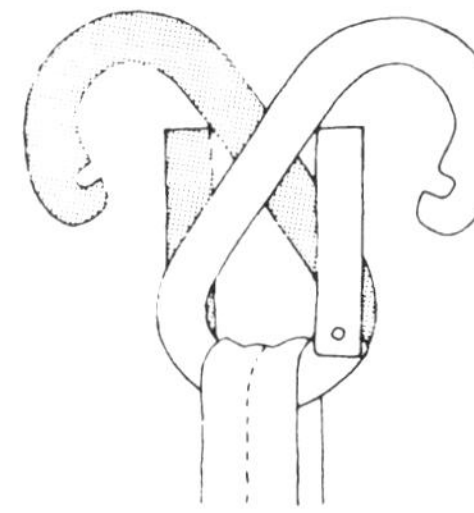

**(7-3) Improvisation eines fehlenden Verschlußkarabiners durch Kreuzen zweier Normalkarabiner.**

mit seinen Armen über und neben sich erreichen kann. Um Zeit zu sparen, sollte man nicht sofort Fixpunkte anbringen, welche von vornherein nicht optimal aussehen, es sei denn, man findet keine besseren. Wenn ein einzelner absolut zuverlässiger Anker nicht angebracht werden kann, sollte man versuchen, zwei oder drei zusammen anzubringen, welche gemeinsam in der Lage sein dürften, die Sturzwucht zu halten. Wenn man einen alten Keil oder Haken an einem Standplatz findet, sollte man ihn zumindest durch eine zweite Verankerung ergänzen, da man davon ausgehen kann, daß der alte Fixpunkt nicht mehr ausreichend haltbar ist.

Wenn die Sicherung über einen einzelnen Karabiner läuft, sollte man unbedingt einen Karabiner mit Verschlußsicherung benutzen; alternativ kann man zwei Normalkarabiner gegenläufig einklinken (Abb. 7-3). Beim Freiklettern sollte man niemals zwei Karabiner direkt ineinanderhängen, um einen Sicherungspunkt zu verlängern, da eine Drehbewegung zum Öffnen der Schnapper und gegebenenfalls auch zum Aushängen der Karabiner führen kann.

## Das Einhängen in einen Sicherungspunkt

Der Sichernde hängt das Bergseil direkt in den Sicherungspunkt ein, indem er den ersten Seilmeter vor seinem eigenen Klettergurt nutzt. Der Rest des Seiles wird zum Absichern beim Klettern benutzt. Der Sichernde hat eine größere

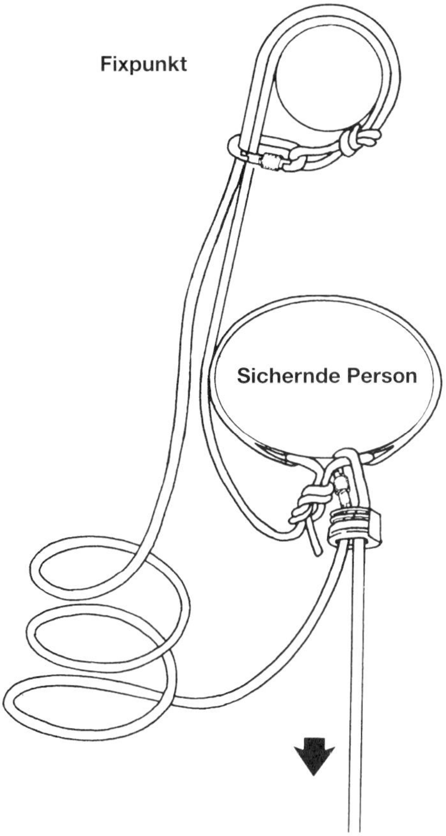


**(7-4) Selbstsicherung an einem großen Objekt mit einer Variation des Ankerstichs.**

Auswahl an Möglichkeiten, mit welchen Knoten er sich an einem Fixpunkt befestigt. Im folgenden werden wir einige der besonders nützlichen Möglichkeiten näher betrachten.

Eine Möglichkeit, sich an einem größeren natürlichen Fixpunkt zu verankern, ist die einfache Art, indem man das Seil herumschlingt und danach mit einem Karabiner wieder ins Seil einhängt – dies entspricht im weiteren Sinne einem Ankerstich. Hierzu wird ein Sackstich in eine Seilschlinge geknüpft und mit dem Karabiner in das Seil eingehängt (Abb. 7-4).

Wenn man das Seil mit einem Karabiner an einem Fixpunkt einklinken möchte, wird üblicherweise ein Achterknoten oder ein Mastwurf benutzt. Die Achterschlinge ist hoch belastbar, zuverlässig und leicht zu lösen. Der Mastwurf hat den Vorteil, daß er bezüglich der Seillänge nachjustiert werden kann, falls dies notwendig ist. Der Mastwurf stellt die einfachste Methode dar, eine Selbstsicherung am Standplatz zu machen.

Der zentrale Fixpunkt wird oft durch ein oder zwei weitere Verankerungen abgesichert. Da er leicht verstellbar ist, bietet sich ein Mastwurf zum Verbinden der Karabiner an, so daß das Seil zwischen den Fixpunkten kaum durchhängt (Abb. 7-5 a). Man muß nur darauf achten, daß der Mastwurf festgezogen wird, da ansonsten die normale Seilbewegung ausreicht, um ihn weiter zu lockern – unter Umständen kann durch ein Verhaken der Knotenschlinge der Karabinerschnapper geöffnet werden. Darüberhinaus sollte man darauf achten, daß ein Mastwurf durch den Seilzug nicht aus dem Karabinerende weggezogen wird und so möglicherweise den Schnapper belastet oder gar öffnet.

Natürlich bringt es auch einen Nachteil mit sich, wenn man einzelne Knoten in mehrere Verankerungen knüpft wie in der beschriebenen Serie von Mastwürfen. Wenn nämlich die Verankerung die Sturzwucht aufnimmt, wird die gesamte Sturzwucht erst auf einem einzelnen Fixpunkt lasten. Die anderen Fixpunkte können ihre Aufgabe nur dann wahrnehmen, wenn der erste Punkt ausbrechen sollte.

Es gibt mehrere Möglichkeiten, diesen Nachteil zu umgehen und die Last auf mehr als einen Fixpunkt zu verteilen. Zunächst kann man einen Mastwurf in jeden Verankerungspunkt zu knüpfen wie zuvor, aber dann das Seil in einen Karabiner am Klettergurt zurückführen und dort ebenfalls mittels Mastwurf einhängen (Abb. 7-5 b). Das Ergebnis ist ein Seilstück, das zwischen dem Klettergurt und jedem einzelnen Verankerungspunkt eingeknotet ist. Danach kann man die

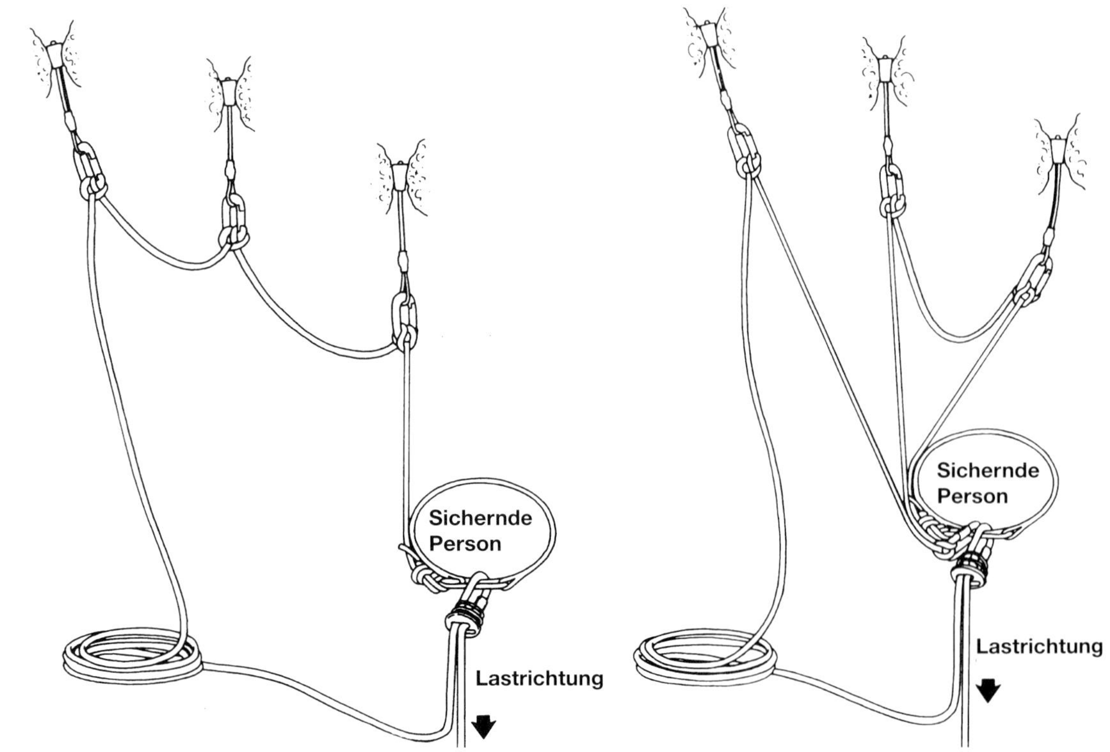


**(7-5) Das Verbinden mehrerer Fixpunkte: a) Mittels Knotenserie: Nur ein Anker hält jeweils das volle Gewicht; b) Alle Anker halten das Gewicht gleichzeitig.**

Seillängen durch Verstellen der Mastwurfe entsprechend einstellen, so daß die Last möglichst gleichmäßig auf alle Fixpunkte verteilt wird. Wenn nun die Sturzwucht aufgenommen werden muß, wird diese direkt auf mehrere Fixpunkte verteilt. Als weiterer Vorteil ergibt sich in diesem Fall keine Sturzverlängerung, falls ein Fixpunkt ausbrechen sollte.

Eine andere Möglichkeit, die Last zu verteilen, ist die Ausgleichsverankerung, welche selbständig jegliche einwirkende Kraft auf alle Fixpunkte gleichmäßig verteilt.

**Die Zweipunktverankerung**, welche an zwei unabhängigen Fixpunkten angebracht wird, ist die einfachste Methode der Ausgleichsverankerung (Abb. 7-6 a). Man dreht eine Seite einer Bandschlinge, so daß eine Achterform entsteht, und hängt dann beide Ösen dieser Acht in einen der Fixpunkte. Dann wird ein Karabiner mit Verschlußsicherung über die Kreuzung des Flachbandes eingehängt; die Sicherung erfolgt dann über diesen Karabiner.

**Die Mehrpunkt-Ausgleichsverankerung** benutzt eine beliebige Zahl von Fixpunkten. Hier bietet sich eine weitere Technik an, einen hochbelastbaren sicheren Standplatz zu bauen (Abb. 7-6 b): Man nimmt eine lange hochbelastbare Schlinge und hängt sie in jeden der Verankerungskarabiner. Zwischen den Verankerungen wird die Schlinge gegriffen und durch Drehen um 180° eine Öse erzeugt. Diese Öse wird dann im Zentralkarabiner eingeklinkt. Diese Verdrehung

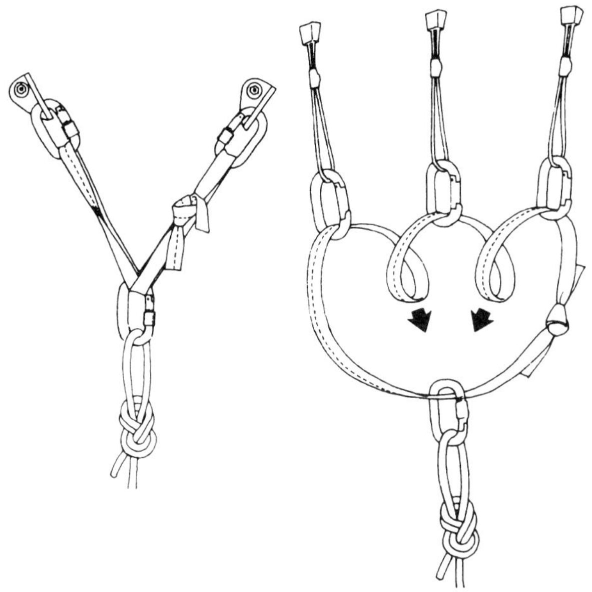

(7-6) **Ausgleichsverankerungen: a) Zweipunktverankerung; b) Dreipunktverankerung.**

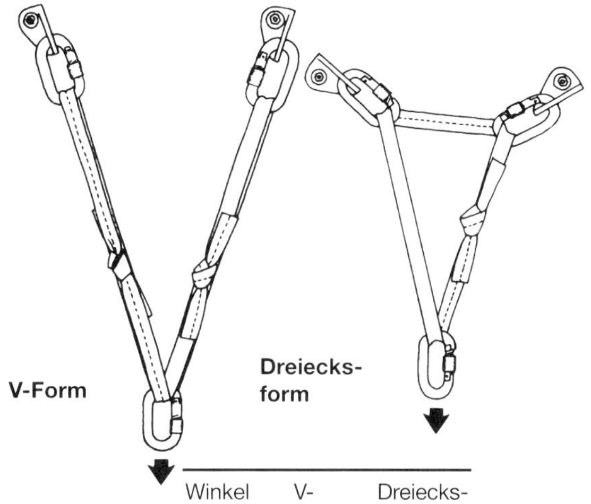


| Winkel | V-Form | Dreiecksform |
|---|---|---|
| 0° | 50 % | 70 % |
| 60° | 60 % | 100 % |
| 90° | 70 % | 130 % |
| 120° | 100 % | 190 % |
| 140° | 150 % | 290 % |
| 150° | 190 % | 380 % |
| 160° | 190 % | 570 % |
| 170° | 180 % | 1100 % |

**(7-7) Die Kraft, die auf zwei Fixpunkte einwirkt, hängt von der Methode ab, mit welcher die Gesamtlast auf die Fixpunkte übertragen wird, und vom Winkel am Zentralkarabiner**

sorgt dafür, daß der Hauptkarabiner auch dann sicher in die Schlinge eingebunden ist, falls einer oder mehrere der Fixpunkte brechen sollte. Je kürzer die Schlinge ist, desto kürzer wird auch die Sturzverlängerung, falls einer der Fixpunkte bricht. Daher sollte man die Fixpunkte, welche weit auseinanderliegen, zunächst mit Schlingen verlängern, bevor die Ausgleichsverankerung angebracht wird.

Wie effektiv eine Ausgleichsverankerung die auftretende Sturzwucht auf die einzelnen Fixpunkte verteilt, hängt von dem Winkel der Schlinge am Zentralkarabiner ab. Je kleiner dieser Winkel ist, desto weniger Kraft wird jede Verankerung halten müssen. Wenn der Winkel größer wird, wird immer mehr Kraft auf jede einzelne Verankerung übertragen. Man sollte darauf achten, daß der Winkel immer kleiner als 120° ist. Bei Winkeln, die größer als 120° sind, wird jeder Anker mit einer größeren Kraft belastet – gerade so, als wenn man die Ausgleichsverankerung gar nicht gebaut hätte. Dies geschieht unabhängig davon, ob die Zweipunkt- oder Mehrpunktverankerung angewendet wird.

Bergsteiger benutzen auch die Dreiecksmethode unabhängig von der Ausgleichsverankerung, um eine Last auf mehrere Verankerungen zu verteilen. Bei der Dreiecksmethode geht die Schlinge durch jeden Karabiner, ohne daß sie zum Hauptkarabiner zwischen den Verankerungen zurückgeführt wird. Ähnlich wie bei der Ausgleichsverankerung soll der Winkel am Zentralkarabiner, an dem die beiden Schenkel des Dreiecks zusammenkommen, möglichst klein sein. Im Vergleich zur Ausgleichsverankerung wird bei dieser Methode in jedem Fall eine deutlich größe-

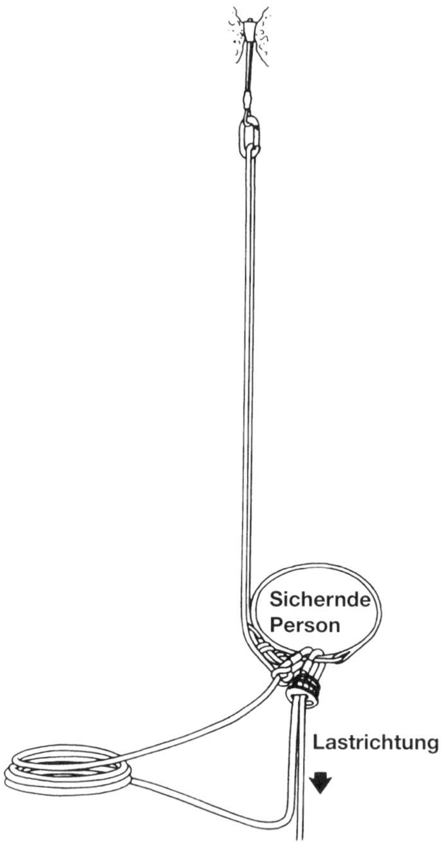


**(7-8) Selbstsicherung eines Kletterers, welche es ermöglicht, die auf den Anker einwirkende Zugkraft zu beeinflussen.**

re Kraft auf jeden der Fixpunkte übertragen (Abb. 7-7). Bei der Dreiecksmethode sollte der Winkel am Zentralkarabiner höchstens 60° betragen, da oberhalb von 60° die Kraft für jeden der Fixpunkte größer wird, als wenn man keine Dreieckstechnik anwenden würde. Grundsätzlich gilt, daß unabhängig von der Art der Konstruktion und des Winkels die Dreiecksmethode eine größere Kraft auf die Fixpunkte überträgt als die Ausgleichsverankerung.

Die Dreiecksmethode funktioniert besser, wenn von vorneherein beide Fixpunkte mit zwei von einander unabhängigen Schlingen V-förmig eingehängt werden. Wenn einer der Fixpunkte der Dreiecksmethose brechen sollte, wird die Sicherung nur insoweit nachgeben, wie es notwendig ist, um die Gesamtlast auf den zweiten Anker zu übertragen. Dieses Nachgeben ist zwar gewöhnlich nur gering, belastet den verbleibenden Fixpunkt jedoch mit einer zusätzlichen Kraft. Immer wird ein solches Nachgeben bei der Dreiecksmethode geringer sein als im Vergleich zur Ausgleichsmethode. Der Umfang des Nachgebens ist davon abhängig, wie weit die Fixpunkte von einander entfernt sind und wie lang die benutzten Schlingen sind.

Manchmal ist die Länge der Selbstsicherung für die Stabilität des eigenen Standes besonders wichtig. Bislang haben wir überwiegend die Situation diskutiert, bei der die Knoten direkt an der Verankerung angebracht worden sind. Aber falls der Fixpunkt außerhalb der eigenen Reichweite liegt, kann man die Knoten nicht verstellen – hierdurch wird eine gleichmäßige Belastung der Fixpunkte und gegebenenfalls notwendiges Nachregulieren außerordentlich aufwendig oder gar unmöglich. Die Lösung ist dann, daß man sich nur über den Klettergurt am Fixpunkt einhängt, das heißt: Man nimmt das Seil, nachdem man es, vom Gurt ausgehend, lediglich im Karabiner des Fixpunktes eingeklinkt hat, und fixiert es erneut am Klettergurt. Diese erneute Fixation sollte mit einem Mastwurf durchgeführt werden – hierdurch erhält man die Möglichkeit, auch bei größerer Entfernung zum Fixpunkt die Länge der Eigensicherung zu verstellen. Bei dieser Technik läuft das Seil frei um eine natürliche Verankerung oder durch den Zentralkarabiner am Fixpunkt (Abb. 7-8).

## Der Standplatz

Wenn man die Sicherung über den Klettergurt oder Körper anstatt direkt über einen Fixpunkt ausführt, wird man gewöhnlich versuchen, der

Sturzwucht durch einen guten Stand entgegenzuwirken. Ein solider Stand hilft außerdem zu vermeiden, daß die Fixpunkte der Last standhalten müssen. Normalerweise wird man den eigenen Stand durch eine kurze Selbstsicherung an einem verläßlichen Fixpunkt zugunsten erhöhter Sicherheit und Stabilität ergänzen. Aber für die aktuellen Gedankengänge wollen wir zunächst einmal nur auf die Stabilität und Belastbarkeit des Standes alleine eingehen. Die Überlegungen basieren auf Untersuchungen durch den CAA-Club. Obwohl bei den Experimenten die Hüftsicherung benutzt wurde, kann man davon ausgehen, daß die Ergebnisse auch auf Standplätze mit modernen Sicherungstechniken und Techniken der Körpersicherung übertragbar sind. Die Ergebnisse geben einen guten Überblick über die Wertigkeit verschiedener Standpositionen (Abb. 7-9).

**Der Stand hinter einem großen soliden Objekt:** Bei ungewöhnlich glücklichen Situationen kann man den belastbarsten aller Standpunkte finden, nämlich direkt hinter einem nicht beweglichen Objekt, z. B. einer größeren Felsvorwölbung. Allerdings sollte man sich nicht darauf verlassen, dieses Glück auch zu haben.

**Sitzen auf horizontalen Flächen:** Die gewöhnlichste Form ist ein Standplatz im Sitzen, bei dem sich die Füße und das Gesäß solide gegen den Fels abstützen. Diese Körperstellung ist besonders stabil, wenn das Seil zwischen den Füßen und Beinen entlang läuft, da dann eine Dreipunktbelastung erfolgt. Die Spitze dieses Dreiecks entspricht der Befestigung des Sicherungsknotens auf der Vorderseite des Klettergurtes. In dieser Körperstellung sollte eine normale Person in der Lage sein, ca. 180 kg Zugkraft für einige Sekunden zu halten oder auch eine kurzzeitige Sturzwucht von annähernd der doppelten Größe. Die Knie sind besonders belastbar, wenn sie nahezu gestreckt sind. Die Standposition ist höchstens halb so stabil, wenn die Knie auf weniger als 100° gebeugt sind oder falls das Seil außerhalb der Beine entlangläuft. Ein solcher Standplatz bietet sich an im Fels, im Schnee oder auch im dichten Gestrüpp.

**Stehende Position:** In der aufrechten Position haben nur zwei Punkte Kontakt zum Fels. Wenn ein Fuß gut vorwärts gestellt wird, kann eine Normalperson ca. 100 kg Zugkraft, welche nach unten auf ihn einwirkt, halten; aber weniger als die Hälfte, wenn die Zugkraft von seitwärts kommt oder wenn die Füße nebeneinander stehen. Wenn man einen Seilersten in solcher Position sichern sollte, muß man sich darüber im klaren sein, daß ein solcher Stand extrem wenig belastbar ist, sobald die Zugkraft nach vorne geht. In einer solchen Stellung sollte ausschließlich mit einer sehr straffen Selbstsicherung, welche an einem soliden Fixpunkt angebracht ist, gesichert werden (diese wird den überwiegenden Teil der Wucht aufnehmen) oder direkt unter der ersten Zwischensicherung, so daß man nicht umgerissen werden kann.

Auch wenn die eigene Standfestigkeit nicht ausreicht und man umgerissen wird, muß man das Seil unter Kontrolle halten können. Falls man dies nicht kann, muß man die Sicherung auslassen, was in einem Desaster für den Stürzenden enden kann. Bevor man mit dem Sichern beginnt, muß man sich über die Konsequenzen klar werden, falls man aus dem vermeintlich soliden Stand herausgerissen wird. Man muß sich selbst fragen, ob man den Seilverlauf unter Kontrolle halten kann und die Sicherung weiterhin gewährleistet ist. Die Kraft wird, nachdem man umgerissen worden ist, aus einer völlig neuen Richtung kommen; sie wird einen in die direkte Linie zwischen dem Fixpunkt und dem Punkt reißen, an dem das Seil das nächste Mal umgelenkt wird, z. B. zwischen die Verankerung und die erste Zwischensicherung. Die Wucht sorgt in diesem Fall dafür, daß man unter Umständen weiter weggeschleudert wird als erwartet. Man sollte

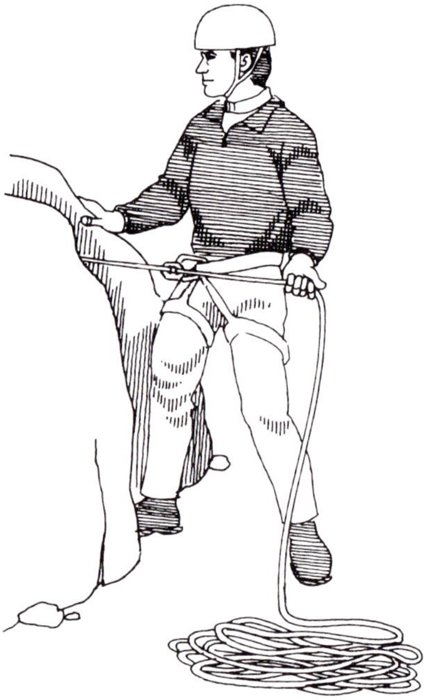

Hinter einem großen Felsblock: sehr stabil

Freies Stehen: gering

Lose Schlinge: sehr gering

Dreipunkt-Sitzposition: stabil

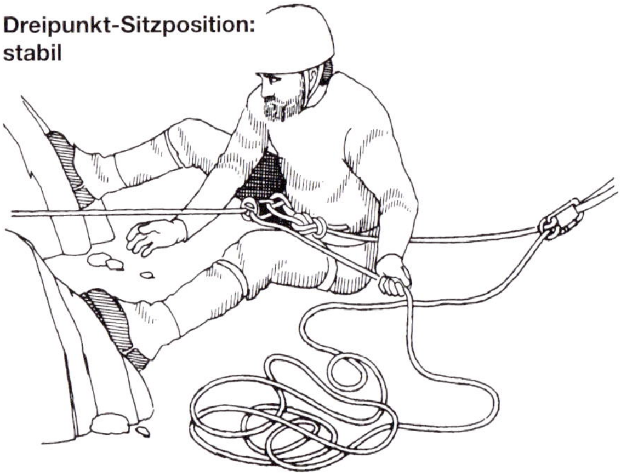

Dreipunkt-Position mit Anlehnen an den Fels: stabil

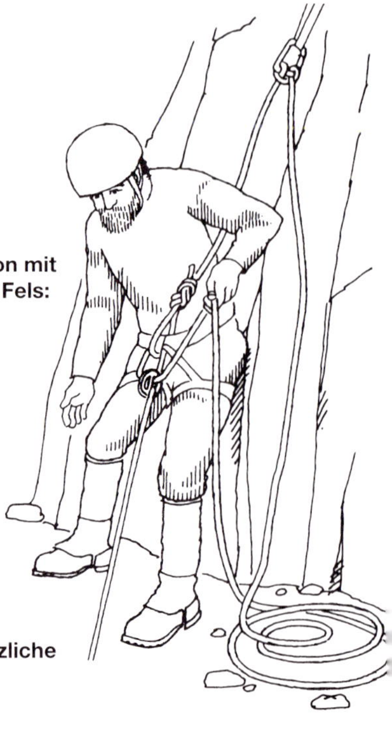

(7-9) Die Belastbarkeit verschiedener Formen des Standplatzes ohne die zusätzliche Haltekraft der Selbstsicherung.

daher vorher überlegen, ob man hierbei gegen ein Hindernis geschleudert werden könnte und gegebenenfalls rechtzeitig die Sicherungsposition ändern.

Gedanklich sollte man auch den Fall durchspielen, was es bedeutet, in verschiedene Richtungen geschleudert zu werden, wie z. B. seitwärts, nach oben oder unten. Man hat überhaupt keine Chance, im Falle eines Sturzes sich rechtzeitig zu stabilisieren. Man wird aber umso weniger fortgerissen, je kürzer die Selbstsicherung zum Fixpunkt ist. Eine solche kurze Selbstsicherung ist insbesondere dann wichtig, wenn sich die Zugrichtung abhängig vom Vorwärtskommen des Kletterers ändert. Je länger die Selbstsicherung ist, desto kraftvoller und gefährlicher wird die Wucht sein. Man kann durchaus nicht nur geschleift werden, man kann durchaus auch in die Luft gerissen werden oder irgendwo anschlagen. Es ist zwar durchaus in Ordnung, eine gewisse Bewegung zu riskieren, um den Vorteil eines soliden Standplatzes hinter einem großen Felsen zu nutzen. Aber man sollte sich das stets sorgfältig überlegen! Insbesondere sollte man die möglichen Konsequenzen durchspielen, falls man aus dem Stand gerissen werden sollte. Falls ein Kontrollverlust der Seilsicherung möglich erscheint, sollte man unbedingt eine andere Lösung des Problems finden.

### Vorbereitung der Sicherung eines Nachsteigenden

Da es so viele Faktoren zu beachten gilt, ist der Bau eines Standplatzes eine der zeitaufwendigsten Tätigkeiten für den Anfänger. Je aufmerksamer man nach Verankerungen und Standplätzen sucht, umso häufiger und einfacher wird man jedoch recht banale Lösungen des Problems finden. Man wird feststellen, daß man im Laufe der Zeit zunehmend Erfahrung sammelt und Fixpunkte findet, die man anfangs schlicht übersehen hätte. Im folgenden geben wir einige Hinweise grundlegender Art, wie man einen Standplatz auf seine Tauglichkeit beurteilt und einrichtet, um einen nachfolgenden Kletterer dann zu sichern.

Zunächst wird man eine **Selbstsicherung** anbringen, indem man sich mittels Seil und Karabiner in einen Fixpunkt einklinkt. Dem Sichernden ruft man nach erfolgter Selbstsicherung »Stand« zu, so daß er weiß, daß er nun mit der Sicherungstätigkeit aufhören und sich selbst auf die bevorstehende Seillänge vorbereiten kann. Danach richtet man es sich am Standplatz so bequem wie möglich ein. Bei extrem schwierigen Routen, bei denen der folgende Kletterer vermutlich längere Zeit benötigt, kann es – abhängig von den äußeren Bedingungen – durchaus sinnvoll sein, den Rucksack abzusetzen und auch zusätzliche Kleidung anzuziehen. Dann sucht man nach Möglichkeiten für zuverlässige Fixpunkte. Hinweis: Es sollte unbedingt durchdacht werden, welche Konsequenzen es haben könnte, wenn man aus der Position gerissen werden sollte.

Darüber hinaus denke man auch an weitere Faktoren, wie z. B. die Steinschlaggefahr. Der Standplatz sollte komfortabel genug sein, daß man ohne Verrenkungen oder Verkrampfungen die Sicherungsarbeit durchführen kann. Die eigene Position sollte dabei so beschaffen sein, daß man den Kletterer auf seiner Route beobachten kann. Mit der nötigen Erfahrung kann man jederzeit einen Standplatz einrichten, der auch bereits die nächste Seillänge, die der zunächst nachsteigende Kletterer dann im Vorstieg gehen wird, auch vernünftig absichert.

Nach Abwägung aller Möglichkeiten sucht man sich die beste Kombination an Fixpunkten aus. Dann prüft man, ob die Knoten komplett und richtig geknüpft sind, damit lose Seilenden beim Sichern nicht behindern und der eigene Rucksack einerseits erreichbar, andererseits aber auch gegen Absturz gesichert ist. Insbesondere am Anfang sollte man immer wieder überprüfen, ob man zum Abfangen eines Sturzes korrekt steht und ob man das richtige Seilende in seiner Bremshand hat. Zuletzt übernimmt man die Sicherung und führt diese so lange aus, bis der Nachsteigende die eigene Position erreicht und sich selbst gesichert hat.

**Die Vorbereitung, um einen Seilersten zu sichern**

Das Sichern eines Vorsteigenden stellt im Vergleich zum Sichern eines Nachstiegs einen erheblichen Unterschied dar, da der Seilzug nun aus einer neuen Richtung kommt, gewöhnlich von oben. Unter Umständen ist sogar ein Umbau des Standplatzes notwendig.

Ein Fixpunkt, welcher einen Vorkletternden sichern soll, muß in der Lage sein, einen Seilzug in Richtung auf die erste Zwischensicherung, unter Umständen also senkrecht nach oben zu halten. Daher sollte bei jedem Wechsel vom Nach- zum Vorstieg der vorhandene Standplatz auf seine Festigkeit nach oben hin überprüft werden. Idealerweise bringt der Nachsteigende alle während der letzten Seillänge benutzte Hardware (Zwischensicherung) mit, so daß man genügend Ausrüstung am Standplatz hat, um ihn für die kommenden Aufgaben zu rüsten. Insbesondere an engen Standplätzen sollte stets darauf geachtet werden, daß das Seil nicht unkontrolliert verschoben wird – hier entsteht des öfteren heftiger »Seilsalat«.

Der Unterschied zwischen einem soliden und einem fraglich festen Standplatz wird auch erheblich dadurch mitbestimmt, in welche Richtung der Zug in Relation zu eigenen Körperposition einwirkt. Indem man einen Sicherungspunkt in der Nähe des eigenen Standplatzes anbringt, kann man unter Umständen die eigene Körperstabilität erhöhen.

Letzteres gilt insbesondere beim Sichern in stehender Position. Die einfachste Methode ist, wenn man sich dem Fixpunkt zugewandt hat, einen zweiten Karabiner in diesen einzuhängen, durch den das Kletterseil lose durchläuft. Später, nachdem der Vorsteigende weiter oben Zwischensicherungen angebracht hat, wird diese Seilumlenkung überflüssig. Die Folge: Man kann sie entfernen, um die Seilreibung zu vermindern; und das Seilgefühl, welches einem hilft, das Tempo des Kletternden richtig einzuschätzen und damit die Sicherung zu optimieren, wird verbessert.

Der Sichernde muß besonders aufmerksam sein, wenn die Kletterroute schwierig ist und direkt oberhalb eines Felsbandes entlangführt. In diesem Fall kann es passieren, daß der Seilerste nicht schnell genug vom Seil gefangen wird, um ein Aufschlagen auf dem Felsband zu verhindern. Tatsache ist, daß gebrochene Knöchel mit zu den häufigsten Kletterverletzungen gehören. Daher sollte der Kletterer stets mit leicht gebeugten Knien versuchen, auf dem Band zu landen. Kopfverletzungen können beim Beginn einer Seillänge knapp über dem Standplatz durch Hilfe des Sichernden ebenfalls vermindert werden, indem dafür Sorge getragen wird, daß ein Überschlagen oder Überkippen verhindert wird.

Der Reißverschlußeffekt kann sowohl für den Vorsteigenden als auch für den Sichernden zum Problem werden. Hierunter versteht man das serienmäßige Ausbrechen von Zwischensicherungen bei einem Sturz. Um dies zu vermeiden, muß der Kletterer darauf achten, daß jede einzelne Zwischensicherung so sicher wie möglich angebracht wird, insbesondere sollte aber auch die unterste Zwischensicherung nach möglichst vielen Richtungen belastbar sein, um bei Diagonalzug durch das Sicherungsseil die Kraft korrekt zu übertragen. Falls das Reißverschlußphänomen einsetzt, kann man nur hoffen und beten, daß irgendwo in der Sicherungskette ein Sicherungspunkt multidirektional belastbar ist, um den Vorgang zu stoppen (siehe hierzu Kapitel 10).

## Seilbedienung und Kommunikaktion

Idealerweise ist das Seil beim Sichern eines Seilersten niemals ganz straff, da dies die nächste Kletterbewegung behindern würde. Ein aufmerksamer Sichernder hält gerade ein wenig Seil in Reserve und reagiert sofort auf die Klettermanöver des Vorsteigers, indem er Seil ausgibt oder gegebenenfalls auch einnimmt. Bei sehr leichten Passagen kann die zur Verfügung stehende Seilreserve durchaus auch größer sein, um dem unter Umständen schnellen, jedenfalls wechselnd hohen Tempo des Seilersten besser Rechnung tragen zu können.

Wenn der Seilerste unterwegs ist, ist es unvermeidbar, daß im Verlauf der Seillänge zunehmend Seilreibung entsteht. Diese kann die technischen Schwierigkeiten einer Seillänge wesentlich erhöhen und unter Umständen den Seilersten auch zwingen, vorzeitig die Seillänge abzubrechen bzw. zeitraubende Zwischenstände, häufig an sehr unbequemen Plätzen, zu machen. Dieses Problem kann durch das Gelände verursacht werden, welches der Kletternde passiert. Hier kommen insbesondere Blockgelände oder Felsköpfe in Betracht, aber auch schlecht gelegte Zwischensicherungen, welche über starke Seilumlenkungen erhebliche Reibung erzeugen können. Jegliche Seilreibung, welche vom Sichernden erzeugt wird, wird durch die Zwischensicherungen verstärkt. Daher sollte man die Seilreserve zum Vorausauskletternden möglichst großzügig kalkulieren und dafür Sorge tragen, daß das Seil beim Sichern nie wirklich stramm verläuft. Falls der Vorausgehende aufgrund der hohen Seilreibung stürzt, kann es sogar vorkommen, daß der Sichernde gar nicht merkt, daß ein Sturz stattgefunden hat. Falls es nicht möglich ist, sich durch Zuruf auszutauschen, kann man die Situation klären, indem man einige Zentimeter Seil durchrutschen läßt. Falls dadurch die Seilspannung nicht abnimmt, dürfte es vermutlich durch das Gewicht des Seilersten belastet sein.

Beim Sichern eines Nachsteigenden sollte das Seil relativ kurz geführt werden. Das heißt aber nicht, daß das Seil absolut straff gehalten wird, da hierdurch der Nachsteigende sowohl in seiner Bewegung als auch in der Körperbalance eingeschränkt würde.

Während der Nachsteigende zu einem aufsteigt, legt man das einzuholende Seil so ab, daß es später nicht stört. Insbesondere sollte man größere Schlingen nicht hinunterhängen lassen, da sich diese unten verfangen könnten.

*Wichtig:* Die Bremshand darf niemals das Seil loslassen! Dies ist leichter, wenn man den Vorsteigenden sichert, da dieser das auslaufende Seil beim Klettern hinter sich herzieht. Wenn man einen Nachsteigenden sichert, muß man dagegen das Seil gegen die Schwerkraft (und zusätzlich die Seilreibung) nachziehen, und wenn man mit der Bremshand umgreift, ist die natürliche Tendenz da, in dem Moment das Seil loszulassen. Das korrekte Vorgehen muß unbedingt sorgfältig gelernt werden (Abb. 7-10).

Um mögliche Sturzhöhen zu vermindern, bereitet der Vorsteigende bei schweren Kletterstellen die Zwischensicherungen vor und hängt sie deutlich über Kopfhöhe ein, bevor er weiter hochklettert. Das heißt, daß die Richtung der Seilbewegung sich mehrfach ändern wird: Während man den Vorsteigenden beim normalen Aufwärtsklettern sichert, wird man hier Seil ausgeben müssen. Nachdem er über seinem Kopf eine Zwischensicherung eingehängt hat und dann weiterklettert, wird man zunächst etwas Seil einholen müssen. Sobald er den Fixpunkt passiert hat, muß das Seil erneut ausgegeben werden. Dieser Richtungswechsel be-

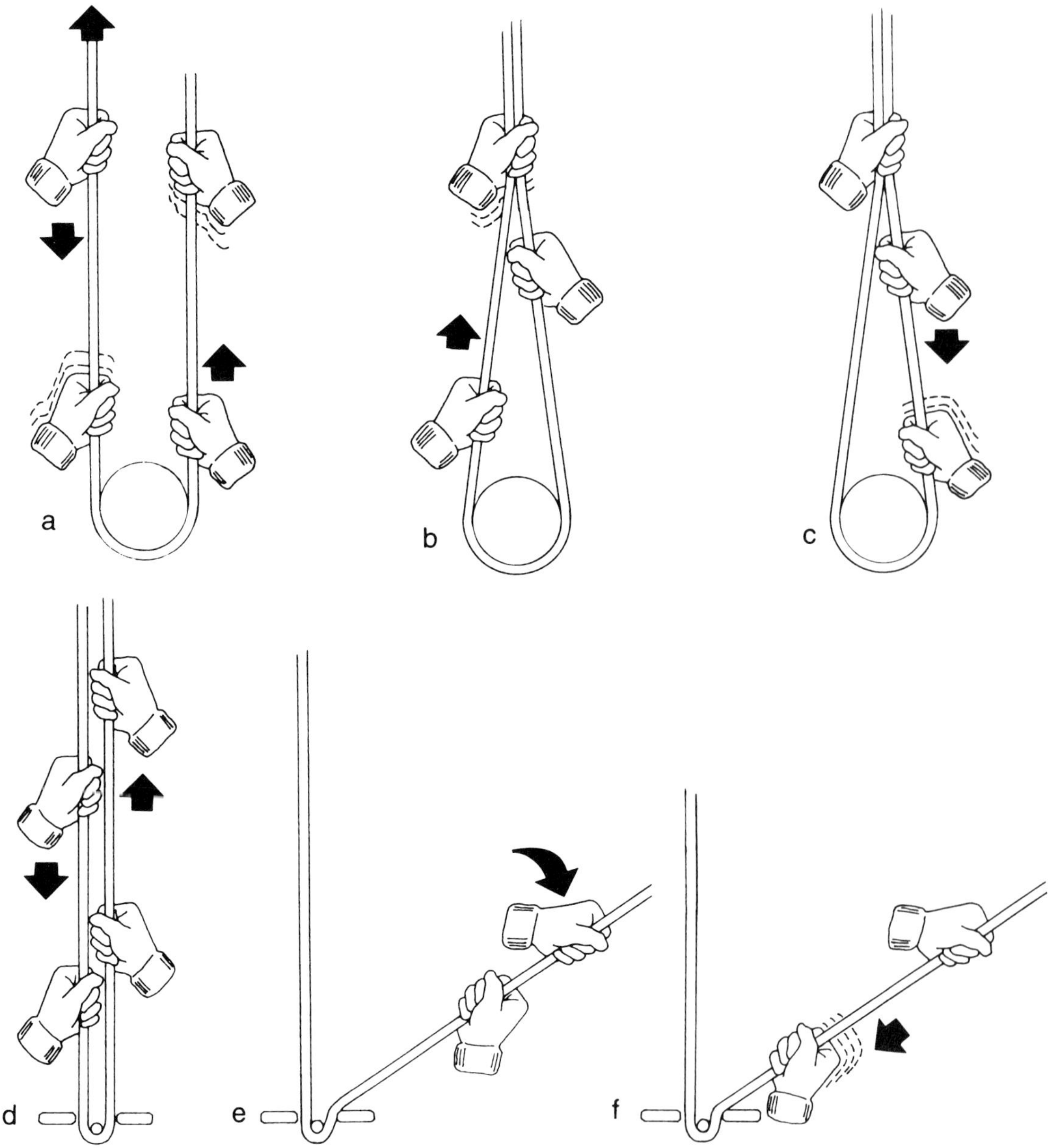


(7-10) Einholen des Seiles, so daß die Bremshand niemals losläßt: a) Zug am Seil mit beiden Händen; b) Vorgreifen mit der Hand, welche nahe am Körper ist und Fassen beider Seile; c) Zurückziehen der Bremshand zum Körper, dabei bleibt die Faust geschlossen und jederzeit bremsbereit. Auch wenn der Vorgang c) normalerweise zusammen mit einer Seilbremse (hier schematisch an der Stichtbremse gezeigt) benutzt wird, kann man zusätzliche Sicherheit schaffen, wenn der Kletterer in Schwierigkeiten gerät. Man trennt die Seile in Schritt b) und c) und faßt lediglich das Bremsseil, wie die Zeichnungen d) bis f) näher erläutern.

nötigt erhöhte Aufmerksamkeit – insbesondere deshalb, weil er häufig an besonders schwierigen Kletterstellen stattfindet.

Während der Kletternde und der Sichernde zunehmend weiter voneinander entfernt sind, wird das Hören schwieriger. Daher haben sich einige kurze Kommandos durchgesetzt, um die wesentliche Kommunikation beim Klettern zu erleichtern. Wenn sie mit zusätzlichen Kommentaren versehen werden, besteht das Risiko, daß sie in ihrer Bedeutung unklar werden. Daher sollten diese Seilkommandos ohne weitere Ergänzungen benutzt werden. Sie wurden so gewählt, daß ihr Klang von anderen Seilkommandos möglichst verschieden ist. Am Ende einer Seillänge sollte man so laut wie möglich rufen und jede einzelne Silbe betonen, insbesondere sollte man zwischen den Worten dann besonders viel Zeit lassen, wenn Echos auftreten. Wenn mehrere Seilschaften im Gelände unterwegs sind, sollte man seine Seilkommandos unbedingt mit dem Namen des Partners ergänzen. Eine unmittelbare Antwort sollte man nicht unbedingt erwarten, sondern gemäß der Seilkommandos weiterverfahren.

Recht häufig gibt es drei Probleme am Ende einer Seillänge, wenn man die Seilkommandos schlecht hören kann. Zunächst kann es schwierig werden, dem Seilersten die noch zur Verfügung stehende Seillänge zuzurufen, da insbesondere die erste Silbe von Zahlwörtern oft verlorengeht. Dies führt dazu, daß der Seilerste oft nur das Wort »Meter« hört. Abhilfe kann man schaffen, indem man die Reihenfolge umdreht und zunächst Meter und dann die Zahl ruft. Hierdurch wird zunächst Aufmerksamkeit erregt und die folgende Zahl verstanden. Das zweite Problem tritt auf, wenn der Seilerste die Seillänge beendet hat und ruft: »Stand«. In diesem Fall sollte man nicht einen typischen Anfängerfehler machen und »Seil aus!« rufen, um anzudeuten, daß man ihn gehört hat. »Seil aus!« bedeutet, daß man das Seil aus der Sicherung herausgenommen hat, so daß es nun frei hängt und aufgezogen werden kann. Drittens sollte man unbedingt die ungeduldige Frage »fertig?« vermeiden, wenn nicht eine wahrhaft unüblich lange Zeit vergangen ist. Normalerweise kann man davon ausgehen, daß der Seilerste am neuen Standplatz heftig arbeitet, um die Fixpunkte anzubringen und die weitere Sicherung vorzubereiten. Während dieser Arbeit ist er häufig zu konzentriert tätig, um Rufe aus der Ferne bewußt wahrzunehmen, geschweige denn, überflüssige Rufe zu beantworten.

Manchmal werden Kletterkommandos auch durch kurze Züge am Seil übermittelt, aber hier gibt es kein universell übliches System. Da das Seil gegen Ende der Seillänge relativ viel Reibung aufweist und darüber hinaus auch Seildehnung eintritt, ist es notwendig, recht heftig zu ziehen. Ein simples Zupfen wird nur selten am anderen Ende verspürt. Man sollte für jedes Signal ca. 30 cm Seil einziehen und dann straffhalten, bevor man den Seilzug nachläßt. Falls die Seilreibung hoch ist, kann es sein, daß die einzelnen Züge am anderen Seilende nicht voneinander zu unterscheiden sind. Die verschiedenen Seilkommandos, kenntlich durch die Anzahl der Seilzüge, müssen in der jeweiligen Seilschaft vorher unbedingt verabredet werden. In der Realität stellt der Seilzweite oft anhand der Seilbewegungen fest, wann ein ihm gut bekannter Kletterpartner mit dem Standplatzbau fertig ist und die Sicherung übernimmt. Ein gut eingespieltes Team kann so laut gerufene Seilkommandos auf ein Minimum reduzieren und teilweise auch durch eindeutige Gestik ersetzen.

## Wichtige Seilkommandos beim Klettern

| | | |
|---|---|---|
| Zweiter: | »Seil aus!« | Du hast alles lose Seil eingezogen und ziehst jetzt an mir; nicht weiterziehen. |
| Sichernder: | »Nachkommen!« | Ich sichere dich von nun an. |
| Kletternder: | »Komme!« | Ich löse nun meine Selbstsicherung und beginne mit dem Aufstieg. |
| Sichernder: | »o.k.!« | (Bestätigung) |
| Kletternder: | »Seil!« | Gib mir etwas loses Seil, bis ich »Seil ein« oder »weiter« rufe. |
| Kletternder: | »Seil ein!« | Das Seil ist zu lose, ziehe es ein! (Normalerweise Zuruf zum oben befindlichen Sichernden) |
| Kletternder: | »Zug!« | Ziehe das Seil straff und halte mein Körpergewicht. (Normalerweise Zuruf an den weiter oben befindlichen Sichernden. Das Kommando sollte von Anfängern möglichst selten benutzt werden um sich psychisch nicht zusehr vom Seil abhängig zu machen; stattdessen sollte bei Unsicherheit lieber »Achtung« oder »Paß auf!« gerufen werden). |
| Kletternder: | »Falle!« bzw. »Sturz« | Bereite dich auf einen harten Seilzug vor. |
| Sichernder: | »Seilmitte« | Etwa das halbe Seil steht noch zur Verfügung. |
| Seilerster: | »Wieviel (Seil) habe ich noch?« | Wie weit kann ich noch klettern, bis ich einen neuen Standplatz einrichten muß? |
| Sichernder: | »5...4...3... Meter« | Du hast noch 5, 4, 3, Meter (also suche nach einem Standplatz). |
| Seilerster: | »Stand!« | Ich habe mich an dem neuen Standplatz gesichert und benötige deine Sicherung nicht mehr. Warte einen Moment. Ich bereite die Sicherung vor, um dich heraufzusichern. |
| Irgend jemand: | »o.k.« | Verstanden, alles klar... |
| Seilzweiter: | »Seil ein!« | (nach dem Kommando »Stand« des Seilersten) Ich habe deine Sicherung gelöst. Zieh das verbleibende Seil ein und sichere mich dann. |
| Irgend jemand: | »Stein!« »Eis!« | (Lauter Befehl ohne weiteren Kommentar) Warnung vor herunterfallenden Objekten, vor allem Stein- oder Eisschlag. Paß auf und geh in Deckung! |
| Irgend jemand: | »Achtung Seil!« | Warnung, wenn ein Seil zum Abseilen neben einer anderen Seilschaft hinuntergeworfen wird. |

Abhängig von lokalen Sitten, der Klettersituation oder persönlichen Verabredungen mit dem Kletterpartner werden unter Umständen auch andere Kommandos benutzt, um die Zusammenarbeit beim Klettern und Sichern zu koordinieren. Die folgenden Kommandos sind Beispiele, man kann jedoch viele andere Variationen im Gelände hören.

| | | |
|---|---|---|
| Seilerster: | »Erste ein!« | Ich habe gerade die erste Zwischensicherung eingehängt. Von nun an wird dich die Zugkraft im Falle eines Sturzes nach oben ziehen. |
| Kletternder: | »Moment!«/»Weiter!« | Ich lege/entferne gerade eine Zwischensicherung oder halte aus einenem anderen Grund kurz an. Ich setze meinen Weg fort. |
| Kletternder: | »Achtung!« oder »Paß auf!« | Es steht ein kritischer Kletterzug bevor, vielleicht falle ich, achte auf besonders gute Sicherung. |
| Kletternder: | »O.k.« (nach»Achtung«) | Die kritische Stelle liegt hinter mir. |

## Erzeugung von Seilreibung

Bei jeder Sicherungsmethode führt das Seil von dem Kletternden durch einen Bremsmechanismus oder auch einen HMS-Knoten und dann zur Bremshand des Sichernden. Diese Bremshand erzeugt eine kontrollierte Reibung, welche durch das Bremsverfahren (z. B. HMS-Knoten) verfielfacht wird, um einen stürzenden Kletterer zu fangen.

### Sicherungeräte

Sicherungsgeräte vervielfachen die Reibung der Bremshand, indem das Seil mehrfach gewunden wird und gegen das Gerät und zum Teil auch an sich selbst reibt. Um einen Sturz zu bremsen, führt der Sichernde das lose Ende des Seils so, daß das Seil im Bremsmechanismus stark abgeknickt wird. Hierzu ist freie Bewegung notwendig, auch sollte man in relativ natürlicher Lage stehen und nicht mit völlig verdrehtem Oberkörper. Die einfachste Methode, dies zu lernen und bequem in allen Situationen durchzuführen, ist, die Bremse mit einem Karabiner mit Verschlußsicherung in den Klettergurt einzuhängen. Diese Methode ist insbesondere in den USA, aber auch in Europa, beim Sportklettern die verbreitetste Methode, weil sie im Vergleich zum direkten Einhängen an Fixpunkten in schwierigen Kletterpassagen einige Vorteile aufweist. Die im folgenden beschriebenen Seilbremsen werden so geschildert, als wenn man sie in den Klettergurt eingehängt hat. Recht verbreitet ist das Mißverständnis, daß Seilbremsen automatisch fassen, wenn sie korrekt angewendet werden. Dagegen ist die Hand des Sichernden die ausschlaggebende Quelle jeglicher Bremswirkung, und ohne Bremshand am Seil wird von fast allen Seilbremsen keinerlei Wirkung ausgehen. Die Gesamteffekt ist abhängig von der Festigkeit des eigenen Zugreifens, der Zahl der Seilumlenkungen und der Widerstandsfähigkeit des Seils gegenüber Deformierungen in Karabinern und Umlenkungen.

Es gibt eine große Zahl verbreiterter Sicherungshilfsmittel (Abb. 7-11). Ein Grundprinzip ist, daß das Seil durch eine schlitzförmige Öffnung als Öse hindurchgeführt und dahinter in einen Karabiner eingeklinkt wird. Die Originalversion ist als Sticht-Platte (Abb. 7-11 a) bekannt. Andere Versionen des gleichen Grundprinzips sind röhrenförmig (Abb. 7-11 b).

Der Abseilachter wurde ursprünglich ausschließlich zum Abseilen und nicht zum Sichern entwickelt. Einige Konstruktionen können heutzutage sowohl zum Sichern als auch zum Abseilen benutzt werden. Es gibt zahlreiche Anwendungen von Abseilachtern, drei von ihnen können zur Sicherung benutzt werden. Eine Möglichkeit ist die Standardseilführung im Achter, ähnlich wie beim Abseilen (Abb. 7-11 f). Eine andere ist die Seilführung gemäß Abb. 7-11 e. Falls das Loch an dem schmaleren Ende des Achters eine ähnliche Größe aufweist wie das Loch einer Stichtplatte, kann es ebenfalls zum Sichern analog zu dieser benutzt werden (Abb. 7-11 b). Für solche Techniken sollte man sich allerdings beim Hersteller vergewissern, daß der Abseilachter auch zur Sicherung hergestellt wurde – die meisten sind es jedenfalls nicht.

Die Bachlibremse (Abb. 7-11 d) ist eigentlich nichts anderes als ein schmaler stromlinienförmiger Abseilachter. Eine Seilöse wird durch die größere Öse der Bremse geführt und dahinter in einen Sicherungskarabiner eingehängt. Dieser führt gleichzeitig durch das kleinere Loch der Seilbremse.

Die Selbstsicherung am Fixpunkt sollte auf der gleichen Seite sein wie die Bremshand. Auf diese Weise wird das Herumreißen des Körpers vermieden, falls die Sturzkraft gehalten werden muß. Auch wird man es dadurch leichter haben, die Kontrolle über das Seil zu behalten.

Wenn man einen Vorkletternden sichert, sollte man bereit sein, daß dieser abrutschen könnte und unter die eigene Position stürzt, bevor die

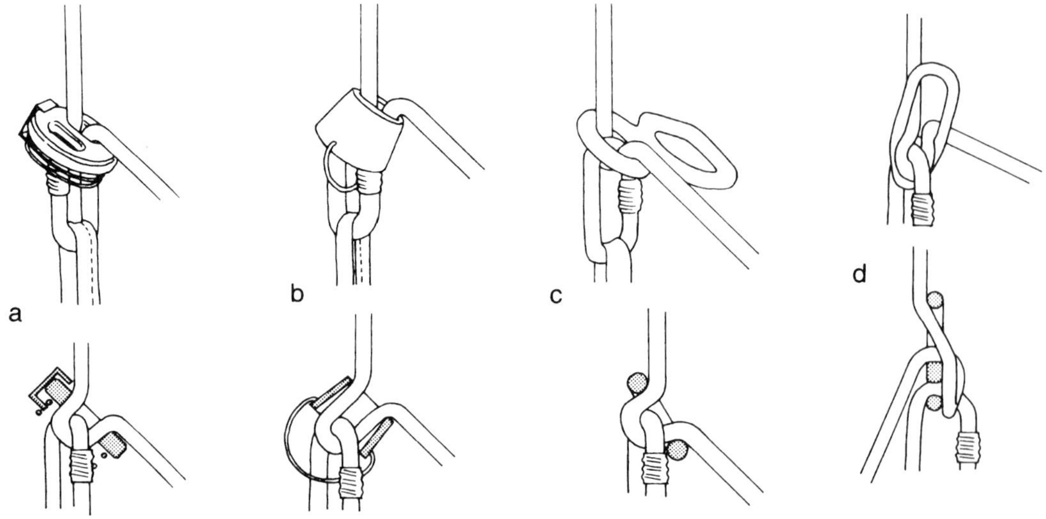


**(7-11) Häufige Formen von Sicherungsmitteln: a) Stichtbremsplatte; b) Stichtbremse rohrförmig; c) Abseilachter; d) Bachlibremse; e) Bachlikonfiguration mit dem Abseilachter; f) Achter in Abseilkonfiguration.**

erste Zwischensicherung gelegt wurde. Die Bremshand sollte auf der dieser Richtung gegenüberliegenden Seite sein. Ansonsten wird man nicht in der Lage sein, das Bremsseil in der Seilsicherung entsprechend scharf abzuknicken.

Sichernde tragen leider selten Handschuhe, wenn sie eine Seilbremse anwenden, obwohl eine relative hohe Seilreibung in der Hand entsteht. Daher sind Verbrennungen durch das auslaufende Seil möglich, auch wenn sie heutzutage durch die verbesserten Seileigenschaften seltener und weniger schwer sind als früher.

Wenn man durch eine der eben geschilderten Seilbremsen Seil aus- oder einnimmt, muß man darauf achten, daß das ein- und auslaufende Seil strikt parallel läuft. Ansonsten würde das Seil den Bremsmechanismus gegen den Karabiner schieben und somit eine Bremsung einleiten. Durch entsprechendes Üben stellt sich hier ein gewisser Automatismus ein. Unter den verschiedenen Seilbremsen erzeugen Bremsplatten und die ihnen ähnlichen röhrenförmigen Konstruktionen die geringste Reibung beim normalen Seilgebrauch. Daher kann man bei ihnen das Seil schneller aus- oder einnehmen, wenn der Kletternde im leichten Gelände ist. Auch ermöglichen sie ein feineres Gefühl für kleinere Bewegungen. Die Bachlibremse erzeugt im Vergleich zur Stichtbremse eine deutlich geringere Bremskraft, falls ein Sturz gehalten werden muß. Dieses Charakeristikum macht sie für den Einsatz in Eis und Schnee besonders geeignet, also in Gelände, in dem die Fixpunkte gewöhnlich nicht so hoch belastbar und die Konsequenzen einer größeren Sturzweite weniger gravierend sind.

Der Sichernde muß nicht nur den Sturz halten, sondern danach den Kletterer unter Seilzug stabilisieren oder gegebenenfalls auf den nächstmöglichen Standort, wie z. B. ein Felsband, hinunterlassen. Die Seilbremsen unterscheiden sich erheblich darin, wie einfach oder problematisch diese Aufgaben zu lösen sind. Konstruktionen ähnlich der Stichtbremse benötigen eine sehr geringe Kraft, um das Gewicht des Kletterers zuhalten, allerdings ist mit ihnen das kontrollierte Ablassen besonders problematisch.

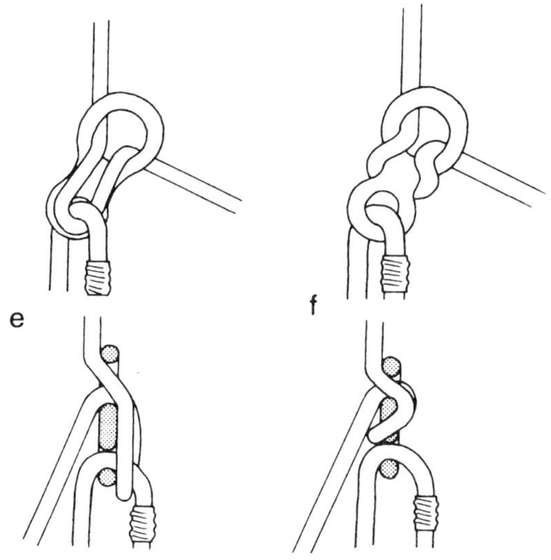


Die Stichtbremse kann mit einer Schnur am Klettergurt fixiert werden, so daß sie einem nicht unkontrolliert aus der Hand fallen kann. Die Schnur, welche zum Klettergurt führt, muß lang genug sein, daß sie in keiner Weise die Bremswirkung der Platte beeinflussen kann – unabhängig davon, in welche Richtung die Bremse beim Auffangen der Sturzwucht gerissen wird.

Wie jedes andere Ausrüstungsteil, welches aus Metall hergestellt wurde, sollten Seilbremsen, welche aus großer Höhe auf Fels gefallen sind, ausgemustert werden, da sie, falls Haarrisse aufgetreten sein sollten, nicht mehr in der Lage sind, schwere Stürze zu halten.

Eloxierte Aluminiumteile werden durch den Gebrauch vom Seil blank poliert. Dies beeinflußt die Funktionsfähigkeit dieser Teile nicht.

Die genannten Seilbremsen werden auch zum Abseilen benutzt. Stichtbremsen und ähnliche Konstruktionen machen ein relativ ruckhaftes Abseilen nahezu unvermeidbar. Hierdurch werden ungünstig hohe Belastungsspitzen auf die Fixpunkte übertragen. Die Bachlibremse sowie der Abseilachter ermöglichen ein besonders gleichmäßiges und kontrolliertes Abseilen. Allerdings muß man bedenken, daß ein Abseilachter für je drei Meter Abseilen eine Seilumdrehung erzeugt, was sich später in entsprechenden Krangeln äußert.

**Die HMS-Sicherung**

Die HMS-Sicherung ist eine besonders effektive Methode, welche ausschließlich das Kletterseil und einen weiteren birnenförmigen Karabiner benutzt, um die Sturzwucht zu fangen. Der HMS-Karabiner ist relativ groß, birnenförmig und ermöglicht es hierdurch dem Knoten, sich entsprechend des Seilverlaufes zu kehren. Die Bremskraft der Hand wird durch die Seil-an-Seil-Reibung vervielfacht. Wenn man den HMS-Karabiner vorne am Klettergurt einhängt, wird er genauso bedient wie eine Seilbremse. Auch wenn keine Sicherungsmethode völlig unfehlbar ist, benötigt man für die HMS-Sicherung vergleichsweise die wenigste Erfahrung und Aufmerksamkeit.

Die HMS-Sicherung ist die bewährteste Seilsicherung, die eine ausreichende Seilreibung erzeugen kann – unabhängig vom Winkel zwischen ein- und auslaufendem Seil (Abb. 7-12). Hierdurch ergeben sich zahlreiche Vorteile:

- Zunächst wird keine spezielle Bremsposition benötigt. Man stelle sich z. B. vor, daß ein Sichernder den Kletternden nicht sehen kann und im Moment des Sturzes aus dem Stand gerissen wird. Der Sichernde wird im Überraschungsmoment allemal eher in der lage sein, das Seil festzuhalten, als das Bremsseil in einem bestimmten Winkel abzuknicken, was bei allen anderen Methoden notwendig ist. Das bedeutet im Klartext, die HMS-Sicherung wird halten, die anderen Methoden unter Umständen nicht.
- Wenn das lose Seilende eine längere Strecke über eine Wand hinunterhängt, kann es sein, daß man die Bremshand nicht weit genug ab-

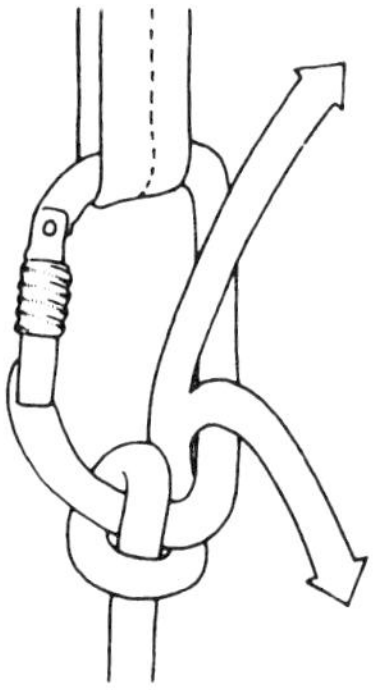


**(7-12) Die Reibung, die mit dem HMS-Knoten erzeugt werden kann, ist vom Winkel zwischen ein- und auslaufendem Seil relativ unabhängig.**

winkeln kann, um Standardseilbremsen zu blockieren. Dies kann sowohl durch das Seilgewicht eintreten als auch durch die Zusatzkraft durch den stürzenden Kletterer, eine ungünstige Armposition, aber auch durch Verklemmen des herunterhängenden Seiles. Bei einer HMS-Sicherung werden alle diese Faktoren kein Problem sein (Abb. 7-13).

Die Bremskraft der HMS-Sicherung läßt bei Herausführen des Seiles nach oben nach (Abb. 7-12). Das bedeutet, daß die Bremswirkung normalerweise bei Stürzen des Seilersten geringer ist als bei hochliegendem Fixpunkt und Nachsichern durch den Seilzweiten. Insgesamt hat sich aber gezeigt, daß die HMS-Sicherung generell eine höhere Bremswirkung erzielt als fast alle anderen Methoden – und zwar unabhängig vom Winkel des Bremsseils. Diese höhere Bremskraft bedeutet in der Praxis einen kürzeren Bremsweg und ein schnelleres Abfangen des Sturzes.

Natürlich hat die HMS-Sicherung auch einige Nachteile. Die Bremskraft, welche höher ist als bei den meisten anderen Methoden, bedeutet, daß höhere Kräfte auf den Stürzenden einwirken, und auch, daß schwache Fixpunkte leichter ausbrechen. Beim Benutzen des HMS-Knotens wird das Seil stärker verdrillt als bei anderen Methoden, so daß auch bei optimal hergestellten Seilen Krangeln unvermeidbar sind. Dieser Effekt ist besonders ausgeprägt, wenn immer dieselbe Person die Seillängen führt. Um die Krangeln herauszudrehen, sollte man das Seil schütteln, während es frei hängt. Nach einem weiten großen Sturz ist die äußerste Schicht des Mantels oft angeschmolzen, dies ist aber ähnlich wie der Poliereffekt an Aluminiumausrüstung nur von kosmetischer Bedeutung.

**(7-13) Die HMS-Sicherung funktioniert auch dann, wenn die Seile über eine Wand hinunterhängen.**

Der HMS-Knoten ist zum Abseilen schlecht geeignet, da er das Seil erheblich krangelt und zudem den Seilmantel stark aufrauht.

Jedesmal, wenn die Zugrichtung auf den Knoten wechselt, schlägt der Knoten im Karabiner um. Dies kann sich ein wenig störend auswirken, wenn der Vorkletternde eine Zwischensicherung über seinem Kopf einhängt, diese dann anklettert und an ihr vorbeigeht, da der Sichernde aufpassen muß, das Seil ausgibt und in kurzer Folge wieder einnimmt. Jedesmal schlägt dann der Knoten um. Falls ein Nachsteigender oder der Vorkletternde unterhalb einer Zwischensicherung stürzt, muß damit gerechnet werden, daß der HMS-Knoten durch sein Umschlagen und das folgende Festziehen die Sturzlänge um ca. 20 cm verlängern kann.

Man kann, je nachdem, wo man unterwegs ist, den HMS-Knoten unter den verschiedensten Namen vorfinden – wie Munterknoten, Bremsknoten, italienischer Knoten, UIAA-Methode und viele andere Bezeichnungen. Die im deutschen Sprachraum übliche, etwas kompliziert klingende Bezeichnung Halbmastwurfsicherung wurde allgemein üblich in HMS abgekürzt (Details siehe Kapitel 6).

### Die Hüftsicherung

Die Hüftsicherung (Abb. 7-14) erhöht die Seilreibung, indem das Seil um die Hüfte herumgeführt wird. Der Hauptvorteil dieser Sicherungsmethode ist die Geschwindigkeit, mit der man einen nachsteigenden Kameraden sichern kann, welcher sich zügig in leichtem Gelände bewegt. Die Sicherung ist schnell hergestellt und benötigt keine weitere Ausrüstung.

Die Einsatzfähigkeit dieser Technik in schwierigerem Gelände ist freilich begrenzt. Da Rücken und Körperseiten den überwiegenden Teil der Seilbremsung erzeugen, muß man dicke Kleidung tragen – hierdurch wird man gerade bei warmem Klima erheblich eingeschränkt. Durch eine normale dünne Jacke wird auch ein kleinerer Sturz eines Seilersten auch beim Sichernden Verletzungen erzeugen. Da der Sichernde durch die Verbrennungen, die das Durchrutschen des Seils auf der Haut erzeugt, Schmerzen verspürt, kann es sein, daß er so langsam reagiert, daß der Sturz bereits anderweitig (z. B. durch Aufschlagen) beendet wird, bevor er schmerzbedingt verzögert reagiert.

Auch wenn mit bloßen Händen eine größere Seilreibung und ein festerer Griff am Seil erzeugt werden kann, sind bei dieser Sicherungsmethode Handschuhe absolut unverzichtbar. Im Gegensatz zur allgemeinen Erwartung werden eventuell auftretende Verbrennungen geringer ausfallen, wenn man fest zugreift und weniger

**(7-14) Die Hüftsicherung wird des öfteren benutzt, um einen schnell kletternden Seilzweiten improvisiert zu sichern.**

Seil durchrauscht. Allerdings können Handschuhe auch durch das Schwitzen der Hände die Haut aufweichen – gerade das kann man in schwierigen Kletterpassagen nicht gebrauchen.

Es gibt noch einige weitere Probleme bei der Hüftsicherung: Falls beispielsweise das Kletterseil über die Selbstsicherung läuft, kann es diese durchschmelzen. Bei einem großen Sturz kann die äußere Schicht des Seilmantels mit Schmelzresten von Fasern der Kleidung verbunden und eventuell zerstört werden. Da man relativ viel Zeit benötigt, um eine optimale Bremsposition einzunehmen, und da die Hüftsicherung die geringste Bremswirkung aller beschriebener Methoden hat, ist das Risiko recht hoch, daß das Seil durchrutscht – gewöhnlich stürzt der Verunglückte dann weiter. Falls die eigene Standfestigkeit nicht ausreicht, wird man wahrscheinlich die Kontrolle über das Seil verlieren, was bei dieser Methode noch fataler ist als bei allen anderen Bremsmethoden.

Um einen Sturz mit der Hüftsicherung zu halten, muß der Ellenbogen gestreckt sein, bevor man fest zugreift (Abb. 7-15). Hierdurch wird die Hauptkraft über die Knochen und nicht über die Muskeln übertragen. Das Problem dabei: Die natürliche Reaktion ist, zunächst das Seil fest zu greifen. Dies führt aber dazu, daß der Arm in eine nahezu hilflose Situation gerissen wird. Man muß dann loslassen, um das Seil erneut zu greifen. Nachdem man das Seil richtig gefaßt hat, muß man den Bremsarm quer an der Körpervorderseite entlangführen, um so durch das weitere Herumwickeln des Seiles um den Körper die Bremskraft zu erhöhen. Auch hier gilt wieder: Eine optimale Bremshaltung kann nur durch entsprechende Praxis und Übung erlernt werden.

Einige besondere Vorsichtsmaßnahmen müssen beachtet werden, um zu vermeiden, daß eine Hüftsicherung im Falle eines Sturzes versagt. Diese Vorsichtsmaßnahmen automatisieren sich bei entsprechender Übung mit der Zeit:

1. Die Selbstsicherung sollte auf der Gegenseite der Bremshand angebracht sein (Abb. 7-

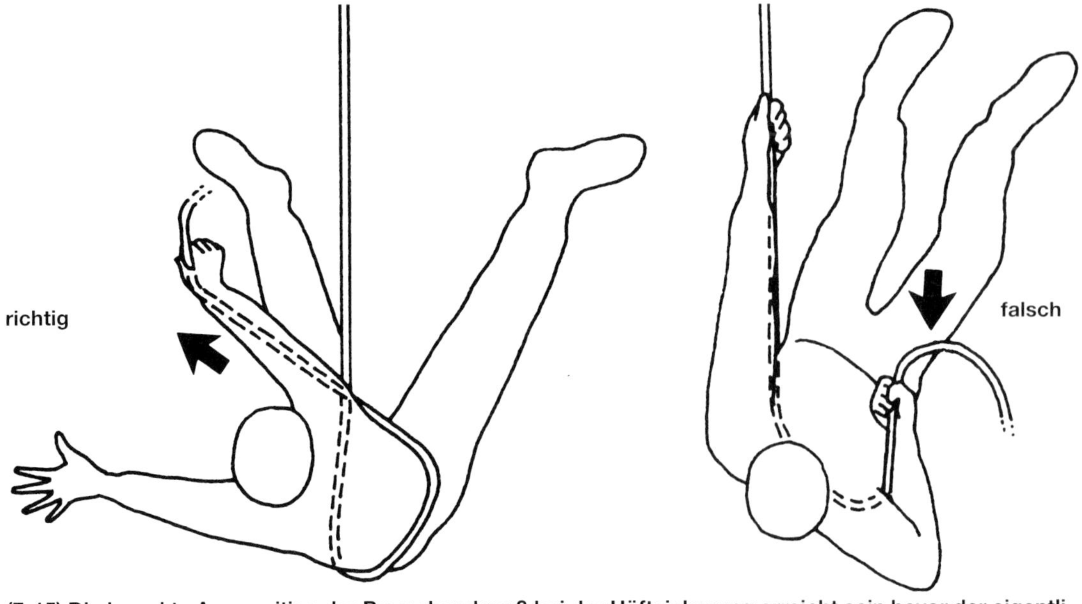


**(7-15) Die korrekte Armposition der Bremshand muß bei der Hüftsicherung erreicht sein bevor der eigentliche Bremsvorgang beginnt (links); ansonsten wird der Arm durch die Bremskraft in die falsche Position gerissen (rechts)**

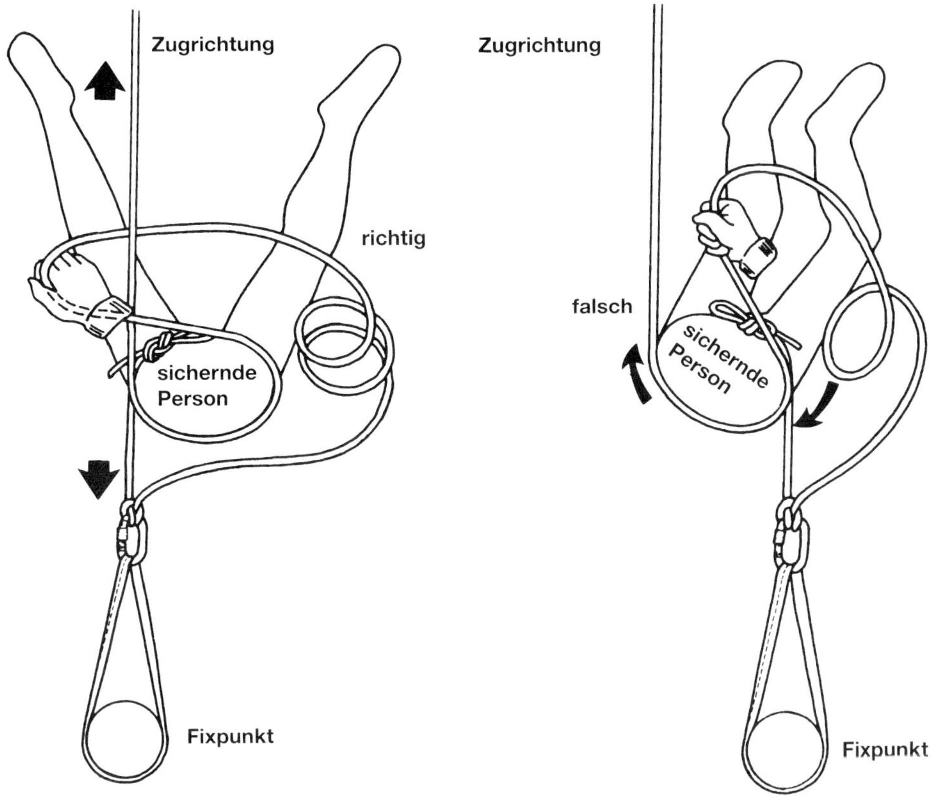


**(7-16) Die Selbstsicherung am Fixpunkt erfolgt auf der Gegenseite der Bremshand (links). Hierdurch wird verhindert, daß das Seil von der Hüftsicherung heruntergerissen wird.**

16). Falls man die Selbstsicherung auf derselben Seite wie die Bremshand anbringt, wird ein Rotationseffekt auf den Körper unvermeidbar sein. Hierdurch kann es passieren, daß die Hüftbremsung gelöst wird und unter Umständen versagt.

2. Wenn man dem Fels zugewandt steht, während man einen Vorkletternden sichert, sollte, solange die erste Zwischensicherung noch nicht eingehängt ist, die Bremshand auf derselben Seite sein, in die auch ein Sturz erfolgen könnte. Falls der Sturz auf der anderen Seite vorbeigehen sollte und der Seilerste bis unterhalb des Sichernden fällt, kann das Seil von den Hüften herunterrissen werden.

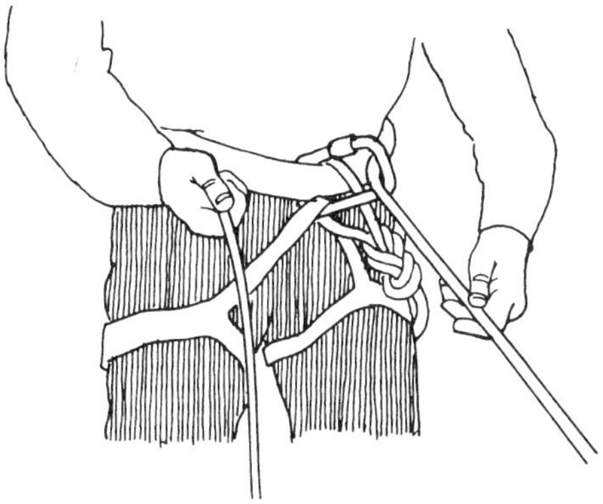

**(7-17) Ein zusätzlich im Sitzgurt eingehängter Karabiner sichert die Hüftbremse gegen ungewolltes Abrutschen.**

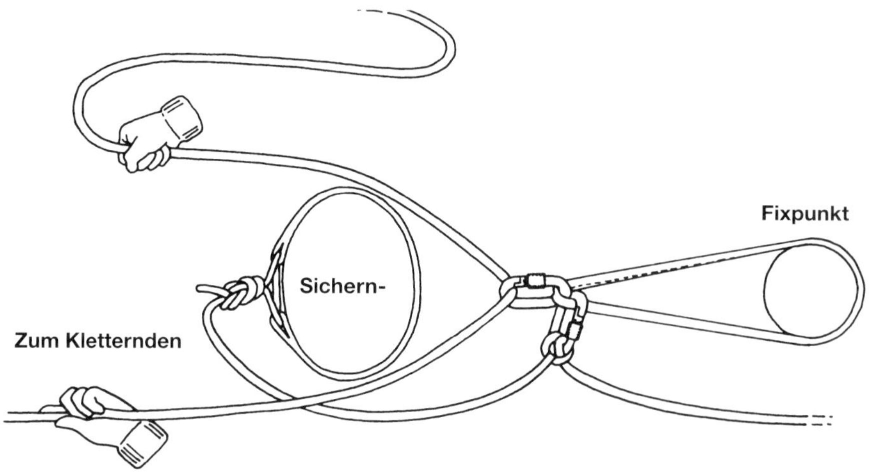


**(7-18) Eine Variante der Hüftsicherung, bei welcher der Vorwärtszug im Falle eines Sturzes direkt auf den Fixpunkt übertragen wird.**

3. Wenn das Kletterseil senkrecht aufwärts führt, wollte man auf jeden Fall einen Umlenkkarabiner in den Klettergurt und das Auslaufende Seil einhängen (Abb. 7-17). Dieser Karabiner sollte in Höhe des Hüftknochens hängen, und zwar auf derselben Seite wie das Seilende, welches zum Kletternden führt. Wenn man das Seil in diesen Karabiner einhängt, wird es dort verbleiben, wo man es haben möchte – nämlich in Hüfthöhe. Außerdem verhindert es das Einwirken von Rotationsbewegungen auf den Körper.

Falls man den unter 3. beschriebenen Karabiner nicht benutzt, sollte man die eigene Selbstsicherung verwenden, um zu vermeiden, daß das Seil einem entweder über den Kopf oder unter einem hindurchgerissen wird. Falls der Seilzug von unten kommen sollte, sollte das Seil oberhalb der Selbstsicherung entlanggeführt werden. Falls der Seilzug von oben erwartet wird, wird das Seil unterhalb der Selbstsicherung entlanggeführt.

Im Vergleich aller beschriebener Bremsmethoden ermöglicht die Hüftsicherung die geringste Bremskraft bei vergleichbar festem Zugreifen der Bremshand. Im Falle eines Sturzes kann diese geringe Bremskraft einen Schutz für möglicherweise nicht allzu festsitzende Fixpunkte bedeuten. Dies kann besonders wichtig sein in Gelände, in dem keinerlei verläßliche Verankerung anzubringen ist. Auf der anderen Seite aber wird der Kletterer deutlich weiter fallen, wodurch sich für ihn die Gefahr erhöht, irgendwo aufzuschlagen.

Ähnlich wie bei der Verwendung der Seilbremsen ist es möglich, bei Anwendung der Hüftsicherung den Zug, der durch die Sturzwucht von vorne auf einen einwirkt, direkt auf den Fixpunkt zu übertragen (Abb. 7-18). Hierdurch erhält man ähnliche Vorteile wie beim Sichern mit einer Seilbremse direkt über den Fixpunkt. Die Seilreibung, welche ansonsten vom Rücken erzeugt und auch aufgenommen werden müßte, wird durch das scharfe Abknicken des Seiles im Umlenkpunkt erzeugt. Hierzu sollte der Fixpunkt aber höchstens 30 cm hinter dem eigenen Rücken sein, da man ansonsten erheblich zurückgerissen werden könnte. Anmerkung des Übersetzers: Die UIAA hat starke Bedenken gegen die Hüftsicherung – außer zum Nachsichern eines Seilzweiten im leichten Gelände. Die Gefahrenpunkte bei der Hüftsicherung: zu geringe Bremswirkung und Gefahren durch die Fehlermöglichkeiten.

| METHODE | VORAUSSETZUNG | VORTEILE | NACHTEILE |
|---|---|---|---|
| | | **Widerstand gegen die Zugkraft des Sturzes** | |
| Einhängen der Bremse in den Klettergurt | Sichere Standposition notwendig | Die Kraft wird aufgenommen, bevor der Fixpunkt belastet wird | Das Verhältnis zwischen eigenem Standort und dem Fixpunkt muß besonders aufmerksam beurteilt werden. |
| Sichern direkt über dem Fixpunkt | Bombensicherer Fixpunkt notwendig | Einfache Einrichtung des Sicherungspunktes, schnell abzubauen | Entsprechend sicherer Fixpunkt nicht immer vorhanden oder für die Seilhandhabung sehr ungünstig gelegen |
| | | **Erzeugen von Seilreibung** | |
| Seilbremse | Eigentliche Seilbremse und zusätzlicher Verschlußkarabiner notwendig | Einige Seilbremsen sind zusätzlich auch zum Abseilen nutzbar | Achter erzeugen eine starke Knickbelastung im Seil |
| HMS-Sicherung | Birnenförmiger Verschlußkarabiner | Das Bremsen des Seiles ist auch dann möglich, wenn die Seile parallel aus dem Bremsknoten auslaufen | Fast sofortiges Stoppen des Sturzes eines Seilzweiten und damit praktisch statisches Bremsen; verdreht das Seil erheblich; etwas aufwendigeres Durchführen des Seiles durch den Knoten beim Einholen. |
| Hüftsicherung | Schützende Kleidung und Handschuhe sind unbedingt notwendig | Geringe Bremskraft; schnelles Seileinholen möglich | Erzeugt unter Umständen Verbrennungen, wenn nicht genügend Kleidung getragen wird; komplizierte Vorsichtsmaßnahmen sind erforderlich; größeres Risiko des Kontrollverlustes. |

**(7-19) Übersicht über die wichtigsten Sicherungsverfahren.**

| PROBLEM | VERBESSERUNG |
|---|---|
| Löst die Bremshand vom Seil (besonders bei der Hüftsicherung) | Anwendung des Seiles gemäß Abb. 7-10; besondere Konzentration auf die Bremsbereitschaft zu jedem Zeitpunkt; so lange, bis die Technik automatisiert ist. |
| Erzeugung von Seilzug auf den Seilersten | Beobachte den Seilersten oder auch das Seil in der Nähe der Sicherung; halte die Hand am Seil, um die Bewegung des Seilersten zu spüren; reagiere schnell. |
| Große Schwierigkeiten bei der Kommunikation, wenn die Seillänge ausgegangen ist | Beschränke dich auf standardisierte oder verabredete Seilkommandos; vermeide unnötige Erklärungen; dehne die Worte länger als im normalen Gespräch. |

**(7-20) Häufige Anfängerprobleme.**

# Andere Techniken

## Anseilen oder nicht?

Kletterer seilen sich nicht grundsätzlich an jedem exponierten Punkt an. Es gibt sogar einige Situationen, bei denen es sicherer ist, dies nicht zu tun – auch dann, wenn man vielleicht subjektiv gerne ein Seil hätte. Schuttgefüllte steile Rinnen beispielsweise sind wesentlich gefährlicher, wenn ein Seil hindurchgeschleift wird. In bestimmten Situationen ist es unter Umständen sehr schwierig, überhaupt belastbare Fixpunkte zu finden. Falls man eine Steinschlagzone oder einen Lawinenstrich überqueren muß, ist Geschwindigkeit wichtiger als Seilsicherung. Sehr erfahrene Kletterer können darüberhinaus bei entsprechender technischer Sicherheitsreserve im festen Fels auch recht zügig ohne Sicherheitseinbußen seilfrei gehen.

Jedes Mitglied einer Gruppe sollte immer dann um eine Seilsicherung bitten, wenn ihm danach ist. Außerdem sollte jeder immer sofort akzeptieren, falls ein anderes Gruppenmitglied ein Seil wünscht. Einzige Ausnahme: Objektive Argumente sprechen aus Sicherheitsgründen dagegen (siehe oben). Wenn die schwierigeren Passagen einer Tour erreicht werden, sorgen die Unterschiede in der Leistungsfähigkeit der Gruppenmitglieder automatisch dafür, daß einige langsamer vorwärtskommen. Spätestens dann, wenn die Gruppe auseinanderzulaufen droht, muß nachgedacht werden, ob Seilsicherung notwendig oder sinnvoll ist.

## Ausbinden aus dem Seil

Es gibt eigentlich nur eine Situation, in der man sich aus dem Seil ausbinden muß, auch wenn man hofft, niemals in die Situation geraten: zur Hilfeleistung eines verletzten Partners. Falls der Kletterpartner erheblich verletzt wurde und andere Kletterer in erreichbarer Nähe sind, ist es normalerweise sinnvoller, diese die Hilfeleistung am Partner ausführen zu lassen und selbst die Sicherung fortzusetzen. Wenn man am Standplatz

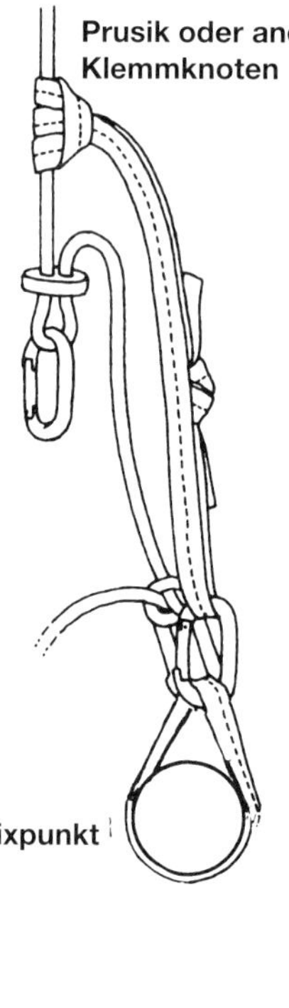


(7-21) Absichern eines gestürzten Kletterers.

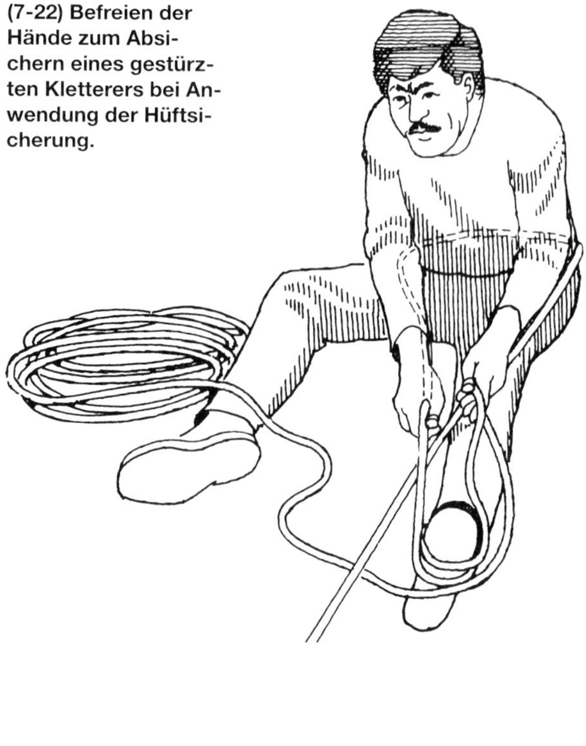

(7-22) Befreien der Hände zum Absichern eines gestürzten Kletterers bei Anwendung der Hüftsicherung.

bleibt, kann man darüberhinaus die Hilfsmaßnahmen unterstützen, indem man gegebenenfalls den Verletzten etwas weiter hinunterläßt oder auch hinaufzieht. Aber wenn man mit seinem Partner alleine ist, kann es notwendig werden, das Sicherungsseil zu blockieren und selbstgesichert zum Partner abzusteigen bzw. sich für weitere Hilfsmaßnahmen abzuseilen.

Wenn man eine Seilbremse oder einen HMS-Knoten direkt über einen Fixpunkt benutzt, muß man lediglich dafür sorgen, daß das Seil nicht durch die Bremse rutschen kann. Die einfachste Form ist ein Mastwurf, welcher mit einem weiteren Karabiner in den Fixpunkt eingehängt wird. Wenn man nun das Bremsseil losläßt, wird das Seil von dem Knoten gehalten.

Wenn man einen Standplatz eingerichtet hat, an dem die Seilbremse oder der HMS-Knoten am eigenen Klettergurt eingeklinkt ist, ist es möglich, sich einhändig aus der Situation zu befreien. Aber auch in diesem Falle kann es sinnvoll sein, zunächst das Bremsseil mit einem Mastwurf zu blockieren. Danach wird eine Prusikschlinge in das Lastseil eingeknüpft und die Schlinge am Fixpunkt eingehängt. Danach kann man durch Nachgeben des Bremsseiles die Last an die Prusikschlinge übergeben. Zuvor sollte man jedoch den Partner hierüber informieren, damit er sich nicht erschreckt, wenn er etwas tiefer rutscht.

Bei Anwendung der Hüftsicherung kann es unmöglich sein, sich mit einer Hand aus der Bremsposition zu befreien. Daher muß in diesem Fall stets dafür gesorgt werden, die eigenen Hände frei zu bekommen. Dies ist möglich, indem man das Bremsseil um den gegenüberliegenden Fuß wickelt und das Knie dabei gestreckt bleibt (Abb. 7-22). Dann kann man mit der freien Hand die Prusikschlinge, wie oben beschrieben, einknüpfen und die Last umhängen. Auf jeden Fall sollte man die beschriebene Seilfixation noch absichern, indem man das Seil mittels Achterschlinge und Karabiner an einem Fixpunkt einhängt (Abb. 7-21).

## *Sicherung beim Soloklettern*

Mittlerweile gibt es auch spezielle Selbstsicherungsklemmen, welche ein Soloklettern ermöglichen. Sie sichern den Kletterer, indem sie in eine Richtung am Seil lose aufwärtsrutschen, in Gegenrichtung jedoch blockieren. Um eine Seillänge vorzusteigen, wird das Seil zunächst unten verankert, und der Kletterer sichert sich selbst während des Aufstieges. Danach wird das Seil oben fixiert und der Kletterer seilt ab. Zuletzt steigt er wieder auf mit gleitender Klemme und sammelt alle Zwischensicherungen wieder ein. Hinweis des Übersetzers: Gemäß den UIAA-Richtlinien darf nicht davon ausgegangen werden, daß die handelsüblichen Seilklemmen den Sturz eines Seilersten halten, sie können bei etwa 400 kp Bruchlast (4 kN) allenfalls zur Selbstsicherung beim Topropeklettern dienen).

Die beschriebene Sicherungstechnik ist nicht lediglich eine Alternative, welche nur gelegentlich benutzt werden sollte. Sie ist eine völlig eigenständige Art des Kletterns, für die verschiedene Grundlagenkenntnisse unbedingt notwendig sind; andernfalls ist sie im Vergleich zur Sicherung durch einen Partner lebensgefährlich. Die Anweisungen der Gerätehersteller sollten kritisch gelesen werden und in weniger gefährlichen Situationen ausprobiert werden. Ist die Sicherung statisch? Arbeitet sie auch korrekt, wenn man in horizontaler Lage oder gar Kopftieflage fällt? Rutscht das Seil automatisch durch die Bremse, während man klettert, ohne zusätzlichen Zug zu erzeugen – insbesondere auch zum Ende einer Seillänge oder bei einer Traverse? Kann man die Sicherung auch vor der Brust anbringen, ohne daß man in technische Schwierigkeiten gerät? Um alle diese Problempunkte richtig einschätzen zu können, sollte man grundlegende Kenntnisse über die physikalischen Abläufe beim Sichern besitzen, welche im nächsten Teilkapitel beschrieben werden.

(7-23) Wenn die oberste Zwischensicherung ausbrechen sollte, stürzt der Kletterer ein zusätzliches Stück hinab. Dieses Stück entspricht der doppelten Distanz zur nächsttieferen Zwischensicherung.

## Die physikalischen Grundlagen des Sicherns: Was passiert, wenn ein Kletterer fällt?

Vor vielen Jahren war die Hauptangst des Seilersten, daß das Seil im Falle eines Sturzes reißen könnte. Damals bestanden die Seile aus Naturfasern, und wenn ein Sichernder es zu abrupt anhielt, riß das Seil leicht – auch dann, wenn der Sturz nicht allzu hoch gewesen wäre. Um dies zu verhindern, wurde in früheren Ausgaben dieses Buches geraten, daß Anfänger die Theorie des dynamischen Sicherns gründlich lernen und jedes Jahr üben sollten, indem simulierte Stürze mit Gewichten gehalten werden. Dies ist heute nicht mehr unbedingt notwendig. Jeder kann davon ausgehen, daß eine der beschriebenen Sicherungstechniken, wenn sie korrekt eingerichtet und ausgeführt wird, eigentlich jeden Sturz halten werden. Moderne Seile reißen selten – wenn überhaupt, dann nur, wenn sie über eine scharfe Felskante laufen und von dieser abgeschnitten werden. Heutzutage ist die Hauptangst des Seilersten, daß im Falle eines Sturzes die Zwischensicherungen ausbrechen könnten. Die Sicherungsstrategie wird detailliert in Kapitel 10 erklärt, aber der grundlegende Ablauf ist bereits in Abbildung 7-23 dargestellt. Die oberste Zwischensicherung stoppt den Sturz des Seilersten. Falls diese herausgerissen wird, wird der Seilerste fallen – nämlich soweit, bis die nächste Zwischensicherung ihn auffangen kann. Unglücklicherweise sind die Zwischensicherungen die neuralgischen Punkte einer modernen Sicherungskette. Dies liegt unter anderem daran, daß die Kraft, die auf sie einwirkt, größer ist als jede andere Kraft der Sicherungskette – nämlich etwa eineinhalbmal so groß wie die Kraft, die zwischen der obersten Zwischensicherung und dem Klet-

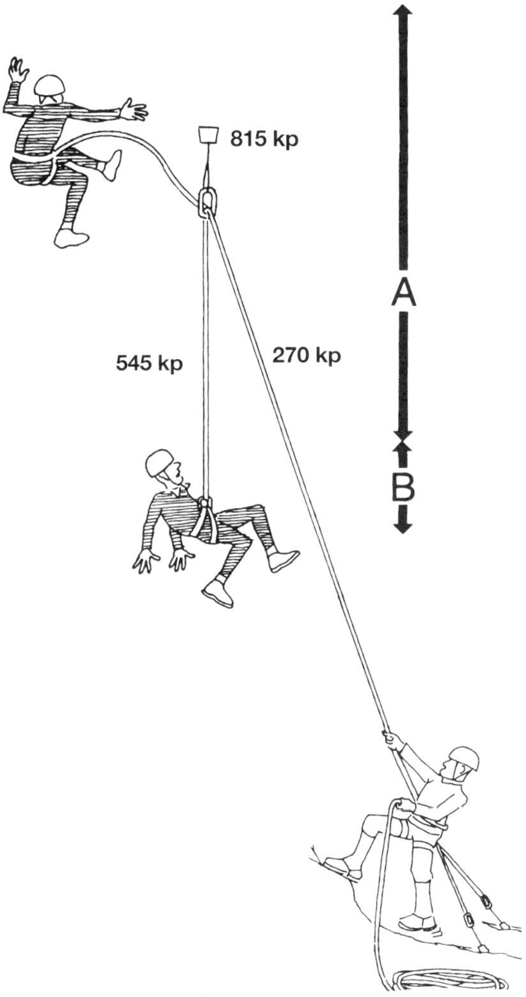


(7-24) **Der Sturzfaktor ist definiert als Sturzlänge A geteilt durch die Seillänge zwischen Seilerstem und Sicherndem. Zu locker geführtes Seil vergrößert A. Die zusätzliche Länge B entsteht durch die Seildehnung und/oder das Durchrutschen des Seiles in der Sicherung.**

terer auftritt. Aber der noch wesentlichere Faktor ist zweifellos die Zwischensicherung selbst. Gewöhnlich ist der limitierende Faktor nicht die Bruchkraft der Hardware, sondern die Festigkeit ihrer Lage im Fels und die Qualität des Felses oder des Eises seinerseits. Die Klettergeschichte ist voll von einschlägigen Horrorgeschichten über angeblich bombensichere Fixpunkte, welche durch einen Sturz oder zum Teil sogar durch einen prüfenden Seilzug herausgerissen wurden. Daher sind die älteren Sicherungstechniken, welche eine geringe Last auf die Fixpunkte ausüben, nach wie vor von Interesse. Sie sind zwar nicht notwendig, um das Seil zu schonen und das Leben des Kletterers zu retten, aber viele erfahrene Kletterer kennen sie und nutzen sie ab und zu ganz gezielt, um die Sicherungskette zu entlasten. Man sollte gewarnt sein: Es gibt einige wichtige Grundregeln, die unbedingt beachtet werden müssen. Die meisten Entscheidungen müssen eine Abwägung zwischen Vorteil und Risiko treffen. Die beste Wahl ist selten eindeutig. Wenn man jedoch weiß, wie Sicherungstechnik funktioniert, kann man meist richtig abwägen, welche Vor- und Nachteile sich in einer bestimmten Situation bei den verschiedenen Techniken ergeben.

Wir werden im folgenden zunächst mit einfachen Sicherungskonzepten beginnen und uns dann zu komplexeren vortasten.

## *Was bestimmt die Kräfte bei einem Sturz?*

### Statische Sicherung

Früher zogen die Seeleute Seil um eine Klampe herum, damit es nicht weggezogen werden konnte. Die ersten Kletterer wanden ein Seil um einen Block oder einen Felskopf und hofften auf dasselbe Ergebnis. Der einzige Unterschied zwischen dieser Technik und der Fixation eines Seiles direkt in einem Verankerungspunkt war, daß das Seil eingenommen oder ausgegeben werden konnte, ohne einen Knoten zu lösen. Heutzutage ist die Situation sehr ähnlich: Bei einem festen Griff in das Seil wird bei einem relativ kleinen Sturz normalerweise kein Seil durch die Sicherung hindurchgerissen werden. Definitionsgemäß ist dies eine statische Sicherung. Nach

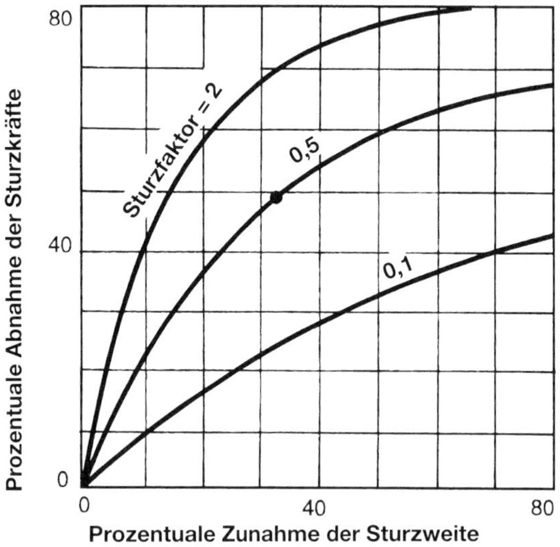


**(7-25) Die Krafteinwirkung bei der Anwendung der dynamischen Sicherung.**

wie vor werden die meisten Stürze, insbesondere die kleineren, mittels statischer Sicherung gehalten.

Bei einer statischen Sicherung sehen wir die Grundprinzipien aller Sicherungstechniken am deutlichsten. Die Kräfte werden ausschließlich durch die Sturzentfernung, geteilt durch die Seillänge zwischen Kletterer und Sicherndem, bestimmt (Abb. 7-24). Diese Zahl ist so wichtig, daß sie eine eigene Bezeichnung bekommen hat: Sturzfaktor. Es ist eine reine Zahl ohne jede Einheit, wie z. B. Meter. Als Beispiel hat ein 6 m langer Sturz bei 30 m ausgegangenem Seil denselben Sturzfaktor wie ein 60 cm langer Sturz bei 3 m ausgegangenem Seil – nämlich 0,2. Beide Stürze erzeugen dieselbe Kraft bei einer statischen Sicherung – jedenfalls dann, wenn das Gewicht des Kletterers in beiden Fällen gleich ist und die physikalischen Seileigenschaften ebenfalls gleich sind. Falls ein Kletterer stürzt, bevor er irgendeine Zwischensicherung gelegt hat, beträgt der Sturzfaktor 2. Dies ist der größtmögliche Faktor. Unabhängig davon, ob der Kletterer gerade eben oberhalb des Sichernden unterwegs war oder ob er nahezu am Ende seiner Seillänge stürzte, wird die entstehende Kraft dieselbe sein – jedenfalls wenn man die Reibung, welche er eventuell während des Sturzes an Fels und Eis hat, sowie den geringen Luftwiderstand vernachlässigt. Dies liegt daran, daß die Sturzenergie eines weiteren Sturzes eben von einem proportional längeren Seil aufgenommen wird.

Ganz entscheidend sind die physikalischen Eigenschaften des Seils, da bei einer statischen Sicherung nahezu die gesamte Sturzenergie vom Seil aufgenommen werden muß. Je mehr das Seil sich dehnt, desto geringer sind die auftretenden Kräfte. Dieser Effekt ist enorm. Ein altes Hanfseil dehnt sich nur sehr wenig. Dadurch werden die auftretenden Kräfte so groß, daß es reißt, falls der Sturzfaktor bei statischer Sicherung größer als etwa 0,25 wird. Ein modernes Kletterseil dehnt sich dagegen so erheblich, daß kein in der Praxis auftretender Sturz die Seilreißfestigkeit überschreiten wird, wenn das Seil nicht beschädigt und nicht zu alt ist. Daher geben die Hersteller nicht mehr die Bruchkraft des Seiles an, sondern die Zahl der Standardstürze gemäß UIAA, die es bei statischer Sicherung bruchfrei halten kann. Um diesen Test erfolgreich zu bestehen, muß ein Bergseil mindestens fünf solcher Stürze halten, welche in jeweils fünf Minuten Abstand nacheinander erfolgen. Das Maximum der auftretenden Kraft darf nicht größer als 1200 kp (12 kN) sein bzw. nicht größer als 800 kp (8 kN) bei Halbseilen. Jedoch handelt es sich hier nach wie vor um einen grundsätzlich statischen Test der Seilkraft. Da statische Sicherung angewendet wird und ein sehr hoher Sturzfaktor von 1,7 vorliegt, läßt sich hieraus nicht unbedingt direkt schließen, welche Kräfte bei einem realen Sturz im Gelände auftreten. Die Sturzhöhe beträgt in diesem Test auch lediglich 5 m.

Falls alle Sicherungen statisch erfolgen würden, würde der Sturzfaktor alleine die Kräfte ei-

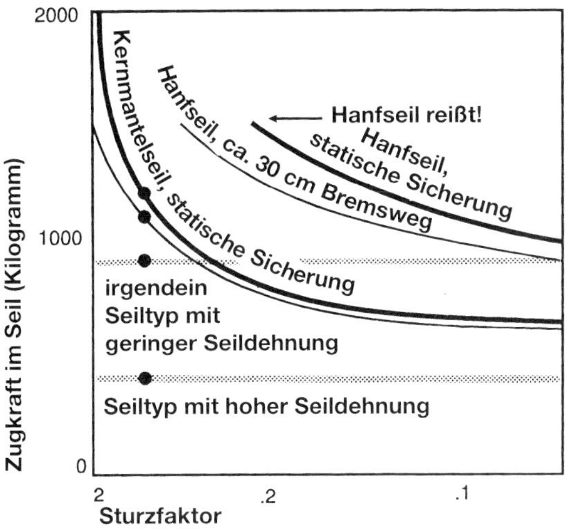


**(7-26) Vergleich der häufiger angewendeten Sicherungsmethoden.**

nes Sturzes bestimmen, und es wäre daher relativ einfach, diese Kräfte abzuschätzen. Die Regel würde lauten: Es ist besonders wichtig, Sicherungen in kurzer Folge zu Beginn der Seillänge anzubringen, zum Ende der Seillänge kann man die Abstände größer werden lassen. Dies ergibt sich aus der Tatsache, daß bei einem Fall definierter Höhe dieser die höchsten Kräfte zu Beginn der Seillänge erzeugen wird und die niedrigsten kurz vor dem nächsten Stand. Auch wenn es sinnvoll ist, die Regel im Hinterkopf zu behalten, werden die Kräfte, die bei einem realen Sturz auftreten, durch zwei andere Faktoren vermindert. Sie zeigen den Unterschied zwischen der statischen Sicherung des Seemanns und der modernen Sicherungstechnik eines Kletterers. Die beiden Unterschiede sind die Bewegungen des Sichernden und die Reibung des Seiles am Sicherungspunkt. Wir wollen sie kurz im historischen Kontext erläutern.

Die frühen Kletterer benutzten eine geeignete Felsstruktur als »Klampe«, um das Seil zu fixieren. Dies war nicht immer dort möglich, wo man bequem sitzen oder stehen konnte. Daher nahmen sie des öfteren den eigenen Körper als Fixpunkt. Man hatte relativ schnell erkannt, daß, wenn der Sichernde durch die Sturzwucht fortgerissen wurde, diese erheblich vermindert wurde. Diese manchmal »elastische Sicherung« genannte Technik brachte ein Problem mit sich: Je weiter der Sichernde fortgerissen wurde, desto wahrscheinlicher war ein Versagen dieser Technik. Dies führte zu konträren Diskussionen, wobei sich einige Meinungsbildner für, andere jedoch gegen diese Technik einsetzten. Es überrascht nicht, daß bis zur Mitte des 20. Jahrhunderts die goldene Regel galt: »Der Seilerste darf nicht fallen.«

Aber Tatsache ist, daß auch die besten Kletterer Stürze als Seilerste überlebt haben, welche gemäß Theorie eigentlich zum Reißen des Sicherungsseiles hätten führen müssen. Einige vermuteten, daß das Durchrutschen des Seils in den Händen des Sichernden dafür gesorgt hat, daß sie am Leben blieben. Aber bei genauerer Analyse kam man zu dem Schluß, daß es sich hierbei wohl eher um einen teilweisen Kontrollverlust gehandelt hat, knapp vor dem Versagen der gesamten Si-

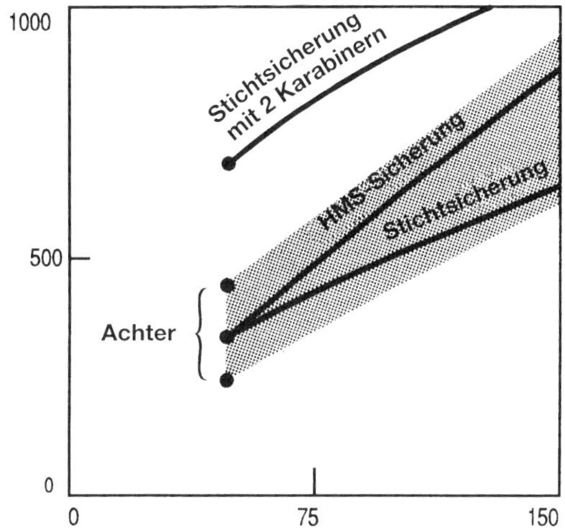


**(7-27) Vergleich einiger dynamischer Sicherungsmethoden.**

cherung. Die Vorteile eines solchen Durchrutschens und die Möglichkeiten der Kontrolle dieses Vorganges wurden damals nicht diskutiert.

**Dynamische Sicherungstechnik**

Der erste wirkliche Durchbruch bezüglich der Sicherungstechnik war die Erkenntnis, welch großen Wert ein Durchrutschen des Seiles im Vergleich zu einer statischen Sicherung hat. Wenn das Seil durch die mit Handschuh geschützte Hand des Sichernden hindurchgerissen wird, rutscht der Kletterer weiter hinunter. Die Energie dieses Sturzes wird so über einen längeren Zeitraum aufgenommen, im Gegensatz zu hohen Kräften bei der Gesamtenergieaufnahme in Sekundenbruchteilen. Der Sierra-Club zeigte den Wert dieser neuen dynamischen Sicherungstechnik in den dreißiger und vierziger Jahren sowohl theoretisch als auch experimentell; später übertrug man die Ergebnisse in die Praxis. Dies war so erfolgreich, daß allein hierdurch die Leistungsfähigkeit des modernen Felskletterns im Yosemite Valley möglich wurde. Die neue goldene Regel hieß nun: »Das Seil muß laufen können.«

Dieses Diktum stellt eine fundamentale Absage an traditionelle Sicherungstechniken dar. Hier wird die Kraft an der oberen Umlenkung erheblich reduziert, allerdings erhöht sich durch den längeren Fall das Risiko für den Stürzenden, irgendwo aufzuschlagen, bevor der Sturz durch die Sicherungskette gehalten wird. Dennoch ist der Vorteil erheblich, wie ein Blick auf Abb. 7-25 zeigt, wo die Eigenschaften moderner Seile graphisch dargestellt sind. Beispiel: Ein Kletterer stürzt 3 m oberhalb der Zwischensicherung und 12 m oberhalb des Sichernden, dann wird der Sturzfaktor 0,5 sein. Falls das Durchrutschen des Seiles am Sicherungspunkt den Sturz um ein Drittel verlängert, wird die Kraft auf die Zwischensicherung auf etwa die Hälfte vermindert werden. Dieser Gewinn ist besonders deutlich bei hohen Sturzfaktoren – also in Situationen, bei denen gewöhnlich das Seil durchrutscht. Die Darstellung basiert auf Standardsicherungstheorien, wie sie von Wechsler vor etwa 40 Jahren entwickelt wurden. Sie enthält einige vereinfachende Annahmen – insbesondere wurden die Seilcharakteristika vereinfacht und die Seilreibung in der Sicherungskette ebenso ignoriert wie die Reibung zwischen Kletterer und Fels.

Moderne Kernmantelseile dehnen sich so gut, daß es für den Anfänger nicht notwendig ist, dynamische Sicherungstheorie und -technik zu lernen. Die goldene Regel, daß »das Seil laufen muß», wurde somit Geschichte. Tatsächlich werden Keilmantelseile häufig »dynamische Seile« genannt. Dies bedeutet jedoch nicht, daß eine dynamische Sicherung, nämlich das Durchrutschen von Seil, heutzutage nicht mehr passiert; es bedeutet lediglich, daß dies heutzutage eher ungewöhnlich ist. Das Seil kann nach wie vor jederzeit durchrutschen, wenn der Sturzfaktor hoch oder die Bremskraft der Sicherungstechnik gering ist. In beiden Fällen übersteigt der Seilzug die Bremsfähigkeit der Sicherung, und das Seil rutscht.

Wir haben drei verschiedene Faktoren diskutiert, die die Kräfte eines Sturzes bestimmen: den Sturzfaktor, das Fortreißen des Sichernden und die Seilreibung in der Sicherung. Um zu sehen, wie diese zusammenwirken, betrachten wir Abb. 7-26 näher. Bei einem Sturz, der von einer Sicherungsmethode gehalten wird, tritt eine bestimmte Zugkraft im Seil zwischen Kletterer und dem Sicherungspunkt auf, welche mittels der etablierten Standardtheorien errechnet werden kann. Das Ergebnis ist ein Punkt auf dieser Graphik. Eine Serie von Stürzen verschiedener Höhe produziert dann eine Linie dieser Graphik. Mit anderen Worten, jede Linie zeigt die Kraft, welche bei einer bestimmten Sicherungstechnik erzeugt wird und die bei verschiedenen Sturzfaktoren auftreten kann. Die durchgezogenen Linien zeigen statische Sicherungstechniken, bei denen die gesamte Energie nur von der Seildehnung aufgenommen wird. Darüber hinaus gibt es zwei Linien, die den großen Unterschied zwischen modernen Keilmantelseilen und früheren Hanfseilen zeigen. Die gepunkteten Linien beschreiben den Effekt, wenn der Sichernde ca. 30 cm fortgerissen wird, während er einen 2,5 m-Sturz hält – unabhängig vom Seiltyp. Die beiden horizontalen Linien zeigen den Effekt dynamischer Sicherung bei zwei unterschiedlich starken Bremskräften. Diese entsprechen den höchsten bzw. geringsten Bremskräften, welche von vielen Fachleuten innerhalb der letzten 20 Jahre empfohlen wurden.

Um das Gesagte zu verdeutlichen, berechne man das genannte Beispiel mit dem Sturzfaktor von 0,5 neu. Wenn die Sicherung statisch ist, tritt eine Kraftspitze von 550 kp (5,5 kN) auf. Wenn der Sichernde etwa 30 cm weggerissen wird, wird diese Kraftspitze um etwa 35 kp (0,35 kN) verringert. Die starke dynamische Sicherung vermindert die Kraft auf 410 kp (4,1 kN), die weiche dynamische Sicherung auf 180 kp (1,8 kN). Der Sturz würde durch die beschriebene Techniken um 60 cm bis etwa 3,5 m verlängert. Die gleichen dynamischen Sicherungen sollten definitionsgemäß die gleichen Seilkräfte bei einem Hanfseil erzeugen – unabhängig vom Sturzfaktor. Natürlich würde im beschriebenen Beispiel ein Hanfseil bei einer statischen Sicherung reißen.

Zusammengefaßt bedeutet die Seilreibung, welche am Sicherungspunkt erzeugt wird, die Obergrenze der Kräfte, die ein Sturz erzeugen kann. Mit anderen Worten: Das Durchrutschen des Seiles am Sicherungspunkt vermindert extreme Kraftspitzen, ähnlich wie ein Sicherheitsventil auf einen Drucktopf übermäßigen Druck verhindert. Dabei ist die Art der Sicherung und ihr Einfluß auf die auftretenden Kräfte ähnlich wie die Bauart des Ventils, welche dafür bestimmend ist, ab welchem Druck es öffnet. Im folgenden wollen wir näher betrachten, wie dieses Sicherheitsventil des Kletterers funktioniert.

## Was kann der Sichernde beeinflussen?

Drei Faktoren, die zumindest theoretisch unter der Kontrolle des Sichernden sind, bestimmen die Größe der Reibung, welche die Bremse erzeugen kann. Ein Faktor davon ist die Stärke des eigenen Zugreifens. Da die Sicherung die Kraft der eigenen Hand vervielfacht, ist die Auswahl der Seilbremse der zweite Faktor. Beide Faktoren sind in Abb. 7-27 dargestellt. Zum Beispiel kann nahezu jeder Kletterer ein Seil fest genug packen, um eine Zugkraft von 30 kp (300 N) zu halten. Eine normale Seilbremse oder HMS-Knoten wird diese Griffkraft so verstärken, daß man eine Dauerlast von etwa 160 kp (1,6 kN) halten kann, bevor das Seil durchzurutschen beginnt. Wenn man noch fester zugreifen kann, hat die HMS-Bremse eine anderen Seilbremsen überlegene Haltekraft. Abseilachter gibt es in einer Vielfalt an Formen, daher liegt ihre Bremskraft zwischen 110 und 190 kp (1,1-1,9 kN) bei oben beschriebenem 30 kp-Zug. Eine Standardsticht-bremse mit zwei Karabinern wird etwa 300 kp (3 kN) halten. Verschiedene Seiltypen ergeben etwas unterschiedliche Bremskräfte. Zum Beispiel werden die Bremskräfte um etwa 20 % vermindert, wenn man ein Halbseil nutzt.

Der dritte Faktor, welcher die Bremskraft beeinflußt, ist der Winkel zwischen dem Lastseil und dem Bremsseil, oder aber die Gesamtsumme der Winkel, welche die Seilwindungen in der Bremse erzeugen. Eine Veränderung dieses Faktors ergibt eine kontinuierliche Veränderung der Gesamtbremskraft.

Die Sicherungsmethode ist der wichtigste der drei Faktoren, da sie bei jedem Sturz einer Belastungsprobe unterzogen wird. Die Handkraft und der Seilwinkel können normalerweise nur dann verändert werden, wenn der Sturz vom Sichernden erwartet wurde. Falls er überrascht wird, wird der Sichernde so reagieren, wie er es trainiert hat, und mit maximaler Kraft bremsen.

# Kapitel 8 Abseiltechniken

Abseilen kann so leicht und erheiternd vonstatten gehen, daß man schon mal vergißt, welch ernstzunehmende und gefahrenbeladene Technik man da gerade in Wirklichkeit ausführt. Abseilen ist eine unverzichtbare Klettertechnik, vor allem ist es auch eine der relativ gefährlichen Techniken. Wenn man es von Beginn an vorsichtig und vor allem geduldig lernt, sollte man keine größeren Schwierigkeiten haben, mit dieser Technik ein Seil hinunterzugleiten, während man seine Geschwindigkeit durch entsprechende Seilreibung kontrolliert. Man wird in der Lage sein, nahezu jede Route hinunterzukommen. Die Realität sieht so aus, daß man von einigen Stellen ausschließlich durch Abseilen wieder zurückgelangt.

Man kann ein Gefühl für die Gefahr entwickeln, wenn man sich eine hohe Steilstufe hinunterseilt: Das gesamte Körpergewicht hängt an dem Seil, das eigene Leben hängt ausschließlich davon ab, ob die Seilverankerung hält und ob man die Technik korrekt ausführt. Falls man selbst oder auch eine der Verankerungen versagen, stürzt man unweigerlich ab. Im Unterschied zum Sichern, bei dem eine große Kraft auf das System sehr kurz im Falle eines Sturzes einwirkt, lastet die Kraft beim Abseilen die gesamte Zeit auf dem System. Die Erfahrung lehrt, daß man relativ leicht übermütig und unvorsichtig wird, nachdem man gelernt hat, wie einfach Abseilen vonstattengehen kann; die Begeisterung kann dann schnell dazu führen, daß man gefährliche Fehler macht.

Beim Abstieg muß man recht häufig die Entscheidung fällen, ob man abklettert oder abseilt. Manchmal ist Abseilen die schnellste und sicherste Methode, um eine Passage zu bewältigen, oft jedoch auch nicht. Man sollte dies sorgfältig abwägen, indem man auf das Gelände, das Wetter, die zur Verfügung stehende Zeit und die Leistungsfähigkeit der Gruppe achtet. Wenn man sich für das Abseilen entschieden hat, sollte man sich ausreichend Zeit dafür lassen. Eine versteckte Gefahr des Abseilens ist, daß unerfahrene Personen zu wenig Zeit auf die Sicherung verwenden.

## Abseiltechnik

Zum Abseilen sind folgende Dinge nötig: ein Seil, ein Fixpunkt, eine Person am Seil und ein Minimum an Seilreibung – und dazu ausreichend Zeit. Der Mittelpunkt des Seiles wird durch den Fixpunkt geschlauft, beide Enden hängen über die geplante Abstiegsroute hinunter. Der Abseilende gleitet am doppelt genommenen Seil hinunter und zieht es von unten ab, indem er an einem Seilende zieht.

Bei mechanischen Abseilsystemen läuft das doppelt genommene Seil durch eine Bremse, welche am Sitzgurt eingeklinkt wird. Bei nichtmechanischen Techniken wird die Seilreibung erzeugt, indem das Seil um den Körper herumgeschlungen wird. In beiden Fällen fast die Bremshand das Seil, um die Größe der Seilreibung zu kontrollieren. Am besten sollten Handschuhe getragen werden, um Verbrennungen durch die Seilreibung zu vermeiden.

Kürzere Strecken können mit lediglich einem Seil bewältigt werden, aber längere Passagen machen zwei aneinandergebundene Seile notwendig. Hierzu wird entweder der doppelte Spierenstich benutzt, vorteilhafterweise jedoch der Sackstich – insbesondere dann, wenn das Seil beim Abziehen über Kanten laufen muß. Die Seile werden, nachdem eins durch den Fixpunkt geschlauft wurde, zusammengebunden, die losen Enden hängen über die geplante Abstiegsroute hinunter. Bei dieser Abseiltechnik mit zwei Seilen kann man selbstverständlich auch Seile unterschiedlicher Dicke benutzen, z. B. ein 11 und ein 9 mm dickes Seil. Nur äußerst selten benutzen Kletterer einen Abseilpunkt, an dem das Seil lediglich an einem Ende mit dem Fixpunkt verbunden ist.

## *Mechnische Abseiltechniken*

Die meisten Kletterer bedienen sich einer mechanischen Abseiltechnik (Abb. 8-1), welche unter fast allen Bedingungen funktioniert. Beide Seilstränge laufen durch eine Seilbremse, welche im Sitzgurt eingehängt wurde. Beim Beginn des Abseilens zieht die Schwerkraft den Kletterer abwärts, das Seil gleitet dadurch durch die Seilbremse. Die Bremshand kontrolliert diesen natürlichen Abwärtszug, indem sie die Größe der Seilreibung in der Bremse variiert. Dies ist möglich durch eine Kombination unterschiedlicher Griffkraft und unterschiedlicher Handpositionen. Zusätzliche Seilreibung kann man erzeugen, in-

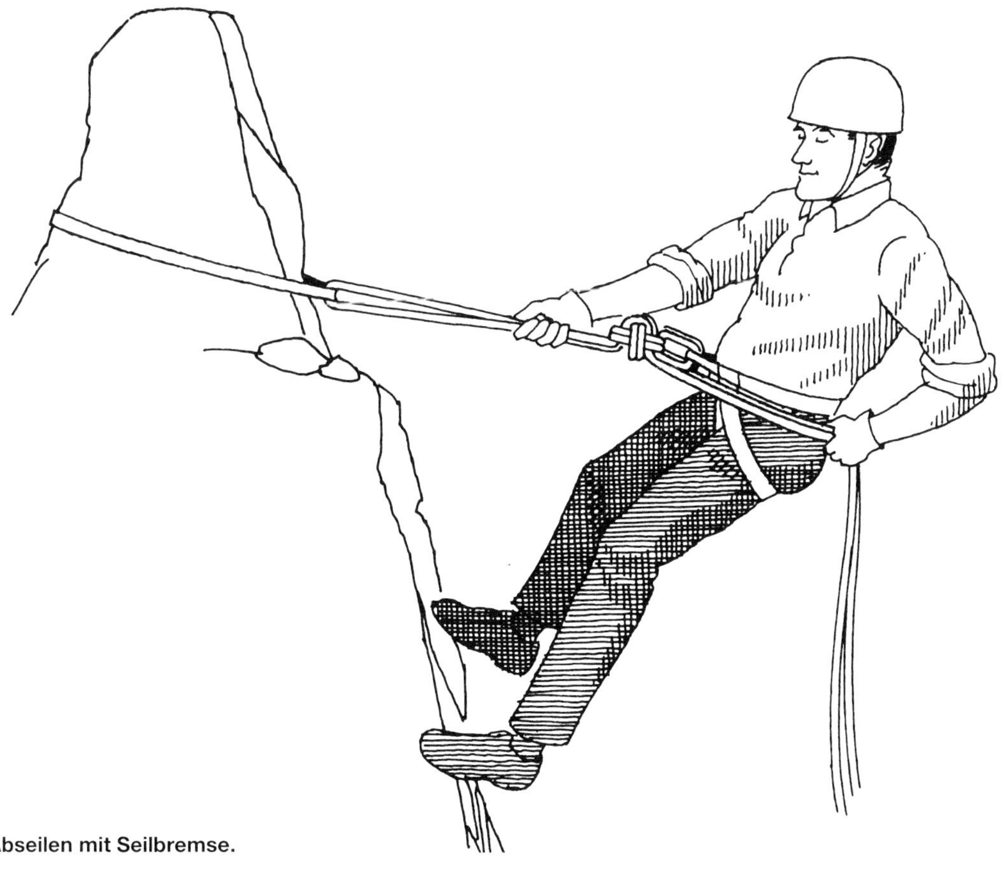

**(8-1) Abseilen mit Seilbremse.**

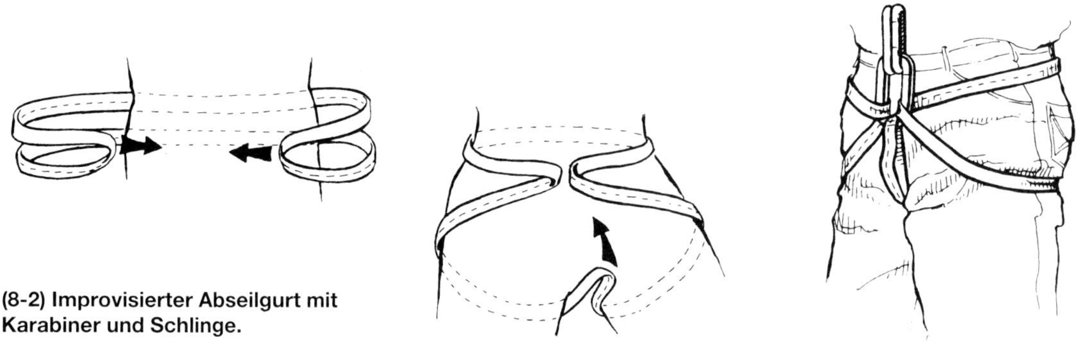

**(8-2) Improvisierter Abseilgurt mit Karabiner und Schlinge.**

dem man das Seil zumindest teilweise zusätzlich über den Rücken führt. Die Abstiegsgeschwindigkeit sollte so kontrollierbar sein, daß man zu jedem beliebigen Zeitpunkt sofort anhalten kann.

Es ist weniger aufwendig, Seilreibung zu Beginn einer Abseilstrecke zu erzeugen als am Unterende, da das Gewicht des unter dem Kletterer hängenden Seiles die Seilreibung in der Bremse erhöht. Dies ist besonders auffällig bei sehr steilen oder gar überhängenden Passagen, an denen ein Großteil des Seiles frei hängt. Aber unabhängig davon, wie wenig Griffkraft erforderlich ist, um die Abstiegsgeschwindigkeit zu kontrollieren, darf die Bremshand niemals das Seil loslassen. Die andere Hand dient lediglich dazu, die Balance zu halten.

Um mit einer Seilbremse abzuseilen, muß man einen Sitzfurt tragen, mindestens jedoch einen improvisierten Sitzgurt. Man sollte niemals lediglich mit einer Seilschlinge um die Brust herum abseilen, da hierdurch die Atmung bis hin zur völligen Hilflosigkeit beeinträchtigt werden kann.

Die improvisierte Abseilschlinge (Abb. 8-2) erfordert ungefähr 3,5 m Flachband. Diese Schlinge wird um den Rücken herumgeführt, danach wird eine Schlaufe zwischen den Beinen hindurchgezogen; anschließend werden alle drei Ösen vor dem Bauch mittels Karabiner verbunden. Hier sollte immer ein Karabiner mit Verschlußsicherung verwendet werden; eine zusätzliche Verbindung mit einem Brustgurt ist möglich. Der improvisierte Sitz mit achtförmiger Schlaufe (Abb. 8-3) kann aus einer Flachbandschlinge normaler Länge improvisiert werden. Hier muß unbedingt eine Körperschlinge hinzugefügt werden, um die Stabilität zu erhalten und

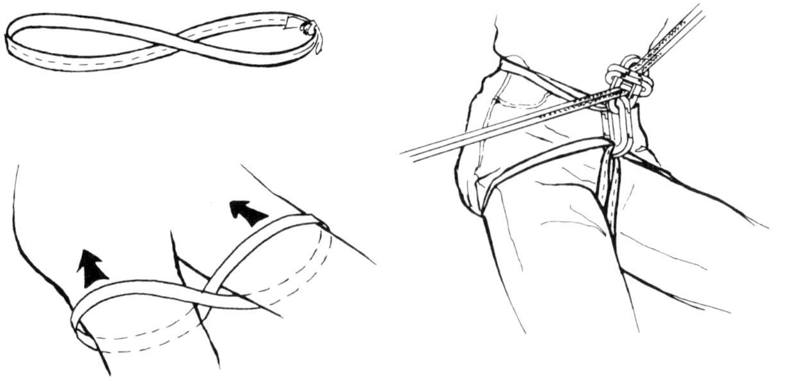

**(8-3) Achterschlinge zum Abseilen.**

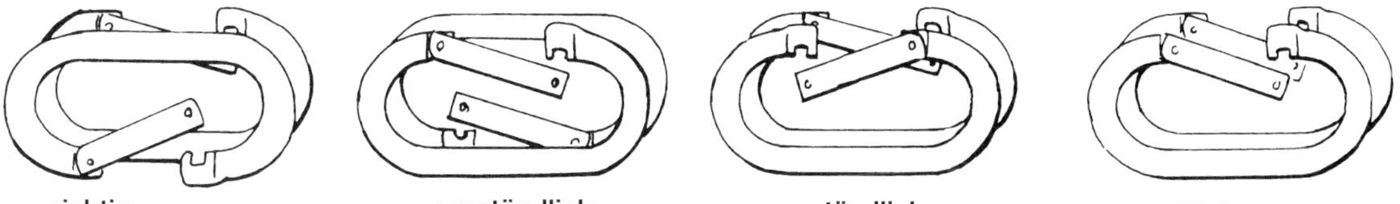


(8-4) Korrekte und falsche Lage der Öffnungen von doppelt genommenen Karabinern.

ein Herausrutschen während des Abseilens zu verhindern.

### Abseilen mit Karabinerkreuzbremse

Eine recht verbreitete mechanische Abseiltechnik ist das Bremsen mit Karabinerkreuzbremse, welche etwas schwieriger herzustellen ist; sie hat jedoch den Vorteil, daß man keinerlei spezielle Ausrüstung braucht, lediglich Karabiner. Die Karabinerkreuzbremse sollte von allen Kletterern beherrscht werden, auch wenn sie normalerweise spezielle Abseilbremsen benutzen. Die Karabinerkreuzbremse kann eine wertvolle Hilfe darstellen, falls man den Abseilachter verloren oder vergessen hat; es handelt sich dabei um die sicherste Abseilmethode, die keine weitere Ausrüstung erfordert.

Um die Karabinerkreuzbremse herzustellen, hängt man einen Verschlußkarabiner oder zwei normale Karabiner in den Sitzgurt ein. Jedesmal, wenn ein Normalkarabiner einer von seitwärts einwirkenden oder einer drehenden Kraft ausgesetzt sein könnte, müssen zwei Karabiner oder ein Verschlußkarabiner angewendet werden. Wenn man zwei normale Karabiner benutzt, werden sie gegenläufig angewendet, damit die Schnapper nicht durch die einwirkenden Kräfte geöffnet werden können (Abb. 8-4). Die sicherste Position ist die, bei der die Schnapper auf der jeweils gegenüberliegenden Seite liegen und ein X bilden, wenn sie gleichzeitig geöffnet werden.

Wenn die Karabiner am Sitzgurt eingehängt sind, wird ein zweites Karabinerpaar hinzugeklinkt, ebenfalls in der beschriebenen korrekten

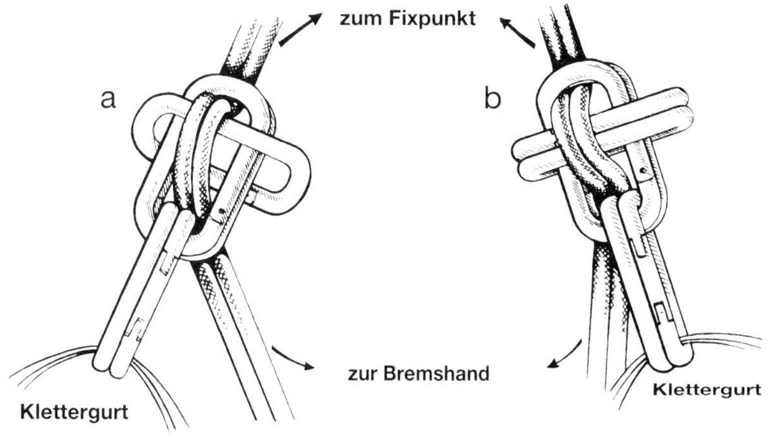


(8-5) Karabinerkreuzbremse: a) mit einem gekreuzten Karabiner; b) mit zwei gekreuzten Karabinern zur Erhöhung der Bremskraft.

Position. Dann wendet man sich dem Fixpunkt zu. Man hebt eine Schlaufe des Abseilseiles an und schiebt sie durch das äußere Karabinerpaar. Nun nimmt man einen weiteren Karabiner und klinkt ihn kreuzförmig in das äußere Karabinerpaar ein, so daß er innerhalb der Seilschlinge verläuft. Das Seil verläuft dann über den langen Schenkel dieses zuletzt eingehängten Karabiners, welcher auch Bremskarabiner genannt wird.

Ein Bremskarabiner (Abb. 8-5 a) gewährleistet genug Reibung für fast alle Seile, die 10 bis 11 mm dick sind. Wenn man dünnere Seile benutzt, das Gewicht des Kletterers oder seines Rucksackes sehr groß ist, wenn man steile oder überhängende Passagen bewältigen muß, kann es notwendig sein, einen zweiten oder dritten Karabiner hinzuzuhängen. Die Seile müssen dabei immer über den langen Schenkel des Karabiners und dürfen niemals über den Schnapper laufen.

Wenn man die Karabinerbremse anwendet, sind folgende Punkte unbedingt zu beachten: Zunächst ist es manchmal nicht möglich, sich dem Fixpunkt zuzuwenden, wenn man das Abseilseil als Schlinge in die Bremse einführen möchte – dies kann den Anfänger verwirren. Ein häufiger Anfängerfehler besteht darin, das Seil falsch herum durch die Bremse hindurchzuführen.

Zum anderen kann das Gewicht des herunterhängenden Seiles es recht aufwendig machen, das Seil durch die Bremse hindurchzuschieben, während man die halbfertige Bremse festhält und den Bremskarabiner einklinkt. Es hilft hier, wenn man das System entlasten kann. Man kann dies tun, indem man die Bremse einhängt, bevor man das Seil über den Steilabbruch hinunterläßt – oder aber auch, indem man nach Anziehen der Seilschlinge diese durch Festhalten mit dem Fuß vom Seilgewicht entlastet. Eine dritte Möglichkeit ist, eine besonders große Schlinge zu machen, welche man während des Einklinkens zunächst über die Schulter hängt. Selbstverständlich sollte man beim Einrichten der Abseilbremse selbstgesichert sein, falls man sich nahe an Steilabbrüchen befindet.

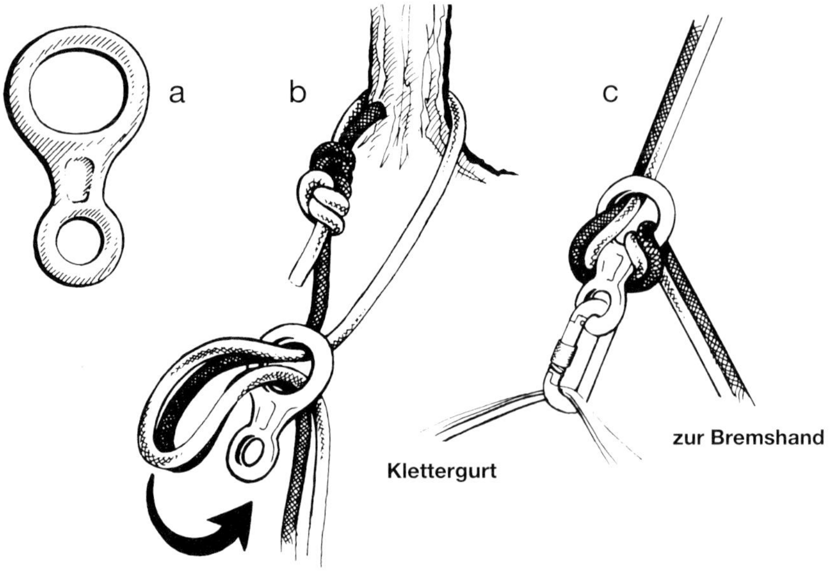


**(8-6) Einhängen eines Abseilachters: a) Abseilachter; b) Einhängen des Seils in den Achter; c) der Abseilachter in Anwendeposition.**

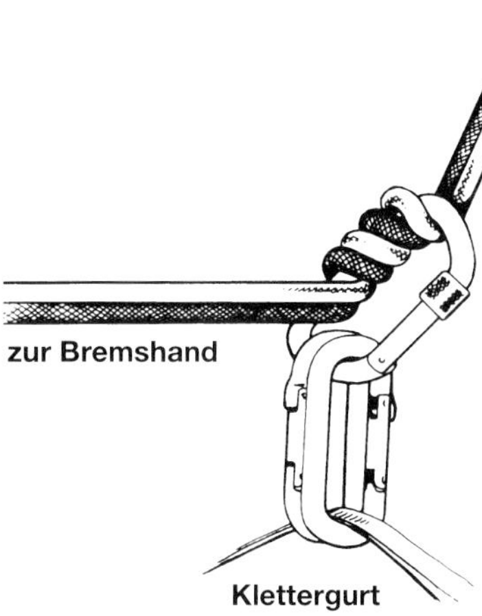

(8-7) Bremsen mittels eines umschlungenen Karabiners.

## Der Abseilachter

Der Abseilachter ist vermutlich das verbreitetste Abseilgerät (Abb. 8-6). Er ist deutlich einfacher in der Benutzung und benötigt bei der Anwendung weniger Kraft als die Karabinerbremstechnik.

Allerdings sollte man seine Nachteile stets im Kopf behalten. Zunächst bedeutet dies, daß ein zusätzliches Ausrüstungsteil transportiert wird, und die meisten Abseilachter sind relativ schwer. Falls man ihn verliert oder vergißt, muß man unbedingt eine weitere Abseiltechnik in Reserve haben. Die meisten Abseilachter benötigen unbedingt einen Karabiner mit Schraubverschluß und ermöglichen nicht das Einklinken zweier gegenläufiger Karabiner. Außerdem erzeugt der Abseilachter im Seil Krangeln. Der Abseilachter wurde ausschließlich zum Abseilen konstruiert, auch wenn einige Kletterer ihn heutzutage immer wieder zum Sichern benutzen.

## Weitere Abseilhilfen

Es gibt viele weitere Ausrüstungsteile, welche zum Abseilen benutzt werden können. Bei den meisten handelt es sich primär um Sicherungstechniken, welche auch zum Abseilen benutzt werden können, wie z. B. die Stichtbremse. Eini-

(8-8) Das Abgleiten am Seil.

ge haben erhebliche Nachteile: wie z. B. die Schwierigkeit, das Seil kontrolliert hindurchzuführen, weich zu bremsen oder daß sie sich stark aufheizen. Bevor man ein neues Ausrüstungsteil zum Abseilen kauft, sollte man unbedingt die Kletterliteratur zu Rate ziehen, um Informationen über Erfahrungen und Testergebnisse zu erhalten; darüberhinaus sollte man Herstelleranweisungen intensiv studieren.

**Weitere mechanische Abseilsysteme**

Einige mechanische Abseilsysteme benötigen keine weitere Ausrüstung, lediglich einen Verschlußkarabiner. Es kann wichtig sein, einige dieser Techniken zu lernen.

Um das Seil gemäß Abb. 8-7 einzuhängen, wird ein Karabiner mit Verschlußsicherung in den Sitzgurt eingehängt. Das Abseilseil wird um das äußere Ende des Karabiners herumgeführt und mehrfach um den Schenkel herumgewunden – hierdurch wird durch mehr Windungen Reibung erzeugt. Normalerweise reichen zwei Windungen aus. Der Karabiner sollte so ausgerichtet sein, daß die Öffnung des Schnappers vom Körper weg zeigt. Eine Gefahr dieser Technik ist, daß der Karabiner umschlagen kann. In diesem Fall kann die Bewegung des auslaufenden Seiles die Verschlußsicherung lösen.

Die HMS-Sicherung, welche man normalerweise zum Sichern von Kletterern verwendet, kann auch zum Abseilen benutzt werden (siehe auch Kapitel 7). Sie ist schnell hergestellt, aber sie ist die schlechtestmögliche Methode im Hinblick auf die Krangelbildung.

Eine Methode, welche in Europa stellenweise auch recht verbreitet ist, ist das lose Hindurch-

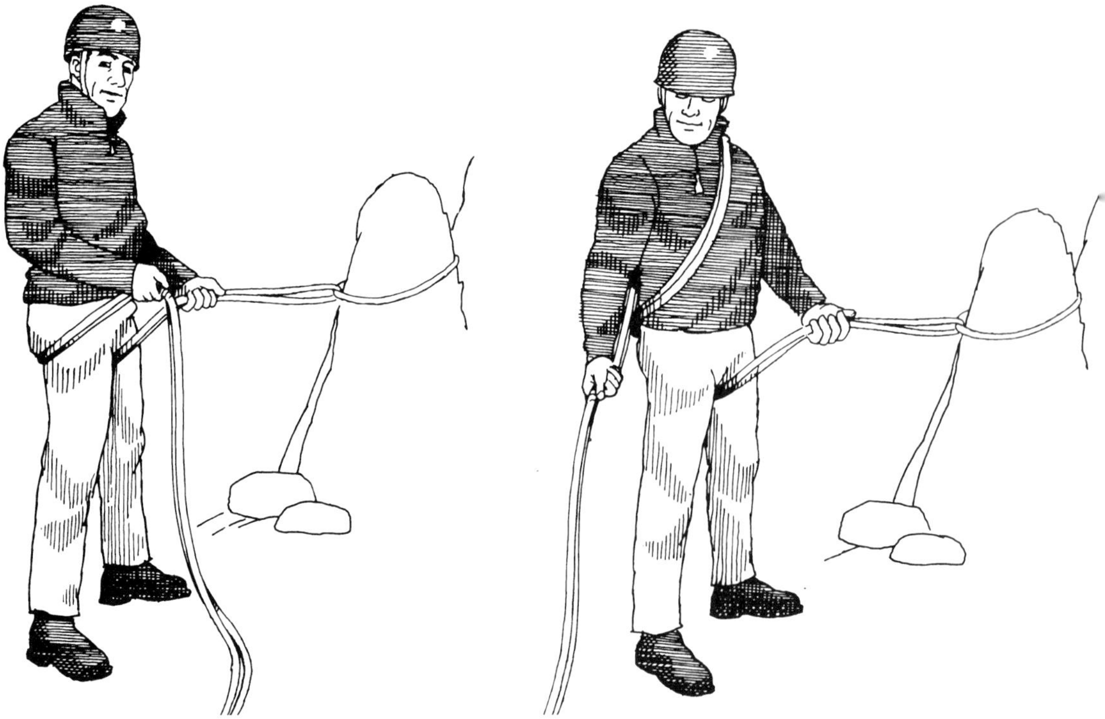

**(8-9) Der Dülfersitz.**

führen des Seiles durch einen Verschlußkarabiner am Sitzgurt. Dann wird das Bremsseil über die Schulter des Kletterers geführt und hinter dem Rücken wieder hinunter, die Hand der Gegenschulter greift dabei das Bremsseil. Es ist sozusagen eine Variante der Dülfertechnik. Eine Gefahr, die übrigens auch bei allen nichtmechanischen Abseiltechniken (siehe unten) besteht, ist, daß der Kletterer relativ leicht aus diesem Abseilsitz herausfallen kann.

## Nichtmechanische Abseiltechniken

Zwei traditionelle Abseiltechniken benötigen keinerlei Hardware, welche für die Erzeugung von Seilreibung zuständig ist. Die Seilreibung wird lediglich zwischen Seil und dem eigenen Körper erzeugt.

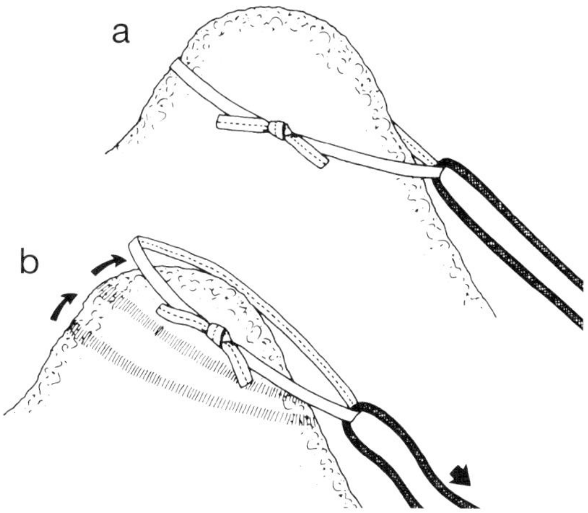


**(8-10) Schlinge auf einem Felsköpfl: a) Gefährlicher Abseilfixpunkt; b) die Schlinge rutscht nach oben vom Felsköpfl ab.**

Die Abseiltechnik mit Hilfe der Arme gemäß Abb. 8-8 wird nur selten benutzt, sie ist aber für einen schnellen Abstieg bei geringer Hangneigung gelegentlich hilfreich. Das Seil wird hinter den Rücken gelegt, unter den Achseln entlanggeführt, dann einmal um jeden Arm herumgewunden und mit den Händen gefaßt. Die Geschwindigkeit des Abstieges wird durch das Zugreifen der Hände kontrolliert. Wenn man diese Technik mit einem Rucksack ausführt, sollte man sicherstellen, daß das Seil hinter diesem entlangläuft und nicht über das Rucksackoberteil oder gar im eigenen Genick.

Der Dülfersitz (Abb. 8-9) ist eine einfache Universalmethode, die jeder Kletterer für Notfälle beherrschen sollte, falls keine Karabiner oder Sitzgurte vorhanden sind. Man wendet sich dem Fixpunkt zu und steigt in den Dülfersitz, indem das Seil zunächst zwischen die Beine genommen wird. Von hinten wird es um die Hüfte herumgeführt, über der Brust gekreuzt und über die Gegenschulter gelegt, dann wird es entlang des Rückens wieder heruntergeführt und bei der

Bremshand, welche auf derselben Seite liegt wie die umschlungene Hüfte, gefaßt. Die andere Hand ist die Führungshand, welche das nach oben gehende Seil faßt und zum Erhalt des Gleichgewichtes hilfreich ist.

Der Dülfersitz hat im Vergleich zu mechanischen Abseilsystemen eine Menge Nachteile. Zunächst kann das Seil vom Bein abrutschen, insbesondere dann, wenn sehr steile Abseilpassagen bewältigt werden müssen, bei denen das Bein horizontaler gehalten werden muß als auf flacheren Hängen. Man sollte vorsichtig abseilen und sich dick anziehen, da die Seilreibung an Hüfte und Schulter ansonsten schmerzhaft sein wird, insbesondere in steilen Passagen. Der Kragen sollte hochgeschlagen werden, um Hals und Nacken zu schützen. Wenn man einen Rucksack trägt, ist der Dülfersitz noch lästiger. Heutzutage wird der Dülfersitz nur dann benutzt, wenn es keine vernünftige Alternative gibt und wenn man es vermeiden möchte, einen Klettergurt anzuziehen.

## Fixpunkte zum Abseilen

Man wird des öfteren mit dem vollen Körpergewicht an der Verankerung des Abseilseiles hängen. Bei dieser Verankerung handelt es sich in den meisten Fällen um irgendeinen Fixpunkt in Fels, Schnee oder Eis. Der Fixpunkt sollte so nahe wie irgend möglich an der Vorderkante des Beginns der Abseilpassage angebracht werden – vorausgesetzt, man kann dort einen soliden Fixpunkt finden. Hierdurch wird die größtmögliche Abseilstrecke gewährleistet. Auch wird es leichter, das Seil von unten abzuziehen, da die Seilreibung an der Kante geringer ist. Darüber hinaus wird die Gefahr von Steinschlag vermindert.

Man sollte bei der Suche nach einem Fixpunkt alle möglichen Effekte bedenken. Zunächst sollte der Fixpunkt so liegen, daß das Seil sich möglichst nicht in einer Spalte verklemmen oder anderweitig verhaken kann, wenn man es von unten abziehen möchte. Die Lage des Seiles auf der Felskante sollte beobachtet werden, wenn derjenige, der zuerst abseilt, das Ende der Passage erreicht. Wenn hierbei das Seil in die Nähe eines Spaltes, welcher die Seilbewegung behindern kann, gerutscht ist, sollte man sich überlegen, einen anderen Fixpunkt zu wählen.

Man kann natürliche Fixpunkte genauso nutzen wie künstlich angebrachte. Hier gilt analog alles, was bereits weiter oben zum Anbringen von Sicherungspunkten beim Klettern gesagt wurde.

### Natürliche Fixpunkte

Der beste natürliche Fixpunkt ist ein lebender, günstig stehender, fest verwurzelter Baum. Das Abseilseil sollte normalerweise durch eine Schlinge gezogen werden, welche man um den Stamm gelegt hat. Wenn man diese Schlinge an einem der untersten Äste anbringen kann, wird man den Seilkontakt zum Fels verringern. Dadurch wird es leichter, das Seil von unten abzuziehen, und das Risiko von Steinschlag nimmt ab. Allerdings sollte man bedenken, daß das Anbringen einer Schlinge an einem Ast eine größere Hebelwirkung auf den Baum ausübt. Hierdurch steigt die Gefahr, daß der gesamte Baum ausbricht. Besondere Vorsicht sollte man walten lassen, wenn man Büsche als Fixpunkte nutzt. Falls man hierzu gezwungen ist, sollte man überlegen, ob man zugunsten der Sicherheit zwei verschiedene Büsche mittels Ausgleichsschlinge verbindet. Auch sollte man vorsichtig sein, wenn man Büsche oder Bäume bei extrem kalten Wetter als Fixpunkte benutzt, sie könnten dann brüchig werden. Felsformationen können sich ebenfalls als natürliche Anker anbieten, hier eignen sich Felsköpfe und Säulen ebenso wie große Felsblöcke. Im Schnee oder Eis kann man Eisbirnen bauen (siehe Kapitel 12).

In jedem Fall sollte man einen natürlichen Fixpunkt bezüglich seiner Belastbarkeit überprüfen, falls sich irgendwelche Zweifel darüber einstellen, ob er das Gewicht des schwersten Kletterers einschließlich einer Sicherheitsreserve halten kann. Man kann Felsköpfe oder kleinere Bäume testen, indem man seinen Fuß dagegen stemmt. Den Verankerungspunkt sollte man überprüfen, bevor die Abseilstellen eingerichtet ist; nie erst dann, wenn das Seil oder gar ein Kletterer bereits eingehängt sind.

Wenn man das Abseilseil durch eine Schlinge führt, welche einem Felsköpfel aufliegt (Abb. 8-10 a), sollte man strikt den Winkel beachten, unter dem die Felsspitze belastet wird. Man muß unbedingt die tödliche Gefahr ausschließen, daß die Schlinge über das Köpfel hinwegrutscht, während man abseilt (Abb. 8-10 b). Die meisten Kletterer benutzen lediglich einen einzelnen Fixpunkt, wenn er solide genug ist. Sie fügen jedoch auf jeden Fall einen weiteren hinzu, falls auch nur die geringsten Zweifel an der Festigkeit bestehen.

### Künstliche Fixpunkte

Als Daumenregel gilt, daß man bei künstlichen Fixpunkten mindestens zwei benutzt und die Last zwischen ihnen verteilt.

In unbekanntem alpinen Gelände führen einige Kletterer Haken und Hammer mit, um Fixpunkte zu setzen. Die verbreitetsten künstlichen Fixpunkte sind Haken oder Keile, welche von Vorgängern zurückgelassen wurden. Diese müssen sehr genau auf ihre Sicherheit untersucht werden, ähnlich als wenn man sie zum Sichern beim Klettern nutzen würde.

Die Hardware des Kletterers (Klemmkeile usw.) wird normalerweise nur dann zum Abseilen benutzt, wenn sich keine brauchbare Alternative ergibt. Im Zweifelsfall sind jedoch einige gut gelegte Keile immer noch deutlich besser als ein zweifelhaftes Felsköpfel. Es kann allerdings recht gefährlich sein, ohne nähere Kontrolle Keilen zu trauen, welche man zum Abseilen bereits vorfindet, da sie sich in ihrer Lage gelöst haben können, nachdem die Vorgänger sich dort abgeseilt haben. Selbstverständlich kann man unter Umständen den Vorteil eines zurückgelassenen Keiles ähnlich nutzen wie natürliche Fixpunkte oder Klemmblöcke, indem man eine Schlinge herumführt. Hierdurch macht man sich nicht zum Opfer der eventuell bereits verwitterten Schlinge des Klemmkeiles.

## Einrichten des Seiles zum Abseilen

Um das Seil zum Abseilen vorzubereiten, muß es in die Verankerung eingehängt werden. Im einfachsten Fall würde man eine Schlinge um einen Baumstamm legen. Dann wird das Seil so durchgeschlauft, daß der Mittelpunkt an der Schlinge zu liegen kommt (Abb. 8-11 a).

Wenn man lediglich ein Seil zum Abseilen nutzt, führt man ein Seilende durch die Schlinge und zieht Seil nach, bis der Mittelpunkt erreicht ist. Alternativ kann man eine Schlinge um den Seilmittelpunkt herumführen, bevor man die Schlinge an den Baum bindet. Wenn man zwei Seile zum Abseilen zusammenbindet, führt man ein Seilende durch die Schlinge und verknotet dann erst die beiden Seile.

Man könnte das Seil auch direkt um den Stamm herumführen (Abb. 8-11 b), ohne daß eine Abseilschlinge zwischengeschaltet wird. Dies führt allerdings zu Seilabrieb am Stamm und verursacht oft Schwierigkeiten beim Abziehen des Seils durch die hohe Seilreibung. Wenn diese Technik häufiger eingesetzt wird, kann der Baum dadurch zugrundegehen.

Wenn man an einem Felsgebilde oder an Keilen oder Haken das Abseilseil anbringen möchte, sollte immer eine Schlinge an der Verankerung befestigt und dann das Seil durch diese hindurchgeführt werden. Das Seil sollte niemals di-

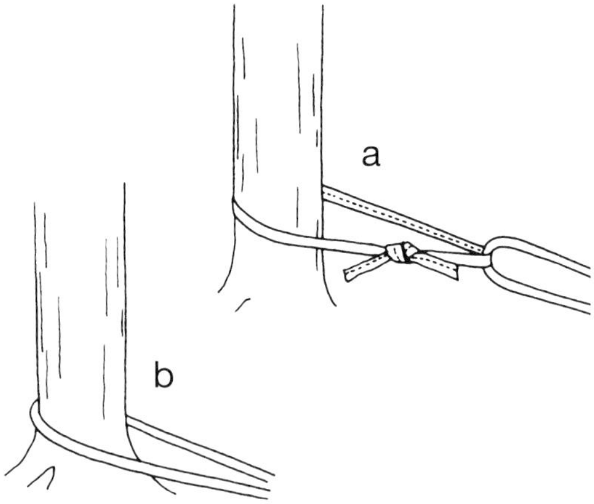


**(8-11) Befestigung des Seiles zum Abseilen an einem Baum: a) Das Seil wird durch eine Schlinge geführt; b) Das Seil wird direkt um den Stamm herumgeführt (schlechtere Möglichkeit).**

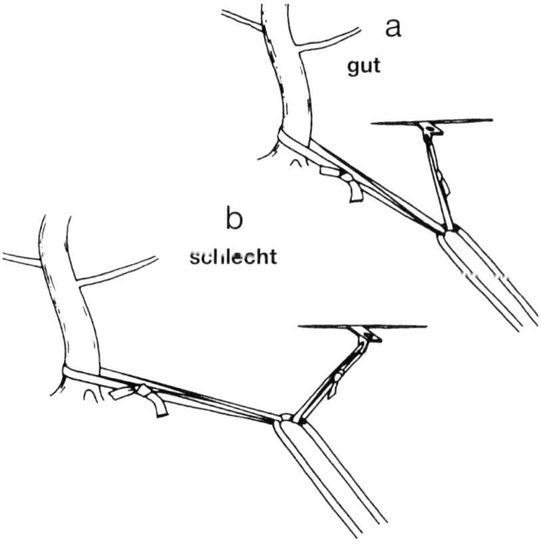


**(8-12) Die häufigste Methode zum Einhängen eines Abseilseiles in mehrere Fixpunkte: Jeder Fixpunkt wird mit einer separaten Schlinge versehen und das Abseilseil in alle Schlingen gemeinsam eingehängt. Ein spitzer Winkel zwischen den Schlingen hält die größte Last: a). Im Beispiel b) ist der Winkel zwischen den Schlingen zu groß**

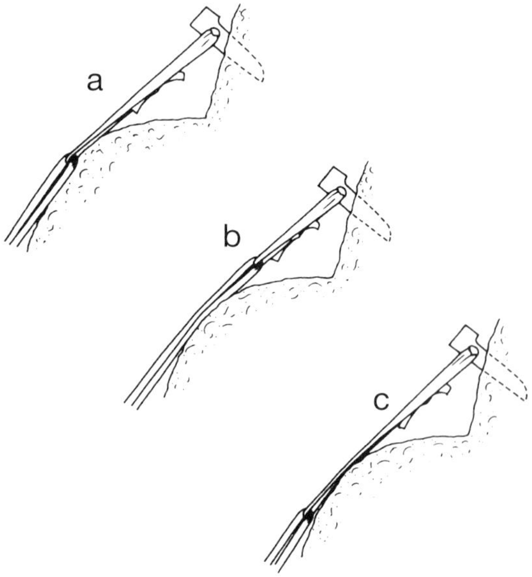


**(8-13) Der Verbindungspunkt zwischen der Schlinge und dem Abseilseil: a) schlecht – das Seil liegt dem Fels auf und scheuert; b) besser; c) beste Lösung.**

rekt um Fels herum oder durch das Auge eines Hakens hindurchgeführt werden, da die Seilreibung es dann unmöglich machen kann, das Seil von unten abzuziehen. Einige Kletterer setzen vorzugsweise zwei Schlingen anstatt nur einer ein, um die Sicherheit zu erhöhen. Wenn man ausschließlich genähte Bandschlingen benutzt, sollte man zusätzlich etwas Flachband mitführen, um notfalls Abseilstellen einrichten zu können.

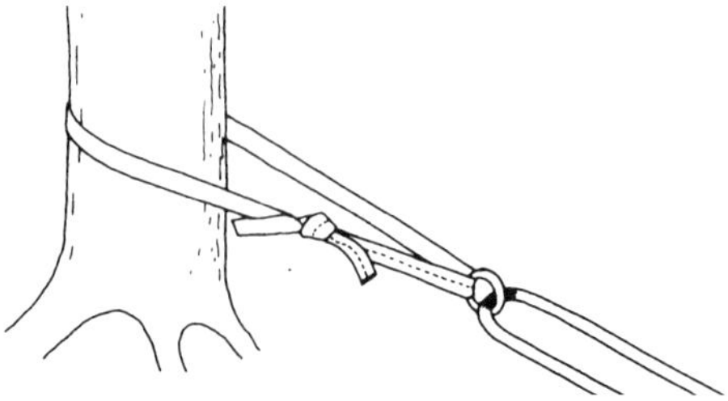

**(8-14) Das Abseilseil durch einen Metallsring gezogen.**

Auf vielbegangenen Routen wird man eingerichtete Abseilstellen mit entsprechenden Verankerungen vorfinden. Hier sind oft Schlingen angebracht, welche von den Vorgängern zurückgelassen wurden. Einige der älteren Schlingen werden alt und brüchig aussehen. Es ist eine sinnvolle Maßnahme, einige der ältesten Schlingen abzuschneiden und eine eigene neue hinzuzufügen, bevor man das Seil um alle herumführt und dann abseilt. Wenn man mehr als eine Schlinge nutzt, sollte man darauf achten, daß die Schlingenlängen so aufeinander abgestimmt sind, daß die Last verteilt wird.

Wenn man zwei Fixpunkte zum Abseilen nutzt, hängt man gewöhnlich in jeden Fixpunkt eine separate Schlinge. Generell sollte man auch hier die Schlingenlängen so aufeinander abstimmen, daß die Kraft für jeden Fixpunkt etwa gleich groß ist. Um Kraftspitzen zu vermeiden, sollten die Schlingen im spitzen Winkel zueinander verlaufen (Abb. 8-12). Alternativ kann man mit einer einzelnen entsprechend großen Schlinge eine Ausgleichsverankerung zwischen beiden Fixpunkten anbringen (siehe Kapitel 7).

Man kann ein Blockieren des Seiles und unnötige Seilreibung verhindern, indem man darauf achtet, daß der Verbindungspunkt zwischen Seilschlinge und Seil nicht auf dem Fels aufliegt (Abb. 8-13).

Als kleinen, praktischen Gegenstand kann man einen Abseilring einknüpfen, welcher die Seilreibung ebenfalls deutlich verringert und somit das Abziehen des Seiles erleichtert. Es handelt sich hier um einen einfachen Metallring von ungefähr 4 cm Durchmesser. Die Schlinge wird durch den Ring hindurchgezogen, bevor man sie verknotet. Dann wird das Abseilseil durch den Ring gezogen, bis der Mittelpunkt den Ring erreicht (Abb. 8-14). Wenn man das Seil später abziehen möchte, gleitet es leichter durch den Ring; auch vermeidet man so, daß das Seil beim Abziehen die Abseilschlinge durchschneidet.

Allerdings bedeutet der Abseilring auch eine

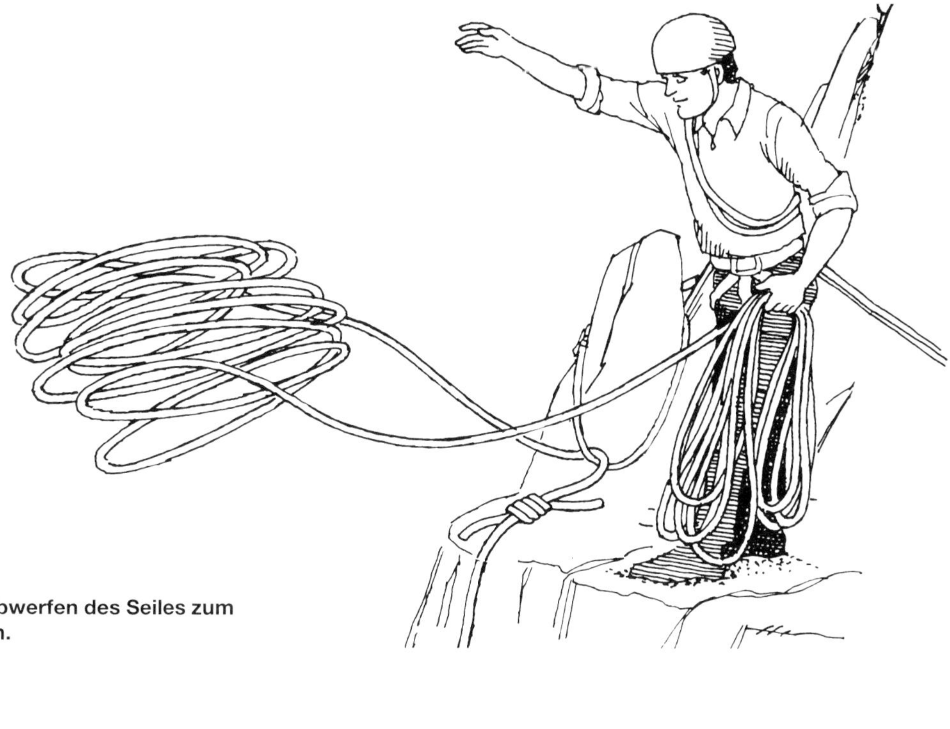

**(8-15) Abwerfen des Seiles zum Abseilen.**

weitere Möglichkeit des Versagens der Sicherungskette. Neuere Ringe sind nahtlos konstruiert, d. h. sie besitzen keine Schweißnaht, welche reißen kann. Einige Kletterer bestehen allerdings trotzdem auf zwei Ringen, welche beide nahtlos hergestellt wurden. Eine Alternative ist ein einzelner Ring, welcher durch eine kleine Schlinge zwischen Fixpunkt und Seil ergänzt wird. Diese würde das Seil halten, falls der Ring reißen sollte.

**Auswerfen des Abseilseiles**

Nachdem die Abseilstelle soweit eingerichtet ist und das Seil bis zur Mitte durch den Fixpunkt durchgeschlauft ist, ist es nun an der Zeit, es zum Abwurf über die geplante Abseilroute vorzubereiten. Beginnend an der Abseilschlinge, nimmt man jede Seilhälfte in je zwei Bündeln auf. Danach werden vier Bündel, jeweils zwei auf jeder Seite des Fixpunktes, liegen. Nun wirft man die Bündel über die geplante Abseilroute aus, ein jedes zu seiner Zeit. Man beginnt mit einer Seite des Fixpunktes, indem man das Bündel, welches dem Fixpunkt am nächsten liegt, auswirft, und anschließend dasjenige des Seilendes. Mit der anderen Hälfte verfährt man analog (Abb. 8-15). Dieses Vorgehen vermindert die Gefahr eines Seilsalats und ein Verhängen des Seiles. Bevor man das Seil auswirft, sollte ein anderer Bergsteiger das Seil in der Nähe des Fixpunktes festhalten, um sicherzustellen, daß die eine ausgeworfene Seillänge nicht die andere durch den Fixpunkt hindurchzieht.

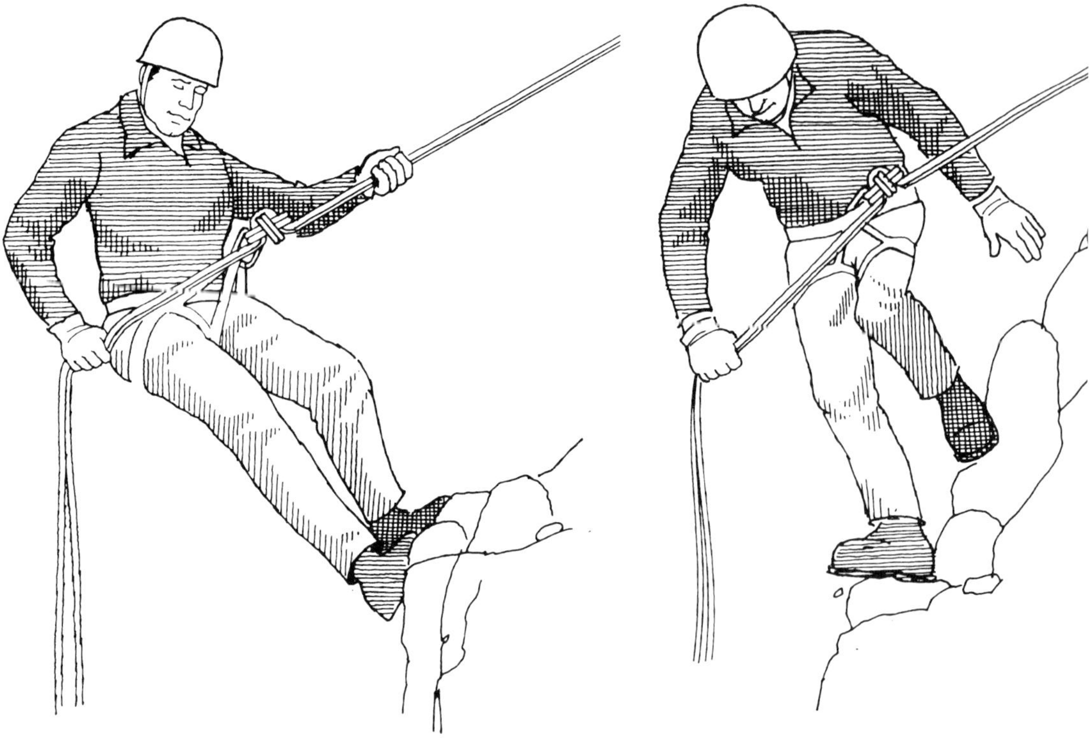

**(8-18) Absitzen auf einem Felsband und Eindrehen in die Abseilposition.**

Man wird nicht immer einen perfekten Seilabwurf schaffen, da das Seil sich unter Umständen schon knapp unterhalb des Standplatzes verfängt. In diesem Fall ist es am besten, das Seil erneut aufzunehmen und wiederum abzuwerfen. Manchmal ist es jedoch genauso gut möglich, das Seil so zu nehmen, wie es liegt. Zum Beispiel wird es bei starkem Wind fast unmöglich sein, ein Seil zum Abseilen perfekt abzuwerfen. In diesem Fall sollte man bis zum ersten Problem abseilen, das Seil unter sich entwirren, es weiter abwerfen und dann die Abseilfahrt fortsetzen.

Ein lauter Ruf »Seil« (in der jeweiligen Landessprache!) sollte immer erschallen, bevor man das Seil über eine Abseilpiste abwirft. Manche Kletterer rufen dies zweimal, um gegebenenfalls einen unterhalb befindlichen Bergsteiger die Chance zu geben, zu antworten, oder aber den Seilabwurf zu beobachten. Andere rufen nur einmal, warten dann jedoch einen kurzen Moment auf Antwort. In jedem Fall sollte man sich gewiß sein, das man selbst gesichert ist, wenn man an der Kante eines Abbruches steht und das Seil abwerfen möchte.

## Abseiltechnik

Bei der Vorbereitung eines Abseilvorganges sind die folgenden Tätigkeiten nötig: Einrichten eines Fixpunktes, Befestigen des Seiles an diesem Fixpunkt, Abwerfen des Seiles und Einhängen der Person in das Abseilsystem. Zu diesem Zweck wendet man sich dem Fixpunkt zu, d. h. man dreht den Rücken in Richtung Abseilroute. Im folgenden wird beschrieben, wie man dabei vorgeht.

Man beginnt mit einer letzten Überprüfung der Ausrüstung: Sitzgurt, Abseilbremse, Befestigung des Seiles, Zuverlässigkeit des Fixpunktes. Spezielle Aufmerksamkeit sollte der Überprüfung der Abseilbremse gewidmet werden: Ist sie korrekt eingehängt? Sind die Karabiner korrekt gekreuzt oder die Verschlußkarabiner korrekt geschlossen? Auch wenn ein anderer Kletterer sich bereits abgeseilt hat, sollte man sich unbedingt selbst von der Korrektheit des gesamten Systems überzeugn.

### Beginn des Abseilvorganges

Nun kommt der psychisch anspruchvollste Teil des gesamten Vorganges. Um einen stabilen Stand zu haben, müssen die Beine nahezu rechtwinklig auf der Felswand stehen. Dazu muß man sich nach außen lehnen (Abb. 8-16). Bei einigen Fällen kann man sich das Hinauslehnen erleichtern, indem man ein wenig abklettert, und das komplette Körpergewicht zum Beginn des Abseilens in das Seil hängt bevor man sich hinauslehnt (Abb. 8-17).

Wenn man die Karabinerbremse oder andere mechanische Bremssysteme nutzt, kann man sich auch auf die Kante setzen und vorsichtig hinunterhüpfen. Währenddessen sollte man sich drehen, um sich dem Felsen zuzuwenden. Diese Technik ist besonders nützlich, wenn die Abseilstelle oberhalb eines Überhanges beginnt (Abb. 8-18).

### Haltung, Geschwindigkeit und Bewegung

Folgende Körperposition ist ideal: Füße leicht gespreizt, die Knie leicht gebeugt. Der Körper ist in einer bequemen, relativ aufrechten Haltung und ein wenig der Bremshand zugeneigt, um die Route überschauen zu können. Die häufigsten Anfängerfehler sind das Zusammenhalten der Füße und ein ungenügendes Hinauslehnen. Ein zu weites Hinauslehnen erhöht das Risiko des Überschlags.

Die Abseilbewegung erfolgt langsam und stetig, ohne Sprünge und Hüpfer. Hohe Geschwindigkeiten erzeugen mehr Hitze und belasten das gesamte Abseilsytem deutlich mehr. Ganz besonders wichtig ist eine langsame Abseilgeschwindigkeit bei einer fragwürdigen Seilverankerung. Sollte man bei höherem Tempo gezwungen sein, plötzlich anzuhalten, wird der Anker mit einer hohen Zusatzkraft belastet. Ganz besondere Vorsicht sollte man walten lassen, wenn man über eine Wand mit brüchigem Fels oder losen Steinen abseilt. Die besondere Gefahr in diesem Gelände ist, daß Steine losgeschlagen werden können und diese das Seil beschädigen oder gar Personen verletzen.

Überhänge können ein Problem darstellen. Es passiert relativ leicht, daß man beim Schwung über die Dachkante sich Füße oder Finger durch Einklemmen verletzt. Auch kann das Bremssystem an der Kante des Überhanges beschädigt werden. Eine Möglichkeit, diese Situation elegant zu überwinden, ist, sich möglichst tief abzuseilen und dabei die Knie stark zu beugen, während die Füße an der Kante des Überhanges sind, um dann durch leichtes Abdrücken der Füße zügig ein wenig tiefer zu rutschen. Dieses Vorgehen belastet natürlich das Abseilsystem, aber man vermeidet dadurch einerseits, daß man unkontrolliert heftig an die Wand unterhalb des Überhanges anschlägt, und andererseits, daß das Bremssystem an der Überhangkante beschädigt wird.

Unter dem Überhang wird man zunächst frei im Seil hängen. Dies geschieht am sinnvollsten in einer sitzenden Position, indem man sich mit der Führungshand am Seil aufrecht hält und gleichmäßig weiter abseilt. Man darf dabei nicht überrascht sein, wenn eine Drehbewegung einsetzt.

Manchmal muß man, um den nächsten Abseilpunkt zu erreichen, etwas seitwärts der Falli-

**(8-16) Beginn des Abseilens bei hoch gelegenem Fixpunkt.**

**(8-17) Abklettern unter einen niedrig gelegenem Fixpunkt, bevor die eigentliche Abseilposition eingenommen wird.**

nie pendeln. Dies wird erleichtert, indem man während des Abseilens leicht schräg die Wand entlanggeht, anstatt direkt senkrecht hinunterzuseilen. Allerdings sollte man aufpassen, daß man mit den Füßen nicht den Halt verliert. Falls dies geschieht, wird man am Seil zurück in die Fallinie pendeln, möglicherweise sogar deutlich darüber hinaus. Dies könnte Verletzungen herbeiführen, aber es kann auch passieren, daß man aus der Fallinie nicht mehr weit genug herauskommt, um den neuen Stand zu erreichen. In diesem Falle wird ein Aufstieg am Seil mittels Prusikschlingen notwendig.

## Mögliche Probleme

Hemdzipfel, Haare, Kinnriemen eines Helms und viele andere Gegenstände können unter Umständen in das Bremssystem geraten. Für diesen Fall sollte man ein Messer griffbereit haben, um sich selbst befreien zu können.

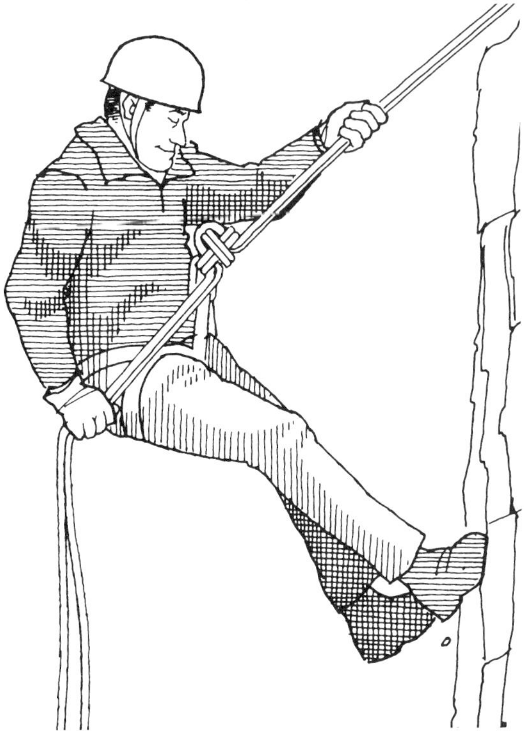

(8-18) Ideale Körperhaltung beim Abseilen

Falls man über ein verwirrtes oder verklemmtes Seil abseilen muß, sollte man spätestens bei dem letzten bequemen Stand oberhalb anhalten oder eine Trittschlinge (siehe nächster Absatz) anbringen. Das Seil wird hinaufgezogen und das Wirrwarr gelöst. Dann wird es abgeworfen und die Abseilfahrt fortgesetzt. Manchmal gibt es auch eine einfache Lösung des Problems: Zum Beispiel kann man durch Schütteln des Seiles während des Abseilvorganges viele verhängte Schlingen bereits rechtzeitig genug lösen, so daß man nicht eigens anhalten und das Seil hinaufziehen braucht.

## Anhalten beim Abseilen

Sollte es jemals notwendig werden, während des Abseilvorganges anzuhalten, sollte man das Seil zwei- oder dreimal um ein Bein herumwickeln (Abb. 8-19 a). Die Reibung, die dadurch entsteht, wird durch das Gewicht des hängenden Seiles vergrößert und ist normalerweise groß genug, um das Körpergewicht zu halten und die Hande frei zu bekommen. Natürlich sollte man die Bremshand am Seil lassen, bis die Umschlingungen fertig und mit dem eigenen Körpergewicht getestet sind. Die Schlingen sollten festgezogen werden, ansonsten würde man einen halben Meter tiefer landen als man ursprünglich wollte.

Bei Benutzung der Karabinerkreuzbremse oder anderer mechanischer Abseilsysteme kann man das Seil auch um die Hüfte herumführen und mit zwei oder drei Überhandknoten oberhalb der Abseilbremse am Seil befestigen (Abb. 8-19 b). Diese können leicht gelöst werden, um den Abseilvorgang fortzusetzen.

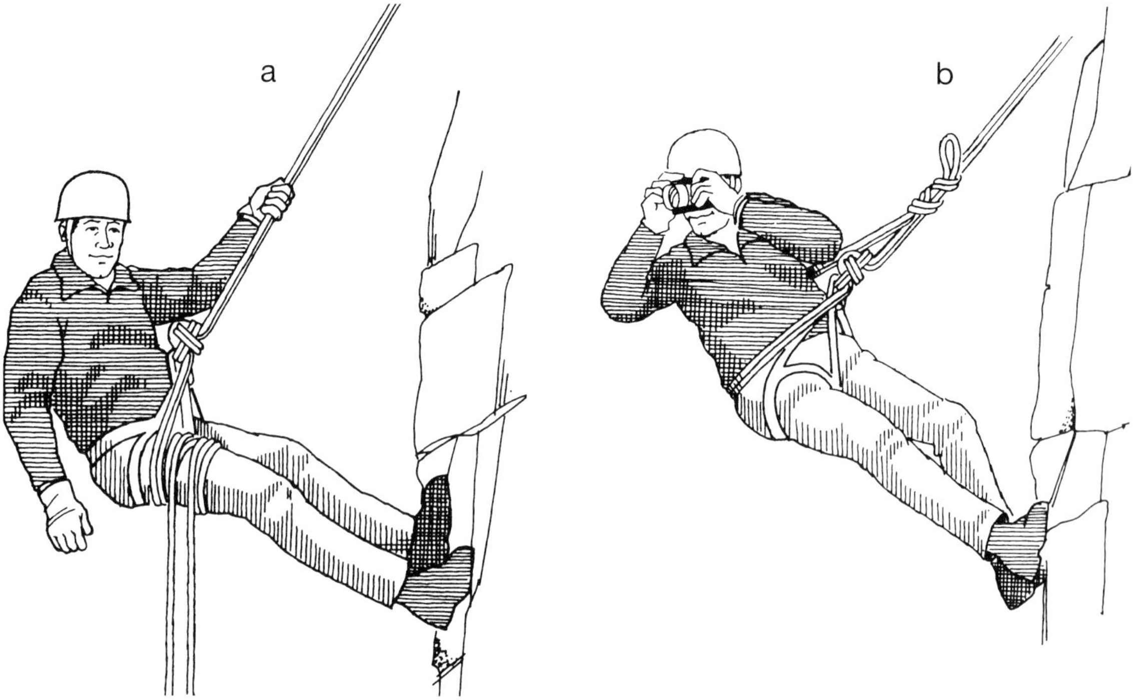


(8-19) Anhalten während des Abseilvorganges: a) Absichern des losen Seilendes durch mehrere Windungen um den Oberschenkel; b) Absichern der Karabinerkreuzbremse oder einer anderen Abseilbremse mittels Knoten.

## Abseilmanöver in Serie (Abseilstafetten)

Eine Abstiegsroute beinhaltet des öfteren eine größere Anzahl von Abseilpassagen. Diese Abseilserien kommen besonders im alpinen Gelände vor und bedeuten besondere Probleme, erfordern sie doch ein Maximum an Effektivität, um die Gruppe in Bewegung zu halten.

Am kniffligsten ist ein Abseilen in unbekanntes Gelände. Diese Situation sollte man, falls möglich, vermeiden. Wenn dies nicht machbar ist, muß man sich die Zeit nehmen, die möglichen Abseilpassagen so vorsichtig wie möglich zu erkunden. Manchmal kann man auch ein Routenfoto irgendwo finden, bevor man zu dem Unternehmen aufbricht. Man sollte bedenken, daß die erste Abseilpassage über eine unbekannte Route einen mitunter dazu zwingt, die komplette Route abzuseilen, unabhängig von den sich unterwegs möglicherweise ergebenden Problemen. Wenn man das untere Ende einer unbekannten Abseillänge nicht sehen kann, muß sich der erste, der sich über diese Passage abseilt, darauf vorbereiten, notfalls am Seil wieder aufzusteigen, falls das Seil im Nichts endet. Dieser Kletterer sollte unbedingt Prusikschlingen oder mechanische Aufstiegshilfen mitführen. Als zusätzliche Vorbereitung kann man die beiden Stränge des Abseilseiles jeweils mit Achterschlingen in den Fixpunkt einhängen. Hierdurch wird gewährleistet, daß der erste auch an einem Strang aufklettern kann, falls dies erforderlich werden sollte.

Das Abseilen über unbekanntes Gelände erhöht das Risiko, daß sich die Seile beim Abziehen verklemmen. Man kann diese Gefahr vermindern, indem man so viel wie möglich abklettert anstatt abzuseilen. Man kann sich auch dazu entscheiden, die Abseilpassagen mit lediglich einem Seil zu machen – auch wenn zwei Seile zur Verfügung stehen, da ein Seil leichter abzuziehen ist und sich nicht so leicht verhängt wie zwei Seile.

Auch wenn es einen erfreut, wenn man eine möglichst große Distanz pro Abseilstrecke zurücklegt, sollte man keinesfalls einen guten Standplatz überspringen, auch wenn man noch 15 Meter oder mehr vom Seilende entfernt ist – jedenfalls dann nicht, wenn sich nicht absolut sicher knapp unterhalb ein weiterer guter Platz befindet.

Wenn eine Gruppe über eine Serie von Abseilpassagen absteigt, führt die erste Person sinnvollerweise das Material mit, um den nächsten Fixpunkt einzurichten. Hierbei kann man sich in der Führung abwechseln, Anfänger sollten vorteilhafterweise jedoch immer die Mittelposition einnehmen.

## Sicherheitsratschläge

Es bestehen verschiedene Möglichkeiten, die Sicherheit beim Abseilen zu erhöhen. Diese Möglichkeiten sind besonders nützlich in Situationen der Hilfeleistung – insbesondere dann, wenn Anfänger sich in die Abseiltechnik eingewöhnen.

Knoten am Seilende verhindern, sich durch mangelnde Aufmerksamkeit über das Seil hinaus abzuseilen und dann entsprechend zu stürzen. Entweder macht man einen Knoten getrennt in jedes Seil oder man bindet die Seile aneinander. Wenn man Knoten bindet, sollte man ihnen selbstverständlich nicht blind trauen, sondern trotzdem darauf achten, wann man das Seilende erreicht. Diese Knoten könnten sich nämlich auch gelöst haben, außerdem sollte man selbstverständlich rechtzeitig und bewußt planen, wo man anhalten möchte. Allerdings können sich die Knoten im Fels verfangen, falls man vor der Notwendigkeit steht, daß Seil aufzuziehen.

Durch Zug am Abseilseil kann eine Person, die unter dem abseilenden steht, leicht die Geschwindigkeit kontrollieren oder den Betreffenden sogar anhalten, da die Reibung im Bremssystem stark erhöht wird. Um einen Abseilenden mit dieser Methode zu sichern, braucht die Per-

**(8-20) Unterbrechung eines Abseilvorganges durch einen Seilkameraden, welcher das lose Ende strafft.**

son am unteren Ende des Seiles lediglich dieses locker in der Hand zu halten – jederzeit bereit, daran zu ziehen, falls der Abseilende in Schwierigkeiten gerät (Abb. 8-20).

Der Abseilende kann selbstverständlich auch von oben gesichert werden, indem über einen Fixpunkt ein separates Seil zur Anwendung kommt. Wenn der Sichernde einen unabhängigen Fixpunkt nutzt, ist der Abseilende darüberhinaus auch gegen ein Ausbrechen des Abseilpunktes gesichert. Eine Sicherung von oben sollte bei Abseilmanövern mit Anfängern, bei Kletterern mit leichteren Verletzungen und für die erste Person, welche sich über einen suspekten Fixpunkt abseilt, selbstverständlich sein. Eine solche Sicherungstechnik ist allerdings zu zeitaufwendig für die Routineanwendung, da hierdurch die Abstiegszeit einer Gruppe drastisch verlängert würde.

Einige Kletterer bevorzugen eine Selbstsicherung mittels Prusikschlinge. Der Knoten gleitet während des Abseilens am Seil mit, nachdem er knapp oberhalb des Bremssystems angebracht wurde. Die Prusikschlinge selbst wurde dann mit dem Sitzgurt verbunden. Falls das Bremssystem versagt und man selbst abrutscht, zieht der Zug den Prusikknoten automatisch fest, so daß der Sturz gestoppt werden kann (Abb. 8-21).

Die Selbstsicherung beim Abseilen mittels Prusikknoten bringt natürlich auch einige Gefahren mit sich. Man muß sorgfältig darauf achten, daß der Knoten nicht unbeabsichtigt blockiert, da er sehr schwierig zu lösen ist, wenn er einmal unter hoher Belastung stand. Auch sollte man darauf achten, daß die Schlinge kurz genug ist, damit man den Knoten mit der Hand erreichen kann, falls er blockiert hat. Natürlich kommt es auch vor, daß der Prusikknoten versagt, z. B. wenn man vergißt, ihn im Falle eines Abrutschens loszulassen und sich stattdessen mit der Hand am Knoten festhält. Als weiteren Nachteil hat der Prusikknoten die Eigenschaft, daß die Schlinge

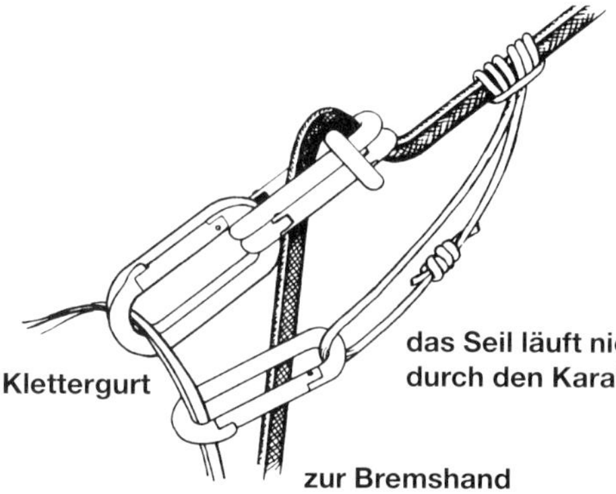


**(8-21) Prusiksicherung beim Abseilen.**

insbesondere bei zügigerem Abseilen durchschmelzen kann. Bedenkenswert ist auch, daß allein die Kontrolle des Prusikknotens die Führungshand, welche ansonsten zur Balancehilfe oder zum Schutz genutzt werden kann, vollständig in Anspruch nimmt.

## Abziehen des Seiles

Das erfolgreiche Abziehen des Seiles nach dem Abseilvorgang hängt von einigen wichtigen Faktoren ab, welche bereits vor dem Start der Abseilpassage erfüllt sein sollten. Ein einziges übles Erlebnis genügt in der Regel, um sich lebenslang daran zu erinnern, daß man diese Vorsichtsmaßnahmen bei jedem Abseilvorgang einhalten sollte.

Wenn man zwei Seile zum Abseilen nutzt, werden sie nahe der Verankerung zusammengebunden. Es ist besonders wichtig zu wissen, an welchem Seil man von unten ziehen muß. Sollte man am falschen ziehen, kann man den Knoten nicht durch die Abseilschlinge ziehen. Manchmal ist es sinnvoll, daß jeder bei Beginn des Abseilens laut die Farbe des Seiles ruft, an welchem zu ziehen ist. Dies ist eine sinnvolle Erinnerungshilfe für alle.

Der letzte Abseilende sollte einen sorgfältigen letzten Blick auf Seil und Abseilschlinge werfen, um zu kontrollieren, ob alles in Ordnung ist und daß das Seil sich nicht an Fels oder Schlinge verfangen hat. Bevor die letzte Person mit dem Abseilvorgang beginnt, kann ein Kletterer von unten testen, ob das Seil sich abziehen läßt; auch kann jetzt überprüft werden, ob der Verbindungsknoten bei Verwendung des Doppelseils über die Felskante gezogen werden kann.

Bei einem solchen Abseilvorgang mit Doppelseil kann es sinnvoll sein, daß die letzte Person an dem ersten bequemen Platz den Abseilvorgang unterbricht und genügend Seil durchzieht, so daß der Verbindungsknoten bereits über die Felskante gerutscht ist. Dies hilft, einige böse Überraschungen bei dem schwierigen Geschäft des Seilabziehens zu vermeiden. Allerdings wird hierdurch die Abseilstrecke verkürzt. Also sollte man sich versichern, daß der Abseilende auch genug Seil hat, um seine Kameraden am unteren Ende zu erreichen.

Der letzte Abseilende trägt die Hauptverantwortung, um mögliche Probleme des Seilabziehens erkennen und zu beseitigen. Die letzte Person kann dafür sorgen, daß Seilverdrehungen aus dem Seil entfernt werden, indem ein Finger der Bremshand zwischen den Seilen entlang geführt wird. Den gleichen Effekt erzielt man, indem ein Karabiner vom Sitzgurt aus oberhalb der Bremshand zwischen die Seile gehängt wird.

Wenn sich der letzte Kletterer abgeseilt hat, ist es an der Zeit, das Seil abzuziehen. Zunächst sollte man darauf achten, ob das Seil sichtbar verdreht ist, und dies gegebenenfalls korrigieren. Dann wird langsam, aber stetig am Seil gezogen. Andere Kletterer sollten außerhalb der Fallinie des Seiles und somit auch außerhalb der Fallinie möglichen Steinschlages stehen. Wenn man alle genannten Punkte aufmerksam befolgt hat, dürfte das Seil mit hoher Wahrscheinlichkeit problemlos abzuziehen sein.

Ein verklemmtes Abseilseil ist eine der schlimmsten Horrorvorstellungen für Kletterer. Wenn es sich verhängt, versucht man, durch Schütteln und Schleuderbewegungen das Seil zu befreien, bevor man – als letzte Verzweiflungstat – extreme Zugkraft anwendet. Dies geschieht unabhängig davon, ob das Seil sich verfängt, bevor das Ende aus der Verankerung gerutscht ist oder nicht. Falls möglich, sollte man beide Seilenden auf- und abbewegen und schütteln. Falls gar nichts hilft, kann es notwendig sein, aufzuklettern und das Seil zu befreien. Selbstverständlich sollte der Kletterer gesichert werden, falls genug Seil zur Verfügung steht. Als letzte Verzweiflungsmaßnahme, falls die Gruppe ohne Seil vollständig blockiert ist, kann ein Freiwilliger sich zu dem sehr gefährlichen Versuch entscheiden, mittels Prusikschlingen am blockierten Seil aufzusteigen.

Nachdem man die Abseiltechnik gelernt und ein paarmal geübt hat, ist klar, warum Kletterer diese Technik so leicht(-fertig) anwenden und häufig unvorsichtig werden. Aber es ist eine der zentralen Klettertechniken. Und wenn man sich bewußt vor Augen hält, was man gerade tut, wird die Technik gut und sicher funktionieren.

# Teil 3

# Felsklettern

# Kapitel 9 Felskletterntechnik

Klettern ist eine fröhliche, instinktive Tätigkeit. Als Kinder steigen wir auf Bäume, Gartenzäune, klettern an Fassaden und Gegenständen, welche steil und interessant sind. Wenn wir älter werden, hören viele von uns mit dem Klettern auf. Bei einigen jedoch mündet die Neigung zum Klettern in die phantastische Sportart der Felskletterei. –

Klettern ist eine interessante Aktivität, welche man auf verschiedene Arten an vielerlei Plätzen ausüben kann. Für viele besteht der Gipfel der Freude darin, steile massive Granitwände in einer wilden alpinen Umgebung fernab von jeder Stadt zu überklettern. Für manche sind die Hügel zuhause nur ein Trainingsgrund, um die Klettertechniken zu üben. Anderen bedeutet es eine besondere Freude, schwierige Felspassagen zu begehen und die schwierigsten und akrobatischsten Techniken auszuprobieren. Das Bewältigen solcher Felspassagen ist für sie wichtiger als die Umgebung, und ein langer alpiner Zustieg ist oft mehr eine Quälerei als eine Freude. Darüberhinaus gibt es auch solche Kletterer, die die gesamte Palette des Felskletterns für sich ausschöpfen, indem sie sowohl eine kurze Passage extremer Schwierigkeit austesten, als auch an künstlichen Kletterwänden trainieren und dann in alpinen oder auch vereisten Wänden unterwegs sind.

Die Freuden des Felskletterns können auf jede der geschilderten Arten erlebt werden. Unabhängig von ihren Unterschieden sind die Voraussetzungen und Klettertechniken nahezu die gleichen.

## Vorbereitung

### Körperliche Vorbereitung

Klettern bedeutet eine körperliche Belastung, und wenn man nicht das notwendige Maß an Kraft hat, werden einem bestimmte Routen für immer verschlossen bleiben. Dennoch sind viele Routen möglich, ohne daß man extrem viel Kraft besitzt. Bis zu einem gewissen Grad kann Technik einen Mangel an Kraft kompensieren, während zusätzliche Kraft nur manchmal einen Mangel an Technik aufwiegen kann. Einige Kletterer, speziell im oberen Bereich der Schwierigkeitsskala, benötigen allerdings sowohl ein hohes Ausmaß an Kraft als auch an Technik.

### Einstellung

Um gut Felsklettern zu können, muß man vor allem das Verlangen danach haben. Felsklettern verlangt nach einem guten Zusammenspiel von Geist und Körper und erfordert völlige Konzentration und ein solides Selbstbewußtsein, manchmal auch etwas Dreistigkeit. Dieses Selbstvertrauen kann durch Übung von Topropesicherungen (Sicherung von oben) erlangt werden. Hier sind Verletzungen im Falle eines Sturzes nahezu ausgeschlossen, und es wird einem so ermöglicht, auf sichere Art und Weise auch schwerere Routen zu durchsteigen. Eventuell erkennt man hier auch die Grenzen seiner Leistungsfähigkeit.

Selbstbewußtsein soll stets Hand in Hand gehen mit körperlicher Kondition. Wenn die Kraft von Händen, Armen oder Beinen nicht ausreicht, führt es zu gar nichts, wenn der Geist willig ist.

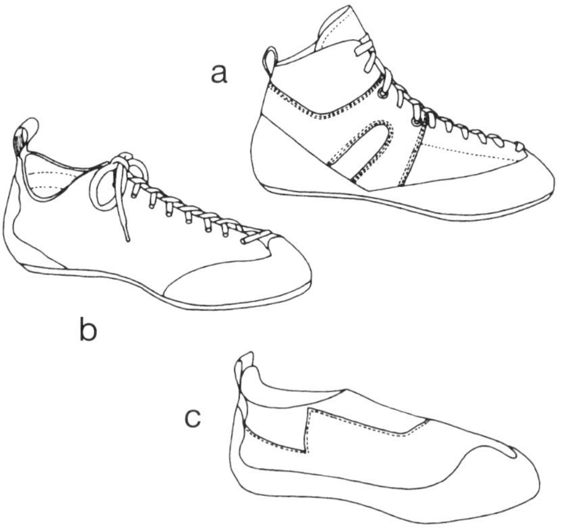


**(9-1) Felskletterschuh: a) Allround-Kletterschuh; b) spezialisierter Felskletterschuh; c) Slipper.**

Umgekehrt wird einen körperliche Kraft nicht in Bewegung bringen, wenn der Geist «nein» sagt.

Eine genauso wichtige Komponente ist das Sicherheitsbewußtsein. Das schließt ein, daß man seine Grenzen kennt und akzeptiert, wann man zurückzugehen hat bzw. wann man nicht die Kraft oder Technik besitzt, die geplante Route zu schaffen.

## *Zubehör*

### Schuhe

Bergschuhe werden gewöhnlich bei alpinen Unternehmungen mittlerer technischer Schwierigkeit benutzt, oder wenn die Wetterbedingungen, wie z. B. auch das Vorhandensein von Schnee oder Eis, ihre Benutzung ratsam erscheinen lassen. Bergschuhe ermöglichen auf größeren Tritten einen recht guten Halt, sie finden ihre Grenze jedoch an sehr kleinen Tritten oder bei Reibungsklettereien.

Bei schwierigeren Felsklettertouren benutzt man speziell für das Felsklettern hergestellte Schuhe (Abb. 9-1). Bei vielen Routen sind Felskletterschuhe unverzichtbar. Sie sind Bergschuhen hinsichtlich ihrer Reibungsfähigkeit deutlich überlegen, häufig halten sie auch auf kleinen Tritten recht gut.

Die meisten Felskletterschuhe haben eine weiche Oberseite, welche häufig aus weichem Leder, Kordura oder Kordura und Leder hergestellt werden, und eine weiche flexible Reibungssohle. In den letzten Jahren wurden spezielle Gummimischungen hergestellt, welche für eine erhöhte Felsreibung der Schuhe sorgen. Diese Konstruktionen eignen sich besonders für sehr schwierige Routen. Felskletterschuhe sollten sehr knapp sitzen, um so eine unmittelbare Kraftübertragung sowie ein gutes Felsgefühl zu garantieren. In letzter Zeit wurden spezielle Felskletterschuhe entwickelt, die besonders geeignet sind für spezielle Kletterstile, z. B. für reine Reibungsklettereien.

### Kleidung

Die Kleidung sollte beim Felsklettern sowohl die zu erwartenden Wetterbedingungen als auch die notwendige Bewegungsfreiheit berücksichtigen. Einige Kletterer bevorzugen locker sitzende Hosen, andere knapp sitzende Tights aus elastischem Material wie Lycra. Einige Kletterer bevorzugen nach wie vor die traditionelle Knie-

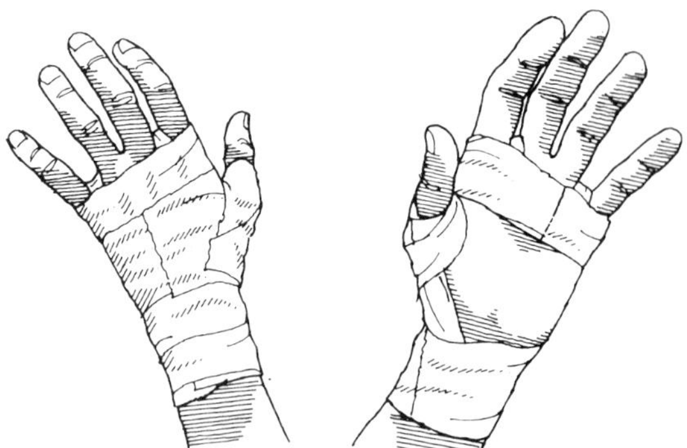

**(9-2) Tapen der Hände für anspruchsvolle Rißklettereien: Der Handrücken und die Knöchel werden geschützt, die Handfläche bleibt überwiegend frei.**

bundhose, insbesondere für Unternehmungen im alpinen Gelände. Ringe und Uhren sollten auf jeden Fall abgelegt werden, da sie sich in Rissen verhaken und entweder beschädigt werden können; auch können sie leicht verlorengehen oder auch üble Verletzungen hervorrufen.

### Tape

Mit Pflaster oder aus dem Leistungssport bekanntem Tapematerial kann man die Hände gegenüber Verletzungen durch den Fels schützen, insbesondere dann, wenn man schwierige Handrisse klettert. Es haben sich im Laufe der Zeit vielfältige Tapingmethoden entwickelt – aber unabhängig davon, welche Methode angewandt wird, muß das Tape zuverlässig kleben und darf sich während der Benutzung weder verschieben noch aufrebbeln. Mit Tape werden auch die besonders leicht verletzlichen Bereiche geschützt, insbesondere die Knöchel auf dem Handrücken. Dabei sollte darauf geachtet werden, daß die Hohlhand möglichst freigelassen wird (Abb. 9-2). Ein häufiger Fehler besteht darin, daß Tape zu straff gewickelt wird.

Einige Tapingmethoden lassen die Innenhand vollständig frei, um so das Felsgefühl zu erhöhen. Tape kann auch dazu benutzt werden, um die Finger zu unterstützen und die Fingergelenke vor Überlastung zu schützen – ein Problem, welches relativ häufig bei schwierigen Klettertouren oder besonders heftigem Training auftritt.

### Magnesium

Viele Kletterer benutzen Magnesium, um die Reibung der Finger zu erhöhen, insbesondere wenn das Wetter sehr heiß ist und man schwitzt. Das Magnesium wird gewöhnlich in einem Beutel mitgeführt, welchen man auf der Rückseite des Sitzgurtes einhängt. Seltener wird er auch mit einer separaten Schlinge am Körper befestigt. Egal für welche Technik man sich auch entscheidet – man muß darauf achten, daß man in einer beliebigen Klettersituation die Hand in den Beutel tauchen kann.

Einige Kletterer sind der Auffassung, daß Magnesium den Fels negativ beeinflußt, z. B. weil weiße Flecken hinterlassen werden. Auch argumentieren sie, daß hierdurch die Griffe markiert werden, wodurch andere Kletterer um das Erlebnis selbständig die Griffe zu finden und das Problem der Kletterpassage eigenständig zu lösen, betrogen werden. Eine Kompromißlösung, welche von einigen benutzt wird, ist eingefärbtes Magnesium, das die gleiche Farbe wie der Fels hat.

Bei häufig gekletterten Seillängen sorgen Schweiß und Magnesium dafür, daß Griffe glatt werden und dann schwierig zu benutzen sind. Einige Kletterer führen zu diesem Zweck eine kleine Bürste wie z. B. eine alte Zahnbürste mit, um kleine Griffe notfalls reinigen zu können.

### Weiteres Zubehör

Sonstiges Zubehör wird in anderen Kapiteln beschrieben. Hierbei handelt es sich auch um Ausrüstung, die weniger spezifisch für das Felsklettern ist – wie Seile und Gurte sowie die Vielfalt von Hardware, welche zum Absichern beim Vorklettern erforderlich ist.

# Grundlegende Klettertechniken

## Die Prinzipien der Bewegung

### Klettern mit den Füßen

Man sollte besonders darauf achten, daß man einen möglichst großen Teil der Körperlast von den Füßen tragen läßt, um so die Kraft zu reduzieren, die Arme und Hände aufbringen müssen.

Man sollte senkrecht und aufrecht über den Füßen stehen und der Tendenz widerstehen, sich an den Fels anzuschmiegen. Bei extrem steilem Fels kann es dagegen notwendig sein, die Hüften nahe an den Fels zu schmiegen, da hierdurch

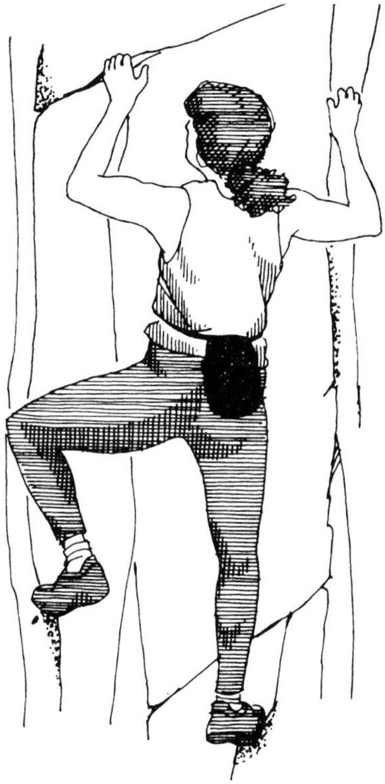

(9-3) Dreipunkttechnik: Die Hände und der rechte Fuß sorgen für einen sicheren Stand, während der linke Fuß auf den nächsten Tritt höher gesetzt wird.

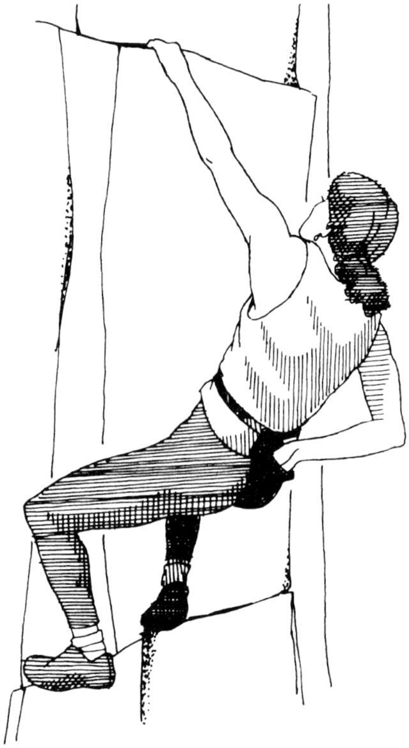

(9-4) Rasten am gestreckten Arm.

das Körpergewicht direkt über winzige Tritte gebracht werden kann.

Wenn möglich, sollte man die Arme gestreckt lassen, um zu vermeiden, daß man sehr ermüdend an gebeugten Armen hängt. Gerade wenn man die Füße zum nächsten Tritt höhersetzt, sollten die Arme gestreckt sein; auch sollte man darauf achten, daß man es vermeidet, sich mit den Armen von einem Griff zum nächsten hinaufzuziehen. Die Beine sind wesentlich stärker als die Arme. Also sollten sie die Hauptarbeit beim Anheben des Körpers übernehmen.

### Die Dreipunkttechnik

Bei dieser grundlegenden Technik bewegt man jeweils eine Hand oder einen Fuß zu der Zeit, während der die anderen drei Glieder am Griff bzw. auf dem Tritt bleiben (Abb. 9-3). Man sollte hier sicher sein, daß man in stabilem Gleichgewicht auf den Füßen steht, bevor man einen Griff losläßt, um mit der Hand den nächsten zu erreichen. Dies ist in brüchigem Fels besonders wichtig, da man an drei Punkten recht sicher steht, während man den vierten Punkt auf seine Haltbarkeit überprüfen kann.

Man sollte jederzeit wissen, wo der eigene Körperschwerpunkt liegt. Die optimale Position wird wechseln, aber in den meisten Situationen ist es sinnvoll, den Körperschwerpunkt möglichst tief zu haben, wobei das Gewicht direkt oberhalb der Füße liegen sollte. Der Körperschwerpunkt sollte über den nächsten Tritt gebracht werden, bevor man diesen belastet. Nur wenn der Körper ausbalanciert ist, sollte die Last auf den nächsten Tritt übertragen werden.

Wenn man zunehmend schwierigere Klettertouren unternimmt, wird man feststellen, daß die Dreipunkttechnik nicht in jeder Situation anwendbar ist. Stellenweise wird es nur möglich sein, einen oder zwei Punkte optimal zu belasten, wobei der Rest des Körpers im labilen Gleichgewicht an diesen Fixpunkten stabilisiert wird. Zum Beispiel kann der Fall eintreten, daß eine Hand oder ein Fuß auf eine glatte Felswand aufgelegt werden, oder aber, daß das Gewicht der Hüften in eine Richtung zieht, um das Gewicht von anderen Körperteilen auszugleichen.

## Kraftsparendes Klettern

Grundsätzlich sollte man mit dem Kopf voraus klettern, d. h. die nächsten Kletterbewegungen bewußt vorausdenken. Die Bewegung selbst sollte ruhig und kontrolliert erfolgen, ohne hektische Bewegungen. Der Kletterer sollte fließende Bewegungen anstreben, so als ob ein Ballett im Fels getanzt wird. Hierdurch wird sowohl Zeit als auch Körperkraft gespart.

Wenn man einen Tritt belastet, wird zunächst das Körpergewicht auf diesen gebracht und dann die Bewegung vollendet. Man sollte unbedingt vermeiden, mit gebeugten Armen und gebeugten Knien in einer anstrengenden Position zu hängen, während man überlegt, was als nächstes zu tun ist.

Der Blick nach natürlichen Rastpunkten wie Bändern oder entsprechend großen Tritten hilft ebenfalls, systematisch Kraft zu sparen. Falls ein Punkt, an dem man ohne Zuhilfenahme der Arme und Hände stehen kann, nicht erreichbar ist, kann man versuchen, eine Standposition einzunehmen, in der der Körper so natürlich wie möglich steht, da hierdurch ein relativ geringer Anteil an Kraft von der oberen Körperhälfte aufgebracht werden muß.

Wenn man an Griffen hängen muß, ist dies am wenigsten ermüdend, wenn man an gestreckten Armen hängt (Abb. 9-4). Dies kann man entweder erreichen, indem man den Körperschwerpunkt durch Beugen der Knie tiefer bringt oder indem man sich hinauslehnt, weg vom Fels. Immer sollte man jedoch einen möglichst großen Anteil des Körpergewichtes auf die Füße verlagern. Auch hilft es, die Arme abwechselnd hinunterhängen zu lassen und auszuschütteln. Dies bedeutet für die Muskulatur eine kurze Pause und eine optimale Durchblutung der zuvor belasteten Muskeln.

## Haltepunkte

### Die Auswahl von Haltepunkten

Generell sollten die Haltepunkte unter den Aspekten Zuverlässigkeit, Bequemlichkeit und Größe ausgesucht werden. Allein durch Anschauen wird man zumeist alle Informationen, die man benötigt, bekommen. Aber falls irgendwelche Zweifel übrigbleiben, kann einem der Klang eines Haltepunktes, welchen man durch einen kurzen Schlag oder Tritt erzeugt, weitere Informationen geben. Auch kann man am Haltepunkt ein wenig rütteln. Aufpassen sollte man jedoch wegen der möglichen Konsequenzen, falls der Haltepunkt beim Test bricht: Man muß unbedingt darauf achten, daß er nicht auf darunter kletternde Personen hinunterstürzt; außerdem sollte der eigene Stand stabil genug sein, damit

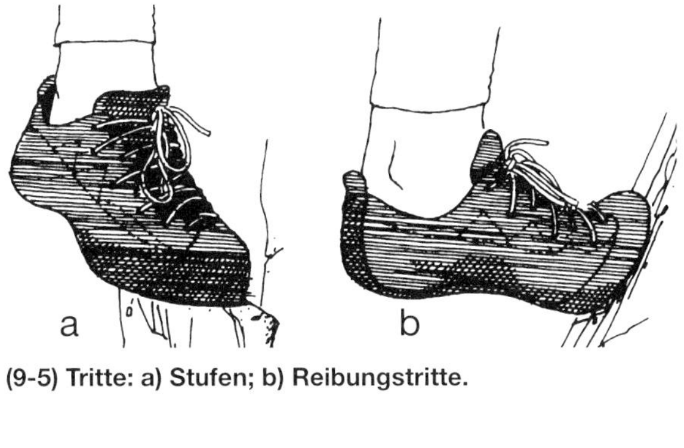


**(9-5) Tritte: a) Stufen; b) Reibungstritte.**

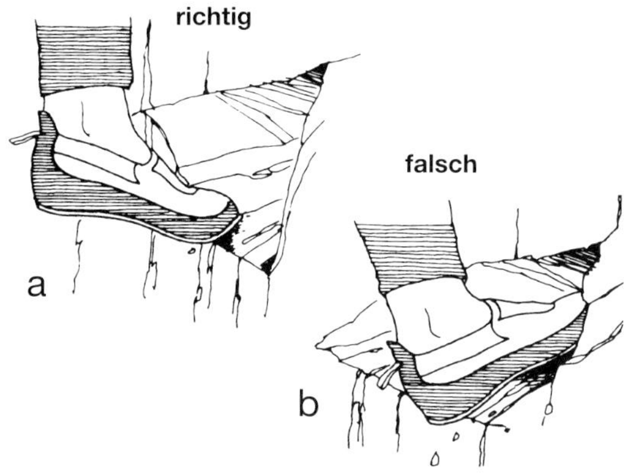


(9-6) Tritte in Felslöchern: a) richtig; b) falsch.

man selbst durch das Ausbrechen beim Test nicht stürzt. Beachten sollte man ferner, daß der Haltepunkt im Kontext der Kletterbewegung nutzbar sein muß. Ein riesiger bequemer Griff ist völlig nutzlos, falls er von der geplanten Route fortführt und einen in eine Position bringt, von der aus man den nächsten Punkt nicht erreichen kann. Ein kleinerer, praktischerweise im Routenverlauf liegender Griff stellt in dieser Situation zumeist die bessere Wahl dar.

Die Tritte sollten, wenn möglich, eine bequeme Größe haben. Hohe Schritte sind anstrengend und beeinträchtigen die Balance, während zu kurze Schritte Energie verschwenden, ohne nennenswerten Höhengewinn zu bringen.

Griffe ungefähr in Kopfhöhe gewährleisten einen guten Stand und ermüden oft nicht so sehr wie Griffe weit oberhalb des Kopfes. Man hat die notwendige Bewegungsfreiheit, um sich vom Fels wegzulehnen, und somit bessere Übersicht, weitere mögliche Griffe und Tritte zu suchen. Oft wird man jedoch nicht gerade eine üppige Auswahl an Möglichkeiten haben, da die Felsstruktur und die Schwierigkeiten der Kletterroute einem klar vorgeben, wo die Griffe sind.

## Tritte

Kletterer benutzen die meisten Tritte, indem sie zwischen dem Auftreten und einer Reibungstechnik auswählen. In vielen Fällen werden beide Techniken anwendbar sein, und diejenige, welche man anwendet, wird von der eigenen Vorliebe und der Art des Schuhwerkes abhängen. Die dritte Technik, nämlich das Verklemmen

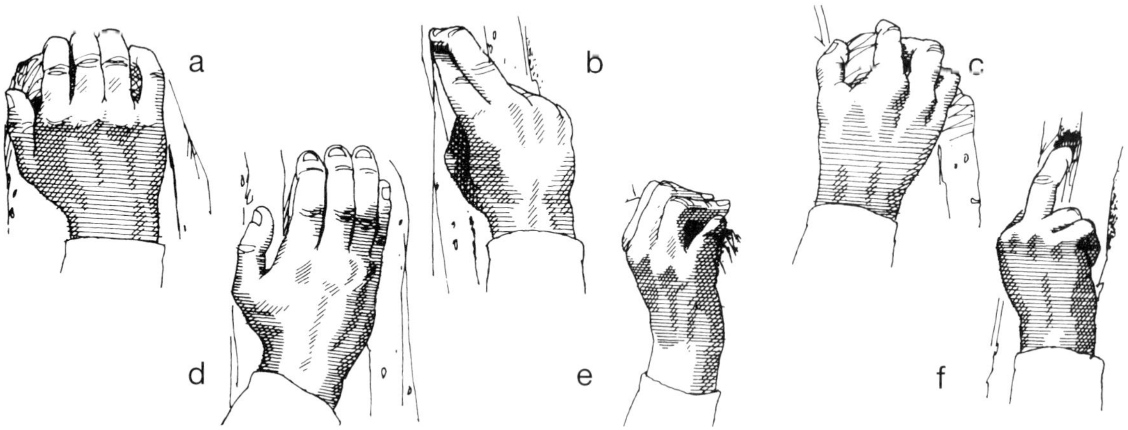


(9-7) Griffe: a) Der Daumen übt einen Gegendruck zu den übrigen Fingern aus; b) Übereinanderlegen der Finger, um einen höheren Andruck bei kleinen Griffen zu erzielen; c) Großer Zugriff; d) Aufliegen. Wenn man die äußeren Fingerglieder gebeugt läßt, werden die Gelenke und Sehnen weniger belastet; e) Zugriff an einem sehr kleinen Haltepunkt. Das Strecken der äußeren Fingerglieder belastet die Bänder und Gelenke deutlich mehr und birgt ein höheres Verletzungsrisiko als eine gebeugte Haltung; f) Grifflöcher: Nutzbar sind nur Löcher, die mindestens ein vollständiges Fingerendglied aufnehmen. Die anderen Finger bleiben gebeugt, um die größtmögliche Kraft des Muskel-Sehnensystems auf den haltenden Fingern zu übertragen. Diese Griffposition ist nicht ohne Verletzungsrisiko.

des Fußes in Rissen, wird später beschrieben.

Beim Auftreten wird eine Kante des Bergstiefels oder Felskletterschuhes auf den Tritt aufgesetzt (Abb. 9-5 a). Man kann je nach Situation sowohl die Innen- als auch die Außenkante des Schuhes nutzen, aber normalerweise wird die Innenkante wegen der größeren Bequemlichkeit und Sicherheit bevorzugt. Der ideale Aufsetzpunkt kann variieren, aber normalerweise liegt er zwischen dem Fußballen und dem Ende des großen Zeh. Die Ferse sollte etwas höher gehalten werden als die Zehen – hierdurch läßt sich eine größere Präzision beim Auftreten erreichen, allerdings ist das Hinunterhängenlassen der Ferse eine weniger kraftraubende Position. Mit zunehmender Übung wird man immer mehr Erfahrung im kraftsparenden Nutzen kleiner Tritte erlangen.

Beim Reibungstritt zeigt der Fuß mehr bergauf, die Sohle wird mit einer möglichst großen Fläche auf die Standfläche aufgebracht (Abb. 9-5 b). Die Reibungsklettertechnik funktioniert am besten mit Felskletterschuhen oder sehr flexiblen Bergstiefeln. Bei geneigterem Fels kann es sein, daß man nicht unbedingt Griffe für die Hände benötigt. Es ist dann lediglich notwendig, darauf zu achten, daß zwischen Schuhen und Fels genügend Reibung vorhanden ist. Bei steilerem Gelände kann man mit dem Schuh über die Felsoberfläche streichen und ertasten, in welcher Stellung kleinere Felsunebenheiten die Sohlenreibung und somit die Trittsicherheit erhöhen.

Ermüdung, häufig verstärkt durch Angst, kann zum Muskelzittern der Beine führen. Diese Situation wird auch »Nähmaschine« genannt. Die sicherste Art, dies zu beenden, ist der Versuch, sowohl die Psyche zu beruhigen als auch das Bein zu entlasten. Dies kann entweder dadurch geschehen, daß man in eine bequemere Position weiterklettert, die Ferse hinunterhängen läßt oder das gesamte Bein entlastet und streckt.

Für eine saubere Tritttechnik ist es wichtig, die Richtung der Kraft auf den Haltepunkt optimal zu gestalten. Das Beugen im Sprunggelenk kann dazu führen, daß eine größere Sohlenfläche Felskontakt bekommt und so die Reibung erhöht wird. Wenn man sich vom Fels weglehnt, kann man zusätzlich zur nach unten wirkenden Körperkraft eine Kraft erzeugen, welche in Richtung Fels drückt, und so die Trittsicherheit erhöhen.

Die Entscheidung, auf welche Weise ein Tritt optimal genutzt wird, fällt, bevor man einen Fuß aufsetzt. Dann wird die eigene Körperposition auf die geplante Weise eingenommen. Auch wenn es manchmal notwendig ist, den Fuß in eine bessere Haltung zu bringen, sollte man vermeiden, durch unnötig viele Positionsänderungen Kraft zu verschwenden. Abgesehen davon, daß Zeit und Energie verbraucht wird, kann dies auch dazu führen, daß man vom Tritt abrutscht. Auf sehr kleinen Tritten kann es absolut notwendig sein, die Körperposition exakt einzunehmen, da jegliche Fußbewegung oder erst recht jede Drehbewegung ein Abrutschen des Fußes verursachen würde. Den Fuß in der einmal eingenommenen Position zu halten, kann ein enormes Maß an Konzentration und Erfahrung verlangen, wenn man die Kletterbewegung zum nächsten Haltepunkt fortsetzt, insbesondere während man den anderen Fuß höhersetzt.

Auch auf sehr großen Tritten sollte man den Fuß nur so weit aufsetzen, wie es notwendig ist, um einen guten Halt zu bekommen (Abb. 9-6). Wenn man den Fuß zu tief in ein Loch steckt, kann dies dazu führen, daß man durch schlechte Beinposition die Hüfte vom Fels wegdrückt und in unnötige Balanceschwierigkeiten kommt.

Normalerweise sollte man seine Knie nicht benutzen, da diese relativ leicht verletzlich sind und auch eine geringere Stabilität ermöglichen. Dennoch benutzen auch erfahrene Kletterer gelegentlich ihre Knie, speziell wenn es gilt, außerordentlich hohe Tritte zu vermeiden. Bei dieser Entscheidung muß darauf geachtet werden, daß Verletzungen durch Felsvorsprünge oder scharfe Kristalle vermieden werden. Auch muß man darauf achten, daß man sich nicht in einer Position verfängt, in der man sich nicht wieder auf die Füße stellen kann. Dies kann ein besonderes Problem bedeuten, wenn man beim Überhangklettern zu wenig Platz findet, um sich oberhalb leicht aufzurichten.

**Grifftechnik**

Man kann Griffe zum Erhalt der Körperbalance nutzen, aber natürlich sind sie auch nützlich, um sich selbst hinaufzuziehen; außerdem zur Anwendung der diversen Gegenzugtechniken.

Griffe (Abb. 9-7) gewährleisten ein Maximum an Sicherheit, wenn alle Finger genutzt werden. Die Möglichkeiten, wie Finger auf kleinen Griffen eingesetzt werden, sind nicht immer sofort offensichtlich. Zum Beispiel kann man den Daumen auf kleineren Unebenheiten aufsetzen, während die Finger ein kleines Band greifen (Abb. 9-7 a). Bei einer sehr flachen oder kleinen Nische im Fels kann man die Finger übereinanderlegen, um so die Haltekraft zu verbessern (Abb. 9-7 b).

Die häufigste Grifftechnik ist die Zugtechnik (Abb. 9-7 c). Große, auf Zug belastbare Griffe erlauben es, daß die Hand bzw. die Finger ganz aufgelegt werden, während kleinere Griffe eine Variation dieser Technik erzwingen (Abb. 9-7 e). Des öfteren wird es vorkommen, daß nur Platz für die Fingerkuppen ist. In diesem Fall hält man die Finger dicht beieinander, wodurch die Haltekraft der Hand erhöht wird. Wenn der Griff nicht groß genug ist, um alle Finger auflegen zu können, sollte man die nicht benötigten Finger beugen – hierdurch wird das Maximum an Muskelkraft auf die benutzten Finger übertragen (Abb. 9-7 f). Wenn man Zuggriffe nutzt, muß man sich bewußt machen, daß verschiedene Handstellungen eine extreme Belastung der Finger darstellen und zu Verletzungen führen können (Abb. 9-7 e). Andere Grifftechniken werden später in diesem Kapitel besprochen.

**Stütztechnik**

Bei dieser Technik werden die Fingerspitzen, die Handfläche oder die Handwurzel auf den Griff gesetzt und ein Druck nach unten ausgeübt (Abb. 9-8 a). Den Druck nach unten mit dem Daumen auszuüben kann von Vorteil sein, wenn der Haltepunkt sehr klein ist. Die Griffe werden des öfteren als Zuggriffe benutzt, solange man sich unterhalb befindet, und dann mittels Stütztechnik weiter benutzt, wenn man bereits höher ist. Die Stütztechnik kann sowohl für sich alleine als auch in Kombination mit anderen Grifftechniken (Abb. 9-8 b) angewendet werden – als Beispiele seien hier die Piaztechnik oder diverse Stemmtechniken angeführt. Wenn der Arm bei gestrecktem Ellenbogen fixiert wird, kann man das Körpergewicht auf einem Stützgriff ausbalancieren, während man mit der anderen Hand den nächsten Griff faßt.

## *Die Durchstütztechnik (Mantel)*

Die Durchstütztechnik ist eine spezielle Variante der Stütztechnik. Sie ermöglicht durch Drucktechnik beider Hände, daß die Füße auf denselben Griff gebracht werden, den die Hände in diesem Moment benutzen; sie wird angewendet, wenn sich oberhalb keine brauchbaren Griffe befinden.

Bei dem klassischen Mantel (Abb. 9-9) werden beide Hände flach auf ein Band in Brusthöhe aufgelegt, die Handflächen zeigen nach unten und die Fingerspitzen beider Hände zeigen gegeneinander. Dann wird das Körpergewicht auf die durchgestreckten Arme gebracht. Dies ist leichter, falls es möglich ist, mit den Füßen am Fels hochzulaufen oder falls man vom Tritt abspringen kann. Dann wird ein Fuß auf das Band gebracht und danach aufgestanden.

Diese Standardtechnik des Mantels ist natürlich nicht überall möglich, da die benutzten Bänder des öfteren höher, schmaler oder steiler sind, als man es sich wünschen würde. Falls das Band sehr schmal ist, ist die Technik möglich, indem

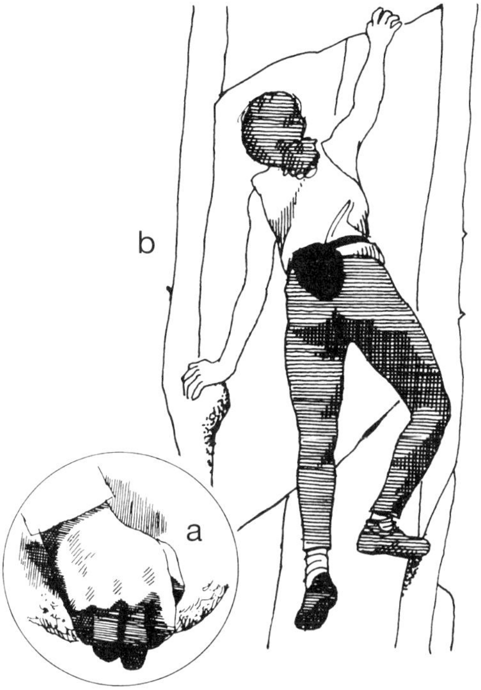


**(9-8) Stützgriff: Man benutzt Handwurzel und Handfläche (a); Anwendung des Stützgriffes zusammen mit anderen Haltetechniken (b).**

man nur die Handwurzel aufsetzt und die Finger bergab zeigen. Falls das Band oberhalb der Kopfhöhe ist, wird man es zunächst als Zugriff nutzen, um dann die Arme und Hände in die Drucktechnik umzusetzen. Falls das Band nicht groß genug für beide Hände ist, kann man versuchen, die Technik mit nur einem Arm durchzuführen, während die andere Hand jeden anderen sich möglicherweise bietenden Griff nutzt oder unter Umständen lediglich durch Reibung am Fels für Balance sorgt (Abb. 9-10). Hierbei darf man keinesfalls vergessen, genügend Platz für den aufzusetzenden Fuß zu lassen.

Beim Manteln sollte man unbedingt Knieeinsatz vermeiden, da es außerordentlich schwierig sein kann, von der knienden Position in eine aufrechte Körperposition zurückzugelangen, insbesondere dann, wenn der Fels oberhalb steil oder gar überhängend ist. Manchmal ist es während der Ausführung der Manteltechnik möglich, einen sich weiter oben befindenden Griff zu erreichen, so daß das Aufrichten in der Schlußphase der Technik erheblich erleichtert wird.

## *Gegendrucktechniken*

Gegendrucktechniken nutzen Druckkraft in entgegengesetzte Richtungen, um so den Körper stabil zu halten. Zum Beispiel ist es möglich, beide Hände in einen senkrechten Riß zum Halten zu bringen, indem man beiderseits nach außen zieht (Abb. 9-11 a). Auch kann man einen nach innen gerichteten Druck bei weit auseinanderliegenden Fixpunkten erzeugen, indem man die Füße zwischen diesen verspreizt. Zwischen Händen und Füßen kann man ebenfalls eine Gegenkraft erzeugen (Abb. 9-11 b). Gegenkrafttechniken spielen eine ganz wesentliche Rolle bei den im folgenden beschriebenen Klettertechniken.

## *Untergriffe*

Bei Untergriffen ziehen die Hände (Handflächen nach oben gerichtet) an vorstehenden Felspunkten, während der Körper nach außen gelehnt ist und die Füße gegen den Fels drücken (Abb. 9-12). Die Arme ziehen, während die Füße stützen – hierdurch entsteht die Gegenkraft. Es ist sinnvoll, diese Technik mit gestreckten Armen auszuführen. Beide Hände können gleichzeitig für die Untergrifftechnik eingesetzt werden – natürlich ist es auch möglich, einen Untergriff mit nur einer Hand zu fassen, während die andere Hand einen beliebigen anderen Griff wählt.

Untergriffe besitzen vielfältige Anwendungsmöglichkeiten. Zum Beispiel kann man die Kante eines Felsvorsprunges greifen, solange man sich unter ihr befindet; leicht kann man diesen Zuggriff später in einen Untergriff umändern, sobald man höher ist.

## Stemmtechnik

Die Stemmtechnik ist eine nützliche Gegendrucktechnik, welche es einem ermöglicht, zwischen zwei Felspunkten Halt zu finden, die – jeder für sich alleine – sonst nicht nutzbar wären. Hierdurch werden steile Felspassagen, die unter Umständen keine weiteren Haltepunkte bieten, kletterbar, allein dadurch, daß man durch Gegendruck zwischen den Füßen oder zwischen Hand und Fuß seine Last auf den Fels bringt.

Die klassische Anwendung der Stemmtechnik findet man beim Kaminklettern vor. Allerdings spielt sie auch eine Rolle beim Verschneidungsklettern – also in Situationen, bei denen zwei Felswände etwa rechtwinklig aufeinander stehen. Ein Fuß drückt gegen die eine Kaminwand oder die eine Seite der Verschneidung, während der andere Fuß an der Gegenwand Halt findet (Abb. 9-13 a).

Stemmtechnik kann auch die Schlüsseltechnik sein, welche es ermöglicht, eine steile Wand zu durchsteigen, indem ein Fuß gegen eine sanfte Vorwölbung gepreßt wird, während der andere Fuß oder die Hand den Gegendruck gegen eine andere Felsunebenheit erzeugt (Abb. 9-13 b). Wenn man die Stemmtechnik bei relativ weit auseinandergelegenen Haltepunkten in Steilwänden anwendet, muß man aufpassen, daß der Körper sich nicht vom Fels durch Rotationsbewegungen abdreht, während man mit einer Hand den nächsten Griff fassen will (Abb. 9-14 b). Dieser Schwingtüreffekt kann durch mehrere Tricks vermieden werden: Manchmal kann es hierzu bereits ausreichen, den Fuß unter der umgreifenden Hand besonders zu belasten. In anderen Situationen kann das Körpergewicht über den Fuß unter der stationär bleibenden Hand gebracht werden (Abb. 9-14 c). Eine weitere Methode ist, den Körper zu stabilisieren, indem man ein Bein hinter dem Standbein kreuzt und so gegebenenfalls durch Abstoßen am Fels die Drehbewegung stoppt (Abb. 9-14 d).

## Piaztechnik

Bei der klassischen Form der Piaztechnik – einer anderen Variante der Gegenzugtechniken –, zie-

**(9-9) Mantel: Der Kletterer dreht seine Hände im Bewegungsverlauf so, daß die Finger nach außen-unten zeigen, um so die natürliche Felsstruktur des Bandes zum Durchstützen auszunutzen. Dann wird höher gegriffen und sich mittels Zuggriff und aufgesetztem Fuß auf dem Band aufgerichtet.**

(9-10) Manteln mit einer Hand in Kombination mit einem Zuggriff

hen die Hände, und die Füße drücken auf eine Felsformation, während durch abwechselndes Höhersetzen von Händen und Füßen eine Aufwärtsbewegung erreicht wird (Abb. 9-15 a). Diese Technik wird vor allem dazu benutzt, um Risse in Felsnischen zu durchsteigen, oder aber Risse, bei denen eine Seite hinter die andere zurückfällt. Auch kann man auf diese Weise an der Kante einer Felsplatte aufsteigen. Man faßt eine Kante des Risses mit beiden Händen, lehnt sich zurück und hängt das Gewicht des Oberkörpers an die gestreckten Arme. Die Füße werden dabei auf die Gegenwand gestemmt. Dann beginnt der Aufstieg. Diese Technik ist anstrengend, und es ist sehr sinnvoll, so schnell und effizient wie möglich aufzusteigen.

Die Arme sollten dabei gestreckt bleiben, um die Belastung auf die Muskulatur zu begrenzen. Die richtige Stellung zwischen Händen und Füßen wird wechseln; bei entsprechender Übung wird es einem leichter fallen, intuitiv die richtige Stellung zu finden. Generell kann man

sagen, daß die Füße hoch genug stehen müssen, um die nötige Felsreibung zu erzeugen – vor allem auch dann, wenn kein Tritt erreichbar ist. Allerdings wird die Technik umso anstrengender, je höher die Füße gebracht werden müssen.

Für die Piaztechnik gibt es diverse Variationen, z. B. kann man an einem einzelnen Griff in Kombination mit anderen Haltepunkten eine ähnliche Gegenzugtechnik anwenden, oder aber man kann diesen Gegenzug zwischen einer Hand und einem Fuß aufbauen, während die an-

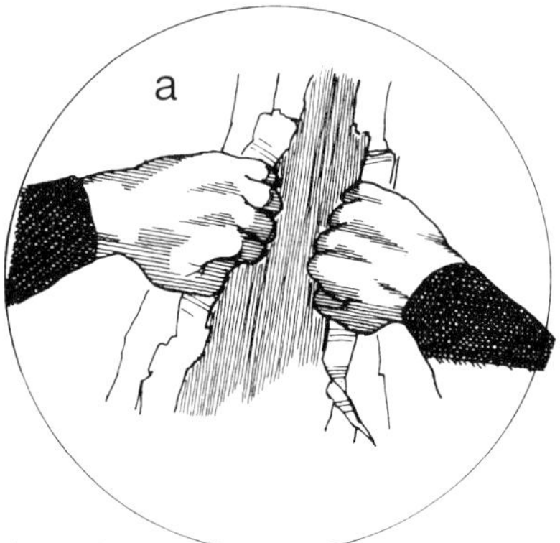

**(9-11) Gegenzugtechniken: a) Gegenzug nach außen; b) Gegenzug zwischen Händen und Füßen.**

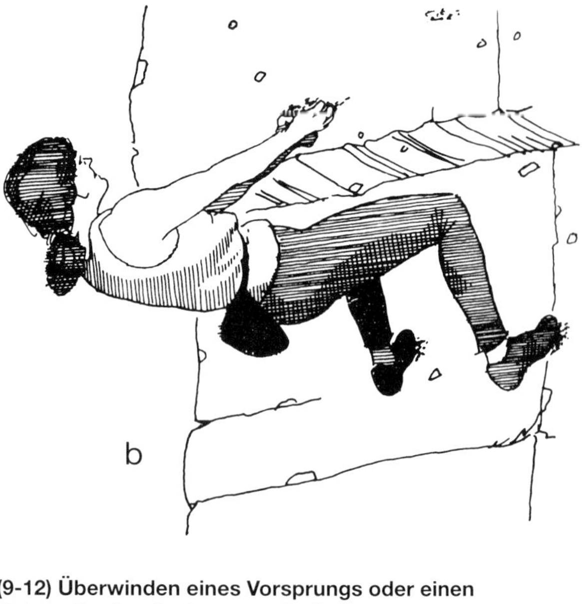


**(9-12) Überwinden eines Vorsprungs oder einen kleinen Daches in Gegenzugtechnik.**

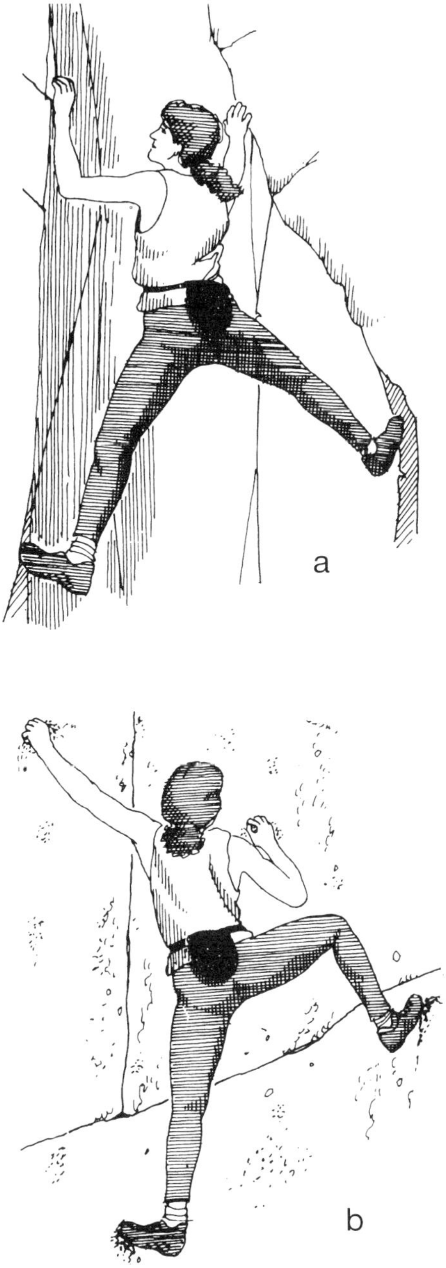


**(9-13) Stemmtechnik in einem Kamin (a); in einer Felswand (b).**

dere Hand und der andere Fuß andere Tritt- und Grifftechniken einsetzen (Abb. 9-15 b).

## *Klemmtechniken*

Klemmtechniken bedeuten, daß Teile des Körpers wie z. B. Hände oder Füße so sicher in einem Riß verkeilt werden, daß sie Halt geben. Klemmtechniken sind nicht so intuitiv erlernbar wie Zugtechniken, aber sie funktionieren sehr gut. Es handelt sich hierbei um die grundlegenden Klettertechniken beim Bewältigen von Rissen – also um Techniken, welche bei vielen Kletterpassagen ganz wesentlich sind.

Zuerst steckt man einen Teil der Hand oder den Fuß möglichst knapp oberhalb einer Rißverengung in den Riß. Die Klemmtechnik wird normalerweise durch ein Verdrehen von Hand oder Fuß durchgeführt, so daß das jeweilige Körperteil fest mit beiden Rißwänden verkeilt wird.

Klemmtechniken können ausschließlich mit beiden Füßen und Händen in Rissen benutzt werden oder in Kombination mit beliebigen anderen Haltetechniken. Falls man an einem Klemmgriff aufsteigt, kann man diesen Griff unter Umständen später als Stützgriff nutzen.

Die Variationsbreite der Risse ist enorm. Die folgenden Beschreibungen von Klemmtechniken bieten lediglich eine kleine Auswahl grundlegender Möglichkeiten, wobei für die spezielle Situation ein breites Feld für Kreativität und Intuition offenbleibt.

### Fingerrisse

Klemmtechniken der Finger ermöglichen es, sehr schmale Risse zu durchsteigen, in die man unter Umständen nur einen oder wenige Finger hineinstecken kann, vielleicht auch nur die Fingerkuppen. Diese Fingerklemmtechniken werden normalerweise durchgeführt, indem der Daumen nach unten zeigt. Die Finger werden in den Riß geschoben und die Hand verdreht, um die Finger zu verkeilen (Abb. 9-16 a). Man erhält zu-

(9-14) Der »Türangeleffekt«: Der Kletterer steht stabil auf zwei Tritten und hat einen guten Halt mit der linken Hand. Wenn die rechte Hand ihren Griff löst, kann der Körper nicht länger stabilisiert werden, der rechte Fuß rutscht ab und ein Dreheffekt tritt auf (b), wobei der Kletterer aus der Felswand herausschwingt. Mittels zweier Methoden kann dem Türangeleffekt entgegengewirkt werden: Der Kletterer kann den rechten Fuß dort hinstellen, wo zuvor der linke stand. Hierdurch wird das Körpergewicht mehr unter den linken Griff zentriert (c); die zweite Möglichkeit ist, daß der Kletterer das rechte Bein hinter dem linken kreuzt (d). Beide Techniken ermöglichen es dem Kletterer, die rechte Hand zu lösen und umzugreifen.

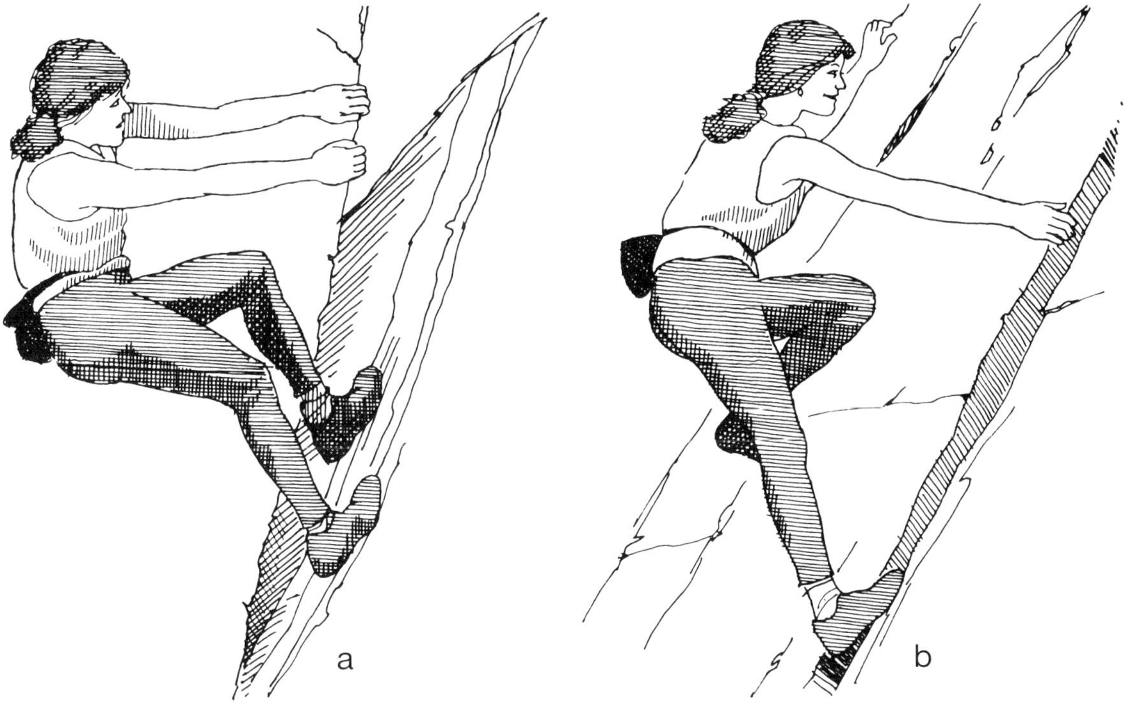


**(9-15) Piaztechnik: a) klassische Form; b) Kombination in der Piaztechnik (rechte Hand und rechter Fuß) mit Wandklettertechniken (linke Hand und linker Fuß).**

sätzliche Festigkeit, wenn man mehrere Finger aufeinanderlegt, und auch wenn man den Daumen bei ringförmigem Greifen gegen den Zeigefinger drückt (Abb. 9-16 b).

Bei etwas weiteren Rissen kann man versuchen, den Daumen mit zu verklemmen. Hierbei wird er aufwärtszeigend mit in den Riß gesteckt; die Daumeninnenseite weist dabei gegen eine Rißwand, der Knöchel gegen die andere. Die Spitze des Zeigefingers wird dann fest hinuntergeschoben und drückt gegen das Daumenendgelenk, um so einen festen Griff zu gewährleisten (Abb. 9-16 c).

Es gibt zwei weitere Variationen bei Fingerrissen, welche mit dem Daumen durchgeführt werden (Abb. 9-16 d,e). Man kann den kleinen Finger in den Riß stecken und die anderen Finger darüber hineinschieben (Fingerbeeren nach unten, Fingernägel nach oben). Bei etwas größeren Rissen kann es möglich sein, die Handwurzel und die kleinen Finger in den Riß zu stecken, falls nicht die ganze Hand in ihm Platz findet. Die Last wird hierbei überwiegend von der Handwurzel aufgenommen.

Andere Variationen ergeben sich durch Gegendrucktechniken mit dem Daumen, welcher gegen die eine Rißseite drückt und die Finger, welche gegen die andere Seite schieben (Abb. 9-16 f).

### Handrisse

Bei breiteren Rissen ist es möglich, die gesamte Hand hineinzuschieben und im Riß zu beugen, so daß ein ausreichender Gegendruck auf die Rißwände ausgeübt wird (Abb. 9-17 a). Um die Druckkraft auf die Rißwände zu erhöhen, ist es sinnvoll, den Daumen in der Handinnenfläche zu kreuzen – falls möglich (Abb. 9-17 b). Die Haltekraft eines solchen Griffes kann auch erhöht werden, indem durch Beugung des Handgelenkes die Hand mehr in den Riß hineinzeigt anstatt in einer mehr vertikalen Lage zu stecken.

Ein Handriß kann sowohl mit nach oben als auch mit nach unten weisenden Daumen durchklettert werden. Nach oben zeigende Daumen sind gerade in senkrechten Rissen recht bequem und auch recht komfortabel, wenn der Griff relativ tief liegt. Insbesondere sind solche Griffe recht sicher, wenn das Körpergewicht auf derselben Seite liegt wie die verklemmte Hand.

Klemmtechniken mit nach unten weisenden Daumen erlauben eine höhere Sicherheit, insbesondere dann, wenn der Griff oberhalb der Kopfhöhe liegt, da in solchen Fällen die Hand zur Erhöhung der Grifffestigkeit verdreht werden kann. Auch kann man bei solchermaßen verklemmten Griffen das Körpergewicht in nahezu jede Richtung verlagern (Abb. 9-17 c). Eine Kombination von Grifftechniken mit nach oben oder abwärts weisendem Daumen wird insbesondere in diagonal verlaufenden Rissen angewendet, bei denen die obere Hand gewöhnlich mit nach unten weisendem Daumen, die untere Hand dagegen mit nach oben weisenden Daumen eingesetzt wird (Abb. 9-17 d).

Sowohl bei Finger- als auch Handrissen muß man darauf achten, daß sowohl die Position des Ellenbogens als auch die des Körpers die Zuverlässigkeit des Haltes beeinflussen. Wenn man aufsteigt, kann eine Rotationsbewegung von

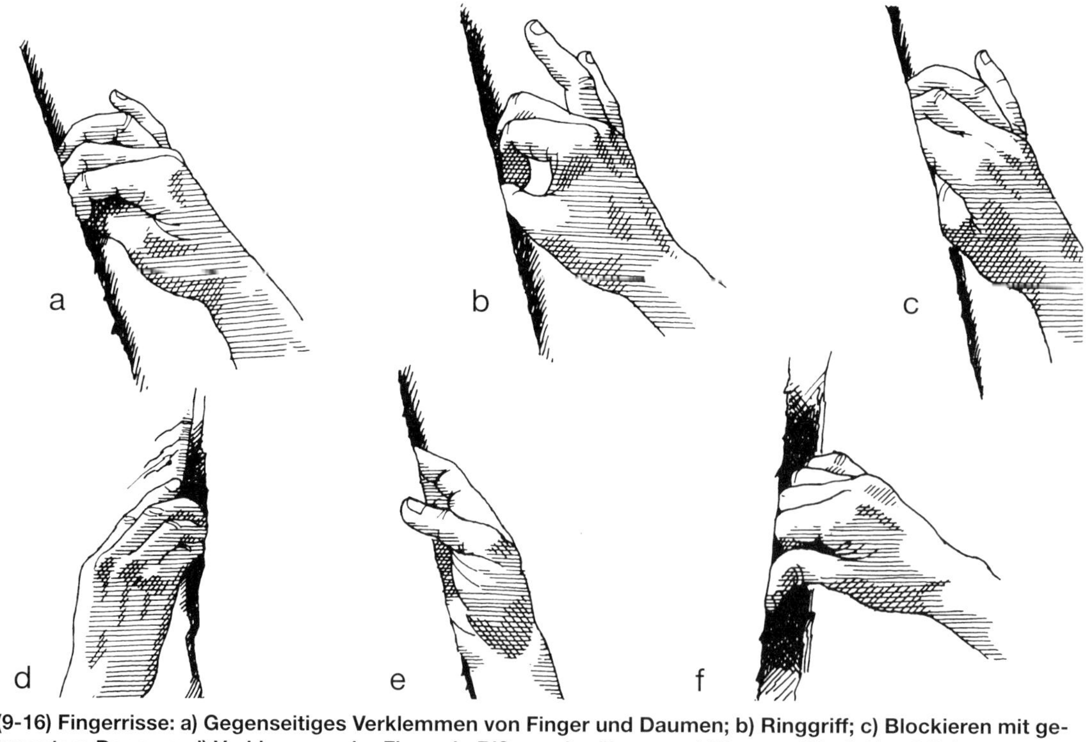


**(9-16) Fingerrisse: a) Gegenseitiges Verklemmen von Finger und Daumen; b) Ringgriff; c) Blockieren mit gekreuztem Daumen; d) Verklemmen der Finger in Rißverschmälerung; e) Klemmgriff mit Handrücken und Fingern; f) Gegendruck zwischen Fingern und Daumen.**

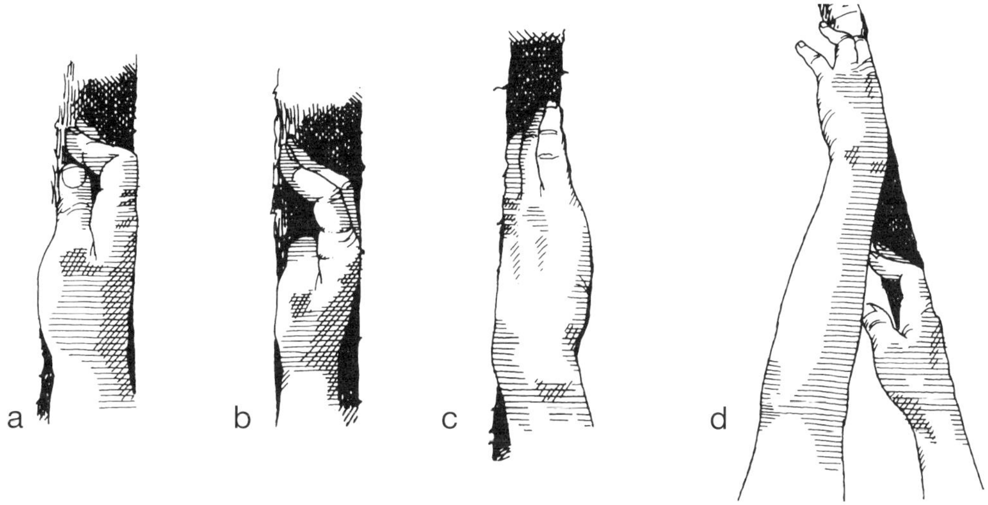


**(9-17) Handrisse: a) Verklemmen von Fingern und Daumen; b) Unterstützung der Klemmwirkung durch gekreuzten Daumen; c) »verkehrtes«, d. h. verdrehtes Eingreifen in den Riß; d) Kombination verschiedener Grifftechniken im Diagonalriß.**

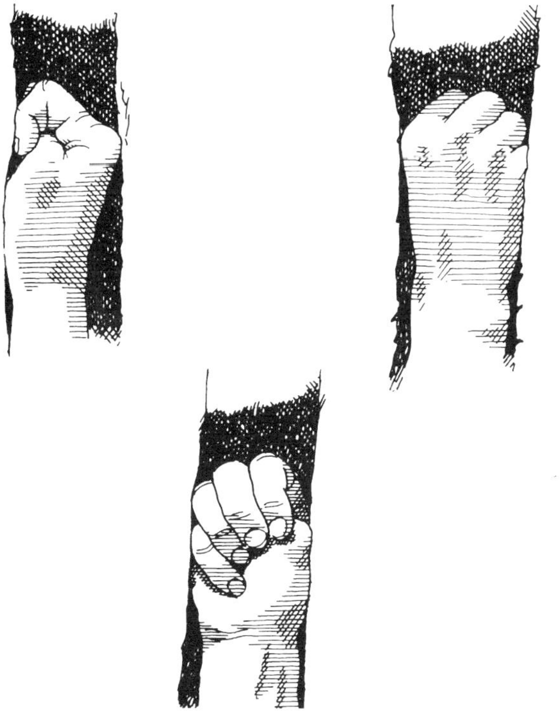

**(9-18) Faustriß: Drei verschiedene Klemmpositionen.**

Schultern oder Körperstamm notwendig werden, um ein ausreichendes Verklemmen im Riß zu gewährleisten. Die Kraftrichtung sollte im Riß abwärts und nicht nach außen gerichtet sein.

Belm Nutzen von Handrissen wird man ein breites Spektrum an Rißgrößen vorfinden – nämlich solche, die fließend in Fingerrisse übergehen, bis hin zu solchen, in denen die Hand kaum noch zu verklemmen ist. Die Größe der eigenen Hand ist der Hauptfaktor bei der Entscheidung, wie die Hand sinnvollerweise im zu durchsteigenden Riß eingesetzt wird.

### Faustrisse

Bei einem Riß, der zum Verklemmen der Hand zu breit ist, kann man die Faust zum Verklemmen einsetzen (Abb. 9-18). Der Daumen kann dabei sowohl innerhalb als auch außerhalb der Faust zu liegen kommen. Dies hängt davon ab, wie der beste Halt ermöglicht wird. Die Handinnenseite kann sowohl zum Rißgrund, zur Rißaußenseite als auch zu den Rißwänden hin ausgerichtet sein. Indem man die Muskeln bei der Faust anspannt,

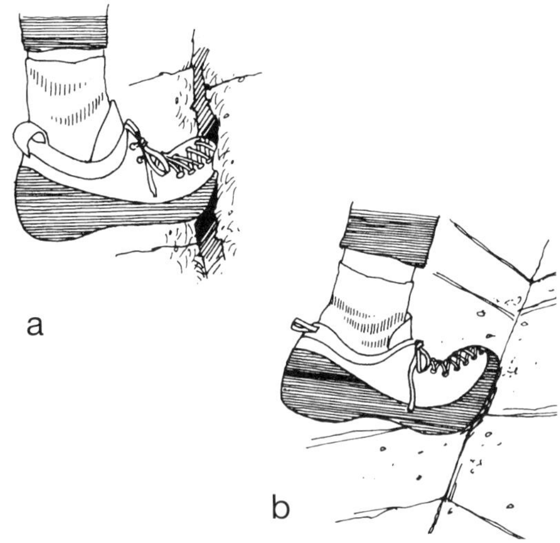


(9-19) Klemmtritte für die Fußspitze: a) Verklemmen in einem Riß; b) Reibungstritt in einer Felsnische.

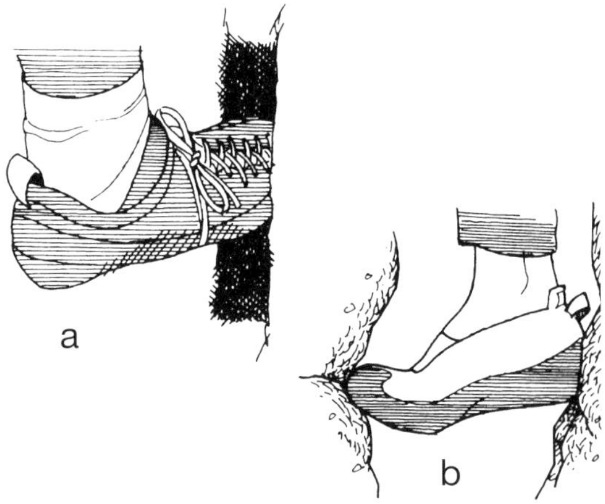


(9-20) Rißtechnik für die Füße: a) Verklemmen des Fußes in einem Riß; b) Verklemmen von Fußspitze und Ferse in einem breiteren Riß.

(9-21) Zwei Beispiele der Anwendung von Gegengewichten zur Stabilisation des Körpers: Der linke Fuß wird zur Seite ausgestreckt, um dem nach rechts gebeugten Oberkörper ein Gegengewicht zu bieten; b) der linke Fuß wird hinter dem rechten Bein gekreuzt, um ein Gegengewicht zu erzielen.

wird diese verbreitert und führt so zu einer Klemmwirkung im Riß. Faustrisse sind oft recht schmerzhaft zu durchsteigen, aber sie können auch außerordentlich nützlich sein und der Hand sehr festen Halt bieten. Um einen optimalen Halt zu erreichen, sollte man versuchen, die Faust oberhalb der Kopfhöhe im Riß zu verklemmen.

### Zehenklemmtechniken

Man kann seinen Fuß in einem Riß verklemmen, indem man den Fuß seitwärts dreht (normalerweise wird dabei der Innenknöchel nach oben gedreht), dann die Schuhspitze in den Riß steckt, danach den Fuß wieder zurückdreht und so den Schuh verklemmt (Abb. 9-19 a). Auch kann man den Schuh in eine Felsnische mittels Reibungstechnik hineinpressen, dabei sollte die Ferse tiefer als die Zehen gehalten werden, um eine Druckkraft nach unten zu erzeugen und die Zehen in ihrer Position zu halten (Abb. 9-19 b).

### Fußklemmtechniken

Wenn der Riß breit genug ist, kann man mehrere Zehen oder gar den ganzen Fuß im Riß verklemmen. Ähnlich wie bei Zehenrissen wird der Fuß seitwärts gedreht, in den Riß geschoben und dann zurückgedreht, um den Schuh zu verkeilen (Abb. 9-20 a). Dabei sollte man vermeiden, den Fuß so heftig zu verdrehen, daß es schwierig wird, beim Weiterklettern den Schuh wieder herauszubekommen. Im Falle eines Sturzes könnten hierdurch auch erhebliche Verletzungen verursacht werden.

Bei noch breiteren Rissen kann man den Fuß diagonal oder zwischen Zehe und Ferse verkeilen (Abb. 9-20 b).

### Körperrisse

Im Laufe der Zeit wurden zahlreiche Techniken entwickelt, um Arme, Schultern, Hüfte, Knie oder nahezu jedes sonstige Körperteil in einem Riß geeigneter Breite zu verkeilen. Besonders lästig sind dabei die sogenannten »off-width cracks«. Hierbei handelt es sich um Risse, die aufgrund ihrer ungünstigen Breite mit keiner der Standardklemmtechniken zu bewältigen sind. Details hierzu werden später besprochen.

## *Balancetechniken*

Bei Balanctechniken handelt es sich nicht um einen speziellen Bewegungstyp, sondern eher um ein Kletterprinzip, welches bei allen Kletterbewegungen eingesetzt werden kann. Es ist das Prinzip, nach dem das Körpergewicht so verlagert wird, daß der Kletternde im Gleichgewicht bleibt.

Dies bedeutet, daß die Griffe und Tritte nach Möglichkeit so ausgewählt werden, daß sie zum Erhalt des Körpergleichgewichtes optimal nutzbar sind. Das kann aber auch bedeuten, daß es manchmal notwendig ist, eine Hand oder einen Fuß an einen bestimmten Punkt zu bringen, auch wenn dort kein Griff oder Tritt erreichbar ist, diese Bewegung dient lediglich dazu, den Körperschwerpunkt auszubalancieren. Auch Hüften und Schultern können bei solchen Bewegungen des Gewichtsausgleiches eine erhebliche Rolle spielen (Abb. 9-21).

## *Reichweite*

Was macht man, wenn der nächste vorhandene Griff weit entfernt ist oder vielleicht sogar außerhalb der eigenen Reichweite liegt? Auch hier stehen dem Kletterer mehrere Techniken zur Verfügung.

Zunächst sollte man das Optimum aus jedem erreichbaren Punkt herausholen, indem man einen oder mehrere der folgenden Ratschläge befolgt: Richte dich auf die Fußspitzen auf. Bringe den Körper in Felskontakt, um den Körper maximal strecken zu können. Benutze einen Fuß zum Erhalt des Körpergleichgewichtes, damit ein vollständiges Aufrichten auf den anderen Fuß möglich ist. Bringe den Fuß höher auf einen Reibungstritt. Bringe den Fuß möglichst weit auf die

Körperseite, auf der der nächste Griff liegt. Und hier noch einige zusätzliche Ratschläge: Bringe den Fuß bei einer Traversierungsbewegung ganz an die Kante des Trittes. Lehne Körper und Hüfte seitwärts hinaus, um gegebenenfalls dort liegende Griffe zu erreichen. Nutze eventuell Griffe in Stütztechnik, um eine maximale Reichweite nach oben zu schaffen.

Manchmal ist es möglich, eine größere Reichweite nach oben zu erzielen, indem man auf der Außenkante des Schuhes steht, da hierdurch der Körper etwas seitwärts zum Fels gedreht wird. Auch denke man daran, daß die größte Reichweite mit der Hand zu erzielen ist, die dem Standbein gegenüberliegt.

Eine andere Möglichkeit ist, über schnelle Zwischentritte und Griffe nachzudenken. Hierbei werden Haltepunkte genutzt, die zwar eine Fixation des Körpers nicht erlauben, aber immerhin ein Weiterkommen zum nächsten nutzbaren Haltepunkt ermöglichen.

**(9-22) Kreuzen der Füße zum Trittwechsel bei sehr kleinem Tritt.**

Als letzte Möglichkeit kann man eine dynamische Bewegung anwenden – hier kann es sich um einen plötzlichen energischen Ausbruch oder eine schnelle Bewegung handeln, bevor man das Gleichgewicht verliert oder vom Griff abrutscht. Das Umgreifen zum nächsten Griff sollte während des toten Punktes erfolgen – das ist der Punkt, in dem sich die Aufwärtsbewegung in die Fallbewegung umkehrt. Ein Umgreifen in diesen Punkt ist gerade deshalb besonders effektiv, weil der Körper kurzfristig schwerelos ist.

Jede dynamische Bewegung bringt eine potentielle Gefahr mit sich: Falls die Bewegung nicht gelingt, hat man keine Bewegungskontrolle mehr und ein Sturz ist nahezu unvermeidbar. Also sollte ein dynamischer Kletterzug ausschließlich dann durchgeführt werden, wenn man sich Gedanken über die Konsequenzen im Falle eines Mißlingens gemacht hat. Man sollte zuvor wissen, daß die Sicherung optimal ist und ein Sturz in die Sicherungskette nicht mit einem Aufprall auf ein Felsband oder gar den Boden enden wird. Selbstverständlich sind dynamische Kletterzüge dem Fortgeschrittenen vorbehalten und eine für Anfänger völlig ungeeignete Technik.

## *Positionsänderung an kleinen Haltepunkten*

Manchmal muß man einen Fuß auf einen kleinen Tritt bringen, welcher bereits durch den anderen Fuß besetzt ist, oder aber auch mit der Hand einen Griff fassen, welcher von der anderen Hand bereits benutzt wird. Jede dieser Bewegungen kann auf verschiedene Arten erfolgen.

Um einen Fuß umzusetzen, kann man einen Zwischentritt nutzen, welcher kurzfristig Halt bietet und so den eigentlichen Tritt für den anderen Fuß freimacht. Auch kann man durch einen kleinen Hüpfer den Fuß umsetzen – jedenfalls dann, wenn man für die Hände gute Griffe hat.

Man kann auch versuchen, die Füße umzusetzen, indem man einen Fuß auf die alleräußerste Kante des Haltepunktes setzt, um so ein wenig Platz für den anderen Fuß zu schaffen. Eine ähnliche Technik ist die Kreuztechnik, bei der das Bein hinten vorbeigeführt wird, um die äußere Kante des Trittes zu erreichen (Abb. 9-22).

Um mit den Händen umzugreifen, kann man ebenfalls einen Zwischengriff nutzen, ähnlich wie bereits für die Füße beschrieben. Auch kann man mit den Händen übereinander denselben Griff fassen. Bei sehr begrenzten Griffen kann man einzelne Finger der Hand lösen und sofort durch einzelne Finger der anderen Hand ersetzen, bis schließlich die andere Hand den Griff vollständig gefaßt hat. Eine Kreuztechnik, wie oben beschrieben, kann in seltenen Fällen auch praktisch sein.

(9-23) Wandklettern.

# Gemeinsame Anwendung der Klettertechniken

Wenn man die grundlegenden Klettertechniken gelernt hat, hat man alle Voraussetzungen, um sie so zu kombinieren, daß die verschiedensten Kletterrouten durchsteigbar sind.

Man wird sehr schnell spüren, wie wertvoll es ist, sich über die nächsten Passagen Gedanken zu machen, bevor man sie angeht. Man sollte sich immer bemühen, mehrere Kletterbewegungen vorauszudenken und auf diese Art sowohl Kraft zu sparen als auch auf der Route zu bleiben. Insbesondere sollten schwere Passagen rechtzeitig erkannt und durchdacht werden, bevor man sie angeht, damit man sie nach einem Plan schnell durchsteigen kann. Dabei sollte man insbesondere auf kraftsparende Rastpunkte achten.

Die meisten Kletterrouten erfordern eine Vielzahl von Klettertechniken – dies ist viel häufiger als reine Klemmtechniken, ausschließliches Stemmen oder irgendeine andere Technik. Oft wird es passieren, daß man eine Technik mit *einer* Hand oder *einer* Körperseite nutzt und völlig andere Techniken mit der anderen. Man kann mit einer Körperseite klemmen, während man Zugriffe in Felswänden mit der anderen Seite nutzt. Eine einzelne Seillänge kann eine Vielzahl verschiedener Techniken nacheinander erfordern: Eine Klemmstelle kann beispielsweise Piaztechnik erfordern, dann kommt eine Passage mit Wandkletterei, welche mit Durchstütztechnik auf einem Band endet.

Die grundlegenden Techniken zum Durchsteigen von Wänden, Rissen, Verschneidungen, Kaminen und Überhängen werden auf vielfältige Art und Weise kombiniert.

(9-24) Plattenklettern.

## Reibungsklettern

Reibungsklettern (auch häufig mit Plattenklettern gleichgesetzt) erfordert einen phantasievollen Einsatz aller Reibungstechniken (Abb. 9-24). Die Körperbalance und die Fußtechnik sind die Schlüssel zum Erfolg, und das korrekte Aufsetzen der Schuhsohlen zur optimalen Felshaftung ist die grundlegende Technik hierfür.

Der Kletterer sollte sich bewußt machen, daß das Beugen der Knöchel (Absenken der Ferse) genauso wichtig ist wie der Körperschwerpunkt, welcher möglichst direkt über dem Fußballen liegen sollte. Man muß unbedingt vermeiden, daß man sich zu flach auf den Fels legt, da hierdurch die Füße über den Fels geschoben werden – Im Gegenteil: Das Gewicht sollte über den Füßen

## Wandklettern

In gewisser Weise ist Wandklettern die natürlichste Art der Kletterei (Abb. 9-23). Man bewegt sich an einer Serie von Griffen und Tritten aufwärts – dies erinnert ein wenig an Leiterklettern.

Man sollte unterwegs darauf achten, daß ein einzelner Griff auf vielfältige Art und Weise sowohl von den Füßen als auch von den Händen genutzt werden kann. Was z. B. zunächst nach einem guten Zugriff aussieht, kann im weiteren Verlauf zur Gegenzugtechnik, zu Durchstütz- oder Stemmtechniken genutzt werden. Besonders wichtig ist es, ununterbrochen kreativ zu bleiben.

(9-25) Kombination aus Riß- und Wandklettern.

liegen, so daß die gebeugte Körperhaltung es ermöglicht, auch mit den Händen den Fels zu erreichen. Hierbei werden die Hüften und das Gesäß vom Fels weggeschoben.

Beim Reibungsklettern macht man kleine Schritte, um die Körperbalance zu erhalten und das Gewicht über den Füßen zu lassen. Dabei nutzt man schmale Bänder, rauhe Felsen oder auch Änderungen in der Steilheit, um den Fuß optimal aufsetzen zu können. Bei schwierigsten Reibungsklettereien können die Tritte so schwierig erkennbar werden, daß man sie mit Händen oder Füßen ertasten muß, um die rauhesten Punkte der Felsoberfläche zu finden.

Man sollte allerdings nicht vergessen, daß auch beim Plattenklettern andere Techniken nützlich sein können. Immer wieder wird man

**(9-26) Piaztechnik in Kombination mit Wandklettern.**

Zuggriffe und Risse finden. Man kann Stütztechniken an kleinen Kanten oder Unregelmäßigkeiten anwenden; abhängig von der Struktur kann man hierzu Fingerspitzen, Daumen oder auch die Handwurzel einsetzen. Eine Piaztechnik, welche einhändig durchgeführt wird, kann einem bei hervorstehenden Kanten weiterhelfen. Immer wieder sollte man auch nach Gelegenheiten suchen, Spreiztechniken anzuwenden, da diese eine kraftsparende Rastposition ermöglichen.

## Das Durchsteigen von Rissen und Verschneidungen

Risse können sowohl mittels reiner Klemmtechniken als auch mit einer Kombination verschiedener Techniken durchstiegen werden. Eine sehr gute Kombination ist das Verklemmen einer Körperseite im Riß und das Benutzen der dem Riß benachbarten Felswand mit der anderen Körperseite (Abb. 9-25).

Auch kann man Risse mit einer reinen Piaztechnik oder mit einer einarmigen Piaztechnik durchsteigen, welche mit Wandkletterei der anderen Körperseite ergänzt wird (Abb. 9-26). Diese Kombination kann einen fließenden Übergang in eine Stemmtechnik darstellen.

Verschneidungen können unter Umständen durch reine Stemmtechnik durchstiegen werden. Auch können zahlreiche Kombinationen wie Hände, die in Rissen im Verschneidungsgrund verklemmt werden und Füßen in Spreiztechnik an den Verschneidungswänden (Abb. 9-27) ausprobiert werden. Man kann unter Umständen auch klassische Kamintechniken nutzen, welche später beschrieben werden. Im Rißgrund sind des öfteren gute Griffe zu finden. Auch können Horizontalrisse als Zugriffe genutzt werden.

### »Off-Width Cracks«

Risse, welche für Standardklemmtechniken zu breit sind, aber andererseits zu schmal, um den Körper darin zu verklemmen, benötigen spezia-

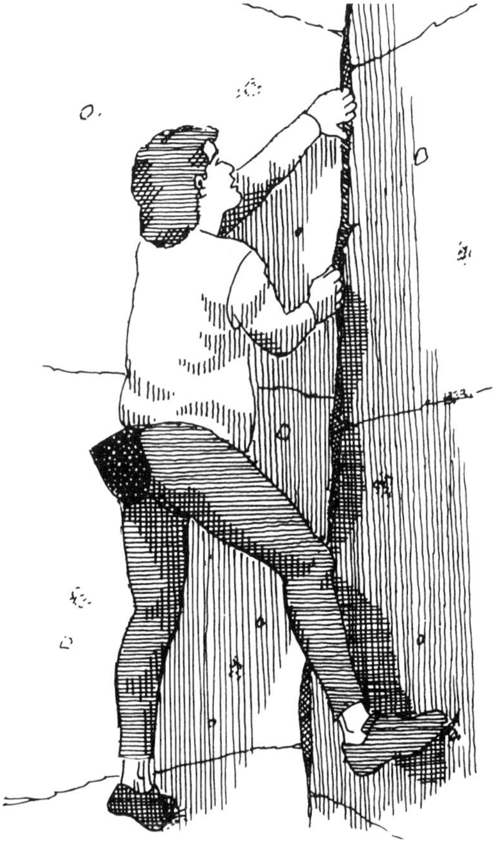

**(9-27) Verschneidungsklettern durch Kombination von Stemm- und Klemmtechnik.**

lisierte Klettertechniken. Man steht seitwärts zum Riß und eine ganze Körperseite wird im Riß verklemmt.

Wenn man einen solchen Riß durchsteigen muß, ist die erste und wichtigste Entscheidung, welche Körperseite man in den Riß steckt, da eine spätere Korrektur normalerweise unmöglich ist. Diese Entscheidung ist von vielen Faktoren abhängig, wie z. B. Griffen im Rißgrund oder auf den Seitenwänden, der Neigung, der Steilheit und anderen Dingen.

Nachdem man sich entschieden hat, welche Seite genutzt wird, wird das Bein in den Riß hineingeschoben; es übt einen Gegendruck zwischen Fuß und Knie oder Fuß und Hüfte aus. Der Fuß muß dabei zumeist in der Zehen-Fersen-Technik gemäß Abb. 9-20 b verkeilt werden. Der andere Fuß muß auch gemäß der Zehen-Fersen-Technik verkeilt werden. Dabei sollte man darauf achten, daß die Ferse zugunsten einer besseren Reibung höher liegt als die Zehen und im Riß nach innen gedreht wird, das heißt, das Knie wird nach außen gedreht.

Die Hauptklemmwirkung des Oberkörpers wird über die Armkraft erzeugt (Abb. 9-28 a). Der Arm der dem Riß zugewandten Körperseite wird komplett in den Riß hineingeschoben, und zwischen Ellenbogen und Schulter wird ein Gegendruck mit der Hand ausgeübt. Die andere Hand kann an der Rißkante ebenfalls zur Gegendrucktechnik genutzt werden. Die Schulter sollte so weit wie möglich hingeschoben werden, der innere Arm sollte zur Erhöhung der Haltekraft abwärts gerichtet sein.

Als Variation kann der Gegendruck der Arme erzeugt werden, indem der Ellenbogen gebeugt ist und die Handinnenseite gegen die Felswand drückt – so wird ein Gegendruck zwischen Hand und der gegenüberliegenden Schulter aufgebaut (Abb. 9-28 b).

Der äußere Arm wird möglichst in Drucktechnik angewendet, um den Körper im Riß zu fixieren. Eine andere Alternative ist, ihn zu beugen und vor der Brust die Gegendrucktechnik anzuwenden. Hierbei wird die Kraft zwischen der Hand und der gegenüberliegenden, im Rißinneren liegende Schulter aufgebaut. Der Ellenbogen weist dabei nach außen.

Man ist nun recht sicher im Riß verklemmt. Um nun vorwärts zu kommen, wird das außenliegende Bein höher gebracht und erneut verklemmt. Wenn dies gelungen ist, wird das Körpergewicht auf diesen Fuß verlagert. Danach wird der innenliegende Fuß und innenliegende Arm weiter oben erneut verkeilt und zuletzt die

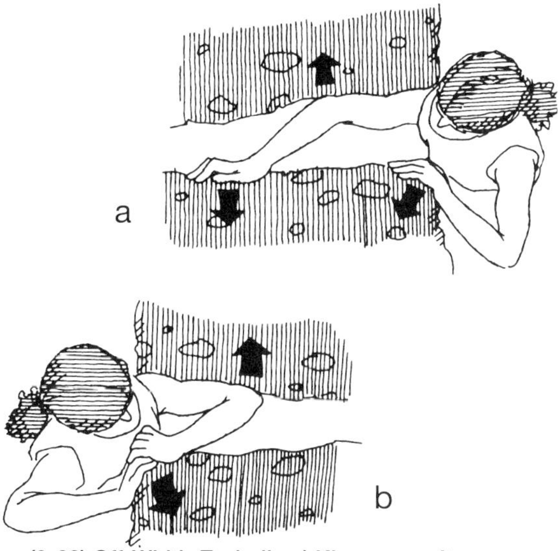


**(9-28) Off-Width-Technik: a) Klemmen mit gestrecktem, b) mit gebeugtem Arm.**

außenliegende Hand nachgezogen. Jetzt ist der Körper erneut im Riß verkeilt. Es kann erneut mit dem außenliegenden Fuß begonnen werden. Dieses mühsame Vorgehen wird so lange durchgeführt, bis sich andere Möglichkeiten für Klettertechniken ergeben (Abb. 9-29).

Gelegentlich kann man mit dem außenliegenden Fuß Tritte in der Felswand nutzen. Dabei muß aber darauf geachtet werden, daß hier das Risiko besteht, aus dem Riß herauszurutschen.

## *Kamintechnik*

Als Kamin bezeichnet man jeden Riß, der groß genug ist, um in ihm zu klettern. Die Weite schwankt dabei von relativ engen Kaminen, die gerade eben den Körper aufnehmen können, bis hin zu solchen, die man kaum ausspreizen kann.

Das grundlegende Prinzip ist, daß das Körpergewicht auf die beiden Kaminwände übertragen wird. Abhängig von der Breite wird man sich entweder einer Kaminseite zuwenden oder aber in den Kamin hineinschauen und mit jeweils einer Hand sowie einem Fuß die benachbarte Kaminwand erreichen. Die optimale Körperposition und Technik ist abhängig von der Situation und auch der Größe des Kletterers. Welcher Kaminseite man sich zuwendet, hängt davon ab, welche Haltepunkte in und außerhalb des Kamines erreichbar sind und wie man den Kamin verlassen will.

In sehr engen Klemmkaminen wird der Körper verkeilt, mit welcher Technik dies auch immer möglich sein mag. Man achtet auf Griffe sowohl innerhalb als auch außerhalb des Kamins. Drucktechniken und Klemmtechniken der Arme können nützlich sein. Manchmal hilft es auch, den linken Fuß und das linke Knie gegen die Felswände zu verkeilen. Auch kann man die Füße T-förmig setzen, indem ein Fuß parallel zu einer

**(9-29) Klettern in einem Off-width-Riß.**

Felswand liegt, der andere mit den Zehen an die gegenüberliegende Felswand und der Ferse gegen den ersten Fuß verklemmt wird. Solche Klemmkamine können extrem anstrengend sein; es ist daher immer sinnvoll, nach einer Alternative im benachbarten Fels zu suchen.

Bei Rissen, die etwas breiter sind als Klemmkamine, hat man etwas mehr Platz für Kletterbewegungen (Abb. 9-30 a). Man kann den Rücken und die Füße gegen eine Kaminseite klemmen, während die Knie und Hände an der gegenüberliegenden Seite schieben. Durch windende Bewegungen mit abwechselndem Entlasten von Händen und Füßen, ähnlich der Dreipunkttechnik, kann man Höhe gewinnen. Alternativ kann man den Oberkörper hochschieben, während Füße und Knie blockieren; dann fixiert man den Oberkörper zwischen Rücken und Händen und zieht Füße und Knie nach.

Ein breiterer Kamin erfordert die Stemmtechnik, bei der der Kletterer direkt in den Kamin hineinschaut oder aus ihm herausguckt (Abb. 9-30 b). Die Gegenkraft entsteht zwischen der rechten Hand und dem rechten Fuß auf der einen Seite und der linken Hand und dem linken Fuß auf der anderen Seite. Selbstverständlich sollte man eventuell vorhandene Stützgriffe auf den Kaminwänden nutzen. Der Aufstieg erfolgt entweder, indem man nacheinander zuerst die Arme und dann die Beine höher bringt, oder aber indem man abwechselnd die Arme und das jeweils diagonal gegenüberliegende Bein höher setzt.

Bei einem normalen Kamin mittlerer Breite (ca. 1 m) wird man sich ebenfalls einer Kaminwand zuwenden und den Rücken gegen die andere Wand lehnen. Der Oberkörper wird stabili-

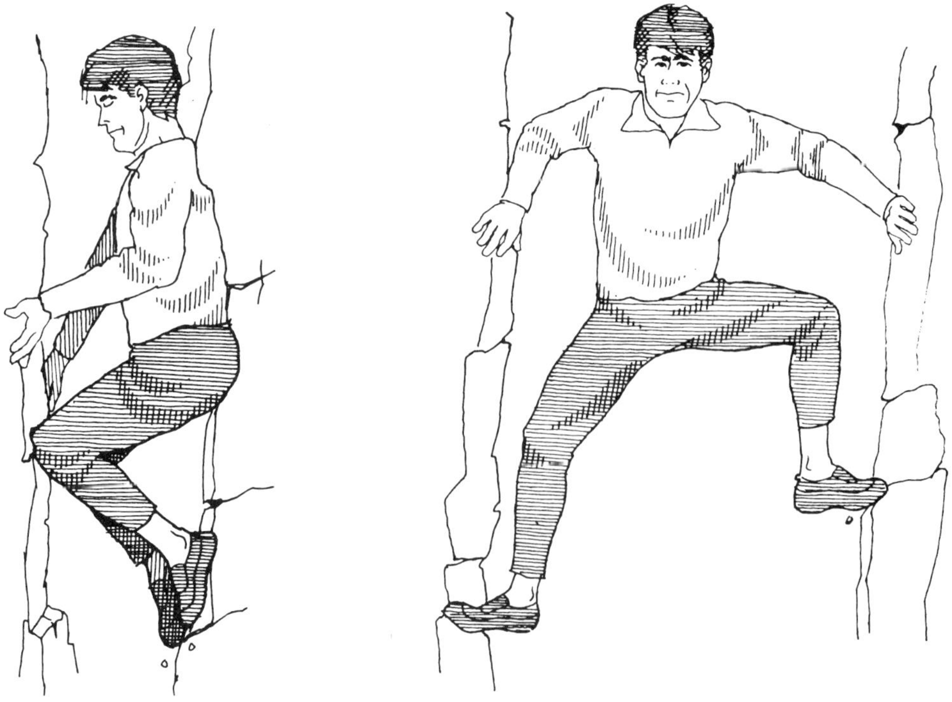

**(9-30) Kamintechnik: a) in einem engen Stemmkamin; b) in einem weiten Spreizkamin.**

siert, indem die Hände gegen eine Kaminwand drücken und der Rücken gegen die andere. Eine weitere sehr effektive Grifftechnik besteht darin, daß jeweils eine Hand gegen je eine Kaminwand drückt. Die Beine stemmen entweder beide gegen eine Kaminwand und bauen eine Gegenkraft zum Rücken auf. Aber auch hier ist es möglich, daß ähnlich, wie eben für die Arme beschrieben, jeweils ein Bein gegen eine Kaminwand drückt.

Um einen solchen Kamin mittlerer Breite zu durchsteigen, sollte man folgenden Bewegungsablauf anwenden (Abb. 9-31): Man beginnt mit dem Rücken, welcher einer Wand anliegt. Dabei wird jeweils ein Fuß gegen eine Kaminwand gestemmt. Durch ein Strecken der Beine wird Höhe gewonnen, dann wird erneuter Gegendruck zwischen Händen und Rücken erzeugt. Sobald wie möglich sollte das hintere Bein zur anderen Kaminwand hinüberwechseln, wodurch die Körperposition stabilisiert wird. Daraufhin wird das andere Bein nach hinten genommen. Man ist nun erneut in der Ausgangsposition für die nächste Streckung der Beine.

Vermeiden sollte man unbedingt, zu tief im Kamin zu klettern. Auch wenn es psychologisch als vorteilhaft empfunden wird, da man sich dort sicherer fühlt, kann man in relativ schwierige Kletterpassagen geraten, so daß es recht schwierig wird, den Kamin nach außen zu verlassen. Auch ist die Wahrscheinlichkeit, daß man gute Griffe und Tritte findet, in der Nähe der Kaminaußenseite höher.

*Achtung:* Das Klettern in der Tiefe des Kamins kann es auch wesentlich erschweren, diesen wieder nach oben zu verlassen. Das Verlassen eines Kamins an dessen oberen Ende kann unter Umständen eine besondere Herausforderung darstellen und erfordert gelegentlich intensives Nachdenken und Kreativität.

Kamintechniken können auch in Situationen nützlich sein, die einem klassischen Kamin recht unähnlich sind. Sie können beispielsweise genutzt werden, um Verschneidungen (Abb. 9-32) oder kürzere Passagen nebeneinanderliegender Risse zu durchsteigen.

## Das Bewältigen von Überhängen und Dächern

Abhängig von der Situation erfordern Überhänge und Dächer eine Vielzahl an Techniken, wie Manteln, Wandklettern oder Rißklettern.

Dabei gilt es zwei besonders wichtige Punkte zu beachten: Einerseits muß die Balance gehalten werden, andererseits muß man unbedingt kraftsparend klettern.

Um die Balance zu erhalten, muß auf gute Tritte geachtet werden; auch sollte man diese optimal nutzen. Dies kann bedeuten, daß man die Füße relativ hoch ansetzen muß und die Hüfte dabei niedrig hält, um eine möglichst hohe Andruckkraft der Schuhsohlen zu erzeugen (Abb. 9-33). Bei einigen Situationen können die Arme stark entlastet werden, indem die Hüften gegen den Fels gedreht werden, während der Rücken stark nach hinten gebogen ist. Nur so ist es möglich, einen möglichst großen Teil des Körpergewichtes auf die Füße zu bringen und trotzdem Bewegungsfreiheit für den Oberkörper und Überblick zu bewahren. Während man das Körpergewicht unterhalb des Überhangs auf den Füßen ausbalanciert hat, werden die Griffe, welche man zum Durchstieg der Passage nutzen möchte, begutachtet. Ein Zuggriff, ein Riß, eine Gegenzugtechnik oder eine Kombination aller kann hier der Schlüssel zum Erfolg sein.

Um Kraft zu bewahren, müssen die Füße so stark wie möglich belastet werden. Die Arme bleiben dabei gestreckt. Wenn die Füße so hoch wie möglich gesetzt wurden, muß trotzdem versucht werden, den Körper aus den Beinen heraus und nicht aus den Armen heraus zu heben. Man sollte unbedingt vermeiden, an gebeugten Armen zu hängen, da hierdurch schnell die Muskelkraft der Arme überfordert würde.

(9-31) Kamintechnik bei Kaminen mittlerer Breite.

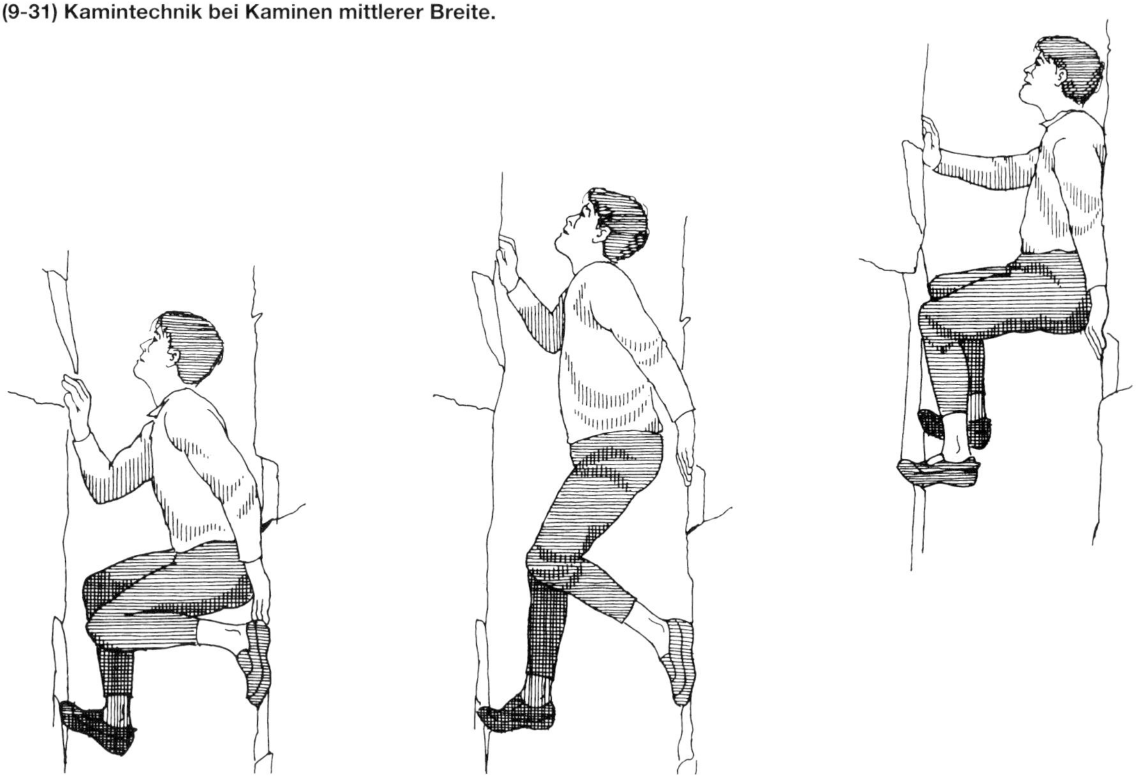

Die besonders anstrengenden Passagen sollten so zügig wie möglich durchstiegen werden, um die Zeit, die man in anstrengenden Körperstellungen verbringt, möglichst kurz zu halten (Abb. 9-34). Manchmal wird es notwendig sein, die Füße hochzusetzen, während man dynamisch umgreift. Ein anderer Trick ist es, einen Fuß zunächst oberhalb auf ein Band zu bringen, indem man die Ferse dort einhakt und dann das Bein ebenfalls ziehend zum Höhengewinn einsetzt. Währenddessen kann der andere Fuß schieben. Durch eine kombinierte Zug-/Schubbewegung kann man sich auf diesen oben eingehakten Fuß später aufrichten.

## Quergänge

Bei Quergängen erfolgt die Kletterbewegung seitwärts über eine Passage. Dies erfordert erneut einen ganzen Katalog von Klettertechniken (Abb. 9-35). Die zumeist gebrauchten Techniken sind Zuggriffe, Gegenzugtechniken und Stemmtechniken. Spezielle Balancetechniken sind besonders dann wichtig, wenn eine große Reichweite zur Seite hin erforderlich ist.

Der Kletterer wendet sich gewöhnlich mit der Vorderseite dem Felsen zu und steht mit nach außen weisenden Zehen. Die Hände und Füße sind normalerweise seitwärts gerichtet, auch wenn beim Umgreifen der Hände oder Wechsel der Tritte unter Umständen ein Haltepunkt gemeinsam genutzt wird. Gelegentlich kreuzt ein Fuß hinter dem anderen um den nächsten Tritt zu erreichen, auch kann unter Umständen eine Hand die andere kreuzen.

Bei sehr steilem Gelände ist es recht ermüdend, wenn man sich mit gebeugten Armen am

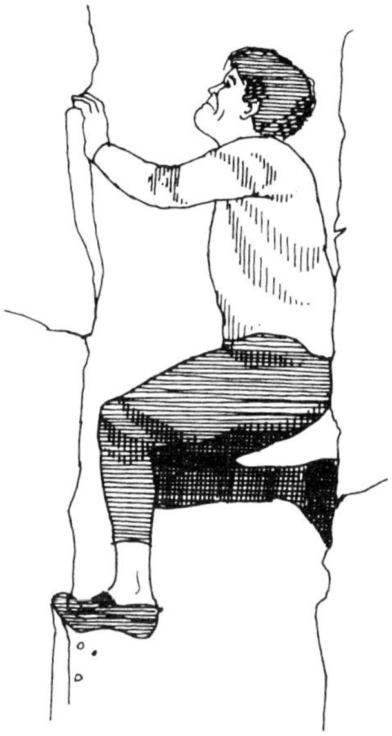

(9-32) Kamintechnik in einer Verschneidung.

Fels halten muß. Wenn irgendwie möglich, sollte man sich daher an gestreckten Armen etwas hinauslehnen. Hierdurch wird Armkraft gespart, auch gewinnt man einen besseren Überblick über die kommenden Passagen.

Eine spezialisierte Traversierungstechnik ist der Hangelquergang, der sich dann anbietet, wenn die Tritte sehr schlecht oder nicht vorhanden sind (Abb. 9-36). Die Hand greift dabei entlang einer Kante oder Griffserie, während die Füße auf Reibung gegen den Fels gedrückt werden; hierzu muß eine Körperhaltung ähnlich wie bei der Piaztechnik eingenommen werden. Die Füße werden relativ hoch angesetzt und der Körperschwerpunkt sollte tief liegen, so daß die Füße einen hohen Anpreßdruck am Fels haben. Und noch einmal: Möglichst oft die Arme gestreckt halten, um Armkraft zu sparen; oder aber die Beine den überwiegenden Teil der Arbeit machen lassen!

(9-33) Erklettern eines Überhanges.

## Der Ausstieg auf Bänder

Wenn man ein Band erreicht, sollte man unbedingt der Versuchung widerstehen, sich vorwärts

**(9-34) Überwinden eines Daches: a) Der Kletterer stabilisiert seine Position dicht unter dem Dach, wobei die Hüfte dem Fels so nahe wie möglich anliegt; b) Man lehnt den Oberkörper am gestreckten Arm hinaus, um einen Griff oberhalb der Dachkante zu suchen; c) Beide Hände greifen oberhalb der Dachkante und die Füße steigen so hoch wie möglich nach und drücken gegen den Fels; d) Abschließend wird ein Fuß über die Dachkante gebracht und mittels Armzug (Unterstützung durch den Fuß) die Dachkante überwunden.**

zu neigen und hinaufzuziehen. Dies kann dazu führen, daß man die Balance verliert; auch wird man die Übersicht über die Trittmöglichkeiten verlieren (Abb. 9-37a). Stattdessen sollte man weiter mit den Füßen aufsteigen, mit den Händen nahe der Vorderkante des Bandes zur Stemmtechnik übergehen und ähnlich wie bei einem klassischen Mantel oder auch direkt mit der Manteltechnik das Band besteigen. Ohne entsprechendes Vorausdenken sollte nicht mit den Knien auf ein Band aufgestiegen werden, um dann schlimmstenfalls unverhofft unter abdrängendem Gelände zu hängen, ohne die Möglichkeit zu haben, sich aufzurichten (Abb. 9-37b ).

## *Abklettern*

Obwohl man inzwischen eine ganze Menge gelernt hat, wie man im Fels aufklettert, sollte man sich auch rechtzeitig Gedanken darüber machen, wie möglichst rationell abgeklettert wird (Abb. 9-38). Abklettern geht in vielen Fällen schneller, sicherer oder leichter als Abseilen – insbesondere dann, wenn nicht bereits gute Abseilpunkte eingerichtet sind. Darüberhinaus bietet Abklettern die Möglichkeit, zurückzukehren, wenn man sich verstiegen hat oder wenn man auf einer Route unterwegs ist, deren Schwierigkeiten man wider Erwarten nicht bewältigen kann.

Abklettern bringt seine speziellen Schwierigkeiten mit sich, was leider dazu führt, daß einige Kletterer es vermeiden, Erfahrung in dieser Tech-

d

(9-36) Hangelquergang.

a b

(9-35) Queren in einer steilen Felswand: a) Gegenzugtechnik mit einer Hand, hierdurch wird versucht, mit der anderen Hand einen möglichst weit in Kletterrichtung gelegenen Griff zu erreichen; b) Der Kletterer verdreht den Körper und verlängert so seine Reichweite (fortgeschrittene Technik).

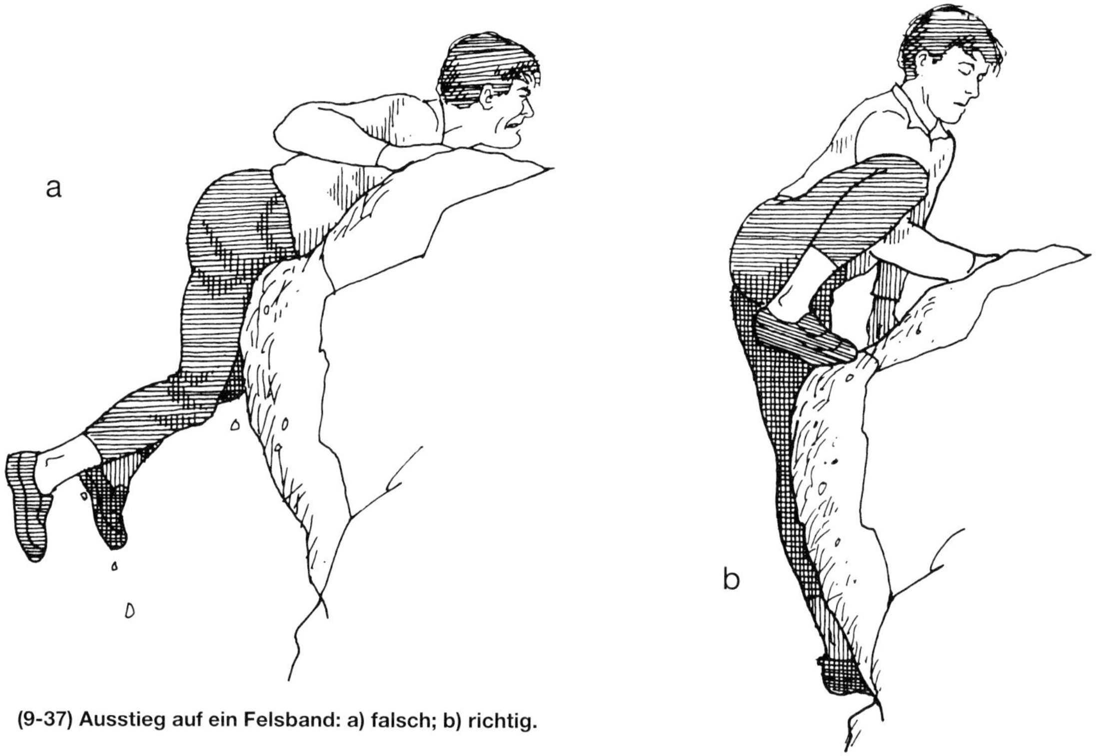


**(9-37) Ausstieg auf ein Felsband: a) falsch; b) richtig.**

nik zu sammeln. Zunächst sind die Haltepunkte schwerer zu sehen, als wenn man aufklettert, insbesondere sind die Haltepunkte in den steilsten und schwierigsten Passagen auch diejenigen, die am schwierigsten zu sehen sind. Dies gilt ganz besonders dann, wenn der Fels abdrängend ist oder die Sicht durch einen kleinen Vorsprung und durch ein winziges Dächlein verdeckt wird. Auch kann es schwierig sein, die Zuverlässigkeit von Tritten zu überprüfen – eine unerfreuliche Tatsache, falls man aufgrund des Klanges eines Trittes Zweifel an seiner Festigkeit hat. Wenn man nicht über denselben Weg aufgestiegen ist, klettert man in unbekanntes Gelände ab, und unter Umständen kann man die Folgen eines möglichen Sturzes nicht überblicken.

Beim Abklettern in geneigterem Gelände steigt man mit dem Gesicht talwärts ab, um den besten Überblick über die Passagen zu haben. Die Hände bleiben dabei niedrig und führen überwiegend Stütztechniken aus. Beim Abklettern von Reibungspassagen muß darauf geachtet werden, daß das Gewicht über den Füßen bleibt, um die Reibung optimal zu halten. Es kann dabei hilfreich sein, den Körperschwerpunkt niedrig zu halten – dies ist durch Beugen der Knie möglich.

Wenn der Fels zunehmend steiler wird, dreht man sich seitwärts und lehnt den Oberkörper vom Fels weg, um eine bessere Übersicht zu gewinnen. Wenn die Passage noch steiler wird, muß man sich dem Felsen komplett zuwenden. Wenn man dann die Hände möglichst niedrig hält, kann man sich weit genug vom Fels weglehnen, um weiter unten nach Griffen oder Tritten zu suchen.

(9-38) Abklettern: a) Blick talwärts; b) Blick seitwärts; c) der Felswand zugewandt.

# Spezielle Anforderungen des alpinen Felskletterns

## Grundsätzliche Überlegungen

Wenn man die Felskletsererfahrung, welche man an schönen Tagen auf Felsklippen erlernt hat, in das Hochgebirge überträgt, muß man akzeptieren, daß sich einige Spielregeln ändern. Es gibt viele weitere Faktoren zu beachten, wenn man mit alpinem Felsklettern beginnt – dies schließt ein Gemisch aus Wandern, Klettern, Routenfindung, Schnee- und Eisgehen sowie die eigentliche Felsklettertechnik ein.

Zunächst wird man vielleicht das erste Mal mit einem Rucksack klettern, was eine nicht unerhebliche Einschränkung bezüglich der Klettergeschwindigkeit und auch der Kletterbewegungen bedeutet. Mit Rucksacklast kann es eine Herausforderung sein, wesentlich leichtere Touren zu bewältigen als man sie im heimischen Klettergarten bewältigen würde. Um seine Grenzen diesbezüglich kennenzulernen, sollte man versuchen, mit dem Rucksack einen Kamin oder einen Körperriß zu klettern. Manchmal wird es notwendig sein, den Rucksack mit dem Seil nachzuzichen; dies führt zu einer weiteren Verzögerung des Vorwärtskommens.

Die Entscheidung, wieviel Ausrüstung für die geplante Tour notwendig ist, ist extrem schwierig und wichtig, da jedes unnötige Zusatzgewicht das Vorwärtskommen und die Kletterfertigkeiten einschränkt, aber andererseits bei einem eventuell ungeplanten Notbiwak zusätzliche Ausrüstung überlebenswichtig werden kann.

Im Klettergarten ist man mit leichten flexiblen Schuhen unterwegs, welche speziell für das Felsklettern ausgelegt sind. Aber bei alpinen Touren werden gewöhnlich für den Anmarsch schwere Bergschuhe benutzt, auch für Unternehmen in verschneitem Gelände und zeitweilig auch zum Klettern. Wie bereits beim Rucksack beschrieben, bedeutet das Klettern mit Bergstiefeln eine Herausforderung in ansonsten nur mäßig schwierigem Gelände. Wenn man sich dafür entscheidet, die schwierigeren Kletterpassagen mit Felskletterschuhen zu bewältigen, wird man das Problem haben, die Bergschuhe im Rucksack zu verstauen. Wenn man Bergschuhe und Steigeisen in hartem Schnee- oder Eisgelände trägt und plötzlich vor einer kurzen Felspassage steht, wird es unter Umständen notwendig sein, diese mit Steigeisen an den Schuhen zu überwinden, was eine ganz neue Kletterdimension bedeutet.

Besondere Vorsicht sollte man walten lassen, wenn man die Festigkeit von Griffen und Tritten im alpinen Gelände prüft, da hier loses Material zumeist nicht von den Vorgängern entfernt worden ist. Im alpinen Gelände wird man relativ häufig auf unzuverlässigen Fels stoßen – dies liegt an den geologischen Verhältnissen mit wechselnden Gesteinstypen sowie den permanenten Witterungs- und Temperatureinflüssen. Es kann sinnvoll sein, auch im scheinbar leichten Klettergelände entsprechende Zwischensicherungen anzubringen. Allerdings sollte man bedenken, daß es gelegentlich auch gefährlicher sein kann, das Seil zu benutzen als solo zu klettern, da bei nicht allzu steilen schuttbedeckten Hängen das Seil einerseits Steinschlag verursachen kann und so nachfolgende Bergsteiger gefährdet werden.

Unvorhergesehene Wetterbedingungen, Schwierigkeiten auf dem Zustieg, große Höhe und Orientierungsprobleme sind zusätzliche Schwierigkeiten des alpinen Geländes.

### Geschwindigkeit und Sicherheit

Ein schneller Aufstieg ist manchmal ein wesentlicher Sicherheitsaspekt auf alpinen Touren. Bei langen Routen vermindert Geschwindigkeit das Risiko, von der Dunkelheit überrascht zu werden. Auch gewinnt man zusätzliche Zeit, falls man vor Problemen mit defekter Ausrüstung, der Orientierung, Verletzungen oder Erkrankungen steht. Ferner vermindert sich die Expositionszeit gegenüber Steinschlag, Stürmen oder Blitzschlag.

Geschwindigkeit heißt allerdings nicht, daß man unvorsichtig rast. Es bedeutet vielmehr, daß man eine hohe Effizienz in all seinen Aktivitäten entwickelt; dies betrifft insbesondere die eigentliche Klettertechnik, aber auch das Sichern, den Umgang mit dem Material und vor allem die Seilbedienung beim Sichern. Es bedeutet aber auch, daß man vorausschauend klettert und mit gleichmäßigen Bewegungen dem nächsten Zielpunkt entgegenstrebt. Hierdurch vermeidet man sinnlosen Zeitverlust durch Seilsalat, Probleme bei der Routenfindung und vielem anderen.

Als Teamarbeit erfordert effizientes Klettern gemeinsame Planung und Durchführung, auch sollte über das grundsätzliche Vorgehen Einigkeit herrschen. Ein effizientes Vorwärtskommen spart unschätzbar viel Zeit, fördert die Sicherheit und spart Energie eines jeden Gruppenmitgliedes.

Ein leichter Rucksack hilft eine Route schnell zu überwinden. Das Geheimnis der Sicherheit besteht in der Kunst, genügend Ausrüstung dabeizuhaben, um das Unternehmen durchzuführen und auch unerwartete Notsituationen zu überleben, nicht jedoch seine komplette Ausrüstung inklusive eines möglicherweise bequemen Zeltes mitzuschleppen. Die Größe einer Klettergruppe und einer Seilschaft ist von ausschlaggebendem Einfluß auf die Klettergeschwindigkeit. Je mehr Seilschaften unterwegs sind, desto langsamer wird man vorwärtskommen. Die optimale Seilschaft besteht in alpinen Felsrouten aus zwei Personen. Wenn die übrigen Voraussetzungen identisch sind, kann man davon ausgehen, daß zwei Zweierseilschaften deutlich schneller vorwärts kommen als eine Dreierseilschaft.

## Felsklettertraining

Felskletterer benötigen ein Fitneßprogramm, welches auf ihre speziellen Bedürfnisse abgestimmt ist. Eine allgemeine Fitneß ist hilfreich, aber übliche Konditionstrainings fördern nicht unbedingt die beim Klettern dringend benötigte Kraft in Unterarmen und Fingern.

## *Trainingsziele und Trainingsstrategien*

Ein Trainingsprogramm sollte so ausgelegt sein, daß Kraft, Ausdauer, Balance und Gelenkigkeit entwickelt und erhalten werden. Ein zusätzlicher Vorteil wird sein, daß man hierdurch ein größeres Selbstvertrauen und fließendere Kletterbewegungen erlangt. Die Energie, welche für die Muskelarbeit erforderlich ist, wird von drei energieproduzierenden Systemen zur Verfügung gestellt. Jedes System produziert letztendlich Adenosintriphosphat (ATP), die universelle chemische Energiequelle jeglicher Muskulatur.

Die erste Energiequelle für einmalige oder wiederholte Muskelarbeit benötigt Sauerstoff und wird aerobes System genannt. Die anderen beiden Systeme benötigen dagegen keinen Sauerstoff und werden daher anaerobes System genannt. Sie sind sehr wichtig, wenn der Energiebedarf kurzfristig die Leistungsfähigkeit des aeroben Systems überschreitet oder wenn Muskelkraft ganz plötzlich zur Verfügung gestellt wird – so plötzlich, daß das aerobe System nicht reagieren kann. Gezieltes Training sollte die Stärkung aller drei energieproduzierenden Systeme beinhalten.

Man sollte vorsichtig sein, daß man sich nicht während des Trainings verletzt. Recht häufige Ursachen von Verletzungen sind Übertraining – insbesondere dann, wenn Kletterer versuchen, ihre Kraft zu schnell zu erhöhen und dabei nicht ausreichend darauf achten, ob sie Muskeln, Gelenke oder gar Knochen womöglich überfordern.

### Stärke

Unter »Stärke« versteht man die größtmögliche Kraft, welche gegen einen Widerstand ausgeübt werden kann. Als praktisches Beispiel denke man sich die größte Last, welche man einmalig gerade noch anheben kann.

Die Vergrößerung der Kraft ist hilfreich bei individuellen Bewegungen oder kurzen Kletterpassagen, die ein Maximum an Kraft für eine kurze Zeit benötigen. Maximale Muskelarbeit benötigt dagegen zusätzlich die aeroben Energiesysteme. Diese können trainiert werden, indem man an Routen klettert, bei denen sich Passagen mit unterschiedlich hohen Anforderungen an die Muskelkraft abwechseln – die Perioden sollten eine Dauer von einigen wenigen Sekunden bis maximal zwei Minuten haben, dazwischen sollten ausreichend lange Pausenperioden liegen.

Die effektivste Trainingstechnik ist die progressive Belastungssteigerung. Dies ist ein speziell abgestuftes Gewichtstraining mit sehr schweren Lasten und geringer Wiederholungszahl oder anderen Kurzzeitübungen in der Nähe der Maximalkraft. Dies können zum Beispiel Hängeübungen an winzigen Leisten sein. Eine detaillierte Beschreibung eines solchen Trainings übersteigt den Umfang dieses Kapitels, aber Kletterer können in entsprechenden Büchern und Magazinen die notwendigen Hinweise zu einem solchen Training inklusive der notwendigen Sicherheitsvorkehrungen nachlesen.

### Ausdauer

»Ausdauer« ist die Fähigkeit, muskuläre Leistung über längere Zeit zu erbringen. Auch wenn die Schlüsselstelle einer Seillänge nahezu die Maximalkraft erfordern kann, benötigt das Bewältigen einer ganzen Seillänge, erst recht einer etliche Seillängen langen Tour ein hohes Maß an muskulärer Ausdauer. Der Hauptenergieträger ist das aerobe System und die beste Trainingstechnik ist eine Technik, welche Übungen mit geringerem Kraftaufwand dafür aber hoher Wiederholungszahl bevorzugt. Hier bieten sich die verschiedensten Möglichkeiten des Trainings mit Gewichten, Kletterwänden oder auch an Boulderblöcken an.

Aerobes Training wie Jogging, Radfahren, Schwimmen oder Rudern erhöhen die Leistungsfähigkeit des Kreislaufsystems – auch hierdurch wird die Leistungsfähigkeit in längeren Routen gesteigert. Dies gilt insbesondere für alpine Klettertouren, bei welchen das Vorwärtskommen sehr anstrengend sein kann und das schnelle Vorwärtskommen auf einer langen Route überlebenswichtig werden kann.

**Gleichgewicht**

Die beste Trainingstechnik, um das Gleichgewicht zu verbessern, ist vermutlich das Klettern selbst. Hier kann man sich speziellen Aufgaben wie dem Bewältigen von leichteren geneigten Routen stellen, ohne die Hände zu benutzen. Auch kann man diverse andere Übungsmöglichkeiten nutzen, wie das Balancieren auf einem gespannten Seil oder einer Kette. Bemerkenswert ist, daß viele Tänzer aus Trainingsgründen zum Felsklettern gehen. Umgekehrt kann man davon ausgehen, daß Tanzen sowohl die Balance als auch die Beweglichkeit erheblich verbessert.

**Beweglichkeit**

Beweglichkeit ist die Grundlage für jegliches Felsklettern jenseits der einfachen Schwierigkeitsgrade. Es gibt eine Unzahl von Büchern, welche Stretching-Techniken beschreiben, die zu einer Verbesserung der Beweglichkeit führen. Diese Übungen sollten regelmäßig durchgeführt werden, was übrigens auch für die übrigen Trainingsformen zutrifft. Bei Dehnungsübungen sollte darauf geachtet werden, daß man Verletzungen vermeidet – insbesondere dann, wenn der Körper noch nicht gut aufgewärmt ist.

**Gewichtsverminderung**

Man kann die relative Körperkraft und Ausdauer verbessern, indem man überflüssiges Gewicht (Fett) ablegt, da hierdurch Arme und Beine weniger Masse in die Höhe wuchten müssen. Darüberhinaus kann ein geringeres Körpergewicht auch für die Balance und Beweglichkeit von Vorteil sein.

## Das Ausnutzen vorhandener Möglichkeiten

Kletterer sollten den Vorteil natürlicher Möglichkeiten nutzen, um spezifisch ihre Kraft, Ausdauer und Technik zu verbessern. Hierzu kann man nach Gelegenheiten an umliegenden Felsen suchen, auch gibt es vielleicht einen eingerichteten Klettergarten in erreichbarer Entfernung. Das Klettern an Blöcken (Bouldern) bietet die Möglichkeit, knapp über dem Boden und damit gefahrlos eine beliebige Technik zu trainieren, ohne daß aufwendigere Sicherheitsmaßnahmen benötigt werden. Für das Techniktraining sollte man in Bodennähe kurze schwierige Passagen oder auch längere Quergänge bevorzugen.

Buildering ist prinzipiell dasselbe wie bouldern. Hier werden allerdings Hauswände und ähnliche künstliche Gegenstände wie Brückenpfeiler aus Natursteinen benutzt. Es muß vor allem darauf geachtet werden, daß man nicht in Konflikt mit den Besitzern oder eventuellen gesetzlichen Bestimmungen gerät.

Toprope-Klettern bietet eine andere Trainingsmöglichkeit. Beim Topropen ist man von oben gesichert, so daß jeglicher Sturz nur ein kurzer Hüpfer ist (siehe oben) – nämlich gerade mal die Distanz, die dadurch entsteht, daß das Seil durch das Körpergewicht gestrafft wird. So kann man vollständig gefahrlos jegliche Technik, unabhängig von der Höhe über dem Boden üben

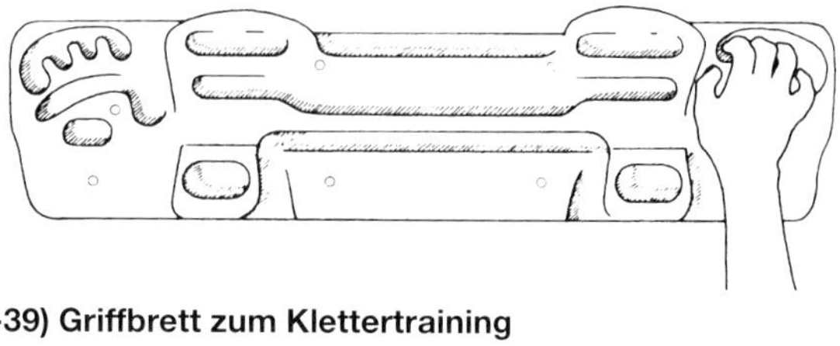

**(9-39) Griffbrett zum Klettertraining**

und die eigenen Grenzen, nach oben verschieben. Man kann angstfrei und risikolos Kletterzüge üben, welche man sich im Vorstieg nicht zutrauen würde.

### *Spezialausrüstung*

Kletterer sind heute mit einer stets zunehmenden Zahl an speziell für ihre Zwecke produzierten Hilfsmitteln konfrontiert. Diese ermöglichen ein Training, wann man immer es durchführen möchte, und ermöglichen darüber hinaus ein individuell speziell zugeschnittenes Trainingsprogramm. Künstliche Kletterwände entstehen in zunehmender Zahl sowohl in Hallen als auch als Freiluftanlagen. Hier kann man auch dann trainieren, wenn natürliche Klettermöglichkeiten in der näheren Umgebung nicht erreichbar sind. Diese Wände helfen sowohl beim Kraft- als auch beim Techniktraining, darüberhinaus ermöglichen sie das Einrichten spezifischer Kletterprobleme. Diese Probleme können zum Beispiel auch eine besonders schwierige Sequenz einer natürlichen Route nachstellen. Natürlich sind Indoor-Klettereinrichtungen bei Schlechtwetter von besonderem Vorteil.

Fingerbretter (Abb. 9-39) werden speziell für das Training von der Finger- und Armmuskulatur hergestellt und dazu genutzt, daß man an ihnen hängt oder Klimmzüge an ihnen ausführt. Das Training an einem Fingerboard erhöht die Kraft des Oberkörpers und speziell auch die Fingerkraft, welche man benötigt, um kleinste Griffe zu halten.

Weitere Trainingseinrichtungen wurden entwickelt bzw. sind in der Planung. Es gibt z. B. auch die Möglichkeit, an Strickleitern die Kraft von Oberkörper und Händen zu trainieren. Auch wurden künstliche Felsen speziell zu dem Zweck errichtet, um die Kraft und Ausdauer der Hände bei bestimmten Griffpositionen zu erhöhen.

## *Kletterstil und Kletterethik*

Das Klettern erzeugt eine endlose Debatte, welche Stile fair bzw. welche unsportlich sind – auch welche schädlich oder welche gar grundsätzlich abgelehnt werden sollten. Die Begriffe »Stil« und »Ethik« werden von einigen auch als Synonyme benutzt, normalerweise beschreibt »Stil« jedoch die Art, in welcher eine Person klettert. »Ethik« umfaßt dagegen alle Themen, welche im weiteren Sinn des Wortes mit dem Erhalt des Felsens und der Klettergelegenheiten in Zusammenhang gebracht werden können.

Kletterer stellen bald fest, daß das Erreichen eines Gipfels oder das Ende einer Seillänge nicht das einzige Ziel ihrer Tätigkeit ist, sondern daß es darüberhinaus außerordentlich wichtig ist, ob man sich dabei zufrieden fühlt. Dies bedeutet, daß man die Anforderungen, die der Fels an den Kletterer stellt, akzeptiert und versucht, diese als Kletterer technisch einwandfrei zu lösen – das sind die grundlegenden Fragen von Stil und Ethik.

### *Unterschiedliche Stilrichtungen*

Die Stile und die Einstellung zu ihnen wechseln, aber der Kern der Debatte über Kletterstile besteht in der Einstellung des Kletterers gegenüber dem Fels bzw. wie er das Spiel spielt, die Anforderung des Geländes fair zu bewältigen. Kletterer, welche sich eher einem traditionellen Stil anschließen würden, bevorzugen es, jede Route von unten nach oben zu durchsteigen, ohne daß Hilfen wie Toprope oder zuvor angebrachte Sicherungsmöglichkeiten benutzt werden. Neue Routen werden ausschließlich von unten erkundet und abgesichert. Sollte er stürzen, kehrt der Kletterer zu dem Einstieg oder zu dem letzten Punkt zurück, an dem er ohne Zuhilfenahme der Hände stehen konnte (»No-Hands-Rest«), um von hier aus einen neuen Versuch zu starten.

Kletterer, welche eher Anhänger des europäisch beeinflußten Sportkletterstiles sind, halten ein anderes Vorgehen für ebenso akzeptabel. Dies kann z. B. bedeuten, daß man eine Route zunächst einmal durch Abseilen von oben erkundet und dann von unten durchsteigt. Das kann aber auch bedeuten, daß man eine Route dabei bereits mit Zwischensicherungen ausstattet. Routen können durchstiegen werden, indem man nach Stürzen aus der Position sofort weitersteigt (»Hang-Dogging«) oder auch durch wiederholte Versuche unter Absicherung von oben.

Durch diese Sportklettertechniken wurde es möglich, immer härtere Routen zu steigen. Ein bestimmtes Klettergebiet kann eine lokale Kletterkultur und somit einen bevorzugten Stil des Felskletterns entwickeln, hierbei kann das Schwierigkeitsklettern oder auch ein eher konventioneller Stil im Vordergrund stehen. In der Welt des Kletterns ist genug Platz für die Verschiedenheit der einzelnen Stilrichtungen, und die meisten Kletterer werden in Abhängigkeit von der Route unterschiedliche Stilrichtungen anwenden.

Unabhängig von der Stilrichtung wird es immer das Ziel des Kletterers sein, eine Route zu durchsteigen, ohne das Seil oder eine Zwischensicherung mit dem Körpergewicht zu belasten bzw. zum Vorwärtskommen zu nutzen. Das Ziel ist, die Route »Rotpunkt« zu durchsteigen. Das bedeutet, daß man einen Komplettdurchstieg schafft, ohne Sturz und ohne künstliche Hilfsmittel, wozu auch das Benutzen von Haken zum Vorwärtskommen gehört. Noch besser ist es, die Route zu »flashen«. Das bedeutet, daß man eine Route, die man zuvor nicht kennt, sturzfrei im ersten Versuch schafft. Besonders hoch geschätzt wird das Klettern »on sight«, was bedeutet, daß man ohne jegliche Vorinformation eine Route im ersten Versuch sturzfrei durchsteigen kann.

## *Ethik und Felsen*

Kletterethik bedeutet, daß man den Fels als solchen respektiert und davon ausgeht, daß auch jeder nachfolgende Kletterer die Chance haben soll, ihn genauso vorzufinden, wie man selbst es tat. Im Gegensatz zum Kletterstil bedeutet Ethik eine persönliche Entscheidung, welche den Kletterer zu einem Verhalten veranlaßt, daß andere die Möglichkeit zu gleichartigen Klettererlebnissen im Gelände haben. Dies schließt die schwierige Frage ein, welcher Art die Zwischensicherungen sind, und ob bzw. wo in einer Route Haken geschlagen werden. Ist es unethisch, die Haken aus der Abseilposition heraus anzubringen? Traditionell orientierte Kletterer argumentieren, daß solcherart angebrachte Zwischensicherungen anderen die Chance nehmen, die Route von vorneherein im Aufstieg zu probieren. Aber eher sportlich orientierte Kletterer behaupten, daß eine Route unter Umständen lebensgefährlich wäre, vielleicht sogar undurchsteigbar, falls nicht zuvor für entsprechende Absicherungsmöglichkeiten gesorgt wird.

Jedes Gebiet hat seine eigene Tradition, welche Art von Kletterstilen und Ethik akzeptiert werden, und Kletterer, die dort zu Gast sind, sollten diese lokalen Standards beachten. Es ist leicht, sie herauszufinden. Das Führerbuch gibt diesbezügliche Informationen, auch kann man lokale Kletterer fragen; oft reicht es auch aus, wenn man ein wenig beobachtet, wie andere sich verhalten.

Das vorliegende Buch möchte nicht die einzelnen Varianten von Stil und Ethik diskutieren und werten. Aber es gibt eine allgemein gültige Übereinkunft über einige Prinzipien, die hier genannt werden sollen.

Primäres Ziel ist der Erhalt des Felsens. Das Schlagen von neuen Griffen wird nahezu in allen Regionen vehement abgelehnt. Auch wenn Routen, welche mit Haken abgesichert sind, in vielen Gebieten üblich sind, sollten keinesfalls wahllos neue Haken geschlagen werden. Auch den Bergen oder Gebieten, welche weit von stark besuchten Felsklettergebieten entfernt liegen, ist es notwendig, die Umgebung für diejenigen, die folgen werden, zu erhalten. Falls irgendwie möglich, sollte man sauber und spurenlos klettern und soweit als möglich Klemmkeile oder ähnliche spurenlos zu entfernende Zwischensicherungen anwenden.

Das zweite ungeschriebene Gesetz ist, daß man niemals einen zusätzlichen Haken in einer bereits eingerichteten Route schlägt. Falls man das Gefühl hat, daß man eine Route nicht sicher klettern kann, sollte man es gar nicht erst versuchen. Ausnahmen können sich ergeben, wenn eine übereinstimmende Meinung zahlreicher Kletterer besteht. Normalerweise wird hierzu derjenige, welcher die Route eingerichtet hat, zu Rate gezogen. Ähnliches gilt, wenn alte Haken durch neue zuverlässigere ersetzt werden sollen. Normalerweise wird es eher akzeptiert, wenn man an einem Standplatz oder einem Abseilhaken weitere zuverlässige Sicherungsmittel zufügt.

## Höflichkeit

Prinzipiell sollte man daran denken, daß auch andere Kletterer im Gebiet unterwegs sind. Wenn die eigene Seilschaft in einer Mehrseillängentour unterwegs ist und deutlich langsamer vorwärtskommt als die folgende Seilschaft, sollte man diese an einem sicheren Ort vorbei lassen. Besonders sollte man darauf achten, daß man nicht versucht, sich durch Routen durchzukämpfen, welche jenseits der eigenen Möglichkeiten liegen. Hierdurch würde man die Route leicht blockieren und so anderen Kletterern ihr Erlebnis vorenthalten. Falls man aufgrund von Unerfahrenheit in Schwierigkeiten gerät, kann es darüberhinaus passieren, daß man andere in Gefahr bringt oder aufgrund von Hilfsmaßnahmen ihnen den Klettertag zerstört.

## Klettermöglichkeiten

Auf zwei Probleme grundsätzlicher Art sei noch hingewiesen: Privatpersonen, welche das Land besitzen oder verwalten, sind häufig unsicher bezüglich der Verantwortlichkeit im Falle von Unfällen; außerdem befürchten sie, daß die Kletterer das Gelände beschädigen.

Als Kletterer können wir hier Abhilfe schaffen, indem wir Verantwortlichkeit bezüglich unserer Aktionen zeigen. Es liegt an uns, wie Fixpunkte und andere Sicherungsmöglichkeiten geschaffen werden, und daß Rettungsaktionen, falls notwendig, unterstützt werden. Es ist nicht sinnvoll, abzuwarten, ob andere diese Verantwortung für uns übernehmen.

Es liegt ebenfalls an uns, ein Gebiet in einem Zustand zu belassen, welcher so naturnah wie möglich ist. Magnesium, Standplatzschlingen, Fixseile und Abfall können für Außenstehende Anlaß zum Ärger sein. Hier können wir Abhilfe schaffen, indem wir Standplätze bauen, an denen es nicht notwendig ist, Schlingen zurückzulassen; auch kann man felsfarbenes Magnesium benutzen, welches keine häßlichen weißen Flecken hinterläßt. Die Zahl der geschlagenen Haken sollte so gering wie möglich gehalten werden, und selbstverständlich sollte jeglicher Abfall wieder mitgenommen werden. Diese Bemühungen können dazu führen, daß die allgemeine Akzeptanz des Klettersportes steigt und daß der Zugang zu den Klettergebieten erhalten bleibt.

# Kapitel 10
# Vorstieg und Absicherung

Kletterer, welche die grundlegenden Techniken des Felskletterns erlernt haben, und außerdem wissen, wie man sichert und abseilt, haben die nötigen Voraussetzungen zu lernen, wie man Sicherungspunkte anbringt.

Das **Führen** ist die Fähigkeit, eine Seillänge als erster zu durchsteigen, wobei der Seilkamerad sichert und das Seil sowie Zwischensicherungen zum Absichern benutzt werden. Für die meisten Kletterer ist das Führen einer Seillänge eine der besonders befriedigenden Tätigkeiten des Kletterns. Als Seilerster ist man nicht lediglich derjenige, der einfach aufsteigt. Man hat zudem die Verantwortung übernommen, die Richtung der Klettertour zu bestimmen.

Das **Zwischensichern** ist die Fähigkeit, Sicherungspunkte während des Vorstieges anzubringen, indem man natürliche Gelegenheiten wie Bäume, Felsköpfe, Sanduhren und technisches Material, welches im Fels angebracht werden kann, nutzt. Der Seilerste verbindet das Seil mit jedem Zwischensicherungspunkt, während der Sichernde am Beginn der Seillänge ständig bereit sein muß, einen mögliches Sturz des Seilersten zu halten.

Die Fertigkeiten des Sicherns, des Vorstiegs und des Zwischensicherns werden bei einer Zweierseilschaft zugunsten eines sicheren Felskletterns kombiniert. Ein Kletterer, welcher vom zweiten gesichert wird, führt eine Seillänge, bringt unterwegs Zwischensicherungen an und errichtet einen zuverlässigen Standplatz am Ende der Seillänge. Danach sichert er den Seilzweiten hinauf. Dann startet entweder der Seilerste erneut zur nächsten Seillänge, alternativ macht dies der ehemalige Seilzweite. Solches überschlagendes Vorgehen hat bezüglich Geschwindigkeit, Material und Ausrüstung etliche Vorteile.

Es ist leicht verständlich inwiefern Zwischensicherungen das Leben retten können, indem sie die Schwere eines Sturzes begrenzen. Wenn es kein Hindernis während eines Sturzes gibt, wird man etwas weiter als die doppelte Distanz zwischen sich selbst und dem Sichernden stürzen. Wenn man sechs Meter über dem Sichernden steht und keine Zwischensicherung angebracht hat, wird die eigene Sturzhöhe mehr als 12 Meter betragen: sechs Meter zurück auf die Höhe des Sichernden und dann weitere sechs Meter, bis das Seil straff ist, zusätzlich etwas mehr, da das Seil sich dehnt (Abb. 10-1b). Falls man einen Zwischensicherungspunkt angebracht hat, wird die Sturzhöhe erheblich vermindert. Nun wird der Sturz lediglich etwas mehr als die doppelte Distanz zwischen dem Seilersten und der letzten Zwischensicherung betragen (Abb. 10-1 a).

Der Seilerste geht beim Klettern ein höheres Risiko ein als der Seilzweite, welcher den Luxus genießt, von oben gesichert zu werden. Der Seilzweite muß keine Zwischensicherungen legen und braucht sich keine Gedanken darüber zu machen, daß er weiter als nur eine kurze Distanz stürzt, da der Seilerste sofort den Sturz stoppen kann. Der Seilerste hat dagegen die Aufgabe, Zwischensicherungen anzubringen, und muß die Möglichkeit einer unter Umständen großen Sturzhöhe psychisch bewältigen.

Wenn der Seilerste nicht stürzt, wird eine Zwi-

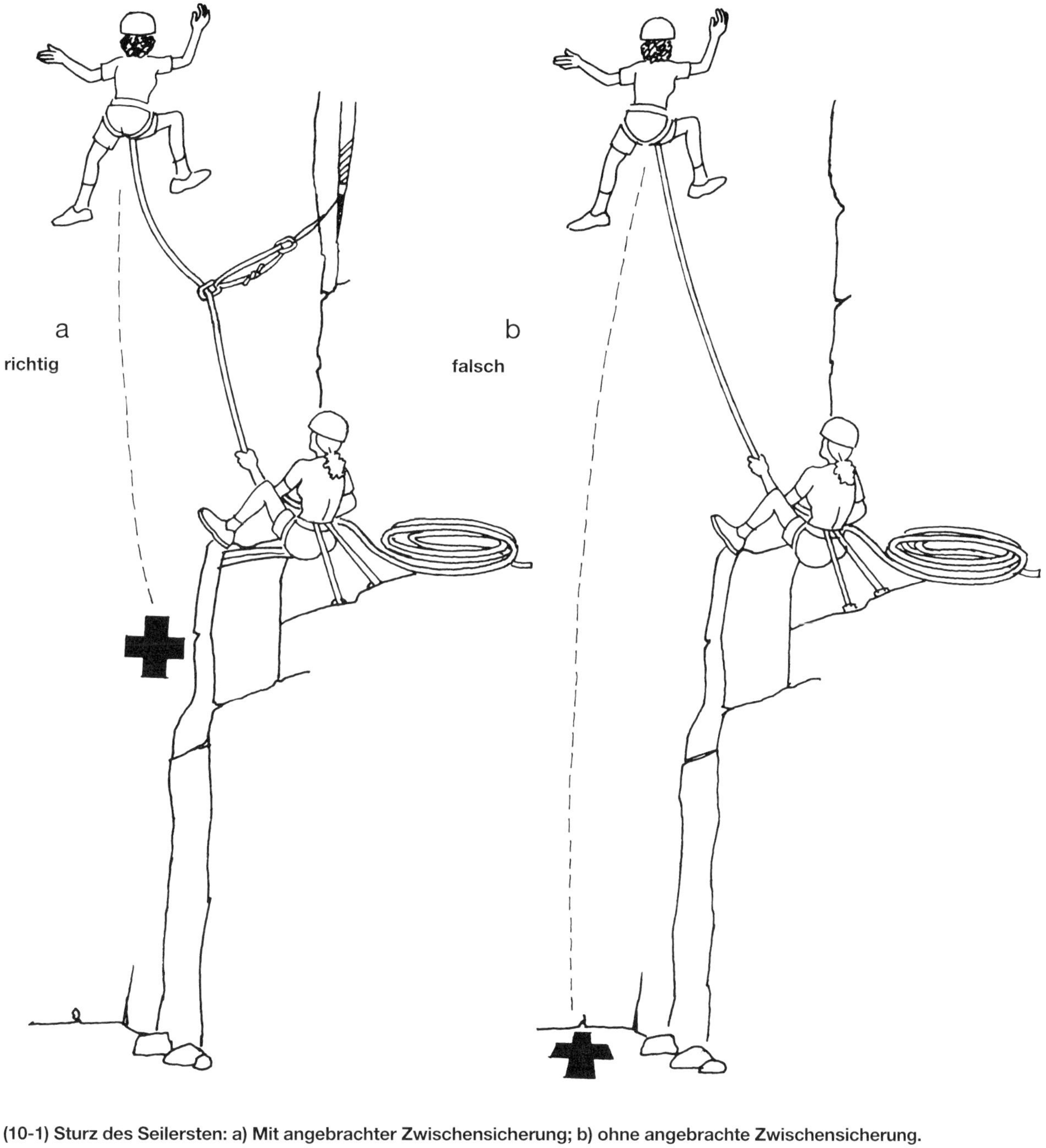


(10-1) Sturz des Seilersten: a) Mit angebrachter Zwischensicherung; b) ohne angebrachte Zwischensicherung.

schensicherung in keiner Weise genutzt. Dies bedeutet »Free Climbing«: Der Seilerste klettert unabhängig von den Zwischensicherungen; das heißt, er hält sich niemals daran fest oder ruht sich im Seil aus. Eine grundsätzlich andere Art des Kletterns ist das technische Klettern _ hier benutzt der Seilerste die Fixpunkte auch zum eigenen Vorwärtskommen (siehe Kapitel 11).

Kletterer unterscheiden zwei grundsätzliche Arten von Zwischensicherungen _ nämlich an natürlichen und an künstlichen Fixpunkten. Beim Benutzen von natürlichen Sicherungspunkten findet ein geringstmöglicher Eingriff in die Natur statt. Wenn solche natürlichen Sicherungspunkte nicht vorhanden sind, kann man auf Klemmkeile oder Haken zurückgreifen, um künstliche Sicherungspunkte anzubringen.

## Natürliche Sicherungspunkte

Einige der besten natürlichen Sicherungspunkte befinden sich bereits vor Ort und warten lediglich auf den Kletterer. Es handelt sich um Bäume, Büsche, Felsköpfe, Sanduhren, größere Blöcke oder andere natürliche Formationen. So kann der Seilerste die Hardware einsparen, falls er im weiteren Verlauf seiner Seillänge keine natürlichen Fixpunkte mehr findet. Nur die grundlegendsten Ausrüstungsteile, nämlich Schlingen und Karabiner, sind notwendig, um die Geschenke von Mutter Natur zugunsten der eigenen Sicherheit zu nutzen.

Die grundsätzliche Technik, alle natürlichen Sicherungspunkte zu nutzen, ist identisch: Man bindet eine Schlinge um den Fixpunkt, hängt einen Karabiner ein und klinkt danach das Seil in den Karabiner ein. Das ist schon alles.

Einige Dinge sollten allerdings beachtet werden, wenn man natürliche Fixpunkte nutzt:

- **Prüfe** jeden genutzten natürlichen Sicherungspunkt, bevor du ihm dein Leben anvertraust! Wirf einen kritischen Blick auf jeden Baum und jeden benutzten Fels. Sieht der Baum gesund aus? Erscheint der Fels stabil oder weist er Risse oder andere Brüchigkeiten auf? Ein vorsichtiges Stoßen und Ziehen kann weitere Informationen bieten: Ist alles fest?
- **Bedenke, daß unter Dir Kletterer sind**, wenn du an potentiellen Fixpunkten rüttelst. Achte besonders darauf, daß nichts hinunterfällt.
- **Versuche** die Bauart des Felses zu durchschauen, um Aufschluß über seine Belastbarkeit zu erhalten.
- **Prüfe den Sicherungspunkt** im Hinblick darauf, ob er nur in eine Richtung hält oder in alle möglicherweise auftretenden Zugrichtungen belastbar ist. Ein Sicherungspunkt, welcher in möglichst viele Richtungen belastbar ist, wie z. B. ein Baum, ist besonders zuverlässig, da er auch Kräften nach außen oder nach oben Widerstand leisten kann.
- **Wähle die angemessene Methode**, die Schlinge am Fixpunkt anzubringen (Abb. 10-2). Üblicherweise wird man damit beginnen, die Schlinge um oder über den natürlichen Fixpunkt zu streifen. Eine Schlinge, welche um einen Sicherungspunkt herumgeschlungen wird, liegt besonders sicher, wenn sie mit Ankerstich angebracht wurde (Abb. 10-2 a) oder wenn man beide Enden der Schlinge mit einem Karabiner verbindet (Abb. 10-2 b). Wenn man beide Enden mit einem Karabiner zusammenfügt, muß man darauf achten, daß die Schlinge lang genug ist, so daß der Karabiner ausreichende Distanz zum natürlichen Fixpunkt hat. Hierdurch wird das Risiko vermindert, daß die Sturzwucht durch »Ringbelastung« direkt auf den Karabinerschnapper übertragen wird. Eine andere Methode der Befestigung ist eine Schlinge aufzuknüpfen und dann um den Fixpunkt herum zu knoten (Abb. 10-2 c). Auf Felsköpfen bietet sich unter

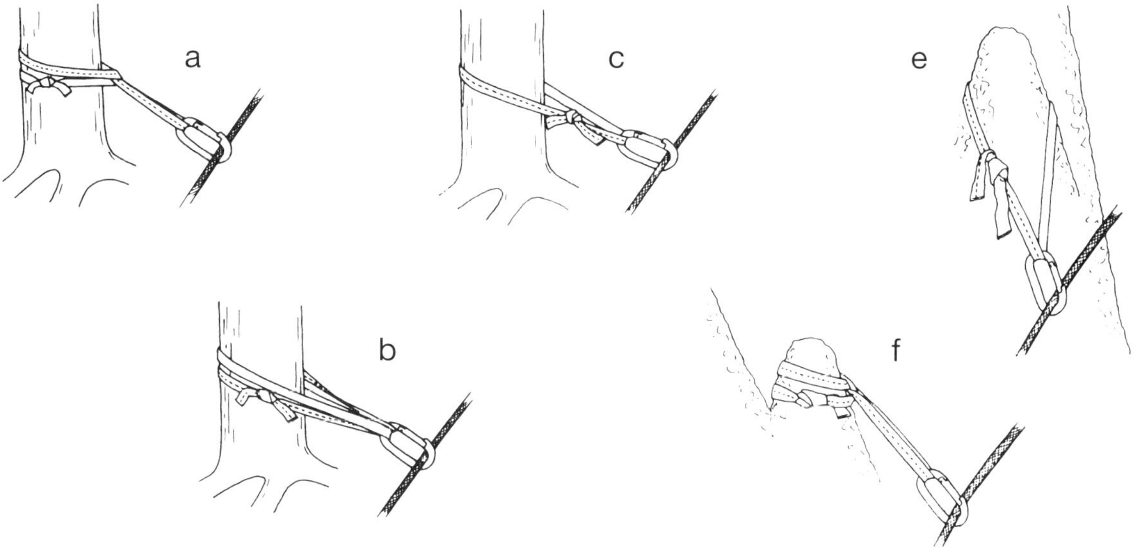


**(10-2) Verschiedene Methoden, mit denen Seilschlingen an natürliche Fixpunkte angebracht werden: a) Einhängen der Schlinge an einem Baumstamm mittels Ankerstich; b) Herumführen der Schlinge um den Baumstamm, beide Schlingenenden werden mit dem Karabiner verbunden; c) Die Schlinge wird um den Stamm herum geknotet; d) Befestigen einer Bandschlinge an einem Felskopf mittels Ankerstich; e) Einhängen einer Schlinge über eine Felsschuppe.**

Umständen auch die Möglichkeit, eine Schlinge mit einem Ankerstich anzubringen (Abb. 10-2 d).

- **Hänge** den Karabiner immer so ein, daß die Schnapperöffnung nach unten außen zeigt. So wird das Risiko vermindert, daß der Schnapper während des Sturzes durch den Fels aufgedrückt wird. Falls trotzdem die Gefahr besteht, daß ein Karabiner offen belastet wird, sollte ein Karabiner mit Verschlußsicherung oder zwei Karabiner, welche gegenläufig eingehängt wurden, verwendet werden.
- **Polstere** alle scharfen Kanten, über welche die Schlinge laufen kann.

## *Bäume und Büsche*

Bäume und große Büsche bieten recht häufig einfach zu findende natürliche Sicherungspunkte. Um ihre Belastbarkeit zu beurteilen, sollte man auf gutes Wachstum und ein gut entwickel-

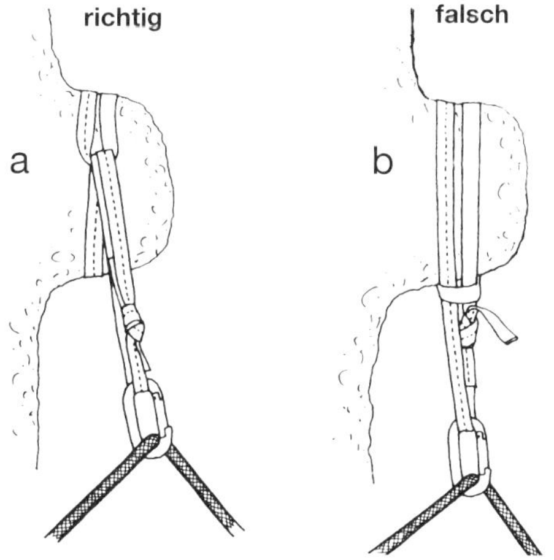


**(10-3) Einhängen einer Schlinge an einen Felsvorsprung: a) richtig, die Befestigung erfolgt hier durch einen korrekt angebrachten Ankerstich, welcher durch die entstehende Zugkraft seine Klemmwirkung erhöht; b) falsch, da der Ankerstich in der gezeigten Position nicht klemmt.**

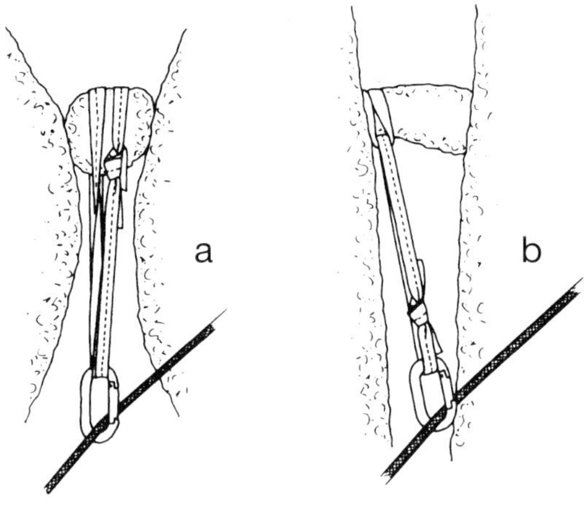


**(10-4) Befestigen einer Schlinge an einem Klemmblock: a) Herumführen um den Klemmblock; b) Anwendung des Ankerstichs.**

tes Wurzelsystem achten. Vermeide Bäume oder Büsche, welche in dünnem Boden, Kies oder Rissen wurzeln. Falls man den Baum oder Busch kennt, wird man eventuell wissen, ob es sich um eine Art handelt, welche flach wurzelt oder aber tief im Boden verankert ist. Im Zweifelsfall sollte man durch Schütteln schauen, ob sich der Boden und die Wurzeln bewegen. Falls ja, sollte man diesen Fixpunkt vermeiden.

Der größtmögliche Baum oder Busch ist genau er richtige. Vorsicht sollte man generell bei Büschen walten lassen; wenn ein anderer zuverlässig erscheinender Fixpunkt in Reichweite ist, sollte man ihm den Vorzug geben.

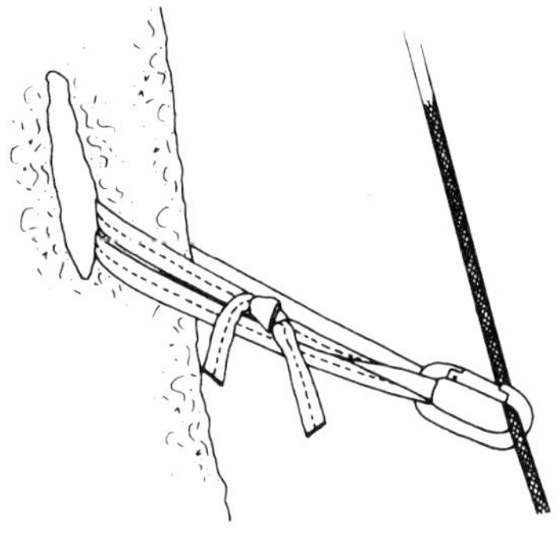

**(10-5) Eine Sanduhr als Zwischensicherung.**

Um die Hebelkräfte auf den Stamm zu verhindern – Hebelkräfte können zum Brechen des Holzes führen –, ist die beste Position der Schlinge die tiefstmögliche. Trotzdem kann es manchmal sinnvoll sein, an einem großen Ast eine Sicherung höher am Stamm oder auch an einem großen Ast anzubringen – nämlich dann, wenn das Seil von scharfen Felskanten ferngehalten werden soll. Wenn eine Schlinge an einem Ast angebracht wird, sollte sie so nahe wie möglich am Stamm liegen, um auch hier die Hebelkräfte zu vermindern.

## *Felsköpfe und Schuppen*

Felsköpfe bieten die häufigste Form eines natürlichen Fixpunktes im Fels. Je nach Region und Größe haben sie die verschiedensten Bezeichnungen. Generell handelt es sich um Vorsprünge im Fels, welche für unsere Zwecke nutzbar sind.

Bei Schuppen handelt es sich um flache Felsteile, welche vom Hauptfelsen etwas abstehen, so daß man Schlingen um sie herumlegen kann (Abb. 10-2 e).

*Wichtig:* Man sollte darauf achten, daß ein Felskopf oder eine Schuppe, welche stabil und zuverlässig waren, als man die Tour das letzte Mal durchgeführt hat, nun durch Witterungseinflüsse gelockert sein kann. Auch wenn man eine Route kennt, sollte man prinzipiell mögliche Sicherungspunkte auf Zuverlässigkeit überprüfen. Der Fels sollte durch Ziehen oder Schieben, zunächst sanft, später energischer, überprüft werden. Zuletzt kann man mit Hand oder Fuß dagegen klopfen und auf den Ton achten, welcher entsteht. Wenn ein hohler Klang entsteht, sollte dieser Fixpunkt vermieden werden. Wenn man einen Ankerstich nutzt, um die Schlinge am Felsköpfel oder an einer Schuppe zu sichern, sollte man darauf achten, daß er so angebracht wird, daß er sich bei Belastung festzieht (Abb. 10-3).

Sehr häufig erlauben Felsköpfe und Schuppen eine Belastung nur in einer bestimmten Richtung. Die Schlinge wird in der richtigen Position bleiben, wenn ein Zug nach unten erfolgt; sie wird sich unter Umständen aber sofort lösen, falls ein Zug nach oben oder seitwärts erfolgt.

Es gibt verschiedene Möglichkeiten, dieses Problem in den Griff zu bekommen. Zunächst besteht die Möglichkeit, einige nicht benötigte Kletterausrüstung ebenfalls an der Schlinge zu befestigen, so daß sie nach unten zusätzlich belastet und so in ihrer Position gehalten wird. Auch kann man eine längere Schlinge benutzen (alternativ eine kurze verlängern) – dieser Trick sorgt dafür, daß das Risiko, daß die Schlinge durch die Seilbewegung heruntergerissen wird, verringert wird. Auch kann man eine weitere Sicherung anbringen, welche einen möglicherweise auftretenden Zug nach oben auffängt. Später werden wir auf diese sogenannten Gegenzugtechniken zurückkommen.

### Klemmblöcke

Ein Klemmblock ist ein Stein, welcher in einem Riß oder Kamin verklemmt ist. Unter Umständen sind dies geradezu geniale Zwischensicherungspunkte – jedenfalls dann, wenn einige Tests zufriedenstellend ausfallen. Zunächst stellen sich folgende Fragen: Hat er ausreichend Kontakt mit den Rißwänden? Bestehen sowohl Klemmblock als auch die Rißseitenwände aus festem Gestein, welches bei Belastung nicht zerbröckelt? Verengt sich der Riß unterhalb des Klemmblockes, so daß dieser gut verkeilt ist? Wird er eher tiefer in den Riß hineingezogen, falls er durch die Sturzwucht belastet wird?

Man bringt eine Schlinge so am Klemmblock an, daß sie im Falle einer Sturzwucht nicht abgeschnürt wird. Hierbei sollte besonders darauf geachtet werden, daß die Schlinge nicht seitlich zwischen die Kontaktflächen von Klemmblock und Fels gerissen werden kann. Falls man lediglich das Seil mittels Karabiner in die Schlinge einhängen will, sollte man eine Seite der Schlinge verdrehen, bevor der Karabiner eingehängt wird. Hierdurch wird sichergestellt, daß falls die Schlinge mit einem Ende seitwärts am Klemmblock vorbeigerissen wird, nicht der Karabiner aus der Schlinge herausrutscht (Abb. 10-4 a). Natürlich kann man die Schlinge auch mittels Ankerstich am Klemmblock befestigen (Abb. 10-4 b).

Ein zu diesem Zwecke gezielt in den Riß geschobener Stein kann ebenfalls gut als Klemmblock nutzen. Ab und zu bietet sich auch die Möglichkeit, einen bereits vorhandenen Klemmblock so im Riß zu verschieben, bis er sicherer liegt als zuvor. Bei all diesen Aktionen sollte man darauf achten, daß einem kein Stein aus der Hand fällt und womöglich die Person(en) im unteren Teil der Route gefährdet.

### Felsblöcke

Ein Block, welcher lose auf dem Felsen aufliegt, kann auch als Zwischensicherung benutzt werden, wenn er solide im Boden eingebettet ist oder aber ein zu großes Gewicht hat, als daß man ihn durch die Sturzwucht bewegt. Unbedingt sollte man solche Blöcke vermeiden, die nicht bereits auf den ersten Blick sehr solide aussehen, wie z. B. solche, welche am Fels anlehnen oder irgendwo auf einem Band aufliegen.

Normalerweise wird eine Schlinge um den Block herumgelegt, und der Sicherungspunkt ist fertig. Dabei sollte die Schlinge möglichst tief liegen, um Hebelkräfte zu vermeiden; auch vermindert man hierdurch das Risiko, daß die Schlinge vom Block heruntergerissen wird. Ganz besondere Vorsicht sollte man beim Benutzen von Blöcken als Sicherungspunkt walten lassen, da immer die Gefahr besteht, daß der Block auf andere herabstürzt, falls er sich löst.

### Sanduhren

Sicherungen über Sanduhren bieten sich bei einer Vielfalt von Felsformationen an (Abb. 10-5).

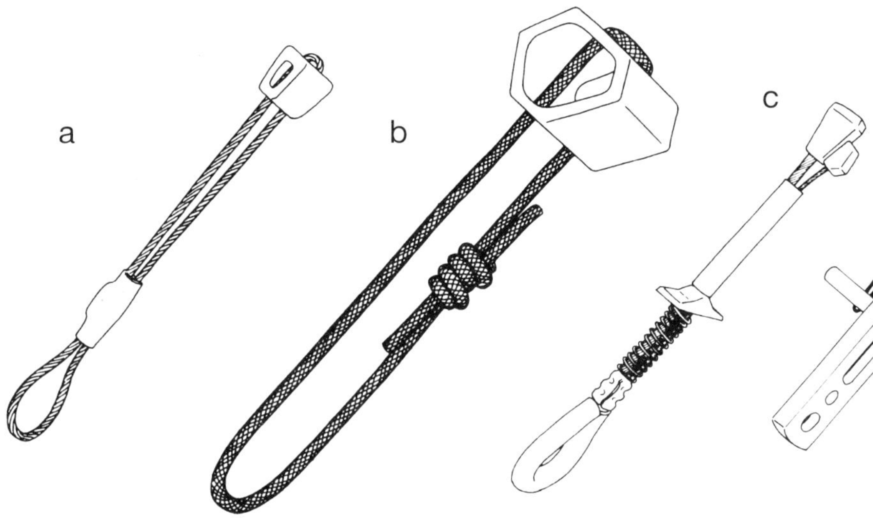


**(10-6) Beispiele für Sicherungsgeräte: a) Klemmkeil; b) Drehmomentkeil (Hexentric); c) Klemmkeil mit Federmechanismus; d) Drehmomentkeil mit Federmechanismus (Friend).**

Hierzu zählen auch die Berührungspunkte von größeren Blöcken oder Felsen. Wenn die Felsformation stabil genug erscheint, ist ein solcher Sicherungspunkt außerordentlich zuverlässig, da er in mehreren Richtungen belastbar ist.

Wenn man sich dafür entscheidet, den Berührungspunkt zwischen zwei Felsen als Sanduhrsicherung zu benutzen, muß man ganz besonders darauf achten, daß die Felsen nicht durch die Sturzwucht bewegt werden können. Zugegeben: Es ist häufig recht schwierig, die Belastbarkeit eines solchen Sicherungspunktes zu überprüfen; man wird sich daher in den meisten Fällen auf eine Prüfung durch Inspektion beschränken müssen.

# Künstliche Sicherungsmittel

Wenn keine natürlichen Sicherungspunkte gefunden werden können, benutzen Kletterer technische Sicherungshilfsmittel. Bei diesen handelt es sich um Klemmkeile und Haken. In den meisten Fällen wird der Seilerste Klemmkeile benutzen, auch wenn nach wie vor Haken ihre Anwendung finden. Während des Kletterns bringt der Seilerste die Zwischensicherung in entsprechenden Felsformationen an, verbindet sie mit einer Expreßschlinge und hängt in diese das Sicherungsseil ein.

## Klemmkeile

Das Absichern mit Klemmkeilen ist die bevorzugte Sicherungstechnik beim modernen Klettern. Sie entspricht den ethischen Anforderungen des »Clean Climbing«, worunter eine Kletterethik verstanden wird, welche keine Spuren im Fels hinterläßt. Klemmkeile sind relativ leicht zu legen und wieder zu entfernen, und im Gegensatz zu Haken und Bohrhaken bleiben keine Spuren im Fels zurück.

Prinzipiell funktionieren alle Klemmkeile nach zwei verschiedenen physikalischen Prinzipien (Abb. 10-6). Einfache Keile halten einen Sturz, indem sie durch die Sturzwucht in eine Rißverengung hineingezogen werden. Komplexere Konstruktionen erzeugen ihre Klemmwirkung durch zusätzlich auftretende Drehmomente, welche die Keile zusätzlich im Riß verklemmen.

Beide Prinzipien gibt es sowohl in »passiver« oder »aktiver« Form. Bei den passiven Systemen handelt es sich lediglich um Metallgegenstände ohne jegliche bewegliche Teile. Sie werden möglichst sicher in einer entsprechenden Felsformation angebracht. Aktive Systeme beinhalten bewegliche Teile, welche zunächst zurückgezogen werden, um sie am Sicherungspunkt anzubringen; danach öffnen sie sich über Federkraft selbsttätig und halten den Keil am Ort fest.

Um die Möglichkeiten des Sicherns mit Klemmkeilen optimal nutzen zu können, muß der Kletterer über die Stärken und Schwächen der verschiedenen Typen detailliert Bescheid wissen und darüberhinaus lernen, wie man sie korrekt anwendet.

Der Seilerste sollte die Bruchlast eines jeden benutzten Keiles kennen. Diese werden seitens der Hersteller und auch durch unabhängige Prüfer bekanntgegeben. Größere Keile sind normalerweise schwerer aber auch stabiler als kleine, somit ergibt sich eine höhere Bruchlast. Die kleinen Teile sind nicht dazu gedacht, um einen Sturz zu halten, sie sind jedoch stark genug, um beim technischen Klettern das Gewicht des Kletterers zu halten.

Alle Keile sind zur Anwendung im Felsgelände konstruiert, normalerweise also in Rissen, seltener in Löchern. Bevor man einen Keil anbringt, überprüft man den Fels, sowohl um dessen Festigkeit zu ermitteln als auch den richtigen Keil auszuwählen.

Die Art des Felsens und sein Zustand wird anzeigen, ob der Klemmkeil einen möglichen Sturz halten kann. Insbesondere in solidem Fels halten Keile sehr gut. Brüchiger Fels sollte gemieden werden, da hier die Belastbarkeit des Keils oft nicht ausreichend ist.

Wenn man plant, einen Keil hinter einer Felsschuppe anzubringen, sollte man den Klang beurteilen. Schlägt man mit der flachen Hand oder dem Fuß auf die Schuppe und entsteht ein hohler Klang, ist sie für eine solche Zwischensicherung ungeeignet. Unter Belastung reicht es aus, daß die Schuppe sich auch nur wenig bewegt. Die Folge: Der Keil verliert seinen Halt.

Die Größe, Form und Richtung des Risses oder des Loches gibt vor, welcher Keil benutzt wird. Öffnet sich der Riß nach außen, verbreitert er sich nach innen oder hat er parallele Seiten? Ist er eher oberflächlich oder tief? Verläuft er senkrecht oder waagerecht? Einige Keiltypen halten optimal in bestimmten Positionen, während sie für andere Positionen nahezu unbrauchbar sind.

Hier einige generelle Regeln zur Anwendung von Keilen:

- **Lerne** die richtige Größe des Keiles spontan abzuschätzen. Je besser die Schätzung, desto schneller ist die Zwischensicherung angebracht und desto geringer ist das Risiko, daß man während der Aktion stürzt.
- **Wähle** den besten Keil, nicht unbedingt den größtmöglichen. Ein größerer Keil wird normalerweise auch einen schwereren Sturz halten. Allerdings sollte man zunächst beurteilen, ob ein großer Keil auch solide genug im Riß sitzt oder nicht ein kleiner tiefer und somit sicherer angebracht werden kann.
- **Entscheide**, welcher spezielle Keil der angemessenste ist; hierfür beachte man die Felsencharakteristik und die Hauptrichtung eines möglichen Sturzes. Falls die optimale Lage des Keils nicht möglich ist, kann man ihn mit einem zweiten Keil verstärken oder eine andere Möglichkeit der Zwischensicherung suchen.
- **Überprüfe** jeden Keil, nachdem du ihn angebracht hast. Achte darauf, daß er richtig liegt. Klopfe ihn etwas an, um die Kraft und die Festigkeit der Lage zu erhöhen, insbesondere

in Richtung einer möglichen Zugkraft. Achte darauf, daß der Keil nicht durch die Seilbewegungen in seiner Lage verändert oder gar herausgerissen wird. Normalerweise sollte eine Expreßschlinge mit zwei Karabinern zwischen Keil und Seil eingehängt werden. Hierdurch wird der Effekt der Seilbewegungen verringert. Drahtkabelkeile reagieren besonders empfindlich auf Seilbewegungen und werden leichter aus ihrer Position herausgerissen.

- **Achte darauf**, ob der Keil durch Zugkraft nach außen oder oben herausgerissen werden kann. Viele Klemmkeilpositionen sind nur in einer Richtung belastbar. Falls ein solcher nur in eine Richtung belastbarer Keil möglicherweise aus mehreren Richtungen belastet wird, sollten weitere Keile zur Absicherung der anderen Richtungen gelegt werden.
- **Denke daran**, daß der nachfolgende Kletterer die Zwischensicherung wieder abbauen muß. Baue eine sichere Zwischensicherung, denke jedoch auch daran, daß sie möglichst leicht wieder zu entfernen ist.

## Knotenschlingen

### Klemmkeilschlingen

Auch eine noch so teure Sicherungsausrüstung würde nichts nutzen, wenn sie nicht mit dem Seil zu verbinden ist. Daher muß jeder Keil irgendeine Art von Schlinge als Teil des Gesamtsystems aufweisen. Diese Schlingen werden normalerweise aus einem Seilstück, einer Reepschnur oder einem Drahtkabel hergestellt.

Bei kleineren Keilen handelt es sich gewöhnlich um Drahtkabelkeile, da ein solches Drahtseil wesentlich belastbarer ist als eine Kunstfaserschnur gleichen Durchmessers. Die Enden des Drahtkabels sind mit Quetschverbindungen verbunden. Größere Keile werden mit vorgebohrten Löchern geliefert, durch welche die Schlinge hindurchgefädelt wird. Dies geschieht normalerweise durch den Kletterer selbst. Einige Firmen liefern auch Keile mit bereits fertig eingefügtem Schlauchband.

Drahtkabelkeile besitzen einen Vorteil: das Drahtkabel ist relativ steif, so daß die Keile leichter in schmalen Rissen gelegt werden können.

Keile mit Drehmoment, wie z. B. Hexentrics, benötigen dagegen biegsame Schlingen, da sich der Keil hierdurch im Riß drehen und sich somit verklemmen kann.

Lange Zeit benutzten Kletterer 6 bis 9 mm dicke Nylonseile, um Schlingen für Klemmkeile herzustellen. Nylon ist haltbar und billig, aber es benötigt für eine vorgegebene Bruchlast einen größeren Durchmesser, wodurch relativ voluminöse Schlingen entstehen.

Als Alternative kamen Kevlarmaterialien in den Handel. Eine Kevlarschnur von 5,5 mm Durchmesser ist dünner, leichter und stärker als dicke Nylonschlingen. Allerdings nimmt die Bruchlast von Kevlarmaterial durch häufiges Knicken ab. Konsequenterweise empfehlen die Hersteller dieses Material nur für Klemmkeilschlingen, da diese Schlingen gewöhnlich nur einmalig geknotet werden.

Eine neue Faser, Spectra, ist noch leichter, stärker und widerstandsfähiger gegen Abrieb als Kevlar. Als Klemmkeilschlingen werden Spectraschnüre von 5,5 mm Dicke empfohlen.

Einige Kleinigkeiten sollten beachtet werden, wenn man Schlingen in Klemmkeile einknotet.

- Überprüfe die Löcher, welche in den Keil gebohrt wurden. Sie sollten runde Kanten aufweisen, damit die Schlinge unter Sturzbelastung nicht abgeschert wird. Die Schlingenenden sollten mit einem doppelten Spierenstich verbunden werden. Während der Benutzung sollte der Knoten regelmäßig überprüft werden, ob er sich nicht gelockert hat.
- Sorge für eine ausreichende Länge der Schlinge. Eine Klemkerschlinge ist für gewöhnlich 20 bis 30 cm lang; einige Hersteller geben Infor-

mationen darüber, wieviel Schlingenmaterial benötigt wird, um Keile unterschiedlicher Größe auszustatten. Aber Vorsicht: Falls man eine Keilschlinge zu lang macht, könnte sie so weit herunterhängen, daß man sich beim Klettern mit den Füßen darin verheddert.

## Passive Klemmkeile

Einmal unterwegs, wird sich niemand mehr an eine Bezeichnung wie passiver Klemmkeil erinnern. Im Alltagsgebrauch haben diese Systeme eine große Zahl griffiger Namen: Stopper, Nuts, Chocks und viele andere. Diese Keile verjüngen sich von oben nach unten, so daß sie sich gut in einen sich verengenden Riß einfügen. Sie haben eine breite und eine schmale Seite und halten besonders gut, wenn die Breitseite dem Fels aufliegt (Abb. 10-7). Ziel ist es, den größtmöglichen Kontakt zwischen Keil und Fels zu erreichen. Viele dieser Keile, speziell die kleineren Größen, sind nicht dafür konstruiert, daß die Schmalseite auf dem Fels aufliegt.

Ein passiver Klemmkeil besitzt keinerlei bewegliche Teile, welche ihn in der Position halten. Er sitzt passiv in einem sich verjüngenden Riß und hält so eine Last wie zum Beispiel die Sturzwucht eines Kletterers. In einem solchen Fall wird der Keil in den Riß hineingerissen und erzeugt Expansionskräfte bzw. erhöhte Reibung. Hierdurch hält er sehr fest.

Obwohl sie letztendlich alle spitz zulaufen, gibt es verschiedene Variationen von Keilkonstruktionen (Abb. 10-8). Die Hersteller versuchen, durch Veränderungen von Form und Oberfläche die Zuverlässigkeit im Fels zu erhöhen, und obendrein gibt es immer neue Designs.

Einige Klemmkeile besitzen flache Flächen, bei anderen sind sie leicht gebogen. Auch gibt es Kombinationen aus flachen und gebogenen Oberflächen. Kleine Keile werden gewöhnlich mit geraden Flächen hergestellt, während größere eine zunehmende Biegung aufweisen. Von oben

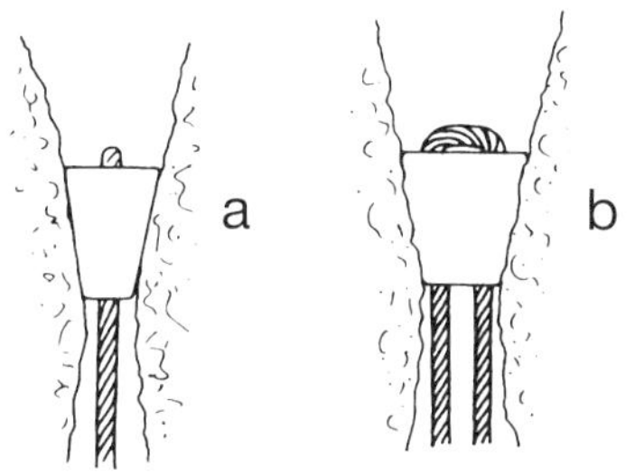


**(10-7) Anwendung der Breit- und Schmalseite von Klemmkeilen: a) Die Breitseiten sind in Felskontakt und ermöglichen eine höhere Haltekraft; b) Die Schmalseiten sind in Felskontakt, dies ist eine weniger stabile Plazierung.**

angesehen, sind alle diese Keile rechteckig oder haben einen trapezförmigen Querschnitt.

Das Ziel bei der Anwendung eines solchen Keils ist – unabhängig von seiner Oberfläche – die Herstellung eines stabilen und sicheren Fixpunktes, also eines Punktes, den man sein Leben anvertrauen kann. Ein Keil mit einer ebenen

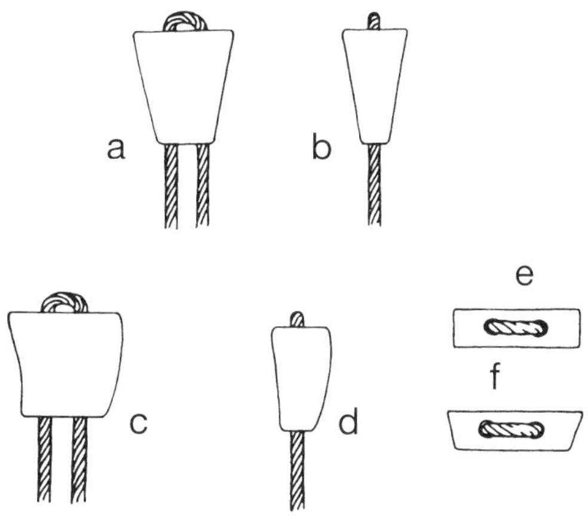


**(10-8) Verschiedene Ausführungsformen von Klemmkeilen: a) Breitseite bei ebenen Flächen; b) Schmalseite mit geraden Flächen; c)Breitseite mit gebogenen Flächen; d) Schmalseite mit gebogenen Flächen; e) Aufsicht bei rechteckigem Querschnitt; f) Aufsicht bei trapezförmigem Querschnitt.**

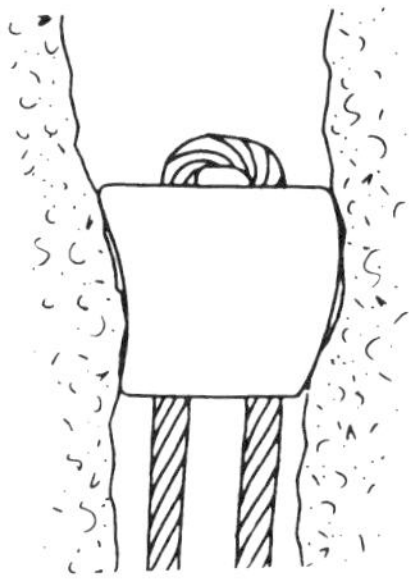

(10-9) **Klemmkeil mit gebogenen Flächen und Dreipunktauflage am Fels.**

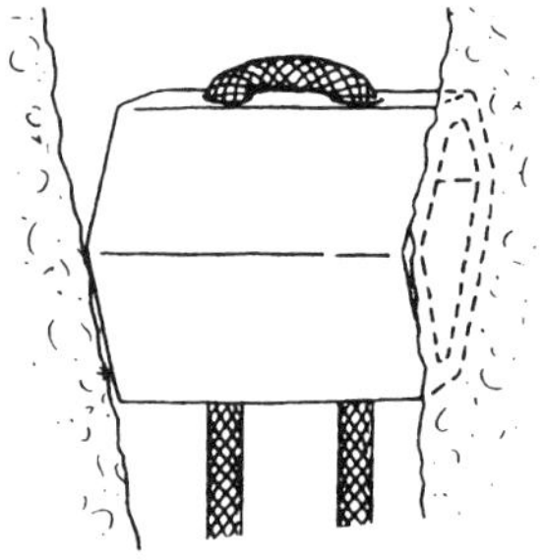

(10-10) **Hexentric, bei dem die Seitenflächen zum Verklemmen genutzt werden – hier tritt kein Drehmoment auf.**

Oberfläche sitzt unter Umständen nicht zuverlässig in einem Riß mit sehr unebenen Seitenwänden, in welchem ein gebogener Keil unter Umständen optimal hält. An anderer Stelle kann ein Keil mit einer ebenen Oberfläche das Mittel der Wahl sein.

Keile mit gebogener Oberfläche besitzen drei Kontaktpunkte zum Fels, wodurch die Stabilität erhöht wird (Abb. 10-9). Allerdings kann ein solcher Keil so fest sitzen, daß es schwierig wird, ihn wieder herauszunehmen. Wenn die Flächen eines solchen Keils nur mäßig gebogen sind, ist er gewöhnlich leichter wieder zu entfernen.

Drehmomentkeile wie zum Beispiel Hexentrics können ebenfalls wie die oben beschriebenen Keile verwendet werden. Auch wenn er diesen sehr unähnlich sieht, sind die Seiten eines Hexentrics so geformt, daß sie sich nach unten verjüngen, wodurch der Keil in der gleichen Technik wie die Stopper angewendet werden kann (Abb. 10-10).

Im Notfall kann auch der Knoten einer Schlinge in einen sich verjüngenden Riß gesteckt werden und so als Klemmkeil dienen.

### Vertikalrisse

Hier können keilförmig konstruierte Klemmkeile ihre Stärken optimal entfalten. Man setzt den Keil oberhalb einer Rißverjüngung in den vertikalen Riß ein. Ein Zug nach unten verkeilt den Klemmkeil fester im Riß.

Wenn die Seitenwände eines Risses relativ eben sind, hält ein Keil mit flachen Oberflächen gut. Wenn die Rißwände deutlich strukturierter oder gar erheblich gebogen sind, ist der Halt eines Keiles mit gebogenen Oberflächen zuverlässiger. Für einen optimalen Halt sollte der Keil vollständig in den Riß geschoben werden (Abb. 10-11).

Passive Klemmkeilsysteme können normalerweise nur in einer Richtung belastet werden. Allerdings kann auch eine Belastbarkeit in mehreren Richtungen erreicht werden, wenn der Keil tief genug und sorgfältig im Riß angebracht wird.

Passive Klemmkeile funktionieren nicht in vertikalen Rissen mit parallelen Wänden (Abb. 10-12). Wenn die Seiten eines Risses gerade sind und parallel verlaufen, hat der Keil nur einen sehr geringen Oberflächenkontakt, und ein starker

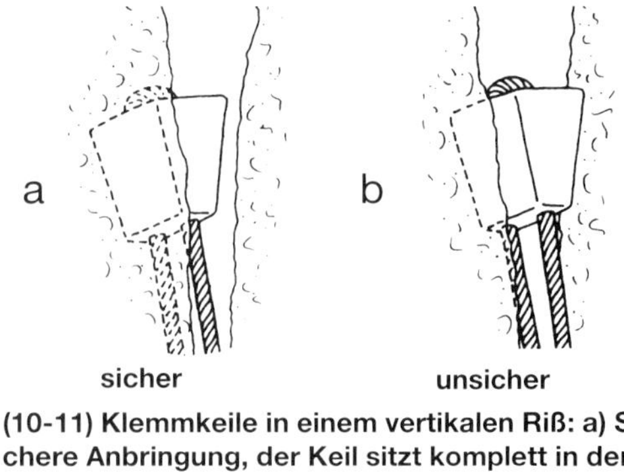


(10-11) **Klemmkeile in einem vertikalen Riß: a) Sichere Anbringung, der Keil sitzt komplett in dem Riß; b) Unsichere Position, der Keil sitzt nur teilweise im Riß.**

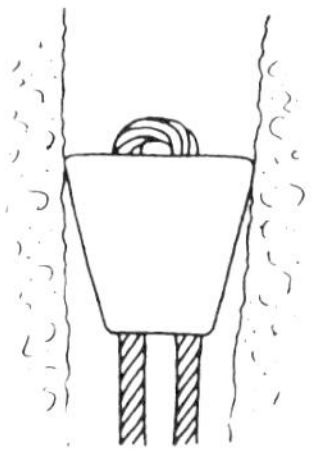

**(10-12) Falsche Lage eines Klemmkeils in einem Riß mit parallelen Wänden, hier tritt nur minimaler Felskontakt auf.**

Zug nach unten kann diese Kontaktpunkte abscheren.

Es gibt allerdings einen Trick, um dieses Problem zu umgehen: Man benutzt zwei Keile, welche »gestapelt« werden. Gestapelte Klemmkeile erhält man, wenn man entweder zwei unabhängige Keile oder speziell für diese Methode hergestellte Keile nutzt.

In beiden Fällen ist die Theorie dieselbe. Die Keile werden gegenläufig in einem parallelen Riß angebracht. Ein Abwärtszug am größeren Keil verklemmt diesen gegen eine Rißseite und auf der anderen Seite gegen den anderen Keil. In jedem Falle sollte ein solche Keilanwendung immer durch einen kräftigen Zug in der Position fixiert werden, bevor man weiterklettert.

Wenn zwei unabhängige Keile benutzt werden (Abb. 10-13 a), sollten sie mit einem Karabiner verbunden werden, so daß der Keil nicht verlorengeht, falls der Sicherungspunkt herausrutscht.

Speziell für diese Methode hergestellte Keile bestehen aus zwei passiven Keilen, die derselben Schlinge aufsitzen. Die Keile weisen eine unterschiedliche Größe auf, wobei der kleinere am Schlingenende sitzt, so daß er auch als normaler Stopper genutzt werden kann.

In letzter Zeit wird diese Technik seltener benutzt, da aktive Klemmsysteme größere Verbreitung gefunden haben. Diese arbeiten zuverlässiger und sind leichter zu plazieren.

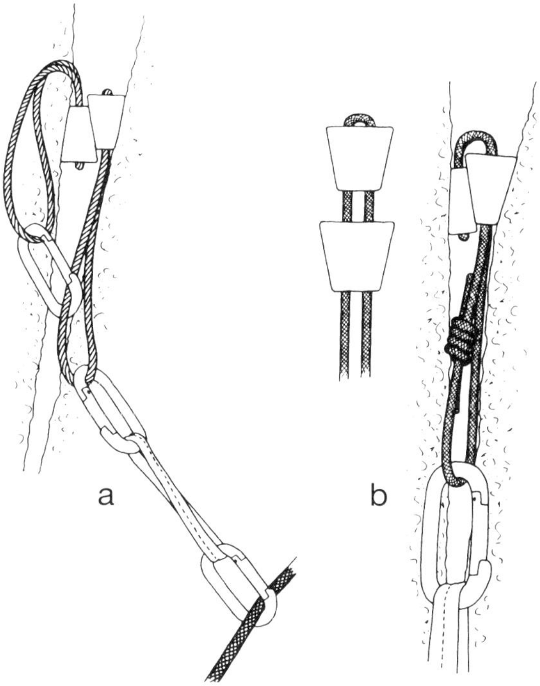


**(10-13) »Stapeln« von Keilen: a) Zwei unabhängige Keile werden gegeneinander verkeilt; b) Für die gegenseitige Verkeilung vorgesehener Klemmkeil.**

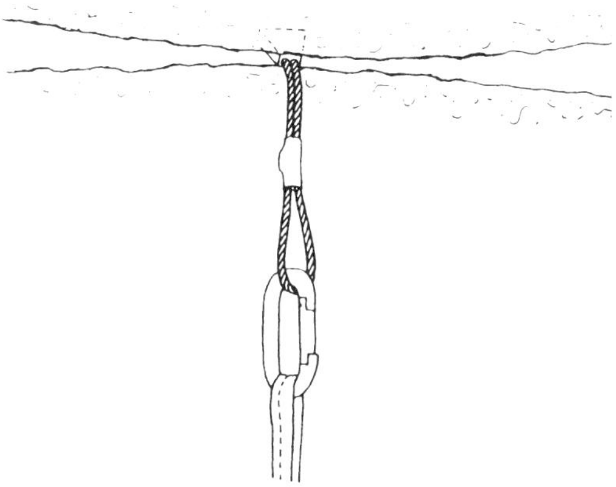

**(10-14) Anbringen eines Klemmkeils in einer Verengung eines Horizontalrisses.**

### Horizontalrisse

Auch wenn die beschriebenen Keile besonders gut in vertikalen oder steil verlaufenden Rissen anwendbar sind, können in manchen Fällen auch Horizontalrisse benutzt werden. Der Horizontalriß sollte an seiner Vorderkante enger sein als in der Rißtiefe. Der Keil kann seitwärts an einem breiteren Rißpunkt hingeschoben und dann durch Seitwärtsverschieben hinter die Verengung gebracht werden (Abb. 10-14). Ein gut in einem Horizontalriß angebrachter Keil kann außerordentlich sicher sein, da er normalerweise in mehrere Richtungen belastbar ist. Der Keil sollte tief im Riß sitzen und die Schlinge sollte nicht mit scharfen Felskanten in Berührung kommen. Ein Keil, welcher nahe an der Rißvorderkante gelegt wird, wird eher herausgerissen. Einerseits kann die Schlinge an der Kante des Keils abgeschert werden, andererseits kann der Fixpunkt brechen, da der Keil eine erhebliche Kraft auf die Rißvorderkante ausübt (Abb. 10-15).

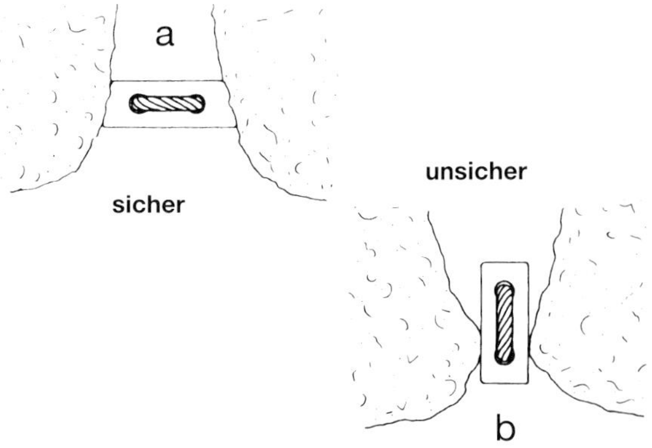


**(10-16) Die Lage von Keilen in sich öffnenden Rissen: a) Sichere Lage in einem nach außen offenen Riß; b) Unsichere Lage in einem nach innen offenen Riß.**

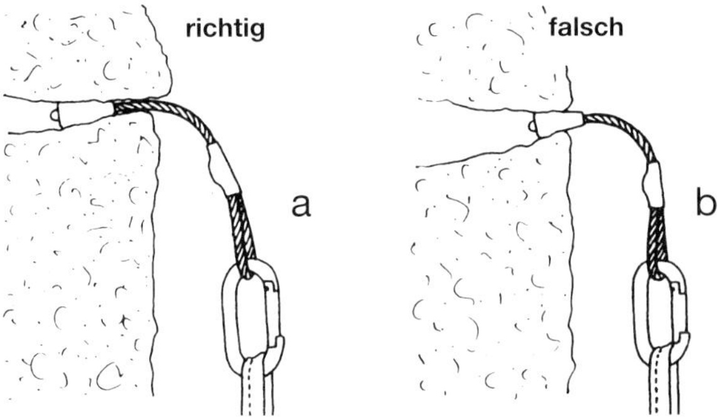


**(10-15) Klemmkeile in einem Horizontalriß in Seitenansicht: a) Richtige Lage, der Keil sitzt tief im Riß; b) Falsche Lage, der Keil liegt im Bereich der Rißkante.**

### Unregelmäßige Risse

Ein Keil mit trapezförmigem Grundriß hält unter Umständen sehr gut in Rissen, die sich nach außen öffnen. Wird er mit seiner Schmalseite nach innen gesetzt, kann er eine festere und zuverlässigere Position ermöglichen, da eine größere Oberfläche mit dem Fels in Kontakt kommt (Abb. 10-16 a).

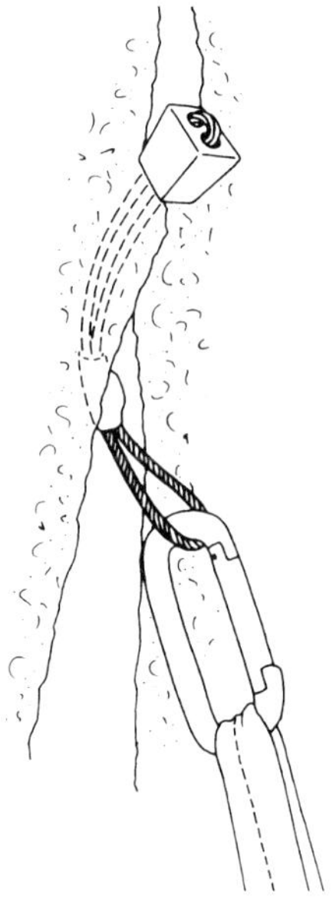

**(10-17) Anbringen eines Klemmkeils in einem sich schließenden Riß.**

Ein Riß, welcher sich nach innen erweitert, kann Ursache für eine zwar scheinbar gute Keillage sein, welche objektiv betrachtet jedoch unzuverlässig ist (Abb. 10-16 b). Wenn man aufpaßt, sollte man in der Lage sein, diese Situation rechtzeitig zu erkennen, bevor ein Keil schlecht angebracht wird.

**Felslöcher und das Einfädeln von Keilen**

Passive Klemmkeilsysteme halten nicht gut in Felslöchern. Dagegen können diese Keile in Positionen, in dem sich ein Riß zu einer Röhre schließt, unter Umständen außerordentlich sicher hindurchgefädelt werden, ähnliches gilt für Sanduhren (Abb. 10-17). Hierbei kann der Keil sowohl am Ober- als auch am Unterende der Röhre sitzen. Vorteilhafterweise nutzt man für diese Technik Drahtkabelkeile, da das Kabel leichter hindurchgeschoben werden kann als eine Kunstfaserschlinge.

Man muß darauf achten, daß der Riß sich innen nicht zu weit öffnet, da hierdurch möglicherweise der Keil bei Sturzbelastung innen hindurchgerissen wird. Gut gelegte eingefädelte Keile sind jedoch außerordentlich sicher und zumeist in mehrere Richtungen belastbar.

**Passive Drehmomentkeile**

Auch für diese Systeme gibt es eine große Zahl griffiger Praxisnamen: Hex, Hexentrics, Tri Cams und viele andere.

Ein solcher Keil wird so in einen Riß gelegt, daß er bei Belastung eine Drehkraft erzeugt. Hierdurch wird der Keil fester gegen die Seitenwände des Risses gepreßt und so in Position gehalten.

Die äußere Form solcher Keile ist variabel. Ein Hersteller kann möglicherweise ein Design produzieren, welches vollständig von allen anderen abweicht.

Traditionelle Drehmomentkeile haben eine asymmetrisch sechseckige Form. Die jeweils gegenüberliegenden Seiten werden zum Verklemmen genutzt. Diese sechseckigen Keiltypen bleiben sehr zuverlässig am Ort, an dem man sie gelegt hat. Sie haben aber den Nachteil, daß sie nur begrenzt einsetzbar sind, da jede Größe lediglich eine geringe Variabilität der Rißweiten abdecken kann.

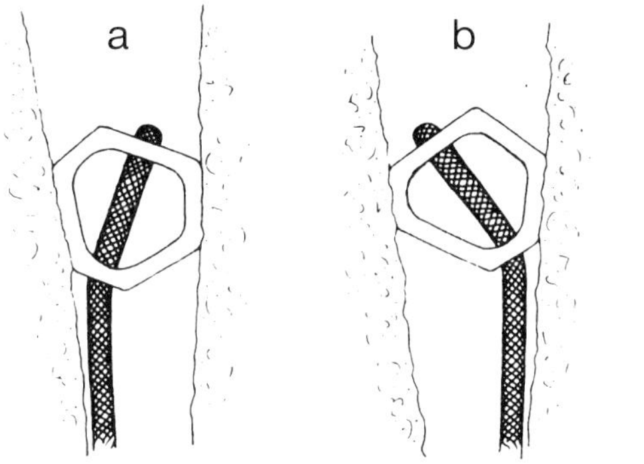


**(10-18) Klemmposition eines Hexentric: a) Klemmen in der schmalen Position; b) Klemmen in der weiten Position.**

Chouinard Equipment (neuerdings Black Diamond Equipment) veränderte die grundlegende sechseckige Form, indem man den ursprünglich symmetrisch sechseckigen Querschnitt in eine

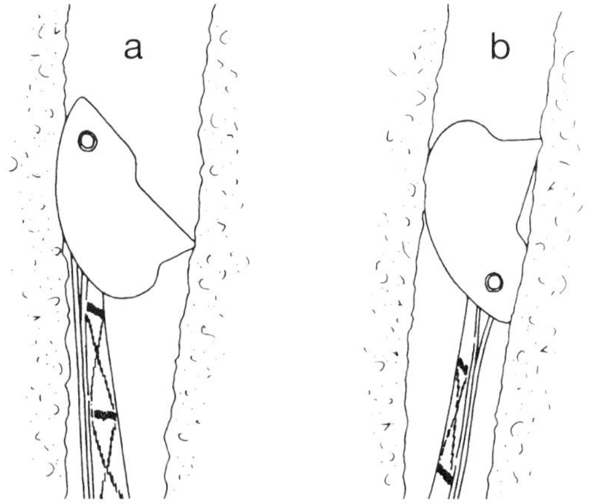


**(10-19) Klemmposition eines Lowe Tri Cam-Keiles: a) Position in breiteren Rissen; b) Lage in schmaleren Rissen.**

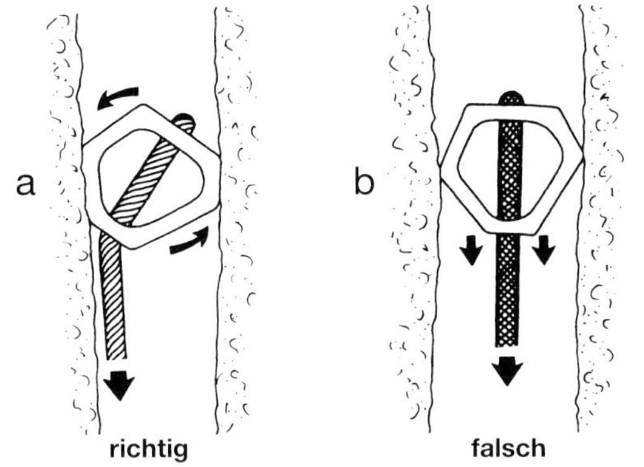


**(10-20) Lage eines Hexentric in einem senkrechten Riß: a) Richtig, der Keil liegt in der korrekten Lage mit vollem Kontakt seiner Seitenflächen zum Fels, ein Drehmoment wird aufgebaut; b) Falsch, der Hexentric ist zu klein für den Riß, eine Klemmwirkung kann so nicht erzielt werden.**

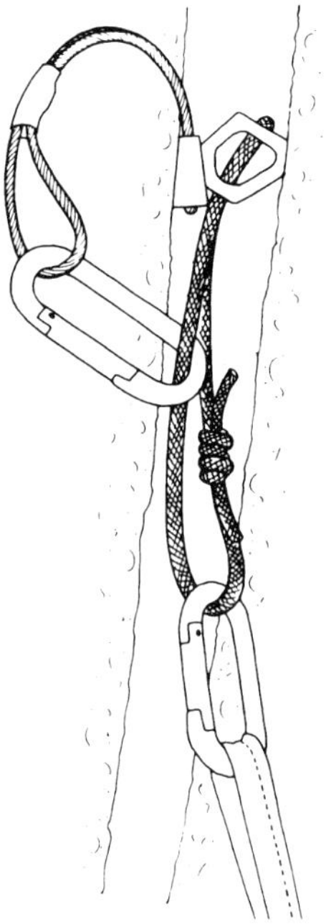

**(10-21) Gegenseitiges Verkeilen von einem Hexentric und einem Stopper.**

asymmetrische Form umwandelte. Diese Hexentrics können für eine größere Variabilität der Rißbreite eingesetzt werden, da man die jeweils passenden Querschnitte zur Anwendung bringt (Abb. 10-18). Natürlich kann ein solcher Keil auch, wie oben beschrieben, als passiver Klemmkeil genutzt werden.

Der Tri Cam von Firma Lowe besitzt ein völlig anderes Design, welches die Drehmomentwirkung erzeugt. Aufgrund dieses andersartigen Designs kann dieser Keiltyp in sehr variabler

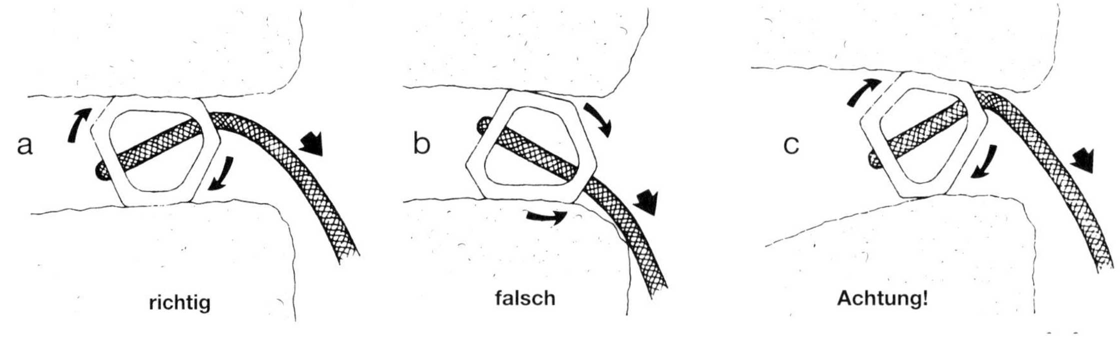


**(10-22) Lage eines Hexentric in einem Horizontalriß: a) Richtig, die Schlinge verläßt den Keil nach der Rißoberseite, ein Drehmoment und eine gute Klemmwirkung sind die Folge; b) Falsch, die Schlinge verläßt den Keil an der Rißunterseite, hier wird nur eine geringe oder keine Klemmwirkung erzielt; c) Achtung: Falls der Hexentric in dieser Lage in den Riß zurückrutscht, wird die Klemmwirkung unter Umständen vollständig aufgehoben.**

Rißbreite eingesetzt werden (Abb. 10-19). Jeder einzelne Drehmomentkeil arbeitet nur in einem bestimmten Bereich von Rißbreiten. Wenn der Riß zu breit ist, kann der Keil herausfallen. Ein zu knapper Sitz kann jedoch dazu führen, daß das Drehmoment sich nicht optimal entwickeln kann, wodurch die Haltekraft des Keils ebenfalls begrenzt ist. Wenn man einen passiven Drehmomentkeil anwendet, sollte man besonders auf den Verlauf der Schlinge achten. Diese ist nämlich dafür verantwortlich, daß sich überhaupt ein Drehmoment entwickeln kann und der Keil nicht herausgerissen wird.

### Senkrechte Risse

Passive Drehmomentkeile sind in senkrechten Rissen gut anwendbar, wenn die Rißwände parallel sind oder sich nicht zu sehr erweitern. Allerdings muß genügend Platz sein, damit sich die Drehkraft unter Belastung entwickeln kann.

Wenn der Keil zu klein ist, liegen nur seine Ecken dem Fels auf, und diese können unter Belastung abgeschert werden. Auch kann ein solcher Keil durch die Seilbewegungen herausgeschüttelt werden. Die Keilflächen sollten großzügig dem Fels anliegen. Hierdurch wird der Keil in seiner Lage auch dann stabilisiert, wenn er nicht belastet ist (Abb. 10-20).

Ein Trick, welcher eine sehr stabile Keillage ermöglicht, ist die Kombination eines passiven Klemmkeils mit einem Drehmomentkeil, z. B. ein Stopper mit einem Hexentric (Abb. 10-21).

### Horizontalrisse

Passive Drehmomentkeile sind in horizontalen Rissen genauso gut anwendbar wie in Vertikalrissen. Der Keil wird so gelegt, daß die Schlinge ihn in der Nähe der oberen Rißwand verläßt (Abb. 10-22 a). Würde man es umgekehrt machen, würde der Keil nicht klemmen (Abb. 10-22 b). Bei jedem Horizontalriß muß man jedoch darauf achten, daß der Keil nicht aus der Position herausgedreht wird, wenn seitwärts Kräfte einwirken.

Der Riß sollte sich nach innen nicht zu weit erweitern, da in diesem Fall das Drehmoment nicht entstehen kann (Abb. 10-22 c).

### Unregelmäßige Risse

Passive Drehmomentkeile arbeiten in sehr unregelmäßigen Rissen nicht besonders gut, da sie dazu neigen, in solchen nicht stabil zu liegen und nur einen geringen Felskontakt aufzunehmen. Tri Cams sind zwar in einigen solcher Risse anwendbar, allerdings muß darauf geachtet werden, daß alle Teile des Keils guten Felskontakt aufweisen.

## *Löcher und Nischen*

Wenn ein Riß tief genug ist, kann ein Tri Cam-Keil halten, er muß jedoch vollständig in eine Felsnische hineinpassen, um einen größtmöglichen Kontakt zur Felsoberfläche zu erreichen (Abb. 10-23). Durch Seilbewegungen kann ein solcher Keil leicht aus seiner Position herausgerissen werden.

Wie auch Stopper können manche Drehmomentkeile durch schmale Felsröhren hindurch-

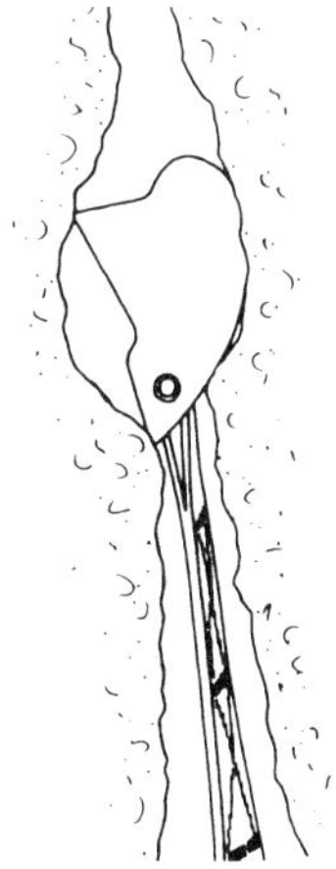

**(10-23) Ein Tricamkeil in einer Felsnische.**

gefädelt werden, um so einen Sicherungspunkt zu erhalten. In diesem Fall verklemmt sich der Keil oberhalb oder unterhalb der Verengung, ohne daß ein Drehmoment entwickelt wird.

## Federunterstützte Keilsysteme

Auch diesen Begriff wird man im Gelände normalerweise nicht hören (Abb. 10-24). Wir nennen sie hier so, da es sich um eine gute technische Beschreibung handelt. In der Praxis nennt man sie Quickies, Rock'n Rollers und Ball Nuts.

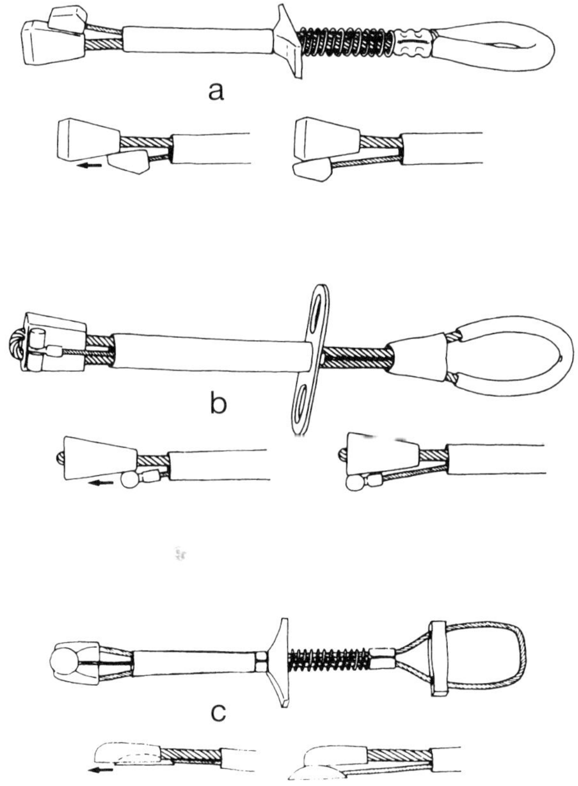


**(10-24) Beispiele für verstellbare Keile mit Federmechanismus: a) Quickie, in minimaler und maximaler Weite; b) Rock'n Roller, in minimaler und maximaler Weite; c) Lowe Ball Nut in minimaler und maximaler Weite.**

Bei diesen Systemen handelt es sich um technische Variationen von Stoppern, mit denen Sicherungspunkte in schmalen Fingerrissen erzeugt werden. Grundsätzlich werden zwei durch eine Feder gehaltene Teile eines Gesamtkeils gegenläufig verschoben. Der Federmechanismus sorgt dafür, daß der Keil nach dem Anbringen im Riß klemmt.

Zieht man an dem Federmechanismus, rutscht das kleinere Teilstück des Keiles an dem großen Keil hinunter, so daß das Gesamtprofil schmaler wird. Dies ermöglicht das Einschieben in einen kleinen Riß. Läßt man den Mechanismus los, springt es wieder hinauf, dabei verbreitert sich das Keilprofil und die Seitenflächen klemmen an den Rißseiten. Durch die Sturzwucht wird die Klemmkraft zusätzlich erhöht.

Man kann einen solchen Keil in einem Vertikalriß mit nur einer Hand anbringen. Dies bedeutet eine wesentliche Verbesserung gegenüber der »Stapeltechnik« von passiven Keilsystemen.

Die Keile können auch in Horizontalrissen benutzt werden. In diesem Fall sollte man darauf achten, daß der Mechanismus nicht scharf über die Außenkante des Risses belastet wird. Die Zugmechanismen sind zwar flexibel gestaltet, sie sind jedoch nicht darauf ausgelegt, eine Sturzwucht zu halten, wenn sie scharf abgeknickt werden.

Einige dieser Keiltypen sind so ausgelegt, daß sie auseinandergenommen als einzelne Keile benutzt werden können. Hierdurch wird das Ausrüstungsstück vielseitiger, jedoch sollte man sich vor der Anwendung exakt über die Vor- und Nachteile der jeweiligen Konstruktion informieren.

Die Anordnung des kleineren Teils ist bei einigen Keiltypen vorgegeben. Hierdurch eignen sich diese Keiltypen ausschließlich für Risse mit parallelen Seitenwänden. Die kleineren Anteile von Rock'n Roller und Ball Nut rotieren relativ zum größeren Teil. Hierdurch wird es möglich, daß das schmalere Teil sich besser unebenen Rißwänden anpaßt. Es wird auch das Risiko vermindert, daß der Keil durch Seilbewegungen herausgerissen wird.

Alle genannten Systeme sind in Felsröhren und mit den weiter oben beschriebenen Einfädelungstechniken nicht anwendbar.

## *Drehmomentkeile mit Federsystemen*

Zunächst entstand der Friend. Er wurde in der Mitte der 70er Jahre entwickelt und ermöglichte dramatische Veränderungen, was die technischen Grenzen beim Freiklettern betraf, da es nun erstmalig möglich wurde, Sicherungen mit einer Hand in einer großen Zahl von Rissen anzubringen. Kletterer konnten nun sehr harte Routen absichern, welche mit konventionellen Methoden kaum absicherbar gewesen wären.

Seit der Entwicklung des Friends wurden verschiedene Designs als Variation des Grundmodells entwickelt. Neuere Formen bevorzugen Stiele aus Drahtkabel, welche flexibler sind als die starren der Originalkonstruktion. In Einzelfällen werden drei Keile anstatt der vier Segmente des Friends eingesetzt. Zu den derzeit verbreitetsten Drehmomentkeilen mit Federsystem gehören Friends und Flexiblefriends, Camalots und TCUs (Three-Cam Units) (Abb. 10-25).

Drei oder vier Keile werden mittels Federsystem und einem Bedienungsmechanismus verbunden. Zieht man an diesem Mechanismus, werden die Keile zurückgezogen und das Profil des Keils wird schmaler, so daß er in einen Riß hineingeschoben werden kann. Läßt man den Zugmechanismus los, drehen sich die Keile nach außen zurück, wodurch sich das Profil wieder vergrößert und der Keil im Riß klemmt (Abb. 10-25 a). Im Falle eines Sturzes erhöht sich über das Kniehebelprinzip die Druckkraft der Keilflächen auf den Fels weiter, so daß der Keil mit zunehmender Belastung immer fester im Fels hält.

Die drei oder vier Keile sind unabhängig voneinander drehbar, so daß jeder von ihnen, soweit wie es der Fels ermöglicht, nach außen gedreht werden kann.

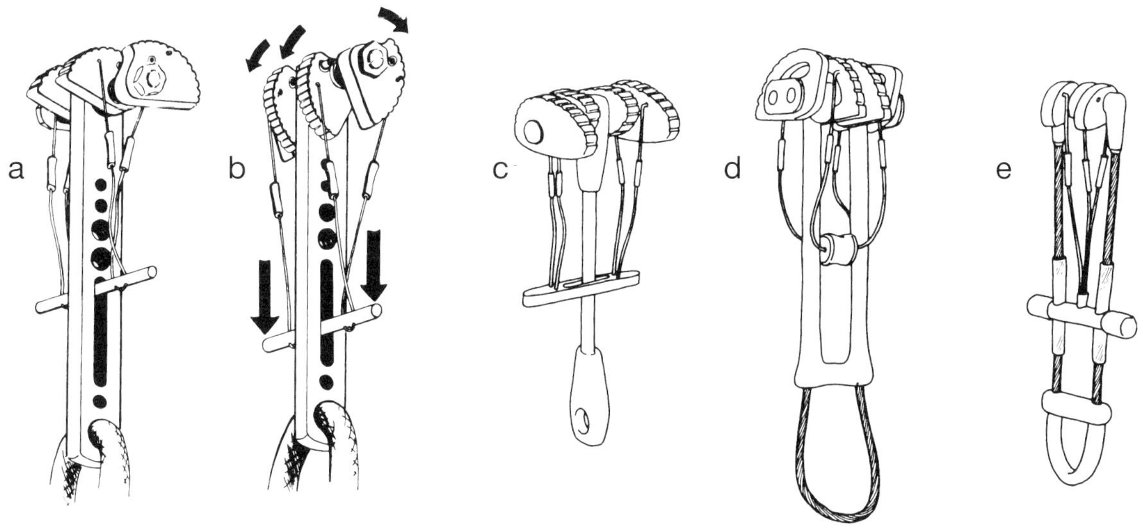


**(10-25) Beispiele für Drehmomentkeile mit Federmechanismus: a) Friend, maximale Weite und b) minimale Weite; c) Flexible Friend; d) Black Diamond Camalot; e) Metolius TCU (tri-cam unit).**

Alle Keilsysteme halten gut, wenn sie so gelegt werden, daß jeder einzelne Keil optimalen Felskontakt hat und der Stiel des Systems in Zugrichtung zeigt (Abb. 10-26 a). Beachten sollte man die folgenden potentiellen Probleme:

1. Falls nicht alle Segmente den Fels berühren, wird die Lage unstabil bleiben. In diesem Fall muß nach einem besseren Punkt gesucht werden.
2. Möglicherweise werden die Keile zu stark im Riß gestaucht (Abb. 10-26 b). In diesem Fall sitzt das System so fest im Fels, daß sich kein Drehmoment entwickeln kann, auch kann es sehr schwierig werden, den Keil wieder herauszunehmen. In diesem Fall sollte ein kleinerer Keil benutzt werden.
3. Die Keile sind im Riß überstreckt, so daß nur die Spitzen den Fels berühren (Abb. 10-26 c). In diesem Fall tritt keinerlei Klemmwirkung auf und das System wird ausschließlich als passives Keilsystem halten. Unter Sturzbelastung werden die meisten Keile dann brechen. In diesem Fall sollte ein größerer Keil in den Riß geschoben werden. Einzige Ausnahme ist der Camalot, welcher auch in der »Regenschirmposition« als Keil eine ausreichende Haltekraft aufweist.
4. Der Stiel zeigt nicht in die Belastungsrichtung (Abb. 10-26 d). Ein Sturz kann dazu führen, daß das System gedreht wird; hierdurch können die Einzelkomponenten ihre Felshaftung verlieren.

In unregelmäßigen Rissen können die unabhängig beweglichen Keile sich auf die verschiedenen Rißweiten einstellen. Dies ist ein erheblicher Vorteil, da dies gleichzeitig bedeutet, daß sich das System unterschiedlichen Rißbreiten selbsttätig anpaßt. Allerdings muß man wissen, daß für den Fall, wenn die einzelnen Keile zu asymmetrisch zueinander stehen, keine zuverlässige Klemmwirkung auftritt und dann der Sicherungspunkt ausbrechen kann. Daher sollte

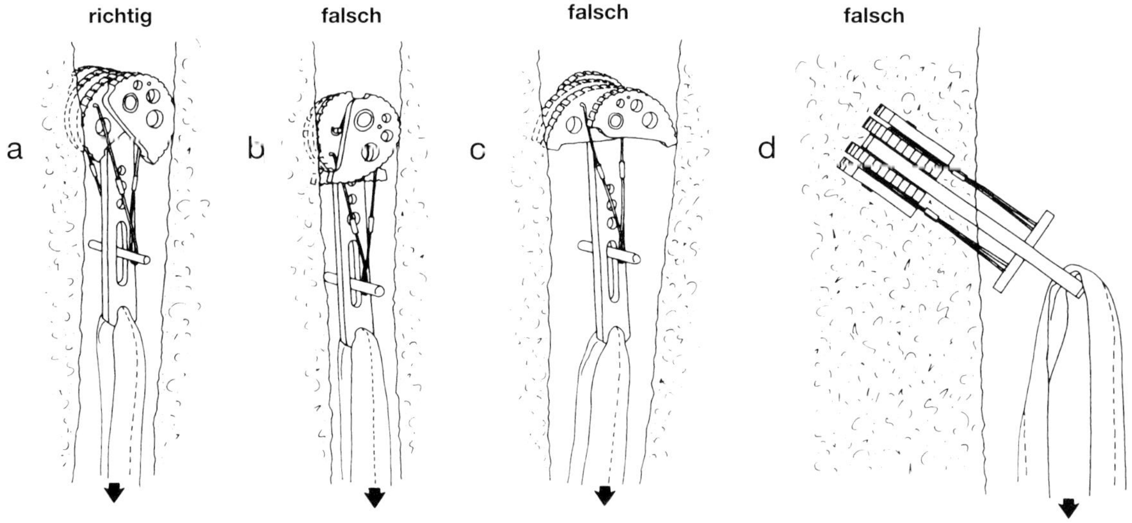


**(10-26) Korrekte und falsche Lage von Drehmomentkeilen mit Federmechanismus: a) Richtig, die Keile sind in Mittelstellung und können der Zugrichtung hohen Widerstand entgegensetzen; b) Falsche Lage, die Keile sind übermäßig zusammengezogen, eine ausreichende Klemmwirkung kann so nicht erzielt werden; c) Falsch, die Keile sind zu wenig geschlossen, in dieser überstreckten Position wird ebenfalls keine ausreichende Klemmwirkung erzielt; d) Falsch, der Stiel des Klemmgerätes weist nicht in die zu erwartende Zugrichtung.**

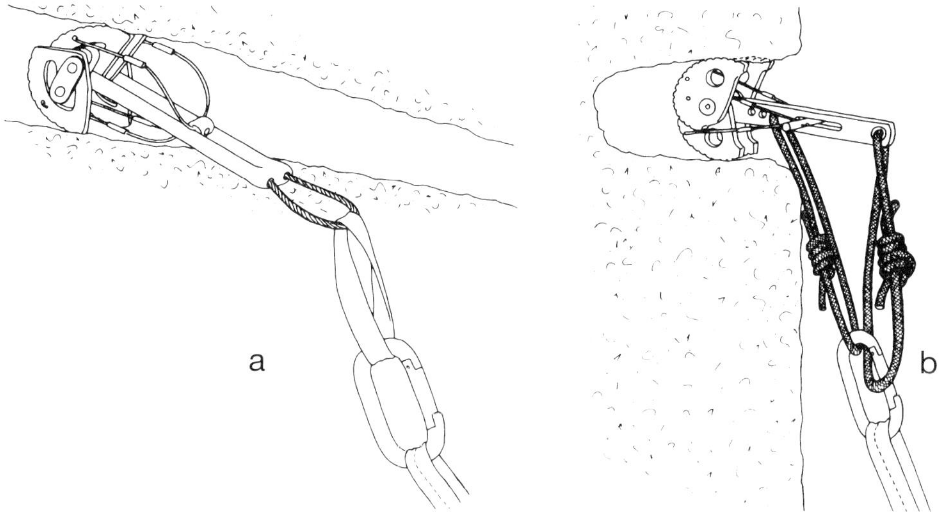


**(10-27) Drehmomentkeile mit Federmechanismus im Horizontalriß: a) Flexible Konstruktionen können sich der zu erwartenden Zugrichtung anpassen; b) Eine Abbindeschlinge durch die Bohrlöcher starrer Stiele kann ein Brechen des Gerätes durch Hebelwirkung verhindern.**

man immer darauf achten, daß mindestens jedes zusammenwirkende Paar der Einzelkeile einigermaßen symmetrisch zueinander steht und daß alle Segmente guten Felskontakt haben.

Drehmomentkeile mit Federsystemen, die nur aus drei Einzelkeilen bestehen, sind kleiner und schmaler. Sie wurden für die Anwendung in kniffligeren oder schmaleren Rißpositionen entworfen. Natürlich können sie auch in konventionellen Rissen genauso genutzt werden wie alle anderen. Die Keile mit vier Einzelsegmenten haben die negative Eigenschaft in den Riß hineinzuwandern, wenn Seilbewegungen auf den Keil übertragen werden. Hierdurch sind sie ab und zu schwierig wieder herauszunehmen. Die Dreikeilsysteme werden zwar drehfreudiger sein, wandern im Rahmen dieser Bewegungen jedoch weniger stark in den Riß hinein.

### Vertikalrisse

Drehmomentkeile mit Federsystemen entwickeln ihre Stärke insbesondere in senkrechten Rissen mit parallelen Wänden. Sie sind hier schneller, leichter und sicherer zu legen als alle anderen Keilsysteme. Bei korrekter Lage wird der Stiel in die voraussichtliche Belastungsrichtung zeigen, wodurch die Last über die Längsachse direkt auf die Keile übertragen wird und so ein maximales Drehmoment erzeugt.

### Horizontalrisse

Drehmomentkeile mit Federmechanismus können natürlich auch in Horizontalrissen eingesetzt werden. Hier muß jedoch ganz besonders darauf geachtet werden, daß der Stiel nicht im Bereich der Rißvorderkante abgebrochen wird.

Die Originalfriends besitzen einen starren Stiel. Dies ist von Vorteil, solange die Zugkraft entlang der Längsachse dieses Stiels einwirken kann, was gewöhnlich in senkrechten Rissen der Fall ist. Die Situation ändert sich jedoch dramatisch in Horizontalrissen.

Neuere Entwürfe benutzen daher Stiele aus flexiblem Drahtkabel, welches anderen Zugrichtungen nachgeben kann (Abb. 10-27 a). Natürlich werden auch die Originalfriends nach wie vor hergestellt und sind weit verbreitet, so daß es wichtig ist, zu wissen, wie man den Bruch eines Stiels bei horizontaler Keillage vermeiden kann.

Wenn der Stiel nicht über die Außenkante eines Horizontalrisses hinausragt, wird kaum eine gefährliche Bruchkraft erreicht werden. Wenn der Riß allerdings weniger tief ist und der Stiel über seine Vorderkante hinausragt, würde eine Knickbelastung im Bereich der Rißvorderkante auftreten, welche zum Bruch des Stiels führt.

Diese Gefahr kann gemindert werden, indem man durch eine der Bohrungen in der Nähe des Keilvorderendes eine zusätzliche Schlinge hindurchführt, welche deutlich kürzer sein sollte als die reguläre Schlinge des Keiles. In diese Zusatzschlinge wird das Sicherungsseil mittels Karabiner eingehängt. Hierdurch wird die Kraft in der Nähe der Keilachse übertragen und der Stiel nicht auf der Rißvorderkante mit Biegezug belastet. Als zusätzliche Sicherung gegen Keilverlust sollte die normale Keilschlinge ebenfalls in den Karabiner eingehängt werden (Abb. 10-27 b).

### Unregelmäßige Risse

Da jeder der einzelnen Keile voneinander unabhängig arbeitet, können sie sich individuell der Breite unregelmäßiger Risse anpassen. Probleme treten allerdings dann auf, wenn sich diese Risse zu sehr erweitern. Einige Keile könnten dann überstreckt werden und so in eine wenig belastbare Lage geraten. Hierdurch kann das Gesamtsystem drehempfindlicher und bei Sturzbelastung weniger stabil werden.

### Felsnischen und eingefädelte Keilplazierung

Drehmomentkeile mit Federmechanismus sind nicht für Stellungen gebaut, in denen der Keil durch Löcher hindurchgefädelt wird. Darüberhinaus sind sie zwar in einigen Felsnischen nutzbar, jedoch nur, wenn diese tief genug sind, um den Keil vollständig darin verschwinden zu lassen; auch müssen alle einzelnen Segmente ausreichenden Felskontakt bekommen.

## *Federunterstützte Rohrkeile*

In sehr breiten Rissen ist es relativ schwierig, Sicherungspunkte anzubringen, da die meisten üblichen Keilsysteme nicht groß genug sind. Manchmal schafft ein entsprechend großer Friend Abhilfe, dieser kann jedoch außerordentlich schwer werden. Eine Alternative sind rohrförmige Keile, welche federunterstützt teleskopartig vergrößert werden können. Bei diesen Konstruktionen wird das innere Rohr durch eine Feder nach außen geschoben, sobald die Arretierung gelöst wird (Abb. 10-28 a). Ein Sicherungsring sorgt dann dafür, daß die Röhre die eingenommene Weite auch bei Belastung beibehält. Wenn der Keil gelegt wurde, wird das Sicherungsseil in eine Schlinge, welche an einem Ende des Ohres ist, eingehängt. Da die Last im Falle eines Sturzes auf der einen Seite eine Kraft nach unten, auf der anderen Seite eine nach oben erzeugt – somit insgesamt ein Drehmo-

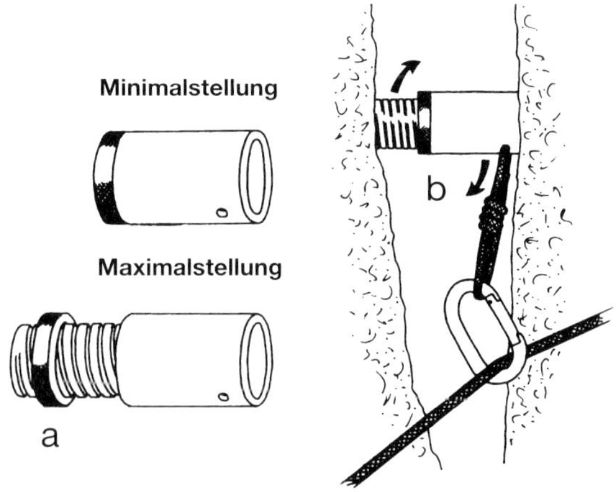


**(10-28) Verstellbare rohrförmige Keile: a) Mountain Hardwear Big Bro in Minimal- und Maximalstellung; b) Korrekte Lage des Keils in einem senkrechten Riß.**

ment –, arbeitet dieses System wie ein passiver Drehmomentkeil (Abb. 10-28 b).

## Der Klemmfaktor

Unter Last erzeugt jedes Klemmsystem Expansionskräfte. Die relative Größe der Expansionskraft, welche durch das System erzeugt wird, ist unabhängig davon, ob es ein passives oder ein aktives System mit oder ohne Drehmoment ist – der sogenannte »Klemmfaktor«.

Das Spalten von Feuerholz mit einem Keil ist eine anschauliche Darstellung einer solchen Klemmkraft. Ein Klemmkeil sitzt ähnlich wie ein Spaltkeil im Fels. Wenn eine Last auf ihn übertragen wird, versucht er den Fels auseinanderzurücken, ähnlich wie wenn mit dem Hammer auf den Spaltkeil des Feuerholzes geschlagen wird.

Die relative Größe der Expansionskraft hängt von dem Winkel der Keilflächen ab (Abb. 10-29 a). Wenn dieser Winkel klein ist, ist der Klemmfaktor groß und erzeugt mehr Kraft auf der Felsoberfläche (Abb. 10-29 b). Umgekehrt erzeugen größere Winkel kleinere Klemmkräfte (Abb. 10-29 c).

Die Reibung zwischen Fels und Keil beeinflußt den Klemmfaktor. Eine rauhere Felsoberfläche erzeugt eine erhöhte Reibung, wodurch der Klemmfaktor vermindert wird. Schmutz oder Vegetation können den Keil anfeuchten, wodurch die Reibung vermindert, aber der Klemmfaktor erhöht wird.

Die Last und der Klemmfaktor bestimmen die aktuelle Größe der Klemmkraft. Eine große Last, wie z. B. ein stürzender Kletterer, welche von einem Keil mit einem großen Klemmfaktor aufgenommen wird, erzeugt sehr große Expansionskräfte.

Einige Beispiele sollen eine bessere Vorstellung davon vermitteln, wie der Klemmfaktor die Expansionskräfte beeinflußt. Ein Keil mit einem Flächenwinkel von 14,4° erzeugt eine Druckkraft auf die Seitenwände, welche viermal höher ist als die auf den Keil übertragende Last. Das heißt, daß ein 75 kg schwerere Kletterer, welcher sein Körpergewicht auf diesen Keil überträgt, eine Expansionskraft von 300 kg erzeugt. Bereits ein winziger Hüpfer kann diese Kraft bequem verdoppeln. Wenn man nun einen kleineren Keil mit einem schmaleren Flächenwinkel von 4,5° nimmt, erhöht sich der Klemmfaktor auf das zwölffache der Last. Der 75 kg schwere Kletterer, welcher sein Körpergewicht auf den Keil überträgt, erzeugt nun eine Expansionskraft von 900 kg.

Der Klemmfaktor wird besonders wichtig, wenn ein Keil hinter einer Felsschuppe gelegt

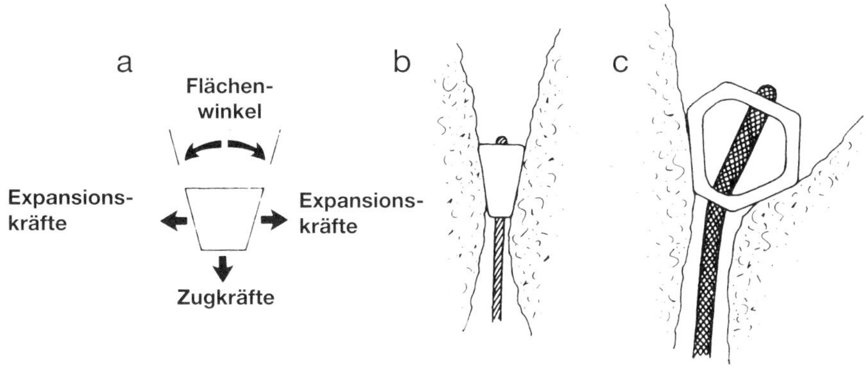


**(10-29) Der Klemmfaktor: a) Illustration der Flächenwinkel und Expansionskräfte; b) Stopper weisen einen geringeren Flächenwinkel auf und erzeugen unter Belastung größere Sprengkräfte; c) Große Keile wie Hexentric weisen größere Flächenwinkel auf und erzeugen eine geringe Sprengwirkung unter Belastung.**

wird. Die Expansionskraft könnte die Schuppe nach außen drücken, wodurch der Keil herausrutscht. Genausogut kann die Schuppe ausbrechen, wodurch der Sicherungspunkt verlorengeht. Keile mit hohen Klemmfaktoren entwickeln leicht Kräfte von solchen Größenordnungen.

Eine Felsschuppe widersteht den Expansionskräften besonders gut nahe ihrer Verbindung zum Fels. Konsequenterweise ist es besser, einen kleineren Keil mit hohem Klemmfaktor nahe dieses Berührungspunktes zu legen, als einen größeren Keil mit einem geringeren Klemmfaktor weiter oben. Der Nachteil eines kleineren Keiles ist natürlich, daß seine maximale Bruchlast begrenzt ist.

Die Drehmomentwirkung eines Drehmomentkeils mit Federmechanismus erzeugt punktförmig große Expansionskräfte. Hier sollte man sein bei der Anwendung hinter Felsschuppen besonders vorsichtig sein.

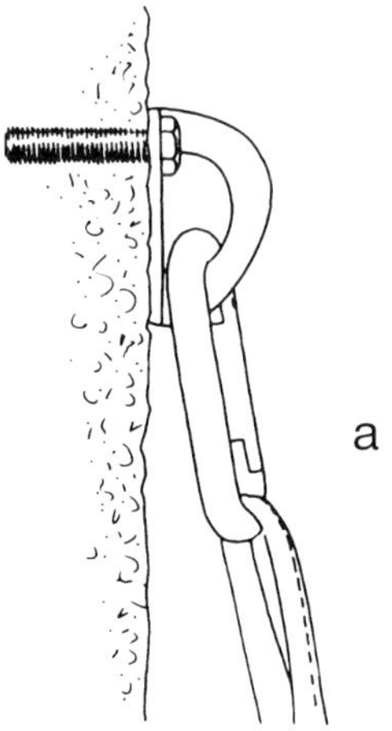


**(10-30) Ein Bohrhaken mit einer passenden Hakenöse.**

## Haken und Bohrhaken

Haken und Bohrhaken sind Sicherungspunkte, welche in den Fels gebohrt oder in Risse geschlagen werden. Sie ermöglichen manchmal Sicherungspunkte an Orten, an denen Klemmkeile nicht gelegt werden können.

Ein Bohrhaken ist ein im Fels verbleibender Sicherungspunkt, welcher in ein zuvor in den Fels gebohrtes Loch geschraubt wird (Abb. 10-30). Eine entsprechende Hakenöse ermöglicht das Einhängen des Karabiners, und je nach System sind Schraubenschlüssel notwendig, um diese Ösen im Dübel anzubringen.

Ein Felshaken ist ein Metallstift, welcher in einen Riß geschlagen wird und so einen Sicherungspunkt ergibt (s. Abb. 10-32). Die Klinge des Hakens ist der Teil, welcher in den Fels hineingetrieben wird, die Öse ist der Verbindungspunkt, in den der Karabiner eingehängt wird.

Auf das Anbringen von Haken wird im Detail in Kapitel 11 eingegangen. Beide werden hier nur erwähnt, da es notwendig ist, zu wissen, wie man mit Haken umgeht, welche von den Vorgängern zurückgelassen wurden. Man muß wissen, wie man diese Sicherungspunkte überprüft und beurteilt, ob ihnen getraut werden kann oder nicht.

Felshaken werden beim modernen Freiklettern selten benutzt. Sie werden nach wie vor auf Touren in alpinem Gelände verwendet oder auch wenn der Routenverlauf sowohl freies als auch technisches Klettern erfordert.

Bohrhaken werden zunehmend genutzt, um moderne extrem schwierige Freiklettertouren abzusichern. Durch Bohrhaken werden künstliche Fixpunkte dort erzeugt, wo keinerlei Felsstruktur das Anbringen anderer Sicherungspunkte erlaubt. Natürlich erfordert die Kletterethik die Anwendung von Clean Climbing – und zwar wenn irgend möglich –, um das überflüssige Anbringen von Haken oder Bohrhaken zu vermeiden.

## Bohrhaken

Betrachte angebrachte Bohrhaken mit einem skeptischen Blick! Wie sicher ein Haken hält, ist abhängig von der Qualität des Materials, der Art des Felsens, der Erfahrung des Kletterers, der den Haken angebracht hat usw. Zum eigenen Vorteil sollte man jedem vorgefundenen Bohrhaken zunächst mißtrauen und ihn kritisch überprüfen, bevor man sich an ihm sichert.

Zunächst schaut man, ob der Haken in solidem Fels angebracht wurde und der Fels durch das Anbringen keine Risse erhalten hat. Danach prüft man, ob die Öse auf dem Fels solide aufliegt. Auch achtet man auf mögliche Korrosionen oder Risse an der Öse. Aluminiummaterial als Öse ist aufgrund seiner Brüchigkeit ungeeignet. Normalerweise sind Stahlösen stabiler.

Niemals sollte man die Festigkeit eines Bohrhakens mit dem Hammer prüfen, da wiederholtes Hämmern den Haken allenfalls lockert. Der Haken kann in gewissen Grenzen überprüft werden, indem man einen Karabiner einhängt und rüttelt. Falls er sich bewegt oder falls aus irgendeinem Grunde die Hakenlage nicht solide erscheint, kommt eine Absicherung über ihn nicht in Frage.

Falls man mit dem Haken jedoch zufrieden ist, hängt man eine Expreßschlinge mit Karabiner ein und klinkt am anderen Ende der Schlinge das Sicherungsseil ein. In einigen Klettergebieten werden die Hakenösen von den Kletterern nach Benutzung wieder mitgenommen, so daß es notwendig ist, einige Ösen sowie passende Schrauben mitzuführen.

Falls eine Öse überraschenderweise nicht vorhanden ist, kann ein Bohrhaken eventuell benutzt werden, indem man die Schlinge eines Drahtkabelklemmkeiles überstreift und danach den Klemmkeil zum arretieren gegen die Schlinge schiebt (Abb. 10-31). Seilbewegungen lösen jedoch diese Art der Zwischensicherung sehr leicht, so daß diese Technik ausschließlich in

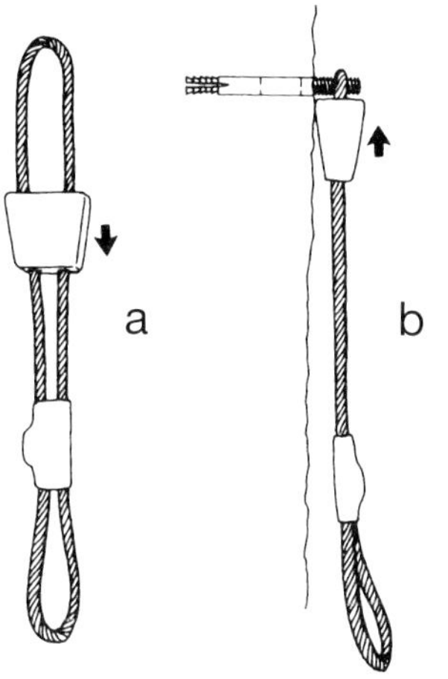


**(10-31) Anbringen eines Drahtkabelkeiles an einem Bohrhaken ohne Öse: a) Man erzeugt eine Schlinge, indem der Metallkeil am Drahtkabel hinuntergeschoben wird; b) Die Schlinge wird auf den Bolzen gehängt und der Keil wieder hinaufgeschoben, um sie in der Stellung zu arretieren.**

Notfällen angewendet werden sollte. Natürlich kann man diesen Schlingentrick auch beim technischen Klettern nutzen.

## Felshaken

Kann man einem alten Haken trauen? Naja, von Fall zu Fall...

Ein Haken, welchen man beim Klettern vorfindet, kann ein schnell und leicht zu nutzender Punkt sein, durch den man eine zuverlässige Sicherung erhält. Allerdings kann er auch alt und in schlechtem Zustand sein. Im Laufe der Jahre rosten Haken und lockern sich.

Vor Benutzung sollte man vorgefundene Haken intensiv in Augenschein nehmen. Ist die Öse gebrochen oder stark verrostet? Rostet der Haken im Riß oder hat er sich vielleicht sogar schon gelöst und kann von Hand herausgezogen werden? Ist der Haken verbogen?

Idealerweise sitzt der Haken quer zur möglichen Belastungsrichtung und ist vollständig in den Fels hingetrieben, so daß die Öse auf der Felsoberfläche aufliegt. Hier untersucht man den Zustand des Felsens und achtet darauf, ob dieser durch das Einschlagen des Hakens brüchig geworden ist. Zunächst testet man den Haken von Hand. Dann klopft man mit dem Hammer oder einem größeren Keil darauf. Falls er sich bewegt, ist er nicht mehr nutzbar. Besondere Vorsicht muß man walten lassen, wenn alte Eisenhaken Ringe als Verbindungspunkte besitzen, da Ringe erfahrungsgemäß durch Korrosion der Schweißnaht besonders brüchig sind. Falls irgendein Zweifel bezüglich der Zuverlässigkeit eines Hakens aufkommt, sollte man unbedingt nach anderen Sicherungsmöglichkeiten suchen.

Falls der Haken fest und zuverlässig und in gutem Zustand zu sein scheint, nutzt man ihn. Man verbindet eine Expreßschlinge mit einem

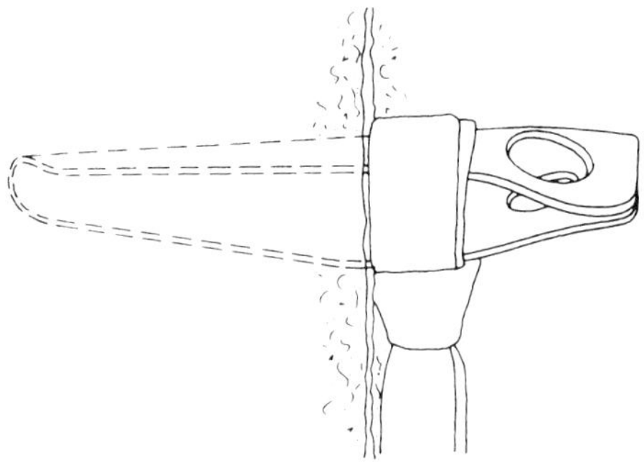

**(10-32) Teilweise eingeschlagener Felshaken mit Abbindeschlinge, um die Hebelkraft zu vermindern.**

Karabiner, welcher in die Hakenöse eingehängt wird. Dabei achtet man darauf, daß der Karabiner nicht unter Last gegen den Fels gedrückt wird, was über Verbiegen zum Bruch des Karabiners führen kann.

Falls ein Haken nicht vollständig eingeschlagen werden konnte, wird er direkt am Fels mit einer Schlinge abgebunden, wobei ein Ankerstich oder Mastwurf benutzt wird (Abb. 10-32). Durch das Abbinden wird die Hebelkraft auf den Haken vermindert. Es ist natürlich auch möglich, eine Verminderung des Hebelarmes durch Einhängen eines Drahtkabelkeiles gemäß Abb. 10-31 zu erzielen.

Falls die Hakenöse verbogen ist, so daß der Karabiner nicht eingehängt werden kann, kann man einen Drahtkabelkeil durch die Hakenöse durchschieben. Natürlich sollte man nicht darauf vertrauen, daß diese Konstruktion einen harten Sturz halten kann, so daß bei möglichen größeren Stürzen alternativen Sicherungspunkten der Vorzug gegeben werden sollte.

Am besten kann derjenige, der den Haken geschlagen hat, dessen Haltekraft beurteilen. Details zum Anbringen von Felshaken siehe Kapitel 11.

## *Mehrere Fixpunkte*

Manchmal werden zwei Sicherungspunkte miteinander verbunden, so daß sie zusammen besser ihre Aufgabe erfüllen als ein einzelner. Diese Technik wird gewöhnlich auf zwei verschiedene Arten genutzt: Zunächst kann man zwei gegenläufige Klemmkeile so legen, daß eine Belastbarkeit in mehrere Richtungen ermöglicht wird, zum anderen kann man über eine Ausgleichsverankerung die Last gleichmäßig auf beide Sicherungspunkte übertragen.

### Gegenzugtechniken

Die meisten Klemmkeile halten nur in Zugrichtung abwärts. Sie sind nur in dieser Lastrichtung belastbar. Man mag denken: »Kein Problem. Wenn ich falle, falle ich nur nach unten.« Das stimmt zwar meist, aber es gibt Situationen, in denen ein Keil auch eine Last nach oben oder seitwärts halten muß. Wenn die Route ihre Richtung ändert oder auch direkt oberhalb eines Sicherungspunktes kann eine Seilschlinge dafür sorgen, daß ein einfacher Zug einen Keil aus den Riß herauszieht. In einigen Fällen wurden in der Vergangenheit durch einen Sturz, welcher von ei-

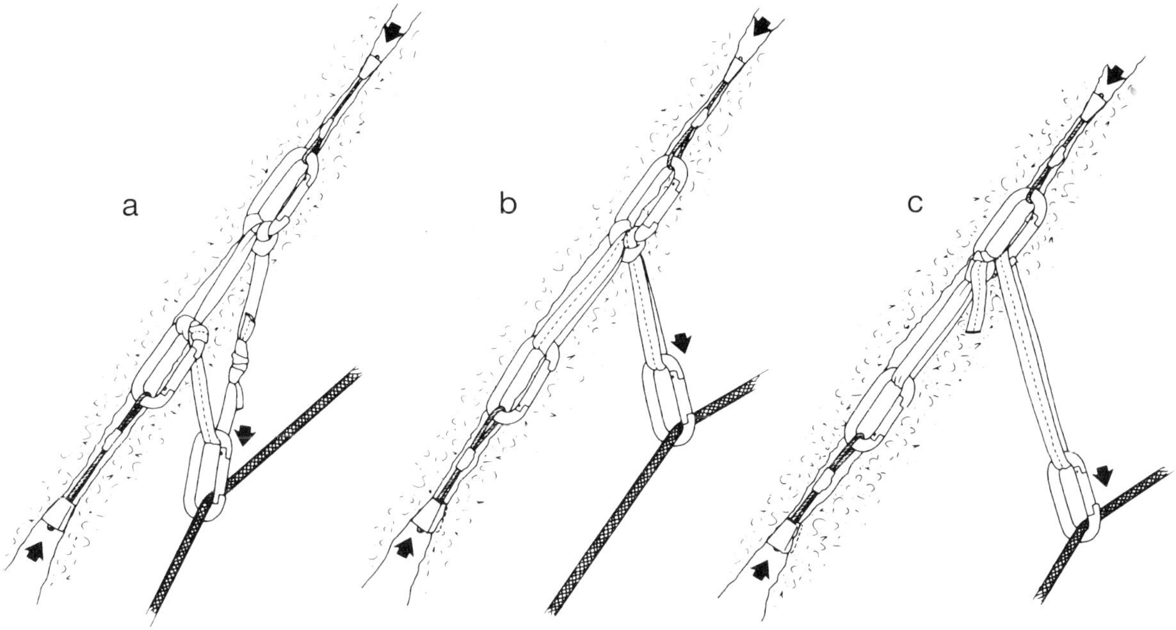


**(10-33) Drei Methoden, um einen senkrechten Gegenzug zu erzeugen: a) Anwendung einer Schlinge, die Keile werden durch die Zugkraft einer Schlingenseite und der eingeknüpften Mastwürfe in ihrer Position gehalten; b) Bei Anwendung einer Schlinge wird die Zugkraft, die die Keile in ihrer Position hält, mit einem Mastwurf erzielt; c) Bei zwei kurzen Schlingen werden die Keile durch eine der Schlingen in Position gehalten, das System wird über die zweite Schlinge belastet. Anmerkung des Übersetzers: Der obere Karabiner sollte gedreht werden. Bei Belastung der Anordnung c kann das System über den wenig stabilen Karabinerschnapper belastet werden.**

nem weiter oben liegenden Keil gehalten wurde, weiter unter liegende Keile herausgerissen.

In diesen Situationen ist eine multidirektionale Sicherung notwendig – das sind Fixpunkte, die sofort halten, unabhängig davon, ob der Zug nach unten, oben oder außen erfolgt. Die offensichtlichsten multidirektionalen Fixpunkte bilden Bäume, Sanduhren, Haken und Bohrhaken. Eine andere mögliche Standardmethode, einen solchen Fixpunkt zu schaffen, besteht darin, Karabiner auf Gegenzug zu belasten, d. h. Keile so einzusetzen, daß sie unter Sturzbelastung aufeinander zu gezogen werden. Diese Methode eignet sich auch für passive Klemmkeile in Horizontalrissen, also in Situationen, in welchen diese Keile normalerweise sofort herausgerissen würden.

### Vertikale Gegenzugtechniken

Das grundsätzliche Vorgehen ist einfach. Man setzt einen Keil in den Riß so ein, daß er einen Zug nach abwärts hält. Weiter unterhalb setzt man einen Keil ein, der einen Zug nach oben hält. Dann wird ein Karabiner in jede Keilschlinge eingehängt. Mittels Ankerstich oder Mastwurf werden beide Karabiner mit einer Schlinge zusammengebunden, so daß sie in ihrer Lage festgehalten werden. Dann wird das Seil eingehängt. Die drei möglichen Variationen zeigt die Abb. 10-33.

Eine andere Anwendungsmöglichkeit, welche von einigen Kletterschulen gelehrt wird, sollte vermieden werden (Abb. 10-34). Diese Anordnung hat zwei grundlegende Nachteile.

Zunächst ergibt sich eine unter Umständen

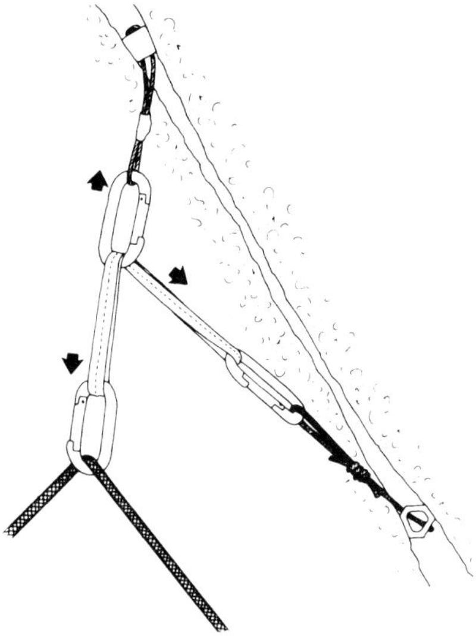

(10-34) Falsche Anordnung bei vertikalem Gegenzug.

gefährliche Erhöhung der Zugkraft auf den oberen Klemmkeil. Da die Schlinge nicht fest mit dem oberen Klemmkeil verbunden ist, bewegt sie sich frei durch den Karabiner, welcher wie eine Umlenkrolle funktioniert. Hierdurch wird die Kraft auf den oberen Keil verdoppelt, wodurch dieser möglicherweise ausbricht.

Zum anderen gibt es nichts, was den unteren Karabiner am Ort hält. Dieser hält nur so lange, wie Zugkraft an der Schlinge anliegt. Fehlt diese, wird er hinausfallen.

Die vorzuziehenden Methoden (Abb. 10-33) vermeiden die Gefahr der Lastvergrößerung. Jede dieser Methoden erzeugt eine Zugkraft zwischen beiden Klemmkeilen und sorgt so dafür, daß sie ihre Lage beibehalten.

## Horizontaler Gegenzug

Falls ein Horizontalriß keine nutzbare Verjüngung

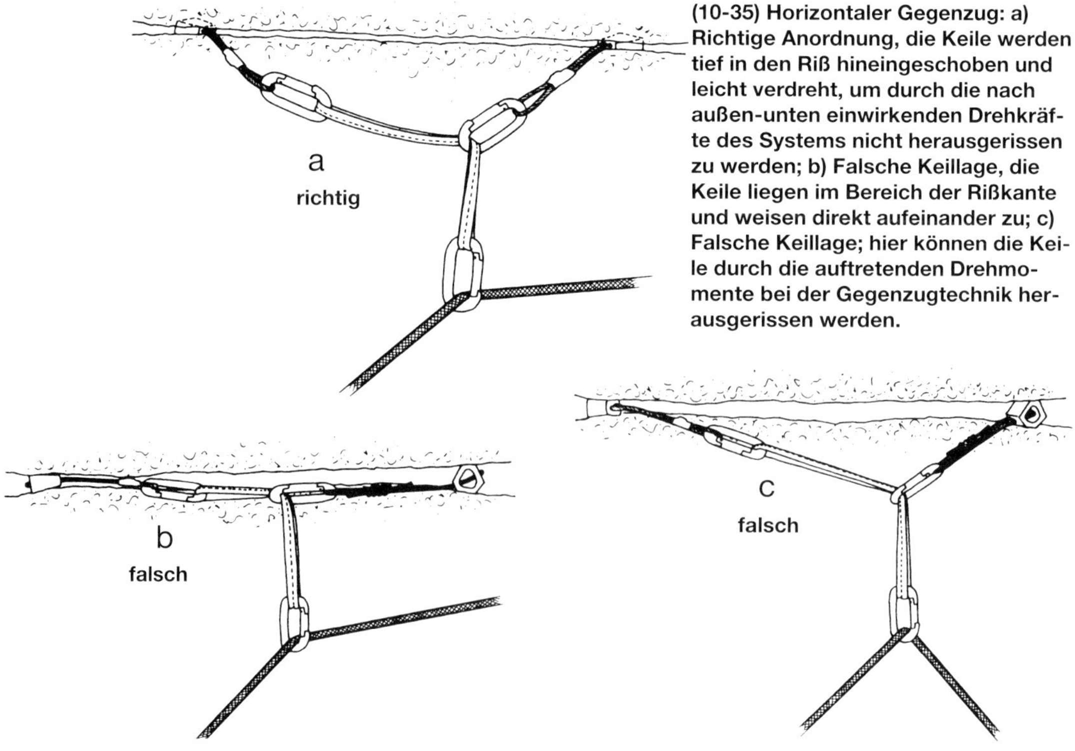


(10-35) Horizontaler Gegenzug: a) Richtige Anordnung, die Keile werden tief in den Riß hineingeschoben und leicht verdreht, um durch die nach außen-unten einwirkenden Drehkräfte des Systems nicht herausgerissen zu werden; b) Falsche Keillage, die Keile liegen im Bereich der Rißkante und weisen direkt aufeinander zu; c) Falsche Keillage; hier können die Keile durch die auftretenden Drehmomente bei der Gegenzugtechnik herausgerissen werden.

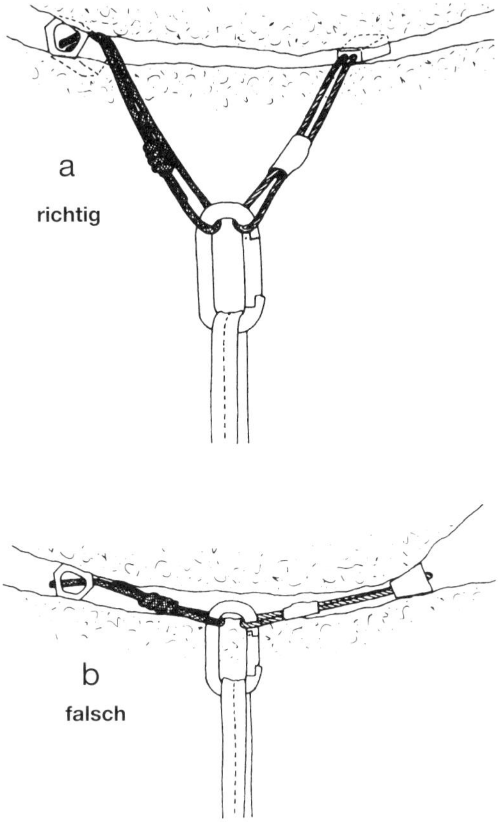


**(10-36) Gemeinsames Einhängen zweier Keile, um horizontale Gegenzugtechnik zu erzielen: a) Richtig, die Keile sind leicht nach außen gedreht und tief in den Riß hineingesteckt. So können sie sowohl den Drehkräften als auch den Zug nach außen widerstehen; b) Falsche Lage. Die Keile liegen direkt einander zugewandt im Riß im Bereich der Rißvorderkante. Bei geringer Drehbewegung und Auswärtszug wird die Anordnung brechen.**

aufweist, um einen Klemmkeil dahinter anzubringen, kann man versuchen, Keile auf Gegenzug anzuwenden. Unter Last ziehen Keile gegeneinander, wodurch sie im Riß festgehalten werden.

Man geht grundsätzlich folgendermaßen vor: Zuerst schiebt man zwei Keile in den Riß. Sie sollten ungefähr aufeinanderzeigen, die Tragkabel weisen nur schräg nach außen, um die Last nach außen und unten zu halten. Falls ein Keil die Abwärtskraft nicht halten kann, wird der andere Keil gewöhnlich ebenfalls ausbrechen.

Es gibt mehrere Möglichkeiten, die Keile miteinander und mit dem Seil zu verbinden. Nach einer Methode wird eine Schlinge in den Karabiner eines Keiles eingehängt und durch den Karabiner des anderen Keils durchgezogen, um danach in das Seil eingehängt zu werden (Abb. 10-35 a). Zuletzt sollte man sich erneut darüber vergewissern, daß die Keile tief im Riß sitzen und leicht nach außen weisen. Falls dies nicht der Fall ist, könnten die Keile durch die auftretenden Kräfte gedreht werden und aus dem Riß herausrutschen (Abb. 10-35 b und c). Auch sollte man sich darüber im klaren sein, daß die bei dem rechten Karabiner

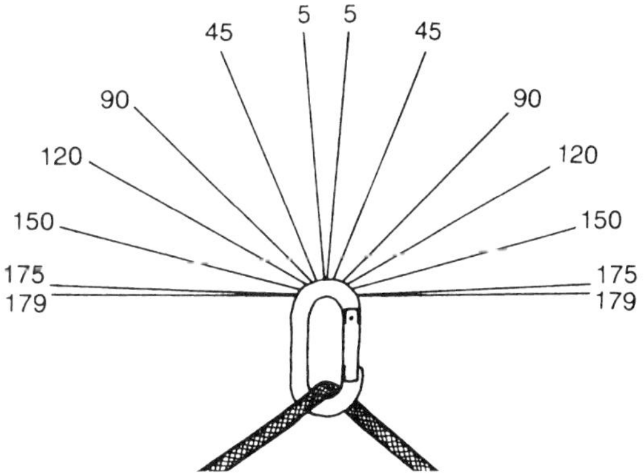


**(10-37)**
**Wenn die Last auf den Karabiner 50 kg beträgt, wird jeder der beiden Fixpunkte in Abhängigkeit vom Winkel x kg aufnehmen müssen:**

| Winkel zwischen den Sicherungspunkten (in Grad) | Last auf den Sicherungspunkten (in kg) |
|---|---|
| 179 | 2595 |
| 175 | 520 |
| 150 | 90 |
| 120 | 45 |
| 90 | 32 |
| 45 | 24,5 |
| 5 | 23 |

gemäß Abb. 10-35 a auftretende Kraft durch die Anordnung des Systems erhöht wird. Dieser muß also besonders zuverlässig sitzen und aus einem hoch belastbaren Keil bestehen.

Eine andere Methode, die beiden Keile zusammenzufügen, ist das Einhängen eines gemeinsamen Karabiners (Abb. 10-36). Der Karabiner kann dabei entweder in die Schlingen der Keile direkt eingehängt werden oder in die Expreßschlingen, mit welchen beide Keile verlängert wurden. In beiden Fällen sind zwei wichtige Dinge zu beachten: Zunächst müssen die Keile tief in den Riß geschoben werden, wobei beide Schlingen zwar gegeneinander, aber auch leicht auswärts weisen müssen. Mindestens einer muß in der Lage sein, eine größere Zugkraft nach außen aufzunehmen. Zum anderen muß der Winkel zwischen den Keilen so klein wie möglich bleiben. Wenn zwei Keile verbunden und belastet werden, bestimmt der Winkel zwischen den Schlingen, wie groß die auftretende Kraft sein wird. Je größer dieser Winkel ist, desto größer ist die Kraft auf die Keile (Abb. 10-37). Wird der Winkel zu groß, kann der Sicherungspunkt ausreißen. Dieser Winkel sollte unter 90° gehalten werden, idealerweise liegt er bei etwa 45°. Wenn man Expreßschlingen benutzt, um die Schlingen der Keile zu verlängern, wird der Winkel kleiner, wodurch die Kraft, welche auf die Keile wirkt, ebenfalls verringert wird.

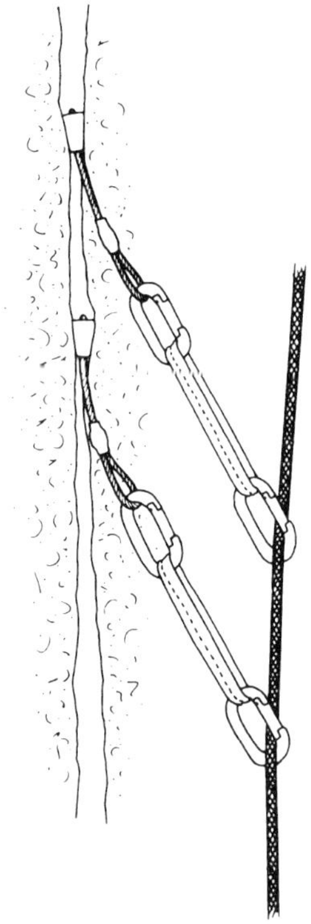

**(10-38) Anbringen einer zusätzlichen Absicherung einer fragwürdigen Zwischensicherung.**

## Ausgleichsverankerung

Wenn man sich einem sehr schweren Kletterzug und einer fragwürdigen Sicherung gegenübersieht, kann ein Seilerster sich entschließen, zwei Sicherungspunkte nahe beieinander anzubringen. Falls einer ausbricht, wird der andere die Last vermutlich halten (Abb. 10-38).

Eine andere Möglichkeit ist die Ausgleichsverankerung, bei welcher die Last gleichmäßig auf zwei Sicherungspunkte verteilt wird; das bedeutet, daß jeder Punkt nur einen Teil der Gesamtlast halten muß. Eine aufwendigere Version einer solchen Ausgleichsverankerung mit drei oder mehr Sicherungspunkten kann natürlich auch benutzt werden. Dies geschieht vorzugsweise an Standplätzen (siehe auch Kapitel 7).

Ausgleichsverankerungen können mit einer Hand angebracht werden und benötigen lediglich eine längere Schlinge. Diese Schlinge wird zu zwei große Ösen verschlungen, jede Öse wird in einen Keil eingehängt. Der Karabiner wird zwischen die beiden Ösen eingeklinkt (Abb. 10-39 a). Eine Last sorgt nun dafür, daß dieser Karabiner über die Schlingen der Ausgleichsverankerungen gleitet, er rutscht automatisch in eine Position, in der die Kraft gleichmäßig auf jeden Punkt übertragen wird.

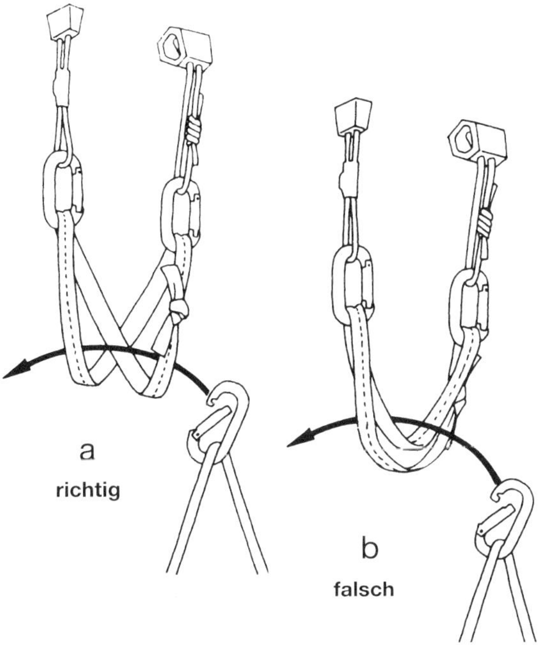


**(10-39) Konstruktion einer Ausgleichsverankerung: a) Richtige Lage, der Karabiner wird durch beide Schlingen des Flachbandes hindurchgeführt, nachdem eine gedreht wurde; b) Falsche Lage, der Karabiner kreuzt lediglich die verdrehte Schlinge.**

Wichtig: der Karabiner muß durch eine Öse der verdrehten Schlinge und die andere geklinkt werden, nicht quer über die Schlinge (Abb. 10-39 b). Man kann leicht herausfinden, warum dies notwendig ist: Falls man nämlich stürzen sollte und einer der Sicherungspunkte ausbricht, wird der Karabiner mit der Schlinge in Verbindung bleiben, welche ihrerseits an dem verbleibenden Sicherungspunkt verankert bleibt. Macht man es falsch, wird der Karabiner abrutschen und man selbst abstürzen.

# *Sicherungstechniken: Das Vorklettern einer Seillänge*

## *Eine sichere Führungsstrategie*

Nachdem Sie nun die ganze Sicherungsausrüstung kennen und wissen, wie sie anzuwenden ist, bekommen Sie nun noch einige wichtige Informationen über Stopper, Hexentrics und Friends.

Sie kennen und anwenden können ist die eine Sache; das kann man zu Hause lernen oder auf sicherem Stand unterhalb eines Felsens.

Einen Felsen hinaufzuklettern und eine Seillänge zu führen, ist eine ganz andere Sache. Man muß wissen, wie man die Sicherungstechniken anwendet und wie man sie im Rahmen einer Sicherungsstrategie optimal nutzt.

Man muß lernen, die Seillänge als Gesamtheit zu betrachten, während man jede einzelne Sicherung anbringt. Wie wird diese Sicherung das Gesamtsystem beeinflussen, und umgekehrt? Lerne diese Techniken, und du wirst keine schlimmen Überraschungen im Falle eines Sturzes erleben. Dieser wunderschön gelegte Klemmkeil wird nicht herausfallen, wenn du die richtigen Tricks benutzt hast...

Der Vorstieg ist eine komplexe Aufgabe. Anfänger benötigen normalerweise der Anleitung, indem sie einem erfahrenen Kletterer hinterhersteigen, bevor sie sicher am Gefährlicheren der beiden Seilenden agieren. Übernimm niemals die Führung, wenn du dich dem nicht gewachsen fühlst, und vor allem übe niemals Druck auf andere aus, daß sie die Führung übernehmen. Bewahre den Stil des Vorstiegs, so wie er sein sollte: interessant, herausfordernd, befriedigend und sicher.

## *Die Zahl der Sicherungspunkte*

Die existentielle Angst vor einem Sturz verführt manchen Kletterer dazu, einen Sicherungspunkt vor nahezu jeder Kletterbewegung anzubringen. Sie verschwenden so ihre Ausrüstung und gleichzeitig kostbare Zeit. Darüberhinaus verpassen sie eine der großen Attraktionen des Felskletterns, nämlich das Gefühl, gleichmäßig den Fels hinaufzugleiten.

Andere Kletterer dagegen vernachlässigen die Sicherungen – bisweilen nur deshalb, um ihre Stärke und ihr Draufgängertum zu demonstrieren. Sie suchen nach einem psychologischen Kick, welcher nichts damit zu tun hat, dem Gesetz der Schwerkraft zu widerstehen.

Aber sensible Kletterer fällen ihre Entscheidungen über die Sicherung auf der Basis vorsichtiger Überlegungen hinsichtlich der persönlichen Fähigkeiten und der Eigenschaften des Felsens, der Zeit und der zur Verfügung stehenden Ausrüstung.

Die nächstliegende Grundregel lautet, einen Sicherungspunkt dort anzubringen, wo man sich ohne ihn unwohl fühlt. Natürlich ist das Komfortgefühl häufig unabhängig von einer objektiv bestehenden Gefahr. Ein Kletterer, welcher sich bei einem schwierigen Kletterzug wohlfühlt, obwohl er drei Meter oberhalb des letzten Zwischensicherungspunktes agiert, kann einen gefährlichen Sturz auf einen Felskopf riskieren, während ein Kletterer auf einer großen Reibungsplatte ohne größere Absätze im Falle eines Sturzes unter Umständen nichts riskiert, obwohl er sich zehn Meter oberhalb des letzten Zwischensicherungspunktes befindet.

Um zu seiner persönlichen Entscheidung zu gelangen, wann die nächste Zwischensicherung zu legen ist, sollte man die Qualität der bisherigen Sicherungspunkte stets mitberücksichtigen. Falls diese fragwürdig erscheinen, sollte man lieber weitere Punkte anbringen. Die Kenntnis des Sturzfaktors, welcher zunächst beschrieben wird, hilft ebenfalls bei der Entscheidung, wann der nächste Sicherungspunkt anzubringen ist.

## Abschätzung des Sturzfaktors

Die relativen Kräfte, welche beim Sturz eines Seilersten entstehen, werden durch den Sturzfaktor angegeben, welchen man erhält, indem man die Sturzhöhe durch die Länge des ausgegebenen Seils dividiert. Je höher der Sturzfaktor, desto größer die auftretenden Kräfte.

Der Sturzfaktor ist niedriger, wenn die ausgegebene Seillänge ziemlich groß ist, da sich ein langes Seilstück wesentlich mehr dehnt und daher mehr Energie aufnehmen kann als ein kurzes. Der praktische Effekt ist, daß, wenn der Seilerste bereits weit vom Sichernden entfernt ist, die auftretende Kraft wesentlich geringer ist, als wenn er direkt neben dem Sichernden stürzt. Daher ist es möglich, die Sicherungspunkte zum Ende der Seillänge hin in immer größeren Abständen anzubringen, ohne daß der Sturzfaktor erhöht wird.

Der Sturzfaktor ist eine wichtige Grundlage für den Seilersten, um zu verstehen, wann bei einem möglichen Sturz welche Kräfte auftreten können. Der Seilerste und nicht der Sichernde bestimmt die Größe des Sturzfaktors, indem er entscheidet, wann Zwischensicherungen gelegt werden. Daher sollte der Seilerste den Sturzfaktor in seiner Taktik berücksichtigen und Sorge tragen, daß er möglichst gering gehalten wird. Dies bedeutet zunächst, daß man, nachdem man den Standplatz verlassen hat, sobald wie möglich die erste Zwischensicherung legt, um das Risiko eines Sturzes mit dem maximalen Sturzfaktor 2 zu verhindern. Dann wird man baldmöglichst einen weiteren Zwischensicherungspunkt anbringen, wenn sich beim weiteren Aufstieg eine Gelegenheit ergibt. Man kann die Größe des Sturzfaktors größenordnungsmäßig abschätzen, während man weiter aufsteigt und über weitere Sicherungspunkte nachdenkt. Grundsätzlich sollte man beachten, daß ein Sturz nahe des Standplatzes wesentliche größere Kräfte erzeugen kann als ein Sturz am Ende der Seillänge, so daß gerade zu Beginn auf eine höhere Zahl bzw. auf besonders zuverlässige Sicherungspunkte zu achten ist. Der Sichernde hat in Grenzen auch die Möglichkeit die Sicherungstechnik dem Sturzfaktor anzupassen, so daß man die Auswirkungen eines Sturzes begrenzen kann. Allerdings ist es notwendig, darauf zu achten, daß der Vorsteigende im Sicherungssystem nicht zuviel Reibung erzeugt, da ansonsten eine dynamische Sicherung zur Verminderung der Sturzkräfte nicht im vollen Ausmaß möglich ist. Im Extremfall kann daraus eine statische Sicherung mit entsprechend höheren Sturzkräften, die auf den Seilersten einwirken, resultieren.

## Auswahl eines Sicherungspunktes

Wenn man eine Seillänge führt, geht man von einem Standplatz bzw. vom letzten Sicherungspunkt aufwärts aus; irgendwann erreicht man einen Punkt, an dem man gerne die nächste Sicherung hätte, entweder weil man an diesem Punkt zusätzlich gesichert werden möchte oder aber weil sich gerade eine gute Gelegenheit zum Anbringen einer solchen ergibt. Zunächst stellt man sich so, daß man sicher und so bequem wie irgendmöglich steht. Unter Umständen kann es einige Zeit benötigen, eine Sicherung gut anzubringen, daher benötigt man einen soliden Stand, so daß man weder abrutscht noch gefährlich ermüdet.

Falls man keinen guten Standpunkt erreicht, sieht man sich mehreren unbequemen Alternativen gegenübergestellt: Abklettern und den Sichernden zu fragen, ob er die Seillänge führen möchte; abenteuerlich hängen, in der Hoffnung, einen Sicherungspunkt angebracht zu haben, bevor Arme oder Beine aufgeben; oder weiterklettern zum nächsten erreichbaren bequemen Ort. Dieses Dilemma kann normalerweise vermieden werden, indem man vorausdenkend klettert und Sicherungspunkte anbringt, bevor sie unbedingt notwendig werden. Wenn eine solche Situation jedoch eingetreten ist, darf keine Panik aufkommen. Man fällt zügig eine Entscheidung und folgt dieser konsequent. Häufig ist die richtige Entscheidung die, einfach ohne Sicherung weiterzusteigen, bis der nächste bequeme Punkt erreicht ist.

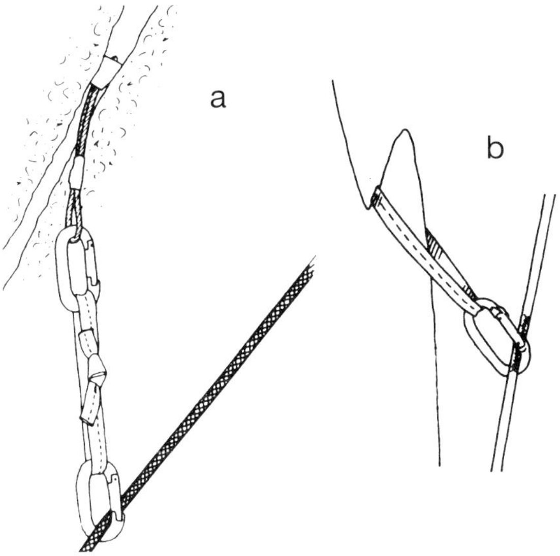


**(10-40) Einhängen des Seils in den Sicherungspunkt: a) Einhängen in eine angebrachte Zwischensicherung (Klemmkeil, Karabiner, Schlinge, Karabiner Seil); b) Einhängen in einen natürlichen Sicherungspunkt (Felskopf, Schlinge, Karabiner, Seil).**

Wenn man einen guten Standort gefunden hat, steigt man nach gelegter Sicherung weiter. Manchmal wird man erleben, daß man die Wahl zwischen zwei oder mehr Rissen hat, in die man Keile legen kann. In diesem Falle legt man einen möglichst großen Keil in den solidesten Riß. Allerdings müssen bei dieser Entscheidung mehrere Faktoren berücksichtigt werden: Welche Lage ist die stabilste? Welche Keile sollten für den Rest der Seillänge aufbewahrt werden? Welche Keillage wird am leichtesten für den Seilzweiten zu entfernen sein? Man wählt den richtigen Punkt aus, nachdem man alle Konsequenzen seiner Auswahl durchdacht hat.

## Seil und Sicherungspunkt

Normalerweise wird das Seil mit jeglichem Sicherungspunkt verbunden. Eine Expreßschlinge – das ist eine kurze Schlinge, in welche zwei Karabiner eingeklinkt sind – wird mit einem Karabiner in den Sicherungspunkt und dem anderen in das Seil eingehängt. Die vollständige Sicherungskette lautet dann folgendermaßen: Fixpunkt, Karabiner, Schlinge, zweiter Karabiner, Seil (Abb. 10-40 a).

An natürlichen Sicherungspunkten ist die übliche Methode das Seil einzuhängen, indem man einen Karabiner in eine Schlinge einhängt, welche um den Punkt herumgeschlungen wurde – unabhängig davon, ob es sich um einen Baum, eine Felsschuppe, einen Felskopf oder was auch immer handelt. Die vollständige Sicherungskette lautet dann: natürlicher Sicherungspunkt, Schlinge, Karabiner, Seil (Abb. 10-40 b). Diese Standardmethode, einen Sicherungspunkt mit einer Expreßschlinge zu verlängern, hat zwei wichtige Konsequenzen: Zunächst wird der Effekt der Seilbewegung auf den Sicherungspunkt vermindert; und zum anderen wird die Seilreibung, welche in der gesamten Sicherungskette erzeugt wird, vermindert.

### Karabiner

Der Karabiner ist ein grundlegendes Ausrüstungsteil, um beliebige Teile der Sicherungsketten miteinander zu verbinden. Die Zuverlässigkeit eines Karabiners ist im Falle eines Sturzes vor allem davon abhängig, wie er eingesetzt und benutzt wurde.

Jeder Karabiner sollte so eingehängt werden, daß der feste Schenkel dem Fels aufliegt und die Schnapperöffnung nach unten außen zeigt. Hierdurch wird sichergestellt, daß Felskontakt den

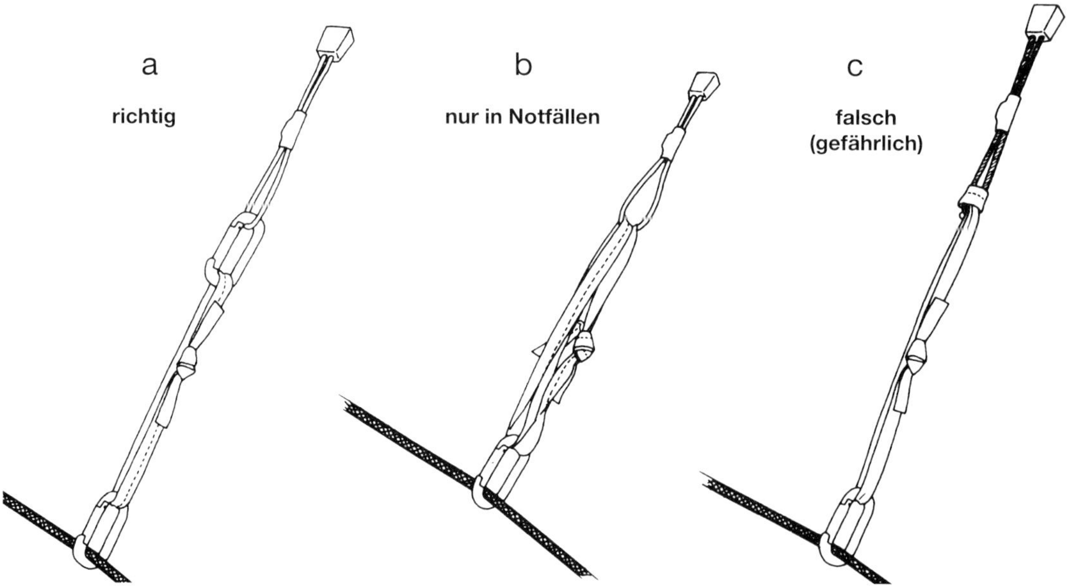


**(10-41) Verbindung von Klemmkeil und Schlinge: a) Richtig, ein Karabiner wird zur Verbindung von Schlinge und Keil benutzt; b) Lösung ausschließlich für Notfälle bei Materialmangel, die Schlinge wird durch die Stahlkabelschlaufe des Keiles hindurchgezogen; c) falsche Anwendung, die Schlinge wurde hier mittels Ankerstich in das Stahlkabel eingehängt. In diesem Fall wird das Stahlkabel bei Belastung die Flachbandschlinge durchschneiden.**

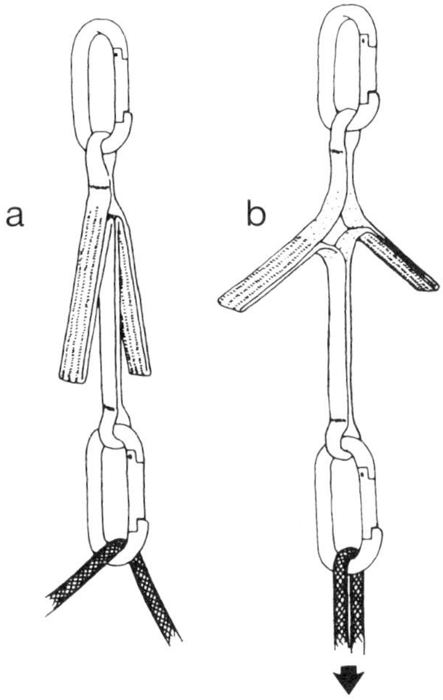


**(10-42) Fallenergieabsorbierende Schlingen:**
**a) Normale Lage bei Benutzung der Schlinge;**
**b) während eines Sturzes werden die zu diesem Zweck angebrachten Verkürzungsnähte aufgerissen und ein Teil der Energie aufgenommen. Hierdurch wird die auf den Fixpunkt übertragene Sturzwucht geringer.**

Schnapper nicht aufdrückt, was eine wesentliche geringere Bruchlast des Karabiners zur Folge hätte. Auch wird es so leichter, eine Schlinge oder ein Seil einzuhängen.

Der Karabiner sollte so liegen, daß das Seil glatt und ohne Verdrehungen hindurchlaufen kann. Karabinerketten sollten unbedingt vermieden werden, da sich beim Verdrehen einzelne Glieder aushängen können. Falls Karabiner durch die Sturzwucht geöffnet werden könnten, werden am besten zwei Karabiner gegenläufig eingehängt (die Schnapper weisen in unterschiedliche Richtung) oder Karabiner mit Verschlußsicherung benutzt werden.

In jedem Fall ist es besser, eine Schlinge mit einem Karabiner in eine Klemmkeilschlinge einzuhängen, als die Schlinge direkt in das Kabel einzuschlaufen (Abb. 10-41 a). Dies ist besonders wichtig, wenn Drahtkabelkeile benutzt werden, da ein Drahtkabel die Schlinge bei Belastung durchschneiden kann. Im Notfall kann man eine Schlinge durch die Drahtkabelschlaufe hindurchziehen (Abb. 10-41 b). Niemals jedoch sollte man die Schlaufe mit einem Ankerstich in das Drahtkabel binden (Abb. 10-41 c).

Wenn ein Karabiner direkt in den Fixpunkt eingehängt wird, sollte darauf geachtet werden, daß er nicht direkt gegen den Fels gedrückt wird. Ein Sturz könnte dazu führen, daß eine Biegebelastung auftritt, welche zum Bruch des Karabiners führen kann.

## Schlingen

Bandschlingen und kürzere Schlingen, welche auch Expreßschlingen genannt werden, werden normalerweise zum Verbinden von Sicherungspunkten mit dem Seil benutzt. Große Schlingen werden normalerweise zum Sichern an natürlichen Fixpunkten wie Bäumen oder Felsblöcken benutzt.

*Hinweis:* Man kann eine große Schlinge erzeugen, indem man zwei kleinere mittels Ankerstich verbindet.

Bei Expreßschlingen hat man die Wahl zwischen geknoteten oder vernähten Schlingen. Jede hat ihre Vorteile und Nachteile. Genähte Schlingen sind stabiler, leichter, weniger voluminös und haben keinen Knoten, welcher regelmäßig überprüft werden muß. Natürlich können sie nicht geöffnet und um einen Sicherungspunkt herum gebunden werden. Geknotete Schlingen sind billiger und weisen einen Knoten auf, welcher notfalls auch als Sicherungspunkt (Knotenschlinge) eingesetzt werden kann. Außerdem können sie aufgebunden und um einen Baum herum geschlossen werden. Allerdings sind geknüpfte Schlingen voluminöser und der Knoten

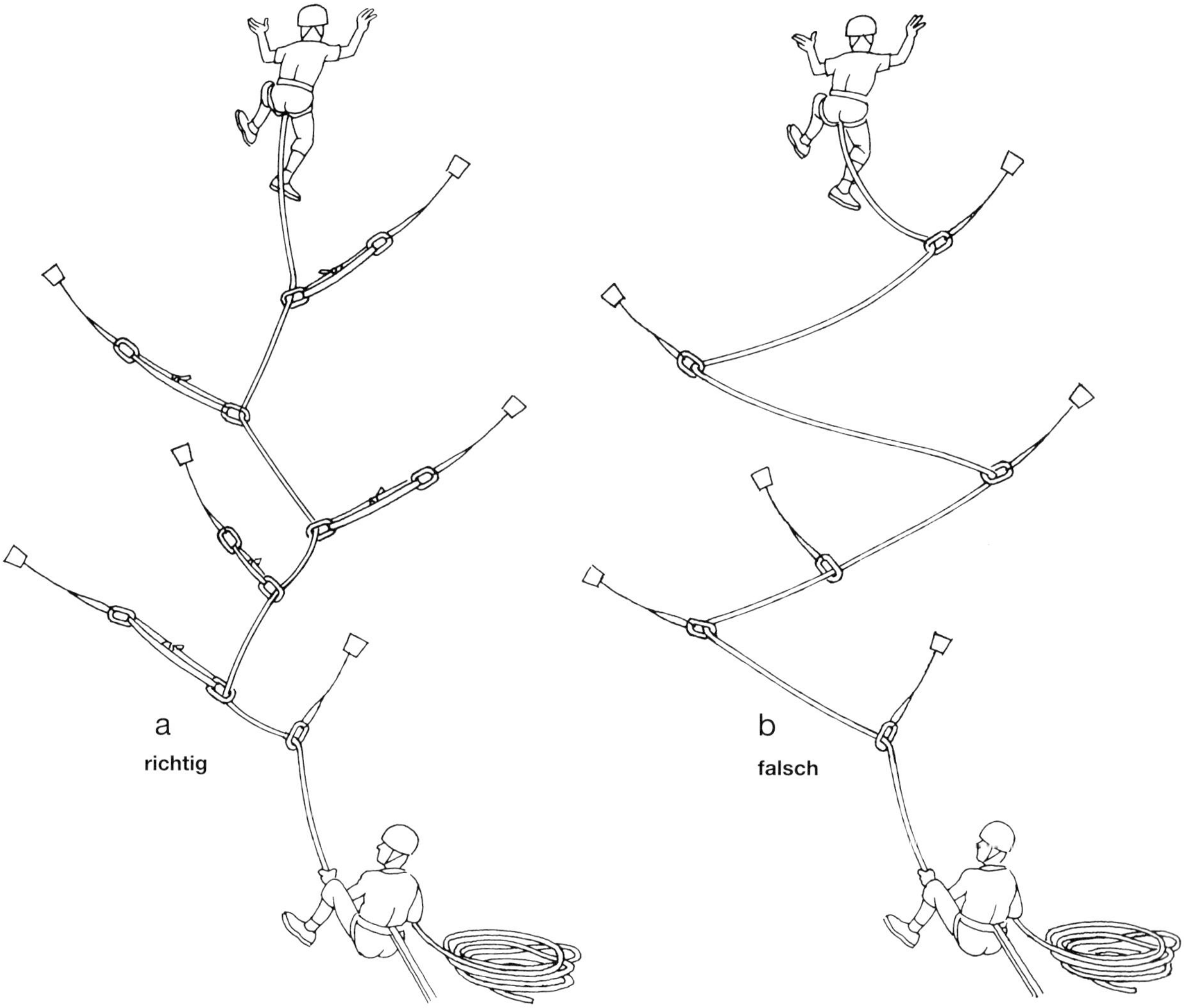


**(10-43) Verminderung der Seilreibung: a) Korrekte Führung durch Verlängerung der Zwischensicherungen mit Schlingen. Hierdurch wird eine geradere Seilführung mit geringerer Seilreibung erzielt; b) falsch. Hier hat das Seil durch die fehlenden Verlängerungen einen extremen zickzackförmigen Verlauf mit hoher Seilreibung.**

knüpfte Schlingen voluminöser und der Knoten muß als schwächster Teil der geknüpften Schlinge regelmäßig überprüft werden.

Energieaufnehmende Schlingen können benutzt werden, um die maximale Belastung grenzwertiger Sicherungen zu vermindern. Diese Art von Schlingen hat eine größere Anzahl von Nähten, welche unter Belastung aufreißen und damit die Fallenergie teilweise aufnehmen (Abb. 10-42).

Allerdings sollte man eine sicherheitsrelevante Tatsache beim Nutzen energieabsorbierender Schlingen berücksichtigen: Wenn die Nähte unter Sturzbelastung reißen, entsteht eine Vibration, welche möglicherweise den Schnapper der benachbarten Karabiner öffnen kann. Wenn alle Nähte aufgerissen sind, trifft die letztlich verbleibende Sturzenergie unter Umständen auf einen geöffneten Karabiner. Die einzige Möglichkeit, dieses Problem zu umgehen, ist ein Karabiner mit Verschlußsicherung. Bei der Anwendung dieser Spezialschlingen ist es unbedingt notwendig, den Anweisungen des Herstellers Folge zu leisten.

## *Gerader Seilverlauf*

Wenn man darauf achtet, daß das Seil möglichst gerade verläuft, hat man die wichtigste Maßnahme getroffen, um bremsende Reibungskräfte in der Sicherungskette zu vermindern, auch werden so nicht eingeplante Sturzkräfte verhindert. Seilreibung ist bestenfalls ein Hindernis und verursacht schlimmstenfalls den Sturz des Seilersten. Die auftretenden Sturzkräfte können, wenn sie in nicht vorhergesehener Richtung die Sicherungskette treffen, die Fixpunkte unmittelbar aus dem Fels herausreißen.

### Verminderung der Seilreibung

Seilreibung verursacht alle möglichen Probleme. Zunächst kann sie einen Kletterer blockieren oder zumindest bremsen. Natürlich kann ein Kletterer auch aus der Balance gebracht werden. Der Seilerste wird Schwierigkeiten haben, genügend Seil aufzuziehen, um es in die nächste Zwischensicherung einzuhängen. Darüberhinaus

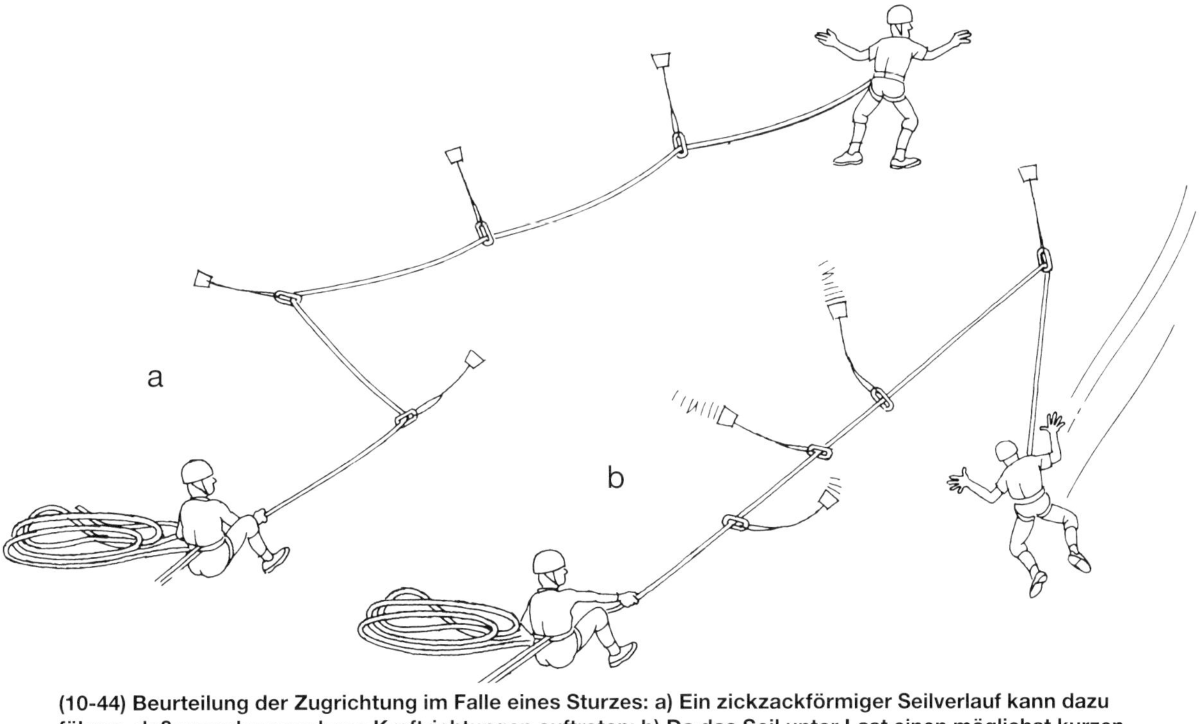


**(10-44) Beurteilung der Zugrichtung im Falle eines Sturzes: a) Ein zickzackförmiger Seilverlauf kann dazu führen, daß unvorhergesehene Kraftrichtungen auftreten; b) Da das Seil unter Last einen möglichst kurzen Verlauf nimmt, kann es die Sicherungspunkte in unvorhergesehener Richtung belasten und so zum Versagen der Zwischensicherungen führen – insbesondere dann, wenn diese so angebracht wurden, daß sie nur in einer bestimmten Richtung Energie aufnehmen können.**

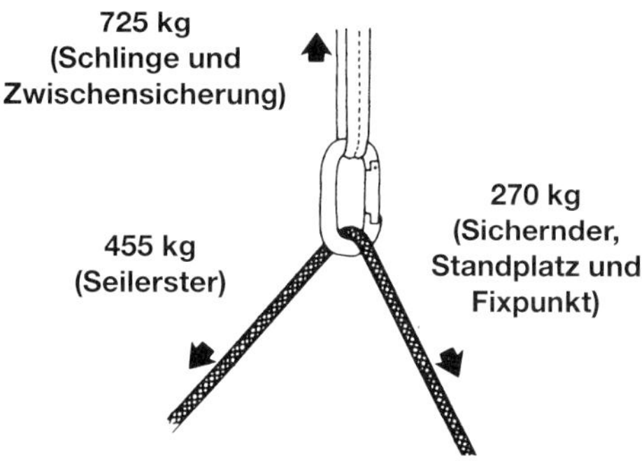


**(10-45) Die Darstellung der Kraftsumme an der obersten Zwischensicherung im Falle eines Sturzes.**

wird zusätzliche Reibung im System erzeugt, welche die auf die oberste Zwischensicherung einwirkende Kraft im Falle eines Sturzes unnötig erhöht. Natürlich hat Seilreibung auch einen Einfluß darauf, wie gut der Sichernde auf einen Sturz reagieren kann, indem die Vorteile dynamischer Sicherungstechniken durch die hohe Seilreibung zerstört werden.

Wenn die Sicherungspunkte nicht einigermaßen geradlinig hinaufführen und das Seil direkt in diese Punkte eingehängt wird, führt es zickzackförmig den Felsen hinauf und erzeugt so erhebliche Seilreibung (Abb. 10-43 b). Dies ist einer der Hauptgründe zur Benutzung von Expreßschlingen, da hierdurch das Seil begradigt wird und freier durch die Sicherungskette läuft (Abb. 10-43 a).

Ein weiteres Problem kann in diesem Zusammenhang auftauchen – die vergrößerte Sturzentfernung, wenn besonders lange Schlingen benutzt werden. Diese Verlängerung kann dafür sorgen, daß das Seil geradlinig verläuft. Natürlich verlängert sich hierdurch die Sturzhöhe um die Schlingenlänge. In diesem Fall kann es manchmal sinnvoller sein, leicht erhöhte Seilreibung zugunsten erhöhter Sicherheit im Falle eines Sturzes in Kauf zu nehmen. Wenn die Sicherungspunkte glücklicherweise in gerader Linie verlaufen, wird das Seil natürlich gerade verlaufen und

**(10-46) Der Reißverschlußeffekt: Die Kraft auf den untersten Klemmkeil wirkt nach oben-außen.**

wenig Seilreibung erzeugen, auch wenn man es direkt in die Sicherungspunkte einhängt. Beim Einhängen direkt in die Fixpunkte ist die Sturzdistanz so gering wie möglich. Dabei muß allerdings beachtet werden, daß die Seilbewegung Klemmkeile aus ihrer Position herausschütteln kann. Wenn ein Seil in Haken oder Bohrhaken eingehängt wird, wird normalerweise eine kurze Schlinge mit zwei Karabinern dazwischengeschaltet.

### Die Richtung der Sturzkräfte

Das Vorgehen beim Anbringen der Sicherungspunkte ist eine Frage der Erfahrung, welche sich der Seilerste aneignen muß. Der Vorsteiger muß ebenfalls die Richtung möglicher Sturzkräfte vorausdenken und beurteilen können, wie diese auf die Sicherungspunkte einwirken.

Kletterer können unter Umständen so damit beschäftigt sein, den nächsten Sicherungspunkt einzurichten, daß sie dabei vergessen, den Effekt zu analysieren, den diese Maßnahme auf das Gesamtsystem haben wird. Dies kann ein falsches Sicherheitsgefühl erzeugen. Ein Sicherungspunkt kann solide und sicher aussehen, aber er widersteht möglicherweise trotzdem nicht den Sturzkräften, da diese in einer nicht vorhergesehenen Richtung einwirken.

Die Gefahren eines Seiles, welches zickzackförmig verläuft, müssen in diesem Zusammenhang erneut angeführt werden. Der Zickzackverlauf erzeugt nicht nur eine gefährliche Seilreibung, sondern kann jederzeit unvorhergesehene Kräfte in der Sicherungskette erzeugen. Im häufigsten Fall halten die Zwischensicherungen nur einen vermuteten abwärtsführenden Sturz. Nun werden sie durch den Zickzackverlauf vielfältigen Kraftrichtungen ausgesetzt.

Überlege folgendermaßen: Wenn ein Kletterer stürzt, wird das Seil gestrafft und bildet die jeweils kürzestmögliche Linie zwischen dem Sichernden zum höchsten Umlenkpunkt und von dort aus zurück zum gestürzten Kletterer. Das im Zickzack verlaufende Seil wird sich strecken und so die Zwischensicherung nach seitwärts, oben oder unten belasten (Abb. 10-44). Wenn die Sicherungspunkte so angelegt waren, daß sie einer Zugkraft nur in einer Richtung widerstehen können, kann dieser Effekt dazu führen, daß sie herausgerissen werden. Wenn in einem solchen Fall der oberste Punkt ausbricht, kann das System vollständig versagen.

Während eines Sturzes wird der oberste Umlenkpunkt mit der Summe zweier Kräfte belastet – mit der Wucht des stürzenden Kletterers und der Kraft, welche von dem Sichernden, im Bestreben den Sturz zu bremsen, ausgeübt wird (Abb. 10-45). Wenn ein Sturz eine wenig belastbare Zwischensicherung trifft, kann diese versagen. In dieser Situation ist es ganz angenehm zu wissen, ob man auf die nächst tiefere Zwischensicherung zählen kann oder nicht. Im Falle eines Zickzackverlaufes des Seiles kann dies nicht der Fall sein.

Ähnlich wie dem Problem der Seilreibung dargestellt, führt eine gerade Seilführung dazu, daß die meisten der aufgeführten Probleme der Sturzkraft vermieden werden. Immer sollte man versuchen, die Zwischensicherung so zu legen, daß sich eine gerade Linie zwischen dem Kletternden und dem Sichernden ergibt, oder aber man verlängert die Fixpunkte mit Schlingen, damit der Seilverlauf begradigt wird.

Während der Seillänge sollte man darauf achten, daß zumindest einige der Zwischensicherungen auch in der Lage sind, Kräfte nach außen oder oben aufzunehmen. Möglichst viele Fixpunkte sollten in mehrere Richtungen belastbar sein. Wenn vorhanden, sind Bäume oder Sanduhren unter diesem Aspekt ideale Fixpunkte.

Man sollte rechtzeitig daran denken, die Seillänge zu beenden, bevor man durch schlecht gelegte Sicherungspunkte in schwierige Situationen gerät. Zwei kürzere Seillängen sind allemal besser als eine lange mit vielen Mäandern.

## *Vermeidung des Reißverschlußeffektes*

Ein Reißverschlußeffekt über die gesamte Seillänge ist eine dramatische Demonstration der Wichtigkeit, mögliche Sturzkräfte vorauszudenken. Dies passiert vor allen Dingen dann, wenn die erste Zwischensicherung seitwärts vom Standplatz erfolgt. Das Seil führt in einen flachen Winkel vom Sichernden zur ersten Zwischensi-

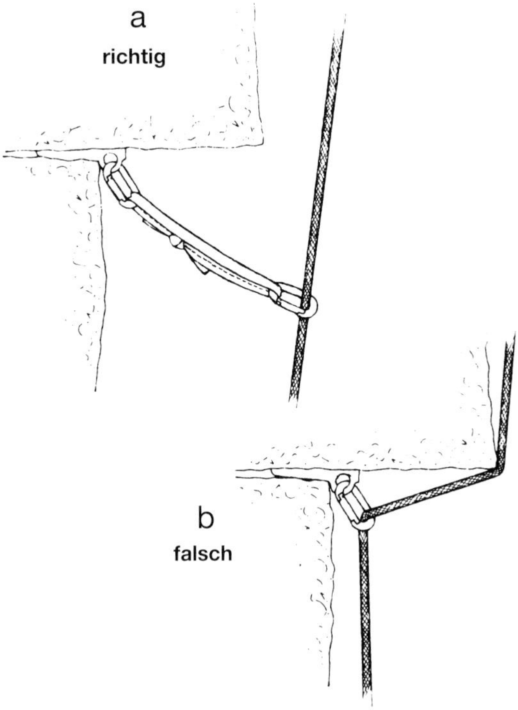


**(10-47) Zwischensicherungen unter Überhängen: a) Richtige Lage. Das Seil verläuft frei über die Dachkante; b) falsche Lage. Durch die scharfe Umlenkung wird eine hohe Seilreibung erzeugt, das Seil konnte bei scharfer Dachkante im Falle eines Sturzes abgeschnitten werden.**

cherung. Hier ändert das Seil seine Richtung und geht geradewegs aufwärts. Im Falle eines Sturzes strafft sich das Seil und verläuft in gerader Linie vom Sichernden zum obersten Umlenkpunkt. Hierdurch wird eine große auswärtswirkende Kraft im untersten Fixpunkt erzeugt. Falls dieser herausgerissen wird, kann gleiches mit dem nächsten und allen folgenden Sicherungspunkten passieren – der Reißverschlußeffekt nimmt seinen Lauf (Abb. 10-46). Der Reißverschlußeffekt kann natürlich auch von weiter oben liegenden Punkten der Seillänge ausgehen. Besonders gefährliche Punkte finden sich an Überhängen oder in Quergängen.

Der Reißverschlußeffekt kann vermieden werden, wenn man kritische Zwischensicherungen für mehrere Belastungsrichtungen auslegt, indem man natürliche Sicherungspunkte wie Bäume nutzt oder Klemmkeile gegeneinander verkeilt (Gegenzugtechnik). Zum Beginn der Seillänge besteht eine andere Möglichkeit der Vorsorge, indem man den Fixpunkt entsprechend in Fallinie verlegt. Dies kann allerdings auch dadurch unmöglich werden, wenn man einer Steinschlaggefahr seitwärts ausweichen will.

## *Vorsorge in bestimmten Situationen*

### Überhänge

Dieser Überhang sieht beeindruckend aus, nicht wahr? Aber bei den Möglichkeiten der Absicherung sollte man unbedingt seine Aufmerksamkeit auf die möglichen Konsequenzen jeglicher Zwischensicherung richten, genauso wie man es während der übrigen Seillänge getan hat. Das Seil sollte so frei wie irgend möglich über den Überhang laufen. Hierzu kann es notwendig sein, durch entsprechende Verlängerung mittels Schlingen die Seilreibung zu vermindern und gefährliche Fallenergien bzw. den Reißverschlußeffekt zu verhindern. Auch wird hierdurch verhindert, daß das Seil durch die Dachkante abgeschert wird (Abb. 10-47). Bei kleinen Überhängen kann es möglich sein, sich herauszulehnen und die Zwischensicherungen oberhalb anzubringen.

### Quergänge

Der Seilerste bringt oft eine Zwischensicherung sowohl vor als auch nach einem schweren Kletterzug an, wodurch nicht nur der Seilerste, sondern auch der folgende Kletterer abgesichert wird (Abb. 10-48). Dies ist besonders wichtig bei Traversen, in denen der Seilzweite ansonsten einen weiten Pendelsturz machen würde. Zusätzlich zu der Gefahr der Verletzung kann ein solcher Sturz dazu führen, daß der Seilzweite in eine

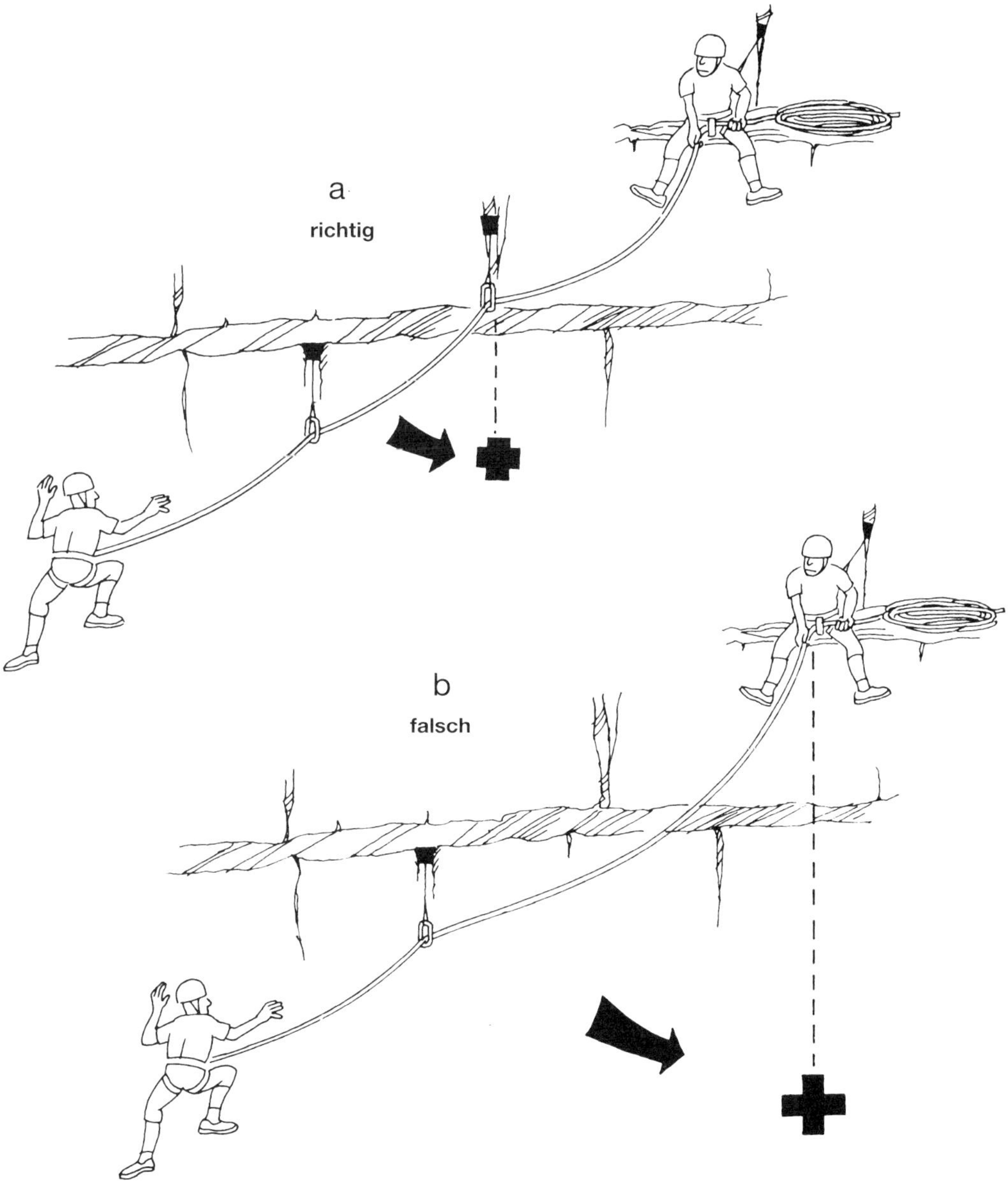


(10-48) Absichern eines Quergangs: a) Korrekte Absicherung. Eine weitere Zwischensicherung nach einer schwierigen Kletterstelle vermindert die Weite eines möglichen Pendelsturzes des Seilzweiten; b) Falsch. Wenn in diesem Fall der Zweite stürzen sollte, wird ein weiter Pendelsturz erfolgen, dessen Kraft der Sichernde unter Umständen nicht halten kann, da er weder mit dem Kraftausmaß noch mit der Kraftrichtung rechnet.

außerordentlich schwierige Situation abseits der Route gerät, welche keine leichte Möglichkeit zum Zurückklettern bietet.

Wenn man eine diagonale oder querverlaufende Passage führt, sollte man stets daran denken, daß der Effekt jeder Zwischensicherung auch für den Seilzweiten von Bedeutung sein kann. Steige deshalb gedanklich in die Kletterschuhe deines Partners und frage dich: »Würde ich hier gerne eine zusätzliche Sicherung haben?« Falls ja, so richte sie ein; anderenfalls nicht.

Natürlich ist es möglich, den zweiten Kletterer mit einem Zusatzseil zu sichern, welches eine Absicherung gegen Pendelstürze ermöglicht und gleichzeitig besseren Schutz gibt, als das Seil des Vorsteigers. Falls man in der glücklichen Lage ist, ein Doppelseil zu benutzen (Beschreibung erfolgt später), sollte man nur eines der beiden Seile während der Traverse einhängen, damit der zweite während dieser Passage direkt von oben gesichert werden kann.

# Die Planung einer Klettertour

## Welche Ausrüstung ist nötig?

Die Hauptfrage, wenn man eine Tour plant, lautet: Was sollten wir mitnehmen, um die Route abzusichern?

Wenn man in einem eingerichteten Klettergebiet unterwegs ist, wird man vor keinem größeren Problem stehen. Ein Führerbuch macht zumeist ausreichende Angaben, was man braucht, bevor man seine Entscheidungen fällt – die Art des Felses, die Größe der Risse, das Vorhandensein von künstlichen oder natürlichen Sicherungspunkten, die Länge und Richtung jeder Seillänge, die Schwierigkeitsbewertung, manchmal sogar die genaue Größe der benötigten Klemmkeile.

Anders bei Erstbegehungen oder Anstiegen in einsamen Gegenden. In diesen Fällen besitzt der Seilerste wesentlich weniger Informationen, um abzuschätzen, was er mitnehmen muß. Nimmt er zuviel mit, kann das zusätzliche Gewicht dazu führen, daß das Klettern lästig unbequem und härter als notwendig wird. Nimmt er hingegen jedoch zuwenig mit, kann es passieren, daß ihm das Material ausgeht und er viel weiter über die Sicherungspunkte hinausklettern muß, als die Sicherheit es ratsam erscheinen läßt.

Sicherheitshalber nimmt ein Vorsteiger regelmäßig eine Auswahl an Karabinern, Keilen und Schlingen mit. Aber wieviele und welche? Diese Fragen können nicht beantwortet werden, ohne daß man einige Eigenschaften der bevorstehenden Seillänge kennt. Natürlich gibt es einige grundsätzliche Richtlinien, nach denen man seine Entscheidungen fällen kann.

Zunächst steht in den entsprechenden Sportgeschäften eine große Auswahl von Sicherungsausrüstungsgegenständen zur Verfügung. Aufgrund der hohen Kosten dieser Gegenstände besitzen die meisten Kletterer lediglich eine kleine Auswahl dieses Angebotes. Das hat natürlich zur Folge, daß eine Seilschaft, welche zusammen unterwegs ist, immer nur aus den Sicherungsmitteln auswählen kann, die sie besitzt oder sich leiht. Normalerweise wird die zur Verfügung stehende Ausrüstung von den Mitgliedern einer Seilschaft gemeinsam genutzt – als da wären:

- **Keile:** Es ist außerordentlich schwer, im voraus zu wissen, welche Keilgrößen man benötigen wird. Um sicherzugehen, nimmt man am besten mehrere Keile mit, welche ein möglichst breites Spektrum an Rissen abdecken können.
- **Karabiner:** In den meisten Fällen werden an jeder Zwischensicherung mindestens zwei Karabiner benötigt. Normalerweise handelt es sich hierbei um Karabiner ohne Verschlußsicherung; natürlich können Karabiner mit einer solchen Verschlußsicherung in den Fällen eingesetzt

werden, bei denen möglicherweise der Schnapper aufgedrückt werden könnte. Die meisten Kletterer führen einige zusätzliche Karabiner mit.

- **Schlingen:** Sinnvollerweise führt man Schlingen in drei Längen mit: kurze (Expreßschlingen), mittlere und lange. Normaler wird an jedem Zwischensicherungspunkt eine Schlinge benötigt. Die jeweils passende Schlinge ist diejenige, welche so lang ist, daß das Seil einen geraden Verlauf aufweist. Zusätzliche Schlingen werden zum Herstellen von Sicherungsplätzen oder auch unvorhergesehenen Schwierigkeiten bei Zwischensicherungen benötigt.
- **Klemmkeilentfernung:** Manchmal sind Keile wesentlich schwerer zu entfernen als anzubringen. Daher sollte jede Seilschaft einen Klemmkeilentferner mitführen. Hierbei handelt es sich um ein dünnes Metallteil, welches dem Seilzweiten dabei hilft, den Keil aus dem Spalt herauszuziehen (Abb. 10-49). Der Seilzweite nutzt das Seil, um damit am Keil zu rütteln, zu stoßen, auf ihm zu pochen und daran zu ziehen, um ihn so aus Rissen lösen zu können, welche zu eng sind, daß man mit der Hand eindringen kann. Selbst mit einem solchen Haken gehört oft eine ausgesprochene Hartnäckigkeit dazu, einen Klemmkeil herauszubekommen. Aufgeben sollte man übrigens besser, wenn der Keil sich überhaupt nicht bewegen läßt. Wenn man Zeit bei dem Versuch verschwendet, einen absolut fest sitzenden Keil herauszubekommen, ermüdet das nur unnötig und schmälert den Genuß der Route.

Zusätzlich zu Keilen, Karabinern, Schlingen und einem Häkchen zum Entfernen von Klemmkeilen führen Felskletterer zusätzlich oft einen Magnesiumbeutel und Reepschnurschlingen mit. Letztere werden in Notfällen zur Prusiktechnik benutzt oder aber dazu, einen Kletterer nach einem Sturz heraufzuziehen.

## *Das Mitführen des Materials*

Wenn man sich einmal entschieden hat, welches Material mitgenommen wird, muß man sich überlegen, in welcher Form dies geschehen soll.

Typischerweise werden die Ausrüstungsteile zur Sicherung an einer Materialschlinge getragen, welche über den Kopf und einen Arm gestülpt wird. Diese Schlingen sind in Sportgeschäften erhältlich. Natürlich kann man sich auch eine entsprechende Schlinge aus Flachband knüpfen. Bandschlingen werden ebenfalls über den Kopf und dann über den der Materialschlinge gegenüberliegenden Arm gestreift (Abb. 10-50 a). Lange Schlingen sind zu groß, um sie auf diese Weise zu transportieren. Sie werden doppelt genommen, bevor sie über den Kopf gehängt werden. Eine andere Alternative besteht darin, sie doppelt über eine Schulter zu nehmen und dann beide Enden unter den gegenüberliegenden Arm mit einem Karabiner zusammenzuklinken. In diesem Fall ist die Schlinge bei der Benutzung auch leichter zugänglich. Wichtig ist, daß man eine Verdrehung in die Schlinge einfügt, bevor man sie in den Karabiner einhängt; hierdurch verhindert man das versehentliche Verlieren des Karabiners, wenn man die Schlinge zum Benutzen von der Schulter nimmt. Wenn man die Schlinge nutzt, reicht es aus, den Karabiner an einem Schlingenende auszuhängen, die Schlinge steht dann sofort vollständig zur Verfügung.

### Typische Anordnung des Materials

Die ideale Art, das Material anzuordnen, wäre diejenige, welche es ermöglicht, daß der Seilerste effizient die Zwischensicherungen anbringen und höherklettern kann, ohne durch das eigene Material wesentlich behindert zu werden. Eine solche Idealmethode existiert nach wie vor nicht, aber es gibt eine größere Anzahl tragfähiger Kompromisse.

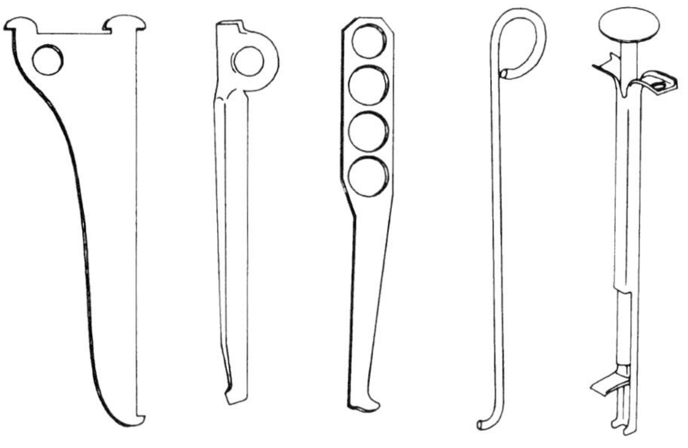

**(10-49) Verschiedene Hakenformen, um Klemmkeile zu entfernen.**

### Ein Karabiner pro Keil

Bei dieser recht verbreiteten Methode ist jeder Keil mit seiner Schlinge in einem eigenen Karabiner eingehängt (Abb. 10-50 b). In diesem Fall sollte der Karabiner so eingehängt werden, daß die Schnapperöffnung nach oben und zur Körperseite zeigt, da er hierdurch wesentlich leichter von der Schlinge auszuhängen ist.

Diese Methode kann sehr effizient sein, wenn man Zwischensicherungen legt. Der Seilerste muß lediglich den Keil in den Riß legen und klinkt den Karabiner in eine Schlinge ein, welche mit ihrem Karabiner wiederum ins Seil eingehängt wird.

Die Nachteile dieser Methode sind ihr großes Volumen sowie eine schlechte Gewichtsverteilung. Die Materiallast ist hinderlich, außerdem hat man weniger freie Karabiner zur Verfügung. Mit einem Karabiner pro Schlinge sind diese schwerer, sie neigen auch dazu, zu verrutschen, was das Klettern behindert.

### Mehrere Keile an einem Karabiner

Die zweite Möglichkeit ist, daß man mehrere Sicherungsgegenstände in Gruppen zusammenfaßt, jede Gruppe wird von einem einzelnen Karabiner gehalten (Abb. 10-50 c). In diesem Fall sollte die Öffnung eines Karabiners nach unten außen zeigen, da so die einzelnen Klemmkeile auszuhängen sind. In diesem Fall haben einzelne Schlingen keinen eigenen Karabiner und zusätzliche Karabiner werden in Gruppen von zwei oder drei in die Trageschlinge eingehängt.

Bei dieser zweiten Methode ist das Klettern normalerweise einfacher, da die Ausrüstung weniger voluminös ist und am Körper verteilt wird, wodurch sich auch eine bessere Gewichtsverteilung ergibt. Allerdings muß man sich darüber im klaren sein, daß es schwieriger sein kann, eine Zwischensicherung anzubringen. Zunächst muß man sich entscheiden, ob man einen einzelnen Keil von dem jeweiligen Karabiner herunternimmt oder ob man den Karabiner löst und so die Gesamtgruppe der Klemmkeile zur Zwischensicherung in der Hand hält.

Wenn man einen guten Blick entwickelt hat und weiß, was man möchte, ist es effizient, den passenden Keil vom Karabiner zu nehmen und einzusetzen. Allerdings bedeutet eine falsche Einschätzung, daß man ihn erneut einhängen und einen nächsten Versuch starten muß.

Auf der anderen Seite kann man jeden einzelnen Keil leicht ausprobieren, wenn man den Karabiner mit allen Keilen vom Gurt nimmt. Währenddessen kann man den Karabiner bereits ins Seil hängen, um dann unter Sicherung den Fixpunkt fertig zu bauen. Zuletzt hängt man den Karabiner am Klemmkeil aus und deponiert ihn erneut an der Materialschlinge.

Diese Methode, bei der mehrere Keile an einem Karabiner transportiert werden, bringt es mit sich, daß mehr Zeit zum Zwischensichern benötigt wird und mehr Ausrüstung umgehängt werden muß. Auch nachdem man einen Keil bereits gelegt hat, muß der Seilerste zwei freie Karabiner und eine Schlinge in die Hand nehmen, um die entsprechende Verlängerung zum Seil herzustellen. All dies erhöht die Gefahr, daß der

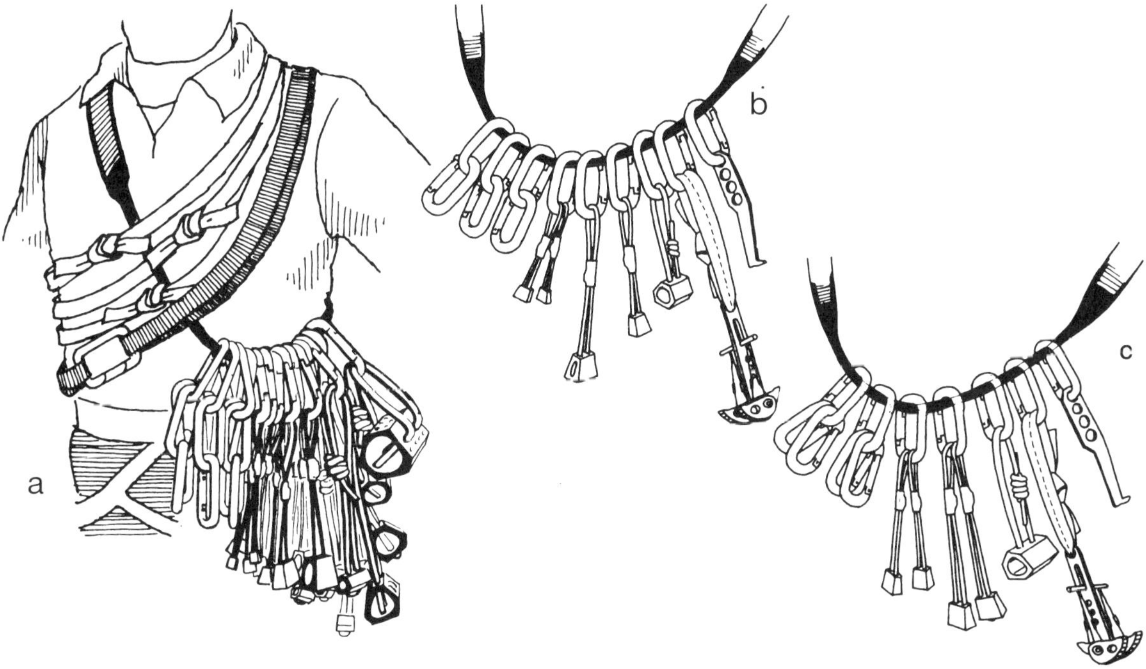


**(10-50) Beispiele für den Materialtransport beim Klettern: a) Ein Kletterer transportiert die Ausrüstung an einem Materialgurt; b) Anordnung des Materials, wobei jedes Ausrüstungsteil seinen eigenen Karabiner besitzt; c) Transport des Materials, wobei die Einzelteile in Gruppen in gemeinsame Karabiner eingehängt wurden.**

Kletternde dabei Ausrüstung verliert oder die Muskulatur erschöpft. Viele Kletterer sind allerdings der Meinung, daß sich diese Mehrarbeit zugunsten eines erleichterten Kletterns lohnt.

### Weitere Methoden

Außerdem gibt es noch weitere Methoden, um das Material zu transportieren. Manche Kletterer klinken einen einzelnen Karabiner in jeden großen Klemmkeil und transportieren die kleinen Keile gruppenweise. Andere transportieren Teile ihrer Ausrüstung an entsprechenden Schlingen ihres Sitzgurtes. Hierdurch wird das Gewicht der Ausrüstung weiter verteilt – allerdings sollte man darauf achten, daß das Material nicht so weit herunterhängt, daß man sich mit den Füßen darin verheddern kann.

Welche Methode auch immer angewendet wird – das Material sollte auf jeden Fall systematisch angeordnet werden; auch sollte diese Systematik immer beibehalten werden. Nur so kann man notfalls in Eile ein spezielles Ausrüstungsstück sofort finden. Die übliche Anordnung ist, daß man vorne mit den kleinsten Drahtkabelkeilen beginnt und seitlich die jeweils größeren anfügt.

### Schlußbemerkung zu Schlingen

Es ist recht hilfreich, wenn man einige Schlingen so transportiert, daß man sie sofort zur Verfügung hat. Wenn man sie hierzu am Sitzgurt befestigt, braucht man sie nicht über Kopf und Arm

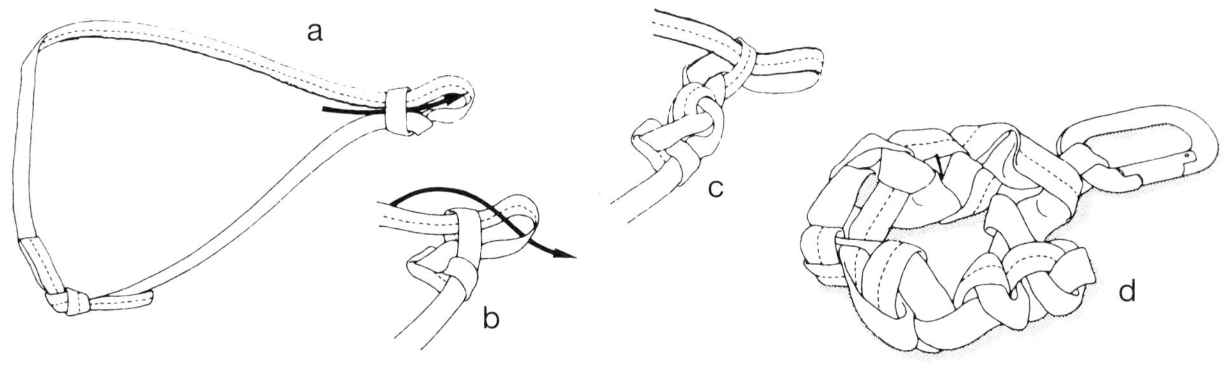


**(10-51) Verkürzen einer langen Bandschlinge: a) Knüpfen eines Schleifknotens; b) das Flachband wird in Schlaufen durch den Schleifknoten hindurchgezogen; c) dieser Vorgang des Hindurchziehens durch die jeweils vorhergehende Schlaufe wird wiederholt, bis die gesamte Bandschlinge verkürzt ist; d) die letzte Schlinge wird in einen Karabiner eingehängt. Abgesehen davon, daß so ein unproblematischer Transport ermöglich wird, ist sichergestellt, daß sich die geknüpfte Schlinge nicht selbsttätig löst.**

zum Benutzen herunterzuziehen. Dies ist insbesondere dann von Vorteil, wenn der jeweilige Arm zum Festhalten in einem Riß steckt. In diesem Fall wird man unter Umständen nicht in der Lage sein, die Schlinge abzustreifen. Expreßschlingen werden grundsätzlich am Sitzgurt transportiert. Um längere Schlingen zu kürzen, damit man nicht darauftritt, kann man sie doppelt nehmen odor knüpfen (Abb. 10-51) und danach im Sitzgurt einhängen. Wenn sie gebraucht werden, kann man mit einfachem Zug die Luftmaschen lösen und die Schlinge steht zur Verfügung.

## Routenplanung

Das Problem der Routenfindung hängt davon ab, wo man unterwegs ist. Wenn man an einem beliebten Punkt Sportklettern betreibt, braucht man lediglich der Linie bereits angebrachter Haken oder Bohrhaken zu folgen, auch kann man sich zuvor die Zeichnung im Führerbuch anschauen.

Zum Routenfinden im alpinen Felsgelände gehört dagegen wesentlich mehr. Auch bei Benutzung eines Führerbuches kann die Beschreibung recht skizzenhaft sein, z. B.: »Aufstieg über den Nordostgrat über einige hundert Meter mittelschweren Geländes.«

In einem solchen Fall sollte man die Route erkunden, sobald man den Riß, die Wand, den Rücken oder was auch immer man ersteigen will, sehen kann. Man achte dabei auf markante Geländepunkte in der Linie des Aufstiegs: Rißsysteme, Verschneidungen, Kamine, Bereiche brüchigen Felses usw. Auch achte man auf Bereicho mit Bäumen oder Büschen, da sich hier gute Sicherungspunkte und Standplätze ergeben können.

Besonders sollte man verlockende, unter Umständen aber enttäuschende Linien im Auge behalten, welche einen unter große Dächer oder in undurchsteigbare Wände führen könnten. Diese Linien sind aus der Nähe während der Klettertour oft nicht mehr erkennbar, und wenn die Seilschaft nicht rechtzeitig auf diese Gefahren geachtet hat, passiert es immer wieder, daß sie fünf oder sechs Seillängen zurücklegt, nur um festzustellen, daß sie in eine Sackgasse gelaufen ist.

Man sollte einen flexiblen Plan für die Aufstiegsroute entwerfen, wobei man mögliche Alternativen berücksichtigt. Diese Routenplanung setzt man während die Tour beginnt fort; hierbei achte man dann auf lokale Details. Die Prinzipien sind immer dieselben: Man sucht nach natürlichen Linien, welchen man folgen kann – wie Risse, Kamine oder Bänder. Man entwickelt einen Plan für die aktuelle Seillänge, welcher den Punkt der ersten Zwischensicherung oder den des nächsten Standplatzes enthält. Natürlich sollte man auch auf Alternativen achten, falls man den geplanten Routenverlauf nicht durchsteigen kann. Hier sollte man auch immer daran denken, einmal um eine Felsecke herumzuschauen – vielleicht findet sich hier eine wesentlich einfachere Alternative, die man von unten nicht hat sehen können.

Wenn man sich vor die Wahl zwischen Routenvarianten unterschiedlicher Schwierigkeit gestellt sieht, prüft man am besten erst einmal kritisch mit dem Auge, bevor man sich endgültig entscheidet. Es ist letztendlich besser, zwei mäßig schwierige Seillängen zu bewältigen als eine leichte, welche danach in eine extreme mündet und eventuell die Fähigkeiten der Seilschaft übersteigt.

Während des Aufstieges sollte man auch auf Möglichkeiten achten, welche einen Rückzug erlauben, falls die Tour abgebrochen werden muß. Gleiches gilt für Abstiegsrouten von einem Gipfel, falls man keine Informationen hat, ob und wo eine leichte Route hinunterführt.

## Vorausdenken bei der Sicherung

Eigentlich ist alles recht einfach: Handelt es sich um eine Einseillängen-Tour, muß der zweite Standplatz lediglich so ausgelegt sein, daß er den möglichen Abwärtszug bei einem Sturz des Seilzweiten halten kann. Handelt es sich dagegen um eine Mehrseillängentour, wird der Standplatz nach dem Sichern des Seilzweiten benutzt, um den nächsten Vorstieg abzusichern. Der Kletterer, welcher einen solchen Standplatz einrichtet, sollte sich von vornherein um Fixpunkte bemühen, welche sowohl Zugkräfte nach unten als auch mit möglichst wenig Mehraufwand Zugkräfte nach oben halten können. Ein von vorneherein unter diesem Aspekt eingerichteter Standplatz ermöglicht eine schnellere Sicherung und läßt somit mehr Zeit zum Klettern.

## Das Einsammeln des Materials

Der Kletterer, welcher als zweiter folgt, baut alle Zwischensicherungen wieder ab und sollte das Material gleich ordentlich am eigenen Gurt deponieren. Ein Seilzweiter, welcher hier schlampig arbeitet, verursacht Unordnung im Material, welches durch Herunterhängen und Pendeln für die nächsten Kletterzüge eine Gefahr bedeuten kann. Außerdem wird Zeit verschwendet, während die Ausrüstung am Standplatz sortiert werden muß. Einige Vorschläge für den Seilzweiten:

- **Bereite dich auf das Klettern vor**, sobald der Seilerste Stand hat. Baue deinen Standplatz bereits weitgehend ab und verstaue das Material, hierbei muß selbstverständlich die Selbstsicherung zu einem Fixpunkt bestehen bleiben, bis du selbst vom Partner gesichert wirst.
- **Setze deinen Rucksack auf**, bevor irgendwelches weiteres Material verstaut wird, insbesondere bevor Schlingen über den Kopf gestülpt werden. Verstaue auch in Eile das Material grundsätzlich so, wie dein gewohntes System es erfordert; achte insbesondere darauf, daß die Schlingen nicht über dieselbe Schulter laufen wie die Materialschlinge. Wirf einen letzten Blick über die nähere Umgebung, um sicherzustellen, daß du nichts vergessen hast. Sodann starte mit dem Klettern, sobald »Nachkommen« gerufen wurde.
- **Entferne einen Klemmkeil umgekehrt,** wie du ihn legen würdest. Wenn er hinter eine Rißverengung hinuntergezogen wurde, entferne ihn, indem du ihn nach oben zurückschiebst.
- **Sei ausdauernd!** Da heftiges Ziehen oder Klopfen den Keil noch fester verklemmen kann,

kann es notwendig sein, ihn herausstoßen oder durch Verdrehen herauszuschieben. Dies kann unter Umständen eine Menge Arbeit bedeuten.

- **Benutze einen Keilentferner!** Man braucht ihn insbesondere dann, wenn man den Keil in unzugänglichen Rissen hin- und herschieben muß. Einige dieser Haken können ebenso dazu genutzt werden, einen Klemmkeil mit Federmechanismus, welcher in den Riß hineingewandert ist, herauszuziehen. Dies kann notfalls auch mit Drahtkabelkeilen improvisiert werden.
- **Überlege**, ob es sinnvoll sein kann, einen Keil, den man kaum herausbekommt, am Ort zu belassen. Natürlich sind Keile teuer. Aber man kann unter Umständen zuviel Zeit und Energie an einem Keil verschwenden, der womöglich sowieso nicht mehr herauszubringen ist.

Der Seilzweite kann das Risiko des Materialverlustes gering halten, indem er beim Entfernen der Zwischensicherungen vorsichtig vorgeht. Dies bedeutet auch, daß er sich überlegen muß, wie er beim Entfernen des Materials vorgeht. Normalerweise ist es am sinnvollsten, das Material zunächst vom Fels und dann erst vom Seil zu lösen.

Entscheide dich für eine charakteristische Anordnung von Keil-Karabiner, Schlinge-Karabiner und Seil. Wenn man die bereits beschriebenen Transportformen benutzt, bei der jeweils ein Keil an einem Karabiner und jeweils ein Karabiner in einer Schlinge eingehängt ist, ist das folgende Vorgehen beim Entfernen von Zwischensicherungen besonders effizient. Zunächst entfernt man den Keil aus dem Riß. Der Karabiner, welcher in den Keil eingehängt ist, wird dabei in der Hand gehalten. Er wird aus der Schlinge aus- und die Karabiner-Keil-Kombination direkt in den Klettergurt eingehängt. Dann wird die Schlinge über den Kopf gestülpt und ihr Karabiner aus dem Seil ausgeklinkt. Zuletzt schlüpft man mit einem Arm durch die Schlingen-Karabiner-Kombination und setzt das Klettern fort.

Wenn man dagegen mehrere Keile pro Karabiner transportiert, sollte man folgendermaßen vorgehen. Zunächst wird der Keil aus dem Riß entfernt, ausgehängt und am Klettergurt untergebracht. Dann nimmt man den Karabiner von der Schlinge und deponiert ihn ebenfalls am Gurt. Es folgt die Schlinge, welche man über den Kopf stülpt, zuletzt entfernt man den Karabiner am Seil.

## *Die Materialübergabe am Ende der Seillänge*

Wenn der Seilzweite die Zwischensicherungen sorgfältig entfernt hat und dabei das Material geordnet am Klettergurt untergebracht hat, wird die Materialübergabe am Standplatz schnell vonstatten gehen, und der Kletterspaß geht weiter. Zunächst ergänzt man die Ausrüstung des Seilersten. Der zweite Sportler hängt dabei die von ihm eingesammelte Ausrüstung im Gurt des Seilersten ein oder reicht sie ihm, damit er sie seinerseits einhängen kann. Achtung: Wirf niemals irgendein Ausrüstungsteil! Der Zweite übergibt sodann die eingesammelten Schlingen. Wenn der ehemalige Seilerste sich entschließt, auch die folgende Seillänge zu führen, tauschen die Kletterer sodann vorsichtig ihre Plätze am Standplatz. Dies ist die eine Möglichkeit; falls aber der Seilzweite auch ein erfahrener Kletterer ist, ist es wesentlich effektiver, überschlagend zu klettern – was bedeutet, daß der ehemals Seilzweite nun die Führung der nächsten Seillänge übernimmt.

Beim überschlagenden Klettern übernimmt der Seilzweite gewöhnlich die Sicherungsausrüstung des ehemaligen Seilersten. Diese Übernahme ist besonders effektiv, wenn ihm zunächst die Schlingen und dann das Metallmaterial gegeben wird. Der neue Seilerste überprüft seine Ausrüstung und ordnet sie so, daß jedes Ausrüstungsteil in der gewohnten Lage sofort erreichbar ist. Während dieser Prozedur ist er ununterbrochen am Standplatz gesichert.

### Laufende Sicherungen

Die laufende Sicherung ist eine alte Technik, welche nach wie vor gelegentlich benutzt wird, da sie viel Zeit spart. Beide Kletterer sind eingebunden und klettern gleichzeitig. Dies bedeutet: Es gibt keinen Sichernden! Der Seilerste bringt regelmäßig Zwischensicherungen an und hängt das Seil ein. Wenn sich die Gelegenheit bietet, kann der Seilerste zwischen Felsblöcken und an Felsköpfen vorbeilaufen, um diese natürlichen Sicherungspunkte durch Herumführen des Seiles zu nutzen. Die Kletterer können die Seilreibung vermindern und näher zusammen bleiben, wodurch die Kommunikation erleichtert wird. Hierzu wird ein Teil des Seiles aufgenommen getragen. In jedem Falle trägt der Seilzweite einzelne Seilschlingen in der Hand, falls der Seilerste eine plötzliche Bewegung macht.

Im Falle eines Sturzes wird das Seil irgendwo durch das Gewicht des anderen Kletterers gehalten, da das Seil in beiden Klettergurten eingebunden ist und keiner von beiden eine Selbstsicherung hat. Die Seilreibung im Fels oder Schnee bremst ihrerseits den Sturz etwas. Diese Technik bedeutet vielleicht nur den kleinen Unterschied zwischen einer schweren Verletzung und einem völligen Desaster – aber immerhin. Wenn einer von beiden Kletterern fällt, werden normalerweise beide stürzen; ein weiter Sturz wird durch die Sturzwucht des jeweiligen Partners ein wenig gehalten.

Eine laufende Sicherung darf nicht mit dem Seiltransport in Schlingen verwechselt werden, welcher lediglich dazu dient, das Seil über wirklich leichtes Gelände ohne Zwischensicherungen zu transportieren. Dies erfolgt lediglich im Gelände in dem jegliche Sicherung überflüssig ist.

### Zugsäcke

Unter Umständen entscheidet man sich dazu, den Rucksack zu deponieren, insbesondere dann, wenn man in einem Kamin durch ihn behindert wird oder wenn durch sein Gewicht eine Passage zu schwierig werden würde. Natürlich muß man ihn dann später hinaufziehen.

Eine Möglichkeit, diese Prozedur durchzuführen, ist, einen Seilschwanz hinter sich herzuziehen. Dieser muß natürlich am Rucksack befestigt sein. Als Seilschwanz kann einerseits das nicht benötigte Ende des Kletterseiles dienen (falls die Seillänge kurz genug ist), ansonsten muß man ein separates Seil oder eine Reepschnur verwenden. Am Ende der Seillänge wird dieses Seil in einen Fixpunkt eingehängt und der Sack Hand über Hand hinaufgezogen, anschließend losgebunden und dann das Zugseil erneut hinuntergeworfen, um den Rucksack des Partners heraufzuziehen. Falls man kein zweites Seil hat, muß der Partner sich aus dem Kletterseil ausbinden, so daß man mit diesem beide Rucksäcke aufziehen kann.

Eispickel und Eisbeile werden meistens separat aufgezogen, da hierdurch das Risiko vermindert wird, daß sich der Rucksack verkeilt, während er heraufgezogen wird. Dabei muß man darauf achten, daß die Eispickel oder jegliche andere Ausrüstung sicher am Seil angebunden werden.

Man sollte sich sicher sein, daß es einen hinreichenden Grund gibt, seinen Rucksack abzulegen. Falls man dies nur deshalb tut, weil Klettern ohne Rucksack mehr Spaß macht, sollte man doppelt kritisch sein. Das Aufziehen von Säcken benötigt viel Zeit, insbesondere dann, wenn sie sich verkeilen und man kann sicher sein: Spätestens wenn man in Eile ist, werden sie sich verkeilen! Darüberhinaus ist es harte Arbeit, die einem die dringend benötigte Armkraft rauben kann. Nicht zuletzt sollte man sich vergegenwärtigen, daß jeder aufgezogene Sack Steine losreißen kann.

### Klettern in Dreierseilschaften

Die meisten Felsklettertouren werden in Zweierteams unternommen, aber gelegentlich besteht eine Seilschaft auch aus drei Personen. Dies funktioniert auch, allerdings ist es deutlich lästiger, als wenn man lediglich zu zweit klettert.

Eine Dreierseilschaft an einem Seil kann normalerweise lediglich die Hälfte der Seillänge, also 20 bis 25 m, klettern. Da viele Klettertouren Seillängen beinhalten, die wesentlich länger sind, kann es absolut notwendig sein, daß eine Dreiergruppe zwei Seile benötigt.

Bei drei Kletterern steigt der Seilerste vor, während der zweite sichert und der dritte an der Selbstsicherung am Standplatz wartet. Am Ende der Seillänge baut der Seilerste einen Standplatz und sichert den zweiten hinauf, welcher gegebenenfalls zusätzlich vom dritten unten gesichert werden kann.

Wenn das Seil gerade aufwärts führt, kann der Seilzweite bereits alle Zwischensicherungen entfernen. Aber wenn die Seillänge Quergänge enthält, sollten einige Sicherungspunkte für den dritten zurückbleiben, um einen Pendelsturz zu verhüten. In dieser Situation klinkt der Seilzweite jede Zwischensicherung von seinem Seil aus, um es unter sich in das zweite Seil wieder einzuhängen. Am Oberende der Seillänge wird die Sicherung in das zweite Seil umgehängt, so daß der dritte hinaufgesichert werden kann. Die Gruppe kann dann entscheiden, die Führung zu wechseln – in diesem Fall wird der dritte die nächste Seillänge führen. Der Seilzweite führt normalerweise keine Seillänge beim Klettern in Dreierseilschaft.

Wenn man berücksichtigt, daß eine Dreiergruppe mehr Fixpunkte, Seile und Material braucht, kann es an einem Standplatz recht eng zugehen, und ziemlich schnell entsteht dann mitunter ein erhebliches Durcheinander. Viel Zeit wird oft bei der Arbeit am Standplatz verbraucht. Erfahrungsgemäß ist es besonders wichtig, darauf zu achten, daß jeder der drei Kletterer ununterbrochen gesichert ist. Man denke daran, daß einige Standplätze so klein sind, daß drei Personen dort unter Umständen nicht gleichzeitig Platz haben. Deshalb rechtzeitig Vorsorge treffen!

Gelegentlich kann es allerdings auch ein Vorteil sein, wenn man in Dreierseilschaft unterwegs ist. Beispielsweise fällt das Aufziehen zurückgelassener Rucksäcke deutlich leichter, da weiteres Seil für die volle Länge zur Verfügung steht. Allerdings überwiegen die Nachteile normalerweise die wenigen Vorteile.

## Spezielle Seiltechniken

Das meiste, was in diesem Buch beschrieben wird, bezieht sich auf Situationen, in denen lediglich ein Einfachseil mit einem Durchmesser von 10 bis 11 mm zur Verfügung steht. Allerdings können die Sportler auch in Doppelseiltechnik klettern oder die Zwillingsseiltechnik mit Verwendung zweier Halbseile benutzen.

### Doppelseiltechnik

Bei der Doppelseiltechnik werden zwei Seile als voneinander unabhängige Sicherungsstränge benutzt. Der Seilerste hängt jedes Seil in eine eigene Zwischensicherung ein, während er weiter aufsteigt, und der Sichernde bedient beide Seile in voneinander unabhängigen Seilbremsen.

Natürlich ist es kompliziert, aber das System bietet einige wichtige Vorteile, wie z. B. verringerten Seilzug und besser abzusichernde Quergänge. Die Technik kommt besonders häufig bei britischen Kletterern sowie bei einer zunehmenden Zahl von Kletterern, welche hochgradig technische Routen durchsteigen, Anwendung. Bei der Doppelseiltechnik werden normalerweise zwei verschiedenfarbige 9 mm-Seile benutzt.

Der Seilerste hängt ein Seil in eine Reihe von Zwischensicherungen und das andere Seil in eine davon unabhängige Serie. Das Ziel dabei ist, daß jedes Seil in einer gerade aufwärtsführenden Linie hinaufführt, da nur so die Seilreibung minimal ist (Abb. 10-52). Der Seilzug ist normalerweise geringer, als er bei einem Einfachseil in der-

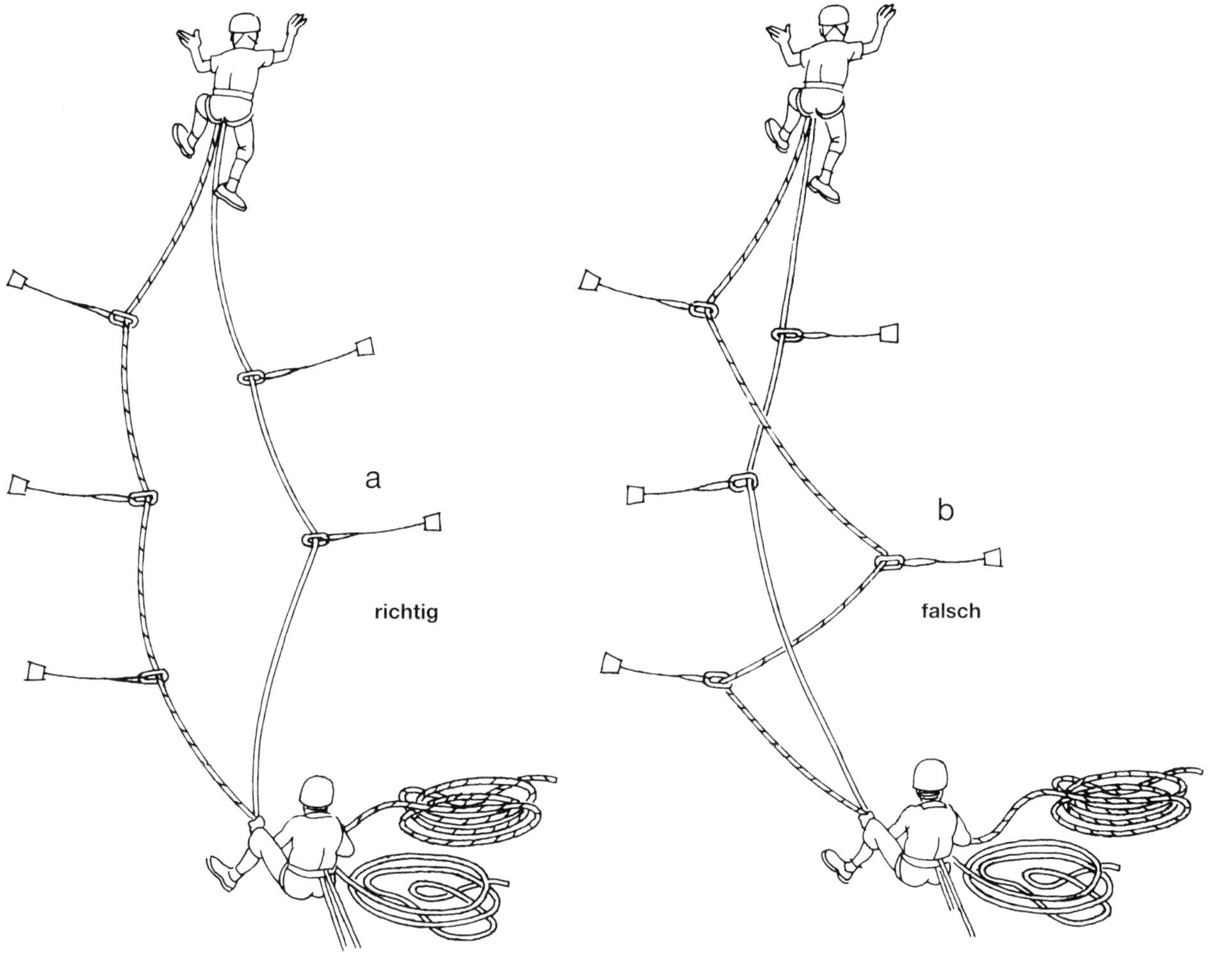


**(10-52) Doppelseiltechnik: a) Richtige Anwendung. Beide Seile kreuzen sich nicht und laufen voneinander unabhängig durch die Zwischensicherungen; b) Falsche Anwendung. Die Seile kreuzen sich und haben einen zickzackförmigen Verlauf, wodurch die Seilreibung erhöht wird.**

selben Seillänge sein würde, da ein Einfachseil normalerweise einen stärker verschlungenen Verlauf hätte. Die Zwillingsseile liegen typischerweise parallel und kreuzen sich nicht. Natürlich kann der Fall eintreten, daß die Seile beide in einen Sicherungspunkt eingehängt werden müssen; in diesem Fall sollte jedes Seil in einen separaten Karabiner eingehängt werden.

Die Technik ermöglicht es auch einem unter Streß stehenden Seilersten, die nächste Zwischensicherung relativ leicht einzuhängen. Bei der Einfachseiltechnik muß das Seil gelockert werden, um in einer relativ großen Schlinge zum Einhängen hinaufgezogen zu werden. Bei der Doppelseiltechnik wird lediglich das Seil gelockert, welches eingehängt werden soll,

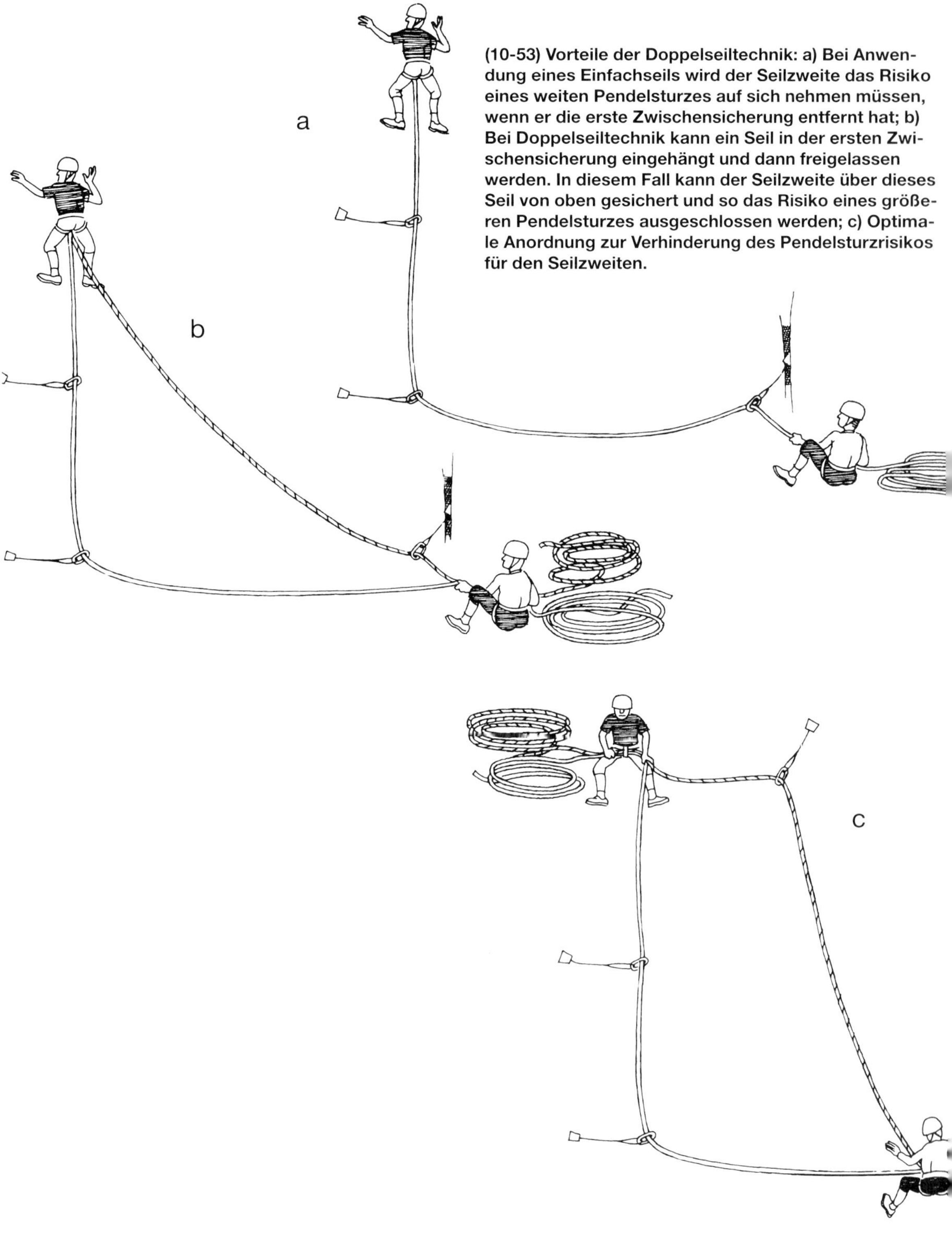


(10-53) Vorteile der Doppelseiltechnik: a) Bei Anwendung eines Einfachseils wird der Seilzweite das Risiko eines weiten Pendelsturzes auf sich nehmen müssen, wenn er die erste Zwischensicherung entfernt hat; b) Bei Doppelseiltechnik kann ein Seil in der ersten Zwischensicherung eingehängt und dann freigelassen werden. In diesem Fall kann der Seilzweite über dieses Seil von oben gesichert und so das Risiko eines größeren Pendelsturzes ausgeschlossen werden; c) Optimale Anordnung zur Verhinderung des Pendelsturzrisikos für den Seilzweiten.

während der Seilerste über das andere Seil nach wie vor straff gesichert ist. Falls er zu diesem Zeitpunkt stürzt, wird der Sturz von der nächsten Zwischensicherung und dem relativ straffen Seil gefangen, was also zu einem kürzeren Sturz führt.

Als weiterer Vorteil wird bei Verwendung der Doppelseiltechnik die Sicherungskette nicht durch scharfe Felskanten vollständig durchgeschnitten oder durch Steinschlag zerschlagen. Auch andere Möglichkeiten des kompletten Versagens bestehen normalerweise nicht. Darüberhinaus stehen zwei Seile für große Abseilstrecken zur Verfügung. Die Doppelseiltechnik kann auch vorteilhaft genutzt werden, um einen Quergang abzusichern, insbesondere einen solchen, der erst in der Mitte der Seillänge beginnt und danach die Route wieder gerade aufwärts führt. Im Falle eines Sturzes würde in einer solchen Situation der Seilzweite bei Absicherung mit dem Einfachseil einen weiten Pendelsturz riskieren (Abb. 10-53 a). Bei der Zwillingsseiltechnik wird dieser Pendelsturz minimal oder gar verhindert. Der Seilerste kann eines der beiden Seile für die eigene Sicherung des Querganges nutzen, und er läßt das andere Seil frei laufen, um später den Nachsteiger von oben zu sichern (siehe Abb. 10-53 b, 10-53 c). Die Nachteile der Doppelseiltechnik? Zwei Seile wiegen mehr und kosten mehr als ein Einfachseil, allerdings steuert meistens jeder der beteiligten ein einzelnes Seil bei. Das prinzipielle Problem ist, daß die Tätigkeit des Sichernden kompliziert ist, da er gleichzeitig zwei Seile bedienen muß, wobei es relativ häufig der Fall ist, daß er eines davon ausgeben muß, während er das andere fixiert. Für diese Sicherungsaufgaben ist eine Stichtbremsplatte mit doppeltem Schlitz sehr nützlich, obwohl andere Sicherungstechniken auch genutzt werden können. Darüberhinaus muß das Seil ununterbrochen beobachtet werden, um ein »Verheddern« zu vermeiden. Mit der entsprechenden Übung werden diese Aufgaben schnell gemeistert, und insbesondere bei langen und

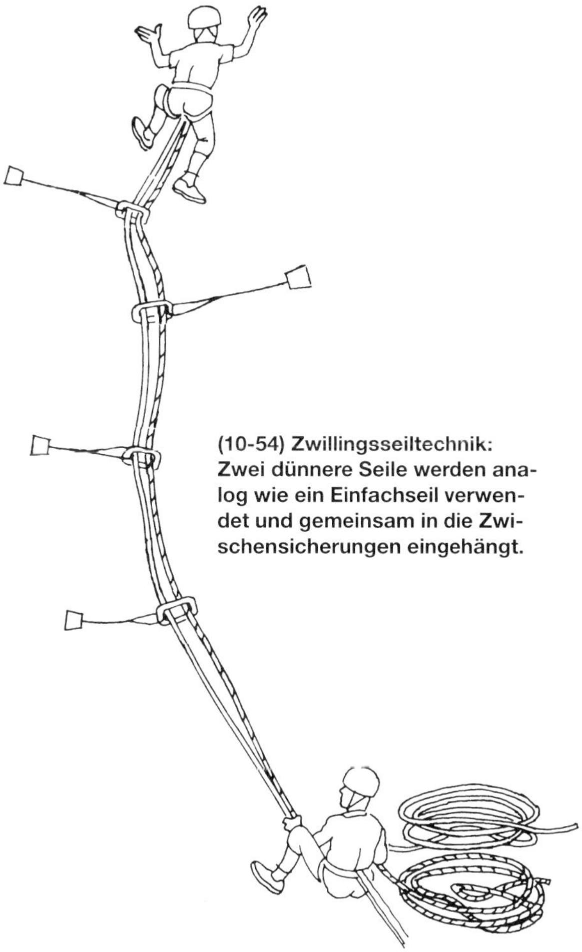

**(10-54) Zwillingsseiltechnik: Zwei dünnere Seile werden analog wie ein Einfachseil verwendet und gemeinsam in die Zwischensicherungen eingehängt.**

komplexen Anstiegen überwiegen die Vorteile die Nachteile deutlich.

## Zwillingsseiltechnik

Die Zwillingsseiltechnik wird mit zwei Seilen, welche wie ein einzelnes Seil benutzt werden, durchgeführt; man verwendet dafür Seile von 8 bis 8,8 mm Durchmesser. Beide Seile werden in jeweils gleiche Zwischensicherungen eingehängt – und zwar so, als würde man ein Einfachseil nutzen (Abb. 10-54).

Das Zwillingsseil hat ein höheres Energieaufnahmevermögen und kann so deutlich mehr

Stürzen widerstehen als ein Einfachseil. Darüber hinaus sind zwei Seile viel sicherer, wenn sie über eine Kante laufen, da es sehr unwahrscheinlich ist, daß beide Seile gleichzeitig durchgeschnitten werden. Die deutlich dünneren Seile sind jeweils leichter für den Seilersten zu bedienen als ein übliches Einfachseil.

Natürlich bringt es diese Technik auch mit sich, daß der Sichernde zwei Seile zu bedienen hat, er also entsprechend aufpassen muß. Ähnlich wie bei der Doppelseilmethode benötigen sowohl der Sichernde als auch der Seilerste ein wenig Übung, bevor sie diese Technik in größeren Touren anwenden. Und außerdem muß bedacht werden, daß zwei Seile mehr kosten als ein einzelnes.

# Persönliche Verantwortung

## Ethik und Stil beim Anbringen von Zwischensicherungen

Kletterer einer Region haben sich normalerweise auf einige grundsätzliche Regeln geeinigt, nach denen dort Zwischensicherungen angebracht werden. Einige Klettergebiete sind eher traditionell orientiert, was bedeutet, daß die Routen im Vorstieg durchstiegen werden und die Zwischensicherungen dabei angebracht werden. In anderen Gebieten haben neuere Techniken Einzug gehalten, welche es erlauben, daß eine Route mittels Abseilen von oben zunächst erkundet wird oder gar die Zwischensicherungen bereits vorbereitet werden. Viele Kletterer haben zweifellos ihre eigene Meinung zu diesen Fragen, aber man sollte möglichst das nötige Maß an Sensibilität gegenüber den örtlichen, oft stillschweigend akzeptierten Regelungen, mitbringen.

## Rücksicht auf die Natur

Alles, was mit Bergsteigen und Felsklettern zu tun hat, sollte unbedingt den Respekt vor der Umgebung und den Gedanken an nachfolgende Kletterer beinhalten. Unabhängig davon, ob man wandert, bergsteigt oder felsklettert – eine Regel ist allgemein gültig: Hinterlasse die Umgebung stets so, wie du sie vorgefunden hast! Insbesondere beim Felsklettern bedeutet dies, daß man bleibende Verletzungen an Bäumen, Beschädigungen des Felsens und der Pflanzenwelt vermeidet. Wenn irgendwie möglich, sollte man »Clean Climbing« anstreben – das bedeutet, daß man zur Absicherung lediglich Keile benutzt.

## Sicherheit

Wir wissen nun, daß Klettern ein Balanceakt ist – und zwar hinsichtlich mehrerer Faktoren. Es gibt nicht immer »eine« korrekte Technik, um etwas zu tun, und man wird oft zwischen verschiedenen Faktoren Kompromisse machen müssen, um eine Aktion unter dem Strich erfolgreich durchführen zu können.

Beispielsweise gibt es keine allgemeingültige Vorgehensweise, der man mechanisch folgen kann, um eine höchstmögliche Sicherheit zu erzielen. Man kann unter Umständen sogar dazu gezwungen sein, lebensgefährliche Entscheidungen zu treffen, da unter Umständen Wissenslücken bestehen oder es keine eindeutige Regel gibt, anhand der man entscheiden könnte. Gemeint sind Situationen, in denen man auch nicht den Luxus genießen kann, einen besonders kundigen Kameraden zu fragen – und sei es auch nur, daß dieser Experte sich gerade am anderen Seilende befindet.

Besonders wichtig ist, daß man aufgrund seiner Fähigkeiten und Kenntnisse handelt und nicht aufgrund von Ignoranz; auf der Basis eines tieferen Verständnisses und nicht aufgrund oberflächlicher Regeln. Ein Kletterer, welcher sich

Techniken bedient, ohne sie wirklich verstanden zu haben, oder welcher mechanisch einer Reihe von Sicherheitsregeln folgt, ohne sich eigene Gedanken darüber zu machen, ist eine Gefahr für sich und die beteiligten Kameraden. Hat er aber die Prinzipien gelernt und verinnerlicht, wird er frei sein, um das zu tun, was alle wollen: hart klettern, hoch klettern und sicher klettern.

# Kapitel 11 Technisches Klettern

Beim technischen Klettern wird die Ausrüstung benutzt, um Kletterstellen zu überwinden. Dies kann bedeuten, daß man sich schlicht an einem Haken festhält, oder aber, daß es sich um eine technisch außerordentlich komplexe Form der Fortbewegung handelt, bei der das Körpergewicht vollständig auf die Fixpunkte verlagert wird und spezielle Ausrüstung erforderlich ist.

Technisches Klettern unterscheidet sich somit ganz erheblich vom Freiklettern, bei welchem sich das Gewicht des Seiles oder der Sicherungsausrüstung in Grenzen hält. Freiklettern ist eines der Ziele des Sportkletterns, während technisches Klettern eine Möglichkeit ist, ansonsten undurchsteigbare Routen zu bezwingen bzw. um sich in Notfällen, also gefährlichen oder hoffnungslosen Situationen, zu befreien.

Da die Grenze des Möglichen beim Freiklettern seit Jahren höher und höher geschraubt wird, sind Spitzenkletterer heute in der Lage, ursprünglich technische Routen frei zu klettern. Aber unabhängig von dieser Leistungssteigerung wird es immer Routen geben, die zu schwierig sind und in denen zumindest etwas technische Unterstützung notwendig ist.

Gute Fähigkeiten im technischen Klettern erweisen sich als besonders hilfreich, wenn man in normalerweise frei zu durchsteigenden Routen vor unverhofften Schwierigkeiten steht. Sie ermöglichen einen sicheren Weg nach oben oder unten, wenn das Wetter oder ein Unfall die Seilschaft in eine Notlage bringt. Das Wissen, wie man einen Haken sinnvoll zum Vorwärtskommen nutzt, kommt einem auch bei der Prüfung der Fixpunkte zugute, während man frei klettert. Beim Winterbergsteigen sind Haken unter Umständen die einzigen Sicherungs- und gleichzeitig Fortbewegungspunkte, die in eisgefüllten Rissen halten.

Hinweise zur Hakenbenutzung schließen natürlich einen Einspruch mit ein: Haken beschädigen dauerhaft den Fels. Benutze sie daher niemals, wenn du nicht unbedingt mußt! Nutze sie auf keinen Fall bei etablierten Freikletterrouten.

Technisches Klettern und die Beurteilung der Festigkeit von Haken erfordern Erfahrung, Beurteilungsvermögen und eine Menge Routine. Um sowohl die Grundlagen als auch die vielen Tricks der Techniken zu erlernen, sollte man möglichst mit einen erfahrenen Partner zusammenarbeiten und so oft wie möglich klettern.

## Technisches Klettern

Zum technischen Klettern benötigt man eine ganze Reihe Ausrüstungsgegenstände, aber es ist keineswegs notwendig, daß der Fels beschädigt wird. Wenn man eine gezielte Auswahl an Keilen und Klemmgeräten benutzt, die überall erhältlich sind, wird man eine gute Chance haben, auch technische Routen sauber zu klettern, ohne einen einzigen Haken oder Bohrhaken zu schlagen. Die Keile und andere Ausrüstungsteile können ohne Beschädigung des Felses wieder entfernt werden, und der nächste Kletterer wird kaum in der Lage sein festzustellen, ob jemand vor ihm dort war oder nicht.

Technisches Klettern kann natürlich auch Haken und Bohrhaken notwendig machen, aber man sollte darauf achten, ihre Anwendung auf ein Minimum zu reduzieren. Haken beschädigen den Fels, insbesondere dann, wenn man sie wieder entfernt. In vielbegangenen Routen »wachsen« so feinste Risse manchmal zu Finger- oder Handrissen, wenn Generationen von Kletterern ihre Haken hineingeschlagen haben.

Wenn Kletterer eine Erstbegehung einer größeren Wand durchführen, benutzen sie oft Haken und Bohrhaken für ihre Absicherung. Einmal angebracht, beläßt man sie am besten so im Fels, wie sie sind, damit nachkommende Seilschaften sie ebenfalls benutzen können, ohne den Fels weiter zu beschädigen. Generell sollte man sauberes Klettern als Hauptziel anstreben.

## Arten des technischen Kletterns

Wir können, grob vereinfacht, technisches Klettern in verschiedene Klassifikationen einteilen – je nachdem, in welcher Form es Anwendung findet.

**Alpines technisches Klettern** benötigt in den meisten Fällen eine geringe Anzahl an Ausrüstung, um eine kurze undurchsteigbare oder extrem schwierige Stelle einer langen Route, welche ansonsten frei kletterbar ist, zu überwinden. Diese Art des technischen Kletterns erfordert wie gesagt nur wenig oder keine spezialisierte Ausrüstung. Normalerweise wird man die Freikletterausrüstung benutzen, um vorwärts zu kommen.

**Überwiegend technisches Klettern** benutzt diese Hilfen über größere Distanzen – auch dann, wenn sich technische und Freikletterpassagen abwechseln. Lange Tagestouren können es erforderlich machen, die ersten Seillängen bereits mittels Fixseil auszurüsten, indem man am Vorabend die Seile einrichtet und beläßt, so daß man die ersten Seillängen am nächsten Morgen zügig aufsteigen kann.

**Technisches Klettern in Big-Walls** schließt Aufstiege ein, die länger als einen Tag dauern, auch wenn man bereits die ersten Seillängen zuvor ausgerüstet hatte. Diese Aufstiege schließen häufig ein Biwak in Hängematten oder entsprechend transportablen Biwakliegen (»Porterledges«) ein, auch erfordern sie regelmäßig Techniken zum Aufziehen des Materials.

Ein Blick in Anhang 2 gibt Informationen über die Schwierigkeitsbewertung, welche im Vergleich der verschiedenen Routen des technischen Klettern benutzt werden.

## Die Ausrüstung beim technischen Klettern

In diesem Zusammenhang wollen wir etwas mehr über die technische Ausrüstung reden, als in allen anderen Kapiteln dieses Buches. Technisches Klettern erfordert nämlich nahezu die gesamte Ausrüstung, die bereits in Kapitel 10 beschrieben wurde. Wenn man sich überhaupt nicht für technisches Klettern interessiert, wird man entsetzt feststellen, daß das folgende Kapitel nahezu den gesamten Inhalt eines Hardware-Katalogs enthält. Aber falls man sich ein wenig in die Materie hineindenkt, bemerkt man schnell, daß auch diese Art des Kletterns seine Faszination beinhaltet.

### Grundausrüstung für technisches Klettern

Technisches Klettern unterscheidet sich erheblich vom üblichen Freiklettern. Man benötigt vor allem wesentlich mehr Ausrüstung; dies betrifft zunächst sämtliche Sorten von Keilen und Klemmgeräten, da man diese in geringen Abständen anbringen muß. Eine lange Seillänge kann mehr als 50 Keile und Klemmgeräte benöti-

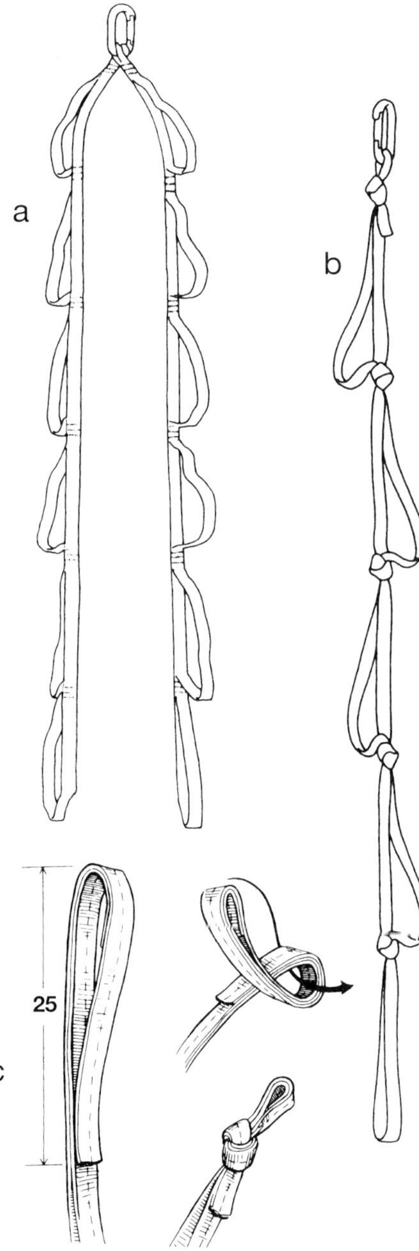


**(11-1) Verschiedene Konstruktionsformen von Trittleitern: a) Genäht, b) geknotet, c) Variante der Sackstichschlinge als oberster Knoten der Leiter. Geknotete Trittleitern benötigen ein Flachband folgender Länge: Zweifache Gesamtlänge plus 25 cm für jede Trittstufe (Mastwurfknoten) und zusätzlich 25 cm für den obersten Knoten.**

gen. Die Schlinge, welche an jedem dieser Ausrüstungsteile angebracht ist, sollte so kurz wie möglich sein, um den Höhengewinn, den jeder neue Fixpunkt bringen kann, optimal ausnutzen zu können.

**Karabiner:** Während ein Minimum von 40 Karabinern bei technischen Touren benötigt wird, ist es gar nicht einmal unüblich, wenn 80 oder mehr als 100 auf einer entsprechend schwierigen langen Seillänge eingesetzt werden. Viele technisch orientierte Kletterer bevorzugen ovale Karabiner gegenüber D-förmigen, da ovale Karabiner nicht so leicht verrutschen wie D-Karabiner, wenn man sie mit dem Körpergewicht belastet. Unabhängig davon, welche Formen die Karabiner aufweisen, sollte man in der Lage sein, sie in jeder Situation zu öffnen, auch dann, wenn sie das Körpergewicht tragen.

Die Ausrüstung zum technischen Klettern enthält regelmäßig auch sehr kleine Klemmkeile, deutlich kleinere als üblicherweise beim Freiklettern eingesetzt werden. Diese werden oft anstatt dünner Haken benutzt, aber sie sind nicht so belastbar wie diese. Sie sind lediglich darauf ausgelegt, das Körpergewicht zu tragen und werden wahrscheinlich brechen, falls sie einen Sturz halten müssen.

Zwei verschiedene Bauarten solcher kleinen Keile sind erhältlich. Zum einen gibt es eine besonders kleine Version von normalen Stoppern. Bei der zweiten Form sind die Seitenflächen sowohl in der Horizontal- als auch in der Vertikalachse angeschrägt, diese sitzen besser in sich öffnenden Rissen.

**Die Keile** selbst werden aus Aluminium, Messing oder rostfreiem Stahl hergestellt. Aluminium und Messing »beißen« in den Fels und halten besser in flachen Rissen, aber Stahl ist wesentlich stabiler und wird eher halten, falls der Keil unerwarteter Weise einen Sturz halten muß.

**Seile:** Die hohe Belastung bei technischem Klettern erfordert normalerweise 11 oder gar 12

(11-2) Geknotete Griffschlinge.

mm Kernmantelseile von mindestens 45 m, besser 50 m Länge. Das Seil zum Aufziehen des Materials ist typischerweise zwischen 11 und 9 mm dick und fungiert gleichzeitig als Sicherungsseil zum Abseilen über große Distanzen. Falls der Aufstieg Pendelquergänge oder andere weniger übliche Probleme beinhaltet, kann es notwendig sein, daß ein drittes Seil benötigt wird.

**Sehr kurze Schlingen** bewähren sich beim technischen Klettern sehr. Diese 10 bis 15 cm langen Schlingen können in eine Zwischensicherung an Stelle eines Karabiners eingehängt werden. Sie werden normalerweise von den Kletterern aus Flachband selbst hergestellt. Man wird eine ganze Menge benötigen, falls die Route zahlreiche Haken oder Bohrhaken aufweist. Darüberhinaus benutzt man sie, um dem Verlust von Ausrüstungsteilen vorzubeugen (siehe unten) und um nur teilweise eingeschlagene Haken abzubinden. Darüberhinaus sollte man mindestens sechs Schlingen normaler Länge mitführen, um Standplätze einzurichten, weiter außen gelegene Fixpunkte zu verlängern, um die Seilreibung zu vermindern und um sie zu anderen üblichen Felskletterteehniken zu benutzen.

Der **Haken**, welcher zum Entfernen der Keile mitgeführt wird, sollte stabil sein, da man des öfteren auch den Hammer brauchen wird, um sehr fest sitzende Keile zu entfernen.

**Handschuhe:** Über ihre Anwendung zum Sichern und Abseilen hinaus schützen sie die Hände, während der Kletterer am Seil mit einer Steigklemme aufsteigt; auch beim Entfernen von Sicherungsmaterial wirken sie als ausgezeichneter Schutz.

**Schuhwerk:** Wenn die Route nur geringe Anteile technischer Kletterei enthält, ist das Benutzen normaler Freikletterschuhe sinnvoll. Wenn technische Kletterei über längere Strecken zu erwarten ist, sind Schuhe mit einer härteren Sohle

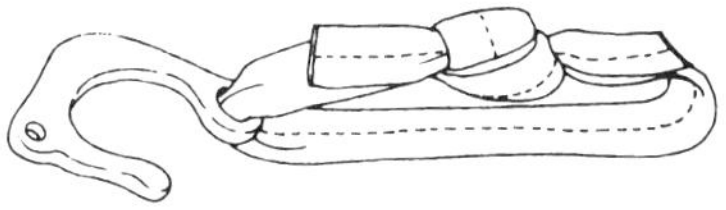

(11-3) Fiffihaken mit Schlinge.

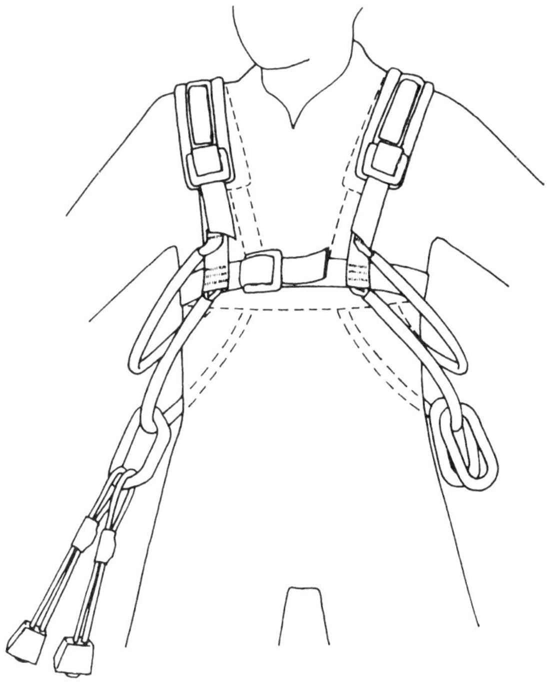

(11-4) Brustgurt mit doppelten Materialschlingen.

komfortabler. Einige neuere Schuhkonstruktionen besitzen eine gute Querversteifung und trotzdem optimale Eigenschaften der Längsverbiegung, so daß man sowohl einen guten Stand auf kleineren Tritten als auch relativ runde Tritte auf Reibung gut nutzen kann.

**Energieabsorbierende Schlingen:** Diese Schlingen erhöhen die Sicherheit, wenn beim technischen Klettern Fixpunkte benutzt werden, welche eine fragwürdige Stabilität aufweisen. Im Falle eines Sturzes begrenzen diese Schlingen die Sturzwucht und schützen so den Fixpunkt. Allerdings wird durch ihre Benutzung die Effektivität des Höhengewinns von Fixpunkt zu Fixpunkt vermindert.

## *Universelle Ausrüstung zum technischen Klettern*

Zusätzlich zu der Ausrüstung, welche normalerweise beim Freiklettern benutzt wird, benötigt man zusätzliches Material, welches sowohl für sauberes technisches Klettern als auch zum Hakenschlagen notwendig ist. Trittleitern, welche sowohl aus Schlingen (Abb. 11-1) als auch aus Reepschnur und Aluminiumtritten hergestellt sein können, ermöglichen es dem Kletterer, von einer Stufe zur nächsten aufzusteigen, wenn sie in einen Keil, Haken oder einen anderen Fixpunkt eingehängt sind. Denke rechtzeitig beim Kauf darüber nach, wozu du die Trittleiter benutzen willst! Bei alpinen Touren kann man das Gewicht reduzieren, indem man ein Leiterpaar aus schmalem Flachband benutzt. Für die meisten technischen Klettereien sind Trittleitern mit vier oder fünf Tritten Standard. Die Leitern sollten lang genug sein, um aus der oberen Stufe der einen bequem in die unterste Stufe der nächsten steigen zu können, die zuvor in Armreichweite eingehängt wurde.

Wenn man sich die Leiter selbst knüpft, hat man die Möglichkeit sowohl ihre Größe als auch das Material selbst zu bestimmen. Allerdings werden kommerziell hergestellte genähte und nicht geknotete Leitern bei langen technischen Klettereien bevorzugt, da die einzelnen Stufen konstruktionsbedingt leichter betreten werden können, wenn das Körpergewicht die Leiter belastet hat. Leitern mit Metallstufen haben ebenfalls diesen Vorteil; darüberhinaus werden sie nicht so leicht vom Wind bewegt, was das Einsteigen erleichtert. Aber sie können erhebliche Schmerzen verursachen, falls man selbst oder der Partner heftig dagegenstößt.

Einige Kletterer benutzen zwei Leiterpaare zum technischen Klettern, andere nur ein einzelnes Paar. Dies hängt von der Art der Route und den persönlichen Vorlieben ab.

Ähnlich bevorzugen einige Kletterer eine zusätzliche **Greifschlinge** an dem Karabiner ihrer Leiter. Dies erleichtert es ihnen, oben aus ihrer Leiter herauszusteigen. Diese Greifschlingen werden aus Flachbandmaterial hergestellt, indem man Sackstiche in etwa 10 bis 15 cm Abstand einknüpft (Abb. 11-2). Die individuell beste Länge ist eine Knotenschlinge, bei der man, wenn man sie am Gurt befestigt hat, noch das andere Ende mit der Hand erreichen kann. Hängt man hier einen Karabiner ein (oder in mehrere der einzelnen Schlingen), kann man sich jederzeit an einem Fixpunkt einhängen und eine bequeme hängende Rastposition im Klettergurt einnehmen.

Sicherheitshalber sollte man eine zweite Knotenschlinge ohne Karabiner mitführen, um sie zu anderen Zwecken nutzen zu können. Hier bieten sich vielfältige Möglichkeiten von Standplätzen an, nicht zuletzt kann eine solche Schlinge den Verlust einer Leiter verhindern, falls ein Fixpunkt versagt.

**Fiffihaken** funktionieren ähnlich wie Knotenschlingen, aber sie werden mit einer lediglich sechs bis 15 cm langen Schlinge am Gurt befestigt (Abb. 11-3). Man kann jederzeit den Haken in irgendeinen Fixpunkt einhängen, was eine sofortige Rast im Klettergurt ermöglicht. Aber Vorsicht! Wenn man den Haken entlastet oder den Belastungswinkel ändert, kann er sich unter Umständen aushängen. Beim technischen Klettern wird normalerweise ein Fiffihaken mitgeführt, wenn Hakenleitern oder eingerichtete Seillängen durchstiegen werden. Ein Klettergurt, welcher mit zusätzlichen Materialschlingen beidseits des Körpers ausgerüstet ist, verteilt das Gewicht der umfangreichen Ausrüstung (Abb. 11-4). Hierdurch erhöht sich die Balance und vermindert sich die Belastung des Nackens gegenüber der Situation, in der eine einzelne Materialschlinge getragen würde. Wenn ein solcher Gurt richtig konstruiert ist, leistet er auch gute Dienste, wenn man an einem Seil mit Klemmen aufsteigt. Einzelne Kletterer führen zusätzlich zu ihrem Sportklettergurt einen entsprechend konstruierten Brustgurt nur deshalb mit, um die Ausrüstung komfortabel unterzubringen.

Ein **Sitztuch** mit Zwei- oder Dreipunktbefestigung erzeugt einen großen Komfort an schlechten Standplätzen (Abb. 11-5). Allerdings Vorsicht: Niemals sollte man sich ausschließlich über einen solchen Sitz mit dem Fixpunkt verbinden. Ein solcher Sitz kann niemals die Selbstsicherung am Standplatz ersetzen. Er dient lediglich der Erhöhung des Komforts.

**Mechanische Aufstiegshilfen** (Abb. 11-6) erfüllen dieselbe Funktion wie Prusikknoten, aber sie sind belastbarer, sicherer, schneller und ermüden weniger. Sie werden ebenfalls benutzt, um die Materialsäcke in Big-Wall-Touren aufzuziehen.

Alle Aufstiegshilfen bestehen aus einem Keil, welcher es dem Seil ermöglicht, in einer Richtung hindurchzurutschen; er sorgt aber gleichzeitig dafür, daß in Gegenrichtung blockiert wird. Sie haben darüberhinaus einen Sicherungs- oder Verschlußmechanismus, um ein versehentliches Öffnen zu verhindern. Einige dieser Mechanismen sind schwierig zu lösen, wodurch sich das Risiko eines ungewollten Öffnens weiter vermindert. Gleichzeitig bedeutet dies jedoch, daß sie schwieriger zu öffnen sind, wenn man dies gezielt will.

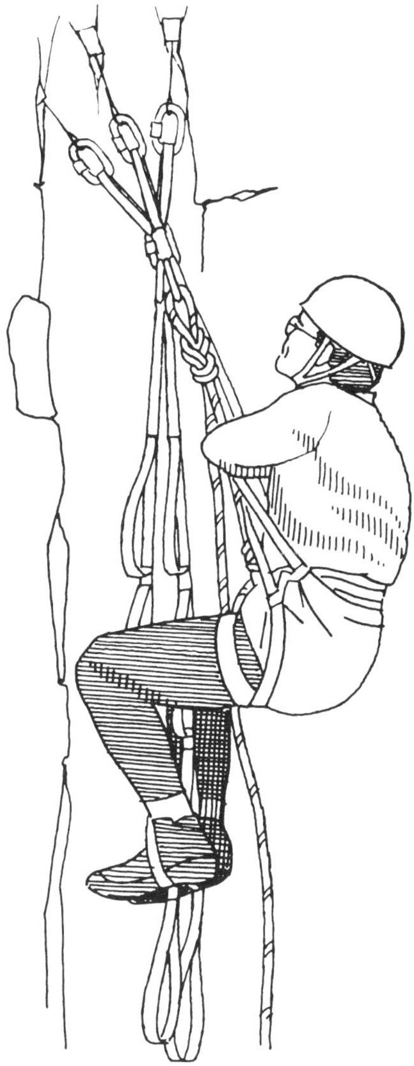

**(11-5) Anwendung des Sitztuches (Gramminger Sitz) an einem extremen Standplatz; man beachte die Verankerung des Kletterseiles.**

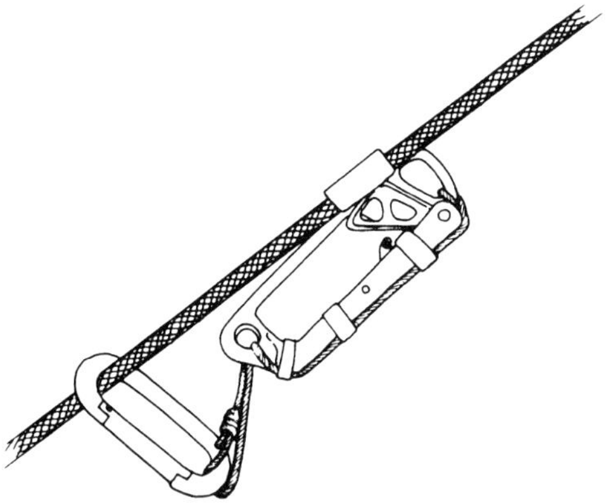

(11-6) Steigklemme mit Sicherungsschlinge; Die Steigklemme ist in dieser Form zum Diagonalanstieg bereit.

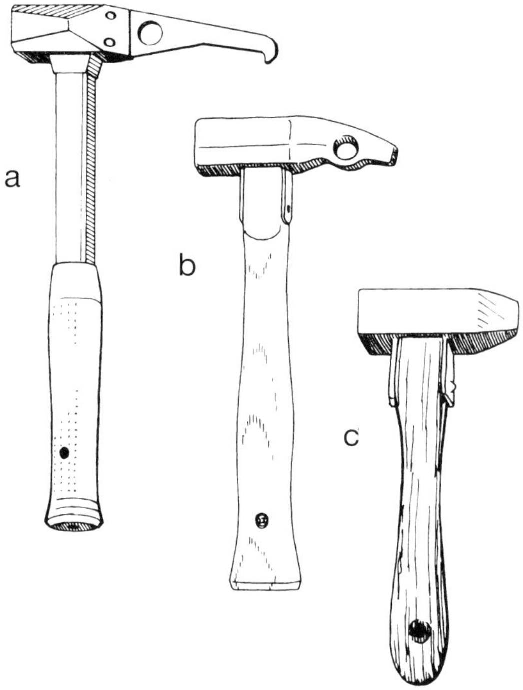


(11-7) Verschiedene Formen von Kletterhämmern.

Wenn man solche Aufstiegshilfen beim Winterbergsteigen nutzen möchte, sollte man darauf achten, daß man solche kauft, deren Handgriff groß genug ist, um auch mit dicken Handschuhen noch umfaßt zu werden. Karabinerlöcher am Ober- und Unterende sind für viele Anwendungen nützlich, z. B. auch zum Aufziehen von Material. Falls die Aufstiegshilfe diese Löcher nicht aufweist, wird man Schlingen in die Einhängepunkte anbringen müssen.

**Felshämmer** haben ein flaches Ende, um Haken einzuschlagen, und ein spitzes Ende, um diese wieder herauszuhebeln oder aber um verstopfte Risse zu reinigen (Abb. 11-7). Die Hammerschäfte sollten lang genug sein, um kraftvoll Haken einschlagen zu können, andererseits sollten sie kurz genug sein, um im Klettergurt transportiert werden zu können, ohne zu stören. Ein Karabinerloch im Kammerkopf ist nützlich, wenn man Haken wieder entfernen möchte.

Man bringt hierzu eine Schlinge am Hammer an, welche lang genug ist, um eine vollständige Armstreckung zu ermöglichen, wenn man den Hammer benutzt (Abb. 11-8). Läßt man aus Versehen den Hammer fallen, wird er an der Schlinge knapp unterhalb der Füße hängen. Natürlich sollte man die Schlinge des öfteren überprüfen, ob sich ihre Befestigung während des Kletterns nicht gelöst hat.

**Cliffhänger** existieren in vielerlei Größen und Formen und werden normalerweise genutzt, um auf schmalen Bändern oder kleinen Löchern eingehängt zu werden (Abb. 11-9). Wenn eine Leiter im Cliffhänger eingehängt wird, hat man eine recht delikate Möglichkeit, um sich weiter aufwärts zu bewegen. Die Haken sollten aus Stabilitätsgründen aus Chrom-Molybdän-Stahl hergestellt sein und das untere Ende sollte breiter und leicht gebogen sein, so daß sich hierdurch eine größere Stabilität bei der Auflage auf dem Fels ergibt. Am Unterende werden Schlingen mittels Ankerstich eingehängt und so ausgerichtet, daß die »Beine« (untere Ecken) des Hakens zum Fels gedrückt werden, wenn die Schlinge bela-

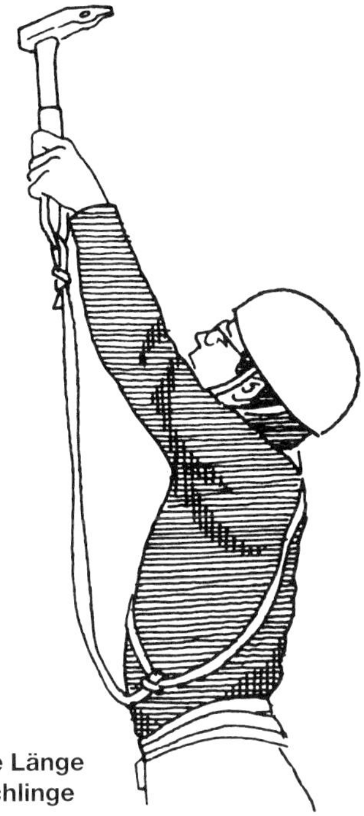

(11-8) Korrekte Länge der Hammerschlinge

stet wird. Um dies zu gewährleisten, sollte die Schlinge auf der Felsseite des Hakens hängen.

Einige Hakentypen sehen ähnlich aus wie riesige Angelhaken und werden vorteilhafterweise hinter kleinen Schuppen und auf Bändchen eingehängt. Eine größere Stabilität wird erreicht,

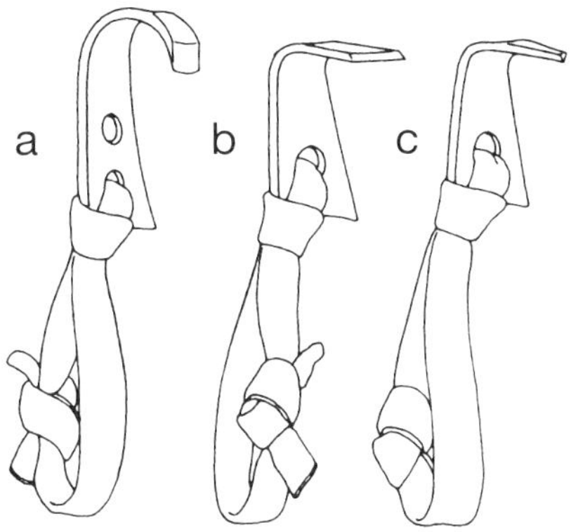


(11-9) Verschiedene Hakenformen (»Cliffhanger«): a) sky hook; b) Logan hook; c) bat hook.

wenn die Hakenspitze möglichst schmal gefeilt wird. Diese Spitze kann in kleinste Löcher auf winzigen Bändern rutschsicher eingehängt werden. Fishhooks sind relativ große Haken, welche benutzt werden, um in größere Schuppen oder Bänder eingehängt zu werden. Logan hooks sind L-förmig: der längere Schenkel hängt stabil auf kleinen Bändern oder Schuppen, der kurze Schenkel kann in kleinen Löchern benutzt werden.

**Drahtkabelschlingen** (Abb. 11-10 a und b) von 2,5 oder 3 mm Durchmesser und mit einem verschiebbaren Steg dienen dazu, das Drahtkabel über Haken zu hängen und dort zu arretieren. Hierzu finden natürlich vor allem Haken mit einem relativ großen Kopf Verwendung. Kleinere Drahtkabelstopper können zu diesem Zweck ebenfalls benutzt werden, wobei der Keil selbst als Steg um das Drahtkabel am Haken zu arretieren benutzt wird. Da Keile aber normalerweise ein längeres Drahtkabel haben als die speziell zu diesem Zweck hergestellten Kabelschlingen, wird der Höhengewinn durch eine solche Improvisation geringer sein.

Entsprechend konstruierte Hakenösen haben dieselbe Funktion wie die eben beschriebenen Drahtkabelschlingen, sie werden allerdings nicht aus einem solchen Kabel, sondern aus Metallstücken gestanzt (Abb. 11-10 c und d). Sie sind recht nützlich, insbesondere an Standplätzen und an Bohrhaken, an denen die Ösen abmontiert wurden. Spezielle Konstruktionen (Keyhole Hangers) haben eine Verbindung zwischen der großen Öse und dem Hakenloch, so daß sie über Bohrhaken geschoben werden können.

## *Die »Eisenwarenhandlung« beim technischen Klettern*

Um die Möglichkeiten des technischen Klettern voll ausschöpfen zu können, benötigt der Kletterer ein umfangreiches Wissen über Haken und Bohrhaken.

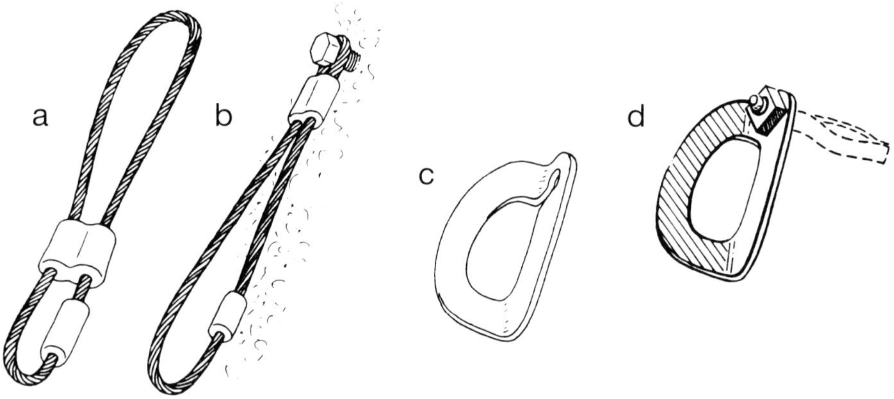


**(11-10) Ösen für Bohrhaken: a) Drahtkabelöse; b) Drahtkabelöse an Bohrhaken; c) Blechöse; d) Blechöse in korrekter Lage am Bohrhaken.**

## Haken

Moderne Haken werden aus Chrom-Molybdän-Stahl gemacht. Im Unterschied zu früheren Weichstahlhaken, welche sich selbst dem Riß angepaßt haben, formen Hartstahlhaken den Riß entsprechend ihrer Bauart. Hierdurch schädigen sie natürlich den Fels und durch zunehmende Verbesserung der Sicherungstechniken zugunsten eines sauberen Kletterns nimmt ihre Anwendung zunehmend ab. Allerdings sind sie nach wie vor unverzichtbar, insbesondere im überhängenden Fels und in sehr dünnen Rissen. Beim Winterbergsteigen, wenn die Risse mit Eis gefüllt sind, bieten sie oft die einzige Sicherungsmöglichkeit. Um für die verschiedenen Rißbreiten größerer Bänder anwendbar zu sein, existiert eine große Variabilität der Haken bezüglich ihrer Größe und Form (Abb. 11-11).

**Der RURP** (Realized ultimate reality piton) ist der kleinste Haken überhaupt und nur so groß wie eine Briefmarke; er kann in winzigste Risse eingeschlagen werden. Er ist lediglich in der Lage, das Körpergewicht zu halten, und wird normalerweise in Verbindung mit Karabiner und Trittleiter benutzt. Einige ähnliche Haken gibt es mit gebogenen Flanken; diese finden in Felsecken Verwendung.

**Birdbeaks** sind ähnlich wie RURPs, aber sie besitzen einen längeren Arm, so daß eine Schlinge oder ein Karabiner eingehängt werden kann. Normalerweise können sie leichter gesetzt und wieder entfernt werden.

**Messerhaken** sind lange dünne Haken, welche zwei Ösen aufweisen – eine am Ende der Messerklinge und eine zweite in einem abgewinkelten Teil des Hakenkopfes. Sie werden in verschiedenen Längen und Dicken hergestellt und in vielen Rissen eingesetzt, die zu dünn für kleine Klemmkeile sind.

**Lost arrows** ähneln den Messerhaken; sie weisen aber nur eine Hakenöse auf, welche rechtwinklig zur Hakenfläche steht. Sie sind die beim technischen Klettern am weitesten verbreiteten Haken und existieren in diversen Längen und Dicken. Sie sind in Horizontalrissen besonders gut anwendbar.

**Winkelhaken** sind Haken, welche eine U- oder V-Form haben. Das V variiert in seiner Breite, wobei die schmaleren Konstruktionen besonders verbreitet sind. Ihre Festigkeit erhalten sie durch die Klemmwirkung des Metalls im Fels. Große U-förmig und ähnlich konstruierte Haken wurden im Rahmen der modernen Freikletterbewegung inzwischen weitgehend durch Keile ersetzt.

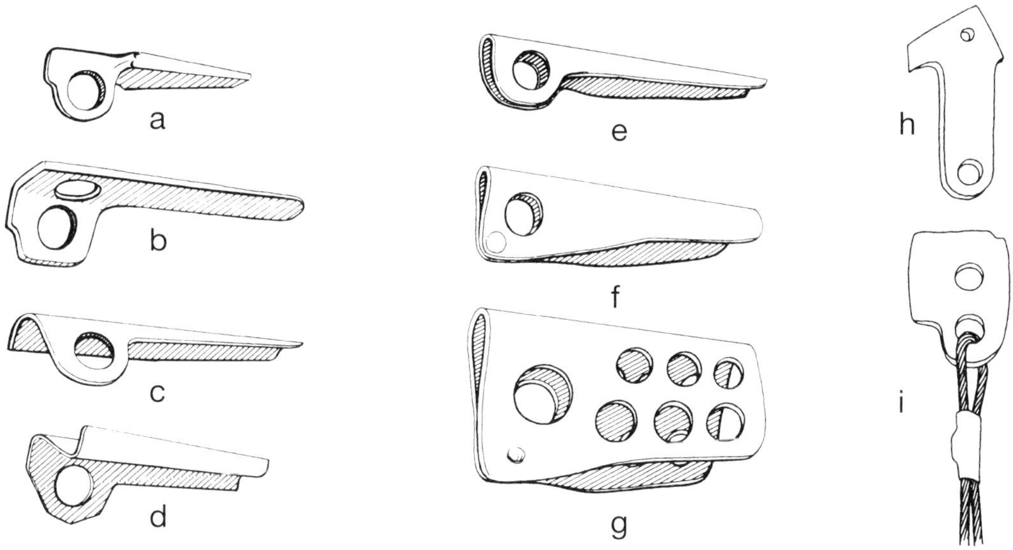


**(11-11) Verschiedene Hakentypen: a) lost arrow; b) Messerhaken; c) U-Profil-Haken; d) Z-Profil-Haken; e) V-Profil-Haken; f) breiter Winkelhaken; g) Bong; h) Birdbeak; i) RURP.**

**Z-Haken** erhalten ihre lichte Weite durch ein Z-förmiges Profil, welches ähnlich wie beim V-Profil-Haken konstruiert ist. Diese Haken sind sehr belastbar und aufgrund ihrer Konstruktion auch gut gegeneinander verklemmbar.

**Bongs** sind große Haken von einer Breite zwischen fünf und zehn Zentimetern. Zusätzlich zu ihrer Anwendung als Haken können sie auch als große Klemmkeile benutzt werden. Klemmgeräte wie beispielsweise Friends haben diesen Hakentyp inzwischen weitestgehend ersetzt.

Einige abgesägte Haken sind nützlich in Routen, die intensiver Hakenbenutzung ausgesetzt waren, wodurch seichtere oberflächliche Risse oder Hakenlöcher entstanden.

### Hämmerbare Hardware (Bashies)

**Bashies** (Abb. 11-12) wurden entworfen, um das Körpergewicht zu halten, indem der weiche Kopf in Felsunregelmäßigkeiten hineingehämmert wird. Die Sicherheit dieser Geräte schwankt erheblich, und es ist außerordentlich schwierig, ih-

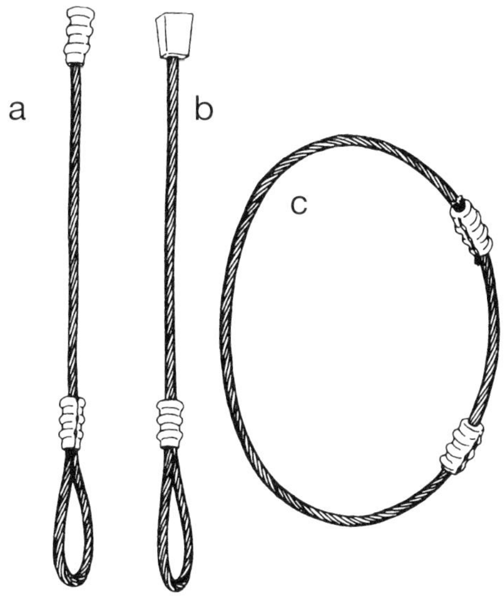


**(11-12) Schmiedbare Metallkeile: a) Copperhead; b) Alumahead; c) Circlehead.**

re Belastbarkeit abzuschätzen. Daher handelt es sich um Ausrüstungsteile letzter Wahl.

**Copperheads** (Abb. 11-12 a) haben eine Verdickung aus Kupfer an einem Ende eines kurzen Drahtkabels, welche eine Schlinge am anderen Ende aufweist. Sie werden angebracht, indem der Kupferkopf in eine winzige Felsnische eingeschlagen wird. Normalerweise passen sie sich gut dem Fels an und sind haltbarer als ähnliche Konstruktionen mit Aluminiumköpfen (Alumaheads).

**Alumaheads** (Abb. 11-12 b) sind nicht so robust wie die Copperheads, dafür aber besser hämmerbar. Daher werden sie eher in etwas größeren Rissen eingesetzt, während die kleineren den Kupferkonstruktionen vorbehalten bleiben.

**Circleheads** (Abb. 11-12 c) bestehen aus einem Drahtkabelring, welcher eine zusätzliche Verdickung aus Kupfer besitzt. Diese wird ähnlich wie ein Copperhead in den Fels eingeschlagen. Circleheads werden wie ein Copperhead in den Fels eingeschlagen und bevorzugt in Horizontalrissen angewendet.

**Bohrhaken**

In Kapitel 10 wurde bereits auf existierende Haken in Kletterrouten hingewiesen. Bohrhaken beschädigen den Fels und verändern den Stil einer Kletterroute. Man sollte sich daher sehr sorgfältig überlegen, ob das Anbringen eines solchen Hakens notwendig ist. Die sichere Anwendung verlangt spezielle Erfahrung und Kenntnisse, welche über den Umfang dieses Buches hinausgehen. Das Anbringen lernt man am besten von einem sehr erfahrenen Kletterer.

## Bigwallausrüstung

Kletterer, welche ein Big-Ball-Unternehmen vorhaben, benötigen zusätzliche spezialisierte Ausrüstung.

**Pulleys** werden benötigt, um das Aufziehen der Lasten zu erleichtern. Da sie zu einer Vielzahl von Tätigkeiten benutzt (und teilweise zweckentfremdet) werden, müssen sie möglichst stabil sein. Pulleys mit großen Rollen lassen sich normalerweise angenehmer betätigen.

**Zugsäcke** werden benötigt, um Kleidung, Wasser, Nahrung, Schlafsäcke und andere Ausrüstungsteile, die nicht unmittelbar mit dem Klettern zu tun haben, nachzuziehen. Ein guter Zugsack sollte eine vernünftige Größe sowie einen zuverlässigen Befestigungspunkt haben, aus abriebfester Faser bestehen und ein abnehmbares Tragesystem besitzen. Eine Abdeckung am oberen Ende des Zugsackes ist eine gute Lösung, wenn man den Verbindungsknoten des Zugseiles schützen will und darüberhinaus das Risiko vermindern will, daß der Sack sich beim Aufziehen irgendwo verhängt.

**Cheater Sticks** erlauben es, einen Karabiner in einen Fixpunkt einzuhängen, welcher außerhalb der eigenen Reichweite liegt. Auch wenn sie selten benutzt werden, finden sie ihre Hauptanwendung darin, daß man das Heraussteigen aus der Trittleiter vermeiden kann. Sie sollten einen Karabiner sicher halten, während man ihn bei voller Armstreckung einhängt.

**Knieschoner** schützen die Knie, welche beim technischen Klettern häufig in Felskontakt geraten. Diese sollten bequem sitzen und die Blutzirkulation nicht einschnüren.

**Portaledges oder Hängematten**: Portaledges sind leichtgewichtige Bettgestelle, welche einen wesentlich größeren Komfort aufweisen als Hängematten. Unglücklicherweise sind sie natürlich schwerer und sperriger als diese. Ähnlich wie bei den Sitztüchern bereits beschrieben, muß der Kletternde immer eine Selbstsicherung haben, wenn er diese Gegenstände benutzt.

Wenn man auf einer Big-Ball-Tour unterwegs ist, muß wichtige Ausrüstung grundsätzlich mit entsprechenden Schlingen gesichert werden. Immer sollte Kleidung mitgeführt werden, die einem auch das Überleben in dem schlechtest-

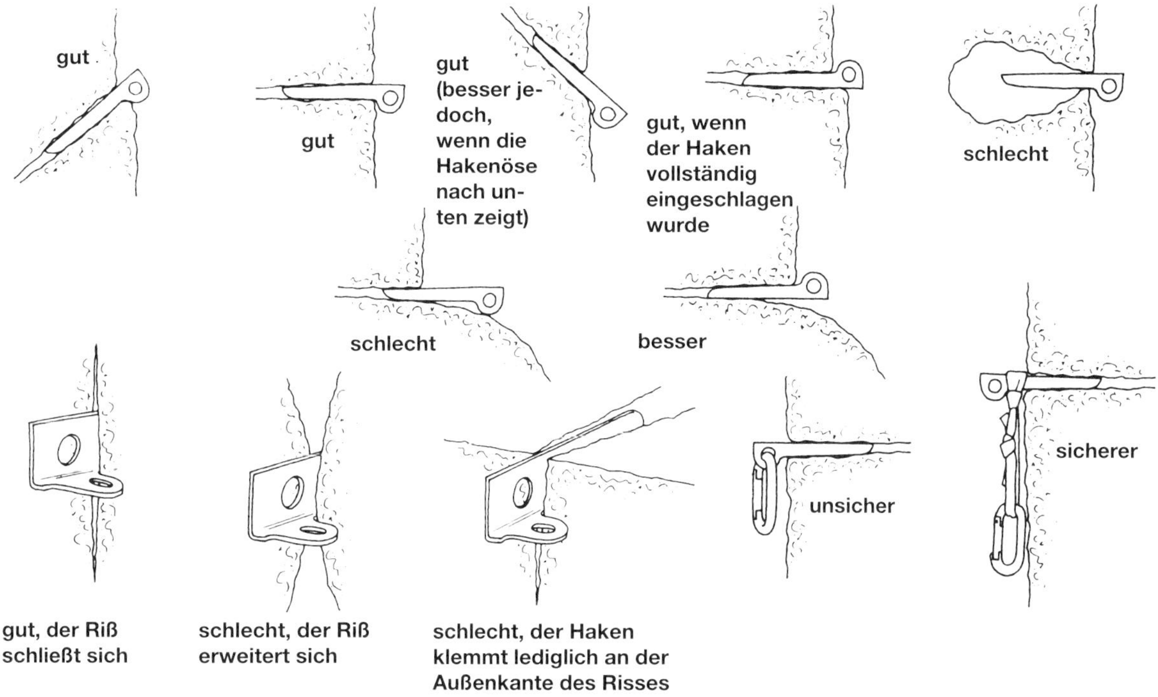


**(11-13) Hakenlage und ihre Probleme.**

möglichen Wetter erlaubt, da solche Routen normalerweise keinen leichten schnellen Ausweg besitzen. Auch sollte man sicher sein, daß die benutzte Ausrüstung qualitativ hochwertig ist, im Zweifelsfall sollte man sie ersetzen. Insbesondere bezüglich Wassercontainer bedeutet dies, daß man nur die zuverlässigsten benutzt, insbesondere sollte man die Dichtung des Verschlusses prüfen.

## Das Anbringen von Fixpunkten

Die grundsätzliche Regel des technischen Klettern ist es, daß man jeden Fixpunkt so hoch wie möglich anbringt. Wenn man es schafft, Fixpunkte in einer Distanz von 1,5 statt 1,2 m Abständen anzubringen, wird man in einer Seillänge bequem 8 Fixpunkte, viel mehr Karabiner und noch mehr Zeit gespart haben.

Die meisten Techniken des Sicherns beim Freiklettern sind genauso beim technischen Klettern nutzbar. Beim technischen Klettern wird man, wenn möglich, die verwendeten Schlingen kürzen und so oft wie möglich sehr kurze, direkt in die Fixpunkte eingeschlaufte Schlingen anstatt von Karabinern nutzen.

Das Anbringen von sehr kleinen Klemmkeilen während einer technischen Kletterei ist identisch zum Anbringen größerer Keile während des Freikletterns. Aber da die Keile beim technischen Klettern das Gewicht des Kletterers tragen müssen und da sie unter Umständen kleiner sind als

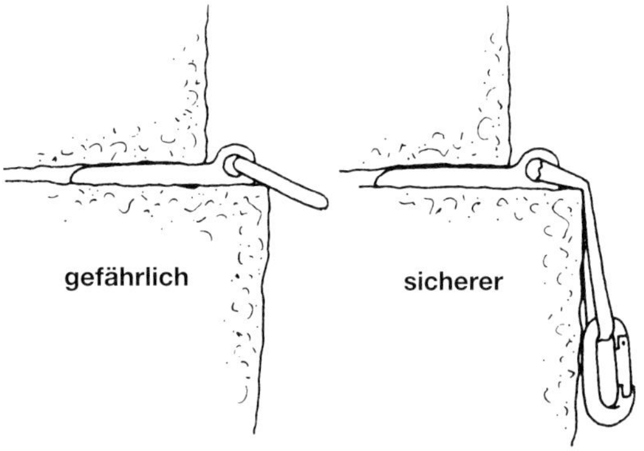


(11-14) Sichere Verlängerung eines Hakens; bei der Anordnung gemäß der Zeichnung rechts wird eine Biegebelastung des Karabiners vermieden.

der mitgeführte Haken, um sie zu entfernen, hat man beim Herausnehmen unter Umständen erhebliche Schwierigkeiten. Wenn man kleine Keile relativ nahe an der Außenseite von Rissen anbringt, sind sie leichter zu entfernen und außerdem werden sie durch das Herausnehmen weniger leicht beschädigt. Kleine Keile sollten grundsätzlich vorsichtig bezüglich ihrer Haltbarkeit überprüft werden, bevor man ihnen das Körpergewicht anvertraut.

Vorgefundene Haken, Bohrhaken oder andere Fixpunkte müssen geprüft werden, bevor man sie benutzt (vgl. Kapitel 10). Wenn man sich entschließt, einen vorgefundenen Fixpunkt zu nutzen, kann man eine Drahtkabelschlinge hindurchschlaufen und einen Karabiner in diese Einhängen. Hierdurch spart man einen Karabiner. Beachte: bei dieser Technik sollte an jedem dritten oder vierten Fixpunkt ein Karabiner allerdings direkt eingeklinkt werden. Die Drahtkabelschlingen sind nämlich nicht so sicher und können im Falle eines Sturzes durch die Kanten der Metallöse abgeschert werden. Natürlich ist es auch ratsam einige Haken, Ösen und Drahtkabelkeile mitzuführen, falls Bohrhaken ohne Öse gefunden werden oder ihre Öse beschädigt sein sollte.

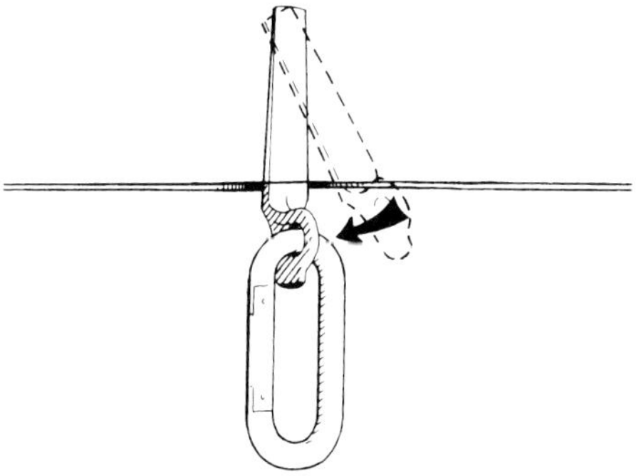

(11-15) Anbringen eines Hakens in einem Überhang.

## Das Anbringen von Haken

Nun folgen einige grundsätzliche Hinweise zum Anbringen von Haken (Abb. 11-13):

- Das horizontale Anbringen von Haken ist meistens sicherer als ein Haken in einem Vertikalriß, da Drehbewegungen des Hakens vermindert oder ausgeschlossen werden können.
- Idealerweise zeigt die Hakenöse abwärts.
- Ähnlich wie Klemmkeile werden Haken in eine Rißerweiterung eingeschlagen. Wenn der Riß ober- und unterhalb des Hakens schmaler ist, stützt dies den Haken zusätzlich, wenn er belastet wird.
- Ein Haken der richtigen Größe kann etwa halb bis zweidrittel seiner Klingenlänge von Hand eingeschoben werden. Lediglich der verbleibende Rest wird mittels Hammer eingeschlagen. Hierzu sucht man sich einen Haken passender Weite aus. Niemals sollte man versuchen, den Riß dem Haken anzupassen. Hierdurch erzeugt man lediglich nutzlose Felszerstörungen.
- Ein gut sitzender Haken erzeugt mit jedem Hammerschlag einen immer höheren Ton. Wenn der Haken eingeschlagen ist, sollte man ihn vorsichtig etwas seitwärts beklopfen, um zu schauen, ob er verrutschen kann. Ein Verrutschen zeigt, daß der Haken nicht sauber im Fels sitzt.

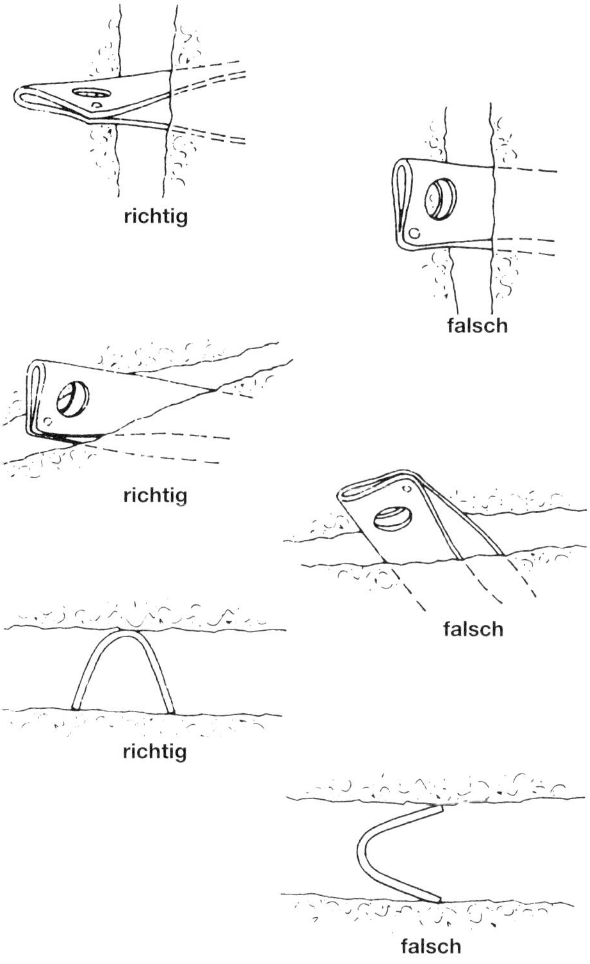


**(11-16) Richtiges Anbringen von Profilhaken.**

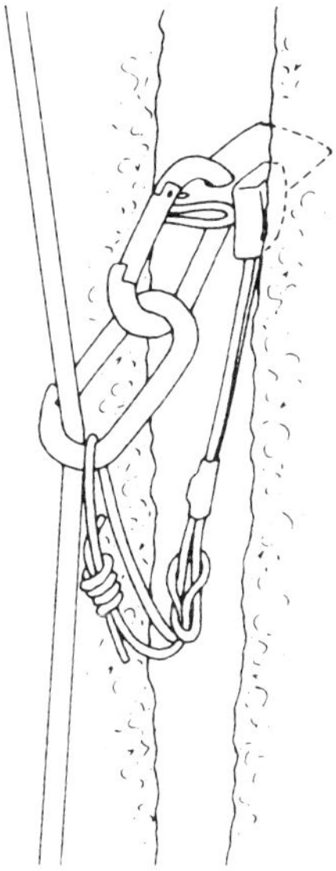

**(11-18) Profilhaken, über einen Stopper eingeschlagen; man beachte die nichtbelastete Sicherungsschlinge am Stopper.**

Solche Haken sollten durch größere ersetzt werden.

- Welchen Haken man einschlägt, ist ein Resultat aus Gefühl und Erfahrung. Extremes Hämmern verschwendet Energie und macht es dem Zweiten schwerer den Haken wieder herauszubringen. Darüber hinaus beschädigt es unnötigerweise den Fels. Einen Haken in überhängendem Gelände zu schlagen, erhöht naturgemäß das Risiko, daß er durch die Belastung herausgerissen wird. Wenn eine größere

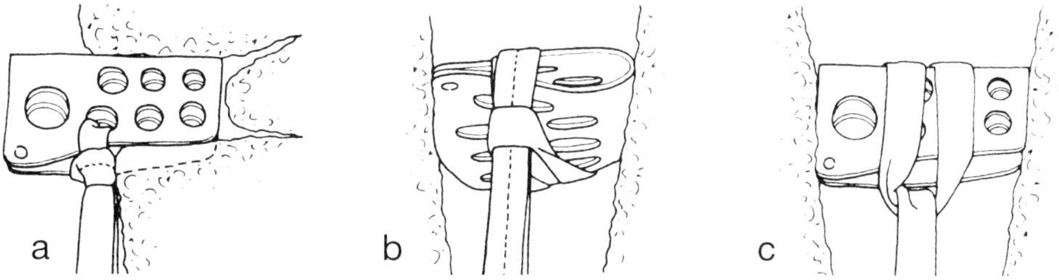


**(11-17) Anbringen von Bongs: a) Eingeschlagen und abgebunden durch die Bohrlöcher; b) und c) verklemmt und mittels Ankerstich abgebunden.**

Anzahl Haken in dieser Form geschlagen wurden, kann dies bedeuten, daß das Ausbrechen eines Hakens in einem weiten Sturz als Resultat des Reißverschlußeffektes endet.

- Wenn möglich, sollte man es vermeiden, einen Haken in einen Felswinkel zu schlagen. In einer solchen Situation kann der Haken unter Umständen nicht wieder entfernt werden. In einem solchen Falle läßt man ihn für die folgenden Seilschaften stecken.
- Wenn ein Haken so eingeschlagen ist, daß der eingehängte Karabiner über eine Kante belastet wird, sollte eine zusätzliche kurze Schlinge eingehängt werden (Abb. 11-14). Hierdurch wird vermieden, daß im Karabiner eine Knickbelastung auftritt.
- An Überhängen sollte man, wenn irgend möglich, einige Haken in horizontaler Lage einschlagen (Abb. 11-15). Hierdurch vermeidet man das Risiko eines Totalversagens der Sicherungskette, falls der Haken belastet wird.
- Messerhaken werden in senkrechte Risse so eingeschlagen, daß die abgewinkelte Hakenöse unten liegt.
- Wenn Winkelhaken geschlagen werden, müssen die drei Punkte des V's in Felskontakt sein (Abb. 11-16). Die Rückseite muß auf jeden Fall eine Rißwand berühren, während die beiden Spitzen des V's an der gegenüberliegenden Wand zu liegen kommen. Bei einem Horizontalriß bedeutet dies, daß der Rücken des V's nach oben zu liegen kommt und die beiden Spitzen nach unten.
- Bongs (Abb. 11-17) die aus Aluminium gemacht sind, sind relativ brüchig und sollten so wenig wie möglich belastet werden. Bongs werden des öfteren auch als Klemmblöcke eingesetzt, in diesem Falle sollte man eine Schlinge hinzufügen, bevor man das Seil einklinkt.
- Sich öffnende Risse bedeuten besondere Probleme für Haken, da beim Anbringen zusätzlicher Haken weiter oben die unteren gelockert werden. In solchen Situationen sollten möglichst Keile benutzt werden, da sie das Abheben der Schuppe vermindern. Falls Haken benutzt werden müssen, sollte man möglichst lange Aluminiumhaken einsetzen, welche vorsichtig in vorhandene Risse eingeschoben werden.
- In seichten Rissen kann ein Haken neben einen Klemmkeil geschlagen werden. Der Klemmkeil erzeugt die »zweite Wand«, gegen welche der Haken klemmt. Da der Keil herausfallen würde, falls der Haken ausbricht, sollte eine Fangschlinge eingehängt und mit dem Karabiner verbunden werden. Diese Fangschlinge darf nicht belastet werden (Abb. 11-18).
- Wenn Haken im Rißgrund aufsitzt, d. h. daß er nicht komplett eingeschlagen werden kann, sollte man sofort mit dem Hämmern aufhören, da man den Haken ansonsten lösen würde. Er muß an der Stelle, an der der Schaft im Fels verschwindet, abgebunden werden. Eine kurze Schlinge wird mit einem Ankerstich herumgelegt und erzeugt so eine verminderte Hebelkraft auf dem Haken (Abb. 11-19). Bongs können durch ihre Löcher abgebunden werden. Immer sollte man eine etwas längere Fangschlinge in der Hakenöse und den Lastkarabiner einhängen. Diese Fangschlinge darf zwar nicht belastet werden, aber sie wird den Haken vor dem Verlust retten, falls er herausrutschen sollte.

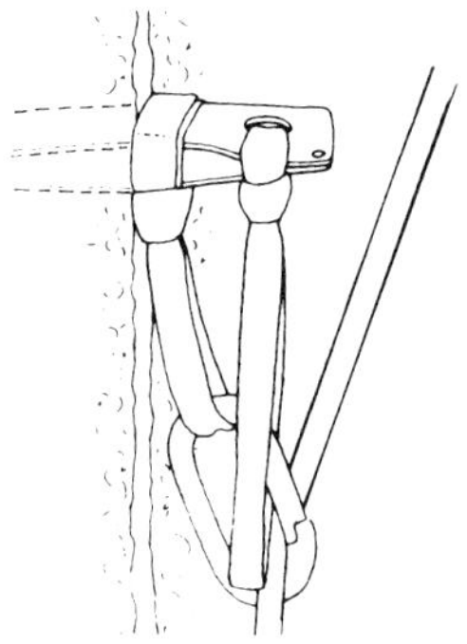

**(11-19) Abgebundene Haken; man beachte die Fangschlinge durch die Hakenöse.**

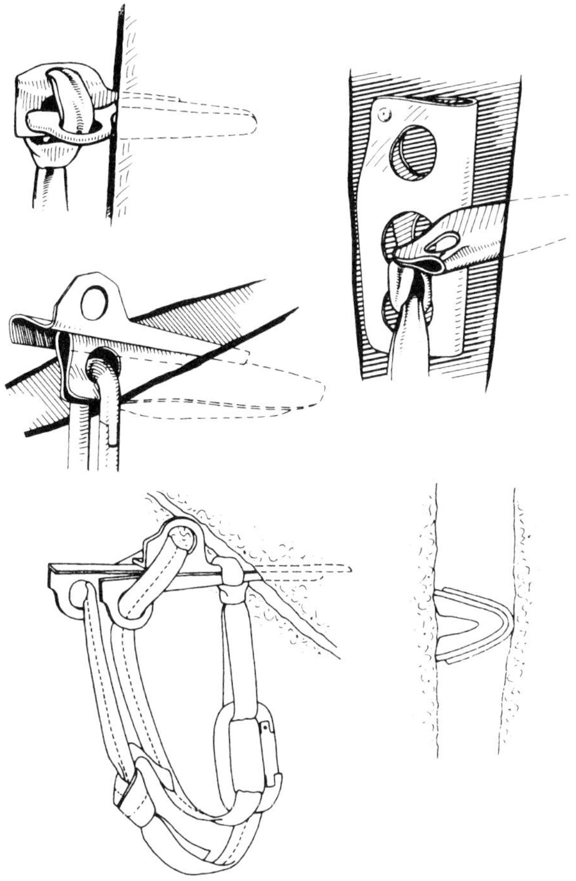

(11-20) Beispiele für gegeneinander verkeilte Felshaken (einige Fangschlingen wurden zur übersichtlicheren Darstellung weggelassen).

## »Stapeltechniken«

Wenn man keinen Haken oder Keil besitzt, der für sich alleine in einem zur Verfügung stehenden Riß hält, kann man mit der vorhandenen Ausrüstung außerordentlich kreativ werden. Unabhängig davon, ob man bereits alle möglicherweise passenden Ausrüstungsteile zuvor verbaut hatte oder man an einer sich weiter öffnenden Schuppe klettert, man hat die Möglichkeiten verschiedene Hardware miteinander mit einer nahezu beliebigen haltbaren Kombination gegenseitig zu verkeilen (Abb. 11-20). Messerhaken werden Rücken an Rücken gelegt und gemeinsam eingeschlagen. Falls ein dritter Haken notwendig ist, werden die ersten beiden von Hand eingesetzt und dann der dritte dazwischen geschlagen.

Einige Meinungsverschiedenheiten gibt es immer wieder in welcher Art Winkelhaken am besten mit anderen verkeilt werden. Die meisten Kletterer tun dies, indem sie die Rücken der beiden Winkelhaken gegen den Fels bringen, aber jede andere Kombination wird auch halten. Möglichst sollte man es vermeiden, Winkelhaken lediglich übereinander zu schieben, da solcherart ineinandergeschobene Haken später nur äußerst schwer wieder voneinander zu trennen sind (Abb. 11-20). Flachere Z-Haken lassen sich für solche Techniken besonders gut nutzen.

Es kann auch notwendig werden, eine ähnliche Kombination aus einem Haken und einem Klemmkeil oder einem Haken und einer Drahtkabelschlinge herzustellen, insbesondere letzteres sollte jedoch die Ausnahmesituation darstellen (Abb. 11-21). Das Konzept beruht auf der Klemmkraft, welche durch den Keil oder das Drahtkabel auf die Rückseite des Hakens ausgeübt wird. Der Keil oder das Drahtkabel wird teilweise in den Riß hineingeschoben. Danach wird der Haken hineingeschlagen und klemmt zwischen Fels und Keil. Unter Umständen kann man auf diese Art und Weise auch einen recht stabilen Fixpunkt erzeugen, ohne umfangreiche Hämmerei. Natürlich sollte berücksichtigt werden, daß Drahtkabelschlingen, die auf diese Art benutzt werden, sehr schnell verschleißen. Natürlich sollten bei solchen Anwendungen alle Einzelteile durch Fangschlingen mit den Karabiner gesichert werden, um einem Verlust vorzubeugen.

## Setzen und Nutzen von Cliffhängern

Bevor man einen Cliffhänger oder eine ähnliche Hängevorrichtung einhängt, klinkt man eine Trittleiter in diese ein. Außerdem sollte eine Fangschnur vom Karabiner zum Gurt führen. Hierdurch vermeidet man einen Verlust von Haken und Trittleiter, falls der Haken abrutschen sollte.

Nun setzt man den Haken auf das Band hinter die Schuppe oder das Loch ein, jeweils so, daß die Belastungsrichtung berücksichtigt wird. Ein vorsichtiger Test erfolgt, bevor man das Körpergewicht voll diesem Punkt anvertraut. Sinnvollerweise vermeidet man es, mit dem Gesicht genau in Höhe des Cliffhängers zu stehen, da er im Falle, daß er abrutscht, einem dann mit großer Wucht direkt ins Gesicht fliegen kann.

Wenn ein solcher Haken in einem flachen Bohrloch verwendet wird, kann durch ein leichtes Anklopfen die Haltekraft unter Umständen erhöht werden. Dies sollte jedoch sehr vorsichtig geschehen, da natürlich das Risiko besteht, daß der Haken durch das Anklopfen herausspringt. Darüber hinaus beschädigt es den Fels, so daß Nachfolgende diese Chance unter Umständen nicht mehr haben oder ein weiterer Bohrhaken gesetzt werden muß.

## Copperheads

Da man häufig nicht sicher sein kann, wie belastbar sie sind, sollte man Copperheads und Alumaheads nur dann einsetzen, wenn man sich sicher ist, daß keine andere Möglichkeit besteht. Copperheads, Alumaheads und Circleheads benötigen deutlich mehr Übung, um sie sinnvoll anzuwenden als andere Hardware. Der Kletterhammer kann benutzt werden, um größere Heads einzusetzen, aber kleine benötigen dagegen ein anderes Schlaginstrument wie einen Flachmeißel oder einen Lost Arrow-Haken. Abb. 11-22 erläutert das im Folgenden beschriebene Vorgehen beim Anbringen von Heads:

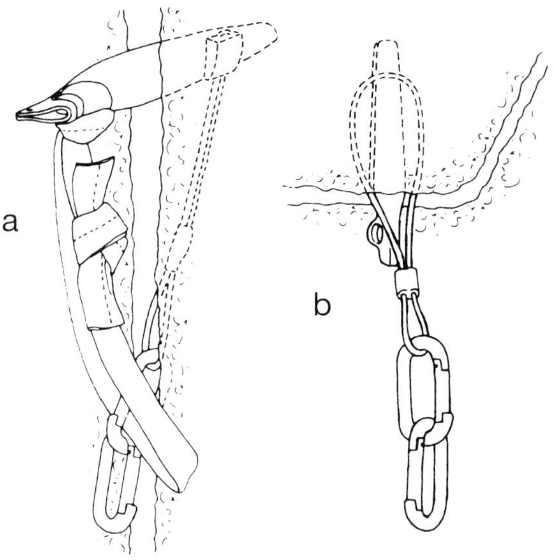


**(11-21) Klemmende Kombinationen: a) Haken und Keil; b) Haken und Drahtkabelschlinge (die Fangschlinge wurde zur übersichtlicheren Darstellung nicht eingezeichnet).**

1. Plaziere ihn. Setze ihn hinein als würdest du einen Klemmkeil legen, nämlich in einer Erweiterung an einer Schuppe oder einem kleinen Riß.
2. »Xe« ihn, d. h., schlage so auf ihn, daß du mit dem Meißel kreuzförmige Rillen einfügst.
3. Schmiede ihn. Schlage so an die rechte und linke Seite, daß er sich lückenlos dem Fels anschmiegt.
4. Drehe ihn. Schlage an das untere und obere Ende, um zu überprüfen, ob er sich verdrehen kann. Falls dies der Fall sein sollte, wiederhole Punkte 2. und 3.
5. Rieche an ihm. Falls der Head metallischen Geruch verbreitet, ist er vermutlich beschädigt, also benutze ihn nicht. Der Geruch entsteht durch Risse innerhalb des Metalls und weniger durch den Abrieb am Fels.
6. Benutze ihn. Heads werden wie jedes andere technische Hilfsmittel benutzt, aber bedenke dabei die kaum einschätzbare Belastbarkeit. Die Betrachtung kann, auch wenn man sie sehr

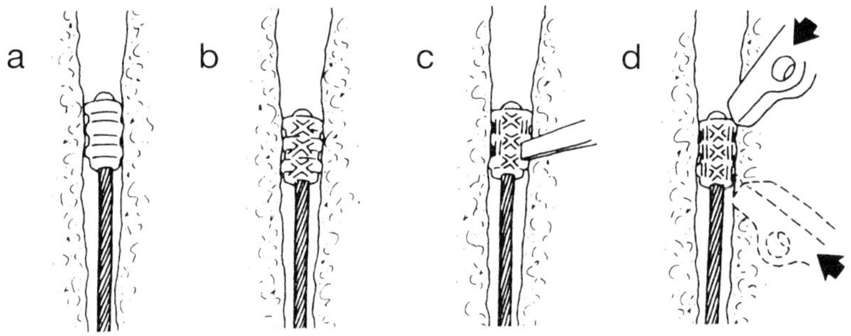


**(11-22) Anbringen eines Copperheads oder eines Alumaheads: a) Einsetzen; b) kreuzförmiges Treiben; c) Anformen an der Felsoberfläche; d) Überprüfung der Drehfestigkeit.**

kritisch durchführt, nicht die Haltbarkeit im Fels garantieren. Einige Heads halten unter Umständen sogar einen kurzen Fall, andere halten vielleicht gerade das Körpergewicht und wiederum andere versagen ganz. Grundsätzlich sind alle Fixpunkte an Heads suspekt und die Akzeptanz dieser Tatsache ist die wichtigste Grundlage für ihre vernünftige Anwendung.

## Grundlegende Techniken des technischen Kletterns

Bevor man mit einer technischen Seillänge beginnt, untersucht man zunächst das Gelände und legt sich eine Strategie zurecht. Man achtet darauf, wo die besten Rastpunkte liegen könnten, man überlegt, wie die Seilreibung möglichst gering bleibt und man schaut, welche Ausrüstung man vermutlich benötigen wird und welche man aus Gewichtsgründen lieber gleich den Seilzweiten tragen läßt. Weiterhin achtet man auf Hindernisse, welche das Aufziehen des Lastsackes schwierig machen könnten und überlegt auch, welche Ausrüstungsteile unbedingt aufbewahrt werden müssen, um einen vernünftigen Standplatz am Ende der Seillänge einrichten zu können.

Dann rüstet man sich für die Seillänge aus. Man hängt drei bis sechs Haken pro Karabiner an den Gurt, wobei die größeren Haken weiter hinten eingehängt werden. Die Keile und die übrige Ausrüstung, welche vom Freiklettern her bereits bekannt ist, werden auf die andere Seite des Gurtes eingehängt, wiederum hängen die größeren Teile hinten. Das Gleichgewicht wird mit freien Karabinern, welche in Vierergruppen gebündelt sind, ausgeglichen. Kurze Schlingen werden am besten zu mehreren in einen Karabiner eingehängt und an einem leicht zugänglichen Ort am Gurt eingehängt. Zuletzt wird überprüft, ob der Hammer griffbereit und seine Fangschlinge eingehängt ist.

### Grundlegende Klettersequenz

Die grundlegende Klettersequenz (Abb. 11-23) bleibt immer dieselbe, unabhängig davon, ob man vom Boden, einem komfortablen Standplatz oder der obersten Stufe der Trittleiter aus lossteigt.

1. Man schaut das Gelände oberhalb an und wählt ein Ausrüstungsteil aus, welches an dem höchsten Punkt, welchen man erreichen kann, fixiert werden kann (Abb. 11-23 a).
2. Das Ausrüstungsteil wird eingesetzt (Abb. 11-23 b).

3. Ein freier Karabiner wird eingehängt. Einige Kletterer bevorzugen es, gleich zwei Karabiner ineinander zu hängen (Abb. 11-23 c); der zweite Karabiner wird später die Verbindung zum Kletterseil herstellen. Andere Kletterer vertreten da aber die Meinung, daß zwei Karabiner die in dieser Art eingehängt werden, eher im Weg sind. Wenn man auf einen Haken hinaufsteigt, hängt man zunächst eine Schlinge ein und dann einen Karabiner in diese.
4. Wenn der Fixpunkt, den man gerade belastet fragwürdig ist, kann es sinnvoll sein, das Seil direkt in den Karabiner des nächst höheren Fixpunktes einzuhängen, falls dieser solider ist.

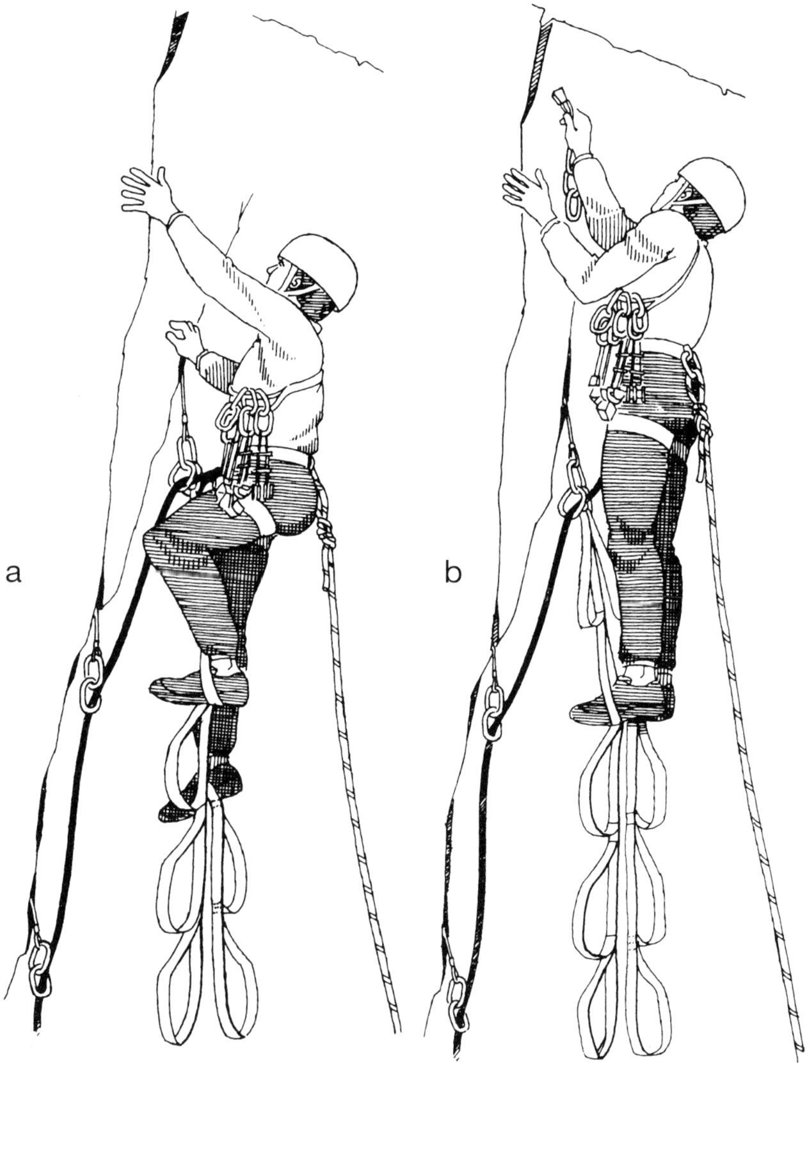


**(11-23) Grundsätzlicher Bewegungsablauf beim technischen Klettern (einige Ausrüstung wurde aus Gründen einer übersichtlicheren Darstellung nicht eingezeichnet): a) höchstmöglicher Aufstieg in der Trittleiter; b) Anbringen des nächsten Fixpunktes; c) Einhängen einer Trittleiter in den höheren Fixpunkt; d) Überprüfen der Belastbarkeit des neuen Fixpunktes, Belastung dieses Punktes mit dem Körpergewicht und Aushängen der unteren Trittleiter; e) Einhängen der unteren Trittleiter in den obersten Fixpunkt und zusätzliches Einhängen einer kurzen Selbstsicherung, falls dies gewünscht wird.**

Ansonsten wird das Seil zunächst noch nicht in den höheren Punkt eingehängt.

5. Hänge die freie Trittleiter in den Karabiner des höheren Fixpunktes (falls dort zwei Karabiner eingehängt sind, hängt man die Leiter in den oberen) (Abb. 11-23 c).
6. Man testet den neuen Fixpunkt mit einer vorsichtigen Belastung durch einen Fuß, der andere Fuß bleibt dabei mit dem überwiegenden Teil des Körpergewichtes in der unteren Leiter. Wenn der neue Fixpunkt fragwürdig ist, kann man sich auch dazu entschließen, diesen Belastungstest auszulassen und sich direkt vorsichtig in die oben eingehängte Leiter hinüberzuschleichen. Dabei belastet man den neuen Fixpunkt so gleichmäßig und

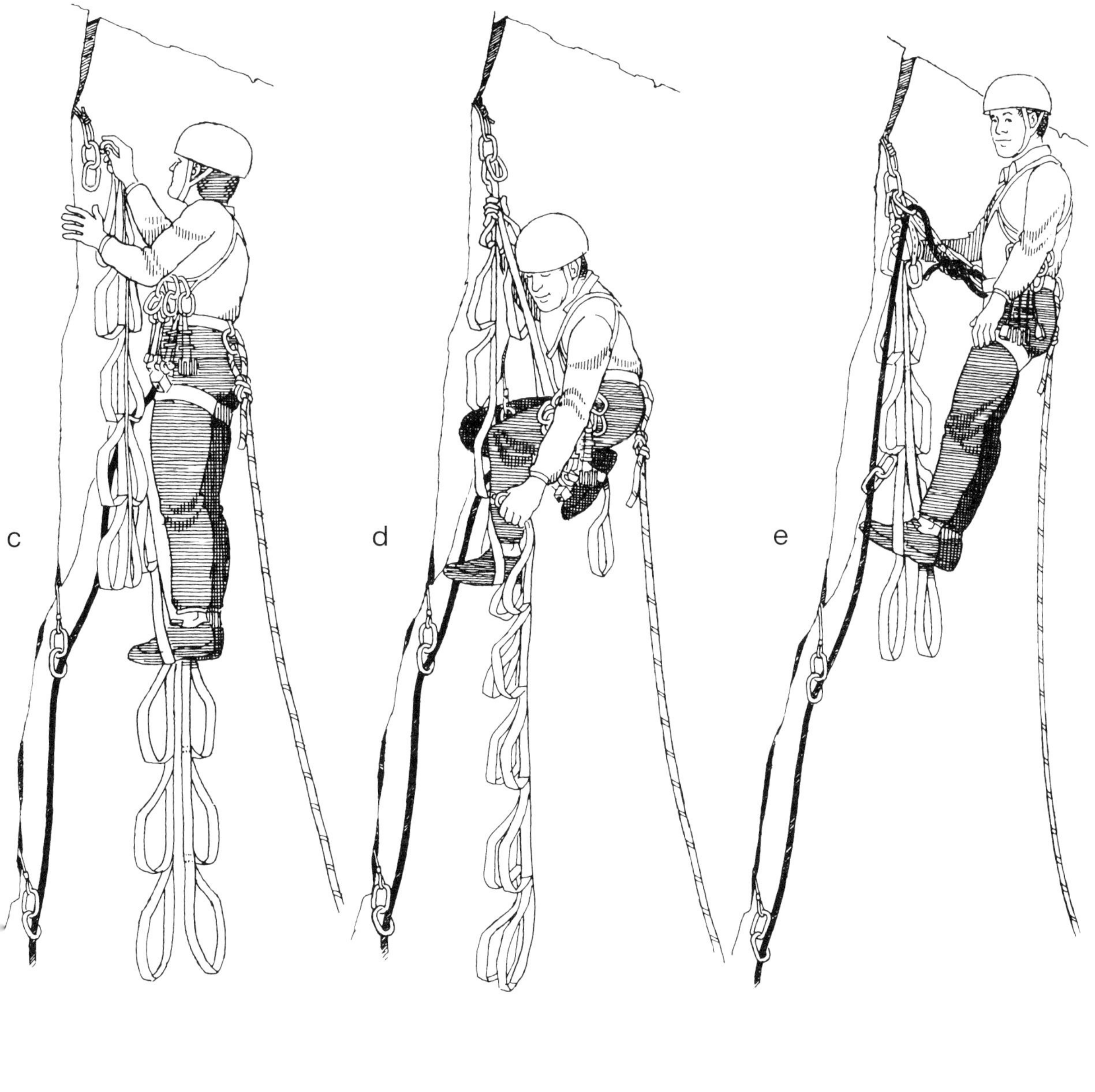

sachte wie möglich. Zuvor sollte man den Sichernden warnen, damit ihm bekannt ist, daß man an einem dubiosen Fixpunkt hängt.

7. Steige auf die höheren Stufen der Trittleiter (Abb. 11-23 d). Die Knotenschlinge kann, falls man eine nutzt, bereits oben eingehängt werden, während man noch in der unteren Trittleiter steht.
8. Hänge die untere Trittleiter aus (Abb. 11-23 d). Beim extremen technischen Klettern wird man normalerweise zwei Trittleiterpaare mitführen, d. h. man wird in dieser Situation das untere Paar entfernen und am Sitzgurt anbringen. Falls man lediglich mit einem Paar Leitern klettert, wird die untere ausgehängt und im höchsten Fixpunkt eingehängt. Nun steigt man so weit wie möglich in der Leiter auf. Oben angekommen, kann man den Fiffihaken in den Fixpunkt einhängen, falls man möchte.
9. Man fügt einen zweiten Karabiner gegenläufig zum ersten hinzu und hängt das Seil ein. Wenn man anfangs direkt zwei Karabiner eingehängt hatte, wird das Seil stattdessen in den unteren eingehängt (Abb. 11-23 d).
10. Überprüfe den Bereich direkt oberhalb, um möglichst bald praktische Punkte für den nächsten Fixpunkt zu erkennen. Dann klettere so hoch wie irgendmöglich und der Prozeß beginnt von vorne. Bedenke: Wie hoch du in deiner Trittleiter steigst, hängt vom Gelände ab, aber idealerweise solltest du den nächsten Fixpunkt so hoch wie irgend möglich, d. h. von der obersten Stufe der Leiter aus plazieren.

### Aussteigen aus der Leiter

Das Betreten der obersten Leiterstufe oder gar das Aussteigen oben aus der Leiter auf einen Haken kann außerordentlich nervenbelastend sein, aber die Möglichkeit erhöht kolossal die Effektivität des technischen Kletterns. Der Vorgang ist in geneigtem Fels relativ leicht, da hier die oberste Stufe wie jeder andere Tritt benutzt wird und

**(11-24) Eintreten in die oberste Stufe der Trittleiter; man beachte die Ausnutzung des Zuges durch eine kurze Selbstsicherung.**

die Hände für die nötige Balance sorgen.

In vertikalem oder überhängendem Fels ist das Betreten der oberen Stufe der Leiter jedoch außerordentlich schwierig, da sich der Körperschwerpunkt vom Fels entfernt und zusätzlich oberhalb des Punktes gerät, an dem die Leiter am Fixpunkt eingehängt ist. Wenn der Fels irgendwelche Gelegenheiten dazu bietet, können die Hände für Balance sorgen. Falls der Fels jedoch glatt ist, muß man das Gewicht auf die Füße verlagern und mittels einer Selbstzugschlinge zwischen Sitzgurt und Fixpunkt den Körper am Fels halten. Durch

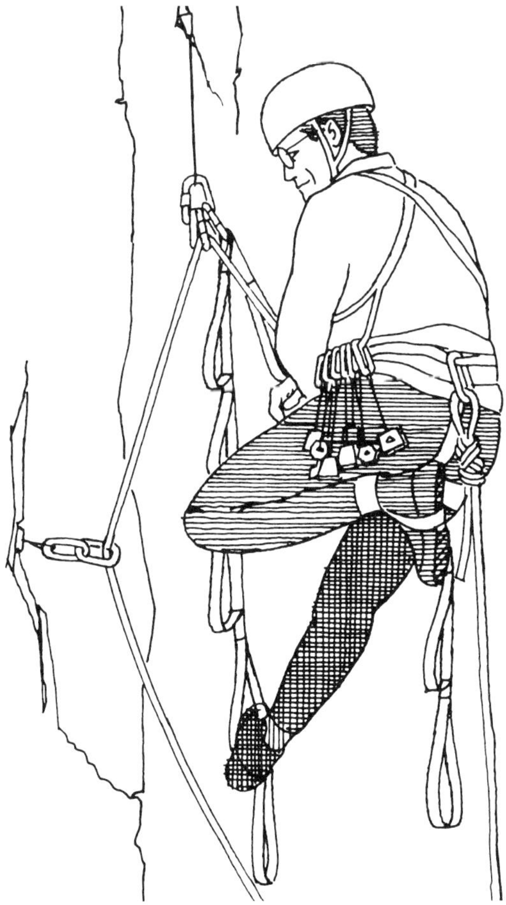

**(11-25) Rastposition auf der eigenen Ferse.**

diese Technik kann man sich in recht labiler Stellung ausbalancieren (Abb. 11-24).

### Spezielle Überlegungen

Probleme, welche während des technischen Kletterns aufkommen, können einen dazu zwingen, diverse Variationen in die beschriebene Grundsequenz einzufügen. Ähnlich wie beim Freiklettern kann die Seilreibung ein Problem werden. Hier kann man Abhilfe schaffen, indem man lange Schlingen benutzt, um den Seilverlauf zu begradigen. Diese Verlängerungen sollte man dann einfügen, wenn man den jeweils nächst höheren Fixpunkt belastet, da nur so gewährleistet ist, daß man den maximalen Höhengewinn eines jeden Fixpunktes ausnutzen kann.

Auch kann es einem passieren, daß man plötzlich merkt, daß man bestimmte Teile der Ausrüstung weiterhin benutzen will, weil man nicht ausreichend Material mitführt. Wenn man nun den jeweils höheren Fixpunkt belastet, kann man sich entschließen, den gerade entlasteten Fixpunkt zu demontieren und für späteren Gebrauch mitzunehmen. Als generelle Regel sollte man jedoch empfehlen, daß man mindestens jeden zweiten Fixpunkt als Sicherung im Falle eines Sturzes beläßt.

## *Rasten*

Verausgabe Dich niemals vollständig! Klettere in möglichst entspannter Haltung und raste so oft wie möglich, um die Kraft und Ausdauer für die nächsten Bewegungsabläufe zu bewahren.

Folgendermaßen kann man schnell und leicht eine Rastposition einnehmen: mit jedem Fuß in jeweils einer Leiter und ein Fuß tiefer eingetreten als der andere, beugt man das Knie des höheren Beins und bringt die Ferse unter das Gesäß. Der überwiegende Teil des Körpergewichtes lastet nun auf dem gebeugten Bein. Das ausgestreckte Bein übernimmt nur wenig Körperlast, sondern sorgt für Balance (Abb. 11-25). Natürlich kann man auch eine Selbstsicherungsschlinge mit dem Fiffihaken in den Fixpunkt einhängen und so rasten.

Wenn das Sicherungsseil in den Fixpunkt eingehängt ist, kann man den Sichernden auch um Zug bitten und im Kletterseil rasten. Dies ist allerdings keine effektive Methode, da man mit der eintretenden Seildehnung Schwierigkeiten haben wird. Außerdem entsteht eine vermeidbare Belastung der Sicherungskette.

Zuletzt wird man immer wieder auch bequeme Standpunkte in den Trittleitern finden. Immer wird man die größte Stabilität erhalten, wenn die Fersen gegeneinandergedrückt werden und die Zehen nach außen gegen den Fels gespreizt werden.

## Wechseln zwischen technischem und freiem Klettern

Die entsprechende Koordination ist der Schlüssel beim Wechsel zwischen technischem und freiem Klettern.

Ausgehend vom Freiklettern hin zum technischen Klettern: Freikletterer müssen berücksichtigen, daß der Wechsel zum technischen Klettern einige Vorbereitung benötigt. Zunächst sollte man die technische Sequenz beginnen, bevor man sich über Grenze der eigenen Fähigkeiten hinausgewagt hat. Dies ist relativ leicht, wenn man weiß, daß man zum technischen Klettern wechseln muß, jedoch relativ schwierig, wenn man dies nicht erwartet, aber plötzlich dazu gezwungen ist. Findet man sich plötzlich in einer solchen Situation wieder, kann man Leitern improvisieren, indem man einige Schlingen miteinander verbindet und sich hiermit über die kritische Passage hinweg behilft. Eine derartige Kreativität ist insbesondere dann wichtig, wenn man im einsamen alpinen Gegenden unterwegs ist. Der Stil des Kletterns mag hierdurch zwar leiden werden, aber man vermeidet unter Umständen gefährliche Stürze.

Ausgehend vom technischen Klettern zum freien Klettern: um einige Freikletterzüge im Verlaufe einer technischen Seillänge durchzuführen, reicht es schlicht aus, die Trittleitern an der Rückseite des Gurtes einzuhängen und dann die Kletterzüge durchzuführen. Es ist sinnvoll soweit weiter mit technischen Hilfsmitteln zu klettern, bis man bequem zum Freiklettern übergehen kann. Falls dieser Wechsel zu früh erfolgt, kann es sehr schwierig werden, die Trittleitern im letzten Zwischensicherungspunkt auszuhängen.

Wenn eine längere Freikletterpassage ansteht, hängt man Trittleitern, Selbstzugschlingen usw. am Klettergurt so ein, daß man sicher ist, daß sie einen nicht bei den Kletterbewegungen behindern werden. Dies kann bedeuten, daß man einen größeren Teil der Ausrüstung vom praktisch zugänglichen Vorderteil des Klettergurtes in die hinteren Bereiche umhängen muß.

## Seilquergänge und Pendelquergänge

Diese Techniken ermöglichen es, daß man sich horizontal über vollständig blanke Felspassagen hinwegbewegt, die ansonsten den Einsatz von Bohrhaken erfordern würden.

Seilzugquergänge sind die einfachere Technik, sie werden bei kürzeren Passagen eingesetzt. Der Seilerste bekommt Seilzug vom Sichernden, dann lehnt er sich zur Seite und nutzt die Reibung schmaler Felsvorsprünge, um sich seitwärts-vorwärts zu schieben.

Pendelquergänge ermöglichen es, größere glatte Passagen zu überwinden, ohne Bohrhaken einzusetzen. Sie erfordern allerdings des öfteren mehrere Seile und bedeuten ein spezielles Problem für den zweiten Kletterer. Man beginnt an einem bombensicheren Fixpunkt am Oberende des geplanten Pendelquerganges. Die Ausrüstung, die für diese Verankerung benötigt wird, kann später nicht wieder mitgenommen werden, es sei denn, es ist möglich, diesen Punkt von oben zu erreichen.

Der nächste Schritt ist, daß man durch den Sichernden abgelassen wird. Alternativ kann man sich auch abseilen, während man weiterhin gesichert wird. Dies erfolgt soweit, bis man genügend Seil hat, um auf dem Fels hin und her zu laufen und so in ein seitwärts gelegenes Rißsystem oder gangbares Gelände hinüberzupendeln. Falls ein Standplatz für einen solchen Pendelquergang benutzt wird, ist normalerweise ein Extraseil notwendig. Wenn man von dem Sichernden abgelassen wird, ist es sinnvoller, eher etwas zu wenig tief als zu weit abgelassen zu werden, da ein solcher Fehler nur außerordentlich schwierig zu korrigieren ist.

Erreicht man einmal das neue Rißsystem, klettert man dort so hoch wie die Sicherheit es erlaubt, bevor man das Sicherungsseil an einem Fixpunkt einhängt. Je höher man kommt, desto leichter und sicherer wird es für den Seilzweiten sein, seinerseits den Pendelquergang zu bewältigen.

Später erhalten Sie in diesem Kapitel noch weitere Detailinformationen und Illustrationen zu dieser Technik, die insbesondere für die Seilzweiten von Wichtigkeit sind.

## *Überhänge*

Bevor man einen Überhang angeht, überprüft man, ob man genügend Ausrüstung dafür mitführt. Es kann unmöglich sein, Nachschub zu bekommen, wenn man erst einmal im Dach unterwegs ist. Die Steigklemmen sollten griffbereit sein, da man sie sicher brauchen wird um den letzten Fixpunkt zu erreichen, falls der jeweils be-

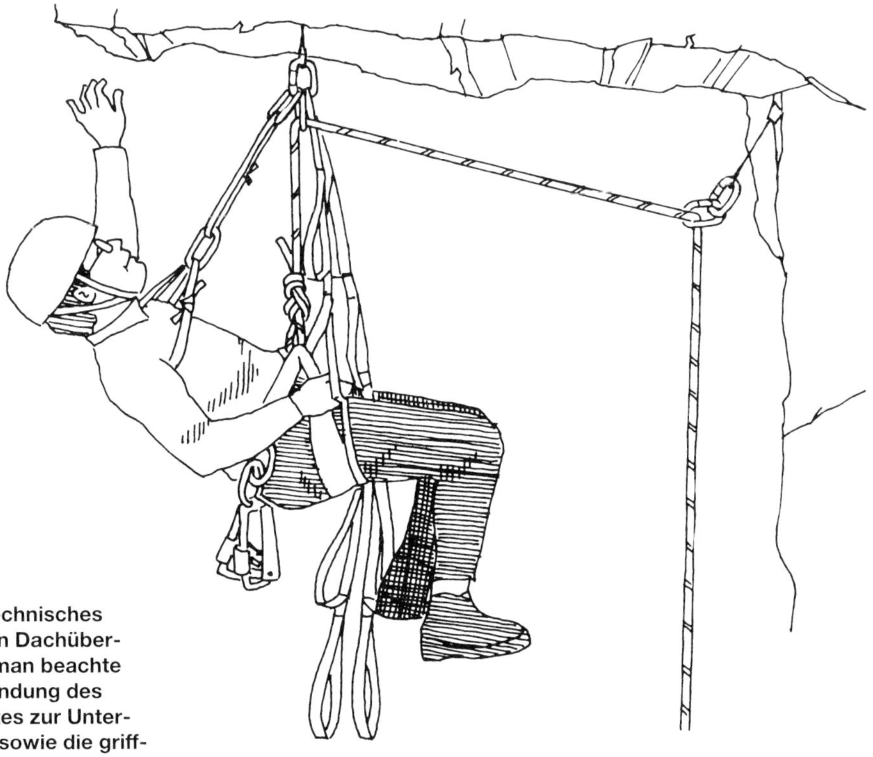

**(11-26) Technisches Klettern in Dachüberhängen; man beachte die Anwendung des Brustgurtes zur Unterstützung sowie die griffbereiten Steigklemmen.**

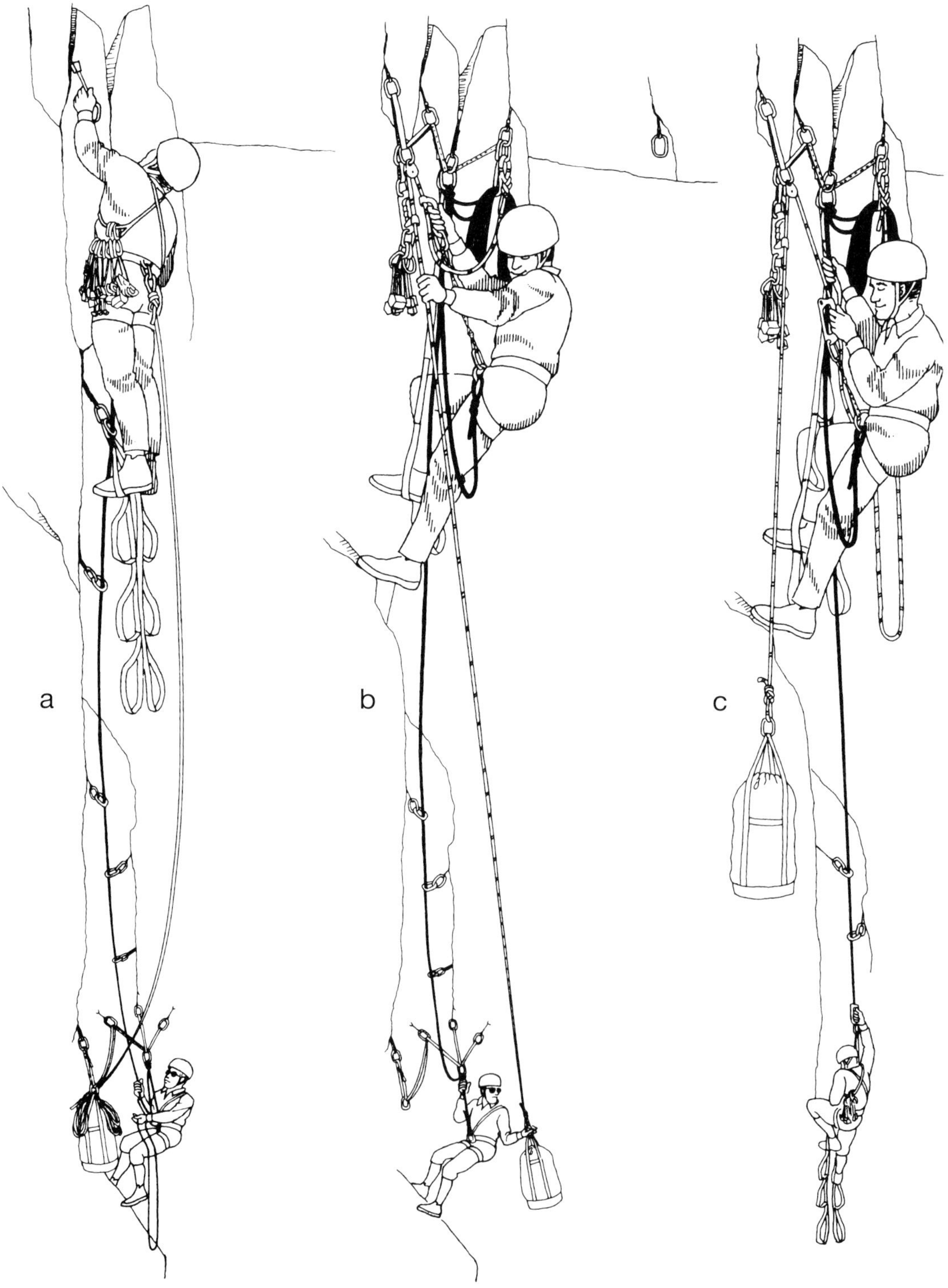
a
b
c

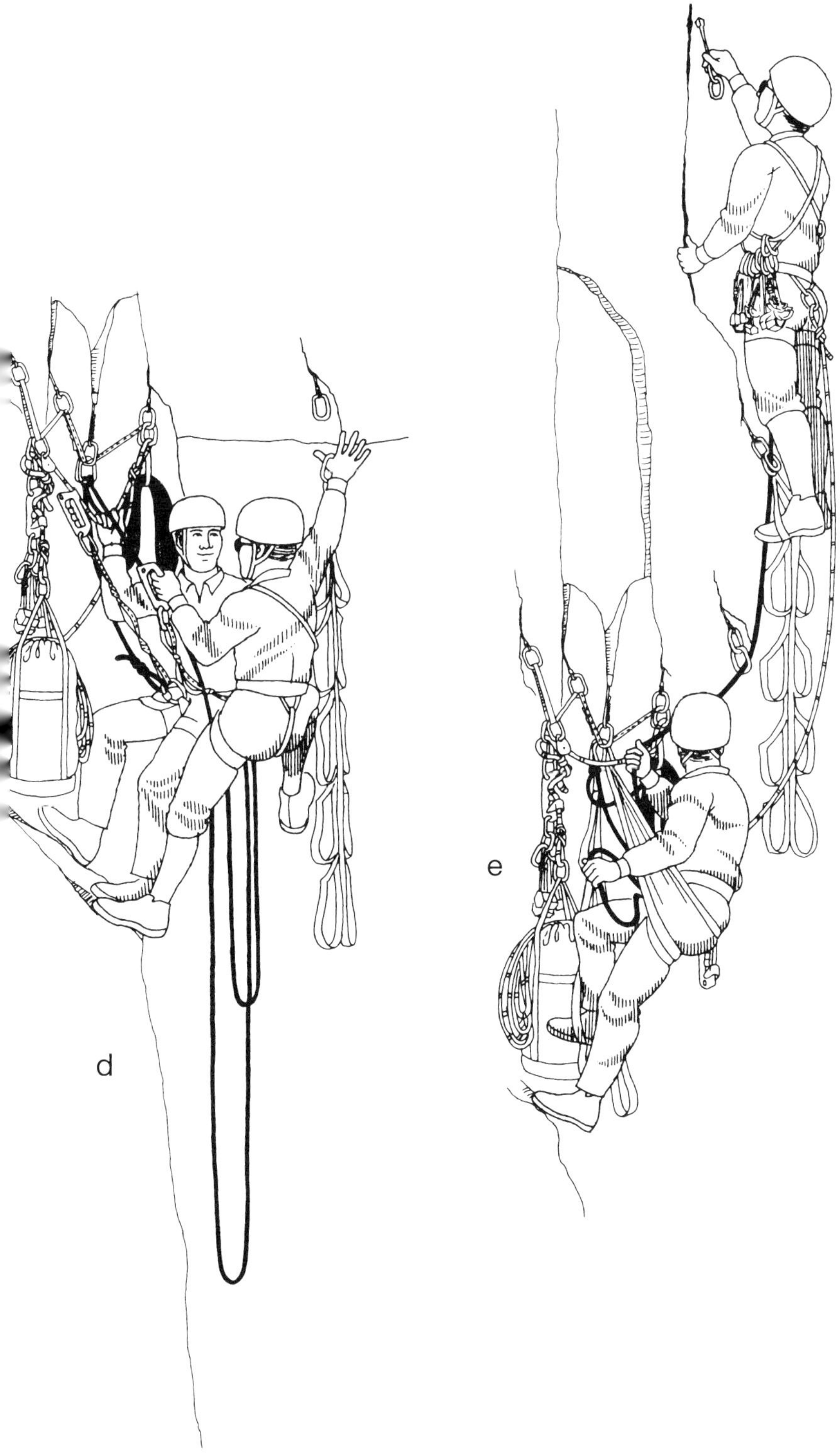


(11-27) Vorgehen am Schlingenstand: a) Der Seilerste bringt die Fixpunkte an; b) Sobald das Kletterseil verankert und das System zum Aufziehen des Materialsackes etabliert ist, löst der Seilzweite den Sack. Man beachte, daß die erste Zwischensicherung für die nächste Seillänge bereits angebracht ist. c) Während der Zweite am Seil aufsteigt, zieht der Seilerste den Materialsack hinauf; d) Der Materialsack ist verankert und der Seilzweite belastet die erste Zwischensicherung der nächsten Seillänge mit seinem Körpergewicht; e) Nachdem das Sicherungsmaterial übergeben wurde, beginnt der neue Seilerste seine Seillänge.

lastete Punkt ausbrechen sollte. Natürlich sollte auch überprüft werden, ob der Sichernde einen verläßlichen Standplatz hat, ansonsten könnte es passieren, daß beide frei in der Luft hängen, sollte der Seilerste stürzen.

Die Balance wird unter einem Überhang relativ schwierig sein, da man seine Füße nicht vernünftig am Fels abstützen kann. Wenn man eine kurze Schlinge oder einen Fiffihaken nutzt, kann man sich jedoch im Klettergurt stabilisieren. Wenn ein Überhang annähernd horizontal verläuft, kann es sinnvoll sein, aus Stabilitäts- und Bequemlichkeitsgründen eine Schlinge anstatt vom Sitzgurt aus vom Brustgurt in den Fixpunkt einzuhängen und so stabil und aufrecht zu hängen (Abb. 11-26).

Unabhängig von dem Balanceunterschied ist die grundlegende Bewegungssequenz beim Bewältigen eines Daches mit derjenigen, welche oben beschrieben wurde, identisch. Es kann jedoch sein, daß man deutlich bequemer sitzt, wenn man die Beine durch die mittlere Stufe der Leiter gesteckt hat, anstatt in den unteren Leiterstufen zu stehen. Ein mäßiges Schwingen wird man kaum vermeiden können. Natürlich sollte man auch die Reichweite des Partners beim Anbringen der Fixpunkte berücksichtigen, da sie an Dächern auch vom Seilzweiten oft benötigt werden.

Seilreibung ist ein sehr häufiges Problem an Überhängen, aber durch großzügige Anwendung von Verlängerungsschlingen wird Abhilfe geschaffen. Man kann auch ein zweites Sicherungsseil mitführen, welches nach Bewältigung der Dachkante erstmalig eingehängt wird und dann die Sicherung übernimmt.

Zuletzt: Versuche locker zu bleiben, wenn Du an einem großen Dach arbeitest. Vertraue deinen Fixpunkten. Falls Du ihnen mißtraust, wird es ihre Haltekraft nicht erhöhen, aber deine Kräfte verschwenden.

## Schlingenstände

Wenn man das Ende der Seillänge erreicht, bringt der Seilerste zunächst einen Fixpunkt zu seiner Selbstsicherung am neuen Standplatz an (Abb. 11-27). Dieser Fixpunkte sollte, wenn irgend möglich, seitwärts der Route angebracht werden, insbesondere dann, wenn Materialsäcke nachgezogen werden müssen. Dies hat den Vorteil, daß der Seilzweite leichter den Standplatz passieren kann. Auch sollte man bereits den ersten Fixpunkt der nächsten Seillänge anbringen, um so dem Zweiten, wenn er die Führung übernimmt, diesen Übergang zu erleichtern.

Wenn man den Standplatz baut, muß man sicherstellen, daß alle Fixpunkte, inklusive des Materialpunktes, mit allen anderen Fixpunkten verbunden sind. Wenn bereits Fixpunkte vorgefunden werden, sollte man diese nicht einfach mit Schlingen verbinden. Hier können leicht Fehler gemacht werden und auch erfahrene Kletterer haben dies bereits mit dem Leben bezahlt. Stattdessen sollte man sie so einhängen, daß auch dann, wenn einer der Fixpunkte bricht, die Schlinge nicht aus allen anderen herausrutschen kann.

Auf ähnliche Art und Weise haben vollständige Verankerungssysteme versagt, wenn eine einzelne Verankerung zum Aufziehen oder Befestigen des Materials gebrochen ist, die nicht mit der Hauptverankerung verbunden war. In solchen Fällen hat die Gewalt, welche durch den abstürzenden Materialsack entstand, die Belastbarkeit des Standplatzes überschritten.

Einmal eingehängt, verankert man das Kletterseil so, daß der Seilzweite es als Fixseil zum Aufstieg benutzen kann. Daraufhin installiert man das System um den Materialsack aufzuziehen, falls man einen solchen mitführt. Die übriggebliebene Kletterausrüstung kann man als Gegengewicht zum Aufziehen einsetzen. Daraufhin informiert man den Zweiten, daß er den Sack löst. So kann man ihn aufziehen, während der Seilzweite am fixierten Kletterseil aufsteigt.

Wenn der Sack aufgezogen ist oder nachdem das Kletterseil fixiert ist, falls man keinen Sack mitführt, bringt man seinen Sitz an, richtet sich bequem ein und bereitet den Austausch der Hardware vor. Hierzu werden die Ausrüstung und die Seile sortiert usw.

## *Seilbahntechnik*

Die Seilbahntechnik wird in Situationen benutzt, in denen es gilt, eine Felswand zu erreichen, nachdem ein freistehender Pfeiler erklettert wurde. Hierzu werden Seile zwischen der Felswand und dem Pfeilerkopf gespannt, was es einem ermöglicht, quer durch die Luft am Seil hängend zu traversieren. Man kann beim Einrichten einer solchen Passage folgendermaßen vorgehen:

1. Wenn man einen sicheren Fixpunkt an der Felswand angebracht hat (er muß sowohl horizontale als auch vertikale Zugkräfte aufnehmen können), seilt man am Doppelseil zum Sattel zwischen der Wand und dem Pfeiler ab. Wenn die Traverse kurz genug ist, kann man natürlich auch ein Einfachseil zum Abseilen nutzen. Die Abseilseile werden nicht abgezogen. Falls man mehr als eine Seillänge benötigt, um den Sattel zu erreichen, wird man eine Repschnur in die Enden der ersten Abseillänge einhängen müssen,man hat später die Möglichkeit zu geben, diese Enden zu dem Pfeilerkopf hinüberzuziehen.
2. Ersteige den Pfeiler, indem die Sicherung über ein zusätzliches Seil erfolgt. Der Seilzweite bringt die freien Enden des Abseilseiles mit hinauf.
3. Oben auf den Pfeiler werden die freien Enden des Abseilseiles, welches nun das Traversierungsseil wird, straff gezogen und verankert. Nach der Traverse wird man nicht in der Lage sein, die Ausrüstung, welche zum Herstellen eines Fixpunktes auf dem Pfeiler benötigt wurde, wieder mitzuführen.
4. Mit Sicherung überquert nun ein Kletterer den Spalt, indem er das gespannte Seil benutzt. Hierzu werden zunächst Prusikknoten (erklärt in Kapitel 13) oder Seilklemmen eingehängt. Die vordere Klemme wird dabei mit einer Schlinge im Sitzgurt eingehängt. An der unteren Klemme ist eine Trittleiter eingehängt und eine weitere Trittleiter befindet sich griffbereit am Klettergurt. Bevor er lossteigt, verbindet der Kletterer seinen Gurt mit dem Seil mittels einer kurzen Schlinge. Diese Schlinge gleitet mit einem freien Karabiner, welcher zwischen den beiden Steigklemmen eingehängt ist. Das Unterende der Steigklemmen muß am Seil mit einem Schraubkarabiner eingehängt werden (gezeigt in Abb. 11-6).
5. Wenn der erste Kletterer die Querung bewältigt hat, löst der zweite die Seile auf dem Felskopf, führt ein Seilende durch den Fixpunkt und verbindet beide Seilenden ähnlich wie zum Abseilen. Dieser Kletterer muß sich gut merken, an welchem Seil später gezogen werden muß. Wenn es sich nur um eine kurze Traverse handelt, welche mit einem Einfachseil bewältigt werden kann, wird nun dieses Seil so durch den Fixpunkt hindurchgezogen, daß die Seilmitte am Fixpunkt auf dem Felskopf zu liegen kommt und die beiden Enden am Standplatz in der Felswand. Vergißt man dies, wird man später Schwierigkeiten beim Seilabziehen haben.
6. Dann strafft der erste Kletterer die Seilstränge und verankert die Seilenden an der Felswand und sichert den Seilzweiten, der mit der gleichen Technik wie der erste den Spalt überwindet.
7. Wenn beide an einem Stand wiedervereint sind, werden die Seile gelöst und abgezogen, wobei man erneut auf den zum Abziehen richtigen Seilstrang achten muß.

# Aufstieg als Seilzweiter

Als Seilzweiter wird man in kurzen technischen Kletterpassagen normalerweise genauso vorgehen wie der Seilerste, während man allerdings von oben gesichert wird. Man wird im Vorbeikommen das Seil von den Fixpunkten lösen, und dann den Fixpunkt, den man unterhalb gerade entlastet hat, entfernen. Wenn man diesen nach Umsteigen in die höhere Leiter nicht mehr erreichen kann, kann man diese mit einer weiteren Schlinge verlängern.

Klettert man lange technische Passagen, ist eine abweichende Strategie ratsam. Man nutzt mechanische Steigklemmen um am fixierten Kletterseil aufzusteigen und entfernt währenddessen die Fixpunkte. Bevor man aufsteigt, löst man den Materialsack, so daß der Seilerste mit dem Aufziehen beginnen kann. Sollte sich der Materialsack unterwegs verfangen, ist es Aufgabe des Seilzweiten ihn zu befreien.

## Die Benutzung von Steigklemmen

Auch wenn man am Fixseil mittels Prusikschlingen aufklettern könnte, sind Steigklemmen sowohl sicherer als auch effektiver (Abb. 11-28). Man befestigt eine Trittleiter und eine Schlinge an jeder Steigklemme. Die Leiter gibt einem einen guten Stand und die Schlinge wird vorteilhafterweise mit dem Sitzgurt verbunden. Für diese Verbindungen werden grundsätzlich Karabiner und keine Fiffihaken benutzt, dies gilt insbesondere auch für die Trittleiter. Um die Vorbereitung fortzusetzen, überprüft man, ob sowohl Schlingen als auch Leitern sowohl zum Aufsteigen als auch zum Rasten eine angenehme Länge besitzen.

Man löst sich nicht vom Ende des Kletterseils, während man aufsteigt. Dies dient als zusätzliche Sicherheit, falls beide Steigklemmen brechen sollten. Um zusätzlich das Risiko, in den Genuß eines weiten Sturzes zu kommen, zu begrenzen,

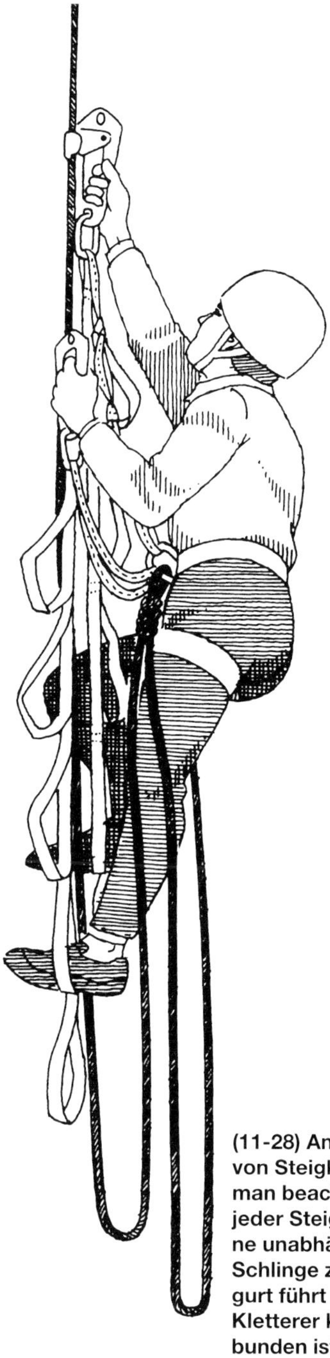

**(11-28) Anwendung von Steigklemmen; man beachte, daß von jeder Steigklemme eine unabhängige Schlinge zum Klettergurt führt und der Kletterer kurz eingebunden ist.**

sollte man das Kletterseil regelmäßig abbinden. Hierzu fügt man Achterschlingen ein, welche man mittels Karabiner im Gurt einhängt.

Dieses Abbinden ist eine schnelle und leichte Vorsichtsmaßnahme, welche bereits mehrfach lebensrettend war. Während der Seilzweite aufsteigt, bildet sich eine immer länger werdende Schlinge des Kletterseils unter ihm, was einen weiten Sturz bedeutet, falls die Steigklemmen versagen sollten. Um diese Gefahr zu vermeiden, sollte man regelmäßig den Aufstieg unterbrechen und knapp unterhalb einen Achterknoten in das Kletterseil einbinden, welches mit einem Schraubkarabiner im Sitzgurt eingehängt wird. Hierdurch wird die mögliche Fallhöhe erheblich vermindert. Dieses Vorgehen sollte spätestens alle sechs bis sieben Meter erfolgen. Jedesmal wird der letzte Achterknoten ausgehängt und gelöst, nachdem man den neuen Achterknoten in den Gurt eingehängt hat. Auch wenn man diese Technik anwendet, sollte man sich niemals vom Seilende ausbinden.

Während man am Seil aufsteigt, ist es des öfteren notwendig, die obere Steigklemme zu lösen, um sie oberhalb einer Felsvorwölbung, welche man mit der Steigklemme nicht passieren kann, wieder einzuhängen. Dieselbe Situation findet man vor, wenn das Seil um eine Kante herumlauft. Bevor man die Klemme löst, wird ein neuer Achterknoten des Seiles im Gurt eingehängt.

Nachdem man die obere Steigklemme oberhalb des Hindernisses erneut eingehängt hat, überprüft man, ob der Verschlußmechanismus korrekt geschlossen hat oder ob das Risiko besteht, daß die Klemme vom Seil abrutscht. Ein solches Risiko besteht insbesondere dann, wenn der Seilverlauf diagonal ist, da die Aufstiegsklemmen dazu neigen, eine vertikale Lage einzunehmen, wenn sie belastet werden. Dieses Drehen in die vertikale Lage kann vermindert werden, indem ein Karabiner zwischen Klemme und Seil eingehängt wird (Abb. 11-6). Wenn die obere Klemme befestigt und belastet ist, wird man relativ problemlos die entlastete untere Klemme über das Hindernis hinwegschieben können, ohne sie zu lösen.

Einige weitere Vorsichtsmaßnahmen sollten

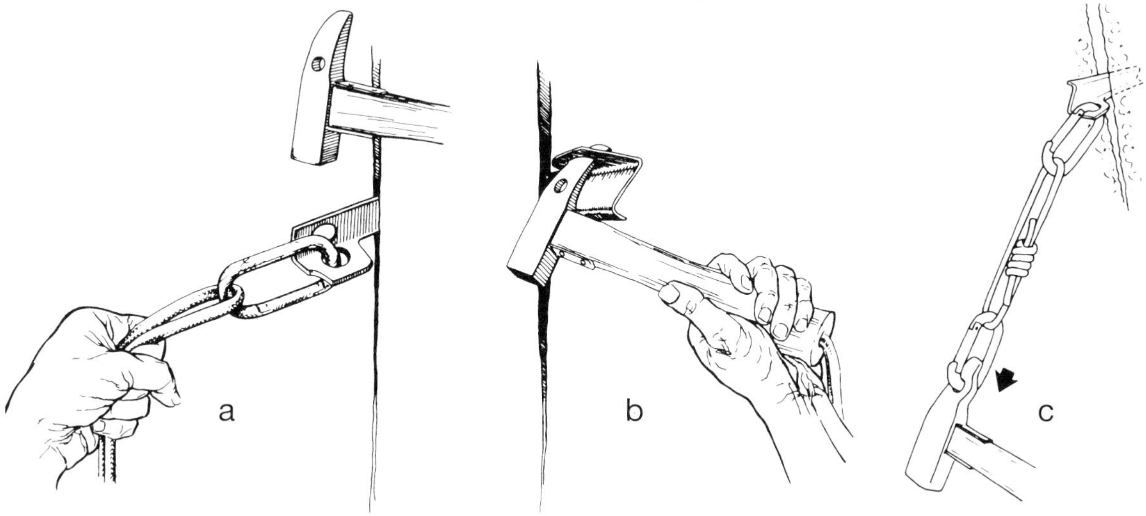


**(11-29) Entfernen von Haken: a) Benutzen eines Fangkarabiners; b) Benutzen des Hammers als Hebel; c) Lösen des Hakens durch Auswärtsschlagen mit dem Hammer.**

beim Aufstieg am Fixseil getroffen werden. Zunächst sollte man eine Prusikschlinge griffbereit haben, falls eine Steigklemme versagen sollte. Auch sollte man, wie übrigens generell beim Klettern, auf scharfe Felskanten achten. Der Aufstieg bringt Zug auf das Seil und scharfe Ecken könnten es beschädigen. Der Aufstieg erfolgt so vorsichtig wie möglich, um die Scheuerbewegungen des Seiles auf Felskanten zu mindern.

## Abbau von Zwischensicherungen

Die Effektivität des technischen Kletterns hängt insbesondere von seiner Organisation ab. Während man aufsteigt und die Fixpunkte entfernt, sollte die Ausrüstung so am Klettergurt verstaut werden, daß man sie ohne weiteres Sortieren später im Vorstieg sofort wieder nutzen kann. Hierdurch wird der Vorstiegswechsel erheblich beschleunigt.

Zwischensicherungen und Fortbewegungshaken, die vorsichtig gelegt wurden rutschen oft schon heraus, wenn man heftig an ihnen rüttelt. Man zieht die Schlinge nach oben während man die Steigklemme am Seil aufschiebt. Falls ausschließlich Keile benutzt wurden, kann es vorkommen, daß man von einem Punkt, an dem man eine Achterschlinge des Kletterseils in den Sitzgurt eingehängt hat, bis zum nächsten, an dem dieses sinnvoll erscheint, aufsteigt, ohne daß man das Vorwärtskommen unterbrechen muß. Nachdem man nun das Kletterseil abgebunden hat, werden die mitgeschleppten Ausrüstungsteile vom Seil ausgehängt und ordentlich am Gurt verstaut.

Dieses Vorgehen funktioniert auch, falls eine Zwischensicherung nicht gleich herausrutscht, wenn man an ihr vorbeisteigt. In diesem Fall bleibt der Fixpunkt am Kletterseil eingehängt und man nutzt einen Hammer oder Haken, um ihn aus seiner Lage zu lösen. Sobald er gelöst ist, setzt man den Aufstieg fort ohne daß man das Material am Klettergurt verstaut hat. Lediglich, wenn man die obere Seilklemme sehr oft aushängen muß, ist es sinnvoll, daß Fortbewegungs- und Zwischensicherungsmaterial sofort nach Lösen der Fixpunkte am Klettergurt zu verstauen.

Haken, welche in der Route bereits vorgefunden wurden, sollten belassen werden, es sei denn, sie erscheinen unsicher oder behindern das Legen eines Klemmkeiles. Beim Hakenentfernen sollte man insbesondere darauf achten, daß man nicht die Ösen zerstört, das Ergebnis wäre das Zurücklassen eines nutzlosen Stahlstiftes.

Wenn man eigene Haken herausschlägt, schlägt man seitwärts in beide Richtungen soweit wie der Haken sich jeweils drehen läßt. Wenn der Stift einmal locker genug ist, um leicht hin und her zu rutschen, kann man ihn mit verschiedenen Techniken herausreißen (Abb. 11-29):

1. Man hängt einen Karabiner mit einer Schlinge ein. Hierbei sollte es sich um einen Karabiner handeln, welcher nicht mehr zum Sichern benutzt wird. Man zieht an der Schlinge während man weiter mit dem Hammer am Haken klopft, bis er herausrutscht (Abb. 11-29 a).
2. Lockere Haken kann man mit der Hammerspitze heraushebeln, wobei man jedoch darauf achten muß, daß der Hammerstiel nicht bricht (Abb. 11-29 b).
3. Man hängt einen Karabiner und eine Schlinge in den Haken ein, dann verbindet man die Schlinge mittels eines weiteren Karabiners mit dem Hammer. Man schlägt nun mit dem Hammer in die Richtung, in die der Haken herausrutschen soll, wobei die entstehende Kraft von der Schlinge auf den Haken übertragen wird (Abb. 11-29 c).

Da die wiederholte Anwendung von Heads begrenzt ist, kann es unter Umständen sinnvoll sein, sie am Ort zu belassen. Dies gilt insbesondere dann, wenn man befürchtet, daß das Drahtkabel aus dem Head herausrutscht, wenn man ihn entfernt. Wenn man sich dagegen entschließt einen Head zu entfernen, wird ein Karabiner und eine Schlinge zwischen Hammer und Head eingehängt. Dann wird ähnlich wie bereits bei den Haken beschrieben, mit dem Hammer nach auswärts geschlagen. Es kann diverser Schläge benötigen, bevor der Head herausfliegt. Vor Wiederverwendung muß ein Head gründlich überprüft werden, da er unter Umständen recht schnell verschleißt. Aber wenn der Versuch einen Head zu entfernen darin endet, daß das Drahtkabel herausgerissen wird, sollte man sich die Zeit nehmen, auch den Rest des Metalles aus dem Fels zu entfernen. Dies ist für einen Seilzweiten erheblich leichter als für einen nachfolgenden Seilersten.

## Der Seilzweite in Quergängen und Überhängen

Wenn eine lange Passage als Traverse zu bewältigen ist, ist es normalerweise effektiver, wenn man sie genauso bewältigt, als wenn man sie als Seilerster angeht. Klettert man in dieser Form, kann man zusätzlich Sicherung von oben erhalten, auch kann man sich selbst sichern, indem man Seilklemmen ins Seil einhängt. In letzterem Fall sollte das Seil von Fall zu Fall abgebunden werden, wie oben beschrieben. Kurze Quergänge und solche, die mehr diagonal als horizontal verlaufen, können mit gleichen Technik bewältigt werden, wie ein vertikaler Aufstieg. Je horizontaler die Traverse jedoch wird, desto uneffektiver wird diese Technik, da man an jedem Fixpunkt, den man aushängt, einen kleinen Pendelsturz absolvieren muß.

Wenn man am Seil aufsteigt, hängt man an jedem Fixpunkt die Steigklemme aus und schiebt sie soweit wie möglich oberhalb des derzeit belasteten Punktes. Hierdurch wird das Pendeln vermindert, welches unvermeidbar ist, wenn man sein Gewicht in die obere Steigklemme einhängt. Bevor man dies tut, sollte man darauf achten, daß zwischen dem Fixpunkt und der unteren Steigklemme die nötige Distanz liegt, damit die untere Klemme nicht in den Fixpunkt hineingerissen wird, wenn man sein Gewicht in die obere Klemme verlagert. Auch hier sollte man regelmäßig darauf achten, daß man das Kletterseil immer wieder abbindet.

Mit den gleichen Methoden, welche wir gerade für Quergänge beschrieben haben, werden auch Überhänge durch den Seilzweiten bewältigt.

## Der Seilzweite in Pendelquergängen

Die beste Methode einen Pendelquergang als zweiter zu bewältigen, hängt von der Länge des Pendelquerganges und dem zur Verfügung stehenden Seil ab. Die Fixpunkte, Schlingen und Karabiner, welche an der Verankerung des Pendels angebracht sind, müssen normalerweise zurückgelassen werden, wenn man diesen Punkt nicht später von oben wiederum erreichen kann.

### Als Seilzweiter in langen Pendelquergängen

Bei allen langen Pendelquergängen benötigt man normalerweise ein zusätzliches Seil. Es gibt verschiedene Möglichkeiten als Zweiter einen weiten Pendelquergang zu bewältigen, aber die Methode, welche in Abb. 11-30 erläutert ist, wird in jedem Fall funktionieren.

**Abb. 11-30 a:** Alle Pendelquergänge beginnen natürlich durch den Seilersten, der einen bombensicheren Fixpunkt anbringt, wobei er entweder ein Seil oder zwei verbundene Seile nutzt. Dies hängt von der Weite des zu bewältigenden Pendels ab. Das Abseilseil sollte in den Fixpunkt eingehängt werden, so daß keinerlei Gefahr besteht, es zu verlieren. Während man pendelt, wird der Sichernde über das Kletterseil gesichert, welches nicht in den Fixpunkt des

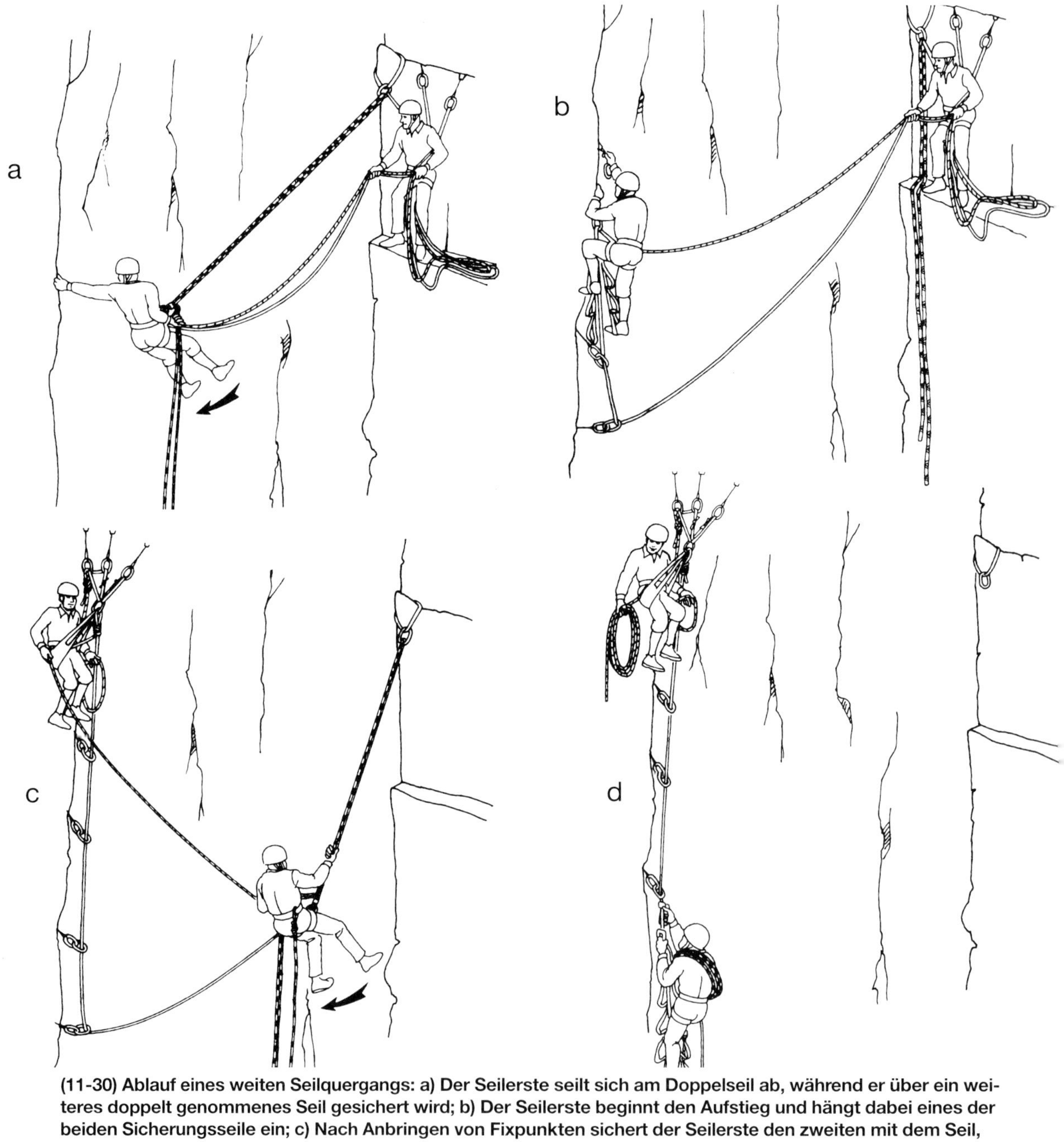


(11-30) Ablauf eines weiten Seilquergangs: a) Der Seilerste seilt sich am Doppelseil ab, während er über ein weiteres doppelt genommenes Seil gesichert wird; b) Der Seilerste beginnt den Aufstieg und hängt dabei eines der beiden Sicherungsseile ein; c) Nach Anbringen von Fixpunkten sichert der Seilerste den zweiten mit dem Seil, welches nicht in die Zwischensicherung eingehängt wurde. Der Seilzweite seilt sich seinerseits über die Querpassage ab. Man beachte, daß ein Seil des Quergangseiles am Gurt des Seilzweiten eingebunden ist, um einem Seilverlust vorzubeugen; d) Der Seilzweite steigt am Fixseil auf und ist dabei kurz eingebunden.

Pendels eingehängt ist. Am Unterende der Abseilstrecke läuft der Seilerste hin und her, um genug Schwung zu erhalten, um seitwärts in das nächste erreichbare Rißsystem einzupendeln. Bei sehr langen Pendeln kann es notwendig sein, daß der Seilerste über ein zusätzliches Seil seitwärts gezogen wird. Der Sichernde hält dabei ein Seilende fest, während der Seilerste am anderen Ende zieht.

**Abb. 11-30 b:** Der Erste ersteigt das neue Rißsystem und errichtet einen zuverlässigen Fixpunkt. Er hängt das Sicherungsseil und das Kletterseil in diesen ein, über ersteres wird der Seilzweite später gesichert. Sobald der Erste Stand gemacht hat, löst der Zweite den Materialsack. Der Zweite sorgt außerdem dafür, daß das Seil, welches zum Pendeln benutzt wurde, lose durch die Verankerung läuft, so daß es später abgezogen werden kann. Er kann ein Ende ebenfalls in seinem Klettergurt einhängen, so daß sichergestellt ist, daß das Seil nicht verlorengehen kann.

**Abb. 11-30 c:** Der Zweite seilt sich in dem Pendelseil ab, während der Erste ihn sichert und ihn hinüber in das neue Rißsystem zieht. Hat der Seilerste kein Extraseil mitgeführt, kann der Seilzweite am gespannten Pendelseil hinüberhangeln, was durch Steigklemmen deutlich erleichtert wird.

**Abb. 11-30 d:** Sicher hinübergekommen, hängt der Seilzweite seine Steigklemmen in das Seil ein, bindet es kurz ab und zieht das Abseilseil ab. Nun ist er bereit, um im neuen Rißsystem ebenfalls aufzusteigen.

**Als Zweiter in kurzen Pendelquergängen**

Bergsteiger besitzen zahlreiche Tricks, um möglichst leicht als zweite über kurze Pendelquergänge hinwegzukommen. Eine clevere und nützliche Methode wird in Abb. 11-31 dargestellt. Damit diese Methode funktioniert, muß der Seilrest, welcher vom Fixpunkt des Pendels zum Klettergurt des Zweiten führt, ungefähr doppelt so lang sein wie der Bogen der Pendelbewegung. Der Zweite bleibt im Kletterseil während der gesamten Bewegungssequenz eingebunden.

Wie auch in Abb. 11-31 dargestellt wird, geht man folgendermaßen vor:

**Abb. 11-31 a:** Man verbindet die obere Steigklemme mit einer eingehängten Leiter am Kletterseil unterhalb des Fixpunktes in dem Strang, welcher in Pendelrichtung verläuft. Eine zusätzliche Schlinge verbindet den Klettergurt mit dieser Klemme. Die untere Steigklemme wird mit ihrer Leiter in dem Seil einhängt, welches zwischen dem Fixpunkt des Pendels und dem eigenen Klettergurt verläuft. Auch sie wird mit einer kurzen Schlinge im Klettergurt eingehängt. Das eigene Gewicht wird auf die obere Steigklemme verlagert. Dann wird eine Seilbremse ins Seil eingehängt und zwar unterhalb der unteren Steigklemme. Das Seil wird dort gefaßt, wo es in die Seilbremse einläuft. Danach lockert man den Keil der Seilbremse, indem man am darunterhängenden Seilende ein wenig zieht, dabei bleibt der Sicherungsmechanismus verschlossen. Nun ist man für die eigentliche Pendelbewegung bereit.

**Abb. 11-31 b:** Während man mit einer Hand das Seilende unterhalb der Abseilbremse hält, führt die andere Hand gleitend die untere Steigklemme. So läßt man sich kontrolliert über den Pendelquergang in die Vertikale gleiten. Um jederzeit anhalten zu können, braucht man lediglich die Seilklemme loszulassen, der Arretierungsmechanismus wird sofort blockieren. Tatsache ist, daß dieser Mechanismus sogar ungewollt des öfteren während des Bewegungsablaufes blockieren wird falls man keine Abseilbremse benutzt.

**Abb. 11-31 c:** Nach Bewältigung der Pendelbewegung bindet man sich kurz ein und hängt die untere Seilklemme unterhalb dieses Abbindepunktes ein. Nun bindet man sich aus dem Seilende aus und zieht es aus der Verankerung des Pendelquerganges ab. Nach Wiedereinbinden ist man in der Lage, den Rest zum Standplatz mittels Seilklemmen aufzusteigen.

Die Abseilbremse erleichtert es erheblich, das Seil während der Pendelbewegung unter Kontrolle zu halten. Natürlich kann ein Seilzweiter einen kurzen Pendelquergang auch ohne ein solche bewältigen.

### Führungswechsel

Unordentliche Standplätze werden ganz schnell ein Rattennest aus verwirrten Seilen, verknoteten

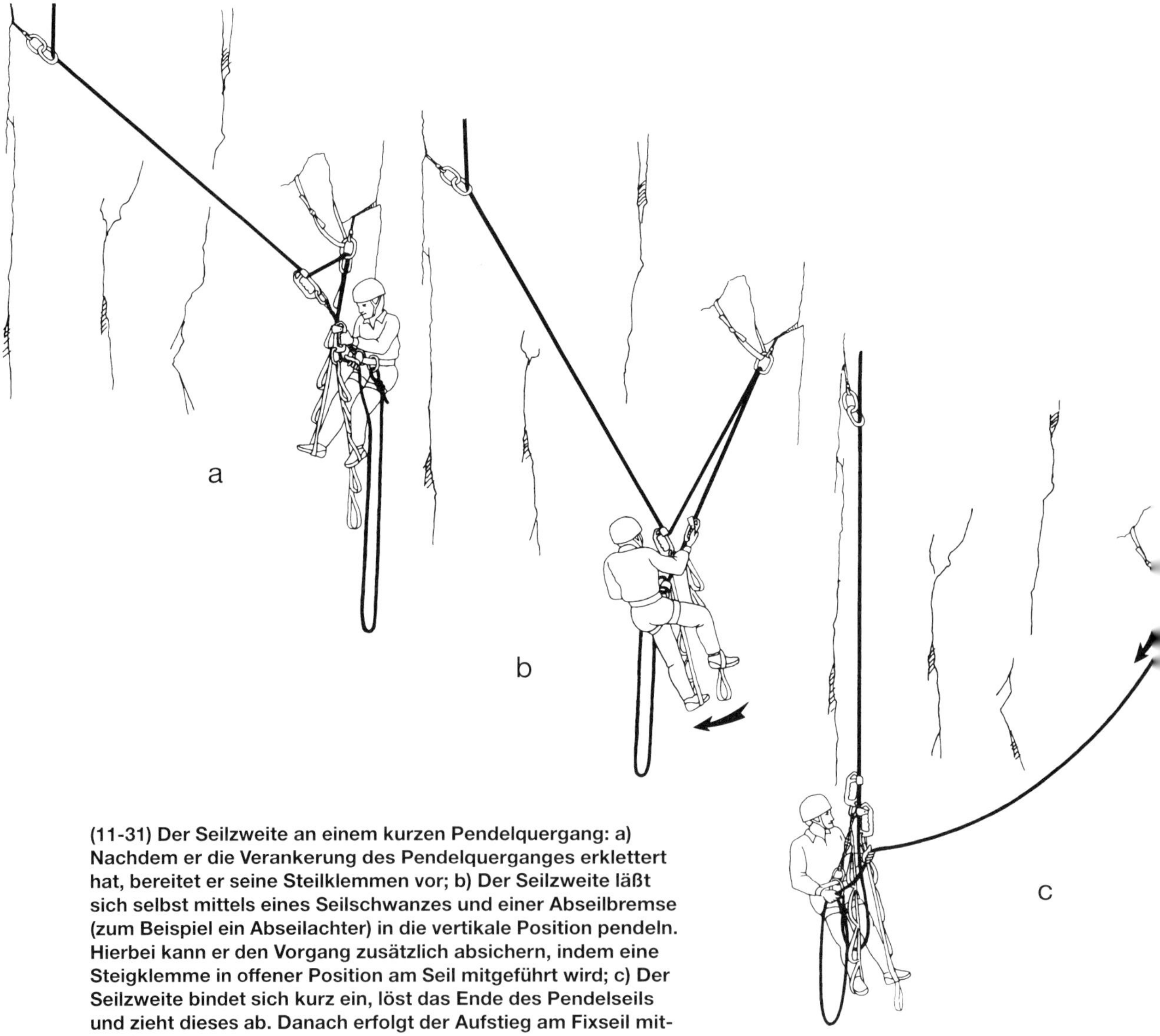


**(11-31) Der Seilzweite an einem kurzen Pendelquergang: a) Nachdem er die Verankerung des Pendelquerganges erklettert hat, bereitet er seine Steilklemmen vor; b) Der Seilzweite läßt sich selbst mittels eines Seilschwanzes und einer Abseilbremse (zum Beispiel ein Abseilachter) in die vertikale Position pendeln. Hierbei kann er den Vorgang zusätzlich absichern, indem eine Steigklemme in offener Position am Seil mitgeführt wird; c) Der Seilzweite bindet sich kurz ein, löst das Ende des Pendelseils und zieht dieses ab. Danach erfolgt der Aufstieg am Fixseil mittels Steigklemme.**

Schlingen und chaotischer Hardware. Ein Minimum an Ordnung sorgt dafür, daß der Standplatz jederzeit arbeitsfähig bleibt und das Team effizient funktioniert. Im folgenden sind einige wichtige Methoden aufgeführt, welche die Organisation eines Standplatzes verbessern:

- Alle Seile sollten eine unterschiedliche Farbe haben.
- Nach Aufziehen des Materialsackes nimmt der Seilerste das Zugseil ordentlich auf und ordnet darüber hinaus die anderen Seile und die Hardware.
- Sobald der Seilzweite den Standplatz erreicht, beginnt er seine Ausrüstung zu ergänzen; der ehemalige Erste (nunmehr der Sichernde) nimmt das Kletterseil auf und hängt das Bündel am Fixpunkt ein. Hierdurch wird vermieden, daß das Kletterseil sich weiter unten verfangen kann; auch wird eine einfache und gleichmäßige Bedienung gewährleistet.

Wenn der Zweite einen Rucksack mitführt, kann dieser genutzt werden, um die Ausrüstung, die vermutlich in der nächsten Seillänge nicht benutzt wird, unterzubringen. Der Rucksack wird ebenfalls am Fixpunkt eingehängt.

Zuletzt hängt der Zweite (nun der neue Erste) das freie Ende des Materialzugseiles in seinen Klettergurt ein, wird in die Sicherung eingehängt und beginnt zu klettern.

## Big-Wall-Mehrtagestouren

»Big-Walls bestehen zu 90 % aus Arbeit und 10 % aus Spaß.« Nicht jeder wird dieser prozentualen Verteilung zustimmen, aber nur wenige Kletterer werden behaupten, daß Big-Walls leicht sind. Zweifellos ist eine gute Kondition absolute Voraussetzung zum Aufziehen von schweren Materialsäcken und das Bewältigen von etlichen Seillängen technischer Kletterei.

Für Big-Walls benötigt man außerdem einen hohen Grad an psychischer Stabilität. Unerfahrene Kletterer finden sich sehr schnell als hilflose Opfer ihrer eigenen Angst wieder, welche durch die lange und extreme Exposition entsteht. Wenn man dieses Spiel neu beginnt, kann man vielleicht seine Angst dadurch mindern, indem man sich klarmacht, daß die Techniken, welche in solch großen Wänden benötigt werden, prinzipiell die gleichen sind wie in kleinen Wänden. Man konzentriert sich ausschließlich auf das aktuelle Problem und die jeweils anstehende Tätigkeit bzw. den nächsten Kletterzug.

Bei der Vorbereitung einer Big-Wall-Tour sind Führerbücher und andere Kletterer hilfreiche Informationsquellen. Allerdings sollte man diese nicht überbewerten, insbesondere auch nicht fremde Skizzen und Ausrüstungslisten. Die Routen verändern sich im Laufe der Zeit.

Eine solide und effiziente Klettertechnik ist absolute Grundvoraussetzung, wenn eine größere Wand in machbarer Zeit bewältigt werden soll. Das Maximum an Zeit wird begrenzt durch die Menge der mitzuführenden Nahrung und des Trinkwassers. Um in Big-Walls erfolgreich zu sein, muß man unbedingt absolute Routine darin entwickeln, schwere Materialsäcke über die Route aufzuziehen, auch sollte man psychisch in der Lage sein, mehrere Tage in einer vertikalen Welt zu verbringen.

### Aufziehen von Lasten

Nachdem man sich selbst am Standplatz gesichert hat und das Kletterseil für den Zweiten fixiert hat, beginnt das Aufziehen der Lasten – ein besonders lästiger Job für den Seilersten (Abb. 11-32):

1. Man hängt eine Seilrolle ein, durch welche man das Zugseil führt.

2. Man hängt eine Seilklemme »falsch herum« in das Lastende des Zugseiles ein. Das Ende der Klemme, welches zum Sack hinunterzeigt, wird zusätzlich durch einige Karabiner oder andere Ausrüstungsteile belastet.
3. Man klinkt eine zweite Steigklemme ein – diesmal in normaler Lage (Blockieren bei Zugrichtung an der Klemme nach unten), und zwar auf der losen Seite des Zugseiles. Diese Klemme sollte mit einer Schlinge im Klettergurt eingehängt werden.
4. Man schiebt sich von der Wand mit Händen und Füßen weg, dabei wird das Körpergewicht den Lastsack anheben. Wenn man mit dem Schieben aufhört, wird die Klemme, welche »verkehrt herum« in das Lastseil eingehängt wurde, ein Zurückrutschen verhindern. Man benötigt etwas Bewegungsfreiheit in der Selbstsicherung, um diese Tätigkeit des Aufziehens ökonomisch durchführen zu können.

Man kann natürlich auch die Last aufziehen, indem man etwa 2 bis 2,5 m Seil zwischen sich und dem Fixpunkt läßt. Dann läßt man sich etwa 2 m die Wand hinab, währenddessen ist die Klemme des Zugseiles am Klettergurt eingehängt. Daraufhin klettert man zur Ausgangsposition zurück, indem man die Leitern benutzt, welche man zuvor in den Fixpunkt eingehängt hat – dabei wird die Steigklemme des Zugseiles automatisch mitgezogen. Dieses Vorgehen wird so oft wiederholt, bis die Last oben ist.

Diese Methode wird auch benutzt, wenn zwei Personen notwendig sind, um einen sehr schweren Lastsack aufzuziehen. Beide hängen sich in die Steigklemme des Zugseiles ein und haben 2 bis 2,5 m Seil zum Fixpunkt. Beide Personen ziehen dann mit ihrem Körpergewicht gemeinsam das Material nach oben. Unabhängig von der benutzten Methode muß man *ununterbrochen* über das Sicherungsseil mit dem Fixpunkt in Verbindung stehen.

## Fixseile

Bei Mehrtagestouren richtet man zweckmäßigerweise zwei oder drei Seillängen oberhalb des Biwakplatzes ein; das Material, welches beim Biwakieren nicht benötigt wird, deponiert man bereits am höchstens Punkt. Das untere Ende jedes Fixseiles wird mit dem Standplatz der vorhergehenden Seillänge fest verbunden.

Am nächsten Morgen wird an den Fixseilen aufgestiegen, wobei nur jeweils ein Kletterer an einem Seil steigt. Hierdurch ist es möglich, am nächsten Morgen zügig zu beginnen; außerdem wird für ein Aufwärmen gesorgt, bevor das eigentliche Klettern beginnt.

## Rückzug

Bevor man eine größere Tour steigt, muß man unbedingt mögliche Rückzugswege durchdenken, falls Schlechtwetter, ein Unfall oder ein anderer Notfall eintritt. Man suche nach anderen Routen, welche erreichbar sind, um so die Aufstiegsgeschwindigkeit zu erhöhen oder in welchen Rückzugsmöglichkeiten eingerichtet sind.

Falls keine Rückzugsroute existiert, sollte man in Erwägung ziehen, daß ein Bohrhakensatz für Notfälle mitgeführt wird; dieser gewährleistet die nötige Zahl an Abseilstellen. Auch während man die jeweilige Seillänge klettert, sollte man wachsam sein und überlegen, wie man eventuell wieder hinunterkommt. In großen Wänden sind Rettungen meistens langwierig und sehr schwierig, falls sie überhaupt möglich sind.

## Leben in der Senkrechten

Das mehrtägige Leben in einer senkrechten Wand bringt einige für Außenstehende zunächst verblüffende Probleme mit sich.

Nur ein Beispiel ist, wenn man die Ausrüstung verliert. Einmal verloren, ist sie für immer fort. Alle lebenswichtigen Gegenstände müssen also mit Ösen versehen sein, über denen sie an einem Fixpunkt eingehängt werden. Man sollte die Ausrüstung so gut kennen, daß man jederzeit ohne große Sucherei arbeiten kann. Insbesondere sollte man sich vorher in der Benutzung von ungewohnten Ausrüstungsteilen wie Hängematten oder Portaledges üben. Normalerweise ist es notwendig, das gesamte Trinkwasser mitzuführen. Jeder Kletterer benötigt mindestens zwei Liter pro Tag. Bei heißem Wetter, insbesondere dann, wenn die Route südexponiert ist, wird man deutlich mehr benötigen.

Abfall schafft weitere Probleme. Das simple Abwerfen des Mülls über die Wand ist nicht akzeptabel, daher wird man ihn notwendigerweise mit aufziehen und aus der Route entfernen müssen. Auf stärker frequentierten Routen sollten entsprechende Plastiktüten für die Exkremente benutzt und diese über die Wand abgeworfen werden, allerdings sollte man unbedingt vorher unterhalb befindliche Kletterer warnen. In selten begangenen Routen kann man die Exkremente ins Nichts ablassen, da sie relativ schnell zerfallen. Besonders wichtig ist es, alle Biwakplätze sauber und rein zu halten und keinerlei Zeichen der eigenen Anwesenheit zurückzulassen.

Nach Bewältigung einer großen Wand steht man vor dem Problem, die Ausrüstung wieder hinunterzuschleppen. In der Vergangenheit war eine verbreitete Methode, den Materialsack mit Ausrüstung über die Wand abzuwerfen. Heutzutage ist das Abwerfen von Materialsäcken wegen der erheblichen Verletzungsgefahr verboten. Nebenbei sei bemerkt, daß es vorgekommen ist, daß Kletterern ihre Ausrüstung, die sie über die Wand abgeworfen haben, gestohlen wurde, während sie auf einer anderen Route abstiegen. Also gilt: All das wieder herunterschleppen, was man hinaufgezogen hast.

**(11-32) Aufziehen des Materialsackes; die aufziehende Person hängt eine Steigklemme direkt in das Lastende des Seiles ein und benutzt die zweite, um mittels ihres Körpergewichtes am Zugseil zu ziehen. Nach dem Ende des Einzelzuges blockiert die erstgenannte Klemme das Zurückrutschen des Packsackes, während die zweite für den nächsten Zug in Richtung der Umlenkrolle geschoben wird.**

# Die Zukunft des technischen Kletterns

Freikletterer sind der Ansicht, daß technisches Klettern den Ausübenden vom Fels entfremdet. Aber jeder, der bereits damit gekämpft hatte, einen Fixpunkt anzubringen, während er oberhalb einer Serie fragwürdiger Fixpunkte steht, versteht, daß technisches Fortbewegen nicht nur Klettern, sondern auch ein Test der technischen Fähigkeiten und Nerven ist.

Um zu gewährleisten, daß diese Routen auch weiterhin eine Prüfung von Fähigkeiten und Nerven sind, sind technische Kletterer gehalten, gewisse ethische Regeln zu respektieren. Wenn man in einer etablierten Route unterwegs ist, akzeptiert man die Ethik und das Vorgehen der Erstbegeher. Wenn diese keinen Felshaken benötigten, sollte man auch selbst keinen einschlagen. Man sollte unbedingt seine Kreativität und Hakenfreiheit benutzen, um auftretende Schwierigkeiten zu überwinden. Eine Seilschaft, die einem folgt, sollte die Route genauso vorfinden, wie man sie selbst angetroffen hat.

Wenn man eine neue Route einrichtet, liegt es an einem selbst, welchen Stil man für die folgenden etabliert. Man bedenke, daß Routen, welche früher als sehr schwierig galten und in denen Haken als Notwendigkeit betrachtet wurden, heutzutage frei geklettert werden, und daß alte Hakenleitern oft mit Mißfallen betrachtet werden. Man mache es zu seinem Ziel, sauber zu klettern und einen Stil zu entwickeln, den andere Kletterer respektieren. Mit fortschreitender Zeit werden mehr und mehr Routen, die heutzutage technisch bewältigt werden, zukünftig frei geklettert, während beim technischen Klettern die Routen immer diffiziler werden.

# Teil 4

# Klettern in Schnee und Eis

# Kapitel 12
# Unterwegs in Schnee- und Eisgelände

Der Aufstieg im Schnee ist ein wesentlicher Teil des Bergsteigens. Schnee fügt der Landschaft Schönheit und Fremdartigkeit hinzu, und man wird nicht immer umhinkommen, Eis und Schnee gänzlich zu vermeiden. Kletterer sind in einer Gegend unterwegs, die von Schnee, Eis und Wasser geformt ist. Wollte man Schnee vermeiden, würde dies bedeuten, daß man ausschließlich in ganz wenigen ausgewählten Bergregionen oder aber nur wenige Monate des Jahres klettert. Kletterer lieben den Schnee aus mehreren Gründen. Zunächst erleichtert er für viele Routen den Zustieg über Gebüsch und andere Hindernisse; außerdem vermindert er die Gefahr von Geröll während des Anstieges. Ferner bringt er neue Schönheit in die Berge und verbirgt den Abfall undisziplinierter Vorgänger.

Schnee tritt in vielerlei Formen – angefangen von winzigsten Kristallen bis hin zu großen klumpigen Plättchen – auf und verändert sich kontinuierlich. Hierdurch wird das Klettern im Schnee facettenreicher als Wandern auf schneefreiem Gelände oder Felsklettern. Nachdem Schnee gefallen ist, beginnt er sich sofort zu verändern; diese Veränderungen werden durch Sonne, Wind, Temperaturänderungen und Niederschläge bewirkt.

Eine Felsoberfläche bleibt über sehr lange Zeit im wesentlichen die gleiche, während Schnee sich – wie bereits gesagt – in mehreren Stadien verändert. Er kann als Pulverschnee über ein Gebüsch fallen, verändert sich dann zu einer wenig festen Schneedecke mit Lawinengefahr, dann zu einer festen Oberfläche, welche einen schnellen Aufstieg ermöglicht, und zuletzt in nur wenige kleine Schneezungen. Schon im Verlaufe eines einzigen Tages kann sich der harte Morgenschnee in einen tiefen Schlammschnee am Nachmittag verändern.

Die wechselhafte Natur des Schnees bedeutet, daß der Bergsteiger flexibel sein muß, wenn er im Gelände unterwegs ist. Er muß bereit sein, gegebenenfalls Schneeschuhe, Ski oder Steigeisen zusätzlich zu seinen Stiefeln zu benutzen. Die Schneebedingungen beeinflussen darüberhinaus die Entscheidungen über die Routenwahl und auch die Steigtechnik. Soll man dem einfachen schneebedeckten Talgrund folgen oder lieber einem Rücken weit oberhalb der Lawinengefahr? Soll man auf einem weichen Schneeuntergrund mit Stolpergefahr auf einem sonnigen Hang folgen oder lieber der stabileren Schneedecke einer Schattenseite? Bedeuten die Bedingungen, daß es sicherer ist, angeseilt oder seilfrei zu gehen?

Im folgenden Kapitel werden wir Ihnen einige Informationen zur Ausrüstung geben, welche man im Schneegelände braucht, um sicher und schnell vorwärtszukommen. Außerdem werden wir gesondert das Thema behandeln, wie man eine Lawinengefahr erkennt bzw. wie man Rettungsmaßnahmen einleitet.

# Die Ausrüstung

Ganz oben auf der Ausrüstungsliste für Bergsteigen im Schnee stehen Pickel und Steigeisen. Schneeschuhe, Ski und Skistöcke sind natürlich auch wichtige Ausrüstungsteile. Bergsteiger benötigen ebenfalls Ausrüstung, um Fixpunkte im Schnee anzubringen; darauf kommen wir später im Teilkapitel über das angeseilte Bergsteigen im Schnee- und Eisgelände zu sprechen.

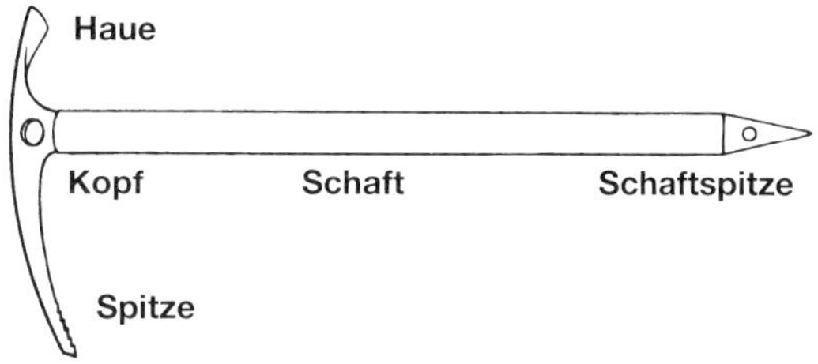

**(12-1) Teile eines Eispickels.**

## Pickel

Der Pickel (Abb. 12-1) ist eines der vielseitigsten und wichtigsten Elemente der Bergsteigerausrüstung überhaupt. Ohne ihn muß man alpines Bergsteigen auf einige wenige leichte Gebiete beschränken. Mit einem Pickel und der nötigen Erfahrung, ihn zu benutzen, kann man in praktisch jedem Schnee- und Eisgelände unterwegs sein und eine wesentlich größere Vielfalt der Bergwelt während aller Jahreszeiten genießen.

Ein moderner Pickel ist ein Ausrüstungsstück für vielfältige Anwendungszwecke. Unterhalb der Schneegrenze wird er zur Unterstützung der Balance, als Gehstock und als Bremse beim Abstieg benutzt. Sein Hauptanwendungszweck jedoch ist das Schnee- und Eisgelände, wo er eine bessere Balance bzw. Sicherheit ermöglicht. Mit seiner Hilfe lassen sich Stürze verhindern bzw. – falls ein solcher eingetreten ist – schnell stoppen.

Die Form eines Eispickels ist zumeist ein Kompromiß aus verschiedenen Anforderungen, welche das Ausrüstungsstück für eine spezielle Anwendung besonders geeignet machen. Ein langstieliger Pickel kann beim Gehen im weglosen Gelände vorteilhaft sein, in dem er als Stock benutzt wird und Sicherheit in wenig geneigten Händen gewährleistet. Für steilere Hänge beim alpinen Bergsteigen wird man vermutlich einen kurzen Pickel bevorzugen. Beim Eisklettern werden die Stiele noch kürzer; und weitere Aspekte sorgen für zusätzliche Spezialisierung der Haue, der Anordnung der Hauenzähne und auch der Form und des Winkels. Auf diese spezialisierten Eisbeile kommen wir in Kapitel 14 noch gesondert zu sprechen.

### Teile des Eispickels

**Der Kopf** eines Pickels, welcher aus Haue und Schaufel besteht, wird normalerweise aus Stahl hergestellt – ein Material, welches stabil genug für Schnee- und Eistouren ist. Auch wenn das Loch im Kopf eines Pickels normalerweise Karabinerloch genannt wird, hängen die meisten Alpinisten dort eine Schlinge ein.

**Die Haue** der meisten Eispickel (Abb. 12-2) ist gebogen, wodurch sie nach Einsetzen in Schnee oder Eis bessere Zugkräfte entwickelt. Auch sorgt dies dafür, daß so eine höhere Bremskraft erzeugt werden kann, wenn man einen eigenen Sturz auffangen muß. Ein mäßiger Winkel (65° bis 70°) zum Schaft ist ein übliches Maß für allgemeines Bergsteigen. Ein kleinerer Winkel von 55° bis 60° ist vorteilhaft beim Eisklettern, da er besser der Bewegung des Kopfes folgt, wenn dieser im Steileis eingeschlagen wird. Die Zähne an der Pickelhaue gewährleisten den notwendigen Halt im Eis und harten Schnee.

Die Haltekraft der Pickelhaue hängt bei der Anwendung des Pickelrettungsgriffes von einigen wenigen Grad Neigung an der Hauenschneide ab (Abb. 12-3). Wenn das Ende der

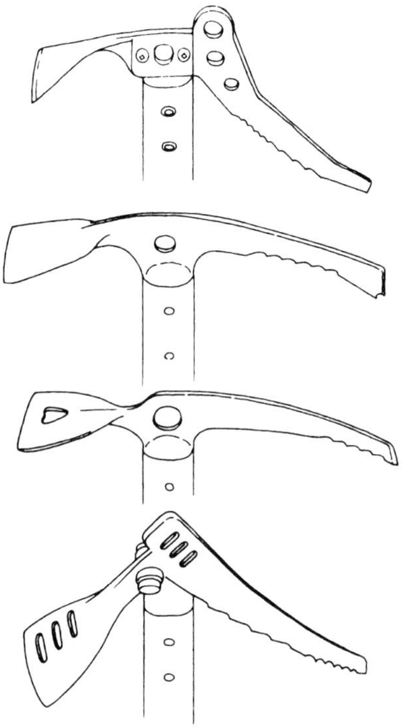

(12-2) Verschiedene Konstruktionen des Pickelkopfes.

Haue parallel zum Schaft verläuft, besteht Neutralstellung. Pickel mit einer solchen Haue oder einer Haue, welche zum Schaft hin geneigt ist, neigen dazu, über eisige Oberflächen abzurutschen und nicht tief genug in diese einzudringen, um einen Sturz abbremsen zu können. Ein Pickel mit einer Hauenspitze im umgekehrten Winkel (die Schneide weist vom Schaft weg) schneidet sich dagegen in die Oberflächen ein, sobald man sie ein wenig belastet. Dies kann so extrem sein, so daß der Pickel sehr plötzlich in hartem Schnee greift und das Eisbeil dem Kletterer aus der Hand gerissen wird. Um dies zu vermeiden, bevorzugen einige Kletterer einen Pickel der erstgenannten Bauart, wodurch ein dosierteres Bremsen in hartem Schnee möglich ist. Aber für die meisten Fälle dürfte die Neigung der Haue bezüglich des Selbstbremsens wenig Unterschied machen – insbesondere deshalb, weil diese Technik in Eis sowieso nicht anwendbar ist und im weichen Schnee die Haue unabhängig von ihrer Neigung eindringen wird.

**Die Schaufel** eines Eisbeils wird zumeist dafür benutzt, um Tritte in hartem Schnee oder weicherem Eis zu schlagen. Die flache Oberfläche der Schaufel ist darüberhinaus eine gute Plattform für die Handfläche, während man den Pickel in der Stütztechnik hält. Schaufeln für eine breite Anwendung zum Bergsteigen sind flach oder gebogen, mit gerader Schneide oder gerundet, gerade oder angewinkelt in Relation zum Schaft. Eine flache Schaufel mit gerader Schneide und ohne Winkel zum Schaft ist möglicherweise das beste Universalgerät zum Stufenschlagen.

**Der Schaft** des Pickels besteht in den meisten Fällen aus Metall (Aluminium oder Titan), einem Kunststoffmischmaterial (Fiberglas, Kevlar oder Carbonfaser) oder aber einer Kombination aus beidem. Die Holzschäfte von gestern, häufig hartes Hickory-Holz, wurden durch diese belastbareren Materialien ersetzt. Auch die historischen Vorteile des Holzes bezüglich der Vibrationsdämpfung und des wärmeren Griffes wurden durch die neuen Materialien ausgeglichen.

Einige Schäfte sind zusätzlich teilweise durch ein Schaumstoffmaterial zugunsten einer besse-

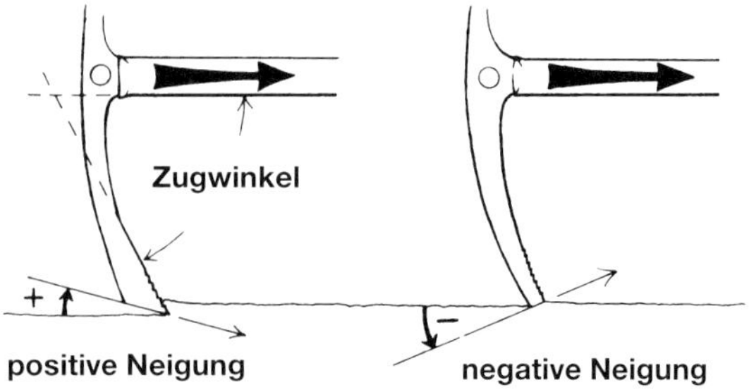


(12-3) Der Schneidewinkel an der Pickelspitze.

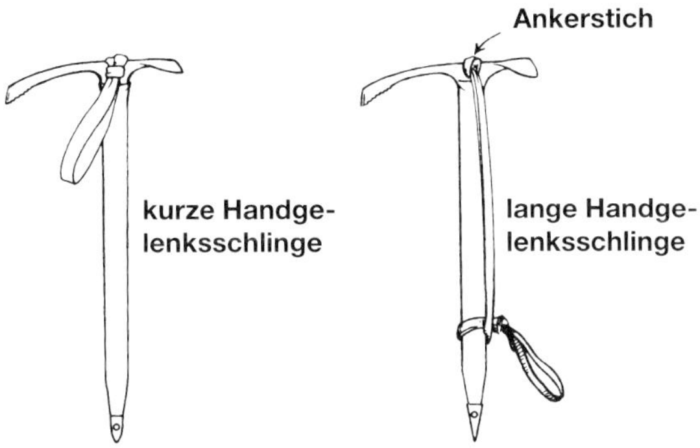


**(12-4) Eispickelschlingen, angebracht im Karabinerloch am Pickelkopf.**

ren Griffigkeit beschichtet. Das Material verbessert die exakte Kontrolle über das Gerät während der Anwendung und dämpft darüber hinaus die Vibration. Man kann die Griffigkeit eines Schaftes ohne eine solche Beschichtung verbessern, indem man ihn mit Textilklebeband oder Tape umwickelt. Alternativ kann man Handschuhe tragen, welche entsprechend beschichtete Handflächen aufweisen. Natürlich kann das Griffmaterial auch von Nachteil sein, weil es zum Beispiel schwieriger wird, den Schaft in festen Schnee zu stecken, um einen Fixpunkt zu erhalten. Daher wird oft die Meinung vertreten, daß Pickel, welche bei einfachen Bergtouren eingesetzt werden, keine solche Stielbeschichtung haben sollten.

**Die Schaftspitze** besteht aus Metall und sollte scharf gehalten werden, damit sie jederzeit sicheren Halt in Schnee und Eis bietet. Zunehmend kommen auch Pickel für steiniges Gelände und für Schutthänge in Mode, da sie auch hier für Balance sorgen. Hier muß man allerdings ganz besonders darauf achten, daß die Spitze nicht beschädigt ist und immer wieder geschärft wird.

### Die Schaftlänge

Eispickel sind in Längen von 40 bis 90 cm erhältlich, also wesentlich kürzer als die bis zu 1,5 m langen Alpenstöcke der Pioniere. Die kürzesten Konstruktionen sind für technisch schwierige Eistouren gedacht, die langen für Bergsteiger, welche den Pickel vor allem als Gehhilfe im leichten Gelände benutzen.

Die optimale Länge eines Pickels hängt weniger von der Körpergröße als vielmehr davon ab, was man mit ihm machen möchte. Eispickel, kürzer als 60 cm, sind reine Klettergeräte, exzellent zur Anwendung in steilen Rinnen, aber nicht so gut zu Selbstrettungszwecken bei Stürzen. Ein Eisbeil von 70 cm ist die längste Version, welche noch ein Eisklettern ermöglicht. Eine Länge von 60 bis 70 cm ist die optimale Größe für die meisten alpinen Situationen, wenn man in mäßig steilen Schneerinnen unterwegs ist und dort den Pickel zum Selbstsichern bzw. zum Selbstretten benutzt. Längere Pickel sind vor allem für Schneewanderungen gedacht, allerdings haben sie auch Vorteile als Anker und zum Erkunden von Gletscherspalten und Schneewächten.

### Die Pickelschlinge

Die Schlinge ermöglicht es, den Pickel am Handgelenk oder dem Klettergurt zu befestigen, wenn man sicherstellen will, daß er nicht verlorengehen kann. Darüberhinaus hat die Schlinge noch weitere Anwendungsmöglichkeiten, wie wir später sehen werden. Auch wenn die Länge der Schlinge unterschiedlich sein kann, besteht sie normalerweise aus einem Stück Bandmaterial, welches durch das Loch am Pickelkopf hindurchgeführt wird (Abb. 12-4). Die Schlinge ist eine nützliche Sicherung auf spaltenbedeckten Gletschern oder auf langen Schneehängen, auf denen das Loslassen des Pickels bedeuten würde, daß man ohne einen ganz grundlegenden Gegenstand zum Sichern dastehen würde. Darüberhinaus werden folgende Seilschaften durch einen herunterstürzenden Pickel gefährdet. Die Schlinge ermöglicht es auch, den Pickel frei hängen zu lassen, während man kurze Felspassagen überwindet.

Kurze Schlingen für das Handgelenk werden von solchen Kletterern favorisiert, die den Pickel vor allem im leichten Schnee- und Eisgelände, insbesondere auch zum Gletscherwandern, einsetzen. Eine solche Schlinge ist bei der Pickelbenutzung nicht hinderlich und ermöglicht eine schnellere Kontrolle des Pickels im Falle eines Sturzes. Sollte man während eines unkontrollierten Sturzes den Pickel verlieren, sorgt die kurze Schlinge dafür, daß er nicht als gefährlicher Gegenstand so stark herumschlagen kann, wie das der Fall wäre, wenn man eine lange Schlinge benutzt. Manchmal werden Eispickel bereits mit kurzer Schlinge seitens der Hersteller geliefert.

Eine längere Schlinge wird in letzter Zeit von den meisten erfahrenen Kletterern benutzt – außer bei einfachen Schneewanderungen. Bei einer längeren Schlinge muß man diese nicht mehr von einem Handgelenk auf das andere streifen, wenn man den Pickel der anderen Hand übergibt, während man die Gehrichtung im Schneegelände ändert. Eine lange Schlinge weist darüberhinaus einige entscheidende Vorteile auf, wenn man im steilen Schnee- oder Eisgelände steigt.

Eine lange Pickelschlinge ist normalerweise genauso lang wie der Pickel selbst, und wenn ihre Länge richtig abgestimmt ist, kann sowohl das Ermüden des Armes beim Stufenschlagen als auch beim Eisklettern vermindert werden. Sie sollte jedenfalls lang genug sein, damit man den Schaft in der Nähe der Spitze greifen kann. Gleichzeitig sollte es auch möglich sein, ohne Hindernis den Pickel am Kopf zu fassen. Auf diese Weise kann das Handgelenk die Arbeit des Armes übernehmen und der Kopf des Pickels wird stabiler geführt. Man kann die Schlinge gegebenenfalls leicht kürzen, indem man sie um den Schaft mehrfach herumwindet.

Verbindet man die lange Schlinge mit dem Sitzgurt, kann der Pickel als Selbstsicherung benutzt werden.

Kauft man einen Pickel ohne eine Schlinge, kann man diese leicht aus Reepschnur (5 oder 6 mm Durchmesser) oder Flachband herstellen. Beides wird zu einer Schlinge verbunden und dann mit Ankerstich in das Loch des Pickelkopfes eingebunden. Ein Sackstich sollte nahe am Schlingenende eingebunden werden, um eine Schlaufe für das Handgelenk zu formen. Vorgefertigte gleichartige Schlingen sind natürlich auch in den entsprechenden Sportgeschäften käuflich zu erwerben.

### Pflege des Pickels

Moderne Metallschaftpickel benötigen nur sehr wenig Pflege. Der Schaft sollte vor jeder Benutzung untersucht werden, ob er tiefe Scharten aufweist, welche auf mögliche Bruchstellen hindeuten. Von kleinen Kratzern oder Beulen sollte man sich dagegen nicht weiter irritieren lassen. Nach jeder Tour sollte man den Pickel grob reinigen und eventuell auftretenden Rost entfernen.

Schaufel, Haue und Schaftspitze sollten regelmäßig untersucht werden. Um sie zu schärfen, sollte man unbedingt eine kleine Feile benutzen, jedoch keinen Schleifstein, da dieser unter Umständen eine hohe Temperaturbelastung für das Material bedeutet; hierdurch kann das Material brüchig werden.

## *Steigeisen*

Bergsteigen ist ohne Steigeisen vollständig undenkbar, auch wenn bei der Einführung der ersten Zehnzackeneisen zu Beginn des Jahrhunderts viele der Meinung waren, daß ihre Anwendung unsportlich ist. Trotzdem erwiesen sich Steigeisen als die einzige Hilfe, welche es ermöglichte, daß Bergsteiger von der mörderischen Arbeit des Stufenschlagens verschont blieben; außerdem ermöglichten sie völlig neue Dimensionen in steilen Schnee- und Eiswänden. Seitdem wurden sie zu Zwölfzackeneisen weiterentwickelt, wobei normalerweise 10 Zacken

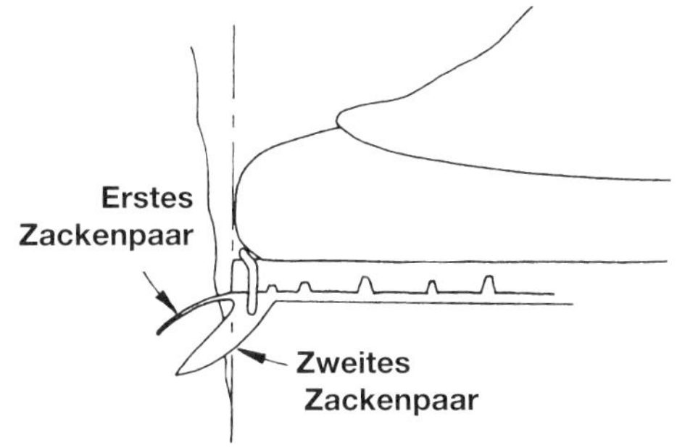


**(12-5) Winkel der vordersten beiden Steigeisenzackenpaare mit optimaler Neigung für die Frontalzackentechnik.**

abwärts und 2 frontal ausgerichtet sind.

Ähnlich wie bei Pickeln gibt es verschiedene Ausführungen, welche teilweise für universellen Gebrauch, teilweise für eher technisch schwierige Klettereien vorteilhaft sind. Die meisten Steigeisen werden aus Chrom-Molybdän-Stahl hergestellt, einem extrem stabilen und relativ leichtgewichtigen Material.

Bergsteiger stehen einer ganzen Anzahl von Fragen gegenüber, wenn sie sich Steigeisen kaufen möchten. Zwei davon lauten: Welche Bauart soll ich kaufen? Wie kann ich testen, ob die Steigeisen an meinen Stiefeln passen? Welches Bindungssystem soll ich bevorzugen? Die folgenden Hinweise helfen bei der Beantwortung dieser Fragen und geben darüberhinaus eine Anzahl Ratschläge zur Steigeisenpflege.

### Steigeisenspitzen

Die früheren Zehnzackeneisen wurden vor langer Zeit bereits durch das Hinzufügen zweier weiterer Zacken ergänzt. Die zwölfzackigen Modelle erfordern es allerdings, daß der Fuß ganz gezielt nach vorne gesetzt und nicht nach vorne geschleift wird. Da zehnzackige Eisen normalerweise keine Frontalzacken aufweisen, sind sie nicht so gut im steileren Gelände anwendbar und werden heutzutage kaum noch hergestellt.

Die Winkel der Frontalzacken bestimmen, für welche Anwendung das Eisen optimal ist. Wenn

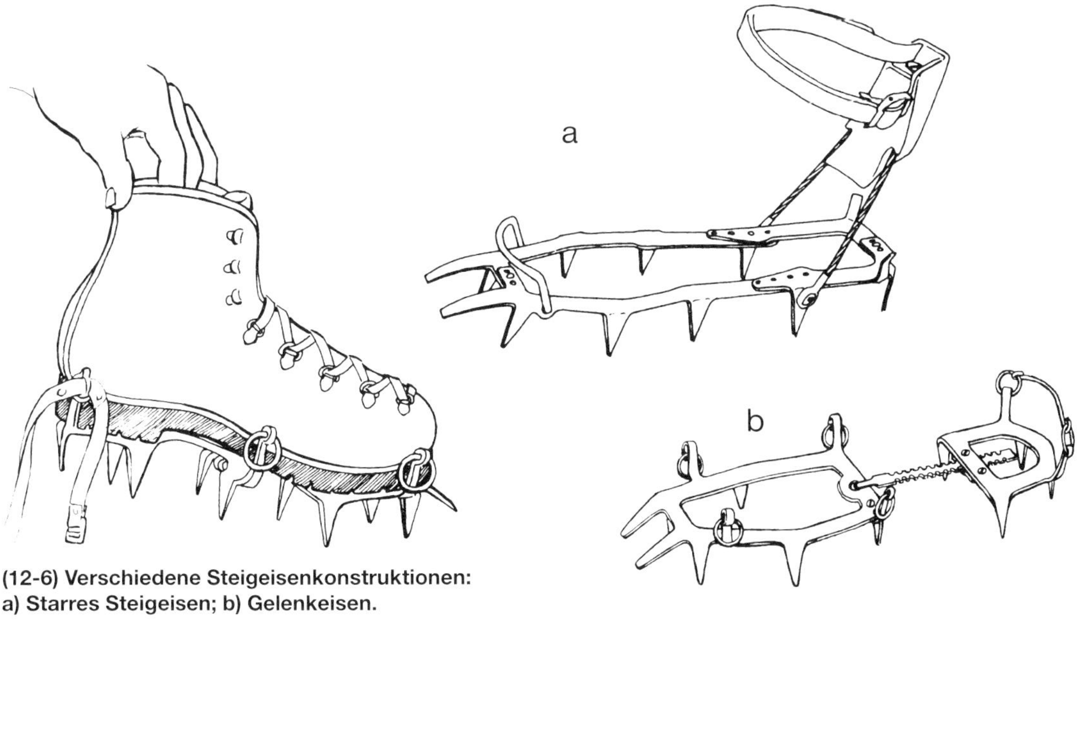


**(12-6) Verschiedene Steigeisenkonstruktionen: a) Starres Steigeisen; b) Gelenkeisen.**

die Frontalzacken nach vorne unten weisen und ihre Hinterkante in Richtung Schuhsohle gebogen ist (Abb. 12-5), eignen sich solche Eisen besser für die Frontalzackentechnik als zum Universalbergsteigen. Diese Anordnung ermöglicht es, die Ferse tiefer zu halten, ohne daß zusätzliche Muskelkraft eingesetzt wird. Gerade Frontalzacken sind beim Universalbergsteigen oder im flacheren Gelände vorteilhaft.

Harscheisen mit vier oder sechs Spitzen werden für die Anwendung durch Wanderer hergestellt, welche sie benutzen, um gelegentlich einmal ein Schneefeld zu überqueren. Da weder an Ferse noch an der Fußspitze Zacken vorhanden sind, sind sie nicht im steileren Berggelände nutzbar und können in entsprechend steilem Schnee- oder Eisgelände sogar gefährlich sein.

**Gelenkeisen kontra starre Eisen**

Bergsteiger können zwischen Gelenkeisen oder starren Konstruktionen wählen (Abb. 12-6). Starre Eisen wurden für technisch schwierige Eisklettereien entworfen. Die meisten Alpinisten bevorzugen Gelenkeisen.

Ein Gelenkeisen biegt sich und kann dadurch der natürlichen Gehbewegung nachgeben. Es kann an nahezu jedem Bergschuh getragen werden, ebenso an Plastikstiefeln. An einem starren Bergschuh oder Plastikbergstiefel erfüllen Gelenkeisen im steilen Eis ihre Aufgabe nahezu genauso gut wie starre Eisen, da sie durch den Schuh stabilisert werden. Wenn man sich nur ein Paar Steigeisen kaufen möchte, sollte man Gelenkeisen bevorzugen. Wenn es das persönliche Ziel ist, vorzugsweise schwierige Steileisklettereien durchzuführen, sollte man dagegen eher ein starres Eisen bevorzugen. Einige Gelenkeisenkonstruktionen können versteift werden, indem lediglich eine Schraube auf jeder Seite des Eisens eingefügt wird.

Ein starres Eisen ist nicht flexibel und gibt der Gehbewegung nicht nach. In den meisten Fällen muß es mit entsprechend schweren Bergstiefeln oder Plastikschuhen benutzt werden, da es durch die unvermeidbare Biegebewegung von anderen Stiefeln vermutlich brechen wird. Starre Eisen weisen im gemischten Gelände deutliche Nachteile auf, auch können sie schwerer sein als Gelenkeisen. Starre Eisen spielen ihre Stärken im steilen, technisch schwierigen Gelände voll aus.

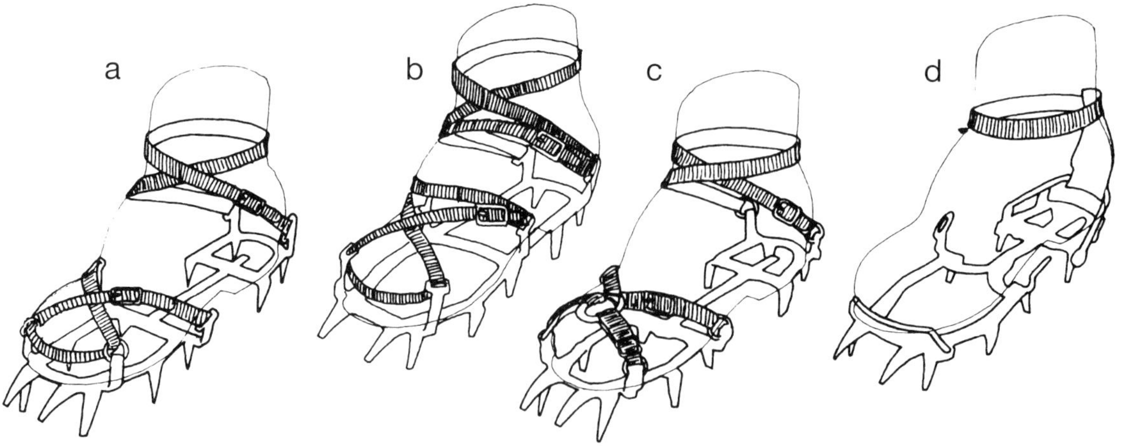


**(12-7) Verschiedene Steigeisenbindungen: a) Vier Riemen; b) zwei Riemen; c) schottische Bindung; d) Kipphebelbindung.**

Sie vibrieren weniger als Gelenkeisen, wenn die Frontalzacken ins Eis gestoßen werden, und ihre Steifheit sorgt dafür, daß der Benutzer bei der Frontalzackentechnik weniger ermüdet, da er seine Fersen tiefer hängenlassen kann.

**Steigeisenbindungen**

Jeder, welcher ein Steigeisen schon einmal während eines steilen Anstiegs im harten Schnee oder in der Dunkelheit eines kalten Morgens verloren hat, kennt die Wichtigkeit einer zuverlässigen Steigeisenbindung, welche das Eisen lediglich dann vom Stiefel löst, wenn man es auch will. Um die Eisen an den Stiefeln zu fixieren, können die Benutzer unter einer Vielzahl von Befestigungsmethoden auswählen, auch stehen neuerdings Kipphebelbindungen zur Verfügung. Alle Systeme sind sowohl bei starren als auch bei Gelenkeisen anwendbar.

Steigeisenriemen mit Schnallen gewährleisten eine zuverlässige Befestigung der Steigeisen am Stiefel. Mit Neopren beschichtetes Nylon ist das beste Riemenmaterial, da es sehr stabil ist, kein Wasser aufnimmt, sich nicht dehnt und auch vollständig problemlos an verschiedenen Steigeisentypen angebracht werden kann. Lederriemen sind unter Umständen billiger, aber sie dehnen sich, wenn sie naß werden; außerdem können sie auch leichter reißen. Nylon oder andere Kunstfasermaterialien sollten dagegen nicht verwendet werden, da regelmäßig Schnee anstollt, auch können sie festfrieren. Drei Riemenanordnungen sind weit verbreitet:

**Vier unabhängige Riemen** pro Steigeisen sind die älteste Anordnung: zwei kurze mit Schnallen, welche auf einer Seite des Steigeisens angebracht sind, und zwei längere auf der jeweils anderen Seite. Ein langer Riemen verbindet dann die vier vorderen Befestigungspunkte über dem Fußrücken, während der andere Riemen die Ferse umfaßt und die beiden hinteren Punkte verbindet (Abb. 12-7a).

**Zwei unabhängige Riemen** pro Steigeisen werden bei einer alternativen Anordnung benutzt: Einer verbindet die vier vorderen Befestigungspunkte über dem Fußrücken, der andere umfaßt die Ferse und verbindet die hinteren Punkte (Abb. 12-7 b).

**Das schottische System** ist schneller anwendbar als die bisher genannten beiden und verbreitet sich zunehmend. Ein Band mit einem eingearbeiteten Ring in der Mitte ist an den beiden vorderen Steigeisenösen befestigt. Ein weiteres Band führt dann von einer Seite durch diesen Ring zur anderen Seite. Der hintere Riemen verläuft genauso wie bei den bereits genannten Systemen (Abb. 12-7 c).

Wenn man die Riemen an den Steigeisen befestigt, sollten die Schnallen an der Außenseite der Schuhe zu liegen kommen, um so das Risiko zu vermindern, daß man sich beim Gehen in den Riemen verheddert. Um die Gefahr zu vermindern, daß die vorderen Bänder der ersten beiden Systeme sich lösen, sollten diese *von außen nach innen* durch die Befestigungspunkte hindurchgeführt werden, danach fügt man eine Drehung in das Flachband ein.

*Ein Wort für den Anfänger:* Man sollte niemals auf eine Bergtour gehen, bevor man nicht zu Hause seine Steigeisen und insbesondere ihre Befestigung ausprobiert hat. Man wird unter Umständen die Steigeisen in der Dunkelheit nur nach Gefühl oder bei Stirnlampenlicht mit kalten tauben Fingern anlegen müssen. Hier eine kurze Anleitung: Lege die Steigeisen mit allen Riemen, welche bereits in die Befestigungspunkte eingeschlauft sind, auf den Boden. Stelle den Stiefel darauf und befestige die Riemen. Halten die Eisen am Stiefel? Haben die Riemen die Schnallenlöcher dort eingestanzt, wo sie für einen straffen exakten Sitz auch benötigt werden? Müssen die Riemen länger sein, um auch Wintergamaschen oder Überstiefel noch einbinden zu können? Sind sie stabil genug, um einen sicheren

Sitz der Steigeisen durch Dick und Dünn zu gewährleisten, aber nicht so straff, daß sie den Blutstrom unterbinden? Alle diese Möglichkeiten sollte man so gut wie möglich durchdenken, bevor man erstmalig mit neuen Steigeisen in einem steilen Schneefeld unterwegs ist.

**Kipphebelbindungen**

Das Problem, schon frühmorgens mit kalten Fingern an Steigeisenriemen herumfummeln zu müssen, wurde durch die neueren Kipphebelbindungen weitgehend ausgeschaltet (Abb. 12-7 d). Die Steigeisen werden am Stiefel mit einem Drahtkabel und einem Kipphebel an der Ferse befestigt. Sie sind schnell und leicht anzulegen, darüberhinaus hat jedes Steigeisen eine Sicherungsschnur, so daß man sie auch dann nicht verlieren kann, wenn sie sich trotz allem einmal vom Stiefel lösen sollten. Natürlich sollte man sich einige Gedanken zu dem etwas höheren Preis machen, wenn man sich dazu entschließt, Kipphebelbindungen zu kaufen.

Der Sitz am Stiefel ist kritischer als beim Steigeisen mit Riemenbindungen. Die Stiefel müssen einen größeren Wulst sowohl an der Spitze als auch an der Ferse haben; daher halten Kipphebelbindungen besonders gut an Plastikschuhen. Steigeisen mit Riemenbindungen eignen sich häufig besser für Lederstiefel, insbesondere bei solchen ohne einen größeren Sohlenrand. Darüberhinaus nutzen einige Bergsteiger aus Angst, daß das Steigeisen abrutschen kann, für technisch schwierige Unternehmungen nach wie vor Riemenbindungen.

**Der Sitz des Steigeisens**

Um sicherzustellen, daß Steigeisen ordentlich an der Schuhsohle halten, ist es absolut notwendig, daß sie exakt sitzen. Hier sind einige Tips, die den Sitz des Steigeisens verbessern – unabhängig davon, ob eine Riemenbindung oder eine Kipphebelbindung zur Anwendung kommt.

- Wenn man Steigeisen kauft, sollte man sie mit den Schuhen ausprobieren, die man später auch im Gelände tragen wird. Wenn man sie vermutlich auf mehreren verschiedenen Schuhen verwenden wird, müssen alle Schuhe ausprobiert werden.
- Wird man Gamaschen mit einem Gummiband besitzen, das am Schuhschaft schließt, müssen diese Gamaschen getragen werden, wenn die Steigeisen angepaßt werden.
- Die Frontzacken sollten ungefähr 2 bis 2,5 cm über die Schuhspitze hinausweisen.
- Die meisten Steigeisen sind größenverstellbar. Dies kann bedeuten, daß sie sowohl bezüglich ihrer Länge als auch in ihrer Breite im Bereich des Vorfußes, der Zehen und auch der Ferse eingestellt werden können. Die Möglichkeit, die Breite an Ferse und Fußspitze einzustellen, kann ganz besonders wichtig werden, wenn man Telemarkstiefel auf einem kombinierten Kletter- und Skiunternehmen trägt.

Die Befestigungspunkte auf den Seiten und am hinteren Ende sollten dafür sorgen, daß das Eisen am Stiefel klemmt, ohne daß die Bindung geschlossen ist. Dies prüft man, indem man den Schuh anhebt, nachdem das Eisen übergestreift wurde.

Der Fersenbügel, welcher an manchen Steigeisen angebracht ist, sorgt dafür, daß der Schuh in Position gehalten wird und nicht nach hinten rutschen kann. Dies gilt insbesondere für die Anwendung an Plastikstiefeln.

Der Sohlenrand eines Stiefels ist besonders wichtig bei der Anwendung von Kipphebelbindungen, welche den Sohlenrand an der Fußspitze und an der Ferse umfassen. Am besten geeignet sind zwiegenähte Stiefel oder von vornherein darauf ausgelegte Plastikstiefel.

Einige Bergsteiger legen ein flaches Stück Schaumstoff, welches auf die Sohlenform des Schuhes geschnitten wurde, zwischen Stiefel

**(12-8) Richtiges Schärfen von Steigeisenzacken.**

und Steigeisen, um die Isolation gegenüber der Bodenkälte zu verbessern. Sollte man dies vorhaben, so sollte man das bereits beim Anpassen der Steigeisen berücksichtigen.

### Steigeisenpflege und Sicherheit

Einige wenige einfache Pflegemaßnahmen sind notwendig, um die Sicherheit und Haltbarkeit von Steigeisen zu erhalten. Die Spitzen sollten scharf gehalten werden, die Steigeisen nach jeder Tour gereinigt und vor der nächsten Benutzung überprüft werden.

Schnee- und Eisrouten beinhalten des öfteren kürzere Felspassagen, welche man mit angelegten Steigeisen bewältigt. Die Steigeisen sollten in der Lage sein, diese Belastung auszuhalten, aber zu häufige Felspassagen werden die Spitzen schädigen. Ähnlich wie bei Eispickeln, werden die Spitzen von Hand mit einer Feile und nicht mit einer Schleifmaschine geschärft (Abb. 12-8).

Nachdem man von einem Unternehmen nach Hause zurückgekehrt ist, wischt man Schmutz und Wasser von den Steigeisen ab, um Rost zu verhindern. Vor jeder Tour sollte man die Steigeisenspitzen begutachten. Sie sollten sauber und einigermaßen scharf sein, sehr scharfe Spitzen werden allerdings nur für technisch schwierige Eisklettereien benötigt. Auch prüfe man die Spitzen im Hinblick auf vorstehende Kanten, welche die Griffigkeit der Eisen im Schnee vermindern, sie dafür aber zu effektiven Waffen machen, die Hosen und auch Beine verletzen können. Steigeisen mit massiv beschädigten Spitzen sollte man daher ausrangieren. Während man seine Steigeisen überprüft, sollte man nicht vergessen, auch die dazugehörigen Riemen zu inspizieren, falls man Eisen mit Riemenbindungen hat. Hier sollte man vor allem auf Materialalterung, Abrieb, Risse oder Schnitte achten.

In den Bergen kann das Befolgen einiger weniger einfacher Regeln einen selbst, das Material und auch die Kameraden vor den scharfen Steigeisenspitzen schützen. Man sollte vorsichtig gehen, um das Verhängen der Steigeisen in den Hosen, Verletzungen der Beine oder das Treten auf das Seil zu verhüten. Wenn man die Steigeisen transportiert, müssen die Spitzen durch entsprechenden Gummischutz abgedeckt werden, alternativ kann man die Eisen in einer entsprechenden Tasche aus stabilem Fasermaterial transportieren. Sowohl die Gummischützer als auch die Schutztaschen sind kommerziell erhältlich.

Ein kleiner Trick macht Steigeisen sicherer und effektiver im weichen klebrigen Schnee. Man muß lediglich den Rahmen, speziell die Unterseite des Steigeisens mit Klebeband umwickeln, um so das Anstollen von Schnee zu vermindern. Solche Stollenbildung kann außerordentlich gefährlich werden, insbesondere wenn nasser Schnee auf einer Unterlage aus Eis liegt. Eine Alternative ist unter Umständen das Ablegen der Eisen.

## *Markierungswimpel*

Um den Weg über große Schnee- und Gletscherflächen zurück zu finden, markieren Bergsteiger in einigen abgelegeneren Gegenden die Route mit dünnen Bambusstäben. Diese werden normalerweise von den Benutzern selbst hergestellt, indem sie Bambusstäbchen in Blumengeschäften kaufen. An einem Ende wird ein Stück eines hellen, leichten, dauerhaften und wasserabweisenden Gewebes angebracht. Am besten bewährt hat sich hier Plastik oder Nylon (Abb. 12-9). Eine verbreitete Methode ist, das eine Ende des Stabes zu spalten, das Kunststoffmaterial hindurchzuschlaufen und dann mit Tape den Spalt am Ende wieder zu verschließen. So wird das Kunststoffmaterial im Holz eingeklemmt. Beim Herstellen sollte man darauf achten, daß das Kunststoff-Fähnchen in jedem Fall fest genug sitzt, um auch starkem Wind auf offenen Gletschern den nötigen Widerstand zu bieten.

Die Länge der Stäbe wechselt zwischen 70 cm und 1,20 m. Würde man sie noch kürzer machen, wird man Schwierigkeiten haben, das in bodennähe befindliche Kunststoff-Fähnchen zu finden. Noch längere Stäbe als 1,20 m sind sehr umständlich zu transportieren. Die langen Stäbe werden vor allem im Winter eingesetzt, da sie dann im weichen Schnee tiefer eingesteckt werden müssen und Neuschneefall sie verschütten kann. Auf dem Rückweg werden die Markierungen wieder eingesammelt und für das nächste Mal aufbewahrt.

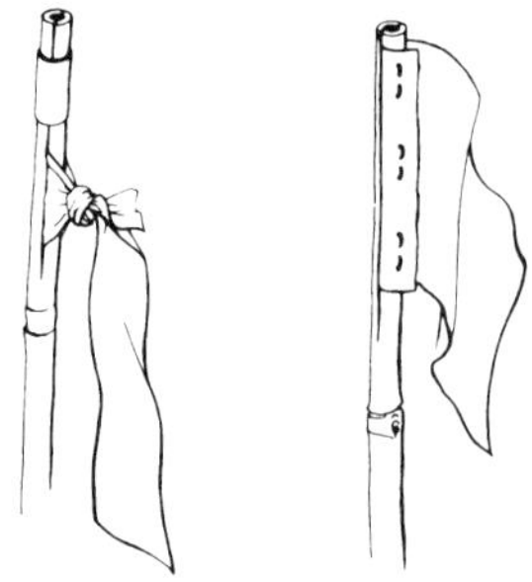

**(12-9) Konstruktion von Signalwimpeln.**

**Skistöcke**

Skistöcke werden nicht nur im Zusammenhang mit Skiern benutzt. Sie eignen sich noch wesentlich besser als ein Pickel zur Balance, wenn man mit einem schweren Rucksack unterwegs ist, insbesondere wenn der Weg über rutschigen Schnee, glatten Untergrund oder Pflanzenbewuchs führt oder wenn man ein Blockfeld oder einen Bach überwinden muß. Außerdem können sie einen Teil des Körpergewichtes übernehmen und so die Beine und den Rücken entlasten. Der Teller nahe der Stockspitze verhindert, daß der Stock im Gegensatz zum Pickel plötzlich tief im weichen Schnee verschwindet.

Eine größere Anzahl von Skistöcken hat Konstruktionsmerkmale, die speziell für Wanderer und Bergsteiger abgestimmt sind. Einige sind als Teleskopstöcke gebaut, so daß sie für steileres Gelände oder Gehen im einfachen Gelände mit schwerem Rucksack entsprechend längenverstellbar sind. Wenn die Teller abnehmbar sind, kann man sie als Sonden verwenden, um Gletscherspalten auszukundschaften, auch kann man nach Verschütteten suchen. Einige Stöcke

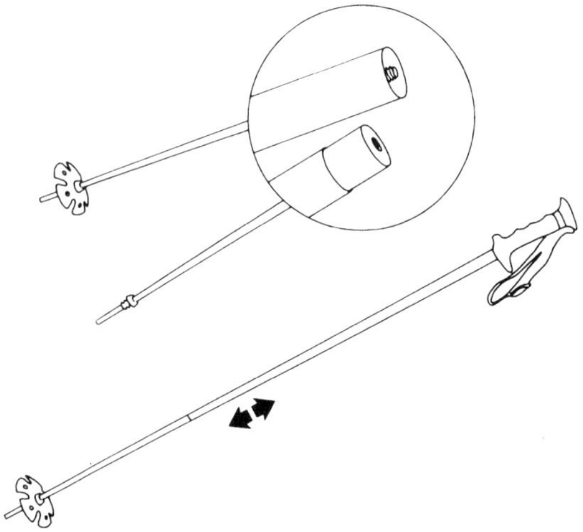

**(12-10) Längenverstellbarer Skistock, welcher auch als Lawinensonde benutzt werden kann.**

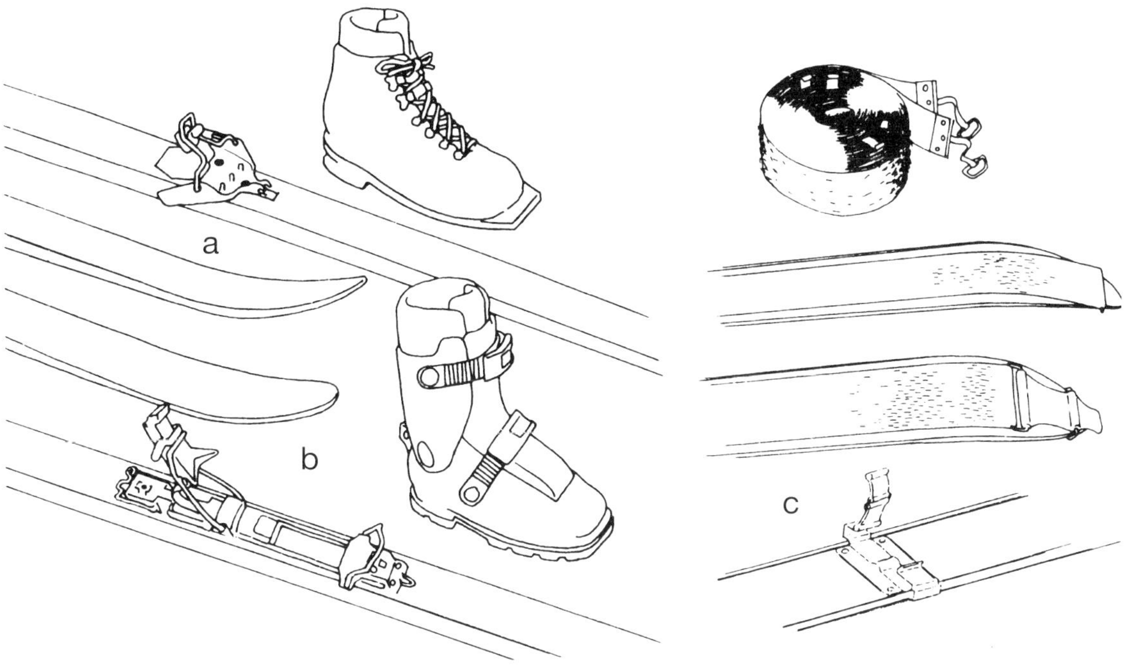


**(12-11) Skiausrüstung zum Bergsteigen: a) Nordische Skikombination; b) Tourenski, Stiefel und Bindungen; c) Steigfelle.**

lassen sich so zusammenstecken, daß man eine extralange Sonde erhält (Abb. 12-10). Auch gibt es Konstruktionen, welche die Teleskoptechnik und diese Verbindungstechnik in sich vereinigen. Es gibt auch die Teleskopausführung mit mehreren unterschiedlichen Arretierungsformen, ferner weisen einige Griffkonstruktionen hakenförmige Anhängsel auf. Allerdings muß davor gewarnt werden, diese zum Abfangen eines Sturzes ähnlich wie die Eispickel zu benutzen, auch wenn einige Hersteller dies empfehlen. Die meisten der genannten Skistöcke können sowohl beim Skifahren als auch beim Wandern zu Fuß oder mit Schneeschuhen benutzt werden.

## Skier

Bergsteigen ist heutzutage eine Ganzjahres-Tätigkeit. Tourenski-Unternehmungen sind stark im Zunehmen begriffen.

Der Telemark-Ski, leicht und wendig, wird mit einem speziellen Schuh getragen, welcher die Ferse frei läßt (Abb. 12-11 a). Abhängig von der Skiform eignet er sich entweder als Langlaufski, als Tourenski oder als Telemark-Abfahrtsski. Da die Ferse nicht arretierbar ist, müssen Telemark-Ski mit dem entsprechenden Telemarkschwung gefahren werden.

Das Skibergsteigen bzw. Tourenskigehen benötigt einen breiteren und schwereren Ski, der traditionelleren alpinen Abfahrtsskiern ähnlicher sieht (Abb. 12-11 b). Er weist eine Bindung auf, welche die nötige Fersenfreiheit zum Aufstieg gewährleistet, die aber auch arretiert werden kann, so daß Standardabfahrttechniken eingesetzt werden können. Spezielle Tourenskier werden zum Skibergsteigen produziert, unter Umständen sind auch Plastikschuhe zu diesem Zwecke nutzbar.

Beide Skiarten bringen einen im Winter in das Gelände, entweder zu reinen Skitouren oder als Zustiegshilfe zum Klettern. Um beim Aufstieg die nötige Reibung zu erzeugen, stattet man beide Skitypen mit abnehmbaren Klebefellen aus, welche auf die Unterseite der Skier aufgesetzt werden (Abb. 12-11 c).

Wenn man es gewohnt ist, lediglich zu Fuß oder mit Schneeschuhen im winterlichen Gelände unterwegs zu sein, wird man auch einige Nachteile von Skiern feststellen. Während man sie tragen muß, hat man eine erhebliche Zusatzlast auf dem Rücken. In steilen Schneehängen ist es ziemlich schwierig, einen Sturz aufzufangen, auch wenn die Griffe der Skistöcke einem dabei behilflich sein können. Die Skier sind in steinigen oder bewaldeten Hängen besonders lästig. Skifahren kann außerordentlich schwierig werden, wenn man einen schweren Rucksack tragen muß; man wird daher eine gut trainierte und routinierte Mannschaft brauchen, wenn man den Sicherheitsaspekt betrachtet – insbesondere dann, wenn man angeseilt auf Gletschern unterwegs ist.

Aber trotz allem sind Skier wesentlich schneller im einfachen Schneegelände. Sie ermöglichen den Bergsteigern einen Weg, welchen sie ohne Skier nicht erreichen könnten; sie bieten außerdem die Möglichkeit, über eine längere Zeit im Jahr unterwegs zu sein. Skier erhöhen auch die Sicherheit – insbesondere dann, wenn man Gletscherspalten durchqueren muß, da das Körpergewicht über eine größere Fläche verteilt wird, wodurch das Risiko des Einbrechens geringer

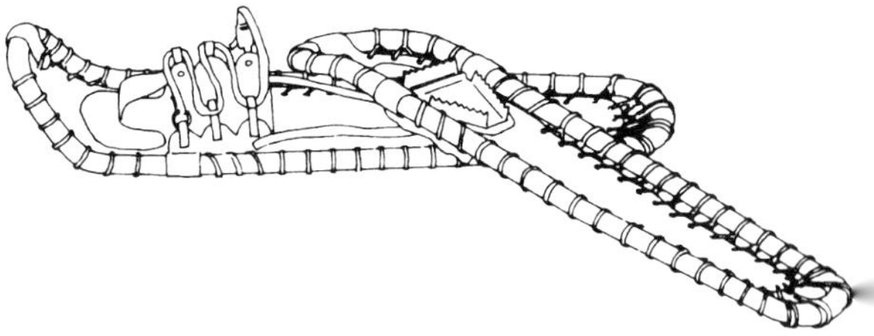

**(12-12) Schneeschuhe.**

wird. Auch wenn man Kameraden helfen muß, können Skier sehr nützlich werden – z. B. kann man aus ihnen einen Schlitten bauen.

Skitouren sind eine komplexe Tätigkeit, die eine spezialisierte Ausrüstung und besondere Techniken erfordern. Für Detailinformationen kann man sich in Artikeln oder Büchern informieren, die sich speziell mit diesem Thema beschäftigen.

## Schneeschuhe

Schneeschuhe (Abb. 12-12) sind ein traditionelles Hilfsmittel beim Wandern im Schneegelände, welche mit modernen Materialien zur Leichtgewichtsausrüstung weiterentwickelt wurden. Die Bindungen sorgen dafür, daß die Schneeschuhe an den Stiefeln halten; Metallklauen oder steigeisenähnliche Zusatzteile erhöhen die Haftung auf hartem Schnee und Eis.

Schneeschuhe sind deutlich besser als bloße Stiefel, wenn man größere Flächen weichen Schnees quert, auf denen Personen mit Schneeschuhen leicht gehen können, während normale Wanderer tief einsinken. Aber Schneeschuhe sind lästig beim Aufstieg in geneigtem Gelände – auch wenn moderne Schneeschuhe eine Öffnung haben, durch die die Schuhspitze in den Schnee greifen kann. Natürlich hat man auch etwas Zusatzgewicht auf dem Rucksack, wenn man die Schneeschuhe dort transportieren muß.

Auch wenn Schneeschuhe deutlich langsamer als Skier sind, können sie in gemischtem Gelände, in dem Skier kaum anwendbar sind, gut benutzt werden; sie sind auch dann von Vorteil, wenn man auch ohne die Skier bereits einen schweren Rucksack hat. Wenn der Seilschaft einige Leute angehören, die nicht sehr sicher Ski fahren, ist es unter Umständen sinnvoller für alle, wenn die Gruppe mit Schneeschuhen unterwegs ist. Man trägt normale Bergstiefel mit daruntergebundenen Schneeschuhen. Ein wesentlicher Unterschied zum Telemark-Ski und Tourenski ist somit der, daß kein spezieller Stiefel benötigt wird.

### Schneeschaufel

Eine Schaufel mit einem großen Blatt ist sowohl ein nützliches als auch ein der Sicherheit dienendes Ausrüstungsteil bei Unternehmungen im Schneegelände (Abb. 12-13). Eine Schaufel ist das einzige Ausrüstungsteil, mit dem es gelingt, einen Lawinenverschütteten schnell genug wieder auszugraben. Schaufeln werden auch benutzt, um Schneehöhlen zu graben oder Zeltplattformen einzuebnen; ab und zu benutzt man sie auch dazu, um sich einen Weg durch eine tief verschneite Passage zu bahnen.

Eine gute Schneeschaufel besitzt ein Schaufelblatt, welches groß genug ist, um Schnee effektiv wegzuräumen; und einen Griff, der lang genug ist, um eine vernünftige Arbeit zu ermöglichen, jedoch kurz genug, um auch in räumlich begrenzteren Bedingungen gut einsetzbar zu sein. Sie sollte gut zugänglich auf dem Rucksack angebracht werden, damit sie in Notfällen schnell zur Verfügung steht. Einige Schaufeln werden mit einem abnehmbaren Stiel oder mit einem Schaufelblatt geliefert, welches rechtwinklig zum Stiel geklappt werden kann, so daß die Schaufel auch mit Zugbewegungen zum Wegräumen von Schnee benutzt werden kann. Bei großen Unternehmungen wird insbesondere dann, wenn regelmäßig Schneehöhlen gebaut werden müssen, am besten eine große Schaufel mit einem entsprechend großem Schaufelblatt mitgeführt, welche große Schneemengen schnell abräumt.

**(12-13) Schneeschaufel.**

## Bergsteigetechniken in Schnee- und Eisgelände

### Benutzung des Eispickels

#### Der Transport des Eispickels

Die erste Regel ist, daß man den Eispickel vorsichtig transportiert. Man bedenke stets, welch scharfe Punkte und Ecken er aufweist, die einen selbst oder die Partner verletzen könnten. Immer dann, wenn der Eispickel nicht in den Händen gehalten wird, muß man sicher sein, daß er nicht ungewollt eine Schneefläche oder eine Felswand hinunterfällt.

Wenn man unterwegs ist und den Pickel nicht braucht, ist es am besten, wenn man ihn durch die Schlaufe am Rucksack steckt und dort befestigt (Abb. 12-14). Es ist eine gute Maßnahme, einen Gummi- oder Lederschutz auf die Spitze, die Haue und die Schaftspitze aufzusetzen – insbesondere wenn der Pickel so scharf ist, wie er zur optimalen Benutzung möglichst sein sollte. Wenn man den Pickel lediglich in einer Hand trägt, sollte man den Schaft am Schwerpunkt halten (der Schaft liegt dabei parallel zum Boden), die Schaftspitze zeigt nach vorne und die Hauenspitze nach unten (Abb. 12-14 b). Unterwegs im Schneegebirge, welches des öfteren von Eis oder aber auch dichtem Gebüsch unter-

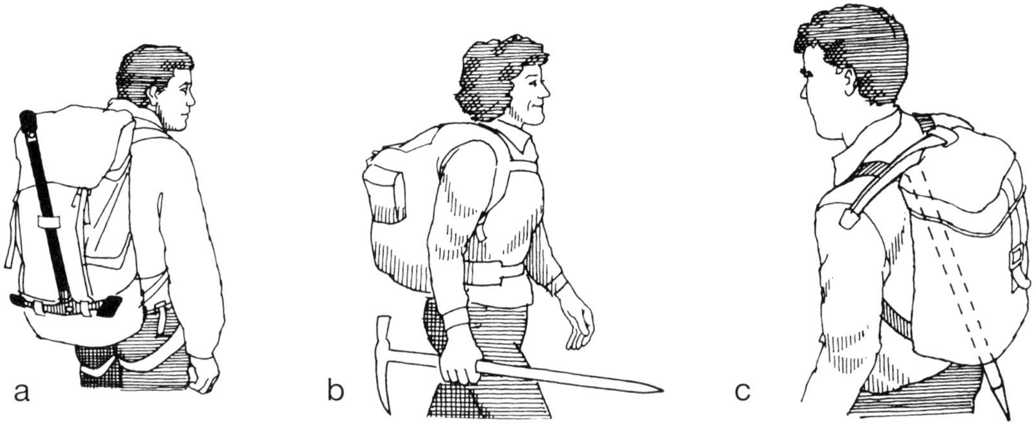


**(12-14) Transport des Eispickels: a) Auf den Rucksack in die vorgesehenen Schlaufen eingebunden und mit Spitzenschutz versehen; b) in der Hand im einfachen Gehgelände; c) vorübergehende Pickelposition zwischen Rücken und Rucksack, wenn kurzfristig zwei freie Hände benötigt werden.**

brochen wird – also in Gelände, wo man beide Hände benötigt –, kann man den Pickel vorübergehend aus der Hand bekommen, indem man ihn diagonal zwischen Rucksack und Rücken schiebt (Abb. 12-14 c). Die Schaftspitze zeigt dabei nach unten und die Hauenspitze muß sorgfältig, d. h. vom Genick wegweisend, eingesetzt werden. Auf diese Weise getragen, kann der Pickel schnell verstaut und auch wieder gegriffen werden. Diese Technik funktioniert sehr gut über kürzere Distanzen. Um den Pickel nicht zu verlieren, muß man ihn unbedingt herausziehen, bevor man den Rucksack absetzt.

### Den Pickel kontrollieren...

Wie man den Pickel im Gelände faßt, um ihn in jeder Situation exakt unter Kontrolle zu behalten, hängt sowohl von persönlichen Vorlieben als auch der jeweiligen Situation ab. Prinzipiell kann man ihn zunächst nach zwei Arten fassen: Einmal kann der Daumen unter der Schaufel liegen und die Finger umfassen die Haue, die Handfläche liegt dabei auf dem schaftnahen Teil der Haue (Abb. 12-15 a). Beim Gehen oder Steigen zeigt die Schaufel nach vorne. Die zweite Möglichkeit ist, daß die Handfläche auf der Schaufel zu liegen kommt. Die Finger umfassen diese, abgesehen von Zeigefinger und Daumen, welche die Haue umfassen (Abb. 12-15 b). Beim Gehen zeigt die Haue nach vorne.

Die erste Griffvariante ist eine geradezu perfekte Voraussetzung zum Pickelrettungsgriff (siehe unten!) – nämlich in Situationen, in denen man damit rechnen muß, auf einem steilen Schneehang zu stürzen. Da das Problem besteht, daß der überwiegende Teil des Druckes, welchen man benötigt, um den Pickel in den Schnee zu stecken, von der Handfläche auf den relativ schmalen Rücken der Haue übertragen werden muß, wird einem kurz über lang die Handfläche schmerzen. Es kann sogar dazu kommen, daß man in Notsituationen den Pickel schmerzbedingt nicht mehr unter Kontrolle behalten kann.

Die zweite Grifftechnik ist deutlich bequemer, da der Druck von der Handfläche auf die relativ große Fläche der Schaufel übertragen wird. Dies sollte unbedingt entsprechend geübt werden.

### Die Stützpickeltechnik

Stützpickeltechnik bedeutet, daß der Stiel des Eispickels in den Schnee gesteckt wird, während man den Pickelkopf hält. So ist der Bergsteiger

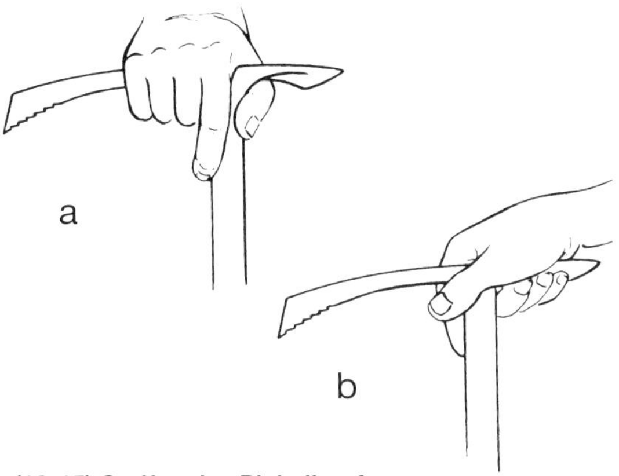


**(12-15) Greifen des Pickelkopfs (Details siehe Text).**

in der Lage, sich zu stützen und unter Umständen auch zu bremsen, falls er im steilen Schneegelände abrutscht. Später werden wir besprechen, was zu tun ist, falls man selbst oder der Seilpartner im steilen Schneegelände abgerutscht ist. Die Selbstrettungstechnik und andere Techniken müssen getrennt beschrieben werden. Aber die Kenntnis darüber, wie man einen Rutscher im Moment des Entstehens stoppt, ist genauso wichtig wie das Wissen wie man sich verhält, falls dieses Stoppen nicht gelingt.

Die Stützpickeltechnik (Abb. 12-16) ist eine Möglichkeit, in den Genuß eines besseren Gleichgewichtes zu kommen, und zu vermeiden, daß ein simples Ausrutschen oder ein Fehltritt bereits in einem weiten Sturz endet. Er wird permanent wiederholt, um einen sicheren Auf- oder Abstieg im steilen Schneegelände zu gewährleisten – und zwar genau in den Situationen, in denen die Sturzgefahr am größten ist: während man sich bewegt oder wenn man keine gute Körperbalance hat. Man kann bei der Stützpickeltechnik den Pickel in beiden eben beschriebenen Arten greifen, allerdings wird man vermutlich eine größere Kraft ausüben können, wenn die Handfläche auf der Haue liegt.

Die Vorgehensweise ist folgende: Man achtet darauf, daß die Füße sicheren Halt haben. Dann wird der Pickelschaft in den Schnee gesteckt; man hält den Kopf gut umfaßt und setzt dann in der Gehbewegung seine Füße nach vorne. Sobald die Füße wieder guten Halt haben, wiederholt sich der Vorgang (Abb. 12-16 a).

In dieser Art angewandt ist der Pickel ein zusätzlicher Fixpunkt während der Gehbewegung. Um dies zu gewährleisten, muß der Schaft natürlich tief genug in den Schnee gesteckt werden, auch ist die Sicherheit nur dann gewährleistet, wenn der Schnee fest genug ist, um dem Schaft den nötigen Halt zu bieten. Sollte man ausrutschen, bleibt die Hand am Pickelkopf, die andere faßt den Schaft und mit dem Körpergewicht wird der Pickel noch tiefer in den Schnee gedrückt (Abb. 12-16 b). Der Schlüssel zum Erfolg ist, daß man den Schaft so knapp wie möglich über der Schneeoberfläche faßt, da so die Hebelkräfte gering sind. Die Hand am Pickelkopf verhindert, daß er aus dem Schnee herausgerissen wird.

Die Technik sollte auf einem Hang mit relativ hartem Schnee geübt werden. Wichtig ist, daß der Hang einen flachen Auslauf hat, falls man nicht stoppen kann. Wenn man auf einer Bergtour unterwegs ist und an der Möglichkeit zweifelt, daß man sich mit der beschriebenen Technik im Falle eines Ausrutschens halten kann, steht eine schwierige Entscheidung an: entweder umkehren oder anseilen und weitergehen, oder in Kenntnis des Risikos weitergehen wie bisher.

## Aufstieg im Schnee

Der Auf- und Abstieg im Schneegelände setzt einige spezielle Kenntnisse voraus. Hinzu kommt, daß unterschiedliche Techniken angewendet werden müssen – abhängig davon, wie hart oder tief der Schnee ist. Bezüglich grundlegender Techniken zur Anwendung von Steigeisen und zum Herstellen von Trittstufen lese man in Kapitel 14 nach.

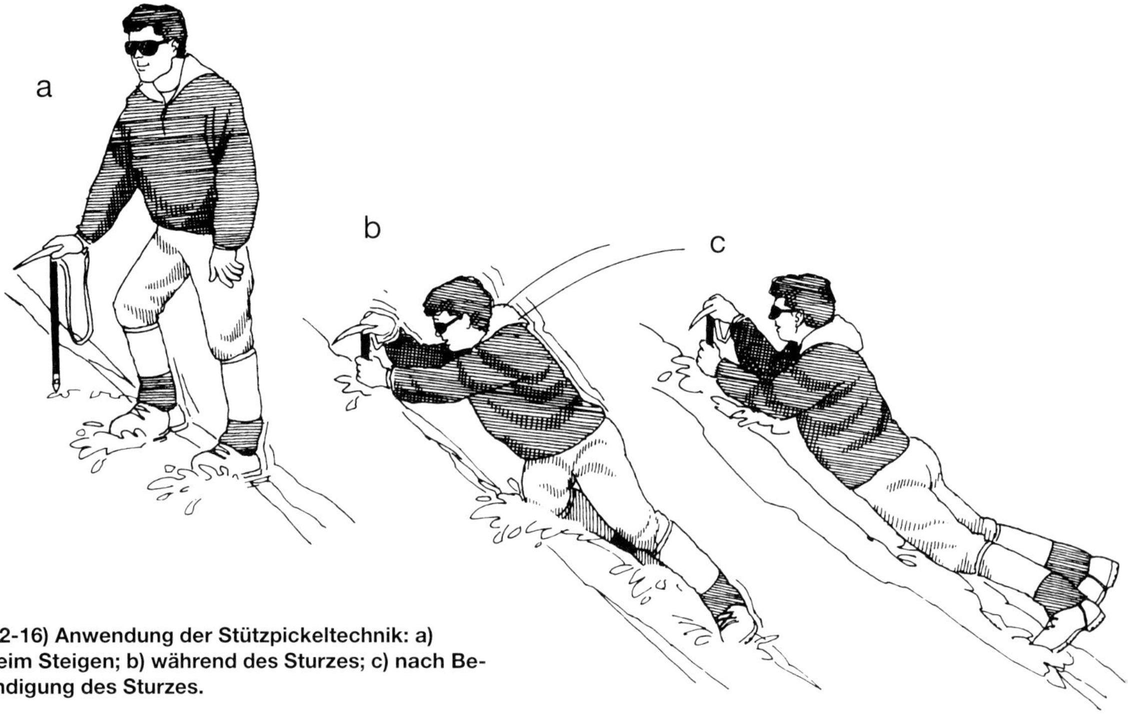


**(12-16) Anwendung der Stützpickeltechnik: a) Beim Steigen; b) während des Sturzes; c) nach Beendigung des Sturzes.**

### Gehen mit stabilem Körpergleichgewicht

Ähnlich wie beim Felsklettern ist eine Fortbewegung im Schnee bei gutem Körpergleichgewicht weniger ermüdend, effektiver und sicherer als ein unkontrolliertes Vorwärtsrasen mit dem Risiko eines Sturzes. Erfahrene Bergsteiger bewegen sich im Schneegelände von einer stabilen Körperposition zur anderen fort und vermeiden Körperstellungen, welche unnötig schwierig auszubalancieren sind.

Beim Diagonalaufstieg über einen Hang ist die stabilste Körperposition, wenn der bergseitig stehende Fuß leicht nach vorne gesetzt wird. Dabei ist das talseitige Bein komplett gestreckt, wodurch das Körpergewicht bei minimaler Muskelbelastung komplett von den Knochen getragen wird. In dieser Körperstellung übernimmt das talseitige Bein den überwiegenden Teil des Körpergewichtes. Der Eispickel wird immer mit der bergseitigen Hand gefaßt.

Der Diagonalaufstieg ist eine Bewegungssequenz in zwei Schritten: von einer stabilen Körperposition über eine kurzfristig instabile Position wieder zurück ins Gleichgewicht (Abb. 12-17). Aus der Ausgangsposition heraus setzt man den Eispickel nach vorne-oben in den Schnee. Dann steigt man zwei Schritte auf, bevor man den Eispickel neu einsetzt. Der erste Schritt bringt den talseitigen Fuß vor den bergseitigen, nun ist das Gleichgewicht nicht mehr sicher gewährleistet. Der zweite Schritt bringt den bergseitigen Fuß nach vorne und bringt den Bergsteiger erneut in eine stabile Körperposition. Das Körpergewicht sollte jeweils über dem belasteten Fuß bleiben, um zu vermeiden, daß man sich gegen den Hang lehnt.

Wenn man direkt in Fallinie aufsteigt, gibt es natürlich kein bergseitiges oder talseitiges Bein, gleiches gilt für die Hände. In diesem Fall nimmt man den Eispickel mit der Hand, welche einem besonders bequem oder am wenigsten ermüdet erscheint. Unabhängig von der Richtung in welcher man aufsteigt, setzt man den Eispickel immer sorgfältig ein, bevor man die Beine bewegt.

**Der »Reststep«**

Beim Aufstieg über eine große ebene Schneefläche befällt einen sehr leicht das frustrierende Gefühl, daß man nie ankommt. Nur wenige markante Punkte helfen einem, einen Fortschritt festzustellen – hierdurch verlängern sich Entfernungen scheinbar ins Uferlose. Ein Anfänger versucht nun in der Regel, durch entsprechende Hektik möglichst große Geländefortschritte zu erzielen. Aber es gibt eigentlich nur einen Weg, ökonomisch das Oberende eines solchen Hanges zu erreichen – nämlich mit kühler Überlegung und der nötigen Ruhe.

Die Lösung des Problems ist die im angloamerikanischen Sprachraum »Reststep« («Rastschritt») genannte Gehtechnik, die sehr energiesparend ist und einen gut vorwärts bringt. Im Detail ist der Reststep in Kapitel 5 beschrieben. Er wird immer dann angewendet, wenn die Beine oder die Lungen ein wenig Erholung brauchen, ohne daß man stehenbleiben möchte. In geringerer Höhe sind es normalerweise die Beine, welche eine solche Erholung fordern. In größeren Höhen ist es dagegen eher die Lunge.

Eine kurze Wiederholung des Reststeps: Die Pause findet immer dann statt, wenn ein Fuß nach vorne gebracht wurde, bevor der nächste Schritt beginnt. Das gesamte Körpergewicht bleibt auf dem hinteren Bein, während die Muskeln des unbelasteten nach vorne gebrachten Beines sich erholen können. Während jeder dieser Minipausen muß das hintere belastete Bein gestreckt und im Knie fixiert bleiben, so daß das Körpergewicht nicht von den Muskeln, sondern von den Knochen getragen wird. Das Gehtempo ist relativ langsam, da jeder Schritt ein Päuschen beinhal-

tet. Die Atmung sollte mit der Bewegungssequenz synchronisiert werden. In größeren Höhen wird man hier Kompromisse machen müssen und wesentlich tiefer und häufiger atmen.

**»Spuren«**

Die Technik des Stufentretens ist eine grundlegende Technik im Schneegelände. Mit ihr werden Spuren bergauf gelegt, deren einzelne Stufen den Füßen möglichst guten Halt bieten und wenig Energie verschwenden. Eine solcherart getretene Stufe ist alles, was man benötigt, um aufzutreten, wenn der Schnee stabil genug ist, um die nötige Sicherheit auch ohne Steigeisen zu gewährleisten.

Ein besonders effektiver Tritt, um Schneestufen zu erzeugen, ist ein Schwung des Beins. Durch das Eigengewicht des Beines und die Bewegung wird die nötige Wucht erzeugt, welche notwendig ist, um die Stufe zu treten, ohne daß die Muskulatur nennenswert Arbeit leistet. Diese Technik funktioniert sehr gut in weichem Schnee. Bei härterem Schnee wird man zunehmend Muskelkraft beim Treten einsetzen müssen, auch werden die getretenen Stufen zunehmend kleiner und unsicherer werden.

Eine eindeutige Definition, was ein sicherer Tritt ist, kann nicht gegeben werden – das ist abhängig von dem Können des Bergsteigers und seinen Kräften, aber auch von Faktoren wie Wind, Höhe und Rucksackgewicht. Ein durchschnittlicher Bergsteiger benötigt Tritte, welche groß genug sind, um die Füße bis einschließlich Fußballen aufzunehmen, wenn er in Fallinie aufsteigt, und etwa den halben Stiefel beim Diagonalaufstieg. Schritte, welche so eingetreten sind, daß die Trittfläche horizontal oder leicht nach innen geneigt ist, sind deutlich sicherer. Je weniger groß eine solche Stufe ist, desto wichtiger ist die Einwärtsneigung.

Wenn man Stufen tritt, sollte man die anderen Bergsteiger nicht vergessen. Sie können den eigenen Tritten relativ bequem folgen, wenn man sie groß genug gemacht hat und sie nicht zu weit auseinanderliegen. Letzteres gilt insbesondere für Bergsteiger, deren Beine kürzer sind als die eigenen.

Die jeweils folgenden nutzen den gleichen Beinschwung wie der Erste, hierdurch vergrößern sie die Stufen. Darüber hinaus wird hierdurch ein festerer Griff der Sohle im Schnee gewährleistet, als wenn man die Stufe lediglich vorsichtig betreten würde. Bei sehr festem Schnee reicht es, wenn man mit einem lockeren Tritt den Fußspitzenbereich fest in der Stufe einsetzt. Bei sehr weichem Schnee ist es dagegen häufig leichter, wenn man den Stiefel von oben kommend in die Stufe einsetzt. Hierdurch bildet sich an der Vorderkante ein Schneewulst, welcher die Stufe stabilisiert.

Ein grundsätzliches Prinzip beim Gehen im Schnee ist es, in Gruppen beim Aufstieg hintereinandergehen. Wenn man der erste ist, wird

**(12-18) Direkter Anstieg auf einem Schneehang, Pickel in einhändiger Stützposition.**

man die härteste Arbeit von allen verrichten müssen. Natürlich muß man auch intensiver über seine Tätigkeit nachdenken, um potentielle Gefahren für die Gruppe zu vermeiden und den bestmöglichen Routenverlauf auszuwählen. Die Führung sollte regelmäßig abgewechselt werden, so daß kein Gruppenmitglied sich verausgabt.

### Aufstiegsrichtung

Man kann entweder direkt in Fallinie aufsteigen oder einen Hang im Diagonalaufstieg bewältigen. Wenn man in Eile ist, ist ein direkter Anstieg normalerweise vorzuziehen. Die Geschwindigkeit ist ein wichtiges Argument, vor allem bei sehr langen Schneeanstiegen, und ein schneller direkter Aufstieg kann besonders dann wichtig sein, falls schlechtes Wetter, Lawinen- oder Steinschlaggefahr herrschen, die Biwakbedingungen schlecht sind oder ein schwieriger Abstieg bevorsteht.

Wenn es die Zeit erlaubt, bevorzugen die meisten Bergsteiger allerdings einen Diagonalanstieg, wodurch der Steilhang subjektiv in einen Hang mittlerer Neigung umgewandelt wird. Der Vorteil ist, daß ein weniger geneigter Hang weniger Energie für jeden Schritt benötigt. Die Argumentation, welcher Anstiegsrichtung der Vorzug zu geben ist, hängt vor allem auch von den Schneebedingungen ab. Bei griffigem Schnee spart man beim Diagonalanstieg erheblich Energie – wesentlich mehr als man verbraucht, um den weiteren Weg zurückzulegen. Aber bei schwierigen Schneeverhältnissen mit anstrengender Spurarbeit ist eine diagonal verlaufende Route anstrengender und schwieriger.

### Pickeltechnik im Direktanstieg

Bei einem Direktanstieg in einem Schneefeld ist das Stufentreten die grundlegende Technik für die Füße. Die Pickeltechnik wird von den Schneebedingungen und der Schneetiefe abhängen. Die

**(12-19) Direkter Hanganstieg mit beidhändigem Griff in Stützpickeltechnik.**

Anwendung eines Pickels ähnlich eines Spazierstockes eignet sich nur auf Hängen geringer oder mäßiger Neigung, also bis maximal 30 bis 35°. Hierbei wird der Pickel in jeweils der Hand gehalten, welche eine bessere Balance gewährleisten kann (Abb. 12-18). Man kann diese Technik bei zunehmend tiefem Schnee so lange fortsetzen, wie sie einem subjektive Sicherheit bietet. Eine sichere Position des Pickels ist nur dann möglich, wenn man ihn sorgfältig setzt, bevor weitergegangen wird. In beidhändiger Stütztechnik kann der Pickel angewendet werden, wenn der Schnee deutlich tiefer wird; hierdurch ergibt sich insbesondere an steilen Hängen (45°) ein sicherer Halt (Abb. 12-19). Bevor man aufsteigt, drückt man den Pickelstiel mit beiden Händen soweit wie möglich in den Schnee. Dann behält man weiterhin den Pickelkopf in beiden Händen. Bei sehr tiefem weichen Schnee kann man auch eine Hand am Pickelkopf und die andere am Schaft halten. In horizontaler Position

(12-20) **Direkter Hanganstieg mit dem Pickel in horizontaler Position.**

(12-21) **Diagonalanstieg mit dem Pickel in gekreuzter Haltung.**

wird der Pickel effektiv bei steilem harten Schnee angewendet, welcher eine weiche oberflächliche Schicht aufweist. Der Pickel wird mit beiden Händen gehalten, wobei die eine den Pickelkopf faßt und die andere in die Nähe des Schaftendes. Der Pickel wird relativ hoch horizontal in den Schnee gesteckt, dabei weist die Hauenspitze nach unten, der Schaft liegt rechtwinklig zum Körper (Abb. 12-20). In dieser Lage kann die Pickelspitze im harten Schnee greifen, während der Schaft etwas Widerstand in der weicheren oberflächlicheren Schicht findet. Natürlich sollte man nicht vergessen, daß auch bei solchen Aufstiegen der Reststep Vorteile aufweist; dieser ist anwendbar unabhängig davon, welche Pickeltechnik man gerade anwendet.

### Pickeltechnik im Diagonalanstieg

Bei einem Diagonalanstieg muß man darauf achten, daß man das Körpergewicht gut ausbalanciert hält, während man die Spur tritt. Abb. 12-17 zeigt den Bewegungsablauf. Auf Hängen, welche weniger als 40 bis 45° geneigt sind, wendet man den Pickel vorteilhafterweise in der Stütztechnik an. Mit zunehmender Steilheit wird dies jedoch unbequem und man wechselt zur Diagonaltechnik. In dieser Technik wird der Pickel diagonal vor dem Körper rechtwinklig zum Hang gehalten, eine Hand faßt den Pickelkopf und die andere den Schaft, welcher in den Schnee gesteckt wird (Abb. 12-21). Dabei sollte man darauf achten, daß die Hauenspitze vom Körper wegzeigt. Den überwiegenden Teil des Gewichtes, welches auf den Pickel übertragen wird, sollte die Schafthand übernehmen, die Hand am Kopf stabilisert das Gerät lediglich. Man setzt die Füße genauso auf wie bereits bei der Stützpickeltechnik beschrieben.

Diagonalaufstiege haben zumeist serpentinenförmigen Verlauf, das heißt, es werden Richtungswechsel an Spitzkehren vorgenommen.

Hier gibt es eine spezifische Schrittsequenz, um diesen Richtungswechsel sicher vorzunehmen – unabhängig davon, ob man den Pickel in Stütztechnik oder Diagonaltechnik anwendet (Abb. 12-22).

Ausgehend von einer stabilen Körperposition wird der bergseitige Fuß nach vorne oberhalb des talseitigen Fußes eingesetzt. Der Pickelschaft wird senkrecht in den Schnee gesteckt, und zwar direkt oberhalb des eigenen Standpunktes. Der Pickelkopf wird mit beiden Händen gefaßt und bietet Stabilität, während man den talseitigen Fuß nach vorne bringt – eine Bewegung, in der man ansonsten keine stabile Balance hätte. Während man weiterhin den Pickelkopf mit beiden Händen hält, wendet man sich dem Hang zu und setzt den ehemals bergseitigen Fuß in die neue Gehrichtung. Zu diesem Zeitpunkt steht man mit erheblich gespreizten Füßen. Zuletzt dreht man sich vollständig in die neue Richtung und erreicht erneut ein stabiles Gleichgewicht, wobei der bergseitige Fuß vorne oberhalb des talseitigen Fußes steht. In Stütztechnik faßt die bergseitige Hand nun den Pickel. Bei Diagonalpickeltechnik greifen die Hände umgekehrt wie zuvor. Falls man mit gespreizten Füßen Gleichgewichtsschwierigkeiten hat, hilft es, wenn man die Tritte etwas direkter in den Hang tritt.

**Quergänge**

Lange horizontale Traversen, bei welchen man weder Höhe gewinnt noch verliert, bedeuten normalerweise keinerlei Spaß. Dieses »nach seitwärts latschen« funktioniert ganz gut im weichen Schnee bei flachen oder mäßig steilen Hängen, aber es ist trotz allem nicht so bequem wie ein Diagonalanstieg über den gleichen Hang. Bei horizontalen Traversen auf hartem oder sehr tiefem

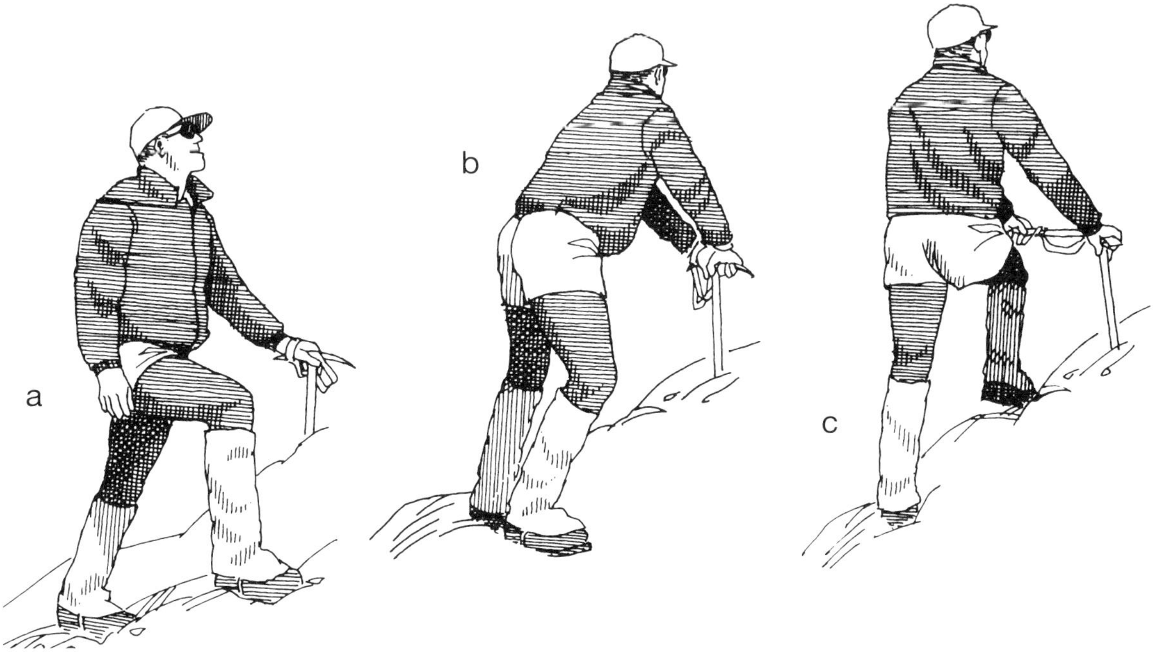


**(12-22) Richtungswechsel beim Diagonalanstieg: a) Der Pickelstiel wird senkrecht eingesteckt; b) Man wendet sich bergseitig mit gespreizten Füßen; c) Die Drehung wird in die neue Gehrichtung fortgesetzt.**

Schnee wendet man sich direkt dem Hang zu und spurt, indem man die Füße direkt vorwärts in den Hang stößt. Wenn irgend möglich, sollte man Horizontaltraversen jedoch vermeiden.

## *Abstieg im Schnee*

Ein Markenzeichen eines erfahrenen Schneebergsteigers ist die Fähigkeit, zügig und bequem abzusteigen. Viele ansonsten kompetente Bergsteiger versagen vor dem Problem, vorwärts eine steile Schneerinne absteigen zu müssen. Warum ist das so? Weil sie einen gigantischen Eindruck – vielleicht zu gigantisch – der Steilheit vermittelt bekommen. Und außerdem, weil in sehr steilem Gelände der Eispickel sehr tief eingesetzt werden muß, um absteigen zu können; hierdurch verliert der Bergsteiger den bequemen Handgriff, den er beim Aufstieg hatte. Durch Beherrschen einiger weniger Abstiegstechniken kann man den Streß dieser Situationen bekämpfen.

**(12-23) Spuren im Abstieg auf einem mäßig steilen Hang.**

### Absteigen

Beim Hinuntergehen wird die Gehtechnik ähnlich wie beim Aufstieg vor allem durch die Steilheit des Hanges und die Schneehärte bestimmt. Bei weichem Schnee auf einem flachen Hang wendet man sich direkt talwärts und steigt hinunter. Bei härterem Schnee oder steilerem Gelände wendet man bei ähnlicher Körperhaltung eine aggressivere Gehtechnik an. Hier muß man es unbedingt vermeiden, sich zum Hang zu legen; stattdessen setzt man die Füße in aufrechter Körperhaltung ein und belastet sie bei gestreckten Beinen, um das Körpergewicht zu übertragen. Schüchterne Tritte sind nicht erlaubt. Das Zurücklehnen zum Hang verursacht einen wesentlich unsicheren Stand und unter Umständen eine ungeplante Rutschpartie. Ein Abstieg mit dieser Technik kann absolut sicher sein, auch wenn der Tritt unter Umständen nur die Größe des Absatzes hat – allerdings suchen die meisten Bergsteiger lieber nach größeren Stufen.

Beim Abstieg bleiben die Knie ein klein wenig gebeugt, so daß man leichter die Kontrolle über die Balance halten kann. Der Grad der Beugung hängt von der Steilheit des Hanges ab: Je steiler der Hang, desto größer die Beugung. Auch ist die Härte der Oberfläche von Bedeutung: Je härter der Schnee, desto mehr sind die Knie gebeugt. Bei gebeugten Knien hilft eine Vorbeugung zusätzlich, die Balance zu halten. Ein aggressiver Schritt erzeugt eine tiefe komfortable Stufe, allerdings muß man aufpassen, daß man im weichen Schnee nicht so tief eintritt, daß man das Bein nicht mehr herausbekommt, wenn man den nächsten Schritt macht.

Währenddessen wird der Eispickel in einer Hand gehalten, dabei sollte die Schaftspitze immer nahe der Schneeoberfläche sein, um notfalls sofort in den Schnee gesteckt zu werden. Zum Erhalt der Balance können natürlich die Arme mit

(12-24) Spuren in Stützpickeltechnik beim Abstieg auf einem mäßig steilen Hang.

eingesetzt werden, welche Ausgleichsbewegungen vollführen können. Es gibt auch Bergsteiger, welche den Eispickel mit beiden Händen halten – und zwar bereits in der Position, in welcher der Pickel zur Selbstrettungstechnik gehalten werden muß (eine Hand am Pickelkopf, die andere nahe am Schaftende); aber hierdurch können die Arme weniger zum Erhalt des Körpergleichgewichtes beitragen.

Stellenweise wird dieser Abstiegstechnik einem nicht das nötige Maß an subjektiver und objektiver Sicherheit bieten, insbesondere bei hartem oder sehr steilen Schnee. In diesen Fällen sollte der Eispickel so tief wie möglich in Stütztechnik eingesetzt werden, bevor die nächste Schrittfolge angegangen wird. In diesem Fall sind kurze Schrittweiten von Vorteil (Abb. 12-24).

### Abfahren

Abfahren ist einer der lustigsten Abstiegstechniken beim Bergsteigen, es ist die schnellste, leichteste und erheiterndste Abstiegstechnik für einen Bergteiger, welcher zu Fuß unterwegs ist. Es ist eine gute Alternative zum Hinuntergehen, wenn man auf den jeweiligen Hang die Geschwindigkeit unter Kontrolle halten kann. Prinzipiell gibt es drei verschiedene Abfahrtstechniken. Welche man benutzt, wird davon abhängen, wie hart und tief der Schnee ist, wie sicher der Auslauf am Unterende des Hangs und wie gut man die Abfahrtstechnik beherrscht.

**Abfahren im Sitzen** (Abb. 12-25 a) ist besonders leicht zu lernen und funktioniert im weichen Schnee, in welchem man bei stehender Abfahrtstechnik einbrechen würde. Man wird besonders gut und vor allem auch trocken rutschen, wenn man entsprechende Regenüberhosen zuvor überzieht. Um im Sitzen abzufahren, ist es lediglich nötig, sich in den Schnee zu setzen und ähnlich wie auf einer Kinderrutsche hinunterzurutschen. Dabei hält man den Pickel auf einer Körperseite beidhändig fest. Die übliche Position ist relativ aufrecht zu sitzen, die Knie gebeugt zu lassen und die Schuhsohlen flach auf den Hang aufzusetzen. Allerdings kann es zum Starten im weichen Schnee sinnvoll sein, die Beine zunächst auszustrecken, da hierdurch das Körpergewicht auf eine größere Fläche verteilt wird. Die Spitze des Pickelstiels wird ähnlich wie ein Ruder genutzt und seitwärts in den Schnee eingesetzt. Indem man die Spitze tiefer in den Schnee hineindrückt, reduziert man die Geschwindigkeit und wirkt der Tendenz entgegen, daß der Körper sich kopfabwärts dreht. Die Standardposition mit gebeugten Knien und flach aufgesetzten Füßen sorgt im Vergleich zum Sitzen mit gestreckten Beinen ebenfalls für eine reduzierte Geschwindigkeit. Darüberhinaus ist diese Position bei schlechten Bedingungen von Vorteil – besonders wenn der Schnee eine Bruchhaarschicht aufweist oder verfestigt ist und einige kleinere Eisstücke aufliegen, auch wenn hin und wieder Steinchen im Schnee liegen. Die Stel-

(12-25) **Abfahren auf einem Schneehang: a) Sitzend; b) stehend; c) stehend mit Pickelunterstützung.**

lung ermöglicht eine größere Stabilität und Kontrolle und gewährleistet auch einen größtmöglichen Schutz des eigenen Hinterteils.

Um anzuhalten, nutzt man die Pickelspitze. Man bremst zunächst ab und setzte zuletzt die Fersen ein. Letzteres sollte allerdings keinesfalls bereits bei höherer Geschwindigkeit passieren, da ein Salto die unliebsame Folge sein kann. Um notfallmäßig abzubremsen, dreht man sich lediglich in die Selbstrettungsstellung, wobei in die Richtung gedreht werden muß, die der Schaftspitze des Pickels gegenüberliegt. Details zur Pickelrettungstechnik werden weiter unten beschrieben.

Kurven sind beim sitzenden Abfahren nahezu unmöglich. Die Pickelspitze, welche als Ruder und zum Stützen des Gleichgewichtes genutzt wird, kann zu leichten Richtungsänderungen genutzt werden. Die beste Möglichkeit, ein Hindernis zu umgehen, ist anzuhalten, seitwärts zu einem Punkt zu laufen, welcher nicht direkt oberhalb des Hindernisses liegt, und dann erneut zu starten.

**Die stehende Abfahrtstechnik** (Abb. 12-25 b) ist die beste, wenn man sie beherrscht und die Bedingungen gut sind. Die Position ermöglicht den frühestmöglichen Blick auf mögliche Gefahren der Route; außerdem hat man die größtmögliche Manövrierfähigkeit und die Kleidung wird vor Nässe und Abrieb geschützt. Die stehende Abfahrtstechnik ist besonders effektiv, wenn der Schnee eine feste Grundlage bildet, auf der eine lockere Schneeschicht aufliegt. Je weicher der Schnee ist, umso steiler muß der Hang sein, um überhaupt Fahrt aufnehmen zu können. Man kann natürlich auch auf Hängen mit hartem Schnee stehend abfahren, aber normalerweise findet die Technik bei geringeren Hangneigungen und sicherem Auslauf Anwendung. Sehr flache Hänge können mit Schlittschuhschritten bewältigt werden, wenn der Schnee dies ermöglicht.

Die korrekte Position beim stehend Abfahren ist fast identisch zu der Körperposition, welche man beim Abfahrtsskilauf einnimmt. Es handelt sich um eine leichte Vorbeugung über die Füße hinaus mit gebeugten Knien und leicht abgespreizten Armen. Die Füße können sowohl nahe zusammen als auch leicht gespreizt stehen – dies hängt von den jeweils benötigten Stabilität ab. Wenn ein Fuß leicht vorgeschoben wird, erhöht sich die Stabilität deutlich, und man kann es vermeiden, unverhofft mit dem Kopf im Schnee zu stecken. Eine Geschwindigkeitszunahme erzielt man dadurch, indem man die Füße näher zusammenbringt und sich mehr bergab lehnt. Zum Abbremsen und Stoppen gibt es mehrere Möglichkeiten: Zunächst kann man sich strecken und die Fersen in den Schnee drücken. Die Füße können seitwärts gedreht und die Sohlen eingekantet werden. Sodann kann man sich bücken und die Spitze des Pickels ähnlich wie bei der Abfahrtshocke (siehe unten!) einsetzen. Nicht zuletzt kann man auch Bögen fahren, ähnlich wie beim Skifahren – im Gegensatz zum Skifahren muß man hierbei die Schultern und den Oberkörper drehen, die Knie drehen dabei in die geplante Richtung mit. Zum besseren Halt werden die Sohlen im Kurvenbereich dabei leicht eingekantet.

Übergangszonen, in denen die Schneestruktur ändert, erfordern zum teil besondere Tricks. Wenn man in weicheren langsameren Schnee gerät, wird der Schwung des Oberkörpers nur dadurch zu stabilisieren sein, daß man einen Fuß deutlich nach vorne bringt. Falls man härteren schnelleren Schnee oder gar Eis erreicht, muß man sich dagegen besonders bewußt nach vorne lehnen, um ein Ausrutschen zu vermeiden. In dieser Situation muß man besonders darauf achten, daß man die Geschwindigkeit unter Kontrolle behält, indem man bremst und seitwärts in besseres Gelände ausweicht.

**Abfahren im Hocken** (Abb. 12-25 c) wird ähnlich durchgeführt wie das Abfahren im Stehen, allerdings hält der Bergsteiger hierbei den Pickel in der Stütztechnik auf einer Körperseite, lehnt sich leicht zurück und drückt die Pickelspitze in den Schnee. Diese Technik ist langsamer als das Abfahren im Stehen, allerdings deutlich leichter zu lernen. Bei drei Stützpunkten ist die Körperposition auch deutlich stabiler. Allerdings ist ein Richtungswechsel deutlich schwieriger – insbesondere dann, wenn man zur Pickel abgewandten Körperseite drehen möchte.

Ähnlich wie die meisten Tätigkeiten beim Bergsteigen, hängt die Effektivität aller Abfahrtstechniken vom Beherrschen mehrerer Varianten ab. Immer wieder wird man feststellen, daß Bergsteiger, welche die Details des stehenden Abfahrens nicht beherrschen, eine Kombination benutzen: Unter heftigem Bremsen wird angehalten, aus dem entstandenen Schneeloch herausgestiegen und dann in der neuen Richtung fortgesetzt. Im flacheren Gelände werden Skatingschritte eingesetzt.

Abfahren kann auch außerordentlich gefährlich sein. Alle Abfahrtstechniken sollten nur in

Gelände angewendet werden, welches einen sicheren Auslauf hat. Dieser sollte auch so nahe sein, daß man nicht schwer verletzt wird, bevor man ihn im Falle eines unkontrollierten Ausrutschens erreicht. Auch wenn man sich auf den Genuß des schnellen Vorwärtskommens freut, muß insbesondere die erste Person besondere Vorsicht walten lassen, häufig anhalten und hinaufschauen. Die größte Gefahr ist, daß man bei hoher Geschwindigkeit die Kontrolle verliert und ein Abbremsen unmöglich wird. Dies passiert besonders leicht im optimalen Abfahrtsgelände, nämlich bei relativ hartem Schnee. Also: Erhalte dir die Kontrolle über deine Geschwindigkeit! Die Ausrüstung sollte vor der Abfahrt sicher verstaut werden. Dies bedeutet, daß Steigeisen und andere Hardware im Rucksack verschwinden müssen. Niemals sollte man versuchen, sitzend abzufahren, während die Steigeisen noch an den Stiefeln sind, da sie sich unter Umständen plötzlich verfangen können. Auch an warmen Tagen sollte man Handschuhe tragen (Gefahr von Schürf- oder Schnittwunden!). Bei entsprechenden Verletzungen der Hand kann man unter Umständen die Kontrolle über den Eispickel verlieren.

Manchmal passiert es im nassen Schnee, daß ein abfahrender Bergsteiger eine größere Schneemenge in Bewegung bringt, welche über den Hang abrutscht, und damit weiter unten befindliche Bergsteiger gefährdet. Tatsächlich handelt es sich hier um kleine Lawinen. Der beste Trick in einer solchen Situation ist es, eine sichere Entscheidung zu fällen, ob es sich um einen kleinen Schneerutsch handelt oder ob sich eine größere und gefährliche Lawine entwickeln kann. Falls der Schneerutsch mehr als eine Handspanne tief ist, kann die Pickelrettungstechnik nicht mehr funktionieren, da der Pickel nicht mehr in der tieferliegenden Schicht den nötigen Halt bekommt. Manchmal kann es zwar möglich sein, die Schaftspitze tief genug einzustoßen, wodurch ein Abbremsen möglich wird. Natürlich stoppt dies nicht den Schneerutsch. Wenn man nicht vollständig davon überzeugt ist, daß der Schneerutsch sicher ist und die Geschwindigkeit unter Kontrolle bleibt, verbieten sich weitere Abfahrten. In diesem Fall rollt man sich seitwärts einige Meter aus dem Schneerutsch heraus und stoppt.

**Abklettern**

In sehr steilem Schnee, in dem man sich nicht sicher genug fühlt, um mit dem Gesicht talwärts abzusteigen oder gar abzufahren, kann man sich dem Hang zuwenden und rückwärts abklettern, indem man Stufen in den Hang tritt. Der Pickel wird dabei in Stütztechnik angewendet.

## *Die Pickelrettungstechnik*

Die Pickelrettungstechnik ist eine lebensrettende Technik, indem man den Pickel anwendet, um einen unkontrollierten Sturz über einen Schneehang zu stoppen. Sie kommt sofort dann zum Einsatz, wenn man auf dem Schnee ausrutscht oder falls die Stützpickeltechnik versagt. Wenn man nicht angeseilt ist, bedeutet die Pickelrettungstechnik die einzige Chance, einen weiten Sturz zu stoppen. Es handelt sich um die mit Abstand wichtigste Technik des Schneebergsteigens; man sollte sie immer wieder üben, um eine reflexartige Reaktion zu trainieren – unabhängig davon, wie lange man bereits in die Berge geht.

Die Technik ermöglicht es außerdem, die eigene Standfestigkeit zu erhöhen, wenn man im Schnee den Sturz eines Seilpartners halten muß. Da das Leben des einzelnen Bergsteigers und auch der Beteiligten von einem einzelnen abhängen kann, muß jeder Kletterer in dieser Technik geschult sein und gelernt haben, sie unabhängig von Steilheit und Schneetiefe anzuwenden. Dieses Training erfolgt an Hängen mit sicherem flachen Auslauf. Natürlich hilft Kraft in solchen Situationen auch, aber ohne Kenntnis der genauen Technik ist auch die größte Muskelkraft hilflos.

Die erste Regel der Pickelrettungstechnik ist: schnelle Reaktion! Eine gut ausgeführte Technik kann ästhetisch befriedigend sein, aber Geschwindigkeit ist insbesondere dann wichtiger als Schönheit, wenn nur durch schnelle Reaktion Gefahren abgewendet werden können. Aus der Stütztechnik heraus muß der Pickel so fest und so schnell wie möglich zum Bremsen eingesetzt werden, bevor man zu stark beschleunigt hat und eine nicht mehr abbremsbare Geschwindigkeit erreicht wurde.

Die Selbstrettungstechnik ist grundsätzlich einfach: Das Gesicht muß zum Schnee gedreht werden, der Kopf hangaufwärts, der Pickel liegt zwischen Körper und Schneeoberfläche (Abb. 12-26, letzte Position).

**Die Hände** halten dabei den Pickel in solidem Griff fest, der Daumen liegt dabei unter der Schaufel und die Finger umfassen die Haue. Die andere Hand faßt den Schaft knapp oberhalb seiner Spitze.

**Die Hauenspitze** wird in den Schnee gepreßt, dabei liegt sie knapp oberhalb der Schulter, so daß die Haue im Winkel zwischen Hals und Schulter liegt. Der Schaft kreuzt vor der Brust diagonal und wird nahe am Körper in Höhe der gegenseitigen Hüfte festgehalten. Dadurch, daß man mit der einen Hand den Schaft nahe an der Spitze faßt, verhindert man, daß die andere Hand als Drehpunkt wirkt, um die der Pickel unkontrolliert herumschlagen kann. Ein kurzer Pickel wird gleichermaßen gehalten, auch wenn die Spitze nicht die gegenseitige Hüfte erreichen wird.

**Brust und Schulter** werden kräftig nach unten auf den Stiel des Pickels gedrückt. Die Wirbelsäule wird leicht gebeugt. Diese Beugung ist besonders wichtig, da hierdurch ein großer Teil des Körpergewichtes auf den Pickelkopf und Fußspitzen bzw. Knie verlagert wird – also auf die Punkte, welche sich in den Schnee eingraben sollen und dadurch bremsen. Man zieht sich auf das Oberende des Pickels und dreht die Schulter auf den Pickelkopf. Diese Maßnahme zur optimalen Lastverteilung wird besonders von denen vergessen, welche nicht gerne Brust und Gesicht in den Schnee stecken.

**Die Knie** drücken auch gegen die Oberfläche und bremsen bei weichem Schnee mit. Bei härterer Schneeoberfläche haben sie nur eine geringe Bremskraft, sie helfen dann aber dabei, die Körperposition zu stabilisieren.

**Die Beine** werden straff gehalten und leicht gespreizt, dabei drücken die Fußspitzen in den Schnee. Sollte man Steigeisen tragen, muß man allerdings dafür Sorge tragen, daß diese keinesfalls in Schneekontakt geraten, bis man nahezu zum Stillstand gekommen ist. Ansonsten kann es passieren, daß sich die Frontalzacken verfangen; das Ergebnis wäre ein heftiger Rückwärtssalto.

### *Selbstrettung aus verschiedenen Positionen*

Die Position, in welcher man sich wiederfindet, um den Bremsvorgang einzuleiten, bestimmt das Vorgehen. Normalerweise wird man in vier möglichen Positionen rutschen: Kopf hangaufwärts oder hangabwärts; für beide Fälle mit dem Gesicht oder dem Rücken zum Schnee. Das allererste Ziel ist es, den Körper in die einzig mögliche Bremsposition zu bringen: Kopf bergauf und Gesicht zum Schnee. Der erste Schritt, um dieses Ziel zu erreichen, ist, den Eispickel mit beiden Händen zu fassen, eine Hand an den Pickelkopf und die andere in der Nähe der Schaftspitze zu plazieren. Nun ist man in der Lage, alle vier Situationen zu beherrschen:

**Kopf hangaufwärts, Gesicht zum Schnee:** Man befindet sich bereits in der angestrebten Bremsposition. Alles, was man nun noch tun muß, ist, das Körpergewicht auf den Pickelschaft zu verlagern – dies haben wir bereits beschrieben.

(12-26) Korrekte Selbstrettungstechnik aus der Sturzposition Kopf aufwärts, Rücken zum Hang

**Kopf hangaufwärts, Rücken zum Schnee:** Dies ist nicht nennenswert schwieriger als die erste Version. Man rollt sich seitwärts über den Kopf des Pickels und drückt die Spitze des Pickelkopfes in den Schnee (Abb. 12-26). Wenn der Kopf des Pickels auf der rechten Körperseite ist, rollt man nach rechts, befindet er sich links, rollt man nach links. Vermeide es, andersherum zu rollen, nämlich über die Pickelspitze. Hierdurch könnte die Spitze in den Schnee gedrückt werden, wodurch der Pickel in einer Position, in der man wenig Kraft ausüben kann, einem aus der Hand gerissen wird (Abb. 12-27).

**Kopf hangabwärts, Gesicht zum Schnee:** Das Bremsen aus einer hangabwärts weisenden Position ist deutlich schwieriger, da zunächst die Füße herumgeschwungen werden müssen. In einer solchen Situation sollte man den Pickelkopf fassen und die Haue vor (talwärts) dem Kopf leicht seitlich in den Schnee drücken. Hierdurch erhält man einen Drehpunkt und der Schwung sorgt dafür, daß der Körper hangabwärts herumrutscht. Dies kann man unterstützen, indem man aktiv die Beine herumschwingt (Abb. 12-28). Niemals darf man die Schaftspitze in den Schnee stoßen und um diesen als Drehpunkt wenden. Hierdurch gerät der Pickel schwer kontrollierbar aus eigentlichen Fallinie heraus und im weiteren Verlauf besteht die Gefahr, daß man mit dem Gesicht oder der Brust auf die Haue aufschlägt.

**Kopf hangabwärts, Rücken zum Schnee:** Man hält den Pickel quer über die Brust und bremst mit der Hauenspitze seitwärts im Schnee, dann rollt man sich auf den Schaft, wenn der Körper bereits herumgeschwungen ist (Abb. 12-29). Wiederum dient der seitlich eingesteckte Pickelkopf als Drehpunkt. Aber allein das Einsetzen des Pickels wird einem nicht in eine Bremsposition bringen. Man muß aktiv die Brust zum Pickelkopf hindrehen und gleichzeitig die Beine einsetzen, um das Herumschwingen des Körpers zu unterstützen. Eine leichte Sitzhaltung unterstützt diese Rollbewegung.

**Variationen:** Abhängig vom Gelände bieten sich zahlreiche Variationsmöglichkeiten an. Im lockeren Schnee des Hochwinters und frühen Frühjahrs kann es möglich sein, daß der Pickel kompakten Schnee nicht erreicht, wodurch die beschriebenen Techniken nahezu nutzlos werden. Am besten bremst man hier, indem man Füße, Knie und Ellenbogen breit gespreizt einsetzt und tief in den Schnee hineinpreßt. In einer solchen Situation läßt sich die größte Bremskraft nicht mit dem Pickelkopf, sondern mit dem Schaft erzielen, welchen man senkrecht in den Schnee stößt. Das Einsetzen des Pickels als Drehpunkt ist normalerweise nicht nötig, da man – sollte man mit dem Kopf abwärtsfallen – normalerweise stoppt, bevor der Körper herumgeschwungen ist.

**Als letzte Erinnerung:** Reagiere schnell! Die Geschwindigkeit, mit der man in die Bremsposition gelangt, ist der Schlüssel zum Erfolg. Auf hartem Schnee kann das schnelle Einsetzen des Pickels oder der Fersen einen Sturz unter Umständen schon stoppen, bevor er überhaupt erst richtig begonnen hat. Das Anhalten auf extrem harten Schnee ist außerordentlich schwierig, wenn nicht gar unmöglich. In jedem Fall sollte man es jedoch versuchen – auch dann, wenn man angeseilt ist. Gelegentlich passiert es auch, daß die Pickelspitze in einer Spalte oder hinter einem Vorsprung hakt und so auch im sehr steilen Gelände ein Sturz gestoppt wird.

### Die Grenzen der Selbstrettungtechnik

Selbstrettungstechnik bremst einen Sturz durch die Reibung des Pickels und des Körpers im Schnee. Wenn der Hang zu steil oder zu glatt – »zu schnell« – ist, kann es ein, daß auch eine optimal ausgeführte Technik versagt. Die Beschleunigung kann so rasant verlaufen, daß bereits mit Sturzbeginn das Ende vorprogrammiert ist. Der Bergsteiger wird dann wie eine Rakete in

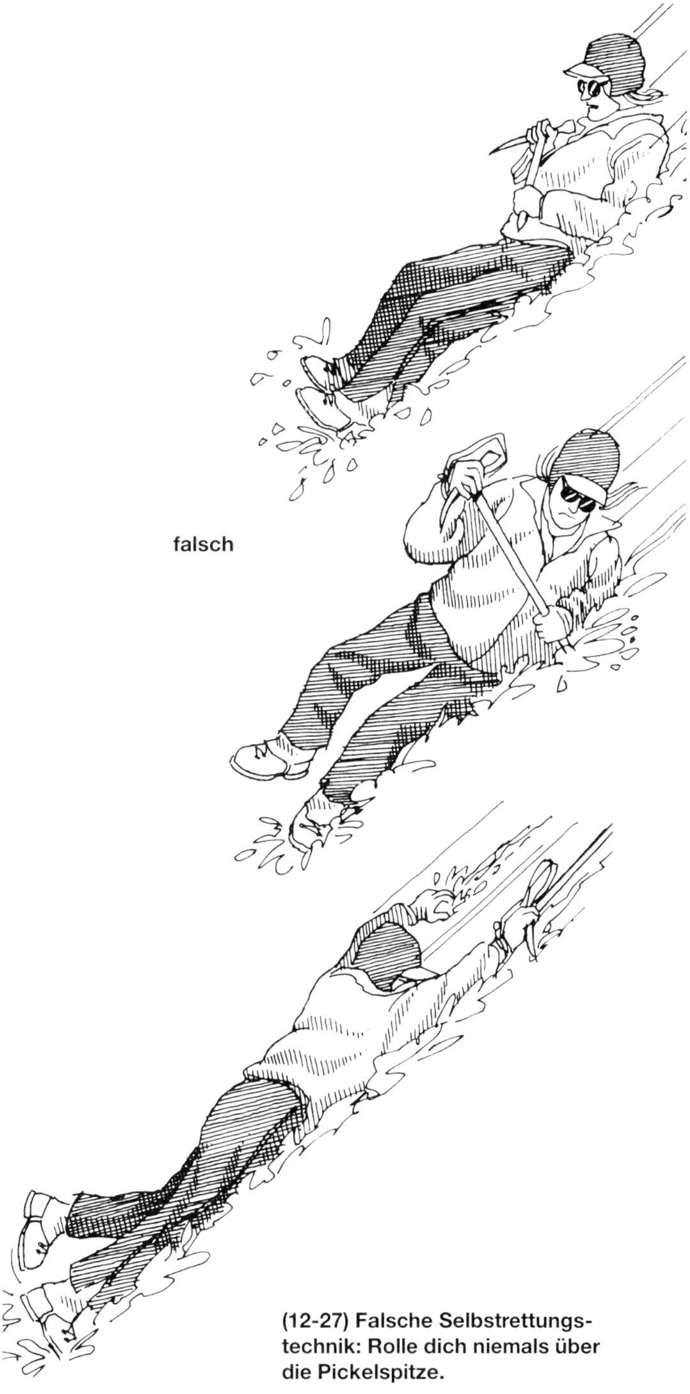


**(12-27) Falsche Selbstrettungstechnik: Rolle dich niemals über die Pickelspitze.**

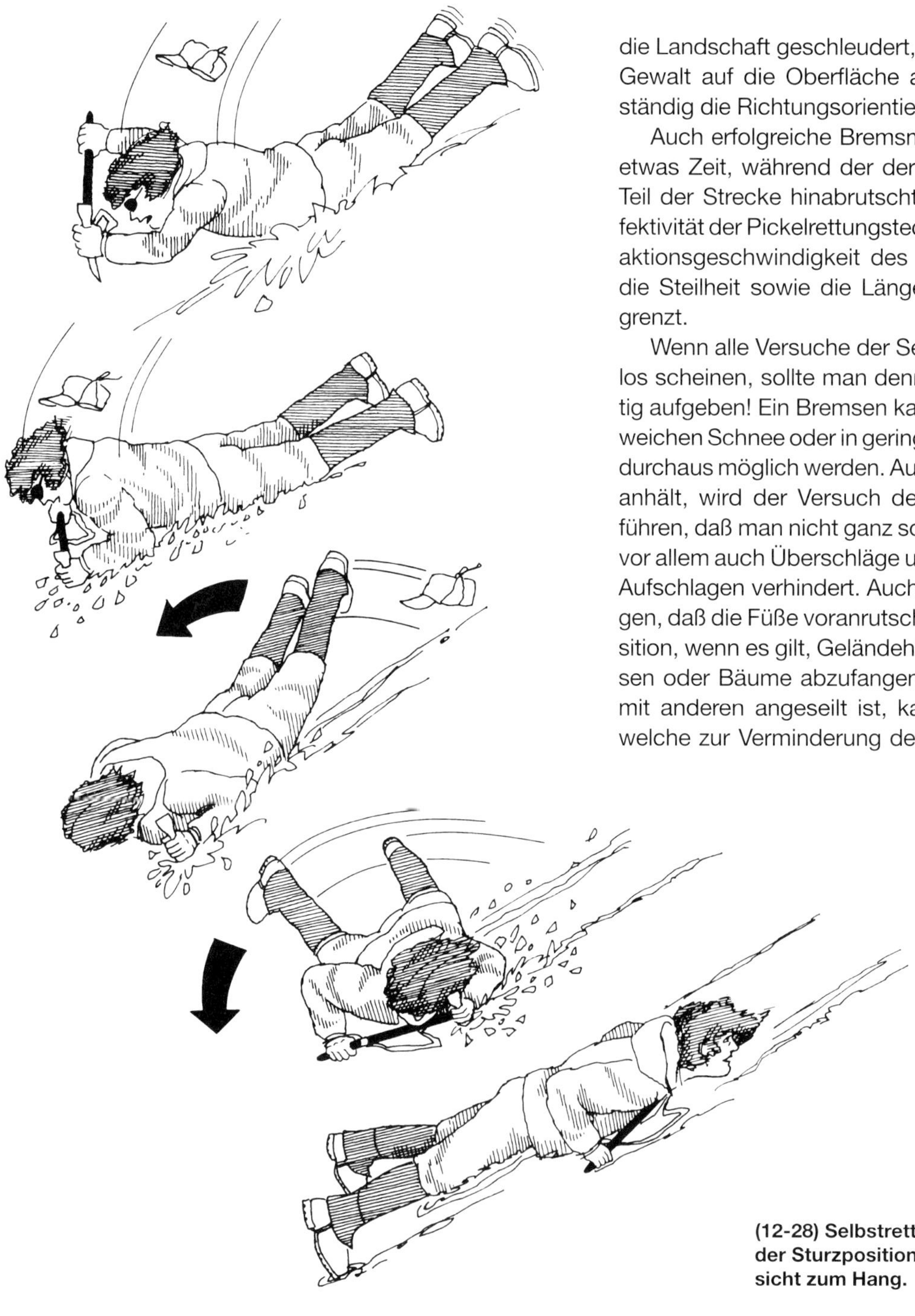

die Landschaft geschleudert, schlägt mit großer Gewalt auf die Oberfläche auf und kann vollständig die Richtungsorientierung verlieren.

Auch erfolgreiche Bremsmanöver benötigen etwas Zeit, während der der Bergsteiger einen Teil der Strecke hinabrutscht. Daher ist die Effektivität der Pickelrettungstechnik durch die Reaktionsgeschwindigkeit des Bergsteigers bzw. die Steilheit sowie die Länge des Hanges begrenzt.

Wenn alle Versuche der Selbstrettung erfolglos scheinen, sollte man dennoch nicht frühzeitig aufgeben! Ein Bremsen kann weiter unten im weichen Schnee oder in geringerer Hangneigung durchaus möglich werden. Auch wenn man nicht anhält, wird der Versuch des Bremsens dazu führen, daß man nicht ganz so schnell stürzt und vor allem auch Überschläge und unkontrolliertes Aufschlagen verhindert. Auch wird es dafür sorgen, daß die Füße voranrutschen – die beste Position, wenn es gilt, Geländehindernisse wie Felsen oder Bäume abzufangen. Auch wenn man mit anderen angeseilt ist, kann jede Tätigkeit, welche zur Verminderung der Fallgeschwindig-

**(12-28) Selbstrettungstechnik aus der Sturzposition Kopf abwärts, Gesicht zum Hang.**

(12-29) **Selbstrettungstechnik aus der Sturzposition Kopf abwärts, Rücken zum Hang.**

keit führt, das Risiko vermindern und die Chance eines frühzeitigen Stoppens erhöhen.

Ununterbrochen sollte man die Grenzen der Selbstrettungstechnik im Kopf behalten. Wenn ein Hang zu rutschig oder zu kurz erscheint – auch wenn die Mitglieder der Seilschaft Zweifel über ihre Körperkräfte oder ihre Erfahrung haben –, sollte unbedingt eine Seilsicherung angewendet werden; das Vorgehen wird später detailliert beschrieben.

### Die Anwendung der Stützpickeltechnik und des Pickelrettungsgriffes

Die Stützpickeltechnik ist eine präventive Maßnahme, der Pickelrettungsgriff dagegen eine Rettungstechnik. Einige Bergsteiger, welche den Pickelrettungsgriff als primäre Sicherungsmaßnahme gelernt haben, nehmen die Stütztechnik wenig ernst. Aber die Ziele beider Techniken sind unterschiedlich, und von daher benötigt man beide. Dort, wo der Eispickel sicher eingesetzt werden kann, ist die Stütztechnik vollständig ausreichend, und praktisch jeder Sturz läßt sich durch sie verhindern. Falls die Stütztechnik jedoch versagt, hat man noch den Pickelrettungsgriff in Reserve.

Wendet man die Stütztechnik im Gebirge an, muß man auf Veränderungen der Schneebedingungen achten, wodurch die Technik an Sicherheit verlieren kann. Wenn Schnee an einem Steilhang so hart ist, daß der eingesetzte Pickel ein Ausrutschen nicht halten könnte, kann es sinnvoll sein, den Pickel bereits für die Anwendung der Pickelrettungstechnik in Bereitschaft zu halten. Natürlich kann unter diesen Bedingungen auch die Pickelrettungstechnik recht schwierig werden. Man kann nach dem Umgreifen in die Bereitschaftshaltung zur Rettungstechnik den Pickel auch noch in Stütztechnik einsetzen – dies wird allerdings umständlicher werden, insbesondere weil die Hand nicht mehr auf dem flachen bequemen Bereich der Pickelhaue aufliegt.

Eine wichtige Fähigkeit spielt eine Rolle, wenn man die Stütztechnik nutzt und ausrutscht: Man muß in der Lage sein, sofort am Pickel umzugreifen. Dazu faßt man den Schaft knapp oberhalb seiner Spitze und wechselt dann die Richtung der Hand am Kopf. Wenn man nicht die Erfahrung oder das Selbstvertrauen hat, dies schnell und sicher durchzuführen, ist es sicherer, die Bremstechnik auszuführen, ohne daß die Hand am Pickelkopf umgreift.

# Seilsicherung

Wann ist es notwendig, sich im Schneegelände anzuseilen? Die Antwort: Generell dann, wenn das Gesamtrisiko der Gruppe ohne Seil höher ist, als wenn ein Seil angelegt ist. Es ist unter Umständen schwierig, die Vor- und Nachteile der beiden Möglichkeiten gegeneinander abzuwägen. Auf einem Gletscher ist das Risiko, daß ein nicht angeseilter Bergsteiger in eine Gletscherspalte fällt, wesentlich größer als das Risiko, welches durch das Anseilen entsteht. Folglich wird ein Seil angelegt.

Wonn Schneehänge steiler werden und der Schnee härter wird, ist die Entscheidung bei weitem nicht so naheliegend. Es wird mitunter längere Diskussionen unter den Tourenmitgliedern geben, ob das Risiko des nichtangeseilten Steigens größer ist als das Risiko einer Seilschaft. Die Risiken des Gesamtteams sind nicht trivial. Sie schließen beispielsweise stets die Möglichkeit ein, daß eine Person durch ihren Sturz die gesamte Seilschaft den Hang hinunterreißt. Auch wird durch das Anseilen das Vorwärtskommen verlangsamt – ein zusätzliches Risiko bei Lawinengefahr oder Steinschlag. Unter Umständen verursacht dies auch einen ungeplanten komplizierten Biwak. Man sieht also: Es ist eine delikate Entscheidung, wobei neben der Erfahrung der einzelnen Gruppenmitglieder auch die Vielzahl der Möglichkeiten der Sicherung einer Seilschaft in den Entscheidungsfindungsprozeß einfließen sollten.

## Möglichkeiten der Seilsicherungen

Wenn die Seilschaft entscheidet, daß es sicherer ist, sich in das Seil einzubinden, gibt es hierfür mehrere Möglichkeiten. Die optimale Form hängt von den Bedingungen der Tour und der Stärke der Bergsteiger ab.

### Gleichzeitiges Gehen am Seil

Die Sicherheit des gleichzeitigen Gehens an einem Seil beruht auf der Fähigkeit jedes einzelnen, einen Sturz gegebenenfalls unverzüglich zu stoppen, und der Fähigkeit der übrigen Seilschaft, notfalls als aufmerksame Sicherheitsreserve mitzuarbeiten.

Das Vertrauen in diese Sicherheitstechnik als einzige Absicherung ist nur in wenigen Situationen sinnvoll, wie z. B. auf flachen Gletschern oder auf wenig geneigten Schneefeldern, auf denen ein wenig erfahrener Bergsteiger durch die erfahreneren Mitglieder der Seilschaft vor einem weiten Rutscher bewahrt werden kann. Bei steileren Schneeflächen mit härterer Oberfläche muß man sich vergegenwärtigen, daß die Risiken zunehmen. Hier muß die schwierige Entscheidung gefällt werden, ob man weiterhin gleichzeitig am Seil geht ober aber das Seil ablegt und jedem Bergsteiger die Verantwortung überträgt, sich notfalls mit Pickelrettungsgriff selbst zu bremsen. Als dritte Möglichkeit kann man zusätzliche Sicherungen anbringen.

Diese zusätzlichen Sicherungsmöglichkeiten können durch eine der folgenden Varianten erreicht werden:

- Man trägt einige wenige Schlingen in der Hand, wenn ein weiterer Kletterer sich unterhalb befindet. Falls dieser stürzt, läßt man die Seilschlingen fahren und hat so eine zusätzliche Reaktionszeit, um den Eispickel zu verankern und sich selbst zu bremsen. Achtung: Trage niemals solche Seilschlingen auf einem Gletscher, da das zusätzliche Seil die Sturzhöhe des Opfers im Falle eines Spaltensturzes erhöht! Aufgrund der Ergebnisse des DAV-Sicherheitskreises wird diese Technik in Europa als eher gefahrenerhöhend eingestuft und abgelehnt.

- Man bindet den schwächsten Bergsteiger am talseitigen Ende des Seiles ein. Generell gilt, daß der Schwächste beim Aufstieg als Seilletzter geht und als erster beim Abstieg. Hierdurch sind die erfahrenen Kletterer am ehesten in der Lage, einen Sturz des Schwächsten zu halten. Unglücklicherweise bedeutet dies natürlich auch, daß der Schwächste die letzte Hoffnung des Teams ist, wenn die vor ihm Gehenden stürzen.
- Gehen am gekürzten Seil. Dies ist die praktikabelste Form in einer Zweierseilschaft. Wenn ein solches Team nur ein Seilstück, zum Beispiel 20 bis 25 m nutzt, wird hierdurch die Rutschdistanz vermindert, falls der obere Partner stürzen sollte.
- Man steigt in zwei parallelen Spuren. Dies ist auch eine sinnvolle Möglichkeit in einer Zweierseilschaft. Die Partner steigen in gleicher Höhe auf, wobei sie durch das straffe Seil verbunden sind. Fällt einer von beiden, wird ein Pendelsturz das Ergebnis sein, wobei eine zunächst seitwärts, im Verlaufe größer werdende und mehr vertikal einwirkende Zugkraft auf den Partner einwirkt. Diese Zugkraft wird in jedem Falle wesentlich kleiner sein, als wenn der Partner von direkt oberhalb stürzt. Auch wird die Seilreibung im Schnee während des Pendelsturzes einen kleinen Teil der Fallenergie aufnehmen. Aller-

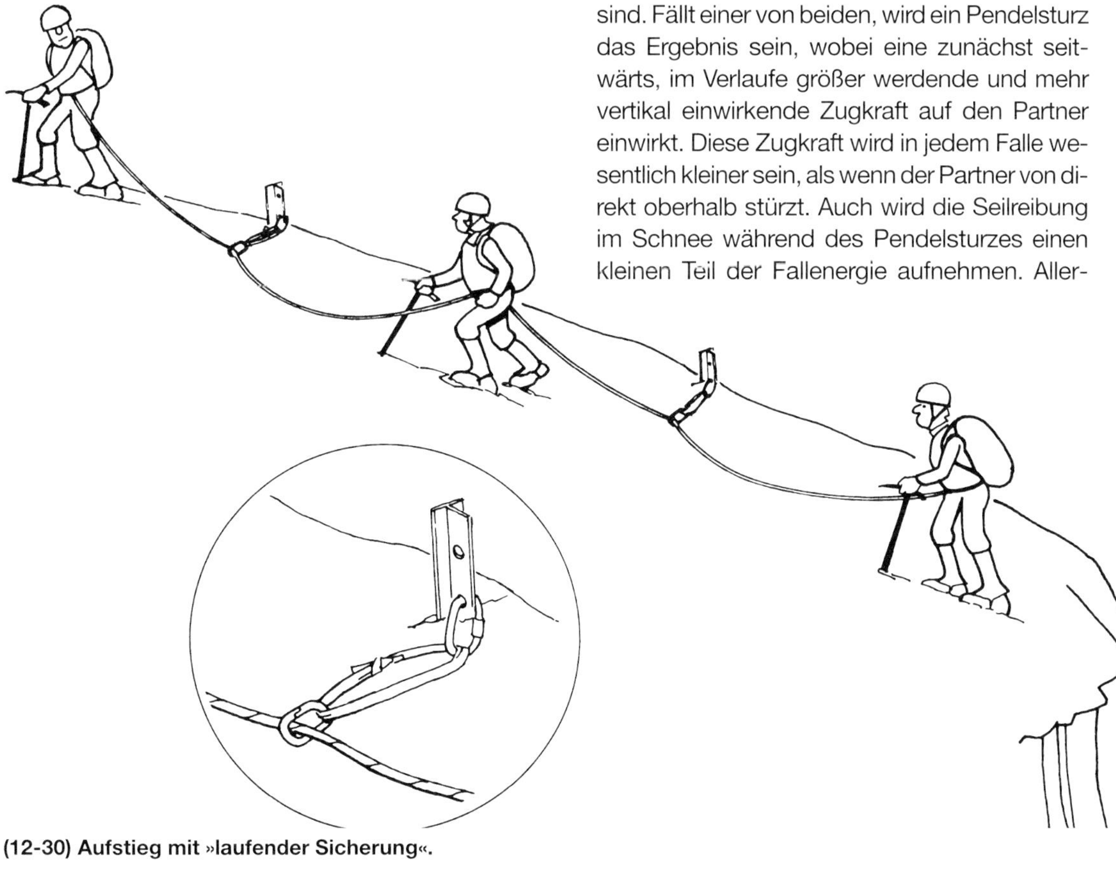

**(12-30) Aufstieg mit »laufender Sicherung«.**

dings kann es außerordentlich unpraktisch sein, wenn man diese Technik im Steilhanggelände anwendet, in dem eine Spur im tiefen Schnee getreten werden muß. Glücklicherweise bestehen gute Sicherungsmöglichkeiten bei Aufstiegen im härteren Schnee, und ebenso vielfältige Anwendungsmöglichkeiten wird man bei Abstiegen im Schneegelände finden.

**Laufende Sicherung**
Die laufende Sicherung (Abb. 12-30) ist als mittelhoher Sicherheitslevel einzustufen, irgendwo zwischen dem gleichzeitigen Gehen am Seil und dem Sichern über Standplätze. Die Technik kann recht hilfreich sein, wenn die Sicherheit beim gleichzeitigen Gehen am Seil nicht ausreichend sicher erscheint, aber Standplatzsichern viel zuviel Zeit benötigen würde. Beispielsweise bieten sich günstige Anwendungsmöglichkeiten in Couloirs und auf großen Schneeflanken.

Beim Anbringen einer laufenden Sicherung setzt der Seilschaftserste einen Schneeanker und hängt den Karabiner in das Seil ein. Verschiedene Arten der Verankerungen im Schnee werden im nächsten Kapitel besprochen. Die Seilschaft wird weiterhin gut vorwärtskommen, da alle Seilschaftsmitglieder gleichzeitig gehen, ähnlich wie zuvor beschrieben. Im Unterschied zum freien Seilschaftsgehen existieren einige Fixpunkte im Schnee, welche, wenn sie gut angebracht sind, den Sturz der Seilschaft verhüten werden. Bei dieser Art der Absicherung entfernt der letzte jeweils die Verankerungen, der (oder die) mittlere hängt den Karabiner jeweils nur um. Natürlich bedeutet die Sicherungstechnik, daß das Team durch zusätzliche Ausrüstung belastet wird und sich die notwendige Zeit nehmen muß, die Veränderungen anzubringen.

**Standplatzsicherung**
Das größtmögliche Maß einer Absicherung ist nur durch Standplatzsicherung ähnlich dem Vorgehen beim Felsklettern erreichbar. Allerdings ist dieses Vorgehen so zeitaufwendig, daß die routinemäßige Anwendung auf langen alpinen Touren nicht in Frage kommt. Es gibt eine große Zahl von Verankerungsmöglichkeiten im Schnee, welche sich zum Teil deutlich in ihrer Belastbarkeit aber auch im Zeitaufwand unterscheiden. Wir werden später noch darauf näher eingehen.

**Kombination der verschiedenen Sicherungstechniken**
In der Praxis der meisten anspruchsvollen Bergtouren im Schnee hat sich gezeigt, daß der Erfolg davon abhängt, ob man in der Lage ist, die verschiedenen Techniken situationsentsprechend zu kombinieren. Es ist weder sinnvoll, daß eine Seilschaft die gesamte Tour ungesichert durchsteigt; genausowenig ist es sinnvoll, den Gesamtweg mit Standplatzsicherungen zurückzulegen.

Bei der Entscheidung, wann das Seil angelegt wird, muß die Gruppe sich selbst einige Fragen beantworten. Zunächst wird immer auf Gletschern angeseilt. Aber im Schneegelände oder im kombinierten Gelände fragt das Team:

1. Ist jedes Gruppenmitglied in der Lage, mit der Pickelrettungstechnik einen Sturz sicher aufzufangen? Falls die Antwort ja lautet, kann die Gruppe weiterhin unangeseilt gehen. Lautet die Antwort nein, fragt das Team weiter:
2. Sind wir in der Lage, Stürze bei einem gleichzeitigen Gehen in Seilschaft zu halten? Falls ja, seilt man sich an und geht gleichzeitig am Seil. Aber Vorsicht: Die eigene Haltekraft wird normalerweise überschätzt! Wenn Zweifel bestehen, fragt man:
3 .Ist es ratsam, irgendeine Form zusätzlicher Sicherung wie laufende Sicherung oder gar Standplatzsicherung zu benutzen, und läßt sich hierdurch eine adäquate Sicherung erreichen? Falls dies der Fall sein sollte, beginnt

man mit der Sicherung. Falls dies nicht ratsam ist, wie zum Beispiel in schlecht absicherbarem Gelände oder unter Zeitdruck, muß die Gruppe sich fragen:

4. Sollen wir umkehren oder sollen wir in Kenntnis des Risikos seilfrei weitersteigen?

In der Praxis werden die meisten Schneerouten angeseilt beim gleichzeitigen Gehen am Seil durchstiegen, wobei irgendeine Form zusätzlicher Sicherung in steilen Passagen mit hartem Schnee (oder wenn Gruppenmitglieder ermüdet oder gar verletzt sind!) angewendet werden. Am ratsamsten ist in dann die laufende Sicherung, da hier jederzeit auch zum üblichen gleichzeitigen Gehen am Seil gewechselt werden kann.

Die Option, umzukehren, sollte in jedem Fall mitbedacht werden. Falls der Tag nicht wie geplant verläuft, sollte man sich ernsthaft überlegen, eine Alternativroute einzuschlagen, ein anderes Bergziel zu wählen oder schlicht umzukehren.

## Verankerungen im Schnee

Verankerungen im Schnee werden zu genau demselben Zweck benötigt wie die Fixpunkte beim Felsklettern. Allerdings ist die Ausrüstung trotz des gleichen Zweckes unterschiedlich. Fixpunkte im Fels sind normalerweise relativ gut einzuschätzen und bezüglich ihrer Belastbarkeit zu werten. Dies ist bei Verankerungen im Schnee nicht der Fall. Sie variieren über einen weiten Bereich in ihrer Belastbarkeit. Dies hängt von den Schneebedingungen ab, aber auch von der Art, wie sie angebracht wurden; außerdem wechselt die Belastbarkeit im Verlaufe des Tages mit den unterschiedlichen Schneebedingungen ab. Hierdurch wird der Bergsteiger wesentlich mehr gefordert, die Fixpunkte wieder und wieder zu untersuchen und einzuschätzen, wenn Sicherungsmaßnahmen oder Abseilmanöver über sie erfolgen. Einige Verankerungen im Schnee benötigen bei ihrer Herstellung erhebliche Zeit. Hierbei handelt es sich um den sogenannten »Toten Mann«, um Firnhaken und »Eisbirnen«.

**Der »Tote Mann«** ist ein beliebiges Objekt, welches im Schnee vergraben wird, um das Seil daran zu befestigen. Die gewöhnlichste Form ist ein Firnanker, eine speziell geformte Aluminiumplatte mit einem angebrachten Metallkabel (Abb. 12-31 a). Firnanker sind in mehreren Größen und Formen erhältlich. Ihre Haltekraft nimmt normalerweise mit der Größe zu. Für ihre größtmögliche Haltekraft und Zuverlässigkeit sollte ein eingesteckter Firnanker ungefähr 45° zur Zugrichtung geneigt sein (Abb. 12-31 b). Man gräbt dafür einen Spalt in den Schnee, um das Kabel in direkter Linie (Zugrichtung) herausführen zu können.

Theoretisch funktioniert der Firnanker als eine dynamische Sicherung, wobei er unter Zugkraft tiefer in den Schnee gerissen wird. In der Praxis ist die Funktion deutlich komplizierter zu betrachten. Es kann auch passieren, daß er durch eine Zugrichtung, welche wider Erwarten zu weit in Richtung Schneeoberfläche führt, herausgerissen wird. Auch verhalten sich Schneeanker anders, wenn die Zugrichtung von der Seite her einwirkt. Wenn die Metallplatte durch das Kabel nach unten gerissen wird und eine härtere Schneeschicht erreicht, kann die Platte dort gedreht werden, abgleiten und im weiteren Verlauf herausgerissen werden. Schneeanker werden zum Teil mit gebogenen Flächen, speziell geformten Kanten und bereits fest angebrachten Drahtkabeln, produziert. Diese Ausstattung soll dafür sorgen, daß die korrekte Lage beibehalten wird bzw. die Lage wieder automatisch eingenommen wird, falls sie durch Zugkraft gestört wurde. Firnanker sind besonders gut, jedoch auch besonders schwierig in hartem, homogenem Sommerschnee anzubringen. Normalerweise werden sie in etwas weicherem Schnee, speziell schwerem Naßschnee, verwendet. Am schlechtesten sind sie bei typischen Winterbe-

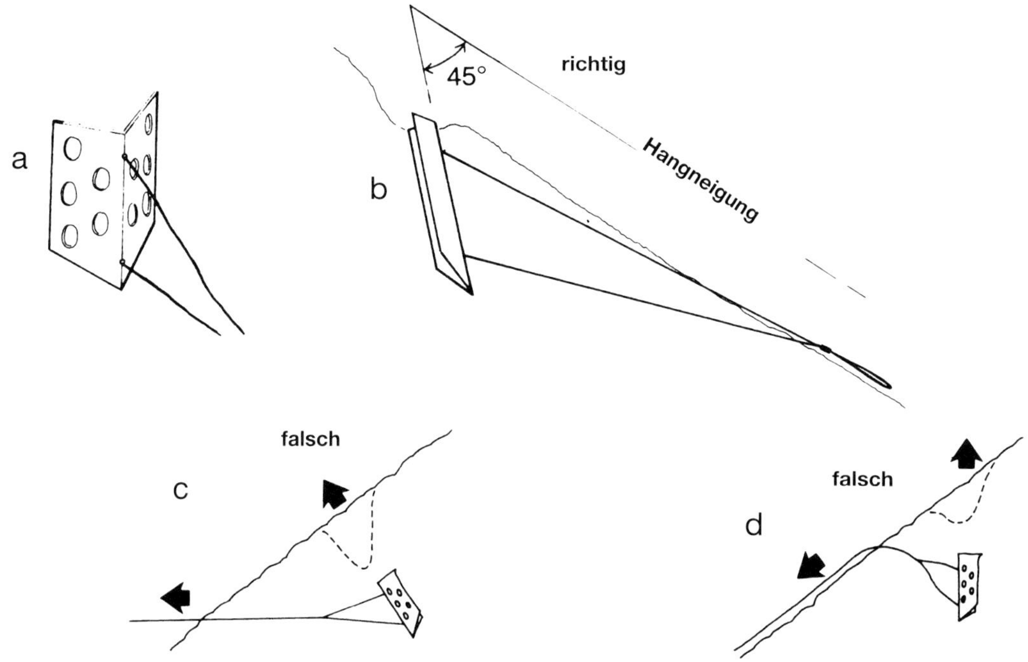


**(12-31) Das Einsetzen von Firnankern: a) Typischer Firnanker; b) Richtiger Winkel beim Anbringen eines Firnankers; c) Falsche Lage des Firnankers, er ist nicht ausreichend zurückgeneigt; d) Falsche Lage. Hier wurde vergessen, eine Rinne für das Lastkabel anzubringen.**

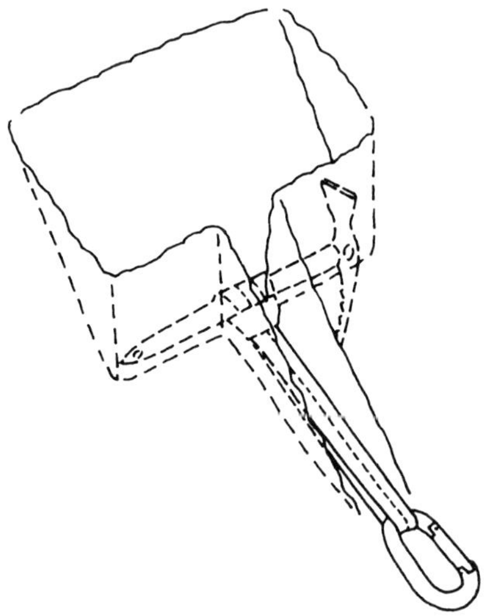

**(12-32) Der Eispickel als »Toter Mann«.**

dingungen anwendbar, bei denen Schneeschichten verschiedener Festigkeit aufeinanderfolgen, da der Anker hier durch eine härtere Schicht aus der Lage gebracht werden kann. Natürlich halten sie auch nicht im trockenen Pulverschnee.

**Eispickel** und lange Eishaken können als »Toter Mann« (Abb. 12-32) eingesetzt werden. Man vergräbt sie horizontal in den Schnee, nachdem man eine Schlinge am Schwerpunkt angebracht hat. Ein Spalt wird in Belastungsrichtung in den Schnee gegraben, um die Schlinge herauszuführen, zuletzt hängt man einen Karabiner ein.

**Ein Schneehaken** ist ein Stab, welcher als Anker in den Schnee getrieben wird (Abb. 12-33). Aluminiumhaken gibt es in Längen zwischen 70 und 80 cm. Sie weisen verschiedene Designs auf, wobei die meisten Kletterer runde oder ovalere Röhren bzw. T-förmige Querschnitte bevorzugen.

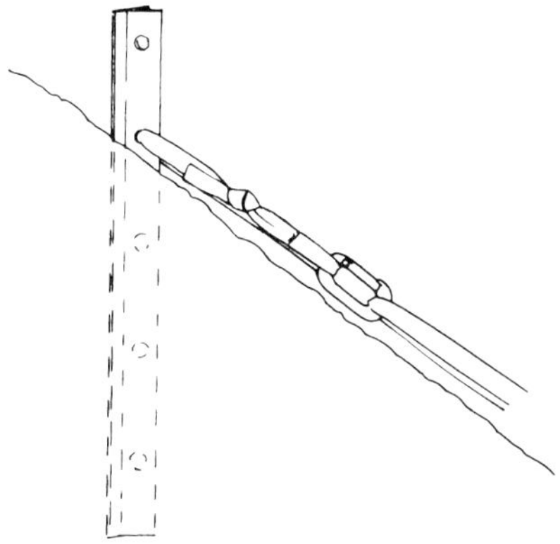

(12-33) Der Schneehaken als Fixpunkt.

Schneehaken funktionieren besonders gut in Schnee, welcher für den Firnanker zu hart, jedoch noch zu weich für Eisschrauben ist. Ähnlich wie beim Firnanker beschrieben, sollten die Haken etwa 45° zur Belastungsrichtung geneigt sein. Eine kurze Schlinge wird mittels Karabiner in Höhe der Schneeoberfläche eingehängt. Ein höheres Einhängen muß unbedingt vermieden werden, da die Hebelkraft den Haken dann herausreißen kann. Die Haken können sowohl mit einem Stein als auch mit dem Kopf des Pickels eingeschlagen werden – allerdings ist das beste Werkzeug für diese Tätigkeit nach wie vor ein Fels- oder Eishammer, welcher gleichzeitig dafür sorgt, daß die normale Ausrüstung am wenigsten beschädigt wird. Im Notfall kann ein Eisbeil, welches gerade nicht unbedingt benötigt wird, auch die Funktion eines Schneehakens übernehmen.

**Eine »Eisbirne«** ist eine große Vorwölbung aus Schnee oder Eis, welche als Anker wirkt, wenn man das Seil oder eine Schlinge herumgelegt hat (Abb. 12-34). »Eisbirnen« sind hochbelastbare Fixpunkte, insbesondere zum Abseilen oder zum Sichern. Gerade auch im weichen Schnee bieten sich hier vielfältige Möglichkeiten; und es handelt sich dabei vermutlich um die einzige Methode, die bei allen Schneebedingungen anwendbar ist. Natürlich gibt es auch einen erheblichen Nachteil: Man benötigt relativ viel Zeit, um einen solchen Fixpunkt herzustellen.

Die Birne wird hergestellt, indem man einen

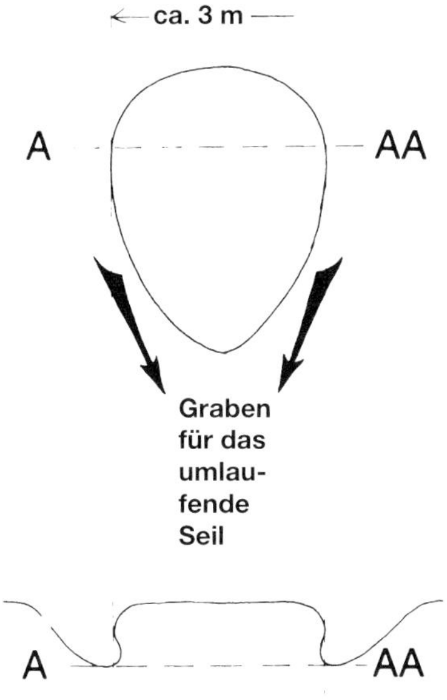


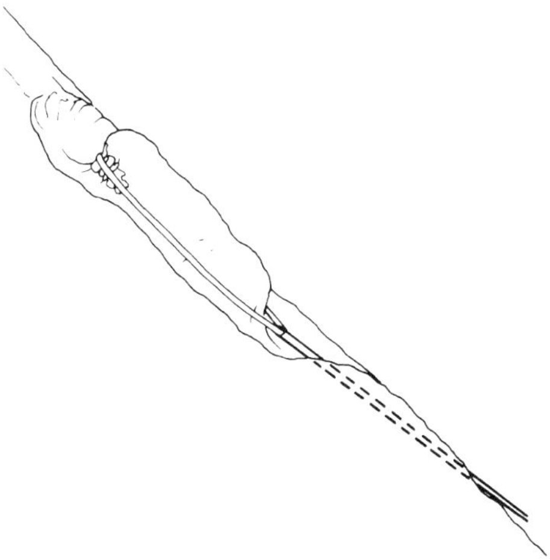

(12-34) Eisbirne.

Graben um eine ovale Schneefläche herumgräbt. Bei hartem Schnee muß der Graben mit der Pickelhaue herausgeschlagen werden. Bei weichen Schnee reicht es, ihn mit dem Fuß zu stampfen. Die Schneebirne sollte zuletzt als ovalförmige Schneeinsel entstehen. Je weicher der Schnee, desto größer und höher muß dieser Anker sein – bis hin zu einem Durchmesser von 3,5 m und 50 cm Tiefe.

Normalerweise kann man eine Schlinge um die Eisbirne herumlegen, da sich diese weniger in die Oberfläche einschneidet als das Seil. Aus dem gleichen Grund sollte man auch vermeiden, das Seil oder Flachband hin und her zu ziehen, nachdem man es um die Schneeinsel gelegt hat. Die Sicherheit kann erhöht werden, indem man Seil oder Schlinge mit Ausrüstungsteilen, Kleidung oder anderen Gegenständen polstert – dies gilt insbesondere bei der Anwendung im weichen Schnee. Sicherheitshalber muß die Schneebirne nach jeder Belastung kritisch betrachtet werden, ob nicht irgendwo Schäden aufgetreten sind. Wenn sich das letzte Mitglied der Seilschaft abseilen möchte, kann man die Schneebirne auch durch einen eingesteckten Pickel oder einen Firnanker ersetzen.

**Mehrfachfixpunkte** bieten die höchste Sicherheit – insbesondere deshalb, weil die Schneefestigkeit unterschiedlich sein kann und somit die Haltekraft des einzelnen Ankers schwer vorhersagbar ist. Ähnlich wie bei fragwürdigen Fixpunkten im Fels sind kombinierte Fixpunkte die sichersten. Dabei können zwei Anker miteinander verbunden werden, so daß der erste der Seilschaft die Hauptsturzwucht übernimmt und der zweite lediglich die Restenergie vernichtet. Alternativ können sie mittels Kräftedreieck verbunden werden (Abb. 12-35). Im Detail wurde bereits in den Kapiteln 7, 8 und 10 auf diese Techniken eingegangen. Generell sollte man im Schnee die Anker hintereinander anbringen, um den Winkel der Belastungsschlinge so gering wie möglich zu halten und so die Belastbarkeit der einzelnen Anker zu optimieren. Die Anker sollten mindestens einen halben Meter auseinander stehen, so daß der zweite nicht beim Ausbrechen des ersten durch die Zerstörung der Schneedecke seinen Halt verliert.

## *Standplatzsicherung im Schnee*

Im Schnee können Bergsteiger zwischen zahlreichen Möglichkeiten auswählen, wie sie bei der Seilsicherung vorgehen. Manchmal besteht die Möglichkeit, bereits vorgefundene Schneeverankerungen zu nutzen; und manchmal kann man etwas weniger aufwendigere, dabei aber deutlich schnellere Sicherungspunkte durch die Anwendung des Eispickels erreichen. Die wechselnde Natur des Schnees und die Schwierigkeit der Beurteilung einer Sicherung im Schnee bedeutet normalerweise, daß die Verankerungen nicht ganz so bombensicher sind wie ein guter Fixpunkt im Fels. Aber sie sind trotzdem effektiv, da die meisten Zwischenfälle im Schnee bei weitem nicht eine so hohe Sturzenergie erzeugen wie beim Felsklettern. Stürze im Schnee finden normalerweise im mäßig geneigten Gelände von 30° bis 60° Steilheit statt, wobei bereits die Reibung von Material und Person auf dem Schnee in unterschiedlichem Ausmaße Teile der Fallenergie absorbiert.

Unabhängig davon, welche Sicherungstechnik angewendet wird, sollte sie immer so dynamisch wie nur möglich erfolgen, um die auf die Verankerung einwirkende Bremskraft zu begrenzen. Die dynamischen stoßabsorbierenden Eigenschaften des Bergseiles helfen hierbei einen abrupten statischen Stop zu verhindern. Als Sichernder sollte man sich so hinstellen, daß ein Teil der möglicherweise auftretenden Kraft auf den eigenen Körper und dann erst auf die Seilbremse und den Fixpunkt übertragen wird. Die übliche Hüftsicherung gewährleistet eine dosiertere dynamische Belastung als jede Seilbremse.

Man denke an die Konsequenzen, welche ein harter Schlag auf einen fragwürdigen Fixpunkt hätte, und daran, daß man inklusive Anker aus dem Stand gerissen werden kann...

Man sichert in Abhängigkeit von den anstehenden Kletterschwierigkeiten. Wenn man den Seilersten sichert, muß man unbedingt außerhalb der Fallinie stehen. Wenn der Erste diagonal ansteigt, muß man außerhalb jedes Punktes stehen, auf den er herabstürzen könnte. Auf einem Gratrücken ist es nicht immer möglich, die Richtung eines möglichen Sturzes vorherzusagen. Falls ein Seilpartner auf einer Gratseite abrutscht, kann die beste Reaktion sein, auf der anderen Seite herunterzuspringen, wobei das Seil, welches dann über den Gratrücken quer verläuft, beide fängt.

### Improvisierte Sicherungstechniken

Beim Schneebergsteigen gibt es eine Menge Möglichkeiten, Standplätze zu improvisieren. Die zu erwartende Sturzwucht wird nicht so groß sein wie im Fels, handelt es sich doch überwiegend um Rutschen oder Pendelstürze über eine schräge Schneefläche. Improvisierte Sicherungstechniken sind besonders nützlich, wenn ein schwächerer Seilpartner von oben nachgesichert wird, oder auch, wenn ein Seilerster den Verlauf einer Gletscherspalte erkundet.

**Die Sicherung über Pickel und Stiefel** ist schnell und leicht herstellbar, wenn eine Seilschaft gleichzeitig geht (Abb. 12-36). Obwohl sie immer wieder auf Ablehnung stößt, hat sie sich als nützlich bewährt, wenn man ihre prinzipiellen Grenzen erkannt hat: Eine solche Sicherungstechnik kann niemals einen Sturz mit hoher Fallenergie halten. Mit der nötigen Praxis wird man in der Lage sein, den Fixpunkt in wenigen Sekunden herzustellen, indem man den Eispickel einsteckt und das Seil herumschlingt.

Schritt für Schritt geht man folgendermaßen vor (nachdem man es ein paar mal versucht hat, wird man feststellen, daß es bei weitem weniger kompliziert ist, als es klingt):

1. Man tritt eine feste Plattform in den Schnee, welche groß genug ist, um sowohl dem Pickel als auch dem bergseitigen Fuß Platz zu bieten.
2. Der Schaft des Eispickels wird so tief wie nötig in den Schnee gesteckt – und zwar am bergseitigen Ende der Plattform. Dabei sollte der Schaft leicht bergwärts, d. h. gegen die zu erwartenden Belastungsrichtung, geneigt sein.
3. Der Pickel wird quer zur Fallrichtung eingesteckt, d. h. die Breitseite des Schaftes kann sich der Belastungsrichtung entgegenstemmen.
5. Der talseitige Fuß wird fest eingesetzt. Dieser stabile Tritt sollte so weit vom bergseitigen Fuß entfernt sein, daß das talseitige Bein gerade gestreckt ist und so gegebenenfalls optimal Kraft aufnehmen kann.
6. Das Seil wird um den Pickelstiel herumgelegt. Zuletzt wird die Sicherung folgenden Seilverlauf haben: Das Lastseil führt über die Zehen des bergseitigen Fußes, bergseitig um den Pickelstiel herum und dann wieder zurück über den Fuß im Bereich des Fußrückens.
7. Das Seil wird mit der talseitigen Hand (Bremshand) gehalten, wobei zusätzliche Reibung erzeugt wird, indem das Seil um die Ferse herumgeführt wird. Hierdurch erhält es einen S-förmigen Verlauf. Wichtig: Die Bremshand darf niemals das Seil loslassen.
8. Die bergseitige Hand wird zu zweierlei Tätigkeiten genutzt: Zunächst faßt sie den Pickelkopf, um diesen im Falle des Bremsens zu stabilisieren. Während des Nachsicherns zieht sie das Lastseil ein.

Beim Sichern muß die entsprechende Person sich richtig zum Fixpunkt hinstellen, da es absolut notwendig ist, die Kameraden, die man nachsichert, im Auge zu behalten. Falls ein Bergsteiger nämlich stürzt während man falsch zum Fixpunkt steht, kann es passieren, daß das Seil um den Pickelschaft herumgerissen wird und kein Sicherungseffekt eintritt.

**Die Sicherung über Karabiner und Pickel** ermöglicht denselben Grad an Sicherheit wie die Sicherung über Pickel und Bergstiefel. Allerdings ist das Seil leichter zu bedienen (Abb-37). Hierzu steckt man den Pickel so tief wie möglich quer zur Fallinie in den Schnee (Schaftbreitseite in die mögliche Zugrichtung) und hängt eine Schlinge mit Ankerstich in Höhe der Schneeoberfläche ein. Nachdem man einen Karabiner in die Schlinge gehängt hat, stellt man sich rechtwinklig zur Fallinie hin und wendet sich dem Aufstieg des Seilpartners zu. Der Pickel wird mit dem bergseitigen Fuß gestützt, wobei man auf die Schlinge auftritt. Der Karabiner sollte dabei allerdings frei bleiben. Natürlich darf die Schlinge auch nicht mit Steigeisenspitzen beschädigt werden. Der Seilverlauf führt vom Lastseil aus kommend durch den Karabiner, dann um die Hüfte herum und zur bergseitigen Bremshand. Ein Vorteil dieses Seilverlaufes ist, daß die mögliche Sturzwucht den Sichernden fester in den Stand hineindrückt. Hinweis: wenn das Seil am Sitzgurt in einen Karabiner geklinkt und dann erst um die Hüfte geführt wird, kann es nicht durch die Sturzwucht aus der Bremsposition heruntergerissen werden.

### Standplatzsicherungen

Andere Sicherungstechniken werden normalerweise mit regelrechten Verankerungen wie Firnanker, Schneehaken oder Eisbirnen durchgeführt.

**Die sitzende Hüftsicherung** an einem Anker ist relativ dynamisch und sehr sicher bei hartem Schnee oder tiefem, schwerem, nassem Schnee (Abb. 12-38). Der Sichernde muß wissen, daß es

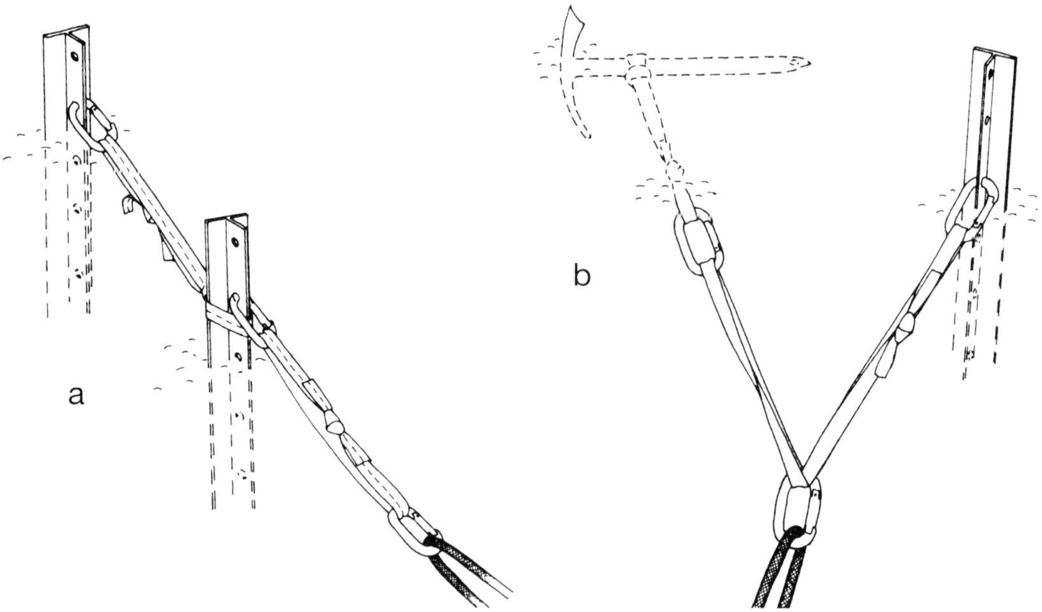


**(12-35) Zwei Methoden, um Schneeanker miteinander zu verbinden: a) Zwei Anker werden in Serie belastet, der obere Anker unterstützt dabei den unteren; b) Zwei voneinander unabhängige Fixpunkte werden über eine Ausgleichsverankerung belastet.**

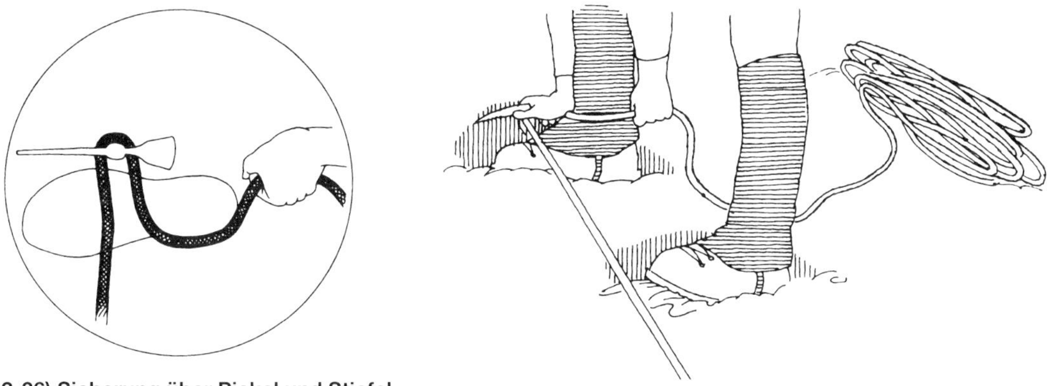

(12-36) Sicherung über Pickel und Stiefel.

Probleme mit kalter oder nasser Ausrüstung geben kann – insbesondere kann die Sicherungsarbeit bei gefrorenem Seil schwierig werden.

Um diese **Sicherungstechnik** ausüben zu können, tritt man eine Sitzfläche in den Schnee und zusätzlich einen weiteren sehr guten Tritt für jeden Fuß. Als Isolation gegen die Bodenkälte

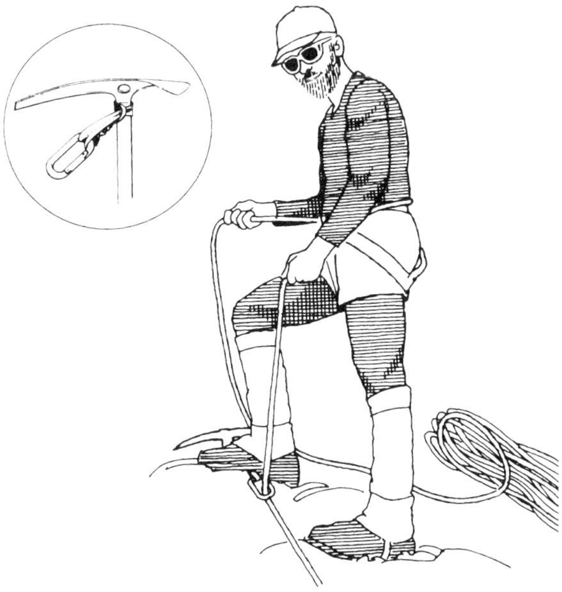

(12-37) Sicherung über Karabiner und Pickel.

legt man ein Stück Liegematte, eine Jacke oder einen Rucksack unter und setzt sich darauf. Beim Sichern sollten die Beine gestreckt sein, um so optimal die Kraft aufnehmen zu können. Die Hüftsicherung im Stehen wird schneller und leichter etabliert als die sitzende Form, da sie lediglich tiefe sichere Tritte für jeden Fuß benötigt. Natürlich ist diese Technik wesentlich weniger belastbar, da das Risiko besteht, daß der Sichernde durch die Zugkraft umgerissen wird. Daher ist eine zusätzliche Absicherung über eine Verankerung unbedingt notwendig.

Diese Sicherungstechniken können so durchgeführt werden, daß der Sichernde sowohl dem Hang zugewandt als auch seitwärts oder auch mit Blickrichtung auf das Tal steht. Der Stand bergseitig ist die schlechtestmögliche Wahl, da der Sichernde vollständig von dem Seilzug überrascht werden wird und so die größte Schwierigkeit hat, das Gleichgewicht zu halten. Außerdem ist es relativ schwierig, das Seil gleichmäßig unter sanftem Zug zu führen. Talseitiger Stand stellt eine Verbesserung dar, da das Seil weniger um den Sichernden herumgeführt wird und darüber hinaus einen Überblick über das Geschehen unterhalb ermöglicht; dies ist besonders wichtig für das Timing einer dynamischen Sicherung. Allerdings gibt es auch einen

(12-38) Hüftsicherung in Sitzposition.

deutlichen Nachteil: Man hat praktisch keine Möglichkeiten zu bremsen, wenn man durch die Sturzwucht talwärts stolpert.

Der sicherste Stand bei der Hüftsicherung im Stehen ist seitwärts, wobei man sich leicht der Seite zuwendet, in der sich der zu sichernde Partner befindet (Abb. 12-39). Das talseitige Bein ist vollständig gestreckt und im Knie fixiert, der Fuß steht in einer solide in den Schnee getretenen Stufe. Das bergseitige Bein bildet mit der zu erwartenden Zugkraft und dem talseitigen Bein eine Linie. Die Talhand sollte die Bremshand sein, um eine bestmögliche Kontrolle bei der dynamischen Sicherung zu ermöglichen.

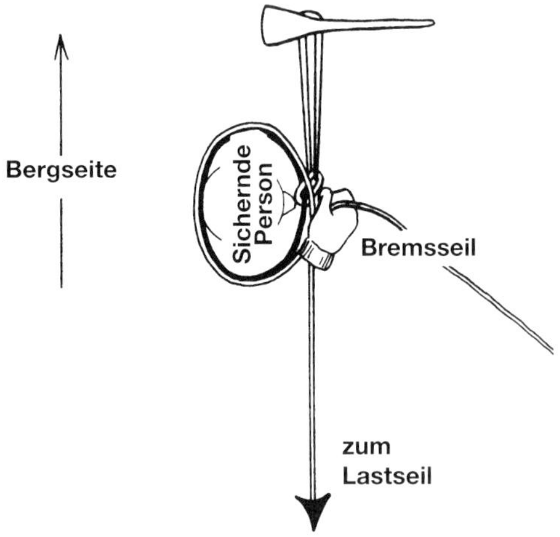


(12-39) Hüftsicherung im Stehen.

**Mechanische Sicherungsmittel** können beim Sichern im Schnee ebenfalls genutzt werden. Sie sind schnell angebracht und funktionieren auch bei nassen oder vereisten Seilen. Bei Anwendung eines solchen Hilfsmittels kann man direkt über die Verankerung besser sichern als über den Sitzgurt. Hierdurch bleibt man gleichzeitig trockener und steht bequemer. Natürlich muß man berücksichtigen, daß sämtliche Seilbremsen eine weniger dynamische Bremskraft erzeugen können als die Hüftsicherungen, wodurch die Belastung der Verankerung im Schnee deutlich erhöht wird.

## Routenwahl im Schneegelände

Schnee ermöglicht eine relativ einfache Passage über ansonsten mühsames Gelände wie Gebüsch, Bäche und lockeres Geröll. Als besonderen Vorteil hat er eine glatte ebenmäßig Oberfläche und eine relativ gleichmäßige Hangneigung. Allerdings verändert er sich naturgemäß laufend und der Bergsteiger muß die typischen saisonalen Wetterbedingungen genauso berücksichtigen wie aktuelle Wetterberichte, um einen Überblick zu erhalten, welche Bedingungen ihn auf welcher Route erwarten.

Schnee kann zu weich sein, um das eigene Körpergewicht zu halten, andererseits kann er auch so hart sein, daß er sehr rutschig wird. Er bedeckt Hindernisse auf dem Weg; dabei kann er natürlich auch Pfade, Wegmarkierungen und andere Richtmarken verdecken, insbesondere oberhalb der Baumgrenze. Die Gefahren liegen dabei oft unterhalb der Oberfläche: Gletscherspalten, Gräben oder Bäche, welche nur durch eine dünne Schneedecke verdeckt werden. Instabile Schneeschichten können abrutschen. Man kann die Enttäuschungen und Gefahren durch das Schneegelände vermindern, indem man das Medium genau anschaut. Im Anhang »Der Kreislauf des Schnees« findet man weitere Informationen über die Schneeformationen, Schneearten und die Bildung von Gletschern. Bergsteiger nutzen den Schnee möglichst zu ihren Gunsten aus. Indem man die Schneeoberfläche und das Gelände betrachtet, entscheidet man sich für einen möglichst sicheren, aber auch effizienten Weg.

## Die Schneeoberfläche

Das Untersuchen der Schneeoberfläche beginnt bereits, bevor man das Haus verläßt, indem man sich Gedanken macht über die möglichen Effekte und Auswirkungen des aktuellen Wetters bzw. des Wetters der letzten Monate.

Ist man in einem kalten schneereichen Frühjahr nach einer winterlichen Wärmeperiode unterwegs, kann es sein, daß auf der Schicht festen Winterschnees eine große Menge lockeren Frühjahrsschnees aufliegt, welcher jederzeit als Lawine abgehen kann. Wenn das Frühjahr kalt, aber sonnig ist, und auf einen schneearmen Winter folgt, kann es sein, daß eine Rinne, welche normalerweise gut gangbaren Schnee aufweist, lediglich steinharten Schnee enthält. In den meisten Fällen treten Veränderungen im Schnee recht schnell ein, so daß das Wetter, welches unmittelbar vor und während einer Tour herrscht, besonders wichtig ist. Aus Sicht des Bergsteigers ist der beste Schnee derjenige, welcher lawinensicher ist und ein komfortables Vorwärtskommen ermöglicht. Mit anderen Worten: Er muß das Gewicht des Bergsteigers tragen, so daß Stufentreten leicht möglich ist. Solch ein Schnee existiert fast immer, man muß ihn allerdings suchen. Die beste Lage für solchen Schnee schwankt von Tag zu Tag und unter Umständen von Stunde zu Stunde. Wenn der Schnee an einem Punkt matschig, zu hart oder verharscht ist, sollte man kritisch die Umgebung mit den Augen absuchen: Es kann durchaus deutlich besserer Schnee in unmittelbarer Nähe vorhanden sein.

Hier einige Tips, um den besten Nutzen aus der Schneeoberfläche zu ziehen.

- Finde Flecken festeren Schnees bei ansonsten aufgeweichter Oberfläche, indem du auf Schmelzmulden wie auf Treppenstufen trittst.
- Versuche im Gelände, in welchem der Schnee sehr hart ist, seitwärts Schnee zu finden, welcher gutes Stufentreten ermöglicht.
- Wenn das Vorwärtskommen schwierig ist, wende dich irgendeinem Bereich zu, in welchem die Schneeoberfläche deutlich anders aussieht; vor allem probiere zunächst ein Vorwärtskommen dort, ob das Vorwärtskommen leichter ist.
- Benutze für den Abstieg gegebenenfalls eine andere Route als für den Aufstieg, um auch hier die Schneebedingungen optimal zu nutzen.
- Wenn man eine festere Schneeoberfläche sucht, sucht man schmutzigen Schnee, welcher mehr Hitze absorbiert und sich von daher mehr und schneller verfestigt hat als sauberer Schnee.
- Man bedenke, daß Süd- und Westhänge in der nördlichen Hemisphäre die Hitze der Mittagssonne erhalten und hierdurch früher in der Saison und schneller nach Stürmen festeren Schnee aufweisen. Recht häufig wird man feststellen, daß solche Hänge bereits harten, gut gangbaren Schnee aufweisen, wenn Ost- und Nordanstiege nach wie vor weich und instabil sind.
- Nach einem heißen Tag startet man am nächsten

1
2
3
4
5
6
7
8
9
9
9
10
10
11
12
13
14
15
16
17
18
19
20
21
33

(12-40) Bezeichnungen für das alpine Gelände:

1. Horn oder Aigille
2. Grat
3. Felskamm
4. Wächte
5. Gletscherbecken
6. Serac
7. Abgestürzte Seracs
8. Erratische Blöcke
9. Eisbruch
10. Gletscher
11. Gletscherspalten
12. Seitenmoräne
13. Gletschertor
14. Moränensee
15. Endmoräne
16. Gletscherbach
17. Felsband
18. Schulter
19. Col
20. Couloir oder Rinne
21. Bergschrund
22. Hängegletscher
23. Pfeiler
24. Talkessel
25. Schlußwand (des Talkessels)
26. Riffellung
27. Eiswand
28. Gipfel
29. Eisgrat
30. Türme oder Gendarme
31. Lawinenrinne
32. Lawinenfeld
33. Schneefeld

Morgen möglichst früh, vorteilhafterweise nach einer kalten klaren Nacht. So nutzt man die Vorteile einer festen Schneeoberfläche am besten.

- Vorsicht vor versteckten Löchern nahe an Bäumen, Büschen und Felsen, wo der Schnee an diesen wärmeren Oberflächen Schmelzlöcher gebildet hat.
- Wenn man die Schneebedingungen auf einer Seite eines Grates, einer Rinne oder einer sonstigen Geländeformation als schlecht empfindet, versucht man es auf der anderen Seite. Der Unterschied kann genau das ausmachen, was man sich wünscht.

## *Einschätzung des Geländes*

Der Geländeüberblick zeigt einem sowohl Hindernisse als auch Möglichkeiten, auf diese zu reagieren (Abb. 12-40). Einige Möglichkeiten wird man nutzen, andere besser vermeiden; allerdings sollte man möglichst alle berücksichtigen.

### Couloirs

Ein häufiger Zustieg zu allen größeren Bergtouren wird durch mehr oder weniger steile Rinnen (Couloirs) gebildet. Sie sind damit der Schlüssel zu jedem weiteren Fortkommen, da ihre durchschnittliche Neigung häufig geringer als die der Felswände, was ein weniger anspruchsvolles Klettern ermöglicht.

Tief eingeschnittene schattige Couloirs werden häufiger mit Eis als mit Schnee gefüllt sein, speziell gegen Saisonende. Aber auch im Frühjahr, wenn die offenen Hänge tief mit Schnee bedeckt sind, können Couloirs oft harten Schnee oder sogar Eis enthalten.

Ein sicherer Durchstieg durch ein Couloir hängt normalerweise von der Tageszeit ab. Sie können am frühen Morgen, wenn der Schnee noch stabil und Fels und Eis festgefroren ist, recht sicher sein. Später am Tage sieht die Situation oft völlig anders aus – dann können die Rinnen unter Umständen zur Todesfalle werden. Couloirs sind die Müllschlucker der Berge, und wenn die Sonne entsprechend scheint, wird der Bergmüll in Form von Lawinen, Steinschlag und Eisstücken, welche losgeschmolzen wurden, hindurchfegen. Der überwiegende Teil fällt dabei zentral durch das Couloir. Aber auch wenn man auf den Seiten steigt, muß man unter solchen Bedingungen permanent auf verdächtige Geräusche weit oberhalb achten und auch ein wachsames Auge auf leise rutschenden Schnee und frei fallende Steine haben.

Lawinen erodieren tiefe Rinnen in vielen Couloirs. Bergsteiger vermeiden diese Rinnen normalerweise oder queren sie so schnell wie möglich. Allerdings kann es – vor allem im Frühjahr – vorkommen, daß gerade diese Rinnen den sichersten Weg ermöglichen, insbesondere für einen schnellen Abstieg. Immer sollte man versuchen, daß man ein Couloir bereits verläßt, wenn die Sonne beginnt hineinzuscheinen. Dies bedeutet, daß man extrem früh starten bzw. ein Biwak oder eine andere Alternative zum Abstieg bevorzugen sollte.

Couloirs werden häufig ungemütlicher, je höher man aufsteigt – weil sie nach oben deutlich steiler werden, dünne Eisoberflächen aufweisen, von Gräben durchfurcht sind oder loses Gestein und Gletscherspalten aufweisen können. Häufig wird man auf Schwierigkeiten stoßen, insbesondere dann, wenn ein relativ sanft geneigtes Couloir durchstiegen wird, welches oben in einen eiskalten senkrechten Kamin mündet. Allerdings kann ein Couloir insbesondere dann, wenn es auf einen Col (hierunter versteht man einen schmalen hohen Paß) endet, einen leichteren, weniger geneigten Durchstieg ermöglichen als die Wände auf beiden Seiten.

Wenn der Grund der Couloirs zu steil ist, kann man die Gräben auf beiden Seiten testen, welche sich bilden, wenn der Schnee direkt an den Felswänden geschmolzen ist. Diese Gräben können relativ tief sein und in ihrer Breite erheblich

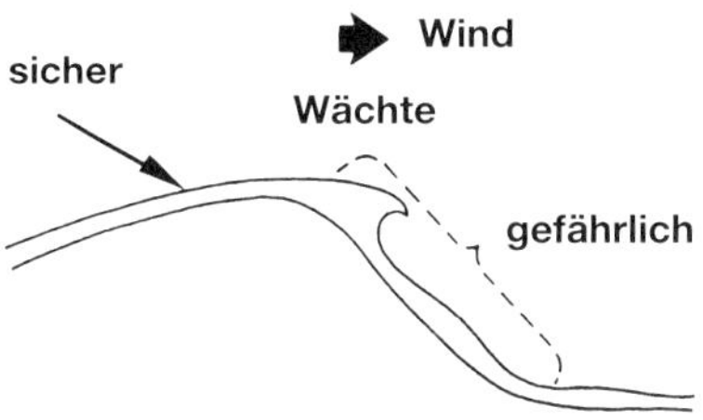


**(12-41) Bildung von Wächten.**

schwanken. Stellenweise kann es nötig werden, zwischen Felswand und Schnee zu spreizen, an anderen Stellen kann der Graben zu breit sein, um ihn zu überspreizen. Insbesondere dann, wenn man bei einem Abstieg in steilen Couloirs Steigeisen oder gar Stufen schlagen muß, kann der Abstieg durch einen solchen Graben einen nervenraubenden Abstieg und die Gefahr des Steinschlags verhindern.

Unabhängig von möglicherweise auftauchenden Problemen folgen viele Routen in Schnee und Eis solchen Couloirs. Als Techniken werden normalerweise einfaches Steigeisengehen und Spuren im Schnee benötigt, aber das häufige Auftreten von Gräben, Spalten und Stein- und Eisschlag lassen zumindest Grundkenntnisse im Felsklettern als ratsam erscheinen. Darüber hinaus kann man diese Kenntnisse auch dazu nutzen, um im Fels der Flanken möglichst sichere Standplätze anzubringen.

## *Gratrücken*

Routen entlang eines Gratrückens sind frei von Steinschlag und Lawinengefahr. Sie stellen daher oft die beste Lösung dar, wenn in der Region mäßiger oder heftiger Schneefall stattgefunden hat. Normalerweise ist die Routenfindung deutlich leichter als in anderen Gebirgsformationen; man wird daher meist einen sicheren Rückzugsweg vorfinden. Allerdings sind Routen über Grate schutzlos dem Wind und Schlechtwetter ausgesetzt, und die besonders typischen Gefahren von Gratrouten werden durch Wächten gebildet.

### Schneewächten

Die Form eines Gratrückens ist mitbestimmend für die Bildung von Schneewächten (Abb. 12-41). Ein Grat, welcher auf einer Seite eine relativ flache Flanke und auf der anderen Seite einen steilen Abbruch aufweist, ist ein guter Kandidat für eine gigantische Wächte. Ein messerscharfer Gratrücken oder ein Rücken, welcher beidseits relativ flache Flanken aufweist, wird allenfalls eine kleine Wächte aufweisen – falls überhaupt.

Wenn die physikalischen Bedingen zur Wächtenbildung gegeben sind, entscheidet die Windrichtung über den genauen Standort. Da stürmische Winde jeden Berg der Region aus der gleichen Richtung treffen, weisen die meisten Wächten eines Gebietes in dieselbe Richtung. In den nordwestlichen Küstengebirgen der amerikanischen Staaten blasen die meisten Stürme aus Südwest, so daß der windtransportierte Schnee die Wächten normalerweise nordostseitig bildet (Hinweis: Ähnliche Bedingungen gelten für die europäischen Alpen!). Diese Nord- und Ostexposition wurde durch die letzte Eiszeit unterstützt, in welcher die Hänge und Flanken durch die Gletscher entsprechend geformt wurden.

Vorübergehende oder lokale Änderungen der Windrichtungen können natürlich auch Wächten entgegen der Hauptrichtung erzeugen. In seltenen Fällen existieren Wächten beidseits des Grates bzw. eine Wächte gegenläufig auf einer anderen.

**Das Herantreten aus der Windrichtung:** Eine Wächte ist beim Herantreten an den Gratrücken von der Windseite her sehr schwer zu erkennen. Normalerweise wirkt sie als sanfter Schneerücken, welcher oben den Himmel berührt. In solchen Situationen schaut man auf Grate in der näheren Umgebung, um einen Überblick zu erhalten, wie häufig Wächten auftreten, wie groß sie sind und in welche Richtung sie weisen.

Natürlich bildet nicht jeder verschneite Grat eine Wächte, aber man sollte sich vergewissern, ob der Grat, den man gerade begeht, Wächten aufweist, oder nicht. Zu diesem Zweck versucht man in die Leeseite von einem sicheren Aussichtspunkt aus hineinzuschauen. Hierbei kann es sich zum Beispiel um einen Felskopf im Grat handeln. Falls man solche Möglichkeiten nicht nutzen kann, muß ein Bergsteiger unter Sicherung auf den Gratrücken hinaufsteigen und dort mit einem Eispickel oder Skistöcken überprüfen, ob der Schnee fest ist. Dabei sucht er auch nach Rissen oder Einschnitten im Schnee, welche eine Wächte, die bereits teilweise abgebrochen ist, anzeigen können.

Es ist sehr schwierig, genau zu beurteilen, wie weit eine Wächte über den Grat hinaushängt und wie groß die Gefahr ist, die sie darstellt. Hier darf man sich nicht von seinen spontanen Eindrücken verwirren lassen. Bei einer großen Wächte kann die Abbruchkante ohne weiteres auch fünf bis zehn Meter von der Wächtenkrone entfernt auf der Luvseite des Hanges liegen. In jedem Fall wird sie deutlich weiter zurückliegen, als man bei der Inspektion zunächst vermutet. Auch wenn Felsen und Bäume Sicherheit suggerieren können, kann es sich um eine Wächte handeln, welche zwischen beiden oberhalb einer tief eingeschnittenen Felsrinne verläuft. Immer wieder haben Kletterer das etwas zweifelhafte Vergnügen, während des weiteren Tourenverlaufs zurückzuschauen und dabei festzustellen, daß ihre Spur auf einer Schneewächte oberhalb einer solchen Rinne verläuft. Eine sichere Route an einem wächtengekrönten Grat muß deutlich unterhalb der vermuteten Abbruchkante verlaufen.

**Bei Annäherung von der Leeseite** kann man eine Wächte eigentlich nicht verfehlen. Ähnlich wie eine sich überschlagende Welle ist eine Wächte, welche sich knapp oberhalb befindet, ein beeindruckender Anblick. Falls man irgendeinen Zweifel bezüglich der Stabilität der Wächte hat, sollte man unbedingt im Bereich von Bäumen oder sonstigen Deckungsmöglichkeiten bleiben, während man unterhalb quert. Es gibt Zeiten, in denen man relativ sicher unter einer Wächte entlang steigen kann. Je kälter das Wetter ist, desto sicherer hält die Wächte. Eine Sommerwächte, die nahezu vollständig eingestürzt ist, stellt normalerweise auch kein Problem dar.

Manchmal müssen Bergsteiger direkt durch eine Wächte durchstoßen, um den Weg auf den Grat oder Paß zu erzwingen. Dies ist leichter entlang einer Felsflanke oder an Stellen wo die Wächte bereits teilweise eingestürzt ist. Der Seilerste arbeitet sich geradewegs in Fallinie vor, wobei er die Wächte so wenig wie möglich untergräbt. Generell gilt für einen sichersten Umgang mit Wächten: Man sollte vermeiden, auf ihnen, unter ihnen oder durch sie hindurchzusteigen.

### Der Bergschrund

Der Bergschrund ist eine (unter Umständen riesengroße!) Gletscherspalte, welche am Oberende eines Gletschers auftritt. Sie bildet sich dort, wo das sich bewegende Gletschereis von der stationären Eisflanke abreißt. Die Unterkante des Bergschrundes kann wesentlich tiefer liegen als die Oberkante, die ihrerseits sogar überhängen kann. Manchmal stellt der Bergschrund das zentrale Problem eines gesamten Anstieges dar.

### Schründe

Der Zwischenraum, welcher ein Schneefeld von den seitwärts gelegenen Felsen trennt, ist ein Schrund, welcher sich dadurch bildet, daß Schnee schmilzt und vom wärmeren Fels wegrutscht. Das Überqueren eines Schrundes am Oberende eines Schneefelds kann genauso schwierig sein wie das Passieren eines Bergschrundes, wobei ein Unterschied allerdings darin besteht, daß Steinschlaggefahr aus der darüberliegenden Wand bestehen kann.

### Steinschlaggefahr

Schneefelder und Gletscher stellen die Einschlagflächen aller seitwärts herunterfallenden

Steine dar. Dies ist häufig besonders gefährlich an Vulkanbergen, die zumeist brüchigen Fels aufweisen. Die Gefahren des Steinschlags können seitens der Bergsteiger dadurch vermindert werden, indem Helme getragen werden und gefährliche Gebiete zu weniger gefährlicheren Tageszeiten durchquert werden.

Beim Bergsteigen im Frühjahr ist die Steinschlaggefahr normalerweise geringer als im Sommer, da der Schnee dazu beiträgt, daß das Gestein am Ort bleibt. Unabhängig von der Saison gilt als grundsätzliche Regel für das Bergsteigen auf Gletschern: »Früh starten und früh beenden.« Über Nacht hält die Kälte die Steine oft fest und verhindert so durch Anfrieren den überwiegenden Teil des Steinschlags; aber direkt der Sonne ausgesetzt, schmilzt diese Sicherheit dahin. Die größte Gefahr besteht während des Morgens, wenn die Sonne das Eis schmilzt und wenn das Schmelzwasser, welches in Spalten herabrinnt, erneut gefriert, sich dabei ausdehnt und die Steine lockert.

In der nördlichen Hemisphäre sind südliche und östliche Flanken zuerst der Sonne ausgesetzt, daher sollten diese besonders früh durchstiegen werden. Die schattigeren nordexponierten Hänge weisen oft eine geringere Steinschlaggefahr auf.

## *Hilfsmittel beim Routenfinden*

Beim Überqueren eines Schneefeldes oder Gletschers kann man sich insbesondere nachts oder während eines »White-out« so fühlen, als befände man sich ohne jegliche Landmarke auf hoher See. Natürlich besitzen Bergsteiger diverse Orientierungsmöglichkeiten, ähnlich wie die Seefahrt. So finden Bergsteiger eine solide Oberfläche vor, auf der sie im Unterschied zur Seefahrt ihre eigenen Markierungen anbringen können (z. B. Steinmännchen); auch registrieren sie Höhenänderungen, welche mittels Höhenmesser gemessen werden und einen Anhalt für das eigene Vorwärtskommen bieten.

Die dünnen Bambusstäbchen mit kleinen Fähnchen, die bereits beschrieben wurden, werden bei großen Gletschern eingesetzt, um die Rückzugsroute zu markieren. Sie werden dabei so eingesetzt, daß man auf einem Rückzug das nächste Fähnchen bereits sehen kann, wenn das letzte Seilschaftsmitglied am letzten Fähnchen steht. Durch Kommunikation wird das Vorwärtskommen so koordiniert, daß die letzte Person nicht das Fähnchen verläßt, bevor die nächste Markierung gesichtet wurde. Natürlich kann man diese Markierungen auch zur Warnung vor Gefahren wie Schründe oder Gletscherspalten, zur Markierung von Richtungswechseln, der Abgrenzung von sicherem und gefährlichem Gelände im Bereich des Lagers und zur Markierung von Material- und Nahrungsdepots nutzen.

Der Höhenmesser hilft dabei mit, das eigene Vorwärtskommen zu überwachen – jedenfalls dann, wenn man ihn zusammen mit einer topographischen Karte und einem Kompaß benutzt. Der Höhenmesser ist besonders hilfreich innerhalb der Baumgrenze und auf großen Schneefeldern, welche wenige natürliche Richtpunkte aufweisen. Zum Beispiel kann man die Information haben, daß ein Lager in 3700 m Höhe etwa 8 km oberhalb des eigenen Standortes vorhanden ist. Wenn man die Höhe regelmäßig mit dem Höhenmesser überwacht und parallel die Höhe auf der Karte betrachtet, kann man jederzeit zumindest ungefähr sagen, wo man sich befindet bzw. wie weit man noch gehen muß. Selbstverständlich kontrolliert man die Genauigkeit der Höhenmesserangabe an jedem natürlichen Punkt bekannter Höhe. Wenn man beispielsweise einen Rücken in einer Höhe von 3300 m Höhe überqueren muß, um auf dem richtigen Weg zum Camp zu bleiben, wird der Höhenmesser überprüft, sobald man auf dem Gratrücken steht. Hierdurch erhält man einen ziemlich genauen Hinweis darauf, ob man den Rücken am richtigen

Punkt erreicht hat.

Ein erfahrener Routensucher benutzt eine Menge an Informationen, um eine Route oder ein Ziel zu erreichen – inklusive Kompaß, Karte, Höhenmesser, Markierungen, Steinmännchen, Sonne und sichtbare Landmarken. Die kreative Anwendung diverser Methoden wird dann besonders wichtig, wenn die Sichtweite eingeschränkt ist.

## *Lawinen*

Lawinen sind die Gefahr Nummer eins für Bergsteiger im Schnee. Die Lawinengefahr und die Bedingungen, welche diese hervorrufen, sind prinzipiell relativ einfach zu erkennen, allerdings gibt es keine Möglichkeit, konkret eine einzelne Lawine vorherzusagen. Immer dann, wenn die Festigkeit und der Zusammenhalt des Schnees auf einem Hang nicht mehr groß genug ist, um das Gesamtgewicht der Schneedecke zu halten, wird eine Lawine ausgelöst werden.

Die Untersuchung der Schneedecke bezüglich ihrer Stabilität ist eine hochgradig anspruchsvolle Angelegenheit, welche das Ziel dieses Buches überschreitet. Wenn man nicht weiß, wie man Schneeprofile gräbt oder Schneekristalle untersucht, ist die Gefahr, sich plötzlich einer Lawine ausgesetzt zu sehen, vergleichsweise hoch. Daher müssen Bergsteiger zumindest die wichtigsten Gefahrenbereiche erkennen und die Wetterlage bzw. die Lawinengefahr bei ihren touren entsprechend berücksichtigen.

Vier von fünf Lawinenniedergängen passieren unmittelbar nach Starkwind oder Sturm. Die Gefahr steigt massiv mit starkem Schneefall von mehr als 3 cm pro Stunde oder Neuschneefall von insgesamt mehr als 30 cm. Sturm, welcher bei tiefer Temperatur und trockenem Schnee beginnt und auf den ansteigende Temperaturen folgen, ist bezüglich der Lawinengefahr besonders problematisch. Der trockene Schnee bildet eine schlechte Grundlage ohne nennenswerte Kraft, um die schwereren Schneeschichten, die später während des Unwetters fallen, zu halten. Regenfälle oder Frühlingswetter mit warmen Winden und wolkigen Nächten können dazu führen, daß Wasser in den Schnee hineinsickert und Naßschneelawinen entstehen. Rasche Temperaturwechsel und zunehmende Windgeschwindigkeit bedeuten somit zunehmende Lawinengefahr. Besonders auf zwei Lawinentypen sollte man sein Augenmerk richten:

Eine **Schneebrettlawine** hat eine gut sichtbare Bruchkante am Oberende (Abb. 12-42). Die

**(12-42) Schneebrettlawine.**

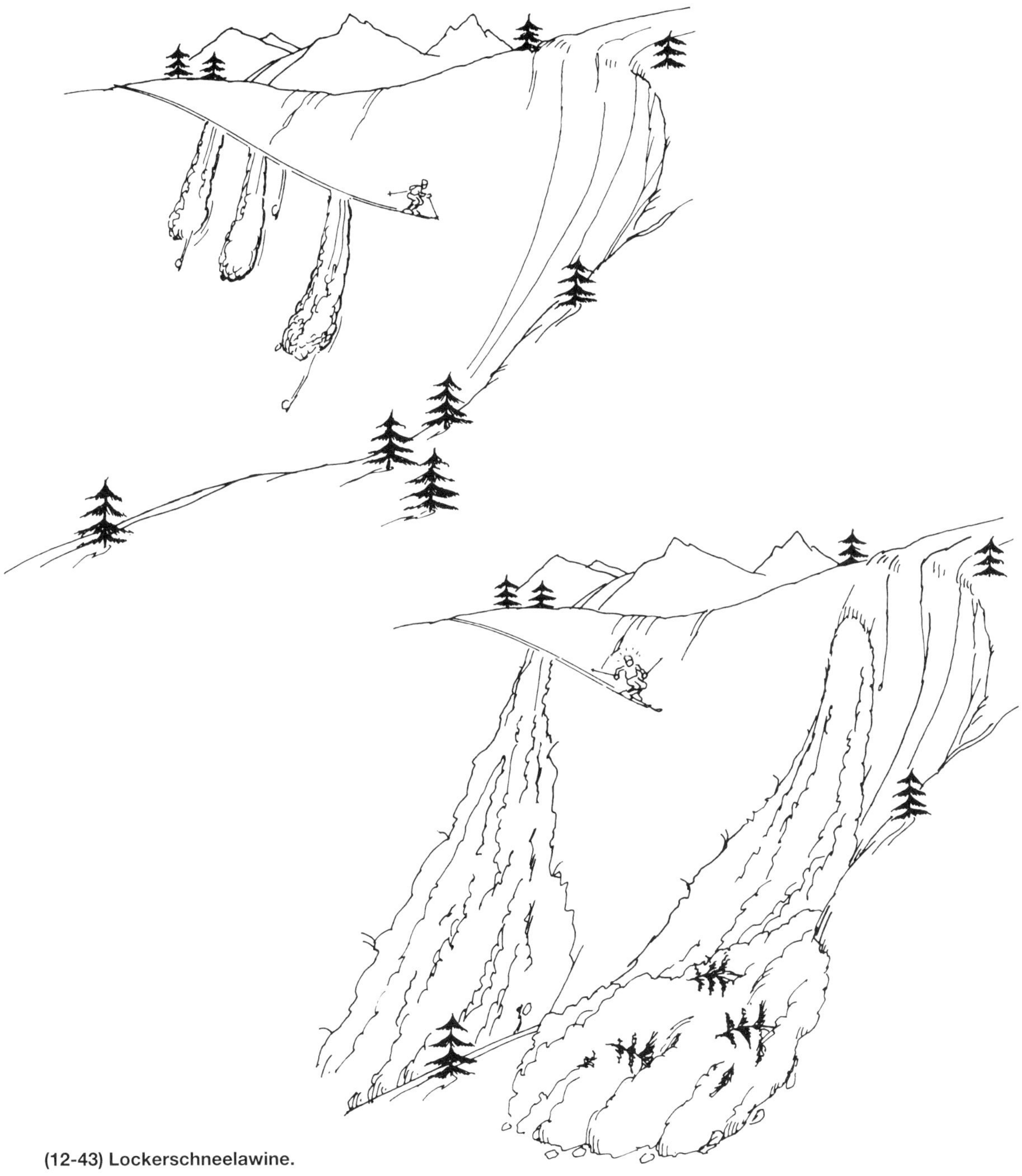

(12-43) Lockerschneelawine.

## Zusammenfassende Übersicht über die Lawinengefahr

Beachte: **Fettdruck** beschreibt besonders kritische Faktoren.

1. KANN DER SCHNEE ÜBERHAUPT LAWINEN ERZEUGEN?
   Ist der Hang steil genug, um abzugleiten?
   - ☐ **Hangneigung über 25°,**
   - ☐ wechselnde Steilheit mit einigen Steilabbrüchen.

   Wie ist die Hangorientierung zum Wind?
   - ☐ **Leehang**

   Wie ist die Hangorientierung zur Sonne?
   - ☐ **Süd- und Südwesthänge, die einer starken Sonnenstrahlung ausgesetzt sind.**
   - ☐ Die erste größere Schneeschmelze im Frühjahr.

   Wie ist die Hangcharakteristik?
   - ☐ **Weiter offener Hang.**
   - ☐ Dünner Wald.

   Erkennbarer Gleitweg wie z. B. eine Steilrinne.
   - ☐ Schwächebereiche, von denen die Lawinenauslösung ausgehen könnte.

2. IST DER SCHNEE DERZEIT STABIL ODER KANN ER ABRUTSCHEN?
   Wie dick ist die Schneedecke?
   Gibt es irgendwelche Zeichen für Lawinenaktivität?
   Welche Schichten finden sich innerhalb der Schneedecke?
   - ☐ **Sehr harte oder sehr weiche Schichten.**
   - ☐ Schlechte Verbindung zwischen den Schneeschichten.
   - ☐ 30 cm oder mehr Schnee oberhalb einer weichen Schicht.
   - ☐ Lockerer kalter Schnee.
   - ☐ Nasser Schnee.

   Wieviel Schnee ist gefallen?
   - ☐ **Schneefall um mehr als 2 cm pro Stunde.**
   - ☐ Neuschneetiefe von mehr als 3 cm.
   - ☐ Langsames Setzen des Schnees.
   - ☐ Extrem leichter oder extrem schwerer Schnee.
   - ☐ Dickere Lagen von Reif oder Graupeln.
   - ☐ Sehr harte Schichten über einer weichen Schicht.
   - ☐ Heftiger Regen.
   - ☐ Ein einfaches oder sehr leichtes Abziehen der Neuschneeschicht im Schaufeltest.

   Wind
   - ☐ **Mäßige oder starke Winde?**
   - ☐ Rißbildungen oder Setzvorgänge im Schnee.

   Lufttemperatur
   - ☐ **Schneller Temperaturanstieg.**
   - ☐ Temperaturen höher als der Gefrierpunkt.
   - ☐ Sonneneinstrahlung auf den Hang.
   - ☐ Sonnenstrahlung bei dunstigem Himmel.
   - ☐ Temperaturinversion

   Feuchtigkeit
   - ☐ **Hohe relative Luftfeuchtigkeit während des Schneefalles oder während Perioden von mäßig starkem und starkem Wind.**

3. WAS DROHT MIR, WENN DER HANG ABRUTSCHEN SOLLTE?
   Tiefe der Lawine
   - ☐ **Dicke weiche Schichten in der Schneedecke.**
   - ☐ Einsinken des Fußes von mehr als 60 cm.

   Art der Lawine.
   - ☐ **Schneebrettlawine auf weichen Schichten.**
   - ☐ Der Hang ist in jüngerer Zeit nicht abgerutscht.

   Gelände
   - ☐ **Weite offene Hänge oberhalb.**
   - ☐ Beschränkte Ablagerungszone.
   - ☐ Wandabbrüche weiter unterhalb.
   - ☐ Bäume im Bereich der möglichen Lawinenbahn.

4. WERDEN DIE BEDINGUNGEN ZUNEHMEND SCHLECHTER?
   - ☐ **Fortgesetzter Schneefall.**
   - ☐ Ansteigende Temperatur.
   - ☐ Starker Wind.

Lawine umfaßt ein großes Gebiet, welches schlagartig in Bewegung kommt und auf einer glatten Unterlage aus Schnee oder sonstigem Untergrund (z. B. Geröll) abrutscht. Der Schnee in einem Schneebrett kann sowohl weich als auch hart sein, sowohl naß als auch trocken.

Eine **Lockerschneelawine** beginnt dagegen an einem einzigen Punkt und vergrößert sich zunehmend, während sie bergab gleitet (Abb. 12-43). Der Schnee weist nur einen geringen Zusammenhalt auf. Es gibt keine sichtbare Abrißlinie am Oberende und keine klar zu identifizierende Schicht, über die die Lawine abrutscht. Eine Lockerschneelawine kann naß oder trocken sein.

## *Das Erkennen lawinengefährdeten Geländes*

Es ist relativ leicht, große Bereiche von Lawinenaktivität zu erkennen. Man erhält ausreichend Informationen, wenn man bei der Geländebeurteilung die Jahreszeit, das Wetter der letzten Zeit, die Winde der letzten Zeit, die Schneecharakteristik und die Hangexposition berücksichtigt (Abb. 12-44). Das klassische Gesetz der Lawinen sagt, daß Bergsteiger die geringste Gefahr auf Bergrücken, etwas mehr auf dem Talgrund und die größte Gefahr auf den Hängen eingehen. Zunächst werfen wir einen Blick auf die größte Gefahrenzone.

### Die Hänge

Auf Hängen entsteht die Gefahr bei vielfältiger Landschaftsform, Hangneigung und Größe.

**Hangneigungen** zwischen 30° und 45° sind die häufigsten Lawinenhänge, obwohl Lawinen auch im Bereich von 25° bis hin zu 55° Steilheit auftreten können (Abb. 12-45). Hangneigungen von mehr als 55° sind normalerweise zu steil, um die notwendige Schneemenge anzusammeln, da der Schnee, direkt nachdem er gefallen ist, aus diesen steilen Bereichen abrutschen wird. Winkel unter 25° sind normalerweise sicher – außer es besteht die Gefahr von sehr nassen und gewöhnlich relativ langsamen Lawinen. Bergsteiger überschätzen normalerweise die Hangsteilheit. Wenn man einen Neigungsmesser, welcher in viele Kompasse eingebaut ist, benutzt oder auch einen separaten Neigungsmesser mitführt, wird man schnell feststellen, wie sehr man beim Raten oft danebenliegt.

Die **Hangoberfläche** beeinflußt ebenfalls die Lawinengefahr (Abb. 12-46). Der Schnee auf einem geraden, offenen und mittelmäßig steilen Hang präsentiert die offensichtlichste Lawinengefahr. Der Schnee auf einem konvex geformten Hang steht unter Spannung, da er über die Biegung durch das Eigengewicht nach unten gezogen wird. Hierdurch entstehen Instabilitäten, wodurch auf einem konvexen Hang eher eine Lawine ausgelöst wird als auf einem konkav gebogenen Hang. Wenn man über einen konvexen Hang absteigt, kann man von oben nicht einschätzen, wie steil er weiter unten sein wird, bis man die Biegung bereits hinter sich hat und den Hang dann vollständig einsehen kann. Zu diesem Zeit-

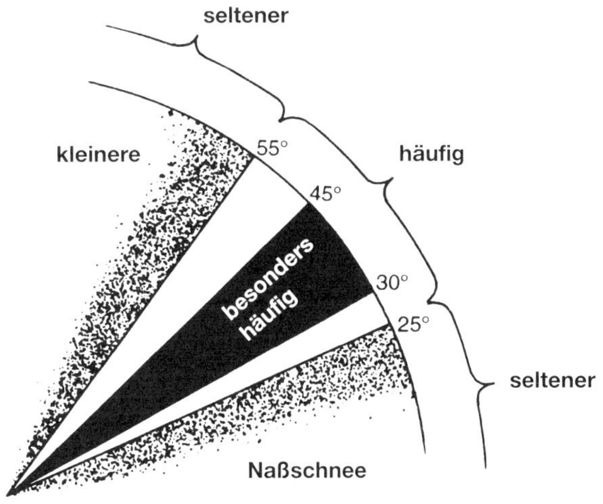


**(12-45) Die Häufigkeit von Lawinen auf Hängen verschiedener Neigung.**

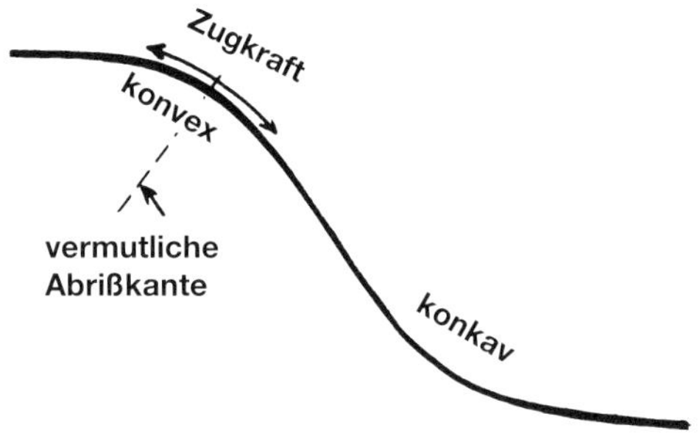


(12-46) Konvexe und konkave Hangbereiche.

punkt befindet man sich jedoch jenseits einer potentiellen Abrißlinie der Lawine. Unabhängig von der Hanggröße und der Hangform sollte grundsätzlich jeder Hang im Hinblick auf seine Lawinengefahr eingeschätzt werden, denn theoretisch können alle Hänge rutschen.

**Mulden** lagern aufgrund ihrer Geländeform besonders viel windtransportierten und damit lawinengefährlichen Schnee an.

**Couloirs** sind besonders verführerisch, da sie häufig eine sehr direkte Anstiegsroute ermöglichen, aber auch angsteinflößend, da sie natürliche Lawinenrinnen darstellen. Immer sollte man die Vorteile dieser Couloirs gegen die Gefahren abwägen und ihnen nur unter bestimmten Bedingungen zu bestimmten Tageszeiten trauen. Bei der Einschätzung berücksichtigt man vor allem die Schneebedingungen und die Schneemenge sowohl innerhalb des Couloirs als auch auf den Hängen oberhalb. Ein Schneerutsch innerhalb des Einzugsbereiches eines Couloirs kann mit voller Wucht den Hauptkanal durchstürzen. Ein solcher Lawinenabgang kann unter Umständen alle Nebenrinnen mitauslösen, indem er ihre Abstützzone unterhöhlt; oder aber er kann dazu führen, daß die Nebenrinnen destabilisiert werden und jederzeit in der Lage sind, bei der leisesten Provokation ihre Lasten abzuladen. Daher sollte man Couloirs mit geringer Steilheit und Schluchten, welche sichtlich Reste von Lawinen aufweisen, meiden.

**Bewaldete Hänge** bieten einigen Schutz, aber man sollte sich in jedem Fall darauf verlassen. Selbstverständlich sind Lawinen auch in sehr dichtem Wald möglich, da sie von weiter oben hindurchschlagen können. Man sollte sich immer in der Gegend umsehen, während man unterwegs ist. Sieht man irgendwo beschädigte Bäume im Bereich möglicher Lawinenbahnen oder große bergseitige Wunden an alten Stämmen? Dies zeigt an, daß auch größere Lawinen sogar dichten Wald durchdringen können. Wachsen auf einem Hang nur Büsche oder vielleicht ein paar kleine Bäume? Möglicherweise sind alle niedergedrückt – dies kann eine Lawinenbahn darstellen, auf der die Lawinen so oft abgehen, daß große Bäume keine Chance haben zu wachsen. Fehlen auf der bergseitigen Stammseite der Bäume die Äste? Auch dies kann ein Ergebnis von Lawinen sein, die dort anprallen. Es gibt nur wenig bzw. keinen Lawinenschutz im offenen lockeren Bergwald. Wald, in dem die Bäume in einer Distanz stehen, daß man leicht mit Skiern hindurchfahren kann, ist keinesfalls mehr als generell sicheres Gelände einzustufen. Eine andere Vegetationsart, nämlich Gras, kann die Lawinengefahr erheblich steigern, da es eine rutschige Unterlage bildet.

### Täler und flaches Gelände

Im Tal stellt sich die Frage, ob eine Lawine aus den darüberliegenden Hängen den eigenen Standort erreichen kann. Die Gefahr ist offensichtlich, wenn man sich in einer schmalen Schlucht mit steilen Wänden befindet, und man bedenke, daß es für große Lawinen auch möglich ist, mehr als 1,5 km in ein breites Tal hinauszuschießen, ja sogar an der gegenüberliegenden Talseite ein Stück wieder hinaufgleiten. Wenn man durch ein Tal wandert, achte man deshalb besonders auf beschädigte Bäume und andere Zeichen von Lawinenaktivitäten. Selbstverständlich sollte man ganz besonders darauf achten, daß man sein Zelt außerhalb der Reichweite möglicher Lawinen aufstellt.

Eine Route, welche unter einem Steilabbruch entlangführt, ist vergleichbar mit Russischem Roulette, solange man nicht weiß, welche Bedingungen oberhalb herrschen. Steilabbrüche oberhalb von Flachgelände können schneegefüllte Mulden oder Bänder, welche dick mit Schnee bedeckt sind, vorübergehend verdecken. All dieses Material ist unter Umständen absturzbereit und kann jederzeit als Lawine niedergehen.

### Gratrücken

Ein Grat, insbesondere ein bewaldeter Grat, ist normalerweise die sicherste Route, wenn die Lawinengefahr hoch ist. Natürlich weist ein Grat seine eigenen Probleme auf, beispielsweise Wächten und Gratunterbrechnungen. Hier gilt es, eine verantwortungsvolle Risikoabwägung vorzunehmen.

### Wetterbedingungen

Bergsteiger müssen besonders darauf achten, wie Sonne und Wind eine Schneefläche beeinflußt haben, um die Lawinengefahr einzuschätzen.

### Sonne

Die Richtung, in welcher ein Hang geneigt ist, bestimmt, wieviel Sonne er abbekommt; dies sagt bereits einiges über die potentielle Lawinengefahr aus. Im folgenden beschreiben wir die Situation in der nördlichen Hemisphäre – südlich des Äquators gilt alles analog, jedoch in genau umgekehrten Richtungen.

Da **südexponierte Hänge** mehr Sonne erhalten, setzt sich der Schnee hier schneller; auch stabilisiert er sich hier schneller als auf Nordhängen. Generell kann man – mit zahlreichen lokalen Ausnahmen – hieraus folgern, daß somit südseitige Hänge im Winter sicherer sind. Auch gehen hier die Lawinen nach einem Sturm schneller ab, so daß man aus einem südseitigen Lawinenabgang schließen kann, daß die Hänge anderer Expositionsrichtungen auch bald ihre Last abladen werden. Aber: Wenn das Frühjahr wärmer wird und die Sommertage hereinbrechen, können südseitig exponierte Hänge gefährliche Naßschneelawinen entwickeln, während nordseitige Hände sicherer sein können!

**Nordseitige Hänge** erhalten während der Wintertage nur wenig oder gar keine Sonne, so daß die Verfestigung der Schneedecke längere Zeit benötigt. Die tiefen Temperaturen erzeugen Tiefenreif in der Schneedecke, wodurch instabile Schichten entstehen. Daher kann man generell – wieder mit zahlreichen lokalen Ausnahmen – feststellen, daß Nordhänge eher im Hochwinter abrutschen. Im Frühjahr und Sommer, wenn die Südhänge unter Umständen gefährlich weich werden, kann man in Nordhängen festen sicheren Schnee antreffen.

### Wind

**Windexponierte Hänge**, also Hänge, die dem Wind zugewandt sind, sind normalerweise sicherer. Auf ihnen bleibt weniger Schnee zurück, da der Wind einen Teil davonbläst, und der zurückbleibende Schnee ist durch den Winddruck relativ kompakt.

**Leehänge**, also Hänge, die in dieselbe Richtung weisen, in die der Wind bläst, sammeln unter Umständen massiv Schnee an – insbesondere bei stürmischem Wetter und an windigen Tagen, also an Tagen, an denen der Schnee von den Luvhängen davongeblasen wird. Der Wind baut an der Leeseite der Grate Wächten, unterhalb findet sich tiefer und wenig verfestigter Schnee, welcher jederzeit als Schneelawine abgehen kann.

Der Schnee ist voller Zeichen, welche einem die Windrichtung der Vergangenheit angeben. Wächten zeigen in dieselbe Richtung, in die der

Wind zuvor geblasen ist. Umgekehrt zeigen Reifablagerungen dem Wind entgegen: Je dicker die Reifschicht ist, desto stärker war der Wind. Die steilen Kanten von Windgangeln und die gerundeten Enden von Schneehöhlungen um Baumstämme und Felsen zeigen ebenfalls in die Richtung, aus der der Wind kam (Abb. 12-47).

### Schneecharakteristik

Jeder erfahrene Bergsteiger schaut sich den Schnee der näheren Umgebung kritisch an, um mehr Information über mögliche Lawinengefahr zu erhalten. Gab es neulich Lawinen in der Nähe? Sieht man Risse in der Schneedecke, welche einem anzeigen, das man sich auf einem instabilen Hang befindet? Bewegt sich ein Schneebereich, während man darübergeht? Das wäre wiederum eine Warnung, daß ein Schneerutsch ausgelöst werden könnte. Setzt sich der Schnee mit einem dumpfen »Wumm«, was anzeigt, daß ein relativer harter Hang als Lawine abgehen kann?

Die Stabilität des Schnees kann untersucht werden, indem man mit dem Eispickel oder dem Skistock nach Schichten unterschiedlicher Festigkeit sucht oder indem man einen kleinen Graben gräbt, um die Schichten bezüglich ihrer Festigkeit zu untersuchen; einschlägige Spezialliteratur erklärt diese Details.

## *Risikoverminderung*

Für Bergsteiger bestehen mehrere Möglichkeiten, das Risiko von Lawinen zu vermindern bzw. ihre Chance zu erhöhen, Unfälle zu überleben. Diese Maßnahmen beginnen bereits, bevor man das Haus verläßt, und sollen ununterbrochen während der Tour fortgesetzt werden. Das Abhören des Wetterberichtes im Radio sollte selbstverständlich sein, bevor man zu einer Tour in Schneegelände aufbricht. Darüberhinaus zieht man die detaillierten Lawinenlageberichte der entsprechenden Institutionen zu Rate; diese sind inzwischen für die meisten bekannteren Bergregionen zu erhalten. Auch kann man mit Leuten, die die nötige örtliche Kenntnis aufweisen, sprechen.

Man plant zwar die Route bis ins Detail bevor man losgeht. Aber man sollte jederzeit bereit sein, sich den vor Ort angetroffenen Bedingungen flexibel anzupassen. Viele Faktoren beeinflussen die Lawinensicherheit, und Probleme mit einem dieser Faktoren sollten Grund genug sein, die eigenen Pläne zu überdenken. Während Pha-

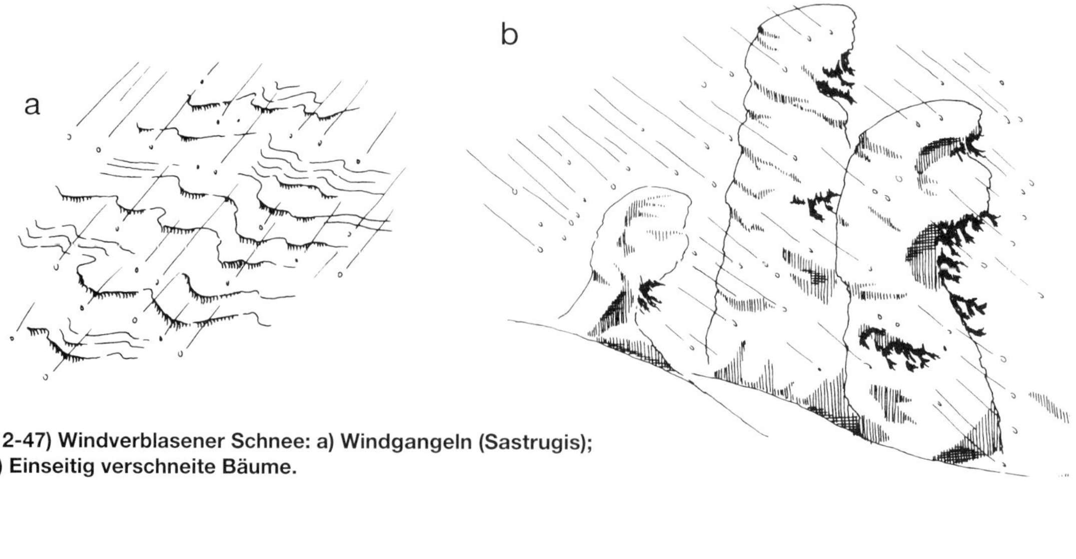


**(12-47) Windverblasener Schnee: a) Windgangeln (Sastrugis); b) Einseitig verschneite Bäume.**

sen allgemeiner Lawinengefahr sollte man höchstens am Morgen und Abend unterwegs sein, wenn die Lawinengefahr am geringsten ist. Folgende Fragen sind wichtig: Habe ich eine Rückzugsroute im Hinterkopf? Bin ich für ein Notbiwak vorbereitet? Man sollte nie vergessen, daß die Sicherheit – die eigene und die anderer – in jedem Falle wichtiger ist als jeder noch so verführerisch lockende Gipfel. Der wichtigste Weg sollte stets der sein, der einen wieder heil nach Hause zurückführt.

### Das Überqueren eines lawinengefährdeten Hanges

Es können Situationen eintreten, in denen es keine Möglichkeit gibt, ein vermutlich lawinengefährliches Gelände zu umgehen. Das Problem stellt sich dann, die Passage so durchzuführen, daß die geringste Gefahr besteht, die Lawine auszulösen, bzw. die Konsequenzen zu minimieren, wenn ein Bergsteiger eine Lawine ausgelöst hat oder von einer von weiter oben kommenden Lawine verschüttet wurde.

Bevor man in einen problematischen Hang hineinquert, wird das Verschüttetensuchgerät überprüft und spätestens jetzt eingeschaltet. Jeder der Seilschaft sollte ein eigenes Verschüttetensuchgerät mitführen. Wenn ein Bergsteiger von einer Lawine mitgerissen wurde, schalten die anderen ihr Gerät auf Empfang und nutzen dann die Signale des verschütteten Gerätes, um ihren Kameraden zu finden.

Nachdem man das Verschüttetensuchgerät überprüft hat, legt man Handschuhe und warme Kleidung an. Man sollte stets bereit sein, seine Ausrüstung abzuwerfen, so daß sie einen im Falle eines Lawinenabgangs nicht hinunterzieht. Dazu lockert man die Schulterriemen sowie die Brust- und Hüftriemen des Rucksackes.

Wenn die Route über einen gefährlichen Hang verläuft, sollte man direkt in Fallinie aufsteigen und nicht in Serpentinenform, da gerade Serpentinen die Hangfestigkeit erheblich beeinträchtigen. Nur eine Person bewegt sich zum jeweiligen Zeitpunkt im Gefahrenbereich, jeder andere beobachtet dies von einem sicheren Platz aus und ist innerlich auf einen möglichen Lawinenabgang vorbereitet. Wenn der Bergsteiger gesichert wird, sollte dieses Seil niemals über Körpersicherung geführt werden, da hierdurch der Sichernde mitgerissen werden kann. Diese Gefahr besteht insbesondere bei schweren, nassen Lockerschneelawinen.

Während einer Traverse sollte man die Spur so hoch wie möglich auf dem Hang anlegen, also oberhalb des gefährlichsten Hangbereiches. Wiederum gilt, daß sich nur eine Person fortbewegt. Man traversiert vorsichtig mit langen Schritten und bemüht sich keine Perforationslinie durch den Hang zu legen. Jeder Bergsteiger folgt einzeln, wobei er in die Fußstapfen des Ersten tritt. Jeder horcht und schaut währenddessen nach möglichen Lawinenabhängen.

### Wie man eine Lawine überlebt

Falls du mitgerissen wirst, gib keinesfalls auf. Rufe nach deinen Partnern. Wirf jegliche Ausrüstung von dir – insbesondere den Rucksack, die Ski und alles, was einen verletzen kann. Falls möglich, sollte man sich sofort an einem Fels oder einem Baum festhalten, alternativ kann man den Pickel oder Skistock in den Schnee stecken und sich daran festhalten. Hierdurch kann man es bei kleinen Lawinen unter Umständen vermeiden, mitgerissen zu werden. Falls das nicht funktioniert, versuche man, durch Schwimmbewegungen möglichst an der Oberfläche zu bleiben.

Schließe unbedingt den Mund für den Fall, daß der Kopf unter die Oberfläche gedrückt wird. Wenn der Schnee langsamer wird, versuche dich zu strecken und aufzustehen, falls die Füße nach unten zeigen. Wenn Du verschüttet wirst, versuche unbedingt, bevor der Schnee zum Stillstand kommt, Arm oder Ellenbogen vor das Gesicht zu bekommen und tief einzuatmen. Wenn der Schnee still steht, wird es unmöglich sein, irgendeine weitere Bewegung auszuführen. Also rufe oder zappele nicht umher. Spare den Sauerstoff und deine Energie. Deine Partner werden wissen, was zu tun ist; sie haben vermutlich schon mit ihren Rettungsmaßnahmen begonnen.

**Lawinenrettung**

Die Rettungsmanöver beginnen genaugenommen schon, bevor die Lawine zum Stillstand gekommen ist. Der erste Schritt einer erfolgreichen Rettung ist, den eigenen Schock zu bekämpfen. Mindestens ein Mitglied der Gruppe muß genau aufpassen, wo der Verletzte mitgerissen wurde, wo die Person im Schnee verschwunden ist und wo dieser auf der Schneefläche zu vermuten ist, wenn die Lawine steht. Die Person muß in der Lage sein, die Punkte mit fixen Geländemarken wie Bäume oder Felsen in Verbindung zu bringen. Mit diesen Informationen kann man das Suchgebiet in seiner Größe eingrenzen.

Dann markiert man diese drei Punkte und beginnt die Suche. Laufe niemals davon, um Hilfe zu holen – dies ist das ganz grundlegende Prinzip der Lawinenrettung: Entferne dich nicht, um Hilfe zu holen. Die Chance einer Person, den Unfall zu überleben, hängt unmittelbar davon ab, wie schnell sie ausgegraben wird – effizientes Suchen und zügiges Graben im Schnee ist dabei entscheidend. Man kann später immer noch Hilfe holen, wenn der Verletzte ausgegraben ist oder alle Suchbemühungen erfolglos bleiben.

Man bestimmt einen verantwortlichen Leiter, damit die Gesamtoperation systematisch durchgeführt wird. Man nähert sich dem Suchbereich vorsichtig und achtet dabei auf mögliche Nachlawinen. Bei mehreren Personen auf dem Lawinenfeld kann eine als Lawinenposten aufgestellt werden. Man beginnt mit einer schnellen oberflächlichen Suche auf der Schneeoberfläche und schaut, ob jemand nur teilweise verschüttet wurde. Man sucht nach Ausrüstungsteilen oder nach irgendeinem logischen Punkt, an dem der Betroffene unter Umständen gestoppt wurde, wie zum Beispiel an Bäumen oder Felsen. Der vermißte Seilpartner kann durch diese schnelle Suche unter Umständen sofort gefunden werden. Falls nicht, ist der nächste Schritt die Suche mit den Verschüttetensuchgeräten, falls der Verschüttete eines mitführt, oder mittels Sondierung.

**Sondieren**

Als Sonde fungiert jeder Gegenstand, den man in den Schnee stecken kann, in der Hoffnung, den Körper des Verschütteten zu spüren – beispielsweise Skistöcke, Eispickel, kommerziell erhältliche Schneesonden oder auch Stöcke. Sondieren ist eine langsame und ineffektive Methode, aber es ist die einzige Möglichkeit, wenn der Verschüttete kein Suchgerät trägt. Zunächst sondiert man logischerweise die Gebiete höchster Wahrscheinlichkeit – also nahe an gefundenen Ausrüstungsteilen, markanten Geländepunkten, um Bäume und um Felsen. Danach bildet man eine Sondierungskette.

Diese Kette muß sehr organisiert und methodisch vorgehen. Die Suchenden stehen Ellenbogen an Ellenbogen in einer Linie und stecken ihre Sonden jeweils einmal zwischen ihre Füße ein. Danach gehen sie einen Schritt vorwärts in die Richtung des sinnvollsten Suchbereiches und stechen erneut ein. Jeder Schritt bedeutet ein neues Sondieren, jede Bewegung wird durch den Gruppenleiter koordiniert. Wenn ein Suchender etwas berührt, wird an diesem Punkt gegraben. Nachdem der Suchbereich abgesucht ist, bewegt sich die Sondierungskette an eine Seite dieses Originalbereiches und setzt dann die Sondierung fort, wieder unten beginnend und bergauf gehend.

## Die Suche mit Verschüttetensuchgeräten

Die kleinen elektronischen Geräte, welche als Verschüttetensuchgeräte bekannt sind, kommen heutzutage bei jeder großangelegten Lawinensuchaktion zum Einsatz; sie sind zu einem unverzichtbaren Bestandteil des Equipments geworden.

Ein Verschüttetensuchgerät kann sowohl auf »Senden« als auch auf »Empfang« gestellt werden. Eine effektive Rettung setzt voraus, daß jedes Mitglied der Gruppe ein eigenes Gerät mitführt, welches während der Tour auf »Senden« geschaltet ist. Die Suchenden schalten nach einer Lawine ihr Gerät auf »Empfangen« um. Wenn die Verschüttetensuche entsprechend geübt wurde, sollte man in der Lage sein, ein Unfallopfer relativ schnell zu finden.

Die von Bergsteigern benutzten Verschüttetensuchgeräte haben eine Frequenz von 2,275 kHz (insbesondere in Nordamerika verbreitet) oder 457 kHz. Einige Geräte senden gleichzeitig beide Frequenzen. Die Hauptsache ist, daß alle Geräte der Gruppe die gleiche Frequenz senden und empfangen können. Die Geräte haben ein schlagfestes wasserdichtes Gehäuse und werden in einem Täschchen transportiert, welches der Bergsteiger normalerweise unter der Jacke an entsprechenden Bändern trägt. Zu Rettungszwecken wird das Gerät herausgenommen, und der Suchende horcht auf die empfangenen Töne mit einem kleinen Kopfhörer, welcher ebenfalls in der Tasche untergebracht ist.

### Grobsuche

Nachdem das Gerät auf Empfang umgeschaltet wurde, kann mit der organisierten Suche mittels Verschüttetensuchgerät begonnen werden. Zuerst überprüft der Gruppenleiter jedes Gerät, um sicher zu sein, daß alle auf Empfang umgeschaltet wurden. Eine Reihe von Personen sollte so aufgestellt werden, daß sie nicht wesentlich weiter als 20 m auseinanderstehen, danach bewegt sich diese Reihe von dem Punkt bergab, an dem der Verschüttete zuletzt gesehen wurde.

Der Lautstärkeregler wird während der gesamten Suche bewegt. Man geht gemeinsam in gerader Linie und vermeidet Sprechen. Die Suchkette stoppt alle 10 Schritte und dreht langsam die Suchgeräte nach links oder rechts, dann nach vorne und hinten und hört währenddessen besonders intensiv auf einen möglichen Signalempfang. Sobald ein Signal empfangen wurde, schalten eine oder zwei Personen die Empfindlichkeit des Gerätes so weit herunter, daß der Empfang noch gerade gewährleistet wird; anschließend beginnt die Feinsuche. Falls mehrere Personen verschüttet wurden, setzen die übrigen die Grobsuche fort. Sobald ein Verschütteter gefunden wurde, wird dessen Gerät auf Empfang gestellt, um die Suche der anderen nicht zu stören.

### Feinsuche

Mit lediglich einem einzelnen Gerät erfolgt die Feinsuche, indem man sich systematisch dem Sender des Verschutteten nähert (Abb. 12-48). Dabei geht man folgendermaßen vor:

Zunächst dreht man das Suchgerät in die Richtung der maximalen Lautstärke des Signals, bewegt dabei das Suchgerät nach vorne und hinten sowie vor und zurück, um die beste Position zu finden. Dann vermindert man das Volumen so weit wie möglich, wobei das Signal jedoch noch hörbar bleiben muß. Danach geht man in einer geraden Linie nach vorne, während man das Gerät in derselben Richtung hält wie zuvor. Sobald das Signal, nachdem es besonders laut war, wieder leiser wird, testet man, aus welcher Richtung das Maximum empfangen wurde, und reduziert die Lautstärke auf das geringstmögliche Maß. Während man das Gerät in die gleiche Richtung hält, folgt man weiterhin dem Weg. Sobald das Signal abbricht, wird der Punkt markiert.

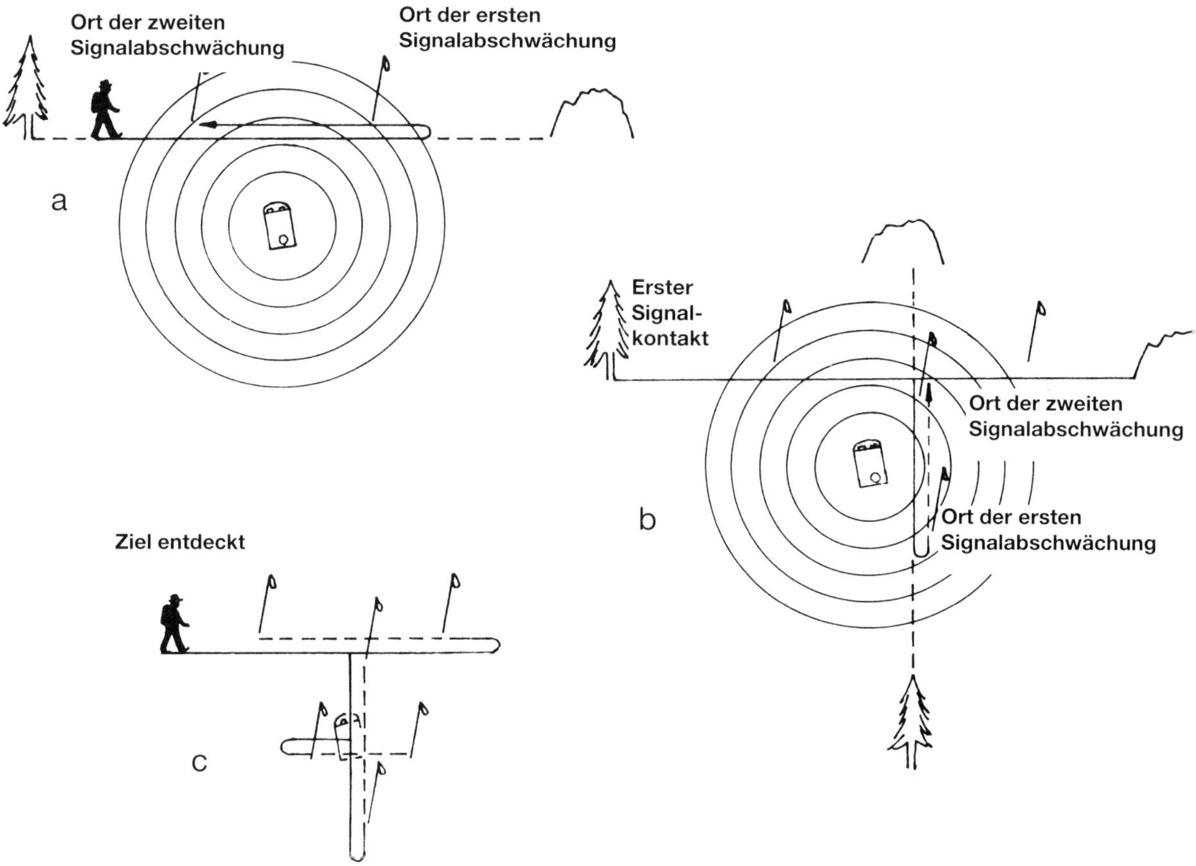


**(12-48) Anwendung des Verschütteten-Suchgerätes: a) Erster Signalkontakt; b) Zweite Suchphase; c) Gesamter Spurverlauf während einer Verschüttetensuche.**

Ohne die Lage des Empfangsgerätes zu ändern, dreht man sich um und geht denselben Weg zurück. Wenn das Signal wiederum verlorengeht, wird auch dieser Punkt markiert. Nun hat man eine gerade Linie, welche beidseits durch die Markierungspunkte begrenzt ist. Man geht in die Mitte dieser Linie und dreht sich um 90°. Das beschriebene Vorgehen wird nun wiederholt. Man dreht das Suchgerät in die Richtung des größten Signals, vermindert die Lautstärke auf ein Minimum und geht eine imaginäre gerade Linie nach vorne, bis das Signal verschwindet. Der Punkt wird markiert, und man geht, ohne die Richtung des Suchgerätes zu verändern, zurück, bis das Signal erneut verschwindet. Nun hat man eine zweite Linie, welche durch die beiden Markierungspunkte begrenzt wird. Auch bei dieser Linie kehrt man zu ihrer Mitte zurück und dreht sich um 90°.

Man arbeitet so relativ schnell und effizient, ohne sich zunächst übertrieben große Mühe hinzüglich der Präzision zu geben. Man macht auf dieselbe Weise weiter, bis die Endpunkte der Linien weniger als 1,80 m auseinanderliegen. Nun steht man sehr dicht über dem Verschütteten.

Zuletzt kniet man sich nieder und führt die Punktordnung durch, um den Partner zu finden, indem man das Suchgerät in relativ kleinen Kreuzbewegungen über den Boden führt. Ein lautes Signal bei niedrig geschaltetem Lautstärkeregler zeigt einem, daß man sehr nahe ist. Dort gräbt man. Man überprüft etwa jeden halben Meter Tiefe erneut die Richtung des Empfangssignals. Auf diese Weise wird man in meisten Fällen den Partner schnellstmöglich finden.

# Kapitel 13 Gletscherbegehung und Spaltenbergung

Das Bergsteigen auf einem Gletscher ist sehr ähnlich wie das Überqueren jedes anderen Schneefeldes – mit der Ausnahme, daß hier Gletscherspalten existieren. Oft wird gesagt, daß nichts schlimmer ist als die Angst vor dem Unbekannten; vielleicht werden Spalten dadurch erst zu einem speziellen Problem. Viele von ihnen sind verdeckt; sie sind tief und kalt, und sie können einen umbringen, wenn man nicht weiß, wie man sich richtig verhält. Das Ziel des folgenden Kapitels ist es, zu zeigen, wie man Gletscherspalten rechtzeitig entdeckt bzw. sie umgeht. Auch wird erklärt, wie man sich verhält, falls man doch in eine hinabstürzt.

## Die Entstehung von Gletscherspalten

Man kann sich den Gletscher als eine Art gefrorenen Fluß vorstellen, welcher ganz langsam die Berge hinunterfließt (Abb. 13-1 und 13-2). Wenn der Hang steiler wird, fließt der Gletscher schneller. Ähnlich wie ein Fluß, welcher Stromschnellen bildet, bildet ein Gletscher vermehrt Spalten, wenn das Eis in steileren Hangbereichen schneller fließt und vom langsameren Eis abbricht. Die Gletscherspalten verlaufen dann rechtwinklig zur Fließrichtung.

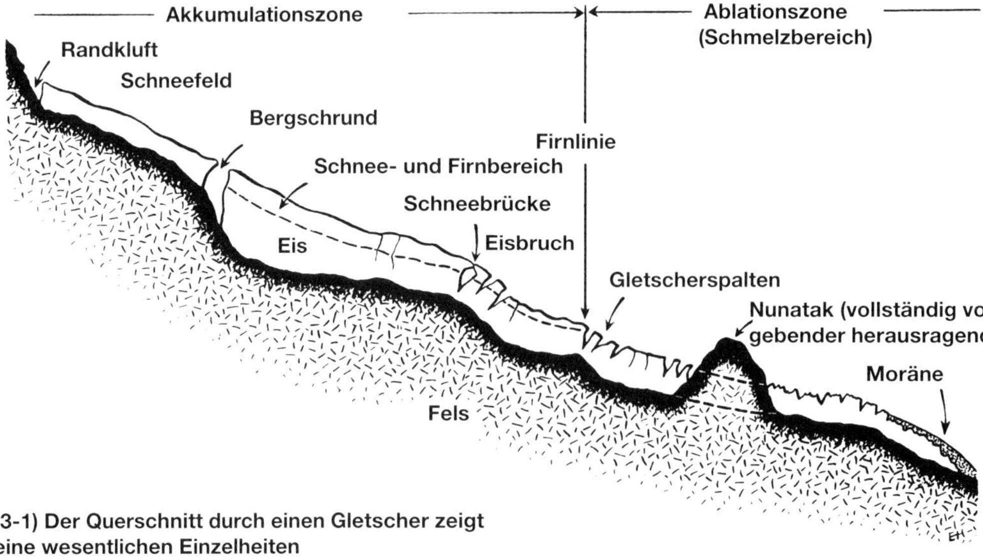


(13-1) Der Querschnitt durch einen Gletscher zeigt seine wesentlichen Einzelheiten

(13-2) Ein Gletscher aus der Vogelperspektive.

Bildungen im Eis
1. Randkluft,
2. Bergschrund,
3. Querspalten,
4. Firnlinie,
5. Nunatak,
6. Lateralspalten,
7. Parallelspalten,
8. Gletschertor,
9. Gletscherbach.

Merkmale im Moränengelände
10. Ausgewaschene Sedimente und Grundmoräne,
11. Erratischer Block (Findling),
12. alte Seitenmoräne,
13. Moränensee,
14. Endmoräne,
15. alte Endmoräne,
16. Mittelmoräne,
17. Seitenmoräne.

Bei einem Fluß entsteht durch einen steilen Absturz ein Wasserfall, das Pendant beim Gletscher ist ein Eisfall. Die Gletscherspalten verlaufen hier in alle Richtungen und bilden große Eistürme (Seracs), welche oberhalb absturzbereit hängen. Zeitweilig wird durch die gemeinsame Wirkung von Schwerkraft und Vorwärtsbewegung des Gletschers ein Turm abstürzen.

Unterhalb steiler Gletscherbereiche wird der Eisfluß erneut langsamer, und unter Umständen finden sich hier keinerlei Gletscherspalten. Aber wenn eine solche Geschwindigkeitsverminderung zu plötzlich eintritt, kann der Gletscher sich aufstauen, wobei arg zerbrochene hinaufgeschobene Wellen (Druckeisbereiche) entstehen, wenn schnelles Eis langsameres Eis rammt.

Der Gletscher bewegt sich in der Mitte schneller als an seinen Seiten, wo ihn die Reibung an den Felswänden abbremst. Durch diese Geschwindigkeitsdifferenz entstehen oft Lateralspalten, welche bergauf zeigen und sich in der Nähe der Gletscherränder befinden. Sowohl die Lateralspalten als auch Spalten im Bereich von Abrißzonen neigen dazu, in Richtung Gletschermitte stromaufwärts zu zeigen. Serien von nebeneinanderliegenden Spalten mit gleicher Verlaufsrichtung werden Parallelspalten genannt.

Unglücklicherweise können kleinere Unregelmäßigkeiten unter dem Gletscher Randspalten erzeugen, die keiner vorhersagbaren Verlaufsrichtung folgen. Zum Beispiel können Felsinseln im Eis, Nunataks genannt, einen Kranz von Spalten um sich herum erzeugen. Wenn der Fels nicht die Eisoberfläche erreicht, so daß man ihn sehen kann, kann man große Schwierigkeiten haben, sich das Spaltengewirr zu erklären. Aus diesem Grund lautet die wichtigste Warnung diesbezüglich: Spalten können grundsätzlich überall und immer auftreten.

Gletscherspalten sind besonders gefährlich in der Akkumulationszone – das ist jener Bereich des Gletschers, welcher hoch genug liegt, um über den Jahresverlauf hin mehr Schnee zu erhalten, als er durch Schneeschmelze verliert. Hier sind die Gletscherspalten sehr häufig mit Schnee bedeckt; entweder füllt dieser den Hohlraum vollständig, oder er deckt ihn lediglich mit einer Brücke zu. Einiger dieser Brücken sind zu weich, um einen Bergsteiger zu halten. Andere dagegen sind zwar zeitweilig stabil genug, können aber brechen, wenn Teile der Brücke schmelzen oder die Spalte sich erweitert. Unterhalb der Akkumulationszone befindet sich der Bereich des Gletschers, welcher Ablationszone genannt wird.

Oft findet man eine riesige Spalte, welche Bergschrund (siehe oben!) genannt wird, am oberen Ende des Gletschers – nämlich dort, wo er von dem stationären Eis im Berghang abreißt. Manchmal stellt der Bergschrund die Schlüsselstelle einer Bergtour dar, wobei das Erreichen des Gipfels danach gelegentlich nur noch eine kurze leichte Wanderung ist. Zu anderen Zeiten ist das Schneefeld oberhalb eines Bergschrundes von dem darüberliegenden Fels durch einen weiteren Schrund getrennt, welcher sich durch schmelzenden Schnee und langsames Hangabwärtsrutschen der Schneefläche bildet. Ein solcher Schrund kann genauso schwierig zu überwinden sein wie der Bergschrund.

## Die richtige Ausrüstung für Gletschertouren

Bei der Auswahl der Ausrüstung berücksichtigt man die Möglichkeit von Gletscherspalten. Folgende Überlegungen sollte man rechtzeitig anstellen, wenn man in Gletschergebieten Touren unternimmt.

### Das Seil

Welchen konkreten Seiltyp man benötigt, hängt vom Gletscher ab. Wenn steile und technisch anspruchsvolle Passagen erwartet werden – also Passagen, auf denen der Seilerste stürzen kann –, muß ein 10- oder 11-mm-Seil bzw. zwei 9-mm-Seile benutzt werden. Auf leichten Gletschern kann ein einzelnes 9-mm-Seil benutzt werden, um Spaltenstürze abzusichern. Im Schneegelände sollte unbedingt ein bereits werkseitig imprägniertes Seil benutzt werden, um die zusätzliche Gewichtszunahme durch Wasser und Verschmutzung zu begrenzen. Zusätzlich zur Gewichtsreduktion erreicht man so, daß das Seil belastbarer und leichter zu bedienen ist. Einige Seilschaften führen ein zusätzliches 40 m-Seil mit 8 oder 9 mm Durchmesser zu Rettungszwecken mit.

## Der Klettergurt

Beim Bergsteigen auf Gletschern wird das Bergseil in einen Sitzgurt eingebunden, welcher mit einem zusätzlichen Brustgurt versehen ist. Alternativ kann ein Komplettgurt benutzt werden. Man sollte sich niemals ausschließlich um die Brust anseilen, da es im Falle eines Sturzes zu einer gefährlichen Einengung der Brustatmung kommen kann. Der Brustgurt dient vielmehr dazu, ein Rückwärtsüberkippen durch das zusätzliche Rucksackgewicht zu vermeiden. Details zu diesem Thema wurden bereits in Kapitel 6 besprochen.

## Eispickel und Steigeisen

Ein Eispickel und Steigeisen sind auf Gletschern genauso wichtig wie ein Seil und der Klettergurt. Steigeisen ermöglichen dem Bergsteiger einen sicheren Tritt, wenn die Schneeoberfläche eisig ist oder der Gletscher steil wird. Der Eispickel wird in üblicher Form zur Verbesserung des Gleichgewichtes und als Rettungsgerät zur Anwendung mit dem Pickelrettungsgriff verwendet; natürlich benötigt man den Pickelrettungsgriff auch, wenn es gilt, den Sturz eines Seilschaftsmitgliedes in eine Gletscherspalte zu bremsen.

Falls man selbst in eine Spalte fällt, sollte man unbedingt darauf achten, daß der Pickel nicht verlorengeht. Dies bewerkstelligt man am besten durch eine zusätzliche Schlinge oder eine Fangschnur, welche im Pickelkopf eingebunden ist und am Klettergurt befestigt wird. Alternativ kann man die Fangschnur mit einer kleinen Schlinge am Handgelenk befestigen. Dies ist allerdings dann recht umständlich, wenn durch häufigeren Richtungswechsel der Pickel immer wieder der anderen Hand übergeben werden muß. Wenn dagegen die Fangschnur im Sitzgurt angebracht wurde, bedeutet dies auch, daß man vorteilhafterweise sehr schnell eine Selbstsicherung mit dem Pickel herstellen kann. In Kapitel 12 wurden diese Fragen bereits umfangreicher besprochen.

## Prusikschlingen und Seilklemmen

Zu den besonders wichtigen Ausrüstungsteilen, welche es ermöglichen, daß ein Bergsteiger aus einer Spalte wieder herauskommt, gehören Schlingen, welche mit dem Prusikknoten, anderen Klemmknoten oder auch mechanischen Aufstiegshilfen wie Seilklemmen am Bergseil eingehängt werden.

Eine **Prusikschlinge** ist eine normale 5 bis 7 mm dicke Reepschnur. Wenn man diese Schlingen mit einem Prusikknoten am Bergseil anbringt, kann dieser Knoten, solange er lose ist, am Seil auf- oder abgeschoben werden. Andererseits wird er blockieren, wenn er über die Schlinge belastet wird. Der Karabinerklemmknoten (Bachmannknoten) funktioniert genauso – hier wird die Schlinge aber sowohl um das Seil als auch um einen Karabiner herumgeführt. Der Klemheistknoten funktioniert dann besonders gut, wenn die benutzte Schlinge aus Flachband besteht. Details zu den genannten Knoten findet man in Kapitel 6.

Die einfachsten Prusikschlingen werden als Verbindung zwischen einem Fixpunkt im Schnee und dem Bergseil benutzt, welches einen gestürzten Kletterer hält. Etwas aufwendiger in ihrer Anwendung sind die Prusikschlingen, wenn Fußschlingen ergänzt werden – dies wird weiter hinten in diesem Kapitel beschrieben, wenn von der Selbstrettung aus Gletscherspalten die Rede ist.

**Mechanische Aufstiegshilfen** (Seilklemmen wie Jümar oder Clogs), in welche Schlingen eingebunden sind, können die Klemmknoten zu Selbstrettungszwecken oder Verankerungen ersetzen. Die Seilklemmen laufen leichter am Seil als die Knoten. Sie funktionieren besser bei vereisten Seilen und können einfacher bedient werden, wenn man Handschuhe trägt.

Ihr Nachteil: Sie sind schwer und teuer. Darüberhinaus sind sie wie jedes mechanische Gerät fehleranfälliger als Knoten; es wurden bereits Fälle beschrieben, bei denen unter unglücklichen Umständen die Seilklemme vom Seil abgesprungen ist.

Ist man unter Expeditionsbedingungen mit Fixseilen unterwegs, benutzen die meisten Bergsteiger eine oder zwei Seilklemmen zur Selbstsicherung an den Fixseilen. In solchen Fällen werden die Klemmen auch bei Gletscherüberquerungen benutzt.

**Sonstige Sicherheitsausrüstung:** Als Minimalausrüstung sollte jeder Bergsteiger, welcher auf Gletschern unterwegs ist, eine kürzere und eine längere Flachbandschlinge mitführen, um sie an vergrabenen Fixpunkten einhängen zu können. Darüber hinaus sollten genügend Karabiner zum Abseilen (also zwei Karabiner plus eine Seilbremse) und eine Seilrolle vorhanden sein. Letztere kann auch durch einen Karabiner ersetzt werden – hierdurch entsteht aber besonders für Personen mit geringerer Körperkraft eine nachteilige Seilreibung. Jede Seilschaft sollte darüber hinaus mindestens einen Schneeanker oder eine Eisschraube abhängig von den Bedingungen mitführen, um jederzeit eine solide Verankerung anbringen zu können. Verankerungen über zwei Fixpunkte werden aus Sicherheitsgründen bevorzugt, dies bedeutet jedoch, daß die Seilschaft entsprechend mehr Ausrüstung zum Herstellen der Fixpunkte mitführen muß. Notfalls kann die Ausrüstung mehrerer Seilschaften gemeinsam während einer Rettungsaktion genutzt werden.

## *Kleidung*

Man kleidet sich am besten stets im Hinblick auf den möglichen Aufenthalt in einer Gletscherspalte und nicht für den Gletscher als solchen. In den Spalten ist es ziemlich kalt, auch wenn es außerhalb sonnig und windstill ist; man sollte deshalb für den Fall des Falles vorbereitet sein.

Auch an einem warmen Tag bedeutet dies, daß man lange Hosen und ein langärmeliges Hemd aus Wolle oder Synthetik trägt. Darüberhinaus sollten Gamaschen getragen werden, bei warmen Wetter sind entsprechend atmungsaktive Gamaschen zu bevorzugen. Je nach Reißverschlußkonstruktion ist dies auch bei recht einfachen Gamaschen durch (teilweises) Öffnen des Reißverschlusses jederzeit möglich. Nach dem Sturz in eine Spalte kann der Reißverschluß dann jederzeit vollständig geschlossen werden.

Als zusätzliche Versicherung gegen Unterkühlung sollte ein Anorak außerhalb des Rucksackes griffbereit mitgeführt werden. Eine Mütze und Handschuhe werden – wenn sie nicht bereits getragen werden – griffbereit in die Taschen gesteckt.

## *Ski und Schneeschuhe*

Skier und Schneeschuhe sind absolut grundlegende Ausrüstungsteile für winterliches Gelände oder Bergsteigen in der Arktis, da sie den Bergsteiger vor dem tiefen Versinken in die Schneeoberfläche schützen und helfen, die Körperkraft ökonomisch und sparsam einzusetzen. Das Versinken wird dadurch verhindert, daß das Körpergewicht über eine größere Schneefläche verteilt wird. Diesen Vorteil kann man sich auch bei bestimmten Gletscheranstiegen zunutze machen, da so die Gefahr des Einbrechens in Schneebrücken verringert wird.

### Markierungen

Bambusstäbchen sind eine nützliche Hilfe, wenn man bei größeren Unternehmungen Hinweise, Richtungsänderungen oder sonstige Markierungen für den Fall eines Rückzuges unter schlechten Bedingungen anbringen muß. Auch wenn man unter Umständen über eine andere Route absteigen will, kann es Sinn machen, den Aufstieg zu markieren, falls man aufgrund der Wetterbedingungen dazu gezwungen wird, umzukehren. Details zu Markierungen mit Bambusstäben wurden in Kapitel 12 beschrieben.

Wenn die Sicht schlecht ist, ist der sicherste Abstand zwischen zwei Markierungsstäben eine Seillänge. Beim Abstieg kann sich die Seilschaft so notfalls »hinuntertasten». Die letzte Person der Seilschaft stoppt an jeder Markierung und geht nicht weiter, bis sicher ist, daß die nächste Markierung gefunden wurde. Wenn die Sicht einigermaßen gut ist, können die Markierungen auch in größeren Abständen gesetzt werden.

Hier einige weitere Tips zu Markierungsfähnchen: Wenn man jedes Fähnchen so einsteckt, daß es in Richtung des letzten weist, wird die Suche auf den Rückweg deutlich beschleunigt. Man bedenke, daß man beim Abstieg von oben auf die Markierungen herabschaut; daher sollte man sie nicht in Mulden oder auf der talseitigen Seite von Bergrücken einstecken, da sie hier vermutlich besonders schwierig zu finden sein werden. Besonders wichtige Punkte sollte man mit irgendeinem zusätzlichen Code markieren, z. B. durch zwei Fähnchen, welche in die neue Richtung weisen, oder zwei sich kreuzende Stäbe, welche eine gefährliche Gletscherspalte oder brüchige Schneebrücke markieren.

## Die Grundlagen des Gletschergehens

An einem kalten klaren Morgen im späten Frühjahr ungefähr zwei Stunden vor Sonnenaufgang ist der Gletscher ein Platz von Frieden und Schönheit. Oberhalb dieser großen Welle aus Eis und Schnee stehen die Bergsilhouetten vor einem sternenübersäten Himmel. Die Bergsteiger tasten sich mit ihren zitternden Lichtern durch die Dunkelheit, sortieren ihre Ausrüstung, steigen in die Sitzgurte und sind zu beschäftigt und zu schläfrig, um an das Erlebnis zu denken, das oberhalb von ihnen liegt. Mit zunehmendem Training und Erfahrung werden sie automatisch wissen, was zu tun ist, um sich auf einen langen Tag auf einem großen Gletscher vorzubereiten. Es ist einer der Tage, an dem all das Training und die Vorbereitung dazu dient, um nicht in abenteuerliche Schwierigkeiten zu geraten, welche z. B. Gletscherspalten für einen bereithalten können.

### Die Anwendung des Seils

Die erste Regel beim Begehen von Gletschern ist sehr einfach: Anseilen! Diese Regel gilt unabhängig davon, ob man den Gletscher genauestes kennt oder ob man keine einzige Spalte sehen kann.

Es ist zwar verführerisch, unangeseilt auf einem Gletscher zu wandern, welcher wie ein harmloses Schneefeld aussieht – insbesondere dann, wenn man ähnlich Routen oft begangen hat, ohne je in eine Spalte gefallen zu sein. Doch sollte man unbedingt dieser Versuchung widerstehen! Die zusätzliche Zeit, welche man benötigt, um das Seil zu bedienen, ist ähnlich wie das Tragen eines Sicherheitsgurtes im Auto ein riesiger Gewinn, wenn es gilt, einen Spaltenunfall zu überleben.

### Seilschaften

Seilschaften mit drei Mitgliedern sind die optimale Größe bei mäßig steilen Gletschern, da zwei Personen notfalls einen Sturz halten können. Normalerweise wird auf Gletschern so angeseilt, daß etwa 15 m Distanz zwischen den Mitgliedern der Seilschaft besteht. Ist der Abstand zwischen den Bergsteigern deutlich geringer, steigt die Gefahr, daß mehr als einer in die Spalte gerissen wird, bevor der Sturz gestoppt werden kann.

Bei sehr spaltenreichen oder sehr steilen Gletschern, auf denen häufiges Standplatzsichern notwendig ist, sind Zweierseilschaften ähnlich wie beim Felsklettern vorzuziehen.

Ein Minimum von zwei Seilschaften ist beim Bergsteigen im Gletschergelände sinnvoll, damit im Falle des Falles genügend Leute anwesend sind, um Hilfe leisten zu können. Während das Team mit dem gestürzten Partner sich darauf konzentriert, das Seil zu fixieren, kann das zweite Team eine Verankerung im Schnee anbringen und dann bei der Rettung helfen. Hierbei steht dann sogar ein zweites Seil zur Verfügung.

### Anseilen

Jeder Bergsteiger seilt sich in seinem Sitzgurt an. Bei Gletscherunternehmungen muß jede Person zusätzlich einen Brustgurt tragen. Details hierzu sind in Kapitel 6 beschrieben. Im folgenden seien lediglich einige generelle Anmerkungen zum Anseilen auf Gletschern und zur Größe der Seilschaften gegeben:

Die **Dreierseilschaft** ist die normale Größe für Unternehmungen auf mäßig anspruchsvollen Gletschern. Der mittlere Partner bindet sich dabei in Seilmitte ein, normalerweise mit einem Achterknoten und Schraubkarabiner im Sitzgurt. Die beiden anderen seilen sich an jeweils einem Seilende ein – und zwar bindet man direkt mit einem gesteckten Achterknoten ohne zwischenliegendem Karabiner in den Sitzgurt ein.

In einer **Viererseilschaft** wird das Seil gedrittelt. Zwei Bergsteiger seilen sich an den Enden an, die anderen beiden an jeweils einem der mittleren Drittelpunkte.

**Zweierseilschaft:** Auch wenn eine Dreierseilschaft bei mäßig schwierigen Gletschern bevorzugt werden sollte, wird es immer wieder unvermeidlich sein, daß lediglich zwei Personen zusammen unterwegs sind. In diesem Falle ist es am sinnvollsten, nur einen Teil des Seiles zu benutzen, um nicht das gesamte Seil durch den Schnee schleifen zu müssen. Jeder der beiden Partner bindet sich etwa 10 m vom Seilende entfernt ein. Danach nimmt er das lose Seilende auf und befestigt es auf dem Rucksack oder legt es um die Schultern. Hierdurch stört das Seil wenig beim Klettern, ist jedoch im Falle von Hilfeleistungen sofort griffbereit.

### Seilbedienung

Das Seil sollte straff geführt werden und keine Schlingen aufweisen. Dies ist die allerwichtigste Regel zur Seilanwendung auf einem Gletscher. Ein Seil, welches vollständig zwischen den Bergsteigern gestrafft ist, ist die wichtigste Versicherung gegen einen weiten Sturz in eine tiefe Spalte. Ein lasches Seil bedeutet zwangsweise, daß man tiefer stürzt, wodurch man zusätzlich Gefahr läuft, daß man an den Spaltenwänden oder im Spaltengrund aufschlägt und sich dadurch verletzt.

Um das schlaffe Hängen des Seiles möglichst zu vermeiden, sollte der Seilerste sein Tempo auf die Möglichkeiten der folgenden Kameraden einstellen. Im Gegenzug müssen der Seilzweite und alle weiteren Seilschaftsmitglieder ihr Tempo so ausrichten, daß das Seil hinter dem Seilersten und zwischen allen weiteren Personen gestreckt bleibt. Jedoch müssen sie gleichzeitig darauf achten, daß kein heftiger Zug ausgeübt wird. Ein plötzlich gestrafftes Seil kann dadurch gefährlich werden, da es den Seilersten unverhofft zurückzieht. Besondere Aufmerksamkeit ist nötig, wenn Richtungsänderungen anstehen, da hier ganz besonders die Gefahr besteht, daß sich Seilschlingen bilden, sobald der Vordermann die neue Richtung einschlägt. Befindet man sich selbst jedoch an dem Punkt der Richtungsänderung, wird das Seil sich sehr plötzlich heftig straffen, falls der Vordermann nicht daran denkt, daß der Hintermann den Bogen ausgehen muß. Dies bedeutet also, daß bei Richtungsänderungen die Seilschaftsmitglieder abhängig vom Seilverlauf die Gehgeschwindigkeit entsprechend anpassen müssen. Dies wird deutlich einfacher, wenn man für die Biegung die Spur des Seilersten verläßt und in direkterer Linie steigt.

*Tip:* Vergiß niemals die Sicherheit, wenn ihr einen Pausenplatz oder ein Camp erreicht. Das Seil muß straff bleiben, bis das Gebiet auf mögliche versteckte Gletscherspalten untersucht wurde. An einem Lagerplatz markiert man die Grenzen des sicheren Bereiches. Wenn ein sicherer Rast- oder Lagerplatz verlassen wird, muß sofort entsprechend gesichert werden.

Eine weitere Technik des Seilmanagementes besteht darin, darauf zu achten, daß das Seil rechtwinkelig zu den Gletscherspalten verläuft. Hierdurch wird es unwahrscheinlicher, daß zwei Bergsteiger gleichzeitig in dieselbe Spalte fallen, da sie zu nahe am Spaltenrand entlanggegangen sind. Für eine Seilschaft bedeutet dies, daß sie, falls sie parallel zu größeren Spalten geht, unter Umständen einen wesentlich größeren Sturz des Ersten halten muß, schlimmstenfalls liegt dann die gesamte Seilschaft in der Spalte. Daher sollten auch hier die folgenden Seilschaftsmitglieder nicht in den Spuren des Ersten gehen. Statt dessen sollten sie unterhalb des Seilersten parallel zu diesem ihre eigene Spur legen und sich bemühen, einen rechtwinkelig zur Spalte gerichteten Seilverlauf zu gewährleisten.

Außerdem läßt sich dadurch die Sicherheit erhöhen, wenn man Gletscher überquert – auch dann, wenn keine Spalte sichtbar ist. Eine Traversierung bringt Personen zwangsläufig in die bevorzugte Verlaufsrichtung von Gletscherspalten. Auch hier können der Zweite und Dritte ihre eigene Spur legen und talseits des Seilersten gehen. So kann das Seil rechtwinkelig zur vermutlich bevorzugten Spaltenrichtung laufen.

## Auskunftschaften von Gletscherspalten

Der erste Schritt bei der Entdeckung einer Gletscherspalte ist, zu ahnen, wo überhaupt welche sein könnten. Manchmal hat man bereits vor der Tour Fotos zur Verfügung, die man sich gut anschauen sollte, da der Spaltenverlauf beziehungsweise die Lage der Spalten über Jahre hinweg häufig ziemlich konstant ist.

Während des Anmarsches sollte man darauf achten, ob sich ein guter Blick über den Gletscher ergibt, bevor man ihn erreicht. Man kann eine mögliche Route bereits sehen, lange bevor man sie erreicht hat. Unter Umständen macht man sich bei komplizierteren Verläufen Notizen oder Skizzen der wichtigsten Spaltenzonen sowie der Geländemarken und des Routenverlaufes.

Der Blick aus der Entfernung ist nützlich, jedoch sollte man trotzdem auf Überraschungen vorbereitet sein. Was von weitem als schmaler Riß aussah, kann aus der Nähe ein unergründlicher Schlund sein, und große Gletscherspalten können aus dem jeweiligen Blickwinkel heraus unsichtbar gewesen sein. Aus diesem Grunde sollte man von vornherein nach Alternativrouten suchen.

Einmal auf dem Gletscher, handelt es sich um ein ständiges Suchspiel nach Spalten. Auch wenn man sie nicht sehen kann, heißt das noch lange nicht, daß keine vorhanden sind. Hier sind einige wichtige Tips, um Spalten zu finden:

- Achte auf abgesenkte Bereiche im Schnee, welche anzeigen, daß die Schwerkraft auf den

Schnee, der eine Gletscherspalte verdeckt, gewirkt hat. Diese Rinnen fallen durch einen leichten Unterschied im Schimmer, der Schneeoberfläche oder der Farbe auf.

- Nutze den Vorteil von flach einfallendem Licht am frühen Morgen und am späten Nachmittag, um charakteristische Schatten der beschriebenen Vertiefungen im Schnee zu finden. Unter Umständen sind sie im Streulicht eines Nebels oder in der steil einfallenden Mittagssonne absolut unsichtbar.
- Sei besonders vorsichtig nach Stürmen im Herbst oder im spätem Frühjahr, wenn neuer Schnee Spalten verdeckt haben kann.
- Sei ganz besonders vorsichtig in Bereichen, von denen man weiß, daß sie spaltenreich sind, wie beispielsweise die Umgebung von Nunataks, an der Seite von Gletschern oder dort, wo der Gletscher sich aufsteilt.
- Schaue regelmäßig auf beide Seiten deines Weges, um einen Eindruck zu erhalten, ob sich dort Spalten befinden. Dies kann bedeuten, daß sie auch unterhalb des Schnees auf dem eigenen Pfad kreuzen.
- Bedenke, daß dort, wo eine Spalte ist, häufig noch etliche mehr sind.

Das Sondieren ist eine mögliche Technik, wenn man ein verdächtig aussehendes Gebiet gefunden hat und dieses auf das Vorhandensein von Gletscherspalten untersuchen möchte. Wenn die Sonde eine Spalte findet, wird weiter sondiert, um den Spaltenrand zu finden.

Das Sondieren kann mit dem Eispickel durchgeführt werden, indem man den Schaft auf Armlänge vor sich in den Schnee steckt. Dabei hält man den Pickel senkrecht zur Schneeoberfläche und schiebt ihn mit leichtem Druck hinein. Um eine Sondierung gut durchführen zu können, sollte der Schaftstiel eine einigermaßen einheitliche Oberfläche, vor allem eine einheitliche Dicke aufweisen.

Wenn der Widerstand relativ einheitlich erscheint, hat man festgestellt, daß der Schnee zumindest bis zu einer Tiefe, welche der Länge des Pickelschaftes entspricht, einigermaßen homogen ist. Wenn der Widerstand plötzlich nachlassen sollte, hat man möglicherweise ein Loch gefunden. Falls der Weg in diese Richtung fortgesetzt werden muß, wird mit weiterem Einstechen des Pickels versucht, die Größe des Loches herauszufinden. Sinnvollerweise öffnet der Seilerste das Loch ein wenig, um es so für alle folgenden Kameraden kenntlicher zu machen. Auf häufig begangenen Routen, insbesondere auf Expeditionen, wird ein solcher Gefahrenpunkt mit Fähnchen markiert.

Der Wert des Sondierens hängt von der eigenen Erfahrung und dem Fachwissen ab, welches vonnöten wird, um den wechselnden Widerstand der Schneeschichten richtig zu interpretieren. Ein unerfahrener Bergsteiger kann unter Umständen den Eindruck haben, daß der Pickelschaft durch eine Schneebrücke in einen Hohlraum eingebrochen ist, in Wahrheit hat er lediglich eine darunterliegende Lockerschneeschicht durchstoßen.

Die Länge des Pickels ist der limitierende Faktor beim Sondieren. Der Seilschaftserste kann natürlich auch eine Lawinensonde mitführen, welche leichter, länger und dünner ist als der Pickel und somit ein leichteres und tieferes Sondieren ermöglicht.

## Das Überqueren von Gletscherspalten

Zum Überqueren von Gletscherspalten stehen Bergsteigern mehrere Möglichkeiten zur Verfügung.

### Umgehen

Wenn man eine Gletscherspalte nahe an ihrem Ende erreicht, ist der sicherste Weg, dieses Ende zu umgehen (Abb. 13-3). Dies kann auf entsprechend großen Gletschern auch bedeuten, daß ein Umweg von insgesamt 500 m eine Seilschaft lediglich 20 m bezüglich ihres direkten Aufstieges weiterbringt. Trotzdem ist dies oft der bessere Weg als eine direkte Konfrontation mit der Gletscherspalte.

Im späten Sommer, wenn der Winterschnee abgeschmolzen ist und der Gletscher aper (d. h.: schneefrei) liegt, kann man das wahre Ende einer Gletscherspalte in der Regel sicher erkennen. Aber falls noch frischer Schnee den Gletscher bedecken sollte, bedeutet das sichtbare Ende eines Risses in der Oberfläche bei weitem nicht, daß hier die Spalte auch tatsächlich endet. Man muß daher unbedingt einen weiten Bogen um diese Ecke herumführen und vorsichtig sondieren.

## Schneebrücken

Wenn das Umgehen der Spalte unpraktisch oder unmöglich sein sollte, sucht man nach einer Brücke (Abb. 13-4). Die häufigsten Brücken entstehen durch Schnee, welcher beide Kanten der Gletscherspalte verbindet. Andere, zum Teil abenteuerlich aussehende Brücken sind in Wahrheit ganz dünne Verbindungen aus Eis zwischen zwei Gletscherspalten. Diese Verbindun-

**(13-3) Umrundung einer Gletscherspalte. Das Seil wird straff gehalten, indem der Seilzweite nicht den Spuren des Seilersten folgt.**

**(13-4) Überqueren einer Spaltenbrücke unter Seilsicherung.**

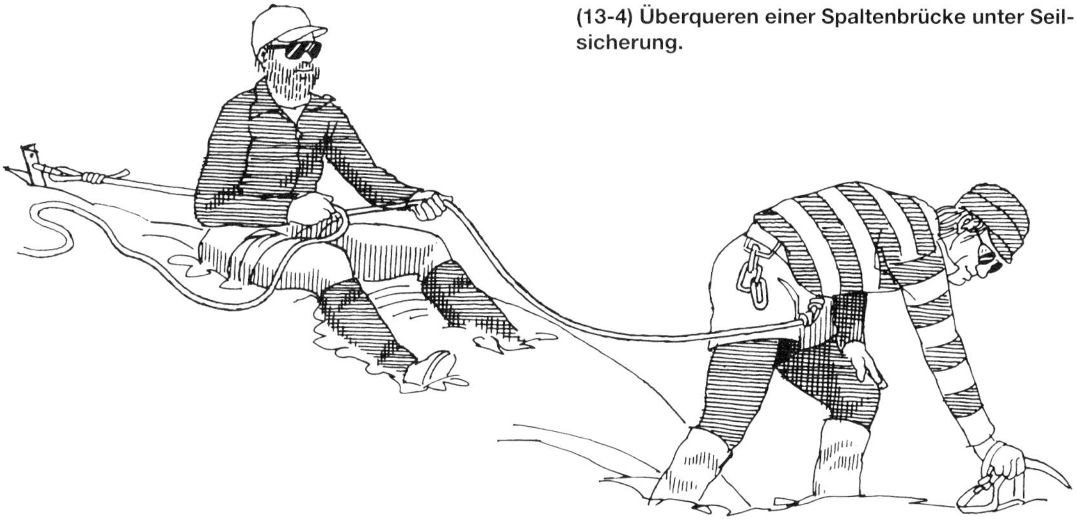

gen können bis weit hinunter in den Gletscher reichen.

*Tip:* Untersuche eine Brücke sehr vorsichtig und versuche sie auch von seitwärts in Augenschein zu nehmen, bevor du Vertrauen in sie setzt. Wenn man Zweifel hegt, muß der Seilerste bereits zum Sondieren entsprechend gesichert werden, gegebenenfalls über einen Fixpunkt im Schnee. Nachdem der Seilerste die Spalte gequert hat, kann man exakt seinen Spuren folgen. Währenddessen wird man von beiden Seiten gesichert, falls man die mittlere Person eines Dreierteams ist. Zuletzt sichern die beiden Ersten den Letzten hinüber.

Die Stärke von Schneebrücken variiert extrem mit den jeweiligen Temperaturbedingungen. Ein Bogen, welcher in einem kalten Winter oder in den frühen Morgenstunden einen Lastwagen tragen könnte, kann in der Nachmittagssonne unter Umständen unter dem Eigengewicht einstürzen. Jede Brücke muß daher mit äußerster Vorsicht überquert werden. Keinesfalls darf man von vorneherein annehmen, daß eine Brücke, die während des morgendlichen Aufstieges gut gehalten hat, auch beim Abstieg am Nachmittag noch stabil ist.

**Springen**

Die letzte Technik, um eine Gletscherspalte zu überqueren, ist das darüber Hinwegspringen (Abb. 13-5). Die meisten Sprünge über Gletscherspalten sind kurze, einfache Hüpfer. Sollte man das Abenteuer eines weiten Sprunges planen, ist es ratsam, vorher alle Alternativen überprüft zu haben und darauf zu achten, daß man gut gesichert ist.

Vor jedem weiten Sprung sollte der Rucksack abgelegt werden. Während man gesichert ist, sondiert man, um die wahre Kante der Spalte zu finden. Wenn man einen Anlauf braucht, tritt man den Schnee vorher nieder, um besser laufen zu können. Als abschließende Vorbereitung zieht

**(13-5) Überspringen einer Gletscherspalte (Sicherung nicht mit eingezeichnet).**

man Parka, Handschuhe und Mütze an, überprüft die Prusikschlingen und den Sitzgurt und legt eine Seilschlinge bereit, welche groß genug ist, um einem den Sprung über die Spalte auch zu ermöglichen. Dann springt man mit dem Eispickel bereits in einer Position, welche es jederzeit ermöglicht, ihn zur Pickelrettungstechnik einzusetzen. Dies wird immer dann nötig werden, wenn man etwas zu kurz springt, aber noch mit dem Pickel das Oberende der Spalte erreichen kann.

Wenn das Seil zur anderen Spaltenseite herübergebracht wurde, tragen die nachfolgenden ein wesentlich geringeres Risiko. Das Sicherungsseil kann jederzeit einen Springer, welcher zu kurz gesprungen ist, zum Ziel hinaufzuziehen.

Ganz besondere Vorsicht und Überlegung sollte man dann walten lassen, wenn der Sprung von einer höheren Spaltenkante hinunter auf eine niedrigere führt, was insbesondere beim Abstieg über Bergschründe der Fall ist. Man kann sich hier unter Umständen erheblich verletzen. Wenn man in einer solchen Situation springt, hält man die Füße leicht gestreckt, um später bessere Balance zu haben. Die Knie sind leicht gebeugt, um den Aufschlag abzufangen; der Pickel wird dabei zur Pickelrettungstechnik bereitgehalten.

## Spaltenrettung

Die Tiefe einer großen Gletscherspalte bietet dem Betrachter eine gigantische Schönheit, sowohl faszinierend als auch abschreckend. An einem schönen Tag schimmern die Wände oft in einem weichen Blau, welches durch das hindurchfallende Tageslicht entsteht, und der Hohlraum ist kühl und leise wie eine Kirche oder Höhle. Das ist ein Ort, welchen jeder Bergsteiger mindestens einmal in seinem Leben besucht haben sollte, um Spaltenrettungstechniken zu lernen und zu üben. Aber wenn er wiederkehrt, sollte er das in einer Gruppe tun, welche all jene Rettungstechniken beherrscht, die wir in diesem Kapitel beschreiben.

### Was tun bei einem Spaltensturz?

Man stelle sich vor, daß man die mittlere Person einer Dreierseilschaft ist, welche auf einem mäßig geneigten Gletscher unterwegs ist. Der Partner, welcher etwa 15 m vor einem geht, verschwindet plötzlich im Schnee. Was ist zu tun?

*Tip:* Auf keinen Fall anhalten und lange nachdenken! Deine Reaktion kann nur so aussehen: Sich sofort in die Bremsposition der Pickelrettungstechnik fallenlassen, dabei muß das Gesicht von der Fallrichtung wegzeigen. Dies bietet die bestmögliche Chance, den Sturz zu halten. Der Bergsteiger am Seilende wird genauso reagieren. Details zu dieser Bremsstellung sind in Kapitel 12 beschrieben.

Im Anschluß daran wird man mit dem Partner, welcher das Seil ebenfalls straff hält, und gegebenenfalls unter zusätzlicher Hilfe weiterer Seilschaften die Rettungsaktion beginnen, wobei man mit dem gestürzten Freund zusammenarbeitet. Die grundlegenden Schritte, beginnend mit dem Moment des Sturzes, sind folgende (Abb. 13-6):

1. Halte den Sturz.
2. Baue einen Fixpunkt.
3. Hänge das Seil am Fixpunkt ein.
4. Nimm Kontakt mit dem Gestürzten auf.
5. Spreche das weitere Vorgehen ab.

**Bau eines Fixpunktes**

Wenn der Sturz gehalten wurde (Abb. 13-6 a), hält der mittlere einer Dreierseilschaft das Gewicht des gestürzten Kletterers. Der Seilschaftsletzte löst sich vorsichtig aus seiner Bremsstellung und achtet darauf, daß der mittlere das Gewicht auch alleine halten kann. Danach beginnt er sofort damit, eine Verankerung im Schnee anzubringen (Abb. 13-6 b). Wenn weitere Seilschaften vorhanden sind, können natürlich auch beide in der Halteposition bleiben, während das andere Team den Fixpunkt errichtet.

Der Fixpunkt liegt normalerweise zwischen dem Mittleren der Gruppe und dem Spaltenrand. Dies ist deshalb sinnvoll, da ein Fixpunkt am Seilende es dem Seilmittleren unter Umständen unmöglich macht, sich später aus dem Seilzug zu befreien. Man benötigt eine bombensichere Verankerung, da nicht nur ein Leben daran hängen wird. Was auch immer man als Verankerung auswählt – es muß schnell gehen, jedoch nicht zugunsten von fragwürdigen Kompromissen.

Solide Verankerungen können folgendermaßen hergestellt werden können:

Pickel, welche in den Schnee gerammt wer-

(13-6) Ablauf einer Spaltenrettung: a) Halten des Spaltensturzes; b) Anbringen einer Verankerung und Befestigen des Seiles in dieser; c) Kontaktaufnahme mit dem gestürzten Kletterer (die Verankerung, über die der Kletterer mittels Stiefel-Pickelsicherung zum Spaltenrand gesichert wird, ist aus Gründen der Übersichtlichkeit nicht mit eingezeichnet).

den; Eisschrauben in solidem Eis; Firnanker; Pickel oder Skier als «Toter Mann» im weichen Schnee. Idealerweise werden zwei voneinander unabhängige Verankerungen gebaut und mit einer Ausgleichsschlinge verbunden. Ein einzelner Pickel, welcher senkrecht in den Schnee gesteckt wird, ist nicht ausreichend, um die Belastung einer Rettungsoperation zu halten.

**Verankerung des Seiles**

Der Bergsteiger, welcher die Verankerungen gebaut hat, hängt anschließend eine kurze Schlinge mittels Prusikknoten, Bachmannknoten oder einer Seilklemme ein und befestigt sie danach in der Verankerung (Abb. 13-6 b). Der Knoten oder die Steigklemme wird dann am Seil hinuntergeschoben, bis die Schlinge straff ist. Nun kann jeder, der noch in Bremsstellung das Seil gehalten hat, dieses entlasten und dadurch das Gewicht auf die Verankerung übertragen. Dieses sollte langsam geschehen um sicherzustellen, daß der Anker solide ist und auch der Klemmknoten bzw. die Steigklemme am Seil zuverlässig fassen. Beim Errichten des Fixpunktes sollte man mit berücksichtigen, daß ein Prusikknoten bei der späteren Seilhandhabung deutlich aufwendiger werden kann als der leichter zu lösende Bachmannknoten oder die besonders gut zu bedienenden Seilklemmen.

**Kontaktaufnahme mit dem Opfer**

Man sichert einen Helfer an den Spaltenrand, damit man einen Überblick über die Situation des Betroffenen erhält (Abb. 13-6 c). Der Helfer kann von einem Kameraden über eine Verankerung gesichert werden. Alternativ kann er auch mittels Selbstsicherung in Form eines Prusikknotens, welcher am straffen Seil des Gestürzten entlanggeführt wird, den Spaltenrand erreichen. Unterwegs prüft der Helfer den Untergrund und sondiert insbesondere dabei die Schneeoberfläche, ob weitere Gefahren für den Rest der Hilfsaktion drohen.

Der Helfer wird auf jeden Fall versuchen, in Rufkontakt mit dem Gestürzten zu kommen. Wenn er keine Antwort erhalten sollte, kann sich eine Person in die Spalte abseilen oder hinabgelassen werden, um dem Gestürzten zu helfen. Wenn dagegen eine Antwort erhalten wird, kann der Helfer fragen, ob der Gestürzte zusätzliche Kleidung benötigt, ob Verletzungen vorliegen, ob er in der Lage ist, in die Prusikschlingen zu steigen usw. Die Person, welche gestürzt ist, sollte in der Lage sein, zu entscheiden, ob eine Selbstrettung die beste Alternative ist – entweder durch Eisklettern bei Sicherung von oben oder Prusiken am eigenen Seil –, oder ob zusätzliche Hilfe von oben notwendig ist.

**Ausarbeitung eines Rettungsplanes**

Mit all den Informationen und den bisherigen Maßnahmen ist man nun an dem Punkt angelangt, an dem es gilt, den Betroffenen aus der Spalte herauszubringen. Es stehen hierzu eine ganze Menge an Methoden zur Auswahl, wie man später noch sehen wird. Man bedient sich zweckmäßigerweise derjenigen, welche einem im speziellen Fall als die praktikabelste erscheint. Dies hängt davon ab, in welchem körperlichen Zustand sich alle Beteiligten befinden, wie viele Hilfspersonen vorhanden sind, welche Ausrüstung zur Verfügung steht usw. Man wählt sozusagen die beste Methode unter dem Aspekt der Einfachheit, Geschwindigkeit und Sicherheit aus.

Grundsätzlich gilt, daß ein Bergsteiger, welcher in eine Gletscherspalte gefallen ist, nicht unbedingt an demselben Punkt wieder herauskommen muß; manchmal gibt es einen besseren Ausweg. Man überprüft zuerst die Möglichkeit, ob man durch weiteres Ablassen oder Schaukeln in leichteres Gelände, eventuell mit flacheren Spaltenwänden, gelangen kann. So kann auch ein guter Rastplatz erreicht werden, während die Kameraden auf der Gletscheroberfläche die weiteren Maßnahmen vorbereiten. Bevor man das

Opfer weiter abläßt, sollte man jedoch unbedingt überprüfen, ob der Spaltengrund solide erscheint. Hier bietet sich oft ebenfalls ein Rastplatz, ein möglicher bequemer Weg zu einem leichteren Ausgang oder gar eine Schneerampe zur Oberfläche an.

Welche Rettungsmaßnahme man auch ergreift – man muß immer darauf achten, daß das Seil am Spaltenrand unterstützt wird, um zu vermeiden, daß es durch das Gewicht tief in den Schnee hineingerissen wird. Ein stark eingeschnittenes Seil wird sowohl die Bemühungen der Helfer sabotieren als auch den Betroffenen hindern, über die Spaltenkante zu steigen. Auch wird es dem Gestürzten kaum möglich sein, die Prusikknoten über ein eingeschnittenes Seil hinwegzuschieben. Um das Seil an der Kante zu unterstützen, schiebt man von seitwärts einen Eispickelschaft, einen Ski oder irgendein anderes relativ glattes, stabiles Ausrüstungsstück unter das Seil. Dieser Gegenstand sollte verankert werden, so daß er nicht in die Spalte hinunterfallen kann.

Während der Rettungsmaßnahmen muß jeder auf der Gletscheroberfläche an der Verankerung fixiert sein oder aber mittels Prusikschlinge am Lastseil gesichert sein. Wenn die Seilschaft groß genug ist, sollte eine Person das Abstützen und Überwachen der Verankerung übernehmen. Falls notwendig, werden weitere Verankerungen gebaut.

Immer sollte man an denjenigen denken, den man retten möchte. Das heißt zunächst, daß man es möglichst vermeidet, Schnee oder Eis in die Spalte hinabzuschütten. Möglichst ununterbrochen sollte Sprechkontakt zu dem Gestürzten bestehen. Man gibt ihm aktuelle Informationen über den Verlauf der Maßnahmen und nimmt auch seine Ideen auf, welche dazu beitragen können, die Rettungsaktion flüssiger ablaufen zu lassen.

**In der Spalte**

Während die Helfer oben heftig arbeiten, hat die Person in der Spalte auch einiges zu tun. Folgendermaßen kann man sich auf die Hilfsmaßnahmen der Kameraden vorbereiten:

**Man befestigt die Prusikschlinge** am Seil und kann so zwischen dem Stehen in der Schlinge und dem Sitzen im Klettergurt wechseln, wenn man frei hängen sollte. Dies wird deutlich komfortabler sein; auch kann man sich so auf das Heraussteigen mittels der Prusikschlingen vorbereiten, wenn dies der bestmögliche Ausweg ist. Details zur Selbstrettung mittels Prusikschlingen folgen später in diesem Kapitel.

**Man hängt einen zusätzlichen Karabiner** zwischen Brustgurt und Seil ein, wenn dies nicht zuvor schon geschehen ist. Hierdurch fällt es leichter, in aufrechter Position zu verbleiben.

**Man entledigt sich des Rucksacks und des Eispickels.** Dies kann möglich sein, indem man beides in ein von oben heruntergelassenes Seilende einhängt. Alternativ kann man den Eispickel am Sitzgurt einhängen, wobei man ihn so hinunterhängen läßt, daß er nicht bei den weiteren Bewegungen stört. Bezüglich des Rucksacks hat man die Möglichkeit, daß man eine Schlinge in den Schultergurt einschlauft und diese mit einem Karabiner im Seil einhängt. Dies sollte direkt oberhalb des Sitzgurtes passieren, jedoch unterhalb der Prusikschlingen. Danach wird der Rucksack knapp unterhalb hängen. Später, wenn man mittels Prusikschlingen oder Seilklemmen aufsteigt, wird das Rucksackgewicht an einer Seilschlaufe unterhalb hängen, wodurch der Aufstieg am gestrafften Seil erleichtert wird.

**Unbedingt sollte man warm bleiben.** Tip: Schließe den Parka und nutze Mütze und Handschuhe. Falls möglich, ziehe weitere schützende Kleidung an.

## *Selbstrettungstechniken*

Selbstrettung ist häufig der leichteste und schnellste Weg aus der Spalte. Dies gilt insbesondere für kleine Seilschaften, welche nur begrenzte Muskelkraft entwickeln können, um einen Partner aus der Spalte zu ziehen, oder welche sich am Boden festkrallen müssen, da sie das Seil halten. Vor allem in einer Zweierseilschaft bleibt einem oft nichts anderes übrig, als sich selbst zu retten. Darüber hinaus hat die Selbstrettung den zusätzlichen Vorteil, daß der Gestürzte aktiv und warm bleibt.

In manchen Fällen ist es möglich, eine Spaltenwand zu erklettern, während man von oben Seilsicherung erhält. Alternativ dazu kann man an dem Seil aufsteigen, welches den Sturz gehalten hat. Zwei gute Selbstrettungstechniken zum Aufstieg am Seil sind verfügbar – nämlich der im angloamerikanischen Sprachraum »Stair-Step-Prusik« und die dort »Texas-Prusik« genannte Technik. Gemeinsam haben sie beide eine zusätzliche Seilschlinge, welche im Seil mittels Prusikknoten eingehängt ist. Natürlich funktionieren sie auch mit dem Bachmannknoten; dieser schließt einen Karabiner ein, welcher einen guten Handgriff hergibt, um die Knoten zu lösen und die Schlingen hinaufzuschieben. Mechanische Seilklemmen können ebenfalls anstatt von Klemmknoten genutzt werden.

Wenn man Schlingen aus Schlauchband benutzt, ist der Klemheistknoten eine gute Alternative, da er bei diesem Material eine bessere Klemmwirkung erzeugt als der Prusik- oder Bachmannknoten.

Niemals sollte man mit dem Aufstieg beginnen bis man ein »o.k.« von oben erhält. Die eigene Bewegung könnte die Arbeit der Partner stören, welche sich unter Umständen gerade

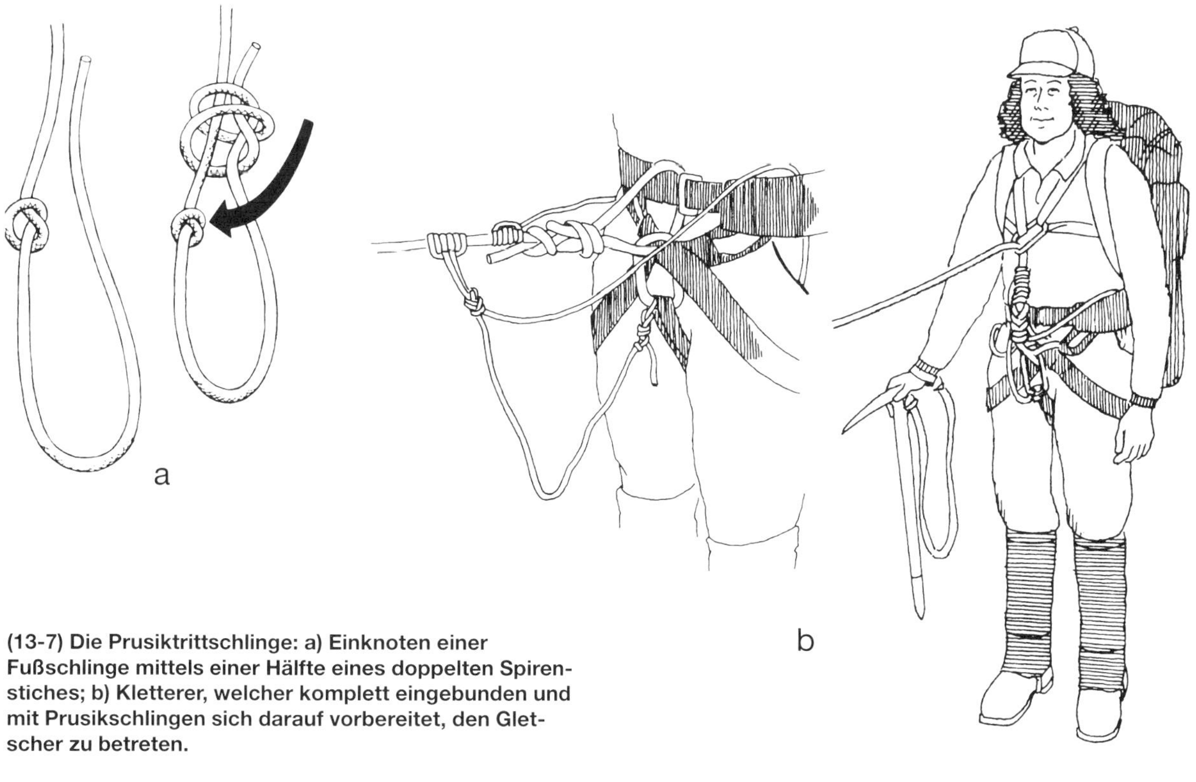

**(13-7) Die Prusiktrittschlinge: a) Einknoten einer Fußschlinge mittels einer Hälfte eines doppelten Spirenstiches; b) Kletterer, welcher komplett eingebunden und mit Prusikschlingen sich darauf vorbereitet, den Gletscher zu betreten.**

große Mühe geben, das Gewicht zu halten, um die Verankerung zu bauen.

**Der »Stair-Step-Prusik«**

Bei dieser Technik wird eine separate Prusikschlinge für jedes Bein benutzt. Man kann sich diese Schlingen aus insgesamt ca. 8 m Reepschnur von 6 mm Dicke selbst herstellen. Um sie auf die richtige Länge einzustellen, muß man einige Experimente durchführen. Als Näherungswert kann man mit Schlingen folgender Länge beginnen: eine mit der Länge von den Füßen bis zu den Ohren, die kürzere von den Füßen bis zum Ellenbogen.

Jede Schlinge besteht aus einem Schnurstück, in welches gleichgroße Schlingen an beiden Enden eingebunden werden. Eine Schlinge wird später die Prusikschlinge sein, welche mit einem Prusik- oder Bachmannknoten in das Seil eingebunden wird. Die andere ist die Fußschlinge; daher muß sie groß genug sein, um über den Bergstiefel gestreift zu werden, inklusive über die Steigeisen und möglicherweise auch Übergamaschen. Um das Verrutschen der Schlinge durch die Belastung zu vermeiden, was das Unterbrechen der Blutzirkulation im Fuß bedeuten könnte, ergänzt man einen Überhandknoten im Seil (Abb. 13-7 a und b).

Bei der längeren Schlinge muß man etwas anders vorgehen. Man läßt einen ca. 1,5 m langen Seilschwanz übrig, nachdem man die Schlinge, welche später zum Anfertigen der Prusikschlinge benutzt wird, eingefügt hat. Am Ende dieses Seilschwanzes bindet man eine kleine Sackstichschlinge ein. Wenn man die Prusikschlinge benutzt, hängt man diese kleine Schlinge am Sitzgurt ein; sie dient so als Sicherungsschnur, welche einen auffängt, falls beide Füße aus den Prusikschlingen herausrutschen sollte.

Bevor man nun den Gletscher betritt, befestigt man die Prusikschlingen am Seil, so daß die Schlingen für den Fall eines Notfalles sofort eingesetzt werden können. Man bindet die Schlingen dort in das Seil ein, wo das Kletterseil den Knoten, mit welchem es am Gurt befestigt ist, verläßt; die längere Schlinge wird körperfern eingebunden. Außerdem sollte die längere Schlinge durch den Brustgurt hindurchgeführt werden. Das lose Ende beider Schlingen wird in die Taschen gesteckt – so können sie sofort herausgezogen werden und man kann mit den Füßen hineintreten.

Falls man Seilklemmen statt Prusikschlingen nutzt, werden diese griffbereit am Sitzgurt mitgeführt, die Trittschlingen werden wie beschrieben in die Taschen gesteckt. Nach einem Spaltensturz klinkt man die Seilklemmen in das Bergseil ein.

Folgendermaßen wird am Seil aufgestiegen (Abb. 13-8):

1. Man zieht die Trittschlingen aus den Taschen, streift sie über die Stiefel und zieht die Schlingen durch Hinaufschieben des Prusikknotens straff.
2. Man stellt sich in die kürzere Prusikschlinge.
3. Das Bein der längeren Schlinge wird gehoben, der Prusikknoten gelockert und am Seil hinaufgeschoben bis die Schlinge wieder gestrafft ist.
4. Man richtet sich in der längeren Schlinge auf, wobei das gesamte Körpergewicht in diese verlagert wird.
5. Das Bein der kürzeren Schlinge wird angehoben, ihr Knoten gelockert und unter den Knoten der längeren Schlinge geschoben.
6. Erneutes Aufrichten in der kürzeren Schlinge.
7. Der Vorgang wird fortgesetzt und man steigt am Seil hoch, in der Art, wie man eine Trittleiter hinaufsteigen würde.

## *Der »Texas-Prusik«*

Hierbei handelt es sich um eine Alternativmethode, mittels zweier Schlingen am Seil aufzustei-

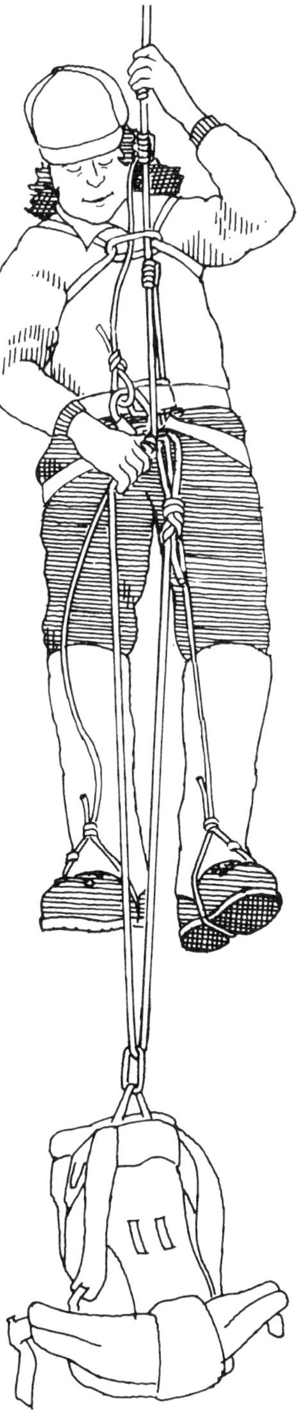

(13-8) Aufklettern am Seil unter Benutzung der Prusiktrittschlingen.

gen; aber in diesem Falle wird mit nur einem Fuß in eine Schlinge getreten, während die andere direkt mit dem Sitzgurt verbunden ist (Abb. 13-9). Die Fußschlinge hat jeweils eine separate Sackstichschlinge für jeden Stiefel (obwohl natürlich auch mit zwei Füßen in eine größere Schlinge hineingetreten werden kann).

Ähnlich wie bei der zuvor beschriebenen Methode werden die Schlingen am Bergseil befestigt, bevor man den Gletscher betritt. Die Sitzschlinge sollte bis etwa Kopfhöhe reichen, wenn man den Prusikknoten hinaufgeschoben hat. Die Schlinge für die Füße wird in Höhe des Sitzgurtes so angebracht, daß der Prusikknoten sich ungefähr in Hüfthöhe befindet, wenn man gerade in der Schlinge steht. Sicherheitshalber kann man eine zusätzliche Schlinge zwischen dem Oberende der Beinschlinge und dem Verschlußkarabiner am Sitzgurt anbringen. Die richtige Schlingenlänge für die individuelle Körperlänge muß durch Experimentieren herausgefunden werden.

Folgendermaßen steigt man mittels Texas-Prusik aus einer Gletscherspalte (Abb. 13-10):

1. Die Fußschlingen werden aus der Tasche gezogen und jeweils über einen Stiefel geschoben. Sollte man nur eine einzelne Fußschlinge benutzen, stülpt man diese über einen Fuß.
2. Aufrichten in der Trittschlinge.
3. Lockern der Prusikschlinge, welche am Sitzgurt befestigt ist. Danach wird diese soweit als möglich am Seil hinaufgeschoben.
4. Man setzt sich in den Sitzgurt und verlagert so das gesamte Körpergewicht auf die Prusikschlinge des Sitzgurtes.
5. Der Prusikknoten der Beinschlinge wird gelockert und am Seil hinaufgeschoben.
6. Erneut richtet man sich in den Beinschlingen auf.
7. Der Vorgang wird wie beschrieben fortgesetzt.

Der Texas-Prusik ist ein einfaches System, welches die Überwindung einer größere Distanz pro Einzelablauf ermöglicht als die zuerst beschriebene Methode. Ein Bergsteiger mit einem verletzten Bein kann ebenfalls aufsteigen, da die Technik auch mit lediglich einem Bein praktikabel ist. In sehr engen Spalten ist diese Methode allerdings schwieriger durchführbar als die zuerst beschriebene.

Bei beiden beschriebenen Techniken benutzen einige Kletterer Expreßschlingen anstatt konventioneller Prusikschlingen. Hierdurch ist es möglich, in die einzelnen kürzeren Schlingen hineinzutreten, was insbesondere dann von Vorteil sein kann, wenn das Seil tief in den Schnee des Spaltenrandes eingeschnitten hat.

## *Rettungen in Seilschaft*

In gewisser Weise sind alle Rettungsmanöver Rettungen in Seilschaft, da der Gestürzte in den meisten Fällen auch bei Selbstrettungstechniken einiger Hilfe bedarf. Allerdings versteht man unter dem Begriff der Mannschaftsrettung das Durchführen einer Rettungsmaßnahme durch die gesamte Seilschaft. Im folgenden werden einige grundlegende Techniken hierzu beschrieben.

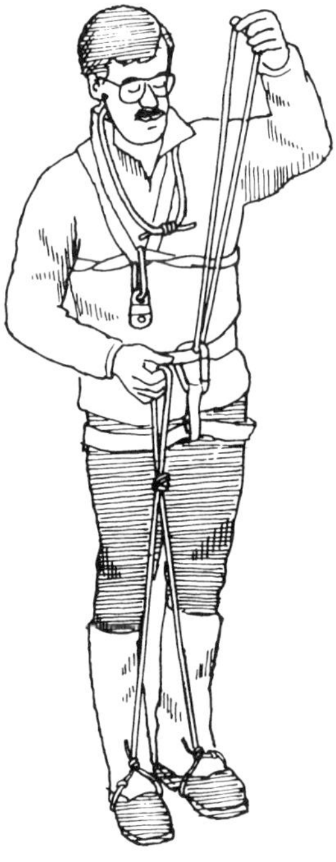

**(13-9) Dimensionierung der Schlingen für die Texasprusiktechnik.**

### Mannschaftszug

Hierbei handelt es sich um eine einfach zu verstehende Technik. Man greift lediglich das Seil und zieht. Es handelt sich um eine exzellente Methode, wenn große Gruppen unterwegs sind, da sie schnell und unkompliziert durchführbar ist, nur ein Minimum an Ausrüstung benötigt und ohne jegliche Hilfe durch den gestürzten Kletterer durchführbar ist. Am besten funktioniert diese Technik, wenn etwa sechs Helfer am Seil ziehen können und wenn das Gelände relativ eben ist bzw. die Zugmannschaft talwärts steht.

Nachdem die Helfer einen Fixpunkt geschaffen haben, wird Kontakt zum Gestürzten aufgenommen und das Seil am Spaltenrand freigelegt. Danach reihen sich die Helfer am straffen Seil auf und fassen es. Das Seil wird eingezogen, indem entweder Hand über Hand gegriffen wird oder aber ohne loszulassen Schritt für Schritt rückwärts gegangen wird.

Ein Helfer beobachtet die Befestigung des Unfallseiles am Fixpunkt, wo es mittels Prusikknoten oder einer Seilklemme eingehängt ist. Wenn das Seil eingezogen wird, sorgt dieser Helfer dafür, daß es korrekt durch die Befestigung läuft und straffgehalten wird. Der Knoten oder die Seilbremse muß jederzeit griffbereit sein damit die Helfer vom Seilzug entlastet werden können, falls sie eine Pause benötigen sollten.

Das Seil wird langsam und gleichmäßig eingezogen – dies gilt insbesondere dann, wenn der Gestürzte den Spaltenrand erreicht. Falls das Seil am Spaltenrand eingeschnitten hat, könnte der Gestürzte ansonsten dadurch verletzt werden, daß die Helfer ihn an die Eiswand ziehen. In

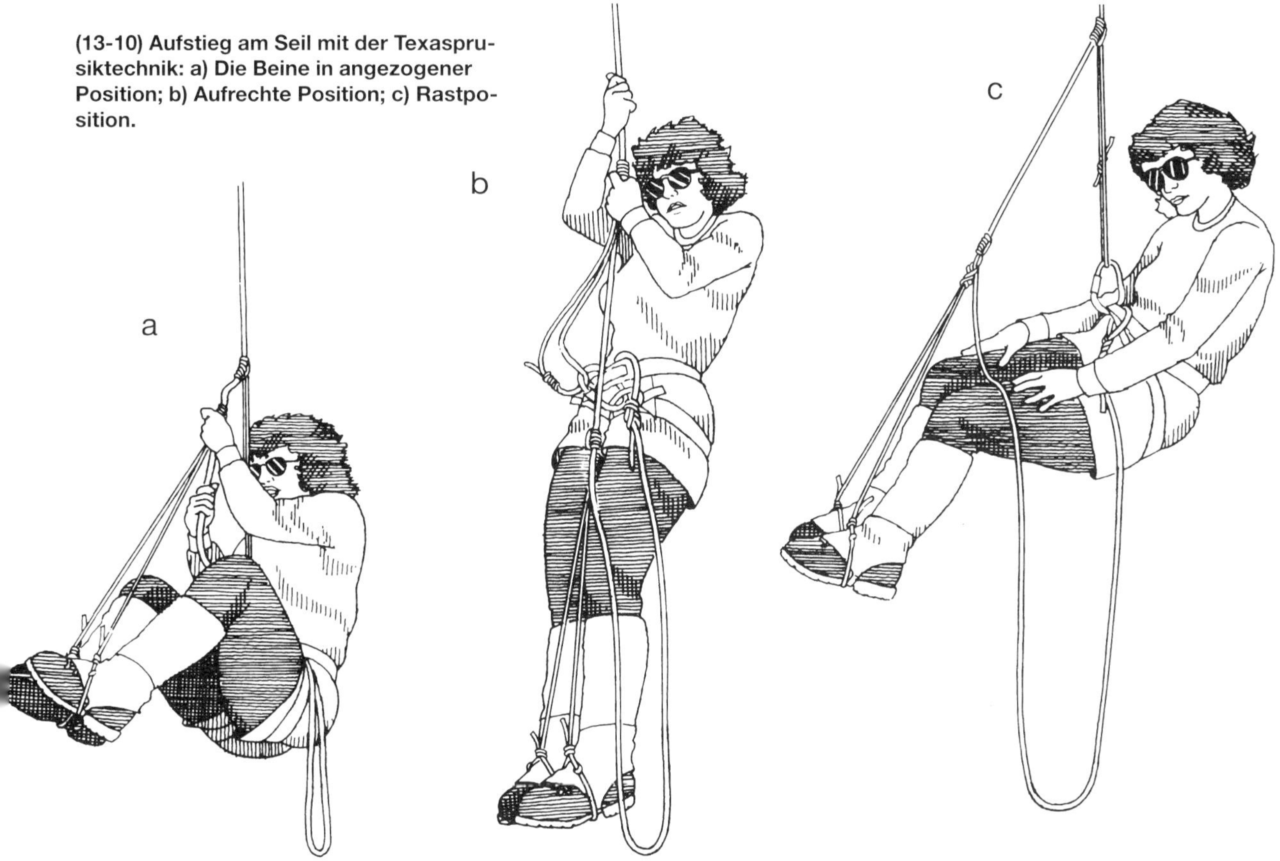


**(13-10) Aufstieg am Seil mit der Texasprusiktechnik: a) Die Beine in angezogener Position; b) Aufrechte Position; c) Rastposition.**

dieser Situation sollten die Helfer den Gestürzten bitten, über den Spaltenrand zu kriechen, während sie das Seil straffhalten oder etwas Zug geben.

### Lose Rolle

Kleine Gruppen, welche nicht genügend Muskelkraft haben, um den Kletterer direkt durch Mannschaftszug aus der Spalte herauszubringen, benötigen ein etwas aufwendigeres Rettungssystem. Die lose Rolle verdoppelt die Kraft der Zugmannschaft – jedenfalls wenn man die Seilreibung vernachlässigt.

Einige Überlegungen sollten berücksichtigt werden, wenn man die lose Rolle anwenden möchte. Zunächst muß der Gestürzte bei Bewußtsein sein, um die lose Rolle in seinen Gurt einhängen zu können. Außerdem wird ein loses Seilende benötigt. Hierbei kann es sich entweder um ein nicht benutztes Bergseil oder aber auch um das freie Ende des Unfallseiles handeln. Tatsächlich ist diese Methode eine gute Alternative – insbesondere dann, wenn das Unfallseil sich tief in den Spaltenrand eingeschnitten hat und dort klemmt.

Die Rettung mittels loser Rolle wird folgendermaßen durchgeführt (Abb. 13-11):

1. Man organisiert ein Rettungsseil. Hierbei muß es sich um ein Seil handeln, welches mindestens doppelt so lang ist wie die Distanz vom Fixpunkt zum gestürzten Kletterer.

2. Ein Ende dieses Hilfsseiles wird an der Verankerung oder einem neu eingerichteten separaten Fixpunkt angebracht.
3. Das Rettungsseil wird doppelt genommen und in die entstehende Schlinge die Seilrolle eingehängt. In diese muß zuvor ein Verschlußkarabiner geklinkt werden.
4. Die Seilschlinge mit Rolle und Karabiner wird zum Gestürzten hinuntergelassen. Dieser hängt den Karabiner in den Sitzgurt ein. Dann fordert man den Gestürzten auf, mittels eines Karabiners seinen Brustgurt in das Seilende einzuhängen, an welchem man später ziehen muß. Diese Maßnahme erleichtert es ihm, eine aufrechte Körperposition beizubehalten. Alle Aufforderungen an den Gestürzten sollten exakt gegeben und – soweit möglich – kontrolliert werden.
5. Das Zugseil wird über einen Pickelstiel oder einen ähnlichen festen Gegenstand geführt, um ein Einschneiden am Spaltenrand zu vermeiden.
6. Am losen Ende wird Mannschaftszug ausgeübt. Während man zieht, kann der Gestürzte das andere Seilende fassen und durch Ziehen der Rettungsmannschaft helfen, da er hierdurch sein Körpergewicht zusätzlich verringert.
7. Ein Helfer muß das Unfallseil bedienen, welches am Fixpunkt mittels Klemmknoten oder Steigklemme eingehängt ist. Er zieht dieses jeweils straff, wenn die Zugmannschaft Seil eingeholt hat. Diese Maßnahme ermöglicht es, daß das Unfallseil jederzeit das Gewicht des Gestürzten übernehmen kann, falls die Zugmannschaft in Schwierigkeiten gerät oder eine Pause benötigt.

**Flaschenzugtechnik**

Der Flaschenzug (Abb. 13-12) vervielfacht die Muskelkraft kleiner Gruppen, indem er theoretisch eine Verdreifachung der Kraft durch zweifache Seilumlenkung eine sogenannte Rolle ermöglicht. Ein Flaschenzug kann hergestellt werden, ohne daß der gestürzte Kletterer dabei helfen muß. Dies ist von besonderem Vorteil, wenn eine bewußtlose Person gerettet werden soll.

Der Flaschenzug, welcher am Unfallseil angebracht wird, benötigt mehr Ausrüstung und ist etwas komplizierter herzustellen als die lose Rolle.

Man beginnt ähnlich wie bei der losen Rolle, indem man zunächst einen Fixpunkt schafft. Wie üblich, wird das Unfallseil in diesem Anker mittels Klemmknoten oder einer Seilklemme eingehängt.

Das lose Ende des Unfallseiles wird in einer langen Schlinge auf dem Schnee ausgelegt. Hierdurch entsteht ein Z-förmiger Seilverlauf, welcher zwischen dem Spaltenrand und dem Fixpunkt liegt.

An der ersten Biegung des Z (am Fixpunkt) wird eine Seilrolle eingehängt. Durch diese wird ein Verschlußkarabiner geklinkt, welcher seinerseits mittels kurzer Schlinge in die Verankerung eingehängt wird. Einige Alpinisten bevorzugen es, diese Seilrolle an einer separaten Verankerung anzubringen. Die Seilrolle kommt zwischen dem Klemmknoten und der Verankerung zu liegen.

An der zweiten Biegung des Z (näher am Spaltenrand) wird eine zweite Seilrolle eingehängt. Diese lose Rolle wird mit einer kurzen Schlinge, welche ihrerseits mittels Klemmknoten am Unfallseil eingehängt ist, verbunden. Bei einer Rettung geht man mit dem Flaschenzug folgendermaßen vor:

1. Hand über Hand wird das freie Seilende eingezogen und dabei der Kletterer nach und nach heraufgezogen.
2. Man versichert sich, daß das Seil frei durch den Klemmknoten oder die Seilklemme läuft, welche am Anker eingehängt ist; denn hierbei handelt es sich um die Seilbremse, welche sofort das Körpergewicht des Gestürzten übernimmt, falls man seinen Zug am losen

**(13-11) Aufziehen eines gestürzten Kletterers mit einer losen Rolle (Pulley).**

Seilende lockert. Falls man hierzu einen Prusikknoten benutzt hat, muß ein Helfer dafür sorgen, daß dieser in einer offenen, lockeren, gleitenden Position bleibt. Bei mechanischen Seilklemmen oder einem Gardaknoten entfällt dieses Problem.

3. Wenn die lose Rolle zu der anderen Rolle am Anker hinaufgezogen wurde, läßt man den Seilzug vorsichtig nach und übergibt somit die Last an die Seilbremse. Sinnvollerweise zieht man nicht so weit auf, daß die Seilrollen sich berühren, da hierdurch die Z-förmige Konfiguration durcheinandergeraten könnte.
4. Die lose Rolle wird wieder in Richtung Spaltenrand geschoben, indem man den Klemmknoten löst und am Unfallseil entlang schiebt.
5. Erneut wird am losen Seilende gezogen.
6. Der Vorgang wird fortgesetzt, bis der Verunglückte den Spaltenrand erreicht oder überwunden hat.

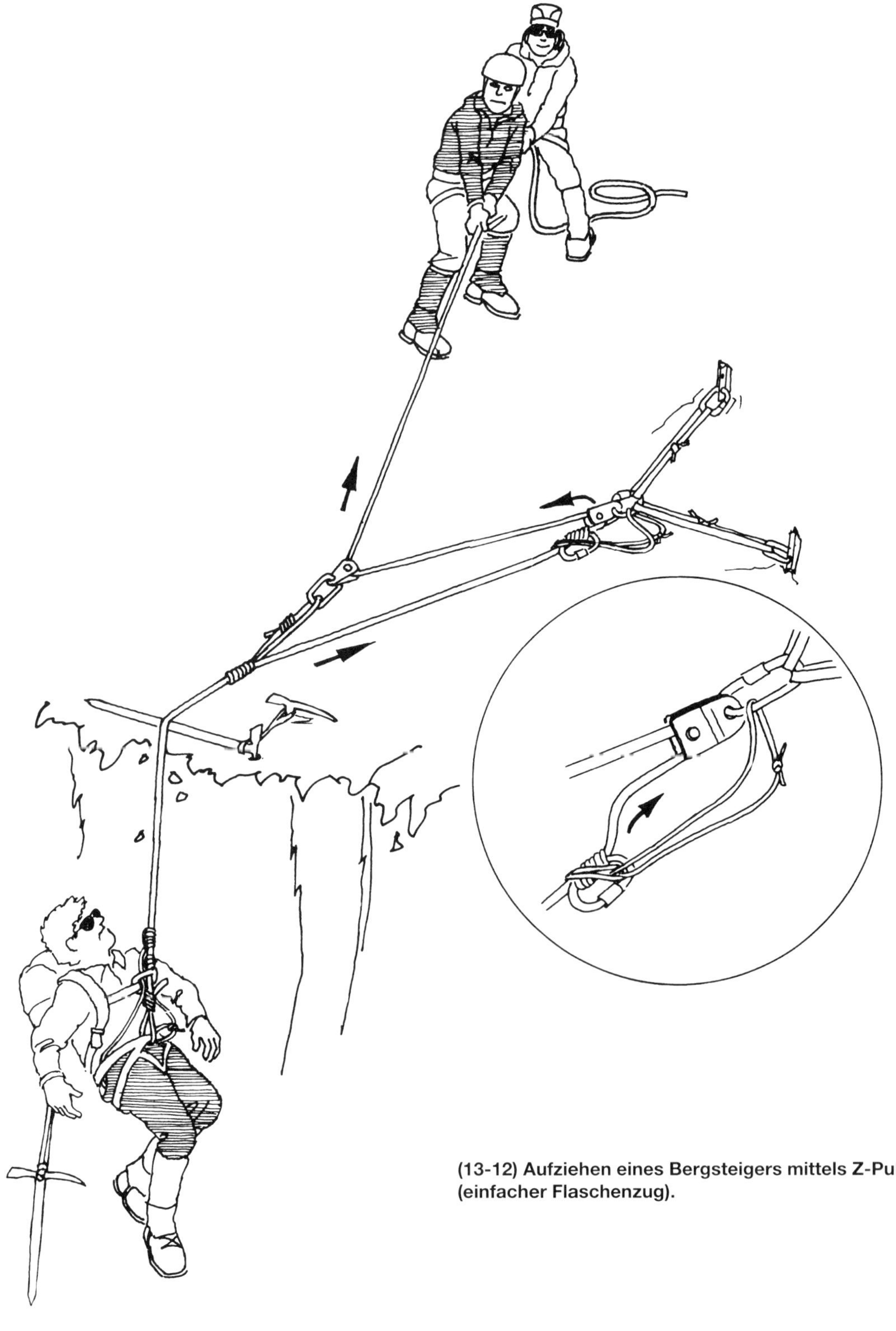

(13-12) Aufziehen eines Bergsteigers mittels Z-Pulley (einfacher Flaschenzug).

*Tip:* Denke daran, daß man bei jeder Rettungstechnik, welche hier mit Seilrollen beschrieben wurde, statt Rollen auch Karabiner anwenden kann, falls Seilrollen fehlen sollten. Natürlich erzeugen diese deutlich mehr Seilreibung. Folge: Das Manöver ist anstrengender.

**Kombinierte Systeme**

Um noch höhere Kräfte erzeugen zu können, als mit den bisher beschriebenen Systemen möglich, kann man verschiedene Techniken miteinander kombinieren. Zum Beispiel kann man an das lose Ende eines Flaschenzuges mit einer weiteren losen Rolle verbinden. Theoretisch hat man nun die sechsfache Kraft zur Verfügung. Auch kann man die Kraft einer losen Rolle dadurch verstärken, indem man das Seilende mittels einer zweiten losen Rolle aufzieht; dies bewirkt eine Vervierfachung der Kraft.

Bei der Kombination von Systemen konstruiert man das erste System nahe am Spaltenrand, ähnlich wie zuvor beschrieben. Danach wird ein zweiter Anker etwas weiter entfernt angebracht, um das zweite System zu halten. Mit dem zweiten Anker wird das lose Seilende des ersten Systems aufgezogen.

Es ist leicht nachvollziehbar, daß die Kombination mehrerer Systeme ein Vielfaches an Ausrüstung und zur Verfügung stehendem Seil benötigt.

**Die Bilgeritechnik**

Die Bilgeritechnik (Abb. 13-13) ist sozusagen eine »Teamselbstrettungstechnik«. Hier werden die Methoden der normalen Prusiktechnik (»Stair-step-Prusik«, siehe oben!) und des »Texasprusik« miteinander kombiniert – allerdings werden die Klemmknoten oder Steigklemmen durch den Helfer auf der Gletscheroberfläche und nicht von dem Gestürzten bedient.

Folgendermaßen geht man vor:

1. Das Unfallseil wird an einen Fixpunkt verankert, indem man es hier mittels Klemmknoten oder Seilklemme anhängt – also standardmäßiges Vorgehen nach dem Spaltensturz.
2. Eine Fußschlinge wird an einem Seilende eingeknotet. Hierbei kann es sich entweder um ein separates Seil oder das lose Ende des Unfallseiles handeln.
3. Die Trittschlinge wird zum Gestürzten hinuntergelassen.
4. Das obere Ende dieses Hilfsseiles wird ebenfalls mittels Klemmknoten oder Steigklemme am Fixpunkt eingehängt.
5. Man fordert den Gestürzten auf, einen Fuß in die Hilfsschlinge zu stecken und den anderen Fuß in seine Prusikschlinge zu stellen. Nun sollte der Gestürzte in zwei Fußschlingen stehen – jede an einem separaten Seilstrang, welcher seinerseits oben mit jeweils einen eigenen Klemmknoten eingehängt worden ist. Um weitere Sicherheit zu erhalten, schiebt der Gestürzte die Schlingen durch den Gurt, bevor er mit den Füßen hineintritt. Oder aber er verbindet den Brustgurt und die Seile mittels Karabiner; hierdurch verhindert man ein Überkippen. Nun ist das System fertig zum Aufstieg.
6. Der Helfer ruft laut: »Rechts«, und der Gestürzte hebt den rechten Fuß. Der Helfer zieht das Seil durch die Seilbremse straff.
7. Danach ruft er: »Links«, der Gestürzte entlastet nun den linken Fuß, indem er das gesamte Körpergewicht auf das andere Seil verlagert. Daraufhin zieht der Helfer das nun entlastete Seil im Klemmknoten wieder stramm.
8. Dieses wechselseitige Be- und Entlasten mit zwischengeschaltetem Straffziehen der Seilenden erfolgt so lange, bis der Gestürzte den Spaltenrand erreicht hat.

Die beschriebene Version der Bilgeritechnik ist der zu allererst beschriebenen Prusiktechnik sehr ähnlich. Es gibt auch eine Variante, welche der Texasprusiktechnik ähnelt; diese ist beson-

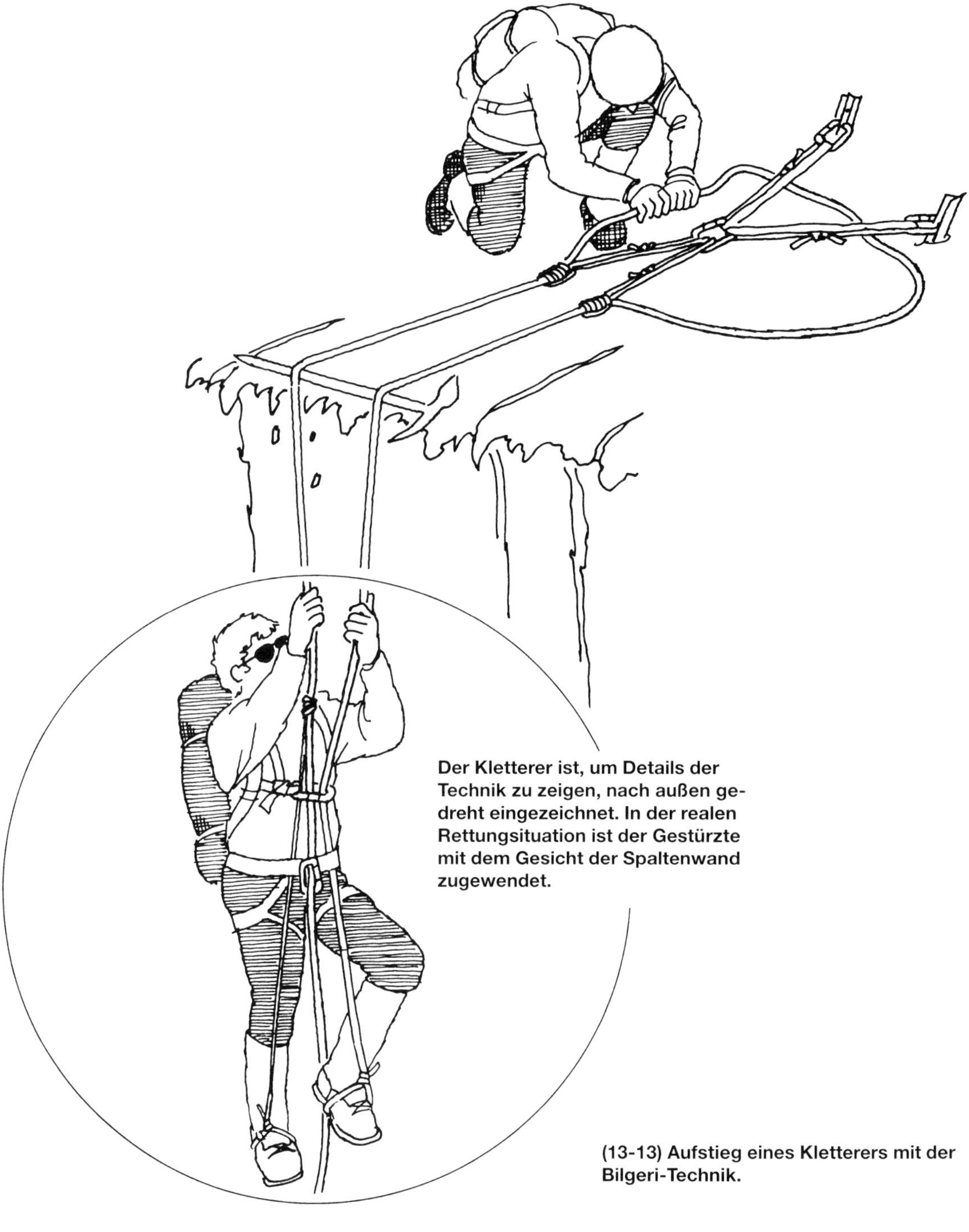


(13-13) Aufstieg eines Kletterers mit der Bilgeri-Technik.

ders nützlich bei Personen, welche eine Beinverletzung haben: Der Kletterer steckt den Fuß des gesunden Beines in die Schlinge, welche ihm vom Helfer hinuntergelassen wurde. Der andere (verletzte) Fuß bleibt frei hängen.

Um die Seile wechselseitig zum Aufstieg entlasten zu können, verlagert der Gestürzte sein Körpergewicht jeweils abwechselnd in die Standschlinge bzw. in den eigenen Klettergurt, das jeweils gelockerte Seil wird vom Helfer straffgezogen.

Die Bilgeritechnik ist besonders dann von Vorteil, wenn der Gestürzte zwar wenig Routine in der Prusiktechnik hat, jedoch nahezu unverletzt ist und die Kommunikation mit den Helfern ungestört ist. Insbesondere dann, wenn der Gestürzte den Spaltenrand erreicht, weist die Bilgeritechnik klare Vorteile gegenüber der Prusiktechnik auf. Da die Knoten auf der Gletscheroberfläche bedient werden müssen, muß der Gestürzte sie nicht mit Gewalt über den Spaltenrand hinüberbringen – dort also wo das Seil unter Umständen auch tief in den Schnee eingeschnitten hat. Wenn eins der Bilgeriseile in den Spaltenrand einschneiden sollte, kann man es leicht freilegen, während das Körpergewicht des Gestürzten vom anderen Seilende gehalten wird.

## Besondere Situationen

Reale Notsituationen bringen unter Umständen zahlreiche Überraschungen für die Helfer mit sich. So kann man beispielsweise dazu gezwungen sein, mit verschiedenen der beschriebenen Basistechniken zu improvisieren. Im folgenden sind einige spezielle Situationen beschrieben, welche besonders häufig eintreten. Folgende mögliche Lösungswege werden vorgeschlagen.

### Sturz des Seilmittleren

Es ist eine sehr lästige und gefährliche Situation, wenn der Seilmittlere eines Dreierteams in eine Gletscherspalte stürzt und keine weiteren Seilschaften erreichbar sind, die Hilfe leisten könnten. Der Gestürzte hängt im Seil, während seine beiden Seilkameraden, die Hilfe leisten könnten, durch die Gletscherspalte voneinander getrennt sind.

Um aus dieser Situation zügig herauszukommen, sollten die Helfer schnellstmöglich entscheiden, von welchem Spaltenrand aus die Hilfeleistung erfolgen soll, das heißt, an welcher Seite der Gestürzte voraussichtlich leichter heraussteigen kann. Normalerweise hält eine der beiden Personen den überwiegenden Teil des Körpergewichtes des Gestürzten. Derjenige, der die geringere Last hält, kann sich normalerweise eher aufrichten und eine solide Verankerung anbringen, während der Partner auf der anderen Spaltenseite vorübergehend das gesamte Körpergewicht des Gestürzten hält.

Sobald der Fixpunkt angebracht ist, ist derjenige, der vorübergehend die Last gehalten hat, frei. Er kann nun zurückgehen, während das Gewicht des Gestürzten vollständig von der Verankerung gehalten wird. Hierbei muß er selbstverständlich größte Vorsicht walten lassen, daß er nicht seinerseits in die Spalte fällt.

Im nächsten Schritt sichert der Helfer, der die Seilverankerung angebracht hat, den Partner, welcher auf der »falschen« Seite steht, hinüber zu der Seite, von der aus die Hilfeleistung erfolgen soll. Hierzu wird das lose Ende des Bergseiles zur Sicherung benutzt, falls es lang genug ist. Alternativ kann man eventuell ein vorhandenes zweites Seil oder ein Hilfsseil nehmen.

Sollte keine Möglichkeit bestehen, den Partner über die Spalte hinüberzusichern, bleibt dieser auf seiner Seite und bringt dort eine Selbstsicherung an.

Aus Sicht der Rettung wäre es die ideale Lösung, wenn der Gestürzte nun am Seil mittels Prusikschlingen aufsteigen könnte. Der Helfer kann auch die Bilgeritechnik anwenden, wenn ein ausreichend langes Seil zur Verfügung steht.

Wenn Zug notwendig ist, kann ein einzelner Helfer einen Flaschenzug oder ein Kombinationssystem errichten.

Wenn einer der mittleren Personen eines Viererteams stürzen sollte, wird die Hilfe grundsätzlich von der Seite durchgeführt, auf der zwei verbleibende Partner stehen.

**Spaltensturz in Zweierseilschaft**

Beim Begehen eines Gletschers in Zweierseilschaft muß man sich über die Nachteile im Falle eines Spaltensturzes bewußt sein und entsprechend Vorsorge tragen. Dies bedeutet insbesondere, daß jeder Kletterer ausreichend Ausrüstung mitführen muß, um in der Lage zu sein, eine Seilverankerung und ein Flaschenzugsystem zu errichten. Der auf der Gletscheroberfläche verbleibende Helfer muß nicht nur die Sturzwucht halten, sondern er muß auch einen Fixpunkt errichten, während er das Körpergewicht des Gestürzten hält.

Als einzelner Helfer muß man zunächst seine Halteposition absichern, indem man die Füße so tief wie möglich in den Schnee steckt und den Pickel ebenfalls so tief wie möglich einsetzt.

Dann versucht man, eine Hand frei zu bekommen, indem man die obere Körperhälfte etwas dreht; hierbei muß man jedoch unbedingt das Körpergewicht auf dem Pickel belassen. Die freie Hand wird dazu benutzt, um eine Eisschraube oder eine sonstige Verankerung an der Gletscheroberfläche anzubringen. Spätestens in einer solchen Situation wird man einsehen, warum es sinnvoll ist, Verankerungsmaterial immer griffbereit mitzuführen.

Danach wird das Seil in die Verankerung mittels Prusikschlinge eingehängt. Man verlagert das Gewicht in den Fixpunkt, wobei man ständig darauf bedacht ist, daß man notfalls eingreifen kann, sollte die Verankerung der Last nicht gewachsen sein. Sobald man durch Übergabe der Last frei geworden ist, wird als nächste Maßnahme die Seilverankerung verstärkt und abgesichert.

Nun kann der Gestürzte mit Prusikschlingen aufsteigen. Als Alternative kann die Bilgeritechnik angewendet werden – vorausgesetzt, der Helfer hat genügend freies Seilende. Wenn beide Methoden nicht anwendbar sind, muß der Helfer einen Flaschenzug oder gar ein Kombinationssystem aufbauen, indem er das verbleibende Seilende nutzt. Das Bergseil muß in einem solchen Fall mittels Seilklemme oder Gardaknoten an der Verankerung eingehängt werden. Der Helfer kann sich die Arbeit erleichtern, indem er zunächst den Rucksack des Gestürzten aufzieht.

Wenn der Helfer nicht in der Lage ist, eine Verankerung anzubringen, hat der Gestürzte keine andere Alternative, als mittels Prusikschlingen selbständig aufzusteigen, während sein Partner das Körpergewicht hält.

**Spezielle Rettungssituationen**

Ganz andere Überlegungen sind hingegen anzustellen, wenn man einen bewußtlosen Verletzten heraufziehen muß oder mehrere Seilpartner in die Spalte gefallen sind.

Um einem bewußtlosen Kletterer zu helfen, wird zunächst jemand in die Spalte abgeseilt oder abgelassen. Der Helfer kann dort zunächst Erste Hilfe leisten und – falls notwendig – den Gestürzten in aufrechte Körperposition bringen. Der Bewußtlose kann mittels Mannschaftszug oder Flaschenzug hinaufgebracht werden. Um dem Bewußtlosen über den Spaltenrand zu helfen, kann es notwendig sein, daß einer der Helfer direkt am Spaltenrand arbeitet – natürlich erfolgt all dies unter entsprechender Selbstsicherung.

Um mehr als einen Gestürzten zu retten, wird die Situation jedes einzelnen zunächst überprüft, um für jeden die bestmögliche Rettungsmethode herauszufinden. Dann erst wird über das Vorgehen beim Gesamtmanöver entschieden. Aufgrund der deutlich längeren benötigten Zeit muß man hier unbedingt Sorge tragen, daß – wenn irgend möglich – jeder der Gestürzten ausreichend warme Kleidung zur Verfügung hat und auch über das Vorgehen bei der Rettung informiert ist.

## Hilfe unter beengten oder schwierigen Bedingungen

Die Rettungstechniken können modifiziert werden, falls man nicht ausreichend Platz hat, um sie lehrbuchmäßig durchzuführen.

### Vorübergehende Verankerungen

Diese Lösung bietet sich dann an, wenn nur sehr wenig Platz zwischen dem Spaltenrand und der Person liegt, welche das Körpergewicht hält. Normalerweise wird zwischen dieser Person und dem Spaltenrand der Flaschenzug errichtet. Nun ist aber hier nicht genügend Platz.

Die Lösung: Man errichtet die Hauptverankerung hinter dem Kletterer, welcher das Körpergewicht hält, und nicht zwischen ihm und der Spalte. Das Seil wird in diesen Anker mittels Klemmknoten oder Steigklemme eingehängt. Im Unterschied zu vorher beschriebenen Techniken muß man an dieser Stelle darauf achten, daß man einige Seilschlingen beläßt, damit der Helfer, welcher den Sturz gehalten hat, die Chance hat, sich aus dem System zu befreien. Zu diesem Zeitpunkt wird die vorübergehende Verankerung wichtig. Zwischen dem Kletterer und dem Spaltenrand wird ein solcher Anker angebracht und mittels Prusikschlinge das Seil eingehängt. Hierdurch wird es dem nach wie vor das Gewicht des Gestürzten haltenden Helfer ermöglicht, seine Last an die vorübergehende Verankerung zu übergeben bzw. sich selbst zu befreien. Nun bringen die Helfer einen normalen Flaschenzug am Hauptanker an. Sie haben nun reichlich Platz, um zu arbeiten. Wenn das Aufziehen beginnt, wird die Prusikschlinge des provisorischen Ankers gelöst.

### Schwieriges Gelände

Helfer, welche in sehr schwierigem Gelände wie zum Beispiel zwischen zwei eng beieinanderliegenden Gletscherspalten arbeiten müssen, sollten sich überlegen, ob es Sinn macht, die Aktion zu verlegen. Der Vorgang kann unter Umständen deutlich einfacher und sicherer von der gegenüberliegenden Seite der Gletscherspalte aus durchgeführt werden.

Eine andere Möglichkeit besteht im technisch schwierigen Gelände, indem man die Zugrichtung des Flaschenzugs ändert. Man hängt eine weitere Seilrolle ein und verankert sie so, daß sie das Seil wie gewünscht umlenkt. Nun können die Helfer in einer Richtung, welche mehr parallel zum Spaltenrand verläuft, ziehen.

Rettungsmaßnahmen von der bergseitigen Seite einer Spalte sind deutlich schwieriger als solche von der Talseite aus. Wenn möglich, sollte man die Operation auf die tiefere Seite verlagern, da hier für die Helfer leichter ziehen können und der Gestürzte den Spaltenrand leichter überwinden kann.

## Verklemmte Seile

Das Rettungsmanöver kann deutlich behindert werden, wenn das Seil am Spaltenrand eingeschnitten ist.

In dieser Situation muß man entsprechend improvisieren. Zum Beispiel kann ein Helfer Prusikschlingen oder Seilklemmen oberhalb des eingeschnittenen Seilstücks anbringen und die Schlingen zum Gestürzten hinunterreichen.

Eine andere Möglichkeit gibt es, wenn man ein zweites Seil zur Verfügung hat. Ein Helfer kann dieses zum Gestürzten hinablassen. Alternativ kann der Gestürzte sich in der Nähe des Spaltenrandes selbst ein zweites Seil schaffen, indem er einen eventuell vorhandenen losen Seilschwanz zu den Helfern hinaufwirft. Einen Seilschwanz erhält man nach einem Spaltensturz auch, indem man so weit wie möglich mittels

Prusiktechnik aufsteigt, sich aus dem Hauptseil ausbindet und dieses lose Ende hinaufwirft.

Ein zweites Seilende, welches am Spaltenrand über einen Pickelschaft oder einen anderen Gegenstand geführt wird, ermöglicht die Überwindung einer solchen Situation. In diesem Fall kann der Gestürzte die Prusikschlingen vom Hauptseil lösen und im Hilfsseil einbinden. Alternativ können die Helfer den Gestürzten am neuen Seil aus der Spalte herausziehen. Als dritte Möglichkeit kann das Körpergewicht auf das Hilfsseil verlagert werden, worauf die Helfer das Hauptseil freilegen.

## *Überhängende Spaltenränder*

Weit überhängende Spaltenränder bedeuten ein ganz besonders schwieriges Problem bei der Spaltenrettung. Der gestürzte Kletterer hängt unter Umständen frei, ohne daß er eine Spaltenwand zur Stabilisation der Körperhaltung nutzen kann. Auch schneidet sich das Bergseil normalerweise tief in den Schnee der Spaltenbrücke ein. Der Gestürzte wird so von den Schneemassen überschüttet, die nachrutschen oder von den Helfern gelöst werden, die das Einbruchloch erweitern. Die Helfer werden zumindest zeitweilig in einem Bereich am Spaltenrand arbeiten, dessen Stabilität sie nicht sicher einschätzen können.

Meistens wird es notwendig sein, nach solider Sicherung des Gestürzten unter Eigensicherung das Einbruchloch mit Schaufel oder Pickel zu erweitern. Der Helfer achtet darauf, daß bei dieser Maßnahme möglichst wenig Schnee und Eis auf den Gestürzten hinabfällt.

Entsprechende bergsteigerische Erfahrung und eine gute Vorbereitung können das Risiko eines Sturzes in überdachte Spalten vermindern. Bergsteiger, welche sich die notwendigen Kenntnisse über Gletscherspalten angeeignet haben und Spalten mit dem notwendigen Respekt betrachten, fallen sehr selten hinein. Falls es ihnen doch passiert, sollten sie zumindest in der Lage sein, bestmöglich die gelernten Techniken anzuwenden und wieder heil herauszukommen.

# Kapitel 14 Eisklettern

Das Eisklettern umfaßt – wie der Name schon sagt – alle Kletterformen, in welchen Eis vorliegt. An hohen Bergen können Schnee oder andere gefrorene Niederschläge durch Druck und Hitze im Laufe der Zeit zu Eis werden und alpine Gletscher, Eisfelder und Couloirs bilden. Dieses alpine Eis wird manchmal »blue ice« genannt, eine Anspielung auf seine Farbe. Auf solchem Eis kann man sehr gut klettern; es bietet auch sehr gute Möglichkeiten zur Sicherung. Schwarzes Eis ist eine andere hochalpine Variante: Es ist alt, sehr hart, oft mit Schmutz, Steinchen oder Schutt vermischt und findet sich häufig in Rinnen und Couloirs. Solches Eis ist spröde und sehr schwierig zu erklettern. Wenn Wasser gefriert, entsteht Wassereis. Es kann so dramatisch aussehen wie ein gefrorener Wasserfall, oder auch scheinbar harmlos als dünne Vereisung auf dem Fels. Hierbei handelt es sich um eine glasförmige dünne Schicht, welche infolge von Regen oder schmelzendem Schnee durch Wiedergefrieren auf Fels entsteht. Bei solchen Bedingungen ist Klettern sehr schwierig, da die Steigeisen kaum in das Eis eindringen können. Wassereis ist normalerweise härter, steiler und brüchiger als alpines Eis; allerdings sind beide Varianten kaum voneinander zu unterscheiden, wenn sie in großer Höhe bei tiefen Temperaturen entstanden sind.

Im Vergleich zu Eis ist Fels in seinen vielfältigen Formen deutlich stabiler und konstanter. Bei einer Klettersituation mit optimalem Eis am frühen Morgen trifft man unter Umständen nur noch nassen Fels an, wenn man nachmittags kommt. Der Eiskletterer muß daher die permanent wechselnden Bedingungen seines Klettermediums stets vorausdenken.

Eisklettertechniken variieren in Abhängigkeit von der Steilheit der Passage. Man kann auf flachem Eis auch ohne Steigeisen unter Umständen leicht gehen, insbesondere dann, wenn kleine Steinchen in der Eisoberfläche eingefroren sind. Auf kurzen Hängen kann man den Eispickel benutzen, um Stufen zu schlagen, aber längere Passagen benötigen Steigeisen. Die Ecksteintechnik funktioniert gut in mäßig steilem Eis, aber sehr steile Routen müssen in Frontalzackentechnik bewältigt werden.

Im folgenden benutzen wir einige Formulierungen, um die durchschnittliche Steilheit einer Eispassage zu beschreiben. Hier in Kürze ihre Bedeutung:

- leicht: bis zu 30°
- mäßig: 30° bis 45°
- steil: 45° bis 60°
- sehr steil: 60° und mehr
- senkrecht: 80° bis 90°
- überhängend: mehr als 90°.

## Ausrüstung

Eiskletterer verfeinern und erweitern ihre Techniken zugunsten immer schwererer Klettereien durch die Entwicklung der modernen Ausrüstung. Die Hersteller bieten ständig neue spezialisierte Kleidung, Stiefel, Steigeisen und Eissicherungsgeräte an. In Kapitel 12 wurde bereits ein genereller Überblick über die Ausrüstung gegeben. Ergänzend hierzu wird im folgenden auf die Ausrüstung eingegangen, welche für das Eisklettern besonders wichtig ist.

## Kleidung

Die Kleidung sollte beim Eisklettern einen Kompromiß zwischen Komfort und Funktionalität darstellen. Wenn man eine Jacke oder einen Anorak auswählt, sollte man überprüfen, ob man die Arme gut und ohne Behinderung durch den Stoff strecken kann, wobei das Unterende der Jacke nicht über die Hüfte hinaufrutschen sollte. Man möchte seine Hüfte schließlich nicht an den Lenden ungeschützt der Kälte aussetzen, wenn man sein Eisgerät hoch einsetzt. Knie- und Knöchelbereiche der Hosen sollten überdies verstärkt sein.

Einige Kletterer tragen anstatt des herkömmlichen Outfits aus Anorak und Hosen einen Overall. Ein solcher Overall aus Synthetikmaterial wärmt gut und stellt einen guten Schutz gegen herumspritzende Eissplitter dar. Zur Belüftung sollten Reißverschlüsse angebracht sein; auch ist ein Reißverschluß, welcher ein menschliches Bedürfnis ermöglicht, ohne den Overall auszuziehen, in entsprechenden Situationen von hohem Wert. *Achtung:* Den Eiskletteroverall nicht mit einem Expeditionsüberanzug verwechseln!

Handschuhe mit beschichteten Handflächen können sehr hilfreich sein, wenn man den Metallschaft eines Eisgerätes fassen muß – ein harter Job, wenn man lediglich Nylonhandschuhe trägt. Natürlich kann man seine Hände auch mit gewalkten Wollhandschuhen, vorzugsweise Fäustlingen, schützen, da diese nicht nur Wärme, sondern einen weiteren Vorteil bieten: Wenn man in einer verzwickten Klettersituation feststeckt, kann man einen Wollhandschuh im Eis vorübergehend anfrieren lassen, um so zusätzlichen Halt für eine schwierige Kletterbewegung zu erhalten. Zur Sicherheit sollte man immer seine Handschuhe mit Schlingen versehen, welche über das Handgelenk gestreift werden.

## Stiefel

Beim Eisklettern bevorzugen erfahrene Eiskletterer Plastikstiefel gegenüber Lederstiefeln. Die Plastikstiefel sind wärmer als vergleichbare Modelle aus Leder und bieten den Steigeisen eine außerordentlich starre Form, was besonders für die Frontalzackentechnik von Vorteil ist. Viele Plastikstiefel haben entsprechend ausgeformte Spitzen- und Fersenbereiche, so daß Steigeisen-Kipphebelbindungen sicher fassen können.

Halbhohe Lederschuhe werden verschiedentlich für alpine Eistouren benutzt. Trotzdem sollten Lederstiefel, welche für Frontalzackentechnik benutzt werden, einen soliden Schaft besitzen.

Da die Beweglichkeit im Sprunggelenk für die Eckensteintechnik so wichtig ist, benötigt man hierfür einen Stiefel, welcher eine höhere Fußbeweglichkeit ermöglicht. Diesem Zweck werden Lederstiefel häufig besser gerecht. Natürlich gilt für Eisstiefel wie für jedes andere Schuhwerk: Es muß bequem sitzen, das heißt, die Ferse muß gut umfaßt werden und die Zehen müssen freie Beweglichkeit haben.

Die Gamaschen sollten gut zu den Schuhen passen. Man benötigt beim Eisklettern lange Gamaschen, welche vom Fuß bis knapp unter die Knie reichen. Zusätzliche Wärme kann man durch entsprechend isolierte Gamaschen erhalten.

## Steigeisen

Korrekt angepaßte Steigeisen werden für die meisten alpinen Eistouren benötigt. Sie passen gut zu den meisten Bergschuhen und sind weniger teuer als spezielle für Steileis gedachte Konstruktionen. Die Zacken sollten von mittlerer Länge sein, auch sollten alpine Steigeisen schräg gestellte Frontalzacken zum Eisklettern aufweisen. Bergsteiger, die sehr häufig in Frontalzackentechnik gehen – das sind insbesondere solche, die häufig Wasserfallklettern betreiben–, bevorzugen starre schwingungsfreie Eisen, welche weniger vibrieren als Gelenkeisen, wenn sie in hartes Wassereis eingetreten werden. Sie meisten starren Eisen sollten mit entsprechenden Stiefeln, zumeist Plastikstiefeln, getragen werden, um Ermüdungsbrüche durch wiederholte Biegebelastung zu vermeiden. In letzter Zeit sind einige Eisen auf dem Markt gekommen, die zumindest zeitweilig auch eine Biegebelastung durch weicheres Schuhwerk aufnehmen können. Für weitere Informationen zum Thema sei auf die Fachdiskussion in Kapitel 12 verwiesen.

Die Steigeisenzacken müssen scharf sein. Je härter das Eis ist, desto schärfer müssen sie sein. Also sollten die Steigeisen vor jeder Tour überprüft und gegebenenfalls die Zacken nachgeschärft werden.

Der Winkel der Frontalzacken und der ersten vertikal stehenden Zackenreihe ist entscheidend für einen guten Steigeisengriff. Im normalen Eis weisen die Frontalzacken gerade nach vorne und sind leicht abwärts gebogen. Das nächste Zackenpaar weist leicht nach vorne (Abb. 14-1 a).

Für Wasserfalleis sind die Frontalzacken nach unten gebogen und die Enden des nächsten Zackenpaares weisen mehr nach vorne als bei dem eben beschriebenen Steigeisentyp (Abb. 14-1 b).

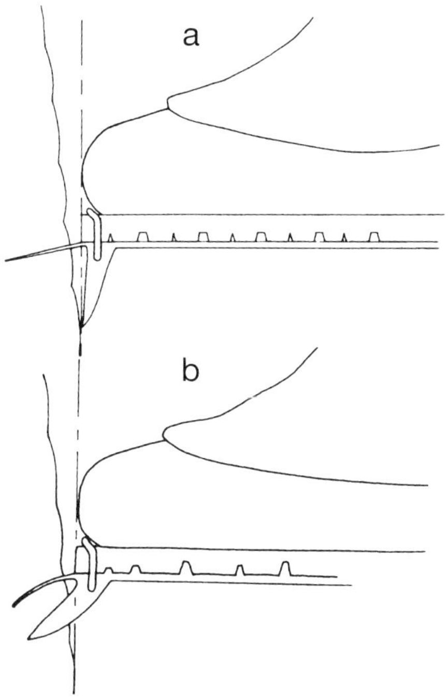


**(14-1) Winkel der Steigeisenfrontalzacken: a) bei normalem Eis; b) für Wasserfalleis.**

Einige Wasserfallkletterer bevorzugen Steigeisenkonstruktionen mit lediglich einem einzelnen Frontalzacken, wodurch das Einsetzen der

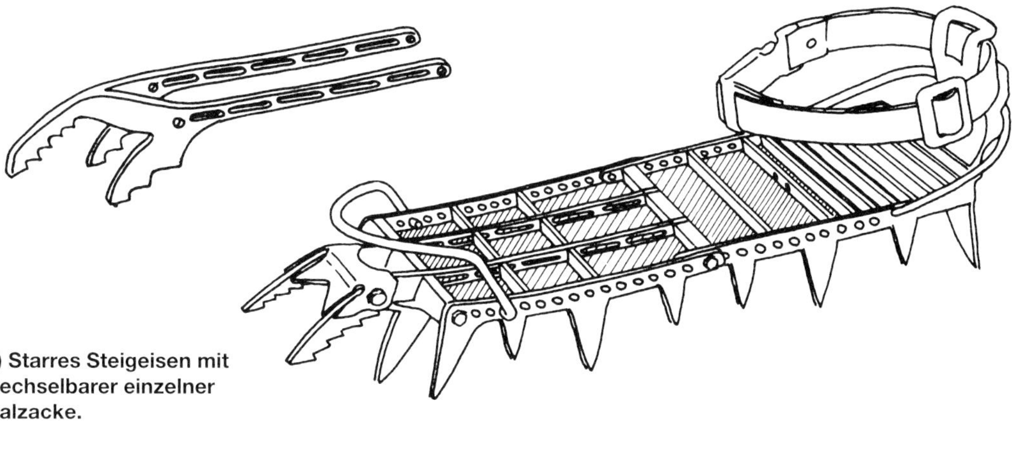

**(14-2) Starres Steigeisen mit auswechselbarer einzelner Frontalzacke.**

Steigeisenspitze erleichtert wird (Abb. 14-2). Natürlich hat ein einzelner Frontalzacken eine höhere Rotationstendenz als ein Zackenpaar.

## *Eisgeräte*

Ein Teil des Spaßes beim Eisklettern besteht im Herumexperimentieren mit der Vielzahl vorhandener Eisgeräte und im Erlernen ihrer optimalen Anwendung. Man kann sie leihen, mieten oder kaufen, um auszuprobieren, welches dem persönlichen Geschmack und Kletterstil am besten gerecht wird.

Die meisten Eisgeräte haben kürzere Schäfte als Standardpickel zum Begehen von Gletschern. Der kurze Schaft, normalerweise 50 bis 60 cm lang, ist vorteilhaft beim exakten Einsetzen der Pickelhaue und vermindert zudem die Vibration des Schaftes, welche zu einer vorzeitigen Ermüdung der Armmuskeln führen würde. Eisgeräte, welche einen Hammerkopf anstatt einer Schaufel aufweisen (Abb. 14-3), haben häufig noch kürzere Schaftlängen, z. B. nur 35 cm. Viele alpine Eiskletterer verwenden einen normal langen Eispickel, welcher durch ein kürzeres Eisgerät ergänzt wird. Bei technisch schwierigeren Eisrouten bevorzugen die meisten zwei kurze Handgeräte. Eine nützliche Kombination stellt ein Eisgerät mit Schaufel und ein Eisgerät mit Hammerkopf dar. Mit der Schaufel kann man Stufen zum Beispiel an Standplätzen schlagen, auch kann man Eispilze als Sicherungspunkte modellieren. Der Hammer ermöglicht das Einschlagen von Sicherungspunkten. Einige Kletterer bevorzugen den Hammer in der Arbeitshand, das heißt Rechtshänder rechts, da hierdurch das Einschlagen von Eisschrauben schneller und leichter vonstatten geht, als wenn das Gerät in der jeweils schwächeren Hand liegen würde.

Bei langen und anspruchsvollen Anstiegen führen einige ein drittes Gerät mit. Es kann als Anker an Standplätzen benutzt werden, als Zwischensicherung oder als Ersatz für ein verlorenes oder gebrochenes Ausrüstungsteil. Wenn man Pickelsysteme mit auswechselbaren Spitzen bevorzugt, kann man einen leichtgewichtigen Ersatz als Versicherung gegen eine gebrochene Pickelspitze mitführen.

Um den Griff am Eisgerät zu verbessern, kann

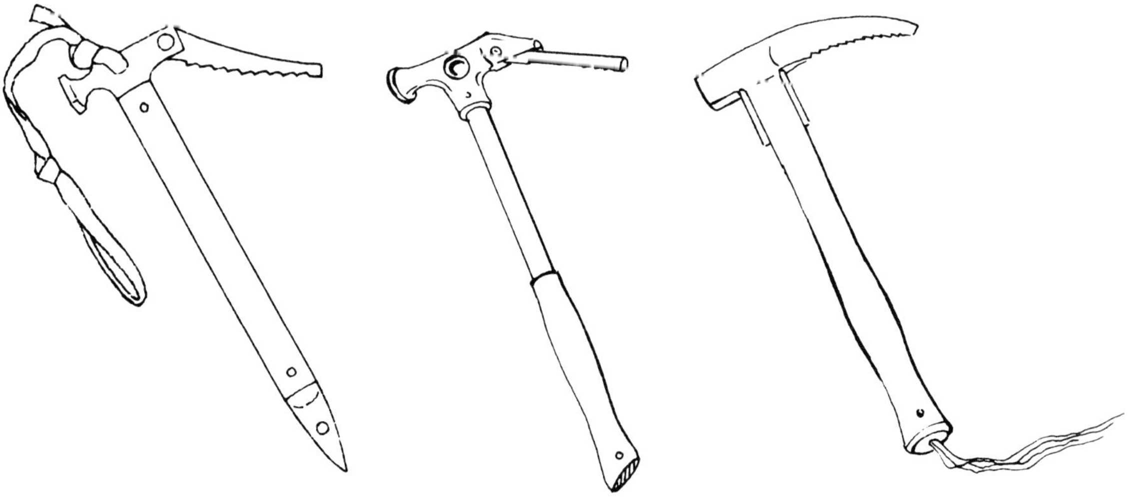

**(14-3) Typische Formen von Eisbeilen.**

man Handschuhe mit beschichteten Handflächen oder aber Eisgeräte mit entsprechend beschichteten Schäften benutzen. Vor jedem Unternehmen wird die Ausrüstung überprüft, ob Hauen und Spitzen so scharf wie möglich sind. Diese scharfen Enden sollten mit entsprechenden Schutzkappen versehen werden, wenn das Gerät nicht benutzt wird.

Es existiert eine große Vielfalt von Eisgeräten. Im folgenden werden die grundsätzlichen Formen beschrieben, wobei auch nach den wesentlichen Teilen (Schaufel, Haue, Schaft und Schaftspitze) unterschieden wird.

### Haue

Die Aufgabe der Haue ist es, in das Eis einzudringen, sowie die Zugkraft, welche über den Schaft wirkt, zu halten; ferner muß sie sich leicht lösen lassen, wenn der Halt nicht länger benötigt wird. Die Halte- und Lösecharakteristiken einer Haue werden durch ihr Gewicht und die Form ihrer Zähne bestimmt.

Ein Gerät, welches relativ schwer ist, dringt leicht in das Eis ein, es kann jedoch unter Umständen schwierig wieder zu entfernen sein. Einige Konstruktionen weisen abnehmbare Zusatzgewichte am Kopf des Gerätes auf, um den Schwerpunkt entsprechend der persönlichen Vorlieben auszubalancieren.

Je steiler die Biegung der Haue ist bzw. je schärfer, tiefer und zahlreicher die Zähne sind, desto besser wird das Gerät halten; und je sanfter es eingesetzt wird, desto leichter ist es auch wieder zu entfernen. Die Zähne sollten so geformt sein, daß sie in dem Eis fassen, wenn man am Schaftende zieht. Auch wenn scharfe Hau-

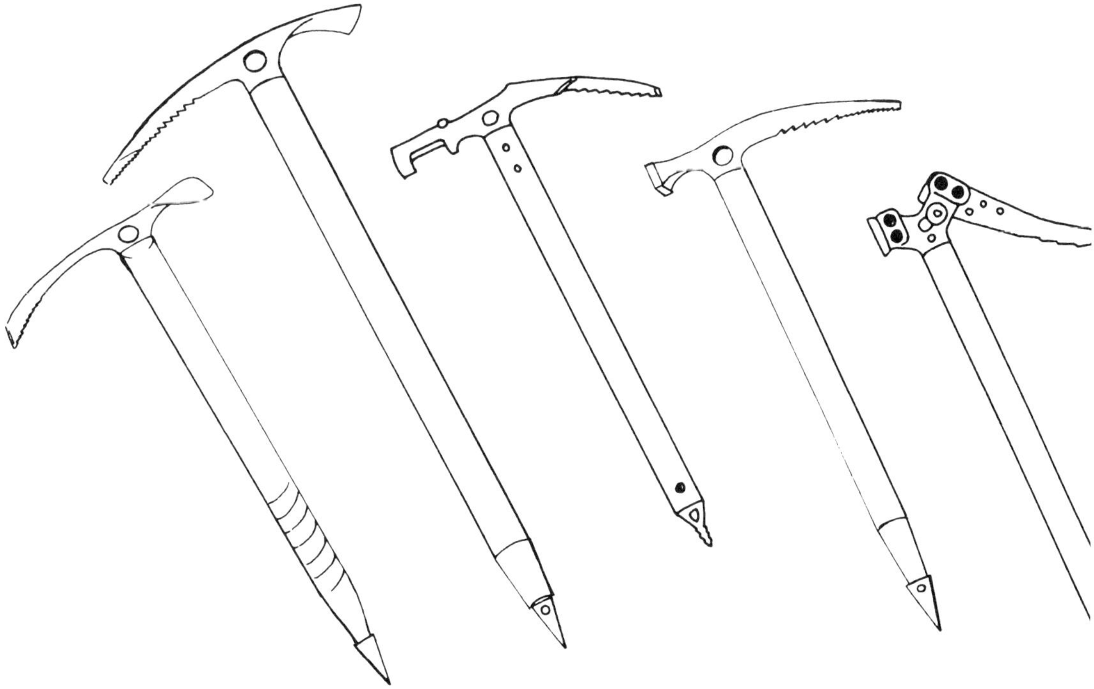

**(14-4) Eisgeräte mit verschiedenen Hauenformen.**

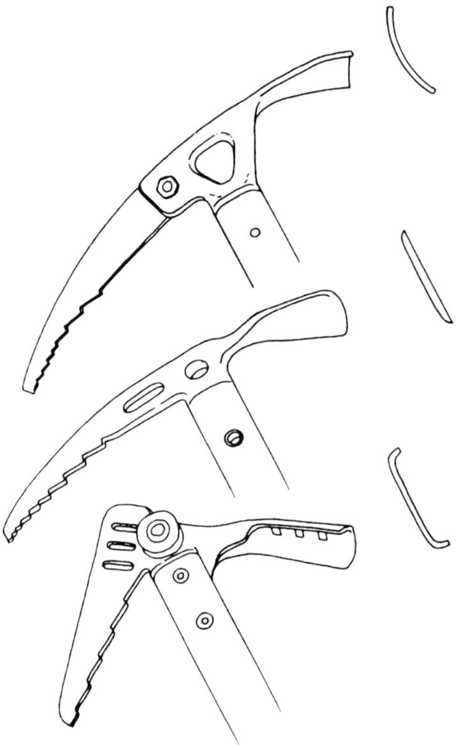

(14-5) **Die Pickelschaufel in Seiten- und Frontalansicht.**

enenden besonders gut in das Eis eindringen und dort gut halten, sind sie natürlich besonders leicht durch schmutziges Eis, welches Steine enthält, zu zerstören. Eine dünne Haue hält unter Umständen sehr gut; das Risiko, daß sie bricht, wenn Drehbewegungen am Schaft auftreten, ist jedoch höher. Ein Eisgerät mit einer massiven Haue benötigt auf der anderen Seite bedeutend mehr Kraft, um in das Eis eingeschlagen zu werden und erzeugt hierbei eine höhere Sprengwirkung. Logischerweise ist eine solche massivere Haue weniger anfällig für Biegungsbrüche.

Wenn man die verschiedenen Anforderungen an ein Eisgerät berücksichtigt, verwundert es nicht, wenn man eine große Vielfalt an Konstruktionsformen vorfindet (Abb. 14-4). Viele Geräte werden mit auswechselbaren Hauen geliefert, so daß man die jeweils beste Konstruktion auswählen kann; auch kann man eine gebrochene Haue auswechseln, anstatt das gesamte Ausrüstungsteil ausmustern zu müssen. Am besten spricht man mit erfahrenen Eiskletterern, wenn man ein Eisgerät aussucht. Im folgenden erlauben wir uns einige prinzipielle Anmerkungen zu den verschiedenen Konstruktionen:

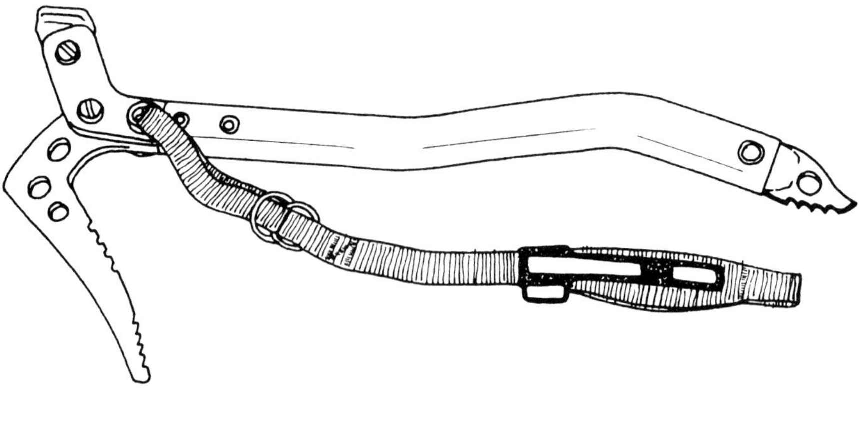

**(14-6) Gebogener Schaft eines Eisgerätes.**

**Hauenform gerade abwärts gebogen:** Dies ist die Standardkonstruktion für Pickel, welche im Schneegelände genutzt werden. Die Haue ist mäßig abwärts gebogen. Viele kürzere Eisgeräte, welche beim Eisklettern benutzt werden, weisen eine ähnliche Haue auf; sie ist jedoch stärker abwärts gebogen und hält dadurch besser im Eis. Diese Hauenform wird zumeist beim Klettern im alpinen Eis oder auf für Gletschereis benutzt. Im Idealfall ist die Haue so gebogen, daß sie dem Verlauf des natürlichen Schwunges beim Einschlagen entspricht. Der Winkel der Schneide an der Haue stellt hierbei keine wesentliche Überlegung dar. Die Hauptaufgabe ist es, die wie auch immer geformte Haue scharf zu halten.

**Invers gebogen:** Die Haue einiger Konstruktionen hat eine umgekehrte Biegung, wodurch sie eine aufwärtsgerichtete Kurve macht. Eine solche Konstruktion wird vor allem beim Wasserfallklettern oder anderen sehr steilen Eisrouten bevorzugt.

**Gerade abwärts:** Ein Eisgerät, dessen Haue gerade, jedoch in steilem Winkel abwärts weist, dringt gut in das Eis ein.

**Rohrförmige Hauen:** Rohrförmige Hauen aus dünnem und sehr scharfem Material werden vor allem in hartem Wassereis eingesetzt, da ein Rohr eine geringere Sprengwirkung im Eis ausübt als eine normale Haue.

## Schaufel

Mit der Schaufel eines Eisgerätes kann man Stufen schlagen, morsches Eis entfernen, bevor man Zwischensicherungen einsetzt, und auch einen Standplatz einrichten. Ähnlich wie bereits bei den Hauen beschrieben, gibt es verschiedene Schaufelkonstruktionen und Größen (Abb. 14-5). Viele Eisgeräte werden mit auswechselbaren Schaufeln geliefert, so daß man eine gebrochene Schaufel ersetzen kann oder eine Schaufelform entsprechend des geplanten Unternehmens auswählen kann. In solchen Fällen kann man natürlich auch eine Schaufel durch einen Hammerkopf ersetzen.

Die gewöhnlichste Schaufelform ist gerade, bei leicht quer gebogenem Schaufelblatt. Eine solche Form weist beim Stufenschlagen Vorteile auf. Einige Schaufeln weisen auch gerade abwärts oder sind steiler gebogen. Durch die Neigung des Vorderendes des Schaufelblattes zum Schaft wird die Effektivität beim Stufenschlagen erhöht, da die Schlagkraft auf eine größere Eisfläche einwirkt. In Einzelfällen sind nahezu rohrförmige Schaufeln erhältlich, welche vor allem beim Wasserfallklettern eingesetzt werden.

## Schäfte

Die Schäfte der meisten Eisgeräte sind gerade, aber einige Konstruktionen weisen gebogene Schäfte auf (Abb. 14-6).

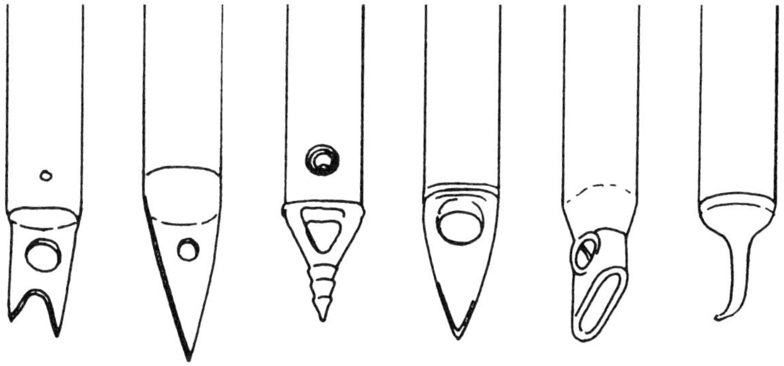

**(14-7) Verschiedene Ausführungsformen der Schaftspitze.**

Bevor man ein Gerät mit einem gebogenen Schaft kauft, sollte man sich genau davon überzeugen, daß die Schaftform auch dem persönlichen individuellen Schwungverlauf gerecht wird. Der Vorteil gebogener Schäfte liegt darin, daß die Fingerknöchel vor dem Aufschlagen an der Eisoberfläche geschützt werden.

### Schaftspitzen

Um gut in das Eis eindringen zu können, muß die Schaftspitze eines jeden Eisgerätes scharf und die Verbindung zwischen Spitze und Schaft stabil sein. Schaftspitzen gibt es sowohl in massiver als auch in rohrförmiger Ausführung. Solide Spitzen bestehen aus einer flachen Metallplatte oder einer konusförmigen Spitze, wobei die konusförmigen Spitzen entweder gerade abwärts weisen oder leicht gebogen geformt sind. Die meisten Spitzen weisen Karabinerlöcher auf, wodurch das Gerät als vorübergehende Selbstsicherung dient, während man einen Standplatz oder eine Zwischensicherung anbringt (Abb. 14-7).

### Griffschlinge

Eine Griffschlinge, welche über das Handgelenk gestreift wird, sichert das Eisgerät zu verschiedenen Zwecken. Zunächst fängt eine solche Schlinge ein versehentlich fallendes Eisgerät. Darüberhinaus ist sie aber auch von Vorteil beim Einschlagen des Gerätes und ermöglicht ein relativ kraftloses Greifen, wenn das Körpergewicht gehalten werden muß.

Eine Handgelenkschlinge ist ein kraftsparendes Ausrüstungsteil in sehr steilem oder gar senkrechtem Eis. Die Schlinge wird durch das Karabinerloch am Kopf des Gerätes geführt und sollte gerade lang genug sein, so daß man den Schaft in der Nähe der Spitze fassen kann. In jedem Fall sollte eine Schlinge am Ende eingeknüpft sein, durch welche man mit der Hand hindurchgreift. Man kann die Schlaufe mittels Tape am Schaft befestigen; hierdurch wird gewährleistet, daß die Hand immer in der korrekten Position greift und die Zugkraft direkt über die Schaftlängsachse übertragen wird (Abb. 14-8). Auf diese Weise benutzt, unterstützt sie sowohl das Halten als auch die Einschlagbewegung.

Die Handgelenkschlinge ermöglicht es darüberhinaus auch, sich an ein Eisgerät zu hängen, ohne daß die Unterarmmuskulatur völlig erschöpft. Will man so vorgehen, hängt man sich an den gestreckten Arm, wobei Arm- und Handmuskulatur locker gehalten und das Körpergewicht durch Skelett und Bänder auf den Pickelschaft übertragen wird.

Eine Rastposition kann man auch einnehmen, indem man eine Reepschnur in das Karabinerloch am Kopf des Gerätes einbindet und das andere Ende im Sitzgurt befestigt. Eine solche Reepschnur sollte lang genug sein, so daß sie die Schwungbewegung des Eisgerätes nicht stört, allerdings auch kurz genug, um beim Klettern nicht im Weg zu sein. Insbesondere darf man sich nicht mit den Steigeisenspitzen darin verfangen. Wenn ein Eisgerät nicht genutzt wird, steckt man es in eine Materialschlaufe.

## *Eisschrauben*

Eisschrauben wurden aus Eishaken entwickelt, welche besonders lange Haken, ähnlich den Felshaken, waren; in sie wurden Nasen, Löcher oder ähnliches eingefügt, um den Griff im Eis zu erhöhen. Nach dem Zweiten Weltkrieg experimentierten Kletterer mit neuen Konstruktionsformen und fanden heraus, daß eine größere Schaftfläche den Flächendruck auf dem Eis vermindert und eine höhere Anzahl an Löchern dafür sorgt, daß der Schaft im Eis einfriert.

Als die ersten Eisschrauben in den frühen 60er Jahren entwickelt wurden, äußerten sich Enthusiasten dahingehend, daß sie das Eisklettern revolutionieren und endlich für Sicherheit in steilen Routen sorgen würden. Die Kritiker befürchteten allerdings, daß die Schrauben nicht

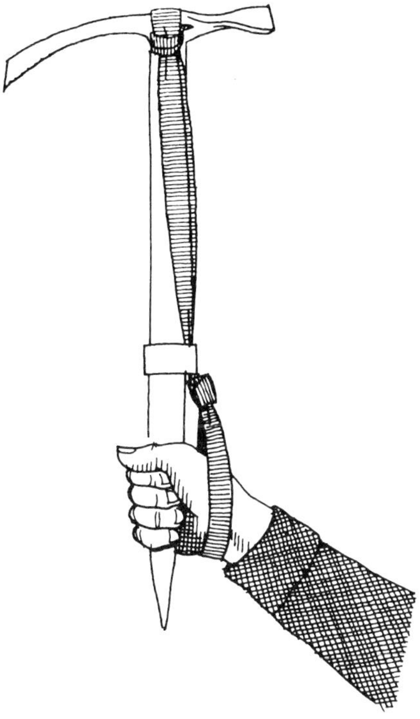

(14-8) Handgelenkschlaufe an Eisgeräten.

wesentlich besser sein würden als die alten Eishaken; dies erwies sich für einige Konstruktionen, welche heute allerdings nicht mehr benutzt werden, auch als richtig. Aber die Eisschrauben wurden weiterentwickelt, so daß sie heutzutage die bestmögliche Sicherung im stabilen, steilen Eis darstellen (Abb. 14-9).

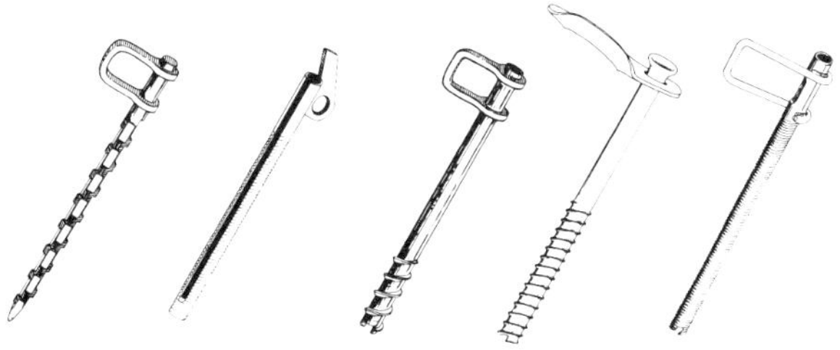

(14-9) Verschiedene Formen von Eisschrauben.

Die moderne **Rohreisschraube** ist die stabilste und am häufigsten verwendete Konstruktionsform. Zwischen 18 und 23 cm ist ein solches Sicherungsgerät lang. Es ist sowohl im Sommer als auch im winterlichen Eis gut anwendbar. Diese Schraube ist relativ leicht ein- und auszudrehen; einige Modelle besitzen speziell geformte Laschen, welche ein schnelleres Setzen und Entfernen ermöglichen. Die hohle Konstruktionsform verursacht eine minimale Sprengwirkung im Eis, da das überflüssige Eis durch das Rohr hinausgeschoben wird.

Wenn die Eisschraube entfernt wurde, muß das im Rohr befindliche Eis sofort entfernt werden – ansonsten kann es innen anfrieren und so dafür sorgen, daß die Schraube vorübergehend nutzlos wird. Die Innenseite einiger Eisschrauben ist leicht konisch geformt, wodurch das Eis leichter zu entfernen ist. Wenn das Eis auf der Innenseite angefroren ist, wird es am besten mit einem langen Stab herausgeschoben.

Die Form und Größe einer Eisschraube sind die maßgeblichen Einflußfaktoren für ihre Haltekraft. Eine dicke Eisschraube kann eine höhere Last als eine vergleichbar lange dünne Eisschraube aufnehmen. Eine Rohrkonstruktion hält größere Lasten als Massivkonstruktionen.

**Eine andere Eisschraubenkonstruktion** wird in das Eis eingeschlagen, aber herausgedreht. Diese Konstruktion wurde entwickelt, um einen Fixpunkt zu schaffen, welcher schnell anzubringen und leicht zu entfernen ist; sie wird sowohl massiv als auch rohrförmig hergestellt.

Die massive Form bietet einen guten Sicherungspunkt in Wassereis unterhalb der Gefriertemperatur, ist jedoch deutlich weniger effektiv in anderen Eisarten und speziell bei höheren Temperaturen. Sie schmelzen manchmal sehr schnell aus und schneiden unter Last in das Eis ein. Darüberhinaus können sie brechen, wenn sie nicht komplett eingeschlagen wurden und manchmal sind diese Spiralzahnhaken auch schwierig zu entfernen Achtung: Aufgrund einiger schwerer Unfälle, welche durch nicht ausreichende Haltekraft der Spiralzahnhaken verursacht wurden, entsprechen Spiralzahnhaken nicht den Sicherheitsstandards gemäß UIAA. Von ihrer Verwendung zu Sicherungszwecken wird daher inzwischen abgeraten (Anmerkung des Übersetzers).

Hohlkonstruktionen, welche eingeschlagen, aber hinausgedreht werden können, haben den Vorteil, daß sie das verdrängte Eis durch das Rohrinnere nach außen schieben und so eine geringe Sprengwirkung im Eis erzeugen. Die Rohreishaken können mit leichten Hammerschlägen einfach gesetzt und ziemlich leicht von Hand herausgedreht werden. Manchmal muß man zum Herausdrehen ein Eisgerät zu Hilfe nehmen. Rohreishaken halten am besten in hartem Eis, sie können bei Temperaturen oberhalb des Gefrierpunktes unsicher werden.

## *Weitere Ausrüstung*

### Halfter

Man kann zwei Halfter am Sitzgurt befestigen, um die Eisgeräte zu transportieren, wenn man sie nicht benötigt. Man sollte vor dem Kauf unbedingt probieren, ob die Eisgeräte einen guten Sitz im Halfter haben. Insbesondere wenn die Halfter zu klein sind, kann es sehr schwierig werden, das Eisgerät zum Benutzen herauszunehmen.

### Seile

Zumeist werden zum Eisklettern die üblichen Standardkletterseile von 10 bis 11 mm Durchmesser benutzt – allerdings hängt dies von der Art der Route und den persönlichen Vorlieben des Kletterers ab. Einige Eiskletterer benutzen Seile, welche länger als die üblichen 50 m sind, um so die Distanz zwischen den Standplätzen verlängern zu können. Andere benutzen die Doppel- oder Zwillingsseiltechnik (siehe Kapitel 10).

Die Vorteile imprägnierter Seile machen die Mehrkosten oft reichlich wett, da sie nicht so steiffrieren wie normale Seile, auch wenn sie natürlich außen Eis ansetzen können. Allerdings muß angemerkt werden, daß die Imprägnierung erfahrungsgemäß durch den Seilgebrauch im Laufe der Zeit nachläßt.

### Schutz von Kopf und Augen

Der Kopf und die Augen müssen unbedingt vor den Eissplittern, welche beim Einschlagen der Eisgeräte wegfliegen, geschützt werden. Helm und Brille sind daher dringend anzuraten. Der Helm, welcher auch vor Steinschlag schützt, muß darüberhinaus an eine zusätzlich getragene Mütze anzupassen sein. Die Brille muß auch beim Tragen des Helmes sitzen; sie sollte außerdem gegen UV-Licht schützen und gleichzeitig gut genug belüftet sein, um ein Beschlagen zu verhindern. Ein akzeptabler Ersatz sind Sonnenbrillen mit Seitenschutz.

# *Eisklettertechniken*

Ein Felskletterer, welcher mit dem Eisklettern beginnt, wird unter Umständen verblüffende Ähnlichkeiten in den beiden Sportarten feststellen. In beiden Fällen bewegen sich Kletterer vorwärts, indem sie ihr Gewicht von einem Balancepunkt zum anderen bringen, übertragen so viel Körpergewicht wie möglich auf die Beine, und denken mehrere Kletterzüge im voraus, indem sie »mit ihren Augen klettern«. Im Eis benutzen die Kletterer genauso wie im Fels vorteilhafte Oberflächenstrukturen, indem sie Buckel und Vorwölbungen für den Halt von Händen und Füßen bzw. zum Plazieren der Eisgeräte suchen. Natürlich gibt es auch einige bemerkenswerte Unterschiede. Eiskletterer müssen beispielsweise mit den Händen auf Eisgeräte und mit den Füßen auf Steigeisen vertrauen. Sie lernen mit Fixpunkten umzugehen, die unter Umständen unsicher sind, und sie arbeiten mit einem Medium, welches sich im Tages- bzw. Saisonverlauf ständig verändert.

## *Technischer Überblick*

Eiskletterer benutzen normalerweise Variationen von zwei grundlegenden Techniken, die abhängig von der Steilheit, den Eisbedingungen, den persönlichen Fähigkeiten und dem Selbstvertrauen angewendet werden. Diese Techniken sind als Eckensteintechnik (»Französische Technik«) und Frontalzackentechnik (»Deutsche Technik«) bekannt. Diese Techniken werden nicht unbedingt streng getrennt angewendet – im Gegenteil: Die meisten Kletterer benutzen immer wieder beide Techniken, zum Teil in Kombination miteinander, um eine Kletterpassage ökonomisch zu überwinden.

### Eckensteintechnik (Französische Technik)

Die Eckensteintechnik ist die leichteste und effizienteste Methode, um im flachen bis mäßig steilen Eis und hartem Schnee aufzusteigen – jedenfalls wenn man es einmal gelernt hat. Eine gut ausgeführte Eckensteintechnik benötigt Balance, Rhythmus und einen sicheren Umgang mit Steigeisen und Eisgerät.

Französische Bergsteiger haben die Eckensteintechnik entwickelt – daher nennt man diese auch Französische Technik. In einigen Gegenden sind auch nach wie vor rein französische Ausdrücke gebräuchlich – Pied für die Füße, Piolet für den Pickel oder Pied à Plat als französischer Name für die Eckensteintechnik. Dieser Name beschreibt die Ausführung der Technik: Man muß die Füße so flach wie möglich auf das Eis aufsetzen – mit dem Ziel, möglichst alle Steigeisenzacken in das Eis zu drücken. Dies kann durchaus schwierig werden, da in steilerem Gelände der Fuß im Sprunggelenk deutlich gebeugt werden muß.

Die Details der Eckensteintechnik werden später in diesem Kapitel beschrieben. Zunächst als kurzes Wörterbuch der französischen Eiskletterausdrücke die folgenden Bezeichnungen:

**Für die Füße:**

- *Pied marche:* Gehstellung im leichten, horizontalen bis etwa 15° geneigten Gelände.
- *Pied en canard:* »Entengang« in mäßig steilem Gelände (15°-30°)
- *Pied à plat:* Aufsetzen des ganzen Fußes (Eckensteintechnik) in mäßig steilem bis steilem Gelände (30°-65° und mehr).

**Für das Eisgerät:**

- *Piolet canne:* »Spazierstock« (Stützpickel) in flachem bis mäßig steilem Gelände (0°-40°).
- *Piolet ramasse:* »Auslegerpickel« in mäßig steilem Gelände (35°-50°).
- *Piolet ancre:* Ankerpickel in Steilgelände (45°-60° und mehr).

### Frontalzackentechnik (deutsche Technik)

Von deutschen und österreichischen Bergsteigern wurde für das härtere Eis der Ostalpen die Frontalzackentechnik entwickelt, mit welcher erfahrene Eiskletterer auch schwierigste Eispassagen bewältigen können. Mit dieser Technik können sogar durchschnittliche Kletterer zügig Passagen überwinden, welche mit der Eckensteintechnik schwierig oder gar unmöglich für sie sein würden.

Bei der Frontalzackentechnik werden im Unterschied zur Eckensteintechnik die Fußspitzen dem Hang direkt zugewendet und die Frontalzacken ins Eis eingesetzt. Die Technik ähnelt sehr stark dem Stufentreten beim Aufstieg direkt in Fallinie, allerdings wird der Fuß nur mit der Fußspitze bzw. den Steigeisenzacken anstatt soweit wie möglich in den Schnee ins Eis getreten.

Ähnlich wie bei der französischen Technik erfordert eine gute Frontalzackentechnik natürlich ein rhythmisches Steigen bei guter Körperbalance. Mit anderen Worten: Das Körpergewicht muß direkt über den Steigeisen liegen. Die Effizienz und Kontrolle der Bewegung ist somit sehr wichtig – unabhängig davon, ob man gerade die Frontalzacken einsetzt, die Handgeräte nutzt oder sich vorwärts bewegt.

Auch wenn deutsche und österreichische Bergsteiger die Technik entwickelt haben, wird sie sehr häufig mit französischen Begriffen ähnlich der Eckensteintechnik beschrieben. Im folgenden werden die verschiedenen Bezeichnungen der Hangsteilheit, bei welcher sie optimal zur Anwendung kommen, gegenübergestellt. Wie man sieht, überlappen sich die Anwendungstechniken bezüglich der Hangsteilheit mit denen der französischen Technik teilweise. Die Auswahl der jeweiligen Technik wird anhand der Eisbedingungen und der persönlichen Vorlieben des Kletterers gefällt.

**Für die Füße:**

– *Frontalzackentechnik:* Anwendung bei allen Hangneigungen zwischen 45° bis vertikal und überhängend.

**Für Eisgeräte:**

– *Piolet panne:* Tiefe Stützpickeltechnik in mäßig steilem Gelände (40°-45°).
– *Piolet poignard:* Hohe Stützpickeltechnik in Steilgelände von 50° bis 60°.
– *Piolet ancre:* Ankerpickel in Steilgelände (45°-60°).
– *Piolet traction:* Zugpickeltechnik für extrem steiles Gelände (60°-90° und überhängend).

## Klettern ohne Steigeisen

In flachem Eisgelände kann man ohne Steigeisen vorwärtskommen – das erfordert jedoch ein Balancieren, indem man sich vorsichtig von einem Punkt zum nächsten bewegt. An jeden Haltepunkt steht der bergseitige Fuß vor und oberhalb des talseitigen Fußes, dessen Bein voll ausgestreckt ist, so daß er den überwiegenden Teil des Körpergewichtes übernimmt, ohne daß die Muskulatur belastet wird. Das Eisgerät, welches in der bergseitigen Hand geführt wird, wird immer erst dann bewegt, wenn der Körper über den Füßen ausbalanciert ist. Umgekehrt bewegen sich die Füße nur, wenn das Eisgerät vorne gut eingesetzt wurde. Während man geht, achtet man auch auf Unregelmäßigkeiten in der Eisoberfläche, die den Füßen zusätzlichen Halt bieten können.

## Stufenschlagen

Die älteste Methode, im steilen Eis aufzusteigen, war schlicht das Schlagen von Stufen. Die Erfindung von Steigeisen verminderte die Notwendigkeit des Stufenschlagens, sie konnte jedoch niemals vollständig ausgelöscht werden. Nach wie vor treffen Kletterer Bereiche von Eis an, wenn sie gerade keine Steigeisen tragen. Oft handelt es sich auch nur um kurze Eispassagen, die es nicht lohnend erscheinen lassen, die Zeit mit dem Anlegen der Steigeisen zu vergeuden. Ein gebrochenes Steigeisen oder ein verletzter oder unerfahrener Kletterer können weitere Gründe sein, Stufen zu schlagen. Auch wenn man Steigeisen trägt, kann man sich über einen bequemen Stand auf einer Stufe freuen, welche nicht nur der Bequemlichkeit, sondern auch der Sicherheit dienlich ist. Eine Stufenleiter, welche im Eisgelände angelegt wird, besteht aus einzelnen Stufen, die diagonal den Hang hinaufführen oder direkt in Fallinie angelegt werden. In beiden Fällen werden die Stufen aus einer gut ausbalancierten Körperposition heraus geschlagen. Der üblich Ablauf ist, daß man zwei Stufen von einem Haltepunkt aus schlägt, das Eisgerät als zusätzlichen Halt einsetzt, zwei Stufen zu einem

(14-10) Das Tritteschlagen für den Diagonalanstieg.

erneuten bequemen Balancepunkt aufsteigt und danach die nächsten beiden Stufen schlägt.

Eine einzelne Linie diagonaler Stufen wird normalerweise nur im flachen Gelände geschlagen, während eine doppelte Linie paralleler Stufen in mäßig steilen oder steileren Hängen, in denen die Balance ein größeres Problem wird, vorteilhaft ist. Trittlöcher in Fallinie kommen in noch steileren Hängen zur Anwendung.

Um Diagonalstufen in relativ weichem Eis wie zum Beispiel sommerlichen Gletschereis zu machen, steht man in ausbalancierter Position mit dem Eisgerät in der talseitigen Hand (Abb. 14-10). Das Eisgerät wird aus der Schulter heraus geschwungen und mit der Schaufel ins Eis eingesetzt. Die Bewegung sollte so bemessen sein, daß die Schwungmasse des Gerätekopfes den überwiegenden Teil der Arbeit übernimmt. Im härteren Eis muß man natürlich zusätzlich die Muskelkraft einsetzen; im Extremfall können sogar beide Hände zum Stufenschlagen notwendig werden. Mit aufeinanderfolgenden Schlägen werden kleinere Eisstücke aus der zukünftigen Stufe herausgeschlagen. Die Schwünge werden vom Körper wegweisend geführt, wobei man bei dem zukünftigen Fersenende des Trittes beginnt und sich in Richtung der Zehenspitzen vorarbeitet. Die Pickelhaue wird eingesetzt, um gröbere Eisstücke zu entfernen und die Detailarbeit bei der Fertigstellung der Stufe zu vollbringen. In steileren Passagen kann man auf ähnliche Art und Weise kleine Griffe für die freie Hand schlagen, wodurch das Halten des Gleichgewichtes deutlich erleichtert wird.

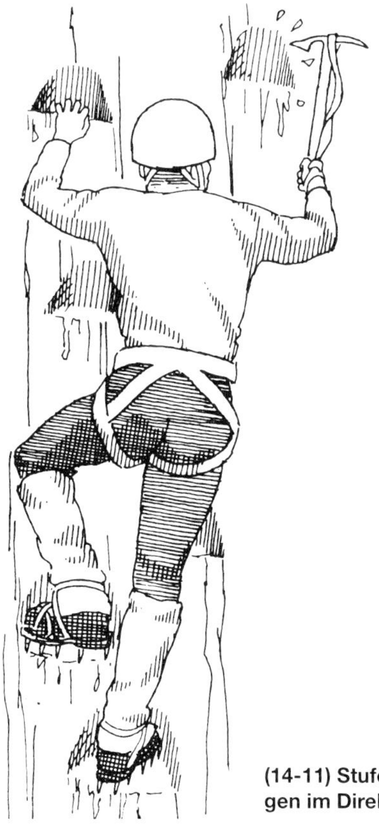

(14-11) Stufenschlagen im Direktanstieg.

**(14-12) Stufenschlagen beim Abstieg.**

In sehr hartem Eis, welches recht spröde ist und leicht bricht, wird die Pickelhaue horizontal in das Eis geschlagen, um den Stufengrund möglichst zu schonen. Wenn man den Pickelschaft in dem Moment, in dem die Spitze in das Eis etwas eindringt, herumschwingt, wird die Haue durch die auftretende Hebelwirkung das Eis leichter heraussprengen, als wenn man sie gerade einschlägt. Die Stufe sollte leicht nach unten innen geneigt sein, um zu verhindern, daß der Schuh herausrutscht. In flachen Hängen kann es ausreichend sein, wenn man nur einen kleineren Teil der Sohle in der Stufe unterbringen kann, aber im steileren Gelände sollte eine Stufe immer groß genug sein, um den gesamten Schuh aufzunehmen. Der Abstand zwischen den Stufen sollte so gewählt werden, daß die Tritthöhe für alle Gruppenmitglieder angenehm ist.

Wenn man die Richtung einer Serie diagonaler Stufen ändern will, schlägt man eine Stufe, welche für beide Stiefel groß genug ist, um so eine sichere Drehposition zu erhalten und um das Eisgerät in die andere Hand überwechseln zu können. Bei jeglichem Stufenschlagen muß man durch die Handgelenkschlinge greifen, um die anstrengende Arbeit zu erleichtern und einem versehentlichen Verlust des Eisgerätes vorzubeugen.

Trittlöcher in Fallinie steiler Hänge werden ungefähr inf Schulterbreite angebracht; dies ermöglicht einen leichten Aufstieg (Abb. 14-11).

Jede Stufe wird als Griff für die Hände und später als Tritt benutzt. Daher sollte sie groß genug sein, um mindestens die vordere Stiefelhälfte aufnehmen zu können; außerdem sollte sie vorne möglichst eine schmale Kante aufweisen, um den Griff der Hände zu erleichtern. Man schlägt zunächst die Stufe und formt dann die Vorderkante mit kleinen Schlägen der Haue.

Wenn man beim Abstieg Stufen schlagen muß, ist die leichteste Methode, leiterförmig direkt in der Fallinie abzusteigen (Abb. 14-12). Um zwei Stufen nacheinander zu schlagen, beginnt man in gut ausbalancierter Körperposition, wobei die Augen hangabwärts blicken. Man schlägt zwei Stufen direkt unter den beiden Stufen, auf denen man steht. Wenn diese fertig sind, steigt man mit dem talseitigen Fuß und dann erst mit dem bergseitigen Fuß ab. Will man lediglich eine Stufe schlagen, beginnt man wieder aus einer bequemen Position heraus. Man schlägt die Stufe für den talseitigen Fuß, und setzt anschließend den Fuß abwärts. Danach schlägt man die Stufen für den bergseitigen Fuß und setzt diesen dann ebenfalls hinunter.

Das Stufenschlagen ist eine ermüdende schwierige Tätigkeit auf einer rutschigen Fläche – häufig in exponiertem Gelände. Es sollte daher nach Möglichkeit abgesichert werden. Die einzige Methode, um so viel Erfahrung zu erlangen,

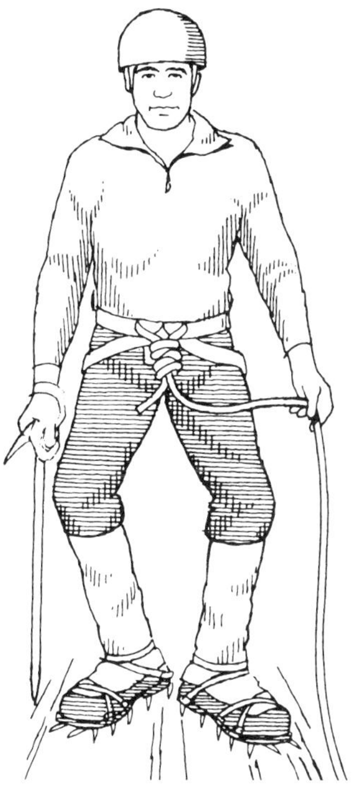

(14-13) Eckensteintechnik (französische Technik): Kombination aus einem Entengang mit flachem Aufsetzen der Füße und der Stützpickeltechnik.

daß es möglich ist, das Stufenschlagen als unter Umständen lebensrettende Technik einzusetzen, ist, sich die nötige Zeit zu nehmen, im harmlosen Gelände rechtzeitig und geduldig zu üben.

## Klettern mit Steigeisen

Moderne Steigeisentechniken ermöglichen es einem Eiskletterer, schnell mit einem Minimum an Ermüdung aufzusteigen. Die Eckensteintechnik wird normalerweise im flacheren Gelände angewendet, in dem die Steigeisenzacken gut eindringen können. Die Frontalzackentechnik weist dagegen Vorteile im steileren Eis (über 45°) sowie bei sehr harter Eisoberfläche auf. In der Praxis überführen die meisten Kletterer beide Techniken in eine Kombinationstechnik. Bei jeder dieser Techniken ist das wichtigste Einzelelement der sichere Umgang mit dem Steigeisen. Diesen erlernt man nur durch entsprechende Übung in flachen und wenig geneigten Hängen. Nur so erlangt man die nötige Erfahrung, das Selbstvertrauen und das nötige Maß an Entschlossenheit, um Steilflanken zu überwinden.

Ein erfahrener Eiskletterer wird an derselben gleichmäßigen ausgefeilten Bewegungstechnik erkannt, an der man auch erfahrene Felskletterer im schwierigen Gelände erkennt. Die Steigeisenspitzen müssen vorsichtig und exakt in das Eis eingesetzt werden, das Körpergewicht kontrolliert und sachte von einem Fuß auf den anderen gelagert werden.

Ein gewisses Maß an Kühnheit ist für das sichere Steigeisengehen absolut notwendig. Die Exponiertheit des Geländes muß zugunsten der Konzentration auf einen optimalen Kletterstil mißachtet werden. Kühnheit bedeutet in diesem Zusammenhang jedoch nicht blinder Leichtsinn. Es ist vielmehr eine Synthese aus Mut, Enthusiasmus, Kontrolle und Erfahrung aus vielen Touren und Übungen auf Gletschergelände, in gefrorenen Steilrinnen und Anstiegen unterschiedlicher Länge und Schwierigkeit. In Anhang 2 werden die Schwierigkeitsskalen, die beim Eisklettern Anwendung finden, näher erklärt.

## Flache und mäßig steile Hänge

### Eckensteintechnik

Viele Kletterer sind der Meinung, daß die Eckensteintechnik lästig und unnötig kompliziert ist, wenn sie sie zum ersten Mal ausprobieren. Nachdem sie sie aber richtig gelernt haben, stellen sie fest, daß diese Technik ein hohes Maß an Sicherheit bedeutet, da das Körpergewicht zwangsläufig über dem Steigeisen ausbalanciert wird, auch wird so die größtmögliche Zahl an Zacken ins Eis gepreßt.

Die Last auf den Knöcheln kann erleichtert werden, indem die Fußspitzen leicht abwärts zei-

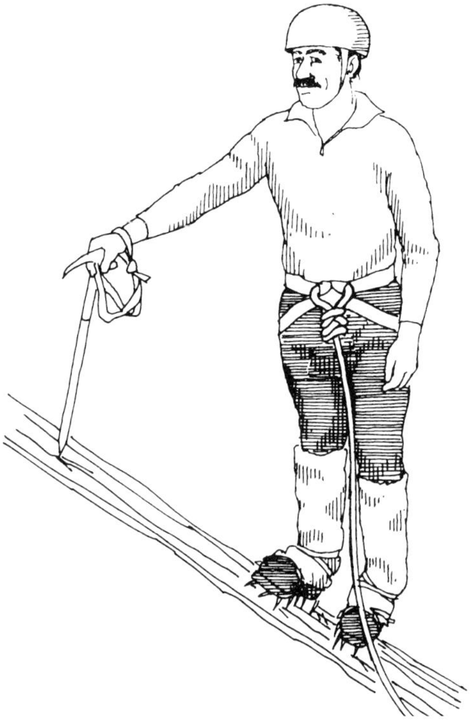

**(14-14) Eckensteintechnik bei einem Diagonalanstieg: Die Füße werden flach aufgesetzt und der Pickel in Stützpickeltechnik angewendet.**

gen und dieses Abwärtszeigen wird stärker und stärker, je steiler der Hang wird. Hierdurch wird es möglich, einen Teil der Fußbeugung durch ein Beugen der Knie zu aufzufangen. Dabei sind die Beine leicht gespreizt, und die Knie weisen etwas nach außen. Vorteilhafterweise werden Schuhe benutzt, die ein höheres Maß an Beweglichkeit im Sprunggelenk ermöglichen. Bei starreren Stiefeln hilft es oft, die oberen Haken beim Zubinden der Schuhe auszulassen.

Beim Gehen auf flachen Hängen benötigt man für das Steigeisengehen nur wenig mehr Technik als für das Gehen irgendwo sonst. Man sollte die Füße lediglich etwas mehr auseinanderhalten als beim normalen Gehen, damit die Steigeisenzacken sich nicht in der Kleidung oder der Beriemung des anderen Steigeisens verhängen können. Alle Steigeisenspitzen sollten auf das Eis aufgesetzt werden, während man gerade vorwärts geht. Der Eispickel wird ähnlich wie ein Spazierstock eingesetzt (*Piolet canne*), wobei die Halteschlinge natürlich nach wie vor über das

**(14-15) Eckensteintechnik beim Diagonalanstieg: Flaches Aufsetzen der Füße in Kombination mit dem gekreuzten Pickel (piolet ramasse).**

Handgelenk gestreift bleibt. Die Hauenspitze weist vorwärts, während die Handfläche auf die Schaufelfläche zu liegen kommt.

Wenn die Hangneigung leicht zunimmt, wird man feststellen, daß es lästig ist, wenn die Zehenspitzen nach wie vor bergwärts zeigen. Also dreht man sich weiter hangabwärts (*Pied en canard*). Der Pickel wird genauso eingesetzt wie eben beschrieben (Abb. 14-13).

Nimmt die Hangneigung weiter zu, würde ein weiterer Aufstieg direkt in Fallinie für die Knöchel sehr schmerzhaft werden. In diesem Fall ist der Punkt erreicht, an dem man sich seitwärts dreht und diagonal bergansteigt. Dies ermöglicht lockere, komfortablere Tritte. Die Füße werden nach wie vor flach auf dem Boden aufgesetzt (*Pied en plat*), wobei alle Zacken mit Ausnahme der Frontalzacken in Eiskontakt sein sollten (Abb. 14-14). Keinesfalls sollte man versuchen, die Füße bergwärts aufzukanten. Die Gehbewegung beginnt man mit dem Fuß, dessen Spitze in die Fortbewegungsrichtung zeigt. Wenn der Hang noch steiler wird, muß man die Füße mehr und mehr talwärts drehen, um sie nach wie vor flach auf dem Eis aufsetzen zu können. In sehr steilen Passagen kann dies bedeuten, daß beide Fußspitzen in Fallinie hangabwärts zeigen.

Wenn die Hangbeschaffenheit von geringer zu mäßiger Steilheit wechselt, wird die Anwendung des Pickels in der beschriebenen Art zunehmend lästig. Man erreicht größere Sicherheit und Bequemlichkeit, indem man den Pickel nun mit beiden Händen vor dem Körper greift (*Piolet ramasse*), wie dies Abb. 14-15 zeigt. Der Schaft wird direkt oberhalb der Spitze mit der bergseitigen Hand gehalten, die andere faßt am Kopf, wobei die Spitze vorwärts zeigt. Die Schaftspitze wird in das Eis gedrückt, der Schaft steht dabei senkrecht zur Eisoberfläche.

In dieser Position hält die Hand, welche den Schaft greift, den Großteil des Gewichtes. Die Hand am Kopf stabilisiert den Pickel und erinnert gleichzeitig daran, daß man sich nicht zu sehr gegen den Hang lehnt. Insbesondere längere

**(14-16) Eckensteintechnik, Richtungswechsel beim Diagonalanstieg: Flaches Aufsetzen der Füße wird mit dem überkreuzt eingesetzten Pickel (piolet ramasse) kombiniert.**

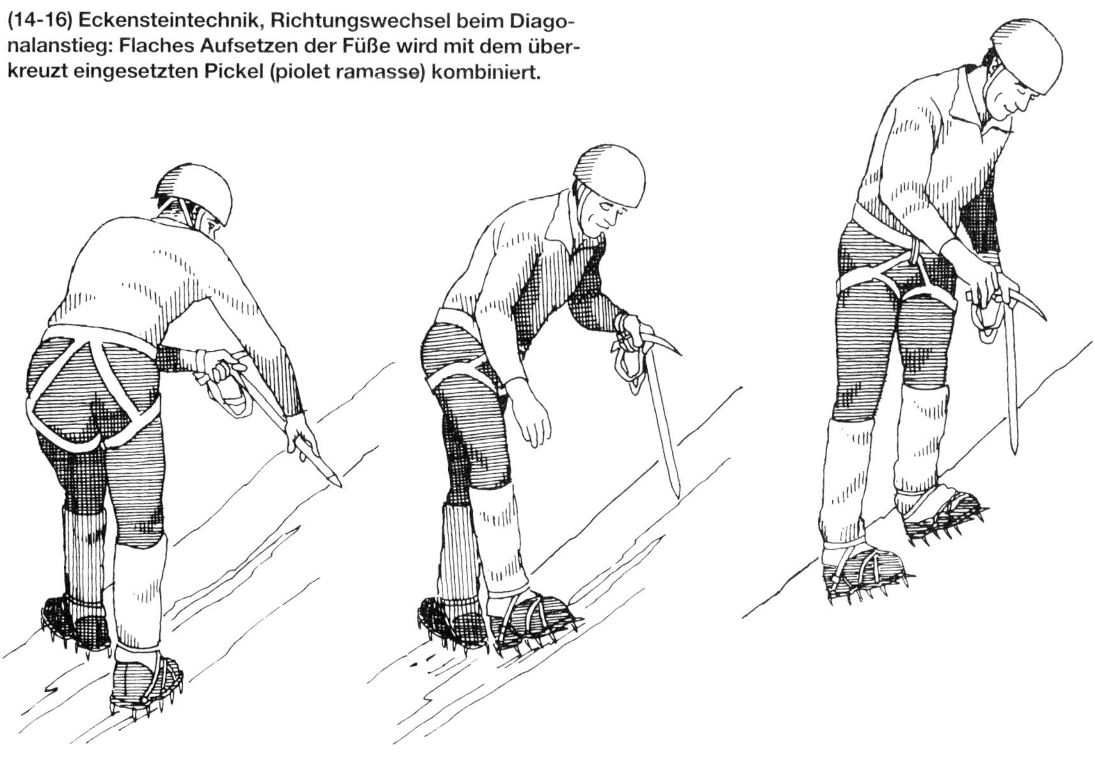

**(14-17) Eckensteintechnik beim Diagonalanstieg in steilen Hängen: Flaches Aufsetzen der Füße in Kombination mit der Ankerpickeltechnik.**

Schäfte sind hier von Vorteil, da bei kurzen das Anlehnen an den Hang nahezu unvermeidbar wird. Auch erfahrene Eiskletterer haben gewisse Schwierigkeiten, diese Technik mit kurzen Schäften korrekt durchzuführen.

Grundsätzlich steigt man diagonal aufwärts in einer Zweischrittsequenz – ziemlich genauso wie beim Aufstieg im Schnee ohne Steigeisen. Tip: Denke daran, daß die Füße immer flach aufgesetzt werden (Abb. 14-15)! Beginne aus einer stabilen Position, in der der bergseitige Fuß vorne oberhalb des talseitigen Fußes steht. Aus dieser ausbalancierten Position wird der talseitige Fuß vor und über den bergseitigen Fuß gebracht – man befindet sich nun im labilen Gleichgewicht. Der talseitige Fuß kreuzt dabei vor dem Knie des bergseitigen, da nur so ein sicheres Vorsetzen des anderen Fußes möglich wird. Um erneut eine ausbalancierte Körperposition herzustellen, wird der ehemals bergseitige Fuß an dem bereits vorgesetzten Fuß vorbeigezogen und oberhalb vor ihm aufgesetzt. Das Körpergewicht muß bei der Gesamtbewegung auf den Steigeisen bleiben. Unbedingt vermeiden sollte man, daß man sich zum Hang lehnt und so das Herausrutschen der Steigeisenzacken aus dem Eis provoziert. Beim Aufstieg nutzt man Passagen geringerer Neigung und natürliche Unregelmäßigkeiten der Oberfläche, um Kraft zu sparen und die Belastung der Fußgelenke zu vermindern.

Während eines Diagonalabstieges wird der Eispickel ungefähr in Armlänge vor dem Körper eingesetzt, bevor man die nächsten Schritte macht. In welcher Form man den Pickel einsetzt – ob vertikal (*Piolet canne*) oder beidhändig als Auslegerpickel (*Piolet ramasse*) –,muß rechtzeitig bedacht werden, damit die Pickelspitze in passender Entfernung zum Körper gesetzt wird.

Zur Richtungsänderung wird beim Diagonalanstieg im Eisgelände dieselbe Technik angewendet wie in Schneegelände, in dem man keine Steigeisen tragen würde; auch hier werden die Füße flach aufgesetzt (Abb. 14-16). Aus einer stabilen Position heraus setzt man den Pickelschaft direkt oberhalb ein. Der talseitige Fuß wird vorgesetzt und steht in ungefähr der gleichen Höhe wie der andere Fuß. Die Fußspitze zeigt dabei leicht bergwärts. Der Eispickel wird mit beiden Händen gefaßt, man dreht sich zum Hang und bewegt den bergseitigen Fuß in die neue Richtung. Indem man seine Aufmerksamkeit dem Fuß zuwendet, welcher nach wie vor in die alte Richtung weist und diesen in die neue Richtung bergseitig vor den anderen Fuß bringt, erreicht man wieder eine stabile Körperposition. Am Pickel wird – abhängig davon, wie man ihn einsetzen möchte – umgegriffen. Nun hat man die Ausgangsposition für die neue Anstiegsrichtung erreicht.

## Mäßig steile und steile Hänge

Bei zunehmender Steilheit werden andere Varianten der Eckensteintechnik notwendig. Ab einem bestimmten Punkt weist die Frontalzackentechnik Vorteile auf.

### Eckensteintechnik

In mäßig steilen und steilen Hängen kann man von der Piolet ramasse-Technik (Auslegerpickel) in die Ankertechnik (*Piolet ancre*) wechseln und so höhere Stabilität und Sicherheit erreichen. Die Füße werden nach wie vor flach aufgesetzt, wobei alle vertikalen Zacken der Steigeisen ins Eis gedrückt werden (Abb. 14-17).

Um den Pickel in Ankertechnik einzusetzen, beginnt man aus einer stabilen Körperpositon heraus und greift den Schaft des Pickels knapp oberhalb der Schaftspitze mit der talseitigen Hand. Der Pickel wird so geschwungen, daß die Hauenspitze knapp oberhalb Kopfhöhe vor dem Körper ins Eis eindringt und der Schaft in Hangfallinie kommt (Abb. 14-17 a). Mit der anderen Hand wird der Kopf des Pickels gehalten. Nun zieht man an dem Pickelschaft, während man zwei Schritte in die nächste ausbalancierte Körperposition macht (Abb. 14-17 c). Ein leichter konstanter Zug in Schaftrichtung sorgt dafür, daß die Zähne der Hauenspitze im Eis gut greifen. Wenn man wieder bereit ist, den Pickel zu lösen, wird der Schaft leicht zum Eis hin gedrückt und die Hauenspitze herausgehoben. Um sicherzustellen, daß die Füße bei dieser Hangneigung nach wie vor flach aufgesetzt sind, muß der Oberkörper sich ein wenig vom Hang weg entfernen, die Knie und Fußgelenke müssen dabei gebeugt werden und die Spitzen der Schuhe zunehmend talwärts zeigen. Man sollte probehalber einmal versuchen, auch bei zunehmender Hangneigung diese Standardgehsequenz durchzuführen, indem man jeweils einige Schritte macht. An den steilsten Hängen werden die Fuß-

**(14-18) Rastposition (pied assis) bei Anwendung der Eckensteintechnik an steileren Hängen.**

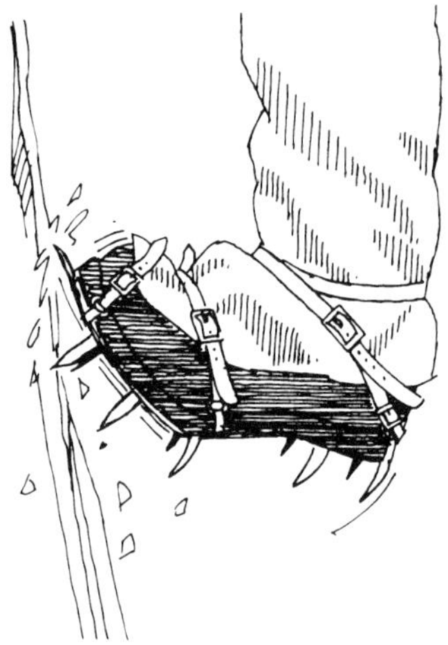

(14-19) Probleme, die entstehen, wenn man mit zu weichen Bergstiefeln in Frontalzackentechnik aufsteigen möchte.

spitzen mehr oder weniger talwärts zeigen, und man kann mehr oder weniger rückwärts in Fallinie den Hang hinaufsteigen. Unabhängig von der Hangneigung, geht man immer aus einer stabilen Körperposition heraus über einen vorübergehend instabilen Moment in die nächste stabile Position. Der Fuß, welcher in Fortbewegungsrichtung steht, sollte immer höher stehen als der andere, da hierdurch der Oberkörper freier schwingen kann, um den Eispickel einzusetzen.

Man kann die Anstiegsrichtung ändern, wenn der Ankerpickel benutzt wird, indem man analog wie wie oben bereits beschrieben vorgeht. Allerdings kann man in steilsten Passagen auch gezwungen sein, sich rückwärts den Hang hinaufzuschieben. In solchen Situationen ist ein Richtungswechsel einfach dadurch möglich, indem man einen Griffwechsel am Pickel durchführt. In einer solchen Situation wird es ohnehin keine wesentliche Diagonalbewegung geben.

Bei der Eckensteintechnik gibt es ebenfalls eine Rastposition für die Beinmuskulatur – genannt *Pied assis* –, die auch eine hohe Sicherheit beim Umsetzen des Eispickels gewährleistet (Abb. 14-18). In einer stabilen Körperposition zieht man den talseitigen Fuß herauf und hockt sich mit dem Gesäß auf die Ferse. In dieser Position weist die Fußspitze in Fallinie talabwärts, alle Steigeisenspitzen sind auf das Eis aufgesetzt. In dieser Position hat man eine stabile, relativ komfortable Rastmöglichkeit.

Die ungemein wertvolle Technik des Eckensteingehens, kombiniert mit den verschiedenen Möglichkeiten des Einsatzes des Eispickels, stellt für den erfahrenen Bergsteiger eine sehr sichere Art der Fortbewegung auf den meisten alpinen Routen dar. In kürzeren steilen Passagen kann die Fußtechnik in Kombination mit der Zugpickeltechnik (Piolet traction) eingesetzt werden, aber hier stößt man schnell an Grenzen.

### Frontalzackentechnik

Auf mäßig steilen und steilen Eishängen findet sich ein Bereich, indem sowohl die Eckenstein-

(14-20) Korrekte Stiefelhaltung bei der Frontalzackentechnik.

als auch die Frontalzackentechnik zum Einsatz kommen kann. Beide sind in diesem Gelände ungemein wertvoll; sie können zur Entspannung der Muskulatur auch abwechselnd eingesetzt werden.

Die Eckensteintechnik benötigt ein hohes Maß an Übung, um perfekt durchgeführt zu werden; im Gegensatz dazu lernen die meisten Bergsteiger die Frontalzackentechnik schnell, da sie auf einem natürlichen und sicheren Klettergefühl basiert. Unglücklicherweise führt dies dazu, daß Bergsteiger sie sehr großzügig in mäßig steilen Passagen einsetzen – in Passagen also, in denen die Eckensteintechnik wesentlich effektiver ist. Bei der Eckensteintechnik wird besonders die vordere Oberschenkelmuskulatur belastet, also Muskelstränge, mit denen die meisten Menschen deutlich mehr Kraft entwickeln können, als mit der bei der Frontalzackentechnik besonders belasteten Wadenmuskulatur. Auch solche Kletterer, die der Frontalzackentechnik den Vorzug geben, profitieren vom Wechsel der Techniken, um die Wadenmuskulatur zu entspannen.

Beim Frontalzackengehen werden nicht nur die beiden Frontalzacken jedes Steigeisens eingesetzt, sondern auch die ersten beiden Vertikalzacken direkt hinter ihnen. Diese vier Punkte ermöglichen, wenn sie sauber eingesetzt werden, eine solide Basis zum Stehen.

Plastikstiefel gewährleisten eine stabile Befestigung der Steigeisen und erleichtern so das Frontalzackengehen deutlich. Steigeisenfeste Lederstiefel sind ebenfalls gut einsetzbar. Leichtbergstiefel können in einigen Fällen benutzt werden; hier muß aber bedacht werden, daß ein größerer Muskeleinsatz notwendig wird – insbesondere bei weichen Sohlen wird der Einsatz problematisch (Abb. 14-19). Das optimale Aufsetzen des Stiefels ist das direkte Aufsetzen auf das Eis, wobei man vermeiden sollte, daß bei leicht nach außen weisenden Fußspitzen die äußeren Frontalzacken aus dem Eis herausgedreht werden. Die Stiefelsohle muß horizontal gehalten werden, um das erste Frontalzackenpaar ebenfalls ins Eis einzusetzen (Abb. 14-20).

**(14-21) Frontalzackentechnik im steileren Hang.**

*Tip:* Widerstehe unbedingt dem Versuch, die Fersen hinaufzuziehen! Hierdurch werden nämlich die stabilisierenden Vertikalzacken vom Eis weggezogen. Folge: Die Plazierung der Frontalzacken wird instabiler und die Wadenmuskulatur vermeidbar belastet. Normalerweise wird man subjektiv das Gefühl haben, daß die Fersen niedriger sind, als sie in Wahrheit gehalten werden. Wenn man also denkt, daß die Fersen zu niedrig sind, kann man davon ausgehen, daß sie gerade in der richtigen Position stehen. Dies ist dann besonders wichtig, wenn man das Oberende einer steilen Eispassage überwindet und in

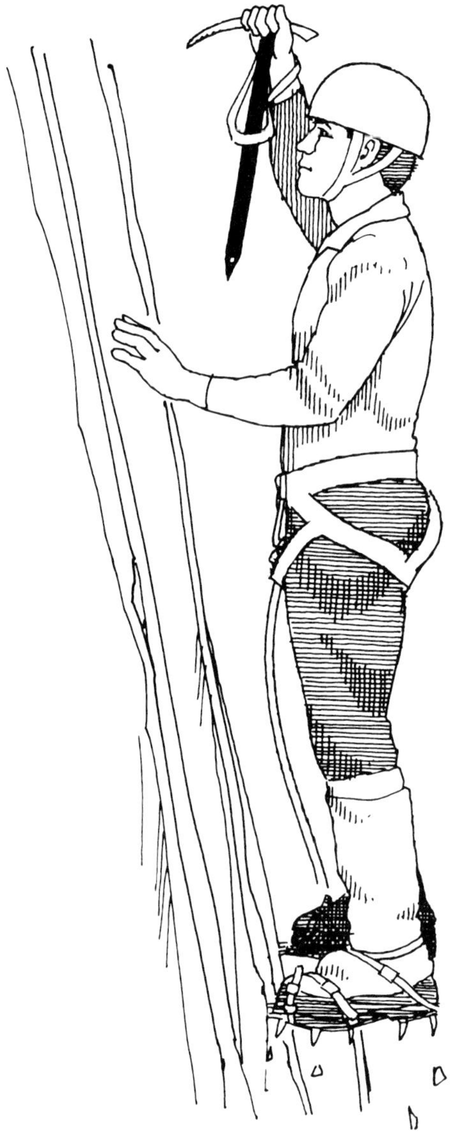

(14-22) **Frontalzackentechnik in sehr steilem Gelände.**

flacheres Gelände gelangt, da hier die natürlich Tendenz die Fersen zu heben besonders groß ist, das Konzentrationsniveau sinkt und häufig in Eile gestiegen wird. Hierdurch kann man unverhofft in Schwierigkeiten geraten, da die Steigeisenspitzen aus dem Eis ausbrechen können.

Ausgenommenen auf extrem hartem Eis reicht ein entschlossener, mäßig fester Tritt aus, um den scharfen Steigeisenzacken den nötigen Biß zu verleihen. Tritt man zu hart oder zu oft, verschwendet man Energie und zerstört unter Umständen das Eis, indem Spannungsrisse entstehen. Nach Belastung kann dies zum Ausbrechen der Steigeisen führen. Nachdem die Steigeisenzacken ins Eis gesetzt wurden, muß der Fuß ruhiggehalten werden, da jede Fußbewegung zu Stiefeldrehungen führen kann, was die Steigeisenzacken aus dem Eis herausziehen würde.

Bei der Frontalzackentechnik können mehrere Pickelpositionen angewendet werden.

**Tiefe Stützpickeltechnik (Piolet panne):** Diese Position ist besonders hilfreich, wenn man eine kurze, relativ steile Passage überwinden möchte, bei der man nur einige wenige Tritte in Frontalzackentechnik geht. Für diese Technik hält man den Pickel am Kopf und drückt die Spitze in Hüfthöhe in das Eis, um so die Balance zu unterstützen (Abb. 14-21). In dieser Position wird man mehr oder weniger automatisch mit dem Oberkörper in korrekter Lage, nicht zu nahe am Hang und mit dem Schwerpunkt über den Füßen, gehalten – also in der korrekten Körperstellung für die Frontalzackentechnik.

**Hohe Stützpickeltechnik (Piolet poignard):** Wenn der Hang etwas zu steil ist, um den Pickel effektiv in Hüfthöhe einzusetzen, wird er, wie vorher beschrieben, in Kopfhöhe eingesetzt (Abb. 14-22). Bei dieser Methode hält die Hand den Pickelkopf und stößt die Spitze in das Eis. Diese Pickelanwendung empfiehlt sich insbesondere in hartem Schnee oder relativ weichem Eis, in welches die Pickelspitze leicht eindringen kann.

(14-23) **Frontalzackentechnik in Kombination mit der Ankerpickeltechnik.**

**Ankerpickel (Piolet ancre):** In härterem Eis oder in steilen Hängen kann man den Pickel auch in der bereits beschriebenen Ankertechnik einsetzen. Während man auf den Frontalzacken steht, hält man den Schaft in der Nähe der Schaftspitze und schwingt den Pickel so, daß der Kopf so hoch wie möglich im Eis greift (Abb. 14-23). Während man mittels Frontalzackentechnik aufsteigt, nimmt man den Schaft höher und höher, bis man mit der freien Hand den Pickelkopf greift. Beim Weitersteigen wechselt man, ohne den Pickel umzusetzen, in Stützpickeltechnik. Wenn der Pickelkopf auf Hüfthöhe ist, ist der Punkt erreicht, andem der Vorgang von vorne beginnt.

**Zugpickeltechnik (Piolet traction):** In steilstem und sehr hartem Eis kommt die Zugpickeltechnik (Abb. 14-24) zur Anwendung. Der Pickel wird nahe seiner Schaftspitze gehalten und hoch eingesetzt. Die Kletterpassage wird sodann bewältigt, indem man sich am Pickel hinaufzieht, während man in Frontalzackentechnik aufsteigt.

In extrem steilem Eis wird es notwendig, ein zweites Eisgerät einzusetzen. Dies sollte spätestens dann erfolgen, wenn es sehr schwierig wird, auf den Frontalzacken zu balancieren, während man das Eisgerät höher setzt. Bezüglich der verschiedenen Griffpositionen des Eisgerätes wird man mit zwei Geräten wenig Schwierigkeiten haben, da abgesehen von der Piolet ancre-Technik alle Techniken einhändig durchgeführt werden.

Benutzt man zwei Eisgeräte, hat man den Vorteil der Dreipunkttechnik, z. B. zwei Steigeisen und ein Eisgerät, während das andere Eisgerät höher gesetzt wird. Die Plazierung muß sicher genug sein, damit die anderen beiden Punkte einen Sturz halten, falls sich einer der drei Punkte lösen sollte. Die Beine übernehmen den überwiegenden Teil des Körpergewichtes; allerdings müssen die Arme zum Erhalt der Balance, zum Teil auch beim Hinaufwuchten des Körpergewichtes mitarbeiten.

Beim Benutzen von zwei Eisgeräten kann man dieselbe Technik bei beiden Geräten anwenden; natürlich kann man auch jedes Gerät in unterschiedlicher Technik einsetzen. Beispielsweise kann man mit beiden Geräten in Stützpickeltechnik klettern, wie in Abb. 14-25 beschrieben. Alternativ kann man ein Gerät in *Piolet poignard* und das andere in Zugpickeltechnik einsetzen, wie Abb. 14-26 zeigt. Das spätere Kapitel über Klettern im senkrechten Eis beschreibt mehr Details über das Klettern mit zwei Eisgeräten.

### Technikkombinationen

Eine schnelle und kraftvolle Technik verbindet die Eckenstein- mit der Frontalzackentechnik. Sie wird verschiedentlich auch »Dreiuhrtechnik« genannt, da ein Fuß in Frontalzackentechnik nach vorne, der andere jedoch flach aufgesetzt nach außen weist (also drei Uhr für den rechten Fuß bzw. neun Uhr bei spiegelbildlicher Technik). Der französische Ausdruck für diese Kletterposition ist *Pied troisième* (Abb. 14-27), in der angloamerikanischen Literatur »thirdfoot« (»Dritter Fuß«).

Die *Pied troisème*-Technik ist eine effektive Technik bei einem direkten Anstieg, wesentlich weniger ermüdend als reine Frontalzackentechnik. Die Position erlaubt es, die Körperlast über mehr Muskelgruppen zu verteilen und andere Muskelgruppen zu erholen, indem man die Tritt-Technik beider Beine in regelmäßigen Abständen wechselt. Während des Kletterns achtet man auf Unregelmäßigkeiten im Eis, beispielsweise Mulden, Nischen oder Vorsprünge, durch deren Nutzung die Technik besonders wenig ermüdend wird. Die Eisgeräte werden in einer beliebigen Position, die der aktuellen Situation und persönlichen Vorliebe gerecht wird, eingesetzt.

**(14-24) Frontalzackengehen mit Zugpickeltechnik.**

Eisgeher wechseln die Steigeisentechnik in Abhängigkeit von den Eisbedingungen. Ecksteintechnik ist normalerweise sicherer auf gefrorenem Schnee, Oberflächenvereisung oder in weichem verwittertem Eis, da mehr Steigeisenzacken in der Eisoberfläche greifen. In weichem Schnee, auf Eis oder hartem Schnee ermöglicht dagegen die Frontalzacken- oder auch die Kombinationstechnik ein massiveres Eintreten der Zacken in die Oberfläche, um so die solideren Schichten in der Tiefe zu erreichen. Die Frontalzackentechnik ist

(14-25) **Frontalzackenaufstieg mit zwei Eisgeräten in Stütztechnik.**

(14-26) **Aufstieg auf Frontalzacken, bei den Handgeräten wird die Zug- und Stütztechnik in Kombination angewendet.**

heute die sicherere Technik für den Durchschnittsbergsteiger, welcher sie in hartem Eis, ausgenommen in sehr flachen Passagen, anwendet. Wenn man ernstere Schwierigkeiten in einer Route bei Anwendung der Eckensteintechnik hat, z. B. auch durch Müdigkeit, Wind, große Höhe oder Angst, wechselt man zur Frontalzacken- oder Kombinationstechnik.

### Senkrechtes Eis

Die günstigste Methode, senkrechtes Eis zu ersteigen, ist die Frontalzackentechnik; diese wird mit zwei Eisgeräten in Zugtechnik kombiniert, wobei man an beiden Eisgeräten zieht, während man ansteigt (Abb. 14-28).

Die Standardposition für die Füße ist klar: in etwa Schulterbreite und auf gleicher Höhe – so erhält man einen stabilen und relativ komfortablen Stand. Man streckt sich und setzt ein Eisgerät so hoch wie möglich ein. Dies sollte leicht seitlich des Körpers erfolgen, damit man nicht von möglicherweise herunterfallenden Eisstücken verletzt wird. Das zweite Eisgerät wird gleichermaßen eingesetzt.

Von hinten gesehen, gleicht der Körper in diesem Zustand einem »X« vor der Eiswand. Die Füße sind in Schulterbreite gestellt, die Fersen hängen leicht herab und die Arme sind nach oben-außen gestreckt. Während man an den Eisgeräten zieht, sollte man diese Zugrichtung leicht nach unten-außen ausüben, damit die Zähne des Eisgerätes gut im Eis fassen können. Man kann dies mit einer leichten Piazstellung beim Felsklettern vergleichen. Um Energie zu sparen, kann man nun das Körpergewicht auf die

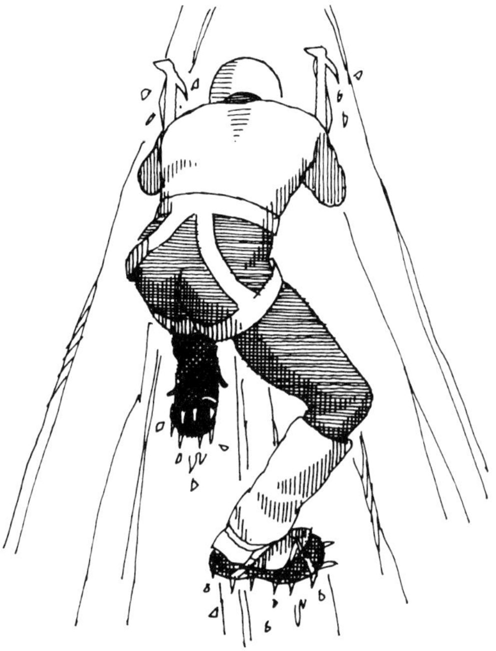

(14-27) Die »Dreiuhrposition«.

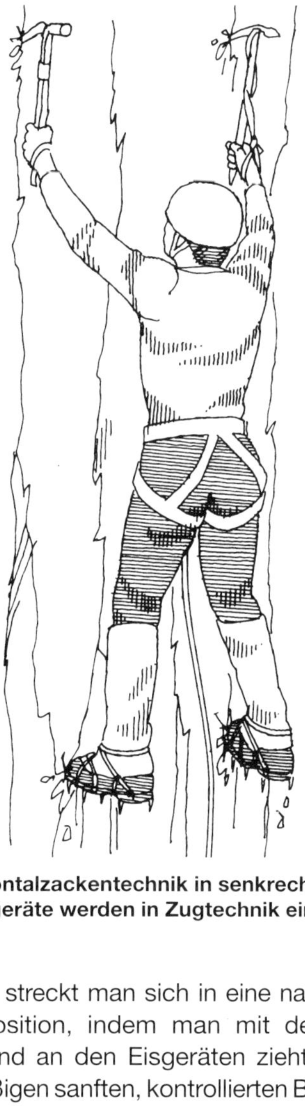

(14-28) Frontalzackentechnik in senkrechtem Eis. Beide Eisgeräte werden in Zugtechnik eingesetzt.

Handgelenksschlingen verlagern; dadurch erfahren die Fäuste eine Entlastung.

Um aufzusteigen, faßt man die Eisgeräte. Anschließend zieht man sich hinauf, während man in Frontalzackentechnik die neue Tritthöhe ersteigt. Nun werden die Eisgeräte nacheinander höhergesetzt, wodurch man erneut in die beschriebene X-förmige Körperposition gelangt; diese Sequenz wird mehrfach wiederholt. Dabei konzentriert man sich auf ein effizientes methodisches Einsetzen der Steigeisenspitzen und Eisgeräte. Kletterrhythmus ist hier genauso wichtig wie Balance!

Um Vorwölbungen oder kleine Überhänge im Eis zu überwinden, kann man so vorgehen, wie es Abb. 14-29 darstellt. In der X-förmigen Position beginnend, steigt man zunächst mit Frontalzackentechnik höher, ohne jedoch den Körper selbst höher zu bringen. Dann lockert man eines der Eisgeräte, ohne es freilich herauszunehmen. Daraufhin streckt man sich in eine nahezu aufrechte Position, indem man mit den Füßen schiebt und an den Eisgeräten zieht; in einer gleichmäßigen sanften, kontrollierten Bewegung wird dann das zuvor gelockerte Eisgerät herausgenommen und höher erneut eingesetzt. Ein schnelles Erreichen der Rastposition ermöglicht kraftsparendes Hängen in den Handgelenksschlingen. Daraufhin wird das andere Eisgerät höhergesetzt. Nun ist man erneut in der stabilen X-Position – jederzeit bereit, die Sequenz zu wiederholen.

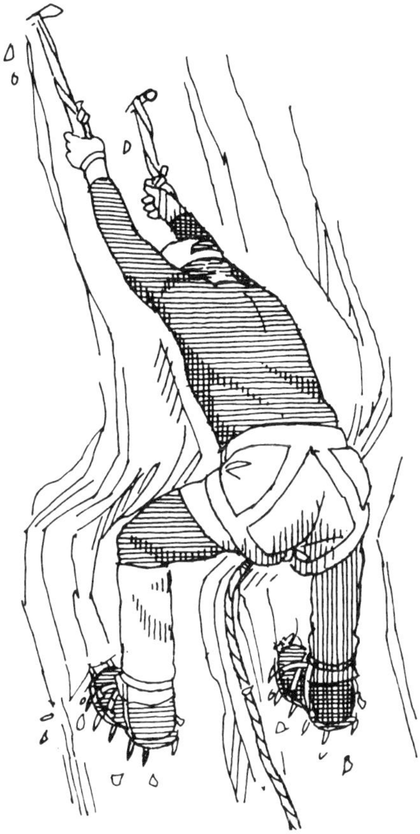

(14-29) Die »Monkey-Technik«.

### Quergänge im steilen oder senkrechten Eis

Die Grundlagen von Traversierungen sind nahezu identisch mit denjenigen der Frontalzackentechnik im Steileis. Allerdings ist es bei Quergängen deutlich schwieriger, die Füße in das Eis zu setzen und so sicheren Halt der Frontalzacken zu gewährleisten, ohne sie bei der Kletterbewegung zu verdrehen. Wenn die Fersen drehen sollten, drehen schließlich automatisch die Frontalzacken mit und können so aus dem Eis herausrutschen. Ähnliches gilt für die Handgeräte, welche bei Seitwärtsbewegungen des Schaftes unter Umständen herausrutschen können.

Man beginnt aus einer sicheren Position heraus – die Füße sind auf gleicher Höhe mit eingesetzten Frontalzacken – und mit gut plazierten Eisgeräten (Abb. 14-30). Das in Kletterrichtung weisende Eisgerät wird in ungefähr 45° Richtung vom Körper eingesetzt, also tiefer als beim direkten vertikalen Anstieg. Allerdings darf es nicht so weit seitwärts weisen, daß der Körper gedreht werden muß, wenn später das zweite Eisgerät nachgeführt werden soll. Hat das erste Eisgerät sicher gegriffen, steigt man in Frontalzackentechnik weiter, wobei man in Abhängigkeit von den Eisbedingungen sowohl mehrere Schritte seitwärts machen als auch den zweiten Fuß mit dem in Kletterrichtung weisenden Fuß kreuzen kann, um dann den anderen Fuß nachzuziehen. Die meisten Kletterer setzen die Füße nacheinander, ohne sie zu kreuzen, da hierdurch eine hohe Körperstabilität möglich ist. Nachdem die Füße weitergesetzt wurden, wird das zweite Eisgerät in Körpernähe eingesetzt. Bei guten Eisbedingungen kann dabei oft das Loch benutzt werden, welches das erste Eisgerät hinterlassen hat.

## Abstieg

### Abstieg in Eckensteintechnik

Um in mäßig geneigtem Eis abzusteigen, wendet man sich schlicht talwärts, beugt die Knie ein wenig und geht langsam und kontrolliert abwärts (*Pied marche*). Dabei setzt man alle Vertikalzacken bei jedem Schritt auf. Der Pickel wird in Stütztechnik gehalten ( *Piolet canne*).

Wenn die Steilheit des Abstieges zunimmt, werden die Knie mehr gebeugt und leicht nach außen gedreht, wobei das Körpergewicht nach wie vor über den Füßen stehen muß, um alle Steigeisenzacken sichtbar ins Eis zu drücken (Abb. 14-31). Die vorderen Oberschenkelmuskeln übernehmen dabei den überwiegenden Teil der Arbeit. Zur Erhöhung der Stabilität und Sicherheit wird der Pickel in *Piolet ramasse*-Technik (Auslegerpickel) eingesetzt (Abb. 14-32).

Für das nächsthöhere Sicherheitsniveau kann man den Pickel in Bereitschaftsposition (*Piolet*

(14-30) Quergang im senkrechten Eis.

(14-31) Eckensteintechnik beim Abstieg mit dem Pickel in Stützhaltung (canne Pidet).

(14-32) Abstieg in Eckensteintechnik mit der Kreuzpickeltechnik (Piolet ramasse).

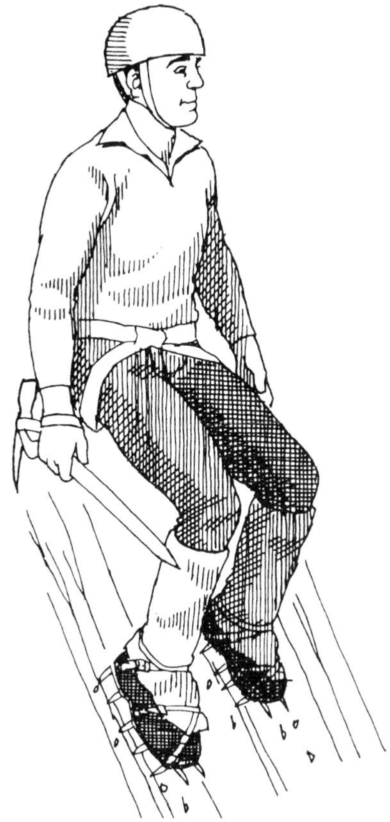

**(14-33) Abstieg in Fallinie in Eckensteintechnik, wobei der Pickel lediglich in Bereitschaftshaltung (Piolet appú) mitgeführt wird.**

*appui*) halten, wie in Abb. 14-33 dargestellt. Dabei greift man etwa in Schaftmitte und hält das Gerät während des Abstiegs seitwärts vom Körper. Der Pickelkopf zeigt bergauf, seine Haue zum Hang und die Schaftspitze talwärts. Bei zunehmender Hangsteilheit wechselt man zur Geländerpickeltechnik (*Piolet rampe*), wie Abb. 14-34 zeigt. Hierzu faßt man den Pickel in der Nähe des Schaftendes. Man setzt ihn so tief wie möglich ein. Während man absteigt, gleitet die Hand am Schaft entlang bis zum Pickelkopf. Hierbei ist es wichtig, daß der Schaft leicht vom Eis weggezogen wird, damit die Zähne der Spitze im Eis greifen. Man geht so weit, bis man unterhalb des Pickelkopfes steht. Dann drückt man den Schaft gegen die Eisoberfläche, um so den Pickel zu lösen und tiefer erneut einzusetzen. Auf Hängen, die zu steil sind, um sicher vorwärts abzusteigen, dreht man sich seitwärts und wechselt zum Diagonalabstieg. Dabei werden die Füße analog zum diagonalen Aufstieg eingesetzt. Der Pickel wird in Ankertechnik eingesetzt (Abb. 14-35). Der talseitige Arm setzt das Gerät ins Eis, die andere Hand faßt daraufhin den Pickelkopf. Ist der Halt solide, steigt man in Eckensteintechnik talwärts. Dabei wird der Schaft gedreht, während man unterhalb vorbeigeht.

### Abstieg in Frontalzackentechnik

Sehr häufig ist es ermüdend und ineffektiv, in Frontalzackentechnik einen flachen oder mäßig steilen Hang abzusteigen. Bergsteiger überschätzen häufig die Steilheit mäßig geneigter Hänge und schwanken so zwischen Eckenstein- und Frontalzackentechnik.

In steilen Hängen werden Hände und Füße beim Abstieg genauso genutzt wie beim Aufstieg. Allerdings ist der Abstieg schwieriger, ähnlich wie beim Felsklettern. Eine besondere Gefahr ist die Tendenz, zu tief zu treten, wodurch die Fersen hochgezogen werden und die Frontalzacken aus dem Eis herausrutschen können. Auch ist es recht lästig, die Handgeräte einzusetzen, da dies recht nahe zum Körper erfolgen muß und so die Wucht eines größeren Schwunges kaum etwas bewirkt. Auch ist die Übersicht beim Abstieg im Steilgelände eingeschränkt; hier kann man allerdings Abhilfe schaffen, indem man leicht diagonal steigt.

Die Frontalzackentechnik muß beim Abstieg nicht sehr häufig eingesetzt werden; allerdings ist sie dennoch eine recht wertvolle Methode – insbesondere dann, wenn man einen Rückzug über eine Route bewältigen muß. Darüber hinaus verbessert das Training des Abstieges indirekt auch die persönliche Sicherheit beim Aufstieg.

## Abseilen

Beim Eisklettern muß des öfteren mittels Abseilen zurückgekehrt werden, wobei man am doppelt genommenen Seil, welches an einem Fixpunkt angebracht ist, hinabgleitet – wie bereits beim Felsklettern beschrieben. Beim Eisklettern werden, wenn immer möglich, natürliche Fixpunkte benutzt – besonders deshalb,

**(14-34) Abstieg in Eckensteintechnik mit Geländerpickel (Pidet rampe).**

**(14-35) Eckensteintechnik im Abstieg mit Ankerpickel.**

weil Firnanker oder Eisschrauben, die zurückgelassen werden müssen, eine recht teure Art des Rückweges sind.

## Der Einsatz der Eisgeräte

Wichtigstes Ziel beim Einsatz eines jeglichen Eisgerätes sollte es sein, höchstmögliche Präzision und soliden Halt zu erreichen. Jeder unnötige Schwung, den man unterwegs einsparen kann, spart wichtige Energie für das Routenende. Man benötigt eine Menge Erfahrung, um die Spitzen der Eisgeräte im ersten Versuch exakt zu setzen. Aber durch eine Kombination aus guter Technik und gepflegter Ausrüstung sollte es möglich sein, ein Eisgerät leicht und präzise zu plazieren, es in diesem sicheren Halt so lange wie nötig zu belassen und danach leicht herauszuziehen (Abb. 14-36).

Zunächst untersucht man das Eis für eine möglichst ideale Geräteplazierung. Eine leichte Mulde oberhalb und leicht seitlich eignet sich hierfür besonders gut; hier ist das Eis kompakt. Folge: Die Spitze des Gerätes hält in solchen Mulden besser als auf Vorwölbungen, welche häufig brüchig sind und auch durch das Eindringen des Gerätes abgesprengt werden können. Wenn möglich, schlägt man das Eisgerät in trübes Eis ein, welches weniger splittert als klares Eis, da im trüben Eis mehr Luftblasen eingeschlossen sind. Wichtig: Die Anzahl des Eisgeräteeinsatzes soll so gering wie möglich gehalten werden, indem das Gerät jedesmal so hoch wie möglich eingeschlagen wird.

Verschiedene Kletterer bringen unterschiedliche Erfahrungswerte mit, auch wenn sie identische Geräte auf der gleichen Route benutzen, da der Geräteeinsatz vor dem Hintergrund unterschiedlicher Routine und Kletterfähigkeiten erfolgt. Zum Beispiel wird es einem erfahrenen Kletterer möglich sein, sicher mit nur wenig in das Eis eingeschlagenem Gerät zu steigen, während ein anderer sich nicht sicher fühlen würde, ohne das Eisgerät tief einzusetzen. Bei den meisten Eisgeräten sorgen nur die ersten paar Zähne für einen guten Biß im Eis, und der Winkel der Spitze überträgt den überwiegenden Teil der Haltekraft. Übrigens bieten mehrere kleine Zähne bei Steileisgeräten häufig besseren Halt als wenige große. Wichtig ist in diesen Fällen regelmäßige Gerätepflege: Alle Eisgeräte müssen regelmäßig

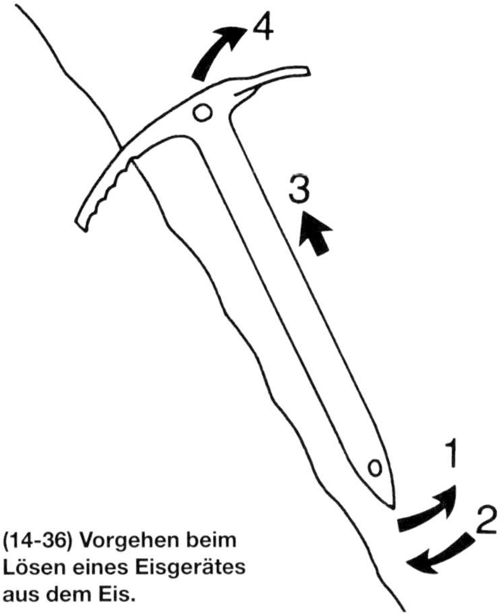


**(14-36) Vorgehen beim Lösen eines Eisgerätes aus dem Eis.**

geschärft werden!

Der Einsatz und das Herausnehmen der Eisgeräte variieren ein wenig – je nachdem, welche Gerätekonstruktion man einsetzt:

**Abwärtsgebogene Spitze:** Hierbei handelt es sich um Geräte, welche einem Standardeispickel am ähnlichsten sehen. Allerdings sind die kürzeren Geräte für das Steileis stärker gebogen als ein üblicher Pickel, um einen höheren Halt im Eis zu erzielen; außerdem ist der Schaft kürzer, um das Einschlagen im Steilgelände zu erleichtern. Wichtig ist, daß man darauf achtet, daß das Eisgerät einem natürlichen Schwungradius folgt, wenn man es aus der Schulter heraus schwingt. Nur so ist ein zufriedenstellender solider Biß bei geringem Kraftaufwand zu erreichen. Ein solches Eisgerät kann bei verschiedenen Eisbedingungen sowohl im weichen Gletschereis als auch im harten Wassereis eingesetzt werden. Allerdings kann es notwendig werden, ein leichtes Eisgerät mit Zusatzgewichten am Kopf zu belasten, um ein gutes Eindringen ins Eis zu erzielen. Ein Eisgerät mit abwärts gebogener Spitze wird normalerweise aus dem Eis herausgenommen, indem man es am Schaft anhebt.

**Invers gebogene Spitze:** Während die eben beschriebenen Eisgeräte einen optimalen Kreisbogen beim Schwingen gewährleisten sollten, benötigen die steilen Winkel einer umgekehrt gebogenen Spitze einen kürzeren, dafür aber umso entschlosseneren Schwung. Eine invers gebogene Spitze dringt in Wasserfalleis ein und ermöglicht hier eine gerade nach unten gerichtete Zugbewegung. Normalerweise sind diese Geräte leicht aus dem Eis zu entfernen.

**Gerade Spitzen:** Steilgerichtete gerade Spitzen sind nur durch einen abwärtsgerichteten Zug, kombiniert mit einem kurzen Schwung, einzusetzen. Sie greifen sowohl in weichem als auch in hartem Eis recht gut, auch sind sie leicht zu entfernen. Wichtig ist, daß man Verdrehungen seitwärts vermeidet, um einen soliden Halt zu gewährleisten.

**Rohrhauen:** Ein rohrförmig konstruiertes Eisgerät eignet sich ganz besonders gut, wenn die Konstruktion kurze Schwünge erlaubt. Das Gerät greift schon meistens im ersten Versuch. Eine Rohrhaue ist mäßig leicht zu entfernen, indem man den Schaft seitwärts schiebt, während die andere Hand den Kopf hält. Achtung: Hinauf- oder Hinunterbiegen des Schaftes kann zum Bruch des Rohres führen! Rohrhauen sind relativ empfindlich und werden besonders leicht beschädigt, wenn das Eis Sand oder gar Steine in der Nähe der Eisoberfläche enthält.

## *Seilsicherung im Eis*

Normalerweise seilt man sich beim Eisklettern an. Die einzige Ausnahme kann dann bestehen, wenn die Gruppe entscheidet, daß die Gesamtsicherheit des Teams am besten dann gegeben ist, wenn seilfrei gegangen wird. Spätabends an einem stürmischen Tag oder wenn ein Anstieg durch ein steinschlaggefährdendes Couloir erfolgt, kann z. B. die Sicherheit beim seilfreien Gehen höher sein als in einer Seilschaft. Die Entscheidung, unter Umständen im Gelände seilfrei zu steigen, fällt nicht immer leicht. Allerdings existieren Geländeformen, welche mittels Seil so schwierig abzusichern sind, daß der Sturz eines Kletterers unter Umständen die ganze Seilschaft herausreißen kann. Das sollte man unter keinen Umständen riskieren.

Ein mittleres Absicherungsniveau kann durch Fortbewegung am laufenden Seil erreicht werden. Hierdurch kommt das Team schneller vorwärts, wenn Sturm oder Lawinengefahr droht oder in anderen Situationen, in denen Geschwindigkeit Sicherheit bedeutet. Diese Sicherung kann auch in flachen bis mäßig steilen Hängen angewendet werden, in denen die Sturzgefahr minimal ist und eine ständige Standplatzsicherung zu zeitaufwendig wäre.

Die laufende Seilsicherung im Eis ist nahezu identisch mit der im Fels beschriebenen Technik (siehe Kapitel 10) oder derjenigen, welche im Schnee zum Einsatz kommt (beschrieben und erläutert in Kapitel 12): Die Gruppenmitglieder steigen gleichzeitig. Der Seilerste bringt die Sicherung an und hängt das Seil ein, der folgende baut die Sicherung wieder ab bzw. hängt sie für die folgenden Kameraden um. Grundsätzlich sollten sich mindestens zwei Sicherungspunkte zwischen den Seilschaftsmitgliedern befinden, um das Seil im Falle eines Sturzes auch sicher zu halten. Da diese Technik jedoch einen wesentlichen Teil der Sicherheit korrekter Standplätze opfert, erfordert die Entscheidung ein feines Beurteilungsvermögen auf der Basis umfangreicher persönlicher Erfahrung.

Vollständiges Sichern im Eis erfordert einen Sichernden, einen entsprechenden Fixpunkt am Standplatz und entsprechende Zwischensicherungen ähnlich wie im Fels oder Schnee. Eine Verankerung am Standplatz wird angebracht, dann durchsteigt der Seilerste die Seillänge, bringt einen weiteren Anker an und sichert dann den Seilzweiten hinauf. Die Route kann sowohl mit wechselnder Seilschaftsführung durchstiegen werden als auch ohne Führungswechsel.

## *Sicherung im Eis*

Moderne Eisschrauben ermöglichen einen relativ hohen Sicherheitsgrad im Eis. Natürlich muß man aus Sicht eines Felskletterers bezüglich der Haltbarkeit einige Abstriche machen; auch erfordert es einige Energie, die Eisschrauben anzubringen. Daher bringen die Seilersten im Eis normalerweise weniger Zwischensicherungspunkte an, als sie es bei einer Kletterpassage gleicher Länge im Fels tun würden. Beim Eisklettern werden auch einige natürliche Sicherungspunkte genutzt.

### Natürliche Sicherungspunkte

Direkt nutzbare natürliche Sicherungspunkte werden in alpinen Eisrouten nur selten vorgefunden, daher fertigen Eiskletterer entsprechende Punkte direkt im Medium Eis an. Gelegentlich ergeben sich gute Sicherungspunkte auch nicht direkt im Eis, sondern im seitwärts gelegenen oder das Eis durchdringenden Fels.

Natürliche Sicherungspunkte finden sich häufig auch an gefrorenen Wasserfällen, wo Schlingen um Eissäulen herumgelegt werden können. Beim Eisklettern bedient man sich gelegentlich auch unkonventioneller Methoden, beispielsweise dann, wenn große Eissäulen im Abstand von wenigen Zentimetern nebeneinanderstehen. Hier kann man eine Eisschraube, an die man eine Schlinge mit Ankerstich geknüpft hat, hindurchschieben und hinter den Eissäulen quer verdrehen. Sie wirkt so ähnlich wie ein »Toter Mann». Gelegentlich findet man auch solide Eisschuppen, die vom unterliegenden Fels durch einen schmalen Spalt getrennt sind. Hier kann man unter Umständen auch die oben beschriebene Eisschraube mit der Schlinge hineinschieben und verdrehen, als Alternative kann man zwei Löcher in die Eisschuppe bohren oder schlagen

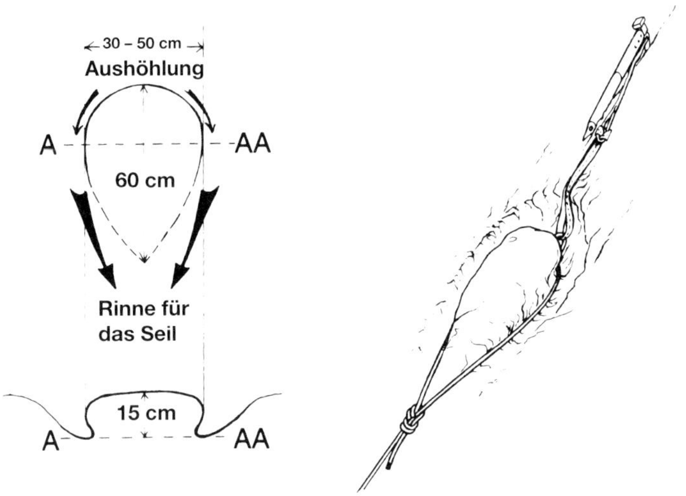


**(14-37) Eispilz: a) Schematische Darstellung; b) mit zusätzlichem Eisgerät als Absicherung.**

und eine Schlinge hindurchziehen. Bei gemischten Fels- und Eispassagen bieten sich im Fels gelegentlich Möglichkeiten zum Anbringen von Klemmkeilen.

### Eispilze

Ein Eispilz ist ein besonders nützlicher Verankerungspunkt für jeden Kletterer. Er kann sowohl zum Sichern als auch zum Abseilen benutzt werden. Verbindet man zwei Eispilze – einen so ausgerichtet, daß er Zug nach oben, den anderen, daß er Zug nach unten halten kann –, miteinander, so hat man einen in nahezu alle Richtungen belastbaren Fixpunkt. Die Belastbarkeit eines Eispilzes hängt von seiner Größe und der Härte des Eises ab. Stellt man ihn im harten soliden Eis her, kann ein solcher Eispilz stabiler sein als das Kletterseil.

Ein gut geformter Eispilz ist tropfenförmig in der Aufsicht und hornförmig im seitlichen Querschnitt (Abb. 14-37). Alles, was man zur Herstellung eines solchen Eispilzes benötigt, ist ein Eisbeil und solides Eis – homogen, ohne Risse oder Löcher. Zunächst markiert man mit der Haue die äußere Form des Eispilzes. Bei hartem Eis sollte er 30 bis 45 cm Durchmesser in Längsrichtung haben. Danach hackt man einen Graben um die Markierung herum aus, dieser sollte ca. 15 cm tief sein. Die Pickelschläge werden hierbei von innen nach außen, d. h. vom Eispilz weg, getätigt.

Die Seiten und der obere Teil des Eispilzes werden leicht ausgehöhlt. Dadurch entsteht die genannte Hornform, von der das Seil nicht unverhofft abrutschen kann. Das Formen dieser Höhlung ist der schwierigste Teil der ganzen Konstruktion, da hierbei leicht Risse im Eispilz entstehen können, wenn man das Eisbeil zu gefühllos anwendet.

### Eisschrauben

Eine besonders geeignete Stelle, um eine Eisschraube anzubringen, sind Mulden in der Eisoberfläche, da hier eventuelle Spannungsrisse, welche durch die Schraube erzeugt werden, nicht so leicht die Eisoberfläche erreichen (Abb. 14-38 a). Hier kann sich einige Geduld bei der Suche nach entsprechenden Mulden durchaus lohnen.

Umgekehrt kann man davon ausgehen, daß eine Eisschraube, welche in eine Vorwölbung der Eisoberfläche geschraubt wird, zahlreiche Sprengrisse erzeugt, welche den Haltepunkt brüchig oder gar nutzlos machen. Falls dies passieren sollte, wird die Schraube in ein bis zwei Handspannen Abstand neu eingesetzt. Generell sollte man den Abstand zwischen zwei Eisschrauben größer als einen halben Meter wählen – insbesondere dann, wenn das Eis ohnehin brüchig ist. Hierdurch verringert man das Risiko, daß Spannungsrisse von einem Fixpunkt zum anderen hinüberreichen.

Das Anbringen einer Eisschraube hängt zwar ein wenig von den Eisbedingungen ab, aber das grundsätzliche Vorgehen ist jedesmal gleich: Man schlägt ein kleines Loch mit dem Eisgerät, um den Zähnen der Schraube einen guten Griff zu ermöglichen. Dieses Loch sollte mit leichten, gefühlvollen Schlägen hergestellt werden, die lediglich das spröde Oberflächeneis entfernen sollten, ohne Spannungsrisse in der Tiefe zu erzeugen. Die Schraube wird dann in ca. 50° bis 60° Neigung bergwärts eingesetzt. Bei sehr hartem Eis kann es notwendig sein, die Schraubenzähne durch leichte Schläge auf das Schraubenende zunächst einzusetzen, bevor sie im Eis fassen und das Einschrauben möglich wird.

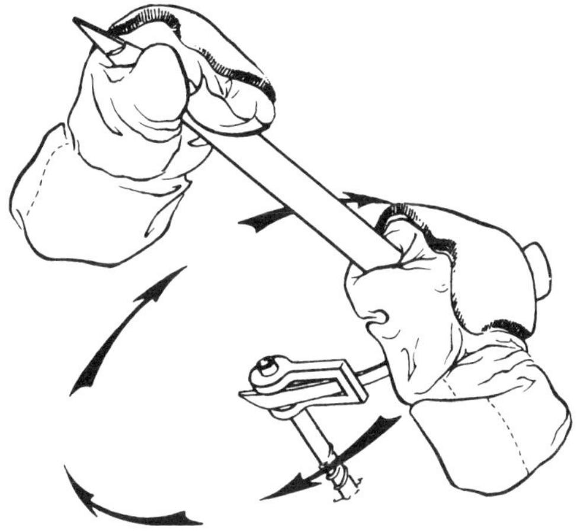

**(14-39) Eindrehen einer Eisschraube mit Hilfe eines Eisgerätes.**

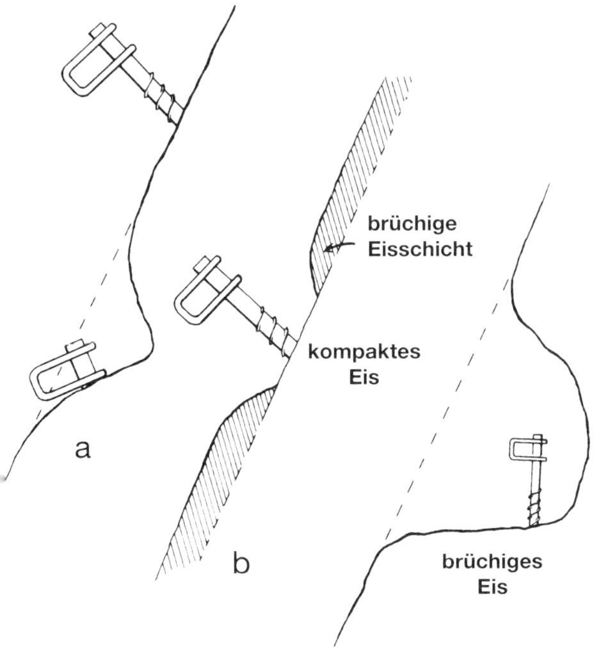


**(14-38) Korrektes Anbringen von Eisschrauben: a) bei solider Eisoberfläche; b) bei weicher oder verwitterter Eisoberfläche; c) bei extrem brüchigem Eis.**

In Eis, welches von weichem Schnee oder verwittertem Eis bedeckt wird, wird diese Schicht zunächst entfernt, um das harte vertrauenserweckende Material in der Tiefe zu erreichen, in das die Schraube dann gesetzt wird (Abb. 14-38 b). Bei extrem brüchigem Eis schlägt man eine große horizontale Stufe und bringt die Schraube senkrecht im Hintergrund der Stufe an (Abb. 14-38 c). Das Eindrehen erfolgt mittels gleichmäßigem Druck und Drehbewegungen.

Wenn Gletschereis Risse erhält und die Oberfläche splittert, kann es trotzdem möglich sein, einen sicheren Fixpunkt zu erhalten, indem man die Schraube weiter eindreht und das gelocker-

**(14-40) Unterstützung durch die Handgeräte während des Anbringens einer Eisschraube: a) Leichter Zug über die Handschlaufen; b) Zug über zwischengeschaltete Schlingen.**

te Eis zwischendurch entfernt.

Eine Schraube mit sehr scharfen Zähnen kann manchmal komplett von Hand eingedreht werden. Falls dies nicht möglich ist, nimmt man einen Hebelarm zu Hilfe, welcher durch die Schraubenöse gesteckt wird. Hierbei sind andere Eisschrauben oder das Eisbeil nützlich (Abb. 14-39). Einige Schraubenkonstruktionen enthalten auch einen integrierten Mechanismus, welcher knarrenähnlich das Eindrehen erleichtert.

Die Schraube wird vollständig eingedreht, bis die Öse der Eisoberfläche aufliegt. Danach wird ein Karabiner eingehängt und gedreht, so daß die Karabineröffnung nach unten außen zeigt. Um im weichen Sommereis oder bei direkter Sonneneinstrahlung ein Ausschmelzen zu verhindern, häuft man etwas Eis oder Schnee auf dem Schraubenkopf. Falls die Schraube nicht vollständig eindrehbar ist, vermindert man die Hebelkräfte, indem man die Schraube mittels Schlinge und Ankerstich abbindet und dann den Karabiner in die Schlinge hängt.

Klettern im extrem steilen Eis ist ermüdend, sowohl psychisch als auch physisch. Um Energie zu sparen und effektiv aufzusteigen halten Eiskletterer die Zahl der Zwischensicherungen so gering wie möglich. Wenn das Eis sehr hart und solide ist oder die Hangneigung nicht extrem steil, werden unter Umständen nur ein oder zwei Zwischensicherungen in eine ganze Seillänge eingefügt. Solange das Eis nicht völlig verrottet ist, reicht notfalls eine Schraube an jedem Standplatz zum Sichern mit einer dynamischen Bremstechnik aus.

Normalerweise benötigt man beide Hände um eine Eisschraube zu setzen, eine trickreiche Tätigkeit in extrem steilem, exponiertem Eis. Zur Erleichterung kann man mit einem Arm durch die Handgelenkschlinge eines zuverlässig eingesetzten Eisgerätes hindurchschlüpfen (Abb. 14-40 a). Auch kann man eine Expreßschlinge zwischen Sitzgurt und Eisgerät einhängen (Abb. 14-40 b).

Im mäßig steilem und steilem Gelände kann es sehr hilfreich sein eine Standstufe zu schlagen, bevor man eine Eisschraube setzt. In extrem steilem Eis ist dies jedoch ein zu aufwendiges Vorgehen; hier sollte man lieber Energie sparen. In einem solchen Fall steht man besser in Frontalzackentechnik, setzt die Schraube und klettert dann weiter.

## *Standplatz im Eis*

Nähert man sich dem Ende einer Seillänge, muß man rechtzeitig die Umgebung in Hinblick auf gute Standplätze absuchen, zum Beispiel in einer leichten Mulde oder anderen Formationen, bei denen das Eis nicht so steil ist. Man setzt ein Handgerät solide ein und verbindet es als vorübergehende Sicherung mit dem Gurt, um dann eine Stufe zu schlagen, welche groß genug ist, daß man bequem darauf stehen kann.

### Fixpunkte

Ein Standardfixpunkt zum Sichern im steilen Eis benötigt zwei Eisschrauben. Die erste Eisschraube setzt man direkt vor sich selbst sein – vielleicht etwas seitlich; dies sollte ungefähr in Hüft- oder Brusthöhe erfolgen. Hier wird ein Karabiner eingehängt, und die Selbstsicherung erfolgt über das Kletterseil an diesem Fixpunkt, z. B. mittels Achterknoten oder Mastwurf.

Das als provisorische Zwischensicherung eingesetzte Eisgerät wird aus dem Klettergurt ausgehängt und im Fixpunkt eingeklinkt, um einem versehentlichen Verlust vorzubeugen. Gleichzeitig wird hierdurch der Verankerungspunkt zusätzlich abgesichert. Ist dies erfolgt, so ruft man dem Seilzweiten »Stand« zu.

Daraufhin wird die zweite Eisschraube gesetzt. Diese wird etwa einen halben Meter höher als die erste angebracht. Das Bergseil wird dort mit einem Mastwurf eingehängt, wobei darauf geachtet werden muß, daß keine überflüssige Schlinge zwischen den beiden Fixpunkten durchhängt. Nun ist die Verankerung fertig (Abb. 14-41).

Der nächste Schritt beim Errichten einer Sicherung ist, einen weiteren Karabiner in die zweite Eisschraube einzuhängen und das Kletterseil durch diesen Karabiner zu führen. Hierdurch wird der Zug vom Kletterer zu dieser Schraube hingeführt. Steigt er Seilzweite die nächste Seillänge vor, dient diese Umlenkung als erste Zwischensicherung der folgenden Seillänge.

### Sicherungsmethoden

Man kann hier zwischen dem Halbmastwurf oder der Hüftsicherung wählen. In beiden Fällen wird die Verankerung zuvor gleich angebracht. Die Auswahl wird möglicherweise von den persönlichen Vorlieben abhängen, aber auch von der Körperstellung am Standplatz und nicht zuletzt natürlich auch von der Hangneigung. Die Hüftsicherung ist zweifellos dynamischer, wodurch ein möglicher Sturz sanfter gebremst wird. Hierdurch wirken geringere Kräfte auf die Verankerungspunkte. Andere Sicherungstechniken wie beispielsweise die Halbmastwurfsicherung sind zwar weniger dynamisch und stoppen einen Sturz schneller, verursachen aber auch deutlich höhere Kräfte auf die Verankerungspunkte und Zwischensicherungen. Details zu den verschiedenen Sicherungsmethoden wurden bereits in Kapitel 7 beschrieben.

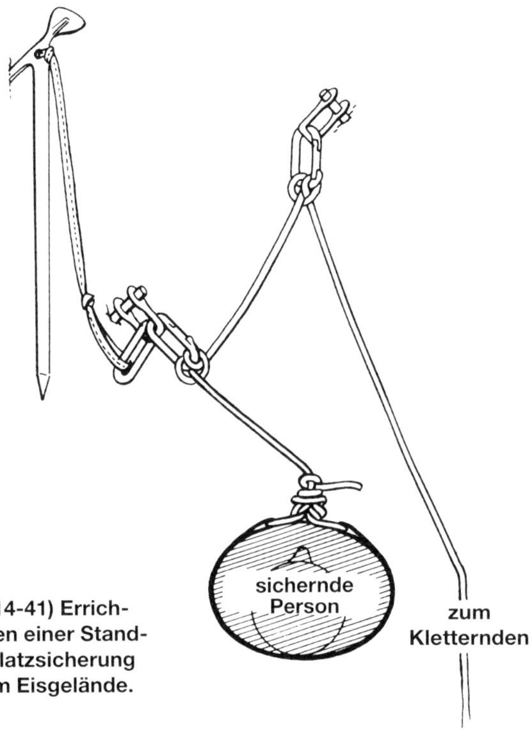


(14-41) Errichten einer Standplatzsicherung im Eisgelände.

## Mechanische Sicherungsmittel

Eine HMS-Sicherung, eine Stichtsicherung oder ähnliche Verfahren sind schnell eingerichtet und leicht zu bedienen. Viele Eiskletterer benutzen eine solche Methode als Standardsicherung. Der Bremsmechanismus wird dabei normalerweise am Sitzgurt eingehängt (Abb. 14-42), obwohl man natürlich auch die Möglichkeit hat, sich direkt über einen der Fixpunkte zu sichern.

## Hüftsicherung

Man richtet eine Hüftsicherung ein, während man mit dem Gesicht derEiswand zugewendet steht. Das Seil läuft dabei durch den Umlenkkarabiner in Hüfthöhe, über den Rücken und dann über den nächsten Umlenkkarabiner im anderen Fixpunkt, zuletzt durch die Bremshand (Abb. 14-43). Ein solches Vorgehen bietet sich insbesondere dann an, wenn das Seil relativ steif und gefroren ist und daher in mechanischen Sicherungsverfahren klemmen könnte.

## Sicherung über Stiefel und Eisschrauben

Auf flachen oder leicht geneigten Hängen ist die Sicherung über Stiefel und Eisschraube sehr nützlich (Abb. 14-44). Man geht folgendermaßen vor: Zuerst dreht man eine Eisschraube ein, hängt hier einen Karabiner ein und führt das Seil durch diesen Karabiner. Dann tritt man auf die Eisschraube, der Fuß steht dabei rechtwinkelig zur erwarteten Zugrichtung. Der Fuß wird so aufgesetzt, daß die Stiefelmitte über den Karabiner zu liegen kommt, das heißt, daß der hinterste der vorderen Vertikalzacken der Steigeisen durch

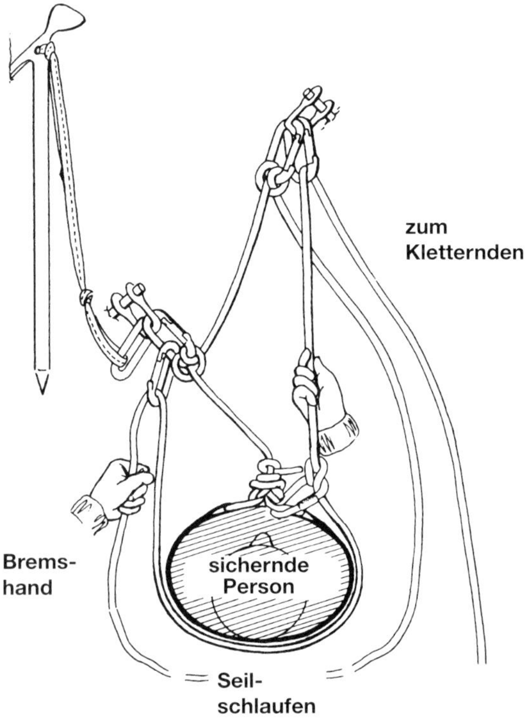


(14-42) Standplatz im Eisgelände bei der Anwendung einer mechanischen Sicherung wie z. B. der HMS-Sicherung im Sitzgurt des Sichernden.

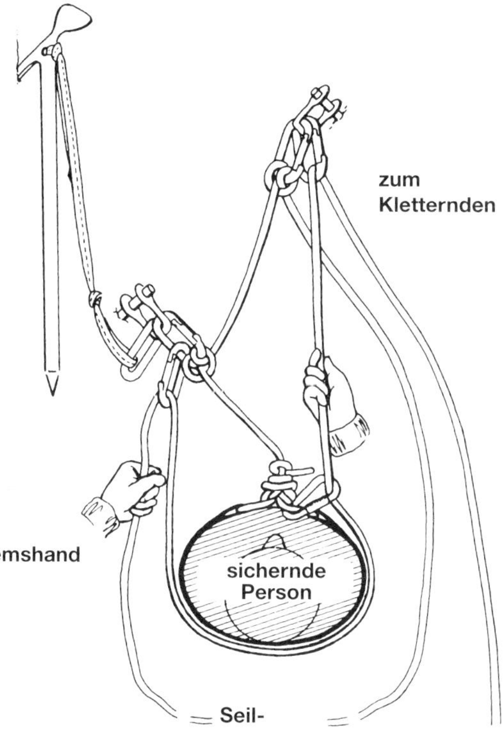


**(14-43)**
**Standplatz im Eisgelände für die Hüftsicherung.**

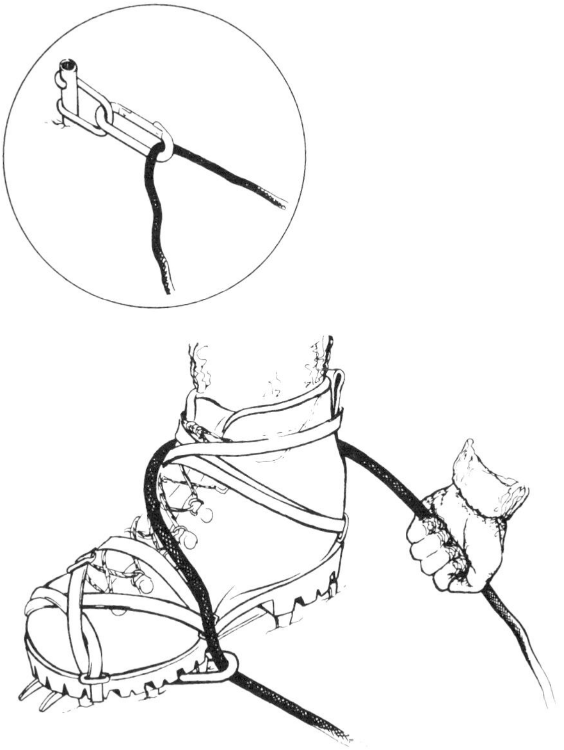

**(14-44)**
**Sicherung über Stiefel und Eisschraube.**

den Karabiner tritt. Dabei darf das Seil nicht beschädigt werden. Das Bremsseil wird über den Fußrücken geführt, um die bergseitige Seite des Knöchels und dann mit der bergseitigen Hand gefaßt.

Die Seilreibung kann kontrolliert werden, indem das Seil mehr oder weniger um den Knöchel herumgeschlungen wird, ähnlich wie zuvor beim Sichern über Pickel und Stiefel beschrieben. Natürlich kann man auch den Raum zwischen dem äußeren Ende des Umlenkkarabiners und der Stiefelsohlenkante verändern. Sollte der Kletterer stürzen, wird das Bremsseil um die Ferse mit der bergseitigen Hand herumgeführt und der Sturz durch die vermehrte Reibung gebremst.

Eine hilfreiche Variante dieser Sicherungsmethode ist das Einfügen eines HMS-Knotens in die beschriebene Sicherung. Hierzu muß natürlich ein entsprechend geformter Karabiner genutzt werden. Eine Variante ist, den HMS-Knoten einzufügen und das Seil nicht in um die Ferse herumzuführen (Abb. 14-45). Die Anordnung gemäß 14-46 zeigt eine Variante, die es ermöglicht, das Sicherungssystem im Stehen zu bedienen.

## Der Eiskletterer

Um steiles Eis zu durchsteigen, benötigt man viel Erfahrungswissen, welches man idealerweise

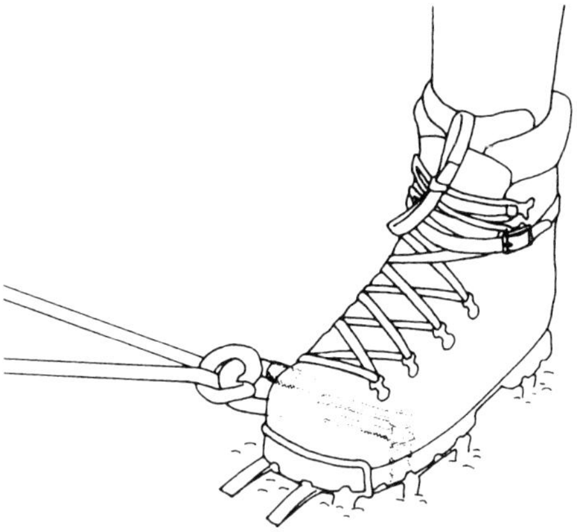

(14-45) **Sicherung über Stiefel und Eisschraube mittels HMS.**

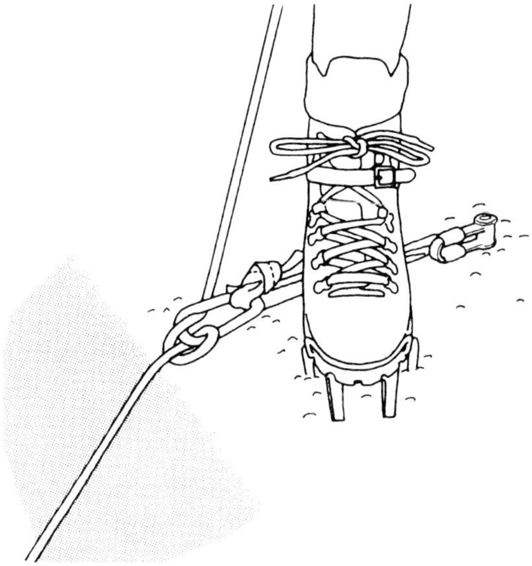

(14-46) **Sicherung über Stiefel und Eisschraube mittels HMS in stehender Körperhaltung.**

beim Felsklettern und Schneebergsteigen erlernt hat. Dieses Wissen muß durch das Beherrschen der Steigeisentechnik und den routinierten Umgang mit Eisgeräten ergänzt werden. Als Eiskletterer wird man insbesondere den Gefahren des Winterbergsteigers ausgesetzt sein: Lawinen, gefährliche Couloirs, instabile Wächten, Eisblöcke und Eisschlag. In Kapitel 12 wurde bereits umfangreich auf diese Gefahren eingegangen – und beschrieben, wie man mit ihnen umgeht. Gelegenheit zum Eisklettern kann man das ganze Jahr über finden, beginnend beim Wasserfallklettern im Winter an kurzen, kalten, dunklen Tagen; bis hin zum sommerlichen Eisklettern auf alpinen Eistouren an langen, sonnigen und warmen Tagen.

Erfahrung und Selbstvertrauen erlangt man beim Eisklettern vor allem durch langfristige Übung. Wenn man zusammen mit einem Partner unterwegs ist, den man schon länger kennt, ist dies zweifellos von enormem Vorteil. Als Seilschaft sollte man so oft wie möglich zusammen trainieren. Man achtet dann gegenseitig auf exakten Einsatz der Eisgeräte und Steigeisen, wodurch im Extremfall viel Kraft gespart werden kann; die Anforderungen schwieriger Routen können so besser bewältigt werden. Auch erhöht man so die Geschwindigkeit und die Effektivität des Kletterns. Man lernt ferner zu entscheiden, wann man selbst bzw. der Partner mittels Seilen gesichert werden sollte, aber auch abzuschätzen, wann es sicherer ist, dies nicht zu tun. Ein erfahrener Eiskletterer wendet seine Erfahrung nie draufgängerisch, sondern mit gesundem (!) Selbstvertrauen und gutem Beurteilungsvermögen an.

# Kapitel 15 Winter- und Expeditionsbergsteigen

Bergsteiger, die zu Winter- oder Expeditionsunternehmungen aufbrechen, betreten eine ganz andere Welt. Es gibt erhebliche Unterschiede zwischen Wochenendbergsteigen im alpinen Gelände und Winter- und Expeditionstouren der engagierten Amateurkletterer oder professionellen Bergsteiger. Winterbergsteigen stellt an Körper und Psyche harte Anforderungen, welche spezialisierte Ausrüstung erfordern; zudem ein hohes Maß an Erfahrung und oft einen unbändigen Willen, das gesteckte Ziel zu erreichen. Expeditionsbergsteigen erfordert zusätzlich zu der Logistik eines ausgedehnten Unternehmens einen enormen Erfahrungsschatz, besonders in fremden Ländern.

Das Wetter ist beim Winter- und Expeditionsbergsteigen besonders wichtig. Bei einem typischen Wochenendunternehmen im Sommer stellt das Wetter selten ein großes Problem dar. Wenn das Wetter schlecht ist, kann man die Tour rechtzeitig abbrechen und es später erneut versuchen, sobald es besser geworden ist. Wenn eine Wetterverschlechterung unterwegs eintritt, wird der Rückzug normalerweise ziemlich unbequem – eine nasse Wanderung zurück nach Hause ist die Folge. Im Winter dagegen ist wirklich gutes Wetter deutlich seltener, und frustrierte Kletterer können unter Umständen in Versuchung geraten, einen Anstieg trotz schlechter Vorhersage zu versuchen. Wenn das Wetter schlecht wird, kann es außerordentlich schwierig werden, über die Route wieder abzusteigen; das Erreichen des Autos gerät dann zu einem Abenteuer mit Schwierigkeiten der Routenfindung und erhöhter Gefahr durch Wächten und Lawinen. Auf Expeditionen kann sich die Gruppe selten den Luxus leisten, auf optimales Wetter zu warten. Wenn die Gruppe das Lager verlassen hat, müssen die Elemente als unbeeinflußbar hingenommen werden, und das Wetter ist als einer von mehreren Faktoren einzuplanen – wie jeder andere unvorhersehbare bzw. unplanbare Zwischenfall des Unternehmens.

Extreme Hitze und Kälte sind beim Expeditionsbergsteigen nichts Besonderes. Im Winter erwarten einen sehr niedrige Temperaturen, im Sommer kann es extrem warm werden. An windstillen wolkenlosen Tagen wird die Temperatur schnell besonders unangenehm hoch, da das Sonnenlicht vom Schnee zurückgeworfen wird. Allerdings kann die Temperatur – genauso schnell, wie eine Wolke an der Sonne vorbeizieht – auch ganz plötzlich radikal fallen. Nachts kann der Verlust an Wärmestrahlung und die Auskühlung bei wolkenfreiem Himmel so groß werden, daß selbst der beste Schlafsack an die Grenzen seiner Leistungsfähigkeit gelangt.

Die kürzere Tageslänge ist ein weiterer zu berücksichtigender Faktor beim Winterbergsteigen. Wenn der Winter eintritt, sind die Tage – insbesondere bei höherer geographischen Breite – unter Umständen nur halb so lang wie im Sommer. Das bedeutet, daß man weniger Zeit zum Klettern, dafür aber wesentlich mehr Aufenthalt im Biwak beim Warten auf das nächste Tageslicht hat. Ein Winterlager muß also deutlich komfortabler eingerichtet werden, um die langen Stunden des Wartens einigermaßen zu überstehen, und die Ziele müssen im Vergleich zu den Zielen im Sommer deutlich leichter und weniger anspruchsvoll sein. Eine sinnvolle Entscheidung ist es, die schwierigsten Winterunternehmungen in den Spätwinter zu verlegen, da hier die Tage wieder länger werden. Bei Expeditionen im Sommer stellt insbesondere bei hoher geographischer Breite die Tageslänge normalerweise kein Problem dar. Allerdings entwickeln Bergsteiger hier oft ihren eigenen Rhythmus, um in den kühleren Stunden des frühen Morgens oder späten Abends, teilweise auch zur Nacht, zu steigen; sie vermindern so die Probleme durch weichen Schnee, Steinschlag oder Lawinen erheblich.

Wenn die Besteigung eines der hohen Berge der Welt das Ziel ist, stellt darüberhinaus die Akklimatisation einen essentiellen Faktor dar. Wiederholte Aufstiege sorgen nicht nur dafür, daß man die eigene Leistungsfähigkeit testet und steigert, sondern bieten dem Körper auch die Möglichkeit, sich an die Erfordernisse des Lebens in großer Höhe anzupassen. Schon viele Bergsteiger mußten auf den Normalwegen hoher Berge umkehren – nicht weil das Wetter schlecht wurde oder sie technische Probleme hatten, sondern weil sie zu schnell aufgestiegen waren.

Um eine erfolgreiche Wintertour oder eine Expedition durchzuführen, benötigt man häufig umfangreiche Zusatzausrüstung. Für eine sommerliche Tagestour im Fels braucht man nicht viel mehr als ein Seil, einen Klettergurt, etwas Verpflegung, ein paar Getränke und eine Windjacke. Aber schon bei den leichtesten Winterunternehmungen ist das Gepäck deutlich schwerer und mit mehr Ausrüstung und Kleidung belastet. Der Rucksack für eine Mehrtagestour muß unbedingt einen Schlafsack, welcher für die tiefen Temperaturen geeignet ist, ein komfortables Winterzelt für die langen Nächte sowie zusätzliche Kleidung, einen Kocher und Kochgeschirr enthalten. Bei einer Expedition vervielfacht sich die Menge an Essen und Brennstoff durch die Länge des Unternehmens. Darüberhinaus kann es bei Expeditionen notwendig werden, daß Zusatzausrüstung zum Anbringen von Fixseilen mitgeführt wird.

Wenn man all die Anforderungen an Winter- und Expeditionsbergsteigen betrachtet, wird man kaum überrascht sein, daß man außergewöhnliche Ausdauer und körperliche Fitneß für ein solches Unternehmen benötigt. Dies ist der wesentliche Unterschied zum mäßig belastenden Wochenendklettern, bei welchem man am frühen Samstagmorgen startet und spätestens Sonntagabend oder Montag früh wieder daheim ist – man kann dies in etwa mit einem Marathonlauf im Gegensatz zu einem Hundertmeter-Sprint vergleichen. Auf Expeditionen können langfristige extreme Anforderungen unter Umständen nicht durchgehalten werden, da der Körper sich in großer Höhe nicht schnell genug erholt. Die Gruppenmitglieder müssen individuell die Grenzen ihrer physischen und psychischen Belastbarkeit abschätzen und überlegen, ob beides für das geplante Unternehmen ausreichend ist. Der «Burnout» eines Wochenendunternehmens sollte für die eigentliche Gipfelpassage aufgespart werden; keinesfalls sollte man seine Kräfte mit dem Schleppen von riesigen Traglasten vom Basecamp in das erste Höhenlager verschwenden.

Winterbergsteiger empfinden die Einsamkeit des winterlichen Hochgebirges oft als besonderen Reiz ihres Abenteuers. Ähnlich empfindet der Expeditionsbergsteiger die Distanz zur Zivilisation als Genuß. Diese Zurückgezogenheit in unwegsames Gelände erfordert allerdings auch ein hohes Maß an möglicher Selbsthilfe. Die Gruppe muß auf ihre eigenen Fähigkeiten vertrauen können und sich aus schwierigen Situationen selbst befreien können, da Selbstrettung die einzige Möglichkeit ist, wenn die nächste Hilfe Tage oder gar Wochen entfernt liegt.

Winterbergsteigen und Expeditionen haben viele Gemeinsamkeiten. Viele Expeditionen finden im Gelände statt, welches recht winterlich ist, wie zum Beispiel am Mount McKinley oder im Himalaja. Der beste Weg, Winterbergsteigen zu lernen, sind Mehrtagestouren in einer einem persönlich bekannten Bergregion. Diese Unternehmungen sind normalerweise billiger und leichter zu organisieren als Fahrten nach Alaska oder Nepal, und sie können einem genauso die Erfahrung und das Können zum Expeditionsbergsteigen vermitteln.

# Winterbergsteigen

Winterbergsteigen ist eine natürliche Erweiterung des Kletterns in anderen Jahreszeiten, wobei viele Techniken und Ausrüstungen identisch sind. Es ist lediglich etwas komplizierter. Das folgende Kapitel greift einige Punkte auf, die in früheren Kapiteln bereits beschrieben wurden, wie Kleidung, Zelte und Routenfindung – allerdings werden hier die speziellen Details erläutert, welche man kennen muß, um im Wintergelände komfortabel und sicher unterwegs sein zu können.

## Kleidung

Wenn man oft genug in den Bergen unterwegs ist, wird man sich auch im Sommer immer wieder mit winterlichen Bedingungen konfrontiert sehen. Umgekehrt gilt, daß viele der besten Wintertouren durchgeführt werden, wenn das Wetter frühlingshaft wird. Die Kleidung und die Ausrüstung muß also so ausgewählt werden, daß man sich an beide Extreme anpassen kann.

Im Winter dient die Sommerkleidung als Grundlage. Man beginnt mit einer warmen Schicht Unterwäsche, gefolgt von einer Schicht aus isolierender Kleidung, welche abhängig von den herrschenden Temperaturen gewählt wird; man vervollständigt das Ganze durch die äußerste Schicht, die windabweisend sein sollte. Wieviel und welche Zusatzkleidung man mitführt, hängt von den Winterbedingungen ab, welche man am gewählten Ziel erwartet. Zusätzliche Schichten mit synthetischer Faser sind besonders empfehlenswert im feuchtkalten Wetter von Gebirgen mit Seeklima. Dort, wo der Winter trockener und kälter ist, kann man die Vorteile des geringen Gewichtes und der Kompaktheit von Daune nutzen, die allerdings trockengehalten werden muß.

Der gefährliche Auskühleffekt des Windes bedingt, daß man immer eine vollständige Überkleidung aus windschützendem Material mitführen muß. Diese Kleidungsstücke müssen groß genug sein, um über die wärmenden Schichten angezogen werden zu können; Anorak und Hose sollten sich deutlich überlappen, um angreifenden Wind zuverlässig abwehren zu können. Wenn man irgendwelche Lücken in seiner Rüstung gelassen hat, wird der Wind diese garantiert finden. Die Gewebe unterscheiden sich deutlich in ihrer Windfestigkeit, so daß es notwendig ist, die Erfahrungen anderer Bergsteiger einzuholen; auch kann man das Personal entsprechender Fachgeschäfte zu Rate ziehen. Laminierte Materialien wie zum Beispiel Goretex sind besonders windabweisend. In Kapitel 2 finden Sie weitere Informationen zur Kleidung im Gebirge.

### Sich trocken halten

An einem heißen Sommertag trocknet ein durchgeschwitztes Hemd in der Sonne recht schnell. Im Winter, wenn die Sonne nur wenig Wärme erzeugt, wird das Trocknen von feuchter Kleidung zu einem erheblichen Problem. Die einzige andere Wärmequelle, um feuchte Kleidung zu trocknen, ist die eigene Körperwärme; allerdings sind enorme Mengen an Energie nötig, um das Wasser zu verdunsten. Das Tragen durchgeschwitzter Kleidung ist die sicherste Art, um selbst zu unterkühlen.

*Tip:* Vermeide also zu schwitzen, indem du durch zusätzliches Be- oder Entkleiden dich der körperlichen Anstrengung und den äußeren Bedingungen rechtzeitig anpaßt. Wenn Kleidung feucht wird – unabhängig davon, ob durch Schwitzen oder Niederschläge –, sollte sie gewechselt werden, spätestens wenn man das Lager erreicht. Sind mehrere Schichten der Kleidung feucht, sollte zumindest die Schicht, die direkt der Haut aufliegt, gewechselt werden.

## Achte auf die Füße!

Da sie vom Körperkern relativ weit entfernt sind, haben die Extremitäten bei Kälte die geringste Durchblutung. Dazu kommt, daß die Füße im winterlichen Gelände permanent dem Schnee oder Eis ausgesetzt sind. Auch hier gilt: Die gleichen Faktoren bzw. Ausrüstungsgegenstände, die den Körper warmhalten – nämlich adäquate Isolation und Trockenheit –, werden auch die Füße warmhalten.

Die Entwicklung von gedoppelten Plastikstiefeln macht es deutlich leichter, die Füße warm und trocken zu halten, als dies bei herkömmlichen Stiefeln möglich ist. Die Plastikschale ist eine unüberwindbare Barriere für Schnee und Wasser, während der innere Stiefel für Isolation sorgt.

In bestimmten Situationen sind Bunnyboots eine Alternative. Ursprünglich wurden sie für arktische Militäreinsätze entwickelt. Die Konstruktion beinhaltet eine Isolationsschicht, welche zwischen luft- und wasserdichter Innen- und Außenschicht (meist aus Gummi) liegt. Diese Stiefel sind nicht sehr steif und von daher besonders gut für technisch wenig anspruchsvolle Routen geeignet. Da die Gummischicht allerdings als Schweißbarriere wirkt, ist es unbedingt notwendig, Füße und Socken jeden Tag sorgfältig zu trocknen.

Gamaschen dienen dazu, daß der Schnee nicht oben in den Stiefel eindringen kann. Standardgamaschen überdecken den Stiefelschaft und den Unterschenkel, während Expeditionsgamaschen eine zusätzliche Wärmeisolationsschicht für den gesamten Stiefel bieten. Überstiefel fügen dem Schuh noch eine weitere Schicht hinzu, welche auch um die Schuhsohle herumgreift. Viele Konstruktionen von Expeditionsgamaschen und Überstiefeln kombinieren die Vorteile der Wärmeisolation und der Abwehr eindringenden Schnees.

Im Stiefel wird ein Socken, welcher den Schweiß zurückhält, den Fuß wärmer halten, da das Auftreten von Verdunstungen und Kälte vermieden wird. Auch sorgt eine solche Schweißbarriere dafür, daß die äußeren Socken und der Stiefel trockener bleiben. Der Socken wird über ein Paar dünner Innensocken getragen und ein Paar dicker gut isolierender Socken wird darüber angezogen. Der wesentliche Nachteil einer solchen Schweißbarriere ist es, daß man die innenliegenden Socken sowie die Füße jeden Abend sorgfältig trocknen muß. Ein Fußpuder und ein Deo kann helfen, die Füße trockener zu halten. Besonders wichtig ist, daß man beim winterlich strapazierten Fuß auf Blasen achtet. Die richtigen, exakt sitzenden Socken sind sehr wichtig, um die Füße warmzuhalten – allerdings können zu viele Socken auch genau das Gegenteil bewirken. Sie können den Schuh zu eng machen, wodurch die Blutzirkulation vermindert wird und so die Füße kalt werden.

## Gesundheit

Überraschenderweise ist die Dehydratation (Austrocknung) eine besondere Gefahr beim Winterbergsteigen. Der Schweiß tritt nicht nur über die Haut aus (wie im Sommer!), sondern abhängig vom Grad der Anstrengung und der Lufttrockenheit werden große Mengen Feuchtigkeit auch über die Atmung verloren. Zusätzlich besteht das Problem, daß die Flüssigkeitsaufnahme normalerweise recht gering ist, da die meisten Menschen im Winter keine kalten Getränke trinken. Daher sollte man besonders darauf achten, daß man ausreichend Flüssigkeit zu sich nimmt, um die Urinmenge konstant zu halten. Dieser Mehrbedarf an Flüssigkeit macht die Notwendigkeit eines Kochers, welcher größere Mengen Schnee zu Getränken schmelzen kann, besonders deutlich.

Unterkühlung und Erfrierung sind besonders typische Wintergefahren. Beide können allerdings durch Vorsicht und angemessene Kleidung, Ernährung und Wasser vermieden werden.Der Auskühlung durch Wind sollte vorgebeugt werden, indem man so trocken wie möglich bleibt und ausreichend ißt und trinkt. Wenn man ausgekühlt wird, muß man unbedingt direkt etwas dagegen unternehmen. Zunächst kann man mehr Kleidung anziehen oder feuchte Kleidung wechseln. Wenn die Füße taub sind, sollte man die Zehen im Stiefel so heftig wie möglich bewegen. Wenn diese Maßnahmen nicht helfen, kann es notwendig sein, eine Pause einzulegen und die unterkühlten Körperteile aufzuwärmen. Wenn ein Lager errichtet wurde, werden Füße und Finger sorgfältig auf Erfrierungen untersucht und – falls notwendig – sofort behandelt. Später werden wir noch detaillierter auf Erfrierungen eingehen. Unbedingt sollte man das Erste-Hilfe-Kapitel sorgfältig lesen.

Als Mitglied einer Klettergruppe ist man nicht nur verantwortlich für die eigene Gesundheit; man muß auch Vorsorge tragen gegen alle Probleme, welche das Unternehmen gefährden oder eine Gefahr für sich selbst oder die Kameraden bedeuten können. Gleichzeitig sollte man stets auf Gesundheitsprobleme der anderen Gruppenmitglieder achten.

## *Wintercamping*

Wintercamping erfordert ein ausgefeiltes Vorgehen und sorgfältige Arbeit – viel mehr als Sommercamping. Effektivität und Sicherheit werden erst dann optimal, wenn jeder mit der Ausrüstung vertraut ist. Ein Zelt ist schnell errichtet, wenn zwei oder drei Gruppenmitglieder genau wissen, wie dies funktioniert, und obendrein eingespielt sind: Wer hält das Zelt, damit es nicht fortgeblasen wird? Wer schiebt die Zeltstangen durch die Schlaufen und wer schlägt die Zelthaken? Im folgenden werfen wir einen Blick auf grundlegende Techniken und Ausrüstung, die ein erfolgreiches Wintercamping ermöglichen.

### Schneeschaufeln

Die Schneeschaufel (Abb. 15-1) ist ein grundlegendes Ausrüstungsteil des Winterbergsteigers. Er kann mit ihr durch Lawinen verschüttete Bergsteiger ausgraben, Notunterkünfte in den Schnee graben, Plattformen zum Zelten herstellen und unter bestimmten Bedingungen auch eine Kletterroute freilegen. Bei der Auswahl zwischen verschiedenen Schaufeln hat man die Wahl zwischen einer großen relativ schweren Konstruktion, welche hervorragend geeignet ist, große Schneemengen schnell zu bewältigen, und einer mehr kompakten, oft zusammenlegbaren Schaufel, welche aufgrund ihres geringeren Gewichtes sehr angenehm zu transportieren ist. Eine große Gruppe sollte durchaus die Kraftreserven haben, beide Schaufeltypen mitzuführen. Eine kleine Gruppe wird sich dagegen Gedanken über den Routenverlauf und die zu erwartende Schaufelanwendung machen, bevor sie über Art und Anzahl der mitgeführten Schaufeln entscheidet. Wenn man möglicherweise Schneeblöcke ausstechen muß, kann das Mitführen einer Schneesäge sinnvoll sein.

### Schneehöhlen

Für Mehrtagestouren im Winter kann man in einem Zelt oder einer Schneehöhle übernachten. Zelte sind schneller und leichter aufgestellt, eine gute Schneehöhle ist dagegen wesentlich stabiler. Beide haben ihre Vorteile in bestimmten Si-

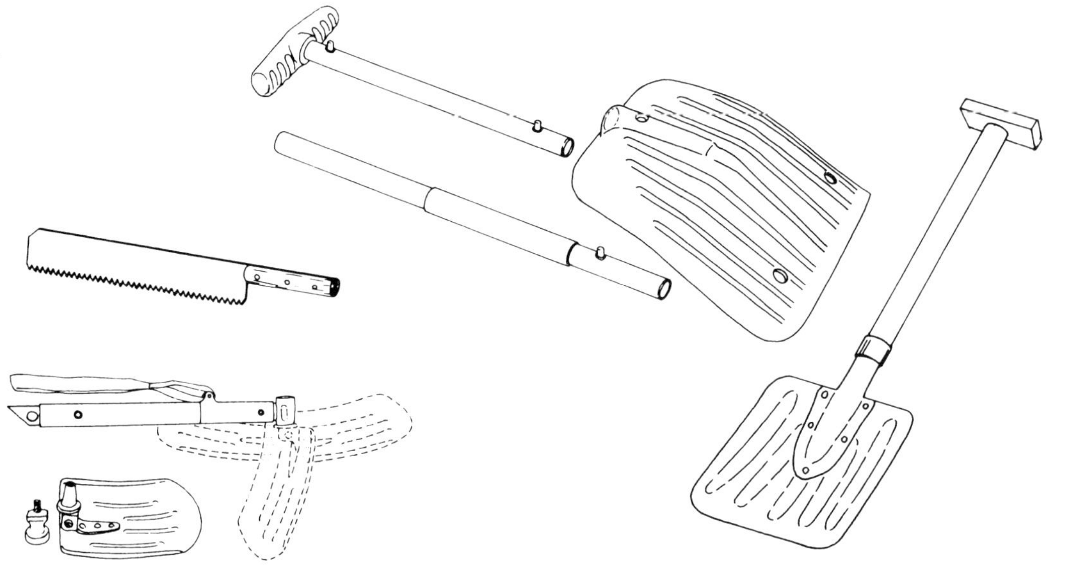

**(15-1) Konstruktionsmerkmale spezieller Ausrüstung zum Bergsteigen im Schneegelände.**

tuationen; unbedingt sollte genau wissen, wie beide errichtet werden.

Eine gute Schneehöhle ist aber wesentlich sicherer als ein Zelt. Bei einem Sturm, der den Schnee aufwirbelt, ist eine Schneehöhle noch sicherer, während das Zelt regelmäßig vom aufgelasteten Schnee befreit werden muß. Manchmal ist eine Schneehöhle die einzige Möglichkeit, zum Beispiel an einem windigen Grat, welcher zu schmal für ein Zelt ist. Eine Schneehöhle benötigt keine spezielle Ausrüstung außer der Schaufel und manchmal einer Schneesäge.

Auch wenn man normalerweise Zelte zum Übernachten benutzt, ist eine Schneehöhle eine nützliche Ergänzung, wenn man sich länger an einem Punkt aufhält. Die Schneehöhle kann der gemeinsame Versammlungspunkt sein, wo gekocht wird und die Sozialkontakte stattfinden; hier entfällt die Angst, Suppe auf einem Schlafsack zu verschütten oder die Zeltwand mit einem heißen Gegenstand zu beschädigen. Diese Zusatzunterkunft fungiert auch als Lagerhaus für Ausrüstung und als Reserveunterkunft, falls ein Zelt bei extremen Wetterbedingungen zerstört werden sollte.

Nachteilig ist allerdings, daß die Errichtung von Schneehöhlen relativ viel Zeit in Anspruch nimmt – mit zwei bis drei Stunden muß man rechnen. Wenn man nur eine Nacht am Ort bleiben will, ist der Aufwand die Sache unter Umständen nicht wert. Das Herstellen einer Schneehöhle ist eine anstrengende Arbeit und kann dafür sorgen, daß die herstellende Mannschaft von Schweiß- und Schnee durchnäßt wird. Unter bestimmten Bedingungen ist eine Schneehöhle allerdings wärmer als ein Zelt. Allerdings kann es mittags in der Sonne auch im Winter unter Umständen in einem Zelt 40° bis 50° wärmer als in der Umgebungsluft sein; hierdurch wird ein Zelt zu einem optimalen Platz um Schlafsäcke und Kleidung zu trocknen.

Die verschiedenen Bauformen der Schneehöhlen haben bestimmte Vor- und Nachteile. Details hierzu sind in Kapitel 3 beschrieben.

Schneehöhlen erfordern sowohl eine angemessene Schneetiefe als auch eine passende Geländeform. Man sucht nach einem relativ steilen Hang, um die Höhle hineinzugraben, da dies hier wesentlich leichter ist als im ebenen Gelände. Der Schnee muß tief genug sein, so daß man nicht auf Grund stößt, bevor man eine Höhle, die für alle Gruppenmitglieder groß genug ist, herstellen kann.

Baut man Iglus, ist die Schneetiefe nicht so kritisch, da sie aus Schneeblöcken hergestellt werden. Da es normalerweise leichter ist, einen geräumigen Iglu zu bauen als eine große Schneehöhle, wird dies von größeren Gruppen bevorzugt. Zusätzlich zu einer Schaufel benötigt man zum Errichten eines Iglus eine Schneesäge sowie Erfahrung in der Kunst des Iglubauens und nicht zuletzt Schnee, der sich gut in Blöcke schneiden läßt. Wenn der Schnee nicht ausreicht, sondern die Blöcke zerfallen, während man sie bewegt, macht ein Iglubau keinen Sinn.

Natürlich kann man auch Mischformen aus Schneehöhlen und Iglus herstellen. Um eine typische Mischform herzustellen, gräbt man in einen Schneehang einen relativ großen Eingang. Hierdurch kann der Schnee auch leicht aus dem Höhleninneren entfernt werden. Wenn die Höhle groß genug ist, überdeckt man den Eingang mit Schneeblöcken. Danach gräbt man einen kleineren Zugang zur Schneehöhle. Details hierzu sind ebenfalls in Kapitel 3 beschrieben.

Die Schneehöhlenkonstruktion ist eine nützliche Erfahrung, und es kann Spaß machen, aber auf kurzen Wintertouren ist eine solche Unterkunft gewöhnlich unpraktisch. Auf längeren Unternehmungen kann sich die Investition in eine Schneehöhle jedoch amortisieren, wenn mehrere Nächte am Ort verbracht werden müssen oder wenn die Wetterbedingungen für ein Zelt zu schlecht sind.

### Zelte

Zelte sind die Unterkunft erster Wahl, insbesondere bei kurzen Wochenendtouren im Winter. Ein qualitativ hochwertiges Zelt muß stabil genug sein, um starkem Wind Widerstand leisten zu können bzw. einer mäßigen Schneelast zu widerstehen, welche durch den Wind im Verlaufe der Nacht aufgeladen werden kann. Steile Seitenwände sorgen dafür, daß die Schneelast auf dem Zelt nicht allzu groß wird – eine aerodynamische Form unterstützt die Windstabilität. Selbsttragende Kuppelzelte eignen sich gut, ebenfalls stabile Tunnelzelte; diese benötigen allerdings einige Zeltnägel, welche auch im Schnee halten müssen (Abb. 15-2). Jedes Winterzelt sollte – unabhängig davon, ob es eine selbsttragende Konstruktion ist oder nicht – etliche Laschen aufweisen, an denen man zusätzliche Verankerungen anbringen kann. Die

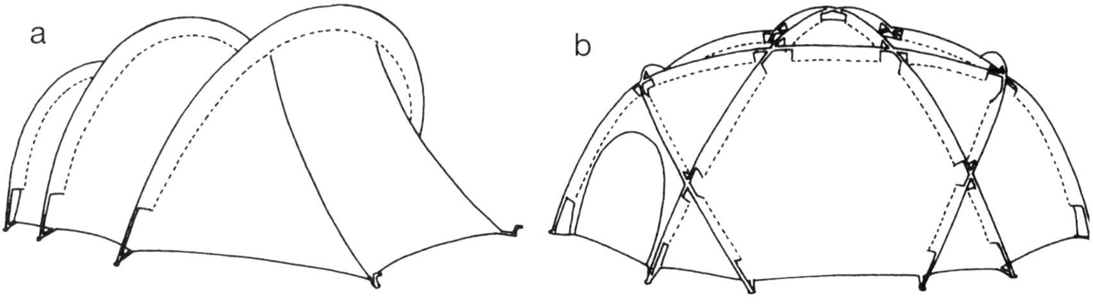


**(15-2) Winterzelte: a) Tunnelzelt; b) Kuppelzelt.**

Überlegungen, welche angestellt werden müssen, um ein gutes Winterzelt auszusuchen, entsprechen im wesentlichen denen für Expeditionszelte.

**Größe:** Für extreme Routen, auf denen ebene horizontale Plätze selten sind und das Gewicht eine sehr große Rolle spielt, sollte man einem Leichtgewichtzelt in selbsttragender Konstruktion den Vorzug geben. Diese Zelte, auch Igluzelte genannt, weisen zwei Zeltstangen auf, die sich kreuzen. Bei den meisten Winterunternehmungen wird man allerdings ein geräumigeres Zelt bevorzugen, welches natürlich schwerer ist. Der zusätzliche Raum wird als Stauraum für Rucksäcke und persönliche Ausrüstung genauso benötigt wie für einen etwas größeren Komfort während 15stündiger Winternächte.

**Konstruktion:** Auch wenn Zelte mit einschichtigen Wänden wasserdicht sind, sind Doppelwandkonstruktionen wärmer und setzen auf der Innenseite aufgrund anderer Atmungsaktivität nicht so leicht Eis an. Normalerweise sind Aluminiumzeltstangen stabiler als Fiberglasstangen. Hightech-Stangen zum Beispiel aus Cevlar- oder Carbonfasern können heutzutage allerdings an die Stabilität von Aluminium heranreichen.

**Detailausstattung:** Einige zusätzliche Konstruktionsmerkmale vereinfachen das Zelten im winterlichen Gelände. Hierzu gehören vor allem mehrere Eingänge, zum Beispiel für den Fall, wenn ein Eingang direkt dem Wetter ausgesetzt sein sollte. Außerdem ein Vorzelt zum Kochen oder zum Lagern von Material, Materialtaschen auf der Zeltinnenseite, damit kleine Gegenstände nicht verlorengehen; ferner Ösen auf der Innenseite, um Kleidung oder Lampen aufhängen zu können.

Ein Zelt kann nicht sinnvoll aufgestellt werden, wenn man nicht vorher einige Gedanken in das Einrichten eines vernünftigen Zeltplatzes investiert. Hier einige Tips:

- **Nutze das Gelände zu deinem Vorteil:** Suche einen Platz aus, der so flach wie möglich ist, hierdurch wird die Arbeit beim Einebnen leichter. Halte nach alpinen Gefahren wie Gletscherspalten, Lawinen und Wächten Ausschau. Beobachte die lokale Windrichtung: Eine steinharte oder windgeformte Schneeoberfläche weist auf häufige Starkwinde hin, während ein Gebiet mit lockerem Pulverschnee dagegen Zonen anzeigt, in denen windtransportierter Schnee abgelagert wird. Bedenke, daß ein Pulverschneegebiet natürlich von direktem Wind geschützt sein kann. Allerdings kann es hier notwendig werden, daß das Zelt des öfteren von herangewehtem Schnee befreit werden muß.
- **Tritt eine Fläche fest**, welche reichlich bemessen ist, um das Zelt aufzubauen, und die drumherum noch genügend Bewegungsfreiheit läßt. Ebne die Zeltplattform sorgfältig ein, damit man nicht im Zeltinneren nachts an eine Zeltwand rutscht oder unkomfortabel auf einem buckeligen Untergrund liegt. Dies gilt insbesondere dann, wenn man für mehrere Nächte am gleichen Ort übernachten will, da die Zeltplattform bereits nach der ersten Nacht steinhart gefroren sein wird. Ein Ski ist ein geradezu ideales Hilfsmittel, um eine Zeltplattform einzuebnen.
- **Grabe am Eingang eine Vertiefung** von ungefähr 30 cm, wenn das Zelt errichtet ist. Hierdurch wird das Betreten und Verlassen des Zeltes leichter, auch kann man im Zelteingang bequem sitzen und die Füße in dieses Loch stellen.
- **Baue Schneewände um das Zelt herum,** wenn der Ort windexponiert ist. Die Wände sollten auf der Luvseite angebracht und 90 bis 150 cm hoch sein. Hierdurch wird zumindest die direkte Windwirkung auf das Zelt vermindert (Abb. 15-3). Achte darauf, daß die Wände ungefähr so weit vom Zelt entfernt errichtet werden, wie sie hoch sind. Zum Beispiel sollte eine ein Meter hohe Wand etwa einen Meter von der Zeltwand entfernt stehen, da der Wind auf der Leeseite

der Wand Schnee ablagern wird und den Zwischenraum zum Zelt unter Umständen recht zügig füllt. Blöcke, welche mit einer Schneesäge herausgeschnitten wurden, eignen sich besonders gut zum Errichten von Schneewänden – man kann natürlich auch Schnee in Wallform schaufeln.

Einige spezielle Ausrüstungsteile sind beim Wintercamping besonders nützlich: Jedes Zelt sollte eine Schneebürste besitzen, also eine kleine Bürste mit groben Kunststoffasern, um Schnee von den Stiefeln, Rucksäcken, der Kleidung und dem Zelt entfernen zu können. Jedes Zelt benötigt darüberhinaus einen Schwamm oder einen anderen Gegenstand, um Feuchtigkeit aufzunehmen und Trinkgefäße reinigen zu können. Eine gute Zusatzausrüstung eines Zeltes ist insbesondere in den langen Winternächten eine Kerzenlaterne. Man kann natürlich auch Gaslaternen mitführen; diese sind zwar schwerer, bringen jedoch wesentlich mehr Licht und erwärmen darüberhinaus das Zelt ganz erheblich.

Um ein Zelt im Schnee zu verankern, kann man entsprechend breite Profilzelthaken oder Schneeanker verwenden. Ski, Skistöcke, Pickel und ähnliche Gegenstände funktionieren ebenso gut. Natürlich muß man hier bedenken, daß alles, was man zum Befestigen des Zeltes benutzt, nicht mehr für seinen Originalzweck zur Verfügung steht. Falls ein Baum in der Nahe ist, sollte man diesen zum Befestigen des Zeltes mitbenutzen.

Um dafür zu sorgen, daß die vielen Stunden einer Winternacht einigermaßen erträglich werden, sollten einige Regeln beachtet werden. Diese hängen natürlich zu einem gewissen Grad vom Wetter, der Zeltgröße und der Erfahrung der Zeltbewohner ab. Zum Beispiel kann es notwendig sein, daß die Rucksäcke bei einem kleinen Zelt außen gelagert werden müssen. Ist das Zelt groß genug, um die Rucksäcke mit hineinzuneh-

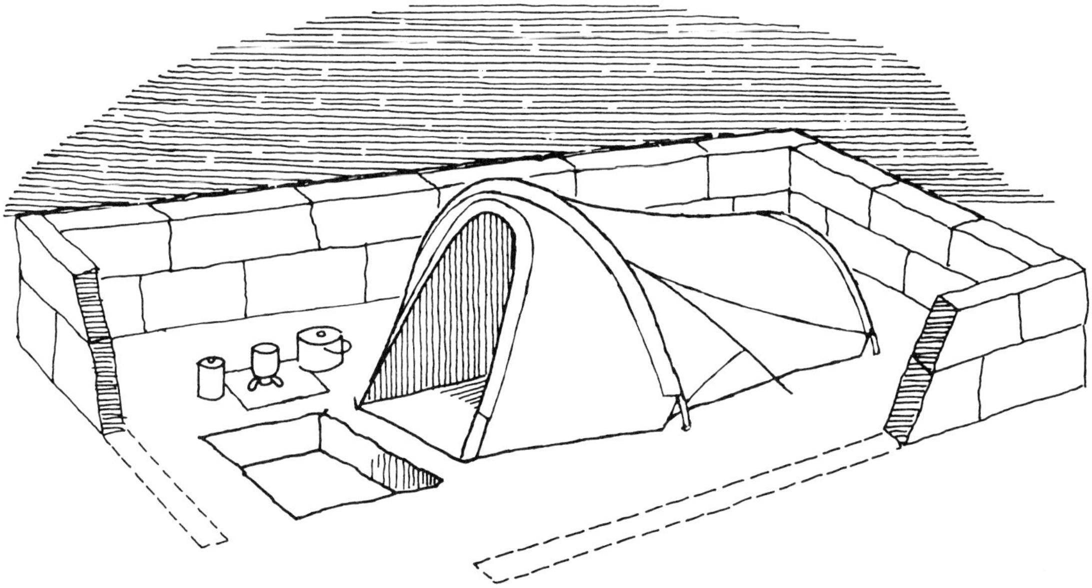

**(15-3) Typisches Wintercamp in schematischer Zeichnung: Küchenbereich, Schneewände und gut fixiertes Zelt.**

men, sollten sie zuerst gründlich von Schnee gereinigt werden. Die Bedingungen können es notwendig machen, daß die Stiefel außen ausgezogen werden, vom Schnee gereinigt und dann im Zelt in einer wasserdichten Tüte gelagert werden. Stiefel können sowohl reichlich Schnee mit ins Zelt hineinschleppen als auch den Zeltboden zerstören. Das Benutzen eines Materialsackes oder eines größeren persönlichen Zeltsackes hilft, bei mehreren Bewohnern einigermaßen Übersicht über das Material zu behalten; auch liegt es den Mitbewohnern nicht im Weg herum. Häufig ist es hilfreich, daß zunächst eine Person das Zelt betritt, um die Liegematten auszubreiten und das größere Material zu ordnen, bevor die anderen hineinkriechen.

Während eines Sturms wird man sich mit der Notwendigkeit konfrontiert sehen, das Zelt des öfteren vom Schnee befreien zu müssen. In den meisten Fällen ist es nicht der normal fallende Schnee, der das Problem verursacht, sondern eher der Schnee, welcher vom Wind transportiert wird. Die Natur bevorzugt eine glatte Schneeoberfläche mit minimalen Hindernissen für den Wind. Wenn der Wind auf ein Hindernis stößt, wie beispielsweise ein Zelt oder eine Schneewand, wird der windtransportierte Schnee dort so abgelagert, daß das Hindernis für den Wind möglichst gering wird. Mit anderen Worten: Der Schnee wird auf der Leeseite von Zelt und Schneewand abgelagert, das Zelt im Laufe der Zeit verschüttet. Auch ein teilweise verschüttetes Zelt kann die Gefahr des Sauerstoffmangels für die Insassen mit sich bringen – insbesondere dann, wenn innen gekocht wird. Tip: Man sorge dafür, daß der Schnee regelmäßig aus der Zeltumgebung entfernt wird. Natürlich sollte man hierbei darauf achten, daß das Zelt nicht mit der Schaufel beschädigt wird.

Während eines schweren oder langen Sturms kann es passieren, daß das eigene Zelt in einem Loch zwischen benachbarten Schneewehen verschwindet. In diesem Fall kann es notwendig sein, das Zelt auf der neuen Schneeoberfläche erneut zu errichten.

**Kocher**

Ähnlich wie Winterzelte muß ein Kocher, der im Winter benutzt wird, stabiler und leistungsfähiger sein als ein Kocher für den Sommergebrauch. Zusätzlich zum Erhitzen von Nahrung muß reichlich Schnee geschmolzen werden, da dies die einzige Wasserquelle im Winter darstellt. Der Kocher muß eine große Heizleistung haben, um den Schnee schnell zu schmelzen; außerdem benötigt er einen stabilen Stand, damit der Topf nicht herunterfällt; auch muß er leicht zu reparieren sein, wenn dies notwendig werden sollte. Und schließlich muß der Kocher bei niedrigeren Temperaturen gut arbeiten. Dies ist eigentlich nur durch Benzinkocher mit zusätzlichem Pumpmechanismus zum Aufbau des notwendigen Druckes möglich.

Die verbreitetsten Brennstoffe für den Winter sind Benzin, Kerosin oder Butangas. Bezüglich Details zu diesem Thema lese man im Kapitel 3 nach. Benzin oder ähnliche Handelsprodukte wie Coleman Fuel oder Chevron Blazo sind in den Vereinigten Staaten wie auch in den meisten anderen Ländern, in denen Winter- und Expeditionsbergsteigen durchgeführt wird, erhältlich; Kerosin ist dagegen insbesondere in Drittweltländern verbreitet. Beide Brennstoffe sind billig und effizient. Die geringe Flüchtigkeit von Kerosin bringt sowohl einen Vorteil als auch einen Nachteil mit sich. Zunächst muß der Kocher mit irgendeinem anderen flüchtigen Brennstoff gestartet werden, wie zum Beispiel Alkohol oder Zündpaste. Andererseits vermindert sich die Gefahr von unkontrollierten Stichflammen – eine gefährliche Situation, wenn man im Zelt kocht.

Ein Multifuel-Kocher ist sehr nützlich bei Fernreisen, da alle möglichen Brennstoffe eingesetzt werden können, wenn der Originalbrennstoff vor

Ort nicht erhältlich ist. Hier muß den Anweisungen des Herstellers Folge geleistet werden, wenn man einen bestimmten Brennstoff nutzen möchte, da bei vielen Kochern die Brenndüse ausgetauscht werden muß.

Kocher, welche Druckgaskartuschen verwenden, sind leicht zu betätigen, man muß lediglich das Ventil öffnen und den Kocher zünden, auch ist hier die Gefahr einer unkontrollierten Stichflamme gering. Aber diese Kartuschen sind sehr empfindlich gegenüber tiefen Temperaturen, da die Kocher unter diesen Bedingungen wesentlich weniger Wärmeleistung haben, weil Butan schlechter verdampft. Man kann hier Abhilfe schaffen, indem man die Kartusche durch Körperwärme vorwärmt. Neuere Modelle beinhalten eine Mischung aus Butan und Propan oder verschiedene Isomere von Butan. Diese haben bei geringen Temperaturen eine bessere Heizleistung. Das Problem relativiert sich etwas in großen Höhen, wo der geringere atmosphärische Druck einen höheren relativen Druck in der Kartusche erzeugt, wodurch genügend Brennstoff freigesetzt werden kann. Austauschbare Gaskartuschen sind teuer und schwer, und verbrauchte Kartuschen müssen wieder mit nach Hause genommen werden. Ein weiterer Nachteil einiger Kartuschenkocher ist die geringe Stabilität, da durch die Höhe der Kartusche der Schwerpunkt relativ hoch liegt, der Kocher also recht leicht kippt. Ein Kochset, welches es ermöglicht, daß sowohl Kocher als auch die dazugehörigen Teile am Zeltgestänge aufgehängt werden können, ist für dieses Problem eine gute Lösung.

Der Schnee, welchen man zum Herstellen von Trinkwasser nutzt, sollte von einem zuvor vereinbarten Ort stammen – jedenfalls weit genug entfernt vom Toiletten- und Reinigungsbereich.

*Tip:* Versichere dich, daß jeder weiß, welche Bereiche welchem Zweck dienen! Sammle den Schnee in kleinen Brocken, welche ungefähr Topfgröße haben; dies erleichtert das Schmelzen erheblich. Wenn man im Zelt kocht, ist das Nachfüllen des Schnees hier auch wesentlich leichter, als wenn man den lockeren Schnee in einen Beutel packt und diesen mit ins Zelt bringt.

**Kochen im Zelt**

Kochen im Zelt ist durchaus riskant, allerdings ist es auch bequem und zeitweilig sogar notwendig. Das Risiko geht weniger davon aus, daß Töpfe über Schlafsäcke verschüttet werden oder zusätzliche Feuchtigkeit im Zelt entsteht; sondern tödliche Gefahr kann davon ausgehen, daß das Zelt Feuer fängt oder Kohlenmonoxidvergiftungen auftreten. Gelegentlich kann jedoch, wie erwähnt, das Kochen im Zelt notwendig werden – nämlich dann, wenn es draußen so windig ist, daß der Kocher nicht funktioniert, oder wenn es so kalt ist, daß man ansonsten beim Kochen Erfrierungen riskieren würde. Ein Vorzelt ist dann ein ungeheurer Vorteil: Das Zeltinnere wird vor den Kochzwischenfällen weitgehend geschützt, da hier relativ unabhängig von äußeren Naturelementen Essen zubereitet werden kann.

Unabhängig davon, ob innen oder außen gekocht wird, muß der Kocher auf eine stabile Unterlage gestellt werden, die gleichzeitig den Zeltboden oder den darunterliegenden Schnee vor der Kochhitze isoliert und so ein Umkippen verhindert. Ein umgekippter Kocher ist gefährlich, da unter Umständen auch Brennstoff ausläuft und das Zelt Feuer fängt. Darüberhinaus arbeiten viele Kocher deutlich besser, wenn der Brennstoff von der Kälte des Schnees isoliert wird. Ein etwa 1 cm dickes Stück Holz eignet sich gut als Standplatz für einen Kocher – auch Frühstücksbrettchen eignen sich bestens. Eine Schneeschaufel kann unter Umständen auch als Kocherplattform genutzt werden.

Hier noch einige weitere Tips zum Kochen im Zelt:

- Zünde den Kocher unbedingt außen oder nahe einer Zeltöffnung an, so daß er gegebenenfalls sofort hinausgeworfen werden kann, falls eine große Stichflamme entsteht; bringe ihn erst dann ins Zeltinnere, wenn er ordnungsgemäß arbeitet.
- Koche nahe dem Zelteingang oder im Vorzelt. Hierdurch steht der Kocher im Bereich bester Belüftung; außerdem kann man ihn schnell hinauswerfen, falls ein Notfall auftritt.
- Sorge für reichliche Belüftung. Dies ist ein besonders kritischer Punkt. Kohlenmonoxid ist farblos und geruchlos, daher wird man es nicht feststellen. Es ist besser, in einem kalten Zelt zu frieren als eine Kohlenmonoxidvergiftung durch zu schlechte Belüftung zu riskieren.

## Schlafsäcke

Ein komfortabler Schlafsack ist für Winterunternehmungen besonders wichtig, da der Bergsteiger den größten Teil des Tages im Schlafsack verbringen wird. Es ist deutlich kälter als im Sommer, daher benötigt man mehr Isolation. Dies kann durch einen entsprechend schwerer konstruierten Schlafsack oder einen Überschlafsack erzeugt werden. Ein Überschlafsack muß groß genug sein, daß er den Loft des inneren Schlafsackes nicht vermindert. Ein nicht isolierender Übersack wie z. B. ein Biwaksack bringt auch etwas zusätzliche Wärme und schützt darüberhinaus den Schlafsack vor verschütteten Getränken, Kondensationsfeuchtigkeit und Schnee. Wenn man keinen Überschlafsack benutzt, kann es hilfreich sein, wenn der Schlafsack mit einer Goretex-Schicht ausgerüstet ist. Hierdurch wird er vor Feuchtigkeit und Wind geschützt.

Die Art des Isolationsmaterials, welche man sich in seinem Schlafsack wünscht, hängt im wesentlichen davon ab, wie naß das Klima ist. Bei feuchtkaltem Klima in Küstenbereichen sind synthetische Materialien recht günstig, weil sie nur wenig oder keine Feuchtigkeit aufnehmen. Wenn die Temperatur niedriger ist, ist auch weniger Feuchtigkeit in der Luft; der extreme Loft eines Daunenschlafsackes ist hier klar im Vorteil.

Ein Innenschlafsack als Flüssigkeitsbarriere erhöht ebenfalls die Wärmfähigkeit eines Schlafsackes, speziell in kalten, trockenen Zonen. Ähnlich wie wasserdampfstoppende Kleidung funktioniert ein solcher Sack durch das Verhindern von Verdunstungskälte. Darüberhinaus vermindert sich der Flüssigkeitsverlust über die Haut während der Nacht, so daß zumindest theoretisch weniger Flüssigkeit ersetzt werden muß. Natürlich fühlt sich ein solcher Innenschlafsack auf bloßer Haut klamm an, daher empfiehlt es sich unbedingt, eine dünne Schicht synthetischer Unterwäsche zu tragen, da diese nur extrem wenig Feuchtigkeit aufnimmt und am Morgen schnell trocknet. Als Alternative zu einem solchen Innenschlafsack kann man entsprechende Kleidung tragen. Diese hat die gleichen Vorteile wie der beschriebene Innenschlafsack; sie kann darüberhinaus auch getragen werden, wenn man nicht im Schlafsack liegt.

Eine gut isolierende Liegematte ist eine sehr wichtige Komponente zum Übernachten, da die Bodenkälte ansonsten sehr unangenehm, wenn nicht gar gefährlich, werden kann. Aufblasbare Schaummatten, wie z. B. Therm-a-Rest, haben sich besonders gut bewährt. Zur Erhöhung des Komforts kann man eine geschlossenporige Schaummatte zusätzlich unterlegen und so Komfortwärme und Bequemlichkeit erhöhen. Zwei geschlossenporige Schaummatten oder eine extradicke Matte sind ebenfalls gut, allerdings leider recht voluminös beim Transport. Zusätzliche Informationen zu diesem Thema finden sich in Kapitel 3.

## Winterklettern

Der Winter macht nahezu jede Route schwieriger, als sie im Sommer sein würde. Das erste Winterunternehmen ist in der Regel eine eher frustrierende Erfahrung, wenn man sie mit dem Sommer vergleicht. Die Tage sind kürzer und man kommt langsamer vorwärts. Selbst für Routineziele benötigt man wesentlich mehr Zeit als normal. Im Hinblick auf die Tageslänge müssen die Ziele leichter gewählt werden, man muß unbedingt mit Beginn des Tageslichtes unterwegs sein und auch eine gute Stirnlampe mitführen.

Um vorwärtszukommen, benötigt man Skier oder Schneeschuhe, außer es liegt nur sehr wenig Schnee im Frühwinter bzw. Altschnee im Frühling. Ob man Schneeschuhe oder Skier mitführt, hängt von den persönlichen Fähigkeiten, aber auch von der Route ab. Bist du ein knallharter Skifahrer, der seine Skier auch dann liebt, wenn die Bedingungen schlecht sind? Bist du gut genug, um auf deinen Skiern jeden beliebigen Hang hinunterzufahren? Wirst du über einen breiten Grat oder gar eine Forststraße aufsteigen, welche ein gutes Skiterrain darstellen kann, oder wirst du immer durch Wald und Gestrüpp unterwegs sein, wo Schneeschuhe klar überlegen sind? Ist der Zugang lang und leicht? Besteht er also aus Gelände, in dem die höhere Geschwindigkeit der Skier ein Vorteil ist? Wirst du technisch schwierige Passagen überwinden müssen, bei denen das Tragen der Skier wesentlich schwieriger sein kann als der Transport kompakter Schneeschuhe? Unser Tip: Hole dir rechtzeitig Rat in entsprechend spezialisierten Skibüchern, um weitere Details über Ausrüstung und Techniken in Erfahrung zu bringen.

Für zusätzliche Informationen zum Thema Bergsteigen im Schnee siehe auch die Kapitel 4, 12 und 14.

### Orientierung im Gelände

Die Orientierung im winterlichen Gelände kann deutlich schwieriger werden als im normalen Gelände – insbesondere dann, wenn schlechtes Wetter das Erkennen von charakteristischen Geländemarken am Weg teilweise verhindert. Tip: Merke dir möglichst viele Details der Karte und bilde dir ein geistiges Bild von der Landschaft, welche du später durchwandern wirst. Insbesondere merke dir charakteristische Geländemerkmale wie Grate, Rinnen, Ströme und Änderungen in der Steilheit von Hängen, so daß du, wenn du sie erreichst, weißt, wo du bist. Ein Höhenmesser ist eine lebenswichtige Ergänzung zum Kompaß. Wenn du zum Beispiel eine Rinne kreuzt, solltest du mit einem Blick auf den Höhenmesser möglichst deine genaue Position auf der Karte markieren können. Ist die Sicht gut, sind die Routenmerkmale und Orientierungspunkte auch deutlich leichter zu finden als im Sommer. Bänder und Rinnen sind wegen der dickeren Schneeablagerung auch deutlich besser gegenüber den umliegenden dunklen Fels zu erkennen als im Sommer. Gelände, Rücken oder Grate, welche vom Wind schneefrei geblasen wurden, sind auch auf große Entfernung gegenüber dem Schneegelände der Umgebung leicht zu erkennen.

Lawinengefahr zwingt einen häufig zu einer Routenänderung. Massiver Schneefall, hohe Temperaturen oder Wind können die Gefahr von Schneebrettern oder Lockerschnee-Lawinen erhöhen. Grundsätzlich sind Rücken und Grate lawinensicherer als Rinnen und freie Hänge, Luvhänge sind sicherer als Leehänge. Achtung: Unterschätze niemals die Gefahr möglicher Lawinen!

Markierungsfähnchen können eine große Hilfe darstellen, wenn man bei mäßiger Sicht im Winter über die Zustiegsroute zurückkehren will und Triebschnee die eigenen Spuren zugeweht hat. Weitere Details zur Orientierung im Schneegelände sind in Kapitel 12 beschrieben.

### Klettern im kombinierten Gelände

Wenn das winterliche Ziel im Sommer normalerweise eine Felsklettertour ist, sollte man darauf vorbereitet sein, daß Klettern mit Steigeisen notwendig wird. Auch ansonsten gut zu kletternder Fels kann ein Problem werden, die Oberfläche

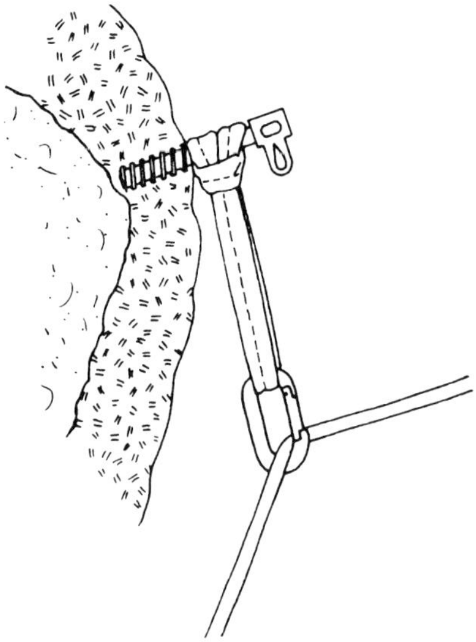

(15-4) Lage einer Eisschraube in einer dünnen Eisschicht.

kann rutschig und mit einer dünnen Schnee- oder Eisschicht überdeckt sein. Tip: Klettere noch wesentlich konzentrierter und kontrollierter als im Sommer. Suche nach kleinen Haltepunkten, auf denen die Steigeisenzacken eingesetzt werden können. Ein solches kombiniertes Gelände beschädigt massiv die Steigeisenzacken, gute Steigeisen halten dies jedoch eine gewisse Zeit aus. Überlege, ob es sinnvoll ist, eine kleine Feile mitzuführen, um die Steigeisenzacken zu schärfen, falls schwieriges Eisgelände nach dem kombinierten Gelände zu überwinden ist.

Ein Eisgerät (Eisbeil oder Eishammer) ist auch auf einer Felsroute von Nutzen. Das Gerät kann bei gelegentlich auftretendem Schnee oder Eis eingesetzt werden, auch kann es an Felsvorsprüngen eingehakt werden. Wenn das Eisgerät nicht benötigt wird, wird es am Klettergurt untergebracht. Allerdings sollte man immer darauf achten, daß es mit einer Fangschnur gesichert ist. Alternativ kann das Eisgerät zwischen Rücken und Rucksack geschoben werden.

**Sicherung im kombinierten Gelände**

In den vorangegangenen Kapiteln wurden die Sicherungsmethoden in Fels, Schnee und Eis detailliert beschrieben. Zusammengenommen ergeben sie das überlebensnotwendige Wissen und Können, welches man beim Winterbergsteigen benötigt.

Steht man vor der Wahl zwischen einem Fixpunkt im Fels oder einem im Schnee, bevorzugt man normalerweise denjenigen im Fels. Er ist relativ leicht hinsichtlich seiner Belastbarkeit zu untersuchen, während dies bei den meisten Schnee- oder Eisverankerungen nicht möglich ist. Auch eine gute Verankerung im Schnee oder Eis ist weniger belastbar als eine gute Felsverankerung.

Bisweilen kann es notwendig werden, Schnee wegzuräumen, um einen guten Fixpunkt im Fels anbringen zu können. Mit den Händen kann Pulverschnee jederzeit entfernt werden, es kann aber auch notwendig werden, das Eisbeil einzusetzen, um harten Schnee oder Eis wegzuschaffen. Wenn ein Riß mit Eis gefüllt ist, kann ein Felshaken die einzig mögliche Sicherungsmethode darstellen. Allerdings sollte man berücksichtigen, daß ein geschlagener Haken Schäden im Fels hervorruft. Moderne Kletterethik besagt, daß man die jeweils am wenigsten schädigende Sicherungsmethode einsetzt. Darüber haben wir bereits an anderer Stelle ausführlich berichtet.

Eisschrauben und Eishaken, welche im kombinierten Gelände benutzt werden, sind oft nicht vollständig einzusetzen. In einer solchen Situation werden sie in Höhe der Eisoberfläche abgebunden, um die Gefahr zu verringern, daß der Sicherungspunkt herausgehebelt wird (Abb. 15-4). Versuche niemals, eine Eisschraube mit Gewalt tiefer hineinzuschrauben, als sie mit normalem Aufwand hineindrehbar ist, da dieser nutzlose Versuch höchstens die haltende Eisschicht (oder gar die Schraube!) zerstört.

### Tiefschnee

Die übliche Erfahrung ist, daß Lockerschnee nicht lange auf einer steilen Oberfläche liegt. Allerdings treten gelegentlich Umstände ein, bei denen es scheint, daß allen Erfahrungsregeln widersprochen wird: z. B. wenn auf einem kurzen Hang lockerer Schnee durch größere Blöcke gut verankert wird. Normales Stufentreten wird hier nicht funktionieren, da der Schnee zu locker ist, auch vorsichtiges Eintreten hilft dann hier nicht weiter. Man wird den ganzen Körper einsetzen müssen, um den Weg hinauf fortsetzen zu können. Ein Eisgerät, welches horizontal in den Schnee gestoßen wird, kann dabei die einzige Möglichkeit eines Fixpunktes für die Hand darstellen, und man wird in einer solchen Situation auf den Knien besser als zu Fuß vorwärtskommen. Es ist leicht vorstellbar, daß ein solcher Aufstieg nicht gerade elegant aussieht. Aber darauf kommt es auch nicht an.

Es kann sinnvoll sein, daß man sich den Weg mit einer Schneeschaufel bahnt. Alternativ können die Seilschaftsmitglieder den Kraftaufwand untereinander aufteilen, indem sie das kleinste Gruppenmitglied vorwegschicken und die schwereren Personen danach den Pfad austreten.

# Expeditionsbergsteigen

Expeditionsbergsteigen stellt keinen wesentlichen Unterschied zum Standardbergsteigen dar. Der Hauptunterschied ist, daß wesentlich mehr Zeit für eine Tour benötigt wird. Ein Wochenendtrip kann einige Stunden oder einen Tag dauern, während eine Expedition zwei bis drei Flugtage, gefolgt von mehreren Tagen Landreise sowie vielleicht einen Zehntagesmarsch zum Basecamp erfordert. Eine Rastpause ist nicht ein 10- bis 15minütiges Herumsitzen, sondern kann bedeuten, daß ein kompletter Ruhetag eingelegt wird, um sich zu regenerieren. Das klettertechnische Vorgehen ist im wesentlichen identisch zu dem, welches in den vorangegangenen Kapiteln beschrieben wurde; es sei deshalb speziell auf das Kapitel Winterbergsteigen hingewiesen. Der Hauptunterschied zwischen Expeditionsbergsteigen und anderen Disziplinen des Bergsteigens resultiert aus dem erhöhten Maß an Logistik, welche notwendig ist, um einen abgelegenen Gipfel zu erreichen; den schwierigeren Wetterbedingungen, welchen man ausgesetzt ist, und den Erfordernissen, welche das Bergsteigen in sehr großer Höhe an den Organismus stellt.

Das vorliegende Kapitel bezieht sich insbesondere auf Expeditionsunternehmungen von drei bis vier Wochen Länge an relativ gut erreichbaren Bergen von etwa 6000 bis 7000 m Höhe wie der Mount McKinley in Alaska oder der Huascaran in Peru. Die meisten Techniken und Überlegungen sind bei noch größeren Unternehmungen an höheren Bergen identisch. Allerdings gibt es einige Unterschiede bezüglich der Expeditionserlaubnis, der Organisation von Trägern, der medizinischen Erfordernisse, extremer Höhe und Kälte, dem Benutzen von Zusatzsauerstoff usw., welche den Rahmen dieses Buches bei weitem sprengen würden.

## Planung und Vorbereitung

Bei der Entscheidung, welchen Berg man über welche Route besteigen möchte, wird man mehrere Faktoren berücksichtigen müssen:

**Schwierigkeit der Route:** Generell ist es empfehlenswert, eine Route auszuwählen, welche gut innerhalb der eigentlichen Kletterfähigkeiten liegt, da die Anforderungen im einsamen Gelände mit wechselhaften Wetter, Schwierigkeiten der Routenfindung und anderen Faktoren zusätzliche Probleme verursachen werden. Bevor man nicht mehrere Expeditionen absolviert hat, sollte man mit der Motivation Routineklettereien in einer persönlich neuen Umgebung durchzuführen an das Unternehmen herangehen; keinesfalls sollte man bei den ersten Expeditionen versuchen, die persönliche Leistungsgrenze auszuweiten.

**Dauer des Unternehmens:** Auch hier sollte man realistisch bis pessimistisch sein! Versuche nicht, mit Gewalt eine 25-Tagesroute in zwei Wochen durchzuführen.

**Jahreszeit:** Informiere dich genau über die saisonalen Temperaturen, Winde, Stürme, Niederschläge und die Dauer des zur Verfügung stehenden Tageslichtes. Ein Unternehmen dieser Größenordnung wird weit im voraus geplant. Dies bedeutet auch, daß man große Freiheiten hat, wann das Unternehmen startet, d. h. man kann die klimatisch bevorzugten Jahreszeiten nutzen.

**Kosten:** Der Großteil der Kosten eines solchen Unternehmens werden durch die Ausrüstung, den Transport und andere Ausgaben auf dem Weg zum Berg hin verursacht, wie z. B. Träger oder Packtiere, um das Material zum Basecamp zu bringen. In vielen Fällen sind die Kosten im Land geringer als die Kosten, die man aufwenden muß, um das Land überhaupt zu erreichen. Schätze die Kosten anhand von Informationen, die man von Vorgängern, die im Gebiet unterwegs waren, erhalten kann, realistisch ab.

**Das Ziel:** Wohin soll es gehen? Nach Alaska, Mexiko, die Anden Südamerikas, Europa, Nepal, Pakistan, Indien, Rußland oder die Gipfel von Afrika? Alle genannten Länder haben schwierig erreichbare und technisch äußerst anspruchsvolle Gipfel. Das Erlebnis, fernab der Zivilisation oder in einem fremden Land unterwegs zu sein, ist einer der besonders schönen Aspekte des Expeditionsbergsteigens.

Nachdem man sein Gipfelziel ausgewählt hat, sucht man in der Literatur nach Routenbeschreibungen. Man spricht mit Bergsteigern, die bereits dort waren, sucht nach Artikeln in entsprechenden Journalen und durchstöbert Bibliotheken nach einschlägigen Büchern. Hierbei sammelt man alle erreichbaren Details zur Logistik, zu möglichen Problemen; auch informiert man sich über objektive Gefahren am Berg sowie über Möglichkeiten, Brennstoff, Nahrung und sonstiges zu kaufen.

*Tip:* Plane frühzeitig eine Alternativroute ein, falls das Hauptziel durch Lawinengefahr, Schlechtwetter, begrenzte Leistungsfähigkeit einiger Gruppenmitglieder oder anderer Gründe nicht erreichbar sein sollte. Wenn man sich zu einer technisch sehr anspruchsvollen Route entschlossen hat, sollte man überlegen, ob man zuvor eine leichtere Route zugunsten einer besseren Akklimatisation steigt und danach erst das härtere Ziel angeht. So lernt man unter Umständen den Abstieg vom Gipfel bereits vorher kennen.

Informiere dich, welche Papiere und Formalitäten notwendig sind. Hier ist es hilfreich, wenn man Reiseroute und Ziel ebenso in Maschinenschrift vorweisen kann wie ausreichend Bergerfahrung der Gruppenmitglieder, die Ausrüstungsliste, die medizinische Information und Ausrüstung und den Zeitplan der Reise. Das Vorhandensein einer guten Organisation beeindruckt die Behörden weltweit.

### Auswahl des Teams

Die Auswahl eines funktionieren Teams ist der erste Schritt zu einer schönen Bergerfahrung. Expeditionsbergsteigen ist voller Streß, daher sollten Teammitglieder auf ihre physischen und psychischen Grenzen hin abgecheckt werden. Die Bergliteratur ist voll von Expeditionsberichten, in denen man lesen kann, daß Gruppenmitglieder sich mit ehemaligen Freunden zerstritten haben. Man sollte besser keinen Wert darauf legen, diesen Berichten einen weiteren hinzuzufügen!

Die Fähigkeiten des Teams müssen natürlich dem Anforderungsprofil der Route entsprechen. Wenn Personen zusammen unterwegs sind, deren technische Fähigkeiten auf ähnlichem Niveau sind, kann dies für die Einheitlichkeit der Gruppe sehr förderlich sein. Die Gruppenmitglieder müssen Charaktereigenschaften aufweisen, welche kompatibel zu anderen Mitgliedern sind, und sie müssen fähig sein, mit anderen unter beengten und unter Umständen stressigen Bedingungen zusammenzuleben. Die Teilnehmer sollten der Philosophie des Unternehmens bezüglich des Kletterstils und des Grades des akzeptierten Risikos kompromißlos zustimmen.

Es ist wichtig, daß man sich auf eine Gruppenleitung einigt, bevor das Unternehmen startet. Wenn alle Mitglieder ungefähr gleich erfahren sind, funktioniert ein demokratischer Entscheidungsvorgang normalerweise gut. Wenn ein Bergsteiger wesentlich erfahrener ist als die anderen, sollte dieser Person die Gruppenleitung übertragen werden. Andere Funktionsbereiche wie Finanzen, Ernährung, Medizin und Ausrüstung können durchaus auf andere Gruppenmitglieder übertragen werden, wobei so die Belastung des Gruppenleiters vermindert und jedes weitere Gruppenmitglied in den Gesamtprozeß eigenverantwortlich einbezogen wird. Als Nebeneffekt werden hierdurch zukünftige Expeditionsleiter ausgebildet. Falls man seine erste Expedition plant und keine erfahrenen Partner hat, sollte man sich ernsthaft überlegen, ob man zunächst an einer geleiteten Tour teilnimmt.

Die Anzahl der Bergsteiger hängt zum Teil davon ab, welche Route man ausgewählt hat. Eine Gruppe von zwei, drei oder vier Kletterern kann auf technisch sehr schwierigen Routen die beste Wahl sein, da die Effizienz einer Zweierseilschaft hoch ist und an den Biwakplätzen nur sehr wenig Platz zur Verfügung steht. Natürlich bedeutet das Klettern in sehr kleinen Teams, daß das gesamte Team vom Gipfelziel abgeschnitten wird, falls eine Person krank werden sollte oder aus irgendeinem anderen Grund nicht weitersteigen kann.

Wenn die Route nicht eine optimale Gruppengröße vorschreibt, wird die Logistik der entscheidende Faktor. In demselben Maße, wie die Anzahl der Bergsteiger zunimmt, steigen auch die Probleme des Transportes, der Ernährung der Übernachtung und der Ausrüstung. Von besonderem Vorteil sind Gruppen mit sechs oder acht Mitgliedern. Wenn ein Kletterer nicht weitermachen kann, ist die verbleibende Gruppengröße zumeist groß genug, um das Expeditionsziel noch zu erreichen. Auch sind größere Gruppen normalerweise eher in der Lage, eine Selbstrettung durchzuführen, als kleine Gruppen. Größere Gruppen als acht Mitglieder können von der Logistik her außerordentlich schwierig werden – insbesondere deshalb, weil sehr viele Teammitglieder dem Konzept des Unternehmens zustimmen müssen.

**Festlegung des Kletterstiles**

Plant man das Unternehmen im Expeditionsstil oder im alpinen Stil oder irgendwo dazwischen? Es gibt hier gewaltige Unterschiede, und man sollte sich frühzeitig darüber Gedanken machen. Hierbei werden die Anforderungen der Route, die Größe und Leistungsfähigkeit der Gruppe und die persönlichen Vorzüge der Gruppenmitglieder in Betracht gezogen. Das traditionelle Expeditionsbergsteigen bedeutet, daß viele Lastentransporte zwischen den einzelnen Hochlagern bewältigt werden müssen, durch die Nahrung, Brennstoff und Ausrüstung in immer höhere Lager gebracht werden. Technisch schwierige Passagen der Route müssen häufig mit Fixseilen abgesichert werden – hierbei handelt es sich um Seile, welche am Ort bleiben, um die Gefahr bei wiederholten Auf- und Abstiegen zu vermindern. Insgesamt bedeutet Expedition stets ein relativ langsames Vorwärtskommen in Richtung Gipfel. Der alpine Stil bedeutet, daß man den Berg vom Basislager aus besteigt, ohne daß Zwischenlager errichtet werden. Die gesamte Ausrüstung muß von dem Team also von Übernachtung zu Übernachtung weitergetragen werden.

Anstiege im Expeditionsstil benötigen wesentlich mehr Zeit, da mehr Zeit notwendig ist, um die Lasten zwischen den Lagern zu transportieren. Das heißt aber auch, daß die Gesamtlast wesentlich schwerer ist, da mehr Nahrung, Brennstoff und vielleicht auch Fixseile transportiert werden müssen. Als Konsequenz sind solche Unternehmungen kostenintensiver wegen des größeren Zeitbedarfs, der umfangreicheren Ausrüstung und Nahrung. Umgekehrt sind Unternehmungen im alpinen Stil normalerweise riskanter, da insbesondere bei eintretendem Schlechtwetter oder bei Verletzungen auf weniger Sicherheitsreserven zurückgegriffen werden kann.

Um Lagerplätze im Expeditionsstil den Berg hinaufzubringen, sind für ein Dreiwochen-Unternehmen doppelte Traglasten normalerweise sinnvoll. In der einen Last wird Nahrung und Ausrüstung zum nächsten Camp hinaufgetragen. Die zweite Last entsteht durch den Abbau des aktuellen Lagers und den Wiederaufbau am nächsten. An größeren Bergen kann es notwendig werden, daß die Lager »pyramidenförmig« eingerichtet werden, mit vielen Traglasten zwischen den ersten und nur einigen wenigen Traglasten in der Höhe.

Wenn wiederholtes Lastentragen notwendig ist, wird die Last normalerweise nur zum nächsten Lager getragen und dort abgelegt; der Träger geht zurück, um die nächste Last zu holen. Hierbei muß darauf geachtet werden, daß das Material geschützt gelagert wird, um Beschädigungen durch Naturgewalten oder Tiere vorzubeugen. Wenn mit Tieren gerechnet werden muß, gräbt man ein Loch und überdeckt es mit irgend etwas, was von Tieren schlecht überwunden werden kann – beispielsweise einem Schlitten oder Schneeschuhen, zuletzt schichtet man erneut Schnee darauf. Natürlich muß ein solches Materialdepot weithin sichtbar markiert werden. Vorsicht: An häufig begangenen Bergen haben Raben es gelernt, solche Materiallager zu finden! Also: Bringe deine Markierungen etwas seitwärts vom eigentlichen Lager an und ebne die Oberfläche über dem Depot sorgfältig.

## Nahrung und Ausrüstung

Bei Expeditionen an abgelegenen Bergen der Welt gilt: entweder führt man einen benötigten Gegenstand mit oder man muß ohne ihn auskommen. Das Mitführen der notwendigen Ausrüstung ist wesentlich kritischer als auf einem Wochenendunternehmen in der Nähe der Heimat. Die Expedition benötigt unbedingt eine vollständige Ausrüstungsliste, welche in Diskussionen mit allen Gruppenmitgliedern ausgearbeitet wird. Vergleiche diese Liste mit dem Vorschlag am Ende dieses Kapitels.

### Nahrung

Die Nahrung bildet die schwerste Einzelkategorie an Ausrüstung, welche auf eine Expedition mitgeführt werden muß. Nahrung bietet dem Körper den notwendigen Brennstoff um Lasten zu tragen und die Route zu durchsteigen, darüberhinaus kann sie auch erheblich zur Moral der Gruppe beitragen.

Jeder Bergsteiger hat besondere persönliche Vorlieben bei der Ernährung, daher sollte eine Übersicht geschaffen werden, welche Gruppenmitglieder welche Nahrung mögen, bevor man konkret die Menüs plant. Vermeide unbedingt die Gefahr, nur unbeliebte Nahrung mitzuführen, indem eine möglichst große Vielfalt geboten wird. Falls einige Gruppenmitglieder eine Sache nicht mögen, sollten genügend andere Nährstoffe da sein, die als schmackhaft empfunden werden. Eine kleine Auswahl an verschiedenen Gewürzen wie Tabascosoße, Sojasoße, Margarine und Senf wird normale Fertignahrung deutlich interessanter machen und unter Umständen auch wenig beliebte Nahrungsmittel zur Akzeptanz verhelfen.

Auch wenn Fette den höchsten Kaloriengehalt haben, sind Kohlenhydrate für den Körper wesentlich leichter zu verdauen und stellen am schnellsten Energie zur Verfügung. Proteine haben etwa den gleichen Energiegehalt wie Kohlenhydrate, aber sie sind für den Körper aufwendiger zu verdauen; und Nahrungsmittel mit hohem Proteingehalt enthalten normalerweise auch Fette. Eine vernünftige Expeditionsernährung besteht normalerweise zu 50 % ihres Kaloriengehaltes aus Kohlenhydraten, etwa zu 30 % aus Fett und zu 20 % aus Proteinen. Als Gewicht muß unbedingt 1 kg pro Kopf und Tag für die Verpflegung eingerechnet werden. Vernünftig geplant, kann ein solches Paket um die 5000 kcal enthalten. In der Realität lassen sich meist aber nur 3900 kcal pro Tagesration unterbringen. Durch Erfahrung wird man lernen, ob dies gerade angemessen, zuviel oder zuwenig ist. Zuviel Nahrung bedeutet, daß die Traglasten unnötig schwer werden und das Vorwärtskommen gebremst wird. Ein Zuwenig an Nährstoffen wird sich in Gewichtsverlust der Teilnehmer bemerkbar machen. Bei einem drei- bis vierwöchigen Unternehmen sollte ein geringer Gewichtsverlust kein nennenswertes Problem darstellen. Aber bei längeren Expeditionen kann sich ein Gewichtsverlust auf die Leistungsfähigkeit und Ausdauer der Gruppenmitglieder sehr negativ auswirken.

Die Nahrung ist der größte kontrollierbare Gewichtsfaktor. Wenn man zu Hause sitzt und die Menüs plant, kommt man schnell in Versuchung, einen Extrakeks zum Frühstück, einen zusätzlichen Schokoladenriegel für tagsüber oder einen weitere Portion Kakao zum Abendessen einzuplanen. Dieser Versuchung sollte man auf jeden Fall widerstehen. Wenn man ein Dreiwochenunternehmen plant, nimmt man Nahrung für drei Wochen mit, und nicht für dreieinhalb Wochen. Ungeplante Sturmtage fängt man auf, indem man die Rationen kürzt. Nahrung kann auf jeder Expedition gestreckt werden – und dies ist leichter als die Konsequenzen zu großer Traglasten auf sich nehmen zu müssen.

Der Ernährungsplan kann für den Beginn des Unternehmens eine andere Ernährung vorsehen als für den Aufenthalt in der Höhe. Rezepte für geringe Höhen und wärmeres Klima beinhalten Nahrungsmittel, die aufwendiger herzustellen sind, wie zum Beispiel Pfannkuchen, oder Eßbares, war unter winterlichen Bedingungen kaum genießbar ist – z. B. Käse. Nahrung, die in große Höhen transportiert wird, sollte sehr leicht sein und ein Minimum an Vorbereitung benötigen, wie beispielsweise gefriergetrocknete Gerichte, Instantnudeln, Instantreis und Kartoffelpulver. Der Versuch, »aus dem Lande zu leben«, erleichtert die Lasten auf dem Weg zum Basecamp deutlich.

Das Verpacken und die logistische Organisation der Nahrung ist ein wichtiges Element der Planung. Man nimmt die Nahrung, die man für die Expedition gekauft hat, und entfernt zunächst so viel wie möglich von der Originalverpackung. Ein Umpacken der Nahrung verringert das Gewicht, wodurch nicht nur Traglasten vermindert werden, sondern auch die Menge des Abfalls, welche wieder mit zurückgetragen werden muß. Man sollte darauf achten, daß man die Hinweise zum Kochen, welche oft auf den Packungen angebracht sind, nicht vorschnell wegwirft. Die Verpflegung sollte in »Manntage« gepackt werden, d. h. in Portionen, die die komplette Ernährung für ein Gruppenmitglied für einen Tag enthält. Eine Alternative ist die Verpackung in »Gruppentage«, d. h. die Verpflegung der Gesamtgruppe für einen Tag findet sich in einem Päckchen. Die dritte Möglichkeit ist die Verpackung in »Zelttage«, d. h. die Bewohner eines Zeltes finden ihre gemeinsame Tagesration in einem Päckchen. Wie auch immer die Verpflegung verpackt wird, die Portionierung sollte gleichmäßig und die Päckchen sollten wasserdicht beschriftet werden. Durchsichtige Plastikbeutel erleichtern den Umgang mit den Nahrungsmitteln deutlich, da der Inhalt sichtbar bleibt.

Ein angemessener Ersatz verlorener Körperflüssigkeit ist wichtig, nicht zuletzt als Vorsorge gegen Höhenkrankheit. Der Ernährungsplan sollte daher einen hohen Anteil an Suppen, heißen Drinks und kalten Mixgetränken enthalten, damit man die notwendige Flüssigkeitsmenge aufnehmen kann. Die Expeditionsküche muß außerdem in der Lage sein, Trinkwasser für jedes Mitglied durch chemische Reinigung, Filterung oder durch Kochen herzustellen.

**Brennstoff**

Brennstoff darf im Flugzeug nicht transportiert werden, daher muß er am Reiseziel gekauft werden. Multifuel-Kocher sind eine gute Versicherung gegen böse Überraschungen in fremden Ländern. Doch auch bei einem Multifuel-Kocher sollte die Kompatibilität des Kochers mit dem zur Verfügung stehenden Brennstoff geprüft werden, bevor man die Bergtour beginnt. Wenn man Kerosin oder einen ähnlichen Brennstoff mit niedrigem Dampfdruck benutzt, sollte man auf jeden Fall Alkohol oder Gas mitführen, um den Kocher starten zu können. Die Reinheit von Brennstoff ist in vielen Ländern nicht immer gewährleistet. Daher sollte ein Filter mitgeführt und jeglicher Brennstoff gefiltert werden, bevor man ihn in den Kocher füllt. Darüberhinaus muß der Kocher regelmäßig gereinigt werden. Abhängig vom Unternehmen muß mit einem Brennstoffverbrauch von 150 bis 300 ml pro Kopf und Tag gerechnet werden. Dies hängt insbesondere davon ab, wieviel Wasser zur Desinfektion gekocht bzw. wieviel Schnee geschmolzen werden muß.

In Nordamerika oder Europa sind Brennstoffbehälter leicht zu erhalten, aber in vielen anderen Ländern muß man sie selbst mitbringen. Aluminiumbehälter mit einem Liter Inhalt sind dann besonders nützlich, wenn nicht viel Brennstoff mitgeführt werden muß. Wenn mehr Brennstoff benötigt wird, sollten Kunststoffkanister von fünf oder mehr Litern Inhalt benutzt werden. Sie sollten neu sein, da verschiedene Fluglinien auch gebrauchte Kanister wegen möglicher verbleibender Brennstoffreste nicht transportieren. Plastikflaschen, welche in vielen Zielländern für Expeditionen verkauft werden, sind dafür bekannt, daß sie nicht dicht schließen.

**Gemeinschaftsausrüstung**

Zum gemeinschaftlichen Kochen benötigt man Töpfe, die groß genug sind, um das Mahl für die ganze Gruppe zu kochen bzw. um ausreichend Schnee zu schmelzen. Das Füllen von Wasserflaschen ist eine Gemeinschaftsaktion. Dabei sollte mindestens ein Koch pro Kocher aktiv sein. Unbedingt sollte daran gedacht werden, entsprechende Metallgreifer mitzuführen, wenn die verwendeten Töpfe keine Griffe haben. Notfalls können auch dicke Wollhandschuhe zum Fassen der heißen Töpfe benutzt werden. Vorsicht ist geboten mit Handschuhen aus synthetischen Fasern, da diese an heißen Töpfen bereits schmelzen können.

Um etwas Gewicht zu sparen, kann die Gruppe Höhenmesser und Kompaß als Gemeinschaftsausrüstung mitführen, wodurch nicht jeder einzelne ein solches Gerät benötigt. Auch Markierungsfähnchen sind Teil der Gemeinschaftsausrüstung, ebenso wie Zelte. Bezüglich der Auswahl der Zelte sei auf die Hinweise im Abschnitt Wintercamping hingewiesen. Die Gruppe kann ein Funkgerät mitführen, um Wetterinformationen zu erhalten, um gegebenenfalls Hilfe herbeirufen zu können oder um sich untereinander im Gelände verständigen zu können. Man muß manchmal einige Mühe investieren, um abzuchecken, welche Geräte im Zielgebiet sinnvoll und erlaubt sind.

### Kletterausrüstung der Gruppe

Die Route bestimmt die Kletterausrüstung der Gruppe. Eine Route, die lediglich aus Gletscherbergsteigen besteht, erfordert unter Umständen nur die grundlegenden Ausrüstungsteile wie Seil, Steigeisen und Pickel. Technisch anspruchsvolle Routen erfordern hingegen eine umfangreiche Ausrüstung, beginnend bei Eisschrauben über Schneeanker bis hin zu Klemmkeilen und Haken.

Abhängig vom Stil und der Organisation des Unternehmens kann die Kletterausrüstung sowohl persönlich als auch gemeinschaftlich genutzt werden. Bei einer technisch schwierigen Route, auf der die Kletterer als unabhängige Zweierseilschaft agieren, sollte die Ausrüstung als persönliche Ausrüstung mitgeführt werden. In anderen Fällen kann die gesamte Kletterausrüstung – Karabiner, Schlingen, Eisschrauben usw. – als Gemeinschaftsausrüstung der Gruppe genutzt werden. Die Entscheidung liegt beim Team selbst. Einige Teile der Kletterausrüstung, wie Steigeisen und Eispickel, sind als Gemeinschaftsausrüstung nicht nutzbar; eine Großgruppe kann zusätzliche Geräte als Reserve mitführen, falls ein Ausrüstungsteil verlorengeht oder defekt ist.

Die Entscheidung, welche Seile mitgeführt werden, hängt von der Route und ihrer Schwierigkeit ab. In technisch schwierigen Seillängen wird man entweder ein Einfachseil von 10,5 oder 11 mm Durchmesser oder ein Doppelseil bzw. Zwillingsseil von jeweils 8 oder 9 mm verwenden. Auf Gletscherrouten ist ein 9 mm-Einfachseil ausreichend. Dabei sollte man berücksichtigen, daß eine Expedition eine außergewöhnlich hohe Belastung für das Seil darstellt, da es täglich benutzt wird und massiver UV-Strahlung ausgesetzt ist. Die Gruppe muß auch entscheiden, wieviele Seile mitgeführt werden müssen – insbesondere wenn Fixseile angebracht werden sollen. Ein Fixseil ist normalerweise ein Polypropylenseil, alternativ auch ein Nylon-Kern-Mantel-Seil. Polypropylen ist leichter und billiger, aber Kern-Mantel-Konstruktionen sind in Bereichen intensiver Beanspruchung vorzuziehen.

### Werkzeug und Ersatzteile

Ausrüstungsdefekte sind bei den langen und harten Belastungen einer Expedition häufig. Daher sollte man darauf achten, daß die wesentlichen Gerätschaften mitgeführt werden, um defekte Ausrüstung zu reparieren. Bei der Auswahl eines solchen Reparatursets achtet man streng auf die relative Wichtigkeit jedes Ausrüstungsteils. Unter den Ausrüstungsgegenständen sollten sich folgende Dinge auf jeden Fall befinden:

- Klebeband. Insbesondere ein stabiles Gewebeklebeband erfüllt seinen Zweck.
- Nähzeug für dauerhafte Reparaturarbeiten, welche nicht mit Klebeband gemacht werden können.
- Ersatzteile für Kocher und das nötige Werkzeug, um sie anzubringen.
- Reparaturteile für gebrochene Zeltstangen oder Ersatzzeltstangen. Während die Zeltwand leicht mit Klebeband abgedichtet werden kann, müssen gebrochene Zeltstangen repariert oder ersetzt werden.
- Ersatzteile für Steigeisen wie Schrauben, Muttern und Verbindungsteile sowie das dazugehörige Werkzeug.
- Reparaturwerkzeug für aufblasbare Liegematten.
- Weiter: eine Feile für Steigeisenspitzen, eine Kneifzange, Draht, eine zusätzliche Schnur, Schnallen für Rucksäcke und ähnliche Kleinteile.

### Erste Hilfe-Ausrüstung

Eine Expedition führt normalerweise ein umfangreiches Erste-Hilfe-Kit mit, welches zusammengestellt wird, nachdem jeder der Gruppe seine Vorschläge gemacht hat. Dabei bedenkt man die Isolation des Päckchens, die spezifischen medizinischen Bedürfnisse jedes Gruppenmitgliedes sowie die individuellen medizinischen Kenntnisse. Die Bedürfnisse der Gruppe sollten mit einem Arzt, welcher berg-, besser jedoch expeditionserfahren ist, diskutiert werden.

Das Erste-Hilfe-Kit kann auch spezielle Elemente enthalten, wie starke Schmerzmittel, Antibiotika, zahnärztliche Ausrüstung und chirurgisches Nähzeug. Vervollständigt wird es durch eine Inhaltsangabe und Anweisungen zum Gebrauch.

**Persönliche Ausrüstung**

Expeditionsbergsteiger benötigen Kleidung und Schlafsäcke, die auch bei längerem Gebrauch unter anspruchsvollen Bedingungen einsetzbar sind. Die Kleidung und Ausrüstung, welche für den Wintereinsatz geeignet ist, wurde bereits beschrieben. Solche Ausrüstungsteile sind auch gut bei Expeditionen einsetzbar. Der zu wünschende Einsatzbereich des Schlafsackes hängt vom Klima und der Saison ab, aber ein guter Expeditionsschlafsack sollte bis -35° C einsetzbar sein.

Jede Person führt auf einer Expedition eine relativ voluminöse Last mit, deren Volumen 90 bis 120 Liter beträgt. Hier steht man u. a. vor dem Problem, »unmögliche« Lasten zu transportieren zu müssen. Natürlich muß die Traglast auch komfortabel zu tragen sein, wenn man einen Klettergurt trägt.

Es kann wünschenswert sein, mechanische Steigklemmen anstatt Prusikschlingen mitzunehmen, und zwar sowohl zur Spaltenrettung als auch zur Sicherung an fixierten Seilen. Diese Steigklemmen gleiten in einer Richtung über das Seil, während sie in die andere Richtung blockieren. Daher ist es möglich, das eigene Körpergewicht zu halten, während man andererseits beim Aufstieg die Steigklemme leicht am Seil mitführen kann. Darüberhinaus sind solche Klemmen notwendig, um die großen schweren Expeditionslasten zu bergen, welche möglicherweise in einen Spaltenunfall verwickelt sind. An Fixseilen sind Prusikknoten unsicher, da die Zeit, welche benötigt wird, um sie zu lösen und nach dem nächsten Anker wieder einzubinden, enorm viel Zeit kosten.

Auch wenn zwei Steigklemmen die Norm sind, kann eine Prusikschlinge ein brauchbarer Kompromiß sein, wenn man gezwungen ist, das Gewicht zu reduzieren. Unabhängig von der persönlichen Entscheidung muß man sich davon überzeugen, daß die gewählte Kombination auch mit dicken Fausthandschuhen oder Überhandschuhen zu bedienen ist.

An folgende weitere Ausrüstungsgegenstände sollte gedacht werden:

- Ersatzbrille. Führe unbedingt eine zusätzliche Schneebrille mit.
- Tagebuch. Eine Expedition kann dazu führen, daß man sich über sich selbst und die Umgebung mehr Gedanken macht als daheim. Ein Tagebuch aus wasserfestem Papier und einige Bleistifte können über manche langweilige Stunde im Schlechtwetter hinweghelfen.
- Bücher. Man kann die Zeit, die man mit dem Warten auf Flüge, während Rasttagen oder Sturmtagen im Gelände verbringt, mit Lesen deutlich verkürzen. Aus Gewichtsgründen sollte man die Buchauswahl mit der der anderen Expeditionsmitglieder koordinieren und so für Vielfalt sorgen.
- Persönliche Hygiene. Bei Kaltwetter-Unternehmungen, bei denen es unter Umständen schwierig ist, für Wasser zu sorgen, sind unter Umständen chemische Möglichkeiten in Erwägung zu ziehen.
- Urinflasche. Während Sturmtagen und sehr kalten Nächten ermöglicht es einem eine Urinflasche, einen sehr unangenehmen Gang in die eisige Kälte nachts zu vermeiden. Man sollte allerdings sicherstellen, daß die Flasche dicht zu verschließen ist.

## Physische und psychische Vorbereitung

Das Training für eine Expedition muß sowohl die physische als auch mentale Vorbereitung beinhalten. Für den Körper steht das Training des Herzkreislaufsystems und der Muskelkraft im Vordergrund. Die Leistungsfähigkeit des Herzkreislaufsystems ist für die körperliche Aktivität in großer Höhe wichtig. Eine gut trainierte Beinmuskulatur benötigt man, um große Lasten die Berge hinaufzutragen; und Oberkörperkraft wird darüberhinaus auch benötigt, um die großen Expeditionsrucksäcke zu stabilisieren bzw. zu transportieren. Natürlich benötigt man Oberkörperkraft auch zum Klettern.

Klettern ist das bestmögliche Training überhaupt. Man sollte so oft wie möglich unter allen Wetterbedingungen klettern und dabei einen schweren Rucksack tragen. Wenn man eine typische Zwei- bis Dreitagestour unternehmen kann, bei welcher Höhenunterschiede von 1500 bis 2500 Höhenmeter pro Tag überwunden werden müssen, und sich dabei gut fühlt bzw. über große psychische und physische Reserven verfügt, wird man vermutlich optimal vorbereitet sein für die geplante Expedition. Ein Expeditionsbergsteiger benötigt große Ausdauer, um Rucksacklasten von 20 bis 30 kg (gelegentlich zusätzlich zum Ziehen eines Schlittens) über Aufstiege von 700 bis 1500 Höhenmeter Tag für Tag zu transportieren.

Die psychischen Voraussetzungen müssen ebenfalls geschaffen werden, um den Anstrengungen einer Expedition gewachsen zu sein. Man beschäftigt sich hierzu mit den speziellen Anforderungen des Reisens unter Expeditionsbedingungen und bereitet sich darauf vor, die von außen getragenen unabänderlichen Anforderungen zu akzeptieren. Tut man dies nicht, kann durch die Größe und Abgelegenheit des Zielgebietes psychisch überfordert sein; auch kann man sonst während eines langen Sturmes schnell die Motivation verlieren. Der Erfolg beim Expeditionsbergsteigen hängt häufig mehr von der Motivation und dem Durchhaltewillen der Person(en) ab. Halten wir fest: Für Expeditionen benötigt man mehr als lediglich physikalische Kräfte, um mit extremer Kälte, Erkrankung, eintöniger Nahrung, Konflikten mit Teammitgliedern, dem Streß technischer Klettereien bzw. der Lethargie, welche in großer Höhe eintritt, fertig zu werden.

Man kann sowohl die physische als auch die psychische Vorbereitung betreiben, indem man Unternehmungen durchführt, welche den zu erwartenden Expeditionsbedingungen so nahe wie möglich kommen. Hierfür bieten sich Winterklettereien oder auch längere Mehrtagesunternehmungen an. Natürlich kann man objektive Bedingungen wie Kälte oder auch Erkrankungen nicht exakt simulieren, aber man kann ein großes Maß an Erfahrung sammeln, welche Möglichkeiten es gibt, sich psychisch unter Kontrolle zu halten, und wie man äußeren Anforderungen begegnet.

### Überlegungen vor Expeditionsbeginn

Nahrung und Ausrüstung müssen verpackt und immer wieder umgepackt werden, um den verschiedenen Transportbedingungen gerecht zu werden, welchen man sich gegenübersieht, bevor man das Expeditionszielgebiet erreicht. Hier ist es sinnvoll, sich rechtzeitig zu informieren, welche Erfordernisse unterwegs bestehen – wie z. B. die Regelmentierung von Luftfahrtgesellschaften bezüglich der Größe von Gepäckstücken und ihres Gewichtes, aber auch über die Erfordernisse und Traglasten von Maultieren usw. Dann erstellt man entsprechende Listen, was in welchem Packstück transportiert wird, so daß man jedes Ausrüstungsteil ohne großes Suchen finden kann. Bevor man aufbricht, sollten die wesentlichen logistischen Dinge wie Reisemöglichkeiten und Unterkünfte möglichst komplett geregelt sein. Hier kann es von Vorteil sein, die Zusammenarbeit mit einer Reisegesellschaft, welche bereits Unternehmen im Expeditionszielgebiet durchgeführt hat, in Anspruch zu nehmen. Beim Aufbruch sollte man so gesund wie nur möglich sein, da man erfahrungsgemäß seine Gesundheit nicht verbessert, während man unterwegs ist. Bei Reisen in fernere Länder gehört zur Vorbereitung dazu, daß man sich rechtzeitig darüber informiert, welche Impfungen nötig sind. Auch sollte man seine Zähne überprüfen lassen. Um gesund zu bleiben, wenn man den Zielort erreicht hat, sollte Vorsorge getroffen sein, daß man das Trinkwasser entsprechend reinigen kann; auch sollte man bei ungeschälten Früchten oder ungeschältem Gemüse sowie bei verderblicher bzw. nicht gekochter Nahrung Vorsicht walten lassen. Bei allem sollte man nicht vergessen, daß man trotz aller Hektik beim Expeditionsaufbruch sich als oberstes Ziel gesetzt hat, genau dieser Hektik zu entfliehen und einen Berg möglichst mit Genuß zu besteigen.

## *Klettertechniken bei Expeditionen*

Beim Expeditionsbergsteigen werden nahezu alle Fels-, Schnee-, Eis- und Wintertechniken benötigt, welche bereits weiter vorne in diesem Buch beschrieben wurden. Eine Expedition kann es erforderlich machen, daß zusätzliche neue Techniken bzw. Werkzeuge in das Kletterrepertoire mitaufgenommen werden, wie beispielsweise Schlitten oder auch das Benutzen von Fixseilen.

### Zugschlitten

Expeditionsmitglieder ziehen öfters Zugschlitten oder Zugsäcke hinter sich her, wenn lange Gletscherzustiege mit relativ einfachem Gelände zu bewältigen sind (Abb. 15-5). Hiermit kann ein Bergsteiger eine normale Rucksacklast transportieren und zusätzlich einen vollbeladenen Schlitten hinter sich herziehen. Kommerziell erhältliche Schlitten weisen zum Teil mit Reißverschlüssen versehene Planen auf, welche die Last schützen; auch sind sie zum Teil bereits

**(15-5) Schlitten und Bergsteiger, richtig eingebunden für das Begehen von Gletschern.**

mit einem Zuggeschirr und entsprechend stabilen Aluminiumstangen ausgestattet, mit welchen der Schlitten steuerbar ist. Diese Stangen sind insbesondere dann hilfreich, wenn man den Schlitten auf Traversen oder beim Anstieg unter Kontrolle halten muß.

Eine billigere, aber ebenfalls sehr nützliche Alternative, ist ein Plastikkinderschlitten, an welchem die genannten Führungsstöcke seitwärts angefügt werden. Die Nutzlast wird in eine große stabile Tasche gepackt und auf dem Schlitten befestigt. Eine Reepschnur von fünf bis sieben Millimetern Durchmesser wird benutzt, um den Schlitten zu ziehen. Die meisten Bergsteiger bevorzugen es, die Schnur an ihrem Rucksack und nicht an ihrem Klettergurt zu befestigen.

Als letzte Alternative sei ein Zugsack mit sehr stabilem rutschigen Material, welches es ihm ermöglicht, über den Schnee zu gleiten, erwähnt. Eine Drehgelenkverbindung in dem Zugseil sorgt dafür, daß dieses nicht durch ein Rollen des Zugsackes verdreht wird.

Wenn die Route steiler wird, wird die Last, welche man auf einem Schlitten mitziehen kann, geringer, und es kann natürlich auch unmöglich sein, den Schlitten zum Lastentransport in entsprechend steilem Gelände zu benutzen. In diesem Fall sind die bereits erwähnten Zugsäcke von Vorteil. In Kapitel 11 wurden die Techniken bereits beschrieben, welche notwendig sind, um Zugsäcke im Steilgelände aufzuziehen.

Um einen Schlitten hinter sich herzuziehen, ist keine spezielle Technik notwendig; man muß lediglich standhaft ziehen. Komplizierter kann es natürlich werden, wenn man sich auf Gletschern anseilen muß, da jeder Spaltensturz deutlich gefährlicher verläuft, wenn man die Schlittenlast bedenkt, welche hinter einem ebenfalls in die Spalte fallen kann. Auch wenn man durch den nachgestürzten Schlitten nicht verletzt worden ist, ist eine Spaltenrettung in solch einer Situation außerordentlich schwierig, da die Gesamtlast auch bei mehreren Helfern durch ein unter Umständen 30 kg schweren Rucksack, einen ebenso schweren Schlitten und das Personengewicht entsprechend hoch ist.

Die Gefahr, daß man durch den Schlitten während eines Spaltensturzes verletzt wird, kann man mit einem einfachen Trick vermindern: Hierzu muß lediglich das Bergseil mit einem Prusikknoten an der Schlittenhinterkante befestigt werden. Falls man in eine Spalte stürzt, wird man in den meisten Fällen den Schlitten nachreißen. Aber dieser wird durch die Prusikschlinge oberhalb des eigenen Körpers gestoppt. Falls man ein Zuggeschirr nutzt, um den Schlitten zu bewegen, sollte man sich rechtzeitig davon überzeugen, daß dieses lang genug ist, so daß man ausreichend tief unter dem Schlitten hängen würde. Natürlich hängt die Effektivität dieser Technik davon ab, daß man Partner am Seil hat, welche in der Lage sind, sowohl das eigene Körpergewicht als auch das Gewicht des Schlittens zu halten. Auch funktioniert diese Technik nicht, wenn das letzte Mitglied einer Seilschaft einbricht. Diese letzte Person trägt entweder ein erhöhtes Risiko, oder aber die Gruppe entscheidet sich dazu, lediglich zwei Schlitten zwischen den Personen eines Dreierteams mitzuführen.

**Spaltenrettung**

Spaltenrettung erfordert ein spezielles Vorgehen, wenn man einen Schlitten zieht (Abb. 15-6) – zusätzlich zu den bereits beschriebenen Methoden des Kapitels 13.

Man denke sich in die Situation hinein, daß man gerade in eine Spalte hineingefallen ist. Der Schlitten, welcher am Bergseil befestigt wurde, pendelt knapp oberhalb. Folgendermaßen kann man die Selbstrettung einleiten:

Zunächst muß das eigene Körpergewicht auf das Bergseil übertragen werden. Während man in der Gletscherspalte pendelt, kann es nämlich passieren, daß das eigene Körpergewicht über das Zuggeschirr auf dem Schlitten lastet. Das Körpergewicht wird auf das Bergseil übertragen, indem man in die bereits vorbereiteten Prusikschlingen bzw. in Schlingen mit Steigklemmen hineinsteigt.

Ist dies geschehen, löst man die Verbindung zum Schlitten. Wenn man das Zuggeschirr am Rucksack befestigt hat, geschieht dies am einfachsten, indem man den Rucksack abstreift und am Schlitten hängen läßt.

Hat man sich von der Schlittenlast befreit, kann man versuchen, sich selbst durch Aufstieg am Seil zu retten. Alternativ kann man auch darauf hoffen, daß einen die Kletterpartner herausziehen. Wenn man selbst am Seil aufsteigt, kann es sein, daß der Schlitten einige Komplikationen verursacht. Man kann dazu gezwungen sein, daß man den Knoten, welcher den Schlitten hält, umklettern muß. In diesem Falle wird jede Steigschlinge einzeln unterhalb des Knotens gelöst und oberhalb wieder eingehängt.

Es kann auch notwendig sein, daß man sich aus dem Bergseil ausbindet, um an dem Schlitten vorbeizukommen und den Spaltenrand zu erreichen. Um dieses Lösen aus dem Bergseil zu erleichtern, binden sich viele Expeditionsbergsteiger mit Schlitten mittels Schraubkarabiner im Bergseil ein. In diesem Falle muß man das Bergseil lediglich ausklinken, wobei man sehr genau darauf achten sollte, daß die Steigschlingen sicher halten. Natürlich kann der eigene Sturz in eine Gletscherspalte auch bedeuten, daß die Seilkameraden außerordentlich hoch belastet werden, wenn sie einen herausziehen. Falls man sich nicht vom Schlitten lösen kann oder falls kein weiteres Hilfsseil zur Verfügung steht, müssen sie sowohl einen selbst als auch den Schlitten gleichzeitig aus der Spalte ziehen. In diesem Fall muß ein Flaschenzugsystem eingesetzt werden, um größtmögliche Kraft auf das Bergseil ausüben zu können. Wesentlich einfacher ist es, wenn man zur Rettung ein Hilfsseil benutzen kann, um dann gemeinsam den Schlitten am ursprünglich benutzten Bergseil ebenfalls aus der Spalte zu bergen.

**Fixseile**

Ein Fixseil ist nichts anderes als ein einfaches Seil, welches im Routenverlauf verankert und dort belassen wird. Hierdurch ermöglicht es einen sicheren und schnellen Aufstieg und gleichzeitig einen zügigen Abstieg. Bergsteiger sichern sich hier selbst, indem sie eine Steigklemme einhängen. Hierdurch wird die Notwendigkeit zeitraubender anderer Sicherungsverfahren ausgeschlossen. Falls man stürzt, während man an einem Fixseil klettert, wird die Steigklemme blockieren und den Sturz halten.

In einigen Fällen ist es auch möglich, daß man an einem Fixseil aufsteigt, indem man mittels zweier Steigklemmen und eingehängter Schlingen ähnlich wie bei der Selbstrettung aus einer Spalte aufsteigt. Natürlich sind Fixseile normalerweise nicht dafür gedacht, um in dieser Weise als direkte Aufstiegshilfe zu dienen.

Durch Fixseile wird das Vorwärtskommen von Personen und Material deutlich vereinfacht – insbesondere dann, wenn viele Aufstiege notwendig sind. Auch wird es so weniger erfahrenen Bergsteigern ermöglicht, dem Routenverlauf zu folgen. Fixseile waren früher bei großen Expeditionen an den »Weltbergen« üblich, um die Sicherheit langer Passagen im exponierten Gelände zu gewährleisten und um die Träger zu sichern, während die Last von Lager zu Lager über steile Gletscher und Wandabbrüche transportiert wurde. Durch Fixseile wird es sowohl für Bergsteiger als auch für Lastenträger leichter möglich, größere Lasten zu transportieren als dies beim freien Gehen möglich wäre. Manchmal werden Fixseile auch als Klettertaktik benutzt, wenn sehr schwierige Fels- oder Eispassagen zu überwinden sind. In diesem Falle seilen sich die Kletterer ab, um die nächste Nacht in einem bequemen Camp zu ver-

(15-6) Selbstrettung aus einer Gletscherspalte, wenn der Schlitten mit hineingestürzt ist.

bringen. Am nächsten Tag wird am Fixseil aufgestiegen und die Expedition weitergeführt. Diese und ähnliche Techniken spielen insbesondere bei mehrtägigen Bigwall-Klettereien eine Rolle. Bei diesen Klettereien ist es auch üblich, daß der Seilzweite am Fixseil aufsteigt und dabei die Zwischensicherungen entfernt und das Gepäck hinaufbringt. In diesem Falle seilen die Kletterer nicht über das Fixseil ab, sondern bringen es parallel zum eigenen Vorwärtskommen weiter oben wieder an. Hierdurch wird es ein »wanderndes« Fixseil, lediglich eine Seillänge lang.

Einige Kletterer glauben, daß Fixseile völlig aus der Mode gekommen sind und eigentlich nirgendwo mehr benötigt werden. Tatsache ist, daß Fixseile nicht dazu dienen sollten, fehlende Kletterfähigkeiten einer Expeditionsgruppe zu ersetzen. Wenn nicht der überwiegende Teil der Bergsteiger die Fähigkeiten hat, eine Route ohne die Hilfe von Fixseilen zu klettern, sollte nach einer Routenalternative gesucht werden. Natürlich sollten Fixseile auch nicht auf vielbegangenen Routen angebracht werden – oder in Regionen, in denen sie normalerweise nicht benutzt werden. In der Vergangenheit haben Kletterer oft die Fixseile zurückgelassen, wenn das Unternehmen beendet war. Es war durchaus nichts Ungewöhnliches, daß man mehrere Fixseile vorfand, die teilweise bereits eingefroren waren. Dies ist in Zeiten gesteigerten Umweltsbewußtseins nicht länger akzeptabel; jede Gruppe muß unbedingt dafür Sorge tragen, daß ihre Fixseile beim Rückweg auch wieder entfernt werden.

### Ausrüstung für Fixseile

Um Fixseile einzurichten und zu benutzen, benötigt man Seil, Verankerungen und Steigklemmen. Normale Kletterseile eignen sich nur schlecht als Fixseile, da sie so konstruiert sind, daß sie sich unter Last dehnen; dies ist eine sehr nachteilige Eigenschaft bei einem Fixseil. In diesem Falle benötigt man nämlich ein wesentlich statischeres Seil, also ein Seil, welches sich auch unter Belastung nur minimal dehnt. Nylon ist das bevorzugte Material zu diesem Zweck, auch Polypropylen und Dacron wird manchmal benutzt. Eine Kernmantelkonstruktion ist optimal, allerdings können auch gedrehte Seile benutzt werden.

Der Durchmesser von Fixseilen schwankt gewöhnlich zwischen sieben und zehn Millimetern, wobei die Dicke vom Gelände und der Häufigkeit der Benutzung abhängig ist. In jedem Fall sollte man versuchen, möglichst lange Fixseile mitzuführen. Normalerweise werden die Seile in Längen zwischen 100 und 300 m hergestellt – dies hängt vom Seildurchmesser ab.

Um ein Fixseil am Berg zu verankern, nutzt man jeglichen Fixpunkt, welcher auch normalerweise zum Sichern und Klettern benutzt werden würde: Haken, Keile, natürliche Felsstrukturen, Eisschrauben, Pfähle und Schneeanker oder ähnliche Verankerungen wie zum Beispiel einen »Toter Mann«.

Eine Steigklemme, welche am Klettergurt befestigt ist, ist die effektivste Verbindung zwischen Bergsteiger und Fixseil. Prusikknoten können gefährlich sein, da es zeitaufwendig ist, sie zu lösen und wieder einzuknüpfen, wenn man eine Verankerung passiert – insbesondere dann, wenn man Fausthandschuhe trägt. Natürlich sind Prusikknoten empfehlenswert, wenn man sich in einer Notsituation befindet oder nur sehr kurze Fixseilpassagen zu überwinden sind.

### Verankerung von Fixseilen

Jedes Fixseil benötigt am unteren Ende eine Verankerung, um das Seil straff zu halten, während der Kletterer aufsteigt, und darüber hinaus einen bombensicheren Anker am Oberende. Die Position der Verankerung sollte gut markiert sein, so daß man sein Fixseil auch nach einem heftigen Schneefall oder Sturm wiederfindet.

Dazwischen wird eine Zahl von Ankern gesetzt, um das Seil zu stabilisieren. Hierbei wird das Fixseil an jeder Verankerung fest eingeknotet, so daß jede Passage zwischen zwei Ankern eine relativ unabhängige Sicherungseinheit darstellt. Darüber hinaus wird es so möglich, daß mehrere Bergsteiger gleichzeitig am Fixseil aufsteigen. Bei der Entscheidung, wo die Zwischenanker angebracht werden, müssen verschiedene Aspekte berücksichtigt werden. Natürlich müssen Anker dort angebracht werden, wo man die Richtung ändert, damit keine Pendelstürze auftreten können. Ein Anker am Oberende einer sehr schwierigen Passage ist immer hilfreich. Wenn möglich, werden die Zwischenanker an natürlichen Rastpunkten angebracht; hierdurch wird es leichter, während bequemen Stehens die Steigklemme zu lösen und oberhalb des Ankers wieder einzuhängen.

Immer sollte man Schnee oder Eisverankerungen abdecken und regelmäßig kontrollieren; denn diese verlieren durch Schmelzeffekte ihre Haltekraft. Natürlich muß auch jeder Felsanker hin und wieder kontrolliert werden, ob er sich möglicherweise lockert. Die Verankerungen sollten dort angebracht werden, wo das Seil nicht über scharfe Kanten läuft; notfalls muß an scharfen Kanten entsprechend gepolstert werden. Man sollte bedenken, daß auch ein geringer Seilabrieb sich im Laufe der Zeit zu einer gefährlichen Bruchstelle entwickeln kann, da normalerweise Fixseile aus Gewichtsgründen eher unterdimensioniert sind. Natürlich wird jeder Sturz ein Fixseil massiv belasten. Nach jedem Sturz muß deshalb der Seilverlauf auf eventuelle Beschädigungen hin überprüft werden; auch eine Begutachtung der Verankerungen ist unumgänglich.

### Das Anbringen von Fixseilen

Natürlich gibt es mehrere Variationen, wie man ein Fixseil anbringt – jeweils abhängig vom Gelände, den persönlichen Vorlieben und vielen anderen Faktoren wie z. B. auch der Konstruktionsart des Seiles. Der Schlüssel zum Erfolg ist, daß man, bevor man aufbricht und ein Fixseil anbringt, genau überlegt, was man vorhat, und möglicherweise das Verfahren an einer einfach zu erreichenden Passage ausprobiert. Es gibt drei grundsätzliche Methoden:

1. Die häufigste Methode im Dreier- oder Viererteam ist es, daß man unter Benutzung eines normalen Kletterseiles aufsteigt und ein zweites Seil mitführt, welches man unterwegs als Fixseil anbringt. Dabei wird die gesamte Seilrolle mitgeführt und nach Bedarf Seil ausgegeben. An jedem Zwischenanker wird das Fixseil eingeknotet. Natürlich kann auch lediglich ein Seilende mitgeführt werden, während man aufsteigt. Dabei wird das Fixseil mit Karabiner in jede Verankerung eingehängt. Nachdem der oberste Anker errichtet wurde und das Fixseil hier eingehängt worden ist, wird abgeseilt, das Seil aus den Zwischenankern gelöst und dort fix eingebunden. In jedem Fall kann das Anbringen eines Fixseiles außerordentlich anstrengend sein. Das Mitführen der Seilrolle ist auf jeden Fall anstrengend – das Nachschleppen eines längeren Seiles, welches im Laufe der Zeit eine immense Reibung erzeugen kann, natürlich auch.
2. Das Fixseil kann selbstverständlich auch im Abstieg angebracht werden. Hierzu muß das gesamte Material zunächst die Route hinauftransportiert werden. Oben wird das Fixseil an einem bombenfesten Anker eingehängt. Dann wird abgeseilt oder abgeklettert und das Seil im Zwischenanker eingeklemmt. Diese Anker können natürlich diejenigen sein, welche beim Aufstieg über die Route zum Sichern benutzt wurden; allerdings können auch zusätzliche Anker lediglich für das Fixseil angebracht werden.
3. Natürlich kann man auch das Fixseil selbst als Kletterseil benutzen, während man es anbringt. In diesem Fall benutzt man das zukünf-

tige Fixseil genauso wie ein normales Kletterseil, indem man es in die Zwischensicherung einhängt. Oben angekommen, wird das Ende in einen bombensicheren Anker eingehängt, und schon ist man bereit, alle Zwischensicherungen durch eine feste Verankerung zu ersetzen. Problematisch ist bei dieser Methode, daß ein Fixseil normalerweise dünner als ein Kletterseil ist und darüberhinaus weniger Dehnfähigkeit aufweist. Falls man stürzt, ist das Risiko eines Seilrisses deutlich höher – auch dann, wenn das Seil hält, wird der Sturz durch die begrenzte Dehnfähigkeit sehr hart gebremst. Ein zusätzlicher Nachteil ist, daß die Seilreibung sehr hoch werden kann, da man häufig wesentlich weiter als eine normale Seillänge aufsteigt und wesentlich mehr Karabiner als Zwischensicherungen eingehängt hat; dadurch ist die maximale Länge eines solchen Vorgehens begrenzt. Die Methode ist daher besonders geeignet, wenn nur kurze Passagen mit Fixseil abgesichert werden müssen, an denen unter Umständen ein normales Kletterseil als Fixseil angebracht werden soll.

**Das Befestigen des Fixseiles in den Verankerungen**

Um das Fixseil schließlich in jedem Zwischenanker einzuhängen, sollte ein Mastwurf oder ein Achterknoten benutzt werden. Dieser wird entweder mittels Karabiner oder Schlinge in der Verankerung eingehängt (Abb. 15-7 a). Von Vorteil ist es, wenn man die Schlinge durch die entstehende Öse hindurchführt und dann am Fixpunkt einhängen kann, da hierdurch die Menge des notwendigen Materials vermindert wird (Abb. 15-7 b).

**Aufstieg am Fixseil**

Aufstieg am Fixseil bedeutet normalerweise lediglich normales Klettern – außer wenn der Klettergurt mittels Schlinge und Steigklemme am Fixseil eingehängt ist (Abb. 15-8).

Man beginnt, indem man eine Schlinge, welche an der Steigklemme eingehängt ist, am Klettergurt dort befestigt, wo man normalerweise das Bergseil einbindet. Ein mögliches, jedoch nachteiliges Verfahren ist es, diese Schlinge dort mittels Schraubkarabiner einzuhängen. Die Schlinge sollte kurz genug sein, so daß man auch im Falle eines Sturzes die Steigklemme noch mit der Hand erreichen kann. Wenn man eine nahezu vertikale Passage überwinden muß oder einen sehr schweren Rucksack hat, kann es sinnvoll sein, die Schlinge durch den Brustgurt hindurchzuführen, um ein Hintenüberkippen im Falle eines Sturzes zu vermeiden.

Danach befestigt man die Steigklemme am Fixseil, wobei die Richtung beachtet werden muß, in welcher die Steigklemme blockiert. Sie muß so eingehängt sein, daß die Sturzwucht die Klemme zum Blockieren bringt. Umgekehrt sollte sie leicht am Seil aufwärts rutschen können. Die Funktionsfähigkeit sollte unbedingt überprüft werden, bevor man mit dem Aufstieg beginnt, auch wirft man einen letzten Blick auf die Befestigung am Klettergurt.

Sinnvoll ist es, einen Karabiner zwischen der Schlinge und dem Fixseil einzuhängen. Dies dient als zusätzliche Sicherheit beim Aufstieg. Falls man stürzt und die Steigklemme brechen sollte, wird dieser Sicherungskarabiner am Seil hinabrutschen, aber vom nächsten Zwischenanker gestoppt werden, wodurch der Sturz nicht im Bodenlosen endet.

An jedem Zwischenanker muß man die Steigklemme aushängen und jenseits wieder einklinken. Dies ist die gefährlichste Situation beim Aufstieg am Fixseil, insbesondere wenn die äußeren Bedingungen schwierig sind und man selbst ermüdet ist. Dabei achtet man darauf, daß der Sicherungskarabiner im Seil eingehängt bleibt, wenn die Steigklemme ausgehängt wird. Einzelne Steigklemmen sind so konstruiert, daß der Sicherungskarabiner zunächst oberhalb des An-

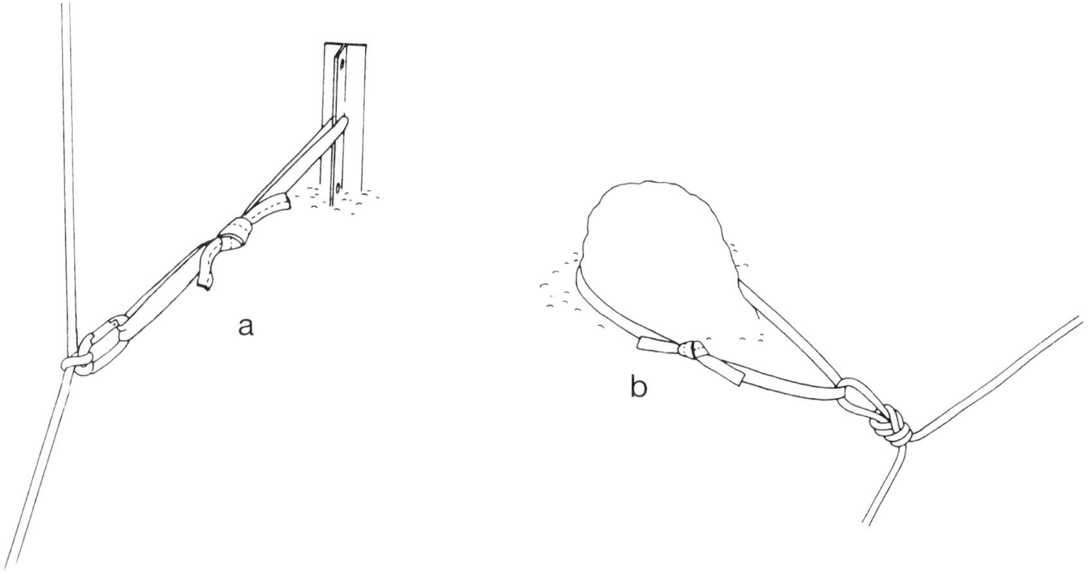


**(15-7) Zwischensicherung an einem Fixseil im Schneegelände: a) Verankerung mit Schlinge und Karabiner; b) Verankerung ohne Karabiner.**

kers eingehängt werden kann, um danach erst die Steigklemme umzuhängen. Diese Anordnung erhöht die Sicherheit, da im Falle eines Sturzes der Sicherungskarabiner sofort vom Anker gehalten wird.

Wie auch immer man vorgeht – es ist sehr wichtig, daß man sich vorher überlegt, was man plant und natürlich auch an einem geeigneten Tag die entsprechenden Techniken übt, so daß man auch unter den schlechtestmöglichen Bedingungen in der Lage ist, die Technik einwandfrei auszuführen.

Wenn mindestens ein Anker zwischen den Kletterern liegt, können mehrere Bergsteiger gleichzeitig am Fixseil aufsteigen. Natürlich muß bedacht werden, daß der Sturz eines Bergsteigers keine so große Seilbewegung erzeugt, daß die anderen durch die Zugkraft gefährdet werden können. Auch mögliche Steinschlaggefahr und ähnliches gilt es hier zu beachten.

**Abstieg**

Der Abstieg an einem Fixseil erfolgt gewissermaßen genauso wie der Aufstieg. Erneut befestigt man die Schlinge der Steigklemme am Gurt und hängt dann die Klemme am Fixseil genauso ein wie beim Aufstieg. Erneut wird die Haltekraft der Klemme überprüft und dabei gleichzeitig beobachtet, ob die Schlinge kurz genug ist, daß man beim freien Hängen in der Klemme diese auch noch mit der Hand erreichen kann. Zuletzt wird der Sicherheitskarabiner eingehängt.

Dann beginnt man den Abstieg. Während man abklettert muß, man die Steigklemme am Seil abwärtsschieben. Hierbei hält man den Kniehebel der Steigklemme leicht gelockert – und zwar so, daß man ihn sofort loslassen kann, falls man abrutscht. Es ist eine natürliche Reaktion, sich irgendwo festzuhalten, wenn man die Balance verliert, aber die schlechteste Lösung wäre es, die gelöste Steigklemme festzuhalten.

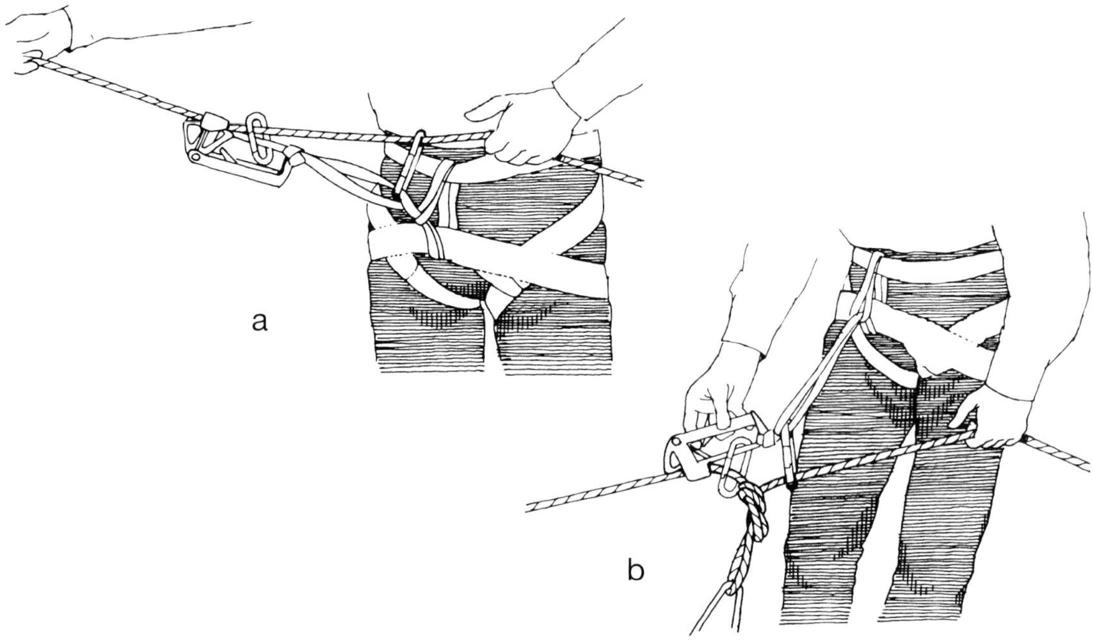


**(15-8) Aufstieg mit Steigklemmen am Fixseil: a) Anordnung für den normalen Aufstieg; b) Passieren eines Ankers. Hier muß die Steigklemme unabhängig von dem Sicherungskarabiner umgehängt werden.**

Ganz besondere Vorsicht sollte man beim Passieren von Verankerungen walten lassen, wenn man die Steigklemme löst und erneut einhängt. Ähnlich wie beim Aufstieg sollte der Sicherheitskarabiner niemals gleichzeitig mit der Steigklemme gelöst werden. Auch hier gilt, daß man sich vorübergehend an der Verankerung selbst sichern kann. Steile Fixseilpassagen sollten allerdings mittels Abseilen überwunden werden.

### Abbau von Fixseilen

Ermüdete Bergsteiger überlegen oft ernsthaft, ob sie am Ende eines nahezu erschöpfenden Unternehmens Ausrüstung, Abfall und Fixseile in den Bergen zurücklassen. Dieses Verhalten wurde im Laufe der Zeit immer weniger akzeptabel, und die meisten Expeditionen haben es inzwischen gelernt, daß sie beim Rückzug alle Zeichen ihrer Anwesenheit entfernen müssen.

Der Abbau von Fixseilen fällt leichter, wenn man dies bereits berücksichtigt, während man sie errichtet. In einigen Fällen kann es sinnvoll sein, ein »wanderndes« Fixseil zu benutzen, welches man während des Aufstieges mitführt, um nachher auf einer einfacheren oder sichereren Route wieder abzusteigen. Falls man den Berg verläßt und an einem Fixseil zum letztenmal abseilt, sollte man sich vorher ein Vorgehen zum Abklettern oder Abseilen überlegen, welches es ermöglicht, das Fixseil mitzunehmen.

Was für den Abbau von Fixseilen gilt, gilt ebenfalls für alle anderen Einrichtungen am Ende der Expedition. Alles was mitgeführt wurde, muß auch wieder mit aus dem Gelände herausgenommen werden. Keinesfalls dürfen Gletscherspalten als Müllschlucker verwendet werden, da Wind und hungrige Raben dafür sorgen, daß der Inhalt zügig wieder an die Gletscheroberfläche kommt. Brennbarer Abfall kann natürlich verbrannt werden, aber die Asche sollte ebenfalls mit ausgeführt werden. Für alle menschlichen Ausscheidungen sollte ein Latrinenplatz an jedem Camp verabredet werden. Hier kann es sich anbieten, eine Latrine mit Plastiksäcken auszustatten und diese als natürlichen Abfall in eine tiefen Gletscherspalte zu versenken.

## Expeditionswetter

Man wird nicht darum herum kommen, so etwas wie ein Amateurmetereologe zu werden, wenn man auf Expeditionen gehen will, da die eigene Sicherheit und der Erfolg so unmittelbar von den Naturgegebenheiten, vor allem dem Wetter, abhängen wird. Wenn das Expeditionszielgebiet erreicht werden, erweitert man seine Kenntnisse mit speziellen Details über das lokale Wetter, indem man mit anderen Bergsteigern oder Bewohnern des Gebietes spricht. Dabei findet man die Hauptwindrichtung heraus, fragt nach Regen und Stürmen. Am Berg studiert man permanent die Wetterbedingungen. Der Höhenmesser kann als Barometer benutzt werden, um rechtzeitig zu erkennen, daß das Wetter sich ändern wird.

Lies in den Wolken! Cirruswolken warnen vor einer Wetterfront, welche Niederschläge innerhalb der nächsten 24 Stunden bringen wird. Linsenwolken zeigen hohe Windgeschwindigkeiten an. Eine sich schnell herabsenkende Wolkendecke zeigt an, daß das Schlechtwetter nun eingetroffen ist. Und wenn man in eine Wolkendecke hineinsteigt, sollte man sich bereits vorher bewußt sein, daß hohe Windgeschwindigkeiten und schlechte Sicht Probleme bereiten werden. Natürlich muß man auch darauf vorbereitet sein, daß gerade in den Bergen des öfteren heftige Stürme auftreten können. Falls möglich, sollte man diese Stürme in Lagern abwettern, da sich das Risiko schwer abschätzen läßt, während des Unwetters abzusteigen. Falls es danach aussieht, daß man einige Zeit blockiert ist, muß man rechtzeitig daran denken, die Nahrung zu rationieren.

Natürlich kann auch warmes Wetter Probleme erzeugen. Wenn es heiß ist und die Sonnenstrahlung durch die spiegelnde Gletscheroberfläche verstärkt wird, kann dies bedeuten, daß das Risiko eines Sonnenbrandes rapide steigt – auch können Schneebrücken leichter einstürzen; außerdem ist mit erhöhter Eisschlaggefahr zu rechnen. In solchen Situationen ist es am sichersten, wenn man nachts steigt, da hier die Temperaturen niedriger und Schnee und Eis am stabilsten sind.

## Höhenmedizin

Eine Expedition bringt einen wie auch viele andere Bergtouren in Höhen, in denen sich der Körper normalerweise nicht heimisch fühlt. Jeder Bergsteiger ist davon mehr oder weniger betroffen. Im Vordergrund steht zunächst der verminderte Sauerstoffdruck in größerer Höhe. Hierdurch wird häufig die akute Bergkrankheit verursacht – auch können schwerere, unter Umständen lebensgefährliche Formen wie das Höhenlungenödem und das Höhenhirnödem auftreten. Eine weitere Gefahr sind Erfrierungen, allerdings sind diese natürlich nicht nur auf große Höhen beschränkt. Für den Bergsteiger ist es sehr wichtig zu lernen, wie man diesen Gefahren begegnet bzw. wie man ihre Folgen erkennt und behandelt, falls es trotz Vorsicht einmal zu Problemen kommen sollte. Das folgende Kapitel nennt einige grundsätzliche Fakten zu diesen Erkrankungen, allerdings sollte man zusätzlich unbedingt entsprechende Literatur der Ersten Hilfe und spezialisierte Abhandlungen lesen bzw. eventuell Ärzte zu Rate ziehen, die mit dem Bergsteigen vertraut sind.

### Höhenkrankheit (Akute Bergkrankheit)

Wenn man schnell in eine Höhe aufsteigt, für die man nicht akklimatisiert ist, ist der Körper bestrebt, sich diesen neuen Bedingungen anzupassen. Die Atmung wird schneller, um der dünnen Luft genügend Sauerstoff entnehmen zu können, und im Laufe der Zeit erhöht sich der Anteil der sauerstofftransportierenden roten Blutkörperchen. Steigt man zu schnell auf, fühlen sich die Betroffenen üblicherweise schlecht. Zunächst erfolgt ein generelles Unwohlsein mit Appetitverlust, dann setzen Kopfschmerzen, generelle Schwäche und Motivationslosigkeit ein. Wenn man zu diesem Zeitpunkt den Aufstieg weiter fortsetzt, verschlimmern sich die Symptome häufig zu Apathie, Schwindel, Schlaflosigkeit und Erbrechen. Ein Abstieg in geringere Höhen führt normalerweise zu einer schnellen Besserung der Symptome.

Die Symptome der akuten Bergkrankheit können bereits in relativ geringer Höhe eintreten. Einige Personen fühlen sich bereits schwach oder müde, wenn sie mit einem Auto auf 2500 m Höhe gefahren sind. Bergsteiger haben im Vergleich zur Autofahrt deutlich mehr Zeit, um sich zu akklimatisieren, und verspüren normalerweise – abgesehen von einer gewissen Atemlosigkeit – nur geringe Veränderungen, bis sie in Höhen um 3500 bis 4000 m vordringen. In der Region der nordwestlichen Rocky Mountains, bei denen Bergsteiger auf Seehöhe leben und am Wochenende den über 4000 m hohen Mount Rainier besteigen, sind mehr oder weniger schwere Symptome der Höhenkrankheit allerdings eher die Regel als die Ausnahme.

Man kann sich bei mäßiger oder auch schwererer Höhenerkrankung durch einige relativ einfache Maßnahmen selbst helfen. Beim Aufstieg sollte darauf geachtet werden, daß bei gleichmäßigem Gehrhythmus der Atemrhythmus auf das Gehtempo abgestimmt ist. Gelegentlich werden kurze Rasten eingelegt, die das Atemtempo wieder normalisieren. Regelmäßiges Trinken und das Essen kleiner Snacks tragen ebenfalls zur Kräftigung bei. Grundsätzlich sollte man ganz bewußt auf das Einhalten der gebotenen Akklimatisationszeiten achten – diese werden später in diesem Kapitel noch beschrieben.

Medizinische Fachleute und entsprechende Literatur können einem die nötige Information vermitteln, welche Medikamente bei schwerer Höhenerkrankung eingesetzt werden können. Zwei verschreibungspflichtige Medikamente, nämlich Diamox und Dexametason, werden in der Prävention und bei der Behandlung der Höhenerkrankung gewöhnlich benutzt. Natürlich sind sie kein Ersatz für eine korrekte Akklimatisation oder für einen sofortigen Abstieg, falls man krank wird. Die genannten Medikamente, insbesondere das Dexametason wird speziell von amerikanischen Ärzten und Bergsteigern bevorzugt, in Europa wird es aufgrund der möglichen Nebenwirkungen eher abgelehnt. Hier werden andere Wirkstoffe bevorzugt. Ganz ausdrücklich sei betont, daß eine präventive Behandlung der Höhenerkrankung in Europa grundsätzlich mit Doping gleichgesetzt und abgelehnt wird und daß eine medikamentöse Prävention das extrem hohe Risiko beinhaltet, daß die »harmlosen« Zeichen einer Höhenerkrankung, welche als Warnzeichen vor einer schweren, gefährlichen Höhenkomplikation auftreten, übersehen werden und so der Bergsteiger weitab der »Zivilisation« ohne Vorwarnung mit gefährlichen Gesundheitsrisiken konfrontiert werden kann. Eine medikamentöse Akklimatisation ist nicht möglich!

### Höhenlungenödem und Höhenhirnödem

Das **Höhenlungenödem** bedeutet, daß sich Blut und Flüssigkeit in der Lunge, speziell auch den Lungenbläschen ansammelt, wodurch der Sauerstoff- und Kohlendioxidaustausch des Blutes gestört wird. Das Höhenlungenödem tritt bei gesunden Personen unterhalb von 2500 m Höhe nur sehr selten auf. Besonders häufig wird es in Höhen um 4000 m vorgefunden – allerdings variieren die Statistiken ein wenig, und zwar abhängig davon, in welchem Gebirge der Welt sie erstellt worden sind.

Die frühen Symptome eines Lungenödems sind ähnlich wie die einer Lungenentzündung, allerdings liegt keine Infektion und also auch kein Fieber vor. Innerhalb von 12 bis 36 Stunden, nachdem die Höhe erreicht wurde, empfindet der Betroffene extreme Schwäche, Kurzatmigkeit, Übelkeit, Erbrechen, sehr schnellen Puls (120 bis 160/min), Cyanose (bläuliche Färbung) der Fingernägel, des Gesichtes und der Lippen, ein lautes Atemgeräusch, welches sogar zu einem grobblasigen Brodeln übergehen kann, sowie erheblichen Husten mit schaumig weiß oder rosa (blutig!) tingiertem Sputum. Auch deutlicher Bluthusten kann auftreten.

Wenn dieser Zustand unbehandelt bleibt, verschlechtert er sich zügig zur Endphase, welche von Bewußtlosigkeit und grobblasigem Schaum aus Mund und Nase gekennzeichnet ist – dies führt schnell zum Tode. Die Frühzeichen werden unter Umständen fehlinterpretiert, indem man zunächst an Bergkrankheit oder Müdigkeit denkt – natürlich können sie auch vor allem über Nacht übersehen werden. In diesem Fall kann es passieren, daß man den Betroffenen in den frühen Morgenstunden bereits im Endstadium der Erkrankung vorfindet.

Das **Hirnödem** wird durch die Ansammlung von Flüssigkeit im Gehirn verursacht. Die Symptome beginnen mit schweren therapieresistenten Kopfschmerzen, welche durch das anschwellende Hirngewebe verursacht werden. Sie steigern sich zu Schwierigkeiten bezüglich der Bewegungskoordination, die Sprache wird verwaschen, das Verhalten irrational – im weiteren Verlauf kann ein Kollaps und eventuell der Tod eintreten.

Für beides, sowohl das Lungen- als auch das Hirnödem gilt: Man muß bereits die Warnsymptome bei sich und anderen behandeln. Die effektivste Ersthilfe ist eine schnelle Evakuierung aus großer Höhe und/oder die permanente Sauerstoffgabe. Der Abstieg ist allerdings die einzige Heilungsmöglichkeit, wobei ein schneller Abstieg über etwa 1000 Höhenmeter normalerweise bereits zu einer erheblichen Besserung des Zustandes führt. Wenn der Betroffene nur eine geringe Symptomatik zeigt, kann es vertretbar sein, daß man einige wenige Tage auf niedriger Höhe verbringt und dann erneut aufsteigt. Allerdings sollte ein Bergsteiger, welcher fortgeschrittene Symptome aufwies, zunächst nicht erneut in größere Höhe aufsteigen, da es Wochen dauert, bis man sich von diesen Ödemen vollständig erholt.

**Erfrierung**

Erfrierungen sind ein relativ häufiges Problem in großer Höhe, da die kalte Umgebung und das verminderte Sauerstoffangebot den Körper bezüglich seiner Wärmeproduktion einschränken und insbesondere Hände und Füße kälteempfindlicher machen.

Eine Erfrierung bedeutet, daß Körpergewebe gefriert; dies betrifft besonders häufig die Zehen, Finger und das Gesicht. Eine Erfrierung tritt dann ein, wenn ein Körperteil seine Wärme schneller verliert als sie durch das zirkulierende Blut herangeführt wird oder wenn das Körperteil unmittelbar extremer Kälte oder starkem Wind ausgesetzt wird. Feuchte Füße können auch dann erfrieren, wenn die Feuchtigkeit die Wärme von der Haut schnell ableitet und den Isoliereffekt von Schuhen und Stiefeln aufhebt. Bei länger einwirkender Kälte oder körperlicher Ruhe ist der Kreislauf in den Extremitäten vermindert – hierdurch erhöht sich das Erfrierungsrisiko. Wenn man für das Hochgebirge gut geeignete Kleidung und Ausrüstung benutzt, sollte eine Erfrierung normalerweise nicht eintreten.

Der Bereich einer oberflächlichen Erfrierung sieht weiß oder grau aus. Die Oberfläche fühlt sich hart an, allerdings ist das Gewebe darunter nach wie vor weich. Wenn die Erfrierung schwerer ist, wird das gesamte betroffene Gebiet hart, kalt und gefühllos.

Man kann oberflächliche Erfrierungen mit Körperwärme aufwärmen. Hierzu kann man erfrorene Füße oder Zehen zum Beispiel einem Kameraden unter den Anorak schieben; die Finger können in die Achselhöhle geschoben werden. Während des Wiederaufwärmens können größere Blasen an der Hautoberfläche auftreten. Zwei wichtige Vorsichtsmaßnahmen müssen erfolgen: Zunächst darf die Temperatur des erfrorenen Bereiches nicht wesentlich über die Körpertemperatur erhöht werden, wie dies z. B. beim Wiedererwärmen an einem Lagerfeuer leicht passiert. Zum anderen darf der verletzte Bereich nicht warmgerieben werden, insbesondere nicht mit Schnee. Die hierdurch eintretende zusätzliche Auskühlung und die zerstörende Reibung würde das betroffene Gewebe nur weiter schädigen.

Man kann eine schwere oder auch tief reichende Erfrierung daran erkennen, daß das betroffene Gebiet weiß und völlig gefühllos bzw. wie tiefgefroren wirkt. Das betroffene Gebiet sollte in warmem Wasser wiedererwärmt werden, wobei die Wassertemperatur so heiß wie nur möglich (Schmerzen!) sein sollte. Üblicherweise wird ein Helfer die Wassertemperatur anfangs allenfalls als handwarm empfinden und sie dann baldmöglichst auf etwa 40° steigern, indem Heißwasser hinzugegeben wird. Allerdings sollte man die Wiedererwärmung nicht beginnen, wenn man nicht gewährleisten kann, daß ein Wiedergefrieren sicher ausgeschlossen ist. In diesem Falle ist es besser, wenn man auf professionelle medizinische Hilfe wartet, als wenn man das Risiko eines unvollständigen Wiederauftauens oder Wiedergefrierens in Kauf nimmt. In manchen Situation kann es besser sein, einen Wiederauftauversuch zu unterlassen – insbesondere dann, wenn nach Erfrierung der Füße unbedingt noch selbständig abgestiegen werden muß, um Hilfe zu erreichen. Wenn man den Fuß gefroren läßt, ist es nach wie vor möglich, mit ihm zu gehen; man erzeugt dann relativ wenig zusätzliche Gewebeschäden. Wenn man den Fuß allerdings aufgetaut hat, wird man gehunfähig sein und vermutlich stärkste Schmerzen haben.

## Akklimatisation

Der Körper benötigt einige Zeit, um sich für größere Höhen zu akklimatisieren. Allerdings variiert diese benötigte Zeit von Person zu Person ein wenig.

Grundsätzlich sollte in mäßigem Tempo aufgestiegen werden, etwa 300 bis 500 Höhenmeter pro Tag (Schlafhöhe!). Wenn man eine Lagerkette errichtet, bei der mehrfach gegangen werden muß, ist es sinnvoll, diese in 600 bis 1000 Höhenmeter Differenz aufzubauen. Man errichtet ein Lager und steigt wieder ab. Beim nächsten oder übernächsten Anstieg kann dann in dem höheren Lager übernachtet werden. Diese Akklimatisationsphase erfordert etwas Geduld, und man sollte versuchen, sich in dieser Zeit nicht zu überfordern. Dies bedeutet, daß nach körperlich anstrengenden Passagen unbedingt Rasttage eingehalten werden sollten.

Ausreichendes Trinken ist ebenfalls wichtig, um einer Höhenerkrankung vorzubeugen. Verläßlicher als das Beobachten der täglichen Trinkmenge ist das Beobachten der Urinmenge. Ist diese etwa so groß wie normal, so ist der Flüssigkeitshaushalt des Körpers ausbalanciert. Ist die Urinmenge dagegen deutlich geringer als sonst, besteht bereits ein erhebliches Flüssigkeitsdefizit. Die Urinfarbe ist übrigens kein sicherer Anhaltspunkt, um den Flüssigkeitshaushalt des Körpers zu beurteilen!

Oberhalb einer Höhe von 5300 m tritt ein zunehmender körperlicher und geistiger Abbau ein, unabhängig von der Akklimatisation. Also sollte die Aufenthaltsdauer in extremer Höhe so kurz wie möglich gehalten und immer wieder zu Erholungszwecken in geringere Höhe abgestiegen werden. Folgender alter Rat gilt noch immer: Klettere hoch, aber schlafe tief. Der Körper akklimatisiert sich während einer mäßigen Belastung deutlich besser als während Pausen, und er erholt sich in geringerer Höhe deutlich schneller als in extremer Höhe. Die Taktik des Expeditionsbergsteigens sollte diese Konzepte unbedingt berücksichtigen, indem der Lastentransport in Hochlager und die Rückkehr in geringere Höhe entsprechend geplant wird.

## Die Philosophie des Expeditionsbergsteigens

Die Mitglieder einer Expedition benötigen eine gemeinsame Grundhaltung gegenüber den Lebensbedingungen, denen sie sich gemeinsam für Wochen unterwerfen. Eine gute Einstellung kann eigentlich in drei Punkte, welche für alle Teammitglieder gelten, zusammengefaßt werden: Man respektiert das Land, achtet auf sich selbst und legt großen Wert darauf, heil wieder nach Hause zu kommen.

Die Expedition wird jeden Tag die Möglichkeit haben, die Intaktheit und Schönheit des Landes dem eigenen Erfolg zu opfern. Beispielsweise sollte man sein Lagerfeuer nie mit wild geschlagenem Holz eines schönen Waldes auf einer unberührten Wiese machen oder überflüssige Ausrüstung beim Rückweg einfach liegenlassen. Wer sich fest vorgenommen hat, das Land zu respektieren, wird auch immer Wege finden, ökologisch richtig zu handeln.

Wenn man sich und den Partnern versprochen hat, gut auf sich aufzupassen, hat man die bestmögliche Gruppenversicherung abgeschlossen. Man wird sowieso keine andere Chance haben, da man sehr weit von den nächst erreichbaren Rettungseinrichtungen, Hubschraubern, Krankenhäusern oder auch von anderen Bergsteigern entfernt sein wird. Man kann sich auf Notfälle vorbereiten, indem man sie rechtzeitig durchdenkt und sich überlegt, wie sich das Team im Falle eines Falles verhalten sollte. Man wird glücklich sein, wenn man die entsprechenden Pläne rechtzeitig zurechtgelegt hat, falls man sie braucht – und natürlich besonders dankbar, wenn dieser Fall nie eintritt.

Der dritte Vorsatz ist am schwierigsten zu realisieren, da er die Möglichkeit beinhaltet, daß man auf den erhofften Gipfel verzichten muß – hierbei handelt es sich um den ganz klaren Vorsatz des sicheren Bergsteigens: Gipfelträume zugunsten der Sicherung des eigenen Überlebens zurückstellen! Zwar ist klar, daß Expeditionsbergsteigen auch bedeutet, daß die eigenen Grenzen verschoben werden, daß man sich selbst in einer neuen, sehr harten Arena testet. Und doch muß jede Person und jedes Team selbst aufs neue entscheiden, welchen Level des Risikos sie zu akzeptieren bereit ist. Darauf folgen dann nahezu täglich das jeweilige Risiko berücksichtigende Entscheidungen, z. B. wie schnell aufgestiegen wird, welche Ausrüstung mitgeführt wird, ob die Route gewechselt werden muß oder die Expedition sogar abgebrochen werden sollte. Die meisten Bergsteiger sind durchaus bereit, eher sicher heimzukehren, als den Gipfel bei unsicheren Bedingungen zu erzwingen. Aber wie definiert man »unsicher»? Man muß diese Frage bereits zu dem Zeitpunkt beantworten, wenn man sich über Expeditionsstil und den Risikolevel vor Beginn der Expedition eingehend unterhält.

## *Beispiel für eine Ausrüstungsliste beim Expeditionsbergsteigen*

### Gemeinschaftsausrüstung

**Unterkunft**

- [ ] hoch belastbares Expeditionszelt
- [ ] Schneeanker oder Schneeheringe
- [ ] Schwamm
- [ ] Ausrüstung zum Schneehöhlenbau: große Schneeschaufel, kleine Schneeschaufel, Schneesäge

**Gemeinschaftliche Kletterausrüstung**

- [ ] Seile
- [ ] Hardware: Schnee- und Eisausrüstung (Haken, Eisschrauben, Firnanker); Felsausrüstung (Haken, Klemmkeile); Karabiner, Schlingen, Fixseile, Kletterausrüstung (Ersatzpickel, Ersatzsteigeisen)

**Küche**

- [ ] Kocher und Zubehör (Windschutz, Kocherunterlage, Brennstoffkanister und Brennstoffilter, Streichhölzer / Feuerzeuge)
- [ ] Töpfe, Topfgriff, Tasse, Löffel, Schneesack (Wasserbeschaffung), Schwamm/Bürste

**Reparaturen**

- [ ] Zeltreparatur (Hülsen zur Zeltstangenstabilisation, Ersatzstangen usw.)
- [ ] Ersatzteile für Kocher
- [ ] Reparaturausrüstung für Steigeisen (Schrauben, Verbindungsteile, Riemen)
- [ ] Tape
- [ ] Werkzeug (Schraubendreher, ggf. Imbusschlüssel (Steigeisen!), Zange usw.)
- [ ] Nähzeug mit verschiedenen Nadeln, Fadenstärken, Knöpfen, Stoff (Kordura, Ripstopnylon)
- [ ] Verschiedenes (Draht, Schnur ...)

**Erste-Hilfe-Ausrüstung**

- [ ] Die meisten Expeditionen führen eine gemeinschaftliche Notfallausrüstung mit. Zusätzlich zur normalen Erste-Hilfe-Ausrüstung sollten die folgenden Medikamente (ggf. weitere auf expeditionsärztliches Anraten) mitgeführt werden.
- [ ] Verschreibungspflichtige Medikamente. Abhängig vom Expeditionsziel werden unterschiedliche Empfehlungen nötig sein. Normalerweise sollen starke Schmerzmittel, Antibiotika, Mittel gegen Durchfall, Abführmittel, Medikamente gegen Höhenkankheit (Nifedipin, Diamox, Dexamethason) dabeisein.
- [ ] Verschreibungsfreie Medikamente. Auch diese werden anbängig vom Expeditionsziel variieren. Jedoch sollte man unbedingt an ein Hustenmittel und ein leichteres Schmerzmittel (Aspirin, Ibuprofen) denken

**Verschiedene Gemeinschaftsausrüstungsteile**

- [ ] Höhenmesser und Kompaß
- [ ] Radio/Funkgerät
- [ ] Latrinenausrüstung (Plastiksäcke, Gummihandschuhe)

## Persönliche Ausrüstung

**Kleidung**

- [ ] Wärmeunterwäsche aus Synthetikfasern
- [ ] Isolierende Kleidung (z.B. Fliesjacke)
- [ ] Daunenkleidung
- [ ] Windabweisende Überkleidung
- [ ] Fausthandschuhe, Fingerhandschuhe, Überhandschuhe und entsprechende Socken
- [ ] Verschiedenes: Schal, T-Shirt, Plastik-Doppelstiefel, Expeditions-Wärmegamaschen oder Überschuhe usw.

**Schlaf**

- [ ] Schlafsack
- [ ] Biwaksack
- [ ] Innenschlafsack
- [ ] aufblasbare Liegematte
- [ ] Liegematte aus geschlossenzelligem Schaumstoff

**Kletterausrüstung**

- [ ] Eispickel
- [ ] Zweites Eisgerät
- [ ] Skistöcke
- [ ] Sitzgurt
- [ ] Brustgurt
- [ ] Steigeisen
- [ ] Karabiner
- [ ] Schlingen
- [ ] Steigklemmen und/oder Prusikschlingen
- [ ] Helm
- [ ] großer Rucksack
- [ ] Schneeschuhe oder Ski
- [ ] Schlitten mit Zubehör (Zugschlingen, Karabiner, Prusikschlingen)

**Sonstige Ausrüstung**

- [ ] Verschüttetensuchgerät
- [ ] Sonnenbrille
- [ ] Ersatzbrille
- [ ] Persönliche Hygiene: Toilettenpapier, Urinflasche, Zahnbürste, Seife, Kamm, Lappen, Trockentuch, Sonnenschutz, Puder Ohrenstöpsel (gegen schnarchende Zeltnachbarn) usw.
- [ ] Persönliche Freizeitausrüstung: Kamera und Filme, Bücher, Tagebuch (möglichst aus wasserfestem Papier), kleines Radio (je nach Gebiet Kurzwelle nötig!)

# Kapitel 16 Sicherheit und Gruppenführung

Bergsteigen ist ein Sport des kontrollierten Risikos. Ein Kletterer muß mit den natürlichen Bedingungen und Gefahren fertig werden, indem er seine eigene Kenntnis, seine Erfahrungen und sein Beurteilungsvermögen einbringt. Eine Liste der natürlichen Gefahren liest sich wie ein Katalog von Katastrophen. Und doch muß man sich schnellstmöglich die notwendigen Kenntnisse aneignen, wie man diese Gefahren vermeidet und zugunsten der eigenen Sicherheit unter Kontrolle hält. Darüber hinaus müssen Bergsteiger ein gewisses Maß an Führungsqualitäten entwickeln, um die Sicherheit der eigenen Gruppe, ihr Wohlbefinden und auch ihren Erfolg zu gewährleisten.

## Unfälle

Eine Möglichkeit, Unfälle zu verhindern ist, Vorfälle zu untersuchen und aus ihnen zu lernen. Die Alpenvereine veröffentlichen regelmäßig entsprechende Berichte. Hierbei ist allerdings zu berücksichtigen, daß alle diese Berichte nur diejenigen Unfälle berücksichtigen können, welche freiwillig oder durch die Rettungsorganisation berichtet worden sind. Die vielen ungemeldeten, insbesondere die Bagatellunfälle und Beinaheunfälle, die gerade noch einmal glimpflich abgelaufen sind, erscheinen in dieser Statistik nicht. Im Klartext heißt dies, daß diese Berichte lediglich einen kleinen Ausschnitt aller möglichen Bergunfälle weltweit beinhalten.

Traurig, aber wahr: Seit 1947 – dem Jahr, in dem der amerikanische Alpenverein die Herausgabe seiner jährlichen Berichte begann – sind mehr als 11000 nordamerikanische Bergsteiger tödlich verunglückt. Trotz Weiterentwicklung der Ausrüstung, der Erfahrung und der Technik wird eine bestimmte Anzahl Kletterer jedes Jahr getötet oder verletzt. Zwar unterscheidet sich jeder Unfall von anderen, aber es gibt einige besonders häufige Unfallursachen: Die meisten Unfälle werden durch menschliches Versagen verursacht. Moderne Ausrüstung versagt normalerweise nicht. Ein Versagen der Ausrüstung passiert höchstens dann, wenn sie falsch angewendet wird. Auch passieren Unfälle immer wieder, wenn Bergsteiger jenseits ihrer persönlichen Grenzen klettern und Techniken anwenden, die sie nicht sicher beherrschen.

Besonders häufige Unfallursachen sind das Abrutschen oder Stürzen im Fels, das Rutschen in Schnee oder Eis und Verletzungen durch Steinschlag oder andere herunterfallende Objekte. Darüberhinaus sind unangeseiltes Klettern, mangelnde Erfahrung und inadäquate Ausrüstung häufige Unfallursachen.

In vielen Situationen wird ein Verunglückter später berichten, daß der Unfall scheinbar »aus heiterem Himmel heraus« passierte. Aber bei retrospektiver Betrachtung wird klar, daß viele Unfälle Schritt für Schritt und durchaus absehbar zur Katastrophe geführt haben. Der Kletterer, der einen entsprechenden Anstieg beginnt, obwohl er feststellt, daß er seinen Pickel in der Hektik des Aufbruchs vergessen hat, wird seinen Anstieg unter Umständen dann genießen, wenn der Schnee während des gesamten Tagesverlaufes weich genug ist. Wenn er allerdings auf härterem Schnee ausrutscht, kann es sich um einen Unfall mit unter Umständen gefährlichen Folgen handeln – ein Unfall, der jedoch nicht »aus heiterem Himmel« passiert ist. Der vorsichtige Bergsteiger bemüht sich daher stets, potentielle Unfallrisiken vorauszudenken; er verhält sich konsequent vorsichtig, was auch einschließt, daß eine nicht ausreichend ausgerüstete Seilschaft rechtzeitig umkehrt.

# Gefahren beim Bergsteigen

Bergsteiger stehen zwei grundsätzlichen Gruppen von Gefahren gegenüber: zum einen den objektiven Gefahren der Gebirgswelt, zum anderen den subjektiven Gefahren, welche von den jeweiligen Kletterern abhängen. Die objektiven Gefahren wie Stürme, Kälte, Höhe usw. sind relativ leicht zu erkennen. Genauso bedeutungsvoll, aber wesentlich schwieriger zu erkennen sind hingegen die subjektiven Faktoren wie z. B. die theoretischen Kenntnisse des Kletterers, sein Erfahrungsschatz und sein Beurteilungsvermögen.

## Objektive Gefahren: Die Umgebung der Gebirgswelt

Objektive Gefahren sind, wie bereits erwähnt, alle natürlichen Prozesse – unabhängig davon, ob Menschen involviert sind oder nicht: Dunkelheit, Stürme, Blitzschlag, Kälte, Niederschläge, große Höhe, Lawinen und Steinschlag sind Naturgewalten, die jederzeit Menschen vernichten können. Diese objektiven Gefahren der Berge sind allgegenwärtig und wechseln häufig. Wir können diese Gewalten nicht kontrollieren und beeinflussen, wir können allerdings lernen, sie vorauszuahnen und uns so verhalten, daß wir die Gefahr begrenzen bzw. umgehen.

Dieses Buch enthält zahlreiche detaillierte Informationen, wie man mit objektiven Gefahren umgeht – insbesondere die Kapitel über das Reisen in unwegsamem Gelände und die Kapitel über Klettern im Fels, Schnee, Eis, Bergsteigen im Winter und zum technischen Klettern. Hier werden auch Hinweise gegeben, wie mit objektiven Gefahren umgegangen werden kann, beginnend beim Klettern im brüchigen Fels bis hin zu Lawinen und steilen Schneerinnen. Auch erhält der interessierte Bergsteiger wertvolle Ratschläge, wie Steinschlag, Eisschlag, Gletscherspalten, Wächten und andere Gefahrenquellen nahezu ausgeschaltet werden können.

Viele Geländegefahren sind relativ leicht zu erkennen und lokalisiert, wie beispielsweise brüchiger Fels oder ein steiler Felsabbruch. Andere Gefahrenquellen, wie z. B. das Wetter oder Lawinen, können deutlich schwieriger im voraus zu erkennen sein, da sie u. a. recht schnell variieren.

Regen oder Schnee verändert einen angenehm warmen, trockenen Fels schnell in eine nasse oder vereiste Oberfläche, welche extrem schwierig zu besteigen ist. Der Wind verbläst unter Umständen die Seile und erschwert so die Kommunikation. Nebel oder gar Whiteout erschweren die Routenfindung drastisch und zwingen einen zur Anwendung von Kompaß und Höhenmesser. Auch wird die Gefahr von Spaltenstürzen oder eines Absturzes mit einer Schneewächte größer.

Kaltes Wetter kann die tödliche Gefahr einer Unterkühlung bedeuten – insbesondere dann, wenn es mit Wind und Regen auftritt. Auf der anderen Seite kann heißes Wetter Gefahren bezüglich Austrocknung und Überhitzung heraufbeschwören. Spezielle Lehrgänge und Publikationen über Erste Hilfe im Gebirge geben zahlreiche Informationen über die Diagnose und Behandlung diverser Notfälle. Blitzschlag ist zwar keine exklusive Gefahr im Hochgebirge, aber er verursacht alljährlich eine erhebliche Zahl schwerer Unfälle. Die Gipfel und Grate, auf denen die Bergsteiger unterwegs sind, sind natürliche Blitzableiter.

**Risikovermeidung**

Um Risiken zu begrenzen, muß man die objektiven Gefahren zunächst einmal kennen und in einem zweiten Schritt lernen, wie man sie vermeidet. Wenn man z. B. die Möglichkeit des Steinschlags erkannt hat, trägt man vernünftigerweise einen Helm und bemüht sich ganz besonders, lose herumliegende Steine nicht mit dem Seil oder mit dem eigenen Körper zum Absturz zu bringen. Wenn man einen lawinengefährlichen Hang erkannt hat, sollte man dem bereits beschriebenen Vorgehen strikt folgen, um ihn zu umgehen; darüberhinaus sollte man natürlich auch wissen, wie man sich verhält, falls es doch zu einem Unfall kommt. Wenn man das Hereinbrechen eines Whiteout oder anderer extremer Wetterbedingungen erkennt, muß man die Übung und Ausrüstung besitzen, um sich in solchen Situationen durchzukämpfen.

Die objektive Gefahr der großen Höhenexposition zu erkennen, ist relativ leicht: Man befindet sich an einem steilen und exponierten Platz. In fast jeder Steilflanke gibt es entsprechende Plätze, an denen man sitzen oder stehen kann, ohne sich einer massiven Gefahr auszusetzen, an denen ein Abrutschen vom Tritt oder ein Moment der Unaufmerksamkeit jedoch zur Tragödie führen kann. Die sicherste Antwort auf eine solche Exposition ist stets die Seilsicherung. Wenn man der Sichernde ist, muß man die Richtung eines möglichen Sturzes vorausdenken und die Größe der Sturzwucht abschätzen, damit man die Kraft halten kann, die ein eventuell stürzender Partner erzeugt.

Wesentlich schwieriger ist es, verdeckte Gletscherspalten zu erkennen. Aber wenn man Routine beim Begehen von Gletschern besitzt und darüberhinaus gelernt hat, wie die Oberflächen versteckter Gletscherspalten aussehen, wird man (hoffentlich!) wissen, wann es sinnvoll ist, sich anzuseilen bzw. welche Route gewählt werden sollte, um die Gefahr eines Spaltensturzes so gering wie möglich zu halten. Natürlich muß man selbst – wie auch alle Partner – sowohl die Ausbildung als auch die Ausrüstung haben, die es ermöglicht, eine sichere, effiziente Spaltenrettung durchzuführen, falls diese notwendig werden sollte.

Eine angemessene Kleidung, ausreichende Nahrung und Ausrüstung sind grundsätzliche Voraussetzungen, damit man gegen möglicherweise auftretende objektive Gefahren gefeit ist. Man bedenke, daß jeder kurze Trip unter Umständen auch zu einem unerwarteten Biwak führen kann. Jegliche Sicherheitsausrüstung – unabhängig davon, ob sie für technisches Klettern benötigt wird oder um ein Biwak zu überleben – ist nur dann eine Hilfe, wenn man sie nicht zu Hause gelassen hat; in vielen Fällen kann sie nämlich nicht durch persönliche Härte oder Erfahrung ersetzt werden.

Man kann dieses Buch dazu benutzen, sich die grundlegenden Kenntnisse über Ausrüstung und Technik zu verschaffen, indem man die Kapitel über die verschiedenen Arten des Kletterns und Reisens in unwegsamem Gelände lesen und ihr Wissen über Kleidung, Ausrüstung, Camping, Navigation, Knoten, Sicherung und Abseilen ergänzen. Daraus resultieren nach und nach Erfahrung und Beurteilungsvermögen, um im Gelände die richtige Entscheidung zum richtigen Zeitpunkt zu treffen bzw. um das zu vermeiden, was gemeinhin »Unfall« genannt wird.

## *Subjektive Gefahren: Der Bergsteiger*

Subjektive menschliche Faktoren bilden zusammen mit den objektiven Faktoren die Hauptgefahren des Gebirges. Der Kletterer, der keinen Biwaksack oder Zusatzkleidung mitführt, wäre vermutlich nicht unterkühlt gewesen, wenn er für den hereingebrochenen Schneesturm entsprechend ausgerüstet gewesen wäre. Umgekehrt hätte natürlich der Schneesturm die Unterkühlung nicht erzeugt, wenn er in einem anderen Gebiet aufgetreten wäre als dort, wo der Kletterer unterwegs war.

Die Naturgewalten, auf welche man permanent im Gebirge trifft, sind normalerweise harmlos – jedenfalls so lange, bis Menschen in ihre Reichweite gelangen. Dann genügt oft ein kleiner Fehler, z. B. ein subjektiver menschlicher Faktor, und die Katastrophe nimmt ihren Verlauf. Ein Hang kann als spontan ausgelöste Lawine unter Umständen irgendwann abgehen, ohne daß jemand geschädigt würde – allerdings kann ein Bergsteiger, der dieses Risiko ignoriert, sofort diese Lawine auslösen und sich oder andere verschütten. Ein Stein, der durch natürliche Prozesse im Laufe der Zeit gelöst wurde, fällt eventuell in der folgenden Woche hinunter, aber das Gewicht eines Kletterers kann ihn bereits heute zu Tal befördern. Dieser subjektive Faktor, der den Kletterer mit einer Gefahr an einem bestimmten Ort konfrontiert, ist nahezu immer ursächlicher Auslöser von Bergunfällen.

Auch wenn wir die natürlichen Gefahren nicht verändern können, haben wir die Möglichkeiten, die subjektiven Faktoren unter Kontrolle zu halten und ihr Risiko zu vermindern. Diese subjektiven Elemente beeinflussen nahezu jede Phase eines Unternehmens, inklusive Routenauswahl, Erfahrung des Kletterers, Qualität der mitgeführten Ausrüstung, konditionelle Voraussetzungen, Gruppenführung und Klettertechnik. Als zusammenfassende Erkenntnis bleibt, daß alles letztlich auf die Erfahrung des Kletterers, seine Kenntnisse und sein Beurteilungsvermögen zurückzuführen ist. Jegliche Lücken werden hier bei einem Unternehmen eine unter Umständen erhebliche Gefahr heraufbeschwören.

### Kenntnisse

Der Anfänger, der sich mit dem Bergsteigen überhaupt nicht auskennt, erhält seine Kenntnisse normalerweise aus Büchern, von Kursen und von anderen Bergsteigern, natürlich auch vom Klettern selbst. Zu Beginn wissen viele Anfänger oft noch nicht einmal, daß sie nichts wissen: Ein Neuling wird unter Umständen einen sonnenerwärmten, lawinengefährdeten Hang sehen und noch nicht einmal wahrnehmen, daß die Gruppe einen Umweg geht, um diesem Risiko auszuweichen. Aber während er aufmerksam das Verhalten von Gruppen studiert, gewinnt der Anfänger mehr und mehr an Kenntnissen, welche ihn darauf hinweisen, daß er stets vorsichtig sein muß und Fragen stellen sollte.

Ein Kletterer wird niemals viel lernen, indem er einfach einen Weg entlanggeht, ohne darauf zu achten, wo gestiegen wird bzw. aufgrund welcher Tatsachen die anderen die Entscheidungen fällen. Schon ein einziger Kletterer mit inadäquatem Wissen kann eine erhebliche Gefahr für eine ganze Gruppe bedeuten – insbesondere dann, wenn die Gruppe in einem Notfall auf jedes einzelne Mitglied zählen muß. Ein Notfall ist die schlechtestmögliche Situation, um die Unkenntnis eines Bergsteigers zu entlarven!

### Erfahrung

Man kann zwar davon ausgehen, daß fast alle langjährigen Bergsteiger ein gehöriges Maß an Erfahrung gesammelt haben; aber dennoch sind einige erfahrener als andere. Der entscheidende Punkt ist, daß die Erfahrungsniveaus der einzelnen Bergsteiger mit den Erfordernissen des individuellen Unternehmens in Einklang gebracht werden müssen. Gelingt dies, wird man ein sicheres, befriedigendes Unternehmen erleben. Gelingt dies jedoch nicht, kann alles im Desaster enden. Ein exzellenter Kletterer, der sich bemüht, die eigenen Grenzen nach oben zu verschieben, geht in diesem Moment ein erhöhtes Risiko ein; dies gilt auch für einen Anfänger, der auf einem mittelschweren Unternehmen unterwegs ist. Ein Bergsteiger, der wunderbar auf warmem, trockenem Fels vorwärtskommt, kann bereits in größte Schwierigkeiten geraten, wenn das Gelände naß ist.

Es benötigt Übung und noch mehr Übung, um die eigene Erfahrung und das Können zu vergrößern. Diese Übung sollte man nur unter solchen Bedingungen durchführen, die Fehler verzeihen. Dies bedeutet z. B., daß man härtere Kletterpassagen zunächst in einem Klettergarten unter Absicherung ausprobiert und zuletzt erst dazu übergeht, ähnlich schwere Kletterpassagen am Ende einer anstrengenden Seillänge zu überwinden. Ein wesentlicher Aspekt der Sicherheit beim Klettern begründet sich in der persönlichen Kompetenz, was einschließt, daß man sich besseren Methoden gegenüber verpflichtet fühlt, einen größtmöglichen Lerneifer an den Tag legt und sich das Ziel setzt, durch Übung das eigene bergsteigerische Können zu perfektionieren.

**Beurteilungsvermögen**

Ein gutes Beurteilungsvermögen kann die beste Lebensversicherung eines Bergsteigers sein. Gutes Beurteilungsvermögen bedeutet, daß man die Kenntnisse, die man bei früheren Unternehmungen erworben hat, so anwendet, daß man in der gegebenen Situation die richtige und sichere Entscheidung fällt. Das bergsteigerische Beurteilungsvermögen sollte besser und besser werden, während man liest und klettert. Man beobachte erfahrene Bergsteiger im Gelände und denke darüber nach, warum sie in einer bestimmten Situation die entsprechende Entscheidung getroffen haben. Lerne darüber nachzudenken, Fragen zu stellen und bemühe dich darum, von Kollegen möglichst detaillierte Informationen über Entscheidungen zu erhalten.

Erfahrene Bergsteiger stimmen bei weitem nicht immer darüber überein, was eine gute Entscheidung in einer bestimmten Situation ist. Einige fordern für sich ein möglichst hohes Sicherheitsniveau und beurteilen daher eine Entscheidung, welche auch nur ein geringes Risiko beinhaltet, bereits als schlechte Entscheidung. Andere kommen bei derselben Entscheidung vielleicht zu dem Schluß, daß diese alle Bedingungen der aktuellen Situation berücksichtigt und den Fähigkeiten der Gruppe entspricht. Jede einzelne Person hat eine individuelle Definition des akzeptablen Risikos, daher müssen die Bergsteiger diese Frage mit ihren Kameraden unbedingt diskutieren, bevor sie zu ihrem Unternehmen aufbrechen. Der Beginn jeglicher adäquaten Beurteilung ist das Gespräch über das allgemein akzeptierte Risikoniveau und der Vergleich von eigenem Können mit den Anforderungen der Route.

Sehr häufig werden Anforderungen einer Route schlicht unterschätzt – unabhängig davon, ob es sich um eine kurze Kletterei oder einen großen alpinen Anstieg handelt. Das Klettern jenseits der eigenen Fähigkeiten ist immer Zeichen eines schlechten Urteils. Neue Kletterzüge und Techniken sollten im Klettergartengelände geübt werden. Wenn man wider Erwarten während einer längeren Klettertour vor überraschend schwierigen Situationen steht, sollte man darauf achten, daß man zusätzliche Sicherheit schafft – sicher genug, um gravierende Verletzung im Falle eines Sturzes zu verhüten, und auch sicher genug, um einen Rückzug über die Route zu einem späteren Zeitpunkt sicherzustellen.

Es spricht für ein armseliges Beurteilungsvermögen, wenn der Wunsch, ein Bergziel zu erreichen, so übermächtig ist, daß eine korrekte Beurteilung des Risikos unmöglich wird. Der Wunsch, ein Ziel zu erreichen, ist ein sehr nützliches Element beim Bergsteigen, hilft er doch über manche Unbequemlichkeit hinweg und fördert so den eigenen Erfolg. Aber es ist nicht vertretbar, wenn die Zielorientiertheit so übermächtig wird, daß das Unternehmen im Desaster endet. Durch Wünsche fehlgeleitet, kann man dazu veranlaßt werden, einen weit entfernten Gipfel als nah einzuschätzen; oder man glaubt fälschlicherweise, daß ein fragwürdiger Fixpunkt schon halten wird bzw. ein geschwächtes Team sicher stark genug für die Tour ist. Daher sollte man absolut rigoros sein und eine rationale Analyse des Wetters, der Stärke der Seilschaft und anderer Faktoren machen; erst dann kann man verantwortungsvoll entscheiden, ob es sinnvoll ist, weiterzugehen oder umzukehren.

Ein gutes Beurteilungsvermögen bedeutet auch, daß man es akzeptiert, wenn man selbst oder das Team einen schlechten Tag hat. Alle erfahrenen Bergsteiger können sich an Tage erinnern, an denen sie sich beim Klettern einfach schlecht gefühlt haben, an denen sie nicht in Form waren und schon leichte Seillängen Schwierigkeiten bereitet haben. Jegliche Beeinträchtigung des Körpers sollte akzeptiert und berücksichtigt werden – z. B. Müdigkeit, Krämpfe, Blasen, Höhenkrankheit oder Konditionsmängel. Tip: Sei dir selbst gegenüber ehrlich, dann wirst du gelegentlich auftretende Formtiefs rechtzeitig erkennen und die Tagesplanung entsprechend einrichten.

## Gruppenführung

Die Sicherheit, der Erfolg und natürlich auch der Spaß einer Bergtour hängt zum großen Teil von der Gruppenführung und Organisation ab. Diese formalen Konzepte mögen für Freizeitsportler ein wenig langweilig klingen, aber sie existieren innerhalb jeder erfolgreichen Seilschaft. Eine kleine Gruppe von Kameraden, welche sich seit langer Zeit kennt, hat unter Umständen unbewußt alle Elemente der Gruppendynamik und Organisation integriert, ohne daß man sich darüber groß Gedanken gemacht hätte. Dies muß man allerdings deutlich von Gruppen unterscheiden, welche einzelne Anfänger enthalten, und erst recht von Gruppen, bei denen es sich um vollständige Anfänger handelt, die niemals zuvor geklettert sind; und natürlich von Gruppen, deren Mitglieder sich nicht alle gegenseitig gut kennen.

Die Gruppendynamik beginnt bei jedem einzelnen. Dies bedeutet, daß sich jeder über die Gruppe und ihr Vorwärtskommen bewußt sein muß – auch dann, wenn man nicht der Seilerste ist. Jeder muß sich der Verantwortung auf der Basis des eigenen Könnens und Wissens bewußt sein und seine persönliche Entscheidung in der Situation so fällen, daß es dem angestrebten Ziel der Gruppe dienlich ist. Unbedingt sollte man den Mut haben, daß man ein subjektiv empfundenes Risiko auch offen äußert – insbesondere dann, wenn man das Gefühl hat, daß das Risiko die Fähigkeiten der Gruppe übersteigt. Man sollte keine Angst haben, daß ein anderer mehr weiß als man selbst und vielleicht denken könnte, daß man ein Schwächling ist! Indem man persönliche Charakterstärke zeigt, kann man wesentlich zur Entscheidungsfindung der Gruppe beitragen und die Gruppenorganisation unterstützen.

Die Komplexizität der Leitung nimmt mit der Gruppengröße und der Länge des Unternehmens deutlich zu. Bei einem Wochenendunternehmen zweier guter Freunde ist es ohne weiteres möglich, daß einer die gesamte Organisation übernimmt: Planung der Ernährung, Auswahl der Route, Auswahl des Materials usw. Bei einer Gruppe mehrerer Freunde kann die Gruppenleitung durch Konsens erfolgen. Wenn das Unternehmen komplexer wird, kann es sinnvoll sein, daß eine Person formell als Gruppenleiter benannt wird, wobei er die Verantwortung für eine vernünftige Koordination der Teamaktivitäten übernimmt.

Der Gruppenleiter kann natürlich nicht alles selbst machen – dies wäre auch nicht wünschenswert. Eine souveräne Führungspersönlichkeit delegiert Einzelaufgaben und Verantwortung unter Berücksichtigung der individuellen Fähigkeiten des Ausführenden und behält selbst den Überblick über das Gesamtunternehmen. Er trägt dafür Sorge, daß alle Aufgaben wahrgenommen werden. Ein solches Verfahren trägt darüberhinaus dazu bei, daß die Moral und das Verantwortungsbewußtsein der einzelnen Gruppenmitglieder gestärkt wird; sie fühlen sich mehr in das Gesamtunternehmen eingebunden, da sie die Eigenverantwortung von Aufgaben wie das Planen der Ernährung, die Organisation des Transportes oder andere Aufgaben übernehmen. Bei einer Gruppe, welche sehr groß ist, oder bei welcher die Gruppenmitglieder nicht gut aufeinander eingespielt sind, sollte der Gruppenleiter einen Assistenten benennen, welcher ihn in der Leitungsfunktion unterstützt, falls dies notwendig werden sollte.

Ein Gruppenleiter ist immer auch ein Lehrer. Anfänger benötigen Unterstützung beim Erlernen der Klettertechniken, und selbst erfahrenere Bergsteiger erweitern ihr Können durch das Erlernen von Führungsfähigkeiten. Die besten Führer entwickeln Geduld, Einfühlungsvermögen und Souveränität – allesamt Eigenschaften, die notwendig sind, um den Gruppenmitgliedern die gesamte eigene Erfahrung weiterzuvermitteln.

Die Vorbereitung durch einen erfahrenen Gruppenleiter erfolgt umsichtig, um jeden möglichen schwereren Zwischenfall zu berücksichtigen, welcher über die Gruppe hereinbrechen könnte. Aber die gewöhnlichsten und vor allem auch die ärgerlichsten Aufgaben sind deutlich weniger dramatisch. In der Realität sind es gerade die kleinen Pannen, welche unterwegs gewöhnlicherweise zu den unpassendsten Momenten eintreten und einen zur Verzweiflung bringen können – beispielsweise ein zurückbleibender Bergsteiger, der sich über seine neuen Stiefel ärgert, oder ein anderer, der zu krank oder zu müde ist, um die Tour fortzusetzen. Leider gibt es auch keine allgemeingültige Antwort auf die Frage, wie in diesen Situationen gehandelt werden sollte. Der Gruppenleiter ist ununterbrochen gefordert, mit bestmöglichem Beurteilungsvermögen die Möglichkeiten abzuwägen und eine sichere Entscheidung im Sinne des Gruppenzieles zu fällen. Ein effektiv arbeitender Gruppenleiter wägt auch immer die Möglichkeit gravierender Konsequenzen ab, wenn solche scheinbar trivialen Probleme an ihn herangetragen werden.

Bergsteigen bedeutet eine reiche Auswahl an notwendigen Entscheidungen und erfordert vom ausführenden Bergsteiger ständig Aufmerksamkeit. Ohne Führungsqualitäten kann auch eine leistungsstarke Gruppe ziellos herumwandern oder entscheidungslos wie paralysiert herumsitzen. Aber unter der Voraussetzung einer effektiven Gruppenleitung kann auch eine mäßig starke Gruppe größere Ziele erreichen.

## *Die Leistungsfähigkeit einer Seilschaft*

Ob eine Seilschaft den Erfordernissen des geplanten Unternehmens bezüglich ihrer Gesamtleistungsfähigkeit gewachsen ist, hängt von den Fähigkeiten der Gruppenmitglieder, der Größe und Geschwindigkeit der Gruppe und anderen wichtigen Faktoren ab. Eine gute Gruppenleitung ist ein zentraler Faktor, um die Moral einer Gruppe zu stärken und das Bestmögliche aus der Gruppe herauszuholen.

### Bergsteigerische Fähigkeiten

Die stärkste Gruppe besteht aus mehreren Bergsteigern mit einem Höchstmaß an bergsteigerischen Fähigkeiten – sie ist also erfahren und ausgerüstet, verfügt über eine optimale Kondition und besitzt jegliche Fähigkeiten, die das geplante Unternehmen erfordert. Im Gegensatz zu diesem Optimalfall ist eine schwache Gruppe nicht so leicht zu beschreiben. In einigen Fällen kann eine Gruppe durchaus leistungsstark genug sein, wenn zwei Gruppenmitglieder gute Bergsteiger sind und mehrere schwächere Gruppenmitglieder sich ihnen angeschlossen haben. In anderen Situationen kann es passieren, daß eine Gruppe von zehn leistungsstarken Bergsteigern und einem Anfänger eine zu schwache Gruppe ist. Eine Gruppe ohne jegliche erfahrene Mitglieder ist natürlich in jedem Fall ein wenig belastbares Team.

Der Gruppenleiter sollte mit den Fähigkeiten der einzelnen Gruppenmitglieder vertraut sein, um die persönlichen Stärken und Schwächen zu berücksichtigen. Hier kann es für den Gruppenleiter notwendig sein, daß er einen ruhigen, vertrauenswürdigen Partner hat, welcher die langsamen Personen am Ende der Gruppe betreut; auch kann es notwendig sein, einige erfahrene Routenfinder zu haben, um den vorausliegenden Weg zu erkunden. Wenn der Gruppenleiter in der Nähe eines Endes einer größeren Gruppe unterwegs ist, sollte ein Assistent benannt werden, welcher für diese Zeit dem anderen Gruppenende zur Verfügung steht.

Natürlich muß der Gruppenleiter auch über die Leistungsstärke der einzelnen Seilschaften informiert sein. Bei kleinen Gruppen werden die Seilschaften normalerweise durch stillschweigende Übereinkünfte zwischen den Gruppenmitgliedern gebildet. Aber bei größeren Gruppen oder bei Gruppen, in denen sich die Einzelmitglieder relativ fremd sind, kann es erforderlich sein, daß die Seilschaften durch den Gruppenleiter auf der Basis der Erfahrung der Kletterer, ihrer Klettergeschwindigkeit und bestimmter Persönlichkeitsmerkmale zusammengestellt werden. Jede Seilschaft aus erfahrenen Bergsteigern sollte stark genug sein, um im Führungswechsel zu klettern. Hierdurch wird es möglich, die Arbeit zu teilen, und weniger routinierte Kletterer erhalten die Chance, ihr Können entsprechend zu erweitern.

### Gruppengröße

Die Mindestgröße einer Gruppe für Bergtouren ergibt sich aus der Mindestzahl an Personen, welche nötig ist, um bei einem möglichen Unfall sinnvolle Ersthilfe zu leisten. Traditionell bilden bei kombinierten Hochgebirgsunternehmungen normalerweise drei Personen eine Standardseilschaft. Hierdurch ist es im Falle, daß ein Bergsteiger verletzt werden sollte, möglich, daß der zweite beim Verletzten bleibt und ihn betreut, während der dritte Hilfe holt. Von dieser üblichen Dreiereinheit kann abhängig von der Situation natürlich abgewichen werden. In sehr schwierigem Gelände oder bei zweifelhaftem Wetter, also dann, wenn es unter Umständen gefährlich ist, daß eine Person alleine Hilfe holt, kann eine Gruppengröße von vier Personen das für die Sicherheit notwendige Minimum sein. Andererseits kann die Komplexizität einer Route die Bildung einer Zweierseilschaft nahelegen.

Ein komplexeres Unternehmen auf Gletschern erfordert vier bis sechs Personen in zwei Seilschaften, um eine effektive Spaltenrettung zu ermöglichen. Ein Unternehmen in sehr abgelegenem Gelände, bei denen unter Umständen auf 100 km keine weitere Hilfe zu erwarten ist, muß so geplant werden, daß jeglicher Notfall eigenständig bewältigt werden kann. Daher wird die Zahl der Mitglieder bei Expeditionen normalerweise höher sein als beim alpinen Bergsteigen. Eine kleine Gruppe, die im abgelegenen Gelände unterwegs ist, muß absolut darin übereinstimmen, daß sie ein höheres Risikoniveau in Kauf nimmt.

Es ist natürlich ein großer Fehler, zu glauben, daß eine größere Gruppe immer auch eine sicherere Gruppe ist. Eine größere Gruppe kann leichter Lawinen auslösen und auch wesentlich mehr lockere Steine ablassen. Sie wird immer langsamer sein und unflexibler – dies gilt sowohl für das Lagern als auch für das Klettern. Eine Gruppe von 10 bis 12 Personen gilt derzeit als die größte Gruppe, welche unter dem Aspekt des Naturschutzes gleichzeitig in einem Gelände unterwegs sein sollte. Für einige besonders empfindliche Gebiete sind solche Gruppen bereits zu groß.

**Unterstützung durch Dritte**

Eine Gruppe vergrößert ihre Leistungsstärke unter Umständen dann, wenn weitere Teams im Zielgebiet unterwegs sind. Allerdings muß gewährleistet sein, daß die Seilschaften auch bereit sind, sich gegenseitig zu helfen. Dies gilt insbesondere auch dann, daß Rettungsmaßnahmen ergriffen werden, wenn Partner nicht zu einer verabredeten Zeit zurückkehren.

Zuletzt sollte man daran denken, daß man eine kurze handschriftliche Skizze der eigenen Pläne bei einer vertrauenswürdigen Person hinterläßt, damit diese Hilfe alarmieren kann, wenn man nicht zum verabredeten Zeitpunkt zurückkehrt. Dabei sollte man genügend Informationen hinterlassen, so daß die Rettungsmannschaften eine reelle Chance haben, das Gebiet festzulegen, in dem sie suchen müssen. Andererseits ist es nicht notwendig, die Pläne so detailliert niederzulegen, daß man mit der Auswahl von Alternativrouten zu stark begrenzt ist, falls ein Routenwechsel aufgrund der vor Ort angetroffenen Bedingungen notwendig wird. Beim Abweichen des daheim hinterlassenen Planes sollte man jedoch berücksichtigen, daß man eine mögliche Rettungsaktion dadurch verkompliziert. Generell hinterläßt man deshalb immer einen ungefähren Zeitpunkt der Rückkehr, wobei genügend Freiraum einkalkuliert wird, so daß eine Verspätung über ein paar Stunden durch Fehler beim Suchen der Route oder andere kleine Probleme nicht gleich die Alarmierung einer Rettungsmannschaft nach sich zieht. Niemals darf man natürlich vergessen, sich nach Heimkehr bei der Person wieder zurückzumelden.

**Zusammenhalten der Gruppe**

Ein besonders kritischer Verantwortungsbereich der Gruppenleitung ist es, die Gruppe zusammenzuhalten, um die Leistungsstärke der Gruppe auf das Ziel zu konzentrieren und die Kommunikation aufrechtzuerhalten. Es ist eine alltägliche Gefahr, im Verlaufe der Tour in kleinere Gruppen zu zerfallen, wobei es an der Tagesordnung ist, daß schwache Splittergruppen entstehen. Große Gruppen sind unter Umständen stark genug, um in aktionsfähige Untergruppen aufgeteilt zu werden, aber jede Untergruppe muß eine ausreichende Leistungsfähigkeit und interne Führungsstruktur haben, um ihr Ziel zu erreichen.

Bei kleinen Gruppen gleichstarker Kletterer ist es recht leicht, die Personen zusammenzuhalten; wenn jemand zurückliegt, werden die anderen normalerweise das Problem schnell erkennen und ihre Geschwindigkeit ebenfalls reduzieren. Bei größeren Gruppen müssen der Gruppenleiter und sein Assistent gut zusammenarbeiten, um das Aufsplitten der Gruppe in kleine Fragmente zu verhindern. Diese Situation tritt recht häufig dann auf, wenn organisierte Vereinsunternehmungen oder Bergsteigerkurse durchgeführt werden. Die Leiter solcher Gruppen müssen sich sehr anstrengen, um die führende Seilschaft daran zu hindern, anderen davonzuziehen und gleichzeitig den Kontakt mit den Kletterern am letzten Seil zu verlieren.

Beim Abstieg ist es noch schwieriger, eine Gruppe zusammenzuhalten als beim Aufstieg. Der Gruppenleiter ist normalerweise beim Abstieg die letzte Person; er muß vorher klare Anweisungen geben, wie die Gruppe sich zu verhalten hat, falls sie sich wider Erwarten trennen sollte. Abfahrten führen am häufigsten zum Aufsplitten einer Gruppe. Die schnellsten und erfahrensten Fahrer sind bereits unten angekommen und warten auf den Weiterweg, ehe die letzten Gruppenmitglieder ebenfalls den Hangfuß erreichen. Hier sollte der Gruppenleiter unbedingt darauf bestehen, daß sich die Gesamtgruppe am Unterende einer Abfahrt trifft, bevor der Weg fortgesetzt wird. Wenn der Leiter es schafft, daß jeder Ruhe behält und sein Tempo drosselt, besteht nur eine geringe Gefahr, daß die gesamte Gruppe durch Aufsplittung geschwächt wird oder daß man nach vermißten Gruppenmitgliedern suchen muß.

### Zeitplanung

Geschwindigkeit bedeutet auch Sicherheit. Dies trifft insbesondere dann zu, wenn ein Bereich mit Steinschlaggefahr gequert werden muß oder ein Lager vor Einbruch der Dunkelheit erreicht werden soll. Natürlich bringt Geschwindigkeit auch Gefahren mit sich. Ein zügiges Fortkommen kann Kletterer plötzlich in Situationen bringen, in denen ein Rückzug schwierig ist, während ein gemächlicheres, vorsichtigeres Vorwärtskommen ihnen unter Umständen einen rechtzeitigen Rückzug erlaubt. Geschwindigkeit um ihrer selbst Willen kann eine große Gefahr werden, wenn sie die korrekte Ausführung der Klettertechniken beeinträchtigt oder Sicherheitsmaßnahmen außer Kraft gesetzt werden. Es ist nicht so wichtig, wie schnell man geht, sondern vielmehr, wie sinnvoll und optimal man die zur Verfügung stehende Zeit nutzt. Eine Gruppe von Bergsteigern sollte die zur Verfügung stehende Zeit im voraus verplanen. Man überlegt, wann die sinnvollste Aufbruchzeit am Morgen ist, und geht dabei auch mental die verschiedenen Abschnitte des Unternehmens durch bzw. schätzt ab, wie lange man jeweils brauchen wird. Das Festlegen eines Zeitpunktes, an dem spätestens zurückgekehrt werden sollte – auch dann, wenn der Gipfel nicht erreicht wurde –, ist sinnvoll. Hierdurch wird verhindert, daß die Gruppe auch dann noch ihr ursprüngliches Ziel verfolgt, wenn es zu spät ist, um den Gipfel zu erreichen, und das Erreichen des Camps bei Tageslicht wird sichergestellt.

## *Zum Gruppenleiter geboren?*

Gruppenleiter zu werden, ist ein »do-it-yourself-Projekt«, zu dem man Fleiß und Initiative benötigt. Die beste Art, ein guter Gruppenleiter zu werden, ist, selbst zu führen und zu immer wieder beobachten, wie andere führen, private Unternehmungen mit Freunden ebenso zu organisieren wie kurze Familienunternehmungen und sich dann im Laufe der Zeit mit schwierigeren und komplexeren Projekten zu befassen. Beim Klettern mit einem erfahrenen Gruppenleiter beobachtet man diesen genau; man merkt sich, wie er plant und wie er mit seinem Team arbeitet. Auch kann man um eine Assistenzfunktion bitten, um so in die Planung und Entscheidungsfindung eingebunden zu sein.

Die Selbsteinschätzung ist eine besonders wichtige Fähigkeit, wenn man ein guter Gruppenleiter werden will. Effektiv arbeitende Leiter nehmen sich stets die Zeit, um ihr eigenes Vorgehen zu überprüfen, indem sie sich selbst fragen: »War ich so gut, wie ich sein kann? Was verlief richtig? Warum? Was verlief falsch? Warum? Wie kann das Vorgehen weiter verbessert werden?«

Gruppenleitung macht ebenso Freude, wie sie auch Last und Enttäuschung bedeuten kann. So ärgerlich wie manches erscheinen kann – die Tätigkeit als kompetenter Ansprechpartner kann überraschend einfach sein, wenn man sich entsprechend darauf vorbereitet und die Verantwortung vollständig akzeptiert. Natürlich muß man alle seine Sinne stets wachhalten, um schnell und effektiv mit den wechselnden Situationen fertig zu werden.

# Kapitel 17
# Bergrettung

Bergsteigertraining setzt seine Schwerpunkte bei Techniken, welche notwendig sind, um sicher und gesund vorwärtszukommen. Aber wenn plötzlich Verletzungen oder Erkrankungen auftreten, ist man normalerweise sehr weit von professioneller medizinischer Hilfe oder Rettung entfernt. Normalerweise werden Kletterer von anderen Bergsteigern gerettet – dies geschieht oft unter großem Risiko und persönlichem Einsatz. Dies bedeutet aber auch, daß ein großes Ausmaß an persönlichem Verantwortungsbewußtsein von jedem Bergsteiger verlangt wird, damit er in der Lage ist, im Falle eines Notfalles zu helfen. Das folgende Kapitel konzentriert sich auf die Kenntnisse, welche notwendig sind, wenn eine kleine Gruppe ohne spezialisierte Ausrüstung Hilfe leisten muß.

## Suche

Die Suche nach einer verirrten Person ist eine der häufigsten Rettungstätigkeiten. Eine Suche sollte auf jeden Fall nur dann begonnen werden, wenn man die folgende Frage mit ja beantworten kann: Benötigt die vermißte Person unbedingt Hilfe? Wenn die Person gesund und gut ausgerüstet in einem Gebiet unterwegs ist und darüberhinaus die notwendige Erfahrung im Klettern und Routenfinden besitzt, hat sie eine gute Chance, daß sie selbständig den Weg zurückfindet und die Gruppe innerhalb einiger Stunden wiedertrifft. Dies bedeutet, daß man durchaus eine Suche bis zum nächsten Morgen verschieben kann, um der fehlenden Person die Zeit zur Rückkehr zu geben.

Die Suche sollte aber unbedingt sofort begonnen werden, wenn die Person vermutlich im steilen Felsgelände oder auf einem spaltenreichen Gletscher unterwegs ist, wenn sie vermutlich müde, unerfahren oder unzureichend ausgerüstet ist. Natürlich wird die Suche auch sofort begonnen, wenn ein medizinisches Problem wie zum Beispiel Zuckerkrankheit bekannt ist oder es sich bei der vermißten Person um ein Kind handelt. Auch beginnt man die Suche sofort, wenn eine ganze Seilschaft nach einem schweren Sturm, bei Lawinenbedingungen oder in schwierigem Gelände vermißt wird.

Die Schwierigkeiten einer Suche hängen zum Teil davon ab, wieviele Personen zum Suchen zur Verfügung stehen. Eine kleine Gruppe kann unter Umständen nicht mehr als die nähere Umgebung durchsuchen. Mit einem halben Dutzend Personen kann unter Umständen nur das sichtbare Gelände durchsucht werden; eine große Gruppe kann dagegen unter Umständen ein ganzes Areal durchstreifen.

Unabhängig von der Methode muß jede Person vollständig in den Suchplan eingeführt worden sein, bevor die Suche beginnt. Wenn die Gruppe sich dafür entscheidet, daß man sich aufteilt, muß jeder genau wissen, wo die anderen sind. Unbedingt sollte man Signale vereinbaren, mit denen man sich über eine größere Distanz verständigen kann; hier kommen insbesondere Schreie, Pfiffe oder sichtbare Signale und Lichtsignale in Betracht. Darüberhinaus muß eine Zeit verabredet werden, zu der jeder zu einem verabredeten Ort zurückkehrt – unabhängig davon, ob die vermißte Person gefunden wurde oder nicht.

Zur eigenen Sicherheit sollten die Suchenden zu zweit unterwegs sein oder aber in Rufweite bleiben. Dies bedeutet natürlich, daß eine Gruppe von zwei oder drei Personen lediglich die nähere Umgebung absuchen kann. Die beste Chance eines Erfolges hat man in einer solchen Situation, wenn man zusätzlich nach der vermißten Person ruft. Die Suche wird effektiver, wenn man sich versuchsweise in die Situation der vermißten Person hineinversetzt und mögliche Fehler, welche bei der Wegwahl aufgetreten sein können, herausfindet. Hier denke man insbesondere an besonders kritische Punkte wie Verzweigungen an Wegen, Rinnen und Graten.

Wenn man auf diese Weise keinen Erfolg erzielen kann, geht die Gruppe ihren bisherigen Weg zurück und sucht nach Spuren, welche darauf hinweisen könnten, daß die vermißte Person den Weg verlassen hat. Falls solch ein Punkt gefunden wird, folgt man dem bequemsten Weg in der Erwartung, daß die Person ebenfalls diesen bequemen Weg gegangen ist; man achtet dabei auf weitere Fußabdrücke im Schnee, Matsch, Sand oder anderem Untergrund. Falls nicht zahlreiche Fußabdrücke gefunden werden, müssen die Suchenden sich verteilen, um ein größeres Gebiet abdecken zu können. Hierbei bleiben sie in Rufkontakt, was regelmäßig überprüft wird. Auch wird regelmäßig angehalten, um nach Rufen der vermißten Person zu horchen. Falls nach mehreren Stunden der Suche kein Erfolg erzielt wird, kommt irgendwann der Zeitpunkt, bei dem es sinnvoll ist, die Hilfe Dritter anzufordern.

## Wenn ein Unfall passiert...

Führungsqualitäten und Disziplin sind die Schlüssel zum Erfolg bei der Bergrettung. Wenn die eigene Gruppe nicht automatisch einen Führer hat, wird einer ausgewählt, der in einem Notfall die Koordination übernimmt. Der Gruppenleiter sollte in jedem Fall die Vorschläge anderer Gruppenmitglieder berücksichtigen – allerdings gilt grundsätzlich, daß die Entscheidungen des Gruppenleiters ohne Diskussion akzeptiert werden.

Die Hilfe muß bei einem verletzten Kletterer schnell erfolgen, trotzdem muß man sich unbedingt vorsichtig im Gelände bewegen, um weitere Unfälle zu vermeiden. In schwierigem Gelände bedeutet dies, daß ein oder zwei Helfer, die alles Hilfsmaterial mitführen, unter Seilsicherung zum Verletzten gelangen. Wenn man zu einem Verletzten absteigt oder sich abseilt, sollte dies seitlich geschehen, um der Gefahr zu entgehen, daß möglicherweise herunterfallende Steine den Verletzten zusätzlich gefährden. Unbedingt sollte man Ruhe bewahren. Hektische unkontrollierte Aktivität macht die Rettungsaktion nur unnötig kompliziert.

Dringende Erste Hilfe sollte sobald wie möglich erfolgen: Blutungen müssen gestoppt werden, gegebenenfalls muß die Atmung gesichert, ein Schock behandelt und ein Knochenbruch ruhiggestellt werden. Wenn es notwendig werden sollte, den Verletzten an einen anderen Ort zu bringen, weil der Unfallort zu gefährlich ist, müssen schonende Methoden gefunden werden, die die bestehenden Verletzungen nicht weiter beeinträchtigen.

Der Verletzte muß unbedingt rund um die Uhr bewacht werden. Ein Verletzter, der nicht ununterbrochen beaufsichtigt werden kann, muß unbedingt am kurzen Seil an einem Fixpunkt gesichert werden, um die Gefahr eines weiteren Absturzes zu verhindern, welche unter Umständen durch Verwirrung oder irrationales Handeln des Verunglückten entsteht. Das Anseilen sollte unbedingt so erfolgen, daß der Betroffene sich nicht unkontrolliert losbinden kann.

Bei der Bewältigung einer Notsituation sind übereilte Handlungen normalerweise weniger effektiv als korrekt geplante Abläufe. Ein hastiges

Aufteilen der Gruppe oder jede andere spontane unüberlegte Reaktion zieht eine deutlich geringe Chance auf Erfolg nach sich als geplantes zielstrebiges Vorgehen. Daher muß der Gruppenleiter, nachdem zuallererst ein Überblick über die Sicherheit geschaffen wurde und die Erste-Hilfe-Maßnahmen erfolgreich waren, einen Rettungsplan zurechtlegen. Dabei muß jedes Detail konsequent bis ins Ende durchdacht werden und alles vorbereitet werden. Dazu gehört auch, daß jede Person in ihren Aufgaben während des gesamten Vorgehens eingewiesen wird.

Jeder Einzelaspekt der Situation muß aus sachlicher Distanz heraus betrachtet werden. Wie schwer sind die Verletzungen? Welche Überwachungsmaßnahmen sind notwendig, um die Sicherheit des Verletzten während des Transportes zu gewährleisten? Wie sieht das Gelände aus und wie weit ist es bis zu nächsten Straße? Wie sind die Kraftreserven? Und: Ist die technische Ausrüstung der Gruppe ausreichend? Nur nach einer vorsichtigen Analyse solcher Fragen sollte ein Planung über das weitere Vorgehen abgesprochen werden.

## Transport durch die Kameraden

Die Kameraden sind manchmal in der Lage, eine kranke oder verletzte Person ohne Hilfe durch Dritte zu transportieren. Wenn die verletzte Person gehen kann oder sie nur leicht verletzt ist, kann es bereits ausreichen, daß man das Gepäck der Person übernimmt und sie moralisch unterstützt. Die Evakuierung eines Verunglückten, der zwar geringe, aber das Vorwärtskommen stark behindernde Verletzungen hat, wie z. B. eine Knöchel- oder Knieverletzung, kann unter Umständen ebenfalls für Kameradenhelfer möglich sein.

Generell kann man davon ausgehen, daß eine verletzte Person von einer großzügigen Pause nach dem Unfall profitiert. Da die zusätzliche Belastung einer sofortigen Evakuierung in den seltensten Fällen direkt abgeschätzt werden kann, sollte man unbedingt darauf achten, daß sich die Situation des Verletzten stabilisiert hat, bevor man an Fortbewegung denkt. Manchmal kann die verletzte Person ihrerseits den bestmöglichen Zeitpunkt angeben, wann aufgebrochen werden sollte. Hierbei kann man ihr helfen, indem man sie regelmäßig fragt – jedoch ohne zu drängen. Der Verlauf der Evakuierung muß bestens überwacht werden, wobei man auch immer den Komfort der verletzten Person im Hinterkopf behalten sollte.

Einige wenige medizinische Notfälle erfordern einen sofortigen Transport: Höhenlungenödem und Höhenhirnödem, Bewußtlosigkeit unbekannter Ursache, Entgleisung des Blutzuckerspiegels (Diabetes) und sich absehbar verschlimmernde Situationen wie z. B. eine Blinddarmentzündung. Eine sofortige Evakuierung ist auch dann notwendig, wenn die Wetterbedingungen oder die Geländegefahren lebensgefährlich sind oder werden können. Verschiedene andere äußere Bedingungen können es dagegen erforderlich machen, daß eine Evakuierung unbedingt unterlassen wird, bis gut ausgebildetes medizinisches Hilfspersonal und organisierte Rettung vor Ort ist (vorausgesetzt, daß dieses Personal innerhalb von weniger als 24 Stunden eintrifft): Kopfverletzungen, Genick- und Wirbelsäulenverletzungen, Herzanfälle, Schlaganfälle und innere Verletzungen. Anmerkung des Übersetzers: Die beschriebenen Transportindikationen beziehen sich vor allem auf die wesentlich unzugänglicheren Gebiete der nordamerikanischen Gebirge. Für die höhere Infrastruktur der europäischen Alpen kann der Helfer grundsätzlich davon ausgehen, daß alles, was über eine Bagatellverletzung hinausgeht, von organisierter Luft-Rettung versorgt werden sollte. Grundsätzlich gilt darüberhinaus, daß ein Verletzter, bei dem man Angst hat, daß er ein Biwak nicht überleben würde, einen improvisierten Transport durch die Kameraden ganz sicher nicht überleben wird, also im Zweifelsfalle biwakieren!

## Hilfe durch organisierte Rettung

Immer wieder wird es einmal vorkommen, daß eine Seilschaft sich nicht aus eigener Kraft helfen kann. Zum Beispiel kann Hilfe durch Dritte notwendig werden, wenn die Verletzungen eines Bergsteigers schwer sind, wenn die Evakuierung über größere Passagen schwierigen Geländes erfolgen muß oder wenn die Umstände wie z. B. die Gruppengröße, die Kondition der Gruppenmitglieder, das Gelände oder die große Entfernung zur nächsten Straße alleine oder in Kombination den Transport zu schwierig machen. 30 oder mehr Helfer werden unter Umständen benötigt, um einen Verletzten drei bis fünf Kilometer zum nächsten gut gangbaren Weg zu transportieren!

Nachdem die Gruppe entschieden hat, daß Hilfe durch Dritte benötigt wird, wird diese alarmiert, sobald der Zustand des Verletzten stabilisiert werden konnte, und die Person, die Hilfe holt, nicht mehr am Unfallplatz benötigt wird. In vielen Gebieten ist die Rettung mittels Helikopter zumeist innerhalb von drei Stunden vor Ort, wenn die Notfallmeldung an die richtige Adresse abgegeben wurde. Natürlich hängt dies auch vom Wetter, dem Gelände und den »lokalpolitischen« Gegebenheiten ab. Eine bodengebundene Rettung kann den Unfallplatz häufig erst innerhalb von acht bis sechzehn Stunden erreichen. Wenn sich die Gruppe in einem geschützten Gelände befindet, welches gut mittels Helikopter erreichbar ist und die Wetterbedingungen gut sind, sollte man den Verletzten keinesfalls transportieren – außer wenn dies aus äußeren Gründen zwingend erforderlich ist.

Wenn die Seilschaft Hilfe benötigt, sollte man keine Hemmungen haben, diese auch von anderen Seilschaften, die sich eventuell in der Umgebung befinden, zu erbitten. Auch kann man Personen fragen, die in der Region leben oder arbeiten – nicht zuletzt natürlich auch lokale Behörden und Institutionen. Eine Bergsteigergruppe sollte bereits vorher wissen, an wen sie sich wie um Hilfe wenden kann, falls die eigenen Maßnahmen erfolglos sind. Natürlich sollte sie sich auch Gedanken machen, wie sie mit den Rettungsmannschaften und Behörden zusammenarbeitet.

Manchmal ist es nicht möglich, jemanden aus der Gruppe zur Alarmierung der Hilfe zu schicken. Dann ist die einzige Alternative, Notsignale in Form von Schall- oder Sichtsignalen zu geben. In einer solchen Situation wird einem ganz dramatisch klar, wie wichtig es ist, vor Aufbruch irgendwo die eigene Route und die voraussichtliche Zeit der Rückkehr hinterlassen zu haben, da dann von der verantwortlichen Person automatisch Rettungsmannschaften in Bewegung gesetzt werden.

## Abstieg und Alarmierung

Falls irgendwie möglich, sollten immer nur zwei Bergsteiger gemeinsam aufbrechen, um Hilfe zu holen – sowohl zugunsten der Sicherheit als auch zugunsten einer optimalen Zusammenarbeit bei der Organisation der Hilfe, welche durch zwei Personen besser erfolgen kann. Der Gruppenleiter muß unbedingt sicherstellen, daß die beiden einen klaren Überblick über die Situation am Unfallort und die erforderlichen Maßnahmen haben, so daß die organisierte Hilfe ihr Vorgehen mit einem größtmöglichen Maß an Informationen planen kann. Sinnvollerweise führen sie eine Namens- und Adreßliste aller Gruppenmitglieder mit, einen stichwortartigen Unfallbericht und eine Wanderkarte, in die der Unfallort eingetragen wurde. Ein Unfallbericht sollte für jede einzelne verunglückte Person ausgefüllt werden. Wichtig ist, daß die wesentlichen Informationen über Ausmaß und Art der Verletzung enthalten sind.

(17-1) Formular für Unfallberichte (Beispiel aus Nordamerika)



# FIRST AID REPORT FORM

## START HERE — FINDINGS

**AIRWAY, BREATHING, CIRCULATION**

INITIAL RAPID CHECK
(Chest Wounds, Severe Bleeding)

ASK WHAT HAPPENED:

ASK WHERE IT HURTS:

TAKE PULSE & RESPIRATIONS | PULSE | RESPIRATIONS

HEAD-TO-TOE EXAMINATION

HEAD: Scalp — Wounds
Ears, Nose — Fluid
Eyes — Pupils
Jaw — Stability
Mouth — Wounds

NECK: Wounds, Deformity

CHEST: Movement, Symmetry

ABDOMEN: Wounds, Rigidity

PELVIS: Stability

EXTREMITIES: Wounds, Deformity
Sensation & Movement
Pulses Below Injury

BACK: Wounds, Deformity

SKIN: Color
Temperature
Moistness

STATE OF CONSCIOUSNESS

PAIN (Location)

LOOK FOR MEDICAL ID TAG

ALLERGIES

VICTIM'S NAME — AGE

COMPLETED BY — DATE — TIME

## FIRST AID GIVEN

TEAR HERE · KEEP THIS SECTION WITH VICTIM

DETACH HERE · SEND OUT WITH REQUEST FOR AID

## RESCUE REQUEST

Fill Out One Form Per Victim

TIME OF INCIDENT AM PM — DATE

NATURE OF INCIDENT
FALL ON: ☐ ROCK ☐ SNOW ☐ FALLING ROCK
☐ CREVASSE ☐ AVALANCHE
☐ ILLNESS EXCESSIVE ☐ HEAT ☐ COLD

BRIEF DESCRIPTION OF INCIDENT

| INJURIES (List Most Severe First) | FIRST AID GIVEN |
|---|---|
| | |
| | |
| | |
| | |
| SKIN TEMP/COLOR: | |
| STATE OF CONSCIOUSNESS: | |
| PAIN (Location): | |

| RECORD: | INITIAL | | | | WHEN LEAVE SCENE |
|---|---|---|---|---|---|
| Time | | | | | |
| Pulse | | | | | |
| Respiration | | | | | |

VICTIM'S NAME — AGE

ADDRESS

NOTIFY (Name)

RELATIONSHIP — PHONE

# VITAL SIGN RECORD

| Record TIME | BREATHS Rate | BREATHS Character | PULSE Rate | PULSE Character | PULSES BELOW INJURY | PUPILS | SKIN | STATE OF CONSCIOUS-NESS | OTHER |
|---|---|---|---|---|---|---|---|---|---|
| | | Deep, Shallow, Noisy, Labored | | Strong, Weak, Regular, Irregular | Strong Weak Absent | Equal Size, React To Light, Round | Color Tempera-ture Moistness | Alert, Confused, Unresponsive | Pain, Anxiety, Thirst, Etc. |
| | | | | | | | | | |
| | | | | | | | | | |
| | | | | | | | | | |
| | | | | | | | | | |
| | | | | | | | | | |
| | | | | | | | | | |
| | | | | | | | | | |
| | | | | | | | | | |
| | | | | | | | | | |
| | | | | | | | | | |

*TEAR HERE – KEEP THIS SECTION WITH THE VICTIM*

*DETACH HERE – SEND OUT WITH REQUEST FOR AID*

## SIDE 2 RESCUE REQUEST

EXACT LOCATION (Include Marked Map If Possible)
QUADRANGLE: SECTION:
AREA DESCRIPTION:

TERRAIN: ☐ GLACIER ☐ SNOW ☐ ROCK
☐ BRUSH ☐ TIMBER ☐ TRAIL
☐ FLAT ☐ MODERATE ☐ STEEP

ON SITE PLANS:
☐ Will Stay Put
☐ Will Evacuate To ______
Can Stay Overnight Safely ☐ Yes ☐ No
On Site Equipment: ☐ Tent ☐ Stove ☐ Food
☐ Ground Insulation ☐ Flare ☐ CB Radio

LOCAL WEATHER

EVACUATION: ☐ Carry-Out ☐ Helicopter
☐ Lowering ☐ Raising

EQUIPMENT: ☐ Rigid Litter
☐ Food ☐ Water ☐ Other

PARTY MEMBERS REMAINING:
_____ Beginners _____ Intermediate _____ Experienced

NAME NOTIFY (Name) PHONE

NOTIFY:
IN NATIONAL PARK: Ranger
OUTSIDE NATIONAL PARK: Sheriff/County Police,
RCMP (Canada)

Dies kann unabhängig davon erfolgen, ob man ein im Ausland verbreitetes Formblatt ähnlich wie in Abbildung 17-1 benutzt oder aber einen einfachen Stichwortzettel.

Diejenigen, die zur Alarmierung der Hilfe absteigen, müssen genügend Ausrüstung mitführen, um eventuell eigene Notfälle beherrschen zu können – natürlich nicht so viel, daß sie durch das hohe Eigengewicht in ihrem Gehtempo gebremst werden. Selbstverständlich – daran sei erneut erinnert – ist nicht die Geschwindigkeit, mit der die Notmeldung ins Tal gelangt, das Maß aller Dinge. Mindestens genauso wichtig ist die Sicherheit der Boten. Der Verletzte und die anderen Gruppenmitglieder sind in großem Maße von dem Erfolg der Mission abhängig. Bereits bei ihrem Weg ins Tal können die Boten die weiteren Rettungsaktionen erheblich beschleunigen, indem im weglosen Gelände entsprechende Markierungen über den Routenverlauf hinterlassen werden. So ist es für die später aufsteigenden Suchmannschaften, insbesondere bei schlechter Sicht (Nebel, Dunkelheit), leichter, den Unfallort zu finden.

Die Boten müssen verschiedene extrem wichtige Aufgaben erfüllen, wenn sie aus der Wildnis zurückkehren. Zuallererst müssen die zuständigen lokalen Rettungsorganisationen alarmiert werden. Hierbei kann es sich entweder um die Polizei oder eine lokal tätige Rettungsorganisation handeln. Im Ausland ist z. B. das Personal der Nationalparks auch ein gut organisierter Ansprechpartner. Man bittet um Hilfe zur Rettung, wobei die mitgegebenen Informationen über das Gelände es ermöglichen sollen, sofort die richtige Rettungseinheit zu mobilisieren. Es ist ein gewaltiger Unterschied, ob im unwegsamen Hochgebirge oder im Bereich eines Forstweges, welcher noch befahrbar ist, geholfen werden muß.

Im Moment der Alarmierung ist die Aufgabe der Boten bei weitem nicht zu Ende. Sie sollten sich den Rettungsorganisationen weiter als Informanten zur Verfügung halten. Natürlich achten sie darauf, daß die notwendigen Alarmierungen sofort durchgeführt und die entsprechenden Informationen richtig an die zuständigen Stellen weitergegeben werden. Während die Alarmierung der richtigen Hilfe vor allem in Ländern mit schlechterer Infrastruktur unbedingt überwacht werden sollte, kann es bei gut organisierten Rettungssystemen durch Kommunikationsfehler, Mißverständnisse oder Informationen, die bei telefonischer Weitergabe bzw. im Funkverkehr vergessen werden, unter Umständen zu Mißverständnissen kommen. Wenn die Hilfsmannschaft einmal unterwegs ist, kann es vorkommen, daß unter Umständen wichtige Geländeinformationen ignoriert oder nicht verstanden werden. Die Boten sollten daher sicherheitshalber unbedingt persönlich mit dem Leiter der Rettungsgruppe sprechen. Nur so ist zu gewährleisten, daß die Informationskette nicht unterbrochen wird. Falls es nicht möglich ist, daß die Boten mit dem Leiter kurz sprechen, sollten sie in engem Kontakt mit den zwischengeschalteten Überbringern der Information stehen – auch auf das Risiko hin, unbequem zu sein –, um sicherzustellen, daß eine verdrehte Information nicht zu einer Katastrophe führt.

Die Unfallberichte, die Karte und die Namensliste müssen dem Leiter der Rettung übergeben werden, damit dieser seine Pläne entsprechend ausrichten kann. Wenn sie nicht selbst verletzt oder extrem ermüdet sind, ist es sinnvoll, daß die Boten die Rettungsmannschaft zum Unfallort führen.

Eine weitere Aufgabe für die Boten ist es, dafür zu sorgen, daß die Angehörigen benachrichtigt werden. Wegen der Dringlichkeit der Organisation der Hilfe und der Notwendigkeit, daß für eine solche Benachrichtigung ein Telefon erreichbar sein muß, kann diese Aufgabe allerdings zunächst warten. Erfahrungsgemäß ist es sinnvoll, die Benachrichtigung in Zusammenarbeit mit dem Leiter der Rettung durchzuführen, vor allem, weil diese Personen im Umgang mit Angehörigen normalerweise größere Erfahrung besitzen.

## Verletztentransport im schwierigen Gelände

Im steilen Gelände, das technisches Klettern erfordert, kann auch eine leichtere Erkrankung oder Verletzung eine Person blockieren. Eine größere gut ausgerüstete Gruppe hat viele Möglichkeiten eines sicheren und effizienten Verletztentransportes. Eine kleine Seilschaft wird natürlich größere Schwierigkeiten haben, überhaupt eine Rückzugsroute zu etablieren – insbesondere dann, wenn größere Traversen notwendig werden sollten. Eine kleine Gruppe wird üblicherweise einen Weg direkt in Fallinie nach unten suchen, da hierdurch am wenigsten Energie und Ausrüstung notwendig wird. Eine Rettung im Gelände der Schwierigkeitsgrade IV bis VI erfordert normalerweise mehr Ausrüstung als im leichteren IIer- oder IIIer-Gelände, in welchem vor allem die Hilfe durch andere Personen wichtiger ist als seiltechnische Maßnahmen.

**(17-2) Typische Anordnung zum Ablassen eines Verletzten unter zusätzlicher Sicherung.**

Das Aufziehen oder Hinablassen einer verletzten Person im technisch anspruchsvollen Gelände ist ein komplexes Unterfangen, bei dem alle möglichen Sachen schiefgehen können. Eine kleine Gruppe sollte sich unbedingt vorher in den benötigten Techniken und den möglichen Komplikationen schulen, um sicherzustellen, daß vermeidbare Fehler im Notfalle weitgehend ausgeschlossen werden können. Eine Rettungsmaßnahme ist immer gefährlicher und komplexer als eine normale Klettertour, auch dann, wenn sie über die bereits bekannte Route führt, da ein wesentlicher Anteil der Aufmerksamkeit dem Verletzten zugute kommen muß. Dies geschieht natürlich auf Kosten der Aufmerksamkeit, die dem Gelände geschenkt werden sollte. Unglücklicherweise müssen Rettungsmaßnahmen zudem häufig über unbekanntes Gelände erfolgen.

Das Hauptziel, nämlich der Transport des Verunglückten ohne weitere (transportbedingte) Verletzungen, wird natürlich vordringlich. Dabei darf jedoch niemals die Sicherheit eines jeden einzelnen vergessen werden. Solide verankerte Sicherungspunkte werden sowohl für den Verletzten als auch für die Helfer benötigt – auch dann, wenn sie unter normalen Bedingungen im entsprechenden Gelände unter Umständen seilfrei gehen würden. Falls nicht ausreichend Seile zur Verfügung stehen, kann man sich weiterhelfen, indem sich die Helfer an einem Fixseil selbst sichern.

Eine Seilschaft benutzt die vorhandene Kletterausrüstung, um die Hilfsmaßnahmen durchzuführen. Daher ist es beim Erstellen der Rettungsstrategie absolut notwendig, die Möglichkeiten und Grenzen der eigenen Ausrüstung kritisch zu überdenken. Man muß sicherstellen, daß die Maßnahme, die man plant, mit der vorhandenen Ausrüstung auch ausführbar sind. Das Standard-11-mm-Kletterseil ist üblicherweise ausreichend, um Rettungsmaßnahmen wie das Hinaufziehen oder Ablassen von Personen durchzuführen. Natürlich sollte man daran denken, daß beim Ausgeben über größere Distanzen der Faktor Seildehnung immer lästiger wird. Wenn das Seil bei dem Unfall belastet wurde, muß es sorgfältig auf mögliche Schäden untersucht werden, bevor es im Rahmen von Rettungsmaßnahmen zum Einsatz kommt. Häufig führen kleinere Seilschaften einige Zusatzausrüstungen mit, um sich in Notfällen weiterzuhelfen. Abhängig vom Unternehmen kann es sich hier um einige zusätzliche Schlingen und Karabiner, eine Seilrolle (Pulley), eine Drahtsäge, eine Schneeschaufel, eine Pfeife, eine Plastikplane und auch Notsignale handeln.

## Absicherung der Rettung

Die Sicherung ist eine ganz wichtige Komponente des Systems, wenn verletzte oder kranke Personen hinaufgezogen oder abgelassen werden müssen. Wenn immer möglich, sollte die Person, die transportiert wird, über Sicherungspunkte fixiert werden, die unabhängig von dem System sind, welches zum Aufziehen oder Ablassen benutzt wird (Abb. 17-2). Mit einer solchen zusätzlichen unabhängigen Sicherung wird die technische Rettungsmaßnahme im Falle jeglichen Desasters zusätzlich abgesichert. In einem solchen Fall wird eine weitere gravierende Verletzung sogar dann vermieden, wenn die Hauptverankerung brechen sollte, das Seil durch Steinschlag beschädigt wird, ein Pulley bricht oder sich die Person verletzt, die das System bedient. Im Optimalfall wird der unabhängige Sicherungspunkt mit mehreren Verankerungen und Kräftedreieck eingerichtet.

Um eine Person, die gehoben oder abgelassen werden soll, zu sichern, kann jegliches Standardsicherungsverfahren benutzt werden. Hier wird darauf geachtet, daß eine größtmögliche Seilreibung erzielt werden kann. Keinesfalls sollte jedoch die Hüftsicherung angewendet werden. Um zwei Personen gleichzeitig zu sichern, bietet nur die Halbmastwurfsicherung ein ausreichendes Maß an Bremswirkung (Details hierzu siehe Kapitel 6). Der Sichernde sollte darüberhinaus die Möglichkeit haben, den Verletzten weiter abzulassen, falls das normalerweise zum Ablassen eingesetzte System versagen sollte. Natürlich muß der Sichernde auch in der Lage sein, sein System mittels geeigneter Knoten notfalls zu blockieren, z. B. um weitere Seile für Aktionen über größere Distanzen anzuknüpfen (dies wird später genauer beschrieben).

## *Das Ablassen des Verletzten*

Bevor man einen Verletzten abläßt, sollte man sich absolut sicher sein, daß dies auch die Maßnahme ist, die zum Erfolg führt. Wenn man einmal begonnen hat, ist es außerordentlich anstrengend, seine Entscheidung rückgängig zu machen. Insbesondere kann es extrem kompliziert werden, falls nur wenige Personen zur Verfügung stehen, so daß kein unabhängiger Sicherungspunkt errichtet werden kann oder niemand zur Verfügung steht, der zusätzliche Hilfe leisten kann, falls Komplikationen auftreten. Beim weiteren Ablassen muß man darauf achten, daß das gestraffte Seil möglichst keine Erde oder Steine losreißt.

Abhängig vom Ausmaß der Erkrankung oder Verletzung bestehen mehrere Möglichkeiten eine Person ins Tal zu bringen:

**Abklettern:** Eine Person, die nur minimal verletzt ist, kann unter straffer Seilsicherung unter Umständen abklettern, gegebenenfalls kann ein Kamerad beim Setzen von Händen und Füßen behilflich sein. In Schnee- oder Eisgelände sollten die Tritte entsprechend groß hergestellt werden, um dem Verletzten seinen Abstieg zu erleichtern.

**Abseilen:** Wenn der Verletzte keine Kopfverletzungen hat, keine Schockzeichen aufweist und nicht schwer verletzt ist, ist Abseilen zumeist möglich. Mit einem zweiten Seil kann der Vorgang von oben abgesichert werden. Als Alternative kann man eine Sicherung von unten gewährleisten, indem man durch Straffen des Sei-

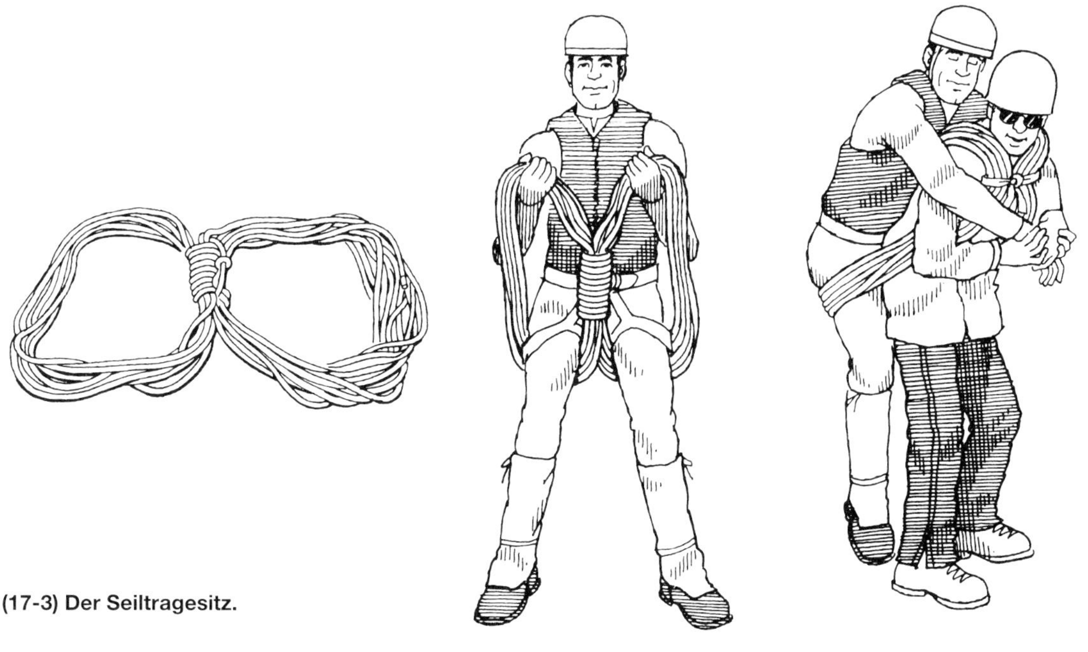

**(17-3) Der Seiltragesitz.**

les notfalls die Seilbremse des Verletzten blockiert. Natürlich darf man das Seil nicht während der laufenden Aktion ohne Notwendigkeit straffen, da der Verletzte dann die Kontrolle über die Aktion verlieren könnte. Dies gilt insbesondere dann, wenn er das Seil zur Erhöhung der Bremswirkung um die Hüfte herumgeführt hat.

**Ablassen im Sitzgurt:** Man kann eine Verletzte Person in ihrem Sitzgurt ablassen, wenn weder Abklettern noch Abseilen möglich ist. Dabei darf der Verunglückte keine schweren Verletzungen an den Beinen oder am Oberkörper haben. Das Seil wird zusammen mit einer speziellen Konstruktion zum Ablassen benutzt (wird im nächsten Abschnitt beschrieben), während der Verletzte Hände und Füße benutzt, um sich vom Felsen wegzudrücken. Die Person wird wesentlich leichter ihre aufrechte Körperposition beibehalten, wenn zusätzlich ein Brustgurt benutzt wird und das Seil mittels Karabiner durch diesen hindurchgeführt wird. Natürlich sollte die verletzte Person möglichst von einem unabhängigen Punkt aus gesichert werden.

**Seilsitz:** Diese Technik eignet sich vor allen Dingen dann, wenn der Verletzte geringe, aber das Weiterkommen blockierende Verletzungen insbesondere im Bereich von Unterschenkeln und Füßen hat oder ein Abseilen oder Ablassen außergewöhnlich große Schwierigkeiten machen sollte. Natürlich muß man bedenken, daß der Helfer stark genug sein muß, um das Gewicht der anderen Person zu tragen und trotzdem noch manövrierfähig zu bleiben. Große Probleme wird man hier insbesondere im flacheren Gelände haben. In der beschriebenen Form mit dem Verletzten verbunden, wird es für den Helfer immer unmöglich sein, Erste Hilfe zu leisten, wenn unterwegs medizinische Probleme auftreten sollten. Der Seilsitz darf nicht angewendet werden, wenn Rücken- oder Genickverletzungen vorliegen, wenn innere Verletzungen befürchtet werden, bei schweren Kopfverletzungen oder anderen Situationen, bei denen eine ununterbrochene Überwachung erfolgen muß. In solchen Fällen müssen durch die organisierte Rettung Spezialtechniken wie zum Beispiel die Vakuummatratze zur Anwendung kommen.

Der Seilsitz kann entweder mit dem aufgenommenen Bergseil oder aber auch mittels einer Bandschlinge erfolgen. Wenn möglich, sollten Helfer und Verletzter über einen unabhängigen Fixpunkt gesichert werden – unabhängig davon, welche Methode zur Anwendung kommt.

Bei der Anwendung des aufgenommenen Bergseiles werden die Seilschlingen halbiert und jeweils ein Schlingenbündel dem Verletzten über die Beine gestreift. Der Helfer streift sich die Schlingenbündel ähnlich wie Rucksackgurte über (Abb. 17-3). Wenn man mittels einer zusätzlichen Schnur die Seilbündel vor der Brust zusammenbindet, vermeidet man, daß sie unkontrolliert von der Schulter herunterrutschen können. Bindet man eine Prusikschlinge zwischen den Brustgurt des Verletzten und das Seil, an dem man heruntergelassen wird, kann zumindest ein Teil des Gewichtes auf das Seil übertragen und die Schultern so entlastet werden. Darüberhinaus hilft diese Maßnahme dem Verletzten, seine aufrechte Körperposition beizubehalten.

Eine andere Methode, einen Verletzten auf dem Rücken zu transportieren, benötigt Flachbandmaterial (Abb. 17-4). Das Flachband sollte sehr gut gepolstert werden, insbesondere im Bereich der Hüften und Oberschenkel des Verletzten, um zu vermeiden, daß die Durchblutung durch ein Einschneiden des Bandes blockiert wird.

### Techniken zum Ablassen von Personen und Lasten

Die bestmögliche Technik, welche bei kleinen Seilschaften, die Personen oder Lasten ablassen müssen, zur Anwendung kommt, ist die Karabi-

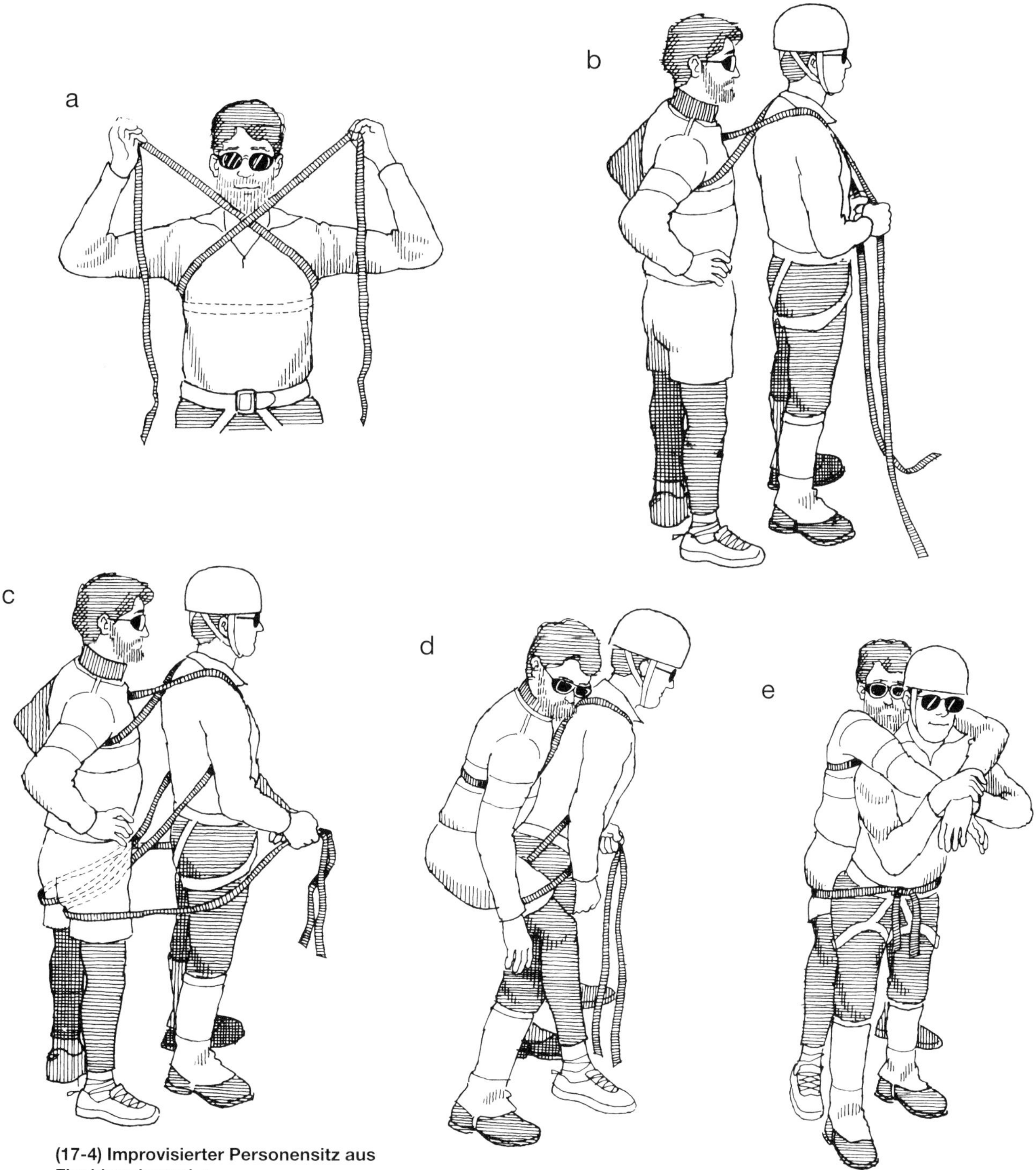


(17-4) Improvisierter Personensitz aus Flachbandgewebe.

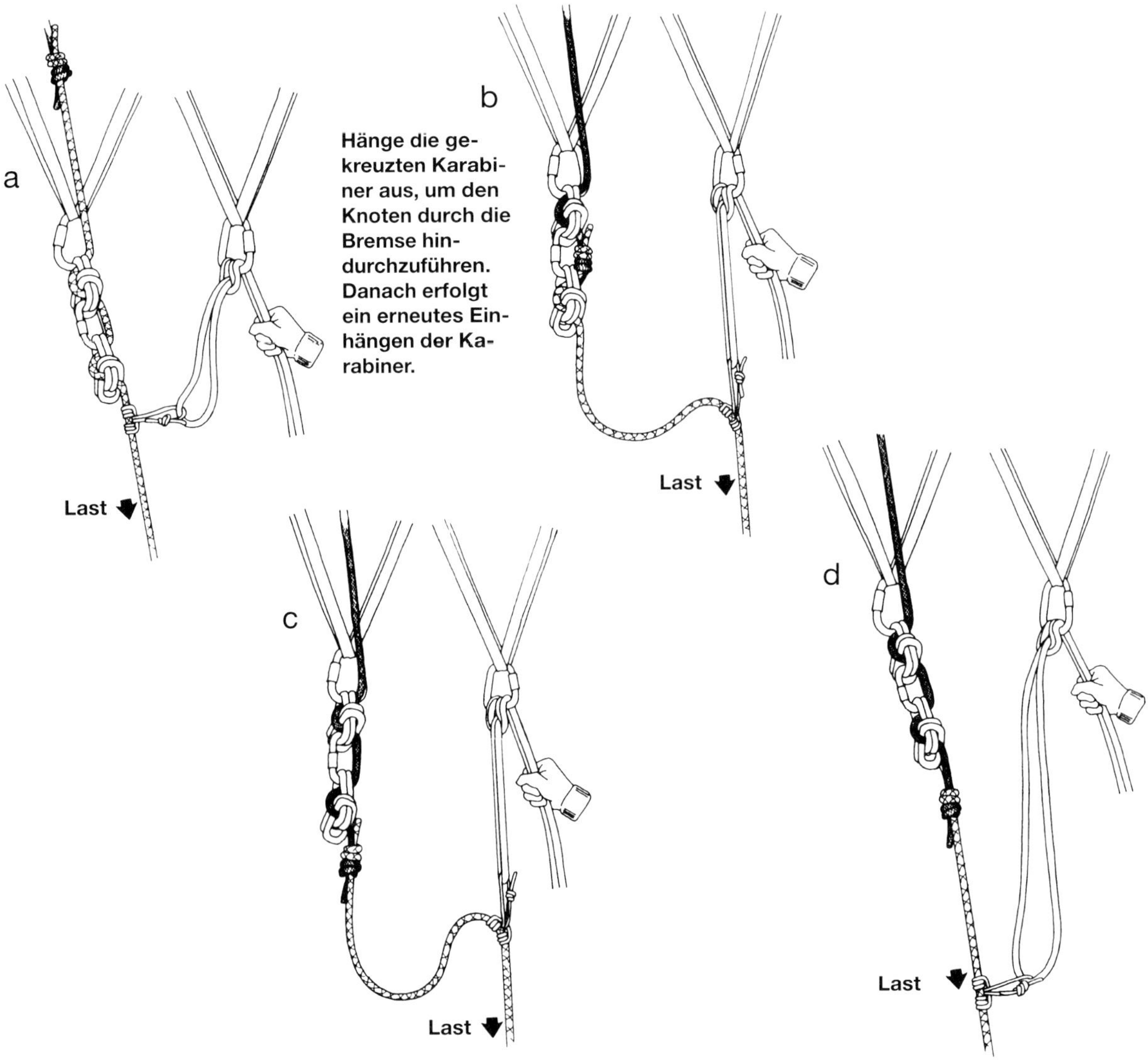


**(17-5) Durchführen des Knotens durch die Seilbremse nach Seilverlängerung.**

nerkreuzbremse, welche – wie bereits beim Abseilen beschrieben – benutzt, allerdings in diesem Fall gedoppelt wird (Abb. 17-5). Hierzu ist es lediglich notwendig, zwei Karabinerbremsen zu bauen und beide mit einem Verschlußkarabiner zusammenzuhängen. Details zum Errichten einer Karabinerkreuzbremse wurden bereits in Kapitel 8 beschrieben. Jede Bremse sollte über zwei gekreuzte Bremskarabiner verfügen.

Das Rettungsseil läuft durch beide Bremsen – hierdurch wird eine hohe Bremskraft erzielt, welche groß genug ist, um die Gesamtlast während des Manövers zu halten. Das Benutzen von Standardsicherungsverfahren ist (abgesehen von der Halbmastwurfsicherung) für das Ablassen größerer Lasten nicht empfehlenswert, da diese Verfahren für das Gewicht einzelner Personen konzipiert wurden. Hierdurch kann es passieren, daß bei größeren Lasten oder komplexeren Manövern nicht ausreichend Bremskraft erzielt wird. Im Gegensatz dazu gewährleistet die gedoppelte Karabinerkreuzbremse ausreichend Bremskraft, um auch zwei Personen gleichzeitig ablassen zu können.

*Tip:* Denke unbedingt daran, daß die doppelte Karabinerkreuzbremse mit einem Verschlußkarabiner verbunden werden muß. Alternativ kann ein Paar gekreuzt eingehängter Normalkarabiner benutzt werden. Der Vorteil eines einzelnen Verschlußkarabiners ist, daß das Seil nicht zwischen einem Paar Karabinerpärchen eingeklemmt werden kann. Für das Karabinerkreuz eignen sich Standard-Oval- oder Standard-D-Karabiner am besten.

**Seilverlängerung**

Für eine längere Distanz kann es sinnvoll sein, zwei oder mehr Seile aneinanderzubinden, um eine größere Reichweite beim Ablassen einer verletzten Person zu erzielen. Wenn der Seilknoten sich der Bremse nähert, muß das weitere Ablassen unterbrochen werden und eine etwas komplexere Prozedur durchgeführt werden, damit der Knoten sicher durch die Seilbremse gelangt (Abb. 17-5). Vergißt man dies, wird der Knoten die Bremse mit Sicherheit blockieren.

Gewöhnlicherweise soll das Manöver von zwei Personen durchgeführt werden (notfalls ist es allerdings auch von einer Person machbar). Das Ablassen wird unterbrochen, sobald der Knoten sich auf einen halben bis einen Meter der Bremse genähert hat. Eine Person hält das Seil, während die andere eine Prusikschlinge direkt unterhalb der Bremse einfügt und das andere Ende dieser Schlinge mittels Halbmastwurf in einen separaten Karabiner einhängt. Darauf wird die Prusikschlinge straffgehalten und das Hauptseil vorsichtig entlastet; hierdurch wird die Last auf die Prusikschlinge übertragen. Daraufhin führt die erste Person den Knoten durch das Bremssystem hindurch, wobei nur jeweils eine Karabinerkreuzbremse gelöst wird: Lösen der oberen Bremse, Hindurchführen des Knotens, Wiederherstellen der Bremse; danach erfolgt das gleiche Vorgehen mit der unteren Bremse.

Sobald der Knoten durch die Bremse hindurchgeführt wurde und beide Karabinerkreuze auf ihre Funktionsfähigkeit hin überprüft wurden, lockert die zweite Person die Prusikschlinge und übergibt die Last durch kontrolliertes Nachgeben im HMS wieder an das Hauptseil. Daraufhin kann die Aktion mit dem nun verlängertem Hauptseil fortgesetzt werden. Beim Gesamtvorgang muß man rechtzeitig daran denken, daß die Prusikschlinge lang genug sein muß, um die zusätzliche Seildistanz, welche durch das Hindurchführen des Knotens durch die Bremse entsteht, zu überbrücken!

## Aufziehen eines Verletzten

Beim Ablassen einer Person arbeitet die Schwerkraft zugunsten der Helfer; daher handelt es sich hierbei um die bevorzugte Technik. Allerdings ist es manchmal notwendig, einen Verletzten über ein Steilstück hinaufzuziehen. In einem solchen Fall haben die Helfer zwei Methoden zur Auswahl: die Prusiktechnik, welche als Voraussetzung hat, daß der Verletzte sich selbst helfen kann; und die Flaschenzugtechnik, bei welcher die Hubkraft durch die Helfer erfolgt.

Diese Systeme funktionieren sowohl im Steilfels, im Schnee als auch im Eis, aber sie werden gewöhnlich zur Spaltenrettung eingesetzt. Daher wurden verschiedene Variationen dieser Technik bereits in Kapitel 13 beschrieben. Dieselben Sicherheitsvorkehrungen, welche beim Ablassen eines Verletzten beschrieben wurden, sollten natürlich auch hier zur Anwendung kommen. Wenn immer möglich, sollte die verletzte Person über einen unabhängigen Fixpunkt zusätzlich gesichert werden. Darüberhinaus muß beim Aufziehen darauf geachtet werden, daß das Seil nicht über scharfe Kanten läuft, welche es abscheren könnten.

Bei der Prusiktechnik führt der Kletterer eine Selbstrettung durch, indem er mittels Schlingen, die in das Hauptseil eingeknüpft wurden, aufsteigt. Alternativ zu Klemmknoten können hier Steigklemmen zur Anwendung kommen. Diese Technik ist recht anstrengend, und ihre Anwendbarkeit ist bei Schwerkranken oder erheblich verletzten Personen begrenzt.

Bei der Flaschenzugtechnik wird eine möglichst effektive Technik ausgewählt. Details hierzu wurden in Kapitel 13 bereits beschrieben. Einige Vorsichtsmaßnahmen sind grundsätzlich zu beachten: Der Hauptanker muß absolut bombensicher sein. Einige zusätzliche Prusikschlingen sollten griffbereit liegen, falls der Prusikknoten des Systems nicht ausreichend hält. Natürlich sollte auch ein Messer griffbereit sein, falls eine Prusikschlinge das System blockiert. Achtung: Seile und Schlingen, die unter hoher Zugkraft stehen, sind sehr leicht durchzuschneiden. Folglich muß dies in sicherem Abstand zu anderen Seilen erfolgen! Während des Aufziehens sollte man in ununterbrochenem Kontakt mit der betroffenen Person stehen und sie über die laufenden Maßnahmen unterrichten.

Prinzipiell sollte man auch darauf achten, daß die Zugmannschaft nicht zu gewalttätig am Seil zieht. Eine Flaschenzugtechnik erhöht die Zugkräfte ganz enorm, und es ist ohne weiteres möglich, daß Verankerungen oder Seile reißen bzw. durch die wirkenden Kräfte schwere Verletzungen an der aufzuziehenden Person entstehen.

In vielen Fällen bevorzugen die Seilschaften Prusikknoten gegenüber mechanischen Steigklemmen bei der Flaschenzugtechnik, da Fälle bekanntgeworden sind, in denen Steigklemmen versagt oder das Seil beschädigt haben. In einem solchen Fall sollte man den Prusikknoten dreimal um das Hauptseil herumwickeln. Bevor der Flaschenzug nach dem Aufziehen erneut gestreckt wird, muß darauf geachtet werden, daß der Prusikknoten, der in diesem Moment die Last vollständig übernimmt, ausreichende Haltekraft aufweist.

## Quergänge

Wenn der Abstieg stark von der direkten Fallinie abweicht, kann der Transport einer verletzten Person sehr schwierig werden. Technisch aufwendige exponierte Quergänge sollten, wenn möglich, vermieden werden bzw. ausschließlich als Mittel letzter Wahl zur Anwendung kommen.

Ein Pendelquergang kann in solchem Gelände nützlich sein, bei dem die Helfer weiter oberhalb queren können. In diesem Fall wird die verletzte Person an ein gut verankertes Seil gehängt. Mit einem zweiten Seil, ebenfalls oben verankert, wird der Verletzte seitwärts gezogen. Durch vorsichtiges Nachlassen des ersten Seiles ist es so durch das Zusammenspiel beider Seile möglich, den Verletzten kontrolliert in eine Position unterhalb der zweiten Verankerung zu ziehen. Der Vorgang wird wiederholt, falls es notwendig wird, die Traverse weiter fortzusetzen. Während man am Pendelseil zieht, sollte man darauf achten, daß ein Seil, welches schräg oder horizontal gezogen wird, immer die Tendenz hat, über Vorsprünge plötzlich hinwegzurutschen und auch lose Steine loszureißen. In solchen Fällen ist es also immer sinnvoll, daß sowohl die Helfer als auch der Verletzte Helme tragen.

## Äußere Gefahren

Bei Rettungsmaßnahmen wird man mit den gleichen Gefahren konfrontiert, die Kletterer während normaler Unternehmen auch bewältigen müssen: objektive Gefahren durch die Umgebung wie Stürme, Steinschlag, Kälte und große Höhe, oder auch subjektive Gefahren wie unzureichendes Training und nicht ausreichende Kenntnisse. Der Umgang mit solchen Gefahren vergrößert die Schwierigkeit einer Rettungsmaßnahme erheblich.

Retter und Bergsteiger können die Einwirkungen eines Sturmes oder einer anderen objektiven Gefahr durch angemessene Ausrüstung und kontinuierliches Training vermindern. Immer wieder durchdenke man die Frage: »Was ist, wenn...?« Bevor man zu einem Unternehmen aufbricht und beim Aufbruch selbst sollte man sicher sein, daß man die möglichen Konsequenzen kalten Wetters, großer Höhe oder andere Gefahren bestmöglich eingeschätzt hat und auf diese vorbereitet ist.

Jede mögliche Vorsichtsmaßnahme gegenüber auftretenden Gefahren sollte unbedingt dann ergriffen werden, wenn man eine verletzte Person abläßt oder hinaufzieht. Falls irgendwelche Zweifel, Unsicherheit oder größere Meinungsverschiedenheiten darüber bestehen, was zu tun ist, muß das Vorgehen unbedingt unterbrochen und die Situation neu durchdacht werden. Insbesondere muß man auf Steinschlag während aller Maßnahmen, bei denen Seile zur Anwendung kommen, achten und Helme tragen.

Subjektive Gefahren bestehen dann, wenn die Erfahrung einer Person, die Kondition oder andere Faktoren nicht ausreichen, um das Unternehmen sicher durchzuführen. Dann ist die Vorbereitung eines Unternehmens von ganz besonderer Wichtigkeit, da so die persönlichen Voraussetzungen geschaffen werden können. Indem man zu Beginn einer Hilfsmaßnahme Sorge trägt, daß eventuell vorhandene subjektive Gefahren z. B. durch entsprechende Aufgabenverteilung unter Kontrolle bleiben, vermeidet man größere Probleme durch objektive Gefahren während des Unternehmens.

# Transport im technisch einfachen Gelände

Bei vielen Hilfsmaßnahmen beginnt die härteste Arbeit dann, wenn das steile Gelände bewältigt wurde und die Seile abgelegt werden. Nun arbeitet die Schwerkraft nicht länger zugunsten der Helfer, und die Gruppe muß ihre Last tragen – eine sehr ermüdende Tätigkeit bei unregelmäßigem Untergrund. Unter bestimmten Bedingungen gibt es einige einfache Techniken, welche die Leistungsstärke einer kleinen Gruppe erhöhen, so daß Hilfe durch Dritte unter Umständen überflüssig wird.

## Kurzstreckentransport

**Handsitz:** Bei dieser Technik, die besonders bei sehr kurzen Distanzen nützlich ist, greifen zwei Personen von möglichst ähnlicher Körpergröße gegenseitig die Handgelenke: Jeder greift sein eigenes rechtes Handgelenk mit der linken Hand, die Handflächen zeigen dabei nach unten. Mit der rechten Hand greift er dann das linke Handgelenk des Partners. Hierdurch wird eine Sitzfläche für eine mäßig verletzte Person geschaffen (Abb. 17-6).

**Pickelsitz:** Bei dieser Methode kann über längere Strecken als beim Handsitz transportiert werden. Die Träger tragen ihre Rucksäcke, stehen Seite an Seite und haben die zusammengebundenen Schäfte langer Eispickel oder Skistöcke durch die Rucksackgurte hindurchgeschoben. Die Person, die transportiert werden muß, setzt sich auf die Schäfte und legt ihre Arme beiden Trägern über die Schultern (Abb. 17-7).

**»Huckepack«:** Ein kräftiger Bergsteiger kann eine Person auf seinem Rücken über mittlere Distanzen tragen, wenn das Gewicht sinnvoll gelagert wird. Die zwei Tragetechniken, die weiter oben in diesem Kapitel beschrieben wurden – Benutzen des gebündelten Bergseils (Seilsitz)

(17-6) Der Handsitz.

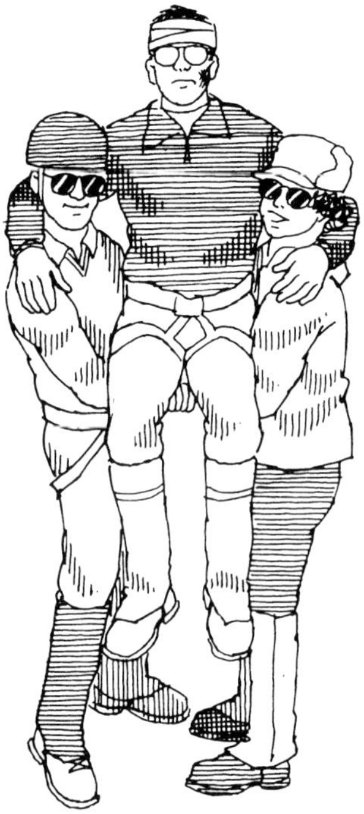

(17-7) Der Pickelsitz.

oder Flachband – funktionieren recht gut. Die Tragetechnik mittels Rucksack ist eine weitere Variante. Bei dieser Methode wird ein großer Rucksack seitwärts in der Nähe seines Bodens aufgeschlitzt, so daß die Person wie in ein paar kurze Hosen hineinsteigen kann.

## Transporte über längere Strecken

Eine Trage, die aus dem Bergseil improvisiert hergestellt werden kann, ermöglicht es auch, eine Person über längere Distanzen bei einfachem Gehgelände zu transportieren. Allerdings sollte man vor der Anwendung einer solchen Technik besonders kritisch überlegen, ob ein improvisierter Transport sinnvoll ist, da er normalerweise eine sehr hohe Belastung für den Verletzten darstellt. Wenn man eine Verschlimmerung der Verletzung nicht sicher ausschließen kann, sollte man unbedingt abwarten, bis ausgebildete Rettungsteams mit der entsprechenden Ausrüstung eingetroffen sind.

Überlicherweise geht man folgendermaßen vor (Abb. 17-8): Das Seil wird auf dem Boden ausgelegt. Ausgehend von der Mitte werden 16 180°-Bögen gemacht, acht auf jeder Seite. Die Entfernung zwischen den einzelnen Bögen sollte ungefähr so groß sein wie die Person breit, die getragen werden soll; die 16 Bögen sollten eine Länge abdecken, die der Körpergröße der Person entspricht.

Das Seilende wird nahe der Bögen zu beiden Seiten entlanggeführt. Mit diesem losen Seilende wird um jede Schlinge ein Mastwurf geknüpft. Dabei bleibt eine kleine Schlaufe zwischen der Spitze einer jeden Schlinge und dem Knoten bestehen. Durch diese Schlaufen wird das übrigbleibende lose Seilende hindurchgeführt. Zuletzt wer-

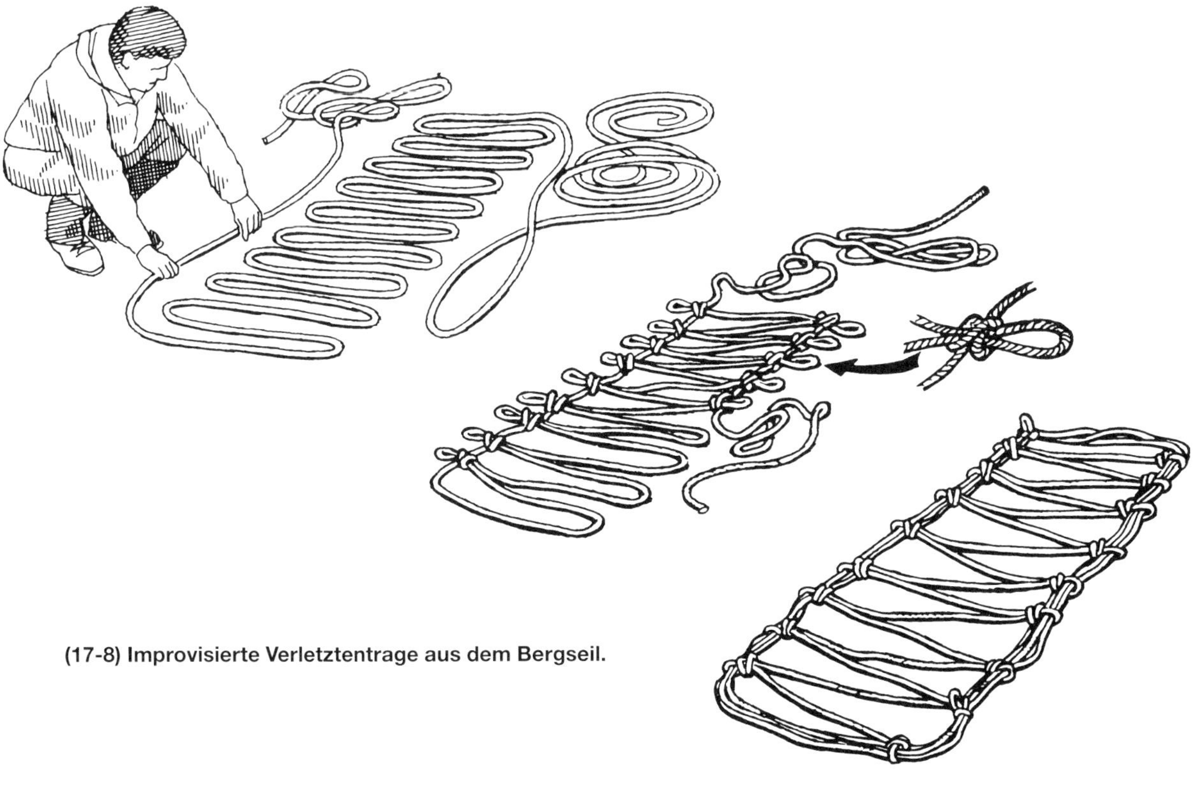

(17-8) Improvisierte Verletztentrage aus dem Bergseil.

den die Schlingen durch die Mastwürfe straff gezogen, die Seilenden verknotet und der Bereich, auf dem die Person zu liegen kommt, gepolstert – insbesondere der Bereich zwischen Nacken und Hüften. Beim Polstern sollte man auf den Komfort des Verletzten besonderes Augenmerk legen.

### *Evakuierung im Schneegelände*

Im Schneegelände ist es ganz besonders wichtig, daß die verletzte Person gegen Unterkühlung geschützt wird – und zwar schon während die Erste Hilfe durchgeführt und der Plan zur Evakuierung erstellt wird. Zunächst bietet sich hier zusätzliche Kleidung an. Liegematten, Rucksäcke oder Seile bieten ebenfalls eine recht gute Isolation gegen die Bodenkälte. Wenn der Verletzte nicht in absehbarer Zeit transportiert werden kann, sollte eine Plane oder eine Schneewand als vorübergehender Windschutz errichtet werden. Falls man zum Übernachten gezwungen ist, muß man eventuell ein vernünftiges Zelt oder eine Schneehöhle errichten.

Falls möglich, wird der Verletzte in einen geschützten Bereich transportiert, vorzugsweise unterhalb der Baumgrenze. Dies erfolgt, sobald man die Erste Hilfe abgeschlossen hat und die Person transportfähig ist.

Eine verletzte oder kranke Person kann unter Umständen einen Schneehang hinuntergelangen, indem sie – gegebenenfalls abgesichert und gestützt – in Sitzposition hinunterrutscht. Die Hilfe kann z. B. dadurch erfolgen, indem eine zusätzliche Person sich vor den Verletzten setzt, eine Spur bereits vorformt und beide gemeinsam unter entsprechender Absicherung hinunterrutschen. Ein Verletzter, der in relativ gutem Allgemeinzustand ist, kann mit zwei oder drei Kameraden zusammen angeseilt werden – die Gruppe rutscht dann als Team gemeinsam ab, natürlich unter ständiger Kontrolle des Verletzten.

Die Helfer können Verankerungen zum Sichern und Bremsen dadurch errichten, indem sie Pickel oder Skier einstecken, Eisbirnen modellieren oder Schneeanker bzw. den «Toten Mann» zur Anwendung bringen. Details hierzu wurden bereits in Kapitel 12 beschrieben. Die Sicherung über Eispickel und Stiefel eignet sich aufgrund ihrer begrenzten Kraft nicht, um bei Rettungsmaßnahmen zur Anwendung zu kommen. In Bergschründen oder Randklüften bieten sich oft außerordentlich gute Möglichkeiten für Verankerungen.

Bei Evakuierung aus Schneegelände sind häufig Bergsteiger betroffen, welche zuvor von Lawinen verschüttet oder in Spalten gestürzt waren. Die Techniken der Lawinenrettung wurden in Kapitel 12, die der Spaltenrettung in Kapitel 13 beschrieben.

## Organisierte Bergrettung

Die organisierte Bergrettung erfolgt oft durch professionelle Rettungsorganisationen oder gut ausgebildete Freiwillige. Bisher wurden die Maßnahmen beschrieben, welche bei Notsituationen von der Seilschaft selbst durchgeführt werden können. Die organisierten Rettungsteams haben den Vorteil größerer Erfahrung und besseren Trainings, zusätzlich den Vorteil spezialisierter Ausrüstungen und Techniken, insbesondere auch der Luftrettung.

### *Rettungsorganisationen*

Im Bereich der Alpen mit ihrer großen Zahl an Bergführern und organisierten Rettungsinstitutionen kann das Rettungswesen teilweise geradezu als geschäftsmäßig bezeichnet werden. In Nordamerika wird die Bergrettung üblicherweise durch Freiwilligenorganisationen durchgeführt. Die Freiwilligen benutzen dabei ihr Training und ihre Kenntnis über die örtlichen Berge, um eine Situation zu analysieren, eine Vorgehensweise festzulegen und dann durchzuführen. Sie ergänzen die benötigte Ausrüstung und ihre Mannschaften durch ortskundige Kletterer, welche zu Rettungsmaßnahmen bereit bzw. speziell ausgebildet sind. Als Beispiel sei der Staat Washington angeführt – hier sind die Leitstellen der Bergrettung in den meisten größeren Städten etabliert. Die Evakuierungsmaßnahmen benötigen normalerweise eine Zeit von 18 bis 24 Stunden, wenn nicht ein Hubschrauber zum Einsatz gelangen kann.

In den meisten Gebieten ist die behördliche Verantwortlichkeit in Händen der Polizei oder des Nationalparkservices; die freiwilligen Organisationen arbeiten mit diesen Behörden eng zusammen.

## Spezialausrüstung

Rettungsorganisationen benutzen Ausrüstungen, die speziell für ihre Zwecke entwickelt und hergestellt werden. Auch wenn diese Ausrüstungsteile nicht zur Standardkletterausrüstung gehören, sollte jeder engagierte Bergsteiger sie kennen und wissen, was mit diesen Ausrüstungsteilen gemacht werden kann.

Das wichtigste Ausrüstungsteil ist eine stabile Trage aus Fiberglas oder Metall. Eine besonders bekannte Ausführung ist die Bergwachttrage, die aus einem Metallrohrgestänge und einer glatten Liegefläche besteht; diese schützt den Körper besonders gut. Die Bergwachttrage ist trotz ihres großen Gewichtes bei technisch aufwendigen Evakuierungsmaßnahmen gut anwendbar und kommt entsprechend häufig zur Anwendung. Fiberglastragen mit einem Metallgestänge sind leichter und können zugunsten eines einfacheren Transportes in zwei oder mehr Teile zerlegt werden. Sie werden auch im Schneegelände sehr häufig benutzt, da sie gut gleitfähig sind. Viele Tragenkonstruktionen beinhalten eine Befestigungsmöglichkeit für ein Rad, um den Transport im Gehgelände zu erleichtern.

Zum Hinaufziehen oder Ablassen benötigen die Rettungsorganisationen manchmal Winden (von Hand betrieben oder motorisiert) mit Drahtkabeln oder dehnungsarmen Seilen, die zum Teil mehrere hundert Meter lang sind. Die Seile sind leichter als Stahlkabel und benötigen bei der Anwendung keine zusätzliche Ausrüstung über die Standardkletterausrüstung hinaus.

Funkgeräte für zwei Frequenzen sind eine große Erleichterung bei einer Bergrettung, falls sie leicht genug sind und eine große Reichweite aufweisen. Natürlich kann es sehr schwierig werden, aufgrund des Geländes einen Funkkontakt über große Entfernungen aufrechtzuerhalten – insbesondere dann, wenn Bergrücken oder Grate im direkten Funkverlauf liegen. Bei Zweifrequenz-Geräten wird normalerweise die eine Frequenz zur Kommunikation vor Ort und die andere zum Kontakt mit der Leitstelle oder Rettungsbasis genutzt.

## Hubschrauberrettung

Bergsteiger können die wesentliche Information mit der Luftrettung austauschen, indem sie die international einheitlichen Boden-Luft-Symbole anwenden, welche alle Piloten kennen (Abb. 17-9). Die Symbole signalisieren Informationen, wie z. B. die Notwendigkeit eines Arztes, und sollten ca. zweieinhalb bis drei Meter groß sein – bei einer Linienbreite von ungefähr 30 cm. Eine Kopie der Symbole sollte im Erste-Hilfe-Set mitgeführt werden.

Der Hubschrauber revolutionierte die Bergrettung. Durch ihn wurde es möglich, Bergsteiger direkt aus Steilpassagen und von Gletschern aufzunehmen und sie in weniger als einer Stunde zum nächsten Krankenhaus zu bringen, während eine bodengebundene Rettung unter Umständen Tage beansprucht hätte.

Dieser Zeitunterschied entscheidet oft genug über Leben und Tod. Ein Hubschrauber kann eine Last übernehmen, indem er entweder landet

**(17-9) Boden-Luft-Signale**

oder schwebt, und auch, indem er eine Trage oder Last mittels Winde aufzieht. Bergsteiger sollten über die wichtigsten Grundlagen, Möglichkeiten und Grenzen einer solchen Luftrettungsmaßnahme Bescheid wissen.

Eine der allerwichtigsten Faktoren, welcher ausschlaggebend für die Möglichkeit einer Hubschrauberrettung ist, ist die Sicht; darüberhinaus auch die Windgeschwindigkeit und Turbulenz sowie die Luftdichte. Bei der Gebirgsfliegerei ist eine ununterbrochene Bodensicht absolut unverzichtbar – daher kann ein Hubschrauber bei schlechtem Wetter nicht eingesetzt werden. Die bei der Rettung eingesetzten Helikopter können bis zu Windgeschwindigkeiten von ca. 50 Stundenkilometern sicher manövrieren, wobei sie bei Windgeschwindigkeiten um 15 Stundenkilometer besser zu handhaben sind als bei völliger Windstille. Gefährliche Turbulenzen treten vor allem bei hohen Windgeschwindigkeiten auf. Die Höhe, in welcher ein Helikopter fliegen kann, hängt von der Luftdichte ab, welche sowohl mit zunehmender Höhe als auch mit zunehmender Lufttemperatur abnimmt. Die dünnere Luft vermindert die Hubkraft der Rotorblätter.

Die Personen am Boden können in der Zwischenzeit versuchen, einen Landeplatz für den Helikopter vorzubereiten. Dieser sollte von allen Seiten hindernisfrei zugänglich sein, so daß der Pilot unter Berücksichtigung des herrschenden Windes landen und starten kann. Die Landezone sollte mindestens 30 Meter Durchmesser haben, gegebenenfalls müssen Büsche und vor allem auch lose Objekte entfernt werden. Das Gebiet sollte soweit wie möglich eingeebnet werden und darf nicht mehr als acht Prozent geneigt sein.

Die vorbereitete Landezone wird mit gut sichtbaren Objekten (z. B. auch bunt angezogene Personen) markiert. Mittels eines Stocks, an dem ein Tuchstreifen oder ein Stück Plastik gebunden ist, wird für den Piloten die Windrichtung gut erkennbar. Ganz besonders wichtig ist, daß alle losen Gegenstände im Bereich der Landezone gut gesichert werden. Wenn der Helikopter Material übernimmt, sollte man darauf achten, daß immer zuerst Bodenberührung besteht, bevor man ihn berührt, damit die statische Elektrizität abgeleitet wird.

Einige Signale mit den Armen können sehr wichtig sein. Falls eine große Gefahr für den Hubschrauber besteht, signalisiert man »nicht landen«, indem man beide Arme seitwärts horizontal vom Körper hält und sie mehrfach über den Kopf anhebt. Falls es nicht möglich war, die Windrichtung am Landebereich zu markieren, stellt sich ein Gruppenmitglied mit ausgestreckten Armen hin, so daß sein Rücken dem Wind zugewendet ist. Dieses Signal sagt dem Piloten: »Wenn Du in der Richtung landest, in die ich schaue, kommt der Wind aus Richtung meines Rückens.«

Einige Sicherheitsmaßnahmen verringern die potentiellen Gefahren, welche vom Hubschrauber ausgehen können. Zunächst sollte man von Bodenerhöhungen fernbleiben, im Bereich derer man vom Rotor verletzt oder aber auch von der Gewalt des Rotorabwindes heruntergeworfen werden könnte. Man achte auf herumfliegenden Staub und kleine Steinchen, wobei man insbesondere die Augen schützen muß. Natürlich müssen alle Ausrüstungsteile gesichert werden, damit sie nicht herumfliegen. Achtung: Man tritt stets nur dann an den Hubschrauber heran, wenn man durch entsprechende Gesten des Piloten oder der Mannschaft dazu aufgefordert wurde; das Herantreten erfolgt nur im Sichtbereich des Piloten, also von vorne. Niemals verläßt man den Helikopter nach hinten oder zur Bergseite hin. Man achtet ganz besonders auf den Heckrotor, der nahezu unsichtbar ist, so lange er sich dreht. Falls die eigene Anwesenheit in der unmittelbaren Nähe des Helikopters nicht unbedingt notwendig ist, sollte man mindestens 20 Meter vom Landeplatz entfernt bleiben.

*Tip:* Denke an die Sicherheit des Verletzten, wenn du die Helikopterrettung vorbereitest. Die Person und Ausrüstung sollte so abgesichert werden, daß keine losen Bänder, Seile oder Kleidungsstücke herumliegen, die durch den Wind dem Verletzten ins Gesicht schlagen können. Auch sollte das Gesicht vor herumfliegender Erde und Staub geschützt sein. Dabei achtet man natürlich auf ausreichenden Atemraum. Es braucht durchaus seine Zeit, wenn man eine verletzte oder kranke Person auf einer Trage sichern lagern will. In einer solchen Situation muß man ganz besonders darauf achten, daß die Sicherheit des Verletzten nicht dadurch beeinträchtigt werden darf, daß man sich in Anbetracht des wartenden Helikopters ganz besonders beeilt. Rettungsteams, die sich größtmögliche Mühe geben, ihr Können bei der Personenrettung effizient anzuwenden, ohne hektisch zu agieren, sind der beste Garant für eine schnelle und effiziente Rettung.

# Anhang 1
# Das Eigenleben des Schnees

Schneekristalle bilden sich in der Atmosphäre, wenn der Wasserdampf bei Temperaturen unter dem Gefrierpunkt kondensiert. Sie bilden sich um Kristallisationskeime herum. Bei diesen kann es sich um winzig kleine Staubteilchen handeln. Danach wachsen sie dadurch, daß mehr und mehr Eis aus dem atmosphärischen Wasserdampf um sie herum abgelagert wird. Sehr kleine Wassertröpfchen können auch zum Wachsen der Schneekristalle beitragen. Die Kristalle sind grundsätzlich hexagonal, unterscheiden sich allerdings in ihrer Größe; die äußere Form wird durch eine nahezu grenzenlose Vielfalt aus Platten, Säulen und Nadeln erzeugt. Die individuelle Form hängt von der Lufttemperatur und der Menge des zur Verfügung stehenden Wasserdampfes ab.

Wenn ein Schneekristall durch die Luft fällt, können sich durch die unterschiedlichen Temperaturen und Wasserdampfbedingungen komplexe Gebilde entwickeln. Kristalle, welche in der Luft im Bereich des Gefrierpunktes entstehen, verbinden sich normalerweise miteinander zu großen Schneeflocken, bei denen es sich um Aggregate von Einzelkristallen handelt. Wenn Schneekristalle in Luft, die Wassertropfen enthält, fallen, frieren diese Tropfen an den Kristallen an und bilden so die rundlichen Schneepartikel, welche Graupel genannt werden.

Die Dichte von Neuschnee hängt von den Wetterbedingungen ab. Schnee von besonders geringer Dichte (sehr leichter trockener Schnee) fällt bei mäßig kalten und sehr ruhigen Wetterbedingungen. Bei extrem niedriger Temperatur ist der Neuschnee fein und körnig – mit etwas höherer Dichte. Als grundsätzliche Regel gilt, daß bei höherer Temperatur der Schnee dichter, das heißt schwerer und nasser ist. Die höchste Dichte erreichen Graupeln oder Schneekristalle, die nahe des Gefrierpunktes fallen. Der Wasseranteil im Neuschnee schwankt zwischen 1 und 30 % (manchmal auch mehr!), wobei der durchschnitt-

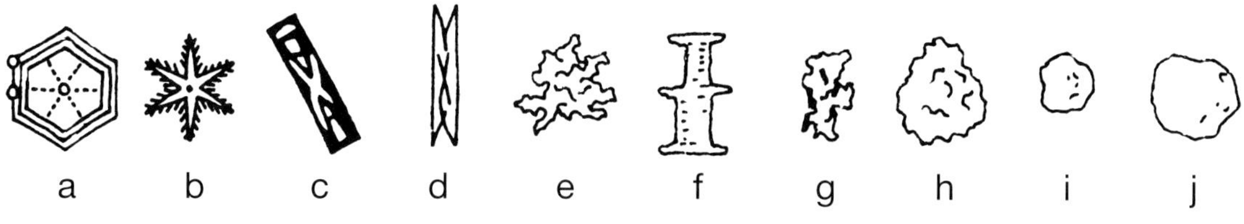


**(Anhang 1-1) Verschiedene Formen von Schneekristallen: a) Platten; b) Sterne; c) Säulen; d) Nadeln; e) unregelmäßige dendritische Formen (Kombination aus federförmigen Kristallen); f) gedeckelte Säulen; g) unregelmäßige Körner (Aggregate, mikroskopisch kleiner Kristalle); h) Graupel (weiche Hagelkörner); i) Graupel (eisförmige Hülle, nasses Material innen); J) Hagel (solides Eis).**

liche Wassergehalt im Gebirge zwischen 7 und 10 % liegt. Der Wind beeinflußt ebenfalls die Schneedichte, da die Schneekristalle bei hohen Windgeschwindigkeiten zerbrechen und dann dichter abgelagert werden können. Auch hier ist der Schneecharakter feinkörnig. Je stärker der Wind, desto dichter der Schnee.

Zwei Arten von Schnee bilden sich direkt am Boden.

**Reif** ist dichtes weißes Material, welches durch das Anfrieren von Wassertropfen an Bäumen, Felsen und anderen windexponierten Objekten entsteht. Reif bildet sich immer auf der Windseite des Objektes. Er kann unter Umständen große, sehr feine Gebilde formen, natürlich können auch dicke Krusten entstehen. Normalerweise findet sich keine makroskopisch sichtbare Kristallstruktur.

**Rauhreif** bildet dagegen gut sichtbare Kristallstrukturen in Form von Blättchen, Trichtern oder Säulen. Rauhreif bildet sich an festen Objekten durch Vorgang der Sublimation. Hierunter versteht man die direkte Umwandlung von Wasserdampf in Eis. Bildet sich Rauhreif auf der Schneeoberfläche, wird er auch Oberflächenreif genannt. Dieser Vorgang entsteht normalerweise während kalter klarer Nächte. Die Kristalle erscheinen federförmig und zerbrechlich und glitzern im Sonnenlicht. Eine dicke Schicht Oberflächenreif ermöglicht schnelles Skifahren.

## Vorgänge in der Schneedecke

Schnee, der auf dem Boden liegt, verändert sich im Laufe der Zeit. Die Kristalle unterliegen einem Veränderungsprozeß – der Metamorphose –, welcher zu schmaleren einfacheren Formen führt. Hierdurch schrumpft die Schneedecke und setzt sich. Da die Schneedecke im Verlaufe der Zeit normalerweise stabiler wird, ist es für die Bergsteiger nützlich zu wissen, wie in der jüngeren Vergangenheit die Wetter- und Schneebedingungen eines Gebietes waren.

Die Metamorphose beginnt in dem Moment, in dem der Schnee fällt, und endet, wenn er geschmolzen ist. Dieser dynamisch ablaufende Prozeß verändert die Kristallform von der sehr variablen ursprünglichen Form hin zu relativ einheitlichen rundlichen Altschneekörnern. Sowohl Temperatur als auch Druck beeinflussen die Geschwindigkeit dieses Vorganges. Wenn die Temperatur innerhalb der Schneedecke im Bereich des Gefrierpunktes liegt, verläuft die Veränderung recht schnell. Je kälter es wird, desto langsamer findet die Umwandlung statt, und vermutlich findet unterhalb minus 40° C keinerlei Umbau mehr statt. Die Druckkräfte durch das Gewicht weiteren Schneefalls beeinflussen natürlich auch die tiefer gelegenen Schnee-

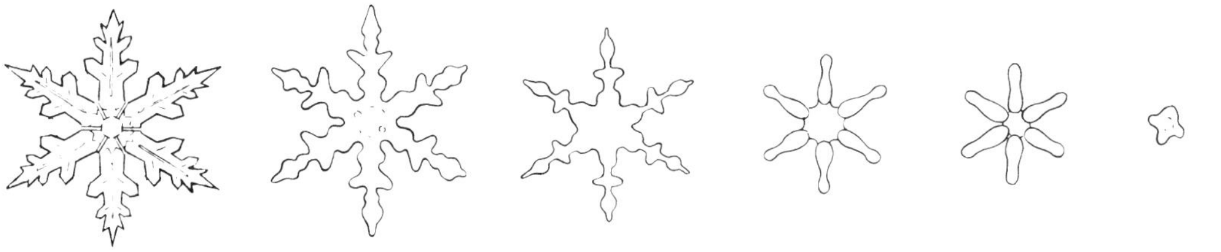


**(Anhang 1-2) Abbauende Umwandlung von Schneekristallen.**

schichten. Schnee, der ein hohes Alter erreicht hat (mindestens ein Jahr), weist Körner auf, die nahezu alle in eisige Altschneekörner umgewandelt sind – er wird dann Firn genannt. Weitere Veränderungen können aus Firnschnee Gletschereis machen.

Eine grundsätzlich andere Art der Umwandlung findet dann statt, wenn Wasserdampf aus einem Bereich der Schneedecke durch senkrechte Diffusion in andere Schneeschichten gerät und dort Schneekristalle bilden kann, die sich von der ursprünglichen Schneecharakteristik ganz wesentlich unterscheiden. Dieser Wachstumsprozeß erzeugt facettierte Kristalle. Wenn der Prozeß vollständig abläuft, haben die Kristalle häufig die Form von hohlen Säulen oder Trichtern und erscheinen gut geschichtet. Manchmal erreichen sie eine erstaunliche Größe. Sie bilden eine sehr instabile Struktur, und die gesamte Schneeschicht kann ihre Festigkeit vollständig verlieren, wenn sie belastet wird. Insbesondere wenn Nässe hinzutritt, wird die Schneeschicht außerordentlich weich. Dieser weiche und unstabile Schnee wird Tiefenreif genannt – ein besonders in angloamerikanischen Bereich populärer Ausdruck ist auch Sugar Snow (Zuckerschnee). Als grundsätzliche Voraussetzung für die Tiefenreifbildung muß eine große Temperaturdifferenz zwischen den tieferen und höheren Schneeschichten bestehen; außerdem muß ausreichend Luft im Schnee enthalten sein, so daß der Wasserdampf frei diffundieren kann. Diese Bedingungen herrschen besonders häufig im frühen Winter, wenn die Schneeschicht noch dünn und wenig verfestigt ist.

Wenn die Schneedecke unter dem Einfluß der Schwerkraft langsam den Hang hinunterrutscht, bewegen sich die oberen Schichten schneller als diejenigen, die direkt auf dem Untergrund liegen. Diese innere Verformung findet besonders schnell im Bereich des Gefrierpunktes statt und verlangsamt sich mit abnehmender Schneetemperatur. Die unterste Schneeschicht gleitet ihrerseits über den Untergrund, wenn im Bereich von Untergrund und Schnee Temperaturen nahe des Gefrierpunktes herrschen. Wenn der Untergrund zum Beispiel durch Gras glatt und rutschig ist, kann das Abgleiten die Hauptbewegungsform des Schnees darstellen. Die langsamen kombinierten Bewegungen des Schnees auf dem Hang sind so träge, daß sie von einem zufällig eintreffenden Beobachter nicht festgestellt werden können, aber sie können im Laufe der Zeit innerhalb der Schneedecke enorme Spannungskräfte und -risse erzeugen. Die Belastungen, die durch ungleiches Verrutschen von Schneeschichten entsteht, sind ein wichtiger Faktor bei der Lawinenbildung.

Die Unterschiede in der Belastbarkeit des Schnees sind enorm, da die Kräfte sich ständig durch die Metamorphose des Schnees, die Temperaturdifferenzen und den Wind verändern. Die Härte eines windgepackten Altschnees kann fünfzigtausendmal höher sein als die von frisch gefallenem Neuschnee. Eine Zunahme der Härte ist ebenfalls feststellbar bei windtransportiertem Schnee oder Schnee, der mechanisch in irgendeiner Weise belastet wurde.

## Oberflächenstrukturen der Schneedecke

Schnee und Eis unterliegen einer endlosen Veränderung der Oberfläche, da sie durch Wind, Temperatur, Sonne, Schmelz- und Gefrierzyklen sowie Regen ständig bearbeitet werden. Im folgenden werden einige besonders wichtige Oberflächenformen beschrieben, welche der Bergsteiger häufiger antrifft und interpretieren können sollte.

**Pulverschnee:** Dies ist ein besonders verbreitetes Wort für leichten, lockeren Neuschnee. Die

**(Anhang 1-3) Oberflächenform von Schnee: Schmelzmulden (links); Windgangeln (Sastrugi) (Mitte); Büßerschnee (rechts).**

exaktere Definition des Pulverschnees beschreibt allerdings Schnee, welcher seinen Zusammenhalt verloren hat, da die Rekristallisierungseffekte innerhalb der Schneeschicht bei hohen Temperaturdifferenzen stattfinden. Diese Veränderungen finden nur während längerer Perioden tiefer Temperatur statt. Der veränderte Schnee ist locker und pulverig, ermöglicht normalerweise gutes Skifahren und kann natürlich auch trockene Lockerschneelawinen hervorrufen.

**Firn:** Nach dem Beginn der Schneeschmelze im frühen Frühjahr kann eine Periode schönen Wetters dazu führen, daß der Schnee im Bereich seiner Oberfläche in runde stabile Kristalle umgewandelt wird – dieser Schnee wird Firn genannt. Die Kristalle bilden sich durch tägliches Schmelzen und Wiedergefrieren des Schnees. Nur wenn die gleiche Schneeoberfläche immer wieder geschmolzen und wiedergefroren wird, entsteht Firnschnee. Ein solcher Schnee eignet sich nach leichtem Aufweichen am Morgen hervorragend zum Skifahren und auch zum Stufentreten.

**Sulzschnee:** Sulzschnee entsteht zumeist im Frühjahr und beschreibt weiche, nasse Schneeschichten ohne soliden Halt zum Untergrund. Schlimmstenfalls hält Sulzschnee noch nicht einmal das Gewicht eines Skifahrers. Schnee, der gute Skibedingungen am Morgen darstellen kann, kann zu späteren Tagesstunden unter Umständen schlechtester Sulzschnee werden. Sulzschnee bildet sich auch, wenn tiefere Reifschichten naß werden und den Rest ihrer Haltekraft verlieren. Unter solchen Bedingungen bilden sich oft Naßschneelawinen oder Schneebretter. Im Kontinentalklima bildet sich relativ häufig Sulzschnee, wesentlich häufiger als bei den relativ stabilen Temperaturen maritim geprägten Klimas von Küstengebirgen.

**Schmelzharsch:** Hierbei handelt es sich um eine Schneeschicht, die sich bildet, indem Schmelzwasser an der Oberfläche wiedergefriert und dabei teilweise die Schneekristalle mit einschließt. Eine relativ häufige Form einer Eislamelle tritt auf, indem Schnee durch Sonnenlicht naß wird und nachts zu Eis erstarrt. Die Wärme, die das Schmelzen an der Oberfläche erzeugen kann, kann natürlich auch aus warmer Luft stammen, auch kann Wasserdampf übersättigter Luft auf der Schneeoberfläche gefrieren. Im Winter und im frühen Frühjahr wird die Schicht normalerweise durch die Dicke der oberflächlichsten Schneeschicht begrenzt, da sich hier das Schmelzwasser bei ansonsten trockenem Schnee bildet. Im späteren Frühjahr und im Sommer, wenn genügend freies Wasser innerhalb der gesamten Schneedecke zur Verfügung steht, wird die Dicke der Eisschicht vor allem dadurch bestimmt, wie kalt es während der Nacht wird.

**Windharsch:** Im Unterschied zu Eislamellen und Schmelzwasserharsch wird Windharsch durch den Einfluß des Windes gebildet. Nachdem die Oberfläche des Schnees durch den Wind bearbeitet wurde, findet eine Verfestigung statt. Die Bruchstücke von Schneekristallen werden dicht zusammengelagert, wenn sie zur Ruhe kommen und beschleunigen den Prozeß. Der Verfestigungsprozeß wird durch warmen Wind unterstützt, insbesondere auch durch das Kondensieren von Feuchtigkeit. Auch wenn hierbei nicht genügend Wärme zur Verfügung steht um Schmelzprozesse zu verursachen, reicht die zugeführte Erwärmung an der Oberfläche aus, daß durch die nachfolgenden Abkühlungsprozesse die Schneemetamorphose beschleunigt wird und die Oberfläche aushärtet.

**Firnspiegel:** Eine sehr dünne Schicht klaren Eises kann manchmal auf der Schneeoberfläche gesehen werden. Dieses insbesondere im Frühjahr oder Sommer auftretende Phänomen wird Firnspiegel genannt. Herrschen die günstigsten Verhältnisse von Sonnenlicht und Hangneigung, produziert die Lichtreflexion dieser glatten Ober-

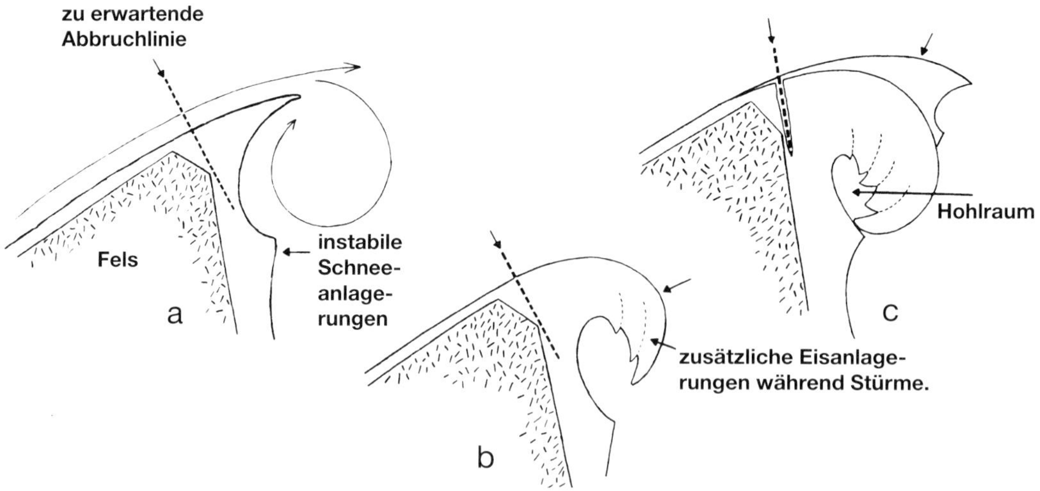


**(Anhang 1-4) Bildung von Wächten.**

fläche das Phänomen des »Gletscherfeuers«. Ein Firnspiegel bildet sich, wenn die Wärmestrahlung der Sonne in den Schnee eindringt und dort Schmelzprozesse direkt im Bereich der Oberfläche erzeugt – und zwar gleichzeitig, wenn durch die geringe Lufttemperatur im Bereich der Schneeoberfläche Temperaturen unterhalb des Gefrierpunktes herrschen. Hat sich eine solche Schicht einmal gebildet, tritt ein Treibhauseffekt ein, da die tiefer gelegenen Schichten durch die transparente Oberfläche zwar durch die Strahlung erreicht werden, aber nicht mehr den kalten Winden ausgesetzt sind.

**Vereisung:** Hierbei handelt es sich um eine dünne Schicht klaren Eises, welche durch Wasser, das auf der Felsoberfläche gefriert, entsteht. Besonders häufig wird es in größerer Höhe im Frühjahr oder Sommer angetroffen, wenn Frieren auf Schmelzprozesse folgt. Das Wasser stammt von Regen oder schmelzendem Schnee. Eine Vereisung kann auch durch unterkühlten Regen entstehen, welcher sofort an entsprechend exponierten Objekten friert.

**Schmelzstrukturen:** Nachdem die Schneeschmelze im Frühjahr begonnen hat, bilden sich Schmelzstrukturen in den Schneefeldern, welche durch den Abfluß des Wassers erzeugt werden. Allerdings findet der Abfluß des Schmelzwassers zum überwiegenden Teil innerhalb der Schneedecke und nicht an der Oberfläche statt. Wenn der Schnee an der Oberfläche schmilzt, sickert das Wasser in tiefere Schichten, bis es auf dichte Lagen stößt, welche die Strömungsrichtung ändern. Alternativ kann es passieren, daß sehr lockere Schichten erreicht werden, denen das Wasser leicht folgen kann. Ein beträchtlicher Anteil des Schmelzwassers erreicht natürlich auch die darunterliegenden Erdschichten. Wasser, welches innerhalb der Schneedecke fließt, bildet oft das Muster der Flußkanäle an der Schneeoberfläche ab. Dies entsteht dadurch, daß das fließende Wasser die Vorgänge des Setzens im Bereich der Kanäle beschleunigt. Durch das Nachsacken des Schnees bilden sich dann entsprechende Rinnen an der Oberfläche. Der Staub, der in diesen Vertiefungen angesammelt wird, absorbiert darüberhinaus die Wärme der Sonnenstrahlung und beschleunigt im Bereich dieser Rinnen seinerseits die Schmelzvorgänge.

**Schmelzmulden:** Schmelzmulden sind Vertiefungen in der Oberfläche sommerlicher Schneefelder. Sie können in ihrer Größe zwischen wenigen Zentimetern und Halbmetergröße und mehr variieren. Sie bilden eine unregelmäßige Schneeoberfläche und entstehen durch die Kombination von Wetterbedingungen und Unregelmäßigkeiten in der ursprünglichen Schneeoberfläche. Zu ihrer Ausformung ist eine Luftbewegung notwendig, wobei größere Wärme und ein größerer Materialtransport im Bereich der hervorstehenden Schneepunkte eintritt. Die Luft muß trocken genug sein, um Verdunstung zu ermöglichen; ferner muß eine weitere externe Wärmequelle, normalerweise die Sonne, einwirken.

Unter diesen Umständen erreicht ein größerer Wärmeanteil die hervorstehenden Punkte. Diese Wärme erzeugt überwiegend eine direkte Verdunstung des Schnees und weniger ein Schmelzen. Da die direkte Verdunstung des Schnees mehr als siebenmal soviel Wärme benötigt wie das Schmelzen, ist der reale Materialverlust an den hervorstehenden Punkten durch das Verdunsten geringer als der Verlust in den Vertiefungen, in denen der Schnee überwiegend schmilzt. Die Vertiefungen schmelzen also schneller, als die hervorstehenden Punkte verdunsten. Hierdurch vertiefen und vergrößern sich die Mulden. Zusätzlich können differenzierte Schmelzprozesse eintreten, wenn Schmutz oder Steine in den Vertiefungen die Sonnenstrahlung zusätzlich absorbieren. In diesem Fall schmelzen die Vertiefungen auf ihrer Südseite (Sonnenseite) schneller als auf ihrer Nordseite. Im Laufe der Zeit kann der erhöhte Rand sogar durch fortlaufende

Schmelzprozesse über die Schneeoberfläche wandern.

Warmfeuchte Winde neigen dazu, die beschriebenen Schneeformen zu zerstören, da sie eine Beschleunigung der Schmelzprozesse an den hervorstehenden Punkten und Ecken hervorrufen. Ein längerer Sommersturm in Verbindung mit Nebel, Wind und Regen kann dazu führen, daß die Mulden vollständig verschwinden, allerdings werden sie sich wieder bilden, sobald das Wetter trocken und schön wird.

**Büßerschnee:** Wenn die beschriebenen Oberflächenmulden zusehends wachsen, kann daraus Büßerschnee entstehen. Hierbei handelt es sich um Schneesäulen, die dann entstehen, wenn die trennenden Grate zwischen den Schneemulden wegschmelzen und nur die Säulen an den ehemaligen Verzweigungen der Begrenzungsgrate übrigbleiben. Büßerschnee ist besonders typisch für Schneefelder in sehr großer Höhe – für Regionen also, in denen die Sonnenstrahlung und die atmosphärischen Bedingungen, die die beschriebenen Vorgänge verursachen, besonders intensiv sind. Büßerschnee erreicht eine besondere Höhe zwischen den hohen Bergen der Anden und im Himalaja – hier können die einzelnen Säulen weit mehr als einen Meter hoch werden und das Vorwärtskommen arg behindern. Die Säulen des Büßerschnees neigen sich oft der Mittagssonne entgegen.

**Wind und Erosionseinwirkung:** Die Oberfläche trockenen Schnees entwickelt eine Vielzahl von Erosionsformen, welche durch die aushöhlende Wirkung des Windes entstehen. Hierbei kann es sich um eine kleine Rippelung und auch Unregelmäßigkeiten auf der winterlichen Schneeoberfläche handeln. Auf hohen Graten und im baumlosen arktischen Gelände, also in Gelände, in welchem der Wind ungehemmt wirken kann, erreichen diese Figuren eine beträchtliche Größe. Besonders charakteristisch sind wellenförmige Formationen mit scharfen Nasen, die sich der Hauptwindrichtung zuwenden. Sie werden Windgangeln oder auch Sastrugis genannt. Ein Feld aus Sastrugis, hart, unregelmäßig und über einen Meter hoch, kann ein extrem anstrengendes Geländehindernis sein. Hohe Windgeschwindigkeiten auf strukturlosen Schneeflächen produzieren auch Dünen, ähnlich wie solche, die man in Wüstengebieten findet. Hier ist die steile Seite windabgewandt.

**Wächten:** Wächten sind Ablagerungen windtransportierten Schnees auf der Leeseite von Graten oder ähnlicher Strukturen. Sie bilden eine erhebliche Gefahr, da sie überhängen und eine unstabile Schneemasse bilden, die durch das Zusatzgewicht eines Bergsteigers, ab und zu auch rein durch die Schwerkraft, abbrechen können. Ein Wächtenabbruch, an sich schon gefährlich, kann darüberhinaus noch Lawinen auslösen.

Während eines Sturmes bildet der neu gefallene Schnee reichlich Material zur Wächtenbildung. Wächten können allerdings auch gebildet und vergrößert werden, indem bei schönem Wetter Schnee von windexponierten Hängen auf die Leeseite transportiert wird. Generell kann davon ausgegangen werden, daß Wächten, die während eines Schneesturms entstanden, weicher und absturzgefährlicher sind als solche, die im Laufe der Zeit allein durch die Windeinwirkung gebildet wurden.

## Die Bildung von Gletschern

Gletscher bilden sich aufgrund einer recht schlichten Tatsache: Schnee, der nicht schmilzt oder verdunstet, bleibt bis zum nächsten Winter liegen. Wenn sich dieser Vorgang der Schneeansammlung Jahr für Jahr wiederholt, tritt eine immer weitergehendere Verfestigung ein, wobei die

Gesamtmasse ähnlich wie eine sehr zähe Flüssigkeit langsam der Hangneigung folgt und sich hinunterbewegt. Die Folge: Es hat sich ein Gletscher gebildet.

Mit der Umwandlung von Altschnee in Eis ist die Gletscherbildung vollendet. Nun werden die Eiskörner in das Gletschereis eingebunden – ein Vorgang, welcher Verfirnung genannt wird. Firn geht in Gletschereis über, wenn die eingeschlossene Luft zwischen den Körnern entweicht und die Masse dadurch weitgehend luftfrei wird.

Ein Teil des Gletschereises wird durch Wiedergefrieren zirkulierender Schmelzwässer in jedem Frühjahr gebildet, wenn die tiefergelegenen Schneeschichten nach wie vor Temperaturen unterhalb des Gefrierpunktes aufweisen. Dieses gefrorene Schmelzwasser bildet Eisschichten innerhalb des Firns. Daher wird man immer wieder irregulär geformte Eiskörper auch im kompakten Gletschereis vorfinden.

Wenn der Gletscher sich einmal gebildet hat, ist die Metamorphose des Eises noch nicht beendet. Nach wie vor verändert sich die Kristallstruktur, indem einige der Eiskörner auf Kosten ihrer Nachbarn wachsen. So wird im Verlaufe der Zeit die durchschnittliche Größe der Eiskristalle im Gletscher immer größer.

Große Gletscher, bei denen das Eis Jahrhunderte benötigt, um die Gletscherzunge zu erreichen, können Eiskristalle von über 30 cm Durchmesser erzeugen, Giganten ihrer Art, wenn man bedenkt, aus welch kleinen Schneepartikeln sie ursprünglich entstanden sind.

Gedanklich können wir der Geburt eines einfachen alpinen Talgletschers folgen. Man denkt sich einen Berg irgendwo in der nördlichen Hemisphäre, der keine Gletscher besitzt. Nun verändert man ein wenig das Klima, so daß der Schnee, welcher Jahr für Jahr fällt, auf der Nordseite des Berges liegenbleibt.

Zunächst beginnt der Schnee langsam das Tal hinunterzurutschen. Diese sehr langsame Bewegung wird kriechen (creep) genannt. Neue Schneeschichten werden jedes Jahr hinzugefügt und die Dicke des Schnees wird größer und größer, und die Menge des sich bewegenden Schnees wächst mit. Der rutschende Schnee schleppt Erde und Steine mit sich und das Schmelzen, Wiedergefrieren und Fließen von Wasser um und unter dem Schnee wirkt seinerseits auf den Untergrund. Dieser kleine Erosionsprozeß kann im Laufe der Zeit eventuell eine größere Vertiefung im Tal erzeugen, in welcher der Winterschnee liegenbleibt. Hier wird der Schnee zum Beispiel 30 m tief oder noch tiefer. Die untersten Schichten haben sich dann nahezu in Gletschereis umgewandelt, während der zunehmende Druck der vielen darüberliegenden Schichten dafür sorgt, daß die Fließgeschwindigkeit zunimmt. Ein Gletscher ist geboren.

Erhält er fortgesetzte Nahrung durch heftige Winterschneefälle fließt der Gletscher als Strom aus Eis talwärts. An einem bestimmten Punkt seines Abflusses erreicht der Gletscher eine Höhenlage, die tief genug und damit auch warm genug ist, daß sich nicht noch mehr Schnee auf ihm ansammelt. Der Gletscher beginnt zu schmelzen. Eventuell erreicht der Gletscher einen Punkt, der noch tiefer und wärmer ist, an dem das gesamte Eis, welches hinuntergeflossen ist, jedes Jahr schmilzt. Dies ist die unterste Grenze des Gletschers.

Gletscher können von relativ stationären Massen mit geringer Bewegung bis hin zu heftig fließenden Eisströmen, die riesige Eismassen jedes Jahr aus der Höhe herunterbringen, variieren. Bei relativ gemäßigtem Klima fließen die Gletscher sowohl durch innere Verschiebungen im Eis als auch durch Rutschen auf dem Untergrund. Geschwindigkeitsunterschiede innerhalb des Gletschers sind vergleichbar mit denen eines Flusses, wobei die Oberfläche in der Mitte am schnellsten fließt und die Seiten und die unteren Bereiche sich nur langsam vorwärtsbewegen.

Kleinere Gletscher der Polarregionen verhalten sich ganz anders als ihre Kollegen aus gemäßigten Zonen, da sie bis zu ihrem Becken hinunter gefroren sind und nur durch innere Massenverschiebungen fließen können. Polare Gletscher sehen daher aus wie fließender Sirup, während Gletscher aus gemäßigten Zonen eher Strömen aus zertrümmertem Eis ähneln.

# Anhang 2 Schwierigkeits-Bewertungssysteme

Die Entwicklung von Schwierigkeitsskalen begann in den späten Jahren des letzten Jahrhunderts bzw. zu Beginn der 20. Jahrhunderts in England und Deutschland. In den zwanziger Jahren erschuf Willo Welzenbach ein Bewertungssystem, bei dem er römische Ziffern für die einzelnen Schwierigkeitsgrade einführte, und parallel dazu entstand das britische System, um die verschiedenen Routen in den Alpen zu vergleichen und zu beschreiben. Dies bildet heute die Basis der UIAA-Schwierigkeitsskala. Heutzutage gibt es weltweit mehr als sieben wichtige Skalen für das Felsklettern – allein vier alpine Bewertungssysteme, ebenfalls vier für das Eis und zwei für technisches Klettern. An dieser Stelle soll nur kurz auf die verschiedenen Skalierungssysteme eingegangen werden.

Ein Bewertungssystem ist eine Möglichkeit, die es einem Kletterer ermöglicht, eine Tour danach zu beurteilen, ob sie prinzipiell innerhalb der eigenen Fähigkeiten oder Wünsche liegt. Die Einstufung einer Route spiegelt auch den Typ der Ausrüstung wieder, welche für das Unternehmen benötigt wird.

Schwierigkeitsbewertungsskalen sind grundsätzlich subjektiv, wodurch eine einheitliche Bewertung von verschiedenen Klettergebieten von vornherein unmöglich ist. Die Einstufung geht ferner davon aus, daß gutes Wetter herrscht und die richtige Ausrüstung vorhanden ist. Variablen, die die Schwierigkeit beeinflussen, sind: Wie handhaben die lokalen Kletterer, die die Routen erschlossen haben, das Skalierungssystem? Wie beschaffen sind die Wünsche bezüglich der Akzeptanz und des Bekanntheitsgrades des Geländes? Wie ist der Fels- oder Eistyp, die hauptsächliche Klettertechnik (z. B. Wandklettern, Rißklettern, Reibungsklettern; Frontalzacken- oder Eckensteintechnik). Die physikalische Größe und die Stärke eines Kletterers beeinflußt selbstverständlich auch die subjektive Einstufung der Route. Idealerweise wird eine Route durch Konsens möglichst vieler Kletterer eingestuft. Ein Autor eines Führerbuches hat typischerweise nicht alle Routen, die er beschreibt, selbst durchstiegen; er benötigt daher die Information und Meinung von anderen. In einigen Fällen ist eine Route lediglich einmal erstiegen worden. Wenn man in einem bestimmten Gebiet zum ersten Mal klettert, ist es ratsam, zunächst auf einem niedrigeren Schwierigkeitsniveau als dem üblichen zu starten, um sich an die Fels- und Eisbedingungen sowie die Art des Kletterns zu gewöhnen und darüberhinaus selbst zu spüren, wie die lokal etablierte Schwierigkeitsbewertung mit den eigenen Erfahrungen übereinstimmt.

# Schwierigkeitsbewertung in Nordamerika

## Felsklettern

### Freeclimbing

Im Jahre 1937 wurde eine modifizierte Welzenbachskala in Nordamerika in Form des Sierra Club Systems eingeführt. In den fünfziger Jahren wurde dieses System detaillierter ausgearbeitet, um die technischen Schwierigkeiten, die inzwischen im Bereich Tahquitz Rock in Kalifornien erreicht wurden, zu beschreiben. Zu diesem Zwecke wurde der Klasse 5 eine Dezimalzahl angefügt. So entstand die Skala, die heute als Yosemite Decimal System (YDS) bekannt ist. Dieses System stuft das Gelände unter Berücksichtigung der benötigten Techniken und Ausrüstungen ein.

**Class 1:** Wegloses Wandern im Übergangsbereich zum Felsklettern. Normalerweise werden die Hände zum Erhalt des Gleichgewichtes nicht benötigt.

**Class 2:** Schließt leichtes Klettern ein, hier werden auch die Hände zum Erhalt des Gleichgewichtes benutzt. Abgesehen vom unerfahrenen Berggeher und unbeholfenen Personen wird normalerweise niemand ein Seil benötigen.

**Class 3:** Gemäßigte Exponiertheit wird immer wieder einmal auftreten. Einfaches Klettern mit recht häufigem Benutzen der Hände ist üblich. Ein Seil sollte auch für den Erfahrenen zumindest mitgeführt werden.

**Class 4:** Mittelschweres Klettern; die meisten Kletterer möchten auch dann, wenn sie erfahrener sind, auf eine Seilsicherung nicht verzichten, da oft große Exponiertheit vorliegt. Ein Sturz könnte sehr schwer oder gar tödlich enden. Gemäß einer anderen Definition beginnt die Klasse 4 dann, wenn alle Anfänger und die meisten durchschnittlichen Bergsteiger auf jeden Fall eine solide Seilsicherung wünschen. Normalerweise werden natürliche Sicherungspunkte leicht gefunden.

**Class 5:** Das Klettern schließt den Gebrauch des Seiles und natürliche oder künstliche Sicherungspunkte durch den Seilersten ein, um einen schweren Sturz zu verhindern.

Die Erweiterung der 5. Klasse war ursprünglich als nach oben begrenzte Skala 5.0 bis 5.9 gedacht. Die steigenden Standards der siebziger Jahre erforderten jedoch eine nach oben offene Skala. Das strikte Dezimalprotokoll wurde verlassen, und 5.10 (ausgesprochen »five ten«) als nächsthöhere Klasse akzeptiert. Die Klassen 5.10 bis 5.14 (Stand 1991) wurden in vier Unterklassen A bis D unterteilt (Abb. Anhang 2-1).

Ein (+) oder (-) wird manchmal dazu benutzt, um die Tendenz, die eine Route innerhalb der Klassifikation hat, weiter zu charakterisieren. Zum Beispiel tendiert eine Route, die mit 5.12c + bezeichnet wird, zu Schwierigkeitsbereichen zwischen 5.12 c und 5.12 d. Die Zusatzzeichen können auch dazu benutzt werden, um die Schlüsselseillänge zu markieren (+) oder eine Seillänge, die nur ein oder zwei Züge in der angegebenen Schwierigkeit enthält (-) (z. B. 5.8-).

Die Erweiterung der Klasse 5 kann nicht exakt definiert werden, weder qualitativ noch quantitativ. Die folgenden grundsätzlichen Regeln werden demjenigen Bergsteiger, der mit der YDS-Skala nicht so vertraut ist, jedoch weiterhelfen.

**5.0 bis 5.4:** Ein körperlich fitter Kletterer kann normalerweise in diesen Schwierigkeitsgraden ohne oder nur mit geringer Felsausrüstung klettern, indem er lediglich natürliche Sicherungspunkte benutzt.

**5.4 bis 5.7:** Hier wird ein erweitertes Maß an Felsklettertechniken wie beispielsweise das Handrißklettern oder auch vermehrte körperliche Kraft benötigt.

| UIAA | Frankreich | YDS | Australien | ehem. DDR | Brasilien | NCCS | England | England |
|---|---|---|---|---|---|---|---|---|
| I | 1 | 5.2 | | I | | F4 | 3a | VD |
| II | 2 | 5.3 | 11 | II | | | 3b | |
| III | 3 | 5.4 | 12 | III | II | F5 | 3c | HVD |
| IV | 4 | 5.5 | | IV | IIsup | | 4a | MS, S |
| V- | | 5.6 | 13 | V | III | F6 | 4b | HS |
| V | | 5.7 | 14 | VI | IIIsup | F7 | | VS |
| V+ | 5 | | 15 | | | | 4c | |
| VI- | | 5.8 | 16 | VIIa | IV | F8 | | HVS |
| VI | 6a | 5.9 | 17, 18 | VIIb | IVsup | F9 | 5a | |
| VI+ | 6a+ | 5.10a | 19 | VIIc | V | F10 | | E1 |
| VII- | 6b | 5.10b, 5.10c | 20 | VIIIa | Vsup | | 5b | E2 |
| VII | 6b+ | 5.10d | 21 | VIIIb | VI, VIsup | F11 | 5c | |
| V11+ | 6c, 6c+ | 5.11a | 22, 23 | VIIIc, IXa | VII | F12 | | E3 |
| VIII- | 7a | 5.11b, 5.11c | 24 | IXb | VIIsup | | 6a | E4 |
| VIII | 7a+ | 5.11d | 25 | IXc | VIII | F13 | | |
| VIII+ | 7b | 5.12a, 5.12b | 26 | Xa | VIIIsup | F14 | 6b | E5 |
| IX- | 7b+ | 5.12c | | Xb | | F15 | 6c | E6 |
| IX | 7c, 7c+ | 5.12d, 5.13a | 27, 28 | | | | 7a | |
| IX+ | 8a | 5.13b | 29 | Xc | | F16 | | E7 |
| X- | 8a+ | 5.13c | 30, 31 | | | | | |
| X | 8b, 8b+ | 5.13d | 32 | | | | | |
| X+ | 8c | 5.14a | 33 | | | | | |

**(Anhang 2-1) Vergleich verschiedener Schwierigkeitsskalen für Felskletterrouten.**

**5.7 bis 5.9:** Felskletterschuhe, gute Ausrüstung und ein Mindestmaß an Kraft werden bei diesem Schwierigkeitsniveau gewöhnlich benötigt.

**5.10 und darüber:** Zusätzlich zu Felskletterschuhen, exzellenter Technik und Kraft erfordern diese Schwierigkeitsgrade regelmäßiges Training der Klettertechniken und ein Mindestmaß an Zeit, um das Level zuhalten.

Die YDS-Skala bewertet lediglich die härtesten Züge einer Seillänge. Sie gibt keine Auskunft über die Gesamtschwierigkeit einer Tour, die Sicherungsmöglichkeiten, die Exponiertheit, die Länge der runouts (hierunter versteht man die größte Entfernung zwischen zwei Sicherungspunkten) oder einen Anhaltspunkt darüber, wie anstrengend das Unternehmen ist. Natürlich werden einige Führerbücher eine Seillänge härter bewerten als den härtesten Einzelzug – jedenfalls dann, wenn die Seillänge zu Beginn, also vor dem schwierigsten Zug, sehr anstrengend ist. Das Vorwort eines Führerbuches sollte jegliche Variation der YDS-Skala unbedingt beschreiben, um Mißverständnisse zu vermeiden. In einigen Büchern werden die Routen nach zwei Schwierigkeitsskalen eingestuft, nämlich eine für den jeweils härtesten Einzelzug und eine unter Berücksichtigung der Gesamtschwierigkeit.

Da die Standard-YDS-Skala nur den härtesten Einzelzug berücksichtigt, wurde von James Erickson im Jahre 1980 eine Ernsthaftigkeitsskalierung eingeführt, um die relative objektive Gefahr einer Route zu beschreiben.

**PG-13:** Die Sicherung wird als adäquat eingestuft, und wenn sie sinnvoll angebracht wird, wird ein Sturz nur über geringe Distanzen oder aber ohne schwere Folgen verlaufen.

**R:** Die Sicherung wird allgemein als nicht ausreichend eingestuft. Potentiell besteht die Möglichkeit eines weiten Sturzes in eine gute Sicherung oder eines kurzen Sturzes in eine schlechte Sicherung, welche eventuell ausbrechen kann. Ein stürzender Seilerster wird hierbei unter Umständen verletzt.

**X:** Die Sicherungsmöglichkeiten sind außerordentlich schlecht. Die Möglichkeit weiter Stürze über große Distanzen mit dem Ausbrechen etlicher Zwischensicherungspunkte ist möglich; schwere Verletzungen oder gar tödliche Unfälle sind nicht auszuschließen.

Viele Führerbücher machen darüberhinaus eine Einstufung der Routenqualität. Die Anzahl der vermerkten Sterne gibt einen Anhalt über die Ästhetik einer bestimmten Kletterroute. Hier ist niemals irgendein Standard etabliert worden, so daß jeder Bereich und jeder Buchautor seine eigenen Definitionen anwenden wird. Diese Sternbewertung ist recht nützlich, insbesondere für Kletterer, die im Gebiet neu sind und vor allem einige schöne Routen klettern wollen.

Das National Climbing Classification System (NCCS) wurde im Jahr 1963 vorgeschlagen, um das Freiklettern zu bewerten; es stuft in 10 Abstufungen von F 1 bis F 10 ein. Diese Skala wird heute eigentlich nicht mehr verwendet. Allerdings verwenden viele ältere Führerbücher nach wie vor dieses System (siehe Abb. Anhang 2-1).

### Technisches Klettern

Die Bewertung technischer Einzelzüge oder ganzer technisch gekletterter Routen weicht von der Bewertung des Freikletterns ab. Der wesentliche Unterschied ist, daß es sich nicht um eine nach oben offene Skala handelt: Es erfolgen keine Neueinstufungen, auch wenn die Klettertechnik verbessert wird.

Die Skalierungssysteme des technischen Kletterns beschreiben vor allem die Qualität der Sicherungspunkte und den Schwierigkeitgrad, mit dem diese anzubringen sind. Die Skala reicht von A 0 oder C 0 bis A 5 oder C 5, wobei der Buchstabe A darauf hinweist, daß Haken und/ oder Klemmkeile benutzt werden; C bedeutet, daß ausschließlich an Klemmkeilen geklettert wird. Allerdings ist die C-Bewertung noch nicht allgemein akzeptiert. Das beschriebene System wird weltweit benutzt – außer in Australien, wo die Einstufung von M 0 (M für mechanisch) bis M 8 erfolgt, bei ähnlicher Definition wie A 0 bis A 5.

**A0 oder C0:** Die Hilfspunkte sind bereits fix angebracht.

**A1 oder C1:** Die Fortbewegungspunkte sind zuverlässig und können leicht angebracht werden.

**A2 oder C2:** Die Fortbewegungspunkte sind etwas umständlich anzubringen und nicht absolut zuverlässig.

**A 3 oder C 3:** Die schwierig anzubringenden Fortbewegungspunkte halten einen kleinen Sturz.

**A4 oder C4:** Die Fortbewegungspunkte halten lediglich das Körpergewicht, jedoch keinen Sturz.

**A5 oder C5:** Die Seillänge enthält so zahlreiche Fixpunkte des Niveaus A 4, daß ein weiter, sehr schwerer Sturz die Folge sein kann.

**Bouldering**

Bouldering besitzt ein eigenes Skalierungssystem. Die Skala ist nicht fix, da sie mitgeführt wird, während die Schwierigkeitsstandards zunehmen. B1 ist definitionsgemäß immer die schwierigste Stufe der YDS-Skala, und B3 ist eine Kletterei, die noch niemals wiederholt werden konnte. Im Jahre 1991 konnten die Bouldering-Stufen folgendermaßen mit der YDS-Skala verglichen werden:

**B1:** 5.14
**B2:** Schwieriger als 5.14
**B3:** Die Route wurde bislang nicht wiederholt.

**Alpines Bergsteigen**

Die Skala des National Climbing Classification System (NCCS) beschreibt die Gesamtschwierigkeit einer alpinen Mehrseillängentour sowohl im Hinblick auf die Verteilung der Anforderungen als auch im Hinblick auf die absolute Schwierigkeit im Felsgelände. Hierbei werden folgende Faktoren berücksichtigt: die Länge der Route, die Anzahl der schwierigen Seillängen, die durchschnittliche Schwierigkeit der Seillängen, die Schwierigkeit der härtesten Seillänge, Orientierungsprobleme, Aufstiegszeit, Steinschlag- oder Eisschlaggefahr und Kletterprobleme. Der Zugang und die Einsamkeit eines Gebietes nehmen ebenfalls ihren Einfluß auf die Einstufung; dies wird allerdings regionale Unterschiede nach sich ziehen und damit auch führerbuchabhängig sein. Immer sollte daran gedacht werden, daß bei zunehmendem Schwierigkeitsgrad auch ein zunehmendes Maß an psychologischer Vorbereitung und Leidensfähigkeit notwendig ist. Das vorgestellte System stellt jedoch sicher, daß eine erfahrene Seilschaft das Unternehmen wie geplant bewältigen kann.

**Grade I:** Normalerweise werden lediglich einige Stunden im Bereich der technisch anspruchsvollen Passagen verbracht. Diese können bezüglich ihrer Felsschwierigkeit jegliche Stufe besitzen.

**Grade II:** Normalerweise wird etwa ein halber Tag für die technisch anspruchsvollen Passagen benötigt. Diese können jegliche technische Schwierigkeit beinhalten.

**Grade III:** Normalerweise wird ein gesamter Tag benötigt, die technischen Schwierigkeiten können jeglicher Stufe angehören.

**Grade IV:** Man muß davon ausgehen, daß ein langer harter Tag bevorsteht (noch länger bei der ersten Begehung); die härtesten Seillängen sind normalerweise mindestens im Schwierigkeitsgrad 5.7 (entspricht dem V. Grad UIAA).

**Grade V:** Man muß mit einer Routenlänge von durchschnittlich eineinhalb Tagen rechnen; die härteste Seillänge dürfte in den seltensten Fällen leichter als 5.8 (entspricht VI UIAA) sein.

**Grade VI:** Normalerweise werden zwei oder mehrere Tage benötigt; generell beinhaltet die Route schwieriges Freiklettern und/oder technisches Klettern. Die Zeiten, welche vorgegeben werden, sind insbesondere bei Routen auf Gletschern, Schnee oder beim Eisklettern nicht immer verläßlich. Die Art des Unternehmens beeinflußt diesen Faktor ganz entscheidend. Es ist daher sehr wichtig, daß man eine Routenbeschreibung genau liest, um bereits vor dem Aufbruch zu erkennen, welche Faktoren für die Einstufung ausschlaggebend sind und in welchen Schwierigkeitslevels sie einzuordnen sind.

**Eisklettern**

Die vielfältigen Verhältnisse beim Schnee- und Eisklettern machen eine Einteilung in Schwierigkeitsgrade außerordentlich schwierig. Nur zwei Faktoren schwanken nicht über einen weiten Bereich von Jahr zu Jahr, nämlich die Länge der Tour und die Steilheit. Schneetiefe, Eisdicke und Temperatur beeinflussen ganz erheblich die Bedingungen der Route; diese Faktoren und zusätzlich die Natur des Eises und des Wetters beeinflussen die Schwierigkeit genauso wie die Möglichkeit der Absicherung.

Drei Schwierigkeitsbewertungssysteme wurden in Nordamerika vorgeschlagen: das New England Icerating System, zuerst in den frühen 70er Jahren von Rick Wilcox, dann 1979 bei Jeff Lowe und zuletzt 1988 durch Alwi Sole beschrieben. Alle benutzten eine modifizierte Version des schottischen Systems, bestehend aus den Graden eins bis sechs, welches zwei Elemente zur Einstufung benutzt, nämlich den *Grad der Ernsthaftigkeit* und *die technischen Schwierigkeiten.*

Abhängig von dem Terrain, welches eingestuft wird, kann Wassereis oder alpines Eis mit WI oder AI angezeigt werden. Bei *Wassereis* kann es sich um einen saisonal gefrorenen Wasserfall oder ein absolut kompaktes Eis in alpiner Umgebung handeln. Alpines Eis ist permanentes Eis von poröser Struktur und entsteht generell aus verfestigtem Schnee, wie zum Beispiel auch Gletschereis.

*Die technische Einstufung* bewertet nach Sole die schwierigste Einzelseillänge, wobei die Art des Kletterns, die Eisdicke und natürliche Eisgegebenheiten wie Säulen, Pilze oder überhängende Wülste berücksichtigt werden.

**Grade 1:** Aufstieg im Eis nur unter Benutzung der Steigeisen.

**Grade 2:** Eine Seillänge von 60° bis 70° Steilheit, weitgehend gleichförmig steil mit einigen kurzen steileren Passagen. Gute Sicherungsmöglichkeiten und Standplätze.

**Grade 3:** Durchschnittliche Eisneigung 70° bis 80°, normalerweise dickes und solides Eis. Unter Umständen sind kurze steilere Passagen zwischengeschaltet. Man wird immer wieder gute Rastplätze finden wie auch gute Möglichkeiten der Zwischensicherung und des Standplatzes.

**Grade 4:** Durchschnittliche Eisneigung 75° bis 85°, wobei gute Standplätze oder weniger steile Passagen sich mit größeren senkrechten Passagen abwechseln. Normalerweise gute Eisqualität mit Möglichkeiten einer ausreichenden Absicherung.

**Grade 5:** Mindestens eine spürbar anstrengendere Seillänge aus gutem, jedoch sehr steilem Eis (85° bis 90°). Vergleichbar mit der Schwierigkeitsstufe 5.9 beim Felsklettern; eine gute Klettertechnik ist hier absolut notwendig.

**Grade 6:** Eine sehr steile anstrengende Seillänge mit wenigen Rastpunkten und häufigem Hängen an den Handgeräten. Das Eis ist unter Umständen nicht gerade von bester Qualität und die Sicherung kann dubios sein.

**Grade 7:** Eine Seillänge von nahezu vertikaler Durchschnittsneigung, die unter Umständen dünnes Eis schlechter Qualität aufweist mit fragwürdiger Adhäsion auf dem darunterliegenden Fels. Die Sicherungsmöglichkeiten sind außerordentlich schwierig oder nicht vorhanden.

Der Grad der Ernsthaftigkeit wird nach Sole unter Berücksichtigung der Länge, der Kontinuität, der Abgelegenheit des Geländes, der äußeren Gefahren und der Schwierigkeiten des Abstieges definiert. Natürlich ist auch diese Einstufung nicht völlig unabhängig von der technischen Schwierigkeit.

**Grade I:** Eine kurze Kletterei in der Nähe der Straße mit bombenfesten Sicherungen und leichtem Abstieg.

**Grade II:** Eine Ein- bis Zweiseillängenroute, die leicht vom Fahrzeug aus zugänglich ist, geringe objektive Gefahren hat und bei der ein Abstieg leicht mittels Abseilen oder Abklettern durchgeführt werden kann.

**Grade III:** Eine Vielseillängenroute geringer Neigung, welche mehrere Stunden braucht, oder eine Route mit einem langen Zustieg mit Schneeschuhen oder Ski, welche eine ausreichende Erfahrung beim Winterbergsteigen voraussetzt. Mit Grade III werden auch Routen eingestuft, die gelegentlich winterliche Berggefahren aufweisen. Der Abstieg erfolgt gewöhnlich mittels Abseilen.

**Grade IV:** Eine Mehrseillängenroute in größerer Höhe oder in abgelegenen Bergregionen, die Erfahrung im Winterbergsteigen erfordert. Objektive Gefahren wie Lawinen- oder Steinschlag sind möglich. Die Abstiege können schwierig sein und beinhalten normalerweise das Abseilen über Felshaken oder Bohrhaken.

**Grade V:** Ein langes Unternehmen in einer großen alpinen Wand, welche ein hohes Maß an alpiner Kompetenz und Erfahrung erfordert. Die Route weist die üblichen Gefahren von Wetterumschwüngen und Lawinen auf. Unter Umständen bestehen lange Zustiege oder schwierige Abstiege.

**Grade VI:** Eine lange Mehrseillängenroute in einer hohen alpinen Wand, die nur von den beste Bergsteigern vollständig an einem Tag bewältigt werden kann. Logistische Probleme des alpinen Winterbergsteigens können zusätzlich auftreten.

**Grade VII:** Hier werden die größten und härtesten Himalayatouren im alpinen Stil eingeordnet (Definition nach Lowe).

Das *New England Icerating System* wird ausschließlich in den New Englandstaaten der USA verwendet. Es wurde für das Wassereis, welches dort angetroffen wird, entwickelt. Das System berücksichtigt einen normalen Winterzustieg zur Route bei mäßigen Wetterbedingungen.

**NEI 1:** Relativ flache Anstiege im Wassereis von 40° bis 50° Neigung oder lange mäßig steile Schneezustiege, welche grundlegende technische Erfahrungen bezüglich der Sicherheit voraussetzen.

**NEI 2:** Wassereisrouten mit kurzen Aufsteilungen bis 60°.

**NEI 3:** Steileres Wassereis mit 50° bis 60° Durchschnittsneigung und einzelnen Aufsteilungen von 70° bis 90°.

**NEI 4:** Kurze senkrechte Säulen wechseln sich mit flacheren Rastpunkten ab, dazwischen Passagen von 50° bis 60° Grade steilen Eis; anhaltend mittlere Kletterschwierigkeiten.

**NEI 5:** Generell Mehrseillängentouren mit anhaltenden Schwierigkeiten und/oder anstrengenden vertikalen Säulen mit nur wenig Rastpunkten.

**NEI 5+:** Mehrseillängentouren mit erhöhtem Maß an Ernsthaftigkeit, mit langen vertikalen Passagen und sehr lang anhaltenden Schwierigkeiten – die derzeit härtesten Eisklettereien in New England.

Das *Commitment rating* gibt Informationen

über die notwendige Zeit und die logistischen Anforderungen des Unternehmens.

**I:** Bis zu mehreren Stunden.

**II:** Etwa einen halben Tag.

**III:** Ein ganzer Klettertag, also ca. 7 bis 8 Stunden.

**IV:** Ein sehr anspruchsvolles Unternehmen in Form eines sehr langen Tages, möglicherweise wird ein Biwak nötig.

**V:** Ein Bigwallunternehmen von eineinhalb bis zwei Tagen Dauer. Eine extrem leistungsstarke Seilschaft kann dieses Unternehmen eventuell noch an einem Tag bewältigen.

**VI:** Mehrtages-Bigwall-Unternehmungen von mehr als zwei Tagen Dauer.

**VII:** Bigwall-Touren in sehr abgelegenen alpinen Regionen.

Eisklettern ist in Nordamerika relativ neu, so daß die Standards von Gebiet zu Gebiet und Führerbuch zu Führerbuch deutlich schwanken. Man achte darauf, daß einige Autoren ihre eigene Schwierigkeitsskala entwerfen. Die meisten Autoren geben unabhängig von der Skalierung zusätzliche Informationen über die Länge der technisch anspruchsvollen Passagen im Eis.

## Andere verbreitete Schwierigkeitsskalen

Viele der verschiedenen Schwierigkeitsskalen, die weltweit benutzt werden, ähneln einander stark, insbesondere in Europa. Tab. 2-2 gibt einen Überblick, welche Skala in welchem Land benutzt wird.

### Felsklettern

*Australien*

Das australische System benutzt eine nach oben offene Skala von 1 bis 33.

*Brasilien*

Die Schwierigkeitsskala Brasiliens besteht aus zwei Teilen. Die erste Zahl bewertet den grundsätzlichen Grad der Schwierigkeit einer Route von 1 bis 8 und wird z.B. für den fünften Grad mit 5° geschrieben. Es gibt keine Vergleichsmöglichkeit zu der YDS-Skala für diesen Teil des Bewertungssystems. Der zweite Teil gibt Informationen über die härteste Einzelbewegung oder die schwierigste Sequenz von Bewegungen ohne natürliche Rast. Diese Angabe erfolgt in römischen Ziffern mit der Ergänzung SUP (Superior) für eine detailliertere Einstufung. Eine Gesamtbewertung wird also folgendermaßen aussehen: 5°VI.

**(Anhang 2-2) Schwierigkeitsskalen, die in der Welt benutzt werden.**

| **Land** | **Skala** |
|---|---|
| **Australien** | **Australische Skala** |
| **Brasilien** | **Brasilianische Skala** |
| **England** | **Britische Skala, IFAS** |
| **Kanada** | **YDS, NCCS** |
| **ehem. DDR** | **Elbsandsteinskala, IFAS** |
| **Frankreich** | **Französische Skala, IFAS** |
| **BR Deutschland** | **»UIAA-Skala«, IFAS** |
| **Italien** | **Französische Skala, IFAS** |
| **Japan** | **UIAA, »NCCS«** |
| **Spanien** | **»Französische Skala«, IFAS** |
| **USA** | **YDS, NCCS** |

**(Anführungszeichen bedeuten, daß die Skala leicht variiert verwendet wird.)**

*England*

Die britische Klassifikation wird aus zwei Elementen zusammengesetzt, nämlich der Abkürzung einer verbalen Einstufung und einer technischen Schwierigkeitsangabe (z. B. HVF 5a). Die *verbale Angabe* beschreibt die Gesamtschwierigkeit einer Route, wobei Faktoren wie Exponiertheit, Härte, Anstrengung, Sicherheitsmöglichkeiten und die Länge von runouts berücksichtigt werden.

Der Bedarf einer nach oben offenen Skala führte zu einer alphanumerischen Abänderung in E1, E2, E3 usw.

| | |
|---|---|
| easy | E |
| moderate | M |
| difficult | Diff |

| | |
|---|---|
| very difficult | V.diff |
| hard very difficult | HVD |
| mild severe | MS |
| severe | S |
| hard severe | HS |
| very severe | VS |
| hard very severe | HVS |
| extremely severe | ES |
| unterteilt in | E1, E2, E3 usw. |

Die *technische Einstufung* wird nach der härtesten Einzelschwierigkeit der betreffenden Route vorgenommen. Diese numerische Komponente des britischen Systems ist ebenfalls eine nach oben offene Skala und wird mit A, B, C, usw. unterteilt.

Die zwei Einstufungen werden miteinander verbunden. Zum Beispiel würde die standardverbale Einstufung einer gut abgesicherten Route in Grade 6a, welche nicht wesentlich anspruchsvoll ist, die Gesamteinstufung E3 erhalten. Wenn die Route einen mäßigen runout enthält, wäre sie nach E4, bei weiten runouts unter Umständen sogar nach E5 klassifiziert.

*Frankreich*
Die in Frankreich gebräuchliche nach oben offene Skala reicht derzeit von 1 bis 8c. Mit Beginn des 6. Grades werden die einzelnen Stufen mit A, A+, B, B+, C und C+ weiter unterteilt.

*GUS*
Derzeit besteht im Bereich der ehemaligen Sowjetunion keine etablierte Skala bezüglich der Felsschwierigkeiten. Die Erstbegehungen werden häufig von Bergsteigern aus anderen Ländern gemacht, welche die Einstufung gemäß der bei ihnen zu Hause üblichen Skala vornehmen.

*UIAA*
Die UIAA-Skala reicht derzeit von I bis X+, wobei die Grade V bis X durch (-) und (+) weiter unterteilt werden. Die Angaben enthalten keine Information über die Länge, die benötigte Zeit, die Härte und die Gefahren des Unternehmens.

*Deutschland*
Die deutsche Skala entspricht der UIAA-Skala – mit der einzigen Ausnahme, daß arabische statt römische Ziffern verwendet werden.

**Alpines Bergsteigen/Eisklettern**
*Europa*
Das International French Adjectival System (IFAS) ist ein System, welches die Gesamtschwierigkeit einer alpinen Tour bewertet und wird vor allem im Bereich der Alpen benutzt. Sie gibt Auskunft über den Gesamtanspruch einer Route und schließt Faktoren wie Länge, objektive Gefahr, Anstrengung, Höhe, Länge der runouts, Probleme des Abstieges und die technische Schwierigkeit ein. Die Skala enthält sechs Kategorien, die durch ein oder zwei Buchstaben der französischen Adjektive benutzt werden. Darüberhinaus kann eine Unterklassifikation mittels (+) oder (-) oder aber auch sup (superior) oder inf (inferior) vorgenommen werden.

**F:** *Facile* = leicht. Steile Gehstrecken, einzelne Passagen, eventuell im unwegsamen Gelände, leichte Schneehänge. Spaltengefahr auf Gletschern möglich. Das Seil ist nicht immer notwendig.

**PD:** *Peu difficile* = kaum schwierig. Felsklettern mit mäßigen technischen Schwierigkeiten, Schnee- und Eishänge, anspruchsvollere Gletscher und exponierte Grate.

**AD:** *Assez difficile* = mäßig schwierig. Mäßig schwierige und anspruchsvollere Felsklettertouren mit steileren Felskletterpassagen und längeren Schnee- oder Eishängen von mehr als 50° Steilheit.

**D:** *Difficile* = schwierig. Längere schwierige Fels-, Schnee- oder Eispassagen.

**TD:** *Trés difficile* = sehr schwierig. Technisch

sehr anspruchsvolle Kletterei in jeglichem Gelände.

**ED:** *Extrêmement difficile* = extrem anspruchsvolles Unternehmen mit lang anhaltenden Schwierigkeiten der oberen Kategorien.

**ABO:** *Abominable* = scheußliche, nicht empfehlenswerte Tour.

*GUS*

In den GUS-Staaten besteht ein alpines Schwierigkeitssystem – ähnlich wie das NCCS-System der Vereinigten Staaten. Die Skala geht von 1 bis 6 mit a und b als Subunterteilung.

# Anhang 3
# Blitzschlag

Auch wenn es sich nicht um eine besonders spezifische Gefahr des Bergsteigens handelt, hat Blitzschlag zu einer großen Anzahl an schweren und in den meisten Fällen vermeidbaren Unfällen geführt. Aufgrund der Natur ihres Sportes geraten Kletterer automatisch in die unmittelbare Nähe der bevorzugten Ziele von Blitzschlägen: Gipfel und Grate erzeugen die notwendigen Aufwinde, die bei entsprechender Wolkenbedingung die elektrische Energie produzieren; die vorstehenden Geländepunkte bieten dem Blitz die optimale Einschlagschance, indem sie einen elektrischen Stromfluß über relativ kurze Distanzen ermöglichen. Daher sollten Bergsteiger die grundlegenden Mechanismen eines Gewitters verstanden haben und verinnerlichen.

Grundsätzlich ist mit drei Gefahren zu rechnen: zunächst mit dem direkten Blitzschlag, dann mit Erdströmen und zuletzt mit induzierten Strömen in der Umgebung eines Einschlags.

Das elektrische Potential, welches in einer Wolke aufgebaut wird, ist in gewisser Weise ähnlich dem, welches sich im menschlichen Körper ansammeln kann, wenn sehr trockene Wetterbedingungen herrschen. Luft ist normalerweise ein sehr schlechter Leiter, das heißt sie ist ein guter Isolator für Elektrizität. Bäume, Fels oder Erde sind bessere Leiter, insbesondere dann, wenn sie naß sind. Der menschliche Körper ist noch besser und am allerbesten leiten Metalle. Der Blitzschlag folgt normalerweise dem Weg des geringsten elektrischen Widerstandes durch die Wolken zur Erde – normalerweise bedeutet dies, daß er den kürzestmöglichen Weg durch die Luft nimmt. In der Regel ist dies der der Wolke am nächsten gelegene Punkt direkt unter ihr – aber ein seitlich gelegener Gipfel kann unter Umständen noch näher liegen und so zum Einschlagspunkt werden.

Die Luft verliert ihre Eigenschaften als guter Isolator, wenn sie einer sehr hohen elektrischen Spannung ausgesetzt wird; diese ionisiert die Luftteilchen; als Folge davon verliert die Atmosphäre ihre isolierenden Eigenschaften und wird leitend. Der durch die Ionisation bedingte Zusammenbruch der Isolationsschicht um den Blitzkanal herum erzeugt häufig ein hörbares Knacken, welches durch kleinere Entladungen erzeugt wird. Der charakteristische Geruch von Ozon wird in der Nähe eines Blitzschlages gewöhnlich wahrgenommen. Ein bläuliches Glimmen, auch Korona- oder Elmsfeuer genannt, findet sich ebenfalls gelegentlich an hervorstehenden Punkten. Wenn der Kopf einer Person in dem Bereich des Spannungsfeldes liegt, knistert es in den Haaren, und die Haare stehen ab (vorausgesetzt natürlich, die Person hat überhaupt Haare!). Koronaphänomene und Elmsfeuer wurden insbesondere dann oft beobachtet, wenn die nächstgelegene Wolke scheinbar zu weit entfernt war, um für das elektrische Phänomen verantwortlich zu sein. Das Summen oder die optischen Phänomene einer Korona bedeuten nicht unbedingt Gefahr, sie sollten aber in Ermangelung präziser Informationen als Warnhinweise aufgefaßt werden – insbesondere dann, wenn Gewitterwolken sichtbar sind. Zusätzlich sollte auf alle atmosphärischen Störungen geachtet werden, die gewitterverdächtig sein können. Ein plötzlicher kalter Wind kann unter Umständen eine starke Kaltfront mit möglicher Gewitterentwicklung ankündigen. Hereinbrechender Nebel mit großen Regentropfen oder sehr großen Schneeflocken, gelegentlich auch massiven Hagelkörnern deutet nahezu immer darauf hin, daß sich eine Gewitterwolke (Cumulonimbus) über einem befindet und Urheber des Nebels ist.

Blitzschlag ist Elektrizität, also ein Strom von Elektronen. Wenn mehr als 100 Milliarden ($10^{14}$) Elektroden eines durchschnittlichen Blitzschlages einen Gipfel oder einen Baum treffen, bleiben sie nicht am Einschlagsort als wirrer Haufen liegen, sondern verbreiten sich sofort in alle Richtungen. Durch diesen Vorgang können erhebliche Schäden auftreten. Zwei Faktoren beeinflussen dabei das Ausmaß menschlicher Verletzungen: die Stärke des elektrischen Stromes, und das Körperteil, das von diesem Strom durchflossen wird.

Der schlimmste Fall ist der direkte Stromfluß durch den Körper auf einer Bahn, in welcher lebenswichtige Organe wie Herz, Gehirn oder auch die Steuerung der Atemfunktion liegen. Ein Stromschlag von einer Hand zur anderen durch Herz und Lungen oder von Kopf zum Fuß durch nahezu alle Organe ist besonders gefährlich – auch dann, wenn er relativ geringfügig ist. Man kann durchaus größere Stromschläge überleben, wenn sie von einem Fuß zum anderen durch beide Beine verlaufen.

Bergsteiger sehen sich auch anderen potentiellen Gefahren ausgesetzt: Große Stromschläge können tiefe Verbrennungen an den Ein- und Austrittspunkten erzeugen; ein mäßig schwerer Schock kann unmittelbar nach dem Unfallereignis einsetzen, auch können Muskelkrämpfe auftreten. Bewußtseinsstörungen sind häufig, und natürlich kann ein Bergsteiger auch durch die Explosionsgewalt über eine Steilstufe hinuntergeschleudert werden.

Der erste Gedanke sollte daher immer sich der Vermeidung möglichen Gefahrengeländes zuwenden. Als grundsätzliche Regel gilt, daß man nach einem Ort sucht, in dessen nähere Umgebung größere Materialmassen wie Fels oder auch höhere Bäume sind, die näher an die Wolke heranreichen als der eigene Kopf. Im Wald befindet sich also der sicherste Aufenthalt zwischen kleinen Bäumen, zum Beispiel also im Bereich einer Lichtung im Hochwald. Die Gratmitte ist immer noch sicherer als die Enden des Grates; Geländeschultern sollten vermieden werden.

Eine elektrische Entladung verbreitet sich vom Einschlagspunkt sofort nach außen und unten. Die Stromstärke und damit auch die Gefahr für den Bergsteiger nimmt mit zunehmender Entfernung vom Einschlagspunkt schnell ab. An festem Fels, insbesondere dann, wenn er naß ist, erfolgt der überwiegende Teil der Entladung an der Oberfläche. Moos, Risse oder Erde können eine erhebliche Menge an Feuchtigkeit enthalten und so einen guten Stromfluß gewährleisten. Hochspannungsströme besitzen darüberhinaus die Eigenschaft, daß sie kurze Unterbrechungen ihres leitenden Materials überschlagen können. Dieses Phänomen, welches jeder von uns von einer Zündkerze im Auto kennt, stellt für Hochspannungsströme die einfachere Lösung dar, als wenn sie große Umwege fließen würden.

Fließende Ströme verbreiten sich deshalb, weil zwischen zwei Punkten entlang ihres Weges eine Spannungsdifferenz besteht. Eine Person, die zwei solcher Punkte überbrückt, kann für den Blitz einen zweiten und unter Umständen besseren Leiter darstellen. In jedem Fall muß damit gerechnet werden, daß zumindest ein Teil des Stromflusses über den Körper erfolgt. Je weiter die Brücke ist, desto größer ist die Spannungsdifferenz, und umso größer ist demzufolge auch der Stromfluß durch den Körper. Wenn man also gezwungen ist, im Gewitter abzusteigen, sollte man möglichst kleine Schritte machen!

Vor dem Hintergrund der beschriebenen physikalischen Gegebenheiten können folgende allgemeingültigen Verhaltensregeln gegeben werden:

1. Vermeide Feuchtgebiete, inklusive Rinnen und Schluchten.
2. Überbrücke so wenig wie möglich Erdboden mit deinem Körper. Halte die Füße nahe zusammen, Finger weg vom Fels.
3. Sitze, hocke oder stehe auf isolierenden Objekten, falls solche vorhanden sind. Es bieten sich z. B. aufgenommene Seile oder ein Schlafsack, gegebenenfalls auch ein Rucksack an – jedenfalls wenn die genannten Gegenstände einigermaßen trocken sind.
4. Halte dich aus kleinen Geländevertiefungen heraus. Freies Gelände ist sicherer. Ein kleinerer Felsblock auf einem Geröllhang ist die beste der genannten Möglichkeiten.
5. Halte dich von Überhängen und kleinen Höhlen fern. Große Höhlen sind dagegen ein sicherer Unterschlupf – zumindest dann, wenn sie groß genug sind, daß man weit genug von den Höhlenwänden und dem Eingang entfernt bleiben kann. Nicht vergessen sollte man dabei, daß eine Höhle natürlich auch der untere Ausgang eines wasserführenden und damit leitenden Spaltensystems sein könnte. In diesem Fall sollte sie unbedingt gemieden werden.
6. Befindet man sich auf einem Felsband, so kriecht man in die Nähe der äußeren Kante, mindestens eineinhalb Meter von der Felswand weg (vorausgesetzt es ist genügend Platz vorhanden). Falls in dieser Position die Gefahr besteht, daß man im Falle eines Schocks abstürzt, sollte *quer zur erwarteten Hauptstromflußrichtung* eine Selbstsicherung angebracht werden. Diese Selbstsicherung sollte so kurz wie möglich erfolgen, jedoch nicht direkt unter Ellenbogen- oder Achselhöhlen liegen (Achtung: Möglicher Stromfluß direkt über das Herz).
7. Das Abseilen bei bestehender Blitzschlaggefahr sollte möglichst vermieden werden. Es kann allerdings ein kalkulierbares Risiko sein, wenn man durch Abseilen auf schnellstmöglichem Wege einer Gefahrenzone entrinnen kann. Trockene Kunstfaserseile isolieren mögliche Ströme am besten.
8. Im Gegensatz zu einem weitverbreiteten Glauben ziehen Metallobjekte ansich die Blitze nicht an. Natürlich können Metallobjekte in der Umgebung eines Einschlages insofern eine Gefahr bedeuten, als daß durch den Einschlag *Ströme induziert* werden. Diese induzierten Ströme sind normalerweise von geringer Stärke, allerdings können sie zwischen Leben und Tod entscheiden, wenn die Person einem zusätzlichen Erdstrom ausgesetzt ist. Daher ist es sinnvoll, alle Metallteile abzulegen, allerdings in erreichbarer Entfernung. Über irgendein Metallteil, welches im Rucksack steckt, sollte man sich dabei nicht allzu viele Gedanken machen. Der Metallrahmen eines entsprechend konstruierten Rucksackes kann als bevorzugter Leiter für mögliche Erdströme benutzt werden – hierzu wird er seitwärts vom Körper in die vermutete Hauptstromflußrichtung gelegt. Liegt der vermutete Einschlagort mehr als 30 m vom eigenen Aufenthaltsort entfernt, besteht nicht die Notwendigkeit, die Metallteile abseits zu lagern.

# Register